FUNDAMENTOS DE DERECHO PARLAMENTARIO ESPAÑOL

FUNDAMENTOS DE DERECHO PARLAMENTARIO ESPAÑOL

1.ª EDICIÓN

Ángel L. Sanz Pérez

COLEX 2023

© Editorial Colex, S.L.
Calle Costa Rica, número 5, 3º B (local comercial)
A Coruña, C.P. 15004
info@colex.es
www.colex.es

I.S.B.N.: 978-84-1359-538-2
Depósito legal: C 860-2022

ABREVIATURAS

CA	Comunidad Autónoma
CC	Código Civil
CE	Constitución Española
CP	Código Penal
EAAND	Estatuto de Autonomía de Andalucía
EAAEA	Estatuto de Autonomía de Aragón
EAAST	Estatuto de Autonomía del Principado de Asturias
EACANA	Estatuto de Autonomía de Canarias
EACANT	Estatuto de Autonomía de Cantabria
EACyL	Estatuto de Autonomía de Castilla y León
EACLM	Estatuto de Autonomía de Castilla-La Mancha
EACAT	Estatuto de Autonomía de Cataluña
EACV	Estatuto de Autonomía de la Comunidad Valenciana
EAEX	Estatuto de Autonomía de Extremadura
EAGAL	Estatuto de Autonomía de Galicia
EAIB	Estatuto de Autonomía de las Islas Baleares
EALRi	Estatuto de Autonomía de la Rioja
EAMA	Estatuto de Autonomía de Madrid
EAMU	Estatuto de Autonomía de Murcia
EANA	Estatuto de Autonomía de Navarra
EAPV	Estatuto de Autonomía del País Vasco
LBRL	Ley de Bases del Régimen Local
LEC	Ley de Enjuiciamiento Civil
LECR	Ley de Enjuiciamiento Criminal
RPAND	Reglamento del Parlamento de Andalucía

RCARA	Reglamento de las Cortes de Aragón
RJGPRINCAST	Reglamento de la Junta General del Principado de Asturias
RPCANA	Reglamento del Parlamento de Canarias
RPCANT	Reglamento del Parlamento de Cantabria
RCCyL	Reglamento de las Cortes de Castilla y León
RCCLm	Reglamento de las Cortes de Castilla-La Mancha
RPCAT	Reglamento del Parlamento de Cataluña
RCV	Reglamento de las Cortes de la Comunidad Valenciana
RCD	Reglamento del Congreso de los Diputados
RAEX	Reglamento de la Asamblea de Extremadura
RPGAL	Reglamento del Parlamento de Galicia
RPIB	Reglamento del Parlamento de las Islas Baleares
RPLRi	Reglamento del Parlamento de la Rioja
RAMA	Reglamento de la Asamblea de Madrid
RAMU	Reglamento de la Asamblea de Murcia
RPNA	Reglamento del Parlamento de Navarra
RPV	Reglamento del Parlamento del País Vasco
RS	Reglamento del Senado

SUMARIO

CAPÍTULO 1
FUNDAMENTO NORMATIVO: EL DERECHO PARLAMENTARIO

CAPÍTULO 2
FUNDAMENTO TEMPORAL: INICIO Y FIN DE LA VIDA DEL PARLAMENTO

CAPÍTULO 3
FUNDAMENTO ESTATUTARIO: ESTATUTO JURÍDICO DEL PARLAMENTO Y DE SUS MIEMBROS

CAPÍTULO 4
FUNDAMENTO ORGÁNICO: LA ORGANIZACIÓN DEL PARLAMENTO

CAPÍTULO 5

FUNDAMENTO FUNCIONAL: LAS FUNCIONES DEL PARLAMENTO

CAPÍTULO 1

FUNDAMENTO NORMATIVO: EL DERECHO PARLAMENTARIO

1. El Derecho parlamentario y su tipología. El Derecho parlamentario español

El Derecho parlamentario es el sector del Derecho constitucional, cuyo objeto es la regulación del funcionamiento, organización y estatuto del Parlamento y de sus miembros, así como las relaciones de estos con otros órganos constitucionales y estatutarios[1]. Este sector del ordenamiento es el que garantiza la posición vertebral de las Cortes Generales, en su función de «depositarias de la potestad legislativa en su ejercicio ordinario, ya que son ellas las que representan al pueblo español (art. 66.1 CE)», (*vid*. por todas, SSTC 182/1997, de 28 de octubre, o 104/2015, de 28 mayo). La parte principal del Derecho parlamentario son los reglamentos parlamentarios del Congreso de los Diputados y del Senado, sin que deba olvidarse el conglomerado de normas incluido en los reglamentos autonómicos. Todo este sector del ordenamiento está vinculado, de forma íntima e intensa, con el pluralismo político y la libertad, y ello ha de explicar la especial protección que ha merecido el Derecho parlamentario. Esta parte del Derecho ha sido construida por

1 Para una exposición de la formación histórica del Derecho parlamentario, su tipología y metodología debe consultarse L. MARTÍNEZ ELIPE, *Tratado de Derecho parlamentario. Introducción al Derecho parlamentario. Conexiones históricas y político-jurídico-parlamentarias (I)*, Navarra, Aranzadi, 1999.

el Tribunal Constitucional desde la base del artículo 23 CE, que se convierte en la parte fundamental del edificio del Derecho parlamentario. A nadie se le escapa que el artículo 23 CE nada dice del Derecho parlamentario, ni del pluralismo, ni de la libertad. Pero el Tribunal Constitucional ha dispuesto una serie de principios que informan el Derecho parlamentario, sobre la base del derecho fundamental de los ciudadanos a acceder a los cargos públicos «en condiciones de igualdad».

En todo caso, el Derecho parlamentario está formado por un conjunto de normas, con un rango diverso, y se compone de disposiciones constitucionales (que se benefician de un rango diferenciado como norma jurídica), por leyes, leyes orgánicas y, de forma principal, por reglamentos parlamentarios. Los reglamentos son normas principalísimas integrantes del Derecho parlamentario y son la norma de acceso primario para conocer la regulación de cualquier institución parlamentaria. Desde luego, son las normas que tienen toda la flexibilidad que impregna este sector del ordenamiento, y esta es una de sus principales notas, siendo normas que, además, están redactadas por sus mismos destinatarios.

Además, y como se ha dicho, el *Derecho parlamentario autonómico*, como parte del Derecho parlamentario español participa de sus características como ordenamiento jurídico público, integrador y flexible, e incorpora también muchas normas que regulan la actividad materialmente administrativa del Parlamento. Poco cabe dudar, hoy día, de que las normas que regulan esta actividad materialmente administrativa de los Parlamentos, como contratación, responsabilidad patrimonial o defensa jurídica, entran de lleno dentro del concepto de *Derecho parlamentario español*.

El *Derecho parlamentario español* es un Derecho parlamentario racionalizado y trata de regular, de una sola vez y con vocación de permanencia las instituciones que programan y disponen la vida del Parlamento, así como las relaciones de este con otros órganos constitucionales y. singularmente, con el Gobierno. Pero el Derecho parlamentario es también la suma de un conjunto de usos, convenciones, prácticas y costumbres que imprimen carácter al Parlamento.

Este sector del ordenamiento suele tratarse como una categoría doctrinal en cierta forma autónoma y claramente diferenciable, aunque no es extraño que, en los diversos manuales de Derecho constitucional, el Derecho parlamentario no tenga un tratamiento relevante y no muy diferenciado. Es más, hay voces que han lamentado en ocasiones la falta de desarrollo de la ciencia del Derecho parlamentario[2].

En cualquier caso, la flexibilidad es el rasgo característico del Derecho parlamentario. Ello se demuestra por el hecho de que la regulación de algunas instituciones del parlamentarismo, y del Derecho constitucional, se dispuso

2 O. Alzaga Villaamil, «Prólogo», en L. Martínez Elipe, *Tratado..., op. cit.*, p. 23.

primero mediante convenciones y prácticas, y luego se introdujo en los reglamentos parlamentarios, antes de su incorporación a los textos constitucionales. Así sucedió con figuras tales como la investidura o la moción de censura en el Reglamento del Congreso de los Diputados de 1847 y, sobre todo, con sus modificaciones introducidas el 16 de diciembre de 1878, el 7 de abril de 1880, el 10 de abril de 1883 y el 18 de junio de 1887.

Es una constante este papel de los reglamentos. Es muy significativo, por ejemplo, que la única regulación existente para la aplicación de la técnica de intervención del Estado en relación con las comunidades autónomas, regulada en el artículo 155 de la Constitución, esté en el artículo 189 del Reglamento del Senado, que prevé un régimen de relación previa entre el Estado y la comunidad autónoma afectada por tan grave medida[3]. Esto sucedió así en la Comisión del Senado, conjunta de la Comisión General de las comunidades autónomas y la Comisión Institucional, constituida el 24 de octubre de 2017. No deja de ser otro ejemplo más de que la primera regulación de una compleja materia, como es la del artículo 155 CE, se ha producido primero por el Derecho parlamentario.

Como se sabe, las vinculaciones constitucionales del Derecho parlamentario son fundamentales. El Derecho parlamentario es pieza clave del Estado democrático y del Estado de derecho que construye el ordenamiento jurídico garantista y que presume también un control político de la Administración y del Gobierno que lo dirige. Además, el Derecho parlamentario es una manifestación del Estado democrático y del pluralismo. Por eso, es muy relativo (y hay quien opina que falaz) tratar al Derecho parlamentario como un Derecho en crisis o un Derecho menor, igual que no se debe hablar con ligereza de la crisis del Parlamento. El Parlamento tiene una función deliberativa, legitimadora y dialogante, por lo que el Derecho parlamentario y, sobre todo los reglamentos, deben garantizar que todas las opiniones existentes en la sociedad estén presentes en la adopción de decisiones. Limitar

3 Artículo 189 del Reglamento del Senado dispone: «2. La Mesa del Senado remitirá dicho escrito y documentación aneja a la Comisión General de las Comunidades Autónomas, o bien procederá a constituir una Comisión conjunta en los términos previstos en el artículo 58 del presente Reglamento. 3. La Comisión, sin perjuicio de lo dispuesto en el artículo 67, requerirá, por medio del Presidente del Senado, al Presidente de la Comunidad Autónoma para que en el plazo que se fije remita cuantos antecedentes, datos y alegaciones considere pertinentes y para que designe, si lo estima procedente, la persona que asuma la representación a estos efectos. 4. La Comisión formulará propuesta razonada sobre si procede o no la aprobación solicitada por el Gobierno, con los condicionamientos o modificaciones que, en su caso, sean pertinentes en relación con las medidas proyectadas. 5. El Pleno de la Cámara someterá a debate dicha propuesta, con dos turnos a favor y dos en contra, de veinte minutos cada uno, y las intervenciones de los Portavoces de los Grupos parlamentarios que lo soliciten, por el mismo tiempo. Concluido el debate, se procederá a la votación de la propuesta presentada, siendo necesario para la aprobación de la resolución el voto favorable de la mayoría absoluta de Senadores».

el debate no debe hacerse sin la debida y suficiente motivación. No se olvide que detrás de la crisis del Parlamento solo hay una intención de fortalecimiento del Gobierno. La «hora de los Gobiernos» implica fundamentalmente el monopolio en la gestión del presupuesto. Pero el Gobierno no suplanta, ni sustituye, ni se impone a la fuerza legitimadora y dialogante del Parlamento. El Parlamento todo lo puede, incluso dar su confianza a un personaje discutible y elevarle a la condición de presidente del Ejecutivo. La naturaleza del Parlamento como centro de debate y de diálogo, impone que el Derecho parlamentario deba garantizar la adecuada confrontación de ideas, opiniones y propuestas.

En conclusión, el Derecho parlamentario es Derecho de libertad. Y surge en desarrollo del principio de división de poderes. Desde el punto de vista material, el Derecho parlamentario es el Derecho del pluralismo político y desde el punto de vista formal, el Derecho parlamentario es Derecho procesal y de procedimientos. El procedimiento se usa para alejar la acalorada discusión del momento de la decisión, haciendo presente a los ojos de la opinión pública cuáles son las posturas de cada grupo.

Por ello mismo, el Derecho parlamentario es un Derecho transparente. No cabe opacidad en el régimen jurídico de la institución que representa al pueblo. El Parlamento no debe permanecer ajeno al deber de transparencia[4]. La *Ley 19/2013, de 9 de diciembre, de transparencia, acceso a la información pública y buen gobierno*, determina en su artículo 2.1.f la aplicación de las disposiciones del título I (que regula, fundamentalmente, la transparencia pública, la publicidad activa y el derecho de acceso a la información pública) al Congreso de los Diputados, el Senado, y las instituciones autonómicas análogas, pero solo «en relación con sus actividades sujetas a Derecho Administrativo». La disposición adicional octava de la ley, respetando la autonomía y la peculiaridad del estatuto del Parlamento, establece que «El Congreso de los Diputados, el Senado y las Asambleas Legislativas de las Comunidades Autónomas regularán en sus respectivos reglamentos la aplicación concreta de las disposiciones de esta Ley». Esta última disposición hace que esta Ley se entienda aplicable a los Parlamentos siempre mediante una adaptación del reglamento y del resto de norma parlamentarias, el título II relativo al Código de Buen Gobierno (y sus infracciones y sanciones) y el título III relativo al Consejo de Transparencia y Buen Gobierno; ya se ha visto que el título I es de aplicación directa. En el capítulo 3 de este libro se volverá a estudiar la transparencia como una de las obligaciones del Parlamento y del parlamentario.

4 *Cfr.* el trabajo de I. NAVARRO MÉNDEZ sobre transparencia en el Parlamento de Canarias, «Transparencia, buen gobierno y participación ciudadana», en E. ARNALDO ALCUBILLA/S. IGLESIAS MACHADO (coords.), *Comentarios al Reglamento del Parlamento de Canarias*, Madrid, BOE, 2020, pp. 673 y ss. De forma genérica, alude a todos los Parlamentos autonómicos de pp. 674 a 679.

2. Las fuentes escritas del Derecho parlamentario

2.1. La Constitución

La Constitución española ha garantizado la organización y el funcionamiento regular del Parlamento. La Constitución impone, desde su decisión primaria y fundamental, un catálogo de determinaciones que vincula de forma irrenunciable el funcionamiento de las Cámaras. La naturaleza de la Constitución como fuente del Derecho parlamentario es más que obvia sin que haya habido ninguna declaración expresa del Tribunal Constitucional a este respecto, más allá de la hoy evidente negación de la plena vigencia de la doctrina de los *interna corporis acta*. En todo caso, la aplicación de la norma fundamental en el Parlamento es automática desde los albores de la vida constitucional; así, pueden recordarse las consideraciones de la célebre STC 101/1983, de 18 de noviembre que configuraba el deber de juramento de los diputados a la Constitución como una «consecuencia obligada de su carácter de norma suprema». No obstante, la aplicación de esta regulación constitucional a las Asambleas Legislativas de las comunidades autónomas debe ser objeto de alguna matización. En cualquier caso, puede considerarse que los preceptos constitucionales que regulan aspectos parlamentarios constituyen una auténtica *Constitución parlamentaria*, que se correspondería con ese conjunto de decisiones fundamentales que son, de alguna forma, efecto directo de los valores y principios que desarrolla la norma fundamental y aplicables a cualquiera Cámara parlamentaria. No obstante, no hay ningún fallo que equipare la naturaleza de los Parlamentos autonómicos a la de las Cortes Generales.

Se puede adelantar que la Constitución y las disposiciones de los reglamentos forman una unidad siendo inexcusable una conjunción entre la interpretación y aplicación de la Constitución y la interpretación y aplicación de las disposiciones reglamentarias de cada Cámara. La *Constitución parlamentaria* no es inerte. La misma existencia de unas reglas jurídicas constitucionales reduce el ámbito de libertad del Parlamento, y restringe el ámbito natural de la costumbre parlamentaria, en donde también, como se verá, proyectan su amplio valor los principios y valores constitucionales, sobre todo el pluralismo político y el derecho fundamental del artículo 23 CE. La *Constitución parlamentaria* es el pilar sobre el que se fundamentan instituciones tan importantes para el Derecho parlamentario, como el principio de reserva de reglamento parlamentario o la autonomía parlamentaria. Por todo ello, la reducción de los denominados *interna corporis acta* hasta su casi desaparición no solo supone la minoración del ámbito normativo de la costumbre parlamentaria, sino que además determina la indisponibilidad del reglamento por el Parlamento. Se puede concluir que una consecuencia del valor jurídico de la Constitución es el valor jurídico del reglamento parlamentario. De muy poco serviría afirmar que la Constitución es norma de plena eficacia jurídica y aplicación directa, para seguidamente permitir que el reglamento parlamentario pudiese ser libremente inaplicado, cuando aquella contiene disposiciones de contenido parlamentario. Por ello, no caben costumbres ni prácticas parlamentarias *contra constitutionem*, ni contra reglamento.

Ahora no se trata de analizar el Derecho parlamentario constitucional, lo cual se efectuará en el examen de cada una de las concretas materias objeto de regulación constitucional. Se constata la existencia de normas constitucionales con contenido parlamentario. La Constitución española contiene disposiciones muy concretas sobre numerosas materias esencialmente parlamentarias de las Cortes Generales. Así, entran de lleno. Así, entran de lleno en el marco y en el ámbito parlamentario preceptos como el artículo 67.3 CE, cuando dispone que las reuniones de parlamentarios que se celebren sin convocatoria reglamentaria «no vincularán a las Cámaras; y no podrán ejercer sus funciones ni ostentar sus privilegios»; el artículo 68.4 CE sobre duración del mandato parlamentario de diputados; el artículo 69.6 CE sobre duración de mandato parlamentario de senadores; el artículo 70 CE que determina el mínimo de inelegibilidades e incompatibilidades; el artículo 71 CE sobre inviolabilidad, inmunidad, aforamiento y percepciones económicas de los parlamentarios; el artículo 72 CE sobre autonomía reglamentaria, presupuestaria y administrativa; el artículo 73 CE sobre períodos ordinarios de sesiones y sobre sesiones extraordinarias; el artículo 74 CE sobre sesiones conjuntas de las Cortes Generales y decisiones de estas en la previa autorización de las Cortes Generales para que el Estado español se obligue mediante tratados internacionales, tramitación de convenios entre comunidades autónomas y tramitación del Fondo de Compensación Interterritorial; el artículo 75 CE sobre el funcionamiento orgánico de las Cámaras en pleno y en comisiones y la competencia legislativa delegada; el artículo 76 CE sobre las comisiones de investigación; el artículo 77 CE sobre el ejercicio del derecho fundamental de petición a las Cortes Generales; el artículo 78 CE sobre la Diputación Permanente; el artículo 79 CE sobre *quórum* de asistencia y de votación; el artículo 80 CE sobre publicidad de las sesiones parlamentarias; el artículo 81 CE sobre requisitos procedimentales de las leyes orgánicas; el artículo 84 CE tramitación de una proposición de ley o una enmienda contraria a una delegación legislativa en vigor; el artículo 86.2 CE sobre convalidación o no de los decretos-leyes por el Congreso de los Diputados; el artículo 87 CE sobre iniciativa legislativa; el artículo 88 CE sobre requisitos de los proyectos de ley; el artículo 89 CE sobre tramitación de las proposiciones de ley; el artículo 90 CE sobre procedimiento legislativo en el Senado; el artículo 99 CE sobre procedimiento de investidura del presidente del Gobierno; el artículo 102 CE sobre acusación a los miembros del Gobierno por traición o por cualquier delito contra la seguridad del estado; el artículo 109 CE sobre información parlamentaria; el artículo 110 CE sobre comparecencia de los miembros del Gobierno; el artículo 111 CE sobre tramitación de interpelaciones y preguntas o el artículo 113 CE sobre tramitación parlamentaria de una moción de censura.

Además de los citados, hay otros preceptos que tienen efecto sobre el ámbito parlamentario, pero son los que se acaban de enumerar los que tienen una regulación parlamentaria muy directa que afecta al funcionamiento y a la organización de las dos Cámaras de las Cortes Generales. No cabe duda de que una regulación constitucional tan extensa de lo parlamentario posee un indiscutible elemento de desconfianza a la posterior regulación reglamentaria[5].

En los artículos citados anteriormente, la Constitución no ha hecho uso de la técnica de la reserva reglamentaria por lo que no ha remitido al reglamento parlamentario la regulación sobre estas materias. Nuestra *Constitución parlamentaria* supera la extensión de lo que es habitual en el Derecho comparado de nuestro entorno. Sin embargo, la regulación constitucional en materia parlamentaria no es algo exclusivo del moderno constitucionalismo. Así, E. PIERRE[6] estudió la incorporación a los primeros textos constitucionales franceses de contenidos materialmente parlamentarios, incluso en la Constitución de 1791[7]. Por su parte, en España también el emergente poder democrático-liberal, desconfiante del poder del monarca, intentó asegurar tanto la existencia de las Cortes, como su funcionamiento regular poniendo las bases de la monarquía constitucional e incorporando al texto constitucional muchos preceptos de contenido parlamentario. Es también muy llamativa la completísima regulación que, en materia parlamentaria, incorporó la Constitución de Cádiz de 1812, básicamente en los artículos 104 y siguientes, y en especial los preceptos que regulan de forma muy minuciosa el procedimiento legislativo (artículos 132 y ss.).

---

5 L. VILLACORTA MANCEBO, *Hacia el equilibrio de poderes. Comisiones legislativas y robustecimiento de las Cortes*, Valladolid, Universidad de Valladolid/Caja de Ahorros de Salamanca, 1989, p. 150. Este autor diferencia hasta cuatro perspectivas desde las cuales los preceptos que regulan las Comisiones Parlamentarias emprenden su regulación: 1. Nivel de reconocimiento constitucional de la institución; 2. Regulación concreta de la Institución; 3. Nivel en el que el precepto presupone la creación y la existencia de la institución; 4. Cláusula de cierre o de remisión al Reglamento parlamentario. Aunque el autor se limite a la regulación de las Comisiones Parlamentarias, esta interesante división podría aplicarse al resto de preceptos constitucionales que regulan instituciones materialmente parlamentarias.

6 E. PIERRE, *Histoire des assemblées politiques en France du 5 mai 1789 au 8 mars 1876*, París, Versailles, Cerf et fils, 1877.

7 En el primer texto constitucional europeo escrito existen varias normas de contenido parlamentario, como por ejemplo las relativas a la primera sesión de cada Asamblea Nacional electa, cuya sesión tendría lugar el «primer lunes de mayo, en el lugar donde se celebró la sesión de la última Legislatura» (Artículo 1, Sección V, Capítulo primero, Título III). O también las completas disposiciones que regulan el procedimiento legislativo y que se contienen en el Capítulo III del Título III, del mencionado texto constitucional. Son muchos los textos que han compilado el complejo entramado constitucional francés, a título de ejemplo puede citarse C. DEBBASCH y J. M. PONTIER, *Les Constitutions de la France*, París, Dalloz, 1989.

En cualquier caso y como ya se ha visto, hoy día no es raro que las diversas constituciones de nuestro entorno incluyan preceptos que regulen lo parlamentario. Por ejemplo, la Constitución italiana, sin llegar al grado de minuciosidad de la española, regula múltiples cuestiones sobre el funcionamiento y la organización de las dos Cámaras parlamentarias, dedicando a ellas la sección I del título I (artículos 55 a 69) y la sección II a la *Elaboración de las Leyes*. Por su parte, la Ley Fundamental de Bonn, sin llegar al detalle del texto italiano, se centra en la duración del mandato parlamentario, organización interna, publicidad y *quórum* de sesiones y privilegios y derechos de los diputados. Mucho más parca, y también más limitadora, es la Constitución francesa de 1958.

Como se ha visto, se impone la aplicación a las Cortes Generales de numerosas normas constitucionales. Pero podría plantearse, además, la aplicación de estas normas constitucionales parlamentarias no solo al ámbito organizativo y de funcionamiento de las Cortes Generales, sino también a la esfera material de las asambleas legislativas de las comunidades autónomas. El asunto tiene su indudable interés práctico, pues en muchas ocasiones tanto los estatutos de autonomía como las propias normas reglamentarias autonómicas se han apartado de lo reglado por la Constitución para las Cortes Generales. Una interpretación estricta de la rúbrica utilizada en el título III (De las Cortes Generales) de la Constitución, así como en su capítulo primero (De las Cámaras), obligaría a interpretar que estas Cámaras son solo las dos que conforman las Cortes Generales. El Tribunal Constitucional nada ha señalado de forma expresa, pero podría traerse a colación la STC 116/1994, de 18 de abril en la que, refiriéndose a la aplicación a las comunidades autónomas de los límites de la Ley de Presupuestos Generales del Estado del artículo 134 CE, se señala de una forma muy general que los preceptos aplicables a instituciones de las comunidades autónomas «no cabe derivarlos, sin más, de preceptos que regulen exclusivamente instituciones del Estado ni aplicarlos por analogía a las Comunidades Autónomas»[8]. Años antes la STC 36/1981, de 12 de noviembre, el Tribunal Constitucional niega que la previsión de la inmunidad fuese aplicable a los parlamentarios autonómicos, cuando indicó que «la Constitución guarda silencio sobre la inviolabilidad e inmunidad de los miembros de las Asambleas legislativas de las Comunidades Autónomas y, a falta de tal regulación han sido los Estatutos, en «cuanto norma institu-

8 No obstante, y de una forma posterior, las SSTC 174/1998 y 130/1999 se decantaron por la extensión de los límites del artículo 134 CE a las Leyes de Presupuestos aprobadas por las Asambleas Legislativas de las comunidades autónomas, reconociéndose en la primera de las citadas que existe «un principio general de que el contenido de la Ley de Presupuestos autonómica se adecue a la función institucional que le es propia, sin que puedan incluirse en ellas normas que no guarden relación directa con el estado de ingresos y de gastos o con los criterios de la política económica en que se sustentan, o que no sean un complemento necesario para la mayor inteligencia y mejor y más eficaz ejecución de los Presupuestos» (FJ 6°). Sobre este asunto se volverá más adelante.

cional básica» de la Comunidad Autónoma —art. 147.1 de la Constitución—, el lugar adecuado para concretar el *status* de los parlamentarios en cuanto a la inviolabilidad e inmunidad de los mismos se refiere» (FJ 4). Y, de forma similar, el Tribunal Constitucional ha negado posteriormente la extensión a los parlamentarios autonómicos de la previsión de asignación de diputados al Congreso y senadores del artículo 71.4 CE (STC 36/2014, de 27 de febrero).

A raíz de esto y sin llegar a reconocer un principio general, podría reconocerse que no son directamente aplicables a las asambleas legislativas de las comunidades autónomas los preceptos de la *Constitución parlamentaria*. A las comunidades solo les sería aplicable lo dispuesto en el texto constitucional para las propias asambleas legislativas de las comunidades autónomas y que estaría constituido, en principio, por lo dispuesto en el artículo 152 CE, además de lo determinado por las disposiciones que cada estatuto de autonomía contiene y se refieren a la respectiva asamblea, supuesta la extensión a todas las comunidades autónomas de la regulación del artículo 152 de la Constitución, desde la STC 225/1998.

A lo que se acaba de indicar, cabe efectuar algunas puntualizaciones. Primero, una cosa es que la regulación constitucional de las Cortes Generales no sirva como límite, ni como fundamento de la regulación de las asambleas y otra bien diferente es que pueda ser utilizada esta regulación muchas veces, y así lo es *de facto*, como parámetro interpretativo del reglamento parlamentario autonómico. Además, y de forma previa y vertebral hay que tener en cuenta, en todo caso, que los principios y valores determinados en la Constitución son aplicables tanto a las Cortes Generales como a las asambleas legislativas de las comunidades autónomas. Segundo, algunas instituciones expresamente reconocidas para las Cortes Generales son aplicables directamente al ámbito de las asambleas legislativas de las comunidades autónomas, siendo ejemplo paradigmático de ello la autonomía parlamentaria. En efecto, el reconocimiento de la autonomía, incluyendo la administrativa, a los Parlamentos autonómicos no suele estar reconocida de forma expresa en los estatutos de autonomía, excepto algunos casos significativos que se tendrá ocasión de estudiar luego. Sin embargo, a todas las asambleas legislativas de las comunidades autónomas les resulta aplicable un *status* idéntico de autonomía parlamentaria. Como se ha indicado, han sido muy significativas algunas decisiones del Tribunal Constitucional que no han aplicado a los Parlamentos autonómicos instituciones de las Cortes Generales, como la inmunidad, o las asignaciones económicas de los Diputados, aunque predomina la aplicación universal a todos los miembros de las Cortes Generales y de los Parlamentos autonómicos de las garantías del artículo 23 CE. En todo caso, se echa en falta una declaración general del Tribunal Constitucional que identifique o no, reconociendo sus excepciones que pudiera haber, la igual naturaleza entre Parlamentos autonómicos y Cortes Generales.

Producto de su naturaleza como norma institucional básica, los estatutos de autonomía, contienen la regulación de la materia parlamentaria para los Parlamentos autonómicos, y son fuente directa del Derecho parlamentario para las respectivas asambleas legislativas de las comunidades autónomas[9]. Sirvan como ejemplo de esto, aquellas disposiciones parlamentarias que todas las normas institucionales básicas de cada comunidad autónoma incorporan sobre designación de un presidente, una Mesa y una Diputación Permanente en la asamblea; sobre períodos de sesiones y sesiones extraordinarias; sobre inviolabilidad e inmunidad parlamentaria o sobre inelegibilidad e incompatibilidad de los parlamentarios. Todos estos contenidos inciden en el funcionamiento y organización de la institución representativa autonómica y casi todos podrían haber sido objeto de regulación en el reglamento directamente, si no hubiese habido referencia estatutaria alguna. Sin embargo, como ya se ha visto que sucede con la regulación de la Constitución, se puede constatar una tendencia consistente en introducir en las normas del bloque de la constitucionalidad, preceptos que diseñan, desde la cúspide normativa, un exhaustivo marco que el reglamento ha de respetar y que delimita la organización y el funcionamiento parlamentarios[10].

Con respecto a la *Constitución parlamentaria* aplicable a las Cortes Generales y a las asambleas legislativas de las comunidades autónomas se puede extraer una conclusión: salvo en materias en las que debe mediar el necesario consenso constitucional, debería haber sido más excepcional la regulación constitucional en materia parlamentaria, y haberse reducido al mínimo esencial. El consenso podría cubrirse de forma perfectamente respetuosa para el pluralismo político mediante la técnica de la reserva de reglamento parlamentario. La protección de las minorías parlamentarias se garantizaría mediante la aprobación del reglamento, a través del correspondiente *quórum* reforzado. Por ello, es excesiva una amplia regulación constitucional de la materia parlamentaria y, en este aspecto, nuestra Constitución (más que en los estatutos de autonomía) es excepcional si se la compara con el resto de constituciones de nuestro entorno. Seguramente aquí aparezca, más que en ningún otro sitio, la desconfianza hacia un poder ejecutivo desmesuradamente fuerte, y su evidente influencia en la vida, funcionamiento y organización del Parlamento. Además, es cierto que la técnica de regular en la Constitución aspectos de funcionamiento y procedimientos tiene el aludido efecto garantizador, pero la rigidez de la norma constitucional y su polivalencia hacen que no sea la Constitución el tipo normativo más adecuado para regular una materia tan compleja como la parlamentaria.

---

9 No lo entiende así algún autor, como L. MARTÍNEZ ELIPE, *Tratado..., op. cit.*, pp. 295 y 296, quien señala que los Estatutos de Autonomía tienen el valor de «fuentes indirectas», ya que la «función de garantía de la libertad en la comunidad política y de pervivencia de los valores que sustentan el régimen político es algo que corresponde al ordenamiento jurídico parlamentario general y no a los autonómicos».

10 Existe una opinión doctrinal con éxito en ciertos ámbitos y a la que se hará referencia posteriormente, que configura un modelo nórdico de Reglamento cuya principal característica es elevar a rango constitucional la regulación del Reglamento parlamentario. Por ello, no cabría hablar de reserva de Reglamento, pues todo el Reglamento tiene rango constitucional.

La *Constitución parlamentaria* ha supuesto también que haya una considerable jurisprudencia constitucional en esta materia, que es fundamental para analizar el alcance de la norma reglamentaria y valorar el diverso alcance de las funciones parlamentarias. La muy importante jurisprudencia del Tribunal Constitucional en materia parlamentaria es difícil de sistematizar y de controlar en su plenitud. En ello, la labor de la doctrina científica se antoja imprescindible. Como dato relevante de esta jurisprudencia puede señalarse que la parte fundamental de la misma no ha sido construida en torno a los preceptos integrantes de la Constitución parlamentaria que han sido citados, sino sobre el derecho fundamental del artículo 23 de la Constitución. Ello ha producido una enorme construcción jurisprudencial del estatuto jurídico-político del parlamentario, seguramente no deseada ni prevista por el constituyente.

2.2. Los reglamentos de las Cámaras

A) Concepto y origen

La admisión de un sistema peculiar y propio de fuentes del Derecho que se ocupen de regular el funcionamiento interno del Parlamento, ha constituido un principio tradicional asumido históricamente por la institución parlamentaria a la que el Estado democrático no parece haber renunciado. Es una obviedad referirse a la universalización del reglamento parlamentario como norma propia de la institución parlamentaria. Los *interna corporis* proporcionan al Parlamento la fuerza suficiente y la autonomía necesaria para dotarse de un contenido práctico, cuyo estudio se hace necesario si se pretende entender de forma completa la realidad del funcionamiento de las Cortes Generales y el de las asambleas legislativas de las comunidades autónomas.

Como ya se ha estudiado, el arranque del Derecho parlamentario y de las normas que lo conforman puede situarse en el entramado, casi desconocido, de usos, prácticas, y costumbres con que se dotaron las Cámaras estamentales medievales. Fueron los precedentes de las normas con que se dotaron los nuevos Parlamentos liberales. Y es en el siglo XIX cuando se inicia el estudio sistemático del Parlamento en general y de las normas que lo regulan en particular. Suelen citarse entre nosotros[11] los estudios sobre las normas procesales de las Cortes castellanas y aragonesas debidas a HURTADO DE

11 Da cuenta de algunos de los autores clásicos de nuestro país, y de fuera, J. A. MARAVALL, *Los Reglamentos de las Cámaras Legislativas y el sistema de Comisiones*, Madrid, Instituto de Estudios Políticos 1947, en especial pp. 13 y 14. Por otra parte, una muy completa referencia bibliográfica, clasificada por materias, aunque algo anticuada ya, se puede consultar en, *Bibliografía de Derecho parlamentario español contemporáneo*, Cortes Generales, Madrid, 1995.

MENDOZA[12], MARTEL[13], MATEU I SANZ[14], SARROVIRA[15], o PEGUERA[16]. Ya en el siglo XIX se publicaron otros estudios como por ejemplo los más conocidos de MARTÍNEZ MARINA[17], o FERNÁNDEZ MARTÍN[18] y otros menos célebres, pero también interesantes estudios, de contenido histórico casi todos, DE CAM-

12 A. HURTADO DE MENDOZA, *Convocatoria de las Cortes de Castilla y juramento del Príncipe nuestro Señor Don Baltasar Carlos*, Madrid, 1632. Otra versión muy posterior fue editada a finales del siglo XVII, Ceremonial que se observa en España para el juramento del príncipe hereditario o convocación de Cortes de Castilla, según se ha ejecutado desde el Juramento del Príncipe Ntro. Señor D. Baltasar Carlos. Se puede consultar en https://bibliotecadigital.jcyl.es/es/consulta/registro.do?id=9066.

13 La obra aquí citada es G. MARTEL, *Forma de celebrar Cortes en Aragón*, Zaragoza, 1641. Existe una edición de 1984, que publicó las Cortes de Aragón y que incluye los comentarios e introducción que, en aquella primera edición, realizaron G. REDONDO VEINTEMILLAS Y E. SARA. Se puede consultar en https://bibliotecavirtual.aragon.es/es/consulta/registro.do?id=3680. También puede ser citado como estudio de las tradiciones de aquellas Cortes, G. DE BLANCAS, *Modo de proceder en Cortes de Aragón*, Zaragoza, 1641. En edición facsímil se puede consultar http://www.derechoaragones.es/es/consulta/registro.do?id=600778.

14 LL. MATEU I SANZ, *Tratado de la celebración de Cortes Generales del Reino de Valencia*, Madrid, 1677. Se puede consultar en https://bivaldi.gva.es/es/consulta/registro.cmd?id=3258.

15 M. SARROVIRA, *Cerimonial de Corts: obra compilada de llocs autèntics, lleis del principat de Catalnuya antichs y practichs Doctors*, Barcelona, 1701. También en edición facsímil se puede consultar en https://books.google.no/books?id=MS3HgJCQ-PIC&printsec=frontcover&hl=ca&source=gbs_ge_summary_r&cad=0#v=onepage&q&f=false.

16 LL. PEGUERA, *Practica, forma, y estil, de celebrar Corts Generals en Cathalunya, y materias incidents en aquellas*, Barcelona, 1632. El 25 de mayo de 1599 fue convocada por Felipe III la Corte General de Cataluña, que inició sus sesiones el 2 de junio de 1599 en Barcelona. Lluys de Peguera asistió a estas Cortes de 1599 ya que era Oficial Real y su función era ejecutar las penas impuestas por el rey, no en vano también es autor de un Manual de Derecho Criminal y Procesal. La obra sobre las Cortes fue publicada por su hijo Joan, de forma póstuma, en 1632. Sesenta años más tarde, con motivo de la convocatoria de las Cortes Generales de Cataluña por Felipe V en Madrid el 16 de julio de 1701, fue necesario reeditar la obra introduciendo variaciones menores. Esta obra ha sido objeto de moderna reedición por el Centro de Estudios Políticos y Constitucionales, Madrid, 1998, con un estudio introductorio de T. DE MONTAGUT ESTRAGUÉS.

17 De MARTÍNEZ MARINA es muy interesante su *Carta sobre la antigua costumbre de convocar las Cortes de Castilla para resolver los negocios graves del Reino*, Londres, 1810. Se puede consultar la versión microfilmada completa de esta obra en www.cervantesvirtual.com. Su obra más relevante y seguramente el libro que mejor estudió en esa época las prácticas de las Cortes fue *Teoría de las Cortes*, Madrid, 1813. Existe una reedición preparada por J. M. PÉREZ PRENDES, y publicada en Madrid, Editora Nacional, 1979. En 1996, la Junta General del Principado de Asturias, dentro de la magnífica serie Clásicos asturianos del pensamiento político, reeditó *Teoría de las Cortes*, con un estudio previo de JOSÉ A. ESCUDERO, Oviedo, 1996, 3 vols.

18 M. FERNÁNDEZ MARTÍN, *Derecho parlamentario español*, Imp. de J. A. García, 1885. Existe una reproducción facsímil de la edición 1855-1900, con un estudio preliminar de J. J. LAVILLA RUBIRA. Años antes se reeditó en 1971 en edición preparada por J. M. Pérez Prendes.

PANY DE MONTPALAU[19], COLMEIRO[20], CUETO[21], BOFARULL Y MASCARÓ[22], MORALES SANTISTEBAN[23], BALAGUER[24], COROLEU É INGLADA[25], SEMPERE Y GUARINOS[26] o PANDO FERNÁNDEZ DE PINEDO[27]. Sin embargo, estos estudios y aquellas normas parlamentarias tienen hoy el interés del antiguo precedente, pues el estudio sistemático y metodológico de los reglamentos parlamentarios y de todo el Derecho parlamentario, es más cercano en el tiempo. De esta forma, las obras que aparecen como primer exponente de una preocupación teórica, sin desconocer la perspectiva práctica, fueron las *Tácticas de las Asambleas Parlamentarias* de J. BENTHAM[28], o el *Manual de Derecho par-*

---

19 A. CAMPANY DE MONTPALAU, *Práctica y estilo de celebrar Córtes en el reino de Aragón, Principado de Cataluña y Reino de Valencia, y una noticia de las de Castilla y Navarra*. Recopilado todo y ordenado. Va añadido el reglamento para el consejo representativo de Ginebra, y los reglamentos que se observan en la Cámara de los Comunes, Madrid, 1821. En edición facsímil se puede consultar en https://books.google.

20 M. COLMEIRO, *Introducción a las Cortes de los Antiguos reinos de León y Castilla*, Madrid, 1883. Se puede consultar en https://bibliotecadigital.jcyl.es/es/consulta/registro.do?id=16930.

21 J. DE CUETO, *Discurso sobre la índole de las antiguas Cortes españolas, su última organización y las varias causas que influyeron para que cayesen en desuso, leído ante la Real Academia de la Historia*, Madrid, 1957. Se puede consultar https://bibliotecadigital.jcyl.es/es/consulta/registro.do?id=3571.

22 P. DE BOFARULL Y MASCARÓ, *Procesos de las antiguas cortes y parlamentos de Cataluña, Aragón y Valencia*, Barcelona, 1847. En edición facsímil se puede consultar en https://books.google.

23 J. MORALES SANTISTEBAN, *Las Cortes de Castilla*, Madrid, 1820. En edición facsímil también se puede consultar en https://books.google

24 V. BALAGUER, *Las Cortes en Cataluña*, Barcelona, 1858. En edición facsímil se puede consultar en https://books.google.

25 J. COROLEU É INGLADA y J. PELLA Y FORGAS, *Las Cortes Catalanas: estudio jurídico y comparativo de su organización, y reseña analítica de todas sus legislaturas, episodios notables, oratoria y personajes ilustres, con muchos documentos inéditos del Archivo de la Corona de Aragón y del Municipio de Barcelona*, Barcelona, 1876. En edición facsímil se puede consultar en https://www.worldcat.org/.

26 J. SEMPERE Y GUARINOS, *Histoire des Cortes d´Espagne*, Burdeos, 1815. Y algunos años más tarde *Memorias para la historia de las constituciones españolas*, París, 1820 además de *Resumen de las historias de las antiguas Cortes de España*, Madrid, 1820. En edición facsímil se pueden consultar en https://books.google.

27 M. PANDO FERNÁNDEZ DE PINEDO, *Discurso histórico sobre las cortes de España en los tres últimos siglos*, Madrid, 1850. En edición facsímil se pueden consultar en https://books.google.

28 La edición de esta obra en español es de 1991 con el título «Tácticas Parlamentarias», publicado por el Congreso de los Diputados, dentro de la colección *Textos Parlamentarios Clásicos* y con «Estudio preliminar» de B. PENDÁS GARCÍA. En la p. 49 de esta edición se da cuenta de la primera publicación de esta obra, *An essay on Political Tactics or Inquiries concerning the discipline and mode of proceeding proper to be observed in Political Assemblies: principally applied to the practice of the British Parliament and to the constitution and*

lamentario de JEFFERSON[29]. Especialmente llamativo es este último pues, fiel a la tradición anglosajona pragmática, sigue rigiendo en la Cámara de representantes norteamericana *The Constitution, Jefferson´s Manual, and Rules of the House of Representatives*, que contiene una copia de la Constitución, del referido *Manual* de T. JEFFERSON y de varias normas elaboradas en años sucesivos por la Cámara, además de compilaciones de numerosos precedentes y decisiones procesales aplicadas a problemas y situaciones concretas. En el ámbito comparado[30], también fueron tempranas las obras de MICELLI[31] o de HATSCHEK[32].

Al contrario de lo que sucede en otros países de nuestro entorno, fundamentalmente Italia, Francia y Alemania, no ha existido en España un tratamiento dogmático en toda su extensión de los reglamentos parlamentarios. En general, se aborda la problemática del reglamento, y el estudio de su contenido, o en estudios parciales, o en artículos doctrinales dispersos, o en las obras que con carácter general tratan de forma sistemática el Derecho parlamentario, entre las que puede citarse entre otros, *Tratado de Derecho parlamentario*[33], de L. MARTÍNEZ ELIPE, *Las Cortes generales*[34] de R. PUNSET BLANCO, *Las Cortes Generales en el sistema constitucional*, de SOLÉ TURA Y APARICIO[35], *Derecho parlamentario español* de F. SANTAOLALLA, *El Congreso*

---

situation of the National Assembly of France, Londres, 1791. La edición más conocida es la primera francesa titulada *Tactique des Assemblées Législatives*, París, 1816. La primera edición en español, traducción de la edición francesa, tuvo lugar años más tarde y se tituló *Táctica de las Asambleas Legislativas*, Madrid, 1834. La edición española de 1991 es una reedición parcial de esta última que se acaba de citar. *Tácticas Parlamentarias*, Madrid, Congreso de los Diputados, 1991.

29 La traducción al español es bastante temprana, T. JEFFERSON, *Manual del Derecho parlamentario o resumen de las reglas que se observan en el Parlamento de Inglaterra y en el Congreso de los Estados Unidos para la proposición, discusión y decisión de los negocios*, trad. de J. ORTEGA, París, 1827.

30 La figura del *Parlamentarian* tiene una gran relevancia en la Cámara de Representantes de los Estados Unidos, pues es el Miembro que se especializa en procedimientos y se sitúa en las sesiones plenarias junto al *Speaker* con el fin de aconsejarle sobre la forma de aplicar las normas y precedentes en cada incidente procedimental. Las compilaciones de la Cámara de Representantes son publicadas, *Cannon's Precedents and Hind's Precedents*, 1986. En el Senado norteamericano, rige el *Riddick's Senate Procedure*, que contiene normas, leyes, regulaciones actualizadas y precedentes que se aplican en los procedimientos del Senado.

31 MICELLI, *Principi de Diritto parlamentare*, Milán, Societa Editrice 1910.

32 HATSCHEK, *Das Parlamentsrecht des deutschen Reiches*, Berlín, De Gruyter, 1915; reed. 2019.

33 L. MARTÍNEZ ELIPE, *Tratado..., op. cit.*

34 R. PUNSET BLANCO, *Las Cortes Generales*, Madrid, CEC, 1983.

35 J. SOLÉ TURA y M. A. APARICIO PÉREZ, *Las Cortes Generales en el sistema constitucional*, Madrid, Tecnos, 1988.

de los Diputados[36] de L. Cazorla Prieto. Referido y referido al ámbito específico de algunos Parlamentos autonómicos, *El Parlamento Vasco*[37], de A. Figueroa, *Las Cortes Valencianas*[38], de Ll. Aguiló, *Dereito Parlamentario de Galicia*[39] de X. A. Sarmiento Méndez y, de A. Arce Janáriz, *Teoría y Práctica de la Junta General del Principado de Asturias*[40] y su *El Parlamento en los Tribunales. Prontuario de jurisprudencia parlamentaria*[41]. Han aparecido varias obras en el que se afronta, por parte de letrados de los Parlamentos, el estudio del Derecho parlamentario, de una forma más o menos sistemática, como *Manual AELPA del parlamentario*, coordinado por el propio X. A. Sarmiento[42], el *Manual de Derecho parlamentario autonómico*[43], coordinado por S. Iglesias Machado y R. Marañón Gómez, o los *Comentarios al Reglamento del Parlamento de Canarias*[44], coordinado por E. Arnaldo Alcubilla y S. Iglesias Machado. Con una visión fundamentalmente práctica, es obra de referencia para cualquiera que se aproxime al estudio del Derecho parlamentario y los reglamentos, los *Comentarios al Reglamento del Congreso de los Diputados*[45], coordinado por R. Ripollés Serrano.

Es reseñable, además, el estudio monográfico de J. Marco, *El Reglamento Parlamentario en el Sistema Español de Fuentes de Derecho*[46], que es uno de los pocos libros específicamente dedicados a la compleja problemática del reglamento parlamentario y afronta las cuestiones relativas al Reglamento del Congreso de los Diputados y al del Senado, y a los de las asambleas legislativas de las comunidades autónomas.

---

36 F. Santaolalla López, *Derecho parlamentario español*, Madrid, Espasa, 1990. Y, años más tarde, *Derecho parlamentario español*, Madrid, Dykinson, 2019, 2ª edición.

37 A. Figueroa Laraudogoitia, *El Parlamento Vasco*, Guipúzcoa, Instituto Vasco de Administración pública, 1991.

38 Ll. Aguiló i Lúcia, *Las Cortes Valencianas: introducción al Derecho parlamentario*, Valencia, Tirant lo Blanch, 2000.

39 X. A. Sarmiento Méndez, *Dereito Parlamentario de Galicia*, Vigo, Editorial Xerais, 2001.

40 A. Arce Janáriz, *Teoría y Práctica de la Junta General del Principado de Asturias*, Siero, Granda ediciones, 2003.

41 A. Arce Janáriz, *El Parlamento en los Tribunales. Prontuario de jurisprudencia parlamentaria*, Cizur, Aranzadi, 2004. Una versión actualizada de esta obra en AA.VV. *El Parlamento ante los Tribunales*, Aranzadi-Asamblea de Madrid, Cizur-Asamblea de Madrid, 2015.

42 X. A. Sarmiento Méndez (coord.), *Manual AELPA del Parlamentario*, Madrid, Editorial Wolters Kluwer, 2016.

43 S. Iglesias Machado y R. Marañón Gómez (coords.), *Manual de Derecho parlamentario Autonómico*, Madrid, Asamblea de Madrid, 2017.

44 E. Arnaldo Alcubilla y S. Iglesias Machado (coords.), *Comentarios…, op. cit.*

45 R. Ripollés Serrano (coord.), *Comentarios al Reglamento del Congreso de los Diputados*, Madrid, Congreso de los Diputados, 2013.

46 J. Marco, *El Reglamento Parlamentario en el Sistema Español de Fuentes de Derecho*, Valencia, Cortes Valencianas, 2000.

Volviendo a la cuestión del reglamento, suele decirse de este que, si bien no agota todo el Derecho parlamentario, sí es la fuente primaria y original del Derecho que regula la vida de la institución parlamentaria. De su importancia no cabe dudar. El mismo BENTHAM, en el «Discurso Preliminar» de las *Tácticas Parlamentarias* indicaba que «El reglamento interno de un congreso político es un ramo esencial de la legislación. Ningún escritor se ocupó hasta ahora en esto expresamente. Así la presente materia es tan antiquísima como novísima; antiquísima en la práctica y novísima en la teórica; y aun tan nueva bajo este aspecto, que carece todavía de una denominación especial y ha sido necesario inventar una expresión para designarla. Si se abandonó este ramo de la legislación, dimanó de no haberse conocido su importancia. No comprendieron suficientemente el influjo que el modo adoptado para las operaciones de una asamblea había de ejercer sobre las operaciones mismas. *Son unas formalidades*, dijeron; y para los espíritus superficiales esta palabra *formalidad* deprime inmediatamente la majestad del objeto. Algunas formalidades son menudencias o pedanterías, y las desprecia el que piensa con grandeza»[47].

Esta importancia del reglamento ha supuesto que la doctrina emprenda la labor (generalmente insatisfactoria) de elaborar un concepto de reglamento omnicomprensivo de las diversas manifestaciones de la autonomía normativa. Todas las definiciones[48] que se han intentado del reglamento, tienen en común vincular la existencia de esta norma jurídica, o bien con la posición institucional propia del Parlamento, o bien directamente con la posición de autonomía que la institución parlamentaria tiene en el sistema diseñado por la Constitución. Se puede citar la clásica definición entre nosotros de PÉREZ SERRANO, para quien el reglamento parlamentario es el verdadero «Código o conjunto de disposiciones que determinan el orden y método que han de seguirse en los trabajos de la Cámara»[49]. Sea cual sea la definición por la que se opte, suele ser clara la identificación del reglamento por su objeto regulador, constituido por el funcionamiento y organización del Parlamento, y por la aprobación autónoma del mismo sin intervención formal de otro poder. Pero aquí la posición del Parlamento tiene una cierta especialidad

---

47 J. BENTHAM, *Tácticas..., op. cit.*, pp. 54 y 55. La cursiva consta en el original.

48 La doctrina constitucionalista contemporánea ha intentado definir el Reglamento parlamentario de diferentes modos. Entre otros muchos pueden citarse la definición de J. PÉREZ ROYO, en *Curso de Derecho Constitucional*, 14ª edición, Madrid, 2014, Marcial Pons, pp. 603 y ss., que afirma que el Reglamento parlamentario es la norma mediante la cual se desarrolla la materia parlamentaria constitucionalmente establecida, estableciéndose al mismo tiempo la disciplina de los trabajos internos de las Cámaras. O la de F. BALAGUER CALLEJÓN, G. CÁMARA VILLAR, J. F. LÓPEZ AGUILAR, J. CANO BUESO, A. RODRÍGUEZ, *Derecho Constitucional*, II, Madrid, Tecnos, 2001, p. 354, para quienes el Reglamento parlamentario es «la norma que organiza el comportamiento de deliberación y decisión de los asuntos a fin de que la formación de la voluntad del órgano se desarrolle ordenadamente».

49 N. PÉREZ SERRANO, *Tratado de Derecho Político*, Madrid, Civitas, 1984, p. 772.

y debería ser objeto de alguna aclaración. Primero, no debe extrañar que el órgano constitucional dotado de potestad legislativa tenga reconocida también la potestad de aprobar una norma que regule su funcionamiento y organización. Segundo, alguna reflexión más exigiría la justificación de dos cuestiones, como las posibles limitaciones del control en el ejercicio de esta potestad normativa y, además, la inserción del reglamento en el esquema normativo diseñado por la Constitución.

En cualquier caso, las cuatro clásicas manifestaciones de la autonomía parlamentaria (normativa, presupuestaria, organizativa y de gobierno interior) suelen justificarse hoy como una respuesta a la necesidad de funcionalidad del régimen democrático representativo que solo puede operar hoy, de forma eficaz, con Cámaras independientes. Esta supuesta independencia impondría la necesidad de que ningún poder extraño afectase la organización y el funcionamiento del Parlamento. Al final, la justificación última de la autonomía normativa del Parlamento estaría en el Estado democrático y sus garantías de pluralismo político pues, en definitiva, la razón del Derecho parlamentario es la protección de las minorías. Las características del reglamento parlamentario que luego serán aludidas tienen este amparo.

Válido para todos los sistemas, PÉREZ SERRANO[50] describió con gran claridad el proceso mediante el cual se fue reconociendo a las Cámaras la potestad de dictar por sí mismas sus propios reglamentos, como conquista de los Parlamentos ante el poder de ordenanza e intervención monárquico. En el modelo europeo continental (y también, aunque en una medida diferente, en el modelo anglosajón) frente a las prerrogativas del rey, el Parlamento construyó su estatuto particular defendiendo sus privilegios e instituyendo su propia capacidad autonormativa. Aquí las primeras interpretaciones estrictas del principio de división de poderes supusieron la autoatribución a la asamblea parlamentaria de la mencionada potestad. Como explica MARTÍNEZ ELIPE, las declaraciones constitucionales que proclaman la facultad del Parlamento para darse sus reglamentos no son el origen ni el fundamento de esta potestad del Parlamento. El reglamento preexiste a la Constitución, en muchas ocasiones. Por eso, la teoría del poder constituyente no sirve para explicar la autonomía del Parlamento. Señala este autor que «no es de extrañar que con frecuencia y con anterioridad a la vigencia de un nuevo texto constitucional, se proceda a la aprobación de reglamentos parlamentarios, aunque sea con carácter provisional, donde se establezcan los cauces necesarios relativos a la organización del Parlamento, adecuando su estructura a la representatividad que ostentan las nuevas fuerzas políticas y donde se fijen las normas generales de funcionamiento...»[51]. Las declaraciones constitucionales, como la del artículo 72 de nuestra norma fundamental y la de todas aquellas cons-

50 Cfr. N. PÉREZ SERRANO, «Naturaleza jurídica del reglamento parlamentario», en *Escritos de Derecho Político II*, Madrid, Instituto de Estudios de la Administración Local, pp. 987 y ss.

51 L. MARTÍNEZ ELIPE, *Tratado..., op. cit.*, p. 53.

tituciones en las que la nuestra se inspira, vienen a reconocer y plasmar una realidad que preexiste y una necesidad de que el Parlamento decida su propia reglamentación.

Pero la autonomía normativa no ha sido a lo largo de nuestra historia constitucional, ni mucho menos, una constante. Así, se puede observar que la tendencia ha sido de reconocimiento, más o menos formal, de la potestad reglamentaria del Parlamento; pero no ha sido extraña la intervención del Gobierno en la aprobación del reglamento, alguna vez de forma exclusiva como en el Estatuto Real, o de forma paritaria con las propias Cámaras en alguna otra ocasión. La primera manifestación de la autonomía parlamentaria en nuestro país fue el Reglamento de las Cortes Constituyentes de 24 de noviembre de 1810[52]. Con este precedente no debe extrañar que la propia Constitución de Cádiz reconociera de forma explícita la autonomía reglamentaria de las Cortes y que muy pronto la desarrolló. El artículo 127 de la Constitución de Cádiz de 1812 disponía que «en las discusiones de las Cortes, y en todo lo demás que pertenezca a su gobierno y orden interior, se observará el reglamento que se forme por estas Cortes Generales y extraordinarias, sin perjuicio de las reformas que las sucesivas tuvieren por conveniente hacer con él». Fue la primera vez que, en Europa[53], se reconocía de forma expresa la capacidad autonormadora de la Cámara, lo cual además se veía como inevitable y lógica consecuencia del principio de soberanía nacional que ilumina todo el texto. Igualmente, existían ciertos rasgos que hacían inconfundible al reglamento parlamentario, sobre todo el hecho de que el artículo 142 de la Constitución de Cádiz determinara solo que «el Rey tiene la sanción de las leyes», sin que fuese objeto de sanción real este «Reglamento de gobierno y orden interior». Consecuencia de todo esto, fueron aprobados dos reglamentos, en 1813 y 1821[54]. Por su lado, el Estatuto Real de 1834[55] constituye una excepción en nuestra historia constitucional, pues este claro

---

52 M. Martínez Sospedra ha resaltado no solo la lógica influencia del parlamentarismo inglés, sino también la del parlamentarismo revolucionario francés, siendo en España muy perceptibles esas influencias en las ideas de Argüelles, que han sido tamizadas debidamente «por el filtro de Bentham». Todo ello en *La Constitución española de 1812 (El constitucionalismo liberal a principios del siglo XIX)*, Valencia, Facultad de Derecho, 1978, p. 133.

53 Posteriormente, otros textos constitucionales también reconocieron el principio de autonomía reglamentario, como la Constitución belga de 1831 (artículo 46) y el Estatuto Albertino (artículo 61). En Francia, aunque no fue discutido desde los albores revolucionarios, de forma expresa no aparece hasta las Leyes Constitucionales de 1875.

54 Un estudio interesante de estos dos Reglamentos, M. D. Oller Sala, «Los Reglamentos de las Cortes de 1813 y 1821, como vía de interpretación y modificación de la Constitución de 1812», en J. Cano Bueso (coord.), *Materiales para el estudio de la Constitución de 1812*, Sevilla, Parlamento de Andalucía, Tecnos, 1989, pp. 77 y ss.

55 El sistema constitucional es objeto de estudio de J. Tomás Villarroya, *El sistema político del Estatuto Real (1834-1836)*, Madrid, I. E. P., 1968 y *El Estatuto Real de 1834 y la Constitución española de 1837*, Madrid, Cátedra de Estudios Hispánicos, 1985. En estas obras

exponente del liberalismo doctrinario no podía reconocer de ninguna forma que las Cámaras pudieran aprobar sus propias normas de reglamentación interna. DÍEZ DEL CORRAL[56] nos explicó el significado relativo del límite que el estatuto imponía a la convocatoria de las Cortes. En este sentido, el artículo 11 señalaba que «El reglamento determinará todo lo concerniente al régimen interior, y al modo de deliberar del Estamento de Próceres del Reino». Pero la prueba de la limitadísima posición constitucional de las Cámaras fue *el Real Decreto que contiene los Reglamentos para el régimen y gobierno de los Estamentos de Próceres y Procuradores del Reino*, expedido por la reina regente María Cristina el 15 de julio de 1834.

Como se ha dicho, este último precedente es excepción en nuestra historia. Pues enseguida se volvió a lo que había sido norma en el origen constitucional y habría de ser carta común a lo largo del siglo XIX. Buen ejemplo de esto es la disposición que incluye el artículo 29 de la Constitución de 1837, así como el artículo 28 de la Constitución de 1845, el artículo 31 de la Constitución nonata de 1856, el artículo 45.2.° de la Constitución de 1869 y el artículo 34 de la Constitución de 1876. Todos ellos, al menos formalmente, reconocen con una redacción casi siempre coincidente, a cada una de las Cámaras que componen las Cortes, competencia para «formar el respectivo reglamento para su régimen interior». Siguiendo en esta misma línea y consciente de la importancia constitucional del reconocimiento de la autonomía reglamentaria del Parlamento, el artículo 57 de la Constitución de 1931 dispuso que «el Congreso de los Diputados tendrá facultad... para adoptar su reglamento de régimen interior». Da idea este precepto, de forma muy gráfica, que es la Cámara la única capacitada para redactar y aprobar su reglamento. Consecuencia de esto, el Congreso de los Diputados aprobó su reglamento el 29 de noviembre de 1934[57].

El artículo 72 de nuestra Constitución no es original en el reconocimiento del estatuto peculiar del Parlamento. Enlaza con la tradición jurídica de nuestro sistema y con lo que es habitual en Derecho comparado. El Derecho comparado continental, a diferencia del Derecho anglosajón, ofrece ejemplos de reconocimiento expreso de la autonomía parlamentaria. Así, el artículo 64 de la Constitución italiana señala que «cada Cámara adopta su propio reglamento por mayoría absoluta de miembros». De forma similar, el artículo 40 de la Ley Fundamental de Bonn dispone respecto del *Bundestag* que «establecerá su propio Reglamento». De un modo más discreto y fiel a su filosofía,

---

se estudia de forma sistemática el sistema político de esta convulsa época, analizándose las diversas vicisitudes del parlamentarismo y el Parlamento, en cuyo seno se desencadenaron muchas de los hechos relevantes de la época.

56 L. DÍEZ DEL CORRAL, *El liberalismo doctrinario*, 4ª edición, Madrid, CEPC, 1984, pp. 514 y ss.

57 Las Cortes Constituyentes habían aprobado unos años antes el Reglamento provisional de las Cortes Constituyentes, de 18 de julio de 1931.

la Constitución francesa se limita a reconocer, de forma indirecta y sin establecer norma alguna sobre *quórum*, la existencia de un reglamento interior (artículos 28 y 61) para las Cámaras.

De un estudio detenido de las regulaciones constitucionales se puede desprender que existe la formal atribución a la Institución parlamentaria de la competencia para aprobar su reglamento, si bien puede adivinarse que el alcance real de la autonomía material de las Cámaras ha sido más bien tibio en España. En todos los momentos, un cambio reglamentario sin consulta o incluso impulso del poder ejecutivo es difícil de imaginar en un régimen parlamentario.

En resumen, como se desprende de la historia constitucional, tanto española como europea, la vida de los reglamentos parlamentarios es la propia del sistema constitucional de un país. En nuestro país, a la sucesión de una Constitución, le sucedió casi inmediatamente la aprobación de una reforma del reglamento parlamentario, en el que se podía apreciar también las características propias del nuevo texto constitucional. En España, el carácter moderado o progresista se puede predicar también de los reglamentos parlamentarios, porque esto determina decisiones fundamentales para la vida del Estado, pues, en definitiva, son desarrollo inmediato de la Constitución con una incidencia apreciable en al funcionamiento del sistema político.

Los reglamentos son parte del desarrollo constitucional del sistema. Históricamente, señaló PÉREZ SERRANO[58], muchas materias como el trabajo en comisiones, la publicidad de los debates o técnicas fundamentales para el parlamentarismo como la ya aludida de la investidura o de la moción de censura, fueron regulados por los reglamentos parlamentarios antes de su incorporación a los textos constitucionales. También pueden citarse los artículos 67 y 68 del Reglamento de las Cortes de Cádiz de 1813 y los artículos 72 y 73 del Reglamento de las Cortes de Cádiz de 1821, que suavizaron la rígida interpretación del principio de división de poderes constitucional, regulando la comparecencia de los secretarios de despacho ante las Cortes «cuando y del modo que las Cortes determinasen», y «cuando ellos los tuviesen por conveniente o cuando lo determinasen las Cortes». Estamos, afirma PUNSET, ante un tipo de normas calificable como de emanación necesaria, puesto que sin ellas se haría imposible el funcionamiento de los poderes del Estado. Son normas caracterizadas por la «perentoriedad y necesariedad de su producción»[59]. Por ello, puede afirmarse que los reglamentos encierran decisiones en muchas ocasiones necesarias para efectuar una distribución orgánica del poder estatal conforme a los valores y principios que disponga la Constitución, con una clara influencia en el desarrollo de los asuntos públicos.

---

58 Cfr. N. PÉREZ SERRANO, *Tratado...*, *op. cit.*, p. 772.

59 R. PUNSET, *Las Cortes...*, *op. cit.*, p. 90.

Pueden extrañar las dificultades doctrinales para calificar una norma de tanta tradición y de tan amplio y unánime reconocimiento constitucional. Quizá los problemas de conceptuación y de averiguación de la naturaleza jurídica vengan determinados por el uso de la palabra *reglamento*, «lo cual evoca ámbito administrativo, y presupone Ley anterior a cuyo desenvolvimiento se consagre»[60]. De entrada, como también ha señalado PUNSET, el vocablo reglamento produce una cierta confusión sobre la naturaleza jurídica de la norma e «induce a pensar en un conjunto de reglas reguladoras exclusivamente de actividades internas en la línea de los reglamentos administrativos de organización»[61]. MORTATI se refirió a la impropiedad de utilizar la palabra reglamento, pues se está utilizando para designar una norma que está directamente ordenada a la Constitución. Sin embargo, como se observa en nuestra historia constitucional, desde la Constitución de Cádiz, tuvo éxito la mención reglamento. En el uso de esta palabra por el constituyente de Cádiz fue fundamental el precedente francés, que utilizó la palabra *Règlement*. Además, como ha señalado algún autor entre nosotros, esta palabra fue incluida en el texto constitucional gaditano, porque seguramente su función se preveía exclusivamente para las discusiones de las Cortes y solo a lo que perteneciera a su régimen interior. De hecho, la propia Constitución de Cádiz habilita a las Cortes para adoptar su reglamento de régimen interior, queriendo indicar que el ámbito «natural» de regulación de este tipo normativo es el interno propio del Parlamento, de forma paralela a lo que sucede a los reglamentos internos de la Administración pública, sin una eficacia externa evidente.

Sin duda, el término *reglamento* tiene hoy el rasgo de seguridad que proporciona la tradición y la historia, pero es también indiscutible que su uso también motivó que se plantease la cuestión de su naturaleza jurídica. Entre nosotros, PÉREZ ROYO ha señalado que «el uso del sustantivo reglamento es muy correcto, ya que define las funciones que cubren las normas calificadas de esta manera en el ordenamiento jurídico en general. Es el adjetivo parlamentario la que los singulariza, convirtiéndolas en unas normas únicas»[62]. Afirma este autor que, siendo las únicas normas directamente ejecutivas de la Constitución, el término *reglamento* es «bastante acertado», pues viene a cubrir las dos funciones del reglamento, entendido como categoría de la teoría general: ejecución de una norma superior (Constitución), y también autoorganización (disciplina interna de los trabajos de la Cámara). Sin embargo, es frecuente la crítica o cuando la menos la extrañeza por la fortuna de la palabra, así alguna autora[63] ha mantenido lo inapropiado del término utilizado porque «difumina su enlace directo con la Constitución»,

60 N. PÉREZ SERRANO, *Tratado...*, *op. cit.*, p. 772.

61 R. PUNSET BLANCO, *Las Cortes...*, *op. cit.*, p. 87.

62 J. PÉREZ ROYO, *Curso...*, *op. cit.*, p. 777.

63 P. GARCÍA-ESCUDERO MÁRQUEZ, «Artículo 72.1», en *Comentarios a las Constitución Española de 1978*, Madrid, Edersa, 1998, p. 406 y ss.

además de introducir confusión por identificación con la norma más característica del poder ejecutivo. Otro autor[64] ha planteado, incluso, el cambio del nombre reglamento por otro más descriptivo como *Estatutos parlamentarios*. En cualquier caso, hay que asumir la generalización del uso de este término referido a la potestad autoorganizativa de las Cámaras reconocida por motivos funcionales. Pero del uso de este término no deberían extraerse conclusiones categóricas en relación con la construcción de las fuentes del Derecho en los albores de la historia constitucional.

La generalización del término en el Derecho continental, señala RIPOLLÉS SERRANO[65], puede obedecer a que en sus orígenes las normas parlamentarias eran solo reglas elementales de autonormación y procedimiento de las Cámaras como un peculiar Derecho procesal parlamentario, sin mayor trascendencia externa. Parece evidente hoy que el concepto actual de reglamento, y en general el de toda la problemática parlamentaria, no encaja ni en considerar que el reglamento parlamentario es solo un compendio de normas procesales internas, ni en entender que es un trasunto del pacto social russoniano. Por tanto, cualquier consideración que se haga hoy día sobre el uso del término *reglamento* solo valdrá a efectos de concretar su origen histórico, pero sin poder extraer de ahí ninguna consideración de índole práctica, y mucho menos se puede anticipar desde estos planteamientos ninguna conclusión sobre su naturaleza jurídica.

Sea como sea, parece clara la primera premisa aludida: los reglamentos son normas emanadas y vinculadas de forma directa a la Constitución. Ello significa que todos los textos constitucionales de nuestro entorno han venido a confirmar que se reconoce al Parlamento autonomía reglamentaria y que esta garantiza un estatuto parlamentario, cuyo objeto instrumental es asegurar su funcionamiento eficaz. Esto lo sitúa al margen de la intervención formal del resto de poderes. Este es el sentido de la regulación del artículo 72.1 de la Constitución española que determina que las Cámaras establecen sus propios reglamentos, que serán sometidos a una votación final sobre su totalidad que requerirá la aprobación mediante mayoría absoluta. Además, se prevé la aprobación de un Reglamento de las Cortes Generales aprobado por mayoría absoluta de cada Cámara. De forma muy similar, todos los estatutos de autonomía[66] prevén, en aras a la funcionalidad institucional, la apro-

---

64 A. TORRES DEL MORAL, «Naturaleza jurídica del Reglamento Parlamentario», en *Revista de la Facultad de Derecho de la Universidad Complutense*, 10, 1986, pp. 7 a 22. Sobre esta tesis se ha pronunciado L. VILLACORTA MANCEBO, quien ha manifestado sus dudas sobre su constitucionalidad, a la vista de la literalidad del artículo 72 de la Constitución. L. VILLACORTA MANCEBO, *Hacia el equilibrio..., op. cit.*, p. 155, en nota al pie.

65 R. RIPOLLÉS SERRANO, «Los Reglamentos Parlamentarios en el sistema de fuentes de la Constitución española de 1978», en *Revistas de las Cortes Generales*, 6, 1985, pp. 2054 y 2055.

66 Artículo 27.2 EAAND; artículo 14.1 EAAR; artículo 28.1 EAAST; artículo 24.7 EAIB; artículo 11.2 EACAN; artículo 12.1 EACANT; artículo 11 EACLM; artículo 12.4 EACL; artículo 32.1

bación por el respectivo Parlamento de un reglamento. El propio Tribunal Constitucional ha tenido ocasión de reconocer expresamente la posición de autonomía de las asambleas legislativas de las comunidades autónomas, en ATC 614/1988 en donde se reconoció que estas «gozan de autonomía tanto para regular la organización de los debates y el procedimiento parlamentario, lo que constituye un aspecto básico del contenido de un Reglamento parlamentario, como para la interpretación y aplicación de tales normas reglamentarias». También puede citarse la STC 118/1995, entre otras muchas.

B) Clases de reglamentos parlamentarios

Siguiendo la perspectiva del Derecho comparado, es habitual reconocer la existencia de dos tipos normativos de reglamentos parlamentarios. Si bien debe quedar claro que el reconocimiento de dos modelos ha de ser entendido solo a efectos expositivos, pues el objeto y contenido tanto de las *Standing Orders* como el de los reglamentos de la Europa continental es el mismo, ya que unos y otros vienen a regular la organización y funcionamiento del Parlamento, con las peculiaridades propias de cada sistema. Las características y las diferencias entre ambos tipos de planteamientos vendrían a ser las siguientes:

1. Sistema anglosajón. Como todo el entramado normativo del *common law*, la formación dentro de este sistema ha sido histórica, evolutiva y fundamentalmente consuetudinaria. Su estudio es casi un ejemplo de arqueología parlamentaria. Esta función normativa se ha manifestado tradicionalmente a través de un conjunto de normas de naturaleza diversa que han surgido espontáneamente a medida que se ponía de manifiesto su necesidad, recogiendo de esta forma en las *orders* una serie de usos, convenciones y costumbres recaídas en la propia actividad parlamentaria. En definitiva, suele ser común la cita de May que justifica la creación de los *standing orders*, en las necesidades de naturaleza práctica que tiene toda organización de regular y aclarar su modo de funcionamiento; señalaba este *clerk* de la Cámara de los Comunes que, de modo semejante a como todo tribunal de justicia se regía por sus propias costumbres en su trabajo, también el Parlamento debía regirse por las propias reglas que elaborase. Si todo poder requiere organización, es lógico que este se dote de normas que regulen las incidencias propias de su funcionamiento y organización. En el sistema británico, la fuerza de la costumbre es muy llamativa. Incluso los *hatsell's precedents*[67] rigen aún hoy como

EACAT; artículo 21 EAEXT; artículo 12.1 EAGAL; artículo 13.2 EAMA; artículo 16 LORAFNA; artículo 27.1 EAPV y artículo 14.1 EACVAL.

67 John Hatsell fue *Clerk of the House* desde 1768 hasta 1820 aunque, de hecho, solo lo fue hasta 1797. Efectuó una importante labor de reordenación de la estructura interna del servicio

Derecho consuetudinario. Fieles a un sentido práctico del Derecho, envidiable en muchos aspectos, las *standing orders* de la Cámara de los Comunes han sido objeto de muy frecuente modificación para la adaptación a las situaciones planteadas en cada momento, como ejemplo baste referir que el 17 de marzo de 2020 se han modificado en relación con la Comisión sobre Asuntos Europeos, y en abril de 2020 se modificaron para preparar a la Cámara durante la pandemia producida por el coronavirus, previéndose allí la celebración de sesiones telemáticas de la Cámara. También la mayor parte de las *standing orders* de la Cámara de los Lores ha sido objeto de habitual modificación; siendo la última publicación oficial de las mismas de mayo de 2016 (para *public business*) y de junio de 2005 (para *private business*), datándose en el siglo XVII (1621) los más remotos antecedentes de los preceptos incluidos en estas *standing orders*.

2. Por oposición a este sistema, puede indicarse que existe una tipología europeo continental de reglamento parlamentario. Los reglamentos parlamentarios de la Europa continental son normas en sentido racional-normativo. Se parte de la voluntad de estructurar la vida, organización y funcionamiento del Parlamento con arreglo a unas normas predeterminadas y predeterminadoras, por recordar la expresión de García Pelayo[68]. El reglamento se manifiesta como un complejo de normas codificadas diferentes al sistema propio de las *standing orders* del Derecho anglosajón. Ya se ha visto que Pérez Serrano venía a configurarlos como un código. El intento de regular la vida del Parlamento de una vez y para siempre significa que este, como consecuencia de la autonomía normativa y corporativa, aprueba un código interno, ordenado y sistemático. Nació este tipo de reglamento del sistema francés de 1789 y, por influencia suya, en el de Cádiz de 1810. Todos ellos comparten el criterio de que la asamblea parlamentaria inicia el ejercicio de sus facultades dictando normas que han de regir su organización y funcionamiento. La creación *ex novo* de estas normas y su difícil encaje en la pirámide jerárquica también motiva que se sucedan las diversas y contradictorias teorías sobre su naturaleza jurídica. La rigidez del reglamento está también explicada

de asesoramiento de la Cámara de los Comunes, poniendo las bases de lo que es uno de los ejemplos más paradigmáticos de Administración parlamentaria. Aunque no de forma muy habitual, su manual sobre procedimiento es utilizado todavía hoy no solo en el Parlamento británico, sino también en algunos Parlamentos de tradición anglosajona. Su sucesor fue Sir Thomas Erskine May que fue *Clerkship* hasta su muerte en 1886 y revolucionó, aún más que su antecesor, la estructura interna del *Clerk's Department*. Durante todo este tiempo fueron publicadas nueve ediciones de su célebre e imprescindible *Parliamentary Practice*.

68 Sobre el concepto racional normativo de Constitución es clásico, M. García Pelayo, «Derecho Constitucional comparado», también en *Obras Completas*, Madrid, CEPC, 2009, pp. 260 y ss.

por la desconfianza histórica inicial hacia el poder ejecutivo, impidiéndole que formalmente puede intervenir en su aprobación y reforma, consolidando la Institución representativa un estatuto que muchas veces aparece limitado por el propio devenir de la vida político-parlamentaria. A modo casi de anécdota, como subtipo dentro del modelo continental, algún autor incluye los reglamentos de tipología nórdica, que se caracterizan porque, además de la seguridad de lo escrito, la reglamentación parlamentaria se eleva al rango constitucional, lo cual también «responde a cierta desconfianza del poder constituyente o soberano en las futuras Cámaras»[69].

A pesar de lo que pueda parecer, la distinción entre estos dos modelos es más aparente que real o con una virtualidad más histórica y dogmática que actual, pues el acercamiento entre uno y otro modelo es evidente.. No obstante, aquella separación tiene una base que consiste en reconocer el nervio vertebral del Derecho anglosajón, que es dar valor a la costumbre y a la convención, mediatizando la importancia que tiene el texto escrito.

En España hay, en conclusión, unas normas, del tipo europeo continental, que suponen el reconocimiento de una posición de autonomía formal de las Cámaras, que dimanan directamente y solo de la Constitución, sujetas a las prescripciones constitucionales y sometida, por tanto, al control de constitucionalidad que ejerce el Tribunal Constitucional. Además, y aunque el artículo 72 CE no lo haya dispuesto expresamente, cada una de las dos Cámaras aprueba su propio reglamento. De hecho, el ámbito de aplicación del reglamento parlamentario *ad intra* ha sido declarado por el propio tribunal, en STC 108/1986, de 29 de julio, que reconoce de forma contundente el diferente ámbito de la autonomía reglamentaria que tienen todos los Parlamentos españoles, con el que tienen otros órganos constitucionales. Se señala en esta STC que «las Cámaras que componen las Cortes Generales (y también las asambleas legislativas de las Comunidades Autónomas en cuanto se la reconocen los correspondientes Estatutos) tienen la potestad de establecer sus normas de organización y funcionamiento, pero aparte de que estas normas operan *ad intra*, y sin entrar en los problemas que plantea su naturaleza jurídica, está generalmente admitido que la calificación de "reglamentos" que se les da en España y otros países no supone una parificación con los reglamentos dictados por el Gobierno, como lo muestra que son normas no sometidas al control de los tribunales ordinarios, y sí, en cambio, al del Tribunal Constitucional (art. 27.2, d y f de la LOTC)». Fuera del principio de la autonomía reglamentaria, quedan aquellos casos en los que la propia Constitución remite a la ley la regulación de aspectos que entrarían de lleno en lo que es la vida interna de las Cámaras, como sucede en el supuesto de las incompatibilidades de los miembros del Parlamento. En estos casos, podría pensarse en un cierto sometimiento del reglamento parlamentario a la disposición legal.

69 L. Martínez Elipe, *Tratado...*, *op. cit.*, pp. 114 y ss.

C) Características de los reglamentos parlamentarios

Como ya se ha adelantado en parte, pueden destacarse las siguientes características de los reglamentos:

1. El reglamento regula la organización y el funcionamiento del Parlamento y, como tal, vincula a la Cámara, debiendo entenderse hoy matizadas las palabras de PÉREZ SERRANO para quien el reglamento «no dura más que una diputación, pues la Cámara nueva no queda obligada a aceptar el anterior», si bien él mismo reconoce que lo normal es que obligue, hasta que se modifique «con presunción de validez indefinida»[70]. La peculiaridad de la duración del reglamento parlamentario se ve modulada, a su vez, por la aludida circunstancia de que lo normal es que a un cambio constitucional le suceda, y alguna vez le preceda, un cambio del reglamento parlamentario. El grado de vinculación jurídica es pleno, pues es exigible su cumplimiento a todos los sujetos parlamentarios, además de a todos los órganos constitucionales y estatutarios, los cuales están sujetos a las disposiciones reglamentarias por el mandato directo del artículo 9.1 de la Constitución, pues dentro del «resto del ordenamiento jurídico» están incluidos los reglamentos parlamentarios. Es más, estos son utilizados como técnica para realizar la configuración legal del derecho fundamental del artículo 23 de la Constitución; tal y como ha reconocido el Tribunal Constitucional en abundante jurisprudencia, siendo un mero ejemplo la STC 107/2001, de 23 de abril.

Se ha convertido en clásica la cita de la STC 101/1983, de 18 de noviembre, que afirmó que «los Reglamentos de las Cámaras se encuentran directamente incardinados a la CE (arts. 72, 79 y 80, entre otros), siendo el contenido propio de tales normas el de regular, con sujeción a la Constitución, su propia organización y funcionamiento, en el que ha de incluirse lógicamente la constitución del órgano como tal». Estas afirmaciones son igualmente predicables de los reglamentos de las asambleas legislativas de las comunidades autónomas. La vinculación del Parlamento al reglamento es tal que este siempre prevalece en sede parlamentaria, con las limitaciones de la lógica aplicación primaria de la Constitución y, en las asambleas legislativas de las comunidades autónomas, la aplicación también del respectivo estatuto de autonomía. Esto significa incluso que, en esta sede parlamentaria, no se apliquen en ocasiones las leyes que el propio Parlamento aprueba. El carácter jurídico de los reglamentos parlamentarios es hoy obvio, baste indicar lo señalado por el Tribunal Constitucional en reiterada jurisprudencia: «A la Ley, y en determinadas materias, a los reglamentos parlamentarios, compete fijar y ordenar esos derechos y facultades que corresponden a los distintos cargos y funciones públicas» (STC 107/2001, de 23 de abril).

---

70 N. PÉREZ SERRANO, *Tratado... op. cit.*, p. 773.

Como ya se ha dicho, los destinatarios de esta norma son el propio Parlamento y sus miembros, además del poder ejecutivo que está vinculado a las normas reglamentarias reguladoras del control parlamentario. También a los ciudadanos les será aplicable el reglamento en cuanto afectan al ejercicio de derechos fundamentales, como el derecho de petición de los artículos 29 y 77 de la Constitución. Pero no cabe desconocer que son normas dotadas de una evidente peculiaridad, pues se suele reconocer que su cumplimiento tiene una cierta relatividad, ya que en ocasiones no existe posibilidad de imposición coercitiva externa de la norma en caso de incumplimiento. Es muy difícil concretar una sanción jurídica, recayendo las más de las veces dicha sanción en los términos de la relación política. No obstante, la jurisprudencia que sitúa al reglamento con rango legal suficiente para «configurar» el derecho fundamental del artículo 23.2, hace que los conflictos en la aplicación del reglamento parlamentario sean residenciados, en última instancia, ante el Tribunal Constitucional en sede de amparo. Aunque el recurso de amparo no sea concebido por la Constitución como forma de control de los actos de ejecución de los reglamentos parlamentarios, es la Ley Orgánica del Tribunal Constitucional la que admite la impugnación de aquellos y, a través de la interpretación del Alto Tribunal del artículo 23 CE, se ha llegado al control de los actos parlamentarios solo por este.

2. Los reglamentos traen causa directamente de la Constitución. El Tribunal Constitucional ha sido claro desde el principio. En efecto, la ya citada STC 101/1983, de 18 de noviembre, también añadió que «desde una perspectiva constitucional... no puede negarse que los reglamentos de las Cámaras, dada la función que cumplen en el sistema jurídico, son normas en cuyo contenido puede comprenderse la exteriorización del deber positivo de acatamiento contenido en la Constitución para los titulares de los poderes públicos, sin perjuicio de que tal requisito pueda también exteriorizarse, con carácter más general, en una Ley». Los reglamentos son producto de la voluntad de los órganos legislativos del Estado que, como representantes de la voluntad popular (artículo 66 CE), gozan de la supremacía jurídico-política (artículo 1.2 CE) y ello sitúa a los reglamentos como emanación directa de la democracia. Afirmada su naturaleza de norma y el engarce de la misma con la Constitución, la obvia consecuencia es dar cuenta de la interinfluencia entre el reglamento y todo el ordenamiento jurídico estatal[71]. Es tal el engarce con la Constitución, que muchas veces las disposiciones

---

71 N. PÉREZ SERRANO refiere en, *Escritos..., op. cit.*, p. 991, que los Reglamentos parlamentarios han sido utilizados como fuente supletoria del Derecho; suele citarse como caso paradigmático la Ley belga de 1873 sobre Sociedades Anónimas, cuyo artículo 61 preveía la supletoriedad de los Reglamentos de las Cámaras, en caso de que los estatutos de la sociedad no solucionasen las cuestiones que surjan en una Junta General de accionistas. Hoy, el régimen jurídico belga de las sociedades anónimas no contiene una disposición similar.

reglamentarias son reiteración de lo dispuesto en la norma fundamental, lo cual ha llevado a algunos autores[72] a mantener que la naturaleza jurídica del reglamento parlamentario variará si este reitera o no disposiciones constitucionales. A similar conclusión se suele llegar en relación con los reglamentos de las asambleas legislativas de las comunidades autónomas, que tendrían su engarce en su estatuto de autonomía y en lo dispuesto en el artículo 151 CE.

3. En los sistemas bicamerales, los reglamentos parlamentarios son aprobados separadamente por cada Cámara, que aprueba autónomamente su propio reglamento sin subordinación ni dependencia con respecto a ninguna otra Cámara ni poder. Nuestra doctrina más clásica llamaba la atención de que, para su entrada en vigor, bastaba el acuerdo de la asamblea respectiva, sin que ni siquiera fuera necesaria su publicación en el BOE. Sin embargo, la publicación oficial del reglamento parlamentario exige una explicación adicional. Así, el Reglamento del Congreso de los Diputados, en su disposición final primera exigió, para su entrada en vigor, su publicación en el Boletín Oficial de las Cortes Generales, además de en el Boletín Oficial del Estado (y así fue en el BOE, número 55 de 5 de marzo de 1982). En cambio, la disposición final del Reglamento del Senado solo prevé la publicación en el Boletín Oficial de las Cortes Generales, sección «Senado», a pesar de lo cual el texto refundido actualmente vigente de 3 de mayo de 1994 también fue objeto de publicación en el BOE (13 de mayo, número 114). En cuanto a la publicación de los reglamentos de los Parlamentos autonómicos la cuestión es en cierta forma diferente, pues lo exigido por los propios reglamentos es la publicación en el respectivo Boletín Oficial parlamentario, además de la publicación en el Boletín Oficial de la comunidad autónoma. Aspecto este último que, en relación con el Reglamento del Parlamento de Navarra, fue puesto de relieve por el propio Tribunal Constitucional, en STC 179/1989, de 2 de noviembre.

---

72 Siguiendo a la doctrina italiana, R. Ripollés Serrano, *Los Reglamentos…, op. cit.*, pp. 2057 y ss., señaló que no es posible hablar de naturaleza jurídica del Reglamento parlamentario, sino que sería más propio hablar de normas reglamentarias, o más precisamente de Derecho parlamentario integrado por distintas clases de normas de variada naturaleza jurídica. En tal orden de cosas puede hablarse de Derecho parlamentario como ordenamiento jurídico de la institución parlamentaria constituido por normas de relevancia externa y normas internas. Las primeras afectarían a las relaciones jurídicas de las Cámaras con los otros poderes del Estado o con sujetos públicos o privados que no ostentan la condición de parlamentarios, en tanto que las normas internas atienden a situaciones tales como la constitución, organización, composición, funcionamiento y procedimiento parlamentario. Existirían así hasta cinco tipos de normas reglamentarias: normas constitucionales reglamentarias; disposiciones legales reglamentarias; normas del Reglamento que reiteran, innovan o desarrollan normas constitucionales; normas de significado sustancial organizativas y ejecutivas y la denominada jurisprudencia parlamentaria.

De esa breve argumentación no cabe extraer ninguna conclusión definitiva, pero sí parece desprenderse que el propio TC identifica, a estos efectos de publicidad, a los reglamentos parlamentarios y a las leyes. Ello supone, cuando menos y siempre en aras del principio de seguridad jurídica, plantear la posibilidad de la publicación de los reglamentos de los Parlamentos autonómicos en el Boletín Oficial del Estado, circunstancia que, por cierto, no suele producirse siempre, aunque sí sea deseable. La doble publicación del reglamento parlamentario en nada vulnera la autonomía parlamentaria y sí redunda en la plena publicidad. De hecho, existen varios ejemplos de reglamentos de Parlamentos autonómicos que sí han sido publicados en el BOE; como por ejemplo el Reglamento del Parlamento de Cataluña[73] de 24 de julio de 1980 (BOE de 18 de septiembre de 1980) y la última reforma de este reglamento de 8 de julio de 2015 (BOE de 17 de agosto de 2015); los dos primeros[74] Reglamentos de la Junta General del Principado de Asturias de 13 de diciembre de 1982 (BOE de 11 de marzo de 1983) y el de 8 de mayo de 1985 (BOE de 8 de octubre de 1985); el Reglamento Provisional de la Rioja de 18 de diciembre de 1983 (BOE de 25 de febrero de 1983), el Reglamento Provisional de la Asamblea Regional de Cantabria de 31 de mayo de 1982 (BOE de 8 de septiembre de 1982), o, más recientemente, el Reglamento de las Cortes de Aragón de 21 de julio de 2017 (BOE de 18 de septiembre de 2017), y la reforma del Reglamento de la Asamblea de Murcia de 24 de mayo de 2019 (BOE de 14 de mayo de 2019).

4. La regulación constitucional incluye siempre una disposición de un *quórum* de votación para su aprobación. El artículo 72 de la Constitución española exige que «los Reglamentos y su reforma serán sometidos a una votación final sobre su totalidad, que requerirá la mayoría absoluta». Esta disposición sigue lo dispuesto en algún texto constitucional, como el artículo 64 de la Constitución italiana, que exige también mayoría absoluta de la Cámara para la aprobación del respectivo reglamento. A pesar de que ni la Ley Fundamental de Bonn ni la Constitución francesa de 1958 exigen una mayoría cualificada, puede afirmarse que esta exigencia traduce el intento de proteger a la minoría parlamentaria, y de evitar lo que Bon Valsasina denominara «golpe de mayoría»: es una fórmula válida para posibilitar una regulación reglamentaria lo más consensuada posible. Nuestro Tribunal Constitucional ha tenido ocasión de referirse a esto en STC 44/1997, de 13 de febrero, señalando que: «Los Reglamentos parlamentarios cumplen una función de ordenación interna de la vida de las Cámaras íntimamente vinculada a la naturaleza representativa y al pluralismo político (arts. 66,1 y 1,1, CE) del que tales órganos son expresión y reflejo. Esto explica que la propia Constitución, para

73 Y muchas de sus reformas, como la de 19 de diciembre de 1991 (BOE de 14 de febrero de 1992), la de 15 de octubre de 1987 (BOE de 13 de noviembre de 1987) o la de 15 de junio de 1983 (BOE de 20 de septiembre de 1983).

74 No así el actualmente vigente de 18 de junio de 1997.

el caso de las Cortes Generales (art. 72,1), y la Ley 3/83 de 25 marzo, en lo que más directamente atañe al Parlamento de Cataluña (art. 8,3), requieran para su aprobación y modificación el voto favorable de la mayoría absoluta de sus miembros. Exigencia que se erige, así, en garantía de los derechos de las minorías».

Siguiendo con esta garantía, casi todos los estatutos de autonomía[75] han incluido disposiciones que exigen un *quórum* reforzado para la aprobación del reglamento de su asamblea legislativa. Casi todos los estatutos de autonomía exigen mayoría cualificada para la aprobación y reforma de los reglamentos de los Parlamentos autonómicos, excepto en el Estatuto de Autonomía de Castilla-La Mancha (artículo 11) en el que no se exige ningún *quórum* de votación. No obstante, el Reglamento de las Cortes de Castilla-La Mancha (disposición final segunda) exige, en términos similares y a pesar de este silencio estatutario, votación final conjunta por mayoría absoluta para la reforma. Por otra parte, y cumpliendo esta regla general de *quórum* reforzado, en el Derecho comparado suele ser habitual que se exija una mayoría cualificada para la aprobación de los reglamentos de las asambleas legislativas regionales, de forma similar a lo que sucede para las instituciones parlamentarias nacionales. Por ejemplo, en Italia, a título de mero ejemplo puede citarse el artículo 9 del Estatuto de Autonomía de la Región Toscana de 1970, el artículo 9 del Estatuto de Autonomía de la Región de Venetto de 22 de mayo 1971, n.º 340, o el artículo 26 del Estatuto de Autonomía de la Región de Calabria, que exigen un *quórum* de votación de mayoría absoluta para la aprobación de la norma reglamentaria.

La exigencia de una mayoría cualificada implica el reconocimiento de un principio de reserva reglamentario, que alcanza a todas las cuestiones relativas a la organización y funcionamiento interno de las Cámaras. Más aún, el hecho de exigirse una aprobación plenaria y que sea, además, mediante una determinada mayoría, redunda en su alcance jurídico. Estas materias objeto de reglamento estarían excluidas de regulación por una norma que no tuviera el *quórum* exigido. La Constitución incluye un mínimo contenido de esta reserva de reglamento parlamentario, pero que no puede ser entendido como un máximo. El núcleo básico de la reserva de reglamento está constituido por las siguientes remisiones constitucionales: el artículo 67.3 CE sobre la necesidad de una convocatoria reglamentaria de las sesiones de las Cámaras; el artículo 79.1 CE referido al *quórum* de asistencia de las Cámaras en el momento de la votación; el artículo 79.2 CE que regula el *quórum* de votación; el artículo 80 sobre el carácter no público de las sesiones; el artículo 86.2 CE sobre el proce-

75 Artículo 27.2 EAAND; artículo 28.1 EAAST; artículo 58 EACAT; artículo 12.1 EAGAL; artículo 12.1 EACANT; artículo 18.1 EARIO; artículo 27.1 EAMUR; artículo 14.1 EAAR; artículo 12.2 EACAN; artículo 16 LORAFNA; artículo 19.2.e EAEXT; artículo 24.7 EAIB; artículo 12.1 EAMAD; artículo 13.4 EACYL; artículo 58 EACVAL –que atribuye al Reglamento rango de Ley–; artículo 27.1 EAPV.

dimiento especial y sumario de convalidación o derogación de los decretos-leyes; el artículo 87.1 CE regulador de las iniciativas legislativas del Gobierno, el Congreso de los Diputados y el Senado y el procedimiento legislativo; el artículo 89.1 CE sobre tramitación de las proposiciones de ley y el artículo 111.1 que prevé que los reglamentos dispongan un tiempo mínimo semanal para la tramitación de preguntas e interpelaciones al gobierno.

La reserva de reglamento supone la dificultad teórica de que la ley regule la materia reglamentaria. De forma parecida, los estatutos de autonomía también incluyen remisiones que demuestran la existencia de una reserva de reglamento parlamentario en las comunidades autónomas. Sin un ánimo exhaustivo, los estatutos de autonomía remiten al reglamento parlamentario normas sobre convocatoria de las sesiones parlamentarias[76], convocatoria de sesiones extraordinarias[77], publicidad de sesiones[78], *quórum* de asistencia[79], *quórum* de votación[80], disposiciones reguladoras de la iniciativa legislativa[81], organización básica[82], la existencia de una diputación permanente[83], sobre comisiones[84], régimen de grupos parlamentarios[85], sede del Parlamento[86], fin del mandato parlamentario[87], fijación de retribuciones de los miembros[88], tiempo mínimo de formulación de preguntas[89], investidura[90], tramitación de

76 Artículo 12.3 EACANT; artículo 60 EACAT; artículo 28.2 EAEXT; artículo 18.7 EARIO; artículo 26.4 EAMU.

77 Artículo 27.4 EAAND, artículo 14.9 EAAR, artículo 12.6 EACAN, artículo 12.3 EACANT, artículo 11.3 EACLM; artículo 27.3 EAEXT; artículo 14.3 EAMAD; artículo 25.3 EACVA.

78 Artículo 27.3 EAPRINCAST; artículo 12.4 EACANT., artículo 11.7 EACLM, artículo 26.3 EAMU.

79 Artículo 27.4 EAPRINCAST; artículo 14.4 EAMAD.

80 Artículo 27.4 EAPRINCAST; artículo 12.3 EACANT, artículo 59 EACAT; artículo 18.7 EARI; artículo 14.4 EAMAD; artículo 26.4 EAMU; artículo 20.2 LORAFNA; artículo25.4 EACVAL.

81 Artículo 33 EAAND; artículo 12.1 EACYL; artículo 23.1 EAEXT; artículo 15.2 EAMAD; artículo 19.1B LORAFNA; artículo 26 EACVAL.

82 Artículos 20.1, 20.2, 20.3 y 20.5 EAEXT; artículo 12.1 EAGAL; artículo 27.2 EAMU; artículo 17.4 LORAFNA.

83 Artículo 14.3 EAAR, artículo 29.3 EAAST; artículo 14. EACANT, artículo 11.5 EACLM, artículo 59.4 EACAT; artículo 18.6 EALRi; artículo 14.2 EAMAD; artículo 28.3 EAMU.

84 Artículo 12.3 EACAN, artículo 11.6 EACLM; art. 59.3 EACAT.

85 Artículo 14.6 EAAr; artículo 30 EAPRINCAST; artículo 12.6 EACANT., ART. 59.3 EACAT; artículo 11.4 EACLM, artículo 32.3 EACAT; artículo 26 EAEXT; artículo 12.4 EAGAL; artículo 29 EAMU.

86 Artículo 19.2 EALRi.

87 Artículo 10.4.d EACLM.

88 Artículo 26.3 EAST.

89 Artículo 26.3 EAAST.

90 Artículo 17.3 EACYL.

moción de censura y cuestión de confianza[91], control parlamentario[92] y funciones de impulso y orientación política[93] y el derecho de petición[94].

De toda esta descripción llama la atención que ningún estatuto incluya expresamente el procedimiento legislativo en la reserva de reglamento. Algunos estatutos de autonomía han optado por la técnica más correcta de efectuar una reserva genérica de reglamento parlamentario, huyendo del casuismo característico del texto constitucional y de la mayor parte de los estatutos. Ejemplo claro de ello es el artículo 27.5 del Estatuto de Autonomía de Andalucía, que prevé un listado de contenido mínimo del Reglamento del Parlamento de Andalucía y también el artículo 12.2.2 del Estatuto de Autonomía de la Comunidad de Madrid. Disposiciones similares, aunque menos ambiciosas, son el artículo 12.2 del Estatuto de Autonomía de Canarias y el artículo 24.7 del Estatuto de Autonomía de las Islas Baleares.

El aludido principio de reserva de reglamento parlamentario significa una dependencia del texto constitucional e implica que el Reglamento es norma de obligada aprobación, a la que se le encomienda la regulación de la organización y el funcionamiento de cada Cámara. Esta reserva ocupa con exclusividad lo que podría denominarse el tráfico jurídico parlamentario y su límite es la reserva de ley. La fuerza y el rango de ley atribuyen a la reserva de reglamento un ámbito propio que va más allá de la mera resistencia pasiva que impide sea sometido a un mero control de legalidad. En efecto, la reserva de reglamento parlamentario supone la atribución a este de un ámbito de actuación propio en donde no debe entrar ninguna fuente del Derecho infraconstitucional.

Por todo ello, el Tribunal Constitucional reconoció en STC 44/1995, que el derecho «a un ejercicio igual de sus funciones dentro de la legalidad parlamentaria no puede desvincularse de la reserva constitucional o estatutaria de Reglamento...». Es por ello inapropiado y de dudosa constitucionalidad que, a través de ley, se regulen materias objeto de reserva reglamentaria, como la creación de algunas comisiones parlamentarias de las Cortes Generales; e igual sucede en algunas leyes autonómicas que regulan materias que debieran ser objeto de regulación reglamentaria. Este sería el caso de la *Ley de Cataluña 13/2008, de 5 de noviembre de Presidencia y Gobierno de Cataluña*, o la *Ley de Asturias 7/1984, de 13 de julio de 1984, de relaciones entre el Consejo de Gobierno y la Junta General del Principado de Asturias*, que regula cuestiones tan intrínsecamente reglamentarias como la orienta-

---

91 Artículo 21.6 EACLM; artículo 18.2 EACYL; artículos 34 y 35 LORAFNA.

92 Artículo 59.5 EACAT; artículo 15.2 EAMAD; artículo 25.3 EAMU; artículo 32.2 LORAFNA; artículo 27.4 EAPV.

93 Artículo 15.2 EAMAD.

94 Artículo 29.5 EACAT.

ción e impulso de la acción política, la moción de censura, la cuestión de confianza y «otras formas de control». También podría citarse, de nuevo sin ánimo exhaustivo, la *Ley de Canarias 1/1983, de 14 de abril del Gobierno y de la Administración pública*, cuyo artículo 49 regula, por ejemplo, los requisitos para la presentación de una moción de censura. De lo hasta aquí dicho se desprende que hay numerosas zonas dudosas, y de frontera, en las que podría plantearse una posible incidencia de la ley, sobre todo en materias como las relaciones entre el poder ejecutivo y el legislativo. Pero el principio de reserva reglamentario ha de prevalecer e imponerse ante una posible interferencia de la ley, sobre todo en el control parlamentario del Gobierno. Sin embargo, es perfectamente posible que sea el propio Reglamento el que remita a la ley la regulación de una determinada materia. No obstante, en el epígrafe siguiente se tendrá ocasión de profundizar algo más en lo que al ámbito de la ley en el Derecho parlamentario se refiere, pero puede adelantarse que la reserva de reglamento parlamentario impide, *a priori*, que la ley pueda incidir directa y libremente en la organización y, sobre todo, en el funcionamiento del Parlamento.

D) Naturaleza jurídica del reglamento parlamentario

Quizá de forma algo excesiva entre nosotros, la cuestión de la naturaleza jurídica ha sido objeto de atención por la doctrina científica. La importación de esta polémica es algo gratuita en España, y de hecho suele admitirse como origen de la misma el inicio del procedimiento de reforma del Reglamento del Senado italiano a principios del siglo XX. Los términos de la polémica son siempre los mismos. Se ha discutido si es el reglamento una norma superior o no a la ley formal, incluso se ha mantenido que sea una norma de rango inferior a la ley, por ser obra de una sola Cámara y por el nombre que se le ha dado en el Derecho continental. Otros autores, además, han intentado argumentar que el reglamento es una suma de resoluciones de la Cámara, o si constituyen más bien manifestaciones estatutarias autónomas.

Esta discusión doctrinal ha estado presidida por el intento de aplicar a los reglamentos parlamentarios los esquemas utilizados en la Teoría General del Derecho y, en ocasiones, los usados en el ámbito del Derecho administrativo, lo cual dificulta encontrar una solución satisfactoria. En cualquier caso, el rasgo más característico de los reglamentos parlamentarios y relevante a los efectos de la naturaleza jurídica y el que más confusión introduce es seguramente que, siendo actos normativos del Parlamento, no son actos legislativos.

La descripción de las innumerables tesis que han tratado de forma poco fructífera la naturaleza del reglamento parlamentario ha sido tratada por gran cantidad de autores, tanto españoles como italianos. La tarea de intentar sistematizar todas las teorías no es nada fácil por los matices que dificultan la exposición sistemática de las mismas. Incluso las distintas opiniones doctrinales en alguna ocasión aparecen en posiciones diversas dependiendo de la clasificación analizada. En Italia MARTINES[95] o BON VALSASINA, entre nosotros PÉREZ SERRANO[96], ALZAGA VILLAMIL[97], RIPOLLÉS SERRANO[98], TORRES DEL MORAL[99],

95 MARTINES defiende que en las normas reglamentarias existen hasta tres naturalezas jurídicas diversas y clasifica en tres las posiciones doctrinales sobre la naturaleza jurídica de los Reglamentos parlamentarios: 1. delegación de normas constitucionales; 2. son normas basadas en la autonomía normativa de las Cámaras; 3. son normas consecuencia de la posición soberana de las Cámaras.

96 N. PÉREZ SERRANO, *Naturaleza Jurídica..., op. cit.*, pp. 1021 y ss. Este autor diferencia las siguientes tesis: 1. Algunos autores como LABAND defendieron que el Reglamento es una manifestación del Derecho estatutario que vincula jurídicamente a los miembros de la Asamblea. 2. MOHL o JELLINEK expusieron que el Reglamento es un caso de poder de Ordenanza «ya jurídica ya administrativa». 3. HATSCHEK sostuvo que es una suma de resoluciones que constituyen reglas convencionales, es decir, «normas de aplicación fáctica, pudiendo mantenerse en cien casos y no aplicarse en el siguiente». 4. BARTHELEMY y DUEZ señalan que los Reglamentos parlamentarios no pasan de ser resoluciones, actos unilaterales que vinculan a la Cámara y a sus miembros. PRELOT y HAURIOU exponen tesis en gran parte coincidentes con esta.

97 O. ALZAGA VILLAMIL, «Contribución al estudio del Derecho parlamentario», en *Revista de Derecho Público*, 62, 1976, pp. 24 y ss.

98 R. RIPOLLÉS SERRANO, *Los Reglamentos Parlamentarios..., op. cit.*, pp. 2059 y ss. Distingue los siguientes grupos doctrinales: 1. La naturaleza de los Reglamentos parlamentarios es la de reglamentos ejecutivos de la Constitución, integrándose en cuanto tales entre las normas de Derecho constitucional: PERGOLESSI, BALLADORE, TESAURO, DUGUIT, ESMEIN y PRELOTT. 2. Otro sector indicaba que son reglas convencionales de las Cámaras (HATSCHEK), o resoluciones vinculantes de las Asambleas que solo vinculan a ellas y sus miembros. También BISCARETTI o PÉREZ SERRANO mantienen esta posición. La postura de ALZAGA es tributaria de esta perspectiva en cuanto que para él son la manifestación de la soberanía de la Cámara consecuencia de un privilegio colectivo y ante la necesidad de defenderse de las intromisiones del Ejecutivo. 3. SANTI ROMANO diferencia entre tres naturalezas de las normas reglamentarias e inaugura una tesis que tiene éxito en la doctrina italiana, pues siguen sus tesis MARTINES, ZANOBINI, LONGI, TRAVERSA o BON VALSASSINA.

99 A. TORRES DEL MORAL, «Artículo 72.1», en O. ALZAGA VILLAAMIL (Dir.), *Comentarios a las leyes políticas*, 1.ª edición, Madrid, 1989, pp. 399 y ss. Este autor identifica las siguientes tesis sobre la naturaleza jurídica de los Reglamentos: 1. posición tradicional del derecho anglosajón. Conforme a esta posición, los Reglamentos serían producto del privilegio de las Cámaras, para regular con independencia su organización y funcionamiento. HAURIOU habría defendido esta opinión. 2. Son interna *corporis acta*, entendidos como actos no fiscalizables por el orden judicial en virtud de este carácter interno y autónomo obligatorio sólo para los miembros de la Cámara. LABAND y, en España, PÉREZ SERRANO postularon esta postura. 3. Siguiendo en parte los postulados propios del derecho anglosajón, algunos autores mantienen que son normas de naturaleza práctica y consuetudinaria, siendo un conjunto de resoluciones convencionales y de ciertas prácticas de corrección constitucional. Esto supondría, incluso, la negación a los Reglamentos de las Cámaras de su naturaleza de normas jurídicas, pues serían simples reglas de las que la Cámara podría apartarse en cualquier momento. HATSCHEK, BARTHELEMY-DUEZ o DUGUIT son autores que, con diversas matizaciones, se han inclinado por mantener esta naturaleza jurídica

VILLACORTA MANCEBO[100], MARTÍNEZ ELIPE[101] o MARCO[102] han efectuado algunos intentos de clasificar las distintas posturas doctrinales. La conclusión a la que llega este último autor no deja de ser curiosa, pues reconoce que «todas estas tesis tienen algún fundamento y tienen o han tenido históricamente, ciertas dosis de realismo»[103]. Por eso el reglamento «es un fenómeno tan singular que resulta inclasificable en todos y cada uno»[104] de los tipos normativos en los que se intenta encuadrar.

Hoy puede afirmarse que tiene muy pocas consecuencias de tipo práctico la calificación abstracta del reglamento parlamentario. Se puede decir

---

de los Reglamentos parlamentarios. 4. Otros autores mantienen que los Reglamentos poseen una naturaleza reglamentaria, aunque existan diferencias en cuanto a qué tipo de norma reglamentaria son. MORTATI defendió esta postura o BON VALSASINA. 5. Otros autores, como entre nosotros ALZAGA, parecen entender que el Reglamento parlamentario es una manifestación del propio poder de ordenanza de las Cámaras, derivado de un privilegio histórico o del texto constitucional, atribuyendo al Reglamento el carácter de ley. MARAVALL o PRISCO se encuadrarían en esta tesis. 6. KELSEN afirmó del Reglamento un valor superior a la Ley porque se incardinan directamente a la Constitución y contiene la regulación del procedimiento legislativo, conforme al cual se ha de aprobar la propia Ley. Posada, entre nosotros, advirtió este carácter del Reglamento parlamentario, además de otros autores como ORLANDO o ESMEIN.

100 Este autor distingue las siguientes teorías: 1. Autores que mantienen que el Reglamento parlamentario es Constitución. 2. El Reglamento parlamentario es Ley. 3. El Reglamento parlamentario es Reglamento administrativo. 4. El Reglamento parlamentario es estatuto. 5. El Reglamento parlamentario es una regla convencional. 6. Es el Reglamento parlamentario un privilegio colectivo de las Cámaras. Este autor analiza de forma exhaustiva cada una de estas teorías a la luz de ocho «indicios, criterios o perspectivas» que son: 1. Criterio del escalón en el sentido de la pirámide kelseniana y merkliana. 2. Criterio del origen. 3. Criterio del órgano al que se aplica. 4. Interioridad del órgano. 5. Extensión o generalidad de la norma 6. Estabilidad. 7. Obligatoriedad. 8. Promulgación. L. VILLACORTA MANCEBO, *Hacia el equilibrio..., op. cit.*, p. 169.

101 L. MARTÍNEZ ELIPE, *Tratado..., op. cit.*, p. 298, indica que hay dos corrientes doctrinales sobre la naturaleza jurídica de los Reglamentos parlamentarios. En el primero estarían los autores que consideran estas normas como un conjunto de actos internos que sólo vinculan a las Cámaras por tratarse bien de una suma de resoluciones de las mismas «o bien, de un complejo de normas estatutarias de carácter autonómico o cuasi autonómico». Entre los autores que postulan esta naturaleza jurídica del Reglamento estarían HAURIOU, HATSCHEK, BARTHELEMY y DUEZ, KIPP y WOLF, LABAND, DUGUIT, BON VALSASSINA, SANTI ROMANO, o BISCARRETTI entre otros. En el segundo estaría un conjunto de autores que conciben al Reglamento parlamentario como «una exteriorización del "poder de ordenanza" de las Cámaras y los que les atribuyen carácter o fuerza de ley». Entre estos autores estarían MAY, ALZAGA, PÉREZ SERRANO, MOGOL, JELLINEK o BALLADORE PALIERI.

102 Este autor distingue las siguientes tesis: 1. El Reglamento parlamentario como simple regla convencional: HATSCHEK, VIRGA o SANTI ROMANO. 2. Como norma de ejecución de la Constitución: PÉREZ ROYO, GONZÁLEZ CASANOVA, BALLADORE PALLIERI. 3. Como norma de naturaleza múltiple: LONGI, DI CIOLO. 4. Como norma jurídica especial: PIETZCKER, 5. Como Ley material: PÉREZ SERRANO, XIFRÁ. Cfr. J. MARCO, *El Reglamento..., op. cit.*, p. 87.

103 A. TORRES DEL MORAL, *Artículo..., op. cit.*, p. 400.

104 L. MARTÍNEZ ELIPE, *Tratado..., op. cit.*, p. 298.

que no son leyes, sino que tienen fuerza de ley, y se les atribuye la misma capacidad impugnatoria que las leyes, porque lo realmente relevante no es participar en una erudita discusión acerca de la naturaleza jurídica del reglamento. Lo importante y práctico es verificar la capacidad innovadora que poseen, pues afectan exclusivamente al ámbito de la vida interna del Parlamento, con especial incidencia en el ejercicio y en el desarrollo del derecho fundamental del derecho del artículo 23 CE. Además, se debe tener claro cuáles son las vías de impugnación de un reglamento parlamentario y las de un acto de aplicación del mismo. Estos aspectos son los relevantes, pues el resto de consideraciones son generalmente superfluas y carecen de contenido práctico real. Y ello sin defender la poco original teoría de que el reglamento parlamentario tiene una naturaleza jurídica peculiar y propia.

La doctrina más actual se ha centrado sobre todo en intentar atribuir un rango concreto al reglamento parlamentario, aclarando las relaciones con el resto de fuentes del ordenamiento jurídico y verificando su fuerza normativa. Como mucho, algún autor no se ha resistido a mantener la naturaleza híbrida del reglamento parlamentario, afirmando que podría considerarse ley en sentido material, pero sin que se esté en presencia de una ley formal, pues procediendo de una sola Cámara, no están sometidas a la correspondiente sanción del jefe del Estado, ni son objeto de la misma publicación. PÉREZ SERRANO afirmó en su momento que, como obra de una sola Cámara, debía tener un rango inferior al de la ley, aunque reconoce que en cierta forma tienen un rango superior a la misma, pues esta se tramitará conforme a lo que el reglamento parlamentario ordene. Así, los reglamentos no estarían sujetos al artículo 91 CE, que solo prevé que el jefe del Estado sancione, promulgue y ordene la publicación de la ley. Además, en los Parlamentos autonómicos, la diferencia con las leyes formales vendría impuesta fundamentalmente por la ausencia de sanción y promulgación, además del objeto exclusivo y limitado de los reglamentos. Y, de forma similar, los reglamentos de los Parlamentos autonómicos no son promulgados por el presidente de la comunidad autónoma.

Por tanto, la existencia de auténtica reserva de reglamento parlamentario cubriría en un principio todo el ámbito de lo que fueron los *interna corporis acta*, incluyendo el procedimiento legislativo. Ello niega la relación jerárquica entre la ley entendida en su sentido más formal y el propio reglamento parlamentario: cualquier relación entre ambas normas estaría explicada por el principio de competencia, que no tendría por qué excluir la interinfluencia entre normas que tienen el mismo rango. De este modo y como se ha visto, la ley puede tener contenidos que se incluyen de lleno en lo parlamentario, como la creación de Comisiones. Por todo ello, se puede afirmar que también tienen los reglamentos rango de ley[105], además de fuerza pasiva de ley. En este sentido, hay que entender las palabras de García de Enterría y Fernández Rodríguez cuando afirman que los reglamentos parlamentarios son «auténticas leyes, en la medida en que proceden de los órganos legislativos y enlazan directamente con la norma constitucional, que es su único antecedente y también su único límite»[106]. Esta fuerza del reglamento supone que, además de no caber iniciativa del Gobierno ni de ninguna otra Cámara, no puede modificar otras disposiciones con rango de ley: pues no resulta apto el reglamento para introducirse en la reserva de ley. El rango está delimitado materialmente por la fuerza pasiva de ley. Y, de la misma forma, los actos dictados al amparo y en ejecución del reglamento no son controlados por jueces y tribunales. Por eso la ya citada STC 108/1986, de 29 de julio indicó que los reglamentos parlamentarios «son normas no sometidas al control de los jueces ordinarios y emanación de la Constitución». Por último, el reglamento, a pesar de su rango y fuerza, no puede ser desarrollado por el Gobierno, ni tampoco los artículos 82 a 86 de la Constitución pueden afectar al reglamento: no caben ni decretos legislativos, ni decretos-leyes en materia de reserva reglamentaria.

La atribución del rango y la fuerza de ley al reglamento está amparada en nuestro ordenamiento jurídico por la previsión del artículo 27.2.d de LOTC. Al menos hoy la mayor parte de los aspectos de esta discusión han sido resueltos, o bien por la legislación o bien por la jurisprudencia. La indudable perspectiva exclusivamente dogmática ha dejado de tener interés para la doctrina que se ha centrado en otros temas de mayor relieve práctico. La utilización del criterio competencial para explicar las relaciones entre la ley y el reglamento parlamentario tendría cierto amparo en nuestro ordenamiento jurídico en los artículos 31 y 27.2.d LOTC que, de esta forma, permiten que la norma parlamentaria sea controlada por el Tribunal Constitucional. Y es que hoy no puede dudarse que los reglamentos parlamentarios son normas jurídicas y que, además de rango, tienen fuerza de ley.

Esta posición es mayoritaria hoy en España y también en Italia[107], de donde se importan problemas y soluciones. La STC 118/1988, de 20 de junio, referido tanto a los propios reglamentos como a las resoluciones de los presidentes de las Cámaras, indicó de una forma rotunda que ambas normas «tiene(n)

---

105 Una formulación feliz (y primera) de la diferencia entre estos conceptos, en F. Rubio Llorente, «Rango de Ley, valor de Ley, fuerza de Ley (sobre el problema de fuerza de ley en la Constitución)», en *La forma del poder*, Madrid, CEC, 1993, p. 323.

106 E. García de Enterría y T. R. Fernández Rodríguez, *Curso de Derecho Administrativo, I*, Madrid, Civitas, 9ª ed., pp. 196 y ss.

107 Cfr. A. Manzella, *Il Parlamento*, Bolonia, Il Mulino, 1991.

evidentemente un contenido normativo» (F.J. 2), pues son disposiciones de carácter general que se integran de modo permanente en el ordenamiento jurídico, siendo susceptible «de una pluralidad de actos de aplicación singulares». «La asimilación de los Reglamentos parlamentarios a las leyes y disposiciones normativas con fuerza de ley permite su impugnación directa y completa y un control pleno de su constitucionalidad a través del recurso de inconstitucionalidad, aunque impide eventuales recursos de amparo directos contra la norma, para examinar la eventual lesión por la misma de los derechos fundamentales del ciudadano, sin perjuicio, al igual que ocurre con la norma legal de la impugnación en amparo de los actos de aplicación de la norma presuntamente lesiva de esos derechos fundamentales» (F. J. 3). Sin embargo, posteriormente, el Tribunal Constitucional limitó la fuerza de ley de forma incidental al señalar que el reglamento parlamentario es «una norma con valor de Ley, aunque desprovista de la fuerza propia de la Ley» (STC 119/1990, de 21 de junio). Esta sentencia parece referirse más a lo que se entiende por fuerza activa de la ley, entendida como la capacidad innovadora y modificadora de cualquier aspecto del ordenamiento jurídico infraconstitucional, mientras que lo que se atribuye al reglamento parlamentario es fuerza pasiva de ley.

Queda, por tanto, el reglamento parlamentario como norma básica del ordenamiento jurídico parlamentario, cuya naturaleza jurídica no encaja adecuadamente en las categorías tradicionales de la teoría general de las fuentes del Derecho. La posición institucional del sujeto activo y pasivo de esta norma es lo que le dota de una muy especial naturaleza y configuración.

Afirmado que, en España, el reglamento parlamentario tiene rango y fuerza pasiva de ley se ha destacado que la actuación normativa del Parlamento puede tener y de hecho ha tenido un efecto reflejo en la Constitución. El ordenamiento parlamentario, como Derecho público y Derecho especial, influye en el ordenamiento jurídico estatal y en particular sobre la estructura y funciones constitucionales. No debe extrañar que algún autor haya calificado como mutación constitucional alguna reforma producida en el reglamento parlamentario. Además, este adquiere hoy una especial relevancia en el esquema y estructura de fuentes, consecuencia de la transformación y configuración de la institución parlamentaria en el siglo XXI. Finalmente, quedan por analizar dos cuestiones de especial interés: el control de constitucionalidad y la inclusión del reglamento parlamentario en el bloque de la constitucionalidad.

a) El control de constitucionalidad del reglamento parlamentario

La atribución de rango de ley al reglamento parlamentario determina su sometimiento a la Constitución y el lógico control de constitucionalidad. Este se ejerce en el sistema constitucional alemán, en el italiano y en el norteamericano; no obstante, es la Constitución de la V República francesa de 1958 la que, de forma más clara, se refiere al control de constitucionalidad de los reglamentos de la Asamblea Nacional y del Senado. Así, esta Constitución limita, en un ejercicio histórico de desconfianza hacia la Institución Parlamentaria, su ámbito de autonomía. En efecto, su artículo 61, que configura el control previo de constitucionalidad, determina que los reglamentos de las asambleas parlamentarias, «antes de su aplicación» deben ser sometidos al Consejo Constitucional, el cual «se pronunciará sobre su conformidad con la Constitución». Consecuencia de esta regulación, el Reglamento de la Asamblea Nacional actualmente vigente es de 5 de junio de 1959, y la decisión del Consejo Constitucional, que declaraba la conformidad a la Constitución, fue de 24 de junio de 1959. Posteriormente, se ha reformado en múltiples ocasiones, la última de ellas, que afectó a 58 artículos y fue aprobada mediante Resolución de 4 de junio de 2019, siendo la previa decisión de conformidad del Consejo Constitucional de 4 de julio siguiente.

La fuerza de ley del reglamento parlamentario en España haría indisponible para el legislador la supresión de su control de constitucionalidad[108]. En España la Ley Orgánica 2/1979, de 3 de octubre, del Tribunal Constitucional resolvió la cuestión y clarificó algunos de los problemas que existen en otros sistemas constitucionales. A pesar de la no mención expresa del reglamento parlamentario en el artículo 161.1.a de la Constitución, el artículo 27 de la LOTC prevé la posibilidad de una declaración de inconstitucionalidad de los «Reglamentos de las Cámaras y de las Cortes Generales» (artículo 27.2.d) y de los «Reglamentos de las Asambleas Legislativas de las Comunidades Autónomas» (artículo 27.2.f). Esta regulación conlleva importantes consecuencias. En primer lugar, la escueta mención del artículo 161.1.a de la Constitución a «normas con fuerza de ley» ha dado pie a la definición por medio de una ley orgánica de cuáles son esas normas con fuerza de ley; de este modo, se han incluido todos los reglamentos parlamentarios como susceptibles de un recurso de inconstitucionalidad y, de forma algo más difícil, de una cuestión de inconstitucionalidad. En efecto, muy complicado[109] parece que un reglamento parlamentario pueda ser susceptible de cuestión de inconstitucionalidad: no obstante, puede imaginarse el supuesto en el que un juez

---

108 Cfr. M. Aragón Reyes, «Artículo 161», en *Comentarios..., op. cit.*, p. 177.

109 L. López Guerra, «El control del Derecho parlamentario», en J. C. da Silva Ochoa (dir.), *Las fuentes del Derecho parlamentario*, Vitoria, Parlamento Vasco, 1996, pp. 286 y ss., F. Santaolalla, *Derecho..., op. cit.*, p. 27, R. Punset, «La posición de los Reglamentos Parlamentarios en el ordenamiento español», en *Las fuentes... op. cit.*, p. 84; J, Pérez Royo, «La regulación de algunos aspectos del recurso de inconstitucionalidad: su influencia sobre la naturaleza del Tribunal Constitucional en la Constitución de 1978», en *Tribunal Constitucional, III*, 1981, p. 2197 y P. García-Escudero Márquez, «Artículo 72.1», en *Comentarios..., op. cit.*, no creen que pueda plantearse la cuestión de inconstitucionalidad pues a los tribunales ordinarios no les puede llegar ningún litigio cuyo objeto sea materia parlamentaria, ni siquiera en la protección jurisdiccional de derechos fundamentales del artículo 23 CE. No ven problema teórico J. Solé Tura y M. A. Aparicio Pérez, *Las Cortes Generales..., op. cit.*, pp. 104 y ss. A juicio de Marco, la STC 101/1983 admite implícitamente la cuestión de inconstitucionalidad sobre el Reglamento parlamentario.

pueda considerar que un reglamento parlamentario sea «aplicable al caso» y de su «validez dependa el fallo» del pleito que juzga; además, sería tanto como atribuir al reglamento parlamentario, además de fuerza de ley, el rango de ley a que aluden los artículos 163 de la Constitución y 35 de la LOTC. Nada impediría que se pudiese plantear la cuestión, siendo perfectamente factible también el planteamiento de la autocuestión de inconstitucionalidad del artículo 55.2 LOTC[110].

En relación con el recurso de inconstitucionalidad, debe entenderse que todos los legitimados podrían interponerlo, también el Defensor del Pueblo, pues el «art. 162.1 a) de la Constitución y 32.1 LOTC reconocen la legitimación del Defensor del Pueblo para interponer recursos de inconstitucionalidad sin sujetarla a límites o condiciones objetivas de ningún tipo» (FJ 1), SSTC 150/1990, de 4 de octubre y 174/2000, de 15 de noviembre; pues la legitimación del artículo 162 CE, les ha sido reconocida «no en atención a su interés, sino en virtud de la alta cualificación política que se infiere de su respectivo cometido constitucional» (FJ 3), también en SSTC 5/1981, de 13 de febrero y 180/2000, de 19 de junio. En cuanto a la legitimación activa de los Gobiernos autonómicos, la inicial interpretación restrictiva que efectuó del artículo 32.2 LOTC ha sido notablemente flexibilizada por el Tribunal Constitucional, como por ejemplo en STC 96/2002.

La posible impugnación de una reforma de reglamento parlamentario por el propio Gobierno autonómico está solucionada de forma muy llamativa por el Tribunal Constitucional, pues la STC 223/2006 desestimó el recurso de inconstitucionalidad planteado por la Junta de Extremadura (el Gobierno de Extremadura) contra la modificación del Reglamento de la Asamblea de Extremadura, sobre la base del artículo 32.1 LOTC. Se ha dicho que este precepto «reconoce una legitimación incondicionada para impugnar normas con rango de ley a una serie de sujetos entre los que no figuran los ejecutivos y legislativos autonómicos; a estos solo se les confiere, en el apartado 2 del mismo artículo, una legitimación limitada al caso de las leyes, disposiciones y actos con fuerza de ley del Estado. El hecho de que un apartado 3, no incluido en el texto promulgado de la Ley Orgánica del Tribunal Constitucional, les reconociera también legitimación para impugnar leyes de la propia Comunidad Autónoma acredita, por lo demás, que se consideró en su momento necesario incluir en la ley un apartado específico a fin de establecer la legitimación que ahora se quiere admitir. No habiendo entrado, finalmente, en vigor ese apartado, su inexistencia en Derecho supone que la regla de los apartados 1 y 2 excluye una interpretación extensiva de su alcance»[111]. No es fácilmente explicable el motivo

110 J. C. DUQUE VILLANUEVA, «El recurso de amparo contra actos parlamentarios. (La vía de amparo del artículo 42 de la LOTC)», en Revista de las Cortes Generales, 42, 1997, p. 78.

111 La doctrina ha sido muy crítica con esta interpretación restrictiva, así M. PULIDO QUECEDO, «Sobre cuestiones parlamentarias de índole presupuestaria», en *Repertorio Aranzadi Tribunal*

por el que el artículo 32.3 LOTC, a pesar de ser aprobado por las Cortes Generales, no fue publicado ni certificado por las Cámaras y, por tanto, no entró en vigor[112].

b) El reglamento parlamentario y el bloque de la constitucionalidad

Consecuencia de la directa e inmediata vinculación del reglamento parlamentario a la Constitución es la integración, en determinadas ocasiones, del propio reglamento en el bloque de la constitucionalidad. La posición central del Parlamento en la aprobación de la ley determina que la norma que regula el procedimiento legislativo y, en general, las normas que «configuran» el derecho fundamental del artículo 23 CE se conviertan en norma de control de constitucionalidad de otras normas y actos. Sin que sea preciso abordar el significado actual del concepto de bloque de la constitucionalidad[113], puede ser de interés recordar la STC 66/1985, de 23 de mayo, que ha reconocido que el concepto «hace referencia a un conjunto de disposiciones utilizables como parámetro de la legitimidad constitucional de las leyes, pero no a contenidos normativos concretos que no puedan ser modificados de acuerdo con el procedimiento previsto según la naturaleza de cada disposición». En este sentido, el artículo 28 de la LOTC incluye dentro del parámetro de constitucionalidad también a las «leyes que, dentro del marco constitucional, se hubieran dictado para delimitar las competencias del Estado y de las diferentes Comunidades Autónomas o para regular o armonizar el ejercicio de las competencias de éstas». No cabe duda de que el reconocimiento de un

Constitucional, 13, 2006, p. 12, señala que «El TC hace una interpretación literal del mencionado precepto para negar la legitimación de las CC. AA. con una argumentación poco suasoria y cuyas claves deben, a mi juicio, indagarse más en causas actuales de la política interna del TC que en otras consideraciones de índole doctrinal o jurisprudencial. La solución del TC que descansa en que la literalidad del articulo 32.2 LOTC no permite otro tipo de interpretaciones, es la que justifica en último extremo la inadmisión del recurso interpuesto por la Junta de Extremadura».

112 Cfr. L. González del Campo, «La legitimación de los Ejecutivos autonómicos para impugnar leyes de su propia asamblea: un conflicto interpretativo entre Constitución y Ley Orgánica del Tribunal Constitucional doblemente resuelto a favor de esta. Comentario a la Sentencia del Tribunal Constitucional 176/2019, de 18 de diciembre. Recurso de inconstitucionalidad núm. 1195-2019. (BOE núm. 21, de 24 de enero de 2020)», en *Revista de las Cortes Generales*, 108, 2020, pp. 355 a 376.

113 Pueden consultarse, por su relevancia, las primeras obras escritas sobre la materia, I. de Otto, *Derecho Constitucional. Sistema de fuentes*, Barcelona, 1987; E. García de Enterría, «El bloque de constitucionalidad», en *Revista Española de Derecho Constitucional*, 27, 1989, pp. 9 a 37; F. Rubio Llorente, «El bloque de constitucionalidad», en *Estudios sobre la Constitución Española: homenaje al profesor García de Enterría I*, 1991, Madrid, Civitas, pp. 3 a 27 y L. Favoreu, «El bloque de la constitucionalidad», en *Revista del Centro de Estudios Constitucionales*, 5, 1990, pp. 45 a 68.

quórum reforzado[114] y de una reserva de reglamento parlamentario supone la elevación material de rango del reglamento parlamentario por la materia que regula, fundamentalmente en lo que a la aprobación de la ley se refiere. A priori, en el bloque de la constitucionalidad no solo se incluirían las normas reglamentarias reguladoras del procedimiento legislativo, sino también las reguladoras del funcionamiento de las Cámaras, dada la identidad de naturaleza de todas las normas reglamentarias.

Ya se ha visto antes que Pérez Serrano en España, se había referido a cierta superioridad de rango del reglamento parlamentario con respecto a la ley. Siguiendo esta línea, hace algunos años autores como ALMAGRO[115] o RUBIO Y ARAGÓN[116] mantuvieron que los reglamentos parlamentarios debían ser tenidos en cuenta para juzgar la inconstitucionalidad sobrevenida durante el proceso de elaboración de las leyes. Otros autores, como PIQUERAS[117], GARRORENA[118], LUCAS MURILLO DE LA CUEVA[119] o AGUIAR DE LUQUE[120] señalaron que los reglamentos de las Cámaras eran normas superiores a las leyes y que la exigencia de mayoría absoluta del artículo 72.1 de la Constitución le dota de una especial rigidez, por lo que su incumplimiento supone una vulneración de la Constitución.

En cualquier caso y *a priori*, parece demasiado forzado afirmar que cualquier disposición del reglamento parlamentario puede incluirse en el bloque, pues ninguna norma parlamentaria es aprobada en la estricta delimitación de competencias entre el Estado y las comunidades autónomas, como exige el art. 28 LOTC. Sería de dudosa corrección la inclusión de todo el contenido del reglamento parlamentario en el bloque de la constitucionalidad, que fue un

---

114 Sobre la inclusión del Reglamento parlamentario en el bloque de la constitucionalidad a partir de la exigencia constitucional y estatuaria de *quórum* reforzado, cfr. P. BIGLINO CAMPOS, *Los vicios en el procedimiento legislativo*, Madrid, CEPC, 1991, pp. 48 y ss.

115 Cfr. J. ALMAGRO NOSETE, *Justicia Constitucional (Comentarios a la Ley Orgánica del Tribunal Constitucional)*, 2ª ed., Valencia, Tirant lo Blanch, 1989. También puede consultarse M. PULIDO QUECEDO, *La Ley Orgánica del Tribunal Constitucional*, Madrid, Civitas, 1995, pp. 165 y ss.

116 Cfr. M. ARAGÓN REYES y F. RUBIO LLORENTE, «La jurisdicción constitucional», en A. PEDRIERI y E. GARCÍA DE ENTERRÍA, *La Constitución española de 1978. Estudio sistemático*, Madrid, Civitas,1981.

117 J. A. PIQUERAS BAUTISTA, «La infracción de los Reglamentos de las Cámaras y la inconstitucionalidad», en *El Tribunal Constitucional, III*, Madrid, IEF, 1981, pp. 2205 y ss.

118 A. GARRORENA MORALES, «Reglamento parlamentario», en *Enciclopedia Jurídica Básica IV*, Madrid, 1995, pp. 5736 y ss.

119 P. LUCAS MURILLO DE LA CUEVA, «El examen de la constitucionalidad de las leyes y la soberanía parlamentaria», en *Revista de Estudios Políticos*, 7, 1976, pp. 198 y ss.

120 L. AGUIAR DE LUQUE, «El Tribunal Constitucional y la función legislativa: el control del procedimiento legislativo y de la inconstitucionalidad por omisión», en *Revista de Derecho Político*, 24, 1987, pp. 10 y ss.

concepto creado para dar respuesta a otro tipo de necesidades y de perniciosas carencias de nuestro sistema constitucional. Sin embargo, afirmada la categoría de norma jurídica del reglamento y el hecho de que las leyes hayan de ser aprobadas conforme a lo dispuesto en este, el reglamento parlamentario tiene un tratamiento distinto del que tienen otras normas con rango y fuerza de ley. Por ello, el incumplimiento de una disposición reglamentaria reguladora del procedimiento legislativo en la tramitación de una ley ha de tener efectos en la acomodación de la norma legal al ordenamiento jurídico constitucional. Suele ser entendido por la doctrina española que no bastaría con la vulneración de cualquier disposición reglamentaria sobre el procedimiento legislativo para implicar la inconstitucionalidad de la ley, sino solo la que tenga un auténtico nexo directo con la Constitución, pues exclusivamente esta vulneración tendría relevancia constitucional y solo en este caso entraría a formar parte del bloque. Esta explicación tiene un origen italiano muy claro. Así, MANZELLA distingue, solo a estos efectos, dos tipos de normas. Unas primeras que se refieren al procedimiento y estarían cubiertas por el artículo 72 de la Constitución italiana, que regula los aspectos más básicos del procedimiento legislativo en el Parlamento. En este sentido, este tipo de normas reglamentarias realizaría una función integradora de la Constitución formando un solo cuerpo normativo, que, a su vez, serviría de parámetro constitucional. Un segundo tipo de normas constitucionales, según el autor italiano, regula la adopción de acuerdos y la formación de la voluntad política. Este segundo tipo normativo estaría conectado con el artículo 64.3 de la Constitución italiana, regulador del *quórum* de votación y de asistencia, y sería el único núcleo irreductible de la autonomía parlamentaria y cuyo cumplimiento nunca podría ser valorado por el Tribunal Constitucional. No obstante, esta teoría parece tener un alcance explicador solo de la realidad jurídico-constitucional italiana.

En realidad, la solución doctrinal en España trataría de explicar la inclusión del reglamento parlamentario regulador del procedimiento legislativo no por la vía del artículo 28 de la LOTC, sino por la posición del reglamento como pieza fundamental para una adecuada protección de los derechos fundamentales y valores constitucionales. Solo la conexión entre una parte del reglamento parlamentario (la reguladora del procedimiento legislativo) y la Constitución permitía aventurar la inclusión de este dentro del bloque de la constitucionalidad. A todas estas cuestiones se prestará una mayor atención cuando se trate de la cuestión de los vicios del procedimiento legislativo. Pero parece discutible este recurso teórico de vincular la Constitución y el reglamento, porque en cierta forma se está limitando el valor de la Constitución, si una sola Cámara pudiese alterar lo que se incluye dentro del bloque de la constitucionalidad. Más clara queda todavía esta deficiencia si se hace referencia a la inclusión en el bloque de la constitucionalidad de las normas reglamentarias autonómicas, en las que una Cámara autonómica puede definir la integración en el bloque de una norma reglamentaria.

Sea como sea, el Tribunal Constitucional ha incluido a los reglamentos parlamentarios en el bloque de constitucionalidad y los ha utilizado como posible parámetro para determinar la constitucionalidad de una ley que ha sido aprobada separándose de lo previsto en sus disposiciones. En la célebre STC 99/1987, de 11 de junio, se viene a reconocer la relevancia de los vicios reglamentarios, pero no extrae ninguna consecuencia de ello, pues se limita a enunciar la idea principal de relevancia de los vicios; así, tras destacar que «...aunque el art. 28.1 de nuestra Ley Orgánica no menciona los Reglamentos parlamentarios entre aquellas normas cuya infracción puede acarrear la inconstitucionalidad de la Ley», señala que «no es dudoso que, tanto por la invulnerabilidad de tales reglas de procedimiento frente a la acción del legislador como, sobre todo, por el carácter instrumental que esas reglas tienen respecto de uno de los valores superiores de nuestro ordenamiento, el del pluralismo político (art. 1.1 C. E.), la inobservancia de los preceptos que regulan el procedimiento legislativo podría viciar de inconstitucionalidad la ley cuando esa inobservancia *altere de modo sustancial el proceso de formación de voluntad* en el seno de las Cámaras». Sin embargo, no determina el tribunal cuándo se está ante un vicio relevante y cuándo ante uno no relevante. Años antes, el Tribunal Constitucional en SSTC 35/1984, de 13 de marzo y 106/1986, de 26 de julio había admitido la existencia de vicios esenciales, refiriéndose en la segunda de ellas a «vicios convalidados». El alcance de la sustancialidad de los vicios ha sido objeto de alguna atención doctrinal, existiendo posturas muy diversas. Se ha dicho que la sustancialidad o no de los vicios *in procedendo* en el procedimiento legislativo viene determinada por criterios similares a los que son utilizados en el Derecho administrativo para diferenciar la nulidad y la anulabilidad. O se han identificado los vicios esenciales con los producidos en los trámites reconocidos en la Constitución, al modo italiano que se ha citado más atrás. O ha habido quien plantea que lo más adecuado sería verificar qué trámites concretos son esenciales dado lo complejo que resulta determinar *a priori* la esencialidad de un vicio en el procedimiento. No obstante, lo complicado de adoptar un criterio puede extraerse de la lectura de la STC 97/2002, de 25 de abril[121], en la que el tribunal entiende que no es un vicio sustancial la no aprobación por el Pleno del Senado del dictamen de la Comisión en la tramitación de la *Ley 26/1995, de 31 de julio por el que se declara la reserva natural de las Salinas de Ibiza, las Islas de Freu y las Salinas de Formentera*. En esta sentencia, se fuerza una interpretación discutible del artículo 90.2 CE, y que invalida muchos criterios de los apuntados para determinar la relevancia de una vulneración reglamentaria. No obstante, todas estas cuestiones serán objeto de un mayor desarrollo en relación con los vicios *in procedendo*.

121 Un acertado comentario a esta STC en A. ARCE JANÁRIZ, «Más Congreso, menos Senado. A propósito de la STC 97/2002, asunto "Ses Salines"», en *Repertorio Aranzadi TC*, 1, 2002, pp. 2089 y ss.

2.3. Otras fuentes escritas de Derecho parlamentario: la ley

Hay estudios, algunos valiosos, que se han aproximado al sentido constitucional de la fuerza de ley, del valor y de su rango y en todos ellos se constata la ruptura de la unidad, generalidad y universalidad propias del concepto tradicional de ley[122]. Desde esta idea se puede vislumbrar una premisa interesante: existe una proliferación de tipos normativos tras la promulgación del texto constitucional, que ha tenido una influencia clara en el Derecho parlamentario. A pesar de esta relación, es claramente constatable la escasa atención que presta la doctrina a la función de la ley en el Derecho parlamentario. Así, en la mayor parte de las ocasiones solo se estudia la función parlamentaria de la reserva de ley o el valor de la ley para dar cuenta del contenido materialmente parlamentario de algunas leyes, o bien para situar al reglamento parlamentario en su verdadero escalafón en la pirámide normativa. De lo que no cabe dudar es que, como consecuencia de complejas y variadas causas propias de la moderna configuración del poder político, se ha producido una desmembración del concepto de ley, que ha motivado que su objeto deje de ser general y único. En este contexto, la ley ha incorporado contenido claramente parlamentario que rondaría en ocasiones el límite de lo constitucionalmente permitido.

Ya se ha afirmado que la ley no debería regular de lleno la materia parlamentaria. Las explicaciones que ha proporcionado la doctrina de la causa por la que no ha sido, ni es la ley el medio normativo más adecuado para afrontar la regulación de la materia parlamentaria son muy conocidas. En primer lugar, se ha argumentado que, siendo la flexibilidad la más esencial característica del Derecho parlamentario su principal fuente ha de ser el reglamento parlamentario, pues es esta una norma más adaptada a la realidad del Parlamento que la ley. En segundo lugar, se ha señalado que la exigencia de una mayoría cualificada para la aprobación de los reglamentos parlamentarios supone una inequívoca garantía para las minorías parlamentarias. Otros autores han indicado, por su parte, que es principalmente la razón histórica la que ha impedido que sea la ley la que haya regulado la materia parlamentaria.

Partiendo de que todas las argumentaciones puedan tener un cierto elemento de razón en su planteamiento, no hay que olvidar que hay una razón que ampara la inviabilidad de la ley para regular lo parlamentario que, hoy día, prima por encima de los demás: la reserva de reglamento parlamentario y la situación de este en la teoría de fuentes del Derecho. No se puede olvidar que es el reglamento norma protectora de las minorías parlamentarias y, por

122 De forma imprescindible, expone el origen y el significado de la Ley desde los inicios dogmáticos a los albores revolucionarios liberales, E. García de Enterría, *La Lengua de los derechos. La formación del Derecho Público europeo tras la Revolución Francesa*, 2ª edición, Madrid, Civitas, 2001.

tanto, norma que supone emanación del pluralismo político: su aprobación es el más adecuado campo para el acuerdo entre todas las fuerzas políticas presentes en la institución representativa. Esta función de defensa del pluralismo político, así como el papel de protección de las minorías que desempeña el reglamento parlamentario, se produce en mucha menor medida en la ley. Para aludir a la inadecuación de la ley para regular el funcionamiento y organización del Parlamento, hay que remitirse a lo ya indicado sobre la importancia del principio de reserva reglamentaria. En cualquier caso, no parece motivo de su inadecuación como fuente del Derecho parlamentario que sea la ley una norma poco flexible, pues siendo obvia la naturaleza de norma jurídica del reglamento parlamentario, su flexibilidad o rigidez serían idénticas a las de la ley. No cabe duda de que las razones por las que la ley no debe regular lo parlamentario, hay que buscarlas en las consecuencias del principio de reserva de reglamento parlamentario que determina nuestra Constitución para muchas materias. Podría afirmarse así la inconstitucionalidad de la ley que regulase la materia parlamentaria[123], aunque el instrumento

---

123 En contra, M. A. APARICIO PÉREZ, «Reglamento del Parlamento», en *Comentarios sobre el Estatuto de Autonomía de Cataluña, III*, Barcelona, Institut d'Estudis Autonomics, 1990, pp. 149 y ss. Este autor afirmó que la regulación de la materia parlamentaria solo tiene sentido en los sistemas bicamerales y como medio de defensa de la autonomía de una Cámara con respecto a otra; pero, a su juicio, en el caso de un sistema unicameral como el autonómico, la aprobación del Reglamento a través de una Ley no supone más que una «diferencia formal», pues materialmente la naturaleza de ambas normas habría de ser, a la fuerza, similar. M. ARAGÓN REYES, «Las fuentes del Derecho parlamentario», en J. C. DA SILVA OCHOA (dir.), *Las fuentes..., op. cit.*, p. 47, afirma que la garantía que supone la reserva de Reglamento parlamentario está relativizada «en la medida en que existen en nuestro ordenamiento una diversidad de leyes que precisan de igual mayoría reforzada que el reglamento parlamentario. Así, si el parlamento español fuese unicameral no habría diferencia de fondo entre una ley orgánica y un reglamento parlamentario (como no la hay entre reglamento parlamentario autonómico y leyes autonómicas que precisan de mayoría absoluta para su aprobación, de las que existen sobrados ejemplos); en ambos casos el procedimiento sería sustancialmente idéntico (en cuanto sería igual la medida del consenso requerido para una y otra norma); no habría una reserva procedimental específica del reglamento frente a la ley orgánica (salvada la exclusión de la iniciativa gubernamental, que no alcanza mucha significación dada la relación entre el Gobierno y la mayoría gubernamental que lo apoya), sino una exclusiva reserva material por sí sola, sin el acompañamiento de una singular rigidez, significaría bien poco. Ahora bien, como en nuestro Estado el parlamento es bicameral puede pensarse, pues, que la reserva reglamentaria, sí garantiza, al menos, la autonomía política del Senado (en cuanto se exige en esa Cámara una mayoría superior para la aprobación del reglamento que para la aprobación de una ley orgánica). De todos modos... el principal sentido de la reserva de reglamento en un sistema bicameral es quizás el de asegurar la autonomía de una cámara frente a otra (dadas las peculiaridades de nuestro bicameralismo, en realidad lo que así se preserva es, sobre todo la autonomía del Senado frente al Congreso)». De forma similar, R. JIMÉNEZ ASENSIO, «La Ley como fuente del Derecho parlamentario», en *Las fuentes..., op. cit.*, p. 151 y p. 197, viene a interpretar que la inadecuación de la Ley como cauce normativo de regulación de la organización y funcionamiento parlamentario «encuentra su explicación razonable en clave histórica, y se justifica con mayor énfasis en una estructura parlamentaria

legal procediese de un Parlamento unicameral, como el autonómico. La ley y el reglamento parlamentario son tipos normativos diferentes, aprobados por el mismo órgano, pero que tienen un alcance, un valor, una estructura y una naturaleza distintos. Así, no es irrelevante el hecho de que la iniciativa gubernamental está implícitamente prohibida para los reglamentos parlamentarios; pues ello quiere incidir en la idea de la independencia de la Cámara frente al poder ejecutivo, o de una Cámara respecto a otra. De este modo, sería inconcebible la aprobación de una ley (aunque fuese autonómica) que regulase la organización y funcionamiento del Parlamento (debates, orden del día, ...). Y esto es así porque son normas diferentes, aunque tengan coincidencias procedimentales, y aunque la ley pueda ser aprobada por el mismo *quórum* que se exige para el reglamento parlamentario. La diferencia en cuanto a la iniciativa gubernamental para el reglamento parlamentario no es sino una consecuencia de la diferente naturaleza de una y otra norma.

Consecuencia de la diferente naturaleza de ley y reglamento parlamentario es que el control de sus actos de aplicación corresponde a instancias dispares. El control de los actos administrativos de aplicación de la ley está residenciado, por el artículo 106.1 CE, en los tribunales ordinarios, mientras que el control de los actos parlamentarios de aplicación del reglamento parlamentario se atribuye por el artículo 42 LOTC al Tribunal Constitucional. En definitiva, el juego del principio de reserva de reglamento parlamentario y su naturaleza de norma de desarrollo del pluralismo político y del derecho fundamental del artículo 23 CE, hacen del reglamento parlamentario una norma distinta de la ley, diferenciándose de esta por algo más que por una cuestión simplemente formal o de *nomen iuris*.

La ley, por tanto, está excluida de la regulación inmediata de lo parlamentario. Sin embargo, ya se han hecho constar antes algunas materias de contenido parlamentario para las que la Constitución ha previsto una reserva de ley y no la de reserva de reglamento parlamentario. Obviamente estas materias han de estar reguladas mediante ley. Ejemplo paradigmático de ello es la materia de inelegibilidades e incompatibilidades de los parlamentarios, que el artículo 70.1 CE atribuye a la ley electoral y, a su vez, el artículo 81 CE remite a la ley orgánica; lo mismo sucede con el control de la validez de las actas y credenciales de los miembros de ambas Cámaras (artículo 70.2 CE), o con las sanciones que se puedan imponer por la incomparecencia ante las Cámaras (artículo 76.2 CE). Más allá de estas previsiones constitucionales no es habitual que el texto constitucional haya remitido la materia parlamentaria a la ley.

---

bicameral». Son varios los autores que mantienen que la justificación de la exclusión de la Ley del ámbito parlamentario es la naturaleza bicameral de las Cortes Generales. En este sentido, la naturaleza bicameral de nuestro sistema parlamentario en relación con el proceso legislativo es causa suficiente de exclusión de la Ley en su regulación para L. M. Díez-Picazo, *La autonomía administrativa de las Cámaras parlamentarias*, Zaragoza, Studia Albornotiana, 1985, p. 33.

De forma similar, varios estatutos de autonomía[124] prevén que sea la ley electoral y no el reglamento parlamentario, la norma que regule las incompatibilidades de los miembros de cada Cámara. Además de esto, estas normas integrantes del bloque de la constitucionalidad han previsto que algunas materias que no entran dentro del funcionamiento y organización del Parlamento sean reguladas mediante ley, aunque tienen una indudable incidencia en lo parlamentario. Es el caso de la ley reguladora de la iniciativa legislativa popular[125], que es aprobada mediante ley orgánica o mediante ley autonómica; o el procedimiento de designación de senadores de cada comunidad autónoma que en ocasiones ha sido remitido a una ley del respectivo Parlamento autonómico[126]. Además, como ya se ha visto, existen algunas leyes autonómicas que regulan las relaciones entre el Parlamento respectivo y el Gobierno.

124 Sin ánimo exhaustivo, puede citarse por ejemplo el artículo 26.5 del Estatuto de Autonomía del País Vasco; artículo 29 del Estatuto de Autonomía de Andalucía; artículo 25.2 EAAST; artículo 10.4 EACANT; artículo 17.1 EALRI (que exige una mayoría de dos tercios para la aprobación de la ley electoral); artículo 18.7 EAAR; artículo 10.2 EAC-LM; artículo 15.2 LORAFNA; artículo 20.3 EAIB; artículo 20.3 EAIB; artículo 11.4 EAMAD y artículo 12.4 EACyL. El Estatuto de Autonomía de la Comunidad Valenciana no contiene reserva alguna en materia de incompatibilidades, por lo que podría ser objeto de regulación por el Reglamento de las *Corts*; no obstante, el régimen de incompatibilidades de los Diputados de las Cortes Valencianas es el establecido en el Capítulo III del Título I de la Ley 1/1987, de 31 marzo que regula las elecciones de Diputados a las Cortes Valencianas. Similares son los casos de los Estatutos de Autonomía de Canarias y de Extremadura. Por su parte, el Estatuto de Autonomía de la Región de Murcia prevé, en su artículo 24.2, una remisión genérica a la ley, para regular el sistema electoral y las causas de inelegibilidad e incompatibilidad, siendo estas últimas de regulación general en la Ley de Murcia 5/1994, de 1 agosto, de estatuto regional de la actividad política.

125 En este sentido es habitual que, al igual que regula la Constitución en el artículo 87.3 CE, los Estatutos de Autonomía remitan a una ley ordinaria la regulación de la iniciativa legislativa popular. En estos casos, expresamente, se ha previsto que esta materia se regule por Ley. Sin esta remisión, esta materia habría de ser aprobada mediante norma reglamentaria del Parlamento, que generalmente requiere mayoría absoluta. Esta es la razón por la cual algún Estatuto de Autonomía, como el de Cantabria en su artículo 15.1, prevea la regulación de esta materia mediante Ley que sea aprobada mediante una mayoría cualificada (absoluta) idéntica a la que es necesaria para aprobar el correspondiente Reglamento parlamentario. Ya se ha referido lo discutible que parece la técnica de no regulación de la materia parlamentaria a través del Reglamento y sí mediante Ley, aunque deba esta ser aprobada con el mismo quórum que aquel. Se ve de forma clara esta inadecuación al comprobar que la iniciativa gubernamental que ha servido de origen para la aprobación de este tipo de leyes regula cuestiones tales como la calificación y admisión a trámite por la Mesa de la iniciativa legislativa popular o la regulación de las funciones de la Secretaría General de la Cámara; aspectos en los que no debería haber iniciativa gubernamental, aunque exista una conexión casi siempre entre la mayoría parlamentaria y el gobierno.

126 Como el artículo 28.a. del EAPV; artículo 32.6 EACAT; artículo 13.1 EAGAL; artículo 24.2 EAAST; La Rioja (artículo 19.1.l EARI); artículo 16 b) EAARA; artículo 12.1 EACAL; artículo 13.d EACAN. Otros Estatutos, como el de Andalucía (artículo 30.12 EAAND), Cantabria (artículo 9.8 EACANT), Castilla-La Mancha (artículo 9.2.e), Extremadura (artículo 19.2.e), Islas Baleares (artículo 28.1); Madrid (artículo 16.3.i) y Castilla y León (artículo 15.5) no determinan qué norma ha de regular la designación de senadores autonómicos, limitándose a

En general, puede afirmarse que, la ley no debería regular el funcionamiento y organización del Parlamento. Las remisiones a la ley por la Constitución o los estatutos de autonomía han de ser interpretadas restrictivamente. Como ya se ha indicado, la ley no podría incidir en lo parlamentario más que de forma incidental, en cuestiones tales como la remisión de información al Parlamento, o el más eficaz ejercicio de la función de control parlamentario. Fuera de la remisión directa de la Constitución o del estatuto de autonomía a la ley o la regulación incidental de esta, no es admisible la regulación por ley de lo parlamentario. A esto habría que añadir varias cuestiones que vienen a puntualizar lo indicado. Primero, puede reconocerse la viabilidad de que la ley tenga influencia en lo parlamentario, pero solo la ley. Las normas infralegales deberían abstenerse por completo de regular cuestiones que entren dentro de lo parlamentario, aunque fuesen regulaciones auxiliares para el ejercicio del control parlamentario relativo a remisiones de documentación al Parlamento respectivo. Sin embargo, de esto último hay múltiples ejemplos.

Además, fuera del ámbito de actuación de la ley debería quedar la creación de comisiones parlamentarias, aunque el propio reglamento parlamentario remite a la ley la posibilidad de creación de estas comisiones; como sucede en el Reglamento del Congreso de los Diputados y, a partir de él, casi todos los reglamentos de las asambleas legislativas de las comunidades autónomas. La creación de una comisión parlamentaria está cubierta y protegida por el *quórum* de votación del principio de reserva de reglamento parlamentario. Sin embargo, no puede obviarse el dato de que la mayor parte de las leyes que regulan los medios de comunicación públicos de titularidad autonómica han creado la correspondiente comisión parlamentaria de control, de forma idéntica a lo que hizo la ya derogada *Ley 4/1980, de 10 de enero, de estatuto de la radio y la televisión*, que disponía en su artículo 26 la constitución de «una Comisión Parlamentaria del Congreso de los Diputados de conformidad con lo que disponga el Reglamento de la Cámara». Hoy el artículo 39 de la *Ley 7/2006, de 5 de junio, de la radio y la televisión de titularidad estatal*, incluye una regulación menos novedosa que aquella.

Sin embargo, aunque sea *obiter dicta*, la STC 147/1993, de 29 de abril dio por técnicamente correcta esta remisión al indicar que «hay que entender que este mandato de la Ley del Estado debe ponerse en conexión con el art. 46.2 Rgto. 10 febrero 1982 del Congreso de los Diputados, que ordena que sean también Comisiones Permanentes aquellas que deban constituirse por disposición legal». Siguiendo estos mismos ejemplos hay leyes autonómicas que han

atribuir esta potestad al respectivo Parlamento. Tampoco la LORAFNA prevé en su artículo 12 ninguna reserva ni reglamentaria ni de Ley sobre la designación de senadores y, de forma coherente, ha sido incluido en el artículo 201 del Reglamento del Parlamento de Navarra.

creado comisiones parlamentarias[127] o han previsto su creación futura, como la Ley de Cataluña 6/1984, de 4 de marzo, de Sindicatura de Cuentas, cuyo artículo 29 previó que «se constituirá una comisión parlamentaria encargada de las relaciones del Parlamento con la Sindicatura de Cuentas». Hoy día, la Ley de Cataluña 18/2010, de 7 de junio, de la Sindicatura de Cuentas, se limita a prever que las relaciones «ordinarias» con el Parlamento de Cataluña se articulan ante la Comisión parlamentaria de la Sindicatura de Cuentas.

Por otra parte, hay que tener en cuenta que hay otras muchas leyes estatales que crean comisiones «mixtas» incidiendo, por tanto, en la organización del Parlamento, como la Ley 47/1985, de 27 de diciembre de bases para la delegación al Gobierno para la aplicación del derecho comunitario; la Ley Orgánica 3/1981, de 27 de febrero, del Defensor del Pueblo[128] o la Ley Orgánica 2/1982, de 12 de mayo, del Tribunal de Cuentas. La generalización de esta técnica ha hecho que se entienda como algo normal y adecuado el uso de la ley, pero no hay que olvidar cuál es el ámbito material del reglamento parlamentario y la interpretación restrictiva de esta práctica.

Consecuencia de la voracidad reguladora de la ley, casi siempre de iniciativa gubernamental, se han admitido algunos supuestos de leyes que regulan materia parlamentaria, como por ejemplo la obligación de emisión de informe que se impone a algunos órganos en relación con la tramitación administrativa de un proyecto de ley. Constatada la inadecuación de la ley para regular la materia parlamentaria, se ha admitido enseguida que la legislación expansiva todo lo quiere regular. Y se han «deslizado» múltiples regulaciones parlamentarias, en numerosas leyes, lo cual ha motivado que varios autores hayan tratado de sistematizar estos supuestos[129].

---

127 Cfr., a título de mero ejemplo, el artículo 23 de la Ley de Murcia Ley 9/2004, de 29 diciembre que dispone que «una comisión de la Asamblea Regional ejercerá el control parlamentario de la actuación de la empresa pública regional Radiotelevisión de la Región de Murcia»; o el artículo 22 de la Ley de Asturias 2/2003, que dispone que «se constituirá una Comisión no legislativa permanente en la Junta General del Principado que ejercerá el control de la actuación del Ente Público de Comunicación y de sus sociedades gestoras y filiales». El resto de leyes autonómicas que regulan los medios de comunicación públicos de titularidad autonómica contienen disposiciones muy similares.

128 Al menos, las leyes autonómicas que regulan las instituciones análogas al Defensor del Pueblo y al Tribunal de Cuentas prevén la existencia cuando no la creación, de una Comisión parlamentaria encargada específicamente de las relaciones con la respectiva asamblea legislativa.

129 M. Aragón Reyes, «Las fuentes del Derecho parlamentario», en *Las fuentes..., op. cit.*, pp. 42 y ss., reconoce hasta cuatro ámbitos en los que la Ley procede a regular materias propias de la competencia y funcionamiento del Parlamento; estos vendrían a ser: 1. Atribución de competencias a las Cortes Generales; 2. Establecimiento de derechos o deberes de los particulares en su relación con las Cámaras, que vendría constituido por la LO 5/1984, de 24 de mayo de comparecencia ante las Comisiones de Investigación del Congreso y el Senado. Como ya se ha visto, por disposición del artículo 76.2 CE existiría

La mayor parte de estas leyes[130] citadas no es que tengan contenido parlamentario, sino que son leyes que se limitan a incluir en sus disposiciones alguna regulación que tiene una incidencia en lo parlamentario, pero que no debería convertir de por sí a la ley en invasiva del principio de reserva de reglamento parlamentario. De hecho, con alguna llamativa excepción, puede afirmarse que la perspectiva y la regulación en la mayor parte de las disposiciones legales que se acaban de apuntar son ajenas a lo parlamentario, sin que este hecho suponga que estas leyes se puedan considerar como fuente del Derecho parlamentario.

Por tanto, no toda ley que mencione al Parlamento y al parlamentario vulneraría el principio de reserva reglamentario, sino solo la que incidiese de forma especialmente directa en su organización y funcionamiento, como sucede en algunos de los casos apuntados en la creación de comisiones parlamentarias. También son reseñables algunos ejemplos en los que la ley incide en el Parlamento de modo posiblemente desmesurado y de dudosa constitucionalidad, como el caso del artículo 11 de la *Ley Orgánica 11/2002, de 6 de mayo, del Centro Nacional de Inteligencia*, siguiendo el antecedente de la *Ley 11/1995, de 11 de mayo de regulación de la utilización y control de los créditos destinados a gastos reservados*, dispone el control del mencionado centro por una «Comisión del Congreso de los Diputados», regulando incluso quién ha de presidirla (el presidente de la Cámara) y el carácter secreto de las sesiones que se celebren por parte de la comisión, así como de sus deli-

---

una expresa remisión a la Ley para su regulación y por lo tanto no cabría su regulación mediante Reglamento parlamentario; 3. Creación de comisiones parlamentarias; 4. Otros casos en los que estarían incluidos, «sin especiales problemas», según ARAGÓN REYES, los suplicatorios sobre parlamentarios, la propia ley presupuestaria, las leyes de delegación, que pueden establecer «formas adicionales de control», o las leyes electorales. Como el propio autor acaba reconociendo, las regulaciones que por la Ley se realizan de algunos aspectos parlamentarios no son consecuencia sino de la imbricación entre los diversos sectores del Derecho, e incluso de la interdisciplinariedad de los saberes jurídicos «que es un dato inesquivable (y saludable) del presente, producido, entre otras causas, por las características de la Constitución del Estado social y democrático de Derecho».

130 R. JIMÉNEZ ASENSIO, *La Ley como fuente..., op. cit.*, pp. 174 y ss. Especialmente significo es su intento de clasificar la regulación de aquellas Leyes que tengan incidencia en el ámbito parlamentario. Alude este autor a los siguientes tipos de leyes: 1. Leyes relativas a la composición y formación de las Cámaras e incompatibilidades de sus miembros, en donde se situaría la LOREG; 2. Leyes relativas al *status* de la Cámara y de los parlamentarios (prerrogativas individuales y colectivas), que serían fundamentalmente las disposiciones del Código Penal que protegen los mencionados privilegios, así como la Ley de 9 de febrero de 1912 sobre procedimiento contra Senadores y Diputados; 3. Leyes que inciden sobre funciones propias del Parlamento o de alguna de las Cámaras, como la Ley Orgánica 3/1984, de iniciativa popular; 4. Leyes que regulan las relaciones de las Cámaras con otros órganos del Estado (y determinan los criterios de propuesta o de designación de las personas que deben formar parte de ellos), ejemplo paradigmático de ello son la Ley Orgánica 3/1981, de 27 de febrero, del Defensor del Pueblo y la Ley Orgánica 2/1982, de 12 de mayo, del Tribunal de Cuentas, además de otras como la Ley Orgánica 6/1985, de 1 de julio, del poder judicial y las leyes que regulan la función del Parlamento de designación de miembros de otros órganos.

beraciones. Alguna ley autonómica también va más allá de la mera previsión del control parlamentario de la actuación de la Administración y prevé la creación de una comisión parlamentaria y su funcionamiento; fue llamativo el caso del artículo 45.1 de la Ley de Cantabria 5/1997, de 6 octubre, de prevención, asistencia e incorporación social en materia de drogodependencias, que previó la «creación de una Comisión Parlamentaria Especial sobre las Drogodependencias», incluyendo en los apartados 2 y 3 disposiciones sobre sus funciones y su funcionamiento.

3. Los reglamentos parlamentarios españoles: elaboración, contenido, reforma e interpretación

3.1. El Reglamento de las Cortes Generales

Al contrario de lo que sucede con el Reglamento del Congreso de los Diputados y con el del Senado, la regulación constitucional del contenido del Reglamento de las Cortes Generales es muy parca. En efecto, el artículo 72.2 CE se limita a disponer que las sesiones conjuntas entre ambas Cámaras serán presididas por el presidente del Congreso «y se regirán por un Reglamento de las Cortes Generales aprobado por mayoría absoluta de cada Cámara». Salvo esta disposición, no es fácil adivinar cuál habría de ser todo el contenido del futuro Reglamento de las Cortes Generales. No obstante, puede afirmarse que su naturaleza jurídica debería ser idéntica a la que tienen los reglamentos del Congreso de los Diputados, el del Senado y los de las asambleas legislativas de las comunidades autónomas. Esta conclusión[131] es avalada por la regulación del artículo 27.2.d) de la Ley Orgánica del Tribunal Constitucional, que incluye al Reglamento de las Cortes Generales dentro del catálogo de normas susceptibles de declaración de inconstitucionalidad, y por tanto tiene idéntico rango e igual naturaleza, a los «Reglamentos de las Cámaras».

En cierta forma, es significativo que, a pesar de la notable imperfección de nuestro bicameralismo, la Constitución haya optado por reconocer un órgano como las Cortes Generales previendo, incluso, la aprobación de un reglamento parlamentario. En cualquier caso, no ha sido habitual en nuestra historia constitucional la previsión de la existencia de un Reglamento de las Cortes Generales. Habría que remontarse al Estatuto Real de 1834, cuyo artículo 50 preveía que «el Reglamento de las Cortes determinará las relaciones entre uno y otro Estamento, ya recíprocamente entre sí, ya respecto del Gobierno». Fuera de este lejano antecedente ha sido común que nuestras

---

131 Cfr. P. GARCÍA-ESCUDERO MÁRQUEZ y B. PENDÁS GARCÍA, «Artículo 72.2. Autogobierno de las Cámaras. Sesiones conjuntas», en O. ALZAGA VILLAAMIL (Dir.), *Comentarios..., op. cit.*, 1978, pp. 454 y 455; M. ARAGÓN REYES, *Las fuentes ..., op. cit.*, p. 45.

Constituciones[132] incluyesen el mandato de que «los Cuerpos Colegisladores no pueden deliberar juntos». De esto cabe concluir que hay poca duda de que la Constitución de 1978 ha considerado las Cortes Generales un órgano constitucional, aunque sea mediante la fórmula de reconocer la existencia de un reglamento parlamentario propio, pues la referencia constitucional a su función y a su funcionamiento no es abundante.

Puede resultar un tanto paradójico que no haya más regulación de las Cortes Generales como tal órgano, fuera de lo dispuesto en el artículo 72 CE. Además, es poco probable que nuestro constituyente tuviese en cuenta el reconocimiento que del órgano que engloba a las dos Cámaras hace alguna Constitución en Derecho comparado. Tal es el caso de la Ley Fundamental de Bonn, cuyo artículo 53.a prevé que la composición de la Comisión Conjunta[133] y su procedimiento sean regulados por un «reglamento interno acordado por el Bundestag con la aprobación del Bundesrat». Pero, sin duda, mucho más peso en la redacción del artículo 72.2 CE tuvo la previsión que el artículo 2.6 de la *Ley 1/1977, de 4 de enero, para la Reforma Política* realizó del presidente de las Cortes Generales, cuyo papel en los acontecimientos de los primeros años de la democracia fue seguramente decisivo.

Parece que, de lo dispuesto en el artículo 72.2 CE sobre el Reglamento de las Cortes Generales, no cabe extraer muchas consecuencias. En primer lugar, es perfectamente defendible el reconocimiento de las propias Cortes como un órgano constitucional diferenciado de las otras dos Cámaras que lo componen. No obstante, el artículo 59.3 de la Ley Orgánica del Tribunal Constitucional no menciona a las Cortes Generales como uno de los órganos legitimados para interponer un conflicto entre órganos constitucionales, y tampoco está mencionado en el artículo 161 CE. En segundo lugar, se dispone en el artículo 72.2 CE que el *quórum* de votación exigible para la aprobación del Reglamento de las Cortes Generales es el de la mayoría absoluta de cada Cámara, rigiendo por tanto paridad absoluta entre las dos. No se ha previsto por la Constitución procedimiento alguno para solventar las posibles faltas de acuerdo entre ambas Cámaras, como sí se ha hecho por el artículo 74 para las decisiones de las Cortes Generales de los artículos 94.1, 145.2 y

132 Artículo 34 de la Constitución de 1837; artículo 33 de la Constitución de 1845; artículo 47 de la Constitución de 1969, disponiéndose en el artículo 49 que la disconformidad entre ambas Cámaras se solucionará conforme una «ley» que fije sus relaciones; también el artículo 39 de la Constitución de 1876.

133 Recuérdese que según este precepto de la LFB: «la Comisión Conjunta se compone en sus dos terceras partes por diputados del *Bundestag* y por un tercio de los miembros del *Bundesrat*. Los diputados serán designados por el *Bundestag* de acuerdo con la importancia numérica de los grupos parlamentarios; no podrán pertenecer al Gobierno Federal. Cada *Land* estará representado por un miembro del *Bundesrat* designado por él; estos miembros no estarán sujetos a instrucciones». La Comisión Conjunta consta de 22 miembros, sus sesiones son presididas por uno de los Presidentes, un diputado del *Bundestag*, y otro miembro del *Bundesrat*, que se turnan trimestralmente y se sustituyen entre sí.

158.2 CE, o para el procedimiento legislativo en el artículo 90 CE. Ninguno de estos procedimientos parece aplicable de forma análoga a la aprobación del Reglamento de las Cortes Generales. En cuanto al procedimiento para elaborar y aprobar la proposición de reforma del Reglamento de las Cortes Generales, puede defenderse que cabe la iniciativa de cualquiera de las dos Cámaras, debiéndose tramitar como una proposición de ley de iniciativa del Congreso de los Diputados o del Senado según el caso, como se desprende de lo dispuesto en las disposiciones finales segunda y tercera del Reglamento del Congreso de los Diputados, y en el artículo 196 y en la disposición adicional segunda del Reglamento del Senado.

Como ya se ha indicado, no está muy claro cuál habría de ser todo el contenido del Reglamento de las Cortes Generales. Del artículo 72.2 CE se desprende que al menos su regulación estará formada por lo relativo al régimen aplicable a las sesiones conjuntas de «ambas Cámaras» que forman las Cortes Generales, debiendo respetar su articulado el que dichas sesiones conjuntas las presida el presidente del Congreso de los Diputados. Circunstancias estas que no le convierte al presidente del Congreso necesariamente en presidente de las Cortes. En todo caso, sería muy llamativo que, existiendo un presidente de las Cortes Generales distinto del presidente del Congreso de los Diputados, aquel no presidiese las sesiones del órgano parlamentario que, en realidad, preside.

Pero el posible contenido del Reglamento de las Cortes Generales puede extraerse de algún otro precepto constitucional. En primer lugar, puede defenderse que el reglamento de cada una de las dos Cámaras debe regular las materias propias del funcionamiento y regulación de cada Cámara y que el texto constitucional atribuye al Congreso de los Diputados y al Senado. Por ejemplo, aunque la aprobación de las leyes se efectúe por las Cortes Generales, el Reglamento del Congreso de los Diputados y el del Senado (y no el de las Cortes Generales) regulan cada uno su propio procedimiento legislativo. Estrictamente, en el Reglamento de las Cortes Generales solo habrían de incluirse las materias propias de decisión del mencionado órgano complejo. En segundo lugar, las materias que más pacífico resultaría incluir en este Reglamento de las Cortes Generales son las referencias que a dicho órgano existen en el título II de la Constitución. Deben ser decisiones de las Cortes Generales todo lo relativo a la expresa prohibición de matrimonio a las personas que tengan derecho a la sucesión en el trono; la imposibilidad del Rey para el ejercicio de su autoridad; el nombramiento de la regencia si no hubiera persona a quien le corresponda; nombramiento de tutor, así como la proclamación del Rey, su juramento y el del príncipe de Asturias.

Podría ser discutible la regulación en el Reglamento de las Cortes Generales de otras materias, algunas de las cuales están también incluidas en el propio título II CE. Como por ejemplo la previsión del artículo 57.5 CE que determina que cualquier duda de hecho o de derecho que ocurra en el orden de sucesión a la Corona «se resolverán por una ley orgánica». Esta reserva de ley orgánica remite a la regulación del procedimiento legislativo y a la mayor preeminencia de la Cámara Baja con respecto al Senado, lo cual parece excluir al Reglamento de las Cortes Generales, que habría de regular sobre la base de la paridad entre ambas Cámaras.

Además, podría plantearse la inclusión en el futuro Reglamento de las Cortes Generales de algunas materias comunes al Congreso de los Diputados y al Senado, como por ejemplo la[134] creación y el funcionamiento de las comisiones bicamerales, cuya previsión solo existe en el Reglamento del Senado (artículos 57 y 58). Más discutible sería la inclusión en este Reglamento de las Cortes Generales de otras materias que, aunque afectan al estatuto de las dos Cámaras, parece que la autonomía parlamentaria del Congreso de los Diputados y del Senado hace que cada una de ellas deba decidir su propio estatuto.

En cualquier caso, es imposible adivinar el contenido del Reglamento de las Cortes Generales más allá de lo señalado en el título II de la Constitución, cuando muchos aspectos del Reglamento de las Cortes están hoy regulados de forma separada por cada reglamento.

3.2. El Reglamento del Congreso de los Diputados y el del Senado

El texto vigente del Reglamento del Congreso de los Diputados fue aprobado por el Pleno de la Cámara en las sesiones de 9 y 10 de febrero de 1982, y fue publicado en el Boletín Oficial de las Cortes Generales de 24 de febrero siguiente. Su procedimiento de elaboración fue interesante. De forma previa y en el inicio de la andadura constitucional, el funcionamiento del Congreso de los Diputados se rigió mediante un *reglamento provisional*[135] aprobado por el Pleno del Congreso el 13 de octubre de 1977. Este texto reglamentario tuvo una gran importancia, ya que la Constitución misma fue aprobada mediante sus disposiciones generales y en concreto por lo dispuesto en el capítulo V

134 Ya fue apuntada esta posibilidad por M. ARAGÓN REYES, *Las fuentes...*, *op. cit.*, p. 45.

135 De forma previa y podría decirse que provisionalísima fueron aprobadas en 1977 las Disposiciones dictadas por la Presidencia de las Cortes para la constitución de las Cámaras que contenían disposiciones de contenido claramente reglamentario y que regula todo aquel inseguro inicio de Legislatura constituyente. Además, en aquellos tiempos iniciales, se aprobaron algunas disposiciones ante la incertidumbre que producía la celebración de algunas sesiones, por ejemplo, la Disposición de la Presidencia del Congreso de los Diputados convocando la Comisión de Economía y Hacienda, en sesión informativa, con asistencia del señor Ministro de Hacienda e instrucciones regulando el desarrollo de dicha Comisión de 4 de agosto de 1977. O también las Disposiciones que regulan la tramitación, en la Comisión de Economía y Hacienda, de los proyectos de ley sobre materias económicas, fiscales y presupuestarias remitidas por el Gobierno con carácter de urgencia, de 3 de agosto de 1977.

del título sexto, artículos 111 a 123 y que llevaba por sugerente rúbrica «De la elaboración de la Constitución». La ponencia[136] designada al efecto redactó un denominado *Proyecto de Reglamento del Congreso de los Diputados* que fue finalizado el 2 de agosto de 1977, y fue dictaminado por la Comisión de Reglamento del Congreso el 5 de agosto siguiente. Dicha comisión introdujo importantes cambios, teniendo especial relevancia la modificación de su nombre, pues a partir de entonces, y durante toda la tramitación, se pasó a denominar *Proyecto de Reglamento provisional del Congreso de los Diputados*. De su regulación nada se va a decir, pues no tiene más importancia que la histórica, pero ha de advertirse el extraordinario interés «constituyente» de los artículos que se han citado y que regulan la «redacción de la Constitución». Es llamativa la regulación del artículo 123.3 del Reglamento provisional, (similar al artículo 3.2 de la Ley para la Reforma Política), que dispuso que la «aprobación final de todo el conjunto de la Constitución necesitará el voto definitivo de la mayoría absoluta de los miembros del Congreso». Así, de esta regulación provisional también llama la atención que no hubiese una remisión al procedimiento legislativo común para la elaboración de la Constitución, como hoy sucede en el reglamento vigente para la tramitación de las reformas constitucionales (artículos 146.1. RCD y 147.5).

Otro tanto se puede decir del *reglamento provisional* del Senado. Designada la ponencia[137] en el seno de la Comisión de Reglamento su informe que fue un texto original que supuso iniciativa, fue aprobado el 18 de agosto de 1977, siendo aprobado el 6 de octubre el dictamen. El 22 del mismo mes de agosto, el *Pleno aprueba el texto del Reglamento provisional del Senado* que es publicado en el BOCG número 21 de fecha 22 de octubre de 1977; el mismo Boletín Oficial en el que también se publica el Reglamento provisional del Congreso de los Diputados. En el Reglamento provisional del Senado, es llamativa la evidente influencia del texto del Reglamento provisional de la Cámara Baja que estaba siendo debatido de forma simultánea, si bien el Reglamento provisional del Senado fue aprobado con ciertas peculiaridades, con una ordenación sistemática diferente y también varias redacciones de fondo. Asimismo, son también reseñables las disposiciones contenidas en el título octavo del Reglamento del Senado que regulaba lo relativo al «Procedimiento para la discusión del proyecto de Constitución», y en donde se puede percibir un mayor seguimiento expreso de lo dispuesto en la Ley para la Reforma Política e incluso alguna remisión a lo dispuesto en dicha norma.

136 Fueron miembros de la Ponencia que redactó el primer borrador de Reglamento provisional los Diputados Señores Rosón Pérez; Gómez Llorente; Camacho Zancada; Fajardo Spínola y Benzo Mestre. Previamente por la Presidencia del Congreso de los Diputados se habían dictado el 4 de agosto de 1977 unas Disposiciones para la Tramitación en la Comisión de Reglamento del Proyecto de Reglamento.

137 Entre otros, fueron miembros de la Ponencia los Senadores Señores Sánchez Agesta, García-Borbolla, Calatayud y Maldonado, Azcárate Florez y Carrascal Felgueroso.

El Reglamento del Congreso de los Diputados (el actualmente vigente) fue tramitado según las disposiciones del reglamento provisional anteriormente citado, y tardó más de dos años en ser definitivamente aprobado: desde el 24 de mayo de 1979, momento en el que la Comisión de Reglamento designa la ponencia[138] que habría de redactar el *anteproyecto*, hasta la aprobación definitiva por el Pleno del Congreso. Como no podía ser de otra manera, el debate del texto estuvo sometido a tensiones notables, como lo pone de manifiesto el hecho de que el Pleno del Congreso de los Diputados, en su sesión de 23 de junio de 1981, devolviese el dictamen a la Comisión de Reglamento «para su reconsideración», «al no existir perspectivas de que el proyecto de Reglamento fuera aprobado en los términos que exige la Constitución»[139]. Esta devolución a la Comisión determinó la redacción de un nuevo dictamen de los preceptos más problemáticos, los cuales finalmente fueron aprobados por casi unanimidad del Pleno. En efecto, en la sesión de 20 de febrero de 1982, el reglamento se aprobó en la votación final sobre el conjunto a que obliga el artículo 72 CE, con solo cuatro votos en contra.

En su tramitación, fueron presentadas numerosas enmiendas y existieron incidencias importantes que fueron causa de la tardanza en la aprobación del texto reglamentario. La falta de consenso motivó que tuviesen que aprobarse durante esta primera Legislatura diversas resoluciones de la Presidencia de la Cámara[140], que no siempre adelantaron las soluciones que proporcionó el Reglamento de 1982 y que produjeron una dispersión notable en la regulación parlamentaria.

138 La Ponencia estuvo formada por los Diputados Sres. Aguilar Moreno; Aguiriano Fornies; Bravo de Laguna; Carro Martínez; Fraile Poujade; Gómez de las Roces; López Arbizu; Guerra y Fontana; Peces-Barba Martínez; Roca y Junyent; Solé Tura; Vázquez Guillén; Vizcaya Retana y Zapatero Gómez. La ponencia tardó más de un año en preparar un Anteproyecto. La Ponencia fue asistida por el Letrado de las Cortes Generales Sr. Martínez Elipe.

139 Diario de Sesiones, CD, Año 1981, Número 179, p. 10729. Las causas de la devolución del «proyecto» de Reglamento del Congreso a la propia Comisión de Reglamento fueron, al parecer, la falta de acuerdo en la discusión de su artículo 23.2, que disponía como requisito para la constitución del Grupo parlamentario el obtener el quince por ciento de los votos obtenidos en las circunscripciones en las que se hubiera presentado el correspondiente partido. La intervención del Presidente no es del todo clarificadora y dijo: «al no existir perspectivas de que el proyecto de Reglamento fuera aprobado en los términos que exige la Constitución, la Junta de Portavoces, a través de esta Presidencia, somete a la decisión del Pleno la propuesta de que el proyecto de Reglamento sea devuelto a Comisión para su reconsideración».

140 Hasta doce Resoluciones de Presidencia podrían consultarse: Resolución de la Presidencia del Congreso sobre la tramitación de los asuntos que han tenido entrada en la Cámara durante la legislatura anterior, de 23/03/1979; Resolución sobre regulación parlamentaria de la votación de investidura, de 29/03/1979; Resolución de la Presidencia del Congreso de los Diputados sobre ponderación de voto en las votaciones de las Comisiones de 27/04/1979; Normas reglamentarias sobre elaboración de los Estatutos de Autonomía, de 11/05/1979; Resolución sobre votación por mayoría absoluta del Congreso de los Diputados de los proyectos de leyes orgánicas, de 23/07/1979; Resolución de la Presidencia

La ponencia que redactó el Reglamento del Congreso de los Diputados pretendió, en ocasiones sin demasiado éxito, hacer más ágil y eficaz el funcionamiento de la Cámara. Su determinación en los larguísimos trabajos parlamentarios fue fortalecer el papel de las comisiones en el funcionamiento del Congreso, proporcionando a los grupos parlamentarios (y a través suyo a la Junta de Portavoces) una función central en el *interna corporis* parlamentario. Fueron presentadas enmiendas a prácticamente todo el texto que había elaborado la ponencia. No obstante, los debates más incisivos y que motivaron el nuevo dictamen de la Comisión de Reglamento se centraron en lo relativo a la constitución de los grupos parlamentarios[141] (artículo 23), a la Comisión del Estatuto de los Diputados (artículo 48), a las alusiones (artículo 71), a las votaciones y la resolución de empates (artículo 85 y 88), comparecencias (artículo 202 y 203) y varios aspectos, muchos de ellos relevantes, de la parte final del reglamento.

También la tramitación y redacción del Reglamento del Senado estuvieron caracterizadas por la existencia de sucesivas tensiones. Igualmente, su aprobación se produjo en un muy amplio, quizá demasiado, espacio de tiempo. Pero el procedimiento en el Senado, fue algo distinto. Se inició con la designación de una ponencia[142] en el seno de la Comisión de Reglamento, la cual finalizó sus trabajos el 25 de junio de 1980 mediante la aprobación de un proyecto de Reglamento del Senado que sirvió de documento inicial de trabajo y con respecto al cual se abrió un plazo de presentación de enmiendas. En el proyecto se pueden apreciar ya algunas de las características más relevantes y significativas de la norma reglamentaria de la Cámara Alta. Se pueden citar como ejemplo, la estructura de la norma reglamentaria que se separa de la que ya disponía la norma reglamentaria del Congreso de los Diputados; la previsión de la constitución de grupos territoriales «dentro de los Grupos Parlamentarios»; o la no previsión expresa (se incluyó posteriormente mediante una reforma del reglamento) del derecho de los senadores a solicitar información de la Administración pública.

---

sobre tramitación de la Reforma Sanitaria de 27/09/1979; Resolución sobre procedimiento para la ratificación por el Pleno del Congreso de los Diputados de los proyectos de Estatutos de Autonomía, de 27/11/1979; Resolución sobre procedimiento de propuesta y elección por el Congreso de los Diputados de vocales o miembros de órganos o instituciones, exigida por disposiciones constitucionales o legales, de 07/02/1980; Normas sobre el procedimiento en el debate y votación de las mociones de censura, de 28/05/1980; Resolución sobre presentación y votación de la cuestión de confianza, de 15/09/1980; Tramitación del proyecto de Estatuto de Autonomía para Galicia, de 20/10/1980; Regulación parlamentaria para la votación de investidura, de 11/02/1981.

141 Fue el Grupo Andalucista el que de forma más contundente se opuso a esta regulación.

142 Esta primera Ponencia estuvo integrada por los Senadores Sres. Ballarín Marcial, Benito Calleja, García-Oliva Pérez, Lizón Giner, Nieves Borrego, Rodríguez de la Borbolla Camoyán y Villar Arregui.

A la vista de las trescientas noventa enmiendas que se presentaron al texto del *proyecto*, la ponencia de la Comisión de Reglamento redactó el texto del informe. Fueron muchas las enmiendas incorporadas, aumentándose por ejemplo en esta fase a diez el número mínimo de senadores necesario para constituir grupo parlamentario, a diferencia del texto inicial que preveía la presencia de solo cinco senadores para constituirlo. Sería imposible referir todos los aspectos que se modificaron en esta fase, pero fue significativo que se introdujeron algunos límites a la presentación de preguntas por los senadores, suprimiéndose la figura de los «ruegos», junto con las propias preguntas e interpelaciones. Por otra parte, se fortaleció el papel del presidente de Comisión en el debate del procedimiento legislativo, y se introdujo una nueva distribución de tiempos de intervención en este procedimiento. En lo que respecta a los procedimientos legislativos especiales se creó una nueva sección que regula la reforma de los estatutos de autonomía y, en relación con el procedimiento presupuestario, se introduce en esta fase la disposición restrictiva para el Senado de que las enmiendas que impliquen aumento de gasto deberán señalar una baja de igual cuantía en la misma sección. También se introduce en esta fase la regulación de la caducidad de los asuntos al tiempo de la disolución del Senado.

Casi un año después de publicado el Informe de la ponencia, se publica en el BOCG el dictamen de la Comisión[143], el 27 de abril de 1982. Por parte de la Comisión de Reglamento del Senado se introdujeron algunas modificaciones relativas a la adquisición de la condición de senador introduciéndose en este momento (y modificando la introducida por la ponencia) la fórmula de juramento o promesa de acatamiento a la Constitución en el artículo 11. Se intenta aclarar y perfilar, cuestión de indudable complejidad, el contenido y funciones de los grupos territoriales dentro de los grupos parlamentarios de la Cámara Alta. Además, se introduce el artículo 84 que añade un precepto de indudables ecos benthamianos y de frecuente incumplimiento, pues «los discursos se pronunciarán sin interrupción, se dirigirán únicamente a la Cámara y no podrán», continúa el artículo señalando de forma taxativa «en ningún caso, ser leídos, aunque será admisible la utilización de notas auxiliares».

El contenido del Reglamento del Congreso de los Diputados y el del Senado se centra en la organización y en el funcionamiento de cada una de las dos Cámaras; así como en las relaciones entre el Parlamento y el Gobierno y las instituciones más comunes del parlamentarismo. Además, estos reglamentos dotan al estatuto del parlamentario de un contenido muy claro y que ha permitido que el Tribunal Constitucional construya todo el edificio del Derecho parlamentario *ex.* artículo 23 CE. Como es fácilmente imaginable, hay algunos aspectos que no son suficientemente regulados en los reglamentos, consecuencia de la propia evolución de la sociedad y la política, pues han ido apareciendo materias no incluidas en el Reglamento como la obligación de

143 La Comisión fue asistida por los Letrados de las Cortes Generales Sres. Pérez-Serrano y Pérez Dobón.

transparencia del Parlamento, del ejercicio del derecho de petición, o del acceso general y público a las fuentes de información de elaboración parlamentaria.

3.3. Los reglamentos de las asambleas legislativas de las comunidades autónomas

Casi todos los estatutos de autonomía, como ya se ha indicado con anterioridad, han reconocido la autonomía reglamentaria a la asamblea legislativa. Los redactores de las normas institucionales básicas de cada comunidad autónoma fueron conscientes de que la autonomía reglamentaria es un estatuto fundamental para el normal desarrollo y funcionamiento de la forma de gobierno. Suele añadirse que, además, mal podrían ejercerse las funciones estatutarias que le corresponden al Parlamento si las normas internas de funcionamiento parlamentario o su estructura económica fuesen decididos, también formalmente, *extra muros* del propio Parlamento.

El principio de la andadura estatutaria tampoco fue fácil para los Parlamentos autonómicos. A la inseguridad político-institucional de los inicios de los años ochenta, se unía en las comunidades autónomas una incertidumbre añadida que alcanzaba a su propia existencia y, por supuesto, a la adopción de soluciones formativas concretas para cada Parlamento. El manido «café para todos» tuvo como efecto principal (entre otros) la extensión de la institución parlamentaria en todo el territorio de España y, como efecto secundario, la adopción de normas reglamentarias en cada Parlamento. Así, en un primer momento se aplicaron como normas reguladoras del funcionamiento y organización en las diversas asambleas legislativas unas *normas provisionales* que coincidían de forma muy sustancial con el Reglamento del Congreso de los Diputados, con alguna excepción muy notable.

En cualquier caso, cada Parlamento fue aprobando sus propias normas reglamentarias que, como ya se ha señalado, ocupan una posición en el sistema de fuentes del Derecho igual que la que ocupan el Reglamento del Congreso de los Diputados y el del Senado. Buena prueba de ello es el artículo 27 de la Ley Orgánica del Tribunal Constitucional que, con inusual claridad, incluye a los reglamentos de las asambleas legislativas de las comunidades autónomas como normas sometidas al control de constitucionalidad de las leyes por el Tribunal Constitucional. Cabe, por ello, traer aquí todas las consideraciones ya efectuadas sobre la naturaleza jurídica de los reglamentos parlamentarios y su posición en el sistema de fuentes y sin olvidar, asimismo, la inclusión de los reglamentos de los parlamentos autonómicos en el bloque de la constitucionalidad[144].

---

144 Hubo autores que vieron desde un principio que la naturaleza de los Reglamentos de las dos Cámaras de las Cortes Generales y la de los Reglamentos de los Parlamentos autonómicos era idéntica. Puede citarse por ejemplo a J. M. Gil Robles y Gil Delgado,

Desde el punto de vista normativo, los inicios de la andadura autonómica también estuvieron llenos de incertidumbres. Quizá fue esto por lo que casi todos los reglamentos de las asambleas legislativas autonómicas adoptaron idénticas soluciones, incluyendo de nuevo un contenido sustancialmente equivalente al del Reglamento del Congreso de los Diputados. En algunos casos la igualdad es tan evidente que bien podría decirse que se llegó a fotocopiar el Reglamento del Congreso de los Diputados, pues la identidad llega incluso a la numeración de los artículos. Puede afirmarse con ARÉVALO, MARAZUELA y DEL PINO que: «el criterio adoptado pudo ser correcto en el momento constitutivo —para echar a andar—, y, desde luego, lo era desde el punto de vista estrictamente técnico-jurídico, pero adolecía de serios inconvenientes en su posterior aplicación»[145]. Como puede adivinarse, el principal inconveniente consistió en que, siendo el Reglamento del Congreso de los Diputados una norma destinada a ser aplicada a un Parlamento con 350 diputados, no se debió aplicar sin matices a asambleas como las autonómicas, que están formadas por un número de miembros que varía de los 33 a los poco más de cien diputados. Además, el mimetismo con la Cámara Baja es también algo discordante pues, siendo la Cámara Alta de representación territorial, lo más coherente con el sistema hubiera sido adoptar como modelo el Reglamento del Senado. Muy llamativo fue el criterio del Parlamento vasco, que previno en el último párrafo de la disposición transitoria primera del Estatuto de Autonomía del País Vasco la aplicación supletoria, e inicial del Parlamento vasco, del entonces vigente Reglamento del Congreso de los Diputados.

En definitiva, las dificultades de aplicación a los Parlamentos autonómicos del Reglamento del Congreso de los Diputados se refieren a diferentes y muy dispares ámbitos, que van desde la sesión constitutiva, el estatuto de los diputados, al régimen de los grupos parlamentarios o a la configuración de los procedimientos parlamentario, entre las diversas cuestiones que tendrán ocasión de apuntarse en las siguientes páginas. Todo ello ha motivado que muchas asambleas legislativas hayan modificado en profundidad sus reglamentos en los años siguientes, incluso los hayan aprobado nuevos o, cuando menos, aprobado resoluciones de la Presidencia para interpretar lagunas o tratar de solucionar algún concreto problema planteado, intentando adaptar la norma a la realidad de cada Parlamento. Aunque no siempre lo han con-

---

«Los Reglamentos parlamentarios de las Comunidades Autónomas», en VV.AA., *La organización territorial del Estado*, Madrid, Instituto de Estudios Fiscales, 1987, pp. 1312 y ss. No obstante, solo se atribuía tal naturaleza a las «normas que se refieren al ejercicio de la potestad legislativa y al nombramiento y control del Gobierno», las cuales «han de considerarse como parte integrante del bloque de la constitucionalidad, a efectos de revisión, por parte del TC, de leyes o acuerdos que no se ajusten a esas normas».

145 A. ARÉVALO GUTIÉRREZ, A. MARAZUELA BERMEJO y A. DEL PINO CARAZO, «Estudio Preliminar», en *Los Reglamentos de los Parlamentos Autonómicos*, Madrid, CEPC, 2001, p. 44.

seguido, las nuevas normas han tratado de regular de modo más razonable cada realidad parlamentaria. En cualquier caso, resultará interesante analizar una a una cada norma reglamentaria autonómica.

Reglamento del Parlamento de Andalucía. Fue aprobado el 29 de septiembre de 2005, e intentó solucionar varios problemas de funcionamiento que había planteado el reglamento vigente hasta la fecha. VÍBORAS JIMÉNEZ no ha dudado en calificar de continuista este reglamento y cita como novedades significativas el derecho de todos los «partidos, federaciones y coaliciones con grupo parlamentario a estar presentes en la Mesa», además de la posibilidad de que a las sesiones de Junta de Portavoces puedan asistir representantes de los medios de comunicación o la flexibilidad al inicio de la legislatura para modificar mediante acuerdo plenario las comisiones permanentes, o la nueva previsión de la creación de ponencias de trabajo o grupos de estudio. En general, con este reglamento viene a demostrarse que esta norma es la acumulación del precipitado de prácticas que integran el comportamiento de un Parlamento. Señala este autor que el Reglamento de 2005 se «caracteriza por introducir una serie de innovaciones de los anteriores (Reglamentos) que afectan básicamente a tres aspectos: en primer lugar, al estatuto de los diputados, cuya posición institucional y parlamentaria se ve reforzada, al mismo tiempo que se instauran controles destinados a poner de manifiesto su dedicación a las tareas de la Cámara; en segundo lugar, el control de la acción del Ejecutivo, que se incrementa al establecerse nuevos mecanismo parlamentarios o modificar otros ya existentes, con el objeto de fortalecer dicho control, en particular por los diputados y grupos parlamentarios, llamados por el electorado a ejercer la oposición política al Gobierno; y, en tercer lugar, al propio funcionamiento de la Cámara y sus órganos, ya que se mejoran o agilizan determinados procedimientos»[146].

La ordenación sistemática del Reglamento de 2005 es la habitual en nuestro sistema, sin que presente en este aspecto general novedades significativas, salvo la dedicación de un título específico al debate sobre la orientación política del Gobierno. Así, el título preliminar se dedica a la sesión constitutiva del Parlamento. El título primero, se refiere al estatuto de los diputados, el título segundo, a los grupos parlamentarios, el título tercero a la organiza-

---

146 J. A. VÍBORAS JIMÉNEZ, «La reforma del Reglamento del Parlamento de Andalucía», en *Activitat Parlamentària*, 10, 2006, p. 124. Tras exponer los principales contenidos de la reforma añade, en p. 129, que «la reforma que se describe no ha sido, sin embargo, la mejor posible desde el punto de vista técnico. Quizá porque el consenso político o la conveniencia de obtener la unanimidad en su aprobación... suele conllevar normas incompletas, escasamente cuidadas en su redacción, neutras, en las que puede, de modo relativamente fácil, encontrarse reflejadas la mayor parte de las posiciones políticas de la Cámara. El déficit técnico a que se alude es especialmente significativo por lo que hace a la más correcta caracterización de los tipos de iniciativas parlamentarias y a la determinación precisa de los requisitos, absolutamente indispensables para el ejercicio por la Mesa de sus funciones de calificación y admisión a trámite».

ción del parlamento (Mesa, Junta de Portavoces, comisiones, los novedosos grupos de trabajo creados en las comisiones, el pleno, la diputación permanente, los servicios del parlamento). El título cuarto se dedica a las disposiciones generales de funcionamiento, el título quinto al procedimiento legislativo, el sexto al otorgamiento y retirada de confianza, el título séptimo al debate sobre el estado de la comunidad y del examen y debate de las comunicaciones, programas y planes del consejo de gobierno, el octavo se destina a los debates de carácter general y de las sesiones informativas del consejo de gobierno, el título noveno a las interpelaciones y preguntas, el décimo a las proposiciones no de ley, el título undécimo a los procedimientos legislativos especiales y a los recursos de inconstitucionalidad y conflictos de competencias, el título duodécimo a los convenios de colaboración y acuerdos de cooperación con otras comunidades autónomas, el título decimotercero a la designación de los senadores, del Defensor del Pueblo Andaluz, así como a otros nombramientos y elecciones, el decimocuarto a las relaciones del Parlamento con otras instituciones y corporaciones, el título decimoquinto se dedica a la caducidad anual de iniciativas parlamentarias y, finalmente, el decimosexto se refiere a los asuntos en trámite a la terminación del mandato del Parlamento de Andalucía o de las Cortes Generales. Ha habido siete reformas del reglamento, siendo la última de 3 de febrero de 2017 sobre el miembro de la Mesa, sin voto, si algún grupo parlamentario no hubiese obtenido un miembro en la Mesa.

A pesar de que se trata del nuevo reglamento, la práctica habitual del Parlamento de Andalucía ha admitido, sin mayor problema por lo demás, la plena vigencia de las resoluciones hasta el momento vigentes. Entre estas puede citarse la Resolución de la Presidencia 6/02, reguladora del debate y aprobación del proyecto de revisión del reglamento de organización y funcionamiento de la Cámara de Cuentas de Andalucía, la Resolución de la Presidencia 5/97, de 28 de mayo, por el que establece el procedimiento de acceso del Parlamento de Andalucía al registro de bienes e intereses de altos cargos de la Junta de Andalucía, la Resolución de la Presidencia 5/96, de 19 de junio, sobre normas que regulan la tramitación y enmienda del proyecto de ley de presupuestos o la Resolución de la Presidencia 3/92, de 29 de junio, interpretando determinados aspectos relativos a la publicación de distintos informes remitidos a la cámara de cuentas.

Reglamento de las Cortes de Aragón. Este reglamento fue aprobado por el Pleno de las Cortes en sesión celebrada el 28 de junio de 2017[147], que sus-

147 O. Herráiz Serrano, «El Parlamento abierto como respuesta a la desafección ciudadana en el nuevo Reglamento de las Cortes de Aragón», en *Una vida dedicada al Parlamento: Estudios en homenaje a Lluís Aguiló i Lúcia*, Valencia, Corts Valencianes, 2019, pp.: 251 a 263. Da una idea general del Reglamento, centrándose en la obligación de transparencia que asume las Cortes.

tituye al del día 26 de junio de 1997[148], el cual había sustituido al de 1984[149]. Como se verá enseguida, repite al menos en su primera parte, la misma estructura que la mayoría de reglamentos de nuestro país. En efecto, los seis primeros títulos están dedicados a la sesión constitutiva del parlamento, al estatuto de los diputados, a los grupos parlamentarios, a la organización del Parlamento, a las disposiciones generales de funcionamiento y al procedimiento legislativo. Alguna de las novedades destacadas fue la introducción de la Mesa Ampliada en la Comisión, configurado como un útil órgano para fijar su orden del día. Además, el título VII regula el control sobre las disposiciones de la Diputación General con fuerza de ley, el título VIII se refiere al otorgamiento y retirada de la confianza (la habitual regulación sobre la investidura, la cuestión de confianza y la moción de censura). El título IX regula del debate sobre el estado de la comunidad, además del examen y debate de las comunicaciones, programas y planes de la Diputación General. Seguidamente, regula en dos títulos separados las comparecencias, el X y el XI que regula las interpelaciones y preguntas. El título XII regula las proposiciones no de ley, mientras que el título XIII regula las disposiciones comunes a preguntas, interpelaciones y proposiciones no de ley. El título XIV regula las declaraciones institucionales, y el XV la elección de personas y propuestas de nombramiento, el XVI el examen de «informes que deban remitirse a las Cortes de Aragón» (el informe anual del Tribunal de Cuentas, fundamentalmente). El título XVII regula «otras» iniciativas de las Cortes de Aragón (en particular, la iniciativa legislativa ante las Cortes Generales, la iniciativa para la reforma de la Constitución y el recurso de inconstitucionalidad y de la personación en los conflictos de competencia). Por su parte, el título XVIII introduce un novedoso título relativo al Parlamento abierto. El título XIX prevé las relaciones con el Justicia de Aragón, el XX con la Cámara de Cuen-

148 J. TUDELA ARANDA, «Naturaleza y funciones de las Cortes de Aragón», en *Derecho de las Instituciones Públicas aragonesas*, Zaragoza, Justicia de Aragón, 2001, p. 52. Dijo en su momento TUDELA ARANDA que este Reglamento está «adaptado a sus necesidades, en algunas cuestiones innovador, divergente con el ya viejo Reglamento del Congreso de los Diputados de 1982. Un Reglamento que se cumple sin especiales problemas, que ha demostrado que no tiene significativas lagunas y que cuenta con el apoyo de todos los grupos parlamentarios». En parecido sentido A. ALONSO ORTEGA, «La reforma del Reglamento de las Cortes de Aragón», en *Revista Aragonesa de Administración Pública*, 2, 1993, p. 310. Este autor destacó que aquel texto reglamentario suponía un importante avance, «en ese intento de sacar de la monotonía al Parlamento y hacerlo un organismo vivo y ágil... Sin embargo, este avance, con ser importante, no es más que un paso en ese objetivo, ya que aún queda bastante camino por recorrer hasta alcanzar el modelo de Parlamento que está en el horizonte del legislador de la reforma. Es, fundamentalmente, en los procedimientos de control del Gobierno y en relación con la participación de los Diputados individuales en los debates donde todavía se pueden hacer importantes avances que no se han hecho con la reforma».

149 V. ESTELLA IZQUIERDO y J, TUDELA ARANDA, «Las Cortes de Aragón», en M. JIMÉNEZ ABAD (dir.), *La Comunidad Autónoma de Aragón*, Zaragoza, Ibercaja,1990, p. 180.

tas de Aragón y el XXI sobre las relaciones de las Cortes con la Agencia de Integridad y Ética Públicas. El título XXII introduce una regulación específica de la tramitación parlamentaria de los convenios y acuerdos con otras comunidades autónomas, principio de subsidiariedad, además de la previsión de una tramitación parlamentaria autonómica específica de los «Tratados Internacionales en materias de interés para Aragón». Finalmente, el título XXIII regula el régimen de los asuntos en trámite a la terminación del mandato de las Cortes de Aragón o de las Cortes Generales.

Reglamento de la Junta General del Principado de Asturias. El Reglamento de la Junta General del Principado de Asturias fue aprobado por el Pleno de la Cámara el 18 de junio de 1997[150] y ha sido objeto de varias modificaciones, siendo las últimas de 25 y 29 de julio de 2019 sobre constitución de grupos parlamentarios (BOPA n.º 146, de 30 de julio de 2019) y de 4 y 5 de febrero de 2020 (BOPA n.º 37, de 24 de febrero de 2020). El reglamento actualmente vigente derogó el anterior de 13 de diciembre de 1982. El nuevo reglamento presentó ciertas novedades dignas de ser tenidas en cuenta, ya que introdujeron algunos cambios en el estatuto de los diputados, mediante la creación del Registro de Intereses y transformando el régimen de dedicaciones de los diputados, consecuencias de los «nuevos vientos» que soplaban en las comunidades autónomas cuando se aprobaron las reformas de los estatutos de autonomía. De forma preliminar, es algo llamativo que el reglamento denomine Parlamento a la *Junta*, reforzando (por si a alguien le cupiese alguna duda) su naturaleza parlamentaria y representativa. No obstante, desde el punto de vista orgánico es relevante la «redimensión» (como dice el preámbulo del reglamento) de la Diputación Permanente circunscribiendo su intervención solo «a casos de urgencia o extraordinaria necesidad». Este reglamento es uno de los primeros en España en introducir la audiencia social en los procedimientos parlamentarios, principalmente en el legislativo. En un intento (loable) de conectar Parlamento y sociedad se trata de refundar la Comisión de Peticiones, denominándose ahora «de Peticiones y Derechos Fundamentales». Finalmente, se potencian algunas de las figuras más relevantes del control parlamentario: por ejemplo, no es imprescindible la votación en el Pleno de la creación de las comisiones de investigación (a no ser que lo solicite algún grupo parlamentario); se simplifica, pero al mismo tiempo se hace más intenso, el control de la Cuenta General y, finalmente, se previene expresamente la habilitación de una rueda de preguntas al presidente del principado. Este reglamento se ha modificado en diversas ocasiones, la última reforma del Reglamento de la Junta General fue aprobada por el Pleno de la Cámara de 14 y 15 de junio 2020 (BOPA n.º 149, de 3 de agosto de 2020), y se refería a la comparecencia mediante videoconferencia de expertos en comisión.

150 Sobre la teoría y la práctica en la Junta General del Principado de Asturias, ha de consultarse, *Teoría...*, *op. cit.*

En cualquier caso, la sistemática de este reglamento es la siguiente: el título preliminar regula la sesión constitutiva del parlamento, el segundo el estatuto de los diputados, el título III (la rúbrica de los títulos está correctamente referenciada en números romanos) regula el régimen de los grupos parlamentarios, que están excluidos de la organización del Parlamento, la cual se regula en el título IV, estableciendo el régimen de mesa, junta de portavoces, comisiones y diputación permanente. El título V regula las disposiciones generales de funcionamiento y el título VI el procedimiento legislativo. El título VII lleva por rúbrica «de la legislación delegada y su control» y el VIII «del presidente del Principado y de las relaciones entre el Parlamento y el Consejo de Gobierno». El siguiente título trata de los debates generales sobre la acción política y de gobierno y el título X del examen y debate de comunicaciones, programas y planes del Consejo de Gobierno y «otros informes». El título XI regula las interpelaciones y las preguntas y el duodécimo de las proposiciones no de ley. El título XIII regula las propuestas de nombramiento y de la designación de personas y el título XIV que, a modo de casi de un «cajón de sastre», regula «otros procedimientos», en donde se incluye una regulación de la tramitación parlamentaria (no siempre fácil, como se verá) de los proyectos de planificación, de los convenios y acuerdos de cooperación del Principado de Asturias, de los procesos constitucionales, del examen y aprobación de la Cuenta General. Finalmente, los dos últimos títulos regulan los asuntos en trámite a la terminación del mandato del Parlamento y los servicios del Parlamento.

La práctica parlamentaria ha motivado que haya una cantidad apreciable de Acuerdos, entre las que puede citarse la *Resolución de carácter general de 26 de octubre de 1999, de la Presidencia de la Junta General, por la que se regulan las preguntas al presidente, la Resolución de carácter general, de 14 de marzo de 2000, sobre enmiendas a proposiciones no de ley, o el Acuerdo sobre la articulación del voto telemático de 2 de marzo de 2020.*

Reglamento del Parlamento de Canarias. El Reglamento del Parlamento de Canarias fue aprobado en sesión plenaria de 17 de abril de 1991 y ha sufrido diversas modificaciones[151], siendo la última aprobada por el Pleno del

---

151 El nuevo Reglamento ha sido comentado en la obra ya citada, *E. Arnaldo Alcubilla* y *S. Iglesias Machado* (coords.), *Comentarios al Reglamento... op. cit.*, en la que diversos autores realizan una valoración en general positiva del nuevo Reglamento. Sobre la reforma de 2003, cfr. J. I. NAVARRO MÉNDEZ, «Aproximación a la reforma del Reglamento del Parlamento de Canarias de marzo de 2003», en VV. AA., *Constitución, Estado de las Autonomías y justicia constitucional (Libro Homenaje al Profesor Gumersindo Trujillo)*, Valencia, Tirant lo Blanch, 2005, pp. 1133 y ss. Considera este autor, en p. 1135, que esta reforma podía ser considerada la principal de las que se han «llevado a cabo sobre la norma básica de funcionamiento de la Cámara regional desde la aprobación del texto primigenio, tanto desde el punto de vista cuantitativo —por el volumen de los preceptos modificados o introducidos *ex novo*—, como cualitativo —por la importancia material de los cambios operados respecto a la regulación anterior—». El autor efectúa también una positiva valoración de la reforma y cita como sus principales «vectores» los siguientes: el acercamiento

Parlamento, en sesión celebrada los días 10 y 11 de septiembre de 2019. La Mesa del Parlamento, en su reunión de 16 de septiembre de 2019, acordó publicar el texto consolidado del reglamento. Siendo su estructura muy similar al resto de reglamentos, su contenido está influido por la introducción de alguna materia consecuencia de la especial composición político-administrativa de la comunidad autónoma y a la que se aludirá posteriormente. El título I regula la sesión constitutiva del Parlamento, el título II se refiere al estatuto de los diputados, regulándose (como es común en el *Derecho parlamentario español común*) la adquisición, suspensión y pérdida de la condición de diputado, las prerrogativas parlamentarias, los derechos de los diputados y sus deberes. El título III regula los grupos parlamentarios y el título IV regula la organización del Parlamento incluyendo aquí, en capítulo aparte, la regulación de los medios personales y materiales del Parlamento canario. Seguidamente el título V regula las disposiciones generales de funcionamiento y el título VI el procedimiento legislativo. El título VI establece la regulación de la reforma del Estatuto de Autonomía de Canarias y el título VII regula la relevante materia de los proyectos y proposiciones de ley relativas a Canarias que deban ser aprobados por las Cortes Generales. El título VIII regula la aprobación de acuerdos de gestión y prestación de servicios con otras comunidades autónomas, mientras que el título IX incluye la ordenación del control sobre los decretos legislativos del Gobierno. El título X lleva por rúbrica «Del otorgamiento y retirada al Gobierno de la confianza», mientras que título XI regula los instrumentos ordinarios de control parlamentario de las interpelaciones y preguntas. El título XII regula las proposiciones no de ley y el título XIII regula los debates generales sobre el estado de la nacionalidad canaria. El título XIV regula el examen y debate de comunicaciones, programas o planes del Gobierno y otros informes, mientras que el título XV regula los informes que deba emitir el Parlamento de Canarias. El título XVI regula el ejercicio de la

del Parlamento a la ciudadanía (derecho de petición, preguntas de iniciativa ciudadana, subcomisiones, autorizaciones de consultas populares vía referéndum y la facilitación de información parlamentaria al público en general); la mejora del rendimiento de determinados órganos o procedimientos parlamentarios (el incremento funcional de la Comisión General de Cabildos Insulares, procedimiento de tramitación del proyecto de ley de presupuestos regionales, debate del estado de la nacionalidad canaria, cuestión de confianza, interpelaciones y preguntas); aspectos relativos a la organización parlamentaria (Mesa y Junta de Portavoces, Comisiones, Oficina de seguimiento y Control presupuestario); aspectos funcionales (sesiones de las Comisiones, uso de la palabra e intervención en los debates, votaciones, procedimiento legislativo, proposiciones no de ley, competencias del Gobierno, comparecencias en Comisión de autoridades y cargos); modificaciones relacionadas con el estatuto de los Diputados y los grupos parlamentarios (derechos, retribuciones, declaraciones de bienes patrimoniales y actividades remuneradas, grupos parlamentarios); relaciones entre el Parlamento de Canarias y determinadas instituciones o autoridades autonómicas (Consejo Consultivo de Canarias, Diputado del Común, Radio Televisión Canaria) e incorporación al Reglamento de las Resoluciones interpretativas y supletorias que estaban entonces en vigor.

«competencia del Parlamento en materia de fiscalización económico-financiera del sector público» y el título XVII regula las relaciones del Parlamento con el Diputado del Común. Finalmente, los cuatro últimos Títulos regulan, de modo independiente, las relaciones del Parlamento con la Radiotelevisión Canaria (XVIII), las propuestas de nombramiento y de la designación de personas (XIX), las actuaciones ante el Tribunal Constitucional (XX) y las consultas populares en el ámbito de Canarias (XXI), cuya previsión y regulación constituye una cierta novedad en el *Derecho parlamentario español.*

Reglamento del Parlamento de Cantabria. Tras varios años de trabajo parlamentario, que se han extendido, incluso, durante más de dos legislaturas, se aprobó un nuevo reglamento el 26 de marzo de 2007, aunque formalmente se haya calificado como reforma reglamentaria. Los cambios se centraron, sobre todo, en la regulación de los derechos de los parlamentarios, de la sesión constitutiva, de la publicidad de las sesiones, del procedimiento legislativo y del control al Gobierno. No obstante, la estructura de este reglamento se respeta en su casi totalidad, siendo prácticamente la heredada del primitivo Reglamento de noviembre de 1983. En efecto, la cinco primeros títulos están dedicados a la sesión constitutiva del parlamento, al estatuto de los diputados, a los grupos parlamentarios, a la organización del Parlamento, a las disposiciones generales de funcionamiento y al procedimiento legislativo. Además, el título VI regula el control sobre las disposiciones del Gobierno con fuerza de ley, el título VII regula el otorgamiento de autorizaciones y otros actos del Parlamento de Cantabria con eficacia jurídica directa. El Título siguiente se refiere al otorgamiento y retirada de la confianza (con alguna novedad en la regulación sobre la investidura, la cuestión de confianza y la moción de censura), y el título X regula las interpelaciones y preguntas. El título XI regula las proposiciones no de ley y el título XII regula el examen y debate de comunicaciones, programas o planes del gobierno e informes que deban remitirse al Parlamento. El título XIII regula las comparecencias e informaciones del Gobierno. El título XIV introduce una novedosa (pues en el anterior reglamento no se establecía previsión alguna de esta materia) regulación del debate de orientación política del Gobierno y el título XV regula las propuestas de nombramientos y la designación de personas. Finalmente, los dos títulos últimos regulan la iniciativa legislativa prevista en el artículo 87 CE y las «actuaciones ante el Tribunal Constitucional» y el último título que lleva por rúbrica el régimen de los asuntos en trámite a la terminación del mandato de las Cortes de Aragón o de las Cortes Generales. Finalmente, este nuevo reglamento no dispone la derogación expresa de las resoluciones aprobadas en el reglamento sin modificar, con lo que deben mantenerse la vigencia de las mismas en tanto que no contravengan la nueva regulación. La última reforma se ha producido en 11 de junio de 2012 (BOPCA n.º 112 de 13 de junio de 2012) introduciendo el voto telemático para los miembros en situación de embarazo, parto o enfermedad grave, que impidan el desempeño de la función parlamentaria.

Reglamento de las Cortes de Castilla-La Mancha. Como sucede en numerosos Parlamentos autonómicos se ha producido una gran proliferación de resoluciones interpretativas de la Presidencia (además de algún acuerdo de la Mesa), seguramente producto de la flexibilidad del Derecho parlamentario. El reglamento vigente es de 16 de octubre de 1997, en el que se han producido varias modificaciones, siendo la última de diciembre de 2014, que declara hábiles los meses de enero y julio. La estructura de este reglamento presenta alguna novedad, más bien irrelevante, siendo su ordenación la siguiente: título I regula la convocatoria de las Cortes y su constitución, el título II lleva por rúbrica «De los Diputados Regionales» dedicado a la regulación del estatuto de los parlamentarios. El título III regula los Grupos Parlamentarios y el título IV trata la organización de la Cámara, en donde se regula la Mesa, la Junta de Portavoces, el Pleno, las Comisiones, las Ponencias de Estudio, la Diputación Permanente y los Servicios de las Cortes. El título V trata el funcionamiento de la Cámara y el título VI del procedimiento legislativo. El título VII regula la tramitación parlamentaria de la investidura, de la moción de censura y de la cuestión de confianza. A continuación, el título VIII regula las interpelaciones y preguntas, mientras que el título IX incluye el régimen de las proposiciones no de ley. El título X regula los debates generales y el título XI, el examen y debate de comunicaciones, programas o planes del Consejo de Gobierno. En el título XII se incluye la regulación de las «otras competencias de las Cortes», dedicándose en otros cinco capítulos, lo relativo al recurso de inconstitucionalidad y conflictos de competencia, a los convenios de gestión y acuerdos de cooperación con otras comunidades autónomas, a la delegación legislativa, a la tramitación de la Cuenta General, a las relaciones con la Sindicatura de Cuentas de Castilla-La Mancha y a la elección de personas y propuestas de nombramientos. Finalmente, el título XIII lleva por rúbrica «De los asuntos en trámite a la terminación del mandato de las Cortes». La última reforma fue aprobada por el pleno el 22 de julio de 2019 (BOCCLM núm. 7, de 23 de julio de 2019), que modifica artículo 11.2, disposición final segunda y anexo I sobre retribuciones de los miembros de las Cortes.

Reglamento de las Cortes de Castilla y León. Aprobado por el Pleno el 24 de febrero de 1990, se ha modificado el 14 de febrero de 1997, el 11 de mayo de 2005, el 27 de febrero de 2014 y 25 de noviembre de 2015, que modificó el número de secretarios (BOCCYL n.º 58, de 27/11/2015). La ordenación sistemática es la siguiente: sesión constitutiva de las Cortes (título preliminar); estatuto de los procuradores (título I); de los grupos parlamentarios (título II); organización de las Cortes (título III); las disposiciones generales de funcionamiento (título IV); el procedimiento legislativo (título V). Se regula de forma específica, en dos títulos diferenciados, los procedimientos legislativos especiales (VI) y el control sobre las disposiciones de la Junta de Castilla y León con fuerza de ley (VII). Posteriormente, el título VIII se dedica a los convenios y acuerdos de cooperación con otras comunidades, el IX al otorgamiento y retirada de la confianza; el título X al impulso y control de la acción del Gobierno, el título XI se dedica al examen de otros informes que deban remitirse a las Cortes y, finalmente, el título XII se dedica a los recursos de inconstitucionalidad y conflictos de competencia.

Reglamento del Parlamento de Cataluña. El reglamento actualmente vigente fue aprobado por el Pleno del Parlamento el 8 de julio de 2015 y sustituyó al texto refundido que había sido aprobado 22 de diciembre de 2005. La sistemática utilizada por el nuevo reglamento es algo diferente del que es común en el *Derecho parlamentario español*, y parece seguir la misma estructura del primitivo Reglamento del Parlamento catalán. En relación con el Reglamento de 2015, los aspectos más relevantes de la reforma se centran en el estatuto del diputado, organización del Parlamento, publicidad de los trabajos parlamentarios (supresión de todas las sesiones secretas), procedimiento legislativo (previsión de comparecencias previas o nueva regulación de la retirada de los textos), instrumentos de impulso y control de la acción política de gobierno (sobre todo la modificación que afecta a las interpelaciones) o la obligación de transparencia y publicidad en la actividad de diputados y grupos parlamentarios. En cualquier caso, el reglamento se desarrolla en torno a los siguientes títulos, que regulan las siguientes materias: la sesión constitutiva del Parlamento (título I); el estatuto de los diputados (título II); la organización del Parlamento, incluyendo la regulación de los grupos parlamentarios y la Junta de Portavoces, del presidente y de la Mesa, las Comisiones, Pleno y la Diputación Permanente (título III); funcionamiento del Parlamento, incluyendo la regulación de las disposiciones generales de funcionamiento, el procedimiento legislativo, el impulso y el control de la acción política y de gobierno, los nombramientos y demás competencias y procedimientos y, finalmente las relaciones del parlamento con órganos, instituciones o corporaciones (título IV). El título V regula la caducidad de las tramitaciones parlamentarias. El título VI regula la transparencia en la actividad del Parlamento. El penúltimo título (el séptimo) se refiere tanto al orden, la asistencia y la disciplina, como a los servicios del Parlamento. Y el último título regula los servicios del Parlamento.

No se va a efectuar en este momento un pormenorizado análisis del contenido de los diversos reglamentos y la referencia de cada reglamento se procurará realizar con cada institución. Sin embargo, puede resaltarse que este reglamento destaca porque considera (como hacen al menos otros dos reglamentos, que se verán enseguida) a los grupos parlamentarios como parte de la organización del Parlamento, cuando no está muy claro que se les pueda atribuir de forma inmatizada esta naturaleza. Para finalizar con esta breve aproximación al Reglamento del Parlamento catalán es reseñable que la disposición derogatoria del reglamento suprime todas las resoluciones interpretativas aprobadas por la Mesa del Parlamento «hasta el 22 de diciembre de 2005», que habían sido aprobadas como consecuencia del carácter deliberadamente abierto de aquel Reglamento de 24 de julio de 1980. Además, es muy relevante que la materia parlamentaria se regula también en la

Ley 3/1982, de 23 de marzo, del Parlamento, del Presidente y del Consejo Ejecutivo de la Generalidad, lo cual estaba facilitado porque la anterior versión del EAC no exigía mayoría cualificada para la aprobación del reglamento[152]. No obstante, el nuevo Estatuto de Cataluña aprobado mediante LO 6/2006, de 19 de julio, dispone en su artículo 58.3 EAC un *quórum* de votación de mayoría absoluta «en una votación final del conjunto del texto» lo cual impide la aprobación en el futuro de leyes con este objeto claramente parlamentario.

Reglamento de las Cortes Valencianas. El Reglamento de las Cortes fue aprobado mediante Acuerdo plenario de 18 de diciembre de 2006 y sustituye al de 30 de junio de 1994. El nuevo reglamento ha sido reformado en varias ocasiones, la última modificación se centró en la regulación del debate de política general y la tramitación de enmiendas, aprobada en el Pleno el día 18 de julio de 2018 (BOCV núm. 297, de 25 de julio de 2018). El reglamento presenta algunas novedades destacables, como puede observarse en su sistemática. Comienza con el título preliminar, que no dispone de rúbrica, pero regula algunas cuestiones previas e importantes, en los artículos 1 a 4, relativas al idioma, a la sede, a la igualdad y a las normas sobre blasones, etiqueta y formulario. El título I regula la sesión constitutiva; el título II, que lleva por rúbrica «De los diputados y diputadas», regula el estatuto de los parlamentarios de les Corts. El título III regula la organización de las Cortes, incluyendo la regulación de los grupos parlamentarios en su primer capítulo, igual que efectuaba el Reglamento de 1994 y algunos otros, como el del Parlamento de Cataluña o el de la Asamblea de Murcia. El título IV regula el funcionamiento de las Cortes Valencianas, el V el procedimiento legislativo, en donde también se regulan las especialidades en este procedimiento, como el de la reforma del Estatuto de Autonomía de la Comunidad Valenciana, el de presupuestos, el de la competencia legislativa plena de las comisiones y el de lectura única. El título VI regula el control de las disposiciones con fuerza de ley: tanto el control de la legislación delegada como la convalidación o derogación de los decretos leyes de la Comunidad Valenciana, fuente normativa esta que ha creado (de modo muy discutible por lo demás) la Ley Orgánica 1/2006, de 10 de abril, de la reforma del Estatuto de Autonomía de la Comunidad Autónoma de Valencia y el VII el otorgamiento y retirada de confianza.

152 Cfr. lo relativo a la naturaleza y el significado del Reglamento del Parlamento catalán, en M. A. Aparicio Pérez, «Reglamento parlamentario», en *Comentarios sobre el Estatuto de Autonomía de Cataluña, III*, Barcelona, Institut d'Estudis Autonomics,1990, pp. 147 y ss. Este autor señala, con razón, que debería excluirse al Gobierno de la iniciativa legislativa de reforma de esta Ley de la que llega a afirmar, incluso, una «discutible naturaleza jurídica». Pero la peculiaridad del sistema de fuentes que establecía el Estatuto de Autonomía era notoria y motivó que autores, como el propio M. A. Aparicio Pérez, loc. cit. en *op. cit.*, p. 165, concluyese que «dentro del sistema de fuentes que el Estatuto establece, no sólo dicho concepto ("leyes de Cataluña") hace referencia a normas legislativas formales creadas por la Comunidad Autónoma de Cataluña, sino también a todas aquéllas que tengan fuerza de ley (especialmente decretos-legislativos y, por supuesto, el Reglamento de la Cámara)».

Las interpelaciones y preguntas son el objeto de la regulación del título VIII y las proposiciones no de ley son el del IX. Por su parte, el examen y debate de comunicaciones, del Consell y otros informes es el objeto del título X y el XI se refiere a procedimientos legislativos especiales, recursos de inconstitucionalidad y conflictos de competencias. Es llamativo que, al igual de lo que sucede en otros reglamentos parlamentarios, se diferencien como conceptos diversos los «procedimientos legislativos especiales» (del título V del reglamento) de las «especialidades en el procedimiento legislativo» (en este caso, serían tales especialidades la elaboración de proposiciones de ley que deben presentarse a la Mesa del Congreso de los Diputados). Finalmente, los últimos títulos tratan de la designación de los senadores, del *Síndic de Greuges*, de los miembros del Consell Valenciá de Cultura, y de otros nombramientos y elecciones, «De los convenios de colaboración con el Estado y con otras Comunidades Autónomas», «De las relaciones con las Instituciones y el Parlamento europeo», «De las relaciones de les Corts con la entidad pública radiotelevisión valenciana y sus sociedades», «Del Parlamento abierto» y «De la caducidad de las tramitaciones parlamentarias».

La disposición derogatoria única del reglamento deroga las disposiciones que «afecten a *Les Corts* y se opongan a lo dispuesto en el presente Reglamento», lo cual determina la supresión de varias resoluciones interpretativas de la Presidencia de la Cámara aprobadas hasta ese momento, pues muchas se incorporan al reglamento. Por su lado, la disposición final primera atribuye al Reglamento de las Cortes «tiene rango de Ley».

Reglamento de la Asamblea de Extremadura. El Reglamento de la Asamblea de Extremadura es de fecha 7 de septiembre de 1983 y ha sido reformado en varias ocasiones, la última de cierta importancia fue en 2015, siendo la última de 10 de octubre de 2019. Es muy interesante (y merece un comentario aparte en un capítulo posterior) la tercera de las reformas efectuadas en la norma reglamentaria extremeña, pues situó al Pleno de la Cámara como órgano decisor en caso de discrepancia entre la asamblea y el Gobierno, si este efectuaba una calificación "excesiva" de las enmiendas y proposiciones de ley que supusiesen un aumento de gasto o una disminución de ingresos. Posteriormente, el Tribunal Constitucional, en STC 223/2006, de 6 de julio, declaró la inconstitucionalidad de los artículos 111.1 y 121.4 del Reglamento de la Asamblea de Extremadura, introducidos en la aludida reforma.

La estructura del reglamento, por lo demás, es coincidente con la más común en el *Derecho parlamentario español* y dedica los títulos iniciales a la sesión constitutiva; estatuto de los diputados; los grupos parlamentarios; organización de la asamblea (Mesa, Junta de Portavoces, comisiones, Pleno, Diputación Permanente y servicios de la asamblea); procedimiento legislativo; control de los decretos legislativos de la Junta; otorgamiento y retirada de la confianza; el examen y debate de comunicaciones, programas o planes de la junta y otros informes; las interpelaciones y preguntas; las proposiciones no de ley; los procedimientos legislativos especiales, recursos de inconstitucionalidad y conflictos de competencia. Finalmente, el título XII se dedica a «procedimientos especiales relativos al ejercicio de determinadas competencias regionales», en donde incluye la «autorización» parlamentaria a la Junta de Extremadura para celebrar convenios y acuerdos de cooperación con otras comunidades autónomas; a la «fijación de las previsiones» que deban elevarse al Gobierno de la nación para «elaborar los proyectos de planificación económica general» y otras «particularidades estatutarias» (capítulo 3), que se centra en la previsión del artículo 17 EAEx referido a la elaboración y remisión al Gobierno de la nación «cualquier informe, estudio o propuesta relativo a la gestión de los monopolios estatales, empresas públicas o servicios de la Administración Central del Estado en la Comunidad en orden a su incidencia en la situación socioeconómica» de Extremadura. Finalmente, los dos últimos títulos se dedican a regular la designación de senadores y los asuntos en trámite a la terminación del mandato de la asamblea.

Reglamento del Parlamento de Galicia[153]. En su detallado análisis del Derecho parlamentario gallego califica SARMIENTO MÉNDEZ[154] este reglamento dentro de los de tipo continental, «caracterizados por ser textos ordenados y sistemáticos, reguladores del funcionamiento y organización del Parlamento». El Reglamento del Parlamento de Galicia es de 1 de septiembre de 1983 y ha sido modificado en varias ocasiones, por los Acuerdos del Pleno de 23 de julio de 1993 y de 4 de octubre de 1994. Está estructurado en trece títulos y tiene pocas novedades con respecto al resto de reglamentos parlamentarios. Como sucede en otras asambleas regionales españolas, es significativo el título de apertura del reglamento que, a modo de título preliminar, regula los idiomas en el Parlamento de Galicia, como materia nuclear y transversal en la vida interna de estas instituciones. El contenido sistemático de este reglamento es el siguiente: sesión constitutiva; estatuto de los diputados; los grupos parlamentarios; la organización del Parlamento, en donde se regula la mesa, la junta de portavoces, las comisiones, el pleno y la Diputación Permanente, como órganos del Parlamento; las disposiciones generales de funcionamiento; el procedimiento legislativo; los instrumentos principales de confianza parlamentaria (investidura, moción de censura y cuestión de confianza); el examen y debate de comunicaciones, programas o planes de la Xunta de Galicia y otros informes; el control sobre las disposiciones de la Xunta con fuerza de ley; las interpelaciones y preguntas, como instrumentos de control gubernamental habitual; las proposiciones no de ley; los procedimientos legislativos especiales; la interposición por el Parlamento de

---

153 Una descripción de la regulación material del Reglamento del Parlamento Gallego puede comprobarse en R. MÁIZ SUÁREZ y X. A. PORTERO MOLINA, *As institucións políticas no Estatuto de Autonomía para Galicia*, Santiago, Parlamento de Galicia, 1988, en especial pp. 148 y ss.

154 X. A. SARMIENTO MÉNDEZ, *Dereito Parlamentario... op. cit.*, pp. 18 y 19.

los recursos de inconstitucionalidad y conflictos de competencia y, finalmente el último título dedicado a la designación de los senadores designados por la comunidad autónoma y el nombramiento del Defensor del Pueblo. Resaltan algunas resoluciones de Presidencia interpretativas del reglamento (en alguna ocasión de modo ciertamente creativo). Destacan la *Resolución de la Presidencia del Parlamento de Galicia, de 21 de julio de 2005, relativa a propuesta de candidato a la Presidencia de la Xunta de Galicia*, en la que la Presidencia de la Cámara, según dispone el EAG, propone al Pleno el candidato a presidente de la comunidad autónoma. Más relevancia han tenido las *Normas supletorias del artículo 50 del Reglamento del Parlamento de Galicia* acordadas por la Mesa de la Cámara y que fueron declaradas nulas por la STC 226/2004, de 29 de noviembre. Más tarde, la aclaración de la sentencia solicitada por el Parlamento fue desestimada por AATC 525/2004 y 526/2004, de 20 de diciembre.

Reglamento del Parlamento de las Islas Baleares. El texto actualmente vigente es de 19 de marzo de 2019 y sustituye el Reglamento 4 de junio de 1986, aunque sigue a esta norma en algunos aspectos importantes. El título preliminar incluye dos artículos, previendo el primero la inviolabilidad del Parlamento y el segundo determina que «la lengua catalana, propia de las Islas Baleares, junto con la castellana, serán las lenguas oficiales», disponiendo seguidamente una estructura muy pareja a la del resto de reglamentos de Parlamentos españoles. Así, contiene un título primero regulador de la sesión de constitución, el título II sobre el estatuto de los diputados, el título III acerca de los grupos parlamentarios. A continuación, y como es común en casi todos los reglamentos parlamentarios, el título IV regula la organización de la Cámara excluyendo, por tanto, de la misma a los grupos. Seguidamente el título V lleva por rúbrica «de las disposiciones generales de funcionamiento», mientras que el título VI regula el procedimiento legislativo, conteniendo la regulación de las especialidades en el procedimiento legislativo, entre las que se encuentra la de los proyectos y proposiciones de ley de desarrollo básico del estatuto de autonomía para las Islas Baleares, el proyecto de ley de presupuestos, la reforma estatutaria, la competencia legislativa plena de las comisiones y el procedimiento en lectura única. El título VII dispone la regulación del control sobre las disposiciones del Gobierno con fuerza de ley, tanto decretos legislativos, como decretos-leyes. Además, el título VIII contiene la regulación del otorgamiento y retirada de la confianza y el título IX regula las interpelaciones y las preguntas. El título X regula lo relativo a las proposiciones no de ley y el título XI contiene la regulación de los debates generales sobre acción política y de gobierno, examen de comunicaciones, programas o planes del gobierno y otros informes. Los cuatro últimos títulos contienen regulaciones dispares, el título XII regula «otras» competencias del Parlamento (iniciativa legislativa ante el Congreso de los Diputados, nombramientos y procedimientos legislativos especiales), el XIII regula la designación de senadores, el título XIV el denominado Parlamento abierto, el XV las declaraciones institucionales, el XVI los asuntos en trámite a la terminación del mandato del Parlamento y, finalmente, el último título regula la reforma del reglamento.

Reglamento de la Asamblea de Madrid. El Pleno de la Asamblea de Madrid, en sesión celebrada el 7 de febrero de 2019 aprobó el Reglamento de la Asamblea de Madrid, que sustituyó al del día 30 de enero de 1997, y que había sustituido a su vez al de 1983. Se trataba de un reglamento que ha tratado de proporcionar soluciones a los problemas que de forma más habitual asaltan a un Parlamento unicameral como el de Madrid. De hecho, algunas de sus soluciones han sido copiadas por algunos de los reglamentos que posteriormente han sido aprobados o modificados. No obstante, su estructura no es muy diferente de la que es habitual en *el Derecho parlamentario español*. Así, tras el título preliminar que, aunque no dispone de rúbrica, regula cuestiones de índole general, el título I determina el régimen de la sesión constitutiva de la asamblea. El título II regula el estatuto de los diputados, en donde se determina el régimen de la adquisición, suspensión y pérdida de la condición de diputado, sus derechos, prerrogativas y deberes, así como el régimen sancionador de los diputados. El título III regula el régimen de los grupos parlamentarios de forma diferenciada a la organización de la Cámara, la cual se regula en el título IV. En este título, se regulan en capítulos separados, la elección y funciones de la Mesa y sus miembros, así como su cese en donde destaca la causa del artículo 53.c, que es «dejar de pertenecer a su Grupo Parlamentario de origen»; el presidente, los vicepresidentes y los secretarios; la Junta de Portavoces; las comisiones (donde destaca el artículo 75, según el cual la Mesa, a propuesta de dos quintas partes de los miembros «acordará» la creación de una comisión de investigación sobre cualquier asunto de interés público); el Pleno; la Diputación Permanente y a los medios personales y materiales (en el que se incluye el artículo 84 que atribuye personalidad jurídica a la asamblea). El título V se dedica a «los medios de comunicación social» y que está formado por un solo artículo, el 99. El título VI regula las disposiciones generales de funcionamiento antes de regular los diversos procedimientos que expresan las funciones del Parlamento, que están reglamentadas en los títulos VII y siguientes. Así el primero de estos títulos regula el procedimiento legislativo y, en concreto un procedimiento legislativo común y las correspondientes especialidades en el mismo, que son, la reforma estatutaria, el proyecto de ley de presupuestos, la competencia legislativa plena de las comisiones, el procedimiento de lectura única y el control de la delegación legislativa. El título VIII regula la solicitud al Gobierno de la adopción de proyectos de ley y de la remisión al Congreso de los Diputados de proposiciones de ley; el título IX regula la tramitación parlamentaria de los convenios y los acuerdos de cooperación de la comunidad autónoma de Madrid y el título X regula el otorgamiento y la retirada de la confianza. Por su parte, los instrumentos ordinarios de control parlamentario (interpelaciones y preguntas) son el objeto de la regulación del título XI, además de las proposiciones no de ley, cuya regulación se efectúa en el título

XII. El título XIII regula las comparecencias y el XIV regula la tramitación parlamentaria de las comunicaciones, programas y planes del Consejo de Gobierno. El título XV regula la celebración de los «debates monográficos» sobre asuntos de interés de la Comunidad de Madrid y, en un título independiente, pero a continuación, se regula el debate sobre la orientación política general del Consejo de Gobierno. Especialmente llamativa por lo inusual en nuestro sistema es la previsión del título XVII sobre el control a la denominada Administración institucional. El título XVIII regula en un solo artículo (el 222) la personación o la interposición de la Cámara en casos de recursos de inconstitucionalidad. La designación y el nombramiento de personas son regulados por el título XIX y la relación de la asamblea con otras instituciones se prevé en el título XX. Finalmente, el artículo 243 es el único precepto que ocupa el título XXI y que se ocupa del recurrente asunto de las declaraciones institucionales, el siguiente título se dedica a la participación ciudadana en la Asamblea de Madrid, mientras que el título XXIII se refiere a los asuntos a la terminación del mandato de la asamblea.

Reglamento de la Asamblea de Murcia. Fue aprobado por el Pleno de la Cámara el 14 de abril de 1988, y ha sido reformado en diversas ocasiones, el 15 de julio de 1994, el 27 de junio de 1996, los días 15 de abril y 3 de noviembre de 1999, 13 de junio de 2002 y el 7 de marzo de 2019. Aunque en apariencia la de 2019 fue una reforma parcial que afectó, de forma llamativa, al Código Ético de los Diputados, al voto telemático, comisiones o procedimiento legislativo, la publicación oficial ha optado, de forma muy clarificadora, por publicar todo el texto del reglamento pues hubo una reordenación sistemática del texto. Se trata, sin ninguna duda, del más original de los reglamentos parlamentarios de nuestro sistema, con variadas soluciones a diversos problemas que se tratan de adaptar a la vida parlamentaria. El contenido del reglamento se estructura en torno a doce títulos. El título inicial es el preliminar y tiene como rúbrica un genérico «de la Asamblea Regional de Murcia». El título I regula la convocatoria y la constitución de la asamblea, y el II el estatuto de los parlamentarios. Por su parte, el título III regula los grupos parlamentarios y el título IV, dispone la organización de la Asamblea, excluyendo ahora a los grupos a diferencia de lo que hacía la anterior versión del reglamento. También incluye un capítulo que se dedica a los órganos «de gobierno y dirección de la Cámara» y que son el presidente, los vicepresidentes, los secretarios, la Mesa y la Junta de Portavoces. Los siguientes capítulos se dedican al Pleno, a las comisiones, a la Diputación Permanente y a los servicios de la Asamblea Regional (donde, además, se incluye la regulación de una Oficina Técnica de Seguimiento y Control Presupuestario). El título V sistematiza las normas sobre transparencia y la participación ciudadana, y el título IV prevé las disposiciones generales de funcionamiento, con un capítulo final dedicado a la Comisión de Competencia Legislativa para efectuar las oportunas correcciones de estilo que deban efectuarse a un proyecto de ley. El título VII regula el procedimiento legislativo, el título VIII el otorgamiento y la retirada de la confianza y el título IX prevé el impulso y control ordinario de la acción política y de gobierno. El título X lleva por rúbrica «los procedimientos especiales relativos al ejercicio de determinadas competencias regionales», en donde se establece el régimen de los acuerdos de la asamblea en materia de inconstitucionalidad, la autorización al Consejo de Gobierno para celebrar convenios y acuerdos de cooperación con otras comunidades autónomas, la fijación de las previsiones que deban elevarse al Gobierno para elaborar los proyectos de planificación económica general, del examen y aprobación de la Cuenta General. El título XI se dedica al procedimiento en materia de peticiones «y defensa del ciudadano». Finalmente, los tres últimos títulos se dedican a la interpretación del reglamento, a su reforma y al régimen de los asuntos en trámite a la terminación de mandato de la asamblea.

Reglamento del Parlamento de Navarra. Este reglamento es de fecha 2 de febrero de 1995 y ha sido modificado en diversas ocasiones. Rige actualmente el texto refundido de 2011 que incorpora las principales novedades, que deroga la versión de 2007. Este reglamento presenta algunas novedades dignas de ser mencionadas, aunque su sistemática sea la habitual de España. El título I regula la constitución del Parlamento de Navarra y el segundo lleva por rúbrica «de los parlamentarios y parlamentarias forales» y determina el régimen del denominado estatuto de los diputados, es decir, sus derechos, deberes y prerrogativas, así como la adquisición, suspensión y pérdida de la condición de diputado. Por su parte, el título III regula, también de forma separada, la organización de la Cámara y el título IV, el régimen de los grupos parlamentarios. La regulación de las cuestiones relativas al funcionamiento (convocatoria, orden del día, *quórum*, debate, votaciones, actas, cómputo de plazos, procedimiento de urgencia, publicaciones y disciplina) constituyen el núcleo más importante de título I. El título VI regula el procedimiento legislativo, incluyendo las especialidades en el mismo (procedimiento presupuestario, el proyecto de ley sobre cuentas generales, el procedimiento de lectura única y la delegación legislativa en comisión), así como control de la legislación delegada. El título VII dispone el especialísimo procedimiento de reforma de la LORAFNA. Seguidamente, el título VIII regula el otorgamiento de autorizaciones en donde se dispone el régimen de las autorizaciones parlamentarias, como la que necesita el Gobierno para emitir deuda pública, constituir avales y garantías y contraer créditos; o el necesario para formalizar convenios y acuerdos de cooperación con el Estado y con las comunidades autónomas; o el preciso para autorizar que el Gobierno de Navarra solicite del Estado la transferencia de facultades y competencias que se regula en el artículo 39 de la LORAFNA. El título IX regula la tramitación de los Convenios económicos entre la Comunidad foral y el Estado. Por su parte, el título X rige el procedimiento de otorgamiento y retirada de la confianza parlamentaria, mientras que el título XI regula el régimen de los instrumentos ordinarios de control parlamentario: interpelaciones y preguntas. Además, el título XII se dedica a las mociones, a través de las cuales se formulan propuestas de resolución a la Cámara, regulando el título XIII el examen y debate de comunicaciones, programas o planes de la Diputación foral y otras informaciones (donde se regula el régimen de las comparecencias). Finalmente, el título XIV (que fuera modificado en 2007) regula las relaciones del Parlamento con la Cámara de Comptos, con el Defensor del Pueblo de la Comunidad foral de Navarra y con el Consejo Audiovisual de Navarra; el título XV regula la designación de senadores y de los nombramientos del presidente de la Cámara de Comptos y del Defensor del pueblo de la Comunidad Foral de Navarra, el título XVI la intervención del Parlamento con ocasión de las proposiciones de ley en el Congreso de los Diputados, recursos de inconstitucionalidad, conflictos de competencia y recursos de amparo y el XVII se destina a la regulación de los asuntos en trámite a la terminación del mandato del Parlamento o a la finalización del mandato de las Cortes Generales.

Reglamento del Parlamento de la Rioja. El texto normativo actualmente en vigor en el Parlamento de la Rioja fue aprobado por el Pleno de 18 de abril de 2001. Su estructura y contenido es el siguiente: se inicia con un título preliminar que regula aspectos muy generales y básicas de la institución parlamentaria, seguido de un título I que regula de la sesión constitutiva, el título II regula el estatuto de los diputados, con el contenido habitual que tiene este título en el resto de reglamentos parlamentarios. El título III regula los grupos parlamentarios y el IV la organización del Parlamento. El título V trata del funcionamiento. El título VI regula el procedimiento legislativo, con un capítulo dedicado a las especialidades en el procedimiento legislativo, que en este Parlamento son el Proyecto de Ley de Presupuestos, la reforma del estatuto de autonomía, la aprobación de leyes con mayoría cualificada, la tramitación en lectura única, la competencia legislativa plena de las comisiones y la autorización y aprobación de convenios y acuerdos de cooperación (que, como se verá, en esta comunidad autónoma se autorizan mediante ley). El título VII regula el procedimiento parlamentario para el otorgamiento y retirada de la confianza al Gobierno y el título VIII lleva por rúbrica «del impulso y control ordinario de la acción política y de Gobierno», en donde se dispone de instrumentos procedimentales dedicados a la celebración de los debates generales de la acción política y de gobierno, el control de la legislación delegada, las interpelaciones y preguntas, las proposiciones no de ley y mociones y las informaciones del Gobierno. El título IX prevé el régimen de los nombramientos y demás competencias que debe ejercer el Parlamento y el título X que regula el orden y los servicios del Parlamento. Por último, el reglamento se cierra con un título dedicado a los asuntos en trámite a la terminación del mandato del Parlamento.

Reglamento del Parlamento Vasco. Fue aprobado en sesión plenaria de 23 de diciembre de 2008, tras la larga vigencia del Reglamento de 13 de febrero de 1983, sin modificaciones durante su vida[155]. La estructura del Reglamento

155 Hubo algún intento de cierta relevancia, como el de 1998, en el que el consenso (siempre tan difícil en materia parlamentaria) parecía existir; si bien ciertos problemas en la redacción del artículo 6 del Reglamento del Parlamento Vasco, entonces vigente, y de la inclusión de la obligación de jurar o prometer la Constitución del parlamentario vasco, impidieron la aprobación definitiva de la reforma.

de 2008 es muy novedosa, pues concentra el contenido habitual del Derecho parlamentario en solo cinco títulos. Consta de un larguísimo título I que lleva por rúbrica la organización de la Cámara, e incluye una regulación de lo más variada, como la sesión constitutiva del Parlamento, estatuto del parlamentario, grupos parlamentarios, Mesa, Junta de Portavoces, Comisiones, Pleno, Diputación Permanente y la Secretaría General. El título II regula las disposiciones generales de funcionamiento y título III el procedimiento legislativo. El título IV prevé el control y el impulso al Gobierno y el título V, las relaciones del Parlamento con otros órganos.

Reglamentos de las Asambleas de Ceuta y Melilla. La naturaleza jurídica de las ciudades de Ceuta y Melilla se proyecta, como es lógico, sobre sus estatutos de autonomía, sobre sus asambleas y también sobre los reglamentos de las mismas. El Reglamento de la Asamblea de la Ciudad de Ceuta se aprueba sobre la base del artículo 9 del Estatuto de Autonomía. El reglamento actualmente vigente es de 2018 y sustituye al Reglamento de Organización y Funcionamiento aprobado en enero de 2004. Su contenido es muy amplio y su estructura es similar (aunque algo más limitada) que la de las Cámaras legislativas. Es la siguiente: un título primero que regula la constitución de la asamblea; el título segundo se dedica a los diputados (y su estatuto: adquisición, suspensión y pérdida; derechos y deberes; y grupos políticos). El título tercero regula la organización de la asamblea y el cuarto regula el funcionamiento del Pleno de la Asamblea. El título quinto se dedica a los procedimientos especiales (solicitud y propuesta regulada en el artículo 87 CE; procedimiento presupuestario; procedimiento reglamentario y los procedimientos constitucionales —en defensa de la autonomía local y el recurso de amparo, como demandante, demandado o *coadyuvante*—). El título sexto regula el control de la acción del Gobierno, mientras que el séptimo regula el procedimiento de reforma estatutaria y el del propio reglamento.

Por su parte, el Reglamento de la Asamblea de Melilla fue aprobado por el Pleno de la Asamblea de 17 de abril de 2018, en virtud de los artículos 9.1 y 12.1 del Estatuto de Autonomía de Melilla. Su estructura es algo más amplia y desarrollada que la del Reglamento de la Asamblea de Ceuta, y aquí hay una influencia algo más acusada de los reglamentos parlamentarios españoles. Su estructura es la siguiente: el título preliminar regula la sesión constitutiva de la asamblea y el título I disciplina el estatuto de los diputados locales de la asamblea. El título II lleva como rúbrica «los grupos políticos de la asamblea» y, de forma diferenciada, el siguiente título dispone sobre la organización de la asamblea. El título IV regula el funcionamiento de la asamblea y el V se refiere a las mociones. El título VI regula la disciplina corporativa. Por su parte, el título VII regula la iniciativa legislativa y el procedimiento de aprobación de las ordenanzas y reglamentos. El título VIII regula las instituciones de confianza, y que son la «investidura del presidente» y la «remoción por pérdida de la confianza de la Asamblea».

4. Las normas de desarrollo de los reglamentos

4.1. Resoluciones interpretativas y supletorias de la Presidencia

Las resoluciones de la Presidencia son normas emitidas por el presidente, en el ejercicio de su función de hacer cumplir el reglamento, cuya finalidad es interpretar el reglamento en los casos de duda, o bien suplirlo «en los de omisión».

El ATC 183/1984, de 21 de marzo definió el objeto de las resoluciones interpretativas, indicando que son un «acto interno de la Cámara, producido por la Presidencia de ésta y que tiene por finalidad la regulación de las relaciones que existen entre la Cámara y sus propios miembros». No es, por tanto, una disposición en el sentido del artículo 50.2 de la LOTC, aunque «evidentemente» sí tienen un alcance normativo y no son un «acto —siquiera general— de aplicación», como resalta la STC 118/1988. Son normas, «con vocación de insertarse en la reglamentación parlamentaria, que, incluso dictadas con ocasión de un caso concreto han podido entenderse incorporadas al Reglamento de la Cámara». Queda claro que las resoluciones de la Presidencia[156] no son un acto que regule «las relaciones de la Cámara con terceros vinculados con ella por relaciones contractuales o funcionariales, sino un acto puramente interno de un órgano constitucional. Característica propia de éstos es la independencia y el aseguramiento de ésta obliga a entender que, si bien sus decisiones, como sujetas que están a la Constitución y a las Leyes, no están exentas del control jurisdiccional».

A su vez, el ATC 244/1986, de 12 de marzo, en relación con varias resoluciones de la Presidencia de la Asamblea de Madrid, definió las Resoluciones como «disposiciones de carácter general, susceptibles de una pluralidad de actos concretos de aplicación singular, que se integran en el ordenamiento reglamentario de la asamblea, en cuanto que suplen las lagunas de éste, y producen los mismos efectos que el propio Reglamento. En tal sentido, constituyen normas con valor de ley, que, como señalábamos en el auto de 21 de marzo de 1984 (RA núm. 138/1984), relativo a un supuesto semejante, pueden ser objeto de un control de constitucionalidad a través de los procedimientos establecidos al efecto por la Constitución y la Ley Orgánica del Tribunal Constitucional (LOTC). Sin embargo, y sin perjuicio de que quie-

156 Para la problemática de esta figura y la jurisprudencia constitucional que sobre ella ha emitido el TC, cfr. E. MATÍA PORTILLA, «La insatisfactoria jurisprudencia del Tribunal Constitucional sobre las llamadas normas interpretativas y supletorias del Reglamento Parlamentario», en *Corts. Anuario de Derecho parlamentario*, 1999, 7, pp. 179 y ss. También puede consultarse LL. AGUILÓ LUCIÁ, «Las resoluciones de Presidencia en Derecho parlamentario», en VV. AA., *Jornadas de Parlamentos Autónomos*, Valencia, Corts Valencianes, 1986, pp. 19 y ss.

nes invoquen un derecho o interés legítimo puedan impugnar los actos de aplicación de la norma legal e indirectamente, poner en cuestión su validez, que puede ser declarada a través del procedimiento previsto en el art. 55.2 de la LOTC, lo que ni ésta ni la Constitución permiten es un ataque directo de los ciudadanos a dichas normas, pues el recurso de amparo constitucional solo puede interponerse, por lo que aquí interesa, contra decisiones o actos sin valor de la Ley de las Cortes y de las asambleas legislativas de las comunidades autónomas (art. 42 de la LOTC)». Enseguida se volverá al régimen de impugnación de las resoluciones de la Presidencia, aunque puede decirse que el Tribunal Constitucional ha permitido que se presente recurso de amparo contra una resolución de la Presidencia de la Cámara si se alega la vulneración de un derecho fundamental (el art. 23 CE en particular).

En todo caso, es común en el *Derecho parlamentario español* que, cuando en el ejercicio de esta función supletoria se propusiera dictar una resolución de carácter general, deba «mediar el parecer favorable de la Mesa y de la Junta de Portavoces» (art. 32.2 RCD; art. 29.2 RPAND; art. 30.0 RCAR; art. 39.2 RJGPRINCAST; art. 34.2 RPCANT; art. 35.7 RPCCLM; art. 28.2 RCCYL; art. 31.2 RCV; art. 42.2.10.°, art. 44 y art. 269 RAEX; art. 33.2 RPIB; art. 29.2 RPLR; art. 55.2 RAMA; art. 40.2 RPNA, aunque solo dispone parecer favorable de la Mesa; art. 36.3 RPV). En general, los reglamentos siempre diferencian entre las resoluciones que tengan por función la interpretación del reglamento; y aquellas otras resoluciones que tienes por función suplir el reglamento. Solo de estas últimas se exigiría el parecer favorable de la Mesa y la Junta de Portavoces.

Hay algunas regulaciones interesantes. El Reglamento del Senado atribuye al presidente la facultad de interpretar el reglamento y suplir sus lagunas, «de acuerdo con la Mesa de la Comisión del Reglamento», (artículo 37.7 y 8 RS) oída la Junta de Portavoces (artículo 44.d RS, que diferencia entre las resoluciones interpretativas o supletorias de la Presidencia).

Otros reglamentos disponen con mayor detalle el régimen de las resoluciones. Así, el Reglamento del Parlamento Vasco determina que las resoluciones del presidente del Parlamento Vasco «serán publicadas en el Boletín Oficial del Parlamento Vasco y mantendrán su vigencia hasta tanto no sean derogadas por otras o sean incorporadas al Reglamento mediante su reforma» (artículo 36.3 RPV). Expresa este reglamento una regulación que se entiende implícita en el resto de Parlamentos españoles. En efecto, la publicidad de las normas parlamentarias es consecuencia de la propia naturaleza del Estado de Derecho, así como la vigencia de las mismas hasta su derogación; aunque la precisión del artículo 36.3 RPV resulte plausible en términos de publicidad y de seguridad jurídica.

Por su parte, hay otras variaciones. Como la del Reglamento del Parlamento canario que prevé, en su artículo 28.1.7.° RPCANA, que sea la Mesa, de acuerdo con la Junta de Portavoces, la que apruebe las resoluciones interpretativas y supletorias, mientras que la Presidencia (art. 29.2 RPCANA) tiene la función de cumplir y «hacer cumplir el Reglamento, interpretándolo en los casos de duda en los debates parlamentarios». También el artículo 37.3.a

RPCAT atribuye a la Mesa la facultad de «adoptar las decisiones que requieren las tramitaciones parlamentarias, en caso de duda o de laguna reglamentaria». A su vez, el Parlamento de Galicia atribuye a la Mesa la facultad de interpretar y suplir el reglamento (art. 30.1.1.a RPGAL), mientras que el presidente (art. 31.2 RPGAL) solo lo hace «en el transcurso de los debates».

A su vez, el Reglamento de la Asamblea de Murcia dedica el título XIII a regular la interpretación del reglamento, determinando el artículo 222 que la interpretación del reglamento y la integración de sus lagunas compete al presidente de la asamblea, quien, antes de aprobar la «resolución que proceda, deberá oír el parecer de los demás miembros de la Mesa y de la Junta de Portavoces». De forma original en el *Derecho parlamentario español*, el criterio de estos órganos de la asamblea «no será vinculante para el presidente, pero el contenido de su resolución podrá ser revisado por el Pleno de la Cámara si lo demandan dos Grupos Parlamentarios. El acuerdo en el que la revisión se decida deberá ser adoptado por la mayoría absoluta de los miembros de la Asamblea y la sesión habrá de estar presidida por un Vicepresidente». El artículo 222.3 RAMU determina que «en cualquier caso, la Comisión de Asuntos Generales e Institucionales, de la Unión Europea y Derechos Humanos, deberá informar sobre la conveniencia o no de que la resolución interpretativa o integradora, sin perjuicio de su aplicación, sea transformada en proyecto de reforma del Reglamento, a efectos de que tras su tramitación y adopción quede integrada dentro de este».

En relación con su régimen jurídico, lo que no ha sido tan pacífico ha sido la impugnación de estas resoluciones interpretativas. Así, la equiparación vista entre reglamento y resolución es matizada por el propio Tribunal Constitucional al indicar que esta homologación «entre normas reglamentarias y Resoluciones presidenciales desde el punto de vista de su impugnabilidad, que es el único que en la mencionada Sentencia se tomaba en consideración, no equivale a una equiparación de unas y otros desde todos los puntos de vista y a todos los efectos. La aprobación y reforma de los reglamentos parlamentarios está reservada a las Cámaras mismas por el art. 72.1 de la Constitución que impone para una y otra, incluso, la exigencia suplementaria de la mayoría absoluta, y este mandato es difícilmente compatible con esa equiparación total» (SSTC 119/1990, de 21 de junio; 44/1995, de 13 de febrero; 177/2002, de 14 de febrero; 190/2009 de 28 septiembre).

Así, «cualquiera que pudiera ser la equiparación entre normas reglamentarias y resoluciones presidenciales desde el punto de vista de su impugnabilidad, ello "no equivale a una equiparación de unas y otros desde todos los puntos de vista y a todos los efectos", y ello porque "la aprobación y reforma de los Reglamentos parlamentarios está reservada a las Cámaras mismas por el art. 72.1 de la CE, que impone para una y otra, incluso, la exigencia suplementaria de la mayoría absoluta, y este mandato es difícilmente compatible con esa equiparación total" (F. 5). Esta misma doctrina la reiteramos en la STC 44/1995, de 13 de febrero, en relación con las normas supletorias del Reglamento parlamentario dictadas por las Mesas en el ejercicio de las facultades conferidas por aquél (F. 2)». (177/2002)

Las resoluciones interpretativas de la Presidencia tienen su límite en el reglamento mismo, pues a esta norma interpretan o suplen. Mediante una resolución no es lícito proceder a una modificación del reglamento, pues es decisión del Pleno de la Cámara (SSTC 44/1995, de 13 de febrero, F. 3; 119/1990, de 21 de junio, F. 5; 177/2002, de 14 de octubre, F. 7). Una modificación de esa naturaleza no solo conculcaría la reserva constitucional o estatutaria de reglamento, sino también, y a su través, los derechos de los representantes políticos a acceder y permanecer en su cargo en condiciones de igualdad con arreglo a lo dispuesto en las Leyes. (STC 226/2004, de 29 de noviembre).

Indica el Tribunal Constitucional que la resolución interpretativa solo queda sujeta al control jurisdiccional «cuando afectan a relaciones externas del órgano o se concretan en la redacción de normas objetivas y generales susceptibles de ser objeto del control de inconstitucionalidad, pero ello solo, naturalmente, a través de las vías que para ello se ofrecen». Así se ha mantenido en diversos AATC —como los de 21 de marzo de 1983, 8 de mayo de 1985, 15 de enero de 1986, 12 de marzo de 1986, 11 de marzo de 1987 y 27 de mayo de 1987—. La jurisprudencia constitucional determina que la doctrina de los *interna corporis acta* solo es aplicable en la medida en que no exista lesión de derechos fundamentales, impidiendo el conocimiento de este tribunal de lo que no sea su posible lesión (STC 118/1988, de 20 de junio). «Quiere con ello decirse que, solo en cuanto lesionan un derecho fundamental reconocido en la Constitución y no por infracción pura y simple de un precepto de la Cámara, son recurribles en amparo tales actos, en virtud de lo dispuesto en el art. 42 de la Ley Orgánica del Tribunal Constitucional» (ATC 292/1987, de 11 de marzo; STC 121/1997, de 1 de julio). Si la resolución es un acto parlamentario que afectaría a un derecho o libertad susceptible de amparo constitucional, en este caso sale o transciende de la esfera irrevisable propia de los *interna corporis acta*, y corresponde al Tribunal Constitucional el examen de la lesión de tales derechos, mediante un recurso de amparo.

Cabe, por tanto, el recurso de amparo contra una resolución interpretativa, aunque aquella temprana jurisprudencia se les excluía del art. 42 de la Ley Orgánica del Tribunal Constitucional (recurso de amparo), y se incluían dentro del ámbito del art. 27 de la misma ley (recurso de inconstitucionalidad) y, a su vez, con el art. 161.1 a) de la Constitución, realizando una interpretación más amplia, «de carácter sustancial o finalista».

En resumen, estas resoluciones son admisibles y constitucionales cuando se utilicen «para suplir omisiones del Reglamento o para interpretarlo, no para desarrollarlo o especificar sus prescripciones» (STC 119/1990, de 21 de junio), sin que genere normas con rango de ley (STC 177/2002, de 14 de octubre). De este modo, tampoco la resolución de la Presidencia es norma que pueda sustituir al reglamento parlamentario, pues no cumple la denominada «reserva de Reglamento parlamentario», que viene afirmando en forma constante la doctrina del tribunal, desde la SSTC 119/1990, de 21 de junio; 226/2003, de 29 de noviembre; 227/2003 de 29 noviembre. También se aplica esta última doctrina (cabe recurso de amparo) cuando estos actos normativos se aplican exclusivamente a algunos parlamentarios (STC 119/1990, de 21 de junio, F. 6), o cuando son dictados *ad casum* (STC 141/2007 de 18 junio).

4.2. El Estatuto de Personal del personal al servicio de la Administración parlamentaria

El artículo 72 de la Constitución prevé la regulación «de común acuerdo» entre el Congreso de los Diputados y el Senado del «Estatuto del Personal de las Cortes Generales». El precepto deja varias cuestiones claras y alguna otra algo más ambigua. Está claro que el estatuto funcionarial de las Cortes Generales ha de ser de ser el mismo para ambas Cámaras a la vez, con lo que no cabe una regulación separada para una y otra como sucede, por ejemplo, en Italia o en Francia. Además, su reconocimiento expreso no deja de ser una manifestación del principio de autonomía parlamentaria administrativa, entendida como prerrogativa colectiva del Parlamento y que fortalece de forma esencial la posición del Parlamento. Además, se constitucionaliza el nombre del «Estatuto del Personal de las Cortes Generales» con lo que no sería posible en el futuro utilizar otro. Sin embargo, el precepto constitucional no dispone qué órgano parlamentario debe aprobar el Estatuto. Queda claro que los plenos de ambas Cámaras (o el Pleno de las Cortes Generales) bien podrían haberlo aprobado. No obstante, la solución, como es conocido, fue su aprobación por las Mesas de las dos Cámaras, en reunión conjunta celebrada el día 23 de junio de 1983 (BOE de 29 de junio 1983). La justificación fue que las Mesas son los órganos rectores competentes para el establecimiento del régimen parlamentario interno, y que las Mesas ostentan, también, la competencia residual de cada Cámara. Sea como sea y tras diversas modificaciones de este estatuto se procedió a la aprobación de un nuevo texto el 27 de marzo de 2006 (BOE de 5 de abril de 2006) que, a su vez, ha sido objeto de diversas modificaciones, la última el 10 de mayo de 2016.

El Estatuto del Personal de las Cortes Generales podría resultar de aplicación supletoria en los Parlamentos autonómicos, por el juego del artículo 149.3 CE. No obstante, casi todos los estatutos de personal de parlamentos autonómicos han previsto que sea supletorio de su régimen el ordenamiento aplicable al personal de la Administración de la comunidad autónoma (DA 1.ª.2. del EP de la Junta General del Principado; DA 5.ª EP del Parlamento de las Islas Baleares; DA 2.ª EP del Parlamento de Canarias; artículo 3 EP del Parlamento de Cantabria; artículo 1.2 del EP del Parlament de Catalunya; DA 1.ª EP de las Cortes de Castilla-La Mancha; DF segunda EP de la Asamblea de Extremadura; DF2.ª EP del Parlamento de Galicia, que dispone que tras la de la comunidad autónoma, sea supletoria la legislación del Estado; DA4 EP del Parlamento de La Rioja; artículo 3 del EP de la Asamblea de Madrid; DA 4 EP Asamblea de Murcia; DF 1 EP *Corts* valencianas; DA1 EP del Parlamento Vasco).

La jurisprudencia constitucional ha dedicado varios fallos al estatuto del personal parlamentario. No son muchas sentencias, pero su doctrina se puede resumir de la siguiente forma:

1. La STC 139/1988 de 8 julio ha determinado que el Estatuto del Personal de las Cortes Generales tiene valor y fuerza de ley.

Indica esta STC (FJ3) que dicho EPCG «"es el resultado de la autonomía institucional de ambas Cámaras reconocida en el art. 72.1 de la Constitución Española y, como tal, se reconoce a aquéllas la facultad de regular el Estatuto del Personal de las Cortes Generales...", añadiendo que, atendiendo a lo dispuesto en los arts. 23.2, 103.3 y 122.1 CE, "...toda regulación a través de un Estatuto del Personal de la Administración, de los miembros del Poder Judicial o de los funcionarios de las Cortes Generales, se realiza a través de normas con valor de Ley, y también, ello es obvio, cualquier modificación de los mencionados Estatutos, deberá forzosamente hacerse mediante una norma de igual rango..." (fundamento de Derecho 3.º)».

Así, la fuerza de ley —en su vertiente pasiva— derivaría de la naturaleza del EPCC como norma primaria o directamente vinculada a la Constitución. Se impide a cualquier otra norma (y, por tanto, también a la ley), regular lo que a él está reservado y no es otra cosa que el régimen del personal de las Cortes Generales. Y al no estar subordinado el EPCG a la ley no puede equipararse a una norma reglamentaria. Aquel fallo incidía en el hecho de que no estuviese recogido el EPCG en el art. 27.2 LOTC, lo cual no obstaba a que pudiese ser reconocido como uno de los «actos del Estado con fuerza de ley» y, por tanto, ser susceptible de un pleno control de constitucionalidad, dada la reserva material y formal en su favor.

En definitiva, la STC 139/1988, de 8 julio, declara que el artículo 72.1 CE establece una reserva formal y material a favor del Estatuto del Personal de las Cortes Generales, que es una norma de la que no puede conocer la jurisdicción contencioso-administrativa por tener valor y fuerza de ley, pero «tampoco este Tribunal Constitucional puede en este momento adentrarse en el enjuiciamiento del mismo dado que no lo permite el art. 42 de la LOTC, sin perjuicio de que contra dicho Acuerdo pueda, en su caso, articularse el correspondiente procedimiento de declaración de inconstitucionalidad o, con ocasión de la impugnación de un acto dictado en su aplicación (que sí sería admisible como recurso de amparo por la vía del art. 42 LOTC), pudiera darse trámite a lo dispuesto en el art. 55.2 de la LOTC».

Que el Estatuto del Personal de las Cortes Generales tiene rango de ley también ha sido reiterado en varias ocasiones por el Tribunal Supremo, como en STS de 29 de septiembre de 1997, o 13 de marzo de 2013.

2. La reserva que hace el artículo 72 CE al común acuerdo de las Cortes Generales para regular el estatuto de su personal, es equivalente a la reserva de ley que hace la Constitución al estatuto funcionarial.

En efecto, la STC 139/1988 puntualiza que, en función del principio de competencia, «Si la Constitución ha establecido una reserva constitucional de ley para la regulación del estatuto de los funcionarios públicos y el acceso a la función pública y, por imperativo constitucional (art. 72.1 de la Constitución), esa regulación, en el caso de los funcionarios al servicio de las Cortes Generales, queda reservada al Estatuto del Personal de las Cortes Generales adoptado de común acuerdo por ambas Cámaras, resulta convincente que ese Estatuto, en cuanto a su posición normativa en el sistema de fuentes, a la Ley habrá de equipararse».

3. La fuerza y el valor de ley solo son predicables de los estatutos de personal de Parlamentos autonómicos, si está prevista su aprobación en el estatuto de autonomía.

Así, en casi la mitad de los estatutos de autonomía se dispone que haya un estatuto de personal para su Parlamento, como sucede en el Estatuto de Autonomía de Aragón (artículo 34 EAAR, las Cortes regulan el «Estatuto de sus funcionarios y personal»), en el del Principado de Asturias (artículo 28.1 EAPRINCAST, «la Junta aprueba el estatuto de su personal»), en el de Castilla y León (artículo 23.4 EACYL, las Cortes «aprueban el Estatuto del Personal de las Cortes de Castilla y León»), en el de Cataluña (artículo 58.2 EACAT, el Parlamento «fija el estatuto del personal que de él depende»), en el de la Comunidad Valenciana (artículo 25.1 EACV, las Cortes «en la forma que determine el Reglamento, aprobarán los Estatutos de Gobierno y Régimen Interno de la Cámara»), en el de La Rioja (artículo 18.3 EALRI, el Parlamento fijará «el estatuto de su personal»), en el de Murcia (artículo 27.1 EAMU, «la Asamblea Regional, en el ejercicio de su autonomía... regula... el régimen de su personal») y en el del País Vasco (artículo 27.1 EAPV, el Parlamento «aprobará... el Estatuto de su personal»).

Sin embargo, las cosas no son tan claras en todas las instituciones parlamentarias, pues los Estatutos de Autonomía de Islas Baleares, Cantabria, Canarias, Castilla-La Mancha, Galicia, Madrid y Navarra no prevén que exista esta norma integrante del Derecho parlamentario. Algo más dudoso puede resultar el caso del Estatuto de Personal del Parlamento de Andalucía, pues el estatuto de autonomía no determina la existencia de un estatuto propio del personal de su Parlamento, pero el artículo 102.1 EAAND reconoce de forma expresa que el Parlamento de Andalucía tiene autonomía administrativa. Esta misma reflexión se puede hacer en relación con el estatuto de personal de la Asamblea de Extremadura, ya que el artículo 16.1 de este estatuto reconoce a la asamblea «autonomía administrativa y disciplinaria».

El asunto tiene su interés. La STC 183/2012, de 17 octubre, niega que se puede atribuir fuerza y valor de ley a los estatutos de personal de un Parlamento autonómico, si no está reconocida su existencia en el correspondiente estatuto de autonomía. «La fuerza de Ley deriva de su naturaleza de norma primaria o directamente vinculada a la Constitución, que impide a cualquier otra norma y, por tanto, también a la Ley, regular lo que a él está reservado

—fuerza de Ley en su vertiente pasiva— y al no estar subordinado a la Ley no puede equipararse a una norma reglamentaria. Y valor de Ley porque procede del Poder Legislativo».

La citada STC 183/2012, de 17 de octubre[157] confirma que el hecho de que el Estatuto de Autonomía de Canarias no reserve al Parlamento la regulación del estatuto de su personal tiene efectos sobre su naturaleza. En efecto, dice esta STC que «el art. 12.2 de dicho estatuto establece que "el Parlamento dictará su reglamento, que deberá ser aprobado por mayoría absoluta de sus miembros. En él se determinará el régimen de sesiones, la formación de grupos parlamentarios y el funcionamiento de la Diputación Permanente, así como cuantas otras cuestiones afecten a los procedimientos legislativos y de control político" [...] Es el art. 59 del Reglamento parlamentario... el que atribuye competencia a la "Comisión de Reglamento" para aprobar unas normas de gobierno interior en las que se regule el régimen del personal, sus derechos y obligaciones como funcionarios públicos, su régimen retributivo, así como el funcionamiento de los servicios del Parlamento». Descarta por ello el Tribunal Constitucional que «las Normas de gobierno interior y, por tanto, la disposición transitoria primera impugnada en esta cuestión de inconstitucionalidad tengan fuerza de Ley. No existiendo una reserva en el Estatuto de Autonomía de Canarias a favor del estatuto del personal del Parlamento no puede predicarse de las Normas de gobierno interior su carácter primario o directamente derivado del Estatuto de Autonomía, por lo que carecen de la condición de norma con fuerza y valor de Ley y, por tanto, del carácter de "acto con fuerza de Ley". La disposición transitoria primera,

157 Puede resultar interesante conocer los antecedentes de este fallo. Se juzga en la STC 183/2012, de 17 de octubre, la constitucionalidad de la disposición transitoria primera de las Normas de gobierno interior aprobadas por la Comisión de Reglamento del Parlamento de Canarias en su sesión de 6 de febrero de 1997. Esta disposición transitoria abría un plazo de un mes para que los funcionarios del grupo C que pertenecían a la Administración parlamentaria canaria acreditaran que contaban con la titulación prevista para el grupo B y una antigüedad superior a diez años y pudieran así integrarse, en el Cuerpo de Gestión de Administración Parlamentaria —grupo B—, de nueva creación por las citadas normas de gobierno interior. La integración se hacía de forma automática y sin prueba selectiva alguna. En la demanda contencioso-administrativa, planteada por otros funcionarios del Parlamento que no cumplían los aludidos requisitos, se mantenía el rango reglamentario de las Normas de gobierno interior recurridas y su impugnabilidad ante la jurisdicción ordinaria. También se argumentaba que las Normas de gobierno interior vulneraban el art. 103.3 CE, pues regulan por norma reglamentaria una materia que, como el estatuto de los funcionarios públicos, está reservada a norma de rango de ley. En este sentido, se postula la aplicación directa del art. 22.1 de la Ley 30/1984, que exige no diez (como en la disposición transitoria impugnada), sino dos años para la promoción interna, unido a la superación de pruebas selectivas. A juicio de la demandante, las Normas de gobierno interior vulnerarían el principio de igualdad en el acceso y promoción en la función pública previsto en el art. 23.2 CE. Por todo ello, también se solicitó en la demanda que se eleve la pertinente cuestión al Tribunal Constitucional, si el Tribunal Superior de Justicia estimase que la norma de personal ostenta el rango de Ley.

apartado 1, de las Normas de gobierno interior del Parlamento de Canarias aprobadas por la Comisión de Reglamento en sesión celebrada el 6 de febrero de 1997, no encuentra acomodo en el art. 27.2 e) LOTC y por ello, no es susceptible de control de inconstitucionalidad». Por tanto, el Tribunal inadmite la cuestión de inconstitucionalidad. Tanto, inadmite la cuestión de inconstitucionalidad».

En conclusión, se puede concluir que el Tribunal Constitucional niega en esta STC 183/2012, de 17 de octubre que los estatutos de personal de los Parlamentos autonómicos tengan la naturaleza de ley, si no han sido previstos en el estatuto de autonomía. Por tanto, como inadmite el tribunal la cuestión, se rebaja el valor y la fuerza del EP del Parlamento de Canarias y permite que el tribunal superior de justicia estudie la constitucionalidad y legalidad del mencionado estatuto. El Tribunal Constitucional permite en definitiva, que se estudie la demanda contencioso-administrativa (por cierto, tras más de quince años desde su planteamiento).

Negar a un conjunto de estatutos de personal de Parlamentos autonómicos la fuerza de ley parece excesivo, rígido y formalista, pues estas normas se aprueban en virtud del principio de autonomía parlamentaria, que el propio Tribunal Constitucional ha reconocido a todos los Parlamentos (también a los autonómicos). Debe tenerse en cuenta que la autonomía de la Cámara (de todas las Cámaras parlamentarias), no deja de ser una prerrogativa colectiva que garantiza la independencia parlamentaria, consustancial al principio de división de poderes y, por ello, al Estado constitucional. Y esta autonomía es lo que justifica que se aprueben los Estatutos de personal parlamentario, que la Constitución y varios estatutos de autonomía no hacen sino incluir expresamente.

Parece que la última sentencia citada no entendió en su justa medida el significado de la autonomía parlamentaria administrativa vinculada al régimen de personal de las Cámaras.

La STS de 29 de diciembre de 1990 ya dispuso que un estatuto de personal de un Parlamento autonómico no tiene rango de ley, pues el del personal de las Cortes Generales «tiene carácter de norma primaria por incardinarse directamente en el artículo 72.1 de la Constitución», mientras que el Estatuto de Régimen y Gobierno Interior del Parlamento de Navarra «tiene su precedente inmediato en los artículos 66, 67.1 y disposición adicional 4.ª del Reglamento del Parlamento de Navarra», quedando implícitamente desestimado que este estatuto autonómico fuese una disposición con rango de ley.

Por otro lado, y como se sabe, son mayoría los reglamentos parlamentarios que prevén que se apruebe una norma específica que regula el estatuto del personal adscrito al Parlamento (art. 49.2.2.° RPAND; art. 241 RJGPRINCASTST; art. 203.2 RPCANA; DF1.ª RPCANT; art. 72 RCCLM; DF3.ª RCCYL; art. 116.1RASEX; DF4.ª RPGAL; art. 164 RPLARI; arts. 49.1 y 87.1 RAMAD; DT RAMU; DA3.ª RPANA; art. 108.6 RCVAL; arts. 56.2 y 71 RPV). Dicha previsión debería ser suficiente para reconocer rango legal a todos los estatutos de personal, pues cada uno de ellos cumple la función de garantizar la autonomía que garantiza la Constitución y cada estatuto de autonomía. En definitiva, la fuerza de ley de los estatutos de personal se proporciona, o bien por la previsión expresa de la Constitución o del estatuto de autonomía, o bien porque la regulación del estatuto de personal afecta directamente a las relaciones entre la Cámara y sus miembros (sin que tenga reconocimiento formal del bloque de la constitucionalidad).

En definitiva, la naturaleza y justificación del estatuto de personal de (todos) los Parlamentos autonómicos es la misma que la de las Cortes Generales. Su existencia depende del reconocimiento constitucional o estatutario, pero una vez aprobado por el respectivo Parlamento es difícil de mantener que las consecuencias sean diversas si está reconocido o no en el estatuto de autonomía. Es decir, si el Estatuto del Personal de las Cortes Generales se basa en el elemento esencial de la idea de división de poderes que asume nuestra Constitución, y con las funciones que cumplen los órganos legislativos, los estatutos de personal de los Parlamentos autonómicos, han de tener la misma fundamentación.

Por tanto, la autonomía administrativa (la de las Cortes Generales y la de las comunidades autónomas) comprende la capacidad autoorganizativa para que la Cámara respectiva pueda dotarse del régimen de Administración parlamentaria que estime pertinente para poder funcionar, y asegurar su funcionamiento de la forma que sea. Por ello, puede concluirse que, siendo la fundamentación institucional idéntica en todos los casos, la consecuencia (fuerza, valor y rango) habrá de ser la misma. Y es importante que a todos los estatutos de personal se les reconozca rango y fuerza de ley, pues incorporan a su regulación materias (como la disciplinaria, por poner un solo ejemplo) que deben estar fijadas por una norma con rango de ley. No reconocer fuerza y rango de ley a todos los estatutos de personal, se reconozca o no su existencia en el estatuto de autonomía, es un error. Además, crea inseguridad jurídica atribuir el control del texto del estatuto de personal al Tribunal Constitucional o al tribunal superior de justicia, en función de que se haya regulado o no su existencia en el estatuto de autonomía.

En esta ocasión, la jurisprudencia constitucional no ha sido todo lo clara que debería. Además de este último fallo que se ha visto relativo al Estatuto de Personal del Parlamento de Canarias, el ATC 296/1985 ya había negado fuerza y valor de ley al Estatuto de Personal del Parlamento de

Navarra. Además, y para aumentar la confusión, la doctrina jurisprudencial de los tribunales superiores de justicia no ha sido unánime ni coincidente con la jurisprudencia del Tribunal Constitucional. Así el TSJ de Cantabria, en la sentencia 401/2013 afirmó que el EP del Parlamento de Cantabria tiene fuerza y valor de ley. Señaló este fallo que «nos encontramos ante un reglamento, que por estar emanado de las Cortes Generales, o Parlamento autonómico, para parte de la doctrina tiene, en cuanto a su elaboración y naturaleza, valor de ley». También la STSJ de Galicia 579/2014 parte de la consideración de la naturaleza de fuerza de ley del EP del Parlamento de Galicia. Al igual que la STSJ del País Vasco, número 644/2012, en donde se afirma que el EP del Parlamento tiene fuerza de ley, citando expresamente la STC 83/2012, de 17 de octubre y facilitado por el hecho de que el estatuto de autonomía atribuye al Parlamento Vasco la potestad de aprobar el estatuto de su personal (también de este tribunal la STSJ 401/2012). Además, la STSJ de La Rioja, número 104/2012 atribuye al EP del Parlamento de la Rioja también fuerza de ley. Y finalmente y sin ánimo de ser exhaustivo, la STSJ de Madrid en recurso 1579/1995 reconoció que el EP de la Asamblea de Madrid tenía fuerza de ley por virtud de la disposición transitoria tercera de su reglamento, cuyo artículo 87 dispone su tramitación mediante el procedimiento legislativo y su aprobación por el Pleno.

Sea como sea, lo cierto es que todos los Parlamentos autonómicos han aprobado sus Estatutos del personal a su servicio, que no siempre es aprobado por la respectiva mesa. De forma resumida:

1. Parlamento de Andalucía. Estatuto de Personal aprobado por la Comisión de Gobierno Interior y Derechos Humanos en sesión celebrada el día 26 de noviembre de 1996, que ha tenido numerosas modificaciones, la última mediante Acuerdo de 20 de abril de 2016, de la Mesa del Parlamento.
2. Cortes de Aragón. Estatuto de Personal y Régimen Interior de las Cortes de Aragón, aprobado por la Mesa de las Cortes el 16 de febrero de 1987, y ha sido objeto de diversas modificaciones, además de la aprobación de unas Normas complementarias del Estatuto de Personal y Régimen Interior de 19 de diciembre de 2006.
3. Junta General del Principado de Asturias. Estatuto de Personal de la Junta General. 4 de febrero de 1993, aprobado mediante Acuerdo de la Mesa, si bien las modificaciones posteriores han sido aprobadas por el Pleno de la Junta General.
4. Parlamento de las Islas Baleares, aprobado por la Mesa el 12 de enero de 2001 y ha sido objeto de alguna modificación, como la de 14 de junio de 2006.

5. Parlamento de Canarias. Normas de Gobierno Interior, aprobadas por el Pleno en sesiones de 9 y 10 de diciembre de 2014, tal y como prevé el artículo 206 del Reglamento del Parlamento de Canarias.
6. Parlamento de Cantabria. Estatuto de Personal del Parlamento de Cantabria, aprobado por la Mesa en sesión de 8 de junio de 1991.
7. Cortes de Castilla-La Mancha. Estatuto de Personal de las Cortes de Castilla-La Mancha, aprobado mediante Acuerdo de la Mesa de las Cortes de Castilla-La Mancha de 22 de septiembre de 1994.
8. Cortes de Castilla y León. Estatuto de Personal de las Cortes de Castilla y León, aprobado mediante Acuerdo de la Mesa de las Cortes de 19 de septiembre de 2001.
9. Parlamento de Cataluña. Estatuto de Régimen y el Gobierno interiores del Parlamento de Cataluña, aprobado el texto refundido por la Mesa del Parlamento el 3 de mayo de 2016.
10. Asamblea de Extremadura. Estatuto del Personal de la Asamblea de Extremadura. Aprobado por el Pleno de la Cámara en sesión celebrada el día 26 de junio de 2014.
11. Parlamento de Galicia. Estatuto del Personal del Parlamento de Galicia, aprobado el 29 de noviembre de 2007 por unanimidad por la Comisión del Reglamento actuando con competencia legislativa plena.
12. Asamblea de Madrid. Estatuto de Personal de la Asamblea de Madrid, que fue aprobado por el Pleno de la Asamblea de Madrid, en sesión ordinaria celebrada el día 28 de noviembre de 2001.
13. Asamblea de Murcia. Estatuto de Régimen Interior y del Personal de la Asamblea de Murcia, que fue aprobado por el Pleno de la Cámara el 9 de noviembre de 1989.
14. Parlamento de Navarra. Estatuto de Personal del Parlamento de navarra, aprobado por la Comisión de Reglamento del Parlamento de Navarra el día 20 de marzo de 1991.
15. Parlamento de La Rioja. Estatuto de Personal al servicio del Parlamento de La Rioja, aprobado por el Pleno en sesión de 11 de marzo de 1988.
16. Corts Valencianes. Estatuto de Personal de las Cortes Valencianas, aprobado por la Mesa en sesión celebrada el 20 de abril de 2010.
17. Parlamento vasco. Estatuto de personal y régimen jurídico de la Administración parlamentaria del Parlamento Vasco, aprobado el 22 de junio de 1990 por la Comisión de Urgencia Legislativa, Reglamento y Gobierno.

5. La costumbre

5.1. Condiciones y requisitos del derecho consuetudinario

El artículo 1.1 del Código Civil dispone que las fuentes del ordenamiento jurídico español son la ley, la costumbre y los principios generales del Derecho, y tal disposición se debería aplicar al sistema de fuentes del Derecho parlamentario. En primer lugar, dentro del concepto «ley» del artículo 1.1 del Código Civil se suele entender no solo la ley de producción parlamentaria proveniente de las Cortes Generales y los Parlamentos autonómicos, sino que también deben considerarse incluidos los reglamentos parlamentarios, como normas con conexión inmediata con la Constitución. Aquí, la equiparación del reglamento parlamentario con la ley a los efectos del artículo 1.1 del Código Civil, implica la sumisión de la costumbre parlamentaria al reglamento.

Suele defenderse que solo con la letra del Reglamento no basta para conocer la realidad de los Parlamentos. Es evidente reconocer que el Parlamento es lugar adecuado para el desenvolvimiento y el desarrollo de la costumbre y del uso. Por eso, todos los manuales de Derecho parlamentario suelen incluir, en la exposición acerca del significado de la costumbre, la importancia que adquieren los usos y prácticas en el Parlamento, sobre todo en el británico. Como se sabe, usos, prácticas, convenciones, acuerdos y costumbres van siendo codificados y forman el cuerpo principal de las *standing orders*.

Afirmar que la actuación del Parlamento se desarrolla con autonomía supone reconocer que actúa con una libertad de acción que conforma su estatuto propio y singular. Pero asumir que hay un ámbito en el Parlamento al que no alcanza el Derecho escrito, no significa admitir de forma ilimitada el alcance de la costumbre como fuente de Derecho parlamentario. Así, en los ordenamientos europeos continentales, con carácter general, puede afirmarse que la costumbre está encorsetada por unas normas reglamentarias escritas y por las resoluciones interpretativas de la Presidencia. En definitiva, si con carácter general se dice que, en el Derecho público[158], la costumbre tenía un alcance limitado, algo similar puede afirmarse de la costumbre parlamentaria, en cuyo subámbito parlamentario no tiene la fuerza que varios

158 La jurisprudencia del Tribunal Supremo ha sido, asimismo, reveladora a la hora de determinar el alcance de la costumbre en lo relativo al Derecho público. Las pocas veces en las que la jurisprudencia contencioso-administrativa se ha referido a la costumbre, lo ha sido para desestimar su aplicación con respecto a los casos planteados; valga como ejemplo la STS de 13 de marzo de 2006, por medio de la cual se valora (y se desestima) la «costumbre» de un Ayuntamiento de efectuar las notificaciones dejando la citación por debajo de la puerta de la vivienda del interesado.

autores españoles le quieren reconocer. En conclusión, puede adelantarse que no hay, en verdad, verdadera costumbre parlamentaria.

La costumbre parlamentaria debería cumplir las exigencias dispuestas en el título preliminar del Código Civil, que dispone que la costumbre solo regirá en defecto de ley, siempre que no sea contraria a la moral o al orden público y que resulte probada. En todo caso, la verificación de los requisitos de la costumbre no es nada pacífica y su aplicación a la costumbre parlamentaria no está exenta de dificultades, por lo que debe separarse cada uno de estos requisitos:

1. Aunque el Código Civil no define en qué consiste la costumbre, su esencia está constituida por el tradicionalmente denominado *usus* o elemento material, integrado por una serie de actos reiterados reconocibles, que se corresponden con una misma regla. Saber el número de actos necesarios y la frecuencia de los mismos para poder considerar que se está en presencia de una costumbre es un problema que, a falta de previsión expresa contenida en el propio ordenamiento, es difícil de conocer *a priori*. Parece que, también en el ámbito parlamentario, debería producirse una sucesión reiterada de actos —más de uno— durante años. En la jurisprudencia civil ha reconocido que es preciso un número reiterado de actos a lo largo del tiempo.

   Pues bien, el requisito de la pervivencia de *situaciones fácticas constantes* es plenamente exigible a la costumbre parlamentaria, de forma que los actos en cuestión han de ser reiterados por los sujetos parlamentarios. La exigencia de la constancia de actos estaría fortalecida por el hecho de que se hubiesen reiterado a lo largo de más de una legislatura. De este modo, no solo a los meros efectos de prueba, sino también en aras de la «conservación» y conocimiento de los usos y costumbres parlamentarios, adquiere un papel relevante la propia Administración parlamentaria, como organización que proporciona permanencia y seguridad a la Institución[159].

2. El Código Civil exige la prueba de la costumbre. Según la jurisprudencia reiterada del Tribunal Supremo[160], a la costumbre «no le beneficia la

159 Es interesante, para la organización y funcionamiento del Tribunal Constitucional, F. Garrido Falla, «La elaboración de las Sentencias del Tribunal Constitucional: una experiencia personal», en *Teoría y realidad constitucional*, 10-11, pp. 141 y ss. En especial, en la p. 143 el autor indicaba que «Ha de advertirse que, desde el punto de vista formal e incluso de su contenido, la ponencia viene ya encorsetada por los usos y hábitos del Tribunal Constitucional, de los que el estamento asesor (Letrados) se constituye en celoso guardián».

160 Las Sentencias del Tribunal Supremo que podrían citarse a continuación son muy numerosas. A modo de simple ejemplo, valga con las de 25 de junio de 1920, de 5 de diciembre de 1925, de 26 de febrero de 1926, de 14 de enero de 1928, de 23 de diciembre de 1943, de 24 de marzo de 1947, de 24 de febrero de 1962, de 12 de marzo de 1964, de 20 de enero de 1966, de 20 de marzo de 1969, de 17 de octubre de 1974, de 20 de febrero de 1975 y de 14 de marzo de 1980.

máxima *iura novit curia* [que] habrá de "resultar probada" para admitir su eficacia normativa, y así expresamente lo impone aquel precepto del Código sustantivo y lo tiene declarado la doctrina legal requiriendo la cumplida demostración de su existencia y alcance, estimándose a efectos de su acreditamiento, que reviste naturaleza de un hecho de la libre apreciación del Tribunal *a quo* impugnable por el cauce del número séptimo del artículo 1.692 si se demuestra que el organismo jurisdiccional sufrió error fáctico o de derecho»[161]. Es muy relevante en este sentido el artículo 281.2 de la Ley 1/2000, de 7 de enero, de Enjuiciamiento Civil, que dispone que «la prueba de la costumbre no será necesaria si las partes estuvieran conformes en su existencia y contenido y sus normas no afectasen al orden público». En efecto, el carácter subsidiario de la legislación procesal civil en el proceso constitucional —artículo 80 LOTC—, supone la plena aplicabilidad de estos principios a la costumbre parlamentaria. La propia jurisprudencia constitucional admite que la carga de la prueba de la costumbre parlamentaria ha de soportarse por quien la alegue.

3. Mucho menos clara ha resultado la procedencia del elemento espiritual, *la opinio iuris et necessitatis*, a la costumbre en general y a la parlamentaria en particular. Para empezar, no se ha entendido muy bien en qué consiste la *opinio iuris* con carácter general. De otra parte, la exigibilidad de la *opinio iuris* ha sido contestada por la doctrina científica[162], hasta el punto de haber sido criticada y rechazada como requisito de la costumbre desde F. DE CASTRO[163].

   Siguiendo esta línea, la jurisprudencia ha venido exigiendo en términos muy poco precisos la presencia de este elemento subjetivo o espiritual, de acuerdo con el cual, será necesario que los sujetos pre-

161 La jurisprudencia mantiene también que los hechos han de ser «reconocidos por la sentencia de instancia, declarados probados, y por lo tanto aceptados como base fáctica de la costumbre» —STS de 13 de marzo de 2006—. Además, se ha entendido que por ser «la costumbre una cuestión de hecho», al objeto de «poder apreciar su existencia, en tanto no venga reconocida por ley la institución a que afecte, se precisa que se alegue y pruebe por la parte que sostenga un derecho, con relación de sus circunstancias, alcance y demás preciso para deducir las consecuencias pretendidas» —STS 4 de octubre de 1982—. Según esto, como se puede apreciar, la carga de la prueba de la costumbre es bastante clara —STS 12 de marzo 2002—, toda vez que «quien alega su aplicación ante los órganos judiciales deberá probar su existencia, contenido y alcance, lo que no será necesario si las partes estuviesen conformes en su existencia y contenido y sus normas no afectasen al orden público».

162 Un buen ejemplo de estas posiciones críticas puede encontrarse en N. BOBBIO, *La Consuetudine come fatto normativo*, Turín, G. Giappichelli Ed., 2010.

163 F. DE CASTRO, *Derecho Civil de España*, Madrid, Civitas, p. 390; quien además añade: «en la doctrina española fue desconocido hasta que la influencia general conseguida por la obra de Savigny, hizo que algunos tratadistas creyeran conveniente utilizar tal requisito, sobre todo para poder diferenciar a los usos sociales».

senten su conducta como jurídicamente exigida, para que ese conjunto de actos se presente como integrador de una norma jurídica consuetudinaria[164].

Además, no está nada claro que la exigencia del elemento subjetivo sea realista y procedente en la costumbre parlamentaria. Si por *opinio iuris* se entiende la convicción interna del sujeto activo de estar regulando una determinada situación, puede afirmarse que la reiteración de actos parlamentarios se acomoda mal a este convencimiento. Se hace difícil imaginar que cristalice una *opinio iuris* en un Parlamento integrado por solo 35, 45 o 90 miembros (como los autonómicos). Por todo ello, y como se verá, lo que habitualmente se conocen como costumbres parlamentarias, no dejan de ser en muchas ocasiones interpretaciones de la norma reglamentaria, lo cual no puede ser considerado costumbre propiamente. La propia jurisprudencia ha dejado más claras las cosas en lo referido a este último aspecto[165].

De esta forma, podría defenderse que los sujetos parlamentarios carecen de voluntad normadora consuetudinaria. Parece que la *opinio* se da más en contextos anónimos y generales, que en los concretos, públicos y reducidos, propios de la institución parlamentaria. Además, la misma dinámica parlamentaria motiva que las necesidades producidas por la existencia de vacíos, lagunas y dudas en el ordenamiento, pueda ser suplida por los propios sujetos parlamentarios, pues en el ámbito representativo es relativamente fácil y factible la producción normativa escrita. Por consiguiente, no se entiende que el ámbito parlamentario sea tan apropiado, como en ocasiones se pretende, para la producción de la costumbre *strictu sensu*, tal y como la concibe el Código Civil y la ha configurado la reiterada e histórica jurisprudencia del Tribunal Supremo. Puede concluirse que, en la mayor parte de las ocasiones, lo que se cita como costumbre parlamentaria no es tal, sino que es un uso o una mera práctica y la interpretación efectuada de las normas reglamentarias.

---

164 Destaca la STS de 4 de octubre de 1982, que señala que la *opinio iuris*, es la «convicción de que la observancia reiterada de una determinada norma en esos actos obedece a una razón de Derecho».

165 Así, la STS de 28 de abril de 1998, sin dejar de apartarse del genérico reconocimiento explícito de la necesaria presencia del elemento subjetivo de la costumbre, seguidamente afirma: «la costumbre no es fuente del Derecho procesal: no hay una *"opinio iuris seu necessitatis"* del Juez ni de las partes, de la repetición de actos en el ámbito del proceso, ni hay usos jurídicos que tengan la consideración de tales. Si la costumbre que se alega es *"contra legem"*, es indiscutible su no aplicación al proceso y, si además, no se ha probado, no es ni alegable». Es decir, para un sector del ordenamiento jurídico claramente formalista, como es el Derecho procesal —algo que también puede afirmarse del Derecho parlamentario—, el Tribunal Supremo niega que haya posibilidad de aplicación de costumbre, por entenderse la imposibilidad material de existencia de *opinio iuris* en los Tribunales.

4. En cuanto a la vigencia de la costumbre *secundum legem* en el ámbito parlamentario es también harto discutible. El mismo F. DE CASTRO negaba valor vinculante a la costumbre interpretativa, pues para él la forma habitual de interpretar una norma no es una costumbre, sino la norma jurídica misma. Así, la denominada costumbre interpretativa no da lugar al reconocimiento de una norma consuetudinaria, pues se está realmente ante la misma interpretación de la ley. En realidad, en estos casos, se está estableciendo es un precedente respecto a cómo se ha de interpretar la norma a aplicar.
5. El CC exige que la costumbre no sea contraria a la moral y al orden público. Sería difícil saber qué se ha de entender por moral parlamentaria, pero es más factible determinar qué se entiende por orden público parlamentario. El primer dato que se podría tener en cuenta es el del objeto principal del Derecho parlamentario; en efecto, la esencia misma de tal rama del ordenamiento jurídico es el respeto y protección de las minorías parlamentarias. En este sentido, dentro del orden público parlamentario estaría incluido el elenco material que constituye el estatuto del parlamentario y que el Tribunal Constitucional ha venido a elevar al rango de derecho fundamental. Así, no sería admisible un uso parlamentario que contraviniera el concepto de mandato parlamentario asumido por nuestro Tribunal Constitucional desde la STC 10/1983; pero no por contravenir el Código Civil, sino por inconstitucional y por contrariar el orden público parlamentario, y contradecir, por tanto, el artículo 23 CE.

5.2. Los usos en el Parlamento

Como se ha visto, el concepto de costumbre que utiliza el Código Civil no se acomoda bien a la realidad parlamentaria. Además, existe un argumento importante que, además de lo expuesto, impediría su normal formación: el principio de reserva de reglamento parlamentario[166], que tiene aquí unos efectos evidentes. En este sentido, imponer un *quórum* de votación reforzado para regular una determinada materia —organización y funcionamiento del Parlamento[167]— no debería permitir una actuación parlamentaria que alterase lo establecido por la mayoría cualificada sin existir tal mayoría. Y esta reserva se dispone en el artículo 71 de la Constitución para las Cortes Generales, y en la práctica totalidad de los estatutos de autonomía para las asambleas legislativas de las comunidades autónomas.

---

166 Sobre la relación reserva de reglamento y autonomía parlamentaria, S. TOSI, *Diritto Parlamentare*, Ed. Giuffrè, Milán, 1993, especialmente pp. 101 y ss.; también S. TRAVERSA, *Il Parlamento nella Costituzione e nella prassi*, Milán, Ed. Giuffrè, 1989, pp. 32 y ss.

167 A. MANZELLA, *Il...*, *op.cit.*, pp. 32 y ss.

No suele ser raro en la doctrina española y extranjera[168] la diferenciación del uso o práctica parlamentaria, por una parte, y la costumbre parlamentaria por otra, reconociendo para esta un perfecto desenvolvimiento. Así, SARMIENTO MÉNDEZ distingue entre usos y prácticas, por un lado, esto es, normas de educación parlamentaria que no alcanzan el rango de costumbre y que «tampoco cuentan un seguimiento estricto» y, por otro lado, se refiere a las costumbres que se «diferencian de la práctica en la existencia de la *opinio iuris seu necessitatis*»[169]. Subscribe esta opinión también MARTÍNEZ ELIPE cuando defiende que las costumbres parlamentarias son «una "especie" de *"genus"* representado por las costumbres y convenciones constitucionales, y forman, con las normas reglamentarias, la base fundamental del ordenamiento jurídico parlamentario»[170]. No obstante, no es jurídicamente posible la existencia de un acto de un sujeto parlamentario que se amparase en una costumbre, uso o práctica, y que tal acto fuese contrario a la norma reglamentaria y mucho menos a la Norma constitucional. La imposibilidad de la práctica o costumbre parlamentaria *contra legem o contra constitutionem* es manifiesta también en la costumbre parlamentaria. Así, un acto parlamen-

168 Algunos autores, como V. DI CIOLO y L. CIAURRO, *Il Diritto parlamentare nella teoria e nella pratica*, Milán, Ed. Giuffrè, 1994, pp. 31 y ss., diferencian las costumbres parlamentarias, las cuales constituyen una «*species del genus* costumbre constitucional y se diferencia de él sólo *ratione materiae*, por su regulación de la organización y el funcionamiento del Parlamento». E incluso hay autores que se aventuran a proporcionar ejemplos de costumbres parlamentarias; tal es el caso por ejemplo de M. L. MAZZONI HONORATI, quien considera que costumbres parlamentarias en Italia pueden ser la no-participación del Presidente de la Cámara en las votaciones, el cómputo de los no presentes en el Senado y la autonomía contable parlamentaria, *Lezioni di Diritto Parlamentare*, Torino, Giappichelli, 1995, pp. 176 y ss.

169 F. SANTAOLALLA considera que la *opinio iuris* en el Parlamento es un convencimiento; para V. DI CIOLO y L. CIAURRO es una convicción, *Il Diritto parlamentare..., op. cit.*, p. 32; en fin, L. MAZZONI HONORATI, sostiene que se trata de una persuasión, *Lezioni di Diritto..., op. cit.*, p. 177.

170 L. MARTÍNEZ ELIPE, *Tratado..., op. cit.*, p. 322; además, señala el autor que dentro del ordenamiento parlamentario adquiere la costumbre un relieve sustancial «por múltiples e importantes razones: 1.ª porque es la fuente jurídica que mejor se acomoda a la libertad de acción de los Parlamentos, 2.ª porque exteriorizan, mejor que cualquier otra fuente, el poder jurídico de las fuerzas políticas parlamentarias en las materias que integran la esfera competencial de las Cámaras, 3.ª porque los propios Reglamentos parlamentarios, en muchos aspectos, no son más que una recopilación de usos y prácticas surgidas espontáneamente del funcionamiento de las Asambleas políticas, 4.ª porque, por medio de ellas, se manifiesta la dinamicidad y elasticidad del derecho parlamentario, superando las rigideces resultantes de la normación reglamentaria, 5.ª porque adaptan las normas escritas a las exigencias de la realidad, haciendo flexibles las relaciones interinstitucionales; siendo, además, el vehículo parlamentario para la penetración de modificaciones tácitas en la Constitución y 6.ª porque, por tales motivos, no actúan en el ordenamiento jurídico parlamentario, simplemente con funciones interpretativas o integrativas, sino también con eficacia derogatoria; produciendo, en su caso, la "desuetudo o la obsolescencia" de preceptos reglamentarios o constitucionales, e incluso, la derogación de normas escritas al adquirir validez la costumbre "*contra legem*, en oposición a lo que sucede en el ordenamiento jurídico general"».

tario contrario a la Constitución o al reglamento parlamentario es un acto inconstitucional o antirreglamentario, y no puede basarse ni formar parte de una costumbre.

No obstante, por las dificultades de aplicar la *opinio iuris* al Parlamento, es por lo que una cantidad relevante de autores en nuestro país no se refiere a la figura de la costumbre parlamentaria, sino que prefieren referirse al uso o práctica y se hace mención a una figura que se antoja carente, en todo caso, de *opinio iuris*. En este sentido, los usos serían «una especie de costumbre en el primer estadio de elaboración»[171] de la costumbre. Y es que a la doctrina científica[172] siempre le ha resultado difícil llegar a definir con toda claridad las diferencias entre los usos en el Parlamento, por una parte, y la costumbre, por otra.

En definitiva, lo que sí está reconocido de forma prácticamente unánime, es que el Parlamento es un ámbito adecuado para la pervivencia de prácticas y usos. Así, ARCE JANÁRIZ, destaca que «si en algún escenario son relevantes las prácticas, ese es el de las Asambleas Legislativas, cuyos usos son tanto

---

171 L. VILLACORTA MANCEBO, *Hacia el equilibrio...*, p. 178.

172 F. SANTAOLALLA LÓPEZ, *Derecho...*, p. 55. Señala que «la costumbre parlamentaria, no reviste, en principio, ninguna particularidad frente al comportamiento de esta genérica fuente del Derecho». Insiste este autor indicando que «Ahora bien, la costumbre parlamentaria posee unas notas singulares que la caracterizan... Al estar regidos la organización y las relaciones de los supremos órganos estatales por normas constitucionales, no es de extrañar que las mismas se cubran mediante normas consuetudinarias, de más fácil surgimiento». Sin embargo, puede defenderse que, en una gran cantidad de ocasiones, es discutible que se esté en presencia de verdaderas y estrictas costumbres, pues las que se citan como tales más se parecen a usos o prácticas, cuando no a interpretaciones de normas reglamentarias. El propio F. SANTAOLALLA acaba reconociendo la limitación de la costumbre parlamentaria en España, a diferencia de lo que sucede en otros sistemas, aunque debido a la regulación reglamentaria muy prolija en materias «antaño abandonadas a la práctica» y consecuencia de la creación *ex novo* de 1977 del Derecho parlamentario español. Todo ello ha sucedido para las dos Cámaras de las Cortes Generales e igualmente, como es normal, para el Derecho parlamentario de los Parlamentos Autonómicos. Añade este autor que las costumbres parlamentarias han sido «la base sobre la que se ha elaborado buena parte del Derecho escrito, hasta el punto de que, en numerosos puntos, éste no es más que el reflejo de la consagración formal de anteriores costumbres. De ahí la considerable extensión de la costumbre en el Derecho parlamentario, que contrasta con su carácter residual en otras ramas jurídicas. Sin embargo, este principio tiene que aceptarse con importantes cautelas en el caso español». Otros autores en el ámbito doctrinal italiano reconocen el, a su juicio, papel decisivo de la costumbre en el Derecho parlamentario. Así, V. LONGI señala: «en el campo parlamentario la costumbre tiene un peso decisivo, en el sentido que el Reglamento interno de la Asamblea legislativa no es otra cosa que una serie de costumbres... que nacen siempre de una necesidad eventual y que pueden devenir en una norma permanente —primero no escrita y luego escrita— en la vida de la Asamblea Legislativa». Añadiendo más adelante que «la costumbre parlamentaria adquiere un valor extraordinario, pues constituye o la premisa de la norma reglamentaria o una forma de interpretación del propio Reglamento», V. LONGI, *Elementi di Diritto e procedura parlamentare*, Milán, Ed. Giuffrè, 1995, p. 26.

o más importantes que las normas que las regulan al coincidir en el mismo sujeto la potestad de normar y la de interpretar y aplicar las normas. De otra parte, esos usos no son, a pesar de su significación, de fácil acceso»[173]. Hay que resaltar que este autor opta por utilizar la denominación de uso o práctica parlamentaria, y no la de «costumbre».

El Tribunal Constitucional no ha dudado, por todo ello, en reconocer que hay usos parlamentarios, los cuales «siempre han sido consustanciales al régimen parlamentario y, por ende, al Estado de Derecho» (SSTC 206/1992, de 27 de noviembre, FJ 3; 57/2011 de 3 mayo, FJ 7). No obstante, señala en STC 190/2009, de 28 de septiembre, que «ello no quiere decir que tales usos parlamentarios hayan de tener necesariamente el mismo valor que las propias normas del reglamento parlamentario aprobadas por el Pleno de la Cámara, máxime cuando, como ocurre en el presente caso, se trata de prácticas parlamentarias surgidas al amparo de un concreto precepto del propio reglamento al objeto de interpretar el sentido y la finalidad del mismo». (También SSTC 177/2002, de 14 de octubre; 190/2009, de 28 de septiembre; y 57/2011 de 3 mayo, FJ 7).

Puede afirmarse que, como ya se ha dicho, en la mayor parte de los casos, las que se reconocen o se citan como costumbres parlamentarias son, en verdad, prácticas o usos que no «alcanzan» la categoría de costumbre, al margen de que se les pueda reconocer un cierto valor jurídico. Así, el concepto de «uso parlamentario» estaría usado con todo el rigor por el Reglamento del Senado, cuyo artículo 37 atribuye al presidente la potestad de «velar por la observancia del Reglamento, de la cortesía y de los usos parlamentarios».

Sin haber hablado casi nunca de costumbre parlamentaria, lo cierto es que el Tribunal Constitucional se ha referido varias veces al uso parlamentario, reconociendo tanto su existencia como su cierto carácter vinculante. El Tribunal ha venido aplicando al ámbito parlamentario la teoría general de la costumbre, pero (lo cual es revelador) tiende a preferir la utilización del concepto «uso», más que «costumbre». En cualquier caso, el Tribunal Constitucional reconoce sin dudarlo al uso parlamentario la condición de fuente en el ATC 15/2003, de 20 de enero, además de hacerlo en varias de las resoluciones citadas. De este modo, en uno de sus primeros pronunciamientos, el tribunal señaló que «las propias Cámaras, integrantes de las Cortes Generales», están implicadas en la «tarea de concretar, y de actualizar, un instituto característicamente vinculado a las condiciones históricas de afirmación y de consolidación del Estado de Derecho», y esto lo hacen las Cámaras «no ya solo a través de su potestad de establecimiento de sus propios Reglamentos (art. 72.1 CE), sino sobre todo a través de su tarea constante de formación de unos usos parlamentarios». Además, en STC

173 A. ARCE JANÁRIZ, *Teoría y práctica...*, p. 9.

177/2002, de 14 de octubre, se señaló que «los usos parlamentarios han constituido tradicionalmente, y siguen constituyendo, un importante instrumento normativo dentro del ámbito de organización y funcionamiento de las Cámara».

No obstante, resulta interesante alguna STC, como la de 190/2009, de 28 de septiembre, en la que se da cuenta de alguna «costumbre parlamentaria» (aunque es verdad es un uso), consistente en que «la comparecencia parlamentaria de los órganos colegiados se realiza a través de su Presidente o la persona que éste designe». Además, la jurisprudencia del Tribunal Constitucional ha reconocido también algunos usos, como el relativo a la solicitud de información y datos del artículo 7.1 RCD, que «únicamente puede canalizarse si viene acompañada por la firma del portavoz del Grupo parlamentario» (STC 57/2011, de 3 mayo).

Asimismo, varios autores dan cuenta de algunas prácticas que acaban imprimiendo carácter a la organización y funcionamiento de la Cámara, y a las que no se les debe desterrar enteramente del ordenamiento. Su conocimiento es difícil, por eso suelen referirse a ellas quien, por su trabajo y dedicación, presta función o ejerce un cargo público en la Institución parlamentaria y las conoce de «primera mano». Así las cosas, Arce Janáriz da cuenta de varias prácticas de la Junta General del Principado de Asturias, como por ejemplo la de convocar el Pleno semanalmente (tarde de los jueves y mañana de los viernes), cuyo orden del día queda fijado en la Junta de Portavoces del lunes anterior. En la práctica de dicho Parlamento, el orden del día del Pleno es fijado por unanimidad, permitiendo a cada grupo «inscribir los asuntos que sean de su interés, así como al Consejo de Gobierno en el caso de que los solicite»174. A su vez, cita Sarmiento Méndez como uso o práctica del Parlamento de Galicia la prohibición de utilizar el teléfono móvil en el hemiciclo, y como costumbre parlamentaria señala la inclusión de una segunda intervención en el debate por parte del proponente de una proposición de ley. En el Parlamento de Cantabria también podría citarse como prácticas reiteradas, alguna luego incluida en el reglamento, como la apertura de un último turno de intervención del proponente en la tramitación de las proposiciones no de ley, además de alguna otra como puede ser que la Presidencia de la Comisión de Economía recaiga en un miembro de un grupo parlamentario de la oposición —práctica que también es seguida en casi todos los Parlamentos de nuestro país—, la inclusión de la pregunta al presidente en la primera sesión plenaria del mes, o la inclusión en cada sesión plenaria de dos bloques de preguntas por cada grupo parlamentario. También resultan de interés la consulta de las prácticas consolidadas en la Cortes Generales a las que alude Santaolalla López: «la reserva del banco azul al Gobierno situado en lugar preferente, el desarrollo de los turnos de portavoces siguiendo el

174 A. ARCE JANÁRIZ, *Teoría y práctica...*, p. 109.

orden inverso del tamaño de los grupos parlamentarios, la posibilidad de que estos turnos de portavoces se consuman por parlamentarios que no están investidos de esta condición (...) la consideración de que los períodos de sesiones abarcan la totalidad de los meses mencionados en el artículo 73.1 CE, la admisión de enmiendas de enmiendas *in voce* en Comisión con contenido más amplio que el previsto en la letra de los Reglamentos, la apertura de la Legislatura por el Rey»[175].

Pero, según el Tribunal Constitucional, el ámbito en el que se desarrollan los usos parlamentarios es muy estricto. Por ello pueden destacarse estas características:

1. Los usos parlamentarios (a modo de trasunto del artículo 1.1 del Código Civil) están subordinados a la fuente escrita reglamentaria.

Así, se puede deducir de lo declarado por la citada STC 177/2002, de 14 de octubre dictada en la resolución de dos recursos de amparo acumulados contra sendos acuerdos de la Mesa del Congreso de los Diputados que inadmitieron a trámite la solicitud de comparecencia del presidente de «Telefónica de España, SA», el primero, y contra los acuerdos de la Mesa del Congreso de los Diputados, de 08-09-1998, que inadmitió a trámite la solicitud de comparecencia del presidente de la «Empresa Nacional de Electricidad, SA», el segundo de los recursos. En el relato de hechos llevado a cabo por la sentencia se puede conocer que la defensa de las Cortes Generales alegó la existencia de una práctica parlamentaria, consistente en que las solicitudes de comparecencia relativas a «otras personas competentes por razón de la materia» (artículo 44.4 RCD), se deben producir en el seno de un procedimiento parlamentario ya iniciado. En el fundamento jurídico 7 de la STC 177/2002, se señala, no obstante, que ello «no quiere decir que tales usos parlamentarios hayan de tener necesariamente el mismo valor que las propias normas del reglamento parlamentario aprobadas por el Pleno de la Cámara, máxime cuando, como ocurre en el presente caso, se trata de prácticas parlamentarias surgidas al amparo de un concreto precepto del propio Reglamento al objeto de interpretar el sentido y la finalidad del mismo... los usos parlamentarios, al igual que el resto de las normas o resoluciones intraparlamentarias dictadas por los órganos de dirección de las Cámaras, tienen su límite inmediato en el Reglamento mismo». La práctica parlamentaria no puede ser interpretada de manera tan restrictiva que «impida u obstaculice desproporcionadamente las facultades reconocidas a los parlamentarios en el ejercicio de sus funciones constitucionalmente garantizadas, entre las que se encuentran, como hemos reiterado ya, el control del Gobierno» (STC 177/2002).

En conclusión, el Tribunal Constitucional ha afirmado la inviabilidad del uso por encima del principio de legalidad. En efecto, la STC 119/1990, de

175 F. SANTAOLALLA, *Derecho..., op. cit.*, p. 57.

21 de junio, sentó como base importante que el uso parlamentario, una vez demostrada su existencia, no cumple la condición mínima exigida por este principio. Enjuicia esta sentencia el recurso de amparo planteado contra la resolución del presidente del Congreso de los Diputados, que declara la no adquisición por los recurrentes de la condición plena de Diputados, «al no haber utilizado la fórmula reglamentaria» de acatamiento a la Constitución y que se había «modulado» por el uso parlamentario. Señala el tribunal que el «uso *(se refiere al parlamentario)* no genera normas con rango de ley, que es el exigido por el art. 23.2 de la Constitución para establecer condiciones o requisitos en el acceso a los cargos públicos y más generalmente, por el art. 53.1 de la misma para regular el ejercicio de los derechos fundamentales».

Según puede observarse, la importancia del artículo 23 CE en la delimitación del estatuto del parlamentario y la necesidad de una norma escrita para su desarrollo, es uno de los argumentos que llevan al tribunal a impedir que sea la resolución de Presidencia, que introducía la fórmula de acatamiento a la Constitución «avalada por el carácter normativo del uso parlamentario repetido e indiscutido», un medio idóneo para desarrollar el reglamento. La inviabilidad del uso para regular las condiciones de ejercicio del derecho fundamental del artículo 23 CE, ha sido también la posición recogida por la jurisdicción constitucional en alguna que otra sentencia, como la STC 44/1995, de 13 de febrero, de acuerdo con la cual «aquellas disposiciones parlamentarias que, dictadas ultra vires, lejos de suplir o interpretar el Reglamento, manifiestamente innoven o contradigan sus contenidos, implican no solo una quiebra de la apuntada reserva reglamentaria, sino también una vulneración del citado derecho fundamental».

2. La jurisprudencia también impide en el ámbito parlamentario la práctica *contra legem*: SSTC 226 y 227/2004, de 29 de noviembre y ATC 44/2005, de 31 de enero; y, de este modo, la reforma reglamentaria dejaría sin efecto la práctica parlamentaria que haya devenido *contra legem* de forma posterior a la reforma. También en STC 224/2016, de 19 de diciembre.

Los casos más evidentes de costumbre contrarias al orden público parlamentario serían de clara inconstitucionalidad, como la proliferación de ciertos comportamientos que tienden, por ejemplo, a primar la visión del grupo parlamentario por encima de la del diputado individual. La vida parlamentaria siempre se desarrolla en la dinámica mayoría-minoría y está claro que la mayoría puede verse tentada a consolidar una práctica (o uso, o costumbre) que limite (aún más si cabe) la posición y la fuerza de la minoría. Es obvio decir que el límite en el uso y en la costumbre *secundum legem* es el texto fundamental y el texto del reglamento parlamentario. En su caso, la vía para impugnar los eventuales excesos consuetudinarios no podría ser otra que la del recurso de amparo ante el Tribunal Constitucional ex artículo 23 CE, en el que se solicitase la nulidad de uno de los actos parlamentarios que son la base de la costumbre.

3. Los usos parlamentarios deben ser probados.

El contenido y finalidad de los usos deben ser probados por quien lo alegue, también en SSTC 208/2003, de 1 de diciembre; 89/2005 y 90/2005, de 18 de abril; 191/2013 de 18 noviembre, 224/2016, de 19 de diciembre y la ya citada 177/2002.

Y en relación con la práctica de la prueba del uso, también sigue el Tribunal Constitucional un criterio riguroso, pues en la STC 208/2003, de 1 de diciembre, se añade que «en el presente caso no puede entenderse acreditada la existencia misma de esta práctica, toda vez que, habiendo discrepado las partes personadas en este proceso constitucional sobre el sentido o alcance concretos de tales precedentes parlamentarios, no se ha intentado probar adecuadamente ese significado o sentido. Al respecto hay que indicar que no puede considerarse medio adecuado de probanza la aportación de un listado informático de las diversas iniciativas similares que se han prestado en el curso de las diferentes legislaturas, pues en ese listado no figura la motivación específica de las diversas inadmisiones liminares que han tenido lugar». Esto supone, en definitiva, una aplicación en el ámbito parlamentario de lo dispuesto en el artículo 1.3 del Código Civil y en el artículo 281 de la LEC, para la práctica de la prueba del uso.

5.3. Otras fuentes no escritas

Hasta aquí el valor de la costumbre y el uso parlamentarios; ahora bien, el Parlamento es uno de los ámbitos más adecuados para el desarrollo del elemento no escrito e inaprensible de lo jurídico y para la demostración de lo verdadero de aquella idea del «valor normativo de lo fáctico». Es normal, por ello, que la doctrina científica hable de «otras fuentes». Ahora bien, qué ha de entenderse por «otras fuentes» es algo que no se acierta a definir de un modo claro. Se hace referencia a figuras como las convenciones parlamentarias[176],

176 En Italia, suelen ponerse como ejemplo varias convenciones parlamentarias (con un indudable alcance constitucional), como la que afecta al artículo 63 de la Constitución sobre el *quórum* de votación, al artículo 92 sobre nombramiento del presidente del Gobierno por el presidente de la República, o a la presentación de una cuestión de confianza vinculada a un proyecto de ley, V. DI CIOLO y L. CIAURRO, *Il Diritto...* op. cit, p. 35 y ss. En España, B. Pendás señala: «la Mesa, como órgano "institucional" es convención generalizada que dicha naturaleza la inhabilita para ejercer funciones de dirección política. Sin embargo, la percepción de la Mesa como órgano de "administración y gobierno interior" lleva incluso, a mi juicio, a cuestionar su propia significación en el marco de la estructura orgánica de las Cámaras, puesto que quizá ni vale la pena conservar un elemento destinado a cumplir funciones estrictamente formales y administrativas», B. PENDÁS GARCÍA, «Otras fuentes. Esbozo de una construcción principialista», en *Las fuentes..., op. cit.*, p. 228. Por otro lado, han quedado muy atrás, obviamente, las tesis de cuño británico que consideraban a los reglamentos parlamentarios como

a los precedentes, a la corrección parlamentaria, a la cortesía o al protocolo parlamentario.

En cualquier caso, el precedente[177] tiene una especial importancia, en cuanto es indiscutible que la reiteración de decisiones y el juego de los precedentes sigue siendo importante para configurar del ordenamiento parlamentario. Aunque en el ámbito jurídico deba manejarse un concepto más estricto, es interesante conocer que la RAE entiende por precedente la «aplicación de una resolución anterior en un caso similar o semejante al que se presenta». Por su parte, el valor del precedente es bastante claro en el ámbito del Derecho administrativo, en donde no se puede afirmar su valor como fuente, pero sí su indudable importancia. La Administración se puede apartar del precedente, pero ha de motivar adecuadamente las razones que le llevan a ese apartamiento; lo resume, recogiendo una ya consolidada jurisprudencia constitucional, la STC 85/2003, de 8 de mayo, ATC 85/2003, de 8 de mayo, STC 110/2007, de 10 de mayo, ATC 240/2008 de 22 julio, en donde se señala que «el derecho a la igualdad solo puede entenderse como igualdad en la legalidad, ámbito dentro del cual siempre ha de operar (SSTC 37/1982, de 16 de junio F. 3; 29/1987, de 6 de marzo, F. 7; 127/1988, de 24 de junio, F. 4; 131/1988, de 4 de julio, F. 4, por todas)». Y resulta que «la equiparación en la igualdad ha de ser dentro de la legalidad y solo entre actuaciones idénticas que sean conformes al ordenamiento jurídico, pero nunca fuera de la legalidad. En definitiva, —SSTC 17/1984, de 7 de febrero, F. 2; 1/1990, de 15 de enero, F. 2; y 157/1996, de 15 de octubre, F. 4—, no existe un derecho a que se dispense un trato igualitario en la ilegalidad, pues el carácter individual e intransferible de la responsabilidad disciplinaria exige que cada cual responda por su propia conducta, con independencia de lo que haya de suceder con otros» (STC 27/2001, de 27 de enero).

Como se sabe, para García de Enterría y Fernández Rodríguez, el valor del precedente en el ámbito del Derecho administrativo estaría muy claro: el principio de igualdad de los ciudadanos ante la ley, el de buena fe (en sus vertientes de protección de la confianza del tercero y de interdicción de la arbitrariedad de los poderes públicos) y el principio de confianza legítima del artículo 3.1.e de la *Ley 40/2015, de 1 de octubre, de Régimen Jurídico del Sector Público*, obligarían a concluir que las pretensiones de los ciudadanos han de ser resueltas de similar o igual forma, sin discriminaciones injustificadas[178].

---

convenciones redactadas por escrito, respecto de cuya cuestión puede verse el clásico libro de J. Hatschek, *Das Parlamentsrecht des deutschen Reichs*, Berlin/Leipzig, Göschen, 1915, pp. 25 y ss.

177 En el Derecho norteamericano, el precedente tiene una eficacia persuasiva en buena parte de los casos, más que en Derecho británico. En estos casos, la eficacia del precedente alcanza solo a la *ratio decidendi*.

178 E. García de Enterría y Fernández Rodríguez, *Curso de Derecho Administrativo, Vol. I*, Navarra, Civitas, 2020, especialmente pp. 76 y ss.

Aunque pueda parecer lo contrario, el valor del precedente parlamentario no debería tener diferencias en relación con el valor del precedente administrativo. En primer lugar, el principio de igualdad rige en el ámbito parlamentario y vincula, de forma evidente, a los órganos parlamentarios. En segundo lugar, el principio de confianza legítima también funciona para los miembros y los grupos parlamentarios, que adoptarán sus decisiones y presentarán sus iniciativas en función de las decisiones precedentes que hayan adoptado sobre todo las Mesas, —aunque no de forma exclusiva—. En tercer lugar, el rango de derecho fundamental que se ha proporcionado al estatuto del diputado supone una obligación añadida de motivación que no puede ser desconocida por los sujetos parlamentarios. En relación con el valor de los precedentes en el ámbito parlamentario, hay que tener en cuenta la STC 89/2005, de 18 de abril, al establecer que los «precedentes, en cuanto especie del género "usos parlamentarios", tienen su límite, al igual que las normas o resoluciones dictadas por los órganos de dirección de las Cámaras, en el Reglamento mismo» (también STC 208/2003, de 1 de diciembre, y STC 177/2002, de 14 de octubre).

En todo caso, el precedente en el ordenamiento jurídico parlamentario está muy limitado puesto que el hecho de «apartarse del criterio manejado anteriormente "solo puede ser argumento para sostener la infracción del derecho fundamental consagrado por el art. 23.2, si tal precedente puede considerarse integrado en la Ley que ha de ser aplicada en condiciones de igualdad para el acceso al cargo o función pública, o la permanencia en aquél o en ésta" (SSTC 36/1990, de 1 de marzo, 119/1990, de 21 de junio, 149/1990, de 1 de octubre, 205/1990, de 13 de diciembre, 107/2001, de 23 de abril, y 64/2002, de 11 de marzo, F. 7, y ATC 15/2003, de 20 de enero)». En este sentido, la STC 4/1992, de 13 de enero, limitó el valor del uso parlamentario y del precedente como fuente normativa del derecho parlamentario. Esta sentencia estimó constitucional la decisión de la Mesa de la Asamblea de Madrid de separarse de los precedentes seguidos en anteriores ocasiones: permitió no utilizar el sistema D´Hondt, para distribuir el número de senadores designados entre los grupos parlamentarios «conforme a cualquier técnica y, en concreto, la fórmula proporcional de reparto de los restos... siempre y cuando no llegue a alterar la misma esencia proporcional de este sistema electoral».

Finalmente, en el ámbito parlamentario, por su propia configuración y estructura, puede afirmarse que es un campo también idóneo para la determinación de otras pautas de comportamiento que, si bien no sean estrictamente fuentes del Derecho, sí ayudan a la configuración de la organización y funcionamiento parlamentarios, dotándole de personalidad e imprimiendo un carácter y un tráfico propio al Parlamento. Que ello es así, puede resultar incluso obvio hasta para quienes no ven diariamente la realidad del Parlamento; es más, resulta patente que existen estas pautas de comportamiento, cuando la actuación de los sujetos parlamentarios no se produce conforme a varias normas de educación y corrección. Sin embargo, aun cuando sean pautas que tengan cierta importancia, no disponen de fuerza de obligar. Quedarían, por tanto, fuera del ordenamiento jurídico parlamentario las pautas de corrección y la cortesía parlamentarias. Significativamente, faltará en ellas la nota de la «juridicidad» propia de todas las normas jurídicas. Se está haciendo referencia a algunas disposiciones que se denominan en terminología italiana normas de *galatteo* o de educación parlamentaria. Estas normas de educación suelen distinguirse de las de *corretezza* o de *fair play* como las califican *Di Ciolo* y *Ciaurro*[179], si bien no pueda adivinarse de un modo claro las diferencias entre una y otras, más allá de lo expuesto por la doctrina italiana[180]. Además, han de recordarse las pautas de protocolo parlamentario[181] que, sin llegar a tener contenido normativo, resuelven muchos problemas en términos propios de las mismas normas jurídicas, con ocasión de la celebración de actos, generalmente no parlamentarios. Pero todas estas figuras no dejan de ser elementales normas que vienen impuestas por la convivencia de los parlamentarios en un solo espacio físico, siendo su ausencia de valor normativo evidente.

179 V. Di Ciolo y L. Ciaurro, *Il Diritto...* op. cit, p. 35 y ss.; en cuanto a V. Longi también resalta la ausencia de valor normativo, *Elementi..., op. cit.*, p. 26.

180 El carácter no jurídico de las normas de *corretezza*, entre otros, puede verse en Tesauro, «La consuetudine costituzionale e le norme della corretezza costituzionale», en *Scritti in memoria di Orlando, Vol. II*, Padova, 1957, pp. 505 y ss.

181 Destaca, por referirse (entre otros muchos temas) al protocolo en el ámbito parlamentario, M. del Río Martínez, M. Vidal López-Tormos y P. López Molinillo, *Protocolo. Manual básico para conocer las normas básicas del protocolo de uso diario*, Santander, 2005, en especial pp. 170 y ss. Es también de interés la obra de F. A. Vilarrubias, *Tratado de protocolo de Estado e internacional*, Oviedo, Nobel, 2000. Además puede consultarse sobre diversos aspectos del protocolo, F. López-Nieto y Mallo, *Honores y protocolo*, Madrid, La Ley, 2000 y *Manual de Protocolo*, Barcelona, Arie, 1995; F. Fernández Sánchez, E. Fernández Sánchez y J. D. Barquero Cabrero, *El libro azul del protocolo y las relaciones públicas*, Madrid, Mc Graw Hill, 2004; C. Fuente Lafuente, *Manual práctico para la organización de eventos: técnicas de organización de actos II*, Madrid, Front Cover, 2005; J. L. Fuente Lafuente y J. C. Herrero, *La comunicación en el protocolo: el tratamiento de los medios en la organización de actos*, Madrid, Ediciones Protocolo, 2004; F. Marín Calahorro, *Fundamentos del protocolo en la comunicación institucional: guía práctica*, Madrid, Síntesis, 1997; M.ª T. Otero Alvarado, *Teoría y estructura del ceremonial y el protocolo*, Sevilla, Mergablum, 2000; J. A. de Urbina, *El gran libro del protocolo*, Madrid, Planeta, 2001.

CAPÍTULO 2

FUNDAMENTO TEMPORAL: INICIO Y FIN DE LA VIDA DEL PARLAMENTO

1. Sistemas electorales

1.1. Sistema electoral: el Estado y las comunidades autónomas

A) La Constitución y el régimen electoral

La constitucionalización del sistema electoral es una más de las novedades de nuestro sistema. Quizá la fórmula utilizada no haya sido la más feliz, ni las soluciones adoptadas las más logradas. Pero se trató de conseguir una petrificación que pudiese extender el famoso «consenso» constituyente, a aspectos que se entendían fundamentales para garantizar una cierta formalidad y permanencia. Con el objeto de evitar la repetición de las malas experiencias de nuestra historia constitucional, son varios los artículos que forman parte de la *Constitución electoral*[1], constituida básicamente por los preceptos contenidos en los artículos 68, 69, 70 y 152 CE.

El artículo 68 CE fija la decisión fundamental en materia electoral al determinar que el Congreso se compone de un mínimo de 300 y un máximo de 400 diputados, elegidos por sufragio universal, libre, igual, directo y secreto.

1 En España, es imprescindible, E. ARNALDO ALCUBILLA y M. DELGADO-IRIBARREN GARCÍA-CAMPERO, *Código Electoral*, 8ª edición, Madrid, la Ley, 2015.

La circunscripción electoral es la provincia, excepto en Ceuta y en Melilla y, por ello, el artículo 141.1 determina que «cualquier alteración de los límites provinciales habrá de ser aprobada por las Cortes Generales mediante ley orgánica». La ley orgánica distribuye el número total de diputados, asignando una «representación mínima inicial a cada circunscripción y distribuyendo los demás en proporción a la población». Por su lado, el artículo 68.3 CE señala que la elección se «verificará» en cada circunscripción atendiendo a criterios de representación proporcional, durando el mandato cuatro años.

El artículo 69 CE se centra en el sistema electoral en las elecciones al Senado. La circunscripción es la provincia y se eligen en cada una cuatro senadores por sufragio universal, libre, igual, directo y secreto. Estos senadores los eligen los «votantes de cada provincia». En las provincias insulares, cada isla o agrupación de islas, con Cabildo o Consejo Insular, constituye una circunscripción, correspondiendo tres a cada una de las islas mayores —Gran Canaria, Mallorca y Tenerife— y uno a cada una de las siguientes islas o agrupaciones: Ibiza-Formentera, Menorca, Fuerteventura, Gomera, Hierro, Lanzarote y La Palma. Por su lado, las Ciudades Autónomas de Ceuta y Melilla eligen cada una de ellas dos senadores. Como se conoce, la sobrerrepresentación de las islas y la periferia en el Senado es una de las conocidas características de las cámaras altas.

Por su lado, el artículo 69.5 CE recoge la figura de los senadores designados, al prever que las comunidades autónomas designen «además» un Senador, y otro más por cada millón de habitantes de su respectivo territorio. La designación corresponde a la asamblea legislativa, de acuerdo con lo que establezcan los estatutos, asegurándose, en todo caso, «la adecuada representación proporcional». Aunque luego se aludirá a esta cuestión, la denominada «adecuada representación proporcional» solo puede ser, por definición, imperfecta, y resultar exigible dentro de un razonable margen de flexibilidad siempre y cuando no llegue a alterarse su propia esencia (SSTC 40/1981, 32/1985, 75/1985, FJ 5; 76/1989, de 27 de abril, FJ 4; 36/1990, de 1 de marzo, FJ 2 y 4/1992, de 13 de enero, FJ 2, 197/2014, de 4 de diciembre, FJ 7). Además, se ha indicado que «la proporcionalidad, o mejor las desviaciones de la misma enjuiciables en amparo por devenir en constitutivas de una discriminación vedada por el art. 23.2 de la Constitución, no pueden ser entendidas de una forma estrictamente matemática, sino que deben venir unidas "a una situación notablemente desventajosa" y a "la ausencia de todo criterio objetivo o razonamiento que las justifique"» (SSTC 75/1985, fundamento jurídico 3.°, y 36/1990, fundamento jurídico 2.°). Dicho de otra manera, la STC 4/1992, de 13 enero, relativizó la cuestión, indicando que «las desviaciones de la proporcionalidad susceptibles de configurar una lesión del art. 23.2 de la Constitución y, por ello, revisables en vía de amparo constitucional, tienen que poseer una *innegable entidad*, a la par que estar desprovistas de un criterio objetivo y razonable que pueda permitir justificarlas».

Para los Parlamentos autonómicos, el precepto definitivo es el artículo 152 CE, que determina una organización institucional mínima para las CC. AA., en los estatutos de autonomía que se aprobaron por el procedimiento del artículo 151 CE. Debían contar estas CC. AA. con una asamblea legislativa «elegida por sufragio universal, con arreglo a un sistema de representación proporcional que asegure, además, la representación de las diversas zonas del territorio» de la comunidad autónoma. Además, el presidente debe ser elegido por la asamblea, de entre sus miembros, siendo políticamente responsable ante la asamblea, al igual que los miembros del Consejo de Gobierno. Luego se profundizará algo en esta materia.

Es interesante ahora entender qué se entiende por régimen electoral general. Este fue interpretado por la jurisprudencia del Tribunal Constitucional hace ya años y lo ha confirmado siempre que ha tenido ocasión. Desde el artículo 81 de la Constitución se configura una reserva de ley orgánica y atribuye al Estado competencia en materia de régimen electoral general, desarrollando un concepto amplio e inclusivo. desde la STC 38/1983, de 16 de mayo (y más tarde por STC 53/2014, de 25 septiembre), se dijo que el régimen electoral de las elecciones locales es también *régimen electoral* general «en los términos de la reserva del art. 81.1 CE y que dicho régimen electoral general excede del ámbito de las elecciones generales o elecciones destinadas a la provisión de representantes en las Cortes Generales». Por tanto, el régimen electoral general es comprensivo de las elecciones a las Cámaras de las Cortes Generales, Parlamentos autonómicos y elecciones locales, pero también ha puntualizado el Tribunal Constitucional que las disposiciones constitucionales relativas a las elecciones de las Cortes Generales (singularmente, del Congreso de los Diputados) no deben extenderse «sin previsión expresa a otro tipo de procesos electorales, de similar forma a como la doctrina de este Tribunal ha venido entendiendo que las previsiones de la Constitución relativas a los representantes en las Cortes Generales y que conforman su estatus representativo no pueden extenderse sin la necesaria cobertura legal a los integrantes de otros órganos representativos (SSTC 36/1981, de 12 de noviembre, FFJJ 4 y 5; y 36/2014, de 27 de febrero)». También STC 153/2014, de 25 de septiembre.

En la interpretación inicial de este precepto, se planteó si el sistema electoral de las comunidades autónomas podía ser incluido, o al menos influido y modulado de forma más o menos intensa, por el régimen electoral general (artículo 81 CE). García de Enterría y T. Ramón Fernández[2], entre otros, indicaron que solo lo general, es decir lo relativo a las elecciones generales al Congreso de los Diputados o al Senado, debía ser objeto de ley orgánica.

2 E. García de Enterría y Fernández Rodríguez, *Curso de Derecho Administrativo, Vol. I*, Navarra, Civitas, 2020, p. 138. Estos autores mantienen, la ambivalencia del término «general», pues «podría referirse, en principio, tanto a un determinado tipo de elecciones, como a una cierta clase de normas o grupos de normas de entre las que constituyen el Derecho electoral».

Debía quedar fuera, según esta inicial interpretación, el régimen electoral de las comunidades autónomas y el de las locales. Sin embargo, pronto el Tribunal Constitucional entendió que esta postura no era procedente y se incluyeron en el régimen electoral general tanto el régimen de las elecciones locales, como el régimen principal de las elecciones autonómicas. «Se reservó, pues, a Ley —Ley Orgánica— el régimen electoral general, tanto de las elecciones que tienen en los artículos 67 al 70 sus líneas constitucionales, como de las elecciones que las tienen en el artículo 140» (STC 38/1983, F. 2). Y por ello, se declaró que la Ley de Elecciones Locales era inconstitucional, pues regulaba una materia reservada a ley orgánica.

De forma similar a lo que sucede en la Constitución, los diversos estatutos de autonomía han venido a regular y a predeterminar aspectos del régimen electoral autonómico[3]. Como se acaba de señalar y frente a una interpretación que hubiera podido ser más «autonomista», las opciones del legislador que aprobó los estatutos de autonomía estuvieron muy limitadas[4]. La citada sentencia del Tribunal Constitucional 38/1983, de 16 de mayo, entendió que, dentro del régimen electoral general, deben incluirse también las normas reguladoras de las elecciones a las asambleas de las comunidades autónomas. Con ello, en el régimen electoral general cabe incluir «la elección del legislativo de cada Comunidad Autónoma, (la cual) queda deferida a los Estatutos para las de mayor nivel de autonomía —art. 152 CE— y ha sido asumida por cada Comunidad en los respectivos Estatutos, sin excepción y con independencia de tal nivel», y por tanto, «el régimen electoral general está compuesto por las normas electorales válidas para la generalidad de las instituciones representativas del Estado en su conjunto y en el de las Entidades territoriales en que se organiza a tenor del artículo 137 de la CE, salvo las excepciones que se hallen establecidas en la Constitución o en los Estatutos».

Así, es pacífico que la norma fundamental había establecido un punto de partida común entre todos los regímenes electorales, desde la base de los artículos 81 y 149.1.1.ª de la Constitución, para garantizar el derecho fundamental del artículo 23 CE. Esto implica que la previsión del régimen electoral autonómico no es una exclusividad estatutaria. Además, las comunidades autónomas no han ejercido la poca competencia que tenían en esta materia, pero eso no debería impedir que en el futuro se pudiese desarrollar de una forma más original.

---

3 Cfr. P. SANTOLAYA MACHETTI, «La delimitación de competencias entre el Estado y las Comunidades Autónomas en materia electoral», en *Revista de Derecho Político*, 24, 1987, pp. 34 y ss.

4 Un estudio sistemático muy completo de la jurisprudencia constitucional en materia electoral hasta 2005, puede consultarse en, J. C. DUQUE VILLANUEVA, *Elecciones políticas y Tribunal Constitucional: jurisprudencia constitucional en materia electoral 1980-2005*, Navarra, Aranzadi, 2006.

B) Los estatutos de autonomía y el régimen electoral

Los estatutos de autonomía no disponen de una regulación electoral demasiado completa, y suelen contener en un solo precepto las normas relativas a la composición y duración de la legislatura, el sistema electoral y la fórmula electoral, la naturaleza de la circunscripción, la convocatoria de las elecciones e, incluso, en ocasiones, la barrera electoral. De esta forma, respetando los preceptos de aplicación directa de la LOREG, los estatutos de autonomía han tratado de configurar un régimen electoral propio. Sin embargo, ya desde su mismo inicio estatutario, se puede observar que el régimen electoral autonómico, es fiel reproducción[5] del régimen electoral general.

Algunos estatutos de autonomía incluyen disposiciones de carácter general en materia electoral. Un ejemplo de ello es el Estatuto de Autonomía de Cataluña que dispone en su artículo 56 que «el sistema electoral es de representación proporcional y debe asegurar la representación adecuada de todas las zonas del territorio de Cataluña». Fórmula que, obvio es recordarlo, emana del artículo 152 de la Constitución y que repiten varios estatutos de autonomía. De forma general, los estatutos suelen establecer que la respectiva asamblea estará «constituida por Diputados y Diputadas elegidos por sufragio universal, igual, libre, directo y secreto y de acuerdo con un sistema proporcional», disponiendo, además, que la circunscripción electoral será la provincia. Pero hay algún estatuto con vocación más general, cuasiconstitucional, que efectúa otras declaraciones que, por ser reiteradas, no dejan de ser significativas. Así, el Estatuto de Cataluña prevé, también en el artículo 56 EAC, que la «Administración electoral es independiente y garantiza la transparencia y la objetividad del proceso electoral». Otro estatuto de autonomía define, incluso, el contenido de la materia electoral; como el artículo 105.1 Estatuto de Autonomía de Andalucía que dispone, al regular la reserva de ley, que esta «regulará la convocatoria de elecciones, el procedimiento electoral, el sistema electoral autonómico y la fórmula de atribución de escaños, las causas de inelegibilidad e incompatibilidad para las elecciones al Parlamento de Andalucía, así como las subvenciones y gastos electorales y el control de los mismos».

---

5 E. ARNALDO ALCUBILLA, «El procedimiento electoral de las Comunidades Autónomas: un modelo prácticamente uniforme y reproductivo», en *Cuadernos de Derecho Público*, 22-23, pp. 299 y 300. Escribe este autor que el procedimiento electoral autonómico es «prácticamente uniforme y reproductivo» del procedimiento en el Estado, consecuencia de «un cierto conformismo en una materia poco proclive a la experimentación y más apta para el reproductivismo». Por su parte, M. BARAS GÓMEZ y J. BOTELLA CORRAL, *El sistema electoral*, Madrid, Tecnos, 1996, pp. 131 y 132 califican de «sorprendente» que las posibilidades normativas «no han sido apenas exploradas, limitándose en su gran mayoría las Comunidades Autónomas a reproducir, a escala menor, el sistema electoral vigente para el Congreso de los Diputados».

Por su parte, y aunque algunos estatutos de autonomía nada dispongan (Cantabria, Castilla-La Mancha, Castilla y León, Galicia, Madrid, Murcia, País Vasco o Navarra) no son extrañas las disposiciones estatutarias que exigen una mayoría cualificada para la aprobación de la Ley electoral. Así, en Cataluña se dispone que «el régimen electoral es regulado por una ley del Parlamento aprobada en una votación final sobre el conjunto del texto por mayoría de dos terceras partes de los Diputados». Igual mayoría se exige en el de las Islas Baleares (art. 41 EAIB), en el de la Comunidad Valenciana (art. 24) y en el Estatuto de Autonomía de La Rioja (art. 17.1 EARI). Por su parte, el Estatuto de Autonomía de Andalucía (artículo 105 EAAND), el de Extremadura (art. 21.1. párrafo segundo), el del Principado de Asturias (art. 25.2 EAPAST) o el de Aragón (art. 37.6 EAAR) establecen el *quórum* final de votación de mayoría absoluta para la aprobación de esta ley. Un caso especial es el del Estatuto de Autonomía de Canarias, cuyo artículo 34.2 EACAN prevé un *quórum* de tres quintos para aprobar la Ley electoral. En lo que se refiere a la tramitación parlamentaria de estas leyes autonómicas con mayoría cualificada, no todos los reglamentos parlamentarios autonómicos lo han regulado con claridad. No obstante, y en ausencia de regulación reglamentaria propia, parece que lo más sensato sea aplicar a la tramitación de las leyes electorales autonómicas, el criterio utilizado por el Reglamento del Congreso de los Diputados para la aprobación de las leyes orgánicas. Así, el artículo 131 RCD exige un *quórum* en la votación final en el Pleno, pero no en la votación en la comisión y en la ponencia.

Las normas electorales estatutarias son muy variadas, y no dejan de ser, casi siempre, reiteraciones de la norma estatal. Dentro del régimen electoral, todos los estatutos de autonomía incluyen el número exacto de parlamentarios o el procedimiento para determinar el número de miembros de la Asamblea. Así unos fijan el mínimo y máximo que determinará la Ley electoral (entre 65 y 80 de las Cortes de Aragón —art. 36 EAARA—; entre 100 y 150 en Cataluña —art. 56.1 EACAT—; entre 35 y 45 del Estatuto de Autonomía para Cantabria —artículo 10.4 EACANT—, idéntica cifra que el Estatuto de Autonomía del Principado de Asturias —artículo 25.2 EAPAST—; entre 25 y 35 en las Cortes de Castilla-La Mancha —artículo 10.2 EACL-M—; entre 50 y 75 en el Parlamento canario —art. 39.2.c EACAN—; entre 60 y 80 en Galicia —artículo 11.5 EAG—; entre 32 y 40 en la Comunidad Autónoma de La Rioja —artículo 17.2 EARI—; entre 45 y 55 en la Región de Murcia, art. DT 1.ª.dos.b EAMU; entre 40 y 60, artículo 15.2 LORAFNA). Otros estatutos de autonomía optan por fijar el procedimiento para su determinación (un diputado por cada 50.000 habitantes o fracción superior a 25.000 —artículo 10.2 EAMAD—, «según los datos actualizados del censo de población»; idéntica técnica que la usada en el caso del EA de Castilla y León (art. 21.2 EACyL): cada provincia cuenta con un número mínimo de tres procuradores y uno más por cada 45.000 habitantes o fracción superior a 22.500)[6]. Otros estatutos de autonomía fijan un número mínimo (109, artículo 101.1 EAAND; 99, artículo 23.2 EACV), o un número máximo como en Extremadura (65, artículo 17.1. EAEX). No obstante, y de modo un tanto atípico, algunos Estatutos de Autonomía, como el del País Vasco o el de las Islas Baleares, nada disponen en cuanto al número de parlamentarios de su respectivo Parlamento, y se limitan a remitirse a la Ley electoral.

Por otra parte, es habitual que el estatuto de autonomía determine cuál es la circunscripción electoral, como el caso del artículo 21.2 EAEX que prevé que la circunscripción electoral sea la provincia (también art. 11.4 EAGAL; art. 37.4 EAAR, o art. 11.2 EACyL), o el territorio histórico, en el Estatuto de Autonomía del País Vasco (art. 26.2 EAPV). Por su parte, otros estatutos de autonomía relativizan la división provincial, como el relevante caso del Estatuto de Autonomía de Canarias, que fija como circunscripciones electorales a las Islas de El Hierro, Fuerteventura, Gran Canaria, La Gomera, Lanzarote, La Palma y Tenerife (artículo 39.2.c EACAN).

A diferencia de lo que se acaba de señalar, la determinación de la circunscripción electoral provincial en las comunidades autónomas uniprovinciales es especialmente simple, como ocurre en el Estatuto de Autonomía de Madrid (artículo 10.5 EAMAD), en el de Cantabria (art. 10.2 EACANT), o en el de la Rioja (art. 17.3 EARI). No obstante, hay algún estatuto de autonomía, como el de las Islas Baleares, que dispone que serán circunscripciones electorales cada una de las cuatro islas principales (art. 41.3 EAIB)[7]. Por su parte, en algún caso se va más allá de la mera deterrminación de la circunscripción, y se prevé en el propio estatuto de autonomía la aplicación de barrera electoral, como en el caso de Estatuto de Autonomía de Madrid (artículo 10.6 EAMAD), que establece la del cinco por ciento.

No es raro, sobre todo en la última «generación» de reformas de estatutos de autonomía que se incluyan proclamaciones estatutarias, más o menos concretas o retóricas, que regulan por ejemplo el derecho de sufragio activo y pasivo. Así, en ocasiones, se suele atribuir el derecho de sufragio activo a quienes ostenten la condición política de ciudadano de la referida comunidad autónoma. Por su parte, es llamativo que, en algunos casos como en el del Estatuto de Autonomía de la Comunidad Valenciana, se exige que para que los ciudadanos sean elegidos, hayan «sido presentados por partidos, federaciones, coaliciones o agrupaciones de electores que obtengan el número de votos exigido por la Ley Electoral» (art. 23.2 EACV). A su vez, también se

6 Es muy llamativo, en todo caso, que el baremo utilizado para determinar el número de parlamentarios sea el censo de población y no el censo electoral.

7 Para la consulta de la problemática definición de la circunscripción electoral en la Comunidad balear en los momentos iniciales, J. OLIVER ARAUJO, «El régimen electoral de las Islas Baleares», en *Cuadernos de Derecho Público*, 22-23, pp. 473, 475 y 476.

incluyen preceptos sobre el sufragio activo y pasivo, como el apartado 3 del artículo 56 EAC que dispone que «son electores y elegibles los ciudadanos de Cataluña que están en pleno uso de sus derechos civiles y políticos, de acuerdo con la legislación electoral». Estableciendo, seguidamente, que «la Ley Electoral de Cataluña debe establecer criterios de paridad entre mujeres y hombres para la elaboración de las listas electorales».

Para finalizar, completan este mínimo núcleo electoral autonómico varias disposiciones que todavía permanecen vigentes, y que son herederas de los Pactos Autonómicos de 1981. En efecto, se hace referencia a los preceptos que prevén la convocatoria de elecciones por el presidente de la Comunidad Autónoma «en los términos previstos en la Ley que regule el régimen electoral general, de manera que se realicen el cuarto domingo de mayo cada cuatro años». Se consigue aquí (para algunas comunidades autónomas) una rigidez muchas veces criticada doctrinalmente, pero deliberadamente perseguida. Esta disposición ha desaparecido del Estatuto de Autonomía de Aragón, reformado por LO 5/2007, de 20 de abril; del Estatuto de Autonomía de la Comunidad Valenciana, en la reforma llevada a cabo por la LO 1/2006, de 10 de abril y del Estatuto de Autonomía de las Islas Baleares, modificado por LO 1/2007, de 28 de febrero; de la LO 14/2017, de 30 de noviembre, de reforma del EA de Castilla y León, y de la LO 1/2018, de 5 de noviembre, del EA de Canarias. En cualquier caso, está aún vigente la coincidencia en ese cuarto domingo de mayo cada cuatro años en los Estatutos de Autonomía de Cantabria, artículo 11.3; de Extremadura, artículo 21.4; de Madrid, artículo 10.7; de Murcia, artículo 24.3 y del Principado de Asturias, artículo 25.4. No obstante, las alternativas han sido varias y no deja de ser curioso el caso del Estatuto de Autonomía de La Rioja, pues se limita a prever la posible coincidencia del proceso electoral autonómico con las elecciones «locales» (artículo 17.5 EARI).

C) Las leyes autonómicas y el régimen electoral

Hasta aquí se ha visto que el régimen electoral autonómico es diseñado muy básicamente desde cada estatuto de autonomía. La homogeneidad de las leyes autonómicas con el régimen electoral general es evidente. Todos los estatutos de autonomía, independientemente de cuál fue el procedimiento de su aprobación, siguen los criterios organizativos del artículo 152 CE, extendiéndose a todas las comunidades los límites y la estructura de este precepto. Es muy interesante para defender esta interpretación, la STC 225/1998, de 25 de noviembre, que extendió a la Comunidad Autónoma de Canarias la organización del propio artículo 152 CE. Como se sabe, el precepto constitucional diseña una forma de gobierno autonómica «cuasi-parlamentaria» que se «basará», junto con un presidente elegido de entre los miembros de la Asamblea y un Consejo de Gobierno, «en una Asamblea Legislativa, elegida por sufragio universal, con arreglo a un sistema de representación proporcional que asegure, además, la representación entre las diversas zonas del territorio».

Por su lado, casi todas las comunidades autónomas han aprobado leyes electorales en ejercicio de la competencia en materia de «instituciones de autogobierno» y en «normas y procedimientos electorales para la constitución de sus instituciones de autogobierno». De lo dicho, Cataluña es la excepción. A pesar del tiempo transcurrido, esta comunidad autónoma no ha aprobado una norma con rango de ley que regule la materia electoral. Así, en esta comunidad autónoma suele aprobarse para cada proceso electoral un decreto que introduce una regulación complementaria. Así, aunque se incumplen las exigencias del principio de legalidad, y con motivo del proceso electoral de 2021[8] al Parlamento de Cataluña, se aprobó el *Decreto 148/2020, de 4 de agosto, de normas complementarias para la realización de las elecciones al Parlamento de Cataluña de 2021*, cuyo motivo fue «facilitar el desarrollo de las elecciones al Parlamento de Cataluña [por lo cual] es procedente adoptar las disposiciones complementarias que rigen estos comicios». No es discutible el carácter deficitario del régimen electoral catalán con una preocupante falta de determinación y aclaración de algunas materias que son fundamentales.

Hay que hacer una referencia, aunque sea breve, a la aplicación del artículo 155 CE en Cataluña, y sus efectos electorales. Como se sabe y como consecuencia de la aplicación del artículo 155 de la Constitución, mediante el Real Decreto 946/2017, de 27 de octubre, se disolvió el Parlamento de Cataluña, con el referendo del presidente del Gobierno, y se convocaron elecciones que se celebraron el día 21 de diciembre de 2017. Pues bien, con motivo de estas elecciones al Parlamento de Cataluña, mediante el Real Decreto 953/2017, de 31 de octubre, se aprobaron otras normas complementarias para la realización de las elecciones al Parlamento de Cataluña de 2017, que fueron muy similares a las que había aprobado la comunidad autónoma catalana en anteriores convocatorias.

---

8 Es interesante, para aclarar el asunto, citar la convocatoria de elecciones de 2021, mediante Decreto 1/2021, de 15 de enero, por el que se deja sin efecto la celebración de las elecciones al Parlamento de Cataluña del 14 de febrero de 2021 debido a la crisis sanitaria derivada de la pandemia causada por la COVID-19, que acordó «dejar sin efecto las elecciones convocadas para el 14 de febrero» ante el «empeoramiento generalizado» de la pandemia de COVID-19 en Cataluña, y tras haber «escuchado a los partidos políticos con representación». El artículo 2, determinaba que «Las elecciones al Parlamento de Cataluña se convocarán para que tengan lugar el día 30 de mayo de 2021, previo análisis de las circunstancias epidemiológicas y de salud pública y de la evolución de la pandemia en el territorio de Cataluña, y con la deliberación previa del Gobierno, mediante decreto del vicepresidente del Gobierno en sustitución de la presidencia de la Generalitat». Se presentaron varios recursos ante el TSJC a los pocos días de su entrada en vigor. Tras ello, el 19 de enero siguiente el Tribunal Superior de Justicia de Cataluña acordó de forma cautelarísima suspender el Decreto 1/2021, devolviendo su vigencia a la convocatoria del 22 de diciembre y quedando la fecha electoral fijada de nuevo para el 14 de febrero de 2121. El 22 de enero, también mediante Auto, el TSJC acordó mantener la suspensión del Decreto recurrido hasta resolver el fondo de la controversia. La Sentencia, que resuelve un recurso en materia de protección de derechos fundamentales, fue dictada el 1 de febrero de 2021 y estima el recurso anulando el Decreto 1/2021, con lo que se celebraron elecciones convocadas mediante el Decreto 148/2020.

No obstante, y como sucede muy a menudo en el Estado de las autonomías, la homogeneidad con el régimen general tiene alguna excepción, como la Ley del País Vasco 5/1990, de 15 de junio. Esta ley tiene una inequívoca intención de introducir novedades, incluso terminológicas, así como regular algunas materias, como el discutible y poco desarrollado[9] procedimiento del voto electrónico, previsto en los artículos 132 bis y siguientes de la Ley, aunque se aplace su aplicación hasta que se realicen «las adaptaciones instrumentales necesarias». Tal es el grado de detalle de esta ley que llega a regular aspectos tan reglamentistas como, por ejemplo, la responsabilidad civil de los partidos políticos que presenten candidaturas, por «los daños causados a los inmuebles por cualquier tipo de propaganda gráfica» (art. 80.1 de la Ley del País Vasco), o su obligación de proceder a retirar la propaganda gráfica de los lugares en los que la colocaron, «dentro de los quince días siguientes a la celebración de las elecciones», o la regulación del artículo 80.2, que dispone

9 El modelo de voto electrónico está muy poco desarrollado en España. Como parece evidente, la implantación de este procedimiento requerirá de una inversión importante en medios materiales, y un esfuerzo en cambiar la mentalidad del electorado que no va a ser nada fácil. Las experiencias que ha habido en España, en ocasiones en elecciones a Parlamentos autonómicos, no han sido del todo satisfactorias y ponen de relieve numerosos fallos, como el mantenimiento del secreto en el voto. En el voto electrónico no se garantiza el secreto de la votación, por lo que, hoy por hoy, no es plenamente aplicable. Por ejemplo, este método de votación crea algunas figuras, nada claras, como los «gestores del sistema», cuya participación en la gestión de los resultados se antoja fundamental, igual que su naturaleza independiente o plural. Además, este problema de falta de confianza del electorado en el sistema se une a la posible opacidad y falta de transparencia del sistema. No cabe duda de que, si el secreto del voto emitido telemáticamente está en peligro, este procedimiento no puede utilizarse. Una visión del tema (que alcanza a las experiencias habidas hasta los años 90), puede consultarse en, E. Arnaldo Alcubilla, «El voto electrónico: algunas experiencias recientes», en *Cuadernos de Derecho público*, 4, 1998, pp. 159 a 176; también «La votación por sistema electrónico», en *Parlamento y nuevas tecnologías*, Madrid, Asamblea de Madrid, 2002, pp. 83 a 96. También en, J. Cano Bueso, «Democracia y tecnocracia: a propósito del voto electrónico», en *Revista parlamentaria de la Asamblea* de Madrid, 3, pp. 62 y ss.; R. M. Fernández Riveira, «El voto electrónico: el caso vasco», en *Revista de Estudios Políticos*, 112, pp. 213 y ss. Cfr. A. Rallo Lombarte, *Garantías electorales y Constitución*, Madrid, CEPC, 1997. De forma más reciente, J. Castellanos Claramunt, «Las imbricaciones políticas entre la participación ciudadana e Internet», en *Revista de Derecho Político*, 106, septiembre-diciembre 2019, pp. 167 a 197, M. A. Presno Linera, «Premisas para la introducción del voto electrónico en la legislación electoral española», en *Revista de Estudios Políticos*, 173, julio-septiembre 2016, pp. 277-304. H. Spoormans, «La experiencia Orange. La laboriosa introducción del voto electrónico en Holanda», en *Teoría y Realidad Constitucional*, 44, (2019), pp. 437 a 452. J. Barrat I Esteve y M. Pérez-Moneo, *La digitalización de los partidos políticos y el uso del voto electrónico*, Cizur Menor (Navarra), Thomson Reuters Aranzadi, 2019. Por su parte y aunque fuese durante la sétima Legislatura, especialmente relevante fue la ponencia de estudio creada en el Senado «sobre el ejercicio del derecho al voto mediante sistemas electrónicos», constituida en el seno de la Comisión conjunta de la Comisión Constitucional y de la Comisión de la Sociedad de la Información y del Conocimiento. Aunque se produjeron varias comparecencias, no se llegó a conclusión alguna como consecuencia de la caducidad tras la disolución de las Cámaras del año 2004.

que «cuando se hubiera superpuesto propaganda gráfica de distintas fuerzas políticas corresponderá retirarla a quien la hubiera colocado en último lugar».

En cualquier caso, la explicación de aquella homogeneización entre las comunidades autónomas con respecto al Estado es clara: el modelo que impone la LOREG ha funcionado de forma muy apreciable y, además, es impuesto en buena medida por el artículo 1.2 LOREG y por la disposición adicional primera de la Ley estatal[10].

El artículo 1.2 LOREG plantea varias cuestiones. En primer lugar, llama la atención que la ley estatal utilice la técnica constitucional de la aplicación directa de sus disposiciones a las comunidades autónomas, que excluye de raíz toda posibilidad de ejercicio de la competencia autonómica. Y en esta materia, las comunidades autónomas podrían haber asumido alguna competencia.

Por su parte, también es muy llamativo que, de forma superflua, la LOREG disponga que su propia legislación sea supletoria de la legislación de las comunidades autónomas. No se olvide que una ley orgánica, aunque sea la LOREG, no debe disponer su propia supletoriedad respecto de otros ordenamientos. Además, la supletoriedad del ordenamiento estatal es dispuesta por el artículo 149.3 CE y, por tanto, será supletoria siempre la norma estatal respecto de la autonómica, con independencia de lo que diga aquella. En este sentido, la función de cierre del ordenamiento jurídico de la cláusula de supletoriedad ha sido definida por el Tribunal Constitucional en varias sentencias, como en STC 147/1991, de 4 de julio, en donde se dice que la cláusula de supletoriedad proporciona al intérprete «una regla con la que pueda superar las lagunas de las que adolezca el régimen jurídico de determinadas materias». No parece, por todo ello, muy correcta la técnica de supletoriedad aquí utilizada por la LOREG, pues nada puede disponer el legislador sobre esta materia. Debería tenerse en cuenta que, incluso, el Tribunal Constitucional ha declarado inconstitucional alguna disposición autonómica (como la Ley Foral 17/2001, de 12 de julio del comercio de Navarra) por declarar la supletoriedad de la legislación estatal, pues, decía el tribunal, «no corresponde al legislador foral determinar la eficacia del derecho estatal aplicable», declaración que también podría predicarse del propio legislador estatal electoral. También la STC 61/1997, de 20 de marzo, que declaró inconstitucional el (estatal) *Texto Refundido de la Ley sobre el Régimen del Suelo y Ordenación Urbana, aprobado por Real Decreto Legislativo 1/1992, de 26 de junio*, dispuso que «la cláusula de supletoriedad no es una fuente atributiva, en positivo, de competencias estatales, ni aun con carácter supletorio, tampoco puede serlo en negativo; es decir, tampoco puede ser un título que le

10 Su tenor es el siguiente: «asimismo, en los términos que establece la disposición adicional primera de la presente Ley es de aplicación a las elecciones a las Asambleas Legislativas de las Comunidades Autónomas, y tiene carácter supletorio de la legislación autonómica en la materia».

permita al Estado derogar el que era su propio Derecho, en este caso sobre urbanismo, pero que ya ha dejado de serlo o, más exactamente, que ya no se encuentra a su disposición, ya sea para alterarlo (aun con eficacia supletoria) o para derogarlo». Esto se reitera en otras sentencias, como SSTC 118/1996, de 27 de junio, o 68/2021, de 18 de marzo.

Sea como sea, la homogeneización ha sido inevitable, y en ello ha influido el espíritu y la letra de los acuerdos suscritos entre partidos hasta la fecha en materia autonómica, y que han tendido a igualar desde arriba las regulaciones en diversas materias, también (y, sobre todo) la electoral. En cualquier caso, esta notable similitud entre regímenes jurídicos electorales es susceptible de ser valorada de diversa forma, como casi todo en el ámbito del Derecho. En efecto, al igual de lo que sucede en una buena parte de las formas de Estado descentralizadas de nuestro entorno, la progresiva homologación se ha visto como un uso racionalizado y razonable de las facultades de autogobierno de las comunidades autónomas. Y es que la homogeneidad ha contribuido a la consolidación del sistema democrático y ha creado, a la vez, un subsistema propio de partidos en cada territorio autonómico, no calificado como de bipartidismo perfecto, y en el que han obtenido representación fuerzas políticas de naturaleza nacionalista y regionalista. Además, esta homogeneización tiene también el importante valor de proporcionar un mayor conocimiento de los ciudadanos del funcionamiento de las instituciones, y una relevante eficacia en la ordenación de los diversos procesos electorales. No obstante, no debe olvidarse que «La Constitución no prefigura un sistema electoral y excluye otros» (STC 75/1985, de 12 de junio), y, además, el sistema electoral está algo abierto, pues «el sistema proporcional puede asumir, en consecuencia, diversas variantes, y no puede excluirse que el legislador autonómico, a la hora de configurar la variante concreta a seguir, en el uso de su libertad de configuración normativa, introduzca correcciones o modulaciones al principio de proporcionalidad» (STC 45/1992, de 2 de abril).

1.2. Administración electoral

A) Introducción

La necesidad de una Administración electoral independiente es evidente. Aunque la Constitución nada dispone, se ha visto que algún estatuto de autonomía sí establece expresamente que la independencia de la Administración electoral es un principio básico del sistema. No se trata solo de velar por el cumplimiento de las disposiciones electorales, sino también de dar una apariencia real de independencia. Por eso, el Tribunal Constitucional ha confirmado a toda la Administración electoral en una posición garantista. Así, la STC 24/1990, de 15 de febrero, indicó que, en general, se «configura un sistema electoral, peculiar en relación con los de otros países, pero ni menos democrático ni menos garantista que aquéllos, y caracterizado, por lo que aquí importa destacar: a) por descansar en una Administración Electoral (art. 8 LOREG), integrada por Juntas compuestas en su mayoría por Magistrados y Jueces y en todo caso presidida por ellos, designados siempre por insaculación (art. 9 y ss. LOREG), y por unas mesas electorales cuyos tres miembros están designados, en todo caso, por sorteo público... (art. 26 LOREG)».

La necesidad de transparencia, objetividad y, sobre todo, de fiabilidad del sistema es ineludible. El propio Tribunal Constitucional ha indicado que la Administración electoral es una «peculiar estructura administrativa» (STC 21/1984, de 16 de febrero), siendo su principal característica, la del aseguramiento de la pureza del proceso electoral, como «específica Administración de garantía» en palabras de la STC 197/1988, de 24 de octubre. Es la Administración encargada «de garantizar el correcto transcurso del proceso electoral» (SSTC 80/2002, de 8 de abril, FJ; 135/2004, de 5 de agosto, FJ 6; 159/2015, de 14 de julio, F. J. 6; 25/2022, de 23 de febrero, FJ 7). De este modo, y aprovechando su posición en el sistema, la Junta Electoral ha llegado a elevar al Gobierno observaciones sobre el funcionamiento del proceso electoral (Acuerdo JEC 10 de septiembre de 1990), o ha aprobado una Instrucción 3/2016, de 14 de septiembre, de la Junta Electoral Central, de modificación de la *Instrucción 6/2011, de 28 de abril, sobre interpretación del artículo 27.3 de la Ley Orgánica del Régimen Electoral General, sobre impedimentos y excusas justificadas para los cargos de Presidente y Vocal de las Mesas Electorales* (BOE de 16 de septiembre de 2016)*; o la Instrucción 5/2019, de la Junta Electoral Central, sobre aplicación de la modificación de la Ley Orgánica del Régimen Electoral General llevada a cabo por la Ley Orgánica 2/2018, de 5 de diciembre, para garantizar el derecho de sufragio de todas las personas con discapacidad* (BOE 12 de marzo de 2019)*; o la Instrucción 1/2021, de la Junta Electoral Central, de 13 de mayo, sobre la difusión de propaganda electoral mediante envíos en los que no sea identificado nominativamente su destinatario* (BOE núm. 119, de 19 de mayo de 2021).

Por ese motivo, parece interesante incidir en la naturaleza judicializada de la Administración electoral. Así, la STC 154/1988, de 21 de julio, ha señalado que «la configuración de la administración electoral... ha de responder a un esquema de integración personal, de determinación competencial y de funcionamiento orgánico de cada tipo de Junta en ella incluida que no puede dejar de ser básicamente el mismo en todos los casos». Desde esta visión garantizadora, la doctrina ha tratado de explicar la naturaleza de la Administración electoral, de un modo muy variado. Se puede constatar, por ello, una postura mayoritaria que ha visto que es la electoral una Administración independiente, al modo de la Comisión Nacional del Mercado de Valores o de la Comisión Nacional de la Energía. Otros autores han mantenido un indefinido carácter «administrativo» y otros, como F. PASCUA MATEO[11], han defendido

---

11 F. PASCUA MATEO, *La Administración electoral*, Madrid, MAP, pp. 53 y ss. Además de resumir el (insatisfactorio) panorama doctrinal español sobre la naturaleza de la Adminis-

que la Administración electoral es la «organización administrativa puesta a disposición de un órgano constitucional distinto, el Cuerpo electoral, para el ejercicio de las competencias que le atribuye la Constitución».

B) Administración electoral general. La Junta Electoral Central

El artículo noveno de la LOREG regula la composición de la Junta Electoral Central, que es el único órgano permanente de la Administración y está compuesta por ocho vocales magistrados del Tribunal Supremo, designados mediante insaculación por el Consejo General del Poder Judicial, entre los que se elegirá presidente y vicepresidente, y cinco vocales catedráticos de derecho o de ciencias políticas y de sociología, en activo, designados a «propuesta conjunta de los partidos, federaciones, coaliciones o agrupaciones de electores con representación en el Congreso de los Diputados». Estas designaciones deben realizarse en los noventa días siguientes a la sesión constitutiva del Congreso de los Diputados, con lo que se excluye al Senado. Si no se hace la designación en ese plazo, será la Mesa del Congreso «oídos los grupos políticos presentes en la Cámara» la que los designe «en consideración a la representación existente en la misma». El secretario de la Junta Electoral Central es el secretario general del Congreso de los Diputados.

En cuanto a su funcionamiento, se requiere que estén presentes al menos siete de sus miembros. Además, la Junta Electoral Central se entiende convocada y queda válidamente constituida para tratar cualquier asunto, si están presentes todos los miembros y aceptan por unanimidad su celebración. Los acuerdos se adoptan por mayoría de votos de los miembros presentes, siendo el del presidente voto de calidad. Y los acuerdos se publican en el «Boletín Oficial del Estado».

Las funciones de la JEC son, entre otras muchas, las de dirigir y supervisar la actuación de la Oficina del Censo Electoral; informar los proyectos de disposiciones que en lo relacionado con el censo electoral se dicten en desarrollo y aplicación de la presente ley; cursar instrucciones en cualquier materia electoral de obligado cumplimiento a las Juntas Electorales Provinciales y, en su caso, de comunidad autónoma; o resolver con carácter vinculante las consultas que le eleven las Juntas Provinciales y las de comunidad autónoma.

tración electoral en pp. 46 y 47, señala que esta actúa en el tráfico bajo el manto de la personalidad jurídica del Estado, pues en el caso de la personalidad jurídica del Estado es un expediente que resuelve notables dudas que se han planteado o pueden plantearse en relación con dos temas de relevancia, cuales son, de un lado, la capacidad de los órganos de la Administración electoral, y en concreto de la Junta Electoral Central, dado que es el único que goza de permanencia en el tiempo, para ser parte en un proceso, y, por otro, su capacidad contractual y el régimen de responsabilidad... *Op. cit.* p. 77.

C) Administración electoral autonómica

A las leyes autonómicas de elecciones les ha correspondido, sobre la base de los artículos 8 y siguientes de la LOREG, la creación de una Administración electoral que garantizase el efectivo cumplimiento del régimen de celebración de elecciones, buscando una mayor objetividad y transparencia en el proceso electoral, gestionándolo de forma eficaz y dirimiendo imparcialmente las distintas incidencias. De forma subordinada a la Junta Electoral Central se sitúa la junta electoral autonómica, allí donde exista, en el vértice del sistema autonómico. No obstante, las cosas no son siempre claras y, por ejemplo, P. SANTOLAYA reconoció que «las Leyes electorales de las Comunidades Autónomas han tendido a crear una cierta confusión en los respectivos papeles de la Junta Electoral Central y de la Junta Electoral autonómica»[12].

Pero como es conocido, la Administración electoral autonómica no se ha generalizado en toda España. Puede sorprender que en algunas comunidades autónomas no exista junta electoral autonómica, como en Cataluña, Madrid (artículo 7 de la Ley de Madrid)[13], Navarra (artículo 7 de la Ley de Navarra) y Asturias (artículo 8 Ley de Asturias). Sin embargo, las juntas electorales provinciales llenan cualquier vacío que se pueda producir, aunque no deje de ser insólito en España que exista alguna comunidad autónoma que haya resistido la tentación de reproducir también aquí la estructura estatal.

En cualquier caso, varias leyes autonómicas han reproducido las grandes declaraciones y principios de la ley estatal. La Administración electoral

12 P. SANTOLAYA MACHETTI, *Manual de procedimiento electoral*, Madrid, Ministerio del Interior, 1991, p. 44. También fue crítico J. C. GONZÁLEZ HERNÁNDEZ, *Derecho electoral español*, Madrid, Tecnos, 1996, pp. 79 y 80. Señaló este autor: «La existencia de estos órganos, debido más a la bondad del legislador que a su eficacia técnico administrativa, se consigna en la norma electoral con carácter puramente eventual y complementario de la Administración electoral, y al solo efecto de las elecciones autonómicas... Considerando su reducido alcance y su objeto específico (las elecciones autonómicas), así como su misma naturaleza, cabe advertir un potencial solapamiento tanto de las competencias atribuidas a las JJEE Provinciales como, y en más casos de lo que sería deseable, con las propias de la JEC, lo que implica un incremento nada despreciable del grado de conflictividad competencial entre la organización electoral, como entidad pública estatal y de ámbito territorial nacional, y las pretensiones regionalistas que tienden a reforzar su autonomía frente al Estado». Más limitada es la opinión de M. V. GARCÍA SORIANO, *Elementos de Derecho electoral*, Valencia, Tirant lo Blanch, 1999, p. 85.

13 Son muy significativas las razonables palabras del Preámbulo de la Ley de Madrid 11/1986, de 16 de diciembre, en donde se señala: «Dado el ámbito uniprovincial de la Comunidad de Madrid, se considera improcedente la superposición de dos Juntas Electorales, Autonómica y Provincial, en el mismo ámbito territorial y con similares competencias. Por ello se opta por acumular en la Junta Electoral Provincial las posibles funciones que pudiesen corresponder a la Junta Electoral de la Comunidad de Madrid, lo que ha de suponer una economía y mayor simplicidad en los procedimientos electorales».

autonómica tiene como finalidad «garantizar la transparencia y objetividad del proceso electoral y del principio de igualdad» (por ejemplo, artículo 9 de la Ley de Cantabria), y está compuesta por la Junta Electoral Central, la junta electoral autonómica, las juntas electorales de zona y la mesas electorales (art. 7 Ley de Andalucía; art. 6 Ley de Aragón; art. 7 Ley de Canarias; art. 9 Ley de Cantabria; art. 7 Ley de Castilla y León; art. 8 Ley de Castilla-La Mancha; art. 15.2 Ley de la Comunidad Valenciana; art. 9 Ley de Extremadura; art. 13.1 Ley de Galicia; art. 6 Ley de las Islas Baleares; art. 7.1 Ley de Madrid; art. 6 Ley de Murcia; art. 7 Ley de Navarra; art. 13.2 Ley del País Vasco; art. 7 Ley del Principado de Asturias). No obstante, la omisión en algunas leyes autonómicas (como la de la Comunidad Valenciana o la del Principado de Asturias) de la Junta Electoral Central en la definición legal de la respectiva Administración electoral ha de reputarse como irrelevante, pues la pertenencia de la junta electoral autonómica al entramado electoral autonómico es estructurada desde la misma LOREG.

Como se ha dicho, también las leyes autonómicas electorales persiguen la evidente intención de judicializar al máximo la composición de la junta, pues la mayoría de los miembros son magistrados del tribunal superior de justicia, quienes son designados, mediante insaculación, por el propio tribunal. Además, está compuesta por otros vocales, catedráticos o profesores titulares de Derecho (y en algunos casos de otras disciplinas), o juristas de reconocido prestigio residentes en la comunidad autónoma, designados a propuesta conjunta de los partidos, federaciones, coaliciones o agrupaciones electorales con representación en el Parlamento autonómico. El número es variable, va de los once del País Vasco (art. 18 de la Ley del País Vasco seis jueces y cinco no jueces), nueve de Galicia (art. 14 Ley de Galicia, cinco y cuatro), siete (cuatro jueces y tres no jueces, artículo 8, Andalucía; Aragón art. 7; Canarias, art. 8.1; Castilla y León, art. 8.1; Castilla-La Mancha, art. 9; Comunidad Valenciana, art. 16; Extremadura, art. 11) y los cinco (tres más dos, artículo 9 de Ley de Cantabria; en las Islas Baleares, art. 7 Ley de las Islas Baleares y en La Rioja, art. 7.1 Ley de La Rioja).

La designación de los vocales de la junta electoral autonómica se realiza dentro de los noventa días siguientes a la sesión constitutiva del Parlamento (artículo 9 de la Ley de Andalucía, art. 7 Ley de Aragón, art. 8.2 Ley de Canarias; art. 10.2 Ley de Cantabria; art. 8.2 Ley de Castilla y León; art. 9.2 Ley de Castilla-La Mancha; art. 17.1 Ley de la Comunidad Valenciana; art. 10.2 Ley de Extremadura; art. 14.2 Ley de Galicia; art. 7.2 Ley de las Islas Baleares; art. 7.2 Ley de La Rioja). Incluso, muchas Leyes autonómicas (no la del País Vasco, Murcia o Navarra) prevén expresamente que sea la Mesa del Parlamento la que ha de efectuar el nombramiento en caso de que no se realice por el procedimiento regulado, respetando siempre la adecuada proporcionalidad (artículo 8.2 de la Ley de Andalucía, artículo 7.2 Ley de Aragón, art. 8.2 Ley de Canarias; art. 10.2 Ley de Cantabria; art. 8.2 Ley de Castilla y León; art. 9.2 Ley de Castilla-La Mancha; art. 17.1 Ley de la Comunidad Valenciana; art. 11.4 Ley de Extremadura; art. 14.2.b Ley de Galicia; art. 7.2 Ley de las Islas Baleares; art. 7.2 Ley de Madrid; art. 7.2 Ley de La Rioja). A pesar de que no ha sido materia de polémica, no es raro que el nombramiento de los vocales no judiciales no se haya efectuado dentro del plazo legal de noventa días siguientes a la sesión constitutiva, procediéndose a su designación por la Mesa, a instancia generalmente del presidente del Parlamento.

En esa intención de judicializar y fomentar la independencia de la Administración electoral, las leyes disponen que los vocales de la junta electoral eligen, de entre los de origen judicial, al presidente y vicepresidente de la misma, nombramiento que se realizará en una sesión constitutiva que se celebrará, a convocatoria del secretario, dentro de los quince días siguientes a la publicación del decreto de nombramiento (artículo 8.4 Ley de Andalucía, art. 7.4 Ley de Aragón; art. 8.4 Ley de Canarias; art. 12 Ley de Cantabria; art. 8.4 Ley de Castilla y León; art. 7.4 Ley de las Islas Baleares); o «al inicio de la siguiente Legislatura», sin mayor especificación (artículo 9.3 Ley de Castilla-La Mancha y art. 7.3 art. 7.2), o en la sesión constitutiva de la junta electoral (artículo 11.5 Ley de Extremadura). Por su parte, la Ley de la Comunidad Valenciana dispone que el presidente de la Junta Electoral será el presidente del tribunal superior de justicia, idéntica disposición que la del artículo 14.1.a de la Ley de Galicia, aunque en este caso no disponga nada del plazo mínimo para la constitución de la junta electoral.

Por otra parte, buscando la permanencia del órgano, algunas leyes prevén que todos los vocales, además de ser nombrados por decreto del Gobierno, continuarán su mandato hasta la toma de posesión de la nueva junta electoral, al inicio de la siguiente legislatura. Alguna ley, por lo demás, dispone que la toma de posesión tendrá lugar pasado el plazo de cien días, contados a partir de la fecha de las elecciones (artículo 10.3 Ley de Cantabria). Así y de forma análoga a lo que sucede con el secretario general del Congreso de los Diputados en la Junta Electoral Central, prevén las leyes autonómicas que el secretario de la junta electoral autonómica es el letrado-secretario general o letrado mayor del respectivo Parlamento autonómico, quien participa en sus deliberaciones, con voz y sin voto, y se encarga de la custodia de la documentación de la Junta electoral. Asimismo, participa en las reuniones de la junta, de nuevo solo con voz, el delegado provincial o director, según los casos, de la Oficina del Censo Electoral (artículo 9.1 Ley de Andalucía, artículo 8 Ley de Aragón; art. 8.5 y 6 Ley de Canarias; art. 10.4 Ley de Cantabria; artículo 8.4 Ley de Castilla y León; art. 16.3 Ley de la Comunidad Valenciana; art. 11.6 Ley de Extremadura; art. 7.6 Ley de las Islas Baleares; art. 19.3 Ley del País Vasco, pero solo se refiere a la condición de secretario de la Junta Electoral del letrado mayor del Parlamento Vasco y art. 7.1.c Ley de La Rioja). El primero participa como miembro de la Junta pues es su secretario, y el Delegado de la Oficina del Censo Electoral es «asistente» a las reuniones y, a veces, su presencia es potestativa a voluntad de la Junta Electoral, (artículo 9.2 Ley de Andalucía; art. 11 Ley de la Castilla-La Mancha o art. 9 Ley de La Rioja). Sin duda, estos dos asistentes a las reuniones contribuyen a dotar de una cierta especialización a las reuniones de la Junta, aportando experiencia en materias y aspectos que pueden resultar de utilidad en el ejercicio por la Junta electoral de su función.

Además, la pertenencia del Secretario General del Parlamento a la Administración electoral contribuye a garantizar la participación del Parlamento en la Administración electoral, siendo una manifestación más de la tradicional vinculación entre ambas instituciones. Se pretende, de este modo, alcanzar mayor imagen y sensación de independencia y de pluralismo en la actividad de este órgano. Igualmente, fortalece esta relación la obligación del Parlamento de «coadyuvar» (Ley de Cantabria) en la aportación de medios personales y materiales necesarios para el ejercicio de las funciones de la junta electoral, lo cual se efectuará «en la medida de (las) posibilidades» de aquel. Otras leyes son más incisivas y prevén, sin más límites, que «el Parlamento pondrá a disposición de la Junta Electoral los medios personales y materiales para el ejercicio de sus funciones» (artículo 10.1 Ley de Andalucía, art. 11 Ley de Canarias; art. 10 Ley de Castilla y León; art. 16 Ley de Galicia; art. 9.1 Ley de las Islas Baleares; por su parte el artículo 7.6 Ley de Aragón, art. 10 Ley de Castilla-La Mancha, art. 19 Ley de la Comunidad Valenciana y art. 11.2 Ley de Extremadura que dispone esta obligación también del Gobierno y los ayuntamientos; art. 11 Ley de La Rioja). También contribuye a desarrollar esta relación entre la Administración electoral y el Parlamento el que la sede de la junta sea la del Parlamento (artículo 8.6 Ley de Andalucía; artículo 7.6 Ley de Aragón; art. 8.7 Ley de Canarias; art. 8.6 Ley de Castilla y León; art. 9.6 Ley de Castilla-La Mancha; art. 16.4 Ley de la Comunidad Valenciana; art. 10.1 Ley de Extremadura; art. 7.7 Ley de las Islas Baleares, art. 10 Ley de La Rioja). Esto no sucede en todos los casos, ya que en Galicia o en Murcia la sede de la Junta no es la parlamentaria, sino que es la del Tribunal Superior de Justicia. En cualquier caso, la identidad de sedes (Parlamento-Junta Electoral autonómica) supone que la Administración electoral se podría beneficiar, más *de facto* que *de iure*, de ciertas condiciones propias del estatuto parlamentario, como la inviolabilidad de la sede.

La problemática de la junta electoral autonómica de las comunidades autónomas uniprovinciales se centra en su coincidencia territorial con las juntas electorales provinciales. Por ello, su eficacia como órgano de la Administración electoral es muy limitada, pues algunas leyes de elecciones como la Ley de Cantabria (disposición adicional cuarta, adicionada por la Ley de Cantabria 4/1991, de 22 de marzo) o la de Murcia, (disposición transitoria primera, artículo 7.5 Ley de Murcia 2/1997, electoral de la Región de Murcia) establecen que en el caso de que la celebración de elecciones al Parlamento regional sea simultánea con la de otras elecciones convocadas por el Gobierno de la nación, «actuará como Administración Electoral la Junta Electoral Provincial, la cual ejercerá las funciones que la presente Ley atribuye a la Junta Electoral de Cantabria». La consecuencia, fácilmente perceptible, de esta disposición es que la Junta autonómica, en la práctica, nunca ha actuado más que para proceder a la sustitución de algún diputado que ha perdido su condición. No obstante, debe pensarse que en una comunidad autónoma pluriprovincial adquiere todo su sentido la «creación de una Junta electoral autonómica como superior jerárquico de las Juntas Electorales Provinciales».

Dentro de las comunidades autónomas pluriprovinciales, el caso de la Junta Electoral de Canarias es muy relevante, pues la ley diseña un órgano extraordinariamente fuerte. Así por ejemplo, la ley canaria reconoce de forma expresa que corresponde a la junta electoral autonómica «resolver de forma vinculante las consultas que elevan las Juntas Electorales Provinciales dictando a las mismas las instrucciones que procedan en materia de su competencia» (artículo 13.b Ley de Canarias), o la competencia para «revocar *de oficio en cualquier tiempo*, o a instancia de persona interesada..., las decisiones de las Juntas Electorales Provinciales cuando se opongan a la interpretación realizada por la Junta Electoral Central o la Junta Electoral de Canarias» (artículo 13.d Ley de Canarias). Y es que la posición de la Junta electoral autonómica es mucho más nítida en las comunidades autónomas pluriprovinciales. En este sentido, el artículo 10.a de la Ley de Aragón determina que corresponde a la junta electoral autonómica «dictar instrucciones a las juntas electorales provinciales en materia de su competencia», lo cual supone situar a este órgano en una clara posición jerárquicamente superior a las juntas provinciales. Igual criterio sigue el artículo 13.a de la Ley de Castilla-La Mancha, que también atribuye a esta junta electoral la competencia de revocar, incluso de oficio, las decisiones de las juntas electorales cuando se opongan a la interpretación de la normativa electoral realizada por la junta electoral autonómica; y también la función de unificar los criterios interpretativos de las juntas electorales provinciales, en la aplicación de la normativa electoral de Castilla-La Mancha (el artículo 13.d Ley de Castilla-La Mancha). Similar es la posición que se atribuye a la Junta Electoral de la Comunidad Valenciana.

Desde un punto de vista general y en relación con las funciones de las juntas electorales autonómicas, además de proclamar a los diputados electos, resuelven las consultas que le eleven las juntas de zona y dictan instrucciones a estas en materia de su competencia, resolviendo, asimismo, las quejas, reclamaciones y recursos que se le dirijan de acuerdo con la ley. Además, pueden corregir las infracciones que se produzcan en el procedimiento electoral, que no sean constitutivas de delito y no estén reservadas a los tribunales o a la Junta Electoral Central, imponiendo multas hasta 901,52 euros (entre otros, artículo 13.d Ley de Andalucía; artículo 10.d Ley de Aragón; artículo 13.g Ley de Canarias; art. 16.d Ley de Cantabria; art. 14.h Ley de Castilla y León; art. 13.g Ley de Castilla-La Mancha; art. 15.d Ley de Extremadura; art. 18.d Ley de Galicia —que prevé la imposición de multas de hasta 250.000 pesetas, 1.502,53€—; art. 10.d Ley de las Islas Baleares). Por su parte, la Ley del País Vasco prevé que la Junta Electoral imponga multas hasta 2.700 euros; también el art. 14.1.h Ley de La Rioja.

En cuanto a la naturaleza de la potestad sancionadora de las juntas electorales, debe defenderse puede defenderse la aplicación de los principios que, para el ejercicio de esta potestad administrativa, establece el capítulo III del título preliminar de la Ley 40/2015, de 1 de octubre, de régimen jurídico del sector público, cuyas disposiciones «serán extensivas al ejercicio por las Administraciones Publicas de su potestad disciplinaria respecto del personal a su servicio, cualquiera que sea la naturaleza jurídica de la relación de empleo». También se aplican estos principios al ejercicio de «*jurisdicción disciplinaria* sobre las personas que intervengan con carácter oficial en las operaciones electorales» (artículo 13.c Ley de Andalucía; art. 10.c Ley de Aragón; art. 16.c Ley de Cantabria; art. 14.c Ley de Castilla- León; art. 20.1.c Ley de la Comunidad Valenciana; art. 15.c Ley de Extremadura; art. 18.c Ley de Galicia; art. 10.c Ley de las Islas Baleares; art. 10.c Ley de Murcia; art. 29.i Ley del País Vasco; art. 8.2.c Ley del Principado de Asturias). No obstante, esta competencia es definida de un modo más prudente por alguna ley, como la de La Rioja, (artículo 14.1.g), Canarias (art. 13.f), Castilla-La Mancha (art. 13.f) que atribuyen a la junta electoral de la comunidad autónoma *potestad* disciplinaria.

Se ha planteado, y como opción en una posible reforma apuntada desde hace tiempo, que tuviesen las juntas electorales otras funciones atribuyéndoles el anuncio de los resultados electorales provisionales, lo que supondría proporcionar ante el electorado una mayor proyección social de independencia y autonomía. A su vez e incidiendo en esa posición garantista de las juntas electorales, se han atribuido a algunas Juntas varias funciones para dotar una mayor independencia a procesos complejos, como por ejemplo la Ley de Castilla y León 4/2001, de 4 de julio, reguladora de la iniciativa legislativa popular y de los ayuntamientos, cuya junta electoral autonómica, «garantizará la regularidad del procedimiento de recogida de firmas», en el proceso de tramitación de la iniciativa legislativa popular.

1.3. Circunscripción electoral

La circunscripción es la unidad territorial en la que los votos emitidos son traducidos en escaños y asignados posteriormente a una candidatura, con independencia de los votos emitidos en otras unidades territoriales. Como se conoce de sobra, la circunscripción básica en el Congreso de los Diputados es la provincia (con las conocidas excepciones de las islas y de Ceuta y Melilla), y con las consecuencias que comporta una solución constitucional como esa.

Se ha discutido mucho sobre la circunscripción, pues su tamaño es el elemento que impone una desproporcionalidad importante en España, y ha sido objeto de discusión, más o menos agria en términos académicos y políticos en varios momentos. No se olvide que, por ejemplo, en la Comunidad de Cataluña es uno de los motivos por los que no se ha aprobado ley electoral hasta la fecha. En este sentido, la cuestión de la circunscripción o distrito es, obviamente, diferente si estamos en una comunidad autónoma uniprovincial o no, o si se estudia el régimen de una comunidad insular. Pero no todo merece una crítica negativa, ni todo son malas noticias. La norma constitucional y las estatutarias que fijan la circunscripción electoral provincial han tenido la ventaja de la estabilidad y de dificultar alguna tentación de *gerrymandering*, aunque esta solución tiene el inconveniente de petrificar la fijación de la circunscripción que podría tener otras posibilidades de desarrollo.

Puede defenderse que, dado el carácter indivisible y general de la representación y que el sistema en el Congreso de los Diputados y en los Parlamentos autonómicos debe ser proporcional, la circunscripción o distrito no debería fragmentarse en exceso, pues existe el riesgo evidente de introducir efectos mayoritarios, que sería de muy dudosa constitucionalidad. Así, organizándose la representación en función del conjunto, no debería segmentarse el territorio, ni el pueblo representado. Algunos estatutos de autonomía (como, por ejemplo, el artículo 12.2 EACyL) al más puro estilo liberal, disponen que los diputados representan a la totalidad del pueblo (el de Castilla y León, en este caso), e introducen una circunscripción provincial, muy lejos de la circunscripción autonómica única. Como se sabe, los estatutos de autonomía han dispuesto, en general, que la circunscripción electoral coincidirá con la provincia. No obstante, y como también es conocido, hay tres comunidades autónomas uniprovinciales que no cumplen ese principio de coincidencia provincial aludido: Murcia, Asturias y Baleares. Pero en relación con esta última y justificado por su insularidad, el Tribunal Constitucional, en STC 45/1992, de 2 de abril, ha reconocido, con total naturalidad y normalidad, que sea la isla el distrito electoral. Pero los supuestos de Murcia y del Principado de Asturias son también interesantes.

El Estatuto de Autonomía de la Región de Murcia dispuso, en su disposición transitoria primera 1.a, que, para las primeras elecciones a la Asamblea Regional, la comunidad autónoma se debía dividir en cinco circunscripciones electorales, «constituidas por la reunión de los municipios de la Región»[14]. Esta decisión, en principio legítima, no buscaba una comarcalización de

14 Las cinco circunscripciones son: «Uno. Lorca, Aguilas, Puerto Lumbreras, Totana, Alhama, Librilla, Aledo y Mazarrón. Dos. Cartagena, La Unión, Fuente Alamo, Torre Pacheco, San Javier y San Pedro del Pinatar. Tres. Murcia, Alcantarilla, Bemiel, Molina, Alguazas, Las Torres de Cotillas, Lorquí, Ceutí, Cieza, Abarán, Blanca, Archena, Ricote, Ulea, Villanueva, Ojos, Fortuna, Abanilla y Santomera. Cuatro. Caravaca, Cehegín, Calasparra, Moratalla, Bullas, Pliego, Mula, Albudeite y Campos del Río. Cinco. Jumilla y Yecla». Además, en su párrafo b esta disposición transitoria 1.1 determinaba que: «b) La Asamblea estará integrada por un número de miembros que no será inferior a 35 ni superior a 45 Diputados regionales, de los cuales cada circunscripción elegirá uno fijo y otros más por cada 25.000 habitantes o fracción superior a la mitad de dicho número». El único cambio que hubo en la Ley fue la inclusión en el artículo 13 de la Ley de Murcia del municipio de Los Alcázares, que se incluyó en la circunscripción número 2. La razón de esta novedad estriba en la aprobación del Decreto de Murcia 77/1983, de 13 de octubre de creación del municipio de Los Alcázares.

forma expresa, producía cierta sensación de artificialidad, pero no cumplía la norma del artículo 152 CE sobre la «representación de todas las zonas del territorio» en la asamblea autonómica, pues tenía claros efectos mayoritarios. Con posterioridad, la *Ley 14/2015, de 28 de julio, de reforma de la Ley 2/1987, de 24 de febrero, Electoral de la Región de Murcia*, dispuso la circunscripción electoral única suprimiendo las cinco circunscripciones que fijaba inicialmente el estatuto de autonomía y regulara la Ley electoral desde 1987.

Por su parte, el Principado de Asturias regula en la disposición transitoria primera.2 de su estatuto de autonomía tres circunscripciones[15]: central, occidental y oriental. Esta división es mantenida por la Ley de Asturias 14/1986, de 26 de diciembre, si bien aparecen ahora referenciadas las tres circunscripciones a municipios, y no a los partidos judiciales de Asturias, como en el texto estatutario[16]. Aunque no se modificó finalmente la Ley de elecciones en esta materia, el Pleno de la Junta aprobó las conclusiones del Dictamen de la Comisión Especial no Permanente de estudio de una propuesta de reforma sobre el régimen electoral autonómico asturiano, en 2013. En esta reforma intentada de la Ley de elecciones del Principado se preveía un sistema de elección mixto: se superponía un distrito único de diez escaños, y convivía con los tres distritos conocidos que repartirían 35 escaños, aplicándose la fórmula d'Hondt en las dos elecciones. Estos 35 escaños se repartirían con-

15 «2. Las primeras elecciones a la Junta General del Principado de Asturias se celebrarán de acuerdo con las siguientes normas: a) La provincia de Oviedo, a estos efectos, se dividirá en tres circunscripciones electorales: Oriente, occidente y centro. La circunscripción oriental estará formada por los concejos integrados en los partidos judiciales de Llanes y Cangas de Onís y además por los concejos de Villaviciosa, Colunga y Caravia. La circunscripción occidental estará formada por los concejos integrados en los partidos judiciales de Luarca, Cangas de Narcea y Grado. La circunscripción central estará formada por los concejos integrados en los partidos judiciales de Oviedo, Avilés, Mieres, Laviana, Lena y Siero y, además por los concejos de Gijón y Carreño. La referencia a concejos y partidos judiciales se entiende hecha a la configuración que tengan el día en que entre en vigor este Estatuto. b) La Junta General del Principado estará compuesta por 45 miembros, de los que corresponderán ocho a la circunscripción occidental, cinco a la oriental y treinta y dos a la central».

16 El artículo 11 de la Ley electoral de Asturias dispone: «1. La Circunscripción Central está formada por los consejos de Aller, Avilés, Bimenes, Carreño Caso, Castrillón Corvera de Asturias, Gijón, Gozón, Illas, Las Regueras, Langreo, Laviana, Lena, Llanera, Mieres, Morcín, Noreña, Oviedo, Proaza, Quirós, Ribera de Arriba, Riosa, San Martín del Rey Aurelio, Santo Adriano, Sariego, Siero, Sobrescobio y Soto del Barco. 2. La Circunscripción Occidental está formada por los concejos de Allande, Belmonte de Miranda, Boal, Candamo, Cangas del Narcea, Castropol, Coaña, Cudillero, Degaña, El Franco, Grado, Grandas de Salime, Ibias, Illano, Luarca, Muros de Nalón, Navia, Pesoz, Pravia, Salas, San Martín de Oscos, Santa Eulalia de Oscos, San Tirso de Abres, Somiedo, Tapia de Casariego, Taramundi, Teverga, Tineo, Vegadeo, Villanueva de Oscos, Villayón y Yernes y Tameza. 3. La Circunscripción Oriental está formada por los concejos de Amieva, Cabrales, Cabranes, Fangas de Onís, Caravia, Colunga, Llanes, Nava, Onís, Parres, Peñamellera Alta, Peñamellera Baja, Piloña, Ponga, Ribadedeva, Ribadesella y Villaviciosa».

forme al método tradicional. Los diez escaños restantes se repartían conforme a los cocientes mayores no utilizados para la atribución de los 35 escaños, lo cual hubiera dificultado el escrutinio.

La distribución de parlamentarios que corresponde elegir a cada circunscripción es casi siempre el mismo. En ocasiones, se determina un mínimo atribuido a cada circunscripción electoral (no en las uniprovinciales, excepto en las ya vistas de las Islas Baleares, Asturias y Murcia): 8 mínimo por provincia en Andalucía (art. 17.2 Ley de Andalucía), 13 en Aragón (art. 13.2 Ley de Aragón), 20 en las Cortes Valencianas (artículo 11.2 Ley de la Comunidad Valenciana), 20 en Extremadura (art. 18.2 Ley de Extremadura), 10 en Galicia (artículo 9.2 Ley de Galicia), 1 en Murcia (art. 14.2 Ley de Murcia) y 2 en el Principado de Asturias (art. 12.1 Ley del Principado de Asturias). Posteriormente, se determina el resto de parlamentarios que corresponde elegir a cada circunscripción sobre la base de una cuota de reparto distribuida entre la población de derecho de cada circunscripción (es decir, el sistema del artículo 171 LOREG ya visto). Pero en nuestro sistema hay otras variantes. Por ejemplo, en Castilla y León se determina que se elijan tres procuradores por circunscripción y uno más por cada cuarenta y cinco mil habitantes o fracción superior a veintidós mil quinientos (artículo 18 de la Ley de Castilla y León); el caso de la Comunidad Valenciana es muy novedoso en España, pues además de determinar un mínimo provincial muy alto (20) el resto de parlamentarios, hasta 89, se distribuyen entre las tres circunscripciones utilizando el método D'Hondt (artículo 11 Ley Comunidad Valenciana). Por su parte, la Ley de Castilla-La Mancha dispone, en su artículo 16.2, que la Cámara se compone de 33 Diputados, correspondiéndole a cada provincia un mínimo inicial de 3 diputados y los 18 diputados restantes se reparten mediante el sistema de cuota de reparto, muy similar al de la LOREG.

A su vez, en otras comunidades autónomas se atribuye un número fijo de parlamentarios a cada circunscripción, sin la aplicación posterior de una cuota de reparto. Por ejemplo, este es el supuesto de la Comunidad Canaria, cuya situación es peculiar y fue objeto de una crítica muy dura por parte de LÓPEZ AGUILAR[17]. En efecto, la disposición transitoria primera 1 del Estatuto

17 J. F. LÓPEZ AGUILAR, «Derecho electoral autonómico y potestad autoorganizativa de las CC.AA»., en *Corts. Anuario de Derecho parlamentario*, 8, 1999, pp. 253 y ss. Señala este autor que «la CAC padece el sistema más desproporcional... de toda la España democrática», para indicar más adelante que «ha devenido un sistema tendencialmente caracterizado, por encima de otros rasgos, por la atomización de representación..., la insolidaridad y la inestabilidad». Es el sistema electoral canario, «el más original, imparangonable y problemático de la España autonómica. En prueba de ello, se encuentra sometido al potente foco de la discusión política desde el día de su adopción, prácticamente sin solución de continuidad». La explicación de tan peculiar norma se debe al denominado principio de las tres paridades: «paridad entre el conjunto de las islas centrales o mayores —Gran Canaria y Tenerife—, el de las periféricas o menores; paridad entre las de una provincia y otra; paridad entre los de las dos islas mayores entre sí y sus respectivas periféricas». (p. 254).

de Autonomía sigue este sistema (muy rígido) de adjudicación de escaños y dispone que elegirán 15 parlamentarios por cada una de las Islas de Gran Canaria y Tenerife, 8 por La Palma, y 8 por Lanzarote, 8 por Fuerteventura, 4 por La Gomera y 3 por El Hierro. A la espera de la aprobación de la Ley electoral canaria que regule su sistema electoral, el régimen electoral canario tiene un inevitable aspecto de provisionalidad que produce cierta falta de seguridad jurídica.

También para las elecciones al Parlamento balear se determina un número fijo por cada isla y, aunque sea uniprovincial, le corresponde «33 en la isla de Mallorca, 13 en la de Menorca, 12 en la de Ibiza y 1 en la de Formentera» (artículo 12.2 Ley de las Islas Baleares). Para finalizar, el sistema electoral vasco huye de un criterio de proporcionalidad poblacional entre los tres territorios y, partiendo de una cierta idea que pretende aproximarse a una confederación de territorios, la Ley del País Vasco determina que son 25 los parlamentarios que se eligen en cada circunscripción (art. 10 de la Ley del País Vasco).

Para finalizar con este tema, la representación en nuestro sistema es muy imperfecta. En algunos casos los efectos son casi mayoritarios. Pero siendo así, algunas leyes han pretendido asegurar una redistribución entre las diversas partes del territorio, aunque sea a costa de subrepresentar unas partes de la comunidad autónoma o sobrerepresentar a otras. En este sentido, existe alguna fórmula diferente y correctiva en la determinación del número de parlamentarios que deben elegirse por cada circunscripción. Buen ejemplo de ello es el artículo 13.4 de la Ley de Aragón, que dispone que «Si, como consecuencia de la aplicación de las reglas anteriores, el número de habitantes dividido por el número de escaños en la provincia más poblada superara en 2,75 veces al de la provincia menos poblada, corresponderá a la provincia de mayor población el número de Diputados de la provincia de menor población que sea indispensable para que no se supere dicho límite». Esta disposición es similar (aunque con efectos diversos) a la del artículo 24 del Estatuto de Autonomía de la Comunidad Valenciana, que dispone que la desproporción entre circunscripciones no debe ser superior a la «relación uno a tres» (igual que el artículo 11.4 de la Ley de la Comunidad Valenciana).

1.4. Fórmula electoral

La fórmula electoral es el procedimiento mediante el que se asignan los escaños a las distintas formaciones políticas que han concurrido al proceso electoral, en función de los votos válidos que ha obtenido cada una de ellas en la circunscripción. Como se sabe, nuestro sistema opta expresamente por

---

Años antes, había expresado su oposición a la regulación del Estatuto de Autonomía en, «Los problemas de constitucionalidad del sistema electoral canario» («La insoportable permanencia de una Disposición transitoria»), en *Revista Española de Derecho Constitucional*, 51, 1997, pp. 95 y ss.

una fórmula electoral proporcional en el Congreso de los Diputados y en los Parlamentos autonómicos. Trasciende del alcance de estas páginas aludir a la clásica discusión sobre las ventajas de una fórmula proporcional sobre otra mayoritaria, y la mayor justicia de la primera sobre la segunda, o la mayor eficacia de los sistemas mayoritarios. Como es sabido, nuestro texto constitucional determina en el artículo 68 CE para las elecciones al Congreso de los Diputados y en el artículo 152 CE para los Parlamentos autonómicos, que la organización institucional autonómica se «basará» en una asamblea legislativa elegida con arreglo a un sistema de representación proporcional.

Qué significa proporcionalidad ha sido analizado por el Tribunal Constitucional. Así, se defiende que la proporcionalidad debe valorarse globalmente, atendiendo al proceso electoral en su conjunto (STC 45/1992, de 2 de abril). Así, «la adecuada representación proporcional solo podrá serlo imperfectamente en el margen de una discrecionalidad que la haga flexible» (STC 40/1981, de 18 de diciembre); también se ha indicado que «la proporcionalidad es más bien una orientación o criterio tendencial, porque siempre, mediante su puesta en práctica, quedará modulada o corregida por múltiples factores del sistema electoral» (STC 75/1985, de 21 de junio), y, en conclusión, se ha indicado que «el sistema proporcional puede asumir, en consecuencia, diversas variantes, y no puede excluirse que el legislador autonómico, a la hora de configurar la variante concreta a seguir, en el uso de su libertad de configuración normativa, introduzca correcciones o modulaciones al principio de proporcionalidad» (SSTC 193/1989, de 16 de noviembre; 56/2022, de 5 de abril).

En una primera aproximación, podría parecer que las opciones del legislador autonómico son pocas, pues ya desde la cúspide constitucional se impone que la fórmula adoptada es la proporcional. Sin embargo, las posibilidades para introducir alguna regulación novedosa no han sido aprovechadas por las leyes autonómicas. Así, ni una sola ley autonómica varía una sola coma de lo dispuesto en la LOREG acerca de la fórmula D'Hondt elegida. Sin embargo, las alternativas y posibilidades con que cuentan las comunidades son muy variadas y, alguna sería relativamente sencilla de introducir. Como en casi todas las elecciones que regula la LOREG, la fórmula electoral utilizada es la D´Hondt proporcional con atribución de cocientes, y que se caracteriza por contar con una «mecánica aritmética (que) permite aislar la adjudicación de los últimos escaños de una circunscripción sin reflejo o contagio para los ya adjudicados» (STC 24/1990, de 15 de febrero).

Es extraño que ninguna comunidad autónoma haya incorporado una variante que saliese del conocido método D´Hondt, o alguna otra fórmula. Desde la denominada variante Sainte-Laguë modificada (que proporciona una mayor proporcionalidad y se usa en sistemas como el noruego o el sueco), a alguna de las variantes de restos mayores, o cualesquiera de las que añaden una mayor representatividad al sistema (sin ser exhaustivo, puede citarse alguna otra opción, como la de la Cuota Hare o la Cuota Droop)[18]. Pero como se ha dicho, todas las leyes electorales han optado por incorporar sin variantes lo dispuesto en la Ley Orgánica del Régimen Electoral General, pues la distribución de escaños se «hará en la forma establecida en el artículo 163.1, letras b), c), d) y e) de la LOREG, determina la Ley de Cantabria», y con unapésima técnica legislativa, se explica también la mecánica de la fórmula electoral en muchas leyes autonómicas mediante el innecesario ejemplo práctico de la LOREG, pero adaptado aquí a la realidad autonómica.

Pero con la dinámica propia que ha existido en algunos Parlamentos pequeños hasta la fecha, con un Parlamento excesivamente fragmentado, las posibilidades de incrementar la proporcionalidad son escasas. De hecho, si se sustituyera la fórmula D´Hondt por un sistema proporcional puro de resto mayor tampoco accederían ni en Extremadura, ni en Cantabria, ni en La Rioja pequeños partidos que ya se quedan fuera. Pero, si se modificase la fórmula ahora analizada en los Parlamentos más grandes, donde hay un mayor número de miembros, se permitiría una distribución con una mayor dosis de proporcionalidad.

En sí mismo y en un inicio, el sistema D´Hondt cumpliría las previsiones constitucionales y estatutarias de que la fórmula electoral ha de ser proporcional. Podría afirmarse que los defectos que en ocasiones se le atribuyen a la fórmula D´Hondt no son siempre achacables a ella, sino más bien a la inexistencia de una cierta apertura en las listas, o a la distribución previa del número de diputados elegido por cada circunscripción al Congreso de los Diputados, pero los problemas del sistema electoral derivan del tamaño de la propia circunscripción. Sin duda, estos «perversos» efectos del sistema del Congreso de los Diputados se verían atenuados si existiese algún correctivo en la aludida fórmula de distribución de un mínimo de Diputados por distrito y, mucho más, si existiese una circunscripción electoral nacional única, como, por cierto, existe en las elecciones al Parlamento Europeo, que regula el título VI de la LOREG.

Advertido lo anterior y asumido el mínimo constitucional, debe indicarse que la fórmula D´Hondt no introduce la mejor de las proporcionalidades. No hay duda de que es aquí donde radica la mayor virtud de la fórmula D´Hondt, pues favorece la formación de gobiernos, y posiblemente esté también aquí su

18 La enumeración de los sistemas electorales sería prácticamente imposible por inabarcable. Baste por ello con esta simplísima enumeración. Para una mayor información, *vid.* D. NOHLEN, *Sistemas electorales y partidos políticos*, Fondo de Cultura Económica, México, 2004. También en M. V. GARCÍA SORIANO, *Elementos..., op. cit.* Por su parte, hay algún defensor de la aplicación de la fórmula Sainte-Laguë modificada por producir una mejor proporcionalidad, como J. R. MONTERO GIBERT, «El debate sobre el régimen electoral: rendimientos, criterios y propuestas de reforma», en *Revista de Estudios Políticos*, 95, 1997, pp. 25 y ss. Por último, son muy interesantes las consideraciones de V. RAMÍREZ, en D. RAE y V. RAMÍREZ, *Quince años de experiencia. El sistema electoral español*, Madrid, Mc Graw Hill 1993. Analiza este autor las diversas posibilidades desde un punto de vista de matemático.

mayor defecto, pues otorga resultados que se alejan de la proporcionalidad. Así, atendiendo al denominado por DUVERGER[19] «efecto mecánico» del sistema electoral, las candidaturas más votadas resultan sobrerrepresentadas por esta fórmula, produciendo una cierta disfunción en el resultado definitivo.

Este es el sentido de la falta de neutralidad del sistema electoral y la fórmula electoral, pues el conocimiento previo y aproximado de los resultados puede condicionar la actuación tanto de los partidos políticos, como de los electores, los cuales, ante un número de opciones políticas elevado tiende a concentrar su voto hacia aquellas que, a su juicio, se encuentran mejor situadas. Así, aludiendo esta vez al denominado «efecto psicológico» de DUVERGER, se produce una cierta concentración de voto en pocas opciones políticas. En general, puede señalarse que los sistemas electorales de las CC. AA. han tenido efectos de concentración de opciones en el sistema de partidos políticos; y se reduce también la fragmentación parlamentaria y se facilita la formación de gobiernos basados en mayorías homogéneas, creándose un sistema de bipartidismo atenuado.

El comentario de la fórmula electoral debe ser completado con la forma de presentación de las candidaturas que regula la legislación electoral. En efecto, la LOREG determina que, atendiendo a un sistema de lista cerrada y bloqueada, «los escaños se atribuyen a las candidaturas que obtengan los cocientes mayores en el cuadro, atendiendo a un orden decreciente». Es evidente el efecto fortalecedor que esta regulación tiene para los cuadros directivos de los partidos políticos. Esta circunstancia ha sido criticada porque disminuye de forma considerable una eventual relación directa elector/elegible, con lo que la elección se «limita» a una selección entre ideas, líderes, imágenes casi nunca a una selección de programas. Sin Sin embargo, suele plantearse que, pasado el tiempo de los iniciales años de la andadura constitucional y estatutaria, podría introducirse un cierto elemento que introdujese una mayor relación entre el elector y el diputado, promoviendo una mayor personalización del mandato parlamentario y reforzando la democracia interna de los partidos. La configuración actual del mandato es individual y, si se quiere que siga así, debería fortalecerse la relación diputado-elector. En todo caso, una alteración del sistema de listas merecería un amplio debate y, desde luego, el deseable consenso que debe mediar siempre en la materia electoral, pues las posibilidades son variadas, las consecuencias son numerosas y, hasta cierto punto impredecibles[20].

Finalmente, hay que tener en cuenta que el Derecho electoral es siempre conservador: cambia de forma dificultosa y de modo parcial y limitado, coincidiendo siempre las modificaciones importantes con períodos de reforma

19 Cfr. M. DUVERGER, *Los partidos políticos*, México, Fondo de Cultura Económica, 1987.

20 Son muy interesantes las reflexiones que sobre los partidos políticos y su influencia en el ejercicio democrático electoral de, O. SALAZAR BENÍTEZ, *La ciudadanía perpleja. Las claves y dilemas del sistema electoral español*, Madrid, Laberinto, 2006.

más amplios. Es muy relevante, en definitiva, la evidente permanencia del sistema electoral debido a una adaptación al procedimiento electoral de las fuerzas políticas y de los ciudadanos, además de los intereses propios del partido mayoritario, porque este no tendrá interés en modificar un sistema electoral que le permitió ganar las elecciones.

1.5. Barrera electoral

La barrera electoral es el porcentaje mínimo de votos que debe obtener una candidatura en la circunscripción electoral para poder participar en el reparto de escaños. La valoración doctrinal de la barrera electoral es diversa. MARTÍNEZ SOSPEDRA señala que es un instituto «profundamente antipático (sea constitucional o no)»[21]. Pero suele reconocerse su eficacia para evitar una excesiva desmembración de la institución representativa, y que no obtengan representación formaciones pequeñas, favoreciéndose así la formación de gobiernos más estables. En un principio, la STC 75/1985, de 21 de junio (en relación con el límite del 3 por 100 de los votos válidos emitidos en cada circunscripción, en elecciones al Congreso de los Diputados, establecido por el art. 20.2 b) del Real Decreto ley 20/1977), ya señaló que «la finalidad de las barreras electorales es la de procurar (...) que la proporcionalidad electoral sea compatible con el resultado de que la representación de los electores en tales Cámaras no sea en exceso fragmentaria, quedando encomendada, a formaciones políticas de cierta relevancia (...) La validez constitucional de esta finalidad es lo que justifica, en último término, el límite (...) impuesto por el legislador, y esa validez se aprecia si tenemos en cuenta que el proceso electoral en su conjunto, no es solo un canal para ejercer derechos individuales (personales o de grupo) reconocidos por el art. 23 CE, sino que es también, a través de esta manifestación de derechos subjetivos, un medio para dotar de capacidad de expresión a las instituciones del Estado democrático y proporcionar centros de decisión política eficaces y aptos para imprimir una orientación general de la acción de aquél (...) no es, por lo tanto, ilegítimo que el ordenamiento electoral intente conjugar el valor supremo que, según el art. 1.1 CE, representa el pluralismo y su expresión, en este caso, en el criterio de la proporcionalidad con la pretensión de efectividad en la organización y actuación de los poderes públicos». Esta jurisprudencia

---

21 M. MARTÍNEZ SOSPEDRA, «La barrera electoral y su (im)posible reforma», en *El País*, 19/1/2005. Añade este autor: «Por una parte es una figura que está pensada para orientar el voto de los electores, para inducir el "voto estratégico", para procurar que los electores voten "bien", voten a "los buenos", que sin duda por feliz casualidad son los grandes, y del otro disuadirles de orientar su voto "mal", de que voten a "los malos", que Dios en su infinita bondad consiente que sean los pequeños. Qué quieren ustedes que les diga, como impenitente lector de Cervantes penalizar a los pequeños porque lo son no me parece simpático precisamente. Por eso he escrito alguna vez que la mejor barrera electoral es la que no existe: que los electores hablen y a quien ellos se lo den, San Pedro se lo bendiga».

ha sido reiterada por el propio tribunal en varios pronunciamientos, como SSTC 76/1989, 189/1989, 45/1992, 225/1998, 19/2011, 197/2014 o 15/2015. En este contexto, el Tribunal Constitucional ha defendido que «no es dudoso que un uso expansivo de la técnica de la barrera electoral por el legislador puede llegar a vulnerar el contenido esencial del derecho de sufragio pasivo» (SSTC 225/1998, de 25 de noviembre; 197/2014, de 4 de diciembre, FJ7a; 15/2015, de 5 de febrero, FJ8).

De la anterior doctrina constitucional cabe concluir que las barreras electorales, en virtud de los fines constitucionales a los que sirven, no vulneran ni el derecho de igualdad, ni el contenido esencial del derecho de sufragio pasivo. No obstante, su «efecto limitador del escrutinio proporcional» se proyecta de manera igual sobre un sector relativamente reducido de los ciudadanos que ejercen sus derechos de representación. Ello implica que, en principio, no son constitucionalmente admisibles aquellas barreras que establezcan porcentajes superiores a los porcentajes referenciados en las leyes, «salvo que excepcionalmente concurran poderosas razones que lo justifiquen». Enigmática frase que el Tribunal Constitucional no explica ni ha tenido ocasión de aclarar en fallos sucesivos. Por tanto, puede afirmarse (también con las palabras del tribunal) que la barrera electoral es una opción acorde con la Constitución, siempre que su porcentaje sea *razonable* como para que los resultados no alteren *de forma excesiva* la voluntad popular.

De este modo y teniendo en cuenta esta jurisprudencia, en el Congreso de los Diputados, la barrera electoral es del 3 por ciento, en las elecciones municipales es del 5 por ciento, no hay barrera electoral en las elecciones al Parlamento Europeo, mientras que la barrera electoral en las elecciones a las asambleas legislativas de las comunidades autónomas oscila entre el 3 y el 5 por ciento. El tres por ciento se fija en la Ley de Andalucía (art. 18.a), Aragón (art. 14.a), Castilla-La Mancha (art. 17.a), Castilla y León (art. 20.a), Navarra (art. 10), Principado de Asturias (art. 13.a) y País Vasco (art. 11). Por su parte, la Ley de Cantabria 5/1987, de elecciones dispone, en su artículo 17.3, que «no se tendrán en cuenta en cuenta aquellas candidaturas que no hubiesen obtenido, al menos, el 5 por ciento de los votos». También fijan el cinco por ciento de votos en la circunscripción las Leyes de las Islas Baleares (art. 12.4), Comunidad Valenciana (art. 12.a), Extremadura (art. 19.a, que también permite se pueda alcanzar ese porcentaje en toda la comunidad autónoma), Galicia (art. 10.a), Madrid (art. 18.2), Murcia (art. 15.a) y La Rioja (art. 20.a). Hay algún matiz peculiar, como el caso de la Comunidad Valenciana, porque es la única ley que exige superar el porcentaje fijado de barrera, mientras que el resto de leyes se conforman con alcanzar u obtener ese porcentaje.

El caso de la Comunidad Autónoma de Canarias es realmente anómalo, como se ha visto. Baste citar la disposición transitoria primera.2 y 3 EACANA, modificada por la *LO 1/2018, de 5 de noviembre, de reforma del Estatuto de Autonomía de Canarias* que establece que «2. A efectos de la elección en las circunscripciones insulares, solo serán tenidas en cuenta aquellas listas de partido o coalición que hubieran obtenido, al menos, el 15 por ciento de los votos válidos de su respectiva circunscripción insular, o, sumando los de todas las circunscripciones insulares hubieran obtenido, al menos, el 4 por ciento de los votos válidos emitidos en la totalidad de la Comunidad Autónoma. 3. A efectos de la elección en la circunscripción autonómica, solo serán tenidas en cuenta aquellas listas de partido o coalición que hubieran obtenido, al menos, el 4 por 100 de los votos válidos emitidos en la totalidad de la Comunidad Autónoma».

En general, no puede dudarse que la barrera tiene un efecto evidente en la formación de mayorías. Sus efectos perturbadores muchas veces son notables, aunque la fragmentación electoral es más alta en las elecciones generales que en las autonómicas, seguramente también porque aquellas circunscripciones eligen menos diputados[22]. Por este efecto distorsionador, ha de criticarse esta técnica y más cuando se sitúa en un porcentaje demasiado alto, que supone la disminución del derecho de sufragio activo de aquellos electores que han votado a candidaturas, no ya minoritarias, sino de un menor apoyo electoral que otras. Con estos resultados se priva a un número considerable de votos de cualquier capacidad de configuración de la voluntad colectiva. A pesar de los pronunciamientos del TC, si la barrera no es compatible con una plena efectividad del derecho fundamental del artículo 23 CE, más difícilmente lo es si se eleva la barrera de modo que los perjuicios son manifiestos. Así, parece razonable proponer suprimir toda barrera electoral, o situarla en unos límites más tolerables y limitados.

1.6. Convocatoria y procedimiento electoral

La convocatoria es el acto jurídico a través del cual se efectúa por la autoridad competente el llamamiento a los actores electorales a cumplir la función legalmente determinada, y a los electores a participar en el proceso electoral correspondiente. De la Constitución se desprende que el Rey convocará las elecciones al Congreso de los Diputados, que se celebrarán «entre los treinta y los sesenta días desde la terminación del mandato» (art. 68.6 CE). El artículo cuarenta y dos de la LOREG dispone que los decretos de convocatoria a Cortes Generales o de asambleas legislativas de las comunidades autónomas en las que el presidente del Gobierno disuelva la Cámara se publican, al día siguiente de su expedición, en el «Boletín Oficial del Estado» o, en su caso, en el «Boletín Oficial» de la comunidad autónoma correspondiente, y señalan la fecha de las elecciones que habrán de celebrarse el día quincuagésimo cuarto posterior a la convocatoria. Estos decretos se expiden el

22 Cfr. J. BOTELLA, «El sistema electoral español: fórmula electoral y umbrales de representación», en J. MONTABES PEREIRA (coord.), *El sistema electoral a debate: veinte años de rendimiento del sistema electoral español (1977-1997)*, Sevilla, Centro de Investigaciones Sociológicas/Parlamento de Andalucía, 1998, especialmente pp. 96 y ss.

día vigésimo quinto anterior a la expiración del mandato de las respectivas Cámaras. Entran en vigor el mismo día de su publicación[23]. Los decretos de convocatoria señalan la fecha de las elecciones que habrán de celebrarse el día quincuagésimo cuarto posterior a la convocatoria.

La declaración del estado de alarma para la «gestión de la situación de crisis sanitaria ocasionada por el COVID-19» mediante del Real Decreto 463/2020, de 14 de marzo, tuvo efectos en dos procesos electorales que habían sido convocados. Así, las elecciones al Parlamento de Galicia habían sido convocadas mediante *Decreto 12/2020, de 10 de febrero, de disolución del Parlamento de Galicia y de convocatoria de elecciones*, que había fijado como fecha de celebración de tales elecciones el 5 de abril de 2020. La imaginativa solución, ante el vacío legal en la LOREG y en la Ley de elecciones al Parlamento de Galicia, fue aprobar otro Decreto, el 45/2020, de 18 de marzo, por el que se dejaba sin efecto la celebración de las elecciones al Parlamento gallego, pero no «resucitó» el Parlamento disuelto, lo cual hubiera sido improcedente. La alegalidad de la solución es indiscutible y se

23 Debe tenerse en cuenta el interesante y discutible Auto del Tribunal Superior de Justicia de Madrid (Sección Octava de la Sala de lo Contencioso Administrativo) de 14 de marzo de 2021, que desestima la medida cautelar de suspensión instada por la Asamblea de Madrid respecto del Decreto 15/2021, de 10 de marzo, de la presidenta de la Comunidad, de disolución de la Asamblea y de convocatoria de elecciones, que fue impugnado por la propia Asamblea que solicitó como medida cuatelarísima la suspensión en la entrada en vigor del Decreto de la Presidenta de Madrid. En este Auto se dice que «la interpretación literal de lo dispuesto en el artículo 21 del Estatuto de Autonomía y en el artículo 1.1 de la Ley 5/1990 nos lleva a afirmar que lo que la facultad concedida a la Presidencia de la Comunidad de Madrid le permite realizar es, sin paliativos y por más que esté obligada a hacerlo mediante un decreto y con los demás requisitos, "acordar" la disolución anticipada de la Asamblea de Madrid... Por tanto, debe entenderse que tal facultad queda válidamente ejercitada desde el momento en que firma el Decreto de Disolución y convocatoria de elecciones, y sin perjuicio de que la eficacia de esta convocatoria electoral se despliegue una vez publicado el repetido Decreto en el Boletín Oficial...En consecuencia, la prohibición que se deriva del apartado 2 del artículo 1 estudiado ahora ("No podrá acordarse") ha de interpretarse del modo ya expuesto, desplegando sus efectos si, cuando en el momento de firmar el Decreto, se encuentra en tramitación una moción de censura... Una interpretación meramente literal que, prima facie, permite concluir que, en el caso que aquí nos ocupa, firmado el Decreto por la Presidenta de la Comunidad de Madrid, conteniendo todos los requisitos exigibles por la normativa electoral autonómica, a las doce horas y veinticinco minutos (12:25) del día 10 de marzo de 2021, ninguna prohibición podría concurrir no sólo porque en esa fecha y hora no estaba en trámite ninguna moción de censura sino, más aún, porque las dos que se presentaron lo fueron posteriormente, a las trece horas y tres minutos (13:03), la primera, y a las trece horas y siete minutos (13:07), la segunda, como acreditan los documentos aportados por la propia parte actora». Este Auto trata de apreciar la existencia de *pericullum in mora* o de *fumus boni iuris* para aplicar la medida cautelarísima solicitada por la Asamblea de Madrid de suspender el decreto de la Presidencia de disolución de la Cámara, que era lo solicitado por la Asamblea, más que ningún planteamiento constitucional del conflicto entre la Asamblea, que planteaba dos mociones de censura y la Presidencia de la Comunidad, que pretendía la disolución de la Cámara.

reconoce en la propia exposición de motivos. Puede defenderse que más coherente hubiese sido una reforma *ad hoc* de la LOREG o de la Ley de elecciones al Parlamento de Galicia, que permitiese la suspensión o el aplazamiento de un proceso electoral convocado, como sucede por ejemplo con los referéndums. Pero, sin duda, la evidencia de una situación de peligro para la salud pública y una sensación cierta de inseguridad, motivaron la aplicación al ámbito electoral de una solución más propia del Derecho administrativo que del Derecho constitucional. Lo mismo sucedió en otros sitios. Así, similar fue la situación del *Decreto 7/2020, de 17 de marzo, del Lehendakari, por el que deja sin efecto la celebración de las elecciones al Parlamento Vasco del 5 de abril de 2020, debido a la crisis sanitaria derivada del Covid-19, y se determina la expedición de la nueva convocatoria*. Las elecciones habían sido convocadas mediante el *Decreto 2/2020, de 10 de febrero, del Lehendakari, por el que se disuelve el Parlamento Vasco y se convocan elecciones. Por otro lado, ya se ha mencionado* antes al *Decreto 147/2020, de 21 de diciembre, de disolución automática del Parlamento de Cataluña y de convocatoria de elecciones*, que convoca elecciones al Parlamento de Cataluña el 14 de febrero de 2021; y también se ha hecho referencia al Decreto 1/2021, de 15 de enero, por el que se deja sin efecto la *celebración de las elecciones al Parlamento de Cataluña del 14 de febrero de 2021 debido a la crisis sanitaria derivada de la pandemia causada por la COVID-19*, y a la Sentencia del Tribunal Superior de Justicia de Cataluña que 1 de febrero de 2021 que ha anuló el Decreto 1/2021.

En los estatutos de autonomía, por su lado, se incluyen algunos preceptos relativos a la convocatoria; así, el art. 10.3 del EACANT o el art. 10.3 EACLM disponen que las elecciones serán convocadas por el presidente de la comunidad autónoma «en los términos previstos en la Ley que regule el Régimen Electoral General, de manera que se realicen el cuarto domingo de mayo cada cuatro años», precepto reiterado también en algunas leyes como en la de Ley de Cantabria (artículo 18.1). Una fórmula similar es la utilizada en el artículo 11 del Estatuto de Autonomía de Castilla y León, pues «la convocatoria de elecciones se realizará por el Presidente de la Junta de Castilla y León, de manera que su celebración coincida con las consultas electorales de otras Comunidades Autónomas». Y, como ya se dijo, el Estatuto de Autonomía de La Rioja dispone, en su artículo 17.5. que «la convocatoria de elecciones se realizará por el Presidente de la Comunidad Autónoma, pudiendo coincidir con las elecciones locales». Otros estatutos de autonomía incluyen alguna novedad en el tema de la convocatoria, como el de Extremadura, que en su artículo 21.4 dispone que la convocatoria será el cuarto domingo de mayo cada cuatro años, «sin perjuicio de lo que dispongan las Cortes Generales, con el fin exclusivo de coordinar el calendario de las diversas consultas electorales». Idéntica fórmula utilizan el art. 24.3 EAMUR y art. 25.4 EAPRINCAST.

Algunos estatutos de autonomía nada o casi nada disponen en esta materia, mientras que otros estatutos incluyen disposiciones algo más completas, como la disposición del artículo 56.4 del Estatuto de Autonomía de Cataluña. Este artículo establece que el «Presidente o Presidenta de la Generalitat, quince días antes de la finalización de la legislatura, debe convocar las elecciones, que deben tener lugar entre cuarenta y sesenta días después de la convocatoria». También tiene una vocación general el Estatuto de Autonomía de la Comunidad Valenciana que, en su artículo 23.4, dispone que la convocatoria la realiza el presidente, y que las *Corts* electas se reunirán a partir de noventa días después de finalizar el mandato de la anterior. Dispone también este artículo que el decreto de convocatoria entrará en vigor el día de su publicación en el Diario Oficial, y «especificará el número de Diputados a elegir en cada circunscripción, la duración de la campaña electoral, el día de votación y el día, hora y lugar de constitución de *Les Corts* de acuerdo con la Ley Electoral Valenciana».

Es interesante exponer una breve aproximación de la regulación en esta materia de las leyes autonómicas, pues alguna introduce novedades. En general, en las comunidades en las que debe disponerse e igual que el Real Decreto de convocatoria de elecciones generales, los decretos de convocatoria fijan los parlamentarios que han de ser elegidos en cada circunscripción. Además, la Ley de Andalucía dispone en su artículo 14.2 que el Decreto de convocatoria fijará la fecha de la votación, «que no podrá estar comprendida entre los días 1 de julio a 31 de agosto, y la de la sesión constitutiva del Parlamento, que tendrá lugar dentro de los veinticinco días siguientes al de la celebración de las elecciones» (también art. 19.2 Ley de Castilla-La Mancha).

Además de lo señalado, el artículo 15 de la Ley de Andalucía se encarga de asegurar que «el Decreto de convocatoria se insertará íntegramente en el Boletín Oficial de las ocho provincias en los ocho días siguientes a su publicación en el Boletín Oficial de la Junta de Andalucía, y será ampliamente difundido por prensa, radio y televisión en el mismo lapso de tiempo» (utilizan una fórmula similar otras leyes, como la Ley de las Islas Baleares —art. 11.2— o la Ley de Madrid —art. 8.1—).

Por su parte, el artículo 11.1 de la Ley de Aragón, además de disponer que la elección se celebrará (aunque en el estatuto de autonomía ya no existe esta previsión) el cuarto domingo de mayo, cada cuatro años, señala también que «el Decreto de convocatoria, fijará el día de la votación, así como la fecha de la sesión constitutiva de las Cortes, que tendrá lugar dentro del plazo de un mes, a contar desde el día de la celebración de elecciones». Es muy relevante que casi todas estas leyes exigen solo que se determine en el decreto de convocatoria el día, pero no la hora de constitución de la nueva Cámara, excepto algún notable caso, como el ya visto de la Ley de la Comunidad Valenciana, cuyo artículo 14.2.d dispone, con apreciable técnica, que se fijará no solo la hora, sino también el lugar de la sesión constitutiva; (también se refiere a la hora y día la Ley de Navarra, art. 13).

Además y conforme lo dispuesto en el artículo 42.3 LOREG, el artículo 16 de la Ley de Canarias (igual que muchas Leyes autonómicas) señala, al fijar el contenido mínimo del Decreto, que las elecciones, «habrán de celebrarse el día quincuagésimo cuarto posterior a la convocatoria y, asimismo, el día de iniciación de la campaña electoral y su duración», igual que en la de Castilla y León (art. 16.2), la Ley de la Comunidad Valenciana (art. 14.2.c), la Ley de las Islas Baleares (art. 11.2), la Ley de Madrid (art. 8.2) o la Ley del Principado de Asturias (art. 16.2). Sobre esto se volverá enseguida.

Como es conocido, en todo caso, es aplicable el apartado primero del artículo 42 de LOREG[24] si se ha disuelto el Parlamento autonómico, y el apartado segundo si no se ha disuelto. En este último caso, el decreto de convocatoria no lo es de disolución de la Cámara cuando se agota el mandato, a pesar de que en dos comunidades autónomas de las denominadas ordinarias (Asturias y Comunidad Valenciana)[25], en ocasiones el decreto también ha disuelto la Cámara cuando se ha agotado la Legislatura. Este decreto deberá expedirse el quincuagésimo cuarto día antes del cuarto domingo de mayo cada cuatro años. Esto también es aplicable para los supuestos de disolución anticipada que prevé el Estatuto de Autonomía.

24 El artículo 42 de la LOREG establece: «1. En los supuestos de elecciones a Cortes Generales o de Asambleas Legislativas de las Comunidades Autónomas en las que el presidente del Gobierno o los respectivos Presidentes de los Ejecutivos Autonómicos hagan uso de su facultad de disolución anticipada expresamente prevista en el ordenamiento jurídico, los Decretos de convocatoria se publican, al día siguiente de su expedición, en el Boletín Oficial del Estado o, en su caso, en el Boletín Oficial de la Comunidad Autónoma correspondiente. Entran en vigor el mismo día de su publicación. Los Decretos de convocatoria señalan la fecha de las elecciones que habrán de celebrarse el día quincuagésimo cuarto posterior a la convocatoria. 2. En los supuestos de elecciones a Cortes Generales o de Asambleas Legislativas de las Comunidades Autónomas en las que el presidente del Gobierno o los respectivos Presidentes de los Ejecutivos Autonómicos no hagan uso de su facultad de disolución anticipada expresamente prevista en el ordenamiento jurídico, los Decretos de convocatoria se expiden el día vigésimo quinto anterior a la expiración del mandato de las respectivas Cámaras, y se publican al día siguiente en el Boletín Oficial del Estado o, en su caso, en el Boletín Oficial de la Comunidad Autónoma correspondiente. Entran en vigor el mismo día de su publicación. Los Decretos de convocatoria señalan la fecha de las elecciones que habrán de celebrarse el día quincuagésimo cuarto posterior a la convocatoria».

25 Además de las elecciones de 2019, en las elecciones de mayo de 2015 se disolvieron las Corts mediante el Decreto 4/2015, de 30 de marzo, del presidente de la Generalitat, de disolución de les Corts y convocatoria de elecciones a las mismas. Sin embargo, no ha disuelto la Junta General del Principado (al contrario de lo que solía hacerse, de forma correcta, en el Principado) el Decreto 7/2019, de 1 de abril, del Presidente del Principado, por el que se convocan elecciones a la Junta General del Principado de Asturias y tampoco se han disuelto en los anteriores. Un muy completo estudio sobre la disolución y la convocatoria de Parlamento autonómico en, A. ARCE JANÁRIZ, «Disolución parlamentaria y convocatoria de elecciones autonómicas», en *Repertorio Aranzadi del Tribunal Constitucional,* Vol. II Parte Estudio, pp. 1697-1710, 1999.

2. La constitución del Parlamento

2.1. Derecho histórico español

Nuestro Derecho parlamentario suele afrontar la constitución del Parlamento como un momento individual e independiente en la vida del Parlamento, con una importancia singularizada. No obstante, el tratamiento en nuestro entorno es algo diferente. Así, en la doctrina extranjera se suele exponer la constitución de las Cámaras dentro de la tutela y el control de las actas de proclamación que presentan los parlamentarios. La razón es conocida, pues en buena parte de los sistemas europeos (como sucedió también en el Derecho histórico español), se produce una constitución del Parlamento de carácter interino y otra de carácter definitivo, producida tras la correspondiente comprobación de las actas aportadas por los parlamentarios. Un buen ejemplo de ello es el Reglamento de la Cámara de Diputados de Italia, en donde, tras la constitución de una Mesa interina, se crea una «Junta interina»[26], que efectúa las «comprobaciones que procedan» en relación con la elección de los parlamentarios en la circunscripción o distrito por la que hayan optado. Solo tras esta comprobación, se procede a la elección de la Mesa y a la finalización del acto formal de constitución. Esto es, el inicio de la legislatura está vinculado al estudio de la validez de las actas de los parlamentarios, y no a la constitución del Parlamento en sí misma considerada.

En el Derecho histórico español, la principal nota fue la diferenciación en el momento inicial de la legislatura entre una previa junta preparatoria, una constitución interina y una posterior constitución definitiva de la Cámara. Así, la junta preparatoria daba cuenta de los miembros de la Mesa de edad y preparaba la sesión constitutiva interina. Esta tenía por objeto exclusivo el «examen de actas y de las comunicaciones del Gobierno y del otro Cuerpo Colegislador, a no ser que ocurriere algún incidente extraordinario; pero nunca de proyectos y de proposiciones de ley», (artículo 16 RCD 1847; art. 10 RCD 1931; según el artículo 10.2 RCD 1934 solo se admitiría en esta sesión una intervención del Congreso de los Diputados si se presentase moción «firmada por 50 Diputados, como mínimo. Cuando no reúna este requisito, se rechazará de plano por la Mesa, sin consentir deliberación alguna sobre la misma»). La constitución interina suponía la designación de una Mesa interina y una Comisión de incompatibilidades que se encargaba de evaluar las actas y las incompatibilidades. Finalizada esta función,

26 Según el artículo 4 del Reglamento de la Cámara de Diputados italiana la Junta interina está «compuesta por los diputados miembros de la Junta de Elecciones de la legislatura anterior que estén presentes en la primera sesión. Si el número de éstos fuere inferior a doce, el presidente procederá mediante sorteo a completar la junta hasta que se alcance el número citado».

(o proclamados al menos 200 diputados, art. 32 RCD 1847; 236 diputados, art. 17 RCD 1931; o la mitad más uno, art. 23 RCD 1934) se procedía a la constitución definitiva, en la que se elegía en primer lugar al presidente de la Cámara y a la Mesa, y los parlamentarios prestaban el juramento de su cargo, en la fórmula que el propio reglamento disponía (arts. 19 y 20 RCD 1931; «promesa reglamentaria», artículos 25 y 26 RCD 1934). Finalmente, la Cámara (hasta 1931) se dividía en secciones mediante sorteo (en siete, art. 17 RCD 1838; art. 40 RCD 1847; art. 36 RCD 1867). Por su parte, los reglamentos del Senado no siempre han diferenciado de un modo nítido entre dos momentos en su proceso de constitución, ejemplo de ello es el Reglamento del Senado de 1847, que tan solo diferencia entre una junta preparatoria y la constitución de la Cámara, sin que se perciba la existencia de un momento interino y otro definitivo.

En España y en la actualidad, el acto de constitución del Parlamento puede ser considerado como el momento de inicio de la legislatura y, por tanto y en general, es el *dies a quo* de los derechos, prerrogativas y de los deberes de los nuevos parlamentarios. Sin embargo, todo se ha relativizado, pues algunos reglamentos han adelantado la eficacia de ciertos derechos de los nuevos parlamentarios al momento de la proclamación (e incluso al de la elección); y ello ha determinado, de un modo inevitable, el adelanto *de facto* del inicio de la Legislatura a algún momento anterior al de la propia constitución de la Cámara.

Por ser el momento de inicio de Legislatura, también la constitución ha de suponer la finalización de la *prorrogatio* de la Diputación Permanente, la cual, llegado este momento («reunida la Cámara correspondiente», dice el artículo 78.4 CE) dará cuenta de los asuntos tratados y de sus decisiones a la nueva Cámara (artículo 59 RCD). Llama la atención que la Constitución, tan dada a la prolija previsión normativa de todo lo parlamentario, casi nada disponga de la constitución de la Cámara, más allá de lo que determina el artículo 68.6 CE. Así, según este precepto, el Congreso de los Diputados electo será convocado dentro de los veinticinco días siguientes a la celebración de las elecciones. También es llamativo que nuestra Constitución nada disponga sobre la constitución del Senado, aunque el real decreto de convocatoria de elecciones generales al Senado también haya determinado siempre el día y hora de la constitución de la Cámara Alta[27]. Seguramente la razón de la no previsión constitucional de esta materia también sea el doble origen de los senadores, y lo peculiar de la composición de esta Cámara.

27 El artículo 5 del Real Decreto 551/2019, de 24 de septiembre, de disolución del Congreso de los Diputados y del Senado y de convocatoria de elecciones, dispuso que «Celebradas las elecciones convocadas por este real decreto, las Cámaras resultantes se reunirán, en sesiones constitutivas, el día 3 de diciembre de 2019, a las diez horas». Similar disposición introdujo el Real Decreto 184/2016, de 3 de mayo, de disolución del Congreso de los Diputados y del Senado y de convocatoria de elecciones.

2.2. La constitución de las Cámaras en la Constitución y en los estatutos de autonomía

Como se ha visto para otras materias, las disposiciones de los estatutos de autonomía siguen en su mayor parte la previsión de la Constitución para el Congreso de los Diputados, con alguna peculiariedad. Por ejemplo, en nada se aparta el artículo 104.3 EAAND que dispone que la constitución de la Cámara se llevará a cabo en el plazo de 25 días desde la celebración de las elecciones. El Estatuto de Autonomía de Madrid también dispone que sea la constitución de la Cámara 25 días, aunque después de la «proclamación de los resultados electorales», (art. 8.5 Ley de Madrid, o «inmediato hábil anterior») lo que habría de identificarse con la proclamación de electos, del artículo 108 LOREG. Otras veces los cambios son mayores; así, según el artículo 11.2 del Estatuto de Autonomía de Canarias, se constituirá el Parlamento canario en el plazo de 30 días desde la celebración de las elecciones, (igual disposición que el artículo 41.5 EAIB). Por su parte, la previsión para la constitución de la nueva Junta General es de 15 días desde la celebración de las elecciones, artículo 25.5 de Estatuto de Autonomía del Principado de Asturias. Y, a su vez, es también diferente el criterio del artículo 23.4 EACV que determina que la constitución de la nueva Cámara se realizará en el plazo de noventa días desde la finalización del mandato anterior, y se hará en el lugar, hora y día que fije el decreto de convocatoria. Algunas variantes no dejan de ser peculiares, como los treinta días para la sesión constitutiva desde la celebración de las elecciones, según la Ley de Castilla y León (art. 16.2 de la Ley), la Ley de Galicia (art. 12.2), la Ley de Murcia (art. 17.2) o Ley de La Rioja (art. 22.2).

Finalmente, hay otros estatutos de autonomía que no disponen nada sobre la constitución del Parlamento, como el Estatuto de Autonomía de Aragón, el de Cantabria, el de Castilla-La Mancha, el de Extremadura, el de Galicia, en el de La Rioja, en el de Murcia, en el del País Vasco o en la LORAFNA.

En general, el *Derecho parlamentario español* se caracteriza por una norma común en materia de constitución del Parlamento; la Cámara se constituye de forma directa. Y es que en España el Reglamento del Congreso de los Diputados de 1982 introdujo una regulación realista, que prevé la constitución directa de la Cámara, conforme al decreto de convocatoria, previa la designación de una mesa de edad, y con la previsión posterior de que se pueda volver al nombramiento de la Mesa, si se altera en el diez por ciento de los escaños (artículo 36.2 RCD) como consecuencia de la resolución de los recursos contencioso-electorales aún pendientes. Es común en todos los reglamentos el nombramiento (de oficio o a iniciativa de cualquier sujeto parlamentario) por el Pleno de una nueva Mesa, si hay un cambio de este porcentaje. Podrían plantearse otras cuestiones en relación con un cambio tan radical de la composición de la Cámara (piénsese que se modifica al menos un diez por ciento de la representación popular), y que alteraría seguramente la relación de fuerzas de la Cámara. Por ejemplo, se puede plantear también la validez de la confianza otorgada por el Pleno de la Cámara al presidente del Gobierno, si se produjese tal alteración. Si la Cámara ha cambiado en un diez por ciento y su representación es diferente, desde un punto de vista político, lo más procedente sería el eventual planteamiento de una cuestión de confianza por el presidente del Gobierno. Los principales elementos de la regulación en el *Derecho parlamentario español* sobre la constitución de la Cámara se pueden exponer de la siguiente forma.

En cuanto al momento y lugar de la constitución, el Reglamento del Congreso de los Diputados exige que sea el decreto de convocatoria el que fije el día y hora de la sesión constitutiva. Aunque nada se disponga de cuál ha de ser el lugar de esta primera sesión, lo normal es que sea el de la sede habitual del Congreso (algunos reglamentos parlamentarios, no obstante, sí se encargan de especificar este detalle, como el artículo 2.1 RS; artículo 3 RPIB; art. 2 RPCANT y art. 2 RPNA). En todo caso, no sería anómalo que el lugar donde se celébrase la primera sesión fuese un lugar diferente al de la sede ordinaria, con un carácter más solvente.

Por su parte y aunque no es lo habitual, algunos reglamentos parlamentarios autonómicos sí incluyen una regulación muy completa sobre el momento en el que ha de constituirse la Cámara. Ejemplo de ello es el Reglamento de las Cortes de Aragón, cuyo artículo 1 determina que, proclamados los resultados electorales, las Cortes se reunirán «dentro de los quince días siguientes a la proclamación de los Diputados electos, el día y a la hora señalados en el Decreto de convocatoria del presidente de la Diputación General de Aragón cesante y, en su defecto, el decimoquinto día hábil siguiente al de dicha proclamación». Más detallado es el Reglamento de la Junta General del Principado de Asturias, cuyo artículo 4 señala que la sesión constitutiva se realizará «el día y hora señalados en el Decreto de convocatoria, y, en su defecto, a las doce horas del decimoquinto día hábil siguiente al de la proclamación de los Diputados electos». Y muy similar también a este es el Reglamento del Parlamento de Cantabria, cuyo artículo 2.2 dispone la sesión constitutiva «a falta de convocatoria», «a las doce horas del primer día hábil siguiente a aquel en que expire el plazo de veinticinco días previsto por el Estatuto de Autonomía». Algo más novedoso es el artículo 1 párrafo segundo del Reglamento de las Cortes de Castilla-La Mancha, que dispone que «A falta de Decreto de convocatoria la Cámara se reunirá de pleno derecho a las dieciséis horas del tercer día siguiente a aquél en que expira el plazo indicado en el apartado anterior». Por su parte, el Reglamento de la Asamblea de Madrid prevé, en su artículo 9 que, en defecto de previsión en el Decreto, «la Asamblea se constituirá a las doce horas del vigésimo quinto día siguiente a la proclamación de los resultados electorales si fuera hábil o, en caso contrario, a las doce horas del inmediato día hábil anterior». También el artículo 2 RPNA incluye una previsión diferente, en caso de que no se fijase día y hora de constitución del Parlamento de Navarra en el Decreto de convocatoria, se determina que la sesión constitutiva tendrá lugar «a las once horas del tercer sábado siguiente a la proclamación por el órgano electoral competente de los parlamentarios Forales electos». Acto continuo, en todos estos casos, debería ser el presidente de la Diputación Permanente quien realizase la convocatoria, en los términos que disponga el reglamento. No obstante, lo normal será que el decreto de convocatoria determine la fecha y el lugar de la sesión constitutiva.

Como se ha dicho, el Reglamento del Senado prevé un sistema aparentemente diferente al del Congreso de los Diputados, pues se prevé la constitución previa de una Junta Preparatoria, anterior a la creación de la Mesa de edad del Senado. Así, en el artículo 2.2 RS dispone que «el que figure primero en la lista de presentación de credenciales ocupará la Presidencia, declarará abierta la sesión y dispondrá que por el Letrado Mayor se lea la convocatoria de la Cámara, la lista antes indicada y los artículos del reglamento referentes a este acto. Asimismo, ordenará que se dé cuenta de las impugnaciones presentadas contra la proclamación de Senadores, si las hubiere». Seguidamente, se formará una Mesa de edad que presidirá el «Senador de más edad de entre los presentes y de la que serán Secretarios los cuatro más jóvenes». Tras la elección de la Mesa y el juramento de los senadores, la Cámara se constituye.

Aunque suele coincidir la regulación reglamentaria autonómica con la del Congreso de los Diputados, y se estructura esta sesión en torno a la Mesa de edad, hay, en ocasiones, notables diferencias. Así, en el Reglamento del Parlamento de Canarias, la sesión constitutiva es convocada por «el Presidente de la Diputación Permanente», es decir por el presidente saliente del Parlamento «de acuerdo con la Mesa... mediante resolución» (art. 1 RPCANA). También es diversa la regulación del Reglamento del Parlamento Vasco, que establece el «llamamiento» de los parlamentarios electos por uno de los secretarios de la Diputación Permanente, bajo la presidencia del presidente de este órgano. Además, y según el artículo 4 del Reglamento del Parlamento Vasco, «el Presidente de la sesión preparatoria la declarará abierta y dispondrá que, por uno de los Secretarios de la Diputación Permanente, se lea la convocatoria del Parlamento, la lista definitiva de los Parlamentarios presentes, los artículos del reglamento referentes al acto y los posibles recursos presentados contra los Parlamentarios acreditados y que se encontrasen pendientes de resolución». Acto seguido, en el Parlamento Vasco se constituye una Mesa de edad, con las funciones habituales que en el *Derecho parlamentario español* tiene este órgano.

La Mesa de edad es el órgano encargado de verificar la constitución de la Cámara y de iniciar los primeros actos del nuevo órgano electo, sobre todo en lo relativo a la elección de los órganos rectores (presidente y Mesa) y a la adquisición de la condición plena como parlamentario de los electos. En general, es el Secretario General quien llama a los parlamentarios que componen esta Mesa inicial. Por su parte, las funciones de la Mesa de edad no suelen estar dispuestas en el reglamento, pero su interpretación sistemática, así como la imposibilidad de que haya un «vacío de poder» y de autoridad en la Cámara obligan a reconocer que la Mesa de edad, y su presidente, tengan una posición equivalente y unas funciones similares a las del presidente y la Mesa del Parlamento en las sesiones ordinarias. Así lo ha confirmado el Tribunal Constitucional en STC 199/2016, de 28 de noviembre, en donde señaló que «no cabe negar al presidente de la sesión constitutiva [la] facultad de interpretación, en tanto que órgano directamente responsable de la aplicación de una previsión reglamentaria. Como acertadamente señala el Letrado del Parlamento de Andalucía, al Presidente de la sesión constitutiva le compete dirigir el proceso de elección y mantener el orden en el desarrollo del mismo, así como resolver lo procedente respecto de esa elección, interpretando, en su caso, los preceptos del Reglamento de la Cámara que resulten aplicables». También STC 35/2022, de 9 de marzo (FJ 2).

Es cierto que la función y la duración de la Mesa de edad es muy breve, pero las incidencias que eventualmente pudieran surgir en esa sesión inicial deben ser resueltas por el único órgano que el reglamento prevé que exista en ese momento. Además, dentro de la Mesa de edad, ha de ser su presidente hasta la elección del presidente de la Cámara el que asuma la dirección y la ordenación de la sesión. En este sentido, no se prevé en ningún reglamento, la posibilidad de suspender la sesión constitutiva de la Cámara, pero la solución de alguna circunstancia imprevista ha de resuelta por la única autoridad parlamentaria reconocida en los reglamentos. Además, reforzaría esta tesis alguna breve referencia reglamentaria, como la del artículo 3 del Reglamento del Parlamento de Navarra, que dispone que la Mesa de edad «actuará hasta la elección de la Mesa del Parlamento», o la del artículo 5.4 del Reglamento del Parlamento Vasco, que dispone que «la actuación y funciones de la Mesa de edad cesará con la proclamación de resultados de la elección de la Mesa del Parlamento». Es decir, si la Mesa del Parlamento sustituye a la de edad, lo lógico es pensar que esta tiene una función y una posición similar a aquélla. Puede ser interesante dejar constancia de que algún Reglamento, en el ámbito del Derecho comparado, pone límites a las facultades de la Mesa de edad y, por tanto, a las posibilidades de la sesión inicial. Tal es el caso del artículo 1.3 del Reglamento de la Asamblea Nacional francesa, que determina que «No podrá desarrollarse debate alguno bajo la presidencia de edad».

Por su parte, el desarrollo de esta sesión es casi siempre la misma (aunque haya varias novedades interesantes) al haber seguido los reglamentos de los Parlamentos autonómicos la regulación inicial del Reglamento del Congreso de los diputados. Así, el artículo 2 RCD determina que la «sesión constitutiva será presidida inicialmente por el Diputado electo de mayor edad de los presentes, asistido, en calidad de Secretarios, por los dos más jóvenes», a los que no atribuye ninguna función particular ni diferenciada, (también artículo 2 RPAND; art. 2 RCAR; art. 5 RPRINCAST; art. 3 RPIB; art. 2 RPCANA; art. 3 RPCANT —«los más jóvenes siempre entre los presentes»—; art. 2 RCCLM; art. 2 RCCyL; art. 1 RPCAT; art. quinto RCV; art. 11 RAEX; art. 3 RPGAL; art. 6 RPRI; art. 10 RAMAD; art. 3. RPNA). Por su parte, también aquí presenta una regulación peculiar, sin mayor relevancia, el artículo 4.2 del Reglamento del Parlamento Vasco, que determina que «ocupará la Presidencia el Parlamentario de más edad de entre los presentes, que invitará a los dos miembros que le sigan en edad y a los dos más jóvenes para que, en calidad de Vicepresidentes y Secretarios, pasen a integrar la Mesa de edad, que actuará hasta la elección de la Mesa definitiva».

2.3. La sesión constitutiva

En cuanto a la regulación de esta sesión en los reglamentos parlamentarios españoles, puede destacarse que suele ser muy descriptiva, así el artículo 3 RCD determina que el presidente declarará abierta la sesión y, por uno de los secretarios (no se dice cuál), se dará lectura al «Real Decreto de convocatoria, a la relación de Diputados electos y a los recursos contencioso-electorales interpuestos, con indicación de los Diputados electos que pudieran quedar afectados por la resolución de los mismos», (también, con las adaptaciones pertinentes, artículo 3.1 RPAND; art. 4.1 RPIB; art. 3 RPCANA; art. 3 RCCLM; art. 3 RCCyL; arts. 1 y 2 RPCAT; art. sexto RCV; art. 11 RAEX; art. 4 RPGAL; art. 11.2 RAMAD; art. 9.1 RAMU). Existe alguna disposición, como la del artículo 4 del Reglamento del Parlamento de Navarra, que dispone que la lectura referida no la realiza uno de los secretarios, sino el «Letrado Mayor o aquél que le sustituya». Hay que pensar que, en el improbable caso de que haya más de un diputado de idéntica edad, el sorteo se antoja como la única opción posible, para decidir cuál de ellos ha de ejercer la función que le corresponde.

Aunque no es lo habitual, algunos reglamentos sí fijan las funciones de alguno de los secretarios, como el de las Cortes de Aragón, cuyo secretario más joven «dará lectura al Decreto de convocatoria, a las disposiciones del presente Título, a la relación alfabética de los Diputados electos y, en su caso, a los recursos contencioso-electorales interpuestos» (también art. 6 RPRINCAST; art. 4.1 RPCANT; art. 7 RPRI).

Seguidamente y una vez constituida la Mesa de edad, se procede a la realización de dos actos sin cuya ejecución es imposible, en el sistema español, considerar que se ha constituido la Cámara. Los dos momentos son: en primer lugar, la elección de la Mesa de la Cámara, que se produce a pesar de que los parlamentarios en muchos reglamentos aún no han adquirido plenamente su condición. El segundo momento es el del juramento o promesa de los parlamentarios, del que se ha producido un evidente proceso de desformalización y de pérdida de su significado, que bien podría suponer su transformación o incluso su desaparición. El significado y la regulación de estos dos actos en el Derecho español y cómo han sido interpretados por la jurisprudencia del Tribunal Constitucional, serán estudiados en un momento posterior.

Lo habitual es que, como en el Reglamento del Congreso de los Diputados, primero los Diputados elijan la Mesa y luego presten juramento o promesa.

Pero algún reglamento invierte el momento en el que se produce la elección de la Mesa, que se realiza solo tras la prestación del juramento o promesa como el Reglamento del Parlamento de Cantabria (art. 4 RPCANT; también art. sexto RCV, art. 2 RPCANA, art. 8 RPRI y art. 6 RPNA). Por su parte, de la regulación del Reglamento del Parlamento de Cataluña se desprende que, si bien es necesario que los parlamentarios juren o prometan la Constitución y el estatuto de autonomía para la adquisición de su condición plena, este requisito no es preciso que se verifique en la sesión constitutiva (artículos 3 y 16 RPCAT).

En algunos Parlamentos, sus normas reglamentarias exigen que los miembros presenten, con carácter previo a la sesión constitutiva, la declaración de actividades y bienes, como los artículos 5 y 21 del Reglamento de las Cortes Valencianas, que disponen la obligatoria y necesaria presentación previa de ambas declaraciones, de lo cual, además, el secretario general ha de dar cuenta al inicio de la sesión constitutiva (artículo 21 RCV). Al alcance y significado de estas declaraciones y del dictamen de la Comisión de Estatuto también se dedica un capítulo específico.

Cuando el Congreso de los Diputados ya está constituido, se produce un acto parlamentario «dentro del plazo de los quince días siguientes» y que consiste en la «solemne» sesión de apertura de la Legislatura, que está prevista solo en el artículo 5 del Reglamento del Congreso de los Diputados, aunque nada dispone de esta sesión el Reglamento del Senado. Algún reglamento autonómico también exige que se celebre esta sesión, como el Reglamento del Parlamento de las Islas Baleares (artículo 6), el del Parlamento canario (artículo 5, mediante acuerdo de la Mesa) y el del Parlamento de Galicia (artículo 6). Por su lado, el Reglamento del Parlamento de La Rioja prevé, parece que sin carácter fijo, que «por circunstancias especiales, podrá procederse a la apertura de la legislatura en sesión solemne, distinta de la de constitución, debiendo celebrarse dentro del plazo de los quince días siguientes a la de ésta. Las formalidades de tal sesión se determinarán por la Mesa de la Cámara».

Finalmente, la constitución del Congreso de los Diputados es objeto de un último requisito que no es, obviamente, constitutivo. Se está haciendo referencia a la comunicación al Rey, al Gobierno y al Senado. Por su parte, la constitución de la Cámara Alta también se comunicará al rey, al Congreso de los Diputados y al Gobierno y a las asambleas legislativas autonómicas. A su vez, la constitución de los Parlamentos autonómicos también debe cumplir este último requisito, consistente en la comunicación a otros órganos del Estado, como al Rey, al presidente del Gobierno de la nación, a las Cortes Generales y al presidente de la comunidad autónoma en funciones, artículo 4.2 RPAND; art. 13 RCAR al jefe del Estado, al presidente del Gobierno en funciones, al Justicia Mayor de Aragón, a las Cortes Generales y al Gobierno de España; art. 13 RAEX; art. 8.2 RPRI; artículo 8 RPINCAST, que añade al príncipe o princesa de Asturias, como a una de las personas a las que ha de comunicarse la constitución de la Cámara; art. 4.2 RCCyL, que no incluye al Congreso de los diputados, igual que el artículo séptimo del RCV, el art. 5.2

RPGAL y el art. 11.6 RAMAD; artículo 9.4 RAMU, que no incluye al presidente del Gobierno de la nación. Hay algún detalle significativo, como el del artículo 6 del Reglamento del Parlamento de las Islas Baleares, que determina que se comunique al presidente del Congreso de los Diputados y al presidente del Senado (también art. 5 RPCANT y art. 12 RPNAV) y no genéricamente a las Cortes Generales. Como se ve, las variaciones son múltiples y, así, el Reglamento de las Cortes de Castilla-La Mancha dispone que la constitución de las Cortes sea solo comunicada al Rey, al *presidente* de la Junta de Comunidades y al del Senado. Finalmente, el Reglamento del Parlamento Vasco es algo diferente, pues determina que la constitución del nuevo Parlamento sea comunicada oficialmente solo «al *Lehendakari* en funciones del Gobierno, y determinará la convocatoria de la próxima Sesión, con lo que quedará por concluido el acto».

3. La disolución del Parlamento

Prescindiendo de situaciones políticas transitorias y más o menos coyunturales, puede indicarse que la disolución es una institución consustancial a la forma de gobierno parlamentaria por la que el poder ejecutivo pone fin a la vida del Parlamento. Es cierto que no siempre se ha reconocido esta técnica en las diversas formas de gobierno parlamentarias de nuestro entorno. Incluso en España, como se verá, una mayoría muy apreciable de comunidades autónomas desconocieron la institución de la disolución como consecuencia de los Pactos autonómicos de 1981. Sea como fuera, hoy está claro que toda teoría de la disolución no puede separarse de la realidad sociopolítica en la que se desarrolla el sistema. Bar Cendón[28], hace ya años, indicaba que el concepto más adecuado de disolución «es aquel que la considera no en abstracto, sino en relación íntima con los dos planos superpuestos en los que ésta se mueve en cada caso concreto; es decir, en relación con el contexto normativo jurídico-constitucional en el que se incardina, y en relación con el medio real, político y social, sobre el que se actúa».

La disolución es la técnica mediante la cual el presidente del Gobierno o el Gobierno, incide de una forma más directa en la acción del Parlamento para concluir, de una forma anticipada, la legislatura. Como puede imaginarse, las motivaciones para disolver son múltiples y pueden ser, desde un intento de restablecer el equilibrio político, perjudicar a otro partido político o beneficiar al propio, dar solución a una situación de crisis política, hasta una intención puramente técnica de acomodar plazos y evitar la aplicación de preceptos que están dotados de una cierta ambigüedad y que dificultan su aplicación ordenada. No debe olvidarse que la disolución es una institución que deter-

28 A. Bar Cendón, *La disolución de las Cámaras Legislativas en el ordenamiento constitucional español*, Madrid, Congreso de los Diputados, 1989, p. 55.

mina la posición prevalente del Gobierno sobre el Parlamento. Y, sobre todo, evidencia la posición del presidente del Gobierno. Además, nuestra Constitución reconoce otros supuestos de disolución no voluntaria. Estos son los casos de la disolución del artículo 99 CE (y de la disposición transitoria octava CE) y del 168.1 CE (disolución son múltiples y, así, el Reglamento constitucional agravada. En las comunidades autónomas también se regulan casos de disolución automática si, transcurridos dos meses desde la primera votación, ningún candidato hubiera obtenido la mayoría requerida; en efecto, con una redacción coincidente con el artículo 99 CE se deben tener en cuenta el artículo 118.3 EAAND (el Parlamento quedará automáticamente disuelto); art. 48.3 EAARA; art. 17.2 EACAN; art. 17.3 EACANT; art. 67.3 EACAT; art. 26.3 EACyL; art. 31.4 EAEX; art. 54.5 EAIB; art. 23.2 EARI; art. 18.5 EAMAD; art. 31.1 EAMU; art. 32.1 EAPAST; art. 29.4 LORAFNA —que fija en treinta días desde la primera votación el plazo para la disolución—. El Estatuto de Autonomía de la Comunidad Valenciana prevé alguna novedad, pues su artículo 27.6 EACV dispone que, pasados los dos meses desde la primera votación sin que ningún candidato hubiese obtenido la mayoría requerida «el Presidente de *Les Corts*, por acuerdo de la Mesa, disolverá la Cámara y el *president* de la Generalitat en funciones convocará nuevas elecciones». Luego se volverá sobre esta cuestión al analizar la investidura.

En efecto, hay algún estatuto de autonomía que nada dispone sobre la facultad de disolución, siendo la ley la norma que ha venido a regular esta materia. Así sucede en Galicia[29] en donde la *Ley de Galicia 1/1983, de 22 de febrero, de la Xunta y de su Presidente* la que ha introducido un régimen mínimo sobre la disolución. La posible insuficiencia del rango de la ley para regular esta materia, no le ha impedido a esta Ley disponer que el «Presidente, bajo su exclusiva responsabilidad y previa deliberación del Consell de la Xunta, podrá disolver el Parlamento mediante Decreto que fijará la fecha de las elecciones. Esta facultad en todo caso no se podrá ejercer cuando no hubiese transcurrido al menos un año desde la última disolución de la Cámara». Similar es el caso del País Vasco, cuyo estatuto de autonomía no tiene disposición alguna sobre la facultad de disolución del presidente, y es la Ley del País Vasco 7/1981, de 30 de junio, del Gobierno Vasco, la que dispone en su artículo 50 que «El *Lehendakari* podrá, bajo su exclusiva responsabilidad y previa deliberación del Gobierno, disolver el Parlamento, salvo cuando esté en trámite una moción de censura».

El ordenamiento jurídico reconoce la facultad de disolución al presidente del Gobierno y todos los estatutos de autonomía repiten esta facultad. La frase que utiliza el artículo 115 CE, y que reiteran los Estatutos, es que el presidente ejerce esta facultad «bajo su exclusiva responsabilidad», frase un tanto retórica que no es, en el Estado, sino consecuencia del principio de irresponsabilidad del jefe del Estado (artículo 56.3 y 64 CE). Hay alguna pre-

29 Cfr. X. A. SARMIENTO GARCÍA, *Repensando o autogoberno: Estudos sobre a reforma do estatuto de Galicia*, Vigo, Ediciones Xerais, 2005, pp. 98 y ss.

visión peculiar, como la del artículo 67.8 del Estatuto de Cataluña, según el cual el consejero primero en funciones de presidente de la Generalidad de Cataluña no puede disolver la Cámara.

La nota principal de la disolución del artículo 115 CE, por tanto, es que es una facultad exclusiva del presidente del Gobierno, implícita de la forma de gobierno parlamentaria. La deliberación del Consejo de Ministros es previa y, aunque de necesaria celebración, el acuerdo que pudiera adoptarse en esa sesión del Gobierno no es vinculante para su presidente. Como se sabe, el Real Decreto de disolución es refrendado por el presidente del Gobierno, como se deduce del juego de los artículos 62.b, 64 y 115 de la Constitución. El Real Decreto de disolución no solo pone fin a la vida de las Cámaras, sino que también fijará la fecha de las elecciones y, aunque no lo disponga la Constitución ni el artículo cuarenta y dos de la LOREG, también determina la hora y el día de la constitución de la Cámara. Que el decreto de disolución afectase solo a una de las Cámaras, fortalecería la autonomía y la posición del Senado. No obstante, cabe dudar de la oportunidad y hasta de su utilidad de la disolución solo del Congreso de los Diputados, pues todos los partidos con opciones de obtener mayoría quieren dominar las dos Cámaras, por ello todos los Reales Decretos de disolución han afectado al Congreso de los Diputados y al Senado. Con lo cual, la motivación política es idéntica para disolver una que para disolver otra[30], con las excepciones de los artículos 99.5 y 168 CE en los que se produce necesariamente la disolución de ambas Cámaras.

La disolución está sometida a más requisitos, que la impiden en aquellos casos en los que esté en trámite una moción de censura. Ello significa que si lo que se tramita es una cuestión de confianza sí podría procederse a la disolución de una o de las dos Cámaras. Es normal que haya compatibilidad entre la cuestión de confianza y la disolución, pues ambas son decisiones gubernamentales y, desde esta perspectiva política, no hay problema en que el presidente del Gobierno plantee una cuestión de confianza y, antes de su debate, procede a la propuesta de disolución del Congreso de los Diputados o de las dos Cámaras.

Además, tampoco se debe olvidar el límite temporal de la disolución, pues debe pasar al menos un año desde la anterior (artículo 115.3 CE). En cualquier caso, también aquí es habitual que los estatutos de autonomía reproduzcan la regulación constitucional de la disolución, como en el art. 127 EAAND; art.

30 Hace algunos años, algunos autores se refirieron a esta posibilidad, como P. GARCÍA-ESCUDERO MÁRQUEZ y B. PENDÁS GARCÍA, «Senado y Gobierno: el Senado como Cámara de control», en *Gobierno y Administración en la Constitución*, Madrid, Instituto de Estudios Fiscales, 1988, I, pp. 659 y ss.; o E. RECODER, «Comentario al artículo 69», en F. GARRIDO FALLA (dir.), *Comentarios a la Constitución*, Madrid, Civitas, 2001, pp. 1153 y ss. En relación con la situación del Senado y sus posibilidades de reforma, cfr. B. PENDÁS GARCÍA/P. MARTÍNEZ SANTA MARÍA, «El Senado como "Cámara de representación territorial". La reforma del Senado», en J. RODRÍGUEZ ARANA y P. GARCÍA MEXÍA, en *Curso de Derecho público de las Comunidades Autónomas*, Madrid, INAP, 2003, pp. 809 y ss.

52 EAAR; art. 23 EACANT; art. 75 EACAT; art. 22 EACLM; art. 28.4 EACV; art. 37 EACyL; art. 34 EAEX; art. 55 EAIB; art. 17.6 EARI; art. 21 EAMAD; art. 27.4 EAMUR; art. 25.3 EAPRINCAST; art. 30.3 LORAFNA.

Hay otras limitaciones en los ordenamientos autonómicos igual que en el texto constitucional. Así, no es raro que los estatutos de autonomía dispongan que no se pueda acordar la disolución cuando quede menos de un año de la terminación natural del mandato. También se limita la posibilidad de disolver cuando esté convocado un proceso electoral estatal (artículo 23 EACANT; art. 22 EACASTLM; art. 34 EAEX; art. 17 EARI; art. 21 EAMAD; art. 27.4 EAMUR; art. 25.3 EAPRINCAST; art. 30.3 LORAFNA). Además, otros estatutos de autonomía han optado por incluir todas las posibilidades, como el de Castilla y León (artículo 37 EACYL), que determina la imposibilidad de que se disuelva la Cámara autonómica, en el último año de la legislatura «natural», cuando se tramite una moción de censura, también en el primer período ordinario de sesiones. Asimismo, incluye esta prohibición el artículo 34 del Estatuto de Autonomía de Extremadura.

Para finalizar con los condicionamientos a los que el texto constitucional somete al ejercicio de la disolución, el artículo 116.5 de la Constitución determina que «no podrá procederse a la disolución del Congreso mientras esté declarados algunos de los estados» de alarma, excepción o sitio. En una primera aproximación, no puede dudarse que esta previsión pretende su aplicación exclusivamente en el Congreso de los Diputados. Sin embargo, podría defenderse que esta limitación se puede extender al Senado o a una comunidad autónoma, si está afectada por uno de los tres estados del artículo 116 CE. En este sentido, el artículo 116.5 CE determina que el funcionamiento de las Cortes Generales, «así como el de los demás poderes constitucionales del Estado, no podrán interrumpirse durante la vigencia de estos estados». Poca duda cabe de que las comunidades autónomas son Estado[31] y sus Parlamentos son «poder constitucional del Estado». Además, lo que se pretende con esa norma es una estabilidad institucional en un momento en el que hay circunstancias que producen una limitación en el funcionamiento regular de las instituciones. Por tanto, no deberían poderse disolver los Parlamentos autonómicos durante la vigencia de uno de los tres estados de necesidad. que la impiden en aquellos la vigencia del estado de alarma por la Covid-19, se suspendieron dos procesos electorales, si bien se mantuvo el tercero, pues se anuló por el Tribunal Superior de Justicia de Cataluña el *Decreto 1/2021,*

31 La STC 58/1982, de 27 de julio, mantuvo que las «Comunidades Autónomas no son entes preexistentes» al Estado, «sino entes de nueva creación que sólo alcanzan existencia real en la medida en que el Estado se reestructura sustrayendo a sus instituciones centrales parte de sus competencias para atribuirlas a esos entes territoriales». Cfr. J. J. GONZÁLEZ ENCINAR, *El Estado Unitario Federal. La autonomía como principio estructural del Estado*, Madrid, 1985, p. 130. También en L. VILLACORTA MANCEBO, «La construcción del Estado democrático español: algunas perspectivas», en *Revista de Estudios Políticos*, 109, 2000, pp. 73-102.

de 15 de enero, por el que se deja sin efecto la celebración de las elecciones al Parlamento de Cataluña del 14 de febrero de 2021 debido a la crisis sanitaria derivada de la pandemia causada por la COVID-19. No se olvide que la disposición adicional única del *Real Decreto 926/2020, de 25 de octubre, por el que se declara el estado de alarma para contener la propagación de infecciones causadas por el SARS-CoV-2*, dispuso expresamente que «la vigencia del estado de alarma no impedirá el desenvolvimiento ni la realización de las actuaciones electorales precisas para la celebración de elecciones convocadas a parlamentos de comunidades autónomas».

Como se sabe, algunos de los estatutos de autonomía aprobados por el procedimiento del artículo 143 de la Constitución siguen disponiendo la saludable coincidencia de elecciones al Parlamento autonómico, con la conocida fórmula «del cuarto domingo de mayo cada cuatro años». Ello supone que el ejercicio de la disolución anticipada implica el inicio de una nueva Legislatura, pero de duración necesariamente inferior, pues su duración coincidirá «con el término natural de la legislatura originaria», como disponen varios de estos Estatutos de Autonomía en una fórmula nada afortunada (art. 17.6 EARI; art. 23 EACANT; art. 21.3 EAMAD; art. 27.4 EAMUR; art. 25.3 EAPRINCAST; art. 30.3 LORAFNA). Por su parte, en una técnica algo más acertada, el artículo 34.1 EAEX dispone que «el mandato de la nueva Asamblea finalizará, en todo caso, cuando debiera hacerlo el de la disuelta».

Todos ellos, al igual que en el ordenamiento constitucional, establecen que es imposible la nueva disolución antes de que transcurra un año desde la anterior, «salvo lo dispuesto en el artículo» regulador de la investidura.

El efecto principal de la disolución es la finalización de la Legislatura, como se encarga de aclarar el artículo 75 del Estatuto de Autonomía de Cataluña, y se produce la finalización del mandato de los parlamentarios. El artículo 101.2 del Estatuto de Autonomía de Andalucía determina que «el mandato de los Diputados termina cuatro años después de su elección o el día de disolución de la Cámara». Aunque no es lo habitual, en algunos estatutos de autonomía se prevé la ficción de que «el mandato de los Diputados titulares y suplentes que integren la Diputación Permanente se prorrogará hasta la constitución de la nueva Cámara».

Desde el punto de vista del funcionamiento interno de la Cámara, el efecto principal de la disolución es el de la caducidad de «todos los asuntos pendientes de examen y resolución por la Cámara, excepto aquellos de los que constitucionalmente tenga que conocer su Diputación Permanente», según determina el artículo 207 del RCD. La caducidad ha de entenderse como la finalización anticipada de la tramitación del asunto parlamentario que estaba siendo debatido en el Parlamento[32]. Esta fórmula ha sido reiterada por todos

32 Cfr. R. Marañón Gómez, «Artículo 207», en VV.AA., *Comentarios el Reglamento del Congreso de los Diputados*, Madrid, Congreso de los Diputados, 2012, pp. 1367 y ss. La

los reglamentos parlamentarios autonómicos (menos el del Parlamento de Galicia y el del Parlamento Vasco) con fórmulas muy similares: DA 1.ª RS; art. 192 RPAND; art. 240 RCARA; art. 228 RJGPRINCASTST; art. 182 RPIB; DA 1.ª RPCANA; art. 196 RPCANT; art. 211 RCCLM; art. 171 RCyL; art. 183 RPCAT; art. 183 RCVA; art. 250 RAEX; art. 168 RPRI; art. 244 RAMAD; art. 220 y art. 221 RAMU; art. 214 RPNA. En todos los casos se exceptúan los asuntos de los que deba conocer la Diputación Permanente, que disponga el estatuto de autonomía o la ley (en Extremadura no caducan los asuntos de los que *constitucionalmente* tenga que conocer la Diputación Permanente). Algún reglamento parlamentario exceptúa, además, algún asunto en concreto, como el de las Cortes de Castilla-La Mancha, las Cortes Valencianas o la Asamblea de Madrid, que disponen la no caducidad de las «proposiciones de ley de iniciativa legislativa popular y de los Ayuntamientos, en los términos previstos en su legislación específica»; o el de Castilla y León que exceptúa de la caducidad también «las iniciativas de reforma del Estatuto de Autonomía remitidas por las Cortes Generales». En el Reglamento del Parlamento de Cataluña se exceptúan, además de las que dispongan el Reglamento y las leyes, «los informes del *Síndic de Greuges* y las memorias y los informes de la Sindicatura de Cuentas».

En cuanto a los efectos, el Estatuto de Autonomía de Aragón impide que, una vez está disuelta la Cámara autonómica, se puede aprobar por el Gobierno un Decreto Legislativo, aunque la autorización esté en vigor, y haya sido aprobada con los requisitos dispuestos en el artículo 43 del Estatuto de Autonomía.

Finalmente, aunque alguna cuestión se ha planteado sobre los efectos de la disolución sobre el mandato de los senadores designados conforme al artículo 69.5 CE. Todos los problemas se resolvieron a raíz de la STC 40/1981, de 18 de diciembre, cuando señaló que «Si bien el apartado 6 del artículo 69 de la Constitución, que al referirse a los Senadores no distingue expresamente a los del apartado 2 y los del apartado 5, parece excluir a estos últimos por cuanto alude únicamente a la "elección" de Senadores, siendo así que en los apartados anteriores ha utilizado de manera explícita la palabra "elección" para los Senadores del segundo y "designación" para los del quinto, en aras de la igualdad del *status* de todos ellos, una vez elegidos o designados, hay que atribuir también a los Senadores del apartado quinto un mandato de cuatro años, y así se hace en el párrafo primero de este artículo 6 de la Ley impugnada. En relación con ello, la disposición de esta Ley que ahora nos ocupa es idónea para que dicho plazo se pueda respetar. Por lo demás, tal

autora analiza la práctica seguida en el Congreso de los Diputados en relación con la tramitación de asuntos, como las proposiciones de iniciativa legislativa popular, las de iniciativa legislativa autonómica y los efectos que se producen, en relación con estas últimas, cuando se disuelve una Cámara autonómica y está en trámite una proposición de ley presentada por la Cámara disuelta.

disposición es una consecuencia de la vinculación del mandato de los Senadores vascos a la legislatura del Parlamento que los designó, ya que esta designación, como subraya la representación del Parlamento Vasco, consiste en una elección cuyo resultado refleja una correlación de fuerzas políticas que puede ser distinta en la legislatura siguiente».

También se volverá sobre este asunto del mandato de los senadores designados.

CAPÍTULO 3

FUNDAMENTO ESTATUTARIO: ESTATUTO JURÍDICO DEL PARLAMENTO Y DE SUS MIEMBROS

1. Estatuto jurídico del Parlamento: autonomía

Las clásicas manifestaciones de la autonomía parlamentaria (normativa, presupuestaria, organizativa y de gobierno interior) se explican por ser la respuesta del sistema a la necesidad del régimen democrático representativo, de poder desarrollarse de un modo normal. En efecto, el sistema constitucional solo puede operar hoy, de forma eficaz, con Cámaras parlamentarias autónomas e independientes.

El Tribunal Constitucional lo ha tenido muy claro en una jurisprudencia muy consolidada. Así, «la autonomía parlamentaria garantizada constitucionalmente (art. 72 CE) y la propia naturaleza del art. 23.2 CE como derecho de configuración legal también obligan a otorgar a los Parlamentos y, significativamente, a sus órganos rectores, un margen de aplicación en la interpretación de la legalidad parlamentaria que este Tribunal no puede desconocer» (SSTC 185/2016, de 3 de noviembre, FJ. 5 b; 213/2016 de 15 diciembre, FJ. 3.ª; 238/2012, de 13 de diciembre, FJ 4; STC 185/2016, de 3 de noviembre, FJ 5 b)]. En el ejercicio de la autonomía reglamentaria que la Constitución reserva a las Cámaras (art. 72 CE), les corresponde «una función ordenadora de la vida interna de las Asambleas» (SSTC 227/2004, de 29 de noviembre, FJ 2, y 49/2008, de 9 de abril, FJ 15). Esa vida interna que puede regular la asamblea de forma independiente a otros órganos sirve para articular las fases o procedimientos que se desarrollan en su ámbito (SSTC 234/2000, de 3 de octubre, FJ 12; 49/2008, de 9 de abril, FJ 15, y 136/2011, de 13 de septiembre, 213/2016 de 15 diciembre, FJ. 3a).

Como es lógico, la autonomía parlamentaria encuentra sus límites en el propio sistema. Así, la autonomía parlamentaria no puede erigirse en excusa para soslayar el cumplimiento de las resoluciones del Tribunal Constitucional (ATC 170/2016, FJ 6) y no puede servir de pretexto para que la Cámara autonómica llegue hasta el extremo de arrogarse la potestad de vulnerar el orden constitucional (STC 259/2015, FJ 7; AATC 24/2017, de 14 de febrero, 123/2017 y 124/2017, de 19 de septiembre). En este sentido, en el ATC 24/2017, de 14 de febrero, se indicó que la autonomía parlamentaria también tiene como límite el deber de impedir o paralizar cualquier iniciativa que suponga alterar unilateralmente el marco constitucional o incumplir las resoluciones del tribunal (AATC 141/2016, FJ 7, y 170/2016, FJ 7). La situación de los Parlamentos es central, pues como también se recuerda en los AATC 141/2016, FJ 5, y 170/2016, FJ 6, las asambleas legislativas son «ante todo, escenarios privilegiados del debate público» (STC 226/2004, de 29 de noviembre, FJ 6) y, «el resultado del debate no debe condicionar la viabilidad misma del debate» (ATC 135/2004, FJ 6 y ATC 189/2015, de 5 de noviembre, FJ 3). También en AATC 24/2017, de 14 de febrero, 123/2017, ATC 124/2017, de 19 de septiembre y STC 89/2019, de 2 de julio.

Como se ha visto, la Constitución dispone y reconoce que las dos Cámaras de las Cortes Generales tienen autonomía, pues el artículo 72 CE dispone que ambas «establecen sus propios Reglamentos, aprueban autónomamente sus presupuestos y, de común acuerdo, regulan el Estatuto del Personal de las Cortes Generales». Ya se ha visto que los reglamentos garantizan la autonomía reglamentaria de una forma más intensa.

Y todos los estatutos de autonomía garantizan la autonomía reglamentaria a los Parlamentos, pero no sucede lo mismo con los otros aspectos de la autonomía. No obstante, varios estatutos de autonomía prevén un estatus reconocido de autonomía para el Parlamento; ejemplo de ello es el artículo 102 EAAND que incluye, incluso, la rúbrica «Autonomía parlamentaria» y que reconoce que el Parlamento de Andalucía goza de «plena autonomía» reglamentaria, presupuestaria, administrativa y disciplinaria. Por su lado, el Estatuto de Autonomía de Aragón también reconoce a las Cortes «autonomía parlamentaria», pues establecen su propio reglamento, aprueban sus presupuestos y regulan el «estatuto de sus funcionarios y personal». E igual es el artículo 58 del Estatuto de Autonomía de Cataluña que prevé, bajo la rúbrica «autonomía parlamentaria», que el Parlamento goza de estos mismos ámbitos de autonomía organizativa, financiera, administrativa y disciplinaria. Como se ve, aunque los estatutos de autonomía reconocen la autonomía reglamentaria del Parlamento, son más remisos para reconocer la autonomía presupuestaria y, más aún, la autonomía administrativa y funcionarial.

Hay varios ejemplos más, el Estatuto de Autonomía de Castilla y León (artículo 22.4) determina que las Cortes «aprueban el Estatuto del Personal de las Cortes de Castilla y León y establecen autónomamente sus presupuestos»; mientras que el Estatuto de Autonomía de Castilla-La Mancha reconoce, de un modo más limitado, que las Cortes «fijarán su presupuesto». De una forma algo más breve reconoce la autonomía de las *Corts* Valencianas el artículo 21.1 de la Comunidad Valenciana, que determina que las *Corts* son inviolables por las «opiniones expresadas en el ejercicio de sus funciones» (artículo 21.1 EACV). Por su lado, el Estatuto de Autonomía de la Región de Murcia determina que «la Asamblea Regional, en el ejercicio de su autonomía, establece su propio Reglamento, aprueba su presupuesto y regula el Estatuto de sus miembros y el régimen de su personal».

Pero no todos los estatutos de autonomía coinciden, ya que no reconocen de una forma expresa la autonomía administrativa del Parlamento autonómico el Estatuto de Autonomía del Principado de Asturias, el de Canarias, el de Cantabria, el de Extremadura, el de Galicia, el de las Islas Baleares, el de La Rioja, el de Madrid, el de Navarra o el del País Vasco. Estos Estatutos de Autonomía solo reconocen autonomía reglamentaria, como ya se ha visto.

Hay muchos matices en los reglamentos parlamentarios, pues suelen reconocer casi siempre la autonomía administrativa, como por ejemplo el artículo 45.2 del Reglamento del Parlamento de Canarias, que determina la competencia de su Comisión de Reglamento, para «la aprobación de las normas reguladoras del régimen económico-financiero de la Cámara, que garanticen su autonomía presupuestaria», así como «la elaboración y aprobación de las normas sobre protocolo y precedencia de los actos que se celebren en la sede del Parlamento o sean organizados por el mismo». Especialmente interesante es el artículo 241 del Reglamento del Parlamento de Cataluña, que establece que el Parlamento dispone de una «administración propia para cumplir las funciones estatutarias y las que le encomiendan las leyes», además los «órganos parlamentarios regulan y organizan la Administración parlamentaria, en ejercicio de la autonomía administrativa del Parlamento». También reconoce de una forma expresa la autonomía parlamentaria el articulo 2.2 RCV, según el cual «*Les Corts* tienen personalidad jurídica propia y gozan de autonomía para el cumplimiento de sus fines»; similar es el precepto incluido en el artículo 2 del Reglamento de la Asamblea de Extremadura.

Por su lado, el artículo 84 RAMA tiene interés, pues también reconoce que la Asamblea de Madrid goza de personalidad jurídica propia «para el cumplimiento de sus fines», reconociendo expresamente que ejerce sus funciones con «autonomía administrativa en la organización y gestión de sus medios personales y materiales». Asimismo, el artículo 2 del Reglamento de la Asamblea de Murcia dispone la personalidad jurídica de la propia asamblea y reconoce también la autonomía de la Cámara, en cuya virtud (art. 69.3 RAMU) aprueba su presupuesto, regula el «régimen de su personal y el régimen y gobierno interior de la Cámara».

La autonomía del Parlamento significa que ningún poder extraño a la institución puede afectar formalmente la organización y el funcionamiento del Parlamento. La justificación última de la autonomía es la solemne declaración inicial de que el Estado español es un Estado democrático, con el valor del pluralismo político, pues la razón principal del Derecho parlamentario es la protección de las minorías y la Libertad. En este sentido y en relación con el carácter vertebral de la Libertad en relación con el ordenamiento jurídico entero, se pueden recordar las palabras contenidas en la controvertida STC 48/2003, de 12 de marzo: «En la medida en que el Estado democrático constituido en el art. 1.1 CE ha de basarse necesariamente en el valor del pluralismo, del que los partidos son expresión principalísima mediante la configuración de una verdadera voluntad popular llamada a traducirse en voluntad general, es evidente que la apertura del ordenamiento a cuantas opciones políticas puedan y quieran nacer y articularse en la realidad social constituye un valor que solo cabe proteger y propiciar. Para asegurar que aquella voluntad popular lo sea verdaderamente solo puede operarse aquí desde el principio de libertad» (también SSTC 31/2010, de 28 de junio y 138/2012, de 20 de junio). El Derecho parlamentario no existe para proteger a la mayoría parlamentaria, que se protege sola, y ella no tiene necesidad de que el ordenamiento disponga una serie de instrumentos válidos para su defensa.

La autonomía parlamentaria y la declaración de que es un principio básico del funcionamiento del Estado, debe convivir con otros principios hechos que tienden a delimitar la autonomía parlamentaria, como la preponderancia real del poder ejecutivo y, la superioridad del Tribunal Constitucional en la cúspide del sistema. Este ámbito de libertad y de ausencia de límites externos que supone la autonomía parlamentaria impone la necesidad de que ningún poder diferente afecte y decida la organización y el funcionamiento del Parlamento, en situaciones de normalidad constitucional, sin considerar la eventualidad única de la aplicación del artículo 155 CE.

El contenido de la autonomía es muy conocido y muy amplio. Así el tribunal ha reconocido que en el ejercicio de la autonomía reglamentaria que la Constitución reconoce a las Cámaras (art. 72 CE), les corresponde a estas «una función ordenadora de la vida interna de las Asambleas» (SSTC 227/2004, de 29 de noviembre, FJ 2, y 49/2008, de 9 de abril, FJ 15). La Asamblea regula esa vida interna de forma independiente a otros órganos, y articula y regula las diversas fases o los distintos «procedimientos que se desarrollan» en el seno del Parlamento (SSTC 234/2000, de 3 de octubre, FJ 12; 49/2008, de 9 de abril, FJ 15, 136/2011, de 13 de septiembre, FJ 6 y 213/2016 de 15 diciembre, FJ 3a). Por ello, el tribunal solo puede tener una intervención pasiva (o negativa) en relación con la autonomía, pues este no puede «reemplazar la voluntad de sus órganos en el ejercicio de la función de calificación, así como de decisión del procedimiento que han de seguir los escritos parlamentarios» (SSTC 153/2016, de 22 de septiembre, FJ 3, y 185/2016, FJ 5 c).

La autonomía del Parlamento no puede hacer olvidar que está limitada en ocasiones por la realidad cotidiana de la vida política del país o de la comunidad autónoma y, en ocasiones, también en la actualidad de la Unión Europea o por la de la actividad internacional. De hecho, es complicado ver ejemplos de auténtica autonomía parlamentaria, en la que el Parlamento se hace frente o contra la voluntad del poder ejecutivo, o de otros poderes extraparlamentarios. Como se sabe, una gestión administrativa ordinaria, en general es muy poco relevante políticamente y no suele trascender fuera de las personas directamente interesadas. En supuestos de normalidad política y cuando se está ante una forma de gobierno parlamentaria, la vida normativa del Parlamento fluye por los cauces previsibles que viene a marcar la voluntad general gubernamental.

El Parlamento históricamente se hace fuerte en los momentos en los que hay una distribución de fuerzas políticas que pueda alterar la habitual relación parlamentaria con el Gobierno. Es decir, el Parlamento ejerce toda su autonomía, cuando se puede imponer al Gobierno. Así ha sucedido en diversas ocasiones, sobre todo en algunas comunidades autónomas como con el enfrentamiento entre el Parlamento y el Gobierno como ha pasado en Extremadura, en Cantabria, en Andalucía... en diversos momentos de la reciente historia constitucional. Fuera de estas situaciones, ciertamente esporádicas y críticas, la autonomía del Parlamento se integra en la normalidad y en la cotidianeidad política.

Pero conviene insistir en que la autonomía parlamentaria no puede erigirse en razón para «soslayar el cumplimiento de las resoluciones del Tribunal Constitucional», sin que la admonición a cumplir sus resoluciones suponga «en modo alguno una restricción ilegítima» de aquella autonomía «ni comprometa el ejercicio del derecho de participación de los representantes políticos garantizado por el art. 23 CE», pues «es la consecuencia obligada de la sumisión a la Constitución de todos los poderes públicos (art. 9.1 CE)» (ATC 170/2016, FF JJ 6, 7 y 8). En este sentido, ha señalado el Tribunal Constitucional que «la interpretación de las disposiciones reglamentarias de las Cámaras, que no pueden contradecir el imperio de la Constitución como norma suprema, ha de cohonestarse con el debido cumplimiento de las resoluciones del Tribunal Constitucional, al que vienen obligados todos los poderes públicos (art. 87.1 LOTC), de modo que aquella interpretación no entre en contradicción con los pronunciamientos del Tribunal Constitucional» (STC 185/2016, de 3 de noviembre). La autonomía parlamentaria implica que la actividad es susceptible de ser dirigida al objeto legítimo de analizar las distintas alternativas posibles para realizar, con arreglo a la Constitución, las reformas de la misma para satisfacer cualquier pretensión política (ATC 141/2016, FJ 7).

La consecuencia de la autonomía parlamentaria es que son las asambleas parlamentarias, en su condición de poderes constituidos, las que «deben velar por que sus decisiones se acomoden, en todo momento, a la Constitución y al resto del ordenamiento jurídico (art. 9.1 CE). Recae así sobre los titulares de cargos públicos, entre ellos los parlamentarios, un cualificado deber de acatamiento a la Constitución, que no se cifra en una necesaria adhesión ideológica a su total contenido, pero sí en el compromiso de realizar sus funciones de acuerdo con ella y en el respeto al resto del ordenamiento jurídico (art. 9.1 CE), que esto sea así para todo poder público deriva, inexcusablemente, de la condición de nuestro Estado como constitucional y de Derecho» (STC 259/2015, FJ 4). En consecuencia, «el ordenamiento jurídico, con la Constitución en su cúspide, en ningún caso puede ser considerado como límite de la democracia, sino como su garantía misma (STC 259/2015, FJ 5)».

2. Estatuto jurídico de los diputados

2.1. Adquisición, suspensión y pérdida de la condición de diputado

A) La adquisición de la condición de parlamentario

El instante desde el cual comienza la eficacia del estatuto del diputado es el momento de la adquisición de la condición de parlamentario[1]. Es decir, es la determinación del momento a partir del cual entra en vigor este peculiar «acuerdo» de mandato representativo parlamentario.

Es curioso comprobar que, en la relación del diputado con la Nación, y conel Parlamento en el que se integra, el miembro no empieza a serlo desde el día de la elección, sino que el ordenamiento ha creado una serie de artificios, a partir de los cuales, se produce el inicio de su especial relación.

Para facilitar la diferenciación de dos momentos, lo normal es que se contemple una adquisición inicial de la condición de parlamentario y, posteriormente, la «adquisición plena» de tal condición. El primero coincide con la publicación del resultado del escrutinio definitivo o, el de la expedición de la correspondiente credencial por parte de la junta electoral o, en su caso, también por la expedición de la credencial al senador designado por el Parlamento autonómico.

Por su parte, el segundo momento coincide con la adquisición definitiva de la condición de diputado y, se consolida por el cumplimiento de unos requisitos que imponen una garantía y un compromiso especial del parlamentario con el órgano en el que se integra. Sin embargo, varios reglamentos reconocen que «Todo Diputado tendrá los derechos y las prerrogativas de tal desde el mismo momento en que fuera proclamado electo» (artículo 24.1 RCARA; art. 7.1 RCCLM, el cual especifica que «la condición de Diputado Regional se adquiere por el hecho de la elección, confirmándose en el momento de la proclamación oficial de los resultados»; similar fórmula en el artículo 8.1 RCV). En

---

1 Cfr. el resumen de la regulación reglamentaria autonómica, cierto que algo anticuado, de A. Arévalo Gutiérrez, A. Marazuela y A. del Pino Carazo, *Los Reglamentos de los Parlamentos autonómicos*, Madrid, Centro de Estudios Políticos y Constitucionales, 2001, pp. 50 y ss.

estos casos, se relativiza la diferencia entre la adquisición inicial de la condición de miembro y la adquisición plena.

El Estado democrático se fundamenta en la representación, de forma que la democracia directa es meramente residual. Si la democracia es representativa al diputado no se le deberían poner posibles para que pueda ejercer plenamente su cargo.

Si el Estado es democrático, la adquisición de la condición de parlamentario debería ser inmediata, desde el día que se produce la elección sin requisitos burocráticos añadidos, como sucede en varios sistemas anglosajones. Es discutible que al representante del pueblo español se le exija el cumplimiento de una serie de requisitos para la adquisición de la condición definitiva y plena como representante, más allá de la obtención de la credencial de la junta electoral.

El sistema español es artificioso y, por ello, es razonable defender la supresión de todos o algunos de estos requisitos exigidos adicionalmente a los diputados.

Sea como fuere, lo cierto es que casi todos los reglamentos parlamentarios españoles exigen que el diputado presente varios documentos en el registro de la Cámara y efectúe, además, algunas declaraciones para que se le considere diputado de una forma plena. El Reglamento del Congreso de los Diputados trata de limitar el alcance de su regulación y prevé que «Los derechos y prerrogativas serán efectivos desde el momento mismo en que el Diputado sea proclamado electo. Sin embargo, celebradas tres sesiones plenarias sin que el Diputado adquiera la condición de tal, conforme al apartado precedente, no tendrá derechos ni prerrogativas hasta que dicha adquisición se produzca». (art. 20.2 RCD).

Los reglamentos españoles presentan algunas peculiaridades en la realización de estos trámites burocráticos. Así, el art. 5.2 RPAND permite que la Mesa puede de forma excepcional «apreciar causa de fuerza mayor» debidamente acreditada y otorgar un nuevo plazo al efecto; art. 24.2 RCARA; art. 9.2 RJGPRINCAST, que exige que los casos de fuerza mayor que impidan al electo adquirir la condición plena de diputado, sean «debidamente acreditados ante el Presidente de la Cámara»; artículo 6.3 RPCANA, en el que es la Mesa el órgano que puede apreciar la «fuerza mayor» que haya impedido al electo adquirir la condición plena de diputado; igual que art. 6.2 RPCANT; art. 7.3 RCCLM, en el que los diputados que no hayan jurado o prometido pueden hacerlo ante la Presidencia en cualquier momento; art. 5.2 RCCyL; art. 7.2 RPGAL; art. 8.2 RPIB; art. 10.1.2 RPRI; art. 12.3 RAMAD, que también prevé que la Mesa pueda apreciar la fuerza mayor que haya impedido al diputado adquirir la condición plena; art. 26.3 RPANA, por el que el diputado que no haya adquirido la condición plena puede jurar o prometer ante la Mesa con posterioridad, en la fecha que esta determine; art. 9.1.a RPV, que exige la presentación, en la Secretaría General del Parlamento Vasco, de la credencial expedida por la correspondiente Junta electoral y la cumplimentación de las declaraciones a efectos de incompatibilidades.

El artículo 23.2 RPCAT no establece nada sobre la no adquisición de la condición de diputado, celebradas tres sesiones sin el cumplimiento de los requisitos burocráticos. Prevé este artículo que los derechos del diputado proclamado electo «no son efectivos hasta que no haya accedido al pleno ejercicio de la condición de parlamentario», con lo que en Cataluña los aludidos efectos suspensivos son inmediatos. Es similar el caso de las Cortes Valencianas, que se limita a prever (art. 8.3 RCV) que «los Diputados y Diputadas electos no podrán participar en las tareas de la Cámara hasta tanto hayan cumplimentado los requisitos anteriores», y se prevé que el diputado que no haya jurado o prometido, puede hacerlo en cualquier momento ante la Presidencia de la Cámara. También es parecido el caso del Reglamento de la Asamblea de Extremadura.

Por tanto, el criterio habitual del *Derecho parlamentario español*, es que, celebradas tres sesiones plenarias sin que el diputado haya adquirido su condición de tal, este no tendrá derechos de ningún tipo (ni políticos, ni económicos, ni ningún otro que le reconozca el ordenamiento reglamentario o una norma interna del Parlamento), ni prerrogativas de inviolabilidad (aunque no pueda intervenir en ninguna sesión parlamentaria), ni inmunidad para los diputados del Congreso de los Diputados o del Senado. No obstante, la prerrogativa de aforamiento es algo diferente.

Los reglamentos no prevén nada acerca de la situación del diputado que no ha adquirido la condición plena, tanto si no se ha producido aún la sesión constitutiva, como si todavía no ha jurado o prometido en las siguientes tres sesiones plenarias, y tampoco lo hace pasadas esas tres sesiones y sin que la Mesa aprecie fuerza mayor, ni le conceda la «prórroga» vista. Si la Mesa no apreciase fuerza mayor en estos casos en los que se prevé que pueda hacerlo, parece que el valor preferente del ejercicio del derecho fundamental *ex. artículo 23 CE*, debería permitir al diputado electo la adquisición de la condición plena de parlamentario en cualquier momento posterior. Esta es la solución que acepta implícitamente (STC 119/1990, de 21 de junio, FJ 4).

El motivo de que, a estos diputados, que no han adquirido la condición plena, no se les pueda suspender la prohibición de detención o retención es claro: los estatutos de autonomía prevén la prohibición, «durante el mandato» parlamentario. Por tanto, la prohibición de detención o retención se produce siempre, tenga el diputado, por tanto, la condición plena de diputado o no.

A su vez, el diputado no-pleno o «solo electo» estaría en una situación de suspensión *de facto* de la condición de diputado declarada por la Mesa. En esta situación, el diputado no es titular de los derechos, deberes y prerrogativas que le reconoce el reglamento parlamentario, con provisionalidad. Así, el ATC 144/1990, de 29 marzo, reconoció que la condición no-plena de diputado es una suspensión de la condición de electo, siendo una «situación de privación del ejercicio de un derecho (no de una libertad)». Por las especiales características que tienen, alguna autora ha llegado a plantear, incluso, que en realidad no hay diferencia alguna entre parlamentario electo y parlamentario pleno[2].

Las consecuencias de la no adquisición de la condición no plena se pueden agrupar de la siguiente manera, a salvo de lo que luego se diga del Reglamento del Senado:

1. Pérdida de derechos y prerrogativas. Art. 20.2 RCD: el electo que no adquiera la condición plena no «tendrá derechos ni prerrogativas hasta que dicha adquisición se produzca» (también art. 9.2 RPRINCAST; art. 6.2 RPPCANA; art. 5.2 RCCyL, que «perderá» los derechos y prerrogativas; art. 13 RCV; art. 8.2 RPIB; art. 7.2 RPLR; art. 10.2 RAMU, la Mesa podrá, excepcionalmente, apreciar causa de «fuerza mayor debidamente acreditada» y otorgar un nuevo plazo al efecto).
2. Suspensión de los derechos y prerrogativas. Art. 5.2 RPAND; art. 24.2 RCARA; art. 6.2 RPCANT; art. 16.1.1.ª RAEX; art. 12.3 RAMA y art. 89.4 RPV. El artículo 26.2 RPNA determina, en una fórmula negativa que, hasta el cumplimiento de los requisitos, el diputado «no alcanzará la plenitud de sus derechos y prerrogativas», (también el artículo 7.2 del RPG y art. 7.2 del RCCLM).

En general, en el *Derecho parlamentario español* cada miembro debe (además de recibir la credencial en la Junta Electoral correspondiente) cumplir los siguientes requisitos:

a) Presentación de la credencial expedida por la junta electoral

El diputado recibe un mandato individual y por ello el *Derecho parlamentario español* dispone que el miembro electo ha de presentar en el Registro General del Parlamento, la credencial expedida por el correspondiente

2 A. del Pino Carazo, «La suspensión de los derechos de los parlamentarios», en Corts. Anuario de Derecho parlamentario, 17, 2006, p. 236: «En realidad la distinción parlamentario electo/condición de parlamentario o, dicho en otros términos, el cumplimiento de los requisitos mencionados actúa a modo de condición suspensiva de los derechos y, en su caso, de las prerrogativas parlamentarias, de tal manera que si se satisfacen tales requisitos, los derechos y prerrogativas parlamentarias se ostentan desde la proclamación como electo, en tanto que si todos o alguno de ellos no se cumplimentan los derechos parlamentarios, quedan suspendidos». También J. A. Víboras Jiménez, «Los parlamentarios: acceso, condición suspensión y pérdida», en Instituciones de Derecho parlamentario, III. Los sujetos del Derecho parlamentario, Vitoria, Parlamento Vasco, 2001, p. 81: «No parece que la citada distinción tenga mucho sentido, a menos que se identifique condición de parlamentario con el ejercicio por el mismo de la función ínsita al cargo, la representativa derivada del status y funciones públicas que constitucional y estatutariamente le corresponden. Así se deducen implícitamente de la doctrina del Tribunal Constitucional (STC 119/1990, de 21 de junio, F.J.4.o y STC 74/1991, de 8 de abril, FJ 2.o), para el que no existe otro título que la adquisición de la condición de Diputado. Quiérese decir con ello que, a nuestro juicio, el Diputado electo, por el simple hecho de la elección, tiene la condición de parlamentario, aunque ya no la perderá hasta que concurra una de las causas legalmente predeterminadas de pérdida de la misma».

órgano de la Administración electoral, que puede ser la Junta Electoral Central, la junta electoral provincial o la junta electoral autonómica. Esta carga del electo está dispuesta en el artículo 20.1.1.° RCD; art. 5.1.1.° RPAND; artículo 24.1.a RCARA; art. 9.1.a RPRINCAST; art. 6.1.1.° RPCANA; art. 6.1.a RPCANT; art. 7.1 RCCLM; art. 5.1.1.° RCCyL; art. 23.1.a RPCAT; art. 8.2.1.° RCV; art. 15.1.1.° RAEX; art. 7.1.1.° RPGAL; art. 8.1.1.° RPIB; art. 10.1.1.° RPRI; art. 12.1.a RAMAD; art. 10.1.a RAMU; art. 26.2.a RPANA y el artículo 9.1.a RPV.

Este requisito también se dispone en el artículo 12 del Reglamento del Senado que determina que «para la perfección de su condición, los Senadores electos y los designados por las Comunidades Autónomas deberán cumplir también con el requisito de la presentación de la credencial dentro de los treinta días siguientes a su expedición, según corresponda, por la Junta Electoral Provincial o por la Comunidad Autónoma. No obstante lo anterior, la Cámara podrá ampliar dicho plazo en caso de enfermedad o de imposibilidad física».

La presentación de la documentación es una carga del diputado, y se puede afirmar, sin mayor problema, que es prescindible[3]. A nadie se le escapa que, en este momento, el Parlamento puede constatar con facilidad la identidad de los electos, mediante una simple comprobación en la publicación en el Boletín Oficial correspondiente. O mediante la consulta en la página web de la junta electoral. O, más sencillo aún, debería ser suficiente una comunicación directa desde la junta electoral que ha actuado, dirigida al Parlamento.

b) Deber de cumplimentar una declaración inicial, a efectos del examen de incompatibilidades, en la que se refleje los datos relativos a profesión y cargos públicos que desempeñe

La declaración inicial[4] que sobre incompatibilidades presenta el diputado suele ser diferente de la declaración definitiva que debe entregar con posterioridad. En la declaración inicial, debe incluir la declaración del electo indicando

---

3 En relación con la fehaciencia y constancia de la identidad de las personas que han resultado proclamadas, puede consultarse, E. de Alba Bastarrrechea, «Estatuto de los miembros de las Asambleas Legislativas de las Comunidades Autónomas», en *Revista parlamentaria de la Asamblea de Madrid*, 12, 2005, pp. 93 y ss. En p. 93 indica esta autora: «Los requisitos de presentar la credencial y efectuar la declaración de actividades a efectos de que se realice el pertinente examen de compatibilidad se derivan de la propia Constitución, pues es obvio que la Cámara ha de ser informada de modo fehaciente de las personas que han resultado proclamadas electas y no lo es menos que se trata de un ejercicio de responsabilidad verificar que los parlamentarios no están incursos en actividades que impidan, de acuerdo a la Ley, el correcto desempeño de sus funciones. La problemática recae sobre el requisito del acatamiento».

4 X. A. Sarmiento Méndez, *Dereito Parlamentario de Galicia*, Vigo, Edicións Xerais de Galicia, 2011, p. 34 señala como más prudente la interpretación de atribuir a la Cámara un primer análisis inicial sobre las incompatibilidades «flagrantes», es decir *«as que se deri*

que cumple los requisitos para ser representante. En la declaración segunda y definitiva, el diputado electo detalla las condiciones de incompatibilidad en las que puede estar incluido.

No obstante, algún reglamento exige que, para adquirir esta condición «plena» de parlamentario, el electo presente, no una declaración inicial y preliminar «de actividades» (RCD), sino la definitiva declaración de bienes y de actividades e intereses, en donde se detalla toda la información necesaria para que la Comisión de estatuto realice el examen de incompatibilidades.

Ejemplo de la presentación de una única declaración es el Reglamento del Parlamento de Andalucía (artículos 5.1.2.º y 3.º, y 16). Prevé este reglamento que el diputado electo ha de presentar dos declaraciones diferentes para adquirir la condición plena de parlamentario: una primera y definitiva declaración de incompatibilidades, «reflejando los datos relativos a profesión y cargos públicos que desempeñe» y, una segunda declaración sobre actividades y bienes e intereses. También debe presentar el electo copia de su declaración-liquidación del impuesto sobre la renta de las personas físicas y, en su caso, del impuesto sobre el patrimonio. Tanto las declaraciones sobre actividades y sobre bienes e intereses, como la liquidación del IRPF se deben inscribir en el Registro de Actividades, Bienes e Intereses. El contenido de esta declaración formará parte del Registro de Actividades, Bienes e Intereses, que tendrá carácter público y las declaraciones inscritas en el registro se publicarán en el Boletín Oficial del Parlamento de Andalucía y en el Boletín Oficial de la Junta de Andalucía, y estará «disponible en Internet».

El Reglamento del Parlamento de Andalucía no es el único que dispone la presentación de una sola declaración de incompatibilidades al inicio de la legislatura. Por ejemplo, el artículo 26 del Reglamento del Senado prevé que el senador electo presente la declaración de actividades y la Declaración de bienes patrimoniales al iniciar su mandato, «como requisito para la perfección de la condición de Senador y, asimismo, en el plazo de los treinta días naturales siguientes a la pérdida de dicha condición o de la modificación de las circunstancias inicialmente declaradas».

También el artículo 24.1 RCARA exige que sean entregados de una forma previa la declaración de actividades y de bienes patrimoniales, que regula en su artículo 41 RCAR. Idéntica es la regulación de los artículos 9.1.b y 22.5 del Reglamento de la Junta General del Principado de Asturias, que determinan que los electos presenten la declaración de incompatibilidades, la declaración de intereses y actividades y la declaración de bienes patrimoniales. Sin la presentación inicial de estas declaraciones, no podrán adquirir los electos la condición plena de parlamentarios. También siguen este sistema de presentación

van dunha mera lectura do elenco previsto na lexilación electoral», dejando para un análisis posterior de la Comisión de Estatuto de las causas de incompatibilidad, con efectos sobre los ingresos y con el régimen de dedicación por el que opten los Diputados.

única de las declaraciones de actividades y de bienes el artículo 23.1.b RPCAT; art. 8.2.2.º RCV; art. 8.1.2.º RPIB; art. 10.1.b RAMU; art. 26.2.B RPANA y el artículo 9.1.B RPV.

El resto de reglamentos (casi la mitad) distinguen con claridad dos declaraciones de incompatibilidades: una primera inicial a efectos de adquisición de la condición plena; una segunda declaración posterior y definitiva de actividades y de bienes. Así se dispone en el artículo 6.1.b RPCANT; art. 7 RCCLM; art. 5.1.2.º RCCyL; art. 15.1.2.º y 3.º RAEX; art. 7.1.2.º RPGAL.

Quedan algunas cuestiones por aclarar. Así, el Reglamento del Parlamento de Cataluña es el único que prevé que, transcurridos cuatro años desde la pérdida de la condición de diputado, las dos declaraciones que presentan los diputados «deben ser destruidas». Para el resto de Parlamentos, se podría aplicar el artículo 49 de la Ley 16/1985, de 25 de junio, del Patrimonio Histórico Español, que determina que forman parte del patrimonio histórico-documental, los documentos con una antigüedad superior a los «cuarenta años generados, conservados o reunidos en el ejercicio de sus actividades por las entidades y asociaciones de carácter político». En este caso, el acceso a esta información debe cumplir idénticos requisitos de acceso a la documentación integrada dentro del patrimonio documental parlamentario.

c) Deber de presentación, en la sesión constitutiva, de la promesa o el juramento de acatar la Constitución (y al estatuto de autonomía en los casos de los Parlamentos autonómicos)

Los dos primeros deberes del elector tienen una naturaleza formal y han de ser presentados ante la Cámara más tarde o más temprano. El tercer requisito de prestar juramento o promesa tiene también un alcance formal y es un protocolo que es muy común en otros ordenamientos. Así, no es extraño que en muchos contextos (oficios, profesiones...) se incorporen como obligaciones del oficio la necesidad de realizar un juramento o promesa de ejercer la actividad, de una forma fiel a los principios que informan la profesión.

El deber de juramento también tiene una amplia tradición histórica en España y es muy reconocible desde la Constitución de Cádiz de 1812, aunque con alguna excepción, porque el Reglamento de 1934 del Congreso de los Diputados no lo recogía. Además, la obligación de juramento no es extraña en el sistema constitucional vigente. Así, el artículo 61 de la Constitución prevé que el Rey, al ser proclamado ante las Cortes Generales, preste juramento, igual que el príncipe o princesa heredero o el regente o regentes.

Pero el deber del parlamentario de jurar o prometer la Constitución (y, en los Parlamentos autonómicos, también el estatuto de autonomía) no está dispuesto en la Constitución, y tampoco está en la naturaleza del sistema y se encuadra mal con la lógica de la democracia como forma de Estado. Puede decirse que, a pesar de la tradición existente, este requisito del juramento o promesa de la Constitución también debería ser suprimido. Más aún, hay un reglamento español, como es el del Parlamento Vasco, que no exige ni promesa ni juramento a los diputados para adquirir su condición plena y nada raro ni extraordinario sucede, por este motivo, en el funcionamiento y organización de este Parlamento. El Parlamento es igual de Parlamento por el hecho de que juren o no juren sus miembros, prometan o no prometan los diputados que lo componen, y mucho más después de la jurisprudencia del Tribunal Constitucional que ha permitido que se altere la fórmula de un modo tan peculiar.

Como se sabe, el *Derecho parlamentario español* generaliza la exigencia de juramento o promesa del diputado o senador, como se prevé en el artículo 20.1.3.° RCD; art. 5.1.4.° RPAND; art. 24.1.c RCARA; art. 9.1.c RPRINCAST; art. 6.1.3.° RPCANA; art. 6.1.c RPCANT; art. 7.1.b RCCLM; art. 5.1.3.° RCCyL; art. 23.1.b RPCAT; art. 8.2.3.° RCV; art. 15.1.4.° RAEX; art. 7.1.3.° RPGAL; art. 8.1.3.° RPIB; art. 10.1.4.° RPLR; art. 12.1.c RAMA; art. 10.1.c RAMU; art. 26.2.c RPANA.

El Reglamento del Senado es algo distinto y también tiene una mayor flexibilidad, pues el artículo 12.1.b RS determina que el senador deba «b) Prestar el juramento o promesa de acatamiento a que se refiere el artículo anterior, bien en el acto de la constitución definitiva, bien en caso de enfermedad o de imposibilidad física, en una sesión posterior o mediante documento fehaciente dentro de los tres meses siguientes a la presentación de su credencial. Del documento mencionado se dará cuenta al Pleno». No se dispone qué sucede si el senador no presenta el «documento fehaciente» (que habría de ser notarial) en el plazo de tres meses. Sin embargo, el mayor valor de los derechos fundamentales debería proporcionar una solución que permitiese la adquisición de la condición plena de miembro posterioridad con posterioridad.

Por su parte y a diferencia del Reglamento del Congreso de los Diputados, el del Senado sí incluye la fórmula de juramento o acatamiento en su texto. El artículo 11.2 y 11.3 RS determina que «El Presidente de la Mesa de edad o el de la interina, según corresponda, o un Vicepresidente, tomará la declaración de acatamiento al que resulte elegido o confirmado como Presidente en la constitución definitiva de la Cámara, y este, a su vez, a todos los Senadores, empezando por los Vicepresidentes y Secretarios y continuando por orden alfabético por los restantes. A tales efectos, se leerá la fórmula siguiente: "¿Juráis o prometéis acatar la Constitución?". Los Senadores se acercarán sucesivamente ante la Presidencia para hacer la declaración, contestando "sí, juro" o "sí, prometo"».

También introducen una fórmula exacta, entrecomillada, del juramento o promesa otros reglamentos como el del Parlamento de Cantabria, artículo 4.2 RPCANT, «Juro (o prometo) acatar la Constitución y el Estatuto de Autonomía para Cantabria, y ejercer el cargo de Diputado (o Diputada) en defensa de los intereses de Cantabria»; el art. 5.1 RCCLM, con una fórmula similar; el art. 4.1. RCCyL, con una fórmula algo más simple, «¿Juráis o Prometéis acatar la Constitución y el Estatuto de Autonomía de Castilla y León», similar que el art. 12.1.c RAMAD y el art. 6.1 RCV, con una fórmula, en catalán, que es la siguiente: «Jo (expresión del nombre) *jure/promet que aitant com tindré el càrrec de Diputat/Diputada acataré la Constitució Espanyola i l'Estatut d'Autonomia de la Comunitat Valenciana sense engany i guardaré fidelitat a la Generalitat»*.

Además, se puede comprobar que la fórmula utilizada en el *Derecho parlamentario español* es sencilla y está referida a «acatar» la Constitución. De nuevo, la RAE, en su segunda acepción, fija como significado de acatar «Aceptar con sumisión una autoridad o unas normas legales, una orden, etc.». Además, en algunos se añade la también la fórmula de «guardar fidelidad» a la Constitución y al estatuto de autonomía (como en Galicia y, también, en la Comunidad Valenciana).

El Tribunal Constitucional también aceptó la fórmula de juramento que consiste en «guardar fidelidad», y ha indicado que eso significa «aceptar las reglas del juego político y el orden jurídico existente en tanto existe y a no intentar su transformación por medios ilegales. La *fidelidad*, en esta línea interpretativa, no entraña una prohibición de representar y de perseguir ideales políticos diversos de los encarnados en la Constitución y en el Estatuto, siempre que se respeten aquellas reglas de juego, y no supone, por tanto, una renuncia a las libertades individuales consagradas por la Constitución ni a la libre crítica del ordenamiento jurídico existente, ni de los actos políticos que se realicen, ni a la libre proposición de nuevas Leyes, ni a procurar la reforma de la Constitución o el Estatuto, tanto más, conviene subrayarlo, cuanto el contenido de la actual Constitución Española es reformable, aunque el procedimiento para llevar a cabo esa reforma sea más o menos rígido, según la materia y ámbito a que afecte, como lo es el Estatuto de Galicia». (STC 122/1983, de 16 diciembre).

La exigencia de un juramento o promesa ha sido fuente de conflicto en España. El juramento ha sido utilizado por algunas fuerzas políticas para hacer visible y público sus reticencias a aceptar el sistema constitucional y democrático. Así, el Alto Tribunal ha situado el problema del juramento, y las alteraciones en su fórmula, en términos de ejercicio de la libertad de expresión, pues esa libertad «está protegida por la prerrogativa de la inviolabilidad por los votos y opiniones que los miembros del Parlamento emitan en el ejercicio de su cargo (artículo 11.3 del Estatuto gallego), libertad que obviamente no viene coartada por la prestación del juramento o promesa debatido. De acuerdo con esta interpretación, el deber de fidelidad se confunde prácticamente con el deber de obediencia a la Constitución y al resto del ordenamiento jurídico que deriva del artículo 9.1 de la Constitución, del que arranca también, como se ha advertido, el deber de acatamiento» (STC 122/1983 de 16 diciembre).

De este modo, la jurisprudencia constitucional (SSTC 101/1983, 122/1983, 8/1985, 24/1990, 119/1990; 74/1991) ha estimado la licitud constitucional de la exigencia de juramento o promesa de acatamiento a la Constitución como requisito para el acceso a los cargos y funciones públicos. También ha admitido que el reglamento parlamentario y la legislación electoral son normas adecuadas para determinar la fórmula de juramento. La Constitución no impone este requisito[5], pero tampoco lo prohíbe, se dice en la jurisprudencia, y han sido todos los reglamentos parlamentarios, en ejercicio de su autonomía parlamentaria, los que han impuesto este requisito formal para que el parlamentario llegue a adquirir la condición plena de tal.

El Tribunal Constitucional ha dejado claro que la obligación de prestar juramento o promesa de acatar la Constitución no crea un deber de sujeción a esta. Según esta discutible jurisprudencia, el juramento no produce una vinculación interna con la Constitución y, por eso, la alteración de la fórmula de juramento carece de trascendencia jurídica. Desde esta jurisprudencia, se ha permitido la adición de fórmulas diferentes a la que determinaba el reglamento o la correspondiente resolución de Presidencia.

En el momento de elaborar este capítulo, están pendientes de resolución por el Tribunal Constitucional dos recursos presentados por varios ditados y otro más, presentado por varios senadores contra los acuerdos de las presidentas del Congreso y Senado de 3 de diciembre de 2019, y las resoluciones de la Mesa del Congreso y Senado de 13 de diciembre de 2019 y 23 de enero de 2020, respectivamente, en relación con las fórmulas adoptadas por diversos diputados y senadores en las sesiones constitutivas de las XIII y XIV legislaturas del Congreso de los Diputados y del Senado. Sería deseable que esas resoluciones del Tribunal Constitucional supusiesen el fin del requisito del juramento o promesa para la adquisición de la condición plena de parlamentario.

En verdad, la prestación del juramento o promesa no tiene otra función que determinar el día de inicio de la plenitud del mandato parlamentario efectivo, porque suele ser el último de los tres requisitos que prevén los reglamentos para la adquisición plena. En general, los deberes, derechos y prerrogativas de los parlamentarios serán efectivos desde el momento mismo en que el diputado sea proclamado electo. No obstante, no es extraño que los Parlamentos más grandes introduzcan un juramento o promesa notarial (fehaciente) que facilita que el electo adquiera su plena condición sin necesidad de una sesión plenaria. Tampoco es extraño que se produzca el juramento o promesa del diputado ante el presidente, o ante la Mesa de la Cámara, de lo que deberá darse cuenta al Pleno.

Desde la STC 101/1983, de 18 de noviembre, la sujeción a la Constitución es una consecuencia obligada del carácter de la Constitución como norma-

5 Solo lo prevé algún Estatuto de Autonomía, como el de Madrid en su artículo 11.2: «La adquisición de la condición plena de Diputado requerirá, en todo caso, la prestación de la promesa o juramento de acatamiento de la Constitución y del presente Estatuto de Autonomía».

suprema, y que traduce el deber general positivo de llevar a cabo sus funciones de acuerdo con la Constitución que tiene los poderes públicos. Los sujetos particulares, sin embargo, tienen solo el deber negativo de no actuar contra la Constitución. Señaló la STC 101/1983, de 18 de noviembre que el acceso al cargo implica «un deber positivo de acatamiento entendido como respeto a la misma, lo que no supone necesariamente una adhesión ideológica ni una conformidad a su total contenido, dado que también se respeta la Constitución en el supuesto extremo de que se pretenda su modificación por el cauce establecido en los artículos 166 y siguientes de la Norma fundamental. Entendido así el acatamiento..., constituye un deber inherente al cargo público, una condición, en el sentido de requisito, con independencia de que se exteriorice o no en un acto formal». Así, «las reservas internas que algunos pudieran tener al cumplimentar esa obligación son irrelevantes para el derecho, que no puede entrar en el ámbito del pensamiento en tanto no se manifieste en conductas externas» (STC 122/1983 de 16 diciembre).

El Tribunal, después de justificar la procedencia del juramento, admite que no valga para mucho. Así, el incumplimiento de la prestación del juramento no privaría, en consecuencia, de la condición de diputado o senador (STC 119/1990, de 21 junio y también STC 74/1991, de 8 abril). El mayor valor de los derechos fundamentales impone que el diputado lo sea si no cumple este requisito. La STC 119/1990 de 21 junio, admitió la adición de fórmulas (el conocidísimo «por imperativo legal» que añadieron los diputados de la coalición electoral Herri Batasuna) a la que se establece en una resolución de la Presidencia de la Cámara. Todo ello ha supuesto que la jurisprudencia ha relativizado la exigencia del juramento. No obstante, el acatamiento a la Constitución, como instrumento de integración política y de defensa constitucional, exige una clara manifestación formal de voluntad. La Presidencia debe tener claro que el diputado acata la Constitución, y no debe dudar de la obligación que toma el diputado de respetar y acatar la Constitución, aunque la fórmula de juramento se ha ido relajando y, desde esta discutible jurisprudencia, se han ido añadiendo diversas fórmulas a la original del reglamento, cada una más imaginativa que la anterior. Todo esto es una razón poderosa para suprimir el juramento.

B) La suspensión de los derechos, deberes y prerrogativas del diputado

a) Introducción

Según la RAE, suspensión[6] significa acción de suspender, que, a su vez, implica «diferir por algún tiempo una acción u obra». Como punto inicial, el

6 M. Razquín Lizárraga, «Actos relativos al estatuto de los parlamentarios y de autoorganización», en *Los actos del Parlamento*, Parlamento Vasco, Vitoria, pp. 173 y ss. Este autor,

tribunal ha dispuesto hasta la saciedad que el derecho a acceder en condiciones de igualdad a las funciones y cargos públicos con los requisitos que señalen las leyes (art. 23.2 CE), comprende también el de permanecer en él en las mismas condiciones de igualdad. De este modo, el parlamentario no puede ser suspendido ni removido de su cargo, si no es por las causas y de acuerdo con los procedimientos legalmente previstos, en los que rige el principio de legalidad y tipicidad. Esta jurisprudencia, como se sabe, es válida tanto para la suspensión, como para la pérdida de la condición de parlamentario (de forma muy reiterada desde la STC 28/1984, de 28 de junio), y para cualquier actuación que pueda afectar el ejercicio del derecho fundamental que ejerce el diputado.

Como ya se ha indicado, la suspensión de la condición de diputado implica la paralización del ejercicio del *ius in officium* durante el período. De este modo, si a un diputado al que «solo» se le ha suspendido en su condición de tal, se le priva de su condición de diputado, se debe considerar que se infringe su derecho fundamental del art. 23.2 CE (STC 7/1992, de 16 de enero). Además, los matices de esta jurisprudencia son muchos, y la individualidad del mandato parlamentario implica que, en caso de suspensión de derechos y deberes del parlamentario, no sea constitucionalmente pertinente proceder a la designación de sustituto durante la duración del período de suspensión. Sobre esto se volverá en este mismo capítulo.

Uno de los principios básicos de la jurisprudencia del Tribunal Constitucional en la materia desde las SSTC 10/1983, de 21 de febrero, y 32/1985, de 6 de marzo (FFJJ 2 y 3, respectivamente), es que el derecho de acceder a los cargos de naturaleza representativa implica también, necesariamente, el de mantenerse en ellos y desempeñarlos de acuerdo con la ley y con los reglamentos parlamentarios, «sin constricciones o perturbaciones ilegítimas». También desde aquellas sentencias, y en los mismos fundamentos jurídicos, el tribunal tiene dicho, y así lo recuerda hasta el presente siempre que tiene ocasión, «que cuando se trata, como ahora es el caso, de cargos representativos el derecho enunciado en el número 2 de este precepto ha de ponerse en relación con el que le precede en el mismo artículo, de conformidad con el cual y en lo que aquí interesa, los ciudadanos "tienen el derecho de participar en los asuntos públicos... por medio de representantes, libremente elegidos en elecciones periódicas por sufragio universal", relación de obligada constatación si se tiene en cuenta que son los representantes, justamente, quienes actualizan aquel derecho de los ciudadanos a la participación, al margen ahora la de carácter directo que asimismo el propio precepto garan-

desde otra perspectiva y con otro criterio sistemático, analiza los diversos actos parlamentarios que afectan al parlamentario individualmente considerado. Así, en relación con la suspensión de la condición de Diputado indica que «Los actos parlamentarios afectantes a la suspensión, si se sigue el modelo del Reglamento del Congreso de los Diputados, son actos en la mayoría de los casos de constatación de un hecho ajeno a la Cámara».

tiza», (SSTC 10/1983, de 21 de febrero, fundamento jurídico 2; 32/1985, de 6 de marzo, fundamento jurídico 3; 161/1988, fundamento jurídico 6; 76/1989, fundamento jurídico 2; 181/1989, fundamento jurídico 4; y 205/1990, fundamento jurídico 5; 22/1997 de 11 febrero).

Hoy es muy obvio indicar la individualidad del mandato, y que el derecho a un cargo público implica el derecho a su desempeño sin perturbaciones ilegítimas (SSTC 10/1983, de 21 de febrero, fundamento jurídico 2; 32/1985, de 6 de marzo, fundamento jurídico 3; 161/1988, fundamento jurídico 6; 76/1989, fundamento jurídico 2; 181/1989, fundamento jurídico 4; y 205/1990, fundamento jurídico 5; 22/1997 de 11 febrero). Esta es una jurisprudencia que sirve como punto de partida para construir el edificio entero el Derecho parlamentario español. A los reglamentos parlamentarios les corresponde garantizar los derechos, deberes, prerrogativas y atribuciones propios de los parlamentarios, todos «los cuales, una vez creados, quedan integrados en el estatuto propio de su cargo, con la consecuencia de que podrán sus titulares, al amparo del art. 23.2 CE, reclamar la protección del *ius in officium* que consideren ilegítimamente constreñido o ignorado por actos del poder público, incluidos los provenientes del propio órgano en el que se integren y, en concreto, hacerlo ante este tribunal por el cauce del recurso de amparo, según lo previsto en el art. 42 de nuestra Ley Orgánica [SSTC 161/1988, FJ 7; 38/1999, FJ 2; 27/2000, de 31 de enero, FJ 4; 107/2001, FJ 3; 203/2001, FJ 2; 177/2002, FJ 3; y 40/2003, FJ 2]». También SSTC 479/2021 y 399/2022.

Como una consecuencia principal, en esta materia, puede adelantarse que la regulación del ejercicio de la potestad sancionadora parlamentaria corresponde de forma prioritaria a los reglamentos parlamentarios, pues son las normas integrantes del ordenamiento parlamentario que tienen rango de ley. Por ello, no es una buena técnica la insuficiente regulación que incorporan los reglamentos de las infracciones parlamentarias, de las sanciones parlamentarias y del procedimiento previsto para aplicar estas a las diputadas, salvo alguna excepción muy llamativa.

Por tanto, debe tenerse en cuenta que van a tener una incidencia decisiva en el *ius in officium* del cargo parlamentario todas las decisiones que adoptan las Presidencias, las Mesas de las Cámaras y, por supuesto, los plenos de las mismas, cuando se ejerza la potestad sancionadora sobre los diputados. Por ello, cualquier afectación que se produzca en el mencionado *ius in officium* por el ejercicio de esta potestad es susceptible de ser protegida mediante el recurso de amparo ante el Tribunal Constitucional. En ejercicio de esta función, el Tribunal Constitucional ha dispuesto, y es una consecuencia evidente de todo el sistema, que bajo la potestad sancionadora que se ejerce para determinar la suspensión de los derechos y deberes de los diputados, no se puede esconder un juicio de oportunidad política, ni el intento de alterar la voluntad de la Cámara.

En definitiva, el mandato parlamentario está protegido frente a ataques indebidos y, por ello, el ordenamiento parlamentario debe ser plenamente garantista. Siguiendo esta línea, y en el sentido apuntado, el tribunal ha tenido ocasión de referirse al riesgo genérico «de que las sanciones parlamentarias puedan ser utilizadas en contra de las minorías mediante un uso inadecuado de las mismas, si llegara a concretarse, la vulneración de los derechos fundamentales entonces producida, sería, en todo caso, reparada mediante el propio recurso de amparo que el art. 42 LOTC prevé como cauce directo y no subsidiario de protección de los derechos fundamentales de los parlamentarios, en particular también de los contenidos en el art. 23 CE» (STC 129/2006, de 24 abril, FJ 5).

b) Los efectos de la suspensión

Como consecuencia de la sanción impuesta al diputado durante la suspensión, el parlamentario carece de derechos inherentes a su función, ni prerrogativas parlamentarias, ni inviolabilidad, ni inmunidad, ni aforamiento ante el Tribunal Supremo ni ante el tribunal superior de justicia de la comunidad autónoma. Además, al diputado suspenso no se le puede exigir el cumplimiento de los deberes propios de la función parlamentaria, por lo que tampoco tendría por qué cumplir los requisitos de incompatibilidad, ni ninguno de los deberes exigibles. Por lo demás, la suspensión del diputado no debe afectar a la estructura y funcionamiento de la Cámara (comisiones, subcomisiones o ponencias), ni a la cuantía de las subvenciones recibidas por los grupos parlamentarios, pues el grupo parlamentario al que pertenecía, ni tampoco la Cámara cuentan con un integrante menos. El art. 43 del Código penal prevé que la «suspensión de empleo o cargo público priva de su ejercicio al penado durante el tiempo de la condena».

Por lo apuntado, puede defenderse que un diputado autonómico suspenso en sus derechos pueda seguir siendo senador designado del artículo 69.5 CE, pues la suspensión no implica la pérdida de la condición de diputado autonómico, ni tampoco implica la pérdida de la condición de senador. Si la causa de la suspensión del diputado autonómico es por motivos disciplinarios, no hay duda de que el diputado sigue siendo senador. Si la suspensión disciplinaria es de la condición de senador, lo lógico es que pueda seguir siendo Diputado autonómico. Pero si la suspensión del parlamentario se debe a una condena penal, habrá que estar a los que disponga la correspondiente sentencia, aunque lo más probable es que, en este caso, la suspensión afectase a ambas condiciones de parlamentario.

También en esta materia, las variantes de los reglamentos son numerosas. El artículo 24 del Reglamento de la Junta General del Principado inicia la regulación del capítulo V del título II y lleva por rúbrica «De la suspensión y pérdida de la condición de Diputado», y diferencia dos tipos de supuestos en cada uno de los dos apartados en los que se divide el artículo. El artículo 24.1 RJGPRINCAST prevé la *suspensión de «derechos y deberes»* del diputado por aplicación de las normas de disciplina parlamentaria establecidas en el Reglamento y también, en caso de firmeza de un auto de procesamiento. En este último caso se dispone que el acuerdo plenario, «previo dictamen motivado de la Comisión de Reglamento, se adopte mediante mayoría absoluta, atendida la naturaleza de los hechos imputados». Por su parte, el artículo 24.2 RJGPRINCAST, prevé la suspensión de los «derechos, prerrogativas y deberes», en el caso de que «una sentencia firme condenatoria lo comporte o cuando su cumplimiento conlleve la imposibilidad de ejercer la función parlamentaria» (este supuesto también se recoge en otros reglamentos, como en el artículo 21 RPCANT).

No obstante, hay algunas excepciones, como la del Reglamento del Parlamento de Cataluña, en el que la suspensión de los derechos de los diputados no tiene un carácter sancionador, sin que tenga efectos en la organización de la Cámara, si bien la suspensión de los derechos y deberes del parlamentario puede tener algún efecto, como, por ejemplo, la pérdida del estatuto del «Jefe de la oposición» (art. 76.3.b RPCAT). Tampoco tiene carácter sancionador la suspensión de los derechos del diputado de la Asamblea de Murcia, siendo la exclusión temporal de las labores de la Asamblea la máxima medida disciplinaria que se puede imponer «con pérdida, en su caso, de la asignación económica correspondiente, medida que no comportará la suspensión de aquellos otros derechos, deberes y prerrogativas que no deban quedar afectados por el contenido básicamente funcional de dicha decisión sancionadora» (art. 22.2 RAMU).

La sanción de suspensión finaliza por caducidad al final de la legislatura y también caduca por el resto de causas de extinción del mandato del diputado, sin que constituya la suspensión disciplinaria causa de inelegibilidad de forma que el exdiputado suspenso por motivos disciplinarios podrá ser incluido en la candidatura conforme determina la LOREG. No obstante, si el exdiputado está en suspenso por condena penal existiría causa de inelegibilidad, según ha declarado la jurisprudencia constitucional y según prevé el artículo sexto.2.b de la LOREG.

c) Los supuestos de suspensión previstos en los reglamentos

Como se ha visto, son varios los supuestos en los que se puede proceder a la suspensión de la condición de parlamentario y casi siempre tienen un carácter sancionador. No obstante, debe tenerse en cuenta que no es sanción la previsión de los reglamentos cuando el diputado no adquiera la condición de parlamentario, después de tres sesiones. En este supuesto, el diputado está suspenso en sus derechos, prerrogativas y deberes, como se conoce, pues la Mesa toma esta decisión hasta que adquiera la condición plena pero no está sancionado. Así, se dispone en el art. 20.2 RCD; art. 5.2 RPAND; art. 24.2 RCARA; art. 9.2 RJGPRINCAST; art. 6.3 RPCANA; art. 6.2; art. 7.3 RCCLM; art. 5.2 RCCyL; art. 7.2 RPGAL; art. 8.2 RPIB; art. 10.1.2 RPRI; art. 12.3 RAMAD; art. 10.2 RAMU; art. 26.3 RPANA; art. 9.1.a RPV. En muchos de estos casos, como ya se ha visto, la Mesa puede conceder un nuevo plazo si aprecia fuerza mayor en la imposibilidad del diputado en la no adquisición del diputado.

Las causas de suspensión deben ser apreciadas por algún órgano, generalmente la Mesa e incluso las más graves deben ser estimadas por el Pleno (siempre es previo el dictamen de la Comisión de Estatuto del Diputado). De esto, hay alguna llamativa excepción.

Las causas de suspensión de la condición de diputado en el *Derecho parlamentario español* son las siguientes:

1.° Suspensión por aplicación de las normas de disciplina parlamentaria establecidas en el reglamento

Los motivos de suspensión de los parlamentarios no están tipificados de una forma adecuada. Además, la previsión de la duración de la sanción está indefinida. Se dispone esta causa de suspensión por motivos disciplinarios en el artículo 21.1.1.° RCD; art. 18 RPAND; art. 25.a. RCARA; art. 24.1.a RPRINCAST; art. 7.1.° RPCANA; art. 21.1.a RPCANT; art. 8.1.a RCCLM; art. 17 RCCyL; art. 9.1.° RCCCV; art. 9.1.1.° RPIB; art. 27.1 RPNA y art. 22.1.o RPV. No obstante, el Reglamento del Senado no prevé esta causa de suspensión y solo incluye la suspensión de un mes por reiteradas llamadas al orden (art. 101 RS).

Todos los reglamentos disponen que este tipo consiste en el simple «incumplimiento de las normas de disciplina parlamentaria, establecidas en el presente Reglamento». Ello es muy inconcreto. Y, además, la norma reglamentaria no suele clarificar qué órgano es el competente para determinar la sanción. En caso de silencio en cuanto a la determinación del órgano que debe imponer la sanción, debe defenderse que el órgano competente sea el Pleno, por la importancia de la decisión final, que puede alterar temporalmente su propio equilibrio de fuerzas. Además, la Mesa, aunque es el órgano que ostenta la competencia residual en el *Derecho parlamentario español*, no suele ser un órgano de naturaleza representativa, por lo que el Pleno se convierte en el órgano idóneo para imponer la sanción.

La jurisprudencia del Tribunal Constitucional ha configurado el régimen disciplinario parlamentario, desde la óptica de las garantías propias del proceso sancionador general. Por ello, el tribunal ha exigido las garantías derivadas del principio de legalidad en su perspectiva formal, pero adaptado a las características del ámbito parlamentario, (como SSTC 44/1995, de 13 de febrero; 226/2004, de 29 de noviembre; 301/2005, de 22 de noviembre; 129/2006, de 24 de abril y 129/2011, de 12 de diciembre). No obstante, hay varias garantías de estas que están claramente limitadas, cuando no negadas en el Parlamento.

El Tribunal Constitucional ha resuelto varios recursos de amparo interpuestos por diputados sancionados por motivos disciplinarios. Y ello ha dado lugar a que el tribunal haya elaborado una jurisprudencia importante al respecto para evitar la indefensión del diputado y el uso partidista de la disciplina parlamentaria. En primer lugar, el Tribunal Constitucional insiste en que «lo relevante es que puedan conocerse las razones o criterios jurídicos que fundamentaron la decisión (por todas, STC 140/2009, FJ 3; y 59/2011, de 3 de mayo, FJ 3)», (STC 192/2011, de 12 de diciembre, FJ 4; y 78/2016, de 25 de abril).

La Presidencia debe mantener el orden en las sesiones plenarias y tiene un amplio margen para apreciar las circunstancias en las que se puede aplicar la suspensión, aunque la sanción debe ser aplicada por la respectiva Mesa o por el Pleno. Debe ser quien ejerza la Presidencia de la Cámara la que deba apreciar la procedencia de aplicar el régimen disciplinario (STC 169/1995, de 20 de noviembre). Esta conclusión es defendible, ya que la Presidencia de las Comisiones debe ostentar las mismas facultades en la dirección de los debates, que ostenta la Presidencia de la Cámara para dirigir los debates plenarios. Llegado el momento, la Presidencia de la Comisión puede imponer la sanción de «expulsión inmediata» si se produce la alteración grave del orden en la sesión, llegándose incluso a la suspensión del parlamentario para las siguientes sesiones, en los términos dispuestos en el Reglamento. No obstante, la citada STC 169/1995 parece que limita a la Presidencia de la Cámara la imposición de la sanción principal «por desórdenes graves», pues dicha sanción «solo puede acordarla el Pleno».

A la misma conclusión hay que llegar si las reuniones son de la Mesa de la Cámara o de la Mesa de alguna comisión, en cuyas sesiones se podrá llamar al orden a algún diputado interviniente en los casos tipificados. Mayores dudas puede plantearse si lo sucedido es durante la sesión de una Ponencia, por su misma condición acéfala. Si el reglamento parlamentario prevé que haya un coordinador de la Ponencia, este bien podría asegurar el orden parlamentario en las sesiones. Pero si no hay coordinador de la Ponencia, mal se podría aplicar la sanción de suspensión, o cualquier otra.

La conducta tipificada en los reglamentos parlamentarios es el *grave atentado* «contra la disciplina, el orden o la cortesía parlamentaria», y debe ser interpretado por la Presidencia. Además, para aplicar la sanción de suspensión, en estos casos, la actuación del parlamentario ha de provocar «desorden» en el recinto parlamentario. La jurisprudencia del Tribunal Constitucional ha entendido que tal desorden debe alcanzar una cierta entidad, impidiendo la continuación normal de la sesión en la que se produzca. Además, el desorden debe implicar, para reestablecer el orden parlamentario, «la inmediata expulsión del recinto parlamentario» del diputado que lo causare (STC 78/2016, de 25 de abril). En este sentido, ha de ser «inmediata» la expulsión del recinto parlamentario y la suspensión de la condición de diputado. Es decir, desde el punto de vista temporal, «el promotor del desorden grave solo puede ser sancionado por el Presidente inmediatamente, tanto con la expulsión cuanto, si se trata de un Diputado, con la suspensión además en el acto, de suerte que el Diputado suspendido por este motivo en su condición de tal ha debido ser previamente expulsado del salón de sesiones» (SSTC 136/1989, de 19 de julio; 78/2016, de 25 de abril). Por tanto, la sucesión debe ser desorden-expulsión-suspensión del diputado.

Como es habitual en el *Derecho parlamentario español*, la razón de esta previsión «consiste en el aseguramiento del orden de las sesiones y, a ese fin, habilita al Presidente de los medios de represión inmediata, de plano, de los causantes de desórdenes graves», entendidas como «situaciones en las que se produzcan manifestaciones en el recinto parlamentario, agresiones, etc.». En definitiva, el promotor del desorden grave solo puede ser sancionado por el presidente inmediatamente (STC 136/1989, de 19 de julio, FJ 3). Las sanciones que, en los supuestos de alteración grave previstos en el Reglamento, puede imponer el presidente «se justifican exclusivamente, dada su excepcionalidad, en razón del fin mencionado y son, por ello, inescindibles del momento en que la perturbación tiene lugar. De ahí que ese momento sea un elemento necesario de la tipificación reglamentaria de la sanción a imponer» (STC 78/2016, de 25 de abril).

En la aplicación del régimen disciplinario parlamentario, rigen plenamente todas las garantías constitucionales del artículo 25.1 CE aplicables al régimen sancionador. Se ha dicho que las garantías del «proceso penal solo se proyectan sobre el procedimiento administrativo sancionador en la medida en que sea necesaria para preservar los valores esenciales que se encuentran en la base del precepto [art. 25.1 CE], y... con el alcance que requiere la finalidad que justifica la previsión constitucional» (SSTC 18/1981, de 8 de junio, FJ 2; 14/1999, de 22 de febrero, FJ 3). En este sentido, es exigible con toda su plenitud el principio de legalidad, el principio de tipicidad, el principio de proporcionalidad y la obligación de motivación de la sanción (STC 192/2011, de 12 de diciembre). Pero esta declaración general ha sido matizada por la propia jurisprudencia. Los principios que se aplican al régimen sancionador parlamentario son los siguientes:

El principio de legalidad en su perspectiva formal

Las exigencias del principio de legalidad han sido aplicados al ámbito parlamentario en diversas ocasiones (por todas, SSTC 44/1995, de 13 de febrero, 226/2004, de 29 de noviembre, FJ 2; STC 129/2006, FJ 7; STC 192/2011, de 12 de diciembre, FJ 3; STC 78/2016, de 25 de abril; STC 66/2021, de 15 de marzo). Se ha dicho, (en STC 136/1989, de 19 julio, en un asunto de la entonces denominada Asamblea Regional de Cantabria). Es preciso recordar, en el ámbito parlamentario, que el art. 25.1 de la Constitución establece una garantía material y alcance absoluto que se traduce en la ineludible exigencia de predeterminación normativa de las conductas ilícitas y de las sanciones correspondientes. Ello significa que una sanción «sólo podrá imponerse en los casos previstos y tipificados en normas preestablecidas y únicamente en la cuantía y extensión y con observancia de los límites previstos por dichas normas». La adaptación a este ámbito del principio de legalidad en su perspectiva formal exige que sea el reglamento parlamentario la norma que determine el tipo sancionable, así como la sanción previsible.

El principio de tipicidad

La SSTC 78/2016, de 25 abril, garantiza que el principio de tipicidad sea aplicable al ámbito parlamentario.

El principio de tipicidad es la «exigencia material absoluta de predeterminación normativa [que] afecta no solo a la tipificación de las infracciones, sino también a la definición y, en su caso, graduación o escala de las sanciones imponibles y, como es lógico, a la correlación necesaria entre actos o conductas ilícitas tipificadas y las sanciones consiguientes a las mismas, de manera que el conjunto de las normas punitivas aplicables permita predecir, con suficiente grado de certeza, el tipo y el grado de sanción determinado del que puede hacerse merecedor quien cometa una o más infracciones concretas (SSTC 219/1989, de 21 de diciembre, F. 4; 61/1990, de 29 de marzo, F.3). Con base en este canon, hemos reprobado explícitamente en otros pronunciamientos la técnica... que... no... establece graduación alguna de las sanciones en función de las infracciones, sino un límite máximo de aquéllas en función del órgano que las impone, dejando a éste un amplísimo margen de apreciación en la fijación del importe de la multa que puede imponer al infractor, a quien no se garantiza mínimamente la seguridad jurídica».

La indefinición de las sanciones es una técnica legislativa que, en sí misma, infringe directamente el art. 25.1 CE, pues deja a la mera discrecionalidad parlamentaria el establecimiento de la «correspondencia necesaria entre los ilícitos y las sanciones» (SSTC 207/1990, de 17 de diciembre, FJ 2; 25/2002 de 11 febrero, FJ 6). El definitiva, el principio de tipicidad impide fijar la cuantía de las sanciones omitiendo cualquier graduación y dejando su fijación en la mera discrecionalidad de la autoridad «parlamentaria, exigencia material absoluta de predeterminación normativa [que] afecta no solo a la tipificación de las infracciones, sino también a la definición y, en su caso, graduación o escala de las sanciones imponibles y, como es lógico, a la correlación necesaria entre actos o conductas ilícitas tipificadas y las sanciones consiguientes a las mismas, de manera que el conjunto de las normas punitivas aplicables permita predecir, con suficiente grado de certeza, el tipo y el grado de sanción determinado del que puede hacerse merecedor quien cometa una o más infracciones concretas» (SSTC 219/1989, de 21 de diciembre, F. 4; 61/1990, de 29 de marzo, F. 3).

Así, en STC 136/1989, de 19 julio, se mantuvo que se había vulnerado el principio de tipicidad, pues la sanción aplicada a los parlamentarios «transgredió los límites que el Reglamento impone al ejercicio de la potestad sancionadora del Presidente de la Asamblea para mantener el orden dentro del recinto parlamentario; o, dicho de otro modo, esta potestad excepcional del Presidente fue aplicada a un supuesto no previsto por el citado Reglamento».

No obstante, hay varios pronunciamientos en los que se ha limitado la efectiva aplicación del principio de tipicidad en el Parlamento, pues no se olvide que en el ámbito parlamentario la fijación de la graduación de la duración de las sanciones se deja al criterio, casi exclusivo, de quien va a imponerlas.

En estos casos de suspensión de la condición de parlamentario, los reglamentos no disponen ni prevén el tiempo de duración ni mínima, ni máxima, de la sanción que se puede aplicar. El reglamento solo prevé la sanción posible. Es, por ello, un régimen disciplinario con una peculiaridad extraordinaria muy cuestionable. No podría imaginarse un régimen sancionador o disciplinario como el parlamentario en el Derecho administrativo, y que no se determinase duración máxima ni mínima de las sanciones que se aplicasen al infractor. Pero, como se ha visto, el Tribunal Constitucional sí que ha admitido una cierta indeterminación de la duración de las sanciones en el ámbito parlamentario (aunque no en el administrativo, como STC 29/1989, de 6 de febrero, donde se fija lo que se denomina «garantía de taxatividad de las sanciones»).

El Tribunal Constitucional ha sido claro, pues ha señalado que debe tenerse en cuenta la «singularidad» del ámbito parlamentario, pues las sanciones parlamentarias no estarían absolutamente indeterminadas en su límite máximo. Dice el tribunal que la duración limitada del mandato parlamentario es un límite «implícito» a la duración de las sanciones. Esta aseveración la realiza el Tribunal Constitucional y delimita aquí el principio de tipicidad. Sin embargo, este criterio del tribunal es discutible, pues es como indicar que la duración del máximo de las sanciones penales o las administrativas está «implícitamente» limitada por la duración de la vida de todo condenado o sancionado. También STC 129/2016, de 24 de abril.

No obstante, reconoce el propio Tribunal Constitucional en la aludida STC 129/2016 que «no puede desconocerse el efecto que el transcurso del tiempo tiene en la determinación del límite máximo de la sanción de suspensión de la condición de parlamentario, pues aunque en abstracto la duración máxima posible de dicha sanción sea, como acabamos de señalar, de cuatro años menos un día, es patente que, en concreto, la máxima duración posible dependerá en cada caso del tiempo de mandato que reste al parlamentario el día en que se formula la sanción; de modo que la suspensión, para ser temporal, *de facto* no podrá ser superior a dicho tiempo menos un día».

Esta podría ser la única circunstancia que fuese a explicar la ausencia de criterios de graduación y de correspondencia, entre la gravedad de las infracciones y las sanciones, y que es norma general en los reglamentos parlamentarios. Pero parece que, a pesar de esta argumentación no se cumple el principio de tipicidad. Y aquí el Tribunal Constitucional señala, incluso, que «en los Reglamentos en los que sí aparece un límite cuantitativo expreso, no deja de ser ineficaz. En efecto si, de conformidad con la doctrina expuesta, la exigencia de que las normas contengan los criterios de graduación de las sanciones y de correspondencia entre éstas y las conductas se fundamenta en que no se conciba la aplicación como decisión singular, *ad hoc*, la propia singularidad de la sanción que examinamos y el efecto que el transcurso del tiempo tiene en la misma hace que sea imposible garantizar la igualdad y la generalidad en la propia norma, por cuanto nada evita que una sanción impuesta el penúltimo día de mandato, por grave que sea la conducta realizada, no pueda ser superior a la suspensión de la condición de parlamentario por un día».

Como se va a ver ahora, el tribunal limita y compensa la indeterminación de las sanciones con el principio de proporcionalidad y la ponderación de las circunstancias presentes en cada caso, con las garantías, además, del principio de igualdad.

El principio de proporcionalidad

De una forma general, el Tribunal Constitucional ha señalado que el principio de proporcionalidad es aplicable a toda la vida parlamentaria. Desde el ATC 142/2002, de 32 de julio, se impone «a los órganos parlamentarios una interpretación restrictiva de todas aquellas normas que puedan suponer una limitación al ejercicio de aquellos derechos o facultades que integran el estatus constitucionalmente relevante del representante político». Esto implica que los reglamentos parlamentarios suelen exigir que el acto sancionado del diputado sea de tal gravedad, que justifique la suspensión del cargo de diputado.

La limitada aplicación del principio de tipicidad ha supuesto que la jurisprudencia constitucional exija la plena vigencia del principio de proporcionalidad en el Parlamento. Así, admitida cierta indeterminación en la fijación de las infracciones y sanciones parlamentarias, la contrapartida habría de ser que la sanción sea impuesta siguiendo los parámetros constitucionales de la proporcionalidad (STC 78/2016, de 25 de abril).

En el recurso de amparo presentado por un diputado del Parlamento Vasco contra una sanción impuesta por la Presidencia, la STC 129/2006, de 24 de abril (FJ 5), expresamente señaló que «de un lado, una sanción desproporcionada es por sí misma imprevisible en nuestro sistema de derechos fundamentales en el que la legitimidad de su limitación está sujeta al principio de proporcionalidad, y, de otro, la proporcionalidad de la sanción es, por consiguiente, un criterio de gradación de toda sanción que implique, como es el caso, la limitación de un derecho fundamental».

Finalmente, el Tribunal Constitucional garantiza que la sanción sea proporcionada, «aunque la recurrente advierta que no existe en los archivos del Parlamento de La Rioja precedente alguno respecto a la imposición de una medida de tal gravedad en aplicación del precepto por el que se pretende sancionarle, dada la actitud totalmente evasiva y perseverante a aceptar las instrucciones de la Presidencia. Y sin que tal actitud pueda encontrar justificación en la denunciada falta de imparcialidad del Presidente en la organización del debate parlamentario, pues como prevé el propio Reglamento en su artículo 17, entre otras obligaciones de los Diputados se encuentra la de adecuar al mismo su conducta y respetar el orden, la cortesía y la disciplina parlamentaria». Por lo expuesto, la sanción de suspensión del ejercicio durante un mes de la función parlamentaria de la diputada que se impuso en aquella ocasión no implica, «un sacrificio del derecho a ejercer el cargo de parlamentario superior al beneficio que reporta a la luz de la entidad de la conducta sancionada» (STC 129/2006, de 24 de abril, FJ 5)[7].

El principio *non bis in idem*

Como se ha señalado, la «incontrovertida traslación de las garantías del proceso penal al proceso administrativo sancionador» ya desde la STC 2/1981, de 30 de enero, no es plenamente trasladable para el ámbito parlamentario. Algo parecido sucede con el principio non *bis in idem*. Este principio, como se sabe, impide la imposición de una dualidad de sanciones «en los casos en que se aprecie la identidad del sujeto, hecho y fundamento» (STC 2/1981, FJ 4; reiterado entre otras muchas en las SSTC 66/1986, de 26 de mayo, FJ 2; 154/1990, de 15 de octubre, FJ 3; 234/1991, de 16 de diciembre, FJ 2; 270/1994, de 17 de octubre, FJ 5; 204/1996, de 16 de diciembre, FJ 2 y 47/2022, de 24 de marzo, FJ 8). Pues bien, alguna sentencia como la STC 234/1991, de 10 de diciembre, admitió el *bis in idem* funcionarial y penal con un argumento que podría ser trasladable al ámbito parlamentario. Así, para que la dualidad de sanciones penal-parlamentaria fuese constitucionalmente admisible, es preciso «que la normativa que la impone pueda justificarse porque contempla los mismos hechos desde la perspectiva de un interés jurídicamente protegido que no es el mismo que aquel que la primera sanción intenta salvaguardar o, si se quiere, desde la perspectiva de una relación jurídica diferente entre sancionador y sancionado».

Igual que sucedería en el ámbito funcionarial/penal, podría pensarse que se produce en la relación sanción parlamentaria/penal. Aquí habría un paralelismo en las situaciones analizadas, pues la irreprochabilidad penal de los parlamentarios debería considerarse un interés legítimo del Parlamento que, al «sancionar disciplinariamente a los que han sido objeto de condena penal, no infringe en consecuencia el principio *non bis in idem*», (STC 234/1991 de 10 diciembre, FJ 2).

Este criterio lo comparte el artículo 31.4 RAMA, que aclara que «solo podrán recaer sanción penal y disciplinaria sobre los mismos hechos cuando no hubiere identidad de fundamento jurídico y de bien jurídico protegido». De forma nítida, se introduce en la Asamblea de Madrid la posibilidad del *bis in idem* penal y parlamentario. Además, en caso de que los hechos cometidos por los diputados en el incumplimiento de sus deberes pudieran ser constitutivos de delito, se debería dar traslado al Ministerio Fiscal. La incoación de un procedimiento penal no será obstáculo para la iniciación del procedimiento parlamentario por los mismos hechos contra el diputado, quedando «suspendido» en tanto no recaiga en el procedimiento penal resolución firme

---

7 Cfr. E. DE ALBA BASTARRECHEA, «La vulneración del derecho al ejercicio de cargo público representativo por decisiones de acción y omisión por parte de la Presidencia del Parlamento: Comentario a la Sentencia del Tribunal Constitucional 66/2021, de 15 de marzo de 2021. Recurso de amparo núm. 980-2020», en *Revista de las Cortes Generales*, n. 111, pp. 589 a 597.

que ponga fin al mismo. Además, y de acuerdo con la jurisprudencia constitucional, los hechos probados en la resolución penal serán vinculantes en el procedimiento disciplinario, «sin perjuicio de la calificación jurídica en uno y otro».

Los derechos de los diputados en el procedimiento sancionador por aplicación de las normas de disciplina parlamentaria

Los diputados tienen un conjunto de derechos que también son aplicables cuando el régimen disciplinario puede implicar la privación del escaño. No todos estos derechos son de aplicación cuando la sanción es la «inmediata» expulsión del diputado del Hemiciclo, pero sí son aplicables si al diputado se le sanciona a no asistir a alguna sesión parlamentaria posterior:

1. El miembro tiene derecho a conocer la acusación que se efectúa en su contra

El diputado debe ser fehacientemente informado de la acusación. Además, la Presidencia deberá informar de la acusación en la convocatoria de la Mesa o de la Junta de Portavoces, que va a conocer de la sanción de suspensión temporal en la condición de diputado (STC 192/2011, FJ 3). Sobre este derecho del diputado a ser informado, la jurisprudencia constitucional ha indicado que «el derecho a conocer la acusación no implica que en la fase de inicio del procedimiento exista obligación de precisar de forma absoluta los hechos y la calificación jurídica correspondiente, sino que la acusación va precisándose de forma gradual al desarrollo del procedimiento (por todas SSTC 41/1998, de 24 de febrero, FJ 15, 129/2006, FJ 7)».

En cualquier caso, debe constar en el expediente parlamentario que se genere, que el diputado conoce la acusación. Desde ese momento, el miembro debe tener la posibilidad real de defenderse y así se debería desprender del Diario de Sesiones.

2. Es preceptivo el trámite de alegaciones

El diputado debe tener la ocasión de presentar alegaciones. El Tribunal Constitucional ha dicho que no se puede producir una «verdadera y real situación de indefensión material» (STC 126/2011, de 18 de julio, FJ 9). El tribunal ha dicho en general que «a los efectos de considerar salvaguardado el derecho de defensa resulta suficiente con que el acusado haya tenido ocasión de defenderse de la acusación de forma plena desde el momento en que la conoce de forma plena (SSTC 41/1998, de 24 de febrero, FJ 27; 87/2001, de 2 de abril, FJ 3)» (SSTC 129/2006, FJ 7; 78/2016, de 24 de abril FJ 6; 69/2021, de 18 de marzo, FJ 5).

No obstante, el tribunal ha matizado la realización del trámite de audiencia en el procedimiento sancionador parlamentario. Así, el Tribunal Constitucional dio por bueno la argumentación que presentó una diputada expedientada, en el escrito inicial de queja. Así, se dijo que «No era preciso, por tanto, que se abriera un trámite específico de audiencia... pues lo cierto es que la demandante de amparo tuvo ocasión de alegar cuanto estimó conveniente para su defensa *[en el escrito de queja inicial que puso la Diputada expedientada]*». (STC 192/2011, de 12 de diciembre).

3. El deber de motivar el acuerdo sancionador

El Tribunal Constitucional ha dicho qué ha de entenderse por motivación: la obligación de fundamentar los hechos y la calificación jurídica, y la sanción propuesta constituyen el deber de motivar (STC 140/2009, de 15 de junio, FJ 3). Además, todos los elementos de juicio que son el fundamento de la decisión deben quedar debidamente exteriorizados, dado que lo relevante es que puedan conocerse el razonamiento jurídico que fundamenta la decisión (STC 140/2009, FJ 3; y 59/2011, de 3 de mayo, FJ 3). Dado que en estos casos esa exigencia se encuentra dirigida principalmente a evitar la indefensión, «lo relevante es que puedan conocerse las razones o criterios jurídicos que fundamentaron la decisión (por todas, STC 140/2009, FJ 3; y 59/2011, de 3 de mayo, FJ 3)» (STC 192/2011, de 12 de diciembre, FJ 4).

La STC 192/2011, de 12 de diciembre, entendió aplicable el deber de motivación al ejercicio de la potestad sancionadora en el ámbito parlamentario. Esta sentencia dispuso la obligación de los órganos parlamentarios de «motivar expresa, suficiente y adecuadamente la aplicación de las normas cuando pueda resultar de la misma una limitación al ejercicio de aquellos derechos y facultades que integran el estatuto constitucionalmente relevante de los representantes políticos (SSTC 38/1999, de 22 de marzo, FJ 2; 107/2001, de 23 de abril, FJ 7; 203/2001, de 15 de octubre, FJ 3; 277/2002, de 14 de octubre, FJ 5; y ATC 188/1999, de 10 de mayo, FJ 5)» (SSTC 40/2003, de 27 de febrero, FJ 6, y 78/2006, de 13 de marzo, FJ 5). Y es indiferente que la sanción la imponga la Mesa, la Presidencia o al Pleno (STC 192/2011, de 12 de diciembre).

El Reglamento del Parlamento Vasco es el único reglamento que regula un régimen disciplinario parlamentario, como si fuese un régimen sancionador administrativo. Así, el capítulo VIII del título II de este Reglamento define las infracciones, las sanciones y el procedimiento en materia de disciplina parlamentaria. En este capítulo son muy reveladoras la sistematicidad y la determinación del mínimo y del máximo en la duración de las sanciones, así como la fijación del procedimiento para aplicar la sanción. También es garantista el Reglamento de las Cortes de Castilla-La Mancha (art. 22 RCCLM).

2.º Suspensión por condena mediante una «sentencia firme condenatoria», la cual ha de imponer expresamente la pena de suspensión para cargo público

Esta causa de suspensión del diputado se establece en el artículo 21.2. RCD; art. 18 RPAND; art. 25.c RCARA; art. 24.2 RJPRINCAST; art. 7.3.º RPCANA, en donde la suspensión será efectiva desde el momento en que se reciba en la Cámara comunicación fehaciente de la fecha de inicio de cumplimiento de la pena correspondiente; art. 21.2 RPCANT; art 8.1.c RCCLM aunque parece remitir este supuesto al del «cumplimiento de una sentencia firme condenatoria por delito [que] implique la imposibilidad de ejercer la función parlamentaria»; y también el artículo 8.2 RCCLM prevé expresamente que «Procederá asimismo la suspensión de los derechos y deberes del Diputado cuando una sentencia firme condenatoria por delito lo conlleve», con lo que parece referirse a la condena de suspensión como pena accesoria; art. 17 RCCyL; art. 9.3.° RCCCV que introduce alguna aclaración, pues procederá la suspensión «Cuando así resulte de la condena impuesta por delito en sentencia firme y ejecutoria, en cuyo caso, el Diputado o Diputada quedará suspendido o inhabilitado para el ejercicio de la función parlamentaria durante el tiempo fijado en la sentencia y a partir del momento en que el juzgado o tribunal correspondiente comunique a las Cortes valencianas la fecha de inicio del cumplimiento de la pena»; art. 17.2.° RAEX; art. 20.2.° RGAL; art. 9.2 RPIB; art. 11.2 RPLR; art. 13.1.d RAMA; art. 22.1 RAMU; art. 27.2 RPNA y el artículo 22.3.° RPV. En estos casos, y aunque nunca se disponga, corresponde a la Mesa tomar conocimiento de la condena de suspensión.

Además, debe entenderse que la condena a un diputado a una pena de suspensión implica su suspensión como diputado, aunque no diga nada el propio reglamento.

La exigencia de firmeza en la sentencia en los preceptos reglamentarios es una consecuencia de lo dispuesto en el artículo 3.1 del Código Penal, según el cual solo pueden ejecutarse las sentencias que sean firmes y una vez que sea declarada por el tribunal que la hubiera dictado.

La conclusión principal de la norma penal española es que la condena a suspensión de cargo público no supone privación de ese cargo público. El significado de la suspensión de cargo público y su aplicación al ámbito parlamentario se analizó ya por la jurisprudencia constitucional en STC 7/1992, de 16 enero. En esta ocasión indicó el tribunal claramente que «de conformidad con lo dispuesto en la Ley..., carecen del derecho de sufragio —tanto activo como pasivo— quienes hubieran sido condenados por Sentencia judicial firme a la pena principal o accesoria de privación del derecho de sufragio durante el tiempo de su cumplimiento [art. 3.1.ª de la LOREG], así como los condenados por sentencia firme a pena privativa de libertad durante el período que dure la pena (art. 6.2 de la LOREG)». Excluyó, por tanto, la suspensión de las causas de inelegibilidad.

La conclusión de este fallo es que la suspensión no priva del escaño, ni extingue la condición del diputado. La pena de suspensión solo priva de los derechos, prerrogativas y deberes durante la duración de la sanción. La pena de suspensión es causa de inelegibilidad, a diferencia de lo que sucede en la suspensión disciplinaria. Esto último, además, es aplicable a todas las otras causas de suspensión. Los reglamentos parlamentarios prevén expresamente los casos en los que el diputado pierde su condición, entre los que no se incluye el supuesto de condena a pena de suspensión de cargo u oficio. Por tanto, la pena accesoria de suspensión de todo cargo público y derecho de sufragio no implica que el sancionado pierda la condición de diputado. Solo implica la suspensión del ejercicio del cargo durante el período de duración de la pena. En conclusión, si se acordarse la pérdida de la condición de diputado por imposición de la pena de suspensión de cargo vulneraría el derecho fundamental del art. 23.2 de la CE.

La suspensión de cargo público puede ser pena principal, el artículo 40.1 del Código Penal español de 1995 determina que la pena de suspensión de empleo o cargo público tendrá una duración de tres meses a seis años y, conforme al artículo 43 CP, esta pena de suspensión tiene el efecto de «privar de su ejercicio al penado durante el tiempo de la condena». Para ello, la pena debe imponerse expresamente por el juez por estar prevista como pena principal.

A su vez, la pena de suspensión de cargo público es también una pena accesoria y, así, el artículo 56 CP prevé que, en las penas de prisión inferiores a diez años, los jueces o tribunales podrán imponer la pena de suspensión de cargo público, atendiendo a la gravedad del delito, como penas accesorias.

3.º Suspensión por condena cuyo cumplimiento implique la imposibilidad de ejercer la función parlamentaria

Esta causa de suspensión está dispuesta en el artículo 21.2 RCD; art. 18 RPAND; art. 25.c RCARA que, además, determina que también puede procederse a la suspensión de la condición de diputado en los demás casos de sentencia firme condenatoria por delito, «si el Pleno de las Cortes así lo acordara por mayoría de dos tercios de los miembros de la Cámara, atendiendo a la gravedad de los hechos imputados y a la naturaleza de las penas»; art. 24.2 RJGPRINCAST; art. 7.3.º RPCANA, el cual limita la suspensión a que el cumplimiento de la pena implique la imposibilidad de ejercer «temporalmente» la función parlamentaria en la legislatura, en este caso, la suspensión será efectiva desde el momento en que se reciba en la Cámara comunicación fehaciente de la fecha de inicio de cumplimiento de la pena correspondiente; art. 21.2 RPCANT; art. 8.1.c RCCLM; art. 17 RCCyL; art. 25.1.b RPCAT, que exige acuerdo del Pleno, adoptado por mayoría absoluta, si la pena ha sido por sentencia firme a una pena de privación de libertad que imposibilite su asistencia a las sesiones plenarias; art. 16.1.3.º RAEX; art. 20.2.º RPGAL; art. 9.2 RPIB; art. 11.2 RPLR; art. 13.1.d RAMA; art. 27.2 RPNA; art. 22. 3.º RPV.

En estos casos, la sentencia ha impuesto al diputado una pena privativa de libertad, y el cumplimiento de la condena impide al miembro cumplir de una forma adecuada la actividad parlamentaria y la función constitucional que le corresponde. Por tanto, el parlamentario es condenado por un tribunal penal, pero la pena impuesta no es ni la principal ni la accesoria de suspensión del parlamentario, ni tampoco la de inhabilitación. Por tanto, se impone una pena privativa de libertad que implica la incompatibilidad fáctica del parlamentario con el ejercicio de su función. Para apreciar esa incompatibilidad, parece imprescindible el Dictamen de la Comisión de Estatuto de los diputados y la decisión final por parte del Pleno, que podrían actuar de oficio o a instancia de algún sujeto parlamentario.

4.° Es causa de suspensión si el diputado se encuentra en situación de prisión provisional. El auto de procesamiento.

La suspensión de la condición de diputado se produce también mientras el parlamentario se encuentre en situación de prisión provisional. Así, algunos reglamentos disponen que procede la suspensión cuando el diputado está sometido a «prisión preventiva», como el artículo 21.1.2.° RCD, el artículo 7.3.° del Reglamento del Parlamento de Canarias, art. 21.1.b RPCANT; art. 8.1.b RCCLM. Regulan la suspensión del diputado en situación de prisión provisional el art. 9.2.° RCV; art. 16.1.2.° RAEX; art. 11.2 RPLR, que también reitera la fórmula habitual de «firme el auto de procesamiento, acordada la prisión provisional y mientras dure ésta»; artículo 13.1.c RAMA; art. 27.3 RPNA; art. 22.2.o RPV prevé la suspensión siempre que el auto sobre su procesamiento sea firme y el Pleno de la Cámara así lo acuerde, por mayoría absoluta, «atendida la naturaleza de los hechos imputados».

Se puede afirmar que la causa de suspensión por prisión provisional es una situación algo similar a la anterior, pues le impide al parlamentario ejercer las funciones propias del mandato representativo.

Por su parte, algún reglamento, para imponer la suspensión del diputado, exige tan «solo» que haya auto de apertura de juicio oral, y se acuerde por mayoría absoluta del Parlamento, como el artículo 25.1.a del Reglamento del Parlamento de Cataluña.

Una vez que acabe la situación de prisión provisional, finaliza la suspensión que deberá ser acreditada ante la Mesa o la Comisión de estatuto, aunque la finalización de la prisión provisional es bien fácil de acreditar mediante la mera presencia física del diputado.

Como se ve, esta causa está muy extendida en el *Derecho parlamentario español*, aunque la prisión provisional no se prevé como causa de suspensión en el Reglamento de las Cortes de Castilla y León. Y no parece subsumible la prisión provisional en la causa de suspensión prevista en el artículo 17 RCCyL, pues este precepto se refiere exclusivamente a la condena al diputado mediante sentencia y su cumplimiento implique la imposibilidad de ejercer la función parlamentaria, y que se vio anteriormente. Y en la prisión provisional no hay *condena*. No deja de ser llamativo que en este Parlamento un diputado (procurador) pueda seguir ejerciendo sus derechos y prerrogativas, y se le puedan exigir unos deberes estando sometido a la medida cautelar de prisión provisional. Lo mismo puede decirse del Reglamento del Parlamento de Galicia y del Reglamento del Parlamento de Andalucía, pues tampoco recogen de forma expresa esta causa de suspensión.

Desde el punto de vista formal, suele afirmarse que vincular la suspensión del diputado al auto de procesamiento firme, como hace el artículo 21 del Reglamento del Congreso de los Diputados, no deja de causar problemas y es, en cierta forma, algo confuso. Como se sabe, la suspensión en este caso se hace depender de la concesión del correspondiente suplicatorio, de la firmeza del auto de procesamiento y de la situación de la prisión preventiva. Son tres requisitos diferenciados y en los Parlamentos autonómicos que disponen esta causa de suspensión son dos requisitos, pues el procesamiento no se somete a la concesión de suplicatorio.

En ocasiones, la suspensión por este motivo no se produce de forma automática. Así, el Reglamento de la Junta General del Principado de Asturias, en su artículo 24.1.b, determina que al diputado se le suspenderá en sus derechos cuando, «siendo firme un auto de procesamiento, el Pleno, previo dictamen motivado de la Comisión de Reglamento, lo acuerde por mayoría absoluta, atendida la naturaleza de los hechos imputados». Similar es el artículo 7. 2.º RPCANA.

A su vez, el art. 8.1. RCCLM prevé que procede la suspensión, una vez que esté «firme el auto de procesamiento y el mismo conlleve prisión preventiva, atendida la naturaleza de los hechos imputados», aunque el reglamento no disponga qué órgano debe decidir esta cuestión se debería entender que ha de ser el Pleno, por las razones aducidas anteriormente.

También el artículo 251.a RPCAT exige un acto expreso del Parlamento que acuerde la suspensión, que determina que procederá la suspensión del diputado autonómico si es firme el auto de procesamiento o de apertura de juicio oral y el Pleno del Parlamento lo acuerda por mayoría absoluta. El acuerdo se adopta previodictamen motivado de la Comisión del Estatuto de los Diputados, a la vista de la naturaleza de los hechos imputados, sin que sea preciso que el diputado esté sometido a la medida cautelar de prisión provisional. Por su parte, el artículo 25.2 RPCAT también prevé que la suspensión por este motivo se pueda producir si lo pide el diputado afectado sometido a auto de procesamiento, «con la conformidad del portavoz de su grupo parlamentario». También el Reglamento del Parlamento de las Islas Baleares prevé la suspensión de los derechos y deberes parlamentarios cuando el Pleno de la cámara lo acuerde, por mayoría absoluta, «una vez el auto sobre su procesamiento sea firme o se dicte el auto de apertura de juicio oral».

La regulación del art. 21.1.2.º del Reglamento del Congreso de los Diputados es seguida por muchos otros reglamentos parlamentarios, aunque ninguno contenga una disposición sobre el suplicatorio. Señala este precepto del Reglamento del Congreso que procederá la suspensión cuando, concedida por la Cámara la autorización objeto de un suplicatorio y firme el auto de procesamiento, se hallare en situación de prisión preventiva y mientras dure esta. A su vez, debe tenerse en cuenta lo que dispone el artículo 71.2 de la Constitución según el cual «durante el período de su mandato los Diputados y Senadores gozarán asimismo de inmunidad y solo podrán ser detenidos en caso de flagrante delito. No podrán ser inculpados ni procesados sin la previa autorización de la Cámara respectiva». Como se sabe, el Tribunal Constitucional reconoce que, al usar el artículo 71.2 de la Constitución el término «inculpado», se excluye la posibilidad de adoptar medida cautelar alguna contra la persona del Diputado o Senador hasta que se obtenga, en su caso, la autorización de la Cámara respectiva para su inculpación o procesamiento (STC 124/2001, de 4 junio).

Por su parte, el artículo 22.6 del Reglamento del Senado introduce alguna dificultad con respecto al Reglamento del Congreso de los Diputados. Según el Reglamento de la Cámara Alta, firme el auto de procesamiento, el Pleno del Senado podrá acordar por mayoría absoluta, y «según la naturaleza de los hechos imputados», la suspensión temporal en la condición de senador. Por tanto, no es preciso que el senador esté sometido a la medida cautelar de la prisión provisional. Esta sesión de la Cámara sobre la procedencia de la suspensión será secreta, y en ella solo se admitirán, en forma alternativa, «dos turnos a favor y dos en contra». Sin embargo, y en contra de la jurisprudencia constitucional más conocida, el Reglamento del Senado impide que se conceda al senador audiencia para que alegue cuanto en su derecho estime conveniente. Es claro el párrafo segundo del artículo 26.2 RS: «no concediéndose audiencia al Senador interesado». Asimismo, la Cámara Alta puede acordar la privación de la asignación del Senador implicado, hasta la terminación del procedimiento.

El Parlamento autonómico que haya designado a un senador o senadora, de momento, no puede revocar la designación efectuada, pero el Senado sí puede suspender al senador en alguno de los casos previstos y puede suspender cualquier derecho y prerrogativa, aplicando el artículo 22.6 RS. Es de mucho interés la STC 123/2017, de 2 de noviembre, sobre el caso de una senadora designada por las *Corts* Valencianas. En este fallo se sitúa la configuración del mandato parlamentario como base para «la exclusión de todo sometimiento jurídico del representante, en cuanto tal, a voluntades políticas ajenas y proscribe por ello, en particular, que sobre él se hicieran pesar tanto instrucciones vinculantes en Derecho que pretendieran disciplinar su proceder, como asimismo cualquier tipo de sujeción, jurídicamente impuesta, a la confianza de sus electores (expresada del modo que se pretendiera) o de las organizaciones o grupos políticos en que se integre o en cuyas listas hubiera concurrido a las elecciones; sujeción que, de llegar a verificarse, contrariaría asimismo, adicionalmente, sus derechos al mantenimiento en el cargo y a ejercerlo sin constricciones ilegítimas (art. 23.2 CE)».

En conclusión, la prohibición de mandato imperativo sobre los miembros de las Cortes Generales impide cualquier vinculación del senador a la «confianza» del Parlamento autonómico que lo designó, e impide la remoción del cargo representativo.

d) Suspensión temporal en el ejercicio de las funciones parlamentarias

Los motivos de suspensión vistos hasta ahora se producen por motivos de aplicación de la disciplina parlamentaria y son también consecuencia de sanciones penales al diputado.

Pero, además de estos casos, hay que destacar que casi todos los reglamentos parlamentarios españoles disponen la suspensión puntual de derechos del diputado, como sanción ante el incumplimiento de los deberes del parlamentario: generalmente se le sanciona al diputado con la suspensión del derecho a percibir una asignación económica y del derecho a asistir a las sesiones parlamentarias.

Los motivos tipificados siguen la regulación del artículo 101.1. RCD en casi todos los reglamentos de los Parlamentos españoles. La sanción se acuerda por el Pleno de la Cámara, y los motivos son los siguientes:

1.º Cuando el diputado persiste en su actitud de no asistir al Pleno o ha incumplido el deber de secreto y ya ha sido sancionado por ello

Como se ve, es una agravación de otra sanción impuesta y cumplida en virtud del artículo 99 RCD. Se tipifica la conducta del diputado que ha dejado de asistir voluntariamente a las sesiones del Pleno o de las Comisiones «de forma reiterada o notoria», o cuando quebrantare el deber de secreto establecido en el artículo 16 del Reglamento del Congreso de los Diputados.

En caso de que el diputado persistiere en esta actitud, a pesar de haber sido ya sancionado conforme al procedimiento visto en el apartado anterior, puede haber una segunda sanción cuya propuesta de suspensión ha de acordarse por la Mesa de la Cámara. Está previsto así en el artículo 101.1.1.ª RCD; art. 101.1.1.º RPAND; art. 152.1.a RCARA; art. 130.1.a RPRINCAST; art. 112.1.1.º, RPCANA que se refiere solo a la reiterada, voluntaria e injustificada inasistencia a las «sesiones del Pleno o de las Comisiones»; art. 106.1.a RPCANT; art. 124.1.a RCCLM; art. 101.1.3.º RCV; art. 149.1.a RCV; art. 103.1.1.º RPGAL; art. 109.1.1.º RPIB; art. 86.1.a RPLRi, cuando el diputado dejare de asistir y, según el art. 86.1.b RPLRi cuando el diputado vulnerare el deber de secreto al que obliga el reglamento; art. 86.2.a RPLRi; art. 34.1 RAMA, cuando dejare de asistir a las sesiones, incumpliera el deber de secreto o no efectuare la declaración notarial y, si persistiera, se prevé la sanción correspondiente, y más agravada en el artículo 35.1.a RAMA; art.

115.1.a b. y c. RPNA; art. 17 RPV que determina la sanción de pérdida de las percepciones económicas en caso de inasistencia a las sesiones parlamentarias, acordada por la Mesa oída la Junta de Portavoces.

Aunque el Reglamento del Parlamento de Cataluña dispone, como ya se ha visto, que la suspensión no tiene un carácter sancionatorio, el artículo 230 RPCAT dispone que «el Diputado que, sin suficiente justificación o sin la necesaria autorización, no asista a tres sesiones consecutivas del Pleno o de las comisiones, indistintamente, o a cinco sesiones alternas, durante un período de sesiones, puede ser privado del derecho a percibir la asignación de un mes y de los demás derechos de carácter económico». Esta sanción debe ser acordada por la Comisión del Estatuto de los Diputados del *Parlament* de Cataluña, a propuesta del presidente de la Cámara, bien a iniciativa propia, bien a iniciativa del presidente de la correspondiente comisión. Se garantiza, en todo caso, la audiencia al miembro que haya de ser sancionado. Finalmente, el artículo 230.3 RPCAT, para dar la máxima publicidad a estas conductas, determina que «Por orden de la Mesa del Parlamento, que en este punto debe tomar las medidas pertinentes, las ausencias injustificadas de los diputados en las sesiones deben publicarse». Es similar la regulación del artículo 99 RCCyL.

2.° Cuando el diputado portare armas, blancas o de fuego, dentro del recinto parlamentario

Este caso es de una gravedad evidente. En el foro del debate y del diálogo no procede la violencia que implica a tenencia de armas. Además, por tenencia debe entenderse la «exhibición» del arma pues, en caso contrario, muy difícilmente podrá percatarse la Presidencia de la mera tenencia del arma por el parlamentario si no la exhibe.

También en este caso, la Mesa de cada Cámara debe proponer la suspensión. Está así previsto en el artículo 101.1.2.ª RCD; art. 152.1.b RCARA; art. 130.1.c RPRINCAST; art. 114.1.2.° RPCANA; art. 106.1.b RPCANT; art. 124.1.a. RCCLM; 101.1.1.° RCV; art. 149.1.b RAEX; art. 103.1.2.° RPGAL; art. 109.1.2.° RPIB; art. 86.2.b RPLRi; art. 35.1.b RAMA; art. 115.1.d RPNA y en este Reglamento también procederá esta sanción cuando el diputado promoviere desorden grave.

Es muy significativa la regulación del Reglamento del Senado. El art. 102.1 RS reitera la regulación del art. 101.1.2.ª RCD. El senador que infrinja el deber de no portar armas en el salón de plenos puede ser suspendido «en la función parlamentaria por la Mesa, durante un plazo máximo de un mes». Continúa el artículo 102 RS determinando que «el Senador que exhiba o haga uso de un arma blanca o de fuego durante el curso de una sesión será expulsado en el acto del salón de sesiones y suspenso en la función parlamentaria durante un mes como mínimo». Ello significa que puede estar sancionado de forma similar «portar» armas en el primer apartado, que «exhibir o *hacer uso*» de ellas en el segundo. En ambos casos se prevé en el Reglamento del Senado que la sanción sea de un mes de suspensión, aunque en el segundo caso el mes de suspensión es mínimo, pues el Pleno, «previa propuesta de la Mesa o cincuenta Senadores», puede ampliar o agravar la sanción al plazo máximo de un año. La ampliación de la sanción le será propuesta al Pleno en la sesión inmediata posterior a la que se haya producido el altercado con las armas previa, si se hubiese producido «audiencia del inculpado ante la Mesa».

También llama la atención el Reglamento del Parlamento de la Rioja, que determina que la suspensión temporal en la condición de diputado podrá acordarse por el Pleno de la Cámara, a propuesta de la Mesa, «cuando el Diputado agrediere a otro o a un miembro del Gobierno durante el curso de una sesión» (art. 86.2.e RPLARi). Además, la posible responsabilidad penal deberá exigirse en los términos del Código Penal y del estatuto de autonomía de la Rioja. Finalmente, llama la atención que el Reglamento del Parlamento de Andalucía no prevé este motivo de infracción de forma expresa, por lo que la exhibición de armas habría de ser subsumida en otro tipo genérico relativo a la alteración general del orden parlamentario, como el dispuesto en el artículo 18 RPAND.

3.º Cuando el diputado, tras haber sido expulsado del salón de sesiones, se negare a abandonarlo

Es un tipo sancionador que supone también una agravación de los supuestos vistos en los apartados anteriores. El tipo consiste en manifestar la negativa a abandonar el Salón de Plenos (y se le haya llamado al orden al menos en tres ocasiones y se le haya expulsado) a pesar de ser requerido por la Presidencia. Se exige que la Presidencia use los medios que pone a su disposición el reglamento para logra la expulsión del diputado rebelde. La propuesta de sanción de suspensión le corresponde a la Mesa de la Cámara. La infracción se regula en el artículo 101.1.3.ª RCD; art. 101.1.3.º RPAND; art. 152.1.c RCARA; art. 114.1.3.º RPCANA; art. 106.1.c RPCANT; art. 124.1.c RCCLM; art. 101.1. RCV; art. 149.1.c RAEX; art. 103.1.3.º RPGAL; art. 109.1.3.º RPIB; art. 86.2.c RPLRi que explica que el diputado debe haber sido llamado «al orden por tres veces, se negare a abandonar el salón de sesiones y tuviere que ser expulsado del mismo» y art. 35.1.c RAMA. El art. 101.3 RS prevé que, si el senador se negara a atender el requerimiento de abandonar el salón de sesiones, el presidente adoptará las medidas pertinentes para hacer efectiva su expulsión, y la propia Presidencia «acordará su suspensión en el ejercicio de la función parlamentaria por el plazo máximo de un mes».

4.º Cuando el diputado haya invocado o hecho uso de su condición de parlamentario para el ejercicio de actividad mercantil, industrial o profesional

La decisión de la sanción le corresponde al Pleno del Congreso de los Diputados y se prevé en el art. 101.1.4.ª RCD. Su decisión se adopta en sesión secreta. En el debate, los grupos parlamentarios podrán intervenir por medio de sus portavoces y la Cámara resolverá sin más trámites, sin que se prevea expresamente la audiencia al diputado afectado. También incluye esta regulación el art. 101.1.3.° RPAND; art. 152.1.d RCARA; art. 130.1.d RPRINCAST; art. 114.1.4.° RPCANA; art. 106.1.d RPCANT; art. 124.1.d RCCLM; art. 101.1.4.° RCV; art. 149.1.d RAEX; art. 103.1.4.° RPGAL, que añade como causa de suspensión, y por la vía de la remisión al artículo 15 del Reglamento, el no formular inicialmente la declaración de sus bienes y derechos, y de aquellas actividades que puedan constituir causa de incompatibilidad para la adquisición de la condición plena de diputada o diputado y la modificación de las mismas. También el art. 109.1.4.o del Reglamento del Parlamento de las Islas Baleares; art. 86.2.d RPLRi; art. 33.4 RAMA y art. 115.1.e RPNA.

5.° Atentar contra el decoro de la Cámara

El Reglamento del Parlamento de Andalucía prevé también la posible suspensión del diputado cuando atentase de modo grave, en el ejercicio de sus funciones, al «decoro parlamentario» (art. 101.1.4.° RPAND, de modo grave, art. 100 RPG y también el art. 8.1.d RCCLM). Según el Diccionario de la RAE por decoro hay que entender «Honor, respeto, reverencia que se debe a una persona por su nacimiento o dignidad», también «Pureza, honestidad, recato», y «Honra, pundonor, estimación». Desde luego, son conceptos de muy difícil interpretación cuya aplicación no produciría más que problemas en la vida parlamentaria.

e) El procedimiento

La regulación del procedimiento en los reglamentos parlamentarios es muy pobre e insuficiente. X. A. Sarmiento ha indicado que esta materia tiene un «tratamiento desafortunado» en los reglamentos parlamentarios8. La letra de los reglamentos se limita a determinar el órgano al que le corresponde adoptar la decisión y alguna cuestión más relativa al quórum, al carácter secreto de la sesión y, en ocasiones, la previsión del trámite de audiencia. Según el Reglamento del Congreso de los Diputados, todas las sanciones disciplinarias son impuestas por el Pleno, a propuesta de la Mesa las tres primeras y, a propuesta de la Comisión de Estatuto la cuarta (hacer uso de la condición de diputado). No obstante, debe defenderse que el trámite de audiencia es preceptivo, aunque no se prevea en el Reglamento.

---

8 X. A. Sarmiento Méndez, *Las sanciones por incumplimiento...*, *op. cit.*, p. 323. Añade este autor que: «Esta valoración se deriva del hecho de que los requisitos generales del procedimiento sancionador son necesarios también cuando se trata de sanciones parlamentarias, y de este modo, tanto el Tribunal Constitucional como buena parte de la doctrina, no dudan en defender vehementemente el exquisito respeto de los principios generales del derecho sancionador y de su procedimiento, cosa que no siempre ocurre en el Derecho parlamentario español».

Los reglamentos parlamentarios siguen, en general, el sistema del Congreso de los Diputados, así, el artículo 101.2 RPAND y en el debate que tenga lugar en el Pleno, se producirá un turno de fijación de posiciones por cada grupo parlamentario, y la Cámara resolverá sin más trámites. También el art. 152.2 y 152.3 RCARA prevé que el procedimiento se tramite garantizando en todo caso la audiencia del diputado interesado. Por su parte, el artículo 114.2 RPCANA dispone una regulación parecida, además de la preceptiva audiencia al diputado.

Además, se suele disponer por los reglamentos que, si la causa de la sanción pudiera ser, a juicio de la Mesa, constitutiva de delito, la presidencia dará cuenta al órgano judicial competente, lo cual supone otra presunción de admisión del *bis in idem*. Así, se regula en el artículo 101.3 RCD; art. 101.3 RPAND; art. 152.4 RCARA (también al Ministerio Fiscal); art. 130.4 RPRINCAST; art. 114.3 RPCANA; art. 106.4 RPCANT; art. 124.3 RCCLM; art. 149.3 RAEX; art. 103.3 RPGAL; art. 109.3 RPGAL; art. 87.2 RPLRi; art. 116.3 RPN; art. 22 y artículo 121 RPV. El artículo 101.3.º RCV, determina, por su parte y de un modo algo diferente que, si la causa de la sanción pudiera ser, a juicio de la Mesa, constitutiva de delito, la Presidencia dará cuenta de los hechos al Ministerio Fiscal (también art. 35.3 RAMA).

f) La inmediata expulsión

Finalmente, la previsión del artículo 106 RCD es, en cierta forma, una reiteración de lo ya visto, pues determina la inmediata expulsión de *cualquier persona* que promoviere desorden grave con su conducta de obra o de palabra, en sesión o fuera de ella y fuese o no diputado. Pero si se tratase de un diputado, «el Presidente le suspenderá, además, en el acto en su condición de Diputado por plazo de hasta un mes, sin perjuicio de que la Cámara, a propuesta de la Mesa y de acuerdo con lo previsto en el artículo 101 y, por tanto, con decisión del Pleno, pueda ampliar o agravar la sanción a más de un mes de suspensión». Parece muy claro que este supuesto de suspensión se puede solapar y confundir con el previsto, con carácter general, en el propio artículo 101 RCD, aunque podría pensarse que este caso fuese para comportamientos más agresivos que el del artículo 106 RCD, ya vistos en apartados precedentes. También prevé una regulación similar el artículo 106 RPAND; art. 119 RCARA; art. 135 RPRICAST; art. 120.2 RPCANA; art. 103 RCV; art. 35.1.e RAMA.

Por su lado, el artículo 102.2. del Reglamento del Senado determina que la sanción de suspensión será de un mínimo de un mes y un máximo de un año, decidido por el Pleno, previa propuesta de la Mesa o cincuenta senadores y previa audiencia del senador agresor, cuando éste «agrediere a otro Senador o a alguno de los miembros del Gobierno durante el curso de una sesión». Esta sanción comprenderá siempre la pérdida de la parte proporcional correspondiente a la retribución global del Senador objeto de la sanción (art. 102.4 RS). Además, y como ya se ha indicado, si se produjese una agresión de este tipo, se debería proceder a exigir la responsabilidad del miembro según prevé el artículo 71 de la Constitución.

C) La pérdida de la condición de diputado

La pérdida de la condición de diputado implica la finalización del mandato parlamentario y es, con alguna excepción que se verá, el momento en el que se extinguen los derechos, los deberes propios y varias prerrogativas de los diputados.

Las causas de finalización del mandato en el *Derecho parlamentario español* son:

a) La anulación de la proclamación o de la elección del diputado mediante sentencia judicial firme

El artículo 22.1.° RCD determina que el diputado pierde su condición «Por decisión judicial firme que anule la elección o la proclamación del Diputado»; art. 18.a del Reglamento del Senado; art. 19.1.° RPAND; art. 26.a RCARA; art. 25.a RJGPRINCAST; art. 8.1.ª RPCANA; art. 22.1 RPCANT; art. 9.1. RCCLM; art. 18.1.° RCCyL; art. 24.b RPCAT; art. 10.1.° RCV; art. 17.1.° REAX; art. 21.1.° RPGAL; art. 10.1.° RPIB; art. 12.1.° RPLRi; art. 14.1.a RAMA; art. 23.a RAMU; art. 28.1 RPNA y art. 23.1.° RPV.

Se reconocen dos medios para la finalización del mandato parlamentario por causas electorales. La STC 170/1990, de 19 de julio, señaló que «la Ley Electoral contempla dos posibilidades de revisión judicial en el curso del proceso electoral: una relativa a la proclamación de candidatos (art. 49 LOREG) y otra relativa a la proclamación de electos (art. 108 y siguientes LOREG)».

El objeto del recurso contencioso electoral son «los acuerdos de las Juntas Electorales sobre proclamación de electos» (artículo 109 LOREG). En este sentido, la sentencia, emitida como consecuencia de un contencioso-electoral regulado en los artículos 110 y ss. LOREG, es la que puede determinar la extinción del mandato parlamentario. La Sala deberá, en cada momento, resolver el correspondiente contencioso-electoral y el tribunal tiene que realizar «el juicio de relevancia de los vicios o irregularidades invalidantes en el resultado final, sin perjuicio de la ulterior revisión del mismo, en su caso, por este tribunal. En su motivación, y según el supuesto de hecho que en cada recurso hay que resolver, la Sala deberá expresar el proceso lógico que le lleva a apreciar la alteración del resultado como consecuencia de los vicios o irregularidades apreciados» (STC 105/2012, de 11 de mayo, FJ 16, con cita de otras).

Además, si el juicio de relevancia no lo hace el órgano de la jurisdicción ordinaria, será el propio Tribunal Constitucional el que deba hacerlo. «Todo ello en aras de preservar el principio de conservación de los actos electorales válidamente celebrados, el principio de proporcionalidad entre unos actos y sus consecuencias cuando éstas afectan a derechos fundamentales y la máxima efectividad del derecho de sufragio (por todas, STC 24/1990, FJ 6; y 159/2015 de 14 julio)».

La repetición de la elección y la anulación de los resultados es una decisión que se adopta solo cuando se puede alterar la representación, por lo que el juicio de relevancia se convierte en el punto central del pleito. Por tanto, la repetición de elecciones y la pérdida del escaño es la última de las decisiones que el tribunal adoptará.

Las sentencias de los tribunales ordinarios que se emitan en relación con el recurso contra la proclamación de electos y en el recurso contencioso-electoral, son susceptibles del recurso de amparo electoral. Casi siempre será el Tribunal Constitucional el que decida finalmente la anulación de la elección, pues el artículo 114 LOREG determina que contra la sentencia del contencioso electoral no procede recurso alguno, ordinario ni extraordinario, «salvo el de aclaración, y sin perjuicio del recurso de amparo ante el Tribunal Constitucional. El amparo debe solicitarse en el plazo de tres días y el Tribunal Constitucional debe resolver sobre el mismo en los quince días siguientes».

El Tribunal Constitucional resuelve el recurso de amparo interpuesto por el diputado, o por el partido político o por la entidad que presentó la candidatura afectada por la anulación de la elección. El efecto de la presentación del recurso de amparo contra la sentencia de la Sala del tribunal superior de justicia no es suspensivo, pero la confirmación de la anulación de la elección por el Tribunal Constitucional produce los mismos efectos que acaban de ser descritos de la anulación de la proclamación de electo por el tribunal superior de justicia. No obstante, la preferencia y la celeridad de los recursos en materia electoral, hacen también difícil que se pierda la condición de diputado por esta causa, pues la sentencia se recibiría antes de que el electo adquiera la condición plena de diputado.

Como dispuso la STC 106/2007 de 10 mayo, la utilización de incidentes preliminares no es exigible en el recurso de amparo electoral. Ello sería por «la regulación especial del recurso de amparo en materia electoral, la finalidad de proporcionar rápidamente certeza al resultado electoral y el tenor literal de los arts. 49 y 114 LOREG». El amparo en esta vía no solo es preferente, sino que se atienden y estudian posibles vulneraciones de otros derechos fundamentales, no solo del artículo 23 CE (STC 159/2015, de 14 de julio). A su vez, el control de la elección es pleno por el tribunal, aunque sea rogado y «es carga de quien recurre, no solo la de abrir la vía para que el Tribunal pueda pronunciarse sobre las supuestas vulneraciones constitucionales, sino también la de proporcionar la fundamentación fáctica y jurídica que razonablemente es de esperar y que se integra en el deber de colaborar con la justicia de este Tribunal... (STC 85/2003, de 8 de mayo, F. 6, por todas)», (STC 135/2004, de 5 agosto).

b) La condena a pena de inhabilitación absoluta o especial para cargo público, establecida por sentencia judicial firme

El Reglamento del Congreso de los Diputados no dispone esta causa de finalización del mandato parlamentario, pero sí el artículo 18.b del Reglamento del Senado; también el artículo 19 del Reglamento del Parlamento de Andalucía; art. 26.f RCARA; art. 25.E RJGPRINCAST; art. 22.1 RPCANT (decisión judicial firme que acuerde la pérdida de tal condición); art. 9.6 RCCLM, se procede a la pérdida de la condición de Diputado por la inhabilitación «por período igual o superior al tiempo que reste para la extinción de su mandato representativo»[9]; art. 24.e RPCAT; art. 17.5.° RAEX; art. 12.3.° RPIB si la extensión de la sentencia superase el período que falte para concluir su mandato; art. 23.b RAMU; art. 28.2 RPNA y art. 23.5.° RPV, que prevé como causa de pérdida la condena por «sentencia firme condenatoria que la imponga como pena».

Por su lado, otros reglamentos disponen la pérdida del mandato si un diputado ha sido condenado por delito, y hay una decisión parlamentaria de extinción del mandato. Así, se produce la extinción del mandato, «por condena por delito cuando, siendo firme la sentencia, y previo dictamen motivado de la Comisión de Reglamento y Estatuto de los Diputados, el Pleno, atendida la gravedad de los hechos y la naturaleza de la pena impuesta, así lo acuerde por mayoría de dos tercios de los miembros de la Cámara» (art. 26.g RCAR). En este supuesto, se supone que la condena al diputado no debería conllevar la inhabilitación, pues esta implica de por sí la extinción del mandato parlamentario, si así lo dispone la sentencia judicial.

Por su parte, el Reglamento del Parlamento de Canarias no se refiere expresamente a la condena de inhabilitación como causa de pérdida de la condición de parlamentario. No obstante, el artículo 8.6.ª RPCANA determina que es causa de pérdida de la condición de parlamentario, la imposibilidad de ejercer la función parlamentaria en lo que reste de legislatura como consecuencia de una sentencia firme condenatoria. La imposibilidad en este caso se debe entender como imposibilidad física y también como imposibilidad jurídica, que vendría impuesta por la inhabilitación. Este Reglamento señala, finalmente, que «la pérdida de la condición de Diputado será efectiva desde el momento en que se reciba en la Cámara la comunicación fehaciente de la sentencia correspondiente».

Además del art. 9.6 RCCLM, ya visto, de pérdida del escaño por inhabilitación, el Reglamento de las Cortes de Castilla-La Mancha prevé en el art. 9.5 RCCLM que, mediante acuerdo de la mayoría de tres quintos de los miembros del Pleno de la Cámara, cuando el diputado hubiese sido condenado por delito

9 Este tipo de regulación, que incorporan varios Reglamentos parlamentarios, es de incompleta aplicación, habida cuenta del significado que tiene la inhabilitación según el Código Penal. Por ello, hay que considerar que también se produce la pérdida de la condición de Diputado, si la condena por inhabilitación es por un período de tiempo «inferior» a la duración del mandato que le resta al miembro condenado.

y una vez firme la sentencia, teniendo en cuenta la gravedad de los hechos y la pena impuesta, no se estime procedente la suspensión de la condición de Diputado. «El acuerdo del Pleno tendrá que ir precedido necesariamente del dictamen motivado de la Comisión de Reglamento y Estatuto del Diputado». Como se ha dicho, la condena a la pena de inhabilitación siempre conlleva la pérdida de la condición de diputado y, por tanto, el artículo 9.6 RCCLM, igual que el caso del Reglamento del Parlamento de Canarias, se refiere a condenas que no conllevan la pena de inhabilitación, sino que impliquen imposibilidad en el ejercicio.

No obstante, debe afirmarse que la condena a una pena de inhabilitación al diputado extingue el mandato, aunque el reglamento no lo disponga y aunque el delito no se cometa con ocasión del ejercicio del cargo de diputado. La inhabilitación extingue el mandato porque así lo dispone el artículo 41 del Código Penal.

El artículo 41 del Código Penal es taxativo: «La pena de inhabilitación absoluta produce la privación definitiva de todos los honores, empleos y cargos públicos que tenga el penado, aunque sean electivos». Y tiene un efecto añadido, pues la inhabilitación implica también la inelegibilidad, pues produce la «incapacidad para obtener los mismos o cualesquiera otros honores, cargos o empleos públicos, y la de ser elegido para cargo público, durante el tiempo de la condena». La cuestión es diferente si la pena de inhabilitación es accesoria (absoluta o relativa), pues se aplicará la inhabilitación en tanto dure la pena principal de privación de libertad. Si no hay pena principal, como sucedió en 2021 en el Congreso de los Diputados, difícilmente se debería poder aplicar la suspensión como pena accesoria.

Las disposiciones que se han analizado por los Reglamentos de los Parlamentos de Aragón, Canarias y Castilla-La Mancha se refieren, sin duda, a condenas que no implican inhabilitación como pena principal. Como se sabe, la inhabilitación significa que, al parlamentario, a diferencia de la suspensión, se le priva de su condición de diputado y, con ello pierde sus derechos, deberes y prerrogativas. Confirmando este criterio, se ha dicho por el Tribunal Constitucional que a los supuestos de inelegibilidad regulados en el art. 6 de la LOREG, «hay que añadir aquellos que derivan de determinadas penas previstas en el Código Penal. El que el art. 6 de la LOREG, en su apartado segundo, menciona solo algunas causas de inelegibilidad derivadas de sanciones penales, no significa que hayan quedado derogadas las restantes previstas en el Código Penal y que integran el contenido de determinadas penas, como inhabilitación absoluta, inhabilitación especial para el derecho de sufragio y otras» (STC 80/1987, de 27 de mayo).

c) El fallecimiento o incapacitación del diputado, declarada por decisión judicial firme

Esta causa de extinción del mandato está regulada en el artículo 22. 2.° RCD. Según este precepto, el diputado pierde su mandato por fallecimiento o incapacitación del diputado, declarada esta por decisión judicial firme; art.

19.c RS que solo cita el fallecimiento, pero no la incapacitación; art. 18.3.º RPAND; art. 26.b RCARA; ART. 25.b RJGPRINCAST; art. 8.2.ª RPCANA; art. 22.b RPCANT (que cita expresamente la declaración de fallecimiento); art. 9.2 RCCLM; art. 18.2 RCCyL; art. 24.c RPCAT; art. 10.2 RCV; art. 10.3.º RCV; art. 10.2.º REAX; art. 21.2.º RPGAL; art. 10.2.º RPIB; art. 12.2.º RPLRi; art. 14.1.b y c RAMA; art. 23.b RAMU; art. 28.3 RPNA y 23.2.º RPV. Debe analizarse separadamente cada causa:

1.º Es obvio decir que el fallecimiento del miembro del Parlamento extingue el mandato pues, como determina el artículo 32 del Código Civil, «la personalidad civil se extingue por la muerte de las personas».

Así, para la constancia en el Parlamento del fallecimiento, es preceptiva la previa presentación a la institución parlamentaria del certificado de defunción emitido por el funcionario encargado del Registro Civil, en los términos del artículo 62.3 de la *Ley 20/2011, de 21 de julio, del Registro Civil*. El certificado debe ser conocido por la Mesa, que comunicará a la junta electoral competente la muerte del parlamentario.

Y aunque nada se diga en los reglamentos españoles (excepto en el del Parlamento de Cantabria), también debe asimilarse la «declaración de fallecimiento» a la muerte del diputado[10]. En este caso, no obstante, no deja de plantear problemas la aplicación de los preceptos del Código Civil. Primero porque tal declaración no la puede solicitar el Parlamento como interesado y, segundo, porque los plazos pueden ser muy amplios y, casi siempre, el mandato ya habrá concluido cuando se declare el fallecimiento. Hasta entonces, no se puede entender que ha finalizado el mandato. El artículo 195 del Código Civil determina que «mientras dicha declaración no se produzca, se presume que el ausente ha vivido hasta el momento en que deba reputársele fallecido, salvo investigaciones en contrario. Toda declaración de fallecimiento expresará la fecha a partir de la cual se entienda sucedida la muerte, con arreglo a lo preceptuado en los artículos precedentes, salvo prueba en contrario». Por su parte, el artículo 194.5.º del Código Civil determina que procederá la declaración de fallecimiento en un mes contado desde las últimas noticias de las personas o de la aeronave y, en su defecto, desde la fecha de inicio del viaje, si se «encuentren a bordo de una aeronave que se presuma siniestrada al realizar el viaje sobre mares, zonas desérticas o inhabitadas, por no llegar a su destino, o si careciendo de punto fijo de arribo, no retornase, y haya evidencias racionales de ausencia de supervivientes». Los otros párrafos de este artículo del Código Civil regulan otros casos de siniestros, y lo hacen con plazos diferentes que van de un mes a dos años.

No obstante, la *Ley 15/2015, de 2 de julio, de la Jurisdicción Voluntaria* ha acortado los plazos de solicitud y, para el caso de desaparecidos en acciden-

10 X. A. Sarmiento Méndez, «Pérdida condición Diputado», en VV.AA., *Diccionario de términos de Derecho parlamentario*, Madrid, La Ley, p. 805, señala: «Obviamente sería asimilable al fallecimiento el caso de declaración de fallecimiento previsto en el Código civil».

tes aéreos, el plazo para instar la declaración de fallecimiento va de los ocho días a un mes (artículo 74.1 de la Ley 15/2015). Sin embargo, el Ministerio Fiscal puede solicitar de forma inmediata la declaración. En cualquier caso, el Parlamento deberá tener constancia de la sentencia que disponga la declaración de fallecimiento, la cual deberá ser comunicada al Parlamento por cualquier persona interesada.

Por su lado, la declaración de ausencia no supone la finalización del mandato parlamentario, pues esta declaración no presume el fallecimiento de la persona, sino que implica el nombramiento de un representante del ausente, sin que haya presunción expresa de su fallecimiento (artículos 181 y siguientes CC y artículos 69 y siguientes de la Ley 15/2015).

2.º También la incapacitación del diputado extingue el mandato, si así lo determina la sentencia de incapacitación. Esta debe ser declarada por la autoridad judicial, y no por la Presidencia de la Cámara, como sucede en el Parlamento británico, que puede hacerlo tras dos informes médicos desde la *Mental Health Act* de 1956[11]. En España, hay que estar a lo dispuesto en los artículos 199 y siguientes del Código Civil, pues «nadie puede ser declarado incapaz sino por sentencia judicial en virtud de las causas establecidas en la Ley», siendo causas de incapacitación solo «las enfermedades o deficiencias persistentes de carácter físico o psíquico que impidan a la persona gobernarse por sí mismo» (artículos 199 y 200 del Código Civil). No es posible considerar que el Parlamento pueda ser una de las partes que inste el procedimiento[12], pues el artículo 757.1 de la Ley de Enjuiciamiento Civil dispone que pueden iniciarlo, además del Ministerio Fiscal, el «presunto incapaz, el cónyuge o quien se encuentre en una situación de hecho asimilable, los descendientes, los ascendientes, o los hermanos del presunto incapaz». No obstante, el Parlamento (como cualquier persona) podría solicitar del Ministerio Fiscal la sustanciación del procedimiento si las personas indicadas no lo hubiesen hecho (artículo 757.2 LEC). El juez que determina la incapacitación es el juez de primera instancia del domicilio del presunto incapaz (artículo 756 LEC), sin que sea aplicable aquí el aforamiento especial de la Sala de lo civil y penal del Tribunal Superior de Justicia, que solo juzgaría demandas contra los diputados «de responsabilidad civil, por hechos cometidos en el ejercicio de sus respectivos cargos» (art. 73 LOPJ).

Antes de la sentencia judicial no cabrá, de ninguna forma, proceder a la incapacitación del parlamentario ni a la pérdida del mandato, debiendo estarse a la extensión y límites de la incapacidad que determine la sentencia, conforme determina el artículo 760 LEC. En este supuesto no es posible que, extinguido el mandato parlamentario por esta causa, la condición de parla-

11 El texto puede consultarse en http://www.legislation.govt.nz/act/public/1956/0065/latest/whole.html. Este texto se reformó por última vez en 2012.

12 No obstante, algún autor no lo ve descartable, como X. A. Sarmiento Méndez, *Manual Parlamentario. Guía para os Deputados e Deputadas do Parlamento do Galicia*, Parlamento de Galicia, Santiago de Compostela, 2011, p. 32.

mentario pueda recuperarse si vuelve a haber una sentencia que determine la reintegración de la capacidad, en caso de que haya habido «nuevas circunstancias» que han permitido instar un nuevo proceso para dejar sin efecto la incapacitación (artículo 761 de la LEC). Finalmente, no es suficiente para extinguir el mandato el «internamiento no voluntario por razón de trastorno psíquico», que regula el artículo 763 de la LEC, pues está claro que este internamiento, sin sentencia, no incapacita.

Por último, hay alguna previsión especial, como la del artículo 21.4.° del Reglamento del Parlamento de Galicia, que determina la pérdida de la condición de diputado «en caso de incompatibilidad física, ante Notario, que remitirá el correspondiente testimonio a la Mesa». Este caso no es un supuesto de incapacitación judicial (que también se prevé en el artículo 21.2 RPGAL), sino una declaración notarial que efectúa el propio parlamentario, que debería realizar también personalmente ante cualquier imposibilidad de ejercer como diputado.

d) Expiración del mandato o disolución de la Cámara

Este motivo de pérdida del mandato parlamentario está previsto en el artículo 22.3.° RCD, excepto los titulares y suplentes de la Diputación Permanente a los que se le prorroga el mandato; art. 19.f RS; art. 19.4.° RPAND, también para titulares y suplentes; art. 26.e RCARA, para titulares y suplentes; art. 25.C RJGPRINCAST; art. 8.3.ª RPCANA; art. 22.c RPCANT para titulares y suplentes; art. 9.3 RCCLM; art. 18.3.° RCCyL para titulares y suplentes; art. 24.d RPPCAT; art. 10.4.° RCV; art. 17.3.° RAEX, titulares y suplentes, quienes «mantendrán su condición hasta que se constituya la nueva Cámara, incluyendo los derechos económicos»; art. 21.3.° RPGAL, titulares y suplentes; art. 10.3.° RPIB; art. 12.4.° RPLRi, titulares y suplentes; art. 14.1.d RAMA, también titulares y suplentes; art. 23.d RAMU titulares y suplentes; art. 28.4 RPNA, titulares y suplentes de la Comisión Permanente y art. 23.3.° RPV (que no parece extender los derechos y prerrogativas también a los suplentes, y en donde los miembros de la Diputación Permanente son los de la Comisión de Reglamento y Gobierno).

La temporalidad del ejercicio del poder político es un principio estructural del Estado democrático. Suele distinguirse por los reglamentos parlamentarios entre la finalización por expiración del mandato por haberse agotado el tiempo de la Legislatura «natural», y la finalización por expiración del mandato por disolución. Pero los efectos de la extinción del mandato son los mismos en una y otra causa.

En relación con este tema, hay dos problemas:

1.° La Diputación Permanente[13] es el órgano que da continuidad al Parlamento en el período interlegislatura y, como ha dicho el ATC 547/1989, constituye una prórroga de la Legislatura.

---

13 Cfr. en relación con la Diputación Permanente, el trabajo de L. SESEÑA SANTOS, en VV.AA., *Manual...*, *op. cit.*, pp. 213 y ss.

Es normal que los reglamentos extiendan la duración del mandato parlamentario a los diputados que sean miembros de la Diputación Permanente. Y esto se acomoda bien con la lógica del sistema, pues sería absurdo que estos parlamentarios viesen extinguido su mandato por expiración de legislatura, cuando son miembros de un órgano que tiene por objeto extender el mandato de una Cámara que ya lo ha finalizado. El mandato parlamentario de los diputados miembros de la Diputación permanente será hasta el momento de constitución de la nueva Cámara, de forma que el día de la constitución de la nueva legislatura convive el mandato de los nuevos diputados, con el de los miembros de la antigua Diputación Permanente (y los suplentes).

El artículo 46 del Reglamento del Senado lo dispone con claridad, al disponer que «los miembros titulares y suplentes de la Diputación Permanente conservarán su condición de Senador, con todos los derechos y prerrogativas inherentes a la misma, aun después de expirado su mandato o de disuelto el Senado y hasta que se reúna el que posteriormente resulte elegido» (también artículo 79 RPRINCAST y artículo 66 RAMU). También se extienden los deberes a los senadores y diputados de la Diputación Permanente.

Por su parte, el artículo 26.2 del Reglamento del Parlamento de Galicia prevé que los miembros de la Diputación Permanente no perciban la denominada «indemnización de transición», que es una cantidad en un pago único, que perciben los diputados «que causen baja por disolución de la cámara». Se supone que estos diputados de la Diputación Permanente siguen percibiendo las retribuciones de la legislatura que acaba de concluir.

Finalmente, los titulares y los suplentes pueden ser cambiados por el grupo parlamentario a lo largo de la legislatura, pero no lo pueden ser una vez que finalice esta legislatura, pues no hay ni diputados ni senadores que pueden sustituir a los anteriores, ni tampoco, en teoría, grupos parlamentarios que puedan designarlos[14]. En este sentido, el artículo 109.2 RAEX es muy claro, al disponer que los miembros de la Diputación de la Asamblea de Extremadura «tendrán carácter permanente».

2.° La fecha de finalización del mandato de los diputados, por agotamiento de la duración natural de la legislatura, es el día de celebración de las nuevas elecciones; mientras que la fecha de finalización del mandato de los diputados por disolución de la Cámara es el de la publicación de esta en el correspondiente Boletín Oficial.

e) La renuncia del diputado

También el artículo 22.4.° RCD dispone la pérdida del mandato del diputado por ssu renuncia; art. 18.g RS; art. 19.5.° RPAND que exige que la renuncia

14 J. TUDELA ARANDA, «Diputación permanente», en *Diccionario..., op. cit.*, p. 383, indica: «Lo que no será posible es alterar la relación de suplentes una vez finalizada la Legislatura. Los que no se encuentren en la relación inicial ya no tiene la condición de Diputado o Senador».

sea presentada personalmente por el diputado; art. 26.c RCARA que determina que sea presentada ante la Mesa personalmente o «por medio de acta notarial»; art. 25.d RJGPRINCAST, además según este Reglamento «solo se admitirá la renuncia por escrito cuando resulte indudable la imposibilidad del Diputado de formularla personalmente y hubiera, además, prueba fehaciente sobre la veracidad de su fecha y firma»; art. 8.4.ª RPCANA, exige que la renuncia sea «expresa»; art. 22.d) RPCANT que exige renuncia expresa «presentada personalmente» y «no será efectiva hasta el momento en que la Mesa del Parlamento tenga conocimiento formal de la misma»; art. 9.4 RCCLM, la renuncia ha de ser «hecha personalmente ante la Mesa de las Cortes. Sólo se admitirá la renuncia por escrito, cuando no exista duda sobre la imposibilidad del Diputado para presentarla personalmente y hubiese prueba fehaciente de la veracidad de su fecha y firma»; art. 18.4 RCCyL, que ha de ser presentada personalmente; art. 24.a RPCAT; art. 10.5.º RCV, se determina, además, que la renuncia, «para que produzca efecto, habrá de presentarse personalmente por el interesado o por la persona que disponga de poder notarial concedido expresamente para ello»; art. 21.4.º RPGAL; art. 17.4.º RAEX, que parece impedir una renuncia no presencial, pues «sólo se admitirá la renuncia por escrito cuando se acredite ante la Mesa la imposibilidad del Diputado para presentarla personalmente y hubiese prueba fehaciente de la veracidad de la fecha y firma»; art. 10.4.º RPIB y art. 10.5.º RPIB, también prevé la pérdida por «renuncia provocada por incompatibilidad sobrevenida»; art. 12.5.º RPRi; art. 14.1.e RAMA, mediante renuncia «formalizada ante la Mesa. La renuncia se formalizará por escrito, salvo que, atendidas las circunstancias, la Mesa requiera su formalización presencial»; art. 23.e RAMU, que también prevé la procedencia de la renuncia notarial; art. 29.5 RPNA y art. 23.4.º RPV, que parte de la renuncia presencial y personal, pues «sólo se admitirá la renuncia por escrito cuando resulte indubitada la imposibilidad de la parlamentaria o parlamentario para presentarla personalmente y hubiera prueba fehaciente de la veracidad de su fecha y firma».

Así, algunos reglamentos exigen que se presente la renuncia personalmente, lo cual da idea de que se ha de realizar de modo presencial. Ello impediría el uso del registro telemático, que proporciona garantía de fehaciencia, pero no cumple las exigencias de personalidad que se desprenden de la obligación de presentar en «persona» la renuncia como diputado. La interpretación más adecuada consiste en que la exigencia de la renuncia personal también se cumple cuando se presenta de un modo admitido en Derecho, como una presentación notarial, o mediante representante con poder suficiente.

Es sabido que la renuncia del cargo parlamentario solo tendrá efecto si así lo manifiesta de modo expreso el propio diputado, siendo una declaración personalísima del miembro, y nunca se puede producir por la voluntad del grupo parlamentario ni del partido político, o de un tercero. Esta última opción es algo que ni el propio reglamento podría disponer. Así, según la STC 74/2009, de 23 marzo resulta indudable que el reconocimiento de la representación que de los Diputados ostentan los grupos parlamentarios «en ningún caso puede privar de legitimación a los propios Diputados que, individualmente, son los titulares del derecho fundamental del art. 23.2 CE».

La reforma del Reglamento del Parlamento de Andalucía de 28 de abril de 2021 ha previsto que un representante del partido político puede declarar que un Diputado de un grupo parlamentario pueda ser declarado «no adscrito». Aunque no supone la renuncia al cargo esta regulación es, sin duda, un paso más en la despersonalización del mandato parlamentario. Por su lado, la renuncia de la condición de parlamentario implica, de modo obvio, la de todo cargo que se desempeñase en el Parlamento (Mesa, Comisión, Ponencia, Pleno o Diputación Permanente).

Ha dicho el Tribunal Constitucional que «la renuncia a los cargos públicos es —como regla— un derecho de su titular y a veces una exigencia ética, salvo cuando se trata de un oficio de los pocos que son irrenunciables por imperativo legal» (STC 81/1994, de 14 de marzo), asegurando, además, que la renuncia «forma parte del conjunto de derechos cobijado en el art. 23 de la Constitución, párrafo segundo, al abrigo y como complemento del derecho de acceso a tales puestos, (SSTC 7/1992 y 28/1984)».

Como se ha dicho, la renuncia es una declaración de voluntad personalísima[15] y, para ser válida, debe ser emitida de una forma libre, consciente y sin ningún vicio que la invalide (como la simulación, la vis o el error). Así, el efecto de la renuncia (pérdida del cargo) se produce por la sola circunstancia de su exteriorización por escrito y el registro de la misma. Esto significa «lisa y llanamente que, una vez presentada así, la renuncia es irrevocable» (STC 81/1994, de 14 de marzo). Además, la renuncia es una declaración de voluntad sobre la que se pueden producir los vicios en la formación de la misma, como el error aludido en el artículo 1266 del Código Civil para los contratos, o también la fuerza, o la violencia, el error o la simulación. Así, podría la Mesa no admitir la renuncia del diputado si apreciase, de oficio o no, la existencia de vicios de la voluntad de los ya vistos, o también podría rechazar la renuncia, por ejemplo, si falta de forma manifiesta claridad en su redacción.

Por su lado, algún reglamento, como el artículo 14.2. del de la Asamblea de Madrid dispone que la Mesa declarará formalmente la pérdida de la plena condición de Diputado, en el supuesto de que esta se produzca, o como el Reglamento del Parlamento de Cantabria, que prevé que solo sea efectiva hasta que la Mesa conozca de la misma.

---

15 Cfr. X. A. Sarmiento Méndez, *Dereito Parlamentario..., op. cit.*, p. 49, se refiere a la problemática constitucionalidad (por ser contrarias al carácter personal del mandato del artículo 23 CE) de las renuncias en blanco, entendiendo por tales las que obligarían a firmar a sus candidatos algunos partidos y agrupaciones, antes de aceptar ser incluidos en las correspondientes listas electorales.

f) Los senadores designados

Los senadores elegidos y los designados pierden su condición por las causas generales ya vistas. Además, el artículo 18.f del Reglamento del Senado determina que son causas de pérdida de la condición de senador, en el caso de los senadores designados, «cuando así proceda y se comunique por las Asambleas legislativas u órganos colegiados superiores de las Comunidades Autónomas». Queda claro, al menos de momento, que no es posible la revocación del mandato parlamentario de senadores designados, si no hay regulación autonómica que lo prevea.

El mandato del senador designado se puede vincular a la legislatura del Senado o a la legislatura del Parlamento autonómico. El Tribunal Constitucional ha admitido ambos sistemas desde la STC 40/1981, de 18 de diciembre, FJ 3.°, y posteriormente en STC 149/1990, de 1 octubre.

En este sentido, varios Estatutos han previsto que el mandato de los senadores esté ligado a la legislatura autonómica, como el artículo 43.d EACAN, o el art. 9.2.e EACLM. Además, el mismo efecto tienen otros estatutos de autonomía, que vinculan la designación de senador con la condición de diputado regional: como los estatutos de autonomía de Cantabria, Madrid y Extremadura (art. 9.8 EACANT, art. 16.3.i EAMAD, art. 19.2.e EAEX) en los que los senadores han de ser diputados autonómicos y cesan como senadores, por tanto, cuando cesan como diputados autonómicos.

A pesar de que el estatuto de autonomía nada disponga, hay algunas leyes autonómicas reguladoras[16] del procedimiento de designación de senadores que han establecido la vinculación del mandato con la legislatura autonómica, como Andalucía —cuyo estatuto de autonomía no dispone nada más que puede ser cualquier ciudadano que ostente la «condición política de andaluz», artículo 106.17.ª—; Aragón; Asturias; Castilla y León; Castilla-La Mancha; Cataluña; Comunidad Valenciana; Murcia y País Vasco.

---

16 Artículo 6 de la Ley 19/2007, de 17 de diciembre, de designación de Senadores y Senadoras en representación de la Comunidad Autónoma de Andalucía; artículo 10 de la Ley 18/2003,de 11 de julio, sobre designación de Senadores en representación de la Comunidad Autónoma de Aragón; artículo 5 de la Ley del Principado de Asturias 4/1983, de 4 agosto, reguladora del procedimiento para la designación de senadores por el principado de Asturias; artículo 7 de la Ley 7/1987, de 8 de mayo, por la que se regula el procedimiento de designación de Senadores representantes de la Comunidad de Castilla y León; artículo 8 de la Ley 4/1985, de 26 de junio, sobre designación de Senadores representantes de Castilla-La Mancha, que establece que finaliza el mandato de los senadores designados tanto cuando acaba la Legislatura de las Cortes de Castilla-La Mancha, como cuando acaba la Legislatura del Senado, sin que en este caso deban designarse los mismos; artículo 7 de la Ley 6/2010, de 26 de marzo, del procedimiento de designación de los senadores que representan a la Generalidad en el Senado; artículo 13 de la Ley 9/2010, de 7 de julio, de designación de Senadores o Senadoras en representación de la Comunitat Valenciana; artículo 6 de la Ley 6/1983, de 22 de julio, sobre designación de Senadores de la Comunidad Autónoma de la Región de Murcia y artículo 6 de la Ley 4/1981, de 18 de Marzo sobre «Designación de Senadores representantes de Euskadi».

A su vez, según art. 208 RPNA, los senadores designados terminan su mandato también con la disolución del Senado, aunque sean designados los mismos cuando se constituye este (art. 208.7 RPNA), al igual que sucede en casi todos los Parlamentos autonómicos. Por su lado, cesan como senadores designados cuando cesan como diputados autonómicos en el Parlamento de las Islas Baleares (art. 50.1 EAIB vincula su mandato al del *Parlament* pues debe designar a los mismos candidatos que lo eran cuando se disolvió el Senado), del mismo modo La Rioja (art. 19.1.l EALR) y en todos los Parlamentos que vinculan el mandato del senador a la legislatura del Parlamento autonómico. Debe recordarse que la STC 76/1989, de 27 abril, determinó que nada impediría que «quienes fueron designados Senadores en la anterior legislatura puedan ser nombrados de nuevo si han sido elegidos Diputados regionales».

Finalmente, también hay alguna regulación del régimen transitorio de designación del senador; así el artículo 24.d RPCAT señala que los diputados que representan a la Generalidad en el Senado, y que dejen de ser diputados, «mantienen su condición hasta la constitución del nuevo Parlamento». En Galicia, esta materia está regulada en el artículo 165 del reglamento en un sentido similar.

g) Otras causas de la pérdida de la condición de diputado

No es fácil ofrecer un catálogo cerrado de causas de extinción de la condición de diputado, pues los reglamentos (además de recoger las causas habituales) han tenido una vocación innovadora introduciendo alguna originalidad también en esta materia. Además de las causas ya vistas de pérdida de la condición de diputado, algunos reglamentos han previsto las siguientes:

1. El artículo 8.5.ª del Reglamento del Parlamento de Canarias dispone la pérdida de la condición de diputado autonómico, cuando este acepte su designación como senador designado por la comunidad. Además, el Reglamento del Parlamento canario prevé que «los efectos de la aceptación se entenderán producidos desde la cumplimentación de los requisitos previstos en el Reglamento del Senado para la perfección de la condición de senador». Es discutible que esta causa sea aplicable al resto de Diputados autonómicos cuando no se prevea.
2. Otros reglamentos han incluido como causa de extinción del mandato, la pérdida de la «condición política» de la correspondiente comunidad autónoma. Así se dispone en el artículo 6.d del Reglamento de las Cortes de Aragón, que se refiere también a la extinción «por carencia» es decir, por no ostentarla desde el inicio, o pérdida por el diputado de su condición política de aragonés. Añade el reglamento que «Comprobado este extremo por la Mesa de las Cortes, y previo dictamen de la Comisión de Reglamento y Estatuto de los Diputados, aquélla lo comunicará al Diputado y tramitará su baja ante el organismo que corresponda»; también el art. 17.6.º del RAEX y el artículo 23.6.ª RPV.
3. El artículo 9.7 del Reglamento de las Cortes de Castilla-La Mancha determina que se pierde la condición de diputado por la comisión

de una falta muy grave de las establecidas en el artículo 22.1.c) del reglamento, «previo dictamen de la Comisión de Reglamento y Estatuto del Diputado y por acuerdo de la mayoría de tres quintos de los miembros del Pleno de la Cámara».

4. La pérdida de la nacionalidad española es una causa de pérdida de la condición de diputado, pues es posible tal pérdida para los diputados que no sean españoles de origen. Con respecto a esta cuestión, debe recordarse que, según el artículo 11.2 de la Constitución, ningún español de origen puede «ser privado de su nacionalidad», previendo el artículo 25 del Código Civil los casos de pérdida de la nacionalidad española.

h) Efectos de la finalización del mandato

La pérdida de la condición de diputado significa el final del mandato del parlamentario y, por ello, se extinguen sus derechos, deberes y prerrogativas. No obstante, algún derecho de los reconocidos al parlamentario tiene ultraactividad, pues permanece y tiene efectos más allá de su finalización. Así, el artículo 23 RS determina que los senadores tendrán tratamiento de excelencia, «que conservarán con carácter vitalicio». Mayor relevancia tienen los efectos permanentes de la prerrogativa de inviolabilidad que dispone la Constitución. Así, la fórmula habitual en el *Derecho parlamentario español es que los diputados gozarán, aun después de haber cesado en su mandato*, de inviolabilidad por las opiniones manifestadas en actos parlamentarios y por los votos emitidos en el ejercicio de su cargo, como se prevé en el artículo 11 RPAND; art 16 RJGPRINCAST; art. 9 RPCANA; art. 13 RPCANT; art. 15 RCCLM; art. 9 RCCyL; art. 21 RPCAT; art. 15.1 RCV; art. 26 RAEX; art. 11 RPGAL; art. 11 RPIB; art. 21.1. RPLRi; art. 23. RAMA; art. 16.1 RAMU; art. 18 RPNA y art. 14 RPV. También artículo 38.1 EAR aunque el reglamento no haya dispuesto nada. Además, varios estatutos de autonomía recogen también la inviolabilidad de los parlamentarios autonómicos, «aun después de haber cesado en su mandato», como artículo 101.3 EAAND; art. 38.1 EAAR; art. 26.2 EAAST; art. 11.1 EACANT; art. 22.2 EACyL; art. 10.3 EACLM; art. 23.3 EACV; art. 24.1 EAEX; art. 44.1 EAIB; art. 17.7 EALRi; art. 11.5 EAMAD; art. 25.2 EAMU y art. 13.2 LORAFNA.

En este sentido, la inviolabilidad, que se extiende más allá de la finalización del mandato, solo cubre la participación en el debate y en la votación «en actos parlamentarios y en cualquiera de las articulaciones orgánicas de las Cámaras o, por excepción, en actos exteriores a la vida de las Cámaras que sean reproducción literal de un acto parlamentario» (SSTC 243/1988 de 19 diciembre; 243/1988, fundamento jurídico 3.º; 206/1992 de 27 noviembre, FJ 5). Sobre este tema se volverá enseguida.

Por otra parte, el día en el que concluyen los derechos de los parlamentarios políticos, económicos (percepción de cantidades económicas correspondientes) y sociales (como el derecho a estar en situación del Alta en el Convenio especial del Parlamento con la Seguridad Social) es el día de finalización del mandato. De forma algo excepcional, algún reglamento extiende los derechos económicos de los parlamentarios «antiguos» hasta el día de la constitución de la nueva Cámara, sean o no miembros de la Diputación Permanente (artículo 11.3 del Reglamento del Parlamento de Cantabria).

Asimismo, desde el día de la finalización del mandato (y si los diputados no renuevan el mandato parlamentario, obviamente) el miembro tiene derecho a percibir las ayudas por cese en su condición de parlamentario. Por su parte, si el diputado fuese parte en un proceso penal (ante el Tribunal Supremo o ante el tribunal superior de justicia) y se extinguiese su mandato por cualquier motivo, la causa será remitida al órgano jurisdiccional que resulte competente en función de la ausencia de parlamentarios, tal y como parece desprenderse de la *Ley de 9 de febrero de 1912 declarando los Tribunales que han de entender en el conocimiento de las causas contra Senadores y Diputados*.

Finalmente, y como ya se ha visto en un capítulo anterior, en el plazo de treinta días desde la extinción de su mandato, el diputado está obligado a la presentación de la declaración de bienes e incompatibilidades. Así lo dispone el art. 26 del Reglamento del Senado; art. 41.4 RCARA, los artículos 9.1.b y 22.5 del Reglamento de la Junta General del Principado de Asturias, art. 6.1.2.ª RPCANA; 23.1.b RPCAT; art. 8.2.2.º RCV; art. 8.1.2.º RPIB; art. 12.1.b RAMAD art. 20.2 párrafo segundo RAMU; art. 26.2.B RPANA; art. 9.1.B RPV.

2.2. Las prerrogativas parlamentarias como garantías parlamentarias

Nuestro ordenamiento jurídico parlamentario, desde su misma cúspide, dispone una serie de técnicas que sirven, en su significado actual, para garantizar la posición del Parlamento y la libre formación de su voluntad. El fin de las prerrogativas parlamentarias es solo este y no otro, como se ha encargado de aclarar el tribunal.

La jurisprudencia sobre las prerrogativas parlamentarias es muy clarificadora para conocer su naturaleza en el Estado moderno. Mediante las prerrogativas parlamentarias, (STC 90/1985, fundamento jurídico 6.º y 206/1992, F.J 3), la Constitución ha querido proteger de «forma cualificada la libertad, autonomía e independencia de los órganos constitucionales», lo cual constituye un «interés superior del ordenamiento de todo Estado Democrático de Derecho (art. 1.1 C.E.)», y es un «instrumento imprescindible para garantizar la efectiva separación entre los distintos poderes del Estado». Su existencia resulta, por tanto, imprescindible para garantizar el funcionamiento regular de las instituciones.

Esta protección jurídica que suponen las prerrogativas se articula constitucionalmente «mediante el tratamiento de situaciones subjetivas no parangonables con las ordinarias, puesto que se atribuyen a los miembros de las Cortes Generales no en atención a un interés privado de sus titulares, sino a causa de un interés general, cual es el de asegurar su libertad e independencia en tanto que reflejo de la que se garantiza al órgano constitucional al que pertenecen» (STC 22/1997, de 11 de febrero).

Ninguna prerrogativa es un privilegio, pues todas son garantías objetivas. Esto se dice de un modo claro en las sentencias que acaban de ser citadas, pues «las prerrogativas parlamentarias no se confunden con el privilegio, ni tampoco pueden considerarse como expresión de un pretendido *ius singulare*, pues en ellas no concurren las notas de la desigualdad y la excepcionalidad. Antes al contrario: ofrecen un tratamiento jurídico diferenciado a situaciones subjetivas cualitativa y funcionalmente diferenciadas por la propia Constitución, y resultan de obligada aplicación siempre que concurra el presupuesto de hecho por ellas contemplado». Un concepto más actual prefiere una consideración puramente objetiva de las prerrogativas y las denomina «garantías parlamentarias»[17].

Las prerrogativas son «sustracciones al Derecho común conectadas a una función» (STC 51/1985, F.J. 6.º), y, por ello, las prerrogativas parlamentarias son imprescriptibles e irrenunciables (STC 92/1985). Y no es viable ni constitucionalmente legítima una extensión legislativa o normativa de las prerrogativas parlamentarias (STC 186/1989), ni es factible realizar una interpretación analógica de las mismas (STC 51/1985). En definitiva, las prerrogativas parlamentarias son «*ius cogens* y, por tanto, indisponibles para sus titulares, y solo susceptibles de una interpretación estricta y vinculada a los supuestos expresamente contemplados en la Constitución» (SSTC 22/1997, de 11 de febrero; 124/2001, de 4 de junio).

Por todo ello, ha dispuesto la jurisprudencia que las prerrogativas parlamentarias han de ser «interpretadas estrictamente a partir de una comprensión del sentido de la prerrogativa misma y de los fines que esta procura, esto es, tanto en el sentido lógico de sujeción a los límites objetivos que le impone la Constitución, como en el teleológico de razonable proporcionalidad al fin al que responden [SSTC 51/1985, de 10 de abril, FJ 6; 243/1988, de 19 de diciembre, FJ 3 a); 22/1997, de 11 de febrero, FJ 5]». De este modo, cada interpretación que se realice de cada prerrogativa cuestionada se debe efectuar de conformidad con la finalidad a la que sirve [SSTC 22/1997, de 11 de febrero, FJ 7; 68/2001, de 17 de marzo, FJ 2 b); 124/2001, de 4 de junio, FJ 5].

Además de los fallos vistos, se dijo en STC 9/1990, de 18 enero, que «La inviolabilidad e inmunidad parlamentarias son dos prerrogativas, que,

17 P. LUCAS MURILLO DE LA CUEVA, «Las garantías parlamentarias en la experiencia constitucional española», en *Revista de las Cortes Generales*, 108, 2020, pp. 131-175.

teniendo distinto contenido y finalidad específica, encuentran su fundamento en el objetivo común de garantizar la libertad e independencia de la institución parlamentaria, y en tal sentido son complementarias. Al servicio de este objetivo se confieren los privilegios, no como derechos personales, sino como derechos reflejados de los que goza el parlamentario en su condición de miembro de la Cámara legislativa y que solo se justifican en cuanto son condición de posibilidad del funcionamiento eficaz y libre de la institución —ATC 526/1986— y que, en la medida en que son privilegios obstaculizadores del derecho fundamental citado, solo consienten una interpretación estricta —STC 51/1985—, tanto en el sentido lógico de sujeción a los límites objetivos que les impone la Constitución, como en el teleológico de razonable proporcionalidad al fin que responden, debiendo rechazarse, en su consecuencia, todo criterio hermenéutico permisivo de una utilización injustificada de los privilegios, que conduzca a un resultado de privación, constitucionalmente ilícita, de la vía procesal pertinente prevista en la Ley».

A) La inviolabilidad

El objetivo de la inviolabilidad es que las Cámaras deben tener un ámbito de independencia para la perfecta formación de la voluntad parlamentaria. Es una garantía imprescindible que impide, de un modo indiscutible que, ni la Cámara como tal, ni ninguno de sus miembros o personal a su servicio, puedan ser perseguidos por una opinión vertida en el desarrollo de las sesiones de la Cámara. Es decir, tampoco al personal al servicio de la Cámara se le puede exigir ningún tipo de responsabilidad, civil, penal, laboral, disciplinaria o civil por las opiniones manifestadas por los representantes. La inviolabilidad impide, por tanto, cualquier «punición o sanción de quien se hallare protegido por esta prerrogativa» (STC 30/1986, de 20 de febrero).

La Constitución dispone en su artículo 66.3 que las dos Cámaras de las Cortes Generales son inviolables. Como se ha dicho, la jurisprudencia del Tribunal Constitucional ha sido la que ha delimitado esta prerrogativa, su contenido, sus límites, su alcance temporalmente limitado y su naturaleza material y permanente, al contrario que la inmunidad, que tiene una naturaleza formal. Por un lado, los estatutos de autonomía han recogido la inviolabilidad del Parlamento autonómico y, siempre, disponen la inviolabilidad de los miembros del Parlamento, sin perjuicio de la regulación que de la materia hacen los diversos reglamentos.

Así sucede en el artículo 100.2 del Estatuto de Autonomía de Andalucía que reitera la fórmula constitucional garantizando que el Parlamento es inviolable, e igual hace el artículo 101.3 EAND; el art. 33.2 Estatuto de Autonomía de Aragón; artículo 23.2 EAPRINCAST; art. 38.2 EACANA; art. 8.2 EACANT; art. 20.2 EACyL; art. 9.3 EACLM; art. 55.3 EACAT; art. 21.1 EACV; art. 19.1 EAEX; art. 10.2 EAGAL; art. 40.2 EAIB (que añade que el Parlamento «solo podrá ser disuelto en los supuestos previstos en este

Estatuto»; también incluye esta disposición el artículo 5 del Reglamento de la Asamblea de Extremadura); art. 16.2 EALARI; art. 21.2 EAMU; art. 13.1 LORAFNA y art. 25.2 EAPV. Por su parte, el Estatuto de Autonomía de la Comunidad de Madrid no reconoce expresamente la inviolabilidad de la Cámara.

Algún reglamento parlamentario también reitera que el Parlamento respectivo es inviolable, como el artículo 1.2 del Reglamento de las Cortes de Aragón; art. 2.1 RCV; art. 1.2 RPIB; art. 2 RPLRi; art. 5 RAMA y el artículo 6 RAMU.

En verdad, no hay diferencia entre la inviolabilidad de las Cámaras y la de cada uno de sus miembros, por ello la misma Constitución no duda en reiterar la previsión: el artículo 66.3 CE para la Cámara, y el artículo 71 CE para los miembros no dejan ser dos caras de la misma moneda. No obstante, el alcance de la inviolabilidad de la Cámara no está suficientemente desarrollado en los reglamentos, más allá de lo que dispone el Código Penal para garantizar la independencia del Parlamento, como el artículo 499 CP que tipifica el delito de quebrantamiento de la inviolabilidad de las Cortes Generales o de un Parlamento autonómico por parte de una autoridad o funcionario público. Las previsiones de los Parlamentos que regulan la entrada en cada sede parlamentaria, y las que regulan el uso de las instalaciones del Parlamento son manifestaciones de la inviolabilidad de la Cámara y la autonomía con que cuenta cada una para regular esta materia. Por su lado, y aunque la STC 133/2021, de 24 de junio, no alude a la inviolabilidad de la Cámara, no duda en desestimar el recurso de amparo de cinco ciudadanos por vulneración de los derechos fundamentales de reunión y manifestación. Argumentaban estos individuos que se vulneraron esos dos derechos fundamentales, cuando se concentraron, junto a un numeroso grupo de personas, frente la sede del Parlamento de Cataluña, realizando actos de protesta y reivindicación en defensa de sus intereses, y trataron de impedir la celebración de la sesión parlamentaria de aprobación del Presupuesto de la Comunidad Autónoma.

La Constitución garantiza la inviolabilidad para los diputados y senadores, quienes «gozarán» de la misma «por las opiniones manifestadas en el ejercicio de sus funciones», sin especificar si las opiniones manifestadas son en un órgano parlamentario, como los plenos, las comisiones o las ponencias, o en otros órganos diferentes de carácter no representativo como las mesas de la Cámara, o las de las comisiones o en otro tipo de órganos como en ponencias, comisiones mixtas o subcomisiones.

En la configuración de la inviolabilidad fue fundamental la STC 9/1990, de 18 enero, (FJ 3), donde se dijo que «es un privilegio de naturaleza sustantiva que garantiza la irresponsabilidad jurídica de los parlamentarios por las opiniones manifestadas en el ejercicio de sus funciones, entendiendo por tales aquellas que realicen en actos parlamentarios y en el seno de cualquiera de las actuaciones de las Cortes Generales o, por excepción, en actos parlamentarios exteriores a la vida de las Cámaras siendo finalidad específica del privilegio asegurar a través de la libertad de expresión de los parlamentarios, la libre formación de la voluntad del órgano legislativo al que pertenezcan» (también STC 243/1988, de 19 de diciembre, FJ 3).

En definitiva, la inviolabilidad sirve al «funcionamiento eficaz y libre de la institución» porque se extiende más allá de la finalización del mandato, que es el fundamento último de la mencionada prerrogativa. Por lo mismo, se puede decir que no tendría sentido constitucional alguno que la inmunidad o el aforamiento extendiesen su eficacia más allá de la finalización del mandato.

Se dijo en la STC 36/1981, de 12 de noviembre, respecto del art. 71.1 y 71.2 CE que «la Constitución guarda silencio sobre la inviolabilidad e inmunidad de los miembros de las Asambleas legislativas de las Comunidades Autónomas y, a falta de tal regulación han sido los Estatutos, en "cuanto norma institucional básica" de la Comunidad Autónoma —art. 147.1 de la Constitución—, el lugar adecuado para concretar el *status* de los parlamentarios en cuanto a la inviolabilidad e inmunidad de los mismos se refiere» (FJ 4).

La misma fórmula dispone el artículo 38.2 del Estatuto de Autonomía de Aragón, que establece la inviolabilidad para los miembros «aun después de haber cesado en su mandato, por los votos y opiniones que emitan en el ejercicio de su cargo» (también art. 22.2 EACyL; art. 10.3 EACLM; art. 57.1 EACAT, que comparten con el síndico de agravios su inviolabilidad por «las opiniones expresadas en el ejercicio de sus funciones»; art. 23.3 EACV; art. 24. EAEX; art. 11.3 EAGAL; art. 44 EAIB; art. 17.7 EALRi; art. 11.5 EAMAD; art. 25.2 EAMU; art. 13.2 LORAFNA; art. 26.6 EAPV). Similar es la fórmula del artículo 26.1 EAPRINCAST, que introduce algún matiz, pues reconoce a los miembros su inviolabilidad por las «opiniones manifestadas en *actos parlamentarios*» y por los votos emitidos en el ejercicio de su cargo (también el art. 11.1 EACANT). Tampoco aquí hay homogeneidad alguna entre comunidades autónomas y el Estatuto de Autonomía de Aragón establece por ejemplo, sin mayor especificación, que los diputados de sus Cortes son inviolables.

Como ya se ha indicado, casi todos los reglamentos parlamentarios han incorporado lo dispuesto en el Reglamento del Congreso de los Diputados que establece, en su artículo 10 RCD, que los diputados gozarán de inviolabilidad, aun después de haber cesado en su mandato, por las opiniones manifestadas en el ejercicio de sus funciones. El Reglamento del Senado dispone (y coincide con varios reglamentos autonómicos), que la inviolabilidad ampara los votos y los actos parlamentarios (artículo 21 RS).

En efecto, el artículo 10 RPAND sigue el criterio del Congreso de los Diputados, pero especifica que la inviolabilidad de los diputados se dispone «en actos parlamentarios y por los votos» emitidos en el ejercicio de su cargo (también art. 16 RJPRINCAST; art. 9 RPCANA, «votos y opiniones», en donde la Diputación Permanente tiene la función de «Conocer de todo lo referente a la inviolabilidad parlamentaria»; art. 13 RPCANT; art. 15 RCCLM reconoce la inviolabilidad solo por las «opiniones», de una forma algo diferente a lo que dispone el artículo 10.3 del Estatuto de Autonomía de Castilla-La Mancha; art. 9 RCCyL; art. 21 RPCAT y artículo 74.2.a RPCAT que atribuye competencia de la Diputación Permanente para atender «en todo cuanto se refiere a la inviolabilidad parlamentaria»; art. 15.1 RCV, también con competencia de la Diputación Permanente, según art. 58.1 RCV; art. 26 y 110.3 EAEX; art. 17 RPG que reconoce la prerrogativa de la inviolabilidad por los votos emitidos y las opiniones de los parlamentarios y atribuye a la Diputación Permanente competencia en materia de inviolabilidad, art. 55.1.3.° RPG; art. 11 RPIB; art. 21.1 y 52.3 RLRi por las «opiniones», igual que los artículos 23 y art. 82.a RAMA y el art. 16.3 y 16 RAMU; art. 18 RPNA que dispone la inviolabilidad de los parlamentarios forales por las «opiniones manifestadas en actos parlamentarios y por los votos emitidos en el ejercicio de su cargo»). El Reglamento del Parlamento Vasco añade alguna peculiaridad difícil de calibrar *a priori*, pues reconoce la inviolabilidad de los diputados por las opiniones, «actuaciones» y votos emitidos en el ejercicio de su cargo.

La inviolabilidad es una garantía parlamentaria y se sitúa como base del estatuto del diputado. Debe partirse de la doctrina constitucional, según la cual, «sólo poseen relevancia constitucional los derechos o facultades atribuidos al representante que pertenezcan al núcleo de su función representativa parlamentaria, como son, por ejemplo, el ejercicio de la función legislativa o el control de la acción del Gobierno» (SSTC 38/1999, de 22 de marzo, FJ 2; 107/2001, de 23 de abril, FJ 3; y 203/2001, de 15 de octubre, FJ 2 y AATC 118/1999, de 10 de mayo, y 141/2007, de 18 de junio, FJ 3). Por tanto, la inviolabilidad es fundamento del ejercicio de la función legislativa y el control de la acción del Gobierno, por ello se integra en el estatuto del parlamentario, como se argumenta a continuación.

A priori, se podría pensar que la inviolabilidad no entraría dentro del núcleo de la función representativa pues, estrictamente, no suponen ejercicio «de la función legislativa o el control de la acción del Gobierno». Pero las prerrogativas actúan en un nivel anterior. Como se conoce, la inviolabilidad tiene por finalidad la «preservación de un ámbito cualificado de libertad en la crítica y en la decisión en el interior de la Cámara (STC 51/1985, de 10 de abril, FJ 6)». La inviolabilidad está concebida como garantía de esa libre discusión y decisión frente a posibles perturbaciones externas, «configurándose como un privilegio de naturaleza sustantiva que garantiza la irresponsabilidad jurídica de los parlamentarios por las opiniones manifestadas en el ejercicio de sus funciones, entendiendo por tales aquellas que realizan en actos parlamentarios y en el seno de cualquiera de las articulaciones de la Cámara a la que pertenezcan o, por excepción, en actos exteriores a la vida de esta que sean reproducción literal de un acto parlamentario» (STC 8/2016, de 25 de abril). Precisamente por la importancia de la inviolabilidad, esta se integra dentro del estatuto del diputado.

Este fundamento de la inviolabilidad justifica que se integre dentro del mandato parlamentario. Esta prerrogativa tiene por finalidad la «preservación de un ámbito cualificado de libertad en la crítica y en la decisión» en el interior de la Cámara (STC 51/1985, de 10 de abril, FJ 6). Como se conoce, la inviolabilidad de la Cámara y de los Diputados está concebida como garantía de libre discusión frente a posibles amenazas externas. Lo que se trata es de que la Cámara esté libre de la amenaza de una responsabilidad por los votos y opiniones manifestadas en el desarrollo de cada función del Parlamento, garantizando la irresponsabilidad jurídica de los parlamentarios y de la Cámara por las opiniones manifestadas en el ejercicio de sus funciones. Ya dijo ATC 1326/1988, de 19 de diciembre (siguiendo la doctrina de la STC 51/1985, de 10 de abril) que la inviolabilidad parlamentaria tiene naturaleza sustancial, pues «es un derecho reflejo del que el parlamentario goza como miembro de la institución, y que trata de proteger la libre discusión y decisión parlamentaria». La opinión de la institución se debe formar de un modo libre, lo cual «en nuestro Derecho es absolutamente decisivo; pero sin olvidar nunca que también a ellas les alcanza la interdicción de la arbitrariedad». (STC 206/1992, de 27 de noviembre).

A su vez, la inviolabilidad solo cubre la participación en actos parlamentarios y en cualquiera de las articulaciones orgánicas de las Cámaras «o, por excepción, en actos exteriores a la vida de las Cámaras que sean reproducción literal de un acto parlamentario» (STC 243/88, de 19 de diciembre, FJ 3; STC 78/2016, de 25 de abril, FJ 3).

Pero la jurisprudencia ha sido objeto de algún matiz, sobre todo en el ámbito judicial ordinario. Así, la sentencia de la Sala del Tribunal Supremo del artículo 61 de la LOPJ, de 24 de abril de 2003, consideró que «solamente los actos parlamentarios estrictamente considerados pueden sostener, a su vez, un acto inviolable, inmune a toda revisión jurisdiccional, por afectar materialmente al contenido de la función política del Parlamento que, como vimos, ha quedado estatutariamente perfilada como la producción legislativa, la aprobación de los presupuestos generales y el control del Gobierno». El Tribunal Supremo razonó que, además de estos actos, hay otros de orden interno que no están conectados con la función política del Parlamento y que, por ello, se encuentran sometidos a pleno control judicial. Entre estos, están los actos parlamentarios que van encaminados solo a dar cumplimiento a una resolución judicial firme en aplicación del mandato constitucional incorporado al art. 118 CE, los cuales no estarían cubiertos por la inviolabilidad parlamentaria.

Como se ha visto, esta prerrogativa se traduce, por tanto, en el impedimento de perseguir judicialmente a los parlamentarios y a la Cámara por las manifestaciones efectuadas en ejercicio de sus funciones, de modo que impide la responsabilidad para ningún sujeto parlamentario, ni para los empleados del Parlamento. Pero todo tiene un contralímite, pues la responsabilidad se traduce en la necesaria aplicación de las reglas de disciplina interna previstas en el respectivo Reglamento. La inviolabilidad «en ningún caso» puede impedir la aplicación de las reglas de disciplina interna previstas en el reglamento parlamentario (STC 78/2016, de 25 de abril). Además, la disciplina parlamentaria se debería poder aplicar en relación con los actos producidos en el exterior de la Cámara (y reproducción de los actos parlamentarios), pues debe tenerse en cuenta que esta actividad está cubierta también por la prerrogativa de la inviolabilidad.

En la jurisprudencia constitucional sobre el artículo 155 CE, se han aclarado los límites de la inviolabilidad del Parlamento. Así, los AATC 141/2016, FJ 5, 170/2016, FJ 7, 124/2017, FJ 8, han sentado una doctrina que es relevante a los efectos de configurar el alcance de esta prerrogativa y también el ámbito de autonomía parlamentaria. Se ha dicho que «el debate público en las Asambleas legislativas sobre proyectos políticos que pretendan modificar el fundamento mismo del orden constitucional goza, precisamente al amparo de la misma Constitución, de una irrestricta libertad». Esta libertad del Parlamento, que es el fundamento de la autonomía y la inviolabilidad, no se puede articular ni defender «a través de una actividad que vulnere los principios democráticos, los derechos fundamentales o el resto de los mandatos constitucionales y que el intento de su consecución efectiva se realice en el marco constitucional, lo que excluye la conversión de esos proyectos políticos en normas o en otras determinaciones del poder público de manera unilateral, despreciando el procedimiento de reforma constitucional (SSTC 42/2014, FJ 4, y 259/2015, FJ 7). La autonomía parlamentaria (art. 58 EAC) no puede en modo alguno servir de pretexto para que la Cámara autonómica se considere legitimada para atribuirse la potestad de vulnerar el orden constitucional (STC 259/2015, FJ 7), ni erigirse en excusa para soslayar el cumplimiento de las resoluciones del Tribunal Constitucional (AATC 170/2016, FJ 6, y 24/2017, FJ 8)».

En conclusión, el Tribunal Constitucional dispone que el fundamento de la inviolabilidad del Parlamento, igual que el resto de prerrogativas, tiene como límite la realización de la función parlamentaria conforme al ordenamiento, y no debe usarse para fines diferentes que los previstos en el ordenamiento constitucional.

B) La inmunidad

El artículo 71.2 de la Constitución garantiza la prerrogativa de la inmunidad, y el correspondiente aforamiento para los diputados del Congreso de los Diputados y para los senadores.

Determina este precepto que «durante el período de su mandato los Diputados y Senadores gozarán asimismo de inmunidad y solo podrán ser detenidos en caso de flagrante delito. No podrán ser inculpados ni procesados sin la previa autorización de la Cámara respectiva». El alcance y contenido de la inmunidad fueron precisados por el Tribunal Constitucional desde el inicio. Se dijo que la prerrogativa de la inmunidad del art. 71.2 CE dispone una doble acotación: «material ("salvo en caso de flagrante delito") y temporal ("durante el período de su mandato")» (STC 22/1997, de 11 de febrero).

La jurisprudencia ha sido clara señalando que la inmunidad parlamentaria no se puede concebir como un privilegio personal, es decir, «como un derecho particular de determinados ciudadanos que se vieran así favorecidos respecto del resto (SSTC 90/1985, de 22 de julio, FJ 6; 206/1992, de 27 de noviembre, FJ 3), ni tampoco como expresión de un pretendido *ius singulare* (STC 22/1997, de 11 de febrero, FJ 5), sino que responde al interés superior de la representación nacional de no verse alterada ni perturbada, ni en su composición ni en su funcionamiento, por eventuales procesos penales que puedan dirigirse frente a sus miembros, por actos producidos tanto antes como durante su mandato, en la medida en que de dichos procesamientos o inculpaciones pueda resultar la imposibilidad de un parlamentario de cumplir efectivamente sus funciones» (SSTC 206/1992, de 27 de noviembre, FJ 3; 124/2001, de 4 de junio, F. J. 3). Así pues, en cuanto garantía del desempeño de la función parlamentaria, la inmunidad se integra en el *status* propio del cargo parlamentario.

Se argumenta en esta sentencia que es importante determinar el momento del inicio y el del final del mandato parlamentario, pues los efectos de las prerrogativas han de fijarse de un modo estricto. Y también es importante saber qué se entiende por delito flagrante, para determinar la acotación material de la inmunidad. A estos efectos, es importante el artículo 795.1.1.º de la Ley de Enjuiciamiento Criminal que prevé que es «delito flagrante el que se estuviese cometiendo o se acabare de cometer cuando el delincuente sea sorprendido en el acto. Se entenderá sorprendido en el acto no sólo al delincuente que fuere detenido en el momento de estar cometiendo el delito, sino también al detenido o perseguido inmediatamente después de cometerlo, si la persecución durare o no se suspendiere mientras el delincuente no se ponga fuera del inmediato alcance de los que le persiguen. También se considerará delincuente *in fraganti* aquel a quien se sorprendiere inmediatamente después de cometido un delito con efectos, instrumentos o vestigios que permitan presumir su participación en él».

No obstante, la flagrancia ha sido abordada por la jurisprudencia constitucional en la STC 341/1993, que admitió que es posible «reconocer la arraigada imagen de la flagrancia como situación fáctica en la que el delincuente es "sorprendido" o visto directamente o percibido de otro modo en el momento de delinquir o en circunstancias inmediatas a la perpetración del ilícito». Baste ahora con indicar que, según STS de 18 de mayo de 2016, «tres son los elementos que según la jurisprudencia de esta Sala (entre otras SSTS 181/2007 de 7 de marzo), 620/2008 de 9 de octubre, 111/2010 de 24 de febrero, o 758/2010 de 30 de junio) vertebran el delito flagrante: la inmediatez de la acción delictiva, la inmediatez de la actividad personal, y la necesidad de urgente intervención policial por el riesgo de desaparición de los efectos del delito». En caso de detención por delito *in fraganti*, el artículo 752 de la Ley de Enjuiciamiento Criminal, y para las causas contra Diputados y Senadores, exige que «en las veinticuatro horas siguientes a la detención o procesamiento deberá ponerse lo hecho en conocimiento del Cuerpo Colegislador a que corresponda».

El procedimiento en estas causas está repleto de dudas e inconcreciones. Así, en cuanto al momento procesal oportuno para pedir el suplicatorio, el Tribunal Constitucional de un modo algo impreciso, se ha referido a que el juez puede investigar libremente, pero deberá pedir el suplicatorio para realizar actos de cualquier clase que impliquen la sujeción del parlamentario a un proceso penal.

Por otra parte, en general, es habitual en el *Derecho parlamentario español* la previsión de que el presidente de la Cámara, una vez conocida la detención de un diputado o cualquiera otra actuación judicial o gubernativa que pudiere obstaculizar el «ejercicio de su mandato», deba adoptar de inmediato cuantas medidas sean necesarias para salvaguardar los derechos y prerrogativas de la Cámara y de sus miembros (artículo 12 RCD).

Esta disposición es reiterada en todos los reglamentos parlamentarios españoles, como el artículo 12 RPAND; art. 37 RCAR; art. 18 RJGPRINCAST; art. 10.2 RPCANA; art. 15 RPCANT que introduce una curiosa variación, pues la alteración judicial o gubernativa producida en el estatuto del parlamentario ha de referirse a la «función parlamentaria», igual que el artículo 16.2 RAMU y el citado art. 37 RCAR; art. 17 RC-LM; art. 11 RCCyL; art. 17 RCV; art. 28 RAEX; art. 19 RPG; art. 13 RPIB; art. 21.3 RPLRi; art. 24.2 RAMA; art. 20 RPNA; art. 16 RPV. Ninguna norma dispone cuáles son las «medidas necesarias» que puede adoptar o solicitar la Presidencia, ni ante quién puede plantearlas. Desde luego, constituyen medidas necesarias: recabar el auxilio de los responsables judiciales, como las Salas de Gobierno de los tribunales correspondientes, Tribunal Supremo o Tribunal Superior de Justicia, una vez que se ha producido la alteración en el ejercicio del mandato; además, es medida pertinente también la personación de la Cámara, como parte en el procedimiento en defensa de los derechos y prerrogativas del diputado. Puede defenderse que el límite de este deber del presidente es el del delito fragante cometido por el miembro, pues permite la detención inmediata del parlamentario ante la evidencia e inmediatez del hecho, sin que quepa apenas posibilidad de actuación de la Presidencia en estos casos.

Pero la inmunidad se centra exclusivamente en miembros de las Cortes Generales. En el Congreso de los Diputados, la inmunidad solo está prevista en el artículo 11 RCD, que dispone que los diputados no podrán ser «inculpados ni procesados» sin la previa autorización del Congreso, a cuyo registro ha de llegar el suplicatorio remitido por el Tribunal Supremo. El suplicatorio es una solicitud de permiso a la Cámara para «proceder en justicia», como dice el diccionario de la RAE, contra algún miembro de la Cámara.

Recibido el suplicatorio, como dispone el artículo 13 RCD, el presidente del Congreso, y previo acuerdo de admisión a trámite de la Mesa, lo remitirá, en el plazo de cinco días, a la Comisión del Estatuto de los Diputados. Es importante la disposición del artículo 13.1, según la cual no serán admitidos los suplicatorios que no fueren cursados y documentados en la forma exigida por las leyes procesales. La Comisión del Estatuto de los Diputados deberá concluir su dictamen en el plazo máximo de treinta días, tras la audiencia del interesado que podrá ser escrita u oral. La propuesta de la comisión será sometida al primer Pleno ordinario de la Cámara, que decidirá en sesión secreta (art. 63.2.° RCD). En el plazo de ocho días, contados a partir del acuerdo del Pleno de la Cámara, el presidente del Congreso dará traslado del mismo a la Presidencia del Tribunal Supremo. Además, el presidente del Congreso de los Diputados, dice el reglamento de esa Cámara, «advertirá» al Tribunal Supremo de la obligación de comunicar a la Cámara los autos y sentencias que se dicten y afecten personalmente al diputado. A su vez, el artículo 6 de la Ley de 1912 sobre jurisdicción y procedimiento especiales en las causas contra senadores y diputados, dispone que «Mientras que el Senado o el Congreso no resuelvan sobre la autorización pedida, se suspenderán las diligencias de las causas» que han originado el suplicatorio.

Es interesante que, en cuanto a la resolución del procedimiento parlamentario, y en una disposición de discutible constitucionalidad (pues el Tribunal Constitucional exige que la concesión o denegación sean motivadas) se prevé un sistema de silencio negativo (denegatorio, por tanto), si la Cámara no se hubiere pronunciado en el plazo de sesenta días naturales, computados durante el período de sesiones a partir del día siguiente al del recibo del suplicatorio.

Por su parte, el artículo 22 del Reglamento del Senado incluye una regulación muy similar a la del Congreso de los Diputados, incluyendo también el régimen del silencio negativo (artículo 25 RS). Como novedad con respecto al Congreso de los Diputados, el Reglamento del Senado prevé de forma expresa que la Cámara pueda acordar, por mayoría absoluta, «y según la naturaleza de los hechos imputados», la suspensión temporal en la condición de Senador, en sesión secreta, «no concediéndose audiencia al Senador interesado», pudiéndose acordar también la privación de la asignación del Senador implicado.

En cuanto al contenido de la inmunidad, como ya se dijo en STC 22/1997, de 11 de febrero, la interpretación restrictiva es la línea principal de la jurisprudencia constitucional.

Es más y, hasta su inculpación o procesamiento, no se afectaría el mandato representativo del parlamentario en cuanto que al miembro no le «impide el desempeño de sus funciones parlamentarias, con lo que ninguna incidencia tiene en la composición y funcionamiento de las Cámaras, ni priva a éstas, antes de la inculpación o procesamiento del Diputado o Senador, de la facultad autorizatoria que le confiere el art. 71.2 CE y de valorar, en consecuencia, el significado político de la acción penal emprendida e impedir, en su caso, que la misma prosiga». (STC 90/1985, de 22 de julio, F. 6). «La finalidad institucional...

[de] la prerrogativa de la inmunidad... no es otra que la de evitar la eventualidad de que la vía penal sea utilizada con la intención de perturbar el funcionamiento de las Cámaras o de alterar indebidamente la composición que a las mismas ha dado la voluntad popular» (STC 90/1985, de 22 de julio, F. 6).

En este sentido, la prerrogativa de la inmunidad parlamentaria no impide que el juez pueda investigar, pero sí imposibilita la realización de actos que en sí mismos determinen la sujeción de un parlamentario a un procedimiento penal, «ya sea mediante la expresión de un juicio formal de inculpación o a través de la práctica de otras diligencias que materialmente entrañen ese mismo significado». En definitiva, debe concluirse que, desde el momento en que el juez cuente con elementos suficientes para adoptar alguno de los actos mencionados para determinar la responsabilidad penal, está obligado a solicitar inmediatamente el suplicatorio.

Además, se argumentó en STC 22/1997 que cada Cámara ha de decidir de una forma motivada si la interposición de la acción penal busca una utilización instrumental del proceso penal, «para alcanzar propósitos meramente políticos y tendentes a alterar la composición democrática de la Cámara. Este requisito de procedibilidad implica que la Cámara, al conceder el suplicatorio, ya ha deliberado y ponderado previamente la irrelevancia de la acción penal seguida contra uno o varios de sus miembros en relación con su autonomía e independencia institucional. Por ello mismo, el aforamiento de los miembros de las Cortes Generales y, en particular, su alcance temporal, no puede interpretarse al margen de los efectos que se vinculan a la prerrogativa de la inmunidad y la concesión, en su caso, del oportuno suplicatorio».

Resulta muy llamativo que el Tribunal Constitucional exija a cada Cámara de las Cortes Generales, que haga un juicio de valor sobre si el Tribunal Supremo ha cumplido, o no, la finalidad que le atribuye el texto constitucional (artículos 117 y 120 CE). Debe pensarse que, si el objetivo del Tribunal Supremo, al tramitar el procedimiento penal es alterar la composición de la Cámara, el problema para el sistema político es notable. Desde luego, parece que el Tribunal Constitucional persigue la no aplicación de esta prerrogativa, pues no se puede imaginar cómo una Cámara representativa puede motivar con este argumento la denegación del suplicatorio.

La inmunidad de los parlamentarios autonómicos tiene un alcance muy diferente. Así, en la STC 36/1981, de 12 de noviembre, dijo el Tribunal Constitucional que «la Constitución guarda silencio sobre la inviolabilidad e inmunidad de los miembros de las Asambleas legislativas de las Comunidades Autónomas y, a falta de tal regulación han sido los Estatutos, en "cuanto norma institucional básica" de la Comunidad Autónoma —art. 147.1 de la Constitución—, el lugar adecuado para concretar el *status* de los parlamentarios en cuanto a la inviolabilidad e inmunidad de los mismos se refiere» (FJ 4).

En esta Sentencia el Tribunal Constitucional, como se recordó años más tarde en la STC 247/2007, de 12 de diciembre, relacionó la legitimidad constitucional de la inmunidad parlamentaria autonómica con el art. 147.1 CE y, más expresamente, con que los Estatutos de Autonomía sean la norma institucional básica de la Comunidad Autónoma. Es jurisprudencia constitucional que la norma fundamental ha posibilitado que los Estatutos realicen un papel de configuración de los derechos con un diverso grado de concreción.

Pues bien, todos los Estatutos de Autonomía han incluido una disposición similar que limita el alcance de la inmunidad de los parlamentarios autonómicos. Así, durante la duración de su mandato (desde la adquisición de la condición de diputado, hasta la pérdida de la misma por cualquier causa, excepto obviamente el fallecimiento) no podrán ser detenidos por los actos delictivos cometidos en el territorio de la comunidad autónoma, sino en caso de flagrante delito. Corresponde decidir, en todo caso, sobre la inculpación, prisión, procesamiento y juicio al correspondiente tribunal superior de justicia (artículo 101.3 EAAND; artículo 38.2 EAAR; art. 26.2 EAPRINCAST; art. 40.2 EACANA, que no prevé aforamiento; art. 11.1 EACANT; art. 22.2 EACyL; art. 10.3 EAC-LM; art. 57.1 y 2, con una redacción algo diferente; art. 23.3 EACV; art. 24.1 EAEX; art. 11.3 EAGAL; art. 44.1 EAIB; art. 17.7 EALRi; art. 11.6 EAMAD; art. 25.2 EAMU; art. 24.1 LORAFNA; art. 26.6 EAPV). Todos los estatutos de autonomía, salvo el de Andalucía, el de Castilla-La Mancha y el de Cataluña, disponen que los diputados no podrán ser «detenidos ni *retenidos* por actos delictivos», en una fórmula cuyo alcance no alcanza a comprenderse muy bien, porque esto no se dispone para los diputados de las Cortes Generales, y la *retención por un acto delictivo (que no por una infracción administrativa)* suele ser la detención. A no ser que la retención se deba a la determinación de si se está ante una infracción administrativa o ante un delito, como en el caso de un control de alcoholemia.

Todos los reglamentos parlamentarios autonómicos contienen similares regulaciones respecto a la inmunidad de los parlamentarios, y se remiten a lo dispuesto en el correspondiente estatuto de autonomía. Puede comprobarse en el art. 11 RPAND; art. 36 RCAR; art. 17 RJGPRINCASTST, que reitera lo dispuesto en el Estatuto de Autonomía; art. 14 RPCANT; art. 16 RCCLM; art. 10 RCCL; art. 22 RPCAT; art. 15.2 RCV; art. 18 RPGAL; art. 12 RPIB; art. 21.2 RPIB; art. 24.1 RAMA; art. 19 LORAFNA; art. 15 RPV.

Por tanto, en los Parlamentos autonómicos, esta prerrogativa se limita a prever el aforamiento ante el tribunal superior de justicia, sin que haya participación alguna por el Parlamento autonómico en el procedimiento penal. La eventual coincidencia en la causa de un parlamentario de las Cortes y otro autonómico obliga a aplicar la Ley de 1912 y a que la competencia del Tribunal Supremo sea prevalente, y sin que en ningún caso intervenga el Parlamento autonómico. Además, todos los estatutos de autonomía disponen que, si los hechos han sido cometidos fuera del territorio de la comunidad autónoma, la responsabilidad penal será exigible ante la Sala de lo Penal del Tribunal Supremo. Es decir, que apenas unos kilómetros, o unos metros de distancia pueden determinar la competencia del Tribunal Supremo o la del tribunal superior de justicia, para conocer de un mismo hecho. No cabe duda de que en alguna ocasión esto pudiera ser utilizado por alguien de un modo interesado.

Especialmente interesante, por lo original de su alcance, es la previsión que dispone el párrafo segundo del artículo 23.3 del Estatuto de Autonomía de la *Comunitat* Valenciana. Este precepto dispone «Igualmente», el aforamiento ante el Tribunal Supremo y el Tribunal Superior de Justicia de la *Comunitat* Valenciana de los diputados autonómicos en materia de «responsabilidad civil por actos cometidos y opiniones emitidas en el ejercicio de su cargo». Es muy llamativo que el Estatuto de Autonomía de la *Comunitat* Valenciana y el de Extremadura prevean disposiciones para sus parlamentarios autonómicos, que el Tribunal Constitucional había impedido que la ley dispusiese para los diputados del Congreso y senadores. En este sentido, el art. 50.2.c EAEX prevé que el tribunal superior de justicia conozca de las demandas de responsabilidad civil contra los diputados «por hechos derivados del ejercicio de sus cargos», y también de los procesos civiles sobre la capacidad de obrar del presidente.

C) El aforamiento

En relación con el aforamiento, el artículo 71.2 CE dispone que el diputado solo puede ser detenido «en caso de flagrante delito», y varios reglamentos autonómicos disponen que un parlamentario no puede ser detenido ni retenido por los actos delictivos cometidos en el territorio de su comunidad autónoma, «sino en caso de flagrante delito, correspondiendo decidir en todo caso sobre su inculpación, prisión, procesamiento y juicio» al correspondiente tribunal superior de justicia. Así, se dispone en el Estatuto de Autonomía de Andalucía en el artículo 101.3 —que solo prevé la prohibición de detención en esas condiciones, no de «retención»—; art. 38.2 EAAR; art. 26.2 EAAST; art. 40.2 EACANA; art. 22.2 EACyL; art. 10.3 EACLM; art. 57 EACAT —que solo prevé la prohibición de detención, no de retención, igual que en el caso del Estatuto de Autonomía de Andalucía—; art. 23.3 EACV; art. 24.1 EAEX; art. 11.3 EAGAL; art. 44.1 EAIB; art. 17.7 EARI; art. 11.6 EAMAD; art. 14.1 LORAFNA; art. 26.6. EAPV.

El aforamiento de diputados y senadores está previsto en el apartado 3 del artículo 71, que dispone que «en las causas contra Diputados y Senadores será competente la Sala de lo Penal del Tribunal Supremo». También la jurisprudencia constitucional ha tratado de delimitar el alcance y el significado de la prerrogativa del aforamiento especial. Esta prerrogativa «teleológicamente, y en sede estrictamente procesal, opera como complemento y cierre —aunque con su propia y específica autonomía— de las de la inviolabilidad y la inmunidad» (STC 22/1997, de 11 de febrero). Las tres garantías aludidas aparecen configuradas hacia unos mismos objetivos comunes: «proteger a los legítimos representantes del pueblo de acciones penales con las que se pretenda coartar su libertad de opinión (inviolabilidad), impedir indebida y fraudulentamente su participación en la formación de la voluntad de la

Cámara, poniéndolos al abrigo de querellas insidiosas o políticas que, entre otras hipótesis, confunden, a través de la utilización inadecuada de los procesos judiciales, los planos de la responsabilidad política y la penal, cuya delimitación es uno de los mayores logros del Estado constitucional como forma de organización libre y plural de la vida colectiva (inmunidad) o, finalmente, proteger la independencia del órgano y el ejercicio de las funciones del cargo constitucionalmente relevantes (aforamiento)».

El objetivo último del aforamiento es proteger la independencia y el «sosiego» (en palabras del propio tribunal), tanto del órgano legislativo como del jurisdiccional, frente a potenciales presiones externas, o las que pudiese ejercer el propio parlamentario. Dijo el Tribunal Constitucional que el aforamiento preserva un «cierto equilibrio entre los poderes y, al propio tiempo, la resistencia más eficaz frente a la eventual trascendencia de la resolución judicial en la composición del Parlamento. Por ello, no es de extrañar que el constituyente atribuyese expresamente el conocimiento de tales causas a la Sala de lo Penal del Tribunal Supremo, en tanto que órgano jurisdiccional superior de los que integran aquel poder del Estado (art. 123.1 C.E.)». Y las mismas consideraciones cabe hacer de los diputados autonómicos y los tribunales superiores de justicia.

El Tribunal Constitucional ha ido más allá. Así, la STC 51/1985, (FJ 3.º) indicó que la «Sala Segunda del Tribunal Supremo es, respecto de las acciones penales dirigidas contra Diputados y Senadores, "el Juez ordinario predeterminado por la Ley" a que se refiere el art. 24.2 CE, esto es, aquél constituido con arreglo a las normas procesales de competencia preestablecidas, en este caso, por la Constitución misma en su art. 71.3. Predeterminación constitucional del órgano jurisdiccional competente que comporta el seguimiento de una distinta tramitación procesal de las causas contra Diputados y Senadores, que no se configura con ventajas especiales, ya que en este proceso es viable, excepcionalmente, la inexistencia de "un segundo grado jurisdiccional", proceso distinto exigido por ese interés superior del Ordenamiento que es la independencia y el prestigio de las instituciones, imprescindible en el funcionamiento de todo Estado democrático».

Este fallo acabó con las dudas que hubo al inicio de la andadura constitucional sobre si el aforamiento ante el Tribunal Supremo suponía la supresión, para los diputados, del juez único predeterminado por la ley. También supuso el reconocimiento de que los parlamentarios carecían de doble instancia penal. Pero la prerrogativa del aforamiento plantea otros problemas. En primer lugar, la posible extensión al ámbito civil, que ya fue vedada por el Tribunal Constitucional, como ya se ha visto, en STC 9/1990. Además, debe tenerse en cuenta, en segundo lugar, la interpretación de lo que ha de entenderse por «causas» de los parlamentarios, en las que es competente el Tribunal Supremo, y que alude el artículo 71.3 CE, pues este excluyó de su competencia el conocimiento de las faltas que hubiesen cometido diputados y senadores.

El procedimiento que se sigue ante el Tribunal Supremo para los aforados de las Cortes Generales está regulado por la vetusta *Ley de 9 de febrero de 1912 declarando los Tribunales que han de entender en el conocimiento de las causas contra Senadores y Diputados*, la cual no ha sido objeto de modificación alguna en sus más de ciento diez años de vigencia. Obvio es decir que sería conveniente la aprobación de una nueva ley que aclarase el procedimiento y completase una regulación, que se ha mostrado insuficiente en muchos aspectos relevantes. Las referencias de esta Ley a la condición militar del diputado o senador son muy significativas de la época en la que se aprobó. Ha habido varias solicitudes de suplicatorio para diputados y senadores en nuestro país que han tenido una relevancia pública más que notable, como sucedió en la tramitación parlamentaria de los suplicatorios solicitados de los militares procesados como consecuencia del Desastre del 1898, para el Contraalmirante Cervera y el Capitán Díaz Moreu, que estuvieron al frente de la flota española fondeada en Cuba, y que a la sazón eran Senador y Diputado respectivamente[18].

El artículo 5 de la Ley de 1912 aclara que «solo al Tribunal Supremo», le corresponde la facultad de pedir autorización al Senado o al Congreso para procesar a un senador o diputado. A tal efecto, dirigirá suplicatorio al Cuerpo Colegislador correspondiente, acompañando testimonio de las actuaciones que estime necesarias y del dictamen del Ministerio Fiscal, que parece preceptivo, y las peticiones particulares en que se haya solicitado la autorización, según el artículo 755 de la Ley de Enjuiciamiento Criminal. El Tribunal Supremo o el «Consejo Supremo de Guerra y Marina, ..., resolverán lo que proceda, según las leyes» acerca de la prisión de los senadores y diputados sorprendidos en flagrante delito y contra los cuales se hayan incoado diligencias. La petición se dirige por la Sala de lo Penal del Tribunal Supremo a la Cámara a la que pertenezca el miembro, y lo hace previa exposición razonada por el instructor sobre la necesidad de cumplimentar el requisito de procedibilidad previo a la inculpación.

La competencia del Tribunal Supremo se extiende hasta la conclusión del proceso, «con independencia de la vida legal de las Cortes a que pertenecieren los acusados», puntualiza el último párrafo del artículo 1 de la Ley de 1912. El artículo 7 de esta Ley determina que, si el Senado o Congreso denegasen la autorización para procesar, se comunicará el acuerdo al Tribunal Supremo, que debe disponer el sobreseimiento libre, respecto al Senador o Diputado, pero continuará respecto de los demás procesados según su propio fuero (artículo 754 de la Ley de Enjuiciamiento Criminal). Si la autorización fuese concedida, el procedimiento continuará ante el Tribunal Supremo hasta que recaiga resolución o sentencia firme.

18 Sobre este lamentable episodio de la Historia de España puede consultarse, «Dos procesos en el 98: Los Consejos de Guerra contra los almirantes Cervera y Montojo», en S. MUÑOZ MACHADO (ed.), *Los Grandes procesos de la Historia de España*, Barcelona, Crítica, 2002, pp. 387 y ss.

Si el encausado pierde la condición de diputado, el Tribunal Supremo devuelve la causa al juez ordinario predeterminado por la ley. En este caso, el Tribunal Constitucional hace una interpretación restrictiva del aforamiento y lo relaciona con la inmunidad, que se reconoce solo durante el tiempo de duración del mandato. Se señala en la aludida STC 22/1997, de 11 febrero, que tal devolución no supone vulneración alguna del derecho fundamental a la tutela judicial efectiva (art. 24.1 CE) y al juez predeterminado por la ley (art. 24.2 CE). Ello es así porque la competencia del Tribunal Supremo en este tipo de procesos solo se justifica constitucionalmente por razón de la prerrogativa de aforamiento (art. 71.3 CE) y en atención a la función institucional que le es propia, y «no cuando —como ahora acontece— ésta queda privada de su razón de ser, por haber perdido el encausado su condición de miembro de las Cortes Generales. Lo contrario supondría —como antes se ha dicho— una extensión del ámbito temporal de la prerrogativa, convirtiéndola predominantemente en privilegio personal, que redundaría en una desproporcionada e innecesaria alteración del régimen común del proceso penal».

Estas mismas consideraciones han de aplicarse a los diputados de los Parlamentos autonómicos, con respecto a los cuales hay aforamiento ante su tribunal superior de justicia. Debe puntualizarse que, para los parlamentarios autonómicos que sean también senadores debe estimarse que el aforamiento constitucional ante el Tribunal Supremo parece preferente con respecto al aforamiento que les pueda corresponder ante el tribunal superior de justicia.

2.3. Derechos de los diputados

Al contrario de lo que sucede con las prerrogativas y con la notable excepción de la disposición incluida en el artículo 71.4 CE, no existe un reconocimiento expreso de los derechos de los diputados, ni en la Constitución, ni en los estatutos de autonomía. No obstante, hay alguna excepción en los estatutos de autonomía, como la del estatuto de autonomía de Asturias que reconoce el derecho de los diputados asturianos a «formular preguntas, interpelaciones y mociones en los términos en que el Reglamento determine. También les asiste el derecho a obtener de las autoridades de la Comunidad Autónoma la información precisa para el desarrollo de sus funciones» (artículo 26.3 EAAST). En la Constitución, el derecho a la información no se formula como un derecho del diputado. En términos muy similares se debe citar el Estatuto de Autonomía de Murcia (artículo 25.3 EAMU), si bien puntualiza, en relación con el derecho de solicitar la información, que el diputado no puede acceder a la misma si son «actuaciones o materias en que el funcionario se halle obligado por ley a guardar secreto». También se prevén algunos derechos en otros estatutos de autonomía, como el derecho genérico de los diputados vascos a formular iniciativas en el artículo 27.4 del Estatuto de Autonomía del País Vasco.

Por su lado, el artículo 33 LORAFNA dispone, de una forma algo desubicada, ya que se incluye en el capítulo dedicado al régimen del Gobierno, que «el Presidente de la Diputación (que es el del Gobierno navarro) y los Diputados tendrán derecho a asistir y ser oídos en las sesiones del Pleno y de las Comisiones del Parlamento».

Como se ve, la norma habitual para regular los derechos de los diputados es el de los reglamentos parlamentarios, en los que la regulación de esta materia tiende a ser amplia. En general, los derechos y prerrogativas son efectivos desde el momento mismo en que el diputado sea proclamado electo como aclara, por ejemplo, el artículo 4.2 del Reglamento del Parlamento de Andalucía, o el artículo 24.1 RCAR. En general, los reglamentos parlamentarios reconocen de una forma específica a los diputados el derecho a presentar iniciativas, o a intervenir en los debates y en la vida parlamentaria en general. A continuación, se va a hacer referencia a los derechos más habitualmente regulados.

A) Derecho a asistir con voto a las sesiones del Pleno y a las de las comisiones

Los diputados tienen el derecho de asistir con voto a las sesiones del Pleno y a las de las comisiones de que formen parte[19] (art. 6.1 RCD; art. 6 RPAND; art. 27.1 RCAR; art. 10.1 RJGPRINCAST; art. 11.1 RPCANA; art. 8.1 RPCANT; art. 11.1 RCV; art. 11.a RCC-LM; art. 6.1RCCYL; art. 4.2 RPCAT; art. 19.1 RAEX; art. 8.1 RPGAL; art. 14.3 RPIB; art. 14.1 RPLRI; art. 16.1 RAMA; art. 12.2 RAMU; art. 13.1 RPANA; art. 10.1 RPV). Como se sabe, no dispone la Constitución este derecho de forma expresa, pero se puede inferir de varios preceptos constitucionales: como los artículos 73.1 y el art. 74.1 CE en relación con las sesiones plenarias, o los artículos 75.2 y 76 CE para las sesiones de las Comisiones. Lo mismo puede derivarse de los preceptos equivalentes de los estatutos de autonomía.

Además, los diputados del Congreso tienen el derecho a «asistir, sin voto, a las sesiones de las Comisiones de que no formen parte» (artículo 6.1 RCD y en un sentido similar, los artículos de los reglamentos que acaban de ser vistos). Curiosamente, el Reglamento del Senado no dispone que los senadores tengan derecho a asistir a las comisiones de las que no formen parte. No obstante, este derecho suele reconocerse en todos los reglamentos, con alguna peculiaridad que resulta interesante destacar. Así, los senadores sí tienen el derecho y el *deber* de asistir a las sesiones plenarias y a las de las Comisiones de que formen parte. Asimismo tienen derecho a votar en las mismas, teniendo también derecho «a desempeñar todas las

19 Se suele referir una clara relación entre el derecho del Diputado a asistir y a votar en las sesiones parlamentarias, con el significado de la publicidad de los trabajos y de la asistencia a las sesiones propias del Parlamento. Cfr. M. L. MAZZONI HONORATI, *Lezioni di Diritto Parlamentare*, Turín, G. Giappichelli Editore, 1995, 2ª edición, pp. 92 y ss.

funciones a que reglamentariamente vengan obligados» (art. 20.1 RS; casi todos los reglamentos parlamentarios disponen este derecho, como art. 10.2 RJGPRINCAST; art. 11.2 RPCANA; art. 8.2 RPCANT; art. 11.a RCC-LM; art. 6.1RCCYL; art. 4.1 RPCAT, que excepciona de este deber de pertenencia a una comisión al presidente de la *Generalitat*, a los que son miembros del Gobierno y a los que representan a la *Generalitat* en el Senado; art. 8.1 RPGAL; art. 14.1 RPIB; art. 14.1 RPLRI; art. 12.2 RAMU; art. 13.2 RPNA; art. 10.2 RPV).

En relación con la asistencia de los diputados a las sesiones, algún reglamento ha dispuesto que el secretario general de la Cámara, a solicitud seguramente del diputado, deberá expedir las certificaciones acreditativas de la asistencia del diputado a las sesiones parlamentarias que procedan, con arreglo al acta correspondiente. Estas certificaciones surtirán los efectos que correspondan según lo previsto en la legislación vigente en materia laboral o de función pública (artículo 19.1 RAEX).

B) Los diputados tendrán derecho a formar parte, al menos, de una comisión[20]

Los diputados tendrán derecho a formar parte, al menos, de una comisión y a ejercer las facultades y desempeñar las funciones que el reglamento les atribuye (art. 6.1 RCD; art. 6.2 RPAND; art. 27.2 RCAR; art. 10.2 RJGPRINCAST; art. 11.2 RPCANA; art. 8.3 RPCANT; art. 11.b RCC-LM; art. 6.2 RCCYL; art. 4.1 RPCAT, aunque dispone que es un deber de los diputados; art. 11.1 RCV; art. 19.2 RAEX; art. 8.2 RPGAL; art. 14.4 RPIB; art. 16 RAMA; art. 12.1 RAMU; art. 13.2 RPNA; art. 10.2 RPV). Este derecho nos remite, una vez más, a la posición vertebral de los grupos parlamentarios y también a la función central que tienen las comisiones en el Parlamento. Sin duda, este derecho es una manifestación de la modernidad de la institución parlamentaria, pues el derecho del diputado a formar parte de una comisión no es sino consecuencia de la centralidad de los grupos en la vida del Parlamento y es, además, manifestación de su importancia organizativa.

En la regulación de este derecho no suele haber muchas novedades, quizá sea excepción la del Reglamento del Parlamento de La Rioja, que dispone que sus miembros tienen derecho a formar parte de dos comisiones (art. 14.2 RPIB). Más llamativa aún es la regulación del Reglamento del Senado que no dispone ni el derecho, ni el deber, de los senadores de pertenecer a una comisión, aunque lo normal es que cada Senador pertenezca al menos a una.

20 Pueden consultarse las reflexiones de M. SENÉN HERNÁNDEZ, en R. RIPOLLÉS SERRANO (coord.), *Comentarios al Reglamento del Congreso de los Diputados*, Madrid, Congreso de los Diputados, 2012, pp. 62 y ss.

En todo caso, esta disposición es también un deber[21] que imponen los reglamentos a los grupos parlamentarios[22], ya que los miembros de las comisiones son «designados» por aquellos. De esta forma, este derecho puede ser ejercido por los diputados «frente» a su grupo, si bien le corresponderá a este (a su portavoz, más bien) decidir a qué comisión va a pertenecer el diputado. La Mesa, en cualquier caso, debería no admitir la designación del grupo que no cumpliese con estas disposiciones reglamentarias.

C) Derecho a la información[23]

El artículo 109 de la Constitución dispone que «las Cámaras y sus Comisiones podrán recabar, a través de los Presidentes de aquéllas la información y ayuda que precisen del Gobierno y de sus Departamentos y de cualesquiera autoridades del Estado y de las Comunidades Autónomas». Este precepto está destinado a los miembros de las Cortes Generales, como una manifestación más del artículo 66.2 de la Constitución y, desde luego, como una expresión del derecho del artículo 23 CE24. Los términos de esta regulación son claves, pues permiten que los miembros de las Cortes puedan dirigirse a las autoridades del Estado y a las de cualquier comunidad autónoma para solicitar la información que exista en estas Administraciones. Además, sobre la base de los términos del artículo 109 109 CE, el Pleno, como las comisiones y, por supuesto, los diputados y senadores pueden solicitar la información a la Administración pública.

---

21 R. Marañón Gómez, «El estatuto del Diputado en los Reglamentos parlamentarios autonómicos», en S. Iglesias Machado y R. Marañón Gómez (coord.), *Manual de Derecho parlamentario autonómico*, Madrid, Dykinson/Parlamento de Canarias, 2016, pp. 90 y ss.

22 Cfr. A del Pino Carrazo, «Capítulo I. La sesión constitutiva del Parlamento. Los derechos de los Diputados. Las prerrogativas parlamentarias», en X. A. Sarmiento Méndez (coord.), *Manual Aelpa del Parlamentario*, Madrid, Aelpa/Wolters Kluger, 2016, pp. 28 y ss.

23 En este tema debe consultarse J. J. Lavilla Rubira, «Congreso de los Diputados y demás poderes públicos: información, control y responsabilidad», en *Estudios sobre la Constitución Española: Homenaje al profesor Eduardo García de Enterría*, Madrid, Civitas, 1991, V. III, pp. 2003 y ss. Es un completo estudio de la materia, perfectamente válido hoy, a pesar del tiempo transcurrido y de la jurisprudencia emitida en relación con el artículo 7 del Reglamento del Congreso de los Diputados y de los correspondientes preceptos de los Reglamentos de los Parlamentos autonómicos. De todas formas, hay algún autor que se ha manifestado con profusión en contra de este derecho de los parlamentarios. Cfr. F. Santaolalla López, *Derecho parlamentario español*, Madrid, Espasa, 1990, pp. 425 y ss. Este autor critica la regulación reglamentaria, pues es «duplicativa de las preguntas parlamentarias: su finalidad es proporcionar información a través de un procedimiento que se deja a la iniciativa de los Diputados singulares, bien que actuando con el previo conocimiento del respectivo Grupo Parlamentario». La misma opinión fue defendida en la tercera edición de esta obra, *Derecho parlamentario español*, Madrid, Dykinson, 2013.

24 E. Soriano Hernández, «El derecho a la información de los Diputados. El artículo 7 del Reglamento de las Cortes Valencianas», en *Revista de las Cortes Generales*, 26, pp. 43 y ss.

Los reglamentos parlamentarios españoles reconocen el derecho de los diputados a obtener información de las Administraciones públicas (artículo 7 RCD; art. 7 RPAND; art. 14.1 RJGPRINCAST; art. 7 RCCYL; art. 9.1 RPGAL; art. 13 RAMU; art. 14.2 RPNA; art. 11.1 RPV). En estas regulaciones, parece sugerirse que es un derecho instrumental del ejercicio de otras funciones parlamentarias y que esa información obtenida de la Administración debe servir para el planteamiento de otras iniciativas (también art. 20.2 RS). Es, además, un derecho ejercido por los parlamentarios autonómicos. Al igual que otras disposiciones presentes en el reglamento como las enmiendas en el procedimiento legislativo, en este caso, la firma o el conocimiento del portavozlo es a los efectos de «mero conocimiento». En este sentido, la Mesa debe admitir el ejercicio de este derecho fundamental si falta la firma correspondiente, pues se ha producido una clara relativización del requisito de la firma del portavoz por el Tribunal Constitucional en SSTC 57/2011, de 3 de mayo, 32/2017 de 27 febrero, 159/2019, de 12 de diciembre y 24/2020, de 13 de febrero. Así, la exigencia de la firma del portavoz «no se articula como un requisito material sino como un trámite formal o de procedimiento... En consecuencia, la capacidad de iniciativa y la decisión final sobre su presentación no pertenece al Grupo parlamentario, sino que se atribuye y en todo momento permanece en el dominio del diputado, que es a quien se reconoce individualmente el derecho».

Este derecho[25] es un derecho del diputado individual y consiste en «recabar, en la forma y con los requisitos que el mismo Reglamento establece, información a la Administración Regional el cual, por venir integrado en el *status* propio del cargo de Diputado, se inserta y forma parte del derecho fundamental que garantiza el art. 23.2 de la Constitución (STC 161/1988, de 20 de septiembre, FJ 7)». Y el alcance individual de este derecho impide que sea el grupo parlamentario quien solicite la documentación. Además, se ha dicho que este derecho tampoco supone el ejercicio del derecho de petición (SSTC 161/1988, 57/2011, de 3 de mayo) que pueden ejercer los ciudadanos españoles. La STC 159/2019, de 12 de diciembre, parece reconocer este derecho como uno de los que se atribuye al Diputado no adscrito.

Como se ha dicho, todos los reglamentos disponen que este derecho se ejerce para el adecuado cumplimiento de las funciones parlamentarias. La justificación de esta previsión permitiría a la Mesa inadmitir la solicitud de documentación que no tuviese la finalidad y, desde luego, solicitar alguna aclaración al diputado solicitante. De forma expresa, algún reglamento (art. 15.1 RPLR) explicita que, si la Mesa estimase que la información solicitada «no se adecua a las funciones parlamentarias», podrá inadmitirse la solicitud

25 Cfr. E. MANCISIDOR ARTARAZ, «El derecho de los parlamentarios a recabar información (Comentario a la STC 161/1988, de 20 de septiembre)», en *Revista vasca de Administración Pública*, 24, 1989, p. 161 y ss.

de información de los diputados. En definitiva, la obtención de la información, «bien puede agotar sus efectos en su obtención o ser instrumental y servir posteriormente para que el Diputado que la recaba, o su Grupo parlamentario, lleven a cabo un juicio o valoración sobre esa concreta actividad y la política del Gobierno, utilizando otros instrumentos de control» (STC 203/2001 FJ 3).

Se pueden distinguir los siguientes elementos en la regulación de este derecho:

a) El objeto del derecho: datos, informes o documentos

El derecho consiste en recabar de las Administraciones públicas los «datos, informes o documentos» que obren en poder de estas, es decir deben estar ya en poder de la Administración y no tienen que estar elaboradas expresamente. Todos los reglamentos se refieren a que lo solicitado deben ser datos, informes o documentos (como, por ejemplo, el artículo 15.1 RPIB; art. 15.1 RPLRI; art. 18.1 RAMA). En general, la solicitud de los diputados será información que conste en un expediente administrativo, sobre todo, si el objeto de la solicitud del diputado es «informes» o «documentos», aunque alguna duda de esto puede haber si lo solicitado son «datos».

No obstante, las cosas van cambiando poco a poco, pues el artículo 46 de la Ley 40/2015, de 1 de octubre, de régimen jurídico del sector público, regula el «Archivo electrónico de documentos», y dispone que, en la Administración pública, «todos los documentos utilizados» se almacenarán por medios electrónicos, «salvo cuando no sea posible». Y ello cambia el objeto material solicitado por un diputado, que no será un documento tradicional, en papel. Y también altera la argumentación de la Administración pública, pues el formato electrónico de todo expediente administrativo impide que la Administración pública alegue el exceso de volumen para impedir el envío de la documentación. Esta regulación de la Ley 40/2015, de 1 de octubre, supone que el miembro podría acceder al expediente desde la propia sede parlamentaria, sin tener que trasladarse a la sede de la Administración. Todo esto implica, además, que la Administración ha de facilitar la compatibilidad de formatos y el pleno acceso del diputado a la información requerida.

Es clarificador que algunos reglamentos parlamentarios concretan el objeto del derecho y, así, el artículo 33.1 RCAR dispone que «la solicitud indicará del modo más concreto posible los datos, informes o documentos requeridos», no pudiendo, además, referirse a asuntos de interés particular del solicitante. El artículo 14.2 RJGPRINCAST dispone, en el mismo contexto que se acaba de ver, que en la solicitud de información «podrán recabarse varios documentos siempre que quepa apreciar unidad temática sustancial entre los mismos», también el artículo 12.2 RPCANA, y el art. 13.2 RCC-LM; art. 6.1 RPCAT; art. 9.1 RPCANT; el art. 230.1 RAEX se refiere a los «datos, informes preexistentes o documentos administrativos incluidos en expedientes administrativos consecuencia de las actuaciones» realizadas por la Junta de Extremadura, disponiendo el artículo 230.2 RAEX que el diputado ha de referirse a los documentos «con la mayor concreción posible y la Administración encargada de facilitarlos. Si dichos datos concretos no se conocieran, en el escrito se aportarán todos los datos que se conozcan al respecto para requerir la información»; también el art. 9.2 RPGAL o art. 11.1 RPV.

El artículo 7.1 del Reglamento de las Cortes de Castilla y León plantea algún matiz, pues reconoce el derecho de los diputados a recabar de la Administración autonómica los documentos que obren en su poder, «como consecuencia de su actuación administrativa», lo cual puede dar idea de que haya documentos que sí obran en poder de la Administración, pero no debería proporcionarlos al diputado si no las tuviese la Administración como consecuencia de esa actividad administrativa. En todo caso, debe entenderse que todo lo gestionado por la Administración, y todo lo que se incluya en los expedientes administrativos es producto de la actuación administrativa y, por tanto, debe remitirse a un diputado si lo solicita.

Con la actual imposición de la Administración electrónica, ya se ha visto que se antoja muy difícil la no remisión al diputado de la documentación solicitada alegando el tamaño del expediente. Alguno de los más recientes reglamentos ha dispuesto, artículo 33.3 RCARA, que «siempre que resulte posible a la vista del tipo de información solicitada», el Gobierno de Aragón la remitirá al diputado solicitante en soporte informático o telemático. Por un lado, el artículo 12.2 del Reglamento del Parlamento de Canarias dispone que los diputados puedan solicitar que les sea facilitada la documentación cuando los documentos obren en soporte informático, pudiendo la Administración facilitar la información solicitada mediante acceso remoto. También el artículo 7.5 RCCYL, el artículo 6.2 RPCAT y el art. 14.4 RPLR.

Y es que el ejercicio de este derecho se debe concebir de la forma más amplia posible. Así, el artículo 7 del Reglamento del Parlamento de Cataluña lo establece con claridad, pues este derecho forma parte del contenido esencial de la función representativa y parlamentaria; y solo puede limitarse, continúa la disposición, por la concurrencia de alguna de las restricciones establecidas por la legislación reguladora del derecho de acceso a la información pública. El derecho fundamental a pedir información tiene carácter preferente y se tiene que poder hacer efectivo pues, en la mayor parte de los casos, los derechos fundamentales que confluyen con este derecho fundamental del diputado pueden protegerse por algún medio. Así, la disposición aludida del Parlamento catalán se refiere, en concreto, al posible acceso parcial a la información, «la anonimización de los datos sensibles o la adopción de otras medidas que lo permitan». Este derecho, por tanto, no es limitable por la mera alegación por la Administración pública que se vulneran derechos de terceros, pues se debe exigir la mayor diligencia a la Administración.

b) Las razones fundadas en Derecho

Debe partirse, por encima de otras consideraciones, de que este derecho a acceder a la información de la Administración pública es manifestación del derecho fundamental del artículo 23 de la Constitución. Por ello, las razones de la Administración pública para no remitir la información han de ser «fundadas en Derecho». Y el derecho alegado por la Administración pública debe ser un derecho fundamental. En todo caso, la Mesa ha de garantizar la satisfacción del derecho fundamental del diputado, asegurando los medios adecuados ante la alegación por la Administración de derechos de terceros.

El posible conflicto entre derechos es resuelto por los reglamentos españoles de diversa forma. Así, el artículo 7.1 del Reglamento del Parlamento de Andalucía dispone, como límite del derecho de acceso de los diputados, la «protección de los datos de carácter personal», que es otro derecho fundamental, manifestación del derecho a la intimidad (artículo 18.1 CE).

La protección de datos de terceros de buena fe es un derecho constitucional y suele alegarse para no dar la información al diputado. Pero éste tampoco es un derecho ilimitado y deben interpretarse conjuntamente todos los derechos constitucionales que estén presentes. Aquí el artículo 18 de la Constitución tiene el mismo valor e idéntico rango que el artículo 23 CE. Se puede recordar que, como ha dicho el Tribunal Constitucional, «el derecho a la protección de datos no es ilimitado, y aunque la Constitución no le imponga expresamente límites específicos, ni remita a los poderes públicos para su determinación como ha hecho con otros derechos fundamentales, no cabe duda de que han de encontrarlos en los restantes derechos fundamentales y bienes jurídicos constitucionalmente protegidos, pues así lo exige el principio de unidad de la Constitución» (STC 292/2000, de 30 de noviembre, FJ 11, con remisión a las SSTC 11/1981, de 8 de abril, FJ 7; 196/1987, de 11 de diciembre, FJ 6; y respecto del art. 18, a la STC 110/1984, de 26 de noviembre, FJ 5). El uso por el diputado de los datos obtenidos ha de ser exclusivamente parlamentario, de modo que la utilización para otro fin ha de entenderse excluido. No cabe que estos datos sean «objeto de cesión o tratamiento distinto de aquél para el que se obtuvo» (STC 23/2014, de 13 febrero).

Debe tenerse en cuenta que, como ha señalado el Tribunal Constitucional en STC 56/2003, de 24 marzo, no existe en la Constitución una reserva absoluta de previa resolución judicial respecto del derecho a la intimidad personal. En SSTC 37/1989, de 15 de febrero, F. 7; 207/1996, de 16 de diciembre, F. 3; y 70/2002, de 3 de abril. F. 10, se admite que otra autoridad pueda intervenir en el derecho a la intimidad, dentro del concepto de autoridad podría entenderse que se encuentra el Parlamento. Además, este, en el ejercicio del derecho del artículo 23 CE debe respetar las exigencias dimanantes del principio de proporcionalidad, «de modo que mediante la medida adoptada sea posible alcanzar el objetivo pretendido —idoneidad—; que no exista una medida menos gravosa o lesiva para la consecución del objeto propuesto —necesidad—; y que el sacrificio del derecho reporte más beneficios al interés general que desventajas o perjuicios a otros bienes o derechos atendidos la gravedad de la injerencia y las circunstancias personales de quien la sufre —proporcionalidad estricta (SSTC 207/1996, de 16 de diciembre, F. 3; y 70/2002, de 3 de abril, F. 10)—». Por todo ello debe entenderse que deben resultar compatibles las exigencias propias del derecho de participación política, y el derecho a la intimidad, con las garantías propias del principio de proporcionalidad.

Como se ha indicado, el deber de la Administración de remitir la documentación es claro. En un inicio, como en ATC 426/1990 de 10 diciembre, se afirmó que la negativa del Gobierno a remitir la información no era controlable por los tribunales. Así, se dijo que «las respuestas o actuaciones del Ejecutivo en réplica a tal ejercicio constituyen, también en principio, el ejercicio de las propias funciones gubernamentales, susceptibles de control político y parlamentario —y, en última instancia, electoral—, pero no revisables en general desde consideraciones de corrección jurídica, so riesgo de pretender una judicialización inaceptable de la vida política, no exigida, en modo alguno, por la Constitución».

Como premisa, debe afirmarse que el reconocimiento del derecho del diputado a recabar la documentación implica, de forma necesaria, el derecho a obtenerla. Afirmar lo contrario implicaría reconocer que el derecho a obtener información es un simple papel: reconocer un derecho implica su necesaria satisfacción. Por ello, la Administración que no facilita la información está vulnerando el derecho fundamental del parlamentario. Así, lo ha reconocido el Tribunal Constitucional en SSTC 203/2001, de 15 de octubre; 32/2017 de 27 febrero. También SSTC 203/2001, 177/2002, de 14 de octubre; 208/2003, de 1 de diciembre y 57/2011. No obstante, y como se ha dicho, el inicio había sido más titubeante[26], pues la STC 161/1988 sentenció que la negativa a remitir la documentación se centraba en el ámbito de las relaciones políticas que «escapa a la revisión jurisdiccional de cualquier orden puesto que constituye el núcleo de la acción política».

Pero la STS de 4 de diciembre de 2003 reconoció, primeramente, el pleno valor del artículo 23 CE frente a la denegación de información por parte de la Administración vasca ante la solicitud de un Diputado autonómico y, posteriormente, es en la STS de 25 de febrero de 2013 (casación 4268/2011)[27] donde se determina que el único supuesto para no remitir la documentación es que haya una respuesta fundada en Derecho.

---

26 Cfr. G. ARRUEGO RODRIGUEZ, «Sobre el "derecho a la documentación" de los parlamentarios», en *Revista Española de Derecho Constitucional*, 68, 2003, pp. 368 y 374 y ss.

27 Puede consultarse un comentario a esta Sentencia del Tribunal Supremo, en P. LUCAS MURILLO DE LA CUEVA, «La garantía jurisdiccional del derecho de los parlamentarios a la documentación administrativa», en *La última jurisprudencia relativa al Parlamento*: [Seminario celebrado en Vitoria-Gasteiz los días 27 y 28 de enero de 2016], Parlamento de Vitoria, Vitoria, 2016, pp. 155 y ss. Este autor fue, además, el ponente de la Sentencia del Tribunal Supremo aludida y efectúa un muy interesante y certero comentario de la misma, en especial pp. 180 y ss.

En esta STS de 25 de febrero de 2013 el tribunal confirma que no hay ninguna norma legal que, como sucedía en el supuesto que está en el origen de la sentencia 220/1991, «de manera directa y expresa, impidiera al Gobierno Valenciano dar la información requerida», (y) «no hay duda de que, conforme a su artículo 2 a), receptivo de esa jurisprudencia, los tribunales de lo contencioso-administrativo conocen de las cuestiones suscitadas en relación con la protección de los derechos fundamentales a propósito de los actos del Gobierno o de los Consejos de Gobierno de las Comunidades Autónomas, cualquiera que sea la naturaleza de dichos actos. Y, como se ha dicho, en este caso hay un acto del Gobierno Valenciano al que se le atribuye la lesión del derecho fundamental invocado por los recurrentes». Esta jurisprudencia se reitera en algún otro fallo, como en STS de 15 de junio de 2013, o en STSJ de Madrid de 24 de julio de 2014.

En conclusión y como Astarloa Huarte-Mendicoa indica, en consonancia con la importancia que se reconoce al derecho a la información de los Diputados sobre los cambios pendientes del Parlamento, «parece que hay coincidencia general en eliminar la mayoría de las restricciones a las solicitudes de información y documentación al Gobierno, objetivando las causas que justifiquen su incumplimiento y previendo consecuencias para el caso de negativa injustificada»[28].

c) El volumen de la documentación

Suele ser habitual que se regule la excusa a la Administración, si el volumen de la documentación solicitada dificulta su remisión al diputado, debiendo acudir éste a las dependencias administrativas a consultar la información de referencia. Se acaba de ver que, en un tiempo, este motivo no podrá ser argüido por la Administración para no remitir documentación. En todo caso, la Administración pública competente deberá facilitar el acceso del diputado a la documentación solicitada (la fórmula es reiterada por varios reglamentos, art. 14.3 RJGPRINCAST; art. 9.3 RPCANT; art. 18.3 RAMA, que se refiere al volumen o a la naturaleza de la información; art. 13.2 RAMU, que se refiere a «si no fuera posible la remisión en soporte informático y si el volumen de la documentación dificultase la remisión de copia de la misma»). El artículo 7.1 RPAND dispone que el derecho de acceso en este caso de gran volumen de la documentación es «para que tome las notas que considere oportunas». También el artículo 33.4 RCAR dispone que la Administración puede aducir el volumen o la naturaleza de la información para no remitir la información. Esa negativa será «conocida y aceptada» por la Mesa que facilitará la consulta de la misma, en las dependencias en las que se encuentre depositada o archivada. En este caso, el diputado podrá tomar las notas que estime

28 I. Astarloa Huarte-Mendicoa, *El Parlamento moderno. Importancia, descrédito y cambio*, Madrid, Fundación Alfonso Martín Escudero/Iustel, 2017, pp. 451 y ss.

oportunas y obtener copia o reproducción de aquellos documentos que le interesen. Según el artículo 13.4 del Reglamento de la Junta del Principado es el presidente de la Cámara el que dará traslado, en estos casos, de la documentación al Diputado interesado en plazo «no superior a tres días». También el artículo 12.5 RPCAN dispone que se pondrá a disposición de los diputados, cuando se alegue volumen de la documentación, en la dependencia en la que aquella se encuentre, pudiendo solicitar las copias que precisen, «así como tomar las notas que estimen necesarias». También contienen una similar regulación art. 230.4 RAEX, art. 15.2. RPIB y art. 14.1 RLRI.

Sobre la base de la jurisprudencia del Tribunal Constitucional, muchos reglamentos prevén que los diputados pueden ser acompañados por varios asistentes, si el diputado ha de acudir a las dependencias administrativas. Debe tenerse claro que la presencia del diputado titular del derecho es imprescindible para acceder a la información. Así, el artículo 33.4 RCAR prevé que el Diputado pueda ir acompañado de un máximo de dos asesores «debidamente acreditados por el Diputado o el grupo parlamentario». Las condiciones de acceso de los acompañantes han de ser las mismas, sin que se les pueda exigir la firma de un documento de asunción de responsabilidad a ninguno de los acompañantes, más allá de la mera acreditación de que la visita se ha producido. En el artículo 12.5 RPCANA, se dispone que los asesores serán hasta tres, que no podrán ser personal del Parlamento de Canarias, ni personal laboral, ni funcionario, ni eventual, «y sus datos personales habrán de ser previamente comunicados a la Mesa de la Cámara a efectos de su acreditación». El artículo 9.3 RPCANT dispone que puedan ser hasta tres asesores; debiendo acreditarse este personal por la Secretaría General de la Cámara. Por su lado y de una forma similar, el artículo 7.3.d RCCYL dispone que el diputado solicitante podrá actuar acompañado de hasta un máximo de tres personas que le asistan, convocándose el acceso a la documentación por la Mesa de acuerdo con la Junta de Castilla y León y con el «Procurador solicitante». De forma algo inconcreta, el Reglamento de la Asamblea de Extremadura se refiere a que el diputado solicitante podrá actuar a tales efectos acompañado de «personas» que le asistan (artículo 230.4 RAEX).

Alguna novedad prevé el artículo 11.3 del Reglamento del Parlamento Vasco que, más que referirse al volumen de los expedientes, se refiere a la «índole de la documentación solicitada», añadiendo que, si «la normativa vigente no se pudiera facilitar copia de aquella, la Administración podrá sustituir su envío por el acceso de la parlamentaria o parlamentario a las dependencias administrativas». En estos dos supuestos, la norma parlamentaria vasca dispone la posibilidad de tomar notas. En caso de que exista «complejidad técnica de los documentos», podrá «acompañarse de especialistas... acreditados ante la Cámara como asesoras o asesores del grupo parlamentario» en el que el parlamentario estuviera integrado.

También el artículo 10 del Reglamento del Parlamento de Cataluña prevé, como un derecho más, que el diputado pueda trasladarse a las dependencias de la Administración para consultar de modo presencial la información y documentación solicitada. Podrá hacerlo acompañado, como máximo, de dos asesores debidamente acreditados, de forma que solo pueden actuar acompañando al diputado correspondiente.

d) Legitimación pasiva: la Administración pública

La documentación solicitada debe estar en poder de una Administración pública, pues la legitimación pasiva le corresponde a la Administración y no a la Mesa del Parlamento. La Mesa solo es el «buzón» que recibe la solicitud y ha de remitirla a la Administración destinataria. Hasta la saciedad, quizá desde la STC 161/1988, el Tribunal Constitucional ha señalado que el ejercicio de este derecho del diputado *individual* «no puede quedar sujeto, en el seno de la Cámara, a un control de oportunidad sobre la conveniencia o inconveniencia de hacer llegar a la Administración la solicitud de información, ya que el control que la Mesa... ejerce en estos casos sobre los escritos y documentos presentados es, esencialmente, un examen de la viabilidad formal de tales propuestas» (STC 57/2011, de 3 de mayo, FJ 5).

Por Administración pública ha de entenderse un concepto quizá más amplio que el utilizado por el artículo 2.3 de la Ley 40/2015, de 1 de octubre, de Régimen Jurídico del Sector Público. Según este precepto, «Tienen la consideración de Administraciones Públicas la Administración General del Estado, las Administraciones de las Comunidades Autónomas, las Entidades que integran la Administración Local, así como los organismos públicos y entidades de derecho público previstos en la letra a) del apartado 2». Excluye esta ley del concepto de Administraciones públicas, por ejemplo, a las universidades públicas y las entidades de derecho privado vinculadas o dependientes de las Administraciones públicas. Y es que debe entenderse que es Administración, al efecto del derecho de información, cualquier persona jurídica que perciba fondos provenientes del presupuesto anual que aprueba el Parlamento.

Está claro que un diputado del Congreso de los Diputados o un senador puede solicitar un dato de cualquier Administración pública española, también de las corporaciones locales[29]. El artículo 10 de la Ley de Bases de Régimen Local dispone que la Administración local y «las demás Administraciones públicas» (donde solo de una forma laxa puede entenderse incluido al Parlamento) ajustarán sus relaciones recíprocas a los deberes de «información mutua, colaboración, coordinación y respeto a los ámbitos competenciales respectivos», concretándose en el artículo 56.2 LBRL que las Administraciones del Estado y de las comunidades autónomas estarán facultadas, «para recabar y obtener información concreta sobre la actividad municipal, pudiendo solicitar incluso la exhibición de expedientes y la emisión de infor-

29 Cfr. J.J. Lavilla Rubira, *op. cit.*, p. 2009.

mes». En esta regulación sí pueden entenderse incluidos todos los Parlamentos españoles y sus parlamentarios, como legitimados para solicitar documentación a las corporaciones locales.

Por otro lado, como legitimado pasivo del derecho a solicitar información de los miembros de las Cortes Generales, deben entenderse incluidos también los organismos y entes que se integran en la inmensa galaxia de entes que conforman la Administración. Son legitimados pasivos de este derecho el Defensor del Pueblo, el Consejo de Estado y, por supuesto, también los Parlamentos autonómicos, aunque no sus grupos parlamentarios ni los propios diputados. Más dudas puede haber en que se solicite información de los tribunales, habida cuenta de la independencia que como poder del Estado ostentan, si bien la previsión del artículo 109 CE de que el diputado puede pedir documentación a cualquier «autoridad del Estado» debería implicar que estuviese incluida la autoridad judicial. Así parece admitirlo la STC 191/2016, de 15 de noviembre, que se refiere al artículo 563 de la Ley Orgánica del Poder Judicial que regula el único contenido posible de la Memoria anual del Consejo General del Poder Judicial. Y, por su lado, el artículo 564 LOPJ, los miembros del CGPJ solo pueden comparecer antes las Cámaras en el caso de la presentación de la referida memoria. Es cierto que esos preceptos se refieren a la comparecencia de los miembros del Consejo General del Poder Judicial, pero puede entenderse que se puede interpretar de una forma extensiva también a las peticiones de documentación.

El caso de los reglamentos parlamentarios autonómicos es diferente, pues la legitimación pasiva corresponde a la Administración regional propia. Así, se dispone en el artículo 7.1 del Reglamento del Parlamento de Andalucía que se refiere a los datos, informes o documentos que estén en poder de la Junta de Andalucía; el artículo 31.1 RCAR prevé que el legitimado pasivo será el sector público autonómico, determinando también que los diputados regionales podrán solicitar información «puntual desagregada» sobre la ejecución del presupuesto de la Comunidad Autónoma de Aragón correspondiente al ejercicio anterior. Este derecho se ejerce mediante una solicitud «puntual», pues parece evidente que cualquier parlamentario puede acceder a la información presupuestaria referida, que debería ser ofrecida en cualquier momento al diputado por parte del Gobierno.

La técnica más usada en los reglamentos de los Parlamentos autonómicos para determinar la legitimación pasiva es la de la «Administración de la Comunidad Autónoma» (artículo 14.2 RJGPRINCAST); el artículo 12.1 RPCANA se refiere a las «administraciones públicas canarias y de las instituciones, organismos públicos y empresas públicas dependientes de las mismas, así como de cualquiera de las instituciones previstas en el Estatuto de Autonomía de Canarias». El artículo 6.1 RPCAT dispone que «el derecho a obtener información de la Administración de la Generalidad, de los organismos, empresas y entidades que dependen de ella y de las instituciones y los organismos de la Generalidad que actúan con independencia funcional o con una autonomía especial reconocida por Ley». Por su lado, el Reglamento del Parlamento balear dispone, como legitimado pasivo, una figura algo más difusa, pues la documentación se puede pedir a los «organismos públicos dependientes de la Comunidad Autónoma de las Illes Balears». (artículo 15.1 RPIB). También el artículo 9.1 RPCANT.

Y es que la definición por los reglamentos de la legitimación pasiva es importante, por lo que se ha tratado de definir de la mejor forma ante quién pueden los parlamentarios solicitar «datos, informes y documentos». Así, el artículo 14.1 del Reglamento del Parlamento de la Rioja ha dispuesto que se puedan solicitar información de las «instituciones, organismos públicos y empresas públicas de la Comunidad Autónoma», en una definición amplísima que incluye empresas, en las que la participación pública debería ser mayoritaria.

Con una fórmula algo extensa, algunos reglamentos parlamentarios autonómicos incluyen también en la legitimación pasiva de este derecho a la Administración del Estado. Así, en el Reglamento del Parlamento de Andalucía se dispone, 7.3 RPAND, que los diputados andaluces puedan solicitar información de autoridades, organismos e instituciones de la Administración del Estado. También el artículo 32 RCAR dispone que los diputados aragoneses puedan solicitar de la Administración del Estado y sus entidades, «información y documentación que afecte a materias de interés para la Comunidad Autónoma de Aragón». El artículo 14.6 RJGPRINCAST prevé que los diputados puedan solicitar información de la Administración periférica del Estado en la comunidad autónoma, cuando afecte al Principado de Asturias. Y el artículo 12.8 RPCAN establece que «en el marco de la legalidad», podrán solicitar del resto de las administraciones locales, o del Estado y de los órganos de gobierno de las otras comunidades autónomas, la documentación que, pudiendo obrar en su poder, afecte a la comunidad canaria. Por su lado, el artículo 13.2 RCCL-M dispone, con una gran generosidad, que los diputados regionales puedan solicitar información de las autoridades dependientes de la «Administración Central, Local y otras instituciones en el ámbito territorial de Castilla-La Mancha». Y en un sentido muy similar el artículo 15.1 RPIB incluye, además de la Administración pública regional, «a otras Comunidades Autónomas en materias relacionadas con las *Illes Balears*». A su vez, el artículo 15.1 RPLR dispone que se pueda solicitar documentación de la Administración del Estado y de la local «en ambos casos dentro del ámbito territorial de aquella y de las competencias atribuidas por el Estatuto de Autonomía». Aunque haya fórmulas extensas, debe entenderse que la documentación solicitada por el diputado debe referirse a asuntos de la comunidad autónoma.

Hay regulaciones autonómicas algo más limitativas, como la del artículo 7.1 RCCYL que incluye el derecho a la consulta de los documentos que, obrando en poder de la Administración del Estado o de otras administraciones, «tengan relación directa con las competencias de la Comunidad Autónoma». Por su lado, los diputados del Parlamento de Cantabria también podrán solicitar la información y la documentación que obre en poder de la

Administración del Estado o de la Administración local, en materias de interés general para la Comunidad Autónoma de Cantabria (art. 9.6 RPCANT).

Como se ha visto, los reglamentos parlamentarios autonómicos también incluyen a la Administración local como destinataria de las solicitudes de documentación, como el artículo 7.3 RPAND. Asimismo, el artículo 31.2 RCAR prevé que los diputados aragoneses pueden pedir a las entidades locales de Aragón toda «la información y documentación que obre en poder de estas en materias propias o del sector público local que afecten a competencias de la Comunidad Autónoma de Aragón». Y el artículo 18.5 RAMA también dispone que los parlamentarios autonómicos puedan solicitar «de la Administración del Estado o de la Administración Local los datos, informes o documentos que tengan a bien proporcionar sobre materias que sean de competencia o de interés de la Comunidad de Madrid».

Más completa es aún la regulación del artículo 11.5 del Reglamento del Parlamento Vasco que prevé que los diputados autonómicos puedan solicitar información de la «Administración del Estado, de los órganos de gobierno de las comunidades autónomas, así como de las instituciones de la Unión Europea». Cono se verá en relación con el acceso a la información de las Comisiones parlamentarias, debe defenderse que, aunque los reglamentos no prevean expresamente unan eventual solicitud de documentación por las Comisiones parlamentarias o los diputados a las autoridades de la Unión Europea, esta habrá de tramitarse igualmente, y deberá responderse por las autoridades europeas.

e) Los plazos

La solicitud de la información se dirigirá, «en todo caso», por conducto de la Presidencia de la Cámara, y la Administración requerida deberá facilitar la documentación solicitada o manifestar al presidente del Congreso, en plazo no superior a treinta días y para su traslado al solicitante, las razones fundadas en Derecho que lo impidan (art. 7 RCD; art. 20.2 RS; art. 7.2 RPAND; art. 34 RCAR, que dispone veinte días para contestar y cinco días para que se le comunique a la Administración; art. 14.2 RJGPRINCAST dispone que en quince días se ha de remitir la documentación, prorrogable seis más; art. 12.3 RPCANA, plazo improrrogable de un mes, debiendo manifestar en el plazo de diez días naturales las «razones fundadas en Derecho»; art. 7.3.a RCCYL un mes ampliable a un mes más, a solicitud del diputado y art. 7.3.b RCCYL, que prevé la alegación de 15 días de razones fundadas en Derecho; art. 9.2 RPCANT, veinte días; art. 232.1 RAEX, treinta días; art. 9.3 RPGAL, treinta días; art. 15.2 RPIB dispone veinte días; art. 15.1 RPLRI que dispone treinta días; art. 18 RAMA, treinta días; art. 13.2 RAMU, quince días ampliable cinco más, si no fuera posible la remisión en soporte informático; art. 14.2 RPNA, veinte días o art. 11.2 RPV, que también dispone la obligación de que se responda en un plazo de veinte días).

La entrega de la documentación se realiza al diputado solicitante, regulando en algunos casos que se remita también a los portavoces de todos los grupos parlamentarios (artículo 231.7 RAEX); no obstante, la fuerza de los hechos, y la generalización de programas informáticos de gestión de expedientes parlamentarios, ha motivado que los grupos parlamentarios y todos los diputados puedan acceder a la documentación recibida por los diputados mediante los cauces ordinarios. Más dudas se plantea en relación con la documentación recibida por los Diputados cuando acuden a la sede de la Administración, en alguna de las fórmulas adoptadas por los reglamentos.

También el artículo 7 del Reglamento del Parlamento de Cataluña somete a plazos muy estrictos la alegación de las razones fundadas en Derecho por la Administración. Así, según el artículo 8.3 RPCAT la denegación debe ser motivada y debe indicar las razones «fácticas y jurídicas» que la justifican, y la imposibilidad de aplicar medidas que permitan el acceso parcial. Tras este procedimiento, en el caso de que se deniegue el derecho de acceso a la información, el diputado puede solicitar a la Mesa del Parlamento que se pronuncie sobre la fundamentación del derecho de acceso a la información y «adopte una decisión definitiva», comunicándolo a la autoridad responsable para que la cumpla de forma inmediata. En estos casos, se dispone en el artículo 8.5 (en relación con el artículo 215 RPCAT) se ha de informar a la «Comisión de Garantía del Derecho de Acceso a la Información Pública», previsto en el artículo 39 de la *Ley de Cataluña 19/2014, de 29 de diciembre, de transparencia, acceso a la información pública y buen gobierno*.

Debe tenerse en cuenta, no obstante, que es diferente el alcance de la «transparencia parlamentaria» y el del acceso de los diputados a la información. Este derecho de los diputados a la documentación administrativa es una manifestación del derecho fundamental del artículo 23 de la Constitución, mientras que la obligación de transparencia es consecuencia de la obligación de eficacia y eficiencia en la gestión de los fondos públicos, y que genera derechos subjetivos a favor de los ciudadanos. Este último derecho no es un derecho fundamental, ni tiene el amparo constitucional con que cuentan los derechos fundamentales. Por ello, no es conveniente confundir el ámbito de uno y otro derecho. Y menos en este caso del Parlamento de Cataluña, pues el informe que debe emitir la citada Comisión de Garantía tiene carácter vinculante. El artículo 8.6 del RPCAT confirma que la transparencia y el derecho de acceso del diputado a la información son vías diferentes y acumuladas pues, obvio es disponerlo por lo demás, el diputado podría también acudir a las vías ordinarias de acceso a la información, como cualquier otro ciudadano. El diputado debe acceder a más información como diputado que como ciudadano.

Por su parte y como se ha visto, la razón aludida por la Administración para no dar la documentación solicitada debe ser una razón fundada en Derecho, es decir, aduciendo algún precepto que se vincule directamente a un derecho fundamental. En este sentido, el artículo 8.2 del Reglamento del Parlamento de Cataluña determina que la negativa ha de ser expresa y, además, en caso de no ser fundamentada sobre las razones que motivan la denegación, se entiende que la solicitud ha sido estimada. En este caso, el diputado puede instar a la Mesa «a requerir a la autoridad responsable que cumpla el deber de facilitar la información en el plazo improrrogable de tres días».

El plazo para contestar varía de un Parlamento a otro, como se ha visto, pero oscila de veinte a treinta días, aunque algunos Parlamentos como el de Cataluña refieren un plazo de quince días prorrogable por otros siete más. Algún reglamento parlamentario dispone alguna regulación matizada, como el artículo 12.3 RPCAN que determina que el plazo del mes para remitir la documentación solicitada no será susceptible de interrupción en ningún caso «y, dentro de dicho plazo, se computarán aquellos períodos en los que el Parlamento no celebre sesiones, salvo el mes de agosto». También el art. 13.2 RCC-LM, debiendo comunicar en un plazo de siete días las razones que hubieren motivado la no admisión a trámite de la solicitud (artículo 9.2 RPCANT, veinte días; artículo 15.2 RPIB dispone de veinte días).

Como se acaba de decir, los días deben ser computados incluyendo los días fuera del período ordinario de sesiones y dentro del cómputo parlamentario de plazos que fija el reglamento, que no siempre coincide con el administrativo. Debe tenerse en cuenta que el artículo 30.2 de la Ley 39/2015, de 1 de octubre, del Procedimiento Administrativo Común de las Administraciones públicas que señala que cuando los plazos se señalen por días, se entiende que estos son hábiles, excluyéndose del cómputo los sábados, los domingos y los declarados festivos.

Los matices en la regulación son múltiples y los detalles son imposibles de sistematizar. Así, el artículo 7.2 RPAND permite que, si la Administración se remite a «fuentes accesibles al público de carácter oficial», la Junta podrá indicar el lugar en el que se encuentren disponibles, siempre y cuando se puedan reproducir, y la reproducción sea posible mediante medios ordinarios.

Un sistema llamativo es el del Reglamento del Parlamento de Canarias, que dispone que la Mesa pueda declarar el carácter secreto de la documentación, a solicitud motivada del Gobierno, ante lo cual el parlamentario podría tomar notas, pero no obtener reproducción, ni podrá ir acompañado de asistentes. También el artículo 7.4 RCCYL dispone que la Mesa puede declarar el carácter secreto de las actuaciones, cuando los documentos afecten el contenido esencial de un derecho fundamental, pudiendo el diputado tomar notas, pero no obtener copia ni actuar acompañado de persona alguna. Muy similar es la regulación del artículo 230.5 y 232.1 RAEX, en relación con la alegación de las razones fundadas en Derecho; también el artículo 18.4 RAMA.

f) Otros límites

El acceso a información reservada está previsto en varios reglamentos parlamentarios. En el caso de las Cortes Generales, el límite está muy claro, pues debe compatibilizarse el ejercicio del derecho fundamental con la aplicación de otros intereses. En efecto, la presencia de diversas normas, como la *Ley 11/1995, de 11 de mayo, reguladora de la utilización y control de los créditos destinados a Gastos Reservados*, o la *Ley 11/2002, de 6 de mayo, reguladora del Centro Nacional de Inteligencia,* o la aplicación de la *Ley 9/1968, de 5 de abril, reguladora de los secretos oficiales*, motivaron que se aprobase la Resolución de la Presidencia del Congreso de los Diputados sobre secretos oficiales de 20 de abril de 2022, cuyo apartado tercero dispone que la materia solicitada y clasificada como «secreto», será remitida por el Gobierno «a un Diputado por cada Grupo Parlamentario», para lo cual estos diputados serán elegidos al efecto por el Pleno de la Cámara por mayoría absoluta. A su vez, las comisiones y uno o más grupos parlamentarios que supongan ochenta y ocho miembros del Congreso (una cuarta parte), podrán solicitar que se informe sobre materias que hubieran sido declaradas clasificadas conforme a la Ley de Secretos Oficiales. De estas, el Gobierno podrá solicitar de la Mesa de la Cámara que la información sobre una determinada materia declarada secreta, sea solo facilitada al presidente del Congreso, o al de la comisión, dependiendo de la naturaleza de lo solicitado.

Por su lado, el apartado cuarto de esta resolución dispone que, si la materia solicitada es clasificada como «reservada», el Gobierno facilitará la información a los Portavoces de los grupos parlamentarios o a los representantes de los mismos en la comisión, cuando hubiera partido de esta la iniciativa de la solicitud.

Según el apartado octavo de la resolución, el acceso a esta información no implica el derecho a obtener copia o reproducción por ningún medio. De hecho (apartado séptimo), los diputados podrán consultar el original o fotocopia de la documentación, si los miembros «entendieren que ésta resulta incompleta sin el conocimiento directo de los documentos».

Por su lado, también algún reglamento parlamentario autonómico se ha sentido tentado de prever una regulación que es más propia del Estado. Es el caso del artículo 11 del Reglamento del Parlamento de Cataluña, que dispone el derecho de acceso de los diputados a las materias reservadas de la comunidad autónoma y a los registros de datos que los contienen. Se limita a los miembros correspondientes y a un miembro más designado por cada grupo parlamentario. Se les impone un deber de mantener reserva permanente respecto a estos datos. Incluso si el diputado incumple este deber de reserva, puede ser privado temporalmente del ejercicio de la función parlamentaria (artículo 235.2 RPCAT).

g) Incumplimiento por la Administración del deber de remitir la documentación solicitada

En caso de no cumplimiento o cumplimiento defectuoso del deber de la Administración de remitir la documentación, varios reglamentos prevén que el parlamentario pueda formular una queja ante la Mesa para que esta «adopte las medidas» precisas (art. 232.2 RAEX). Entre estas medidas se encuentran tanto el recordatorio al Gobierno del cumplimiento de sus obligaciones, como la fijación directa del día y hora en la que el diputado puede consultar la documentación30. Si no se permitiese la consulta, los reglamentos prevén que se pueda incluir en el orden del día del pleno una pregunta o comparecencia específica «para el debate en la Cámara sobre los incumplimientos o cumplimientos defectuosos» (artículo 35.2 RCAR). El artículo 12.7 RPCAN dispone, en estos casos, que el diputado pueda formular una pregunta oral ante el Pleno o ante la comisión competente por razón de la materia. Aunque la iniciativa pertenece al diputado, la admisión a trámite le corresponde a la Mesa, que incluirá el asunto en el orden del día de la primera sesión que se convoque. Además, el grupo parlamentario correspondiente puede solicitar una propuesta de resolución ante el Pleno, que se incluya en el orden del día de la primera sesión plenaria que se convoque. Muy similar es el artículo 9.4 RPCANT, que permite que se pueda celebrar una comparecencia en la primera sesión ordinaria que se convoque sobre las razones que «han motivado dicho incumplimiento». En ambos casos, se puede incluir una propuesta de resolución ante la comisión correspondiente. A su vez, el artículo 9.2.bis RPGAL dispone la posible presentación de una pregunta oral en Comisión si la Administración no facilitara la información requerida, y si no hubiese comunicación de las razones fundadas en Derecho que lo impidan. Similar es la regulación del artículo 11.4 RPV si hay negativa «expresa o tácita» o cumpliese de una forma parcial, en cuyos casos puede el Gobierno «dar cuenta al Parlamento en la siguiente sesión plenaria».

Los incumplimientos son también regulados por el artículo 14.5 RJGPRINCAST de un modo similar, pues el diputado puede formular su queja ante la Mesa de la Cámara, siendo esta la que adopte «las medidas que considere procedentes». A su vez, el artículo 15.4 RPIB dispone

30 Cfr. M. AUZMENDI DEL SOLAR, «Las solicitudes de información al Gobierno como forma de control parlamentario», *Teoría y Realidad Constitucional*, 19, 2007, pp. 359 y ss.; y también, de la misma autora, «El derecho de acceso a la información de los Diputados», en VV.AA., *Parlamento y Diputado*, Madrid, Tecnos/Aelpa, 2011, pp. 276 y ss.

que la Mesa de la Cámara adoptará las «medidas que considere oportunas y necesarias» para garantizar al Diputado su acceso a la documentación.

Las resoluciones de las Mesas, que sean denegatorias del derecho del Diputado, pueden ser objeto de recurso parlamentario, aunque estos recursos suelan preverse para el ejercicio por la Mesa de la función de admisión a trámite. No obstante, algunos reglamentos disponen de forma expresa esta especie de recurso de reposición en caso de no admisión por la Mesa del derecho de información del Diputado (artículo 13 RCCLM).

Por su lado, algunos reglamentos sí disponen expresamente un régimen sancionador en caso de incumplimiento por la Administración de la obligación de facilitar la información. Así, el artículo 9 del RPCAT determina que este incumplimiento da lugar a la aplicación del régimen sancionador en materia de transparencia. A estos efectos, la Mesa lo comunicará a la autoridad responsable, para «incoar el correspondiente expediente sancionador». Por su lado, el Gobierno o la autoridad correspondiente debe dar cuenta a la Mesa del Parlamento de las actuaciones que adopte en el plazo de quince días «y justificar, si procede, los motivos por los que decide no incoar el expediente» (art. 9.3 RPCAT).

h) Derechos conexos

En relación con este derecho, algunos reglamentos disponen otros derechos conexos, que no son estrictamente derecho de acceso a la información. Por ejemplo, el artículo 7.5 del Reglamento del Parlamento de Andalucía establece que, cuando el diputado considere necesario visitar una dependencia de la Junta de Andalucía, lo pondrá en conocimiento de la Mesa de la Cámara, comunicándose por la Presidencia la visita a la Administración. El día y la hora parece que los fija la Administración visitada, pudiendo esta denegar la visita aduciendo las aludidas «razones fundadas en Derecho». Similar es la regulación del artículo 31.3 del Reglamento de las Cortes de Aragón que dispone que los diputados también podrán solicitar la visita a dependencias de la Administración de la Comunidad Autónoma o «a centros en los que se presten servicios sostenidos con fondos públicos de la misma». Y el artículo 12.10 RPCAN prevé además que el diputado comunique a la Mesa la necesidad de visitar una dependencia de cualquiera de las «administraciones públicas de Canarias», que debe entenderse que se trata de las dependencias de la Administración regional canaria (ni siquiera a las dependencias de los Cabildos Insulares). En este caso, la Presidencia del Parlamento lo comunicará a la Administración afectada, «proponiendo día y hora para efectuar la visita, procurando que no obstaculice el normal funcionamiento del servicio correspondiente».

D) Derecho a la asignación económica

Superado el tiempo de la gratuidad de la representación[31] y asimilado como dogma la universalidad del sufragio activo, la Constitución reconoce, como lo hacía el artículo 54 de la Constitución de 1931, sin ambigüedad, que los diputados percibirán una asignación económica que les permita cumplir eficaz y dignamente su función (artículo 71.4 de la Constitución). Es decir, los miembros de las Cortes Generales tienen derecho a percibir una «asignación» económica, que equivale a una retribución, aunque es llamativo que la Constitución no haya usado la palabra "retribución", que mejor se acomoda al régimen elegido. No obstante, esta materia no suele incluirse en los estatutos de autonomía[32], seguramente como consecuencia de que las primeras versiones de los Estatutos, efecto directo de los Pactos autonómicos del año 1981, incluían precisamente la prohibición de que los Diputados pudieran percibir retribución fija alguna, y sí las dietas que se determinen.

Hay una jurisprudencia constitucional, escasa pero muy interesante, en relación con las retribuciones de los parlamentarios. La STC 28/1984, de 28 de febrero, ya dejó claro que el derecho fundamental del artículo 23 CE se circunscribe al derecho al cargo y a permanecer en el mismo, y «no comprende el derecho al percibo de las cantidades que puedan estar previstas en las leyes o normas aplicables». Ello fue confirmado en STC 96/1988, de 26 de mayo. Así, el cobro de las retribuciones previstas para un cargo público o funcionario queda «fuera del ámbito del derecho consagrado en el art. 23.2 de la Norma suprema y no puede ser objeto desde este punto de vista de un recurso de amparo» (FJ 3). Este criterio ha sido ratificado para el ámbito local en otros pronunciamientos, como en SSTC 169/2009, de 9 de julio, o 246/2012, de 20 de diciembre.

Además, el Tribunal Constitucional ha reiterado en STC 36/2014, de 27 de febrero[33], que la disposición del artículo 71.4 CE que establece que los dipu-

31 La obra más completa, quizá algo anticuada, E. JIMÉNEZ APARICIO, *Régimen jurídico de las retribuciones de los diputados y senadores*, Madrid, CEC, 1984. Un estudio, algo más limitado por el propio alcance del trabajo, L. GARCÍA FERNÁNDEZ, «La remuneración de los parlamentarios», en *Los Parlamentos de Europa y el Parlamento Europeo*, Madrid, Cyan, 1997, pp. 116 a 126. Más moderno y en el que se analiza la jurisprudencia constitucional, E. ARANDA ÁLVAREZ, «La reducción de parlamentarios y la modificación del régimen retributivo de los miembros de las Asambleas de las CC.AA», en *Revista de Derecho Político*, 92, pp. 119-164. En este trabajo, el autor se inclina a opinar que no hay base suficiente para excluir la retribución del parlamentario del núcleo básico de la función parlamentaria.

32 Una reflexión, interesante, en M. MARTÍNEZ SOSPEDRA, «El salario del poder. Notas sobre las remuneraciones parlamentarias», en *Corts. Anuario de Derecho parlamentario*, 1999, 77, en especial pp. 144 y ss.

33 J. GARCÍA ROCA, «La supresión —sobrevenida— del sueldo de los diputados de Castilla-La

tados y senadores solo percibirán una asignación fijada por las respectivas Cámaras, «se está refiriendo exclusivamente a los miembros de las Cortes Generales, lo que se deriva no sólo de su tenor literal, sino también de la ubicación sistemática del precepto (que forma parte del título tercero de la Constitución, dedicado a las Cortes Generales), sin que pueda trasladarse dicha previsión constitucional, como pretenden los recurrentes, al ámbito de las Asambleas Legislativas o Parlamentos Autonómicos». El Tribunal Constitucional aplica a esta materia lo que ya sentenciara en relación con la inmunidad parlamentaria (STC 36/1981, de 12 de noviembre), de forma que no extiende a los Parlamentos autonómicos una institución prevista solo para las Cortes Generales. Ya se ha aludido a la jurisprudencia del Tribunal Constitucional según la cual, «solo poseen relevancia constitucional los derechos o facultades atribuidos al representante que pertenezcan al núcleo de su función representativa parlamentaria», (SSTC 38/1999, de 22 de marzo, FJ 2; 107/2001, de 23 de abril, FJ 3; 203/2001, de 15 de octubre, FJ 2 y 117/2012, de 4 de junio, FJ 3; 109/2016, de 7 de junio, FJ 6 y 32/2017 de 22 de febrero, FJ 4), como son, por ejemplo, el ejercicio de la función legislativa o el control de la acción del Gobierno. Solo estas facultades son extensibles también a los parlamentarios de las Comunidades Autónomas. Como se sabe, todo lo que no sea ejercicio estricto de la «función legislativa o el control de la acción del Gobierno» no se extiendería a los parlamentarios autonómicos.

Y en relación con las asignaciones económicas a los parlamentarios, se ha dicho que cuenta el Parlamento con «libertad de configuración legal», de forma que tiene un margen de apreciación en la interpretación de la legalidad parlamentaria (por todas, SSTC 242/2006, de 24 de julio, y 141/2007, de 18 de junio).

No obstante, algún Estatuto, como el de Asturias, sí ha incluido alguna disposición sobre las retribuciones de los parlamentarios autonómicos. Así, dispone en su artículo 26.4 EAAST que «[p]or el ejercicio de su cargo representativo, los Diputados de la Junta General percibirán retribuciones. Las modalidades de las asignaciones serán fijadas de acuerdo con lo que prevea el Reglamento de la Cámara». Similar es la previsión del artículo 11.3 del Estatuto de Autonomía de Madrid, que también prevé que los Diputados

Mancha según la STC 36/2014, de 27 de febrero: una solución sencilla para un problema complejo», en *Cuadernos Manuel Giménez Abad*, 7, pp. 100-105. Señala este autor que debería efectuarse una «revisión» de los fundamentos, políticos y jurídicos, que han motivado este fallo. Dice este autor que «Falta una interpretación realista y sociológica del mandato representativo. Echo en falta una argumentación, por breve que fuera, sobre el sentido de las retribuciones fijas o profesionales desde una sensibilidad acorde con el principio democrático, y la subsiguiente igualdad real de todos los ciudadanos en el acceso al cargo con independencia de su renta personal; así como unos razonamientos sobre la libertad de mandato en unas condiciones que permita ejercer la representación política, con independencia de la renta personal y sin interferencias, abusivas y desproporcionadas».

autonómicos «percibirán una asignación, que será fijada por la Asamblea». En estos dos casos, el derecho a la retribución del Diputado autonómico sí se integra en un estatuto.

Pero generalmente son los reglamentos parlamentarios los que regulan este derecho. Así, el artículo 11.1 RPCANT dispone que los diputados tendrán el derecho a percibir las asignaciones económicas que les permitan cumplir eficaz y dignamente su función, estando fijadas las cuantías por la Mesa del Parlamento, oída la Junta de Portavoces, «garantizando en todo caso su adecuada relación con la responsabilidad y dedicación de cada uno; las percepciones de los Diputados y Diputadas estarán sujetas, en su caso, a las normas tributarias de carácter general» (también art. 21 y 22 RAEX; art. 10.3 RPGAL; art. 16.1 RPIB; art. 20 RAMA; art. 14.4 RAMU; art. 15.1 RPNA o art. 12.1 RPV). Ello implica que las retribuciones en especie, por uso de vehículo oficial, kilometraje por asistencia a sesiones o actos del Parlamento, las posibles aportaciones a planes de pensiones, el abono de primas de seguros, o el uso de residencia oficial, tendrán la consideración y el tratamiento que determinan las normas tributarias generales.

Por tanto, todas las percepciones de los diputados estarán sujetas a las normas tributarias de carácter general (art. 8.3 del RCD; art. 28.8 RCAR; art. 20.3 RAMA; art. 14.3 RAMU; art. 15.3 RPNA o art. 12.3 RPV). Esta norma no consta en todos los reglamentos parlamentarios y no es dispositiva, pues no puede excluir la aplicación de la norma tributaria. Esto no puede ser de otra forma, ya que el artículo 17.2.d de la Ley 35/2006, de 28 de noviembre, del IRPF considera rentas del trabajo, y sometidas al Impuesto, las cantidades «que se abonen, por razón de su cargo, a los diputados españoles en el Parlamento Europeo, a los diputados y senadores de las Cortes Generales, a los miembros de las asambleas legislativas autonómicas.... con exclusión, en todo caso, de la parte de aquellas que dichas instituciones asignen para gastos de viaje y desplazamiento».

Por su parte, todos los reglamentos parlamentarios disponen este derecho de una forma clara y coincidente con la disposición constitucional. El artículo 8.1 RCD determina que «Los Diputados percibirán una asignación económica que les permita cumplir eficaz y dignamente su función». Algo más completo es el Reglamento del Parlamento de Cataluña que dispone que «Los diputados tienen derecho a una asignación fija y pueden percibir también asignaciones variables, todas las cuales corren a cargo del presupuesto del Parlamento y tienen el carácter de indemnización por el ejercicio de sus funciones».

Debe tenerse en cuenta que los diputados que sean miembros del Gobierno, solo podrán percibir las retribuciones que les correspondan como tales miembros del Gobierno.

A su vez, algunos reglamentos relacionan la retribución parlamentaria con la dedicación del diputado, como el artículo 28.1 del Reglamento de las

Cortes de Aragón, que vincula la retribución del diputado a la denominada «dedicación exclusiva», a la que se une un estricto régimen de incompatibilidades (art. 28.2 RCAR). El artículo 13.2 del Reglamento del Parlamento de Canarias también vincula la dedicación exclusiva a la «retribución» económica que permita a los diputados cumplir eficazmente su función; a esta previsión se acompaña la fijación de las «obligaciones de asistencia y de otro tipo» que se deriven del régimen de dedicación. Este régimen lo tendrán siempre el presidente y los restantes miembros de la Mesa del Parlamento, «por su labor de gobierno y de gestión permanente al frente de la Cámara».

En este sentido, el artículo 11.c del Reglamento de las Cortes de Castilla y León dispone el sueldo, en función de las tareas, cargo y responsabilidades de cada diputado, para los diputados que opten por la dedicación «exclusiva y única a las tareas parlamentarias». Asimismo, son muy significativos los términos utilizados por el artículo 8.1 RCCYL que dispone que los diputados «podrán percibir» las asignaciones económicas que se fijen para el ejercicio de su cargo. También parece disponerlo así el artículo 12.4 del Reglamento del Parlamento de Cataluña. A su vez, el artículo 22.3 y 22.4 RAEX también establece una vinculación entre el régimen de dedicación exclusiva, la correspondiente retribución y la incompatibilidad, previendo incluso la devolución de las cantidades indebidamente percibidas por el diputado, si se revoca «el acuerdo de concesión del régimen de dedicación exclusiva». Asimismo, es similar el artículo 11.c RCCLM que da lugar al fallo (desestimando el recurso de inconstitucionalidad interpuesto por sesenta senadores) del Tribunal Constitucional de 2014 que se ha citado en el apartado anterior.

Además de la asignación económica, los miembros también tendrán derecho a las ayudas, franquicias e indemnizaciones por gastos que sean indispensables para el cumplimiento de su función (las dificultades para saber qué son hoy día las franquicias son evidentes). Así lo dispone el art. 8.2 RCD; art. 23.2 RS, que establece que dichas percepciones serán «irrenunciables e irretenibles»; art. 28.1 RCAR; art. 11.c RCC-LM; art. 12 RJGPRINCAST, según el cual la Mesa de la Cámara, oída la Junta de Portavoces, fija la cantidad y modalidades de las asignaciones dentro de los límites de la correspondiente consignación presupuestaria;artículo 13.1 RPCAN, dispone que las indemnizaciones que reciban los parlamentarios canarios «serán irretenibles e inembargables, sin perjuicio de lo que dispongan las normas tributarias»; art. 11.c Reglamento de las Cortes de Castilla-La Mancha según el cual todos los Diputados han de recibir una cantidad «en concepto de indemnización por los gastos derivados de sus funciones representativas». También art. 8.2 RCCYL; art. 12.3 RPCAT; art. 10.2 RPGAL; art. 15.2 RPLRI; art. 12.2 RPV; o art. 16.1 RPIB, que incluye el derecho de los Diputados a cobrar los «seguros que se establezcan».

Desde un punto de vista orgánico, la fijación de la cuantía de las percepciones de los diputados le corresponde a la Mesa del Congreso, que la fijará cada año, así como las modalidades de las percepciones, dentro de las correspondientes consignaciones presupuestarias (art. 28.5 RCAR; art. 13.3 RPCANA; art. 11.c RCC-LM; art. 8.3 RCCYL; art. 10.3 RPGAL; art. 20 RAMA; art. 14.3 RAMU; art. 15.2 RPNA).

Relacionado con este derecho a percibir una retribución de carácter económico y que el ejercicio de este derecho no esté reservado a la clase económica más pudiente, se encuentra la previsión, presente en algunos reglamentos, de que el parlamentario tenga derecho a una indemnización que le garantice el traslado desde su residencia a la sede del Parlamento. El artículo 24.1 del Reglamento del Senado dispone que los senadores tengan derecho a lo que se denomina «pase de libre circulación en los medios de transporte colectivo». Este derecho lo debe determinar la Mesa del Senado, referido al ámbito nacional, debiéndose garantizar el pago «de los gastos de viaje realizados de acuerdo con las normas que la Mesa en cada momento establezca». También el artículo 11.c RS dispone el derecho a una compensación por kilometraje para asistir a actividades de la Cámara, pero solo «en el caso de que utilicen vehículos propios en sus desplazamientos».

En este régimen, es novedoso el artículo 16.2 RPIB que es uno de los pocos reglamentos que dispone que la Mesa del Parlamento fije el importe de la denominada «indemnización de transición», pagadera en un pago único, a los miembros que causen baja por disolución de la cámara, con excepción de los miembros de la Diputación Permanente.

En todo este sistema retributivo se percibe cierta desconfianza hacia los representantes públicos[34]. Quizá por ello va a ser objeto de universal publicidad en la página web de cada institución parlamentaria (artículo 28.9 y 29.5 RCAR). También el artículo 13.3 RPCAN dispone que se publiquen las retribuciones en el Boletín Oficial del Parlamento de Canarias, aunque se publique también en su página web, y lo habitual es que todos los Parlamentos lo publiquen en su respectiva página.

Finalmente, el inicio de la eficacia de los derechos ha de ser desde la adquisición de la condición plena de diputado, y debe finalizar con la extinción del mandato. Sin embargo, algunos reglamentos disponen que los derechos económicos se devengan hasta el día de la constitución de la nueva legislatura (artículo 12.5 RPCAT; art. 11.4 RPCANT).

E) Derecho a la Seguridad Social

El derecho a la Seguridad Social de los parlamentarios no deja de ser una concreción del artículo 41 de la Constitución, que prevé un régimen público

34 Cfr. E. Soriano Hernández, *El estatuto de los parlamentarios de las Comunidades Autónomas*, Madrid, Senado, 2001, pp. 267 y ss., quien ya se quejaba de lo «incomprensible» de la «política ocultista» de las retribuciones, pues «no hace más que ahondar en las posible críticas y recelos que se pueden formular a las percepciones de los miembros de los Parlamentos en general».

de Seguridad Social «para todos los ciudadanos», y que ha de garantizar la «asistencia y prestaciones sociales suficientes ante situaciones de necesidad, especialmente en caso de desempleo». Los reglamentos parlamentarios vienen a desarrollar este derecho en el ámbito parlamentario.

La Orden TAS/2865/2003, de 13 de octubre, por la que se regula el convenio especial en el Sistema de la Seguridad Social, dispone en su artículo 11 que las Cortes Generales y la Tesorería General de la Seguridad Social pueden suscribir un convenio especial o revisar los ya suscritos con las mismas, respecto de estos diputados y senadores, al amparo de lo que disponía la Orden de 29 de julio de 1982, derogada por esta Orden de 2003.

Según este régimen, las Cortes Generales pueden suscribir convenio especial para aquellos senadores y diputados que así lo deseen para su inclusión en el Régimen General de la Seguridad Social. Los beneficiarios tendrán la consideración de situación asimilada a la de alta en el Régimen General, a partir de la fecha de constitución de la legislatura para la que fueron elegidos, o la de fecha de adquisición de la condición de parlamentario. La acción protectora del sistema para los beneficiarios de este convenio especial abarca toda la acción protectora del Régimen General, aunque quedan excluidos de la protección y correspondiente cotización la protección por desempleo, Fondo de Garantía Salarial y y formación profesional.

Por su lado, el *Real Decreto 705/1999, de 30 de abril, por el que se modifica la regulación relativa a la suscripción del convenio especial con la Administración de la Seguridad Social por los Parlamentos de las Comunidades Autónomas en favor de sus miembros*, prevé el régimen correspondiente para los parlamentarios autonómicos, casi idéntico al de los parlamentarios nacionales y del Parlamento Europeo. Este Real Decreto de 1999 derogó la Orden Ministerial de 7 de diciembre de 1981, y el art. 44 del Reglamento general sobre circunscripción de empresas y afiliación, altas, bajas y variaciones de datos de trabajadores en la Seguridad Social, aprobado por el Real Decreto 84/1996, de 26 de enero.

A su amparo, los Parlamentos de las comunidades autónomas podrán suscribir un convenio especial con respecto a aquellos de sus miembros que lo deseen, a efectos de su inclusión en el Régimen General de la Seguridad Social, aun cuando con anterioridad estos no hubieran estado afiliados al sistema de la Seguridad Social, o hubieran estado encuadrados en algún régimen especial de dicho sistema. La suscripción de dicho convenio especial también implicará, para los Diputados beneficiarios, la consideración de situación asimilada al alta en el citado Régimen General, a partir de la fecha de constitución de cada legislatura.

También se podrá suscribir convenio especial en el supuesto de que el diputado, como consecuencia del acceso a su condición de parlamentario, continúe desarrollando su actividad laboral, pero bajo la modalidad contractual de trabajo a tiempo parcial. Además, como en el caso de las Cortes

Generales, el convenio especial abarcará toda la acción protectora del Régimen General, con excepción de la contingencia de desempleo.

Es común en el *Derecho parlamentario español* la disposición según la cual correrá a cargo del presupuesto del Parlamento el abono de las cotizaciones a la Seguridad Social y a las mutualidades de aquellos diputados que, como consecuencia de su dedicación parlamentaria, dejen de prestar el servicio que motivaba su afiliación o pertenencia a aquellas (artículo 9.1 RCD; art. 29.1 RCAR; art. 14.1 RPCANA; art. 12.2 RPCANT; art. 12.1 RCC-LM; art. 13.1 RPCAT; art. 23.1 RAEX; art. 11 RPGAL; art. 17.1 RPIB, también el Parlamento ha de abonar las cantidades en concepto de antigüedad; art. 15.5 RPLRI; art. 21.1 RAMA; art. 15.1 RAMU; art. 17.1 RPNA; art. 13.1 RPV). Similar regulación prevé el Reglamento del Senado, cuyo artículo 24.2 RS determina que «los Senadores que, como consecuencia de su dedicación, causen baja en los regímenes de la Seguridad Social a los que previamente estuviesen afiliados», podrán solicitar nueva alta en los mismos. El Senado abonará sus cotizaciones con cargo al presupuesto de la Cámara y durante la duración de su mandato.

Como se ha visto, según el artículo 9.2. RCD, el Congreso de los Diputados podrá realizar con las Entidades Gestoras de la Seguridad Social los convenios o conciertos precisos para cumplir lo dispuesto en el apartado anterior y para afiliar, en el régimen que proceda, a los diputados que así lo deseen y que con anterioridad no estuvieren dados de alta en la Seguridad Social (9.3 RPAND; art. 29.2 RCAR; art. 13.2 RJGPRINCAST; art. 14.2 RPCANA; art. 12.2 RCC-LM; art. 23.2 RAEX; art. 11.2 RPGAL; art. 15.3 RPLRI; art. 21.2 RAMA; art. 15.2 RAMU; art. 17.2 RPNA; art. 13.2 RPV). Por lo demás, los funcionarios que adquieran la condición plena de diputados pasarán a la situación de servicios especiales, según determina el artículo 87.1.e del *Real Decreto Legislativo 5/2015, de 30 de octubre, por el que se aprueba el texto refundido de la Ley del Estatuto Básico del Empleado Público*. Además, este precepto dispone que los diputados que pierdan esta condición por disolución de las correspondientes Cámaras o terminación del mandato de las mismas, «podrán permanecer en la situación de servicios especiales hasta su nueva constitución», facilitando que los derechos parlamentarios se extiendan más allá de la duración del mandato.

Por su lado, el Reglamento del Congreso de los Diputados dispone, en el artículo 9.3. RCD, que la cobertura en la Seguridad Social prevista en el artículo 9.1 RCD se extenderá, en el caso de funcionarios públicos que por su dedicación parlamentaria estén en situación de excedencia, a las cuotas de clases pasivas. También el artículo 24.2 RS; art. 9.3 RPAND; art. 12.3 RPCANT; art. 29.3 RCAR; art. 13.3 RJGPRINCAST; art. 14.3 RPCANA; art. 13.2 RPCAT; art. 23.3 RAEX; art. 11.3 RPGAL; art. 17.2 RPIB; art. 15.4 RPLRI; art. 21.3 RAMA; art. 15.2 RAMU; art. 17.3 RPNA; art. 13.3 RPV.

El artículo 24.3 del Reglamento del Senado dispone un sistema propio de previsión social que deberá contener «pensiones de retiro y otras prestaciones económicas en favor de los Senadores». De forma análoga, el artículo 13.4. RJGPRINCAST prevé que la Junta puede concertar con alguno de los centros asistenciales dependientes del Principado, «o con cualesquiera otros», la asistencia sanitaria de los diputados, y cubrir otros riesgos con cualquier tipo de entidades aseguradoras. Ello no excluye, en ningún caso, la suscripción de aseguramiento privado de la asistencia sanitaria u otras prestaciones (también artículo 14.4 RPCAN). Además, y según el artículo 13.5 del Reglamento del Parlamento de Canarias, la Mesa podrá establecer un régimen complementario de asistencia social de los diputados a cargo del Presupuesto del Parlamento. También artículo 12.4 RPCANT; art. 15.6 RPLRI; art. 21.4 RAMA; art. 15.4 RAMU.

Casi todos los Parlamentos han aprobado normas reguladoras de prestaciones complementarias sociales para los parlamentarios. Las Cámaras suelen disponer el régimen social de los miembros, habida cuenta de las peculiaridades de la actividad parlamentaria y de la necesidad de que el diputado abandone su actividad previa habitual. En este contexto, las Cortes Generales introdujeron un régimen que fue extendiéndose por todas las Cámaras parlamentarias autonómicas. En las Cortes Generales se aprobó en la reunión conjunta de las Mesas del Congreso de los Diputados y del Senado de 11 de julio de 2006, el Reglamento de Pensiones Parlamentarias y otras prestaciones económicas a favor de los exparlamentarios, que fue modificado en sesión de 19 de julio de 2011.

Al amparo de este régimen, los miembros de las Cortes Generales que causen baja por disolución de las Cámaras tendrán derecho a percibir una denominada «indemnización de transición», al que no tienen derecho los parlamentarios que formen parte de la Diputación Permanente, titulares o suplentes. Asimismo, se prevé una «indemnización por cese» que será el equivalente de una mensualidad de la asignación constitucional por cada año de mandato parlamentario en las Cortes Generales o fracción superior a seis meses, y hasta un límite máximo de veinticuatro mensualidades. Esta indemnización se abona mensualmente, y a la misma no tendrán derecho los herederos en caso de fallecimiento del perceptor.

A su vez, otros reglamentos disponen un especial «régimen de desempleo», tras la pérdida de la condición de diputado y que ha de ser «incompatible con la percepción de cualquier otro ingreso económico o retributivo». Estas condiciones del «desempleo parlamentario» se asimilan a la regulación general de la contingencia de desempleo, sin perjuicio del respeto a los derechos adquiridos. Una vez que el convenio especial de los Parlamentos con la Administración de la Seguridad Social contemple la contingencia de desempleo, esta previsión perderá sentido. El Acuerdo de la Mesa del Parlamento de Cantabria de 20 de mayo de 2015, ya había previsto un régimen similar al visto de equiparación entre el régimen de prestación por desempleo para los diputados, y el de los trabajadores por cuenta ajena. Este régimen tiene algunas dificultades, pues la Administración del Parlamento no tiene los mismos medios que la Administración de la Seguridad Social, cuyo alcance es prácticamente universal. La Administración del Parlamento no puede organizar, ni disponer, las medidas de control y organizativas que conlleva la Seguridad Social. La Administración parlamentaria no puede imponer sanciones, ni «cruzar» o comprobar datos, ni organizar cursos de formación. Por ello, puede indicarse que este régimen de previsión social debe tener un alcance provisional en tanto se imponga un régimen plenamente «laboralizado» a los parlamentarios. Si la laboralización de la situación de los miembros es la situación óptima, es algo que debería analizarse con el debido sosiego.

F) Otros derechos

Varios reglamentos han incluido algunos derechos diferentes de los vistos. Pueden citarse:

a) El artículo 23 del Reglamento del Senado dispone que sus miembros tendrán tratamiento de excelencia, «que conservarán con carácter vitalicio». También el artículo 11.2 RPCAN atribuye a sus diputados el tratamiento de «Excelencia», aunque no con carácter vitalicio y el artículo 11.3 RPCAN asegura que los diputados canarios tengan un trato protocolario e institucional preferente en los actos organizados por la comunidad autónoma. Este elemento representativo y protocolario que tiene el estatuto de diputado es recogido también por otros reglamentos, como el artículo 6.3 del Reglamento del Parlamento de Andalucía que dispone que «tendrán derecho a un tratamiento institucional y protocolario preferente; en particular, en las actividades organizadas por la Administración pública andaluza». También el artículo 4.3 RPCAT y art. 24 RAEX. Por su lado, el artículo 16 RPNA reconoce a la Presidencia el tratamiento de excelencia y a los diputados el de ilustrísimo señor.

b) En el mismo sentido que acaba de verse, el artículo 7 del Reglamento del Parlamento de Cantabria también atribuye a sus diputados la condición y dignidad de diputado que les corresponde, debiéndoles guardar el respeto debido los funcionarios y autoridades y facilitarles el ejercicio de su función. Así, los diputados, en los actos oficiales de la Comunidad Autónoma de Cantabria, gozarán de la precedencia debida a su condición y dignidad. Y el apartado 4 del propio artículo 7 RPCANT dispone que los diputados y diputadas recibirán los siguientes tratamientos de honor: a) El presidente tendrá el tratamiento de excelentísimo; b) Los restantes diputados y diputadas tendrán tratamiento, respectivamente, de ilustrísimo e ilustrísima y c), en los actos parlamentarios, los diputados y diputadas emplearán el tratamiento de señoría (también artículo 24.3 RAEX; art. 16 RPLRI). Por su lado, el artículo 14.2 del Reglamento del Parlamento de las Islas Baleares reconoce que los diputados tengan el tratamiento de honorable señor y de honorable señora.

c) Por su lado, según el *Real Decreto 2099/1983, de 4 de agosto, por el que se aprueba el Ordenamiento General de Precedencias en el Estado* ni los parlamentarios de las Cortes Generales, ni los de los Parlamentos autonómicos, tienen un papel destacado, más allá de recoger la posición protocolaria de los diputados que ejercen un cargo en el Parlamento (presidente o miembro de la Mesa), no demasiado destacado por lo demás. Así, en los actos celebrados en la villa de Madrid al presidente del Congreso de los Diputados le corresponde el puesto 6, al del Senado el 7, vicepresidentes del Congreso de los Diputados y del Senado el 23, a los secretarios del Congreso de los Diputados y del Senado el 29, al presidente de la Asamblea de Madrid el 30, a los miembros de la Mesa de la Asamblea el 37 y a los diputados y senadores por Madrid el 38. Nada dispone el *Real Decreto* del resto de miembros de las Cortes Generales, ni de los miembros de los Parlamentos autonómicos. Y en relación con los actos organizados en otras comunidades autónomas también se suele ignorar a los diputados y senadores de las Cortes Generales y a los miembros de los Parlamentos autonómicos.

d) Otros derechos son también relevantes, como el dispuesto en el artículo 20.3 del Reglamento del Senado, que prevé que los Senadores puedan utilizar «cualquiera de las lenguas que tengan el carácter de oficiales en alguna Comunidad Autónoma», para la presentación de escritos en el Registro de la Cámara, debiéndolo hacer también en su texto en castellano (art. 20.3 RS).

e) El derecho a solicitar actas y documentos de los órganos de la Cámara, además de lo ya visto, está dispuesto en el artículo 25 RS, que no es sino una concreción del derecho, más general, a recibir asistencia de los servicios de la Cámara. Esta obligación está dispuesta en múltiples artículos, como el artículo 7.4 RPAND; art. 30 RCAR que prevé que las «quejas que se susciten al respecto» deberán resolverse por la Mesa «en el improrrogable plazo» de siete días. Se dispone el derecho del diputado a recibir información de los servicios de la Cámara el artículo 15 RJGPRINCAST; art. 12.9 RPCANA; art. 10 RPCANT; art. 13.1 RCC-LM; art. 7.6 RCCYL; art. 5 RPCAT; art. 9.3 RPGAL; art. 15.3 RPIB; art. 14.5 RPLR; art. 19 RAMA; art. 14.1 RPNA; art. 11.6 RPV.

f) Algunos reglamentos disponen que se pueda usar la lengua propia de la comunidad autónoma en los actos parlamentarios. Como el artículo 11 del RJGPRINCAST, que dispone que los diputados podrán utilizar el bable en el ejercicio de sus funciones parlamentarias, igual que el art. 1.2 RPIB.

g) Fiel al aludido proceso de laboralización y funcionarización de los parlamentarios y de todo el Parlamento, imparable y discutible, como ya se ha visto, algún reglamento dispone que los diputados «tendrán derecho a disfrutar» del permiso de maternidad o paternidad, conforme a la legislación vigente en esta materia (art. 19.5 RAEX).

2.4. Deberes de los diputados

A) Introducción

Los deberes de los parlamentarios son cada vez más complejos y más difíciles de determinar y se integran, como es normal, en el estatuto del parlamentario. No obstante, el desarrollo web hace que el control del cumplimiento de los deberes sea factible desde cualquier lugar y en todo momento.

Los deberes de los diputados deben ser analizados para comprender mejor cuáles son las consecuencias de su incumplimiento, y el procedimiento para determinar las sanciones que puedan proceder. La Constitución, producto de otra época, no establece ningún deber de los parlamentarios de las Cortes Generales, más allá de lo que dispone el artículo 70.1 CE en el que se regulan las incompatibilidades y las inelegibilidades[35]. Por su parte, el Tribunal Constitucional se ha referido pocas veces a los deberes de los parlamentarios y apenas ha tratado la cuestión de los deberes jurídicos, aunque sí ha estudiado algunos deberes generales de los ciudadanos (STC 182/1997, de 28 octubre, referida al deber de los ciudadanos de contribuir a las cargas tributarias; STC 123/1984, de 19 de diciembre, sobre el deber de los españoles de defender a España).

No obstante, el Alto Tribunal se ha referido en alguna ocasión a los deberes de los representantes. El tribunal tan solo ha indicado la indisponibilidad de los deberes para los parlamentarios, en ATC 1227/1988, de 7 de noviembre, al señalar que «los deberes de los cargos públicos y, en particular, del de Diputado autonómico, [tienen] un contenido que en ningún caso queda a la libre disposición de sus titulares».

Por su lado, el Tribunal Constitucional sí se ha referido en alguna ocasión (aunque no en muchas) al deber de respetar el régimen de incompatibilidades. Se ha dicho en la STC 155/2014, de 25 septiembre que la determinación de las incompatibilidades «le corresponde al legislador electoral, por previsión expresa de la Constitución, en el ámbito estatal (artículo 70.1 CE), o del correspondiente Estatuto de Autonomía, en el caso de las Comunidades Autónomas, más específicamente, en lo que a este recurso atañe, en el artículo 105.1 del EAAND... sin perjuicio de que en el ámbito estatal —no así en el autonómico— la Constitución haya previsto inicialmente una serie de supuestos de incompatibilidad (artículos 67.1 y 70.1 Constitución) que

35 Sobre la relativa falta de previsión de los deberes de los parlamentarios y la regulación reglamentaria, X. A. Sarmiento Méndez, «Las sanciones por incumplimiento de los deberes de los parlamentarios», en *Corts. Anuario de Derecho parlamentario*, 9, 2000, p. 319, donde dice: «En los supuestos de enumeración de obligaciones de los parlamentarios puede observarse una tipicidad difusa de las conductas que integran esas obligaciones. Esta técnica no merece, a priori, una crítica negativa puesto que no se trata de la descripción de tipos sancionadores, sino de perfilar las obligaciones de los parlamentarios con un carácter de normas imperfectas al no disponerse, inicialmente, de sanciones para su cumplimiento».

pueden ser ulteriormente ampliados por el legislador electoral (STC 72/1984, FJ 3)». Además, esta STC de 2014 resaltó la dualidad de fuentes formales para determinar regímenes jurídicos, refiriéndose a la legislación electoral y al reglamento parlamentario.

Los estatutos de autonomía solo se refieren a los deberes de los diputados de un modo tangencial y muy sucinto, como el artículo 30 del EAPRINCAST o el artículo 29 del EAMU, que disponen que «todo miembro de la Cámara deberá estar adscrito a un Grupo parlamentario», o, por su parte, el artículo 59.1 EACAT que determina que «El Reglamento del Parlamento regula los derechos y los deberes de los Diputados...» Nada dice la norma constitucional acerca de los deberes de los parlamentarios autonómicos.

Llama la atención que el Reglamento del Senado no dispone con demasiada profusión los deberes de los senadores, aparte del deber de asistir a las sesiones del Pleno y a las de las Comisiones de las que forme parte; el juramento o promesa de acatar la Constitución y la presentación de la declaración a de incompatibilidad que regula el artículo 26 RS. Regula también la prohibición de portar y exhibir armas en el Palacio del Senado y de «agredir a otros Senadores» del artículo 102 RS, en correspondencia con el sorprendente régimen sancionador de los senadores. Además, el Reglamento del Senado regula la posibilidad de que los senadores sean llamados al orden (artículo 101 RS).

También en esta materia, es muy interesante el Reglamento del Parlamento de Cataluña, pues hace una definición genérica de los deberes de los diputados, que da idea de un concepto de mandato parlamentario altruista y desinteresado, y quizá algo alejado de la realidad. Dispone el artículo 14.1 del Reglamento del Parlamento de Cataluña que los diputados del *Parlament* «deben ejercer su cargo de acuerdo con los principios de integridad, honestidad, transparencia, diligencia, austeridad, actuación desinteresada, responsabilidad y respeto a los ciudadanos y a la institución parlamentaria». Con esta declaración tan genérica y bienintencionada, podría pensarse que poco más podría disponerse sobre el conjunto de deberes que integran el estatuto del parlamentario. Además, el artículo 14. RPCAT dispone que los diputados del *Parlament* «deben actuar siempre en beneficio del interés público y deben evitar incurrir en cualquier situación de conflicto de intereses. Su actuación no puede estar nunca influida o comprometida por la finalidad de buscar u obtener cualquier tipo de beneficio particular o de terceros, que no tenga carácter general, directo o indirecto, ni recompensa de ningún tipo».

Con esta misma "voluntas legis", el Reglamento del Parlamento de Canarias también efectúa una declaración general del deber de buen comportamiento de los parlamentarios. En este contexto, el artículo 114 del RPCAN dispone que «Durante las sesiones del Pleno y de las Comisiones, los Diputados tienen la obligación de respetar las reglas de orden establecidas por este Reglamento; de evitar toda clase de perturbación o desorden, acusaciones o recriminaciones entre ellos, expresiones inconvenientes a la dignidad de la Cámara, interrupciones a los oradores; de no hacer uso de la palabra más tiempo del autorizado y de no entorpecer deliberadamente el curso de los debates o el trabajo parlamentario». Idéntica fórmula utiliza el artículo 98 RCV que utiliza el concepto de «obligación», más que el correcto de «deber», para referirse al contenido del mandato parlamentario exigible a los Diputados mediante la disciplina.

Salvo estas excepciones, no suelen los reglamentos incluir definiciones generales de los deberes del diputado. Los reglamentos, por el contrario, suelen destilar a lo largo del reglamento cuáles son los deberes de los diputados. Todos los reglamentos distinguen con nitidez los siguientes deberes: como el deber de asistir a las sesiones parlamentarias; el deber de adecuar su conducta al reglamento, respetar la cortesía y la disciplina parlamentaria; el deber de guardar reserva de las actuaciones que puedan tener el carácter secreto; el deber de no invocar su condición de Parlamentarios para el ejercicio de actividad mercantil, industrial o profesional; el deber de cumplir el régimen de incompatibilidades establecido por el reglamento y por la legislación electoral; o el deber de formular y presentar una declaración personal sobre actividades y otra declaración personal sobre bienes e intereses.

La generalización de las web parlamentarias ha proporcionado un carácter innegable a la regulación de los deberes parlamentarios. En una materia que se ha caracterizado porque todas las Cámaras han mostrado siempre una reserva apreciable, las normas de las Cortes Generales de 2009 han dotado de la máxima publicidad a las declaraciones de bienes patrimoniales y rentas. Esta publicidad se hará efectiva mediante la «publicación inmediata de las declaraciones en la sede electrónica de la Cámara de la que forma parte el Parlamentario, en un formato que no sea susceptible de manipulación por terceros, así como en el Boletín Oficial de las Cortes Generales, una vez hayan sido calificadas por la Mesa de la respectiva Cámara». La declaración de actividades tiene esta misma publicidad. Por tanto, uno de los aspectos más relevante de esta regulación es la que se refiere a la publicidad del Registro de Intereses de cada Cámara de las Cortes Generales.

Desde la regulación en las Cortes Generales, se ha ido instalando en el Derecho parlamentario español la publicidad de los registros de bienes e intereses. Además del caso, ya visto, de los artículos 5 y 16 del Reglamento del Parlamento de Andalucía, el sistema de máxima publicidad a través de la web ha sido asumido por varios Parlamentos. Algunos, como el artículo 19.6 RPCAT, disponen de forma expresa que la información relativa a las actividades y los cargos es pública y debe publicarse en el Portal de la Transparencia del Parlamento. No obstante, y por seguridad y respeto al derecho a la intimidad, se establece que la declaración de bienes «no puede incluir los datos de localización ni los que pueden poner en peligro la privacidad y la seguridad de los titulares o de terceros».

Siguiendo este modelo de máxima publicidad, el artículo 21.4 RCV señala que la Presidencia de *Les Corts* ordenará la publicación en el «Boletín Oficial de *Les Corts*» de las declaraciones de actividades y bienes de cada diputado y diputada, «en el plazo de 15 días desde su toma de posesión». También dispone la máxima publicidad de los asientos del Registro de Actividades, Bienes, Derechos e Intereses el Reglamento de la Asamblea de Extremadura. Igualmente prevé el Reglamento del Parlamento de Galicia, artículo 15.5 RPGAL, el carácter totalmente público del Registro, «a través del Boletín Oficial del Parlamento de Galicia y del Portal de transparencia de la Cámara», si bien excepciona el Reglamento los datos referentes a la ubicación de los bienes inmuebles y «aquellos otros que la Mesa acuerde omitir para salvaguardar la privacidad y seguridad de sus titulares». En efecto, el artículo 32.3 RAEX determina que las declaraciones «se publicarán en el Boletín Oficial de la Asamblea de Extremadura y en su página web, a través del Portal Electrónico de la Transparencia y la Participación Ciudadana». Con plena lógica dentro del sistema, el Reglamento de la Asamblea extremeña excepciona los datos pertenecientes a la intimidad y la seguridad de los parlamentarios, como el «número del documento nacional de identidad, número de cuenta, domicilio del Diputado, matrícula de los vehículos y cualquier otro relativo a la localización de los bienes». Finalmente, también se opta por la que podría denominarse «ciberpublicidad» en el artículo 28 RAMA.

Como se ha señalado anteriormente, para velar por el cumplimiento de las normas sobre compatibilidad, la Comisión del Estatuto de los Diputados debe elevar al Pleno sus propuestas sobre la situación de incompatibilidad de cada diputado. No deja de ser peculiar (y posiblemente inconstitucional) el sistema de silencio elegido por todos los reglamentos. Así, si hay una incompatibilidad, el diputado declarado incompatible tiene varios días para optar entre el escaño y el cargo incompatible y, si no ejercitara la opción en el plazo señalado, se entenderá que renuncia a su escaño. El plazo es distinto de un Parlamento a otro y puede ser de seis hábiles (art. 25 RPANA), de ocho días que es el plazo habitual, siguiendo al caso del artículo 19.2 del RCD; como el art. 17.3 RPAND; art. 42.4 RCARA; art. 23.3 RPRINCAST; art. 20.3 RPCANT; art. 23.2. RCCLM; art. 16.2 RCCyL; art. 18 RPCAT, que prevé que se abra con anterioridad un plazo de cinco días para que el diputado pueda presentar alegaciones; igual que art. 15.3 EAXTR y art. 22 RPIB; art. 22.4 RCV; art. 16.3 RPGAL; art. 20 RPIB; art. 30 RAMA, que prevé que se entenderá que renuncia si, a pesar de haber renunciado, se produce reiteración o continuidad en la actividad incompatible; art. 21 RAMU; art. 21.4 RPV; o, finalmente, de diez días como en el art. 19.3 RPCANA.

Finalmente, hay un deber de quien haya dejado de ser parlamentario y es que, como exigen varios reglamentos parlamentarios españoles, debe presentar una declaración de bienes a los treinta días de haber dejado de ser miembro del Parlamento, por haber finalizado el mandato. El significado y alcance de este deber no está del todo claro, pero debe presentarse en el registro y ser evaluado por la Comisión de Estatuto. Su sentido solo se entiende para comparar el patrimonio del parlamentario antes de adquirir la condición de parlamentario y después. Esta previsión no deja de mostrar, seguramente, cierta ingenuidad y bastante desconfianza.

B) Deber de transparencia

En general, se puede decir que los parlamentarios tienen un deber genérico de integridad y honestidad, y también transparencia, que les impone comportarse con la debida diligencia en el cumplimiento del cargo al que han optado. La austeridad con la que deben comportarse es un deber consecuencia de lo anterior. No debe olvidarse que el ejercicio del mandato parlamentario es voluntario y debe implicar el cumplimiento de un haz de deberes que integra su estatuto.

Por esta especial vinculación del diputado con el interés público, las normas que integran el Derecho parlamentario español son cada vez más estrictas y limitativas, en relación con la posibilidad de que los parlamentarios puedan recibir obsequios, regalos, dádivas o donativos más o menos tradicionales, como billetes de lotería. Los denominados Códigos de Conducta tienden a prever que los diputados tengan el deber de entregar a la Cámara este tipo de presentes. Estas disposiciones fuerzan al diputado a actuar al margen de cualquier otro factor que exprese posiciones personales, familiares o corporativas.

Las disposiciones de los artículos 2 a 24 (título I) de la *Ley 19/2013, de 9 de diciembre, de transparencia, acceso a la información pública y buen gobierno* se aplican al Congreso de los Diputados y al Senado, según establece el artículo 2.1.f), y «las instituciones autonómicas análogas», pero en relación solo con sus actividades sujetas a Derecho administrativo. título I de la Ley, aplicable a los Parlamentos, dispone ciertos deberes para la Administración parlamentaria y se refiere a la obligación de suministrar información, y al deber de publicar de forma periódica y actualizada la información cuyo conocimiento sea relevante para garantizar la transparencia de su actividad relacionada con el funcionamiento y control de la actuación pública; la información institucional, organizativa y de planificación; las directrices, instrucciones, acuerdos, circulares o respuestas a consultas planteadas por los particulares u otros órganos en la medida en que supongan una interpretación del Derecho o tengan efectos jurídicos, como anteproyectos de ley y los proyectos de decretos legislativo y reglamentos; la obligación de publicar también la información económica, presupuestaria y estadística; la obligación de disponer de un portal de transparencia accesible desde la página web; arbitrar un procedimiento para garantizar el acceso a la información pública, que deberá resolverse en el plazo máximo de un mes, susceptible del correspondiente recurso administrativo. Consecuencia de este deber de transparencia es que se incluye la obligación de publicar en la web la agenda de los diputados.

Por su parte, la disposición adicional octava de Ley 19/2013 establece que: «El Congreso de los Diputados, el Senado y las Asambleas Legislativas de las Comunidades Autónomas regularán en sus respectivos Reglamentos la aplicación concreta de las disposiciones de esta Ley». En este contexto, el Senado ha introducido en su reglamento un párrafo nuevo en el artículo 36.1 RS (reforma aprobada con fecha 5 de junio de 2014), que atribuye a la Mesa la facultad de aprobar las normas y adoptar las medidas que resulten precisas para garantizar la transparencia de la actividad de la Cámara y el derecho de acceso a la información pública de la misma en el Congreso de los Diputados. Y en aplicación de la ley se han aprobado las *Normas de la Mesa del Congreso de los Diputados, de 20 de enero de 2015, para la aplicación de las disposiciones de la Ley 19/2013, de 9 de diciembre, de transparencia, acceso a la información pública y buen gobierno a la Cámara, en relación con su actividad sujeta a derecho administrativo.*

Este acuerdo de 2015 adapta las disposiciones de la propia Ley 19/2013 en lo referente a la transparencia de la actividad sujeta a Derecho administrativo del Congreso de los Diputados, la publicidad activa y el ejercicio del derecho de acceso a la información pública de la Cámara. El artículo 2 dispone que todas las personas tienen derecho a acceder a la información pública que obre en poder del Congreso de los Diputados, sobre sus actividades sujetas a Derecho administrativo, cualquiera que sea el formato o soporte de los contenidos o documentos. Así, se dispone (artículo 3) que haya un Portal de Transparencia, pues la información cuyo conocimiento sea relevante para garantizar la transparencia de la actividad del Congreso de los Diputados será publicada de forma periódica y actualizada en su página web de una manera clara, estructurada y entendible para los interesados y, preferiblemente, en formatos reutilizables. La Mesa del Congreso de los Diputados será el órgano encargado de definir y supervisar los contenidos de la información que será objeto de publicidad activa a través del portal de transparencia. La Secretaría General adoptará las medidas necesarias para la puesta en marcha y el mantenimiento del portal, que publicará la información relativa a la organización y funciones de la Cámara; la actividad de los parlamentarios y los grupos parlamentarios; la información de relevancia jurídica; las informaciones económica, presupuestaria y contractual; la relación con la ciudadanía; y las actuaciones sobre transparencia y los denominados datos abiertos.

Finalmente, según el artículo 12 de las Normas del Congreso de los Diputados, la resolución en la que se concede o deniega el acceso deberá notificarse al solicitante y a los terceros afectados que así lo hayan solicitado, en el plazo máximo de un mes desde la recepción de la solicitud por el órgano competente para resolver. Cuando el volumen o la complejidad de la información que se solicita lo haga necesario, y previa notificación motivada al solicitante, este plazo podrá ampliarse por espacio de otro mes. «Serán motivadas las resoluciones que denieguen el acceso, las que concedan el acceso parcial o a través de una modalidad distinta a la solicitada y las que permitan el acceso cuando haya habido oposición de un tercero» (artículo 12.2)[36].

36 Los Parlamentos autonómicos han aprobado diversos acuerdos en materia de transparencia. Así, el Parlamento de Andalucía, adoptó el Acuerdo de la Mesa de 25 de junio de 2014, sobre el derecho de acceso a la información en el Parlamento de Andalucía. En Canarias, se aprobaron las Normas de 11 de febrero de 2016 para la aplicación en el ámbito del

Las normas de transparencia se aplican no solo al Parlamento y a los grupos parlamentarios, sino que también se aplica a los diputados individualmente considerados. En las comunidades autónomas, hay algún caso significativo, como el del Parlamento de Canarias que determina, dentro de la aludida regulación de transparencia parlamentaria, que haya un apartado especial en la página de transparencia para los diputados canarios que incluya su régimen económico y de protección social, las declaraciones de bienes y actividades; las declaraciones de compatibilidad; la agenda parlamentaria y trayectoria profesional, asistencias a reuniones parlamentarias, iniciativas presentadas, participación en los debates y votos emitidos y las estadísticas sobre actividad parlamentaria desarrollada en pleno, comisiones y ponencias.

Muy restrictivo es el Reglamento del Parlamento de Cataluña que dispone (artículo 14.3 RPC), que los diputados no pueden aceptar, pedir ni recibir ningún beneficio económico, ni ningún otro favor a cambio de ejercer influencia o de votar en un determinado sentido en asuntos que se decidan. Y puntualiza en el apartado siguiente que los diputados, «en el ejercicio de sus funciones, deben abstenerse de aceptar obsequios y cualquier tipo de favor o servicio, excepto los obsequios de mera cortesía o los que les sean otorgados cuando representen al Parlamento, al cual deben entregarlos»[37] al propio Parlamento.

Es también interesante la reforma producida en el Reglamento de las Cortes Valencianas que, en 2016, introdujo un nuevo capítulo en el reglamento que está dedicado al «portal de transparencia de Les Corts». Este Capítulo introdujo un apartado «relativo a los Diputados y Diputadas en el que se especifique la situación de cada uno de ellos y especialmente: régimen de protección social; declaración anual de rentas; régimen económico y de retribuciones; información presupuestaria de los grupos parlamentarios y su ejecución; acceso a la agenda, iniciativas, participación

---

Parlamento de Canarias de la legislación sobre transparencia y derecho de acceso a la información pública sobre la actividad de la Cámara. A su vez, la Mesa de la Asamblea de Madrid, el 20 de mayo de 2015, aprobó unas Normas para la aplicación de la Ley 19/2013, de 9 de diciembre, de Transparencia, Acceso a la Información Pública y Buen Gobierno, que se aplica a la actividad de la Asamblea sujeta a Derecho Administrativo. Disponen estas Normas que la página relativa al portal de transparencia incluya información general; régimen económico; régimen de incompatibilidades; resoluciones que autoricen el ejercicio de actividad privada al cese de los altos cargos de la Administración General del Estado o asimilados según la normativa autonómica o local; protección social y ficha de Diputados que reúna la información, como el currículum vitae, el escaño que ocupe, las iniciativas que presenta, el enlace a su página web o a sus conexiones a las denominadas redes sociales y las retribuciones que percibe.

37 El Reglamento del Parlamento de Cataluña fue muy novedoso de todos los españoles en esta materia. Prevé, de una forma clara que (artículo 15) sean de aplicación a los Diputados, con carácter general, los principios éticos y las reglas de conducta establecidas para los altos cargos por la legislación de transparencia, acceso a la información pública y

en debates y votos emitidos por los Diputados y Diputadas y, por último, personal contratado por los grupos parlamentarios».

Por su lado, también el Reglamento de las Cortes de Aragón se ha unido a esta marea de imposición de transparencia a la institución parlamentaria que, por su propia definición, es un órgano dotado de publicidad. Este reglamento dedica los arts. 303 y 304 RCAR, a la «transparencia de la información parlamentaria». Efectúa una declaración general, pues las Cortes de Aragón deben hacer pública la «información relativa a su organización, funcionamiento, actividades y régimen económico», desarrollando en el apartado 2 el importante contenido que debe hacerse público por parte del Parlamento aragonés. El artículo 304 RCAR regula la legitimación activa del derecho de acceso de una forma amplísima, pues son titulares todas las «personas mayores de catorce años», y no requiere que se alegue ningún interés personal, ni motivación, ni ha de invocarse ninguna norma. Estas reclamaciones en materia de acceso «serán conocidas y resueltas en vía administrativa por la Mesa de las Cortes de Aragón, que dará conocimiento de ellas a la Junta de Portavoces».

A su vez, la Mesa de las Cortes de Castilla y León aprobó la resolución «por la que se aprueban las normas por las que se procede a la aplicación concreta en el ámbito de las Cortes de Castilla y León de las disposiciones de la Ley 19/2013, de 9 de diciembre, de transparencia, acceso a la información pública y buen gobierno». El objeto de estas normas es aplicar al ámbito de las Cortes todo lo relativo a la transparencia de la «actividad sujeta a Derecho Administrativo de la Cámara, así como la regulación de la publicidad activa y el ejercicio del derecho de acceso a la información pública de las Cortes de Castilla y León», y establece derechos de los ciudadanos y deberes del Parlamento, de los grupos y de los Diputados en materia de transparencia.

Como se ve, la fuerza de la transparencia es imparable y, poco a poco, se va incluyendo un régimen que obliga al Parlamento y a todos sus miembros a mostrar contenidos que no hace mucho, se puede decir que no eran públicos ni accesibles para nadie, ni siquiera mediante la alegación de un interés legítimo. En definitiva, como consecuencia de la generalización de la transparencia, los reglamentos han incluido disposiciones generales imponiendo este deber, como el artículo 112 RPIB, o los artículos 102 y 108 RPV.

---

buen gobierno. Prevé, además, que haya un Código de Conducta que sea aprobado por la Comisión del Reglamento del Parlamento. Dispone el artículo 15.2 del RPC que «El Código de conducta debe regular, como mínimo, las situaciones de conflicto de intereses, el cumplimiento de las obligaciones derivadas del régimen de incompatibilidades y de las declaraciones de actividades y de bienes, y el procedimiento y las consecuencias en caso de incumplimiento». Además, será la Comisión del Estatuto de los Diputados del *Parlament de Catalunya* el órgano encargado de emitir un informe para determinar si existe conflicto

C) Otros deberes

Los reglamentos, en ocasiones, introducen algún original deber, como sucede en el artículo 31 RAEX que se refiere al deber del diputado de colaboración en los actos del Parlamento «por medio de su grupo parlamentario», en los actos institucionales y en las actividades en los que participe el Parlamento. Asimismo, el artículo 31.2 del Reglamento de la Asamblea de Extremadura determina que los diputados que, siendo enviados o autorizados por la Mesa de la Cámara «realicen visitas a otras instituciones o asistan a cursos, jornadas y actividades formativas en general, deberán informar del contenido y desarrollo de los mismos a requerimiento de la Mesa de la Cámara y en las condiciones que ésta determine».

De otra parte, y dentro de lo que se ha llamado diplomacia parlamentaria, el Reglamento de la Asamblea de Murcia señala que los diputados tienen otro tipo de deberes, como cumplir puntualmente los encargos de la Cámara y desempeñar con entrega los cargos para los que fuere designado (art. 18.2 RAMU).

2.5. Sanciones

A) La supresión temporal de derechos

La más dura consecuencia del incumplimiento de los deberes de los parlamentarios es la sanción de suspensión de su condición de parlamentario, como se ha visto. Pero, los reglamentos parlamentarios españoles prevén que a los diputados se les pueda suprimir alguno de sus derechos, sin llegar a la suspensión temporal de su condición, en el caso de que no cumplan con alguno de los deberes que dispone su reglamento parlamentario.

Así, siguiendo la norma contenida en el artículo 99 RCD, el Reglamento del Parlamento de Canarias, en su artículo 114, determina de forma general, y así se dispone en todos los Parlamentos de España, «que los Diputados tienen la obligación de respetar las reglas de orden establecidas por este Reglamento». El artículo 98 RCV especifica un deber de los Diputados «de respetar las reglas del orden establecidas por este Reglamento; de evitar toda clase de perturbaciones o desorden, acusaciones o recriminaciones entre ellos, expresiones inconvenientes al decoro de la cámara, interrupciones a los oradores sin autorización de la Presidencia, y hacer uso de la palabra más tiempo de lo autorizado, como también entorpecer deliberadamente el curso de los debates y de las votaciones o de obstruir el trabajo

---

de intereses y, en general, sobre la aplicación del Código de conducta. Para garantizar la máxima transparencia, se prevé que todos los informes se publiquen en el Portal de la Transparencia del Parlamento.

parlamentario». Es muy similar la regulación que introduce el artículo 227.1 RPCAT, que añade en el siguiente párrafo que «El Diputado que viole las reglas de orden establecidas por el apartado 1 ha de ser llamado al orden por el presidente». También son parecidas las regulaciones contenidas en el artículo 100 del Reglamento del Parlamento de Galicia, en el artículo 106 del Reglamento del Parlamento de las Islas Baleares, en el artículo 85.2 del Reglamento del Parlamento de la Rioja, en el artículo 18 del Reglamento de la Asamblea de Murcia y en el artículo 17 del Reglamento del Parlamento de Cantabria.

Estas disposiciones también refuerzan la posición de la Presidencia del Parlamento, pues le otorgan unas posibilidades de reacción extraordinarias, generalmente en sesiones plenarias, en las que se pueda producir una alteración de la paz o el orden parlamentario. Esta potestad se suma a las garantías anteriormente expuestas, por causas disciplinarias que se suspenden la condición de diputado. Así, el artículo 229 RPCAT lo regula con gran claridad, al disponer que tanto los diputados como los miembros del público están sometidos a los poderes disciplinarios del presidente y de la cámara, de conformidad con el reglamento, y al establecer en el apartado 2 que «El Presidente puede suspender o levantar la sesión en caso de alboroto o desobediencia obstinada de un Diputado, sin perjuicio de aplicarle las correspondientes sanciones en la misma sesión o en la siguiente». A su vez, antes de suspender o levantar la sesión por causa de indisciplina, el presidente del *Parlament* ha de advertir a los miembros afectados de la posibilidad de tomar estas medidas. Finalmente, «la suspensión debe durar un máximo de media hora y, acto seguido, debe reanudarse la sesión de pleno derecho».

Por lo ya aludido y por la necesidad de mantener el orden dentro del recinto parlamentario, el *Derecho parlamentario español* regula la privación sancionatoria de algún derecho en caso de que el parlamentario incumpla alguno de los deberes expuestos. Así, se deriva del artículo 99 RCD; art. 100 RPAND; art. 151 RCARA; art. 128 RPRINCAST, también cuando quebrantase el deber de secreto establecido, «En estos casos, el acuerdo de la Mesa, que será motivado, señalará la extensión y la duración de las sanciones»; art 112 RPCANA; art. 105.1 RPCANT; art. 123 RCCLM; art. 101 RCCyL; art. 99 RCV; art. 1481.c, art. 148.1.d RAEX, que incluye también como causa de privación de algún derecho el abuso por el diputado de sus derechos en desprestigio de la Cámara o cuando el diputado, en el ejercicio de sus funciones, atentase gravemente contra la dignidad de la institución; art. 101 RPGAL, que dispone la posible sanción, en estos casos, cuando el Diputado dejare de asistir a las sesiones de forma injustificada y cuando faltare del deber de secreto; art. 107 RPIB y art. 115 RPANA, que determina que la sanción la impondrá la Mesa, previa audiencia al diputado y mediante acuerdo motivado.

Por su parte, también puede ser sancionado el diputado si quebranta el deber de secreto establecido en el reglamento. Asimismo, puede ser objeto de sanción cuando vulnere el deber de adecuar su conducta al reglamento, respetar la cortesía y la disciplina parlamentaria del diputado o el deber de no invocar su condición de Parlamentarios para el ejercicio de actividad mercantil, industrial o profesional. El Reglamento del Parlamento de Andalucía (art. 100.1.3.° RPAND) prevé la privación de algún derecho cuando el diputado «omitiera o falseara actividades, bienes o intereses en las declaraciones a que se refiere» la declaración de bienes. En el Reglamento de las Cortes de Castilla-La Mancha se dispone que el diputado también podrá ser privado de alguno de sus derechos «cuando abusare de sus derechos en desprestigio de la Cámara». En todos estos casos, «el acuerdo de la Mesa, que será motivado, señalará la extensión y la duración de las sanciones», como se desprende del artículo 100.2 RPAND; art. 129 RPRINCAST; art. 105.2 RPCANT; art. 123 RCCLM en el que las «propuestas formuladas por la Mesa de la Cámara, en los supuestos del apartado anterior, y tras informe motivado de la Comisión de Reglamento y Estatuto del Diputado, se someterán a la consideración y decisión del Pleno en sesión secreta»; art. 99.2 RCCyL, decisión de la Mesa previa propuesta de la «Comisión de Procuradores»; art. 100 RCV; art. 148.2 RAEX; art. 101 RPGAL.

La sanción a la que se le puede someter al diputado que haya incumplido estos deberes es la privación de algún derecho en concreto, como el derecho de asistir a las sesiones plenarias o de comisión; el derecho a percibir retribuciones (que es el derecho que más fácilmente puede ser objeto de supresión), el derecho de recibir asistencia de los servicios de la Cámara y el derecho a solicitar información y documentación de la Cámara. En algún caso especialmente grave, como el del artículo 99.1.b RCD, el reglamento prevé que la Mesa, si se ha vulnerado el deber de secreto que tiene los diputados y «en atención a la gravedad de la conducta o al daño causado por afectar a la seguridad del Estado, podrá directamente proponer al Pleno la adopción de las medidas previstas en el artículo 101 de este Reglamento», que se refiere a la suspensión de la condición de diputado, como sanción a imponer al diputado como consecuencia de la vulneración de la disciplina parlamentaria. Por su lado, el artículo 100 RCD prevé que la sanción de la prohibición de asistir a una o dos sesiones y la expulsión inmediata de un diputado puedan ser impuestas por el presidente, lo cual redunda de nuevo en el conocido fortalecimiento de la figura del presidente (art. 121.2 RPCANT; art. 100 RCV). La aplicación de estas sanciones debe efectuarse siguiendo las garantías expuestas.

Uno de los pocos reglamentos que regula de forma expresa y detallada, el procedimiento en estos casos de privación de derechos, es el Reglamento del Parlamento de Canarias, cuyo artículo 115 RPCAN prevé la sanción en caso de inasistencia a las sesiones del Pleno o de las comisiones por el diputado «de forma reiterada y sin justificación»; o cuando el Diputado quebrantare el deber de secreto establecido en el artículo 16 del Reglamento del Parlamento de Canarias. El acuerdo sancionador de la Mesa será motivado y se adoptará previa audiencia del Diputado interesado y señalará la extensión y la duración de las sanciones, que podrán extenderse también a la parte alícuota de subvención al grupo parlamentario que contempla el artículo 25 del Reglamento del Parlamento canario. El acuerdo de la Mesa será susceptible de recurso ante la misma, dentro del plazo de los quince días siguientes a la recepción de la comunicación al Diputado. La interposición del recurso tiene efectos suspensivos de la sanción impuesta por la Mesa. A su vez, ésta dispone de otros quince días para resolver esta especie de «recurso de reposición» parlamentario.

También regula de forma somera este procedimiento el Reglamento de las Cortes de Castilla-La Mancha, cuyo artículo 123.2 determina que «las propuestas formuladas por la Mesa de la Cámara, en los supuestos del apartado anterior, y tras informe motivado de la Comisión de Reglamento y Estatuto del Diputado, se someterán a la consideración y decisión del Pleno en sesión secreta. En el debate, cada Grupo Parlamentario podrá intervenir por tiempo de quince minutos, y el Pleno de la Cámara resolverá sin más trámite». Todos los reglamentos coinciden en prever que, si la causa de la sanción pudiera ser, a juicio de la Mesa, constitutiva de delito, la Presidencia dará cuenta al órgano judicial competente, que se supone debería ser el Tribunal Supremo o el tribunal superior de justicia, según los casos.

B) Las llamadas al orden

Las llamadas al orden constituyen un instrumento de la Presidencia para la protección de la disciplina parlamentaria, por las que al diputado se le aplica una sanción limitada por contravenir las obligaciones de cumplimiento del orden, propias del mandato parlamentario. El artículo 103 RCD (igual que art 101 RS; art. 103 RPAND; art. 154 RCAR; art. 132 RPRINCAST; art. 116 RPCANA; art. 108 RPCANT; art. 227 RPCAT; art. 126 RCLM; art. 103 RCCyL; art. 103 RCV; art. 151 RAEX; art. 105 RPGAL; arts. 111 y 112 RPIB; art. 89 RPLRi; art. 135 RAMA; art. 119 RPANA; art. 114 RPV) dispone que los diputados, o cualquier persona que intervenga, puede ser llamada al orden por la Presidencia, cuando «profirieren palabras o vertieren conceptos ofensivos al decoro de la Cámara o de sus miembros, de las Instituciones del Estado o de cualquiera otra persona o entidad; también cuando en sus discursos faltaren a lo establecido para la buena marcha de las deliberaciones; cuando con interrupciones o de cualquier otra forma alteren el orden de las sesiones o cuando, retirada la palabra a un orador, pretendiere continuar haciendo uso de ella».

Fuera de estos cuatro casos, el orador que esté en uso de la palabra no puede ser llamado al orden. El artículo 227.1 RPCAT dispone de una fórmula similar y determina las obligaciones de los parlamentarios en las sesiones, cuyo incumplimiento dará lugar a las llamadas al orden por la Presidencia; así, «durante las sesiones del Pleno o de las comisiones, los Diputados tienen la obligación de respetar las reglas de orden establecidas por el presente Reglamento, deben evitar causar perturbaciones o desórdenes, hacerse acusaciones o recriminaciones entre sí, pronunciar expresiones inconvenientes contra el decoro, interrumpir a los oradores sin autorización del Presidente y hacer uso de la palabra más tiempo del autorizado, así como evitar entorpecer deliberadamente el curso de los debates u obstruir el trabajo parlamentario». Además, este Reglamento dispone en el artículo 233 RPCAT la posible expulsión del Diputado de la Cámara por el resto de la reunión si la llamada al orden está motivada por palabras ofensivas dirigidas a las instituciones públicas, a otro miembro del Parlamento o a cualquier otra persona. También dispone el artículo 233.2 que «Si ha habido una rectificación, pueden retirarse las expresiones a que se refiere el apartado 1 y pedir que no consten en acta. Corresponde al Presidente del Parlamento la decisión sobre esta cuestión».

La llamada al orden es relativamente habitual en la vida de la Cámara, pero la reiteración de las llamadas al orden puede dar lugar a la aplicación de sanciones y, también, a la suspensión de algún derecho del diputado. En general, el diputado (u orador, también por tanto el miembro del Gobierno o cualquier compareciente y también en las comisiones) que hubiere sido llamado al orden tres veces en una misma sesión, se le debe advertir la segunda vez de las consecuencias de la tercera llamada al orden. A la tercera llamada, le será retirado al orador el uso de la palabra, y el presidente, sin debate, «le podrá imponer la sanción de no asistir al resto de la sesión», según dispone el artículo 103.1 RCD; art. 102 RS; art. 104 RPAND; art. 132. RPRINCAST; art. 117 RPCANA; art. 109 RPCANT; art. 126 RCLM; art. 104 y art. 100 RCCyL; art 104 RCV; arts. 151 y 152 REAX; art. 106 RPGAL; art. 112 RPIB; art. 90 RPLRi; art. 136 RAMA; art. 119 RPANA; art. 115 RPV.

A su vez, si el diputado llamado al orden no atendiere al requerimiento de abandonar el salón de sesiones, el presidente adoptará las medidas que considere pertinentes para hacer efectiva la expulsión. En este caso, la Presidencia, sin perjuicio de lo establecido en el reglamento correspondiente, podrá imponerle, además, la prohibición de asistir a la siguiente sesión. También se le podrá requerir para que retire del Diario de Sesiones las palabras proferidas, cuya negativa puede dar lugar a sucesivas llamadas al orden. Todos los reglamentos parlamentarios españoles coinciden en prever una regulación similar.

Así, las intervenciones de los diputados en sesión parlamentaria están amparadas siempre por la inviolabilidad parlamentaria y, como contrapeso, los representantes están sometidos a la disciplina parlamentaria. *Ad extra* el parlamentario está protegido para garantizar la formación de la voluntad de la Cámara, y *ad intra* el parlamentario está sometido a la disciplina parlamentaria, que equilibra la situación creada por la inviolabilidad. El Tribunal Constitucional así lo ha confirmado en STC 78/2016, de 25 de abril. Pues, si bien esta prerrogativa tiene por «finalidad la "preservación de un ámbito cualificado de libertad en la crítica y en la decisión" en el interior de la Cámara (STC 51/1985, de 10 de abril, FJ 6), está concebida como garantía de esa libre discusión y decisión frente a posibles perturbaciones externas, configurándose como un privilegio de naturaleza sustantiva, que garantiza la irresponsabilidad jurídica de los parlamentarios por las opiniones manifestadas en el ejercicio de sus funciones, entendiendo por tales aquellas que realizan en actos parlamentarios y en el seno de cualquiera de las articulaciones de la Cámara a la que pertenezcan o, por excepción, en actos exteriores a la vida de esta que sean reproducción literal de un acto parlamentario. Es "finalidad específica del privilegio asegurar a través de la libertad de expresión de los parlamentarios, la libre formación de la voluntad del órgano legislativo al que pertenezcan" (STC 243/1988, de 19 de diciembre, FJ 3)». En conclusión y como ya se ha visto, «dicha prerrogativa se traduce, por tanto, en la imposibilidad de perseguir judicialmente a los parlamentarios por las manifestaciones efectuadas en ejercicio de sus funciones, pero en ningún caso puede impedir —dada la finalidad que la justifica— la aplicación, cuando proceda, de las reglas de disciplina interna previstas en el respectivo Reglamento».

En este sentido, si, en medio del fragor del debate, el diputado llamado al orden no atendiere al requerimiento de abandonar el salón de sesiones, «el Presidente adoptará las medidas que considere pertinentes para hacer efectiva la expulsión. En este caso, la Presidencia... podrá imponerle, además, la prohibición de asistir a la siguiente sesión». (art. 101.2 RS, que determina que «en caso de reincidencia se someterá a la Cámara una propuesta más grave», pudiendo el presidente «[adoptar] las medidas pertinentes para hacer efectiva su expulsión y acordará su suspensión en el ejercicio de la función parlamentaria por el plazo máximo de un mes»). Similar es la regulación del Reglamento de las Cortes de Castilla-La Mancha, aunque el artículo 126 RCCLM no dispone la suspensión de un mes en estos casos. Similar es la regulación de la Asamblea de Madrid, artículos 33, 135.2 y 138 RAMA.

El Reglamento del Parlamento de Cataluña sigue este mismo criterio, aunque introduce alguna novedad, pues la segunda llamada al orden en una misma reunión implica una mención especial en el acta de la sesión, y también conlleva la advertencia de retirarle la palabra, si fuese necesario hacerle una tercera llamada al orden. La tercera llamada al orden le comporta al diputado la privación del derecho de hacer uso de la palabra por el tiempo restante de la reunión. Y el artículo 231.3 RPCAT dispone que «Al final de la reunión, previa autorización del Presidente, la persona que haya sido llamada al orden por tercera vez puede hacer uso de la palabra para justificarse. La exposición de la justificación no puede superar los cinco minutos, y puede hacerla la persona interesada u otra en quien haya delegado». Además, la tercera llamada al orden a un diputado en una misma reunión le supone la privación del derecho de hacer uso de la palabra por el tiempo restante de la reunión.

La aplicación de estas sanciones que no suponen la suspensión de la condición de diputado. Solo procede la suspensión si la actividad del Diputado es especialmente grave. Pero la regulación del Reglamento de la Asamblea de Murcia, por su novedad, merece la pena destacar. El artículo 36.1.g RAMU señala que corresponde al presidente adoptar las medidas disciplinarias para garantizar la aplicación del reglamento. Así, a aquel diputado (y en general al orador) que, tras un segundo llamamiento, el presidente hubiere retirado la palabra por no ceñirse a la cuestión, pese a haberse terminado su tiempo o por alterar el orden, «será requerido por aquél para que abandone la sala, si persistiere en su actitud». Si cualquier orador resistiere la orden de expulsión, el presidente tomará, «a su prudente arbitrio», las medidas que procedan para hacerla efectiva (artículo 118.3 RAMU). Como se acaba de ver, queda a la interpretación del presidente qué se entiende y cómo se ejecuta el «prudente arbitrio» para dirigir las sesiones, según se prevé en el artículo 114 RAMU. Según este artículo, si el diputado ha sido expulsado del Salón de Plenos o de la Sala de Comisiones, y se negara a abandonarlo, podrá ser suspendido. La suspensión será acordada por el Pleno en sesión secreta, a propuesta de la Presidencia, «previo dictamen motivado de la Comisión del Estatuto de la Diputada o Diputado y de la Actividad Política».

Finalmente, y como se ha indicado anteriormente, hay que asumir que las disposiciones que regulan el régimen de sanciones parlamentarias son aplicables tanto a las sesiones del Pleno, como a las sesiones de la Comisión, y a las sesiones «de cualquier otro órgano de la cámara» (art. 104.4 RCV), incluyendo la Mesa, la Junta de Portavoces o las Ponencias, las subcomisiones, la Diputación Permanente, las mesas de la comisiones y cualesquiera otros órganos parlamentarios a los que pertenezca el diputado.

CAPÍTULO 4

FUNDAMENTO ORGÁNICO: LA ORGANIZACIÓN DEL PARLAMENTO

1. Introducción

La dinámica de los partidos políticos condiciona al Parlamento. Es raro que la actividad de las Mesas o las Presidencias parlamentarias se desarrollen de un modo enteramente imparcial. Es cierto que cualquier espectador de la vida del Parlamento, sabe que no hay órgano que escape del desarrollo de la política y de las mayorías[1]. Alguna vez, de forma ocasional, un órgano parlamentario se sustrae al normal juego de los partidos. Pero partidos y Parlamento son realidades enteramente vinculadas, unidas y casi siempre coincidentes. Aunque es cierto lo que se acaba de señalar, siempre es reconocible un cierto atisbo de autonomía parlamentaria. Y determinar *a priori* hasta dónde llega ese ámbito de autonomía es algo que no es fácil.

La resistencia del Parlamento a la fuerza de los partidos ha impuesto el reconocimiento de una difusa autonomía parlamentaria asumiendo que no es posible plantear una posible inconstitucionalidad de una intervención excesiva de partidos y Grupos parlamentarios en la vida de la Cámara. A pesar de ello, las Constituciones, casi en su totalidad, reconocen la autonomía parlamentaria.

---

1 J. J. González Encinar, «Representación y partidos políticos», en A. Garrorena (ed.), *El Parlamento y sus transformaciones actuales*, Madrid/Murcia, Asamblea, 1990, p. 75, quien indicó que: «Si los partidos no existiesen, habría que inventarlos para hacer posible la expresión política del pluralismo social. Sin representación, por su parte, la democracia sería, en nuestra circunstancia, materialmente imposible. Partidos y representación son, pues, dos elementos imprescindibles para que el principio "básico" de nuestra Constitución pueda realizarse».

Uno de los efectos más importantes del reconocimiento legal y constitucional de la autonomía parlamentaria, entendido en términos formales como casi todo lo parlamentario, es el mantenimiento de una organización propia y formalmente independiente del resto de poderes. No está de más recordar de nuevo que el artículo 72.1 CE determina que las Cámaras establecen «sus Reglamentos, aprueban autónomamente sus presupuestos y, de común acuerdo, regulan el Estatuto del Personal de las Cortes Generales»; y, seguidamente y a modo casi de consecuencia, se dispone que las «Cámaras eligen sus respectivos Presidentes y los demás miembros de sus Mesas». Y es que, en relación con la autonomía organizativa y la generalidad de su reconocimiento, PÉREZ SERRANO[2] no dudó en señalar que, «constituye otro privilegio colectivo de la Cámara que, por lo menos con respecto a las Asambleas de origen popular está reconocido por doquiera».

La autonomía parlamentaria reconocida impone que los reglamentos parlamentarios regulen y definan un modelo de organización propio para el Parlamento, en el que coexisten siempre dos figuras: presidente y Mesa. Autonomía parlamentaria es organización. Hoy no se duda que la competencia, estructura y relaciones de los órganos parlamentarios son objeto de reserva reglamentaria. Así lo entendió el Tribunal Constitucional hace ya años. Señaló la STC 141/1990, de 20 de septiembre, emitida en relación con la previsión reglamentaria de la remoción de los miembros de la Mesa, y que fue finalmente admitida, que «Los Reglamentos de las Cámaras autonómicas tienen como contenido propio el regular, con sujeción a la Constitución y al Estatuto, su propia organización y funcionamiento, dentro de cuya materia ha de incluirse lógicamente el régimen de designación de sus órganos internos, que, a su vez, comprende su elección, cese, cobertura de vacantes, etc. Desde una perspectiva constitucional». Esta STC 141/1990, de 20 septiembre, confirmó la «fuerza expansiva» del Reglamento en materia parlamentaria y también señaló que, «...Los Reglamentos de las Cámaras autonómicas tienen como contenido propio el regular, con sujeción a la Constitución y al Estatuto, su propia organización y funcionamiento, dentro de cuya materia ha de incluirse lógicamente el régimen de designación de sus órganos internos, que, a su vez, comprende su elección, cese, cobertura de vacantes, etc.».

Aunque el ámbito de la reserva de reglamento parlamentario es muy extenso en esta Sentencia, la Constitución no ha reservado para el reglamento la regulación de la materia organizativa en el Parlamento, más allá de la genérica previsión del artículo 72 CE. Al contrario de lo que sucede en varios Estatutos de Autonomía, que prevén que la organización sea regulada mediante el reglamento parlamentario, por lo que el procedimiento de elección del presidente y de su Mesa deben ser regulados mediante reglamento parlamentario (art. 103.4 EAAND; art. 59.1 EACAT, art. 45.1 EAIB o art. 17.4 LORAFNA).

2 N. PÉREZ SERRANO, *Tratado de Derecho político*, Madrid, Civitas, 1984, p. 776.

La organización parlamentaria es un elemento fundamental del sistema. Así, siendo la Mesa y su presidente un órgano vital en la organización de la vida de la Cámara, lo normal en las formas de Estado democráticas es que el presidente y las Mesas sean órganos designados por el Pleno; pero no faltan casos en Derecho comparado en los que, sobre todo el presidente de la Cámara, es designado por su pertenencia a otro órgano. El ejemplo del Senado norteamericano es muy conocido: el vicepresidente de Estados Unidos asume la Presidencia del Senado, en un intento de mantener la paridad entre Estados miembros de la Unión, si bien el Pleno pueda nombrar un sustituto (art. 1. III. 5). También el caso de la Cámara de los Lores era significativo, pues la Presidencia recaía en Lord Chancellor, que también ejercía la cabeza de la judicatura. No obstante, ya desde abril de 2006, la Cámara de los Lores elige un Lord Speaker, con alguna competencia menos que su equivalente en la Cámara de los Comunes pues, por ejemplo, no puede seleccionar enmiendas a efectos de votación.

No obstante, lo habitual y la regla en el Derecho comparado es que sean los Diputados quienes elijan a los miembros de la Mesa. La autonomía parlamentaria parece imponer esta solución. Sin embargo y a pesar de esta claridad conceptual, no es raro que, en ocasiones, se anuncie desde el Gobierno, o desde un partido político, quién va a ejercer la Presidencia del Parlamento, o el nombre de los miembros del partido que van a formar parte de la Mesa. Es un ejemplo de la continua tensión (e interacción) entre partidos y Parlamento, y la normal preponderancia de aquellos sobre este.

En cualquier caso, hablar de modelos de organización parlamentaria supone intentar verificar que, de entre todas las regulaciones constitucionales y reglamentarias del mundo parlamentariamente civilizado, hay rasgos que identifican modelos que se someten a características similares y a condiciones de funcionamiento semejantes. Así, todos los modelos de autonomía suponen que los órganos de gobierno del Parlamento son elegidos mediante un procedimiento desarrollado en él mismo. Hay dos modelos teóricos de organización parlamentaria. Uno en el que se produciría un predominio del presidente sobre cualquier otro órgano. Y otro sistema, en el que la figura del presidente quedaría subsumida en un órgano más amplio (la Mesa) que asume la dirección de los trabajos parlamentarios, aunque el presidente no perdería su posición como «cabeza visible» del Parlamento.

Pero hay otras divisiones. Suele reconocerse (incluso en la división sistemática de los reglamentos) que coexisten en el Parlamento dos tipos de órganos, los que se denominan de gobierno y dirección (presidente y Mesa), y los representativos, que serían Junta de Portavoces, Ponencia, Comisión y Pleno. Pues bien, es evidente la preeminencia de la Mesa en los órganos de gobierno y dirección, ya que es común que los reglamentos parlamentarios califiquen a la Mesa como «órgano rector» del Parlamento, quedando la figura del presidente en una aparente posición, algo subordinada, de coordinador de la actividad de la Mesa. Sin embargo, deben puntualizarse varios aspectos. Así, la diferencia tiene mucho de artificial, pues no es fácil delimitar qué es órgano de gobierno u «órgano rector», por utilizar la fórmula de los reglamentos. En este contexto, «dirección» significa, como dice A. Arce, «organizar y ordenar, o contribuir a la organización y ordenación, de la actividad del Parlamento. Luego, porque, aun admitiendo esa vaga identificación de la función directiva, hay en los Parlamentos otros órganos que también dirigen: el presidente de la Cámara especialmente y, en menor pero no despreciable medida, el Pleno mismo y los Presidentes y Mesas de las Comisiones»[3].

Esto pone de relieve la dificultad de construir una teoría general sobre la organización parlamentaria que podría ser una tarea cuando menos inútil, en un ámbito del Derecho como el parlamentario tan poco propicio para las categorías generales. Pendás García y García-Escudero[4] señalaban, hace ya algunos años, que «una primera aproximación a la configuración de los órganos parlamentarios de gobierno, desde el punto de vista institucional, permite establecer una distinción aparentemente nítida entre órganos unipersonales y colegiados, que se corresponden, a grandes rasgos, con los modelos angloamericano y continental europeo. Sin embargo, este criterio formal es solo aceptable en parte, puesto que atiende menos a la esencia que a la apariencia: allí donde se establece una Presidencia colegiada, la figura del Presidente destaca en el seno del órgano colectivo que dirige; y, a la inversa, en los Parlamentos dotados de un órgano monocrático de gobierno están previstas las sustituciones y existen otros cargos que colaboran en la ordenación de los trabajos». En efecto, la pureza de modelos tampoco es aplicable al ámbito organizativo, pues no debe olvidarse que la complejidad orgánica es nota predominante en el Parlamento, con órganos no dependientes jerárquicamente entre sí, ni de una forma funcional ni jerárquica. Además, la actividad de la Cámara y las decisiones de la Mesa están mediatizadas en todo caso por la presencia de un órgano como la Junta de Portavoces. Pero a pesar de esta falta de modelo, no hay duda de que la existencia de varios órganos conviviendo con el presidente y con la Mesa (y

3 A. Arce Janáriz, «La Mesa y la Junta de Portavoces en el Derecho parlamentario», en *Los Parlamentos de Europa y el Parlamento europeo*, Madrid, Cyan, 1997, p. 141. Este autor añade: «finalmente, porque la Mesa y la Junta de Portavoces no sólo dirigen: asumen además otras competencias que poco o nada tienen que ver con la dirección». Por su parte, X. A. Sarmiento Méndez, «Os órganos parlamentarios de Goberno», en *Revista Galega de Administración Pública*, 15, 1997, p. 253, distingue entre órganos de trabajo, entre los que se puede encontrar las Ponencias, las Comisiones o el Pleno de la Cámara y los que *«distribúen o traballo e ordenan os distintos labores lexislativos e de control, que o Parlamento ten constitucional e estatutariamente atribuídos. Entre estos órganos teñen especial relevancia a Mesa, a Presidencia e a Xunta de Portavoces».*

4 P. García-Escudero y Pendás García, «Artículo 72. Autogobierno de las Cámaras. Sesiones conjuntas», en O. Alzaga Villamil (dir.), *Comentarios a la Constitución española de 1978*, Madrid, Edersa, 1996, pp. 435 y 436.

estos entre sí), contribuye a mantener un equilibrio interorgánico e impide que sobresalga de forma constante un órgano por encima de los demás.

En general, en el *Derecho parlamentario español*, existe una Presidencia, que es configurada como un órgano unipersonal y que ostenta la representación de la Cámara y que es «asistido» por una Mesa, como órgano rector y compuesto por cargos que sustituyen al presidente. Este parece haber quedado inmerso en la dinámica de la pertenencia a un órgano colegiado como es la Mesa, que se configura además como «órgano rector del Parlamento [que] ostenta la representación de este en los actos a que asista» (por ejemplo, art. 29 RPCANT). Sin que pueda tacharse esta regulación (tanto la del Congreso de los Diputados, como la de los Reglamentos de los Parlamentos autonómicos) de inconstitucional[5], puede afirmarse que en el ámbito del *Derecho comparado* es habitual que la organización esté encabezada por una Mesa, como órgano colegiado, y por un presidente, cuya función directiva y representativa de la actividad de la Cámara lucha por predominar en la vida de la Institución. Se produce una especie de bipolaridad en la organización del Parlamento y, también en la de los Parlamentos autonómicos, a los que se ha trasladado la organización del Congreso de los Diputados y del Senado. El artículo 72.2 CE dispone que cada Cámara elige al presidente y a los *demás* miembros de la Mesa. Además del español, ejemplo de esto puede ser también el supuesto italiano, como el artículo 8 del Reglamento de la Cámara de Diputados y el artículo 8 del Reglamento del Senado italiano. Así, el Reglamento de la Asamblea Nacional francesa configura una Presidencia, algo más diluida en la Mesa que en Italia o en España, como se demuestra en sus artículos 9 y siguientes, o en los artículos 3 y siguientes del Reglamento del Senado francés.

Finalmente, y aunque no sean muy numerosas, hay varias referencias constitucionales y estatutarias a la Mesa y a sus presidentes, y en España se completa con regulaciones legales relevantes, pero poco abundantes y del que no se puede extraer más consecuencias. Así, es muy significativa la regulación del artículo 42 de la Ley Orgánica del Tribunal Constitucional. Este precepto se refiere con un lacónico «órganos», para mencionar al entramado orgánico de las Cortes Generales que pueda dictar actos o decisiones sin valor de ley, susceptibles de violar derechos fundamentales y libertades públicas. Estos órganos serían la Mesa, el presidente, la Junta de Portavoces, incluso el Pleno, las Comisiones y las Ponencias dependiendo de la distribu-

---

5 Que el Derecho parlamentario español haya optado por insertar al Presidente en una organización colegiada, ha llevado a algunos autores a mantener que la razón de ello «es evidente: en la medida en que el Presidente es llevado a su cargo por las fuerzas mayoritarias de la Cámara, sólo la existencia de un órgano colegiado que acoja en su composición la representación de la/s minoría/s asegura en cierto modo la imparcialidad». J. ASENSI SABATER, *Las Cortes Valencianas*, Alicante, Universidad de Alicante/Caja de Ahorros provincial de Alicante, p. 78.

ción funcional que realiza el correspondiente reglamento. Algo más concreta es la Ley Orgánica del Poder Judicial que se refiere a los recursos en única instancia ante los tribunales superiores de justicia contra los actos y disposiciones de los «órganos de gobierno» de las Asambleas legislativas de las comunidades autónomas, en materia de personal, administración y gestión patrimonial (artículo 74). En esta misma Ley, y en el artículo 58, se atribuye al Tribunal Supremo competencia para conocer en única instancia de los recursos contra los actos de los «órganos competentes del Congreso de los Diputados y del Senado». De una forma similar, la Ley reguladora de la jurisdicción contencioso-administrativa atribuye esa misma competencia, en sus artículos 10.1.c y 12.1.c a las salas de lo contencioso-administrativo de los tribunales superiores de justicia y a la de lo contencioso-administrativo del Tribunal Supremo. Aunque sean referencias muy sucintas (no hay que olvidar que la actividad del Parlamento en estas materias no es demasiado llamativa en términos cuantitativos), no cabe duda de que el ordenamiento jurídico español asume de forma normal la existencia de una organización parlamentaria con competencias no solo políticas.

2. Los órganos de gobierno de las Cámaras

2.1. Las Mesas y sus presidentes

A) Regulación constitucional y estatutaria

La Constitución española no incluye una regulación ni mucho menos amplia de la Presidencia del Parlamento y de las Mesas. Sin embargo, la Constitución no olvida estos órganos parlamentarios. Además de lo dispuesto en el ya citado artículo 72 CE, la norma constitucional podría dar idea de una Presidencia fuerte y central en el sistema; por lo demás, las referencias a la Presidencia del Congreso de los Diputados son varias, como la del artículo 64 CE que prevé que los actos del Rey del artículo 99 CE sean refrendados por el presidente del Congreso de los Diputados. Así, y como se sabe, el art. 99.5 CE determina el refrendo del presidente (en una posición muy notable en un momento de incertidumbre) en el Acto Real de disolución «si, transcurrido el plazo de dos meses, a partir de la primera votación de investidura, ningún candidato hubiere obtenido la confianza del Congreso» de los Diputados.

Estas referencias constitucionales se completan con las del artículo 72.2 CE, según el cual el presidente del Congreso de los Diputados preside las sesiones conjuntas de las dos Cámaras, y cada uno de los presidentes ejerce, en su propia Cámara, los poderes de policía (artículo 72.3 CE). Además, la Constitución dispone que cada presidente preside la Diputación Permanente de su Cámara (art. 78 CE). También se prevé que sea el presidente del Congreso de los Diputados quien traslade al del Senado el texto del «proyecto de ley ordinaria u orgánica» (obviamente también una proposición de ley) para el cumplimiento de lo dispuesto en el artículo 90 CE. Y será el presidente del Senado quien traslade, al del Congreso de los Diputados, los textos de los proyectos (art. 74.2 CE) que son tramitados primeramente en la Cámara Alta (también las proposiciones de ley). No obstante, siendo importante la configuración constitucional española de la Presidencia de cada una de las Cámaras, no hay en nuestra Constitución una disposición tan fortalecedora de su posición, como la del artículo 86 de la Constitución italiana[6], que prevé que «en caso de que el Presidente de la Republica no pueda cumplir sus funciones, éstas serán ejercidas por el Presidente del Senado».

Lo expuesto hasta aquí basta para hacerse una idea del papel del presidente del Congreso de los Diputados y el del Senado en el ordenamiento español[7]; y precisamente por esta función, el ordenamiento a veces les atribuye ciertas funciones. Por ejemplo, podría citarse el artículo 17 de la Ley Orgánica del Tribunal Constitucional, que dispone que el presidente del tribunal ha de solicitar su propuesta «de los presidentes de los órganos que han

6 El artículo 63 de la Constitución italiana da cierta preferencia a la presidencia de la Cámara de Diputados, pues «Cuando el Parlamento se reúna en sesión común, el Presidente y la Mesa presidencial serán los de la Cámara de Diputados». El Presidente de la Cámara de Diputados tiene una preeminencia en el orden constitucional italiano, pues también debe convocar la elección de nuevo Presidente en caso de «impedimento permanente o de muerte o dimisión del Presidente de la República». Si bien el texto constitucional italiano dispone una posición favorable a favor del Presidente del Senado, a pesar de su bicameralismo casi perfecto. Por lo demás, la Constitución italiana es una de las pocas normas fundamentales que garantiza la existencia de una Mesa en cada Cámara, como se desprende de su artículo 63. La Constitución francesa de 1958 prevé la existencia de una Mesa de un modo indirecto, cuando dispone por ejemplo que será la respectiva Mesa la encargada de autorizar una medida restrictiva de la libertad de un miembro de la Cámara (artículo 26 Constitución francesa), o cuando prevé que será la Mesa de cada Cámara la que reciba el proyecto de Ley (art. 39 Constitución francesa). A su vez, el artículo 40 de la Ley Fundamental de Bonn dispone que sea el *Bundestag* el que elija a su Presidente, «los vicepresidentes y los secretarios» y el artículo 41 LFB configura las funciones del Presidente del *Bundestag*, dando idea de un Parlamento con un Presidente con una gran relevancia. El artículo 52 LFB dispone que el *Bundesrat* elija su Presidente por un período de solo un año, con lo que es una Presidencia con una posición necesariamente más débil, pues la Constitución alemana nada dispone de su posición y funciones. En el Derecho anglosajón se regula en las *Standing Orders* el régimen de los dos *Deputy Chairmen of Ways and Means* que vendrían a ser, de forma muy aproximada, algo así como los vicepresidentes. Lo mismo sucede en la Cámara de los Lores, en cuyas *Standing Orders* (epígrafes 18 y ss.) se regula su elección y funciones, así como las del *Deputy Chairman*. En el epígrafe siguiente se aludirá a las regulaciones reglamentarias de Mesa, Presidente y Junta de Portavoces en nuestro entorno constitucional, con un detalle algo mayor.

7 I. TORRES MURO, *Los órganos de gobierno de las Cámaras. Presidente, Mesa y Junta de Portavoces en el Derecho parlamentario español*, Madrid, Congreso de los Diputados, 1987.

de hacer las propuestas para la designación de los nuevos Magistrados, que inicien el procedimiento para ello». Este precepto se refiere a los presidentes del Congreso de los Diputados y del Senado, y no a los presidentes de los Parlamentos autonómicos, pues es el Senado el que requiere a los Parlamentos autonómicos para que presenten las propuestas para el nombramiento de Magistrados del Tribunal Constitucional que debe efectuar al Senado. Se identifica así una relación lógica entre el Senado y las Asambleas legislativas, y no entre estas y el Tribunal Constitucional. Llama la atención que ni la Constitución, ni los Estatutos apenas se refieran a las Mesas de la Cámara, lo cual permitiría, en un caso extremo, una posible supresión de la Mesa en una eventual reforma reglamentaria.

Por su parte, la posición de los presidentes de los Parlamentos autonómicos recuerda la del presidente del Congreso de los Diputados, en el marco del sistema institucional propio de la Comunidad Autónoma. No obstante, debe tenerse en cuenta la general previsión de que los presidentes de los Parlamentos autonómicos sean quienes, previa consulta con los Portavoces designados por los partidos o grupos políticos con representación parlamentaria, propongan un candidato a presidente del Gobierno (art. 118.2 EAAND; art. 48.2 EAAR; art. 48.2 EACANA; art. 17.3 EACANT; art. 23.2 EARI; art. 14.3 EACLM; art. 27.2 EACV; art. 18.1 EAMAD; art. 31.1 EAEX; art. 29.2 LORAFNA). Posteriormente se aludirá a la problemática de la investidura.

Sin duda, esto supone situar al presidente del Parlamento autonómico en una posición muy cualificada en el entramado institucional de la Comunidad Autónoma. De hecho, podría defenderse que es una posición algo más relevante que la que ocupa, en su ámbito, el presidente del Congreso de los Diputados o el presidente del Senado. En efecto, en el momento de la investidura, el presidente del Parlamento autonómico es difícil que actúe con la imparcialidad que sí debe existir en el procedimiento que se regula en el artículo 99.1 CE. No hay duda de que la condición del presidente como persona perteneciente a un partido político, hará muy difícil una actuación que, eventualmente, pudiese perjudicar al candidato perteneciente a su partido o a la coalición que pretenda gobernar.

Pero esto no es válido para todas las comunidades autónomas, pues nada dicen algunos Estatutos de Autonomía de la función del presidente del Parlamento en la investidura, como el de Cataluña, el de Castilla y León o el de las Islas Baleares. En este último caso, es el artículo 135.1 del Reglamento de las Cortes la norma que dispone que sea el presidente de las Cortes, el que proponga un candidato a presidente de la Junta (igual que art. 158 RPIB). Y algo similar sucede con el Estatuto de Autonomía de la Región de Murcia, que se remite para la regulación de la materia no al Reglamento, sino a una ley *(Ley 6/2004, de 28 de diciembre, de Presidente y del Consejo de Gobierno de Murcia)*, cuyo artículo 8.1 determina la función del presidente para proponer un candidato a la Presidencia de la Comunidad Autónoma, y convocar a la Cámara para la celebración del Pleno de investidura.

De igual forma, tampoco el Estatuto de Autonomía de Galicia (art. 15 EAG) dispone nada de esta función del presidente, ni del límite máximo de dos meses en caso de que ningún candidato obtuviese la mayoría requerida. Asimismo, el caso del Principado de Asturias es algo distinto, primero porque apenas dispone nada el Estatuto de Autonomía de este procedimiento. Y segundo, porque es el Reglamento de la Junta General del Principado de Asturias, (artículo 170.2) la norma que regula el inicio de una original sesión de investidura, en la que «el Presidente del Parlamento proclamará candidatos a aquéllos que, con una antelación de veinticuatro horas a la celebración de la sesión, hubieran sido propuestos como tales ante la Mesa por, al menos, cinco miembros de la Cámara».

Para finalizar con esta materia, también guarda silencio el Estatuto de Autonomía del País Vasco sobre el procedimiento de designación del *Lehendakari*, y de la función del presidente del Parlamento. Es la Ley del País Vasco 7/1981, de 30 junio, del Gobierno, la que establece en su artículo 8.1 que «Al comienzo de cada Legislatura del Parlamento Vasco, y en los demás casos previstos en la presente Ley, el Presidente del Parlamento convocará a la Cámara para la designación del *Lehendakari*, de acuerdo con el procedimiento que al efecto establezca el Reglamento del Parlamento». Por su lado, algo matiza el Reglamento del Parlamento Vasco, pues el artículo 164.2 RPV determina que «Los Grupos Políticos con representación parlamentaria presentarán ante la Mesa del Parlamento, a través del respectivo Grupo Parlamentario, las propuestas de candidatos con una antelación mínima de setenta y dos horas a la celebración del Pleno».

Es cierto que las comunidades autónomas podrían haber utilizado otro modelo que no fuera el del artículo 99 CE. Primero para evitar una interpretación equivocada que tendiese a equiparar el papel del presidente de la Asamblea con el del Jefe del Estado. Y, segundo, porque esta solución del artículo 99.5 CE ha merecido que algunos autores, como García-Escudero y Pendás García[8], hayan señalado que no deja de ser «paradójico atribuir la facultad de refrendo al Presidente del órgano que ha de ser disuelto, cuando lo común en Derecho comparado es que corresponda al Presidente del Gobierno en funciones». Y esto es lo que pasa con los Parlamentos autonómicos. Como se verá, por lo que respecta a la regulación en los Estatutos de Autonomía de la disolución automática, las regulaciones suelen coincidir en que se produce pasados

8 P. García-Escudero y B. Pendás García, *Artículo..., op. cit.*, p. 437. Puede consultarse sobre este tema L. López Guerra, «La investidura del Presidente del Gobierno», en M. Aragón Reyes (coord.), *Temas Básicos de Derecho constitucional*, Tomo II, Madrid. Civitas, pp. 197 a 200. Señala este autor que «la disolución se configura, de acuerdo con el principio democrático consagrado en el artículo 1 CE, como una forma de recurrir a la voluntad del electorado, ante una situación de bloqueo de las alternativas políticas. La paralela disolución del Senado cobra sentido desde esta perspectiva: se trataría de dificultar la existencia de desajustes entre ambas Cámaras, sometiendo a renovación a Congreso y a Senado al mismo tiempo». (p. 199).

dos meses (treinta días naturales en el caso del artículo 29.4 LORAFNA) desde la primera votación (incluso varios Estatutos de Autonomía utilizan el adverbio «automáticamente» que no usa la Constitución, como por ejemplo en el artículo 118.3 EAAND, art. 48.4 EACANA, art. 67.1 EACAT o art. 23.2 EARI). No obstante, algún Estatuto de Autonomía dispone que será el presidente del Parlamento «por acuerdo de la Mesa», el que disuelva la Cámara (artículo 27.6 EACV), solución que no deja de ser también peculiar en el panorama comparado. Como es también original también la solución del Estatuto de Autonomía de la Región de Murcia, cuyo artículo 31.1 dispone que sea directamente el presidente de la Asamblea el que disuelva la Cámara, y convoque «nuevas elecciones de acuerdo con la normativa electoral aplicable». Sobre el procedimiento de investidura y disolución se volverá posteriormente.

Finalmente, los Estatutos de Autonomía completan su referencia a las Presidencias con algunas previsiones dispersas. Así algunos precisan que la Presidencia de la Cámara convoca las sesiones extraordinarias de la Cámara, que solo finalizarán cuando se agote el orden del día para el que fueron convocadas (art. 103.3 EAAND; art. 12.3 EACALM; art. 40.3 EAAR; art. 41.7 EACANA; art. 12.3 EACANT; art 60.1 EACAT; art. 11.3 EACLM; art. 25.3 EACV; art. 23.5 EACyL; art. 14.3 EAMAD y art. 17.3 LORAFNA). Y, al igual que en el caso del Congreso de los Diputados y del Senado, algunos Estatutos prevén que el respectivo presidente presida la Diputación Permanente (art. 59.4 EACAT; art. 46.1 EAIB) o, quizá de forma también algo superflua, existen previsiones como la del art. 24.dos EARI, que dispone que la sesión de investidura en el caso de pérdida de una cuestión de confianza habrá de ser convocada por el presidente del Parlamento (en el mismo sentido, art. 19.2 EAMAD, art. 33.3 EAMU y art. 35.3 EAPAST).

Otros Estatutos incluyen otras disposiciones relativas a las Presidencias de los Parlamentos autonómicos. Así, el Estatuto de Autonomía de Andalucía, en su artículo 226.2, determina que sea el presidente del Parlamento el que comunique a las Cortes Generales, «la celebración, en su caso, de los convenios previstos en el apartado anterior, que entrarán en vigor a los sesenta días de tal comunicación». Y, a su vez, el artículo 13.2 del Estatuto de Autonomía de la Comunidad de Madrid, determina que es el presidente de la Asamblea quien preside la Junta de Portavoces. También la LORAFNA prevé, en su artículo 32 que, por medio del presidente del Parlamento foral, «el Parlamento podrá recabar de la Diputación la información que considere necesaria para el ejercicio de sus funciones, así como la presencia de los miembros de aquélla».

B) Composición

La composición de las Mesas en los Parlamentos españoles es muy similar entre sí: están formadas por un presidente y varios secretarios y vicepresidentes. No hay en nuestro Derecho parlamentario la figura de los cuestores, común en otros Parlamentos, como en la Asamblea Nacional y en el Senado francés. Allí, hay tres cuestores en cada Cámara francesa, (con competencia en materia financiera y administrativa de la Cámara) junto a seis vicepresidentes y doce secretarios (artículo 8 del Reglamento de la Audiencia Nacional y artículo 3 Reglamento del Senado). Esta figura también existe en el Derecho parlamentario italiano, pues el artículo 8 del Reglamento de la Cámara de Diputados dispone que la Mesa estará compuesta por el presidente, cuatro vicepresidentes, tres cuestores y ocho secretarios (igual que el Senado italiano, artículo 5.1 Reglamento). En cuanto a las funciones del cuestor, el Reglamento de la Cámara Baja italiana es más explícito que el Derecho francés, pues su artículo 10 dispone que «proveerán colectivamente a la buena marcha de la administración de la Cámara, velando por la aplicación de las normas correspondientes y de las directrices del Presidente». Asimismo, los cuestores «supervisarán los gastos de la Cámara y redactarán el proyecto del presupuesto, así como las rendiciones de cuentas».

No solo puede llamar la atención que en nuestro Derecho parlamentario no existan cuestores, sino también que las Mesas en las dos Cámaras españolas tengan menos miembros que las de nuestro entorno. Es cierto que las Mesas no son órganos parlamentarios «de representación», pero debe tenerse en cuenta que, precisamente por su naturaleza de órgano rector de la vida de la Cámara, las Mesas deberían estar formadas por un número que permitiese la suficiente participación de las principales fuerzas que tienen presencia en el Parlamento. En efecto, en España la Mesa del Congreso de los Diputados está compuesta por un presidente, cuatro vicepresidentes y cuatro secretarios (norma común en nuestro Derecho Histórico como en los Reglamentos del Congreso de los Diputados[9] de 1838, 1847, 1867, 1876 o 1934) y la del Senado por un presidente, dos vicepresidentes y cuatro secretarios (art. 5.1 RS)[10].

En los Parlamentos autonómicos la situación no es muy diferente, aunque seguramente se cumplen con más rigor los términos de proporcionalidad. Pero la composición más común es la de que configura la Mesa con un presidente, dos vicepresidentes y dos secretarios (art. 56.3 RCAR; art. 27.2 RPCANA; art. 29.2 RPCANT; art. 31.2 RCCLM; art. 26.2 RCCyL; art. 30.2 RCV; art. 81.2 RAEX; art. 29.2 RPIB; art. 7.1.b y 27.1 RPRi; art. 32.2 RAMU; art. 7 RPNA, art. 36.2 RJGPRINCAST y art. 22.2 RPV). También son cinco los miembros de la Mesa del Parlamento de Galicia[11] aunque cambia la denominación, pues, según el artículo

9 En el artículo 118 de la Constitución de Cádiz se disponía que «en seguida se procederá a elegir de entre los mismos Diputados... un presidente, un vicepresidente y cuatro secretarios, con lo que se tendrán por constituidas y formadas las Cortes».

10 Para una perspectiva histórica, cfr. A. Cillán Apalategui, «La Presidencia de las Cortes Españolas», en *Las Cortes Generales: Jornadas de estudio de las Cortes Generales*, Madrid, Instituto de Estudios Fiscales, 1987, pp. 797 a 820.

11 X. A. Sarmiento Méndez, *Os órganos...*, *op. cit.* p. 253. Este autor se ha referido a la necesidad apuntada en otro momento de aumentar a siete el número de miembros de la Mesa del Parlamento de Galicia.

29.2 RPG forman la Mesa «el Presidente del Parlamento, dos Vicepresidentes, un Secretario y un Vicesecretario». Y según el artículo 51 RAEX la composición es de un presidente, dos secretarios y tres «Secretarías, todos con voz y voto».

Que sea preceptiva la presencia de todos los grupos parlamentarios en la Mesa no es un principio general de nuestro sistema. Con las salvedades que luego se verán, no está prevista la presencia de todos los Grupos parlamentarios[12] en la Mesa, ni tampoco se prevé que haya una especie de Mesa ampliada (a excepción del Parlamento de Cataluña), entendida como un órgano en que se aglutinaría, tanto a la Mesa entendida en un sentido estricto, como los portavoces de los Grupos. Algunos autores entienden que es conveniente integrar a los portavoces en la vida del Parlamento, como E. Recoder de Casso[13] que señaló que «los ataques a la incorporación de todas o casi todas las formaciones políticas de la Cámara a la Mesa puede estar justificada allí donde, excepcionalmente, ésta actúa como órgano directivo, pero no donde la Mesa cumple una función de asistencia al Presidente, ya que la decisión emana de quien tiene la autoridad y con la incorporación, en cambio, de todos los grupos políticos se fomenta una integración más efectiva y se evitan las oposiciones sistemáticas. No nos parece válido, por otra parte, discutir la utilidad de la participación en la Mesa argumentando que el órgano de gobierno efectivo es la Conferencia de Presidentes, pues los ámbitos donde han de proyectar su asistencia una y otra son diferentes: las funciones de índole técnico-administrativa la primera, y la organización de los trabajos parlamentarios la segunda».

En España y en unos Parlamentos como los territoriales, que no tienen muchos miembros, sería mucho más operativo y ganaría en eficacia todo el Parlamento, si se contase con un modelo que integrase a los portavoces en la adopción de decisiones, fundamentalmente las políticas y procedimentales. Y es que no tiene demasiado sentido excluir a la Junta de Portavoces de la adopción de los principales acuerdos en asuntos importantes, como la admisión a trámite de los documentos o la decisión del orden del día. Pero el *Derecho parlamentario español* es muy rico en matices. Y, por ejemplo, el Reglamento del Parlamento de Cataluña dispone, en el sentido ya visto, la creación de una Mesa ampliada, integrada por los miembros de la Mesa más un diputado designado por cada grupo parlamentario que no tenga representación en la Mesa. Sin embargo, las funciones de este peculiar órgano se remiten al ejercicio de funciones en materia de personal, económica y presupuestaria y sus decisiones son adoptadas mediante el sistema de voto ponderado (artículo 37.4 RPCAT). Enseguida se aludirá a la regulación del

12 S. Tosi se extraña de la norma reglamentaria que prevé la participación en el *Ufficio di Presidenza* de todos los Grupos parlamentarios, llegando a dudar de si es una verdadera norma jurídica o más bien una tendencia, fundamentalmente por la sobrerepresentación de los grupos minoritarios que produce. S. Tosi, *Diritto Parlamentare*, 9ª ed., Milán, Giuffrè, p. 135.

13 E. Recoder de Caso, «Artículo 72.2», en F. Garrido Falla, *Comentarios a la Constitución*, Madrid, Civitas, 2001, p. 1225.

artículo 69 del Reglamento de las Cortes de Aragón, que también introduce la Mesa ampliada en la fijación del orden del día de las Comisiones.

Aunque la STC 161/1988, de 14 de octubre, dijo que la Mesa «es un órgano que no está llamado a expresar la voluntad política de la Cámara», algunos reglamentos se empeñan en asegurar que las Mesas cuenten con una «adecuada» presencia de todos los grupos. Este es el sentido que tiene la regulación que incluyen algunas Normas sobre la designación de sustitutos en caso de producirse vacantes, y que se realizará por el Grupo parlamentario de pertenencia originaria del exmiembro de la Mesa. Especialmente relevante es la regulación del EAMA, artículo 12.2.c, que exige que la composición de la Mesa deben participar los grupos de forma proporcional a su importancia numérica (STC 35/2022, de 9 de marzo, F. J. 4). También buscan la presencia de todos los Grupos parlamentarios otras previsiones, como la que hay en los Reglamentos del Parlamento de Andalucía (artículo 36), en el de Extremadura (art. 26.2) y de la Junta General de Asturias (art. 36.3) relativa a la presencia (casi siempre problemática) del denominado «vocal adscrito», que tiene derecho a asistir con voz pero sin voto a las reuniones de la Mesa, si alguna formación política que, habiendo concurrido a las elecciones a la Junta General, no hubiese obtenido representación en la Mesa. En efecto, el momento de ejercicio de este derecho de los grupos a formar parte de la Mesa debería ser posterior al de la sesión constitutiva, pues en ese momento no existen aún grupos parlamentarios.

La presencia de todos los grupos parlamentarios en la Mesa es una solución muy forzada y problemática, como sucedió el 16 de abril de 2015 en la sesión constitutiva del Parlamento de Andalucía, cuando, en la elección de los tres secretarios, el presidente de la Mesa de Edad excluyó a la secretaria Segunda de la composición de la Mesa e incluyó a la candidata que quedaba en cuarto lugar, con el argumento de que estuviesen representadas en la Mesa todos los grupos parlamentarios. Como se puede imaginar, esa decisión perjudicaba a otro grupo parlamentario diferente al que pertenecía el presidente de la Mesa de edad. En STC 199/2016, de 28 noviembre se otorgó el amparo a la Diputada excluida, anulando la decisión del presidente de la Mesa de edad de excluir de la Mesa a la Diputada que había quedado en segundo lugar en la votación e incluir a la que ha quedado cuarta. Reconoce este fallo al presidente de la sesión constitutiva su competencia para «dirigir el proceso de elección y mantener el orden en el desarrollo del mismo, así como resolver lo procedente respecto de esa elección, interpretando, en su caso, los preceptos del Reglamento de la Cámara». Pero, en lo que al fondo del asunto se refiere, el fallo le reconoce a la Diputada recurrente «su derecho a formar parte de la Mesa del Parlamento de Andalucía como Secretaria segunda»; lo cual planteó, a su vez, nuevos problemas de ejecución del artículo del Reglamento.

En general, puede afirmarse que hay una exigencia genérica de proporcionalidad en la composición de todos los órganos parlamentarios, que tiende a extenderse por inercia también a la Mesa. Así, la jurisprudencia constitucional emitida en relación con este tema se inaugura con STC 141/1990, en la que se defendió «la elección del criterio de proporcionalidad, para asegurar el pluralismo. Ha de encontrar también reflejo en la estructuración de los órganos parlamentarios... la larga tradición de nuestro sistema parlamentario, según la cual la Mesa del Parlamento se integra por distintas fuerzas o Grupos Parlamentarios, para permitir la participación en la misma también de miembros de las minorías, aun no habiendo sido recogida expresamente por la Constitución, debe entenderse como una exigencia derivada de la misma, para asegurar el pluralismo democrático y la proporcionalidad representativa». Sin embargo, la no exigencia de proporcionalidad en la composición de la Mesa es lo que impide que sea este órgano el lugar adecuado para ejercer ciertas funciones parlamentarias: todas aquellas en las que el debate y la decisión entre todas las fuerzas son los puntos imprescindibles para su ejercicio.

Por ello, este principio de proporcionalidad aparece matizado en la propia jurisprudencia del Tribunal Constitucional, pues en la STC 93/1998 se dice que «la proporcionalidad en la representación es difícil de alcanzar totalmente o de forma ideal, siendo mayor la dificultad cuanto menor sea el abanico de posibilidades, dado por el número de puestos a cubrir en relación con las fuerzas concurrentes y, desde luego, cuando se trata de elecciones internas de asambleas que han de designar un número muy reducido de representantes. Consecuencia de esta doctrina es que la adecuada representación proporcional solo puede ser, por definición, imperfecta y dentro de un margen de discrecionalidad o flexibilidad, siempre y cuando no se altere su esencia (SSTC 36/1990, F. 2; en el mismo sentido SSTC 32/1985, 75/1985, 75 y 4/1992)» [...] «no se trata, pues [...] de una proporción rígida que haya de llevar necesariamente y como imposición constitucional, a una exactitud matemática, sino que, como declaramos en la STC 36/1990, la proporcionalidad enjuiciable en amparo, en cuanto constitutiva de discriminación, no puede ser entendida de forma matemática, sino que debe de ser anudada a una situación notablemente desventajosa y a la ausencia de todo criterio objetivo o razonamiento que la justifique».

Por tanto, la proporcionalidad es aplicable a la designación de los miembros de las Comisiones y, casi nunca a la Mesa y al resto de los órganos directivos del Parlamento. Por ello, la intervención de los Grupos parlamentarios es formalmente importante en el momento de nombramiento de los miembros de las Comisiones, y no lo es en el de las Mesas. De este modo, la participación de los grupos parlamentarios en la composición de la Mesa también deben entenderse de una forma relativa y flexible

C) Elección

La Constitución dispone, en su artículo 72.2, que las Cámaras eligen sus respectivos presidentes y los demás miembros de sus Mesas. Es una obviedad decir hoy que las Mesas son Mesas de mayoría y un apoyo parlamentario al poder y, por ello mismo, es una decisión del Pleno de cada Cámara, por lo que el candidato debe ser un miembro de la propia Cámara. Pero debe tenerse en cuenta que la Constitución no dispone este requisito de elegibilidad para el Congreso de los Diputados, ni para el Senado, ni tampoco lo disponen los reglamentos. No obstante, varios Estatutos de Autonomía prevén expresamente que los miembros de las Mesas debían ser elegidos de entre los Diputados, así artículo 39.1 EAAR; art. 103.1 RPAND; art. 12.1 EACANT; art. 11.1. EACLM; art. 23.1 EACyL; art. 20.1 EAEX; art. 12.1 EAEX; art. 13 EAMAD; art. 18.1 EARI; art. 13.1 EAMAD; art. 27.2 EAMU; art. 27.1 EAPV y art. 17.1 LORAFNA.

Por otra parte, es habitual que se efectúe la elección mediante un sistema electoral mayoritario. No obstante, en nuestro Derecho histórico es curioso comprobar que, para la elección de vicepresidentes, se seguía siempre un sistema electoral mayoritario puro plurinominal (cuatro puestos a elegir y cada Diputado elegía cuatro nombres), mientras que para elegir los secretarios se siguió un sistema electoral mayoritario de voto limitado (cuatro puestos a elegir y cada Diputado elegía dos nombres). Hoy, y para toda elección parlamentaria de un órgano colegiado, se ha generalizado del sistema mayoritario de voto limitado.

El sistema que se utiliza para la elección del presidente del Parlamento es casi siempre el mismo. Para su elección, previa presentación de sus candidatos por los representantes de cada partido o agrupación que ha obtenido representación (todavía no hay Grupos parlamentarios porque la elección se produce en la sesión constitutiva), cada miembro del Parlamento escribe un solo nombre en la papeleta, resultando elegido el que obtenga la mayoría absoluta de los votos. Si no hubiera obtenido esta mayoría en la primera votación, se repetirá la elección entre los dos Diputados que hayan alcanzado mejor resultado en las dos votaciones (art. 37 RCD; art. 19 RCAR; art. 39.4 RCCLM; art. 34.2 RCCyL; art. 36.1 RPG; art. 52.2 RAMA; art. 40 RAMU) o, como reza el artículo 34 del Reglamento del Parlamento de Andalucía, los dos que «se hayan acercado más a la mayoría».

El Reglamento del Congreso de los Diputados dispone (art. 37.3) que «si en alguna votación se produjere empate, se celebrarán sucesivas votaciones entre los candidatos igualados en votos hasta que el empate quede dirimido». A la misma redacción remiten el artículo 33.4 del Reglamento de la Asamblea de Extremadura, el artículo 36.3 RPG y el artículo 5.6 RPV que dispone, para la elección de los vicepresidentes y secretarios, la repetición de votaciones sucesivas (por tanto, sin límite de ocasiones) «hasta que la igualdad de votos se dirima en favor de uno de los candidatos». Como curiosidad puede indicarse que varía entre Parlamentos el número máximo de repeticiones de las votaciones, por ejemplo, en el Senado se repite la votación en dos ocasiones (art. 7.2 RS); igual que en el Reglamento de la Asamblea de Murcia (las de cualquier miembro de la Mesa) y, si el empate persistiese, se entenderá elegido el candidato que pertenezca «elegido el candidato o candidata que pertenezca a la fuerza política o coalición electoral que contara con más escaños en la Cámara. Si el número de escaños fuere idéntico, se entenderá elegido el que pertenezca a la fuerza política o coalición electoral que hubiera obtenido en el conjunto de la Región mayor número de votos en las elecciones autonómicas» (art. 40.2 y 40.3 RAMU).

En este caso de empate, otros reglamentos disponen que la votación se repita en tres ocasiones (art. 19 RCAR; art. 31.3 RPCANT; art. 39.6 RCCLM y art. 5.2 RPV). En otros Parlamentos se prevé que, si el empate persistiera después de cuatro votaciones, se considerará elegido el candidato propuesto individual «o conjuntamente por los partidos, coaliciones o grupos con mayor respaldo electoral, atendiendo, incluso, al criterio de lista más votada en las elecciones» (art. 34 RPAND; con una redacción muy similar, el artículo 37.1 RCV y art. 52.5 RAMA, aclara que en las elecciones autonómicas).

Se repiten en cuatro ocasiones las votaciones en caso de empate en la elección de los miembros de la Mesa en el Reglamento del Parlamento de Cataluña (art. 44.1 y 44.4 RPCAT) si bien no se prevé ninguna fórmula de resolución final de empates. Más eficaz es, por ejemplo, el Reglamento del Parlamento de La Rioja que, consciente de la inutilidad de la repetición de las votaciones, determina que resultará elegido «el candidato representante del partido, federación, coalición o agrupación electoral que formase parte de la lista más votada en las elecciones que originaron la constitución de la Cámara». Por su parte, un reglamento que es original en la regulación de la resolución de empates es el del Parlamento de Navarra, que prevé que, en caso de empate, en una tercera votación a cualquiera de los miembros de la Mesa, resultará elegido el de más edad (art. 8.10 para el presidente y art. 9.4 para los vicepresidentes).

En general, para la elección de los vicepresidentes y los secretarios el sistema es el ya denominado mayoritario de voto limitado. Así lo regula el artículo 37.2 RCD: «los cuatro vicepresidentes se elegirán simultáneamente. Cada Diputado escribirá solo un nombre en la papeleta. Resultarán elegidos, por orden sucesivo, los cuatro que obtengan mayor número de votos. En la misma forma serán elegidos los cuatro secretarios». El Reglamento del Parlamento de Cataluña (para la elección de los cuatro secretarios), el de la Asamblea de Madrid[14] (para la elección de los tres vicepresidentes y los tres

14 La elección de los secretarios en la Asamblea de Madrid es peculiar, dentro del Derecho parlamentario español, pues según consta en el artículo 52.4 de su Reglamento, los tres secretarios se eligen en dos votaciones sucesivas. En la primera, «serán elegidos el Secretario Primero y el Secretario Segundo. Cada Diputado escribirá un sólo nombre en la papeleta correspondiente. Resultarán elegidos, por orden sucesivo, los dos Diputados que obtengan mayor número de votos». En la segunda votación se elige el secretario Tercero y cada Diputado escribe un solo nombre en la papeleta correspondiente, con un sistema electoral mayoritario puro que beneficia, por tanto, a la fuerza política más votada en las elecciones o, en su caso, beneficiaría la formación de coaliciones que podría permitir la elección de miembros de partidos más pequeños. Cfr. R. LAPUENTE ARAGÓ, «El sistema

secretarios) y el del Parlamento de Andalucía (para la elección de todos los miembros de la Mesa) disponen el mismo sistema electoral que el Congreso de los Diputados. Por su parte, en el Senado, el sistema es algo diferente, pues para la elección de los dos vicepresidentes, cada senador elige un solo candidato, pero para elegir a los cuatro secretarios, serán dos los nombres de los candidatos que cada senador puede escribir en la papeleta. El detalle de que en el Congreso de los Diputados escriban un nombre en la papeleta y en el Senado dos, no tiene más importancia, ni más consecuencia que entender que el sistema electoral para elección de la Mesa del Congreso de los Diputados, beneficia algo menos a las mayorías que el del Senado[15].

En caso de que se produzcan vacantes en los miembros de la Mesa, casi todos los reglamentos prevén que se cubran con el mismo procedimiento dispuesto para el nombramiento, pero «adaptados en sus previsiones a la realidad de las vacantes que se deban cubrir» (artículo 37 RCD; art. 37 RPAND; art. 62.2 RCAR; art. 33 RCCLM; art. 36 RCCyL; art. 38 RPCAT; art. 38.4 RCV; art. 59.4 RAEX; art. 33.3 RPRI; art. 39.2 RPNA). Algún Reglamento (como el del Parlamento Vasco) nada dispone sobre el procedimiento para cubrir vacantes, aunque ha de interpretarse (por evidente) la aplicación de los artículos de la elección de miembros. Finalmente, otros reglamentos prevén que el elegido pertenezca al mismo Grupo Parlamentario al que pertenecía el anterior miembro de la Mesa, como el art.33 RCCLM, art. 32.2 RPCANT; art. 54.1RAMA o el art. 41 RAMU.

Alguna cuestión puede quedar pendiente, como la norma reguladora del proceso electoral, para interpretar la validez o nulidad de los votos, u otros aspectos del proceso. En este caso y excepto que el Parlamento hubiese dictado una norma propia, parece casi obligada la aplicación supletoria del régimen electoral general. No obstante, hay algunos reglamentos que han incluido alguna norma electoral; así, es muy relevante el supuesto del artículo 20 del Reglamento de las Cortes de Aragón, que especifica que se entienden nulas las papeletas «ilegibles, aquellas que contengan más de un nombre», aunque serán computadas para tener en cuenta el *quórum* de votación. Similar es el caso del artículo 35 del Reglamento de las Cortes de Cas-

---

de designación de las Mesas en Derecho parlamentario español. Notas para una crítica», en *Anuario de Derecho Constitucional y Parlamentario*, 6, 1994, pp. 113 a 147. En especial, en p. 138 comenta esta autora: «La fórmula, pues, es ciertamente extraña y diríamos que su intención no queda del todo clara, pero, en cualquier caso, lo que sí es cierto es que esa nueva votación diferenciada para cubrir el último puesto no favorece a las minorías no está pensada para incluir mayores y más variadas presencias en la Mesa, ya que beneficia, una vez más, al grupo mayoritario, el cual, al tratarse de un votación separada y diferente, tiene el resultado de dicha nueva votación totalmente a su merced».

15 F. Santaolalla López, *Derecho parlamentario español*, Madrid, Espasa, 1988, p. 168. Para este autor, el sistema del Senado «acentúa el principio mayoritario en la composición de la Mesa».

tilla y León que dispone que «en todas estas votaciones serán consideradas *nulas* las papeletas *en blanco*, las ilegibles y aquéllas que contengan más de un nombre o el de cualquier Procurador que no hubiese» adquirido la condición plena de parlamentario. Y por su parte, el artículo 45 del Reglamento del Parlamento de Cataluña también establece que «se consideran nulas las papeletas ilegibles y las que contienen un número de nombres superior al requerido o nombres relativos a personas que no han cumplido lo establecido por los artículos 19 y 23» y, de forma más coherente con la regulación del régimen electoral, considera votos en blanco «las papeletas sin indicación escrita alguna».

Tiene mucho interés la regulación de la elección de la Mesa de las Cortes Valencianas, regulado en los artículos 37.2 y 37.3 RCV. Para la elección de las dos vicepresidencias, los Diputados podrán presentar a la Mesa varias candidaturas cerradas compuestas necesariamente por dos personas de diferente sexo, pudiendo cada Diputado votar una de las candidaturas presentadas. Realizado el escrutinio, se ordenarán las candidaturas según el número de votos recibidos. «Resultará elegida para la vicepresidencia primera la persona de la candidatura más votada de un sexo diferente al de la presidencia de la Mesa». Para la vicepresidencia segunda «resultará elegida la persona de la segunda candidatura más votada de sexo diferente al de la persona que ocupe la vicepresidencia primera». Para las Secretarías se actúa de la misma forma utilizando como criterio el género del vicepresidente segundo.

D) Cese

Aunque no sea estrictamente un caso de cese, debe aludirse, a la previsión común en el *Derecho parlamentario español* de una nueva elección de la Mesa (incluido el presidente) en el caso de que las sentencias recaídas en los recursos contencioso-electorales (o la reiteración de elecciones allí donde se hubiese ordenado en la sentencia) supusieran cambios en la titularidad de más del 10% de los escaños de la Cámara (art. 36.2 RCD; art. 32.2 RPAND; art. 30.2 RPCANT; art. 40 RCCLM —que prevé la nueva elección también si el resultado de las sentencias «alterase la mayoría» de la Cámara—; art. 38.2.b RCV; art. 59.5 y art. 61 RAEX; art. 33.2 RPRi; art. 39.2 RAMU —solo si lo solicita un Grupo parlamentario o la décima parte de la Cámara, aplicable también si hay una decisión de la Asamblea sobre incompatibilidades— y art. 7 RPV). El cambio debe producirse, aunque no haya alteración en el número de miembros de los grupos parlamentarios.

Como variante, puede destacarse que el Reglamento del Parlamento de Cataluña dispone que la nueva Mesa sea elegida si se produce la alteración en un cinco por ciento de los votos. Para garantizar la eficacia de esta disposición, la nueva elección de la Mesa se deberá realizar una vez que los nuevos Diputados hayan adquirido la plena condición de tales. Por último, hay alguna disposición interesante, como la incluida en el artículo 38.2.a del

Reglamento de las Cortes Valencianas (muy similar a la disposición del artículo 51.3 del Reglamento de la Asamblea de Madrid) que dispone una nueva elección de la Mesa en caso de la resolución firme de un contencioso electoral o, «por las decisiones de *Les Corts* sobre incompatibilidades, si [pendiente al tiempo de la sesión constitutiva], lo solicitara la mayoría absoluta de los miembros de la Cámara». Finalmente, hay que mencionar lo que dispone el Reglamento del Parlamento de Navarra, cuyo artículo 6.3 prevé que pueda instarse la nueva elección de la Mesa, si un solo Diputado hubiese accedido al cargo de Parlamentario Foral, como consecuencia de una impugnación, después de constituirse la Cámara.

Es muy significativo que casi ningún reglamento parlamentario determine que se pueda cesar a los miembros de las Mesas. Esta falta de previsión y el hecho de que se haya optado por un sistema electoral mayoritario de voto limitado (cuyo fundamento es la protección de las minorías), supone que no haya posibilidad de plantear un cese de un miembro de la Mesa[16]. Esta protección que debe realizar el Derecho parlamentario y el respeto del equilibrio de poderes en el inicio de Legislatura, deben impedir la remoción de los miembros de la Mesa. Podría pensarse que, para la elección del presidente del Parlamento no se utiliza el mismo sistema electoral que para el resto de miembros de la Mesa y que, por tanto, el argumento antes utilizado no vale. Pero la propia posición del presidente como máximo órgano de la Cámara, y el hecho de que no se pueda cesar al resto de miembros de la Mesa debería impedir cualquier intento en este sentido. Y ello, salvo previsión expresa en este sentido.

Así, los únicos casos de expresa previsión de remoción de un miembro de la Mesa son el de la Asamblea de Murcia y el del Parlamento de Navarra. El artículo 42.2 del primero de ellos dispone expresamente que el Pleno pueda aprobar la remoción de un miembro de la Mesa. Con una regulación que más recuerda el de una moción de censura no constructiva, determina este artículo que «la iniciativa podrá partir de un Grupo Parlamentario respecto de aquellos miembros de la Mesa que hubieren sido propuestos por este, o de la mayoría absoluta de los Diputados». Además, si la propuesta fracasara, «sus signatarios no podrán presentar otra en el mismo año *legislativo*. Si la propuesta se aprueba, en la misma sesión se procederá a cubrir las vacantes por el procedimiento previsto en el artículo siguiente». Por su lado, el artículo 39.3.c RPNA determina la posibilidad de remoción, si lo acuerdan los tres quintos de la Cámara, a propuesta también de tres quintos.

16 J. SOLÉ TURA y M. A. APARICIO PÉREZ, *Las Cortes Generales en el sistema constitucional español*, Madrid, Tecnos, 1984, p. 85. Señalan estos autores que «es sumamente interesante la inexistencia en nuestros dos Reglamentos de disposición alguna que prevea los supuestos de término, suspensión o cese en la condición de Presidente. Sin duda, la interpretación inmediata es la de que tales situaciones sólo podrían deberse a causas naturales (incapacitación o muerte) o a causas voluntarias; pero que, en ningún caso, el cese podría obedecer a un acuerdo en tal sentido de la Cámara correspondiente».

Finalmente, son ya varios los reglamentos parlamentarios[17] que han previsto la posibilidad de que los miembros de la Mesa pierdan su cargo, en el caso no se integren o dejen de pertenecer al Grupo Parlamentario de la formación política que lo propuso como candidato (art. 62.1.c RCARA; art. 32.1.c RPCANT; art. 39.7 RCCLM; art. 38.1.c RCV; art. 33.4 RPRi; art. 53.c RAMA; art. 52.c RJGPRINCAST; art. 39.3.d RPNA). Pero este último supuesto, como puede entenderse, no es en rigor, un supuesto de cese de los miembros de la Mesa.

E) Funciones de los miembros de la Mesa

a) Del presidente

El art. 72.2. dispone que las Cámaras eligen sus respectivos presidentes y los demás miembros de sus Mesas, previendo en el 72.3. que los presidentes de las Cámaras ejercen en nombre de las mismas todos los poderes administrativos y facultades de policía en el interior de sus respectivas sedes. Por su lado, no es habitual que los Estatutos de Autonomía determinen las funciones del presidente del Parlamento, aunque hay algunos que reiteran lo dispuesto en el artículo 72 CE, como el artículo 23.1 EACyL, que establece que «corresponderá al Presidente el ejercicio en nombre de las Cortes de todos los poderes administrativos y facultades de policía en el interior de su sede». También con un planteamiento general, el artículo 20.2 EAEX dispone que «el Presidente representa a la Asamblea de Extremadura, dirige las sesiones de la misma, sostiene su competencia y ejerce aquellas funciones que le encomiende el Reglamento de la Cámara o la ley».

El artículo 72.1 CE dispone que «[l]as Cámaras establecen sus propios Reglamentos, aprueban autónomamente sus presupuestos y, de común acuerdo, regulan el Estatuto del Personal de las Cortes Generales. Los Reglamentos y su reforma serán sometidos a una votación final sobre su totalidad, que requerirá la mayoría absoluta». Pero hay otras veces en que los Estatutos de Autonomía disponen regulaciones particulares del presidente del Parlamento. Así, como consecuencia de que la posición del presidente generalmente no es la misma que la de los otros Diputados, se prevé que ostenten un estatuto peculiar[18], como sucede en el artículo 64.3 del Estatuto

17 J. CORONA FERRERO, «Los órganos de dirección en el Reglamento parlamentario», en *El Reglamento del Parlamento: propuestas de reforma, Santander, Parlamento de Cantabria*, p. 159. A este autor le preocupa esta regulación y añade que la vinculación entre la pertenencia al Grupo parlamentario y miembro de la Mesa «conviene descartarla de inmediato en relación con la Presidencia. En efecto, la importante función institucional que cumple el Presidente del Parlamento determina que su estabilidad en el cargo no pueda estar condicionada, siquiera mínimamente, a la permanencia e incluso a la voluntad del Grupo parlamentario».

18 Cfr. LL. AGUILÓ LÚCIA, «Status y atribuciones de las presidencias de los Parlamentos», en *Anuario jurídico de La Rioja*, 2, 1996, pp. 467 a 486.

de Autonomía de las Islas Baleares, que establece que el cargo de miembro del Consejo insular es incompatible con el de presidente del Parlamento balear. Por su parte, otros Estatutos de Autonomía, como el de la Región de Murcia o el del PPrincipado de Asturias (art. 28.2 EAPAS), establecen que la condición de miembros de la Mesa de la Asamblea es incompatible con la de miembros del Gobierno.

La posición de los presidentes de los Parlamentos españoles depende de la propia proyección personal y política de la persona que desempeña el cargo, aunque su ubicación vertebral en el sistema es evidente. Desde esta consideración de figura central, es como se interpreta la posición del presidente del Congreso de los Diputados como órgano del Estado que refrenda varios actos del Rey.

En general, la configuración reglamentaria de la posición de los presidentes de los Parlamentos permite distinguir dos funciones:

1.° El presidente del Parlamento ostenta la representación de la Cámara[19], y seguramente por esa previsión coinciden todos los reglamentos parlamentarios en determinar que el presidente asegura la buena marcha de los trabajos, dirige los debates, mantiene el orden de los mismos y ordena los pagos, «sin perjuicio de las delegaciones que pueda conferir». Las delegaciones que puede conferir el presidente habría de entenderlas referidas a todas las funciones que se le atribuyen, sin que sean exigibles en el ámbito parlamentario los rigores de la delegación del Derecho administrativo (artículo 9 de la Ley 40/2015, de 1 de octubre, de régimen jurídico del sector público), excepto en lo relativo a la delegación de la ordenación de pago y en asuntos administrativos. Con muy ligeras variantes, esta fórmula se repite en el artículo 32 RCD, art. 37 RS; art. 29 RPAND; art. 54 RCAR; art. 38 RJGPRINCAST; art. 31 RPIB; art. 29 RPCANA; art. 34 RPCANT; art. 31 RCCLM; art. 28 RCCyL; art. 31 RPCAT; art. 31 RCV; art. 42.1 RAEX; art. 31 RPG; art. 29 RPRi; art. 55 RAMA; art. 40 RPNA y art. 24 RPV.

En relación con su función de dirección de los debates de las sesiones plenarias, el Reglamento de las Cortes de Castilla-La Mancha la define de un modo más específico que en el resto de reglamentos, pues se determina (art. 35.8) que el presidente dirige «con autoridad e independencia los debates del Pleno, siendo ejecutorias sus decisiones adoptadas dentro de la sesión». Y el Reglamento de la Asamblea de Murcia, de un modo muy similar, también establece (art. 36.1.i RAMU) que corresponde al presidente «dirigir con autoridad e independencia los debates del Pleno de la Cámara, siendo ejecutorias

19 La doctrina italiana no duda en atribuir al Presidente de la Cámara una función de representación política activa, «como expresión directa de la magistratura que lo ha elegido», pues no deja de ser expresión de una mayoría parlamentaria que lo ha elegido. V LONGI, *Elementi di Diritto e procedura parlamentare*, Milán, Giuffrè, 1994, pp. 96 y ss. Cfr. S. TRAVERSA, *Il Parlamento nella Costituzione e nella prassi*, Milán. Giuffrè, 1989, pp. 426 y ss. A. MANZELLA, *Il Parlamento, Bolonia*, Il Mulino, 1977, pp. 109 y ss.

sus decisiones adoptadas dentro de la sesión». Este Reglamento es, en general, más cuidadoso en la regulación y definición de la figura del presidente, y su artículo 36.2 prevé que «hasta el momento en que institucionalmente deba expresarlo, el Presidente está obligado a guardar reserva sobre su criterio en relación con cuantas decisiones le competa adoptar o respecto de aquellos temas en que se encuentre, manifiestamente, dividida la Cámara». Además, y como consecuencia de esta posición representativa y de garantía de la buena marcha de los trabajos parlamentarios, el presidente puede convocar y presidir cualquier comisión de la Cámara (art. 42 RCD), «cuando lo considere conveniente», puntualiza además el artículo 37.3 RS.

Muchas de las competencias que al presidente se le reconocen son consecuencia de su carácter central y representativo, como se comprueba de las que el Reglamento del Congreso de los Diputados atribuye a su presidente[20]. Así, el presidente comunica la constitución definitiva de la Cámara (art. 4 RCD; art. 14 RS); al presidente se le comunican por la Administración las razones fundadas en Derecho que impidan la remisión de la documentación que haya pedido un parlamentario (art. 7 RCD; art. 20.2 RS); adopta «de inmediato» cuantas medidas sean necesarias para salvaguardar los derechos y prerrogativas de la Cámara y de sus miembros (art. 12 RCD); también remite el suplicatorio recibido a la Comisión de Estatuto y comunica la decisión a la autoridad judicial competente (art. 13 RCD; art. 22.2 RS); del presidente del Senado depende directamente el Registro de Intereses (art. 26 RS); convoca al Grupo mixto (art. 30 RS); por su conducto se solicita la información de los Diputados y de las Comisiones de la Cámara, también las de la Comisión de Peticiones (art. 44 y art. 49 RCD; art. 66.1, 67 y 193 RS); al presidente del Senado se le comunican las sustituciones de las Comisiones (art. 62.2); preside la Comisión de Reglamento (art. 47 RCD) y en el Senado, la Comisión de Nombramientos (art. 185 RS); preside la Diputación Permanente (art. 56 RCD; art. 45.1 RS); tiene la iniciativa para convocar las sesiones en un día diferente a los marcados como ordinarios en el Reglamento (art. 62.2.1.° RCD); remite los mensajes motivados previstos en el artículo 90.2 CE (art. 41.5 RS); da el visto bueno a las actas de las sesiones del Pleno (art. 65.2 RCD; art. 41.1 RS); fija el orden del día (art. 67 RCD; y según el artículo 70.2 RS establece que el orden del Pleno lo fija el presidente de acuerdo con la Mesa; está de acuerdo con el presidente de cada comisión para fijar el orden del día de esta (art. 67.2 RCD); propone al Pleno la alteración del orden del día (art. 68 RCD); da la palabra en el debate parlamentario y es el único que puede interrumpir al orador (art. 70 RCD, 73.2 RCD, 102 RCD y 104 RCD; art. 84 y 85 RS); propone la comprobación del *quórum* y aplaza la votación si no

20 Se prescinde, para evitar enumeraciones farragosas, la descripción de las competencias de los Presidentes de los Parlamentos autonómicos, conscientes de que también aquí estos Reglamentos siguen en su regulación lo dispuesto en el Reglamento del Congreso de los Diputados, con variantes muy poco significativas.

lo hay (art. 93 RS); ordena a los secretarios el recuento de las votaciones (art. 84.1.° RCD); decide el uso o no del procedimiento electrónico de votación (96.3 RS); autoriza la realización de grabaciones gráficas o sonoras de las sesiones de los órganos de la Cámara (art. 98.3 RCD); prohíbe asistir a una o dos sesiones y puede decidir la expulsión inmediata de un Diputado (art. 100 RCD); mantiene el orden en el recinto parlamentario (art. 105 RCD; art. 101 RS); puede suspender a un diputado hasta en el plazo de un mes (art. 106 RCD); mantiene el orden en las tribunas durante las sesiones públicas (art. 107 RCD; art. 39 RS); sirve de conducto para efectuar comunicaciones al Gobierno, como las de las enmiendas que suponen aumento de los créditos o disminución de los ingresos presupuestarios (art. 111.2) o las devoluciones de los proyectos (art. 112.4 RCD); somete a votación al Pleno los asuntos que hayan de ser decididos (art. 112.3 RCD); a él se le dirigen los votos particulares mantenidos en el procedimiento legislativo (art. 117 RCD; art. 11.3 RS); acuerda la agrupación de las propuestas de veto a un proyecto o proposición de ley (art. 121 RS) y ordena su traslado al Congreso de los Diputados en caso de aprobarse (art. 122 RS); pregunta a la Cámara si toma en consideración la proposición de ley (art. 126 RCD); ordena el debate del Presupuesto (art. 134 RCD: art. 150 RS) y el presidente del Senado resuelva las controversias sobre la calificación de las enmiendas a la Ley de Presupuestos y de las proposiciones de ley (art. 151 RS); en el Senado, decide cuál es la comisión a la que se traslada un proyecto de ley y dispone la apertura del plazo para presentar enmiendas, si la Mesa no se va a reunir en tres días (art. 104 RS; para las proposiciones de ley, art. 108 RS) o aumenta o disminuye el plazo de la comisión para dictaminar un proyecto (art. 113 RS).

Además, el presidente del Congreso de los Diputados comunica a la Asamblea autonómica que se inicia la reforma de su Estatuto de Autonomía, pues ha de designar la delegación (art. 137.2 RCD); comunica a las comunidades autónomas el requerimiento para que envíen a la Cámara datos o información (art. 139 RS); comunica al presidente del Senado la aprobación del principio de revisión constitucional (art. 147.3 RCD), la ratificación (art. 147.4 RCD) y al del Gobierno la definitiva aprobación de la reforma constitucional (art. 147.6 RCD); al Congreso de los Diputados se lo comunica el presidente del Senado (art. 156 RS) y a este se le comunica la iniciativa para celebrar referéndum constitucional (art. 157 RS); pregunta si algún Grupo Parlamentario desea que se tramite como proyecto de ley el Decreto-Ley convalidado (art. 151.1 RCD); comunica al presidente del Gobierno la decisión del Congreso de los Diputados sobre la convocatoria de un referéndum; recibe del Gobierno la declaración del estado de alarma y comunica al Gobierno la decisión de la Cámara sobre el estado de sitio (art. 162 y 165 RCD); comunica la aprobación de un convenio a los presidentes de las comunidades autónomas afectadas (art. 166.3 RCD); comunica al del Congreso de los Diputados la concesión de autorización de un convenio (art. 138.3 RS); comunica al del Senado la decisión del Congreso de los Diputados sobre la aprobación de una Ley Orgánica (art. 168.2 RCD); convoca una sesión secreta para decidir la acusación a miembros del gobierno por delitos de traición o contra la Seguridad del Estado (art. 169.1 RCD) y comunica su aprobación al presidente del Tribunal Supremo (art. 169.3 RCD); convoca las sesiones para la tramitación de la investidura del candidato a presidente del Gobierno (art. 170 RCD); comunica al rey la obtención de la confianza por el candidato propuesto (art. 171 RCD); someterá a la firma del Rey el Decreto de disolución de las Cortes Generales y de convocatoria de elecciones, si transcurrieren dos meses a partir de la primera votación de investidura y ningún candidato propuesto hubiere obtenido la confianza del Congreso y lo comunicará al presidente del Senado (art. 172 RCD); comunica al rey y al presidente del Senado el resultado de la votación de la cuestión de confianza (art. 174); puede acordar el debate conjunto, si se hubiesen presentado más de una moción de censura (art. 177.3 RCD); comunica al rey y al presidente del Senado el resultado de un moción de censura (artículo 177.8 RCD); fija el número de preguntas a incluir en cada sesión plenaria y el criterio de reparto entre los Diputados (art. 188.2 RCD; art. 163 RS) y distribuye los tiempos de intervención (art. 188.3 RCD); ordena la conversión de las preguntas con respuesta escrita en preguntas orales ante la comisión correspondiente (art. 190 RCD); remite a otra sesión plenaria el conocimiento de las preguntas que no hayan sido tramitadas en una sesión (art. 165 RS); decide el debate acumulado de las preguntas y de las interpelaciones relativas a temas conexos (art. 192 RCD; art. 166 y 169 RS); ordena el cierre del debate cuando estima que está suficientemente debatido (art. 126 y 129 RS); decide el debate acumulado de las proposiciones no de ley relativas a temas conexos (art. 195.2 RCD); da cuanta al Gobierno de la aprobación de alguna moción (art. 178.1 RS); recibe la solicitud demás documentación del Gobierno en el caso de que se proponga la aplicación del artículo 155 CE (art. 189 CE); puede conceder turnos para la defensa de propuestas presentadas a las comunicaciones del Gobierno (art. 197.2 RCD); puede solicitar informes al Tribunal de Cuentas sobre un determinado asunto, de acuerdo con la Mesa (art. 199.2 RCD); dispone la tramitación y la deliberación, de acuerdo con la Mesa y oída la Junta de Portavoces, de los informes que deban ser conocidos por el Senado (art. 183 RS); solicita la intervención del Defensor del Pueblo (art. 200 RCD) o fija un tiempo o número máximo de intervenciones en las sesiones informativas del Gobierno (art. 203.3 RCD).

En este sentido, se les reconoce a los presidentes de los Parlamentos una función de dirección de la vida de la Cámara, a la que va, de forma inescindible, unida la función de dirección de los debates, e incluso la de suspensión de la sesión, tal y como ha reconocido el ATC 142/2002, de 23 de julio. Según esta resolución, «La referida decisión del Presidente de suspender definitivamente la Sesión del día 1 de febrero puede ser discutible desde el punto de vista de su conformidad con el Reglamento de la Cámara —que sin embargo permite a aquél adoptar "cualquier otra [medida] que considere oportuna" para el mantenimiento de la disciplina, el orden y la cortesía parlamentaria (art.137.2)—, pero no entraña una lesión del art. 23.2 CE, no solo porque debe reconocerse un margen de apreciación a los órganos parlamentarios en la interpretación y aplicación del propio reglamento, sino porque en sí misma no impide ni coarta derechos o facultades de los representantes, aquí recurrentes en amparo, que pertenezcan al núcleo de su función como tales representantes parlamentarios...».

La previsión del artículo 548 de la Ley de Enjuiciamiento Criminal, según el cual «el Juez necesitará para la entrada y registro en el Palacio de cualquiera de los Cuerpos Colegisladores la autorización del Presidente respectivo», es muy significativa de la posición central de los presidentes y debe entenderse aplicable también a los Parlamentos autonómicos, por conexión de lo dispuesto en el artículo 152 CE y el artículo 72 CE.

Esta posición centralizadora de la Presidencia implica su participación en la fijación del orden del día del Pleno, materia en la que se pueden diferenciar diversos modelos. Así, un primer sistema estaría formado por aquellos Parlamentos en que el orden del día lo fija el presidente de acuerdo con la Junta de Portavoces y oída la Mesa, teniendo en cuenta el calendario parlamentario fijado por la propia Junta (art. 67.1 RCD; art. 70 RS; art. 90.1 RJGPRINCAST; art. 75 RPCANA; art. 114 RCAR; art. 38.1.º y 72.1 RCCYL; art. 72.2 RPCAT; art. 65.1 RCV; art. 72.1 RAEX; art. 72.1 RPGAL; art. 67.1 RPIB; art. 58 RPLARI —también de común acuerdo con la Mesa—; art. 61.1.g y art. 106 RAMA; arts. 44.1.a y 86 RAMU —que también ha de acordar el orden del día de las Comisiones— y art. 55 RPV). No deja de ser relevante la exigencia de la voluntad de estos dos órganos (presidente y Junta de Portavoces), sin cuya concurrencia no quedaría fijado este orden del día. En todo caso, no debería producirse una posición obstruccionista de la Presidencia, que vulnerase el derecho del artículo 23 CE de los Diputados y los grupos parlamentarios. Un segundo sistema para la fijación del orden del día de las sesiones plenarias, estaría constituido por aquellos Parlamentos en los aquel que es fijado por la Mesa, oída la Junta de Portavoces, aunque la voluntad de esta suela ser siempre respetada (art. 70.1 RPCANT; art. 86.1 RCCLM; art. 63.1 y 72.2 RPNA, si bien en este Reglamento, la desconvocatoria de la sesión plenaria exige acuerdo de la Junta de Portavoces).

El Senado, como se ha visto, presenta alguna peculiaridad pues su Reglamento determina que el presidente además de las dos funciones, de representación y de interpretación, tenga otras funciones que vendrían a ser, en realidad, una especificación de la primera. Así, el artículo 37 dispone que le corresponde al presidente ser el Portavoz de la Cámara, ser su representante «nato» en todos los actos oficiales, anunciar el orden del día del Pleno del Senado y mantener las comunicaciones con el Gobierno y las autoridades. Firma, además, con uno de los secretarios, los mensajes que el Senado haya de dirigir y es quien debe velar por la observancia de la cortesía y de los usos parlamentarios (art. 37.9 RS).

Finalmente, la regulación de la función administrativa y económica del presidente no suele estar demasiado desarrollada en los reglamentos parlamentarios. De hecho, no suelen incidir en el hecho administrativo interno, que suele dejarse para decisiones normativas más particulares, salvo quizá el Reglamento de la Asamblea de Madrid. El artículo 55 de esta norma es muy significativo al disponer que, «En materia de gobierno y régimen interno de la Asamblea, corresponden asimismo al Presidente el reconocimiento de las obligaciones y la propuesta y ordenación de pagos con cargo al Presupuesto de la Asamblea, así como el compromiso de ingresos, el reconocimiento de derechos económicos y la ordenación de ingresos a favor del Presupuesto de la Asamblea».

2.° Función de intérprete del reglamento

Suelen los reglamentos reconocer que corresponde al presidente cumplir y hacer cumplir el reglamento, «interpretándolo en los casos de duda y supliéndolo en los de omisión. Cuando en el ejercicio de esta función supletoria se propusiera dictar una resolución de carácter general, deberá mediar el parecer favorable de la Mesa y de la Junta de Portavoces» (art. 32.2 RCD). En general, casi todos los reglamentos parlamentarios prevén que para la aprobación de las Resoluciones interpretativas del reglamento por la Presidencia de la Cámara debe mediar acuerdo favorable de la Junta de Portavoces, además del acuerdo de la Mesa. Y es que, tal y como señalaban las SSTC 118/1988 y 44/1995, la finalidad de estas disposiciones es garantizar el más amplio apoyo político posible. Esta es la regulación de los artículos 32.2 RCD; 29.2 RPAND; art. 55.j RCAR; art. 38.2 RJGPRINCAST; art. 28.1.7.° RPCANA; art. 34.2 RPCANT; art. 35.7 RCCLM; art. 28 RCCYL; art. 42.10.° RAEX; art. 31.2 RPIB; art. 29.2 RPLARI; art. 55 RAMA; art. 40.2 RPNA y art. 24.2 RPV. No obstante, en algunos casos, incluso, la misma Junta de Portavoces puede «dictar» las resoluciones interpretativas del reglamento, como se desprende del artículo 61.1.a RAMA. No obstante, y aunque constituye una rareza, en algún Parlamento solo es precisa la audiencia de la Junta de Portavoces para la aprobación de estas Resoluciones, como los artículos 36.1.j y 222.1 RAMU y también el artículo 44.d del Reglamento del Senado. Por su parte, especialmente llamativa parece la disposición contenida en el artículo 37.1.8.ª RPNA que atribuye a la Junta de Portavoces, junto con la Mesa, la aprobación de las normas especiales, «no contempladas» en el reglamento, «para el debate de aquellos asuntos cuya naturaleza lo exija».

El estudio detallado de las Resoluciones es realizado en un Capítulo anterior.

b) De los vicepresidentes

La principal función de los vicepresidentes es la de sustituir, por su orden, al presidente, «supliéndole en sus funciones en caso de ausencia o imposibilidad» (Art. 33 RCD; art. 40 RS; art. 30 RPAND; art. 57 RCAR; art. 39 RJGPRINCAST; art. 32 RPIB; art. 30 RPCANA; art. 35 RPCANT; art. 37 RCCLM; art. 29 RCCyL; art. 32 RPCAT; art. 32 RCV; art. 58 RAEX; art. 32 RPG; art. 30 RPRi; art. 56 RAMA; art. 37 RAMU; art. 41 RPNA; art. 25 RPV). Además, todos los reglamentos prevén que los vicepresidentes puedan desempeñar cualesquiera otras funciones que le encomiende el presidente o la Mesa (incluyendo también la función de asunción de funciones de Secretaría). Podría plantearse si la sustitución se puede referir a cualquier competencia, aunque una interpretación acorde con el funcionamiento regular de las instituciones, debe obligar a mantener que las funciones que la Constitución, o el Estatuto de Autonomía, atribuyen expresamente a la Mesa o al presidente (como su participación en la propuesta de un candidato a presidente del Gobierno y en la investidura), no deberían ser objeto de delegación.

c) De los secretarios

La función principal de los Secretarios en el Parlamento es la de autorización de las actas de las sesiones a las que asiste (art. 34 RCD; art. 31 RPAND; art. 58 RCAR; art. 40 RJGPRINCAST; art. 33 RPIB; art. 31 RPCANA; art. 36 RPCANT; art. 38 RCCLM; art. 30 RCCyL; art. 33 RPCAT; art. 33 RCV; art. 60.1 RAEX; art. 33 RPG; art. 31 RPRi; art. 57 RAMA; art. 38 RAMU; art. 42 RPNA; art. 26 RPV). Pero las previsiones reglamentarias son más, pues se prevé que tiene que cumplir las decisiones presidenciales, cursando a los Parlamentarios, a las Comisiones o al Pleno, respectivamente, las comunicaciones, expedientes y cuantos asuntos les competan.

En este sentido, los secretarios supervisan y autorizan, siempre con el visto bueno del presidente, las actas de las sesiones del Pleno, de la Mesa y de la Junta de Portavoces. También autoriza las certificaciones que hayan de expedirse. Además, es su función computar el resultado de las votaciones. Algunos reglamentos prevén que pueda el secretario asistir al presidente en las sesiones, para asegurar el orden de los debates y la corrección de las votaciones, y colaborar en el normal desarrollo de los trabajos de la Cámara según las disposiciones del presidente. Esto sugiere que, en estos casos, y ante la ausencia del presidente y de los vicepresidentes, los secretarios pudiesen asumir la dirección de un debate o la Presidencia de una determinada sesión parlamentaria. Y es que, en general (como en artículo 26.5 RPV), se les configura en una posición general de apoyo y colaboración en las sesiones en el normal desarrollo de los trabajos de la Cámara, según las disposiciones del presidente.

En el Reglamento del Senado, se concretan algo más las funciones de los secretarios pues, además de las ya vistas, se dispone en el artículo 41 RS que su función es redactar y autorizar las actas de las sesiones plenarias, «que deberán ir firmadas por dos de» los secretarios (se supone que los dos primeros), con el visto bueno del presidente. Igualmente, los secretarios del Senado dan cuenta de todas las comunicaciones y documentos que se remitan a la Cámara Alta, para lo cual extienden y firman las resoluciones que se adopten. Y, además, los Secretarios autorizan «cuantas comunicaciones y certificaciones oficiales se expidan por la Secretaría». Por último, se dispone en el artículo 42 RS, que las funciones de los secretarios del artículo 41 pueden ser distribuidas entre los cuatro secretarios que se eligen por la Cámara.

Finalmente, los reglamentos parlamentarios no regulan de forma extensa el estatuto de los miembros de la Mesa. Por eso, no es habitual una norma como la del artículo 31.1 RCCyL, que dispone que «la Mesa de las Cortes, en función de las necesidades parlamentarias, determinará el grado de dedicación de sus miembros fijando su régimen de retribuciones e incompatibilidades. En todo caso, el Presidente tendrá dedicación exclusiva». Por su lado, el artículo 7 del RPNA determina la incompatibilidad de cualquier miembro de la Mesa con el cargo de presidente o consejero del Gobierno de Navarra o Diputación Foral. Fuera de estos casos, es raro que el reglamento prevea la incompatibilidad de los miembros de la Mesa

F) Funciones de las Mesas

a) En general, la dirección de los trabajos parlamentarios

La Mesa asume la representación colegiada de la Cámara y tiene una función de dirección general de los trabajos de esta; así, el artículo 31.1.1.° RCD dispone que le corresponde la adopción de cuantas decisiones y medidas requieran la organización del trabajo y el régimen y gobierno interiores de la Cámara. Como se ha dicho, no deja de ser contradictorio que se configure la organización en el Derecho parlamentario con una especie de bicefalia, en donde la representación es asumida por dos órganos. Por eso, hay algunos autores que van más allá y dudan, incluso, de la constitucionalidad de disposiciones como la del artículo 31 RCD, pues configura un órgano como la Mesa de muy difícil encaje en el artículo 72 CE. Desde esta posición general de órgano de coordinación de los trabajos del Parlamento, muchas de las otras funciones de la Mesa son una consecuencia de aquella, como por ejemplo la prevista en el párrafo 6.° del artículo 31, relativo a la programación de «las líneas generales de actuación de la Cámara, fijar el calendario de actividades del Pleno y de las Comisiones para cada período de sesiones y coordinar los trabajos de sus distintos órganos», todo ello previa audiencia de la Junta de Portavoces en la Cámara Baja. Así mismo, el artículo 31.1.4.° y 5.° RCD dispone la competencia de la Mesa para «calificar, con arreglo al Reglamento, los escritos y documentos de índole parlamentaria, así como declarar la admisibilidad o inadmisibilidad de los mismos», y en el párrafo siguiente, se determina que la Mesa «Decide la tramitación de todos los escritos y documentos de índole parlamentaria, de acuerdo con las normas establecidas en este Reglamento»[21].

---

21 I. Torres Muro, *op. cit.*, pp. 186 y ss., clasifica las funciones de la Mesa en función de tres criterios: 1. según su participación en el proceso de toma de decisiones; 2. según se trate de potestades regladas o discrecionales y 3. por razón de su materia. Por su parte, A. Lucio Gil, «La Mesa de la Asamblea de Madrid», en *Asamblea. Revista parlamentaria de la Asamblea de Madrid*, Madrid, Asamblea de Madrid, 1, 1999, pp. 69 y ss., divide las funciones de la Mesa de la Asamblea de Madrid en funciones de gobierno interior; poderes disciplinarios; de dirección y de programación de los trabajos; de calificación y admisión de los escritos; órgano rector y función representativa.

Sea como sea, los reglamentos parlamentarios suelen referirse a la posición general de las Mesas, como órgano de máxima representación. Esto es una constante en nuestro Derecho parlamentario, con alguna adaptación en cada caso. Así, además del RCD, prevén esta función de las Mesas el art. 36 RS, art. 28 RPAND; art. 56.1 RCAR, la Mesa es el «órgano rector de las Cortes»; art. 37.1 RJGPRINCAST; art. 30.1 RPIB; art. 27.1 RPCANA; art. 33.1 RPCANT; art. 32.1 RCCLM; art. 27.1 RCCyL; art. 29.3 RCAT; art. 34.1 RCV; art. 48.1 RAEX; art. 30 RPGAL; art. 49.1 RAMA; art. 32.1 RAMU; art. 37.1 RPNA y art. 23.1 RPV.

Sobre la consideración de la Mesa como órgano que decide las líneas generales de la actuación de la Cámara y como órgano de calificación y admisión a trámite, se volverá enseguida. Ahora debe ponerse de relieve que la segunda función de las Mesas es la administrativa, definida en el artículo 31.1.2.° RCD, según el cual le corresponde a la Mesa elaborar el «proyecto de Presupuesto del Congreso de los Diputados, dirigir y controlar su ejecución y presentar ante el Pleno de la Cámara, al final de cada ejercicio, un informe acerca de su cumplimiento». En el párrafo siguiente se dispone que le corresponde a la Mesa «Ordenar los gastos de la Cámara, sin perjuicio de las delegaciones que pueda acordar». Algunos reglamentos son más expresivos de esta posición administrativa, como el del Parlamento de Andalucía, cuyo artículo 28.1.3.° y 4.° dispone que también es función de la Mesa «aprobar la relación de puestos de trabajo del personal al servicio de la Cámara, las plantillas y la determinación de funciones correspondientes a cada uno de dichos puestos», y «4.° Aprobar las bases que regulen el acceso del personal al Parlamento». En definitiva, esta posición de la Mesa es común en nuestro *Derecho parlamentario*, de modo que funciona junto con el presidente como órgano de máxima relevancia administrativa.

No obstante, tampoco aquí los reglamentos parlamentarios suelen regular de un modo muy extenso la materia administrativa del Parlamento. Por ello, es algo excepcional el Reglamento de la Asamblea de Madrid, pues es uno de los que regulan con un mayor detalle las competencias administrativas de las Mesas, de forma similar a lo que hace con el presidente. Así, enumera las siguientes funciones que también realizan las Mesas de todos los Parlamentos, aunque no se disponga expresamente en los reglamentos parlamentarios: aprobación del Reglamento de Régimen Interior; iniciativa de aprobación y reforma del Estatuto del Personal de la Asamblea de Madrid, que es aprobado por el Pleno; aprobación de la relación de puestos de trabajo y de la plantilla presupuestaria de la Asamblea; elaboración y aprobación del proyecto de Presupuesto de la Asamblea, la autorización de transferencias de crédito dentro del mismo, la aprobación de su liquidación, la incorporación de remanentes y la elevación al Pleno de un informe sobre su cumplimiento; autorización, ordenación y disposición de gastos con cargo al Presupuesto de la Asamblea y la incorporación de la Cuenta de la Asamblea a la Cuenta General de la Comunidad de Madrid.

Para finalizar con la definición de las Mesas como órganos de dirección de los trabajos parlamentarios, podría mencionarse la sesión conjunta de las Mesas del Congreso de los Diputados y del Senado. Esta «sesión conjunta» no implica que haya un órgano peculiar y complejo de las Cortes Generales, aunque adquiere una posición y un significado que iría más allá de las funciones que pueden tener en virtud del artículo 72.1 CE en relación con el personal de las Cortes Generales. No cabe dudar que la aprobación del inexistente Reglamento de las Cortes Generales daría el verdadero significado de un órgano que va a participar en las funciones del Título II de la Constitución.

b) La calificación y admisión a trámite

Esta función de la Mesa supone que es el órgano encargado de recibir, estudiar y decidir la tramitación de todos los documentos parlamentarios que se registren en el Parlamento. Desde esta perspectiva general, podría plantearse una aplicación a esta materia parlamentaria de la doctrina general y la regulación de los Registros y los órganos administrativos. Sin embargo, toda aplicación analógica de la norma administrativa (como la Ley 39/2015, o la Ley 40/2015) ha de efectuarse con cautela, dados los diferentes principios que rigen el Derecho administrativo y el Derecho parlamentario y constitucional. No obstante, algunos reglamentos sí prevén una regulación muy administrativizada que no es habitual, como el siempre útil artículo 37.1.d del Reglamento de la Junta General del Principado de Asturias, que determina que «la Mesa podrá otorgar un plazo de veinticuatro horas para la subsanación de los defectos de forma o errores materiales de los escritos o documentos presentados».

El mal uso de la función de calificación puede suponer que sea utilizada de una forma «preventiva» por las mayorías parlamentarias, para impedir que ciertos asuntos sean discutidos en la Cámara. Es criterio consolidado que la Mesa ha de «examinar si la iniciativa cumple con los requisitos formales exigidos por la norma parlamentaria. En cualquier caso, dicho examen no debe suplantar las funciones que le corresponden a la Asamblea legislativa, y que gozan de relevancia constitucional cuando consisten, precisamente, en ejercer la función legislativa por los representantes de los ciudadanos», o en el ejercicio de cualesquiera funciones parlamentarias. Esta jurisprudencia es muy reiterada, parece definitivamente asentada y ha sido sistematizada y comentada por A. ARCE JANÁRIZ[22]. Entre las más recientes

---

22 Entre toda la obra que este autor ha dedicado al mundo del Derecho parlamentario destaca su aportación, muy valiosa, a la función de calificación y admisión a trámite de las Mesas. Puede consultarse, A. ARCE JANÁRIZ, *El Parlamento en los tribunales. Prontuario de Jurisprudencia parlamentaria*, Pamplona, Aranzadi, 2004. En especial, para este tema, pp. 98 y ss. La obra de este autor relativo a esta materia es: «Calificación y admisión a trámite en los procedimientos parlamentarios», en *Revista española de Derecho constitucional*, 29, pp. 10 a 172; «El derecho de enmienda visto por el Tribunal Constitucional», en *Revista española de Derecho constitucional*, 41, pp. 151 a 172; «El trámite de admisión de los procedimientos parlamentarios en la jurisprudencia constitucional», en *Revista española de Derecho constitucional*, 46, pp. 207 a 238 y «¿Overrulling de la jurisprudencia constitucional sobre el trámite parlamentario de admisión?», en AA. VV., *Parlamento y*

sentencias, pueden citarse solo como ejemplo las SSTC 137/2021, de 29 de junio; 68/2020, de 29 de junio; 110/2019,de 2 de octubre; 34/2018, de 12 abril; 10/2016, de 1 febrero; 19/2015, de 16 de febrero. El ATC 181/2006, de 5 de junio lo resume de la siguiente forma: «venimos insistiendo en que el control que ejerce la Mesa sobre las proposiciones o proyectos que recibe es meramente formal».

El Tribunal Constitucional ha aclarado siempre que el órgano que sirve de instrumento para el ejercicio por los ciudadanos de la soberanía participando en los asuntos públicos por medio de representantes es la asamblea legislativa (Pleno y Comisiones). No lo son sus Mesas, pues estas cumplen la función técnico-jurídica de ordenar y racionalizar el funcionamiento de las Cámaras para su mayor eficacia, precisamente, como el foro de debate y participación en la cosa pública. Así la STC 78/2006, de 13 de marzo, profundizó en el concepto de admisión a trámite y señaló que «a la Mesa le compete, [...] verificar la regularidad jurídica y la viabilidad procesal de la iniciativa, esto es, examinar si la iniciativa cumple con los requisitos formales exigidos por la norma reglamentaria». Además, el tribunal ha concluido que los reglamentos pueden permitir que la Mesa extienda su examen de la iniciativa más allá de la estricta verificación de sus requisitos formales. Este control de la Mesa se puede centrar en el control del Gobierno, o textos de carácter legislativo, o en «"aquellos supuestos en los que se planteen cuestiones entera y manifiestamente ajenas a las atribuciones de la cámara" [SSTC 203/2001, de 15 de octubre, FJ 3; 177/2002, de 14 de octubre, FJ 3; 40/2003, de 27 de febrero, FJ 2 b); 57/2011, de 3 de mayo, 68/2020, de 29 junio]».

Acercándose al concepto de admisión a trámite, la STC 177/2002, de 14 de octubre, F. 3, señaló que, «En relación con la incidencia en el *ius in officium* del cargo parlamentario de las decisiones que adoptan las Mesas de las Cámaras en el ejercicio de su potestad de calificación y admisión a trámite de los escritos y documentos a ellas dirigidos, este tribunal ha afirmado (SSTC 38/1999, de 22 de marzo, F. 3; 40/2000; 107/2001, de 23 de abril, F. 3.b; y 203/2001, de 15 de octubre, F. 3; 208/2003, de 1 de diciembre) que ninguna tacha de inconstitucionalidad merece la atribución a las Mesas del control de la regularidad legal de los escritos y documentos parlamentarios, sean éstos los dirigidos a ejercer el control de los respectivos ejecutivos, sean los de carácter legislativo, siempre que tras ese examen de la iniciativa a la luz del canon normativo del Reglamento parlamentario no se esconda un juicio sobre la oportunidad política en los casos en que ese juicio esté atribuido a la Cámara parlamentaria en el correspondiente trámite de toma en consideración o en el debate plenario».

Justicia constitucional: IV Jornadas de la Asociación española de Letrados de Parlamentos, Pamplona, Aranzadi, pp. 365 a 378.

En conclusión, la verificación que hace la Mesa debe ser meramente formal. En todo caso, «cualquier rechazo arbitrario o no motivado causará lesión de dicho derecho y, a su través, según hemos indicado, del fundamental del Diputado a desarrollar sus funciones sin impedimentos ilegítimos (art. 23 CE)». El tribunal ha indicado, por ejemplo, que la Mesa sí puede controlar que las preguntas se deben centrar en el control del ejecutivo como una de las funciones de la Asamblea parlamentaria (STC 68/2020, de 29 junio), pero la Mesa no debe inadmitir a trámite una iniciativa que excedía del ámbito competencial de la Comunidad Autónoma (STC 107/2001, de 23 de abril).

En resumen, las Mesas de las Cámaras, «en tanto que órganos de administración y gobierno interior, han de limitar sus facultades de calificación y admisión a trámite al exclusivo examen de los requisitos reglamentariamente establecidos». De lo contrario, las Mesas estarían sustituyendo al Pleno o a las Comisiones de las Cámaras, y «estarían obstaculizando la posibilidad de que se celebre un debate público entre las distintas fuerzas políticas con representación parlamentaria, cuyos efectos representativos ante los electores se cumplen con su mera existencia, al margen, claro está, de que la iniciativa, en su caso, prospere» (SSTC 124/1995, de 30 de enero; y, más recientemente, 208/2003, de 1 de diciembre, 32/2017, de 27 de febrero y 68/2020, de 29 junio).

Como consecuencia de esta jurisprudencia, algunos reglamentos prevén causas expresas de inadmisión a trámite, lo cual implica que, solo en estos casos, la Mesa pueda entrar en el conocimiento de una iniciativa, antes de que la debata el órgano parlamentario (generalmente en Pleno o en comisión) que reglamentariamente ha de hacerlo. Ejemplo de ello es el art. 28.1.3 RPRi, según el cual, «en caso de asuntos que excedan de las competencias estatutarias de la Comunidad Autónoma, la Mesa podrá rechazar su admisión a trámite, salvo que se trate de cuestiones que interesen exclusiva o fundamentalmente a La Rioja o sus ciudadanos». Además, el ordenamiento permite que la Mesa analice parte del contenido de otras iniciativas en el ejercicio de la función de calificación y admisión a trámite, como es el caso de la calificación en ciertos Parlamentos autonómicos de lo que han de considerarse mociones o interpelaciones, o el de la iniciativa legislativa popular que tiene vedadas ciertas materias por imposición del art. 87.3 CE. No obstante, en otros fallos ya vistos (SSTC 203/2001; 40/2003 y 208/2003) se ha matizado que la verificación liminar actuaba como una vinculación positiva: la Mesa solo podría estudiar la iniciativa de una forma aproximativa, y podía ejecutar esa función garantizadora de su posición. Ahora parece configurarse esa «verificación a *límine*» también como un límite negativo: no debe efectuarse un examen del contenido, ni siquiera preliminar, so pena de extralimitarse la Mesa en su función, salvo en los casos previstos expresamente.

c) La solicitud de reconsideración

Cuando la Mesa ejerce la función de calificación y admisión a trámite, el *Derecho parlamentario español* reconoce una suerte de recurso de reposición a través del cual el parlamentario, o el grupo legitimado, puede recurrir la decisión de la Mesa. En términos similares al artículo 30.2 RCD, se prevé la posibilidad del recurso de reconsideración (y en un plazo variable desde la notificación del acuerdo —desde los 15 días en el Parlamento canario, hasta las cuarenta y ocho horas de las Cortes de Aragón, o los dos días del Parlamento de Cataluña—), el artículo 61.4.a RCAR; art. 37.2 RJGPRINCAST; art. 30.2 RPIB; art. 28.2 RPCANA; art. 33.2 RPCANT; arts. 13.4 y 32.2. RCCLM; art. 27.2 RCCyL; art. 38 RCAT (con efectos suspensivos, en todo caso); art. 34.2 RCV; art. 50.5 RAEX; art. 30.2 RPGAL; art. 29.2 RPRi; art. 49.2 RAMA; art. 35 RAMU y el art. 23.2 RPV.

En este sentido, el artículo 36.2 RS prevé que puedan solicitar la reconsideración del acuerdo de la Mesa, el Senador o el Grupo parlamentario «afectados» por el acuerdo. La Mesa del Senado decidirá mediante resolución motivada que, si no es adoptada por unanimidad, podrá ser objeto de una moción. En general en el *Derecho parlamentario español*, la solicitud puede plantearla tanto el Grupo parlamentario (o Diputado) autor de la iniciativa que ha sido inadmitida, como el Grupo parlamentario (o Diputado) que, no siendo autor de la iniciativa, discrepe de la decisión de admisión o inadmisión de la Mesa, si se trata de asuntos de interés público parlamentario. No obstante, la legitimación para plantear la reconsideración está configurada de un modo algo más estricto en otros Parlamentos, pues el art. 28.2 RPAND dispone que solo el parlamentario o Grupo parlamentario «con interés directo y legítimo», podrá solicitar su reconsideración dentro de los dos días siguientes a la notificación del acuerdo.

Las solicitudes de reconsideración son decididas por la Mesa, con audiencia de la Junta de Portavoces. Sin embargo, es preciso el acuerdo expreso de la Junta de Portavoces en el artículo 61.4.c RCAR, art. 63.2.º RPIB — solo para el caso de las comisiones de investigación— y art. 61.1.f RAMA. En alguna ocasión, no obstante, la solicitud de reconsideración contra el acuerdo de calificación que haga la Mesa, ha de ser resuelta por la Junta de Portavoces (art. 37.2 RPNA; aunque en este Parlamento el recurso de reconsideración contra la decisión de la Mesa sobre la admisión de una enmienda *in voce* en una sesión plenaria será resuelto por la propia Mesa).

En el Parlamento de Andalucía, la Mesa decidirá definitivamente, también mediante resolución motivada, en la «primera sesión que celebre tras la solicitud de reconsideración», teniendo efectos suspensivos la presentación del escrito, y sin que se admita a trámite el escrito de reconsideración si el acto recurrido ya hubiese sido votado. Aunque esta regulación no está prevista en otros reglamentos, es defendible su aplicación en todos los Parlamentos.

En algunos reglamentos se prevé, de forma expresa que, contra las decisiones de las Mesas de las Comisiones de calificar y admitir a trámite las enmiendas presentadas en el seno del procedimiento legislativo, se pueda presentar la correspondiente reconsideración ante la Mesa de la Cámara (art. 114.4 RPAND). Este peculiar «recurso de alzada» tiene el beneficioso e indudable efecto de unificación de la doctrina que se aplique en la Cámara en materia de admisión a trámite de las enmiendas. También el artículo 139.2 RJGPRINCAST prevé este recurso, en el plazo de dos días; artículo 118.6 RPCANT (dos días); el art. 111.2 RCCyL (tres días); el art. 96.5 RPRi (dos días) y el art. 143.3 RAM (tres días). Por su parte, el Reglamento del Parlamento de Andalucía dispone que contra la resolución de la Mesa de la Cámara que resuelva esta reconsideración, no cabrá recurso (parlamentario) alguno.

Por su parte, en los reglamentos en los que no se prevé de forma expresa la reconsideración de los acuerdos de las Mesas de las comisiones, solo procedería la presentación de escritos de reconsideración ante la propia mesa de la comisión, aplicando los criterios de analogía[23].

G) Funcionamiento

El funcionamiento de la Mesa no suele ser regulado de una forma expresa en los reglamentos parlamentarios, por lo que se aplica el régimen jurídico de funcionamiento de los órganos parlamentarios. No obstante, hay algunas normas que establecen disposiciones específicas para estas sesiones. Así, el artículo 56.3 RCAR determina que se considerará la Mesa válidamente constituida previa convocatoria de su presidente o de quien legalmente le sustituya, cuando estén presentes, al menos, tres de sus miembros (dos miembros en el caso de la convocatoria de la Mesa del Parlamento de Navarra, art. 38.1 RPNA). En unos términos parecidos, establece el artículo 35 del Reglamento de las Cortes Valencianas, que la Mesa se reunirá mediante convocatoria del presidente, a iniciativa de la propia Mesa, a instancia de la «Junta de *Síndics* o cuando así lo solicite la mayoría de sus miembros». La iniciativa de la convocatoria es matizada en algún reglamento, pues basta en varios casos con que lo solicite al presidente «algún miembro de la Mesa», para que aquel tenga que convocar, aunque la solicitud ha de ser motivada, como dispone el artículo 50 RAMA. Similares disposiciones incluyen el artículo 26.3 RCCyL, el artículo 26.2 del Reglamento de la Asamblea de Extremadura, o el art. 27 RPRi. Por su lado, el *quórum* de asistencia se especifica en algún reglamento,

23 Cfr. F. Visiedo Mazón y E. Soriano Hernández, *Las enmiendas en el procedimiento legislativo*, Cartagena. AELPA, 2000, p. 54. Señalan estos autores que «parece conveniente, dada la insuficiente normación, no sólo se establezca con precisión la función de calificación de las Mesas de las Comisiones o de la Mesa de la Cámara, en su caso, de las enmiendas a los proyectos o proposiciones de ley, sino que sobre todo se establezca con claridad y precisión un procedimiento de revisión de los actos de calificación de estas Mesas como ha venido sucediendo en (algunos) Parlamentos..., en la mayoría de los casos, como consecuencia de las reformas que se han sucedido a lo largo de estos últimos quince años».

como el artículo 31.1 RPIB, que determina que «se entenderá válidamente constituida cuando estén presentes, por lo menos, tres de sus miembros».

Algo más específico es el artículo 32 del Reglamento de las Cortes de Castilla-La Mancha, según el cual, «la Mesa de la Cámara será convocada por su presidente a iniciativa propia, o a instancia de dos de sus miembros, con el correspondiente orden del día. En el último supuesto será convocada en el plazo de cuarenta y ocho horas, siguientes a la petición, no pudiendo demorarse su celebración por más de siete días desde que el escrito tuviera entrada en el Registro General».

En relación con las votaciones en la Mesa, el artículo 36.3 del Reglamento de las Cortes de Castilla-La Mancha determina que «el voto del Presidente será de calidad en aquellas decisiones que adopte la Mesa y la Diputación Permanente». Disposición que no deja de encontrar algún que otro ejemplo similar en nuestro Derecho parlamentario. Así, el artículo 32.2 RCCyL señala que, cuando se produzca empate, «el Presidente o quien en aquel momento ejerza sus funciones hará uso del voto de calidad». Criterio que es aplicable también a las Mesas de las Comisiones de estos Parlamentos. Si no hay disposición expresa, el criterio de la resolución de empates es el mismo que en el resto de órganos.

Por su lado, el Reglamento del Parlamento de Cataluña dispone que solo habrá voto de calidad del presidente cuando el empate se produzca por «vacante, por ausencia o por impedimento» de un miembro de la Mesa. En otro caso, el asunto sometido a votación se considerará rechazado (art. 34.2 RPCAT), regla esta última que, como se sabe, es la común en el Derecho parlamentario español. También el RAMU dispone el voto de calidad del presidente, previéndose que los acuerdos de la Mesa se adopten por mayoría de sus miembros, siendo sus deliberaciones, en todo caso, reservadas (artículo 33.2 RAMU).

En general, la Mesa está asesorada por el Letrado Mayor del Parlamento correspondiente, aunque algún reglamento dispone, sin más especificación, que la Mesa esté asesorada por un Letrado de la Cámara, quien asistirá a las reuniones (artículo 32.1 RCCyL).

2.2. La Junta de Portavoces

A) Introducción. Significado actual de la Junta de Portavoces

La Junta de Portavoces es uno de los órganos relevantes del Parlamento actual, por lo que su importancia va a dar la medida y el significado del resto de órganos. Inicialmente, puede señalarse que es característica del *Derecho parlamentario español* el claro predominio de la Junta de Portavoces, con un aumento de las materias sobre las que, como mínimo, ha de tomar conocimiento, cuando no adoptar decisiones. Debe tenerse en cuenta, además, que la Junta es uno de los foros parlamentarios en donde aparecen, de un modo más claro, los principales asuntos y no solo parlamentarios, que afectan a la vida de la Institución.

En la organización del Parlamento hay dos funciones separables conceptualmente. Una primera, vendría a ser la función jurídico-formal que se centraría de forma importante, pero no exclusiva, en la calificación de todo documento de índole parlamentaria. Como se sabe, esta función recae en la Mesa. Además de esta función, habría una segunda que consiste en la adopción de decisiones de contenido preferentemente político. Esta segunda función sería ejercida por la Junta de Portavoces, aunque no falta algún caso en el que se produce una inversión funcional.

Es muy importante y seguramente sea cierta, la idea de que la Junta de Portavoces adopta decisiones de tipo político y que, de alguna forma, anticipa cuál va a ser el sentido de las decisiones de los órganos que expresan la voluntad de la Cámara: el Pleno y las Comisiones. La Mesa no adopta siempre esa posición, como se desprende de la STC 161/1998, de 14 de julio. En este ámbito, y en este contexto, se configuran algunas técnicas como la del voto ponderado, que asegura la imputación de voluntades a los parlamentarios ausentes en el momento de adoptar acuerdos. Y es que el voto ponderado es un medio de muy difícil anclaje en la idea del parlamentarismo liberal e individual. No se olvide que esta idea del parlamentario individual, no sometido a mandato imperativo, es la que ilumina el artículo 67.2 de la Constitución y la jurisprudencia del Tribunal Constitucional del año 1983, que impedía la pérdida del escaño por dejar de pertenecer al partido por el que se fue elegido. De lo que no cabe dudar es de la actualidad del grupo y del Parlamento grupocrático, y de que la técnica del voto ponderado da una idea exacta de la fuerza tan enorme que posee la disciplina de partido, tanto en el marco del Grupo, como en el del partido político.

A. MANZELLA[24], de modo gráfico, dice que la Junta de Portavoces es «el colegio-clave» para la organización del trabajo en el Parlamento. Y entre nosotros, A. ARCE JANÁRIZ[25] ha señalado que la Junta de Portavoces es el «quicio de la Cámara». Como premisa inicial, puede afirmarse que la Junta de Portavoces es el órgano que configuran los reglamentos para juridifi-

24 A. MANZELLA, *Il Parlamento*, Bolonia, Il Molino, 1997, p. 115.

25 A. ARCE JANÁRIZ, *Teoría y Práctica de la Junta General del Principado de Asturias*, Siero, Granda ediciones, 2003, p. 70, que añade que «el número limitado de funciones asignadas a la Junta de Portavoces no debe llevar a infravalorarla».

car la voluntad de los Grupos parlamentarios. Así, el funcionamiento de la Junta de Portavoces verifica la importancia formal de los Grupos parlamentarios en el desarrollo del Parlamento. Sirve, además, de enlace del Parlamento con el Gobierno, lo cual se antoja fundamental en un sistema parlamentario[26], pues allí asegura el ejecutivo su participación y expresa su opinión en la formación de decisiones y en el tratamiento de asuntos, como el calendario de la Cámara o el orden del día[27]. Y es que materialmente no hay decisión ni acto del Parlamento que escape al control de los Grupos[28], aunque ello no siempre se ejecute formalmente mediante un acuerdo de la Junta. Ni más ni menos significa que la naturaleza grupocrática del Parlamento y del Estado entero se impone a otras concepciones diferentes o más individuales[29]. En definitiva, en todos los Parlamentos modernos (salvo la muy llamativa excepción del Parlamento británico) hay un órgano que reúne los portavoces de los Grupos parlamentarios, y suele reunirse bajo la Presidencia del presidente del Parlamento[30], aunque no sea miembro de la Junta de Portavoces.

---

26 Algunos autores, sin embargo, relativizan un tanto la importancia de la Junta de Portavoces en función de que haya o no mayoría absoluta. Cfr. a este respecto, LL. AGUILÓ I LÚCIA, en *Las Cortes valencianas. Introducción del Derecho parlamentario*, Valencia, Tirant Lo Blanc, 2000, pp. 57 y ss.

27 En nuestra doctrina, se ha resaltado el papel preeminente de la Junta de Portavoces en la «organización política de las Cámaras». Cfr. X. A. SARMIENTO MÉNDEZ, *Dereito Parlamentario de Galicia*, Vigo, Editorial Xerais, 2001, pp. 84 y ss.

28 A. TORRES DEL MORAL, «Sistemas electorales y sistemas de partidos», en *Revista de Derecho Político*, 32, UNED, pp. 32 y ss. Señaló este autor, que apenas hay algún aspecto que escapa a la «grupalización» acaecida en el Parlamento desde la institucionalización del Estado de partidos a través de una democracia de partidos.

29 Suele citarse la célebre Resolución Ferry de la Asamblea Nacional Francesa, en 1911, como precedente de la regulación de la Conferencia de Presidentes en el Derecho parlamentario y que venía a recoger la práctica consistente en la reunión del Presidente de la Cámara con los Presidentes de las Comisiones, y los Presidentes de los Grupos parlamentarios, quienes semanalmente trataban de la ordenación del trabajo parlamentario. Visto desde esta perspectiva, se trataría de una institución de origen francés en el Derecho parlamentario continental.

30 A. ARCE JANÁRIZ, *Teoría y Práctica..., op. cit.*, p. 70 lo explica de la siguiente forma: «La Mesa y la Junta de Portavoces son proyección de técnica de la colegialidad en la esfera de la dirección parlamentaria, dirección originariamente monocrática y concentrada en el Presidente de la Cámara. La colegialidad es para las Cámaras que se ocupan de numerosos asuntos, a menudo complejos, una medida de racionalización organizativa. Pero, además y, sobre todo, instrumento para adaptar la estructura del poder de dirección a Cámaras política y socialmente heterogéneas, evitando su concentración con un mismo y único órgano unipersonal, el presidente de la Cámara. Es significativo que el Presidente, aunque conserva su condición específica, pase a integrarse también en la Mesa y en la Junta de Portavoces, cuyos acuerdos debe ejecutar».

La regulación de la Junta de Portavoces en los reglamentos de los Parlamentos de nuestro entorno es similar a la nuestra, con una proximidad notable, impropia de otras materias, en sistemas constitucionales tan diferentes como Italia[31], Alemania[32] y Francia[33]; aunque también aquí los

31 El artículo 13 del Reglamento de la Cámara de Diputados italiana determina la composición de la Conferencia de Presidentes, de la que estarían excluidos los cuestores, siendo siempre informado de sus sesiones el Gobierno «por el Presidente del día y hora de la reunión para que pueda intervenir un representante» del propio poder ejecutivo. En cuanto a sus funciones, esta Conferencia de Presidentes será convocada para «examinar» el desarrollo de los trabajos del Pleno y de las Comisiones. Muy parecida es la regulación del Reglamento del Senado italiano, cuyo artículo 53.3 dispone la convocatoria de la Conferencia de Presidentes, también acompañados de los vicepresidentes y del «representante» del Gobierno, para aprobar el calendario bimensual de reuniones de la Cámara.

32 En el *Bundestag*, el *Ältestenrat* cumpliría la función análoga a nuestra Junta de Portavoces al incorporar a veintitrés miembros de los Grupos parlamentarios, además del *Präsidium* (o Mesa). Sus funciones, según el artículo 6.2, se centran en el asesoramiento y consulta en relación con los principales asuntos, si bien sus decisiones raramente se contradicen por el resto de órganos parlamentarios. No obstante, es el *Bundestag* un órgano en el que el Presidente de la Cámara tiene un peso específico notable, logrando predominar sobre el resto de órganos de una forma más o menos evidente. No hay duda de que, al centralizar las principales funciones del Parlamento, el Presidente del *Bundestag* ensombrece la Junta de Portavoces. Buen ejemplo de ello es que el Presidente del *Bundestag* debe «consultar» al *Ältestenrat* la determinación del plan de trabajo de la Cámara, el calendario o la propuesta al Pleno del orden del día de cada sesión. El artículo 13.2 del Reglamento de la Cámara de Diputados italiana determina que podrán ser invitados a la Conferencia de Presidentes, los vicepresidentes de la Cámara y los Presidentes de las Comisiones parlamentarias. El Presidente podrá, asimismo, cuando lo exija la extraordinaria importancia de la cuestión, invitar a participar a un representante de cada uno de los componentes políticos del Grupo Mixto a los que pertenezcan como mínimo diez diputados, así como a un representante del componente formado por los diputados pertenecientes a las minorías lingüísticas a que se refiere el apartado 5 del artículo 14. Para los acuerdos sobre organización de los trabajos a que se refieren los artículos 23 y 24, sólo se tendrá en cuenta la posición expresada en nombre del Grupo Mixto por su Presidente.

33 En el artículo 48 del Reglamento de la Asamblea Nacional francesa, se regula la Conferencia de Presidentes. Se configura aquí un órgano compuesto por los presidentes de los Grupos parlamentarios, por los vicepresidentes, los presidentes de las Comisiones permanentes, y el ponente general de la Comisión de «Presupuestos, Economía General y del Plan». También forma parte de la Conferencia, el Presidente de la Delegación de la Asamblea Nacional para la Unión Europea. Las reuniones de la Conferencia serán convocadas cada semana y de sus reuniones será informado el Gobierno, que podrá delegar un «representante», que no tendrá que ser miembro del propio Gobierno. Pero las instituciones parlamentarias son, en la Quinta República, subsidiarias de lo gubernamental, y la Conferencia formulará «cualesquiera propuestas referentes a la aprobación del orden del día a título de complemento a las discusiones señaladas como prioritarias por el Gobierno». Por lo demás, la Conferencia de Presidentes acuerda el orden del día y varias de las principales cuestiones relativas a la ordenación parlamentaria de la vida de la Cámara. Por su parte, el Reglamento del Senado francés delimita una Conferencia de Presidentes muy similar a la de la Asamblea Nacional (artículos 29 y 29a), con funciones también en la fijación del orden del día. Para el estudio de este órgano en el Derecho francés, es muy interesante la consulta de P. AVRIL y J. GICQUEL, *Droit parlamentaire, Montchrestien*, París. También de J. GICQUEL, «Nuevas tendencias del derecho parlamentario francés y europeo», en *Reflexiones jurídicas*, 4, 2002.

sistemas británicos[34] y norteamericano[35] presentan notables diferencias.

En resumen, hoy[36] el significado de la Junta de Portavoces viene expresado no solo por su generalización reglamentaria, sino sobre todo por ser punto de encuentro entre los Grupos parlamentarios y el Gobierno, y por su

34 El caso del Parlamento británico es muy significativo pues, como ya se sabe, no existe allí un órgano similar a la Junta de Portavoces. Predomina el interés gubernamental en la fijación del orden del día (*Standing Order* 14.1), a través de la intervención de *Mr. Speaker*. Además, todo ello se ve muy mediatizado por la concienzuda y detallista regulación del trabajo parlamentario que efectúan las *Standing Orders*: llena de reglas, de excepciones y de excepciones de excepciones, en donde predomina la pragmatísima visión que del Derecho (y de la vida) posee el ordenamiento anglosajón. Igual sucede en la Cámara de los Lores, en donde los asuntos del Gobierno y los que remita la Cámara de los Comunes tienen preferencia, sobre los asuntos que tengan su origen en la Cámara nobiliaria (*Standing Order* 41 y 42).

35 El Senado de los Estados Unidos, fiel a las «peculiaridades» del sistema, no cuenta con la participación de un órgano similar a la Junta de Portavoces. Como es sobradamente conocido, la inexistencia en el Senado norteamericano de Grupos parlamentarios tal y como son conocidos en Europa impediría la previsión normativa de la Junta. Pero, además, la fuerza de las Comisiones por una parte y, por otra, la previsión muy detallada en las *Standing Rules* (Rule VII.1), en relación con la configuración del calendario y los órdenes del día, garantizan la presencia de las preferencias del ejecutivo en la configuración del orden del día del Parlamento. Cada día en el que se celebran sesiones, se remite por el (poderoso) Gabinete de la Presidencia del Senado de los Estados Unidos al resto de oficinas del Senado, el calendario, que se lee en la apertura de cada sesión. La prelación de asuntos es la siguiente: mensajes del Presidente; informes y comunicaciones de las Jefaturas de cada Departamento gubernamental; otras comunicaciones dirigidas al Senado, como proyectos, resoluciones o mensajes de la Cámara de Representantes. Solo después de estos asuntos se debaten: presentación de peticiones y memoriales; informes de Comisiones y defensa de proyectos y presentación de «otras resoluciones». Por su parte y aunque sean un órgano comparable con nuestra Junta de Portavoces, en la Cámara de Representantes, el *Committee on Rules* juega un peculiar papel en la información de reglas especiales relativas a los términos de los debates, las enmiendas y los tipos de enmienda que son admisibles en la tramitación de cada proyecto legislativo y sobre los procedimientos que se tramitan en la Cámara; sin embargo, su papel es algo menor en la organización de la vida interna de la propia Cámara de Representantes. Aunque ya tenga algunos años, todavía es valioso, B. I. OPPENHEIMER, «The Rules Committee: New Arm of Leadership in a Decentralized House», en LAWRENCE C. DODD and BRUCE I. OPPENHEIMER, (eds.), en *Congress Reconsidered*, 1ª ed., 1977. Por otra parte, son muy interesantes las *Rules of the Committee on Rules U.S. House of Representative 113rd Congress*, de julio de 2013, que introducen una regulación interna complementaria de carácter parlamentaria y administrativa, del funcionamiento de esta Comisión. Es una Comisión que adquiere cierta relevancia en el maremágnum de Comisiones y Subcomisiones (más de 200) que domina la vida de la Cámara. Esta Comisión está formada por trece miembros y tiene a su vez dos Subcomisiones, la *Legislative and Budget Process Subcommittee*, y la *Rules and Organization of the House Subcommittee*.

36 Aunque nuestra Constitución de 1931, igual que luego sucedió en la Constitución de 1978, ignoraba a los Grupos parlamentarios, el Reglamento del Congreso de los Diputados de 1934 estableció (cierto que de un modo muy parco) que los grupos podrían nombrar un representante «cerca de la Mesa» a los efectos parlamentarios. Estos representantes bien podrían haber constituido una Junta de Portavoces o una Conferencia de Portavoces parlamentarios.

intervención en asuntos vitales, de esos que imprimen carácter a la Cámara, tales como la fijación del calendario o la determinación del orden del día de las sesiones plenarias. En nada afecta a esta naturaleza y significado, el hecho de que esté la Junta compuesta por los portavoces de los grupos parlamentarios y que estos no sean (en casi ningún Parlamento español) órganos parlamentarios. Y tampoco afecta a su naturaleza parlamentaria el hecho de que asista a sus reuniones un miembro de la Administración dirigida por el Gobierno. No es solo que todos los reglamentos parlamentarios incluyan el régimen principal de la Junta de Portavoces en el capítulo correspondiente a la organización de la Cámara; la razón primordial de su naturaleza como órgano parlamentario es su participación decisiva en la organización y en el funcionamiento de la Cámara, pues hay muy pocas funciones parlamentarias que escapen a la intervención de la Junta de Portavoces[37].

B) La Junta de Portavoces en el ordenamiento español

Como es normal en el constitucionalismo comparado, la Constitución española de 1978 ignora a la Junta de Portavoces[38], por lo que el Parlamento tendría una libertad completa para su regulación reglamentaria. Podría llegarse incluso a mantener la viabilidad de la supresión de la Junta; a diferencia de lo que sucede con la Mesa (artículo 72.2 CE, artículo 87.2 CE) y el

37 La mayor parte de la doctrina que ha estudiado el tema concluye su naturaleza de órgano parlamentario y hoy no es objeto de polémica. Cfr. I. TORRES MURO, *Los órganos de gobierno…, op. cit.*, pp. 230 y ss. Este autor señaló, hace algunos años, que «sin embargo, en el caso del Senado subsisten los problemas, porque la Junta "es oída" casi siempre, no pasando del status de "consejo asesor", de manera que hay serias dudas de que pueda ser calificada de órgano en el sentido jurídico del término». Por otra parte, fue contundente en el sentido de afirmar la naturaleza orgánico-parlamentaria de la Junta de Portavoces, L. REBOLLO DELGADO, *La Junta de Portavoces*, Madrid, UNED, 1998, pp. 184 y ss. En esta obra el autor argumentó, en su momento, la naturaleza de órgano parlamentario de la Junta de Portavoces, basándose su fundamento en su necesaria participación del órgano en varias funciones del Parlamento, en el carácter público de su actividad, en la puesta a disposición por la Cámara de medios personales y materiales y en lo que se denomina por el autor «teoría de imputación de los actos». Del mismo autor y en idéntico sentido, «La Junta de Portavoces en la regulación del Congreso de los Diputados», en *Revista de las Cortes Generales*, 42, 1997, pp. 120 y ss.

38 A pesar de la normalidad de esta omisión normativa, algún autor se sorprende de que la Junta de Portavoces no esté ni siquiera prevista, ni regulada en los textos constitucionales. Cfr. J. CORONA FERRERO, *Los órganos de dirección…, op. cit.*, p. 140. Para este autor «no deja de ser un contrasentido que el órgano que ostenta realmente la primacía política en el Parlamento resulte un completo desconocido para las normas básicas. Parece razonable suponer que la Constitución española de 1978, que de forma generosa dedica una tercera parte de sus artículos a la materia parlamentaria, debiera haber prestado un mayor interés por los órganos de dirección del Parlamento». No obstante, en la p. 168 añade el mismo autor que «La Junta de Portavoces es el órgano de dirección perfilado de manera más débil en nuestro derecho parlamentario».

presidente (artículo 99 CE; artículo 72.2 CE) y la Diputación Permanente (art. 75 CE). Esta previsión constitucional supone que podría suprimirse la Junta por el Reglamento del Congreso de los Diputados, el del Senado y el de las Cortes Generales. Ya la STC 141/1990, de 20 de septiembre, se dijo que, ante la falta de una regulación constitucional o estatutaria, se debe entender que los reglamentos parlamentarios tienen una amplia disponibilidad para regular esta materia, «como normación originaria no predeterminada en principio por normas constitucionales o estatutarias, quedando a su discreción el disponer...» el régimen aplicable.

Por su lado, la referencia del artículo 99.1 CE a los «representantes designados por los grupos políticos con representación parlamentaria» y la del artículo 75 CE a «los Grupos parlamentarios» no son menciones a la Junta de Portavoces. Además, la Junta de Portavoces no es objeto de una regulación muy extensa en los Estatutos de Autonomía. Por ejemplo, ignoran este órgano los Estatutos de Autonomía de Aragón, Comunidad Valenciana, Castilla y León, País Vasco y La Rioja. Otros Estatutos sí se refieren a la Junta de Portavoces, alejándose por tanto del modelo constitucional. Por ejemplo, el artículo 103.1 del Estatuto de Autonomía de Andalucía determina que las «funciones de la Junta de Portavoces», debe ser uno de los contenidos necesarios del reglamento parlamentario (en los mismos términos se refieren a este órgano el artículo 45.6 EAIBAL, art. 59.2 EACAT, art. 12.6 EACANT, art. 26 EAEX, art. 12.4 EAGAL, art. 12.2.d EAMAD). Alguno de estos Estatutos de Autonomía dispone una regulación, algo más exhaustiva de la Junta de Portavoces, como el artículo 13.2 del Estatuto de Autonomía de Madrid, que establece que «Los Diputados de la Asamblea se constituirán en Grupos Parlamentarios, cuyos portavoces integrarán la Junta de Portavoces, que se reunirá bajo la presidencia del Presidente de la Asamblea».

La regulación de la Junta de Portavoces es un buen ejemplo de «parlamentarismo gubernamentalizado», pues esa es la razón por la que sea convocado a sus sesiones un miembro del Gobierno. En este sentido, suele ser pacífico reconocer que el representante del ejecutivo que asiste a las sesiones de la Junta de Portavoces no sea miembro de ella, igual que tampoco lo son los miembros de la Mesa. En verdad, los miembros de la Junta vendrían a ser solo los que participan en la adopción de las decisiones o en la manifestación de criterios sobre los asuntos que deben ser tratados por este órgano. El resto de personas que asiste a las sesiones de la Junta de Portavoces participaría en las mismas para permitir su celebración, pero no son estrictamente miembros de ella. El artículo 65.1 del Reglamento de las Cortes de Aragón es muy claro al respecto, al disponer que «Los portavoces de los Grupos parlamentarios y las agrupaciones parlamentarias constituyen la Junta de Portavoces» [...] «bajo la Presidencia del Presidente de las Cortes...», dirigiendo los debates y «velando por el adecuado equilibrio de las intervenciones» (también art. 37.6 RPCAN).

Pero en nuestro sistema parlamentario no hay reglas sin su excepción. Así, es muy relevante la regulación del Reglamento del Senado (art. 43.2 RS) en el que se dispone que la Junta de Portavoces «estará integrada» por el presidente de la Cámara, que la convoca y preside. No obstante, por el sistema de adopción de decisiones de la Junta de Portavoces, sería muy improbable que el presidente pudiese tomar parte en las votaciones de la misma. Además, el artículo 43.2 RS dispone que puedan asistir a las sesiones de la Junta de Portavoces «hasta dos representantes de los Grupos territoriales de un mismo Grupo parlamentario, designados por su portavoz[39]».

Como ya se ha dicho, el Reglamento del Congreso de los Diputados, en su artículo 39.2 RCD, dispone la comunicación de las reuniones de la Junta al Gobierno, para que «envíe», «si lo estima oportuno, un representante». También el Reglamento del Senado prevé, en su artículo 43.2 RS, que podrá asistir un «representante» del Gobierno. Este podrá estar acompañado, en su caso, por «persona» que le asista. De la lectura de este precepto parece derivarse que el asistente «enviado» por el Gobierno de la Nación no debe ser necesariamente miembro del mismo, y, además, parece que la persona que le asista no debe ser tampoco alto cargo de la Administración (lo que sí parece es que solo debería ser «una» persona, se supone que en posesión de su plenitud de derechos). No obstante, parece lógico pensar que lo normal será que sea un Alto cargo de la Administración General del Estado quien asista a las reuniones de este órgano parlamentario.

No es raro que algún reglamento autonómico exija que el representante de la Administración que deba asistira las sesiones de la Junta debe tener la condición de miembro del Gobierno (art. 65.1 RPNA; art. 62.3 RAEX). No obstante, varios Reglamentos admiten la delegación en un Alto cargo (artículo 38.2 RPAND; art. 37.2 RPCAN —en un Viceconsejero—; art. 62.3 RAEX). Además, y de igual forma a como sucede en el Reglamento del Congreso de los Diputados, varios reglamentos parlamentarios autonómicos determinan que pueda asistir a las reuniones de la Junta un «representante» del Gobierno (art. 43.1 RCCLM; art. 37 RCCYL; art. 39.3 RPCANT; art. 27 RPCAT; art. 38 RPGAL; art. 38.2 RPIB; art. 34.2 RPLARI; art. 58.4 RAMA). Además, y de igual forma que en el RCD, en varios Parlamentos el representante del Gobierno puede ser acompañado por cualquier persona (art. 38.2 RPAND; art. 37.2 RPCANA; art. 39.3 RPCANT; art. 43.1 RCCLM; art. 37.2 RCCL; art. 39.2 RCV; art. 62.3 RAEX; art. 38.2 RPG; art. 34.2 RPRI; art. 58.4 RAMA; art. 43.3 RAMU; art. 43.3 RPNA). No obstante, nunca hay homogeneidad en nuestro Derecho parlamentario, pues algún Reglamento prevé que el «acompañante» al miembro del Gobierno en la Junta de Portavoces debe ser alto cargo y no cualquier persona, como en art. 54.2 RJGPRINCAST.

39 Además, el artículo 43.2 del Reglamento del Senado añade: «cuando se trate de deliberar sobre alguna materia que afecte especialmente a una Comunidad Autónoma, el Presidente lo comunicará a los Portavoces de los Grupos parlamentarios en los que existieran Grupos territoriales, a efectos de que también puedan asistir los representantes de estos últimos».

Sin duda, puede ser problemático en algún supuesto el significado del concepto de «representante», que utiliza buena parte de nuestros reglamentos parlamentarios para referirse al «enviado» del Gobierno. De forma evidente, se incluiría dentro de este concepto al miembro del Gobierno que sea ministro o consejero, o quien sea en cualquiera de las otras fórmulas permitidas por la Constitución, los Estatutos de Autonomía, o por la Ley. Además, aunque no fuese miembro del Gobierno, sería representante del mismo el Alto Cargo que recibiese tal apoderamiento mediante un acuerdo expreso del ejecutivo. A falta de acuerdo, el asistente a la Junta solo sería «representante» del ejecutivo si una norma del propio Gobierno le permitiese actuar ante el Parlamento[40]. Es muy llamativo el caso del artículo 65.5 RCAR, pues prevé que pueda asistir un miembro del Gobierno que podrá ser «acompañado o, en su caso, sustituido por una persona con categoría, al menos, de Director General».

De forma similar a la regulación del Reglamento del Congreso de los Diputados, los reglamentos parlamentarios autonómicos también suelen prever la asistencia de los miembros de la Mesa a las sesiones de la Junta de Portavoces (art. 54.3 RJGPRINCAST; art. 65.1 RPNA o art. 62.3 RAEX), ejerciendo cada uno de ellos las funciones propias del cargo que ocupan en la Mesa. Es decir, de sus sesiones se levantará acta, redactada por el Letrado mayor, autorizada por un secretario y con el visto bueno de la Presidencia[41]. Finalmente, algunos reglamentos parlamentarios permiten que sea convocado a

40 Pueden destacarse algunas regulaciones autonómicas que prevén la asistencia de un representante del Gobierno ante la Junta de Portavoces, como el artículo 35.2 de la Ley de las Islas Baleares 4/2001, de 14 de marzo, del Gobierno de las Illes Balears, que determina que «el despacho ordinario de asuntos entre el Gobierno y el Parlamento debe canalizarse a través del Secretario del Consejo de Gobierno y del representante del Gobierno ante la Junta de Portavoces». No van mucho más allá las relaciones de las Leyes autonómicas y, por ejemplo, la Ley de la Rioja 8/2003, de 28 octubre, reguladora del Gobierno e incompatibilidades de sus miembros, determina en su artículo 48 que «la relación ordinaria entre el Gobierno y el Parlamento de La Rioja se canalizará a través del titular de la Consejería que tenga atribuidas competencias en materia de Relaciones Institucionales». Pero la mayor parte de las veces son normas con rango reglamentario las que exigen el Consejero que tendrá la potestad de representar al respectivo Gobierno. Como simple ejemplo, puede citarse el artículo 2 del Decreto del Presidente de la Región de Murcia 26/2008, de 25 septiembre, de reorganización de la Administración regional, que atribuye la representación del Gobierno murciano ante la Junta de Portavoces al Consejero de Presidencia y Administraciones públicas. También puede citarse el Decreto de la Generalidad de Cataluña de 5 de marzo de 1998, que determina que el «Director General de Asuntos Interdepartamentales y de Relaciones con el Parlamento suplirá al Secretario del Gobierno y de Relaciones con el Parlamento en la asistencia a las reuniones de la Junta de Portavoces en caso de ausencia, enfermedad o vacante de éste y también por imposibilidad derivada del ejercicio de las funciones propias del cargo de Secretario del Gobierno».

41 El Reglamento de la Asamblea de Extremadura incluye un régimen de las sesiones de la Junta que no tiene equivalente en el Derecho parlamentario español. Así, se determina en el artículo 65.2 RAEX que las actas de la Junta de Portavoces, que tendrán carácter público, serán leídas y aprobadas en la siguiente sesión. Además, los acuerdos de la

las sesiones de la Junta de Portavoces el «presidente de cada una de las Comisiones parlamentarias» (art. 39.2 RPCANT; art. 27.1 RPCAT; art. 62.4 RAEX, que añade la posibilidad de que se pueda convocar a cualquier Diputado).

Además, los portavoces podrán estar acompañados por «un miembro de su grupo que no tendrá derecho a voto» y que, por tanto, tendrá derecho a voz (art. 39.3 RCD; art. 38.3 RPAND, art. 65.4 RCAR[42]; art. 54.3 RJGAS; art. 37.3 RPCANA; art. 39.3 RPCANT; art. 43.2 RCCLM; art. 37.3 RCCL; art. 39.3 RCV; art. 38.3 RPG; art. 34.3 RPRI; art. 38.2 RPIB; art. 43 RAMU; art. 29.4 RPV). Finalmente, hay que mencionar el siempre problemático caso[43] de la representación del Grupo mixto en la Junta de Portavoces, el cual no suele ser regulado por el propio reglamento, salvo algún llamativo caso, como el de los Reglamentos de los Parlamentos de Canarias, Murcia y Navarra, y que suele ser resuelto por la Mesa mediante acuerdo, o mediante una resolución interpretativa de la Presidencia.

En resumen, los miembros de la Junta de Portavoces son solo los portavoces de los Grupos parlamentarios, sin que se puedan considerarse como tales el resto de personas que asisten a sus reuniones. Dada su naturaleza representativa, todas las decisiones de la Junta de Portavoces, cuando se adoptan, se realizan mediante el sistema de voto ponderado (art. 39 RCD),

---

Junta serán inmediatamente ejecutivos, «sin necesidad de que antes el Acta haya sido aprobada». El artículo 65.2 RAEX señala que las actas tendrán un carácter público y el apartado 4 prevé que «las sesiones de la Junta de Portavoces serán siempre grabadas y sólo transcritas cuando se requiera previamente por alguno de sus miembros. El texto transcrito estará exclusivamente a disposición de la Junta de Portavoces».

42 El artículo 65.4 del Reglamento de las Cortes de Aragón prevé que «Cuando otro miembro del grupo o agrupación asista sustituyendo al Portavoz titular, actuará con los mismos derechos, deberes y prerrogativas que este, y, excepcionalmente, podrá acompañarles otro miembro de su grupo que no tendrá, en este caso, ni voz ni voto».

43 Es muy significativo el caso del artículo 37.4 del Reglamento del Parlamento canario que dispone que «el portavoz del Grupo Mixto será designado por decisión unánime de sus miembros, que habrá de ser comunicada por escrito a la Mesa de la Cámara. La duración del mandato conferido no podrá ser inferior a un periodo de sesiones. La propuesta deberá ser ratificada o modificada cada vez que se altere el número de diputados que integren el Grupo Mixto. A falta de propuesta unánime, se estará a lo dispuesto en el Reglamento del Grupo Mixto sobre el particular. En su defecto, será la Mesa quien dicte las normas necesarias para resolver la cuestión». Finalmente, el artículo 43.2 del Reglamento del Parlamento de Navarra determina que el portavoz del Grupo mixto «será designado por los miembros del mismo en la forma y duración del mandato que libremente y por unanimidad establezcan en escrito dirigido a la Mesa de la Cámara. La propuesta deberá ser ratificada o modificada cada vez que se altere el número de Parlamentarios que lo formen». No obstante, a falta de propuesta «unánime» de los miembros del Grupo mixto decidirá la Mesa, previo acuerdo de la Junta de Portavoces, «excluido el que lo fuera del Grupo Mixto». Además, dispone el artículo 43.5 del RPNA que «el Portavoz del Grupo Mixto contará con tantos votos como miembros del Grupo le hayan otorgado la representación que deberá acreditar por escrito».

aunque el Reglamento del Senado[44] no aluda a esta fórmula para adoptar acuerdos en la Junta de Portavoces. A nadie se le escapa que configurar el voto ponderado como técnica habitual[45] en el funcionamiento de los órganos parlamentarios plantea varios problemas. Como se sabe, teniendo el mandato naturaleza y un contenido individual, la dificultad proviene de instaurar como fórmula normal de funcionamiento parlamentario, un modo de votar que supone, precisamente, que los parlamentarios afectados no votan.

C) Las funciones de la Junta de Portavoces en los reglamentos

El significado de la Junta de Portavoces en los diferentes Reglamentos no es siempre el mismo. En general, la Junta de Portavoces es un órgano muchas veces consultivo. Es sabido que varios Reglamentos prevén una Junta de Portavoces decisoria, pues se exige su acuerdo para la tramitación de un número importante de materias. Pero hay que insistir en que el modelo decisor de Junta de Portavoces, como las de las Cortes de Aragón o las de Castilla-La Mancha, es más bien excepcional en nuestro sistema.

En general, la Junta de Portavoces es un órgano de ordenación del trabajo parlamentario, que contribuye a fijar, y fija en varios casos, los criterios para ordenar y facilitar las tareas parlamentarias. Como disponen casi todos los reglamentos parlamentarios, la Junta de Portavoces ocupa una posición nuclear en la organización parlamentaria y suele ser oída como mínimo, en los actos más importantes del Parlamento. Así, la Junta de Portavoces suele ser escuchada en relación con asuntos «transversales» para el desarrollo de toda la Legislatura, como por ejemplo para fijar el número de miembros de cada Grupo parlamentario que deberán formar las Comisiones, o para asignar los escaños en el salón de sesiones a los diferentes Grupos parlamentarios (art. 29.1.g RCAR; art. 28 RPCAT; art. 67.1 RAEX; art. 39 RPGAL).

---

44 La única mención que hace el Reglamento del Senado al sistema del voto ponderado es en el artículo 185.2 RS, en relación con la adopción de decisiones en el seno de la Comisión de Nombramientos, la cual, por cierto, está «presidida por el Presidente del Senado», e integrada por los Portavoces de los Grupos Parlamentarios.

45 En el Derecho parlamentario español hay una cierta generalización del sistema de voto ponderado, como sucede en las Cortes Generales en relación con el sistema de adopción de decisiones de las Comisiones Mixtas, como se dispone en la Resolución de las Mesas del Congreso de los Diputados y del Senado sobre composición de las Comisiones Mixtas Congreso-Senado de 26 de mayo de 2008, se determina en el apartado segundo de aquella norma que «En las votaciones en las Comisiones Mixtas. Se entenderá que no existe empate cuando la igualdad de votos, siendo idéntico el sentido en el que hubieren votado todos los miembros de la Comisión pertenecientes a un mismo Grupo Parlamentario, pudiera dirimirse ponderando el número de votos con que cada Grupo cuente en el conjunto de ambas Cámaras».

Además, es siempre oída en otros aspectos y en acuerdos importantes como en relación con la atribución a una comisión la tramitación de un proyecto o proposición de ley.

La Junta de Portavoces es un órgano del Parlamento, a diferencia de lo que sucede con los Grupos Parlamentarios. Es más, es la técnica a través de la cual se formaliza la participación de los Grupos en el funcionamiento parlamentario siendo el lugar donde confluye el Gobierno y los Grupos parlamentarios, sobre todos los de la oposición[46]. Seguramente, la función más importante de la Junta de Portavoces es su participación en la fijación del orden del día de las sesiones plenarias ordinarias.

Como se sabe, hay diferentes modelos de Junta de Portavoces en este asunto. Así, un primer sistema estaría formado por aquellos Parlamentos en los que el orden del día lo fija el presidente de acuerdo con la Junta de Portavoces y oída la Mesa, teniendo en cuenta el calendario parlamentario fijado por la propia Junta (art. 67.1 RCD; art. 70 RS; art. 90.1 RJGPRINCAST; art. 97.1 RCAR; art. 75.1 RPCANA; art. 38.1.º y 72.1 RCCYL; art. 72.2 RPCAT; art. 65.1 RCV; art. 72.1 RAEX; art. 72.1 RPGAL; art. 67.1 RPIB; art. 58 RPLARI. —también de común acuerdo con la Mesa—; art. 61.1.g y art. 106 RAMA; arts. arts. 44.1.a y 86 RAMU —que también ha de acordar el orden del día de las Comisiones— y art. 55 RPV). No deja de ser relevante la exigencia de la voluntad de estos dos órganos (presidente y Junta de Portavoces), sin cuya concurrencia no quedaría fijado el orden del día plenario. Podría intuirse también aquí un cierto liderazgo presidencial. En el ejercicio de esta función, es interesante alguna previsión como la del Reglamento del Parlamento de Cataluña, cuyo artículo 71 regula la desconvocatoria de una sesión plenaria, y que exige también acuerdo favorable de la Mesa, además de la voluntad de la Junta de Portavoces.

Un segundo sistema estaría constituido por aquellos Parlamentos en los que el orden del día del Pleno es fijado por la Mesa, oída la Junta de Portavoces (art. 70.1 RPCANT; art. 86.1 RCCLM; art. 63.1 y 72.2 RPNA, aunque en este último caso, la desconvocatoria del orden del día plenario exige también acuerdo de la Junta de Portavoces). La posición de la Junta de Portavoces en estos Parlamentos no deja de ser peculiar, pues su influencia es extraordinaria y su voluntad suele ser respetada, pero el hecho de que sea la Junta de Portavoces solo oída supone reconocer la posibilidad de que se contradiga su voluntad.

Además, hay otros asuntos que exigen la participación decisiva de la Junta de Portavoces y así, casi todos los reglamentos parlamentarios prevén que,

---

46 Algunos autores indican que la Junta de Portavoces (o Conferencia de Presidentes en Italia) debe su existencia, precisamente en la «necesidad de resolver muchos de los problemas provenientes de la lentitud de los procedimientos y del eventual obstruccionismo de las fuerzas políticas, tanto de la oposición, como de la mayoría». Cfr. S. Tosi, *Diritto...*, *op. cit.*, p. 211.

para la aprobación por la Presidencia de la Cámara de Resoluciones interpretativas del reglamento, debe mediar acuerdo favorable de la Junta de Portavoces, además del acuerdo de la Mesa. Esta cuestión se estudia en otro Capítulo.

También en las funciones de la Junta de Portavoces puede comprobarse que los reglamentos parlamentarios autonómicos son tributarios de la regulación del RCD, del que tampoco aquí se han separado de un modo sustancial. Es muy significativo que las numerosas reformas que se han producido en los reglamentos, apenas han modificado la estructura normativa reglamentaria, las relaciones orgánicas en general ni las funciones de la Junta de Portavoces en particular. Se puede decir que es poco original decir que pueden distinguirse las funciones de la Junta de Portavoces según se exija acuerdo, y asuntos para los que se exija solo audiencia de la Junta. De hecho, los criterios que se pueden utilizar para distinguir, separar y sistematizar las funciones de la Junta de Portavoces[47] son variados, aunque siempre vienen a confluir en el criterio de que la Junta tenga o no que ser oída.

En cualquier caso, es interesante comprobar la diversidad de los reglamentos parlamentarios españoles, pues un mismo asunto puede ser objeto de acuerdo de la Junta de Portavoces en unos Parlamentos, mientras que ese mismo asunto puede ser objeto de mera audiencia en otro. Algunos reglamentos exigen *acuerdo* de la Junta de Portavoces para decidir la organización y el funcionamiento del Parlamento, como por ejemplo para celebrar sesión en fin de semana (art. 62.1 o RCD y art. 72.2.2.o RPIB —en estos dos casos también los lunes—; artículos 61.1.segundo del Reglamento de las Cortes Valencianas; art. 65.2.b RPCANT; 68.2.2. RCCYL; art. 69 RPCAT; art. 68.2.2.° RPGAL; art. 54.2 RPLARI) o para convocar una sesión extraordinaria (artículo 60.4 RCV); o para la asignación de escaños en el salón de plenos (art. 76.1 RAEX). En otras ocasiones, también se exige acuerdo para programar las líneas generales de actuación de la Cámara, como fijar el calendario de actividades del Pleno y de las Comisiones para cada período de sesiones y coordinar los trabajos de sus distintos órganos (art. 31.1.6.° RCD; art. 72.1

47 I. TORRES MURO, *Los órganos..., op. cit.*, pp. 270 y ss., utiliza dos criterios de clasificación de las funciones de la Junta de Portavoces, que son por el grado de participación y por materias. En concreto, se analizan las funciones de programación, la ordenación de los trabajos y debates, ejercicio de la potestad normativa y otras. Además, en pp. 281 y ss., cree reconocer unas «tareas al margen del reglamento», al señalar que «las enseñanzas más interesantes que se extraen de la práctica son las que se refieren a funciones que la Junta ejerce sin que estén expresamente previstas en norma jurídica alguna... De las tareas asumidas por esta vía destacan las que se derivan de su condición de lugar de encuentro entre los Grupos parlamentarios, y de éstos con los órganos de dirección Presidente y Mesa, y con el Gobierno. No, por supuesto, porque todos los contactos tengan lugar en la Junta de Portavoces sino porque la presencia en la misma de una serie de personas que ostentan responsabilidades de una cierta importancia hace que se amplíen sustancialmente sus competencias».

y art. 138 RPCAT; art. 30.1.7.º RPGAL; art. 30.1.6.º RPIB; art. 28.b RPLARI; arts. 34.b y 81.1 RAMU; art. 37 RPNA), o para asignar escaños en el Pleno (art. 48 RPV); o para fijar del calendario de tramitación de Presupuestos (art. 148.2 RAMU); o dictar normas para la tramitación del proyecto de Presupuestos (art. 153 RPNA); o resolver las discrepancias entre el Parlamento y el Gobierno (arts. 127 y 149 RPNA) en la tramitación de enmiendas que supongan aumento de los créditos o disminución de los ingresos presupuestarios.

Algunas cuestiones relativas al estatuto de Diputado también han de ser *acordadas* previamente en algunos Parlamentos por la Junta de Portavoces, como el acceso al Registro de intereses de la Asamblea de Madrid (art. 61.1.a RAMA). Muchas cuestiones relativas al régimen de composición, organización y funcionamiento de las Comisiones precisan acuerdo de la Junta de Portavoces, como la creación de Comisiones permanentes (art. 46.4 RPAND; art. 69.3 RJGPRINCAST; art. 46.1 y 54.4 RAMU; art. 59.1 y 61.3 RPNA) y para modificarlas y extinguirlas (art. 45 RCCYL, art. 61.1.c y e y 72.1 y 72.4 RAMA). Además, para decidir el número de las Comisiones o aprobar las normas de funcionamiento de las Comisiones Especiales, composición y ámbito (art. 42.1 RPLARI), o crear Comisiones especiales no permanentes (art. 55 RPCANT); o crear ponencias (art. 61.1d y 73.1 RAMA), o decidir con la Mesa el número de Diputados que forma la Diputación Permanente (art. 53 RPLARI; art. 66 RAMU) o para fijar el número de miembros que le corresponde a cada Grupo parlamentario en las Comisiones o las Presidencias de cada comisión (art. 40.1 y 41 RPCAT). También para establecer las ayudas económicas para los Grupos parlamentarios (art. 51.1 RCAR). En algunos Reglamentos, la intervención formal de la Junta de Portavoces es muy importante, pues interviene también en el ejercicio de funciones parlamentarias; así, la Junta de Portavoces puede acordar la comparecencia de los miembros del Gobierno ante el Pleno (artículo 203 RCD; art. 144 RPGAL; art. 176.1 RPIB; arts. 153 y 154 RPLARI; arts. 186 y 188 RAMA; art. 182.2.a y 190.2.b RAMU, para el presidente del Gobierno, y art. 191.1.b RAMU, para los miembros del Gobierno; art. 44.6.ª y 56 RPNA), o ante una comisión (art. 41.1 RPLARI) o la comparecencia de personas en caso de designación de cargos públicos (art. 157 RPCAT) o el procedimiento para la revocación de personas designadas (art. 158 RPCANT) o disponer cuestiones sobre la votación en caso de nombramientos de personas por el Parlamento (art. 91.3 RAMU). En otras ocasiones, su intervención se debe a cuestiones procedimentales, como fijar el tiempo que le corresponda a cada pregunta, o el número de las mismas que pueden incluirse en el orden del día del Pleno (art. 188 RCD; art. 142 y 143 RPCAT; art. 226.2 RAEX; art. 155.2 RPGAL; art. 158.2 RPIB; art. 144 RPLARI; art. 143 RPV), o incluir en el orden del día una pregunta que no cumpla los requisitos reglamentarios (art. 168 RPCAT); o la forma en que se tramitan las preguntas al presidente del Gobierno (art. 186 y 187 RAMU); o puede declarar urgentes interpelaciones (art. 172 RS) y la Junta de Portavoces puede decidir en el Congreso de los Diputados la inclusión en el orden del día de un asunto que no haya cumplido los trámites (art. 67.4 RCD), mientras que en otros Parlamentos esa decisión corresponde a la Mesa, con una simple audiencia de la Junta de Portavoces.

También decide en ocasiones la Junta de Portavoces en cuestiones generales del debate parlamentario, como determinan el art. 131.1.ª RAEX, el art. 79 RPGAL, el art. 73.2 RPIB, o los arts. 26.4, 89 y 90.1 RAMU, que prevén acuerdo de la Junta de Portavoces para ordenar el debate, conceder la palabra y fijar los tiempos generales de las intervenciones, o el artículo 153.e RAMU que prevé que la Junta de Portavoces ordene el debate y las votaciones de la tramitación de Presupuestos, o para ampliar o reducir el plazo para presentar enmiendas (art. 128.1 RAMU). En ocasiones, se necesita la voluntad de la Junta de Portavoces para determinar el procedimiento de delegación legislativa en el Gobierno (art. 206 RCCLM), o algunas cuestiones del procedimiento de control en el ejercicio de la legislación delegada (137 RPCAT) o el control del cumplimiento de las mociones (art. 140 RPCAT) e incluso cuestiones del procedimiento legislativo (art. 149 RPNA). En otros Parlamentos ciertas cuestiones de los procedimientos parlamentarios se exige acuerdo de la Junta de Portavoces para tramitar un asunto por el procedimiento de urgencia (art. 97.2 RCCYL; art. 86.3 RAMU y por unanimidad) o para que sea incluido en el orden del día sin haber sido repartido la documentación previa a la reunión (art. 56 RPV) o para reenviar a la comisión un proyecto de ley (art. 111, 115 y 123 RPCAT) o también para decidir la iniciativa en algunas materias que sean desarrollo «básico» del Estatuto de Autonomía (art. 117 RPCAT; art. 126 RPGAL; art. 129 RPIB) o determinar la Comisión competente para debatir la enmienda a la totalidad de una sección presupuestaria (art. 121 RPCAT) o para delegar en las Comisiones la aprobación de una Ley (art. 132.1 RPGAL; art. 116 RPLARI; art. 165.1 RAMA; art. 156 RPNA), o avocar la delegación (art. 165 RAMA), o avocar la decisión de personarse en un procedimiento ante el Tribunal Constitucional (art. 202.2 RAMU). Se exige también en alguna ocasión (si bien no es lo más común), acuerdo de la Junta de Portavoces para diversas cuestiones del debate de investidura, cuestión de confianza y de moción de censura (arts. 163.a RAMU); o para acordar la fecha para debatir una moción de censura o una cuestión de confianza (art. 174 y 179 RCCLM), o para la ordenación del debate de orientación política (art. 149 RCCYL; art. 133 RPCT; art. 167.2 RPIB; art. 133 RPLARI), celebrar la celebración de debates generales sobre asuntos de interés de la Comunidad Autónoma (art. 197 RCCLM; art. 173.2 RAMU; art. 133 RPV), ordenar un debate monográfico (art. 216 RAMA), o establecer el procedimiento para la designación de ciertos cargos (artículo 295 RCAR; art. 180.1 RPIB; art. 159 RPLARI; art. 234 RAMA; art. 203 RPNA). También se precisa su acuerdo en ocasiones para el funcionamiento parlamentario, como en algunos casos para habilitar plazos (art. 70.3 RPCANA), o para prorrogar o reducir plazos (art. 96 RPGAL) o excepcionar el plazo mínimo de reparto de la documentación antes de iniciarse una sesión (art. 59 RPLARI); publicar en el boletín acuerdos de sesiones secretas (art. 63.2 RCCYL) o tramitar un texto mediante el procedimiento de lectura única (art. 168 RCCLM; art. 130 RCCYL; art. 167 RAMA; art. 155 RPNA). También es preciso el previo acuerdo de la Junta de Portavoces para solicitar de la Mesa la inclusión de un asunto en el orden del día del Pleno que no hubiera cumplido todos los trámites (art. 86.4 RCCLM; art. 55 RPV) o establecer al inicio de cada período un calendario de actividades del Pleno y de las Comisiones (art. 78.1 RCCLM) o incluir en el orden del día del Pleno un asunto, o declarar públicas las delicadas sesiones de la Comisión del Estatuto de los Diputados y de Peticiones o las Comisiones de Investigación e incluso es necesario su consentimiento para resolver las solicitudes de reconsideración de acuerdos de la Mesa de admisión a trámite (artículo 61.4 RCAR; art. 63.2.º RPIB —solo para el caso de las comisiones de investigación—; art. 61.1.f RAMA) y en alguna ocasión incluso la solicitud de reconsideración en la calificación ha de ser resuelta por la propia Junta de Portavoces (art. 37.2 y 128.2 RPNA). También es preciso su acuerdo para interponer un recurso de inconstitucionalidad o personarse en un proceso iniciado ante el Tribunal Constitucional (art. 199.1 RPCANA; art. 169 RCCYL; art. 179.1 RPIB; art. 221 RAMA; art. 205) o celebrar sesiones parlamentarias fuera de la sede oficial del Parlamento (artículo 64 RPCAT; art. 3 RPLRI). Por su parte, en algunos casos es preceptivo el acuerdo de este órgano parlamentario para la tramitación de comunicaciones, programas y planes del gobierno (arts. 170.1 y 172 RPIB) y también establecerá los procedimientos para la tramitación de los informes que deben ser prestados al Parlamento (art. 160 RPLARI).

Para finalizar con las materias que exigen los reglamentos parlamentarios españoles *un preceptivo acuerdo* de la Junta de Portavoces, pueden destacarse las declaraciones institucionales que son leídas ante el Pleno en el artículo 166 del Reglamento del Parlamento de Cataluña, o el acuerdo de intervención de personalidades (art. 57 RPCANT; art. 178 RPCAT; art. 35 RPRI; art. 234 RAMA; art. 64.2 RAMU; art. 44.6.ª RPNA); funcionamiento del Grupo Mixto (art. 38.5 RAEX); la tramitación de asuntos europeos (art. 181 RPCAT), o en la participación de la Comunidad Autónoma en los proyectos de planificación económica (art. 262 RAEX; art. 209 RAMU), o en la tramitación de la Cuenta General (art. 211.2 RAMU), o para solicitar asesoramiento de la Cámara de Cuentas (art. 199.1 RPNA). Incluso, la participación de la Junta de Portavoces llega a veces a los asuntos administrativos (aunque no es lo ordinario) pues, por ejemplo, en el Reglamento del Parlamento de Navarra, (art. 44.2.ª) le atribuye a la Junta de Portavoces la función de aprobar el proyecto de presupuestos de la Cámara y, además, en el Parlamento foral, la Mesa ha de informar a la Junta trimestralmente del estado de las Cuentas del Parlamento (art. 44.5.ª); podría defenderse en este Parlamento, incluso, una cierta relación formal de jerarquía o de dependencia entre Junta y Mesa a favor de la primera.

Junto al modelo «decisor» de Junta de Portavoces, otros reglamentos parlamentarios regulan un modelo «no-decisor», en el que su función se centraría en la *audiencia* en los asuntos de los que conoce. Las materias que van a ser objeto de audiencia son muchas y coinciden con algunas que son decididas por las Juntas de otros Parlamentos. Esto no supone otra cosa sino constatar que es imposible efectuar un criterio general delimitador entre materias decididas por las Juntas de Portavoces y materias que no sean decididas por ella. Así, la Junta de Portavoces ha de ser oída para ampliar o reducir el número y el tiempo de las intervenciones de los Grupos parlamentarios (art. 72.4 RCV; art. 87 RPCANA), o para la prórroga o reducción de plazos (art. 136 RS; art. 90.1 RCV; art. 98 RPCANT; art. 120 RCCLM; art. 95 RCCYL; art. 77 RPLRI); o para sesiones en día no comprendido entre el miércoles y el viernes (art. 51.2.3 RPV). También es oída para cuestiones del estatuto de los Diputados, así, es precisa la audiencia de la Junta de Portavoces para fijar las cuantías que reciben los parlamentarios (artículo 8.4 RPAND; artículo 9.2 RCAR; art. 12 RJGPRINCAST; art. 12 RPCANT; art. 11 RCCLM; art. 8 RCCYL; art. 14.3 RAMU); o fijar el régimen de incompatibilidades (art. 22.3 RAEX); o antes de aprobar las normas de funcionamiento y publicidad del registro de Intereses (art. 20.2 RAMU), o las cuantías que reciben los Grupos para sus locales y el personal a su servicio (art. 29.1 RCCLM) o las cuantías de las subvenciones que reciben los Grupos parlamentarios (art. 29.2 RCCLM; art. 40.1 RAEX; art. 27 RPIB; art. 25 RPLRI; art. 26.3 RAMU; art. 35.3 RPNA; art. 27.2 RPCANT), o solo cuando se suspenda esta asignación (art. 21 RPV), o para fijar las cuantías de las asignaciones económicas de los Diputados (art. 15.2 RPNA). En otras ocasiones se exige audiencia de la Junta de Portavoces para resolver situaciones problemáticas —que serán casi todas, por cierto— de los Diputados no adscritos (artículo 24.6 RPAND; art. 26.4 RPCANT), o concretar sus derechos (artículo 23.4¬ RPCANA; art. 23.4 RCCYL; art. 39.6 RAEX), o para «establecer» los derechos del Grupo Mixto (art. 28.5 RCAR), o para decidir los criterios de funcionamiento del Grupo Mixto (art. 43.2 RPNA). En ocasiones la Junta asiste a la Mesa, así cuando la Mesa califica escritos (art. 37 RPNA; art. 50.3 RAEX), o cuando se convoca una comisión (art. 53.1 y 54 RPNA) y casi siempre su audiencia es precisa para resolver las solicitudes de reconsideración de los acuerdos de la Mesa de admisión a trámite (art. 31.2 RCD; art. 37.2 RJGPRINCAST; art. 118.6 RPCANT; art. 28.2 RPCANA; art. 33.2 RPCANT; art. 32.1 RCCLM; arts. 27 y 111.2 RCCYL; art. 30.3 RPCAT; art. 50.5 RAEX; art. 30.2 RPGAL; art. 30.2 RPIB; art. 29.2 y 96 RPLARI; art. 49 y 61.2.a RAMA; art. 35 RAMU; art. 23.2 RPV). Algunos reglamentos prevén que se produzca la audiencia de la Junta para establecer y programar las líneas generales de actuación de la Cámara, fijar el calendario de actividades del Pleno y de las Comisiones, coordinar los trabajos de sus distintos órganos, asignar los escaños en el salón de sesiones a los diferentes Grupos Parlamentarios (artículos 37.1 y 55 RJGPRINCAST; art. 28.1.6.º y 64.2 RPCANA; art. 33.1.f RPCANT; art. 27 y 32.1 RCCLM; arts. 26.1.7.º y 9.º y 67.2 RCCYL; art. 28.g y 103 RPLRI; art. 49.1.d y 78.1 RAMA; art. 23.1.6.ª RPV), o para ordenar votaciones con previo aviso (art. 83 RPCAT). También se exige la audiencia de la Junta de Portavoces para que intervenga en el Pleno una personalidad nacional o extranjera (art. 54 RCCYL); o para el control de la actuación de la Administración (art. 173 RPCANT), o para designar al responsable de la Oficina de Control Presupuestario (art. 203 RPCAT).

También en materias relativas a las Comisiones es precisa a veces la audiencia de la Junta de Portavoces, para crearlas (art. 50.1 RCD; art. 38.1 RPCANA; art. 50.3 RPCANT; art. 57. segundo y 60.1 RCCLM; art. 51 RCCYL —aunque en este caso solo para las no permanentes—; art. 51 RPCAT; arts. 108 RAEX, para las Comisiones de estudio; art. 49 y 51 RPGAL; art. 49.1 y 52 RPIB; art. 62 RPNA —aunque solo para las Comisiones Especiales—; art. 43 RPV), o para resolver conflictos entre Comisiones (art. 51.2 RAMU) o para determinar el número de miembros que le corresponde a cada Grupo parlamentario en las Comisiones (art. 39.1 RCCYL, art. 61.2.b y 62.1 RAMA), o el número de Diputados que forma la Diputación Permanente y los que corresponde a cada grupo parlamentario (art. 61.2.d y 80.2 RAMA). La audiencia de algunas Juntas de Portavoces es precisa para cuestiones sobre las sesiones y su funcionamiento, como por ejemplo para decidir el carácter reservado de algunos acuerdos (artículo 106.2 RPCANA; art. 103 RAMA), o de algunas sesiones (art. 84.3 RCCLM), o para lo contrario, es decir, publicar en el Boletín los acuerdos de las sesiones secretas (art. 75.2 RCCLM). También a veces se precisa la audiencia para autorizar la emisión de sesiones mediante medios telemáticos (art. 66.1 RPCANT). En ocasiones, se exige audiencia de la Junta de Portavoces para «garantizar y acreditar el desarrollo y resultado de la votación» (art. 105 RAMU, en el caso de uso del procedimiento electrónico); o para ordenar el debate y la votación en la deliberación plenaria en el procedimiento legislativo (art. 118 RCD; art. 149 RCCLM; art. 174.2 RAEX; art. 121 RPIB; art. 113 RPV) u ordenar el debate y votación en general (art. 52.4 y 73 RCD; art. 77.1 y 78.6 RPCANT; art. 78.2 RCCYL, art. 113.8 RAMA; art. 63 RPV), o fijar el calendario de días hábiles (art. 61.2.e y f y 101 RAMA), o el calendario de tramitación de presupuestos (art. 160 RAMA); o para solicitar informe al Consejo Jurídico Consultivo (art. 102 RPLARI), para la tramitación de la Cuenta General (art. 154 RPNA); o para delegar en comisión la aprobación de una ley (art. 130 RS; art. 165 RCCLM) o establecer fórmulas adicionales de control (art. 158 RPNA). También se prevé la audiencia de la Junta de Portavoces en la tramitación de la iniciativa legislativa ante las Cortes Generales, aunque en algún caso es perceptivo el acuerdo de la Junta de Portavoces, como en el caso del artículo 178.1.b RPIB y art. 176 RAMA.

La audiencia de la Junta de Portavoces a veces es precisa para el ejercicio de funciones parlamentarias como decidir la tramitación en lectura única (artículo 150.1 RCD; art. 129.1 RS; art. 139 RPCANT; art. 126 o 154.2 RPCAT; art. 177.1 RAEX; art. 134 RPGAL; art. 115 RPLARI; art. 119 RPV), o para delegar en las Comisiones la aprobación de una ley (art. 179.1 RAEX; art. 138.1 RPIB) y la avocación de la delegación (art. 149.1 RCD; art. 139 RPIB), o para ordenar el debate, conceder la palabra y fijar los tiempos de las intervenciones (artículo 52.4 RPAND; art. 118.1 RCAR; art. 87 y 132.2 RPCANA; art. 44 RCCLM; art. 66 RPLARI; art. 61.2.h RAMA). Es precisa la audiencia para tramitar informes del Defensor del Pueblo (art. 167 RCCYL; 159.4 RPCANT), o regular la ordenación del debate en las sesiones de una Comisión de Investigación (art. 54.4 RPCANT; art. 52 RPGAL; art. 51 RPIB; art. 75.6 RAMA), o el de las sesiones de las Comisiones de Estudio (art. 76.3 RAMA). También es oída en el ejercicio de la función de control o para señalar el número de preguntas que deben ser incluidas en el orden del día del Pleno (art. 163.2 RS; art. 168 RPCANT; art. 189.2 RCCLM; art. 188.2 RPNA), o para no admitir a trámite preguntas (art. 161 RCCYL; art. 159.2 RPGAL; art. 162 RPIB; art. 148 RPLARI), o aplazar interpelaciones y preguntas (art. 182 y 189 RPNA), o acumularlas (art. 192 RCD), o para reducir el tiempo de espera de las interpelaciones (art. 171 RS), o para no admitir a trámite asuntos de dudosa calificación (art. 34.a RAMU; art. 148 RPV), para acumular las proposiciones no de ley a efectos de debate y votación (art. 195.1 RCCLM), o tramitar mociones (art. 145 RPCAT) o admitir a trámite proposiciones de ley. Es significativa la participación de la Junta de Portavoces para materias como la celebración de comparecencias de los miembros del Gobierno (art. 187.1 RPCANT; art. 202 RCCLM; art. 148 RCCYL; art. 200 RAEX), o de los senadores designados (art. 153 RPCANT), o convocar la sesión de remoción del presidente de la Cámara o de los miembros de la Mesa; también cuando se haya presentado una cuestión de confianza o una moción de censura (art. 177.3 RCD; art. 150 y 155 RPCANT; art. 137 RCCYL, art. 237 RAEX; arts. 138 y 139 RPGAL; arts. 143 y 146 RPIB; arts. 122 y 128 RPLARI; arts. 186 y 199 RAMA; arts. 173 y 175 RPNA; art.. 151 y 155 RPV), o se tramite el procedimiento de investidura (art. 136 RPGAL; art. 171 RCCLM; art. 128 RPV), para ordenar el procedimiento de elección de personas por el Pleno (art. 206 RCD; art. 210 RCCLM), o el procedimiento de designación del Defensor del Menor (art. 225.2 RAMA), o del Consejo de Administración de un ente público (art. 230.1 RAMA).

Además[48], y sin intención (imposible por lo demás) de ser exhaustivos, en ocasiones se escucha a la Junta de Portavoces para interponer recursos de inconstitucionalidad o personarse en cualquier procedimiento (art. 195 RPCANT) o los programas, planes y comunicados del Gobierno (art. 148 RPCAT; art. 195, 197 y 198 RPNA) o informes del gobierno (art. 173 RPIB), para la tramitación de convenios de la Comunidad Autónoma (art. 162 RPNA), o para la tramitación de informes de Comisiones de seguimiento (art. 56 RPCAT), para crear intergrupos parlamentarios (art. 62 RPCAT) o para adoptar disposiciones complementarias en los supuestos de elección de personas (art. 192.1 RPCANT). Finalmente, y aunque no es lo común, en algunos

48 Hay otras funciones de la Junta de Portavoces, pues suele convertirse en lugar habitual en el que se discuten desde las cuestiones más generales de la organización del Parlamento, hasta asuntos de mucho detalle (y alcance ciertamente menor). Cfr. la opinión de A. del Pino Carrazo, «Artículo 13», VV. AA. en, *Comentarios al Estatuto de Autonomía de la Comunidad de Madrid*, Madrid, Asamblea de Madrid, 2008, p. 221: «Además de estas funciones reconocidas por la norma parlamentaria la Junta desempeña otras "silenciosas" funciones, no previstas en las normas y que tampoco suelen aparecer en el orden del día de sus reuniones, en la medida en que es el foro en que se tratan y debaten eventualidades surgidas en el devenir de la vida parlamentaria, como incidentes acaecidos en una Comisión o en una sesión plenaria, o la conducta de ciertos invitados en el salón de sesiones».

Parlamentos, la Junta de Portavoces excede su posición meramente consultiva, y conoce de asuntos de gobierno interior, como el artículo 33.1.b del RPCANT, por el que se dispone que la Junta sea escuchada en la aprobación del proyecto de Presupuesto de la Cámara.

D) El funcionamiento de la Junta de Portavoces

Los reglamentos parlamentarios han introducido varias novedades en relación con el funcionamiento de la Junta de Portavoces y, en ocasiones, se apartan de la regulación general de la actividad del resto de órganos parlamentarios. Y, como casi siempre, el régimen común lo introduce el Reglamento del Congreso de los Diputados, en el que, además de la previsión vista sobre los componentes de la Junta de Portavoces, y de todos los asistentes a sus sesiones, se establece que el presidente convocará a la Junta a iniciativa propia «o a petición de dos Grupos Parlamentarios o de la quinta parte de los miembros de la Cámara» (art. 39.1 RCD; art. 65.1 RCAR; art. 37.1 RPCANA; art. 39.1 RPCANT; art. 38.1 RPG; art. 34.1 RPRI; art. 38.1 RPIB; art. 43.2 RAMU; art. 43.1 RPNA). Sin embargo, hay más variantes, pues en otros Parlamentos se convoca la sesión de la Junta de Portavoces a petición de dos Grupos parlamentarios o una décima parte de la Cámara (art. 38. RPAND); y en ocasiones a iniciativa de un solo grupo parlamentario (art. 59.1 RAMA; art. 63.1 RAEX), o de dos grupos (art. 29.1 RPV; también art. 63.1 RAEX). En cuanto al plazo de convocatoria, algunos reglamentos (art. 63.1 RAEX) determinan que «el Presidente podrá convocar la Junta de Portavoces con al menos veinticuatro horas de antelación, especificando el orden del día».

Por su parte, el Reglamento de las Cortes de Aragón se encarga de garantizar que, en caso de petición de convocatoria de la Junta de Portavoces al presidente, este deberá convocarla en un plazo «no superior a ocho días, introduciendo en el orden del día los asuntos propuestos por aquéllos» (artículo 65.1 RCAR; también art. 38.1 RPIB; art. 34.1 RPRI —4 días—; art. 43.2 RAMU —5 días—; art. 43.1 RPNA —diez días hábiles—). Por su parte, algunos reglamentos introducen otra regulación garantista de los grupos que no apoyen al Gobierno, pues se prevé la convocatoria de la Junta de Portavoces, al menos cada quince días (art. 66.1 RCAR; art. 54.6 RJGAS; art. 27.3 RPCAT; art. 39.1 RCV), o una vez al mes durante los períodos ordinarios de sesiones (art. 37.1 RCCL). Por su parte, el artículo 63.2 RAEX permite que pueda ser convocada la Junta de Portavoces «por el Presidente, de acuerdo con la Mesa, cuando motivadamente lo solicite el Consejo de Gobierno».

Así mismo, algunos reglamentos establecen, aunque no es lo habitual, *quórum* de asistencia. Así el artículo 54.4 RJGPRINCAST dispone que la Junta de Portavoces se entienda válidamente constituida solo «cuando concurran la mitad más uno de los Grupos Parlamentarios y representen, a su vez, la mayoría absoluta de los miembros de la Cámara» (también art. 29.1 RPV). En el resto de reglamentos parlamentarios no hay previsión al respecto, con lo que sería aplicable la regla general de *quórum* de asistencia que, en general y al modo del Congreso de los Diputados, solo exige dicho *quórum* en el momento de adoptar decisiones y no, por tanto, si la sesión de la Junta estuviese convocada solo para asuntos de los que debe conocer y no decidir. En esta materia, el Reglamento de la Asamblea de Extremadura ha previsto la válida constitución de la Junta cuando estén representados, «por los portavoces o sus suplentes, todos los grupos parlamentarios que conforman la Cámara, en primera convocatoria». Además, se prevé en este Reglamento la constitución en «segunda convocatoria» cuando estén representados, «al menos la mitad más uno de los diputados de la Cámara». Finalmente, también prevé este Reglamento la presencia del presidente, al menos un vicepresidente de la Mesa, un secretario y el Letrado Mayor o letrado que lo sustituya como requisitos de *quórum* de asistencia, (art. 62.2 RAEX).

El efecto configurador del Grupo Parlamentario en la organización y en el funcionamiento de la Cámara, tiene una especial incidencia en la ordenación de las votaciones de los diversos órganos de la Institución. Y puede decirse que la necesidad de poner en funcionamiento a la Junta de Portavoces ha supuesto la progresiva extensión del voto ponderado como técnica de adopción de decisiones. Así, es habitual en nuestro Derecho parlamentario, que se prevea la ponderación de votos en la adopción de decisiones por los órganos, fundamentalmente en la Junta de Portavoces[49]. Es decir, la fuerza de los Grupos parlamentarios no solo se basa en la disciplina de voto de los parlamentarios, sino que convierte al Parlamento, en último término, en un foro de ratificación de decisiones tomadas en otras instancias. Esta archiconocida pujanza del grupo supone en esta materia ponderar al portavoz tantos votos como miembros tiene su grupo.

3. La organización funcional del Parlamento

3.1. El Pleno

El Pleno es el Parlamento mismo. No es un mero órgano parlamentario. La presencia física de todos los parlamentarios viene a sugerir la representación de que en aquel espacio está presente cada sector ideológico de la sociedad: la distribución de las fuerzas políticas en el Pleno es bien simbólica, y recuerda vagamente la idea de que cada miembro representa a toda la Nación.

El Pleno es el sujeto parlamentario principal. Casi todos los reglamentos coinciden en introducir una regulación muy similar. Como ejemplo de lo que es habitual en nuestro Derecho parlamentario, se puede citar el artí-

49 A. Arce Janáriz, *Teoría y práctica... op. cit.*, p. 70. Este autor no duda en reconocer que la técnica del voto ponderado convierte a la Junta de Portavoces en «una suerte de "mini-pleno"».

culo 76 del Reglamento de la Junta General del Principado de Asturias que determina, con cierto énfasis, que «el Pleno es el órgano supremo del Parlamento». Pero no es el Reglamento del Parlamento asturiano el único que realiza una declaración similar, pues también el artículo 56 del Reglamento del Parlamento de Cantabria otorga al Pleno esta «naturaleza superior». Además, otros reglamentos determinan que el Pleno, además de ser órgano supremo del Parlamento, «está integrado por los diputados proclamados electos que han accedido al pleno ejercicio de la condición de miembros del Parlamento» (art. 63.1 RPCAT).

Por su parte, casi todos los reglamentos parlamentarios (aunque no lo hace el Reglamento del Senado, por ejemplo) introducen una regulación del Pleno en una sección sistemática diferenciada, destinada a incluir una previsión dedicada a un mínimo régimen regulador de las sesiones plenarias de cada Parlamento. Así, igual que en el Reglamento del Congreso de los Diputados, se incluye en España lo relativo a la convocatoria de las sesiones plenarias. Estas serán convocadas por el presidente, por propia iniciativa o a solicitud, al menos, de dos Grupos Parlamentarios o de una quinta parte de los miembros de la Cámara (artículo 54 RCD; art. 55 RPAND; art. 96 RCAR; art. 76.1 RJGPRINCAST; art. 60.1 RPCANA; art. 57.1 RPCANT; art. 45 RCCLM; art. 52.1 RCCyL; art. 63.2 RPCAT; artículo 64.1 RPNA y art. 50 RPRI). Hay alguna variante interesante, como en el Reglamento de las *Corts Valencianes*, en donde el Pleno debe ser convocado por el Presidente a solicitud de un grupo parlamentario, además de la quinta parte de los Diputados.

No obstante, todo lo relativo a la iniciativa en la convocatoria de las sesiones plenarias ordinarias es completada con otras disposiciones, como las correspondientes, por ejemplo, a la formación del orden del día de la sesión plenaria ordinaria o extraordinaria, o en la exigencia de un *quórum* de asistencia.

En conclusión, la iniciativa de la convocatoria de la sesión plenaria del artículo 54 RCD y concordantes, debe efectuarse por el presidente cumpliendo las disposiciones relativas a la fijación del orden del día, con una cierta flexibilidad, en la determinación de la fecha concreta, pues el presidente no puede obviar los acuerdos de otros órganos decisorios, como la Mesa. Más bien esta disposición sobre la iniciativa en la convocatoria de las sesiones debe entenderse para los casos en los que, fijado el orden del día por la Junta de Portavoces (o la Mesa) o los proponentes en el caso de una sesión extraordinaria, el presidente no hubiera todavía procedido a la convocatoria formal de la sesión acordada. En este sentido y en relación con la convocatoria del Pleno, el artículo 60.2 RPCAN determina que «el acuerdo de celebración de una sesión plenaria no prevista en el calendario de actividades del Pleno, será adoptado por la Mesa, oída la Junta de Portavoces, en el plazo máximo de diez días desde la solicitud».

Por su lado, casi ningún reglamento parlamentario fija los requisitos para desconvocar la convocatoria de una sesión plenaria, con lo que habría de entenderse que los requisitos para la desconvocatoria son los mismos que los de la convocatoria, en situaciones de normalidad parlamentaria. Tal es el caso de lo dispuesto en el ya citado art. 63.4 RPCAT que dispone el mismo *quórum* para la convocatoria, que para la desconvocatoria.

El Reglamento de la Asamblea de Extremadura plantea un régimen muy peculiar, por lo detallista. Regula el artículo 70.1 RAEX las «sesiones plenarias programadas» que serán convocadas por el presidente, en las fechas fijadas en el calendario general aprobado al inicio del período de sesiones. Esta propuesta de sesión plenaria programada no admitiría alteración de la Junta de Portavoces, «que deberá aprobarla o rechazarla en su conjunto». Además de estas sesiones, el Reglamento prevé las sesiones plenarias «no programadas», que serán convocadas por el presidente, con al menos dos días de antelación. Este Reglamento distingue, a su vez, dos procedimientos (art. 70.2 RAEX):

1. Si la propuesta de la convocatoria parte del presidente de la Asamblea, propondrá a la Junta de Portavoces un máximo de cuatro asuntos. La propuesta del presidente no admitirá alteración por parte de la Junta de Portavoces, que deberá aprobarla o rechazarla en su conjunto.
2. Podrán pedir la convocatoria de una sesión plenaria no programada dos grupos parlamentarios, un grupo parlamentario que represente al menos la quinta parte de los miembros de la Cámara o el Gobierno. La petición dirigida al presidente deberá proponer un máximo de cuatro iniciativas que ya hayan ingresado en el Registro de la Cámara. Seguidamente se regula un proceso parlamentario muy «administrativizado».

En todos los reglamentos hay otras disposiciones que han sido incluidas en el Capítulo correspondiente al Pleno. Son normas que regulan materias «colaterales» o conexas al régimen del Pleno, como aspectos relativos al *quórum*, a su constitución, además de su convocatoria.Así, por ejemplo, el Pleno de la Junta General del Principado «se entenderá válidamente constituido cuando esté presente la mayoría de sus miembros» (artículo 76.2 RJGPRINCAST). También es interesante el Reglamento de las Cortes de Castilla y León, cuyo artículo 52.2 RCCyL determina que «dentro de los periodos ordinarios de sesiones, se celebrarán, al menos, dos sesiones del Pleno cada mes». Además de estas sesiones, el Pleno de las Cortes celebrará sesiones de contenido monográfico para celebrar el debate sobre política general de la Junta de Castilla y León y sobre el Informe del Procurador del Común (art. 52.3 RCCyL).

En la sección que regula el régimen del Pleno suelen incluirse disposiciones que tienden a identificar al Pleno, con el lugar físico en el que se producen las reuniones del propio órgano. Así se dispone en el RCD que «los Diputados tomarán asiento en el salón de sesiones conforme a su adscripción a Grupos Parlamentarios y ocuparán siempre el mismo escaño» (artículo 55.1 RCD; art. 56.1 RPAND; art. 97.1 RCAR —«de acuerdo con lo decidido por la Mesa»—, coincidiendo con el Reglamento del Parlamento de Cataluña —mediante acuerdo de la «Mesa y la Junta de Portavoces», art. 64.2 RPCAT—; art. 77 RJGPRINCAST; art. 61 RPCANA; art. 57.1 RPCANT; art. 46.1 RCCLM; art. 53.1 RCCyL; art. 54.2 RPIB; art. 55 RASMU; art. 65 RPNA; art. 63.1 RPV —mediante acuerdo de la Junta de Portavoces—; art. 51.1. RPRI). Por su parte, el Reglamento del Parlamento de Cataluña prevé que las sesiones plenarias (y las de las Comisiones) se celebren en la ciudad de Barcelona, aunque pueden celebrar sesiones en otras partes de Cataluña, por acuerdo de la Mesa y la Junta de Portavoces (artículo 64.1 RPCAT).

En este sentido, es tradicional en nuestro parlamentarismo que se determine que hay en el «salón de sesiones un banco especial destinado a los miembros del Gobierno» (artículo 55.2 RCD; art. 56.2 RPAND; art. 97.2 RCAR —«que podrán asistir a los Plenos aunque no fueran Diputados»—; art. 77.2 RJGPRINCAST; art. 61.2 RPCANA; art. 57.2 RPCANT; art. 46.2 RCCLM; art. 53.2 RCCyL; art. 64.3 RPCAT; art. 56.2 RCV —que puntualiza que el banco de los miembros del Gobierno estará en la primera fila del hemiciclo—, art. 76.2 RAEX; art. 54.2 RPIB; art. 64.1 RAMU; art. 65.2 RPNA; art. 51.2 RPRI). De color azul es la bancada del Gobierno en el salón del Congreso de los Diputados o en las dos salas del Senado (también en el Parlamento de Galicia; las *Corts* Valencianas; la Asamblea de Murcia; las Cortes de Castilla y León, en el Parlamento de Andalucía o en el Parlamento de las Islas Baleares); de color rojo en otros, como en la Asamblea de Madrid; de color marrón oscuro, en el Parlamento de Cantabria o en el de Canarias. Por su lado, otros Parlamentos no diferencian el color de los asientos de los miembros del Gobierno (como en el Parlamento Vasco, el Parlamento de Cataluña o en las Cortes de Castilla-La Mancha). El Gobierno suele situarse en la primera línea de las bancadas parlamentarias del salón de plenos, ya sea en la forma de anfiteatro (que es el más común, al modo del Congreso de los Diputados, Parlamento de Cataluña o la Asamblea de Murcia), ya sea en la forma de dos partes enfrentadas a dos manos de la Presidencia (Senado o el Parlamento Vasco).

Por su lado, el artículo 55.3 RCD determina que «solo tendrán acceso al salón de sesiones, además de las personas indicadas, los funcionarios de las Cortes en el ejercicio de su cargo y quienes estén expresamente autorizados por el Presidente». También en el artículo 56.3 RPAND; art. 97.3 RCAR; art. 77.3 RJGPRINCAST; art. 61.4 RPCANA; art. 57.3 RPCANT (que, de forma más correcta aclara que los funcionarios puedan asistir en ejercicio de su «cargo o función»; art. 46.3 RCCLM; art. 53.3 RCCyL; art. 56.3 RCV); art 64.4 RPCAT —en el que también la Mesa puede autorizar la asistencia de otras personas—; art. 56.3 RCV —también puede asistir quienes están autorizados por el Presidente—; art. 76.3 RAEX; art. 54.3 RPIB; art. 65.3 RPNA; art. 51.3 RPRI). Por su parte, el artículo 77.2 RJGPRINCAST determina que «tendrán asiento reservado en dicho salón los Senadores designados por la Cámara» (igual art. 61.3 RPCAN y el artículo 63.2 RPV que añade a los representantes de las instituciones de los territorios históricos).

Finalmente, algunos reglamentos incluyen dentro de la regulación del Pleno varias cuestiones relativas, por ejemplo al uso de la palabra, como el artículo 77.4 RJGPRINCAST que alude a que, de forma excepcional, podrán hacer uso de la palabra en el Pleno «relevantes personalidades con ocasión de solemnidades de especial significación», debiendo siempre mediar la «invitación del Presidente de la Cámara, con el parecer favorable de la Mesa y de la Junta de Portavoces» (de la misma forma, artículo 57.4 RPCANT; art. 54 RCCyL —aclara que «personalidades nacionales y extranjeras»—). Similar es la regulación del Reglamento de la Asamblea de Murcia, que permite que «por invitación del Presidente de la Cámara», y «con el parecer favorable de la Mesa y de la Junta de Portavoces», de una forma excepcional podrán hacer uso de la palabra en el Pleno, y dirigirse al mismo «relevantes personalidades con ocasión de solemnidades de especial significación» (art. 64.2 RAMU).

3.2. Las Comisiones Parlamentarias

Nuestro sistema constitucional ha previsto la división del Parlamento en Comisiones como un desarrollo del principio de especialización que inspira toda organización y todo poder organizado. Las Comisiones son órganos en los que se divide el Parlamento en torno a una materia de acción estatal, vinculada a un determinado Departamento Ministerial, o Consejería autonómica. Esta especialización implica que, en la comisión, se van a reunir los miembros de los grupos parlamentarios con una cierta orientación en torno a una determinada materia. Esto es una constante en todos los Parlamentos contemporáneos y, sin necesidad de buscar un amplio tratamiento doctrinal, fue el mismo J. BENTHAM, en sus *Tácticas Parlamentarias*[50], quien aseguró que «Cuanto más numerosa es una asamblea, tanto menos idónea es para ciertas tareas. Dividiéndose en comisiones se multiplica y resuelve en muchas partes, cada una de las cuales es más acomodada para conseguir cierto fin que lo sería un cuerpo entero».

En este sentido, DI CIOLO y CIAURRO[51] señalaron que las deliberaciones en las Comisiones pueden considerarse «deliberaciones "indirectas" de la Asamblea». Su razón de ser es la economía en el trabajo. Sucede, no obstante, que tanta especialización puede no adecuarse bien a un entendimiento estricto del principio de representación y puede suponer que los parlamentarios no solo no preparan materias que no correspondan a «su» Comisión, sino que en muchas ocasiones no podrán acceder a información, ni al conocimiento de acciones del Gobierno que estén fuera de «su» materia.

50 J. BENTHAM, *Tácticas Parlamentarias*, Madrid, Congreso de los Diputados, 1991, pp. 251 y ss.

51 V. DI CIOLO/L. CIAURRO, *Il Diritto parlamentare nella teoría enlla pratica*, Milán, Giufré, 1994, pp. 281 y ss.

La especialización que supone la Comisión no debe excluir al Diputado de una parte del mandato, pues el mandato implica igualdad. Es doctrina jurisprudencial consolidada que el derecho a acceder implica un derecho a permanecer en condiciones de igualdad. «El art. 23.2 CE garantiza el derecho de los ciudadanos a acceder en condiciones de igualdad a las funciones y cargos públicos, con los requisitos que señalen las leyes, así como que quienes hayan accedido a los mismos se mantengan en ellos y los desempeñen de conformidad con lo que la Ley disponga...». Puede citarse como recordatorio SSTC 208/2003, de 1 de diciembre, FJ 4; 141/2007, de 18 de junio, FJ 3; 36/2014, de 27 de febrero, FJ 6; 4; 117/2012, de 4 de junio FJ 3; 107/2016 de 7 junio, FJ 4; 11/2017, de 30 de enero, FJ 3 b); 47/2018, de 26 de abril, FJ 3 b); 49/2018, de 10 de mayo, FJ 4 y 36/2020, de 25 de febrero). Por tanto, la especialización que suponen las Comisiones no debería ser utilizada para excluir o limitar la presencia de ningún Grupo Parlamentario, o Diputado, en el acceso a toda la actividad del Parlamento, sea cual sea.

A) Las Comisiones en la Constitución y en los Estatutos de Autonomía

El papel de las Comisiones parlamentarias es sobradamente conocido y ha dado pie a que S. Tosi[52] se refiriese al relevante significado que las Comisiones han adquirido, incluso, en el conjunto de todo el sistema de Gobierno, con la excepción parcial quizá del sistema británico. En España, la Constitución dispone que las Cámaras funcionan «en Pleno y en Comisiones» (artículo 75.1 CE), regulando el artículo 75.2 CE las denominadas leyes de comisión.

Se debe concluir que la Constitución dispone en su artículo 75 CE la necesaria existencia de Comisiones en las dos Cámaras de las Cortes Generales, incluso prevé funciones que deben ser realizadas, de forma preceptiva, por las Comisiones. Ejemplo de esto es lo dispuesto en el artículo 74.2 CE, que establece el procedimiento para resolver el desacuerdo ente el Congreso de los Diputados y el Senado en el procedimiento legislativo; en el artículo 76 CE, que se refiere a la posibilidad de crear Comisiones de Investigación; en el artículo 109.1 CE, en el que se dispone que las Cámaras «y sus Comisiones» puedan reclamar la presencia de los miembros del Gobierno; en el 109.2 CE, que se establece que los miembros del Gobierno tengan acceso a las sesiones de las Comisiones y se puedan hacer oír en ellas, pudiendo solicitar «que informen ante las mismas funcionarios de sus Departamentos»; a su vez, en el artículo 152.2.2.o CE, que dispone que sea en la Comisión Constitucional del Congreso de los Diputados donde se tramite la proposición del Estatuto de Autonomía elaborado mediante ese artículo, dentro del plazo de dos meses, examinándolo «con el concurso y asistencia de una delegación de la

52 S. Tosi, *Diritto...*, *op. cit.*, pp. 183 y ss.

Asamblea proponente para determinar de común acuerdo su formulación definitiva»; y en el artículo 167 CE, en el que se atribuye a una comisión de composición paritaria de Diputados y Senadores, el «intento» de acuerdo, si no lo hubiera entre las dos Cámaras ante una propuesta de reforma constitucional, elaborada mediante el procedimiento regulado en ese precepto. No es habitual una regulación de las Comisiones parlamentarias tan extensa en el resto de Constituciones de nuestro entorno, ni en los Estatutos de Autonomía.

No obstante, la extensa regulación constitucional ha hecho que también los Estatutos de Autonomía dispongan que los Parlamentos autonómicos han de contar con Comisiones parlamentarias. Las normas son numerosas y, así, el EAAND establece en su artículo 103.2 que el Parlamento funcionará en Pleno y Comisiones. «El Pleno podrá delegar en las Comisiones legislativas la aprobación de proyectos y proposiciones de ley, estableciendo en su caso los criterios pertinentes». Además, el artículo 104.3 EAAND dispone que los Grupos Parlamentarios participarán en todas las Comisiones en proporción a sus miembros y el art. 106.3 prevé que deberá haber en el Parlamento Comisiones permanentes. También el artículo 39.2. del Estatuto de Autonomía de Aragón establece que las Cortes de Aragón funcionarán en Pleno y en Comisiones y estas serán permanentes y, en su caso, especiales o de investigación. La «función fundamental» de las Comisiones será dictaminar los proyectos y proposiciones de ley, «para su posterior debate y aprobación en el Pleno»; también los Grupos Parlamentarios participarán en las Comisiones, en proporción a su importancia numérica (art. 39.5 EAAR).

Como se ha dicho, la previsión de la existencia de Comisiones en los Estatutos de Autonomía es muy habitual. El EAPRINCAST, en su artículo 29.2, dispone que la Junta funciona en Pleno y en Comisiones y estas son permanentes y, en su caso, especiales o de investigación. Y también allí los Grupos Parlamentarios participan en ellas en proporción a su importancia (igual regulación que el art. 12 EACANT, que dispone también que el Presidente del Parlamento coordina los trabajos de las Comisiones; artículo 23 EACyL; artículos 26 y 28 EAEX; art. 12 EAGAL; arts. 12 y 13 EAMAD; artículos 28.1 y 28.2 EAMU).

Por su lado, el EACANA (art. 41.3), el EALRi (artículo 12), la LORAFNA (artículo 17.1, añade su artículo 33 que el presidente de la Diputación y los Diputados tendrán derecho a asistir y ser oídos en las sesiones de las Comisiones del Parlamento) y el artículo 27 EAPV (si bien añade, en el apartado 4, que los miembros del Parlamento pueden formular ruegos, preguntas, interpelaciones y mociones ante las Comisiones) son algo más limitados en su regulación y disponen solo que el Parlamento funcionará en Pleno y en Comisiones, de forma similar a lo que dispone el artículo 75.1 CE.

Aunque tienden a imitar a la Constitución, los matices de los Estatutos de Autonomía son muchos. El EACLM, además de prever el funcionamiento del Parlamento en Comisiones y que pueden existir Comisiones de Investigación o de encuesta (art. 11.6), establece que las Cortes de Castilla-La Mancha y sus Comisiones pueden reclamar la presencia de los miembros del Consejo de Gobierno, los cuales también tienen acceso a las sesiones plenarias de las Cortes de Castilla-La Mancha y de sus Comisiones, así como «la facultad de hacerse oír en ellas» (EACLM).

Coincidente, de una forma parcial, con la regulación constitucional sobre las Comisiones de Investigación es la previsión del Estatuto de Autonomía de Cataluña que dispone, también, que el *Parlament* puede crear Comisiones de investigación sobre cualquier asunto de relevancia pública que sea de interés de la *Generalitat*, añadiendo que las personas requeridas por las Comisiones de investigación deben comparecer obligatoriamente ante las mismas, de acuerdo con el procedimiento y las garantías establecidos por el Reglamento del Parlamento. Se añade en el *Estatut*, además, que «Deben regularse por ley las sanciones por el incumplimiento de esta obligación». También prevé el *Estatut* la posible delegación en las Comisiones de la potestad de aprobar leyes. Por su parte, el EACCV en su artículo 22.e, señala que las *Corts* pueden crear Comisiones de Investigación para «ejercer el control parlamentario». También prevé en su artículo 25, la posible delegación a las Comisiones de la potestad legislativa plena, de forma que podrán delegar en las Comisiones la elaboración de leyes, sin perjuicio de que el Pleno pueda recabar el debate y la votación. Quedan exceptuadas de dicha delegación las leyes de bases y los Presupuestos de la *Comunitat*. Es interesante el artículo 45 del EAIB, que añade que «los acuerdos, sean en el Pleno, sean en las Comisiones, para que sean válidos, deberán ser adoptados en sesiones convocadas reglamentariamente, con la asistencia de la mayoría de sus componentes y por aprobación de la mayoría de los presentes».

B) El régimen jurídico de las Comisiones

El régimen jurídico de las Comisiones viene dispuesto en los reglamentos parlamentarios autonómicos, que siguen de un modo aproximado al del Congreso de los Diputados. No obstante, algún reglamento define, incluso, qué ha de entenderse por comisión, como el Reglamento de la Asamblea de Extremadura que señala que «Las Comisiones son órganos de estructura colegiada y composición numérica inferior al Pleno, constituidos en la Asamblea para entender sobre el objeto encomendado por este Reglamento o por el acuerdo de creación» (artículo 79.1 RAEX).

En general, y como se verá, los reglamentos distinguen entre Comisiones Permanentes y no Permanentes; y las Permanentes se suelen dividir en Legislativas y no Legislativas. A su vez, las Comisiones no Permanentes se dividen en Comisiones de Investigación y Comisiones especiales. Las diferencias que se producen en la tipología de las Comisiones entre los diversos reglamentos son menores y, como mucho, de denominación. Así, el Reglamento del Parlamento de Cataluña dispone en su artículo 39.4 que las Comisiones son

Legislativas o específicas, siendo estas últimas «además de las reguladas por el presente Reglamento o creadas por las leyes, las de estudio, las de investigación y las de seguimiento creadas por el Pleno», pudiendo tener «una función concreta o bien el contenido de relacionarse con determinadas instituciones o entidades públicas».

a) Formación de las Comisiones

Las Comisiones, salvo precepto en contrario, estarán formadas por los miembros que designen los Grupos Parlamentarios en el número que, respecto de cada uno, indique la Mesa del Congreso, oída la Junta de Portavoces, y en proporción a la importancia numérica de aquellos en la Cámara (art. 40 RCD). Se ha mantenido[53], incluso, que los Grupos «se convierten, prácticamente, en titulares de los puestos en las Comisiones y, asimismo, al proponer sus candidatos, resultan ser los responsables de la aptitud política y personal de ellos». Algún autor italiano ha defendido que las Comisiones no están sino «conectadas a las designaciones de los grupos parlamentarios»[54]. En este sentido, las SSTC 32/1990, 214/1990, de 1 de marzo, 93/1998, de 4 de mayo, 141/2007, de 18 de junio o ATC 262/2002 de 9 diciembre, han afrontado la proporcionalidad de las Comisiones.

La proporcionalidad, que reaparece en varias materias del Parlamento, es el principal rasgo organizativo de las Comisiones. Y, amparándose en esa proporcionalidad, hay quien ha defendido su naturaleza de órgano constitucional del Estado, y no cabe duda de que la naturaleza de órgano alternativo al Pleno en que se han convertido las Comisiones, está facilitada por esta nota. En la medida en que lo permiten las matemáticas, las Comisiones tratan de reproducir la relación de fuerzas que hay en el Pleno. Esta proporcionalidad es la que motivó que las Comisiones fuesen sustituyendo lentamente a las secciones parlamentarias (cuyas notas eran el azar en el nombramiento, la falta de especialización en el trabajo, y también la ineficacia), como órganos de organización del trabajo parlamentario.

En relación con la designación por los grupos parlamentarios de los miembros de las Comisiones, la STC 141/2007, de 18 de junio, FJ 4, declaró la plena legitimidad «constitucional de las cláusulas reglamentarias que supeditan la participación de los grupos en las comisiones parlamentarias a lo que resulte del reparto de los puestos disponibles en ellas de manera proporcional a la importancia numérica de cada grupo» (también SSTC 214/1990, de 20 de diciembre, FJ 6; 93/1998, de 4 de mayo, FJ 3). Se concluía en aquella STC que las Cámaras «pueden regular la manera en que dicha participación

53 L. Villacorta Mancebo, *Hacia el equilibrio de poderes. Comisiones legislativas y robustecimiento de las Cortes*, Valladolid, Universidad de Valladolid/Caja de Ahorros de Salamanca, 1989, pp. 239 y ss.

54 V. Longi, *Elementi di Diritto e procedura parlamentare*, Milán, Giuffrè, 1994, pp. 109 y ss.

se produce, especialmente modulando su duración en razón del número de parlamentarios que integran cada grupo». De este modo, años más tarde, se ha considerado legítimo que se limite al Diputado no adscrito a la pertenencia a Comisiones, pues el Reglamento de la Asamblea de Extremadura preveía una pertenencia limitada a las Comisiones para este tipo de Diputados, ya que esta limitación reglamentaria «se orienta a impedir una posición preponderante de unos sobre otros», (STC 159/2019, de 12 de diciembre).

Como se sabe, la fórmula de la proporcionalidad no está exenta de problemas, y más si se tiene en cuenta que algunos reglamentos (artículo 51 RS) determinan que «en todas las Comisiones habrá al menos un representante de cada Grupo parlamentario». No obstante, es habitual que se disponga que el cálculo de los miembros de comisión que corresponde a cada Grupo Parlamentario debe hacerse teniendo en cuenta «el número de componentes de los distintos Grupos». Por su lado, el Reglamento del Senado contiene algunas disposiciones especiales para la Comisión General de las Comunidades Autónomas, y que tienen interés en el estudio de la proporcionalidad en el Parlamento, pues se determina que «cada Grupo parlamentario designará el doble de los miembros que le correspondan en las demás Comisiones del Senado» (artículo 51.3 RS).

Una regulación muy similar a la del Congreso de los Diputados sobre la proporcionalidad es también la del art. 40 RPAND; art. 68.1 RCAR; art. 56.1 RJGPRINCAST; art. 38.1 RPCANA —el número de Diputados en cada comisión no podrá ser superior a diecisiete, y los grupos parlamentarios con un número de diputados inferior a cinco solo podrán designar un diputado para cada comisión—; art. 42 RPCANT; art. 47.1 RCCLM; art. 39.1 RCCyL; art. 40.1 RPCAT, cuyo apartado 3 aclara que, en los casos en los que no sea posible una representación proporcional, debe aplicarse el sistema de ponderación de voto, tanto para la adopción de acuerdos como para el ejercicio de iniciativas parlamentarias; art. 40.1 RCV; art. 80.1 RAEX, según el cual, además, la Mesa de la Cámara establece el número total de Diputados que forman una comisión, mientras que la Junta de Portavoces fija el número de Diputados que corresponde a cada Grupo Parlamentario en las Comisiones, de un modo proporcional; art. 42.1 RPIB; art. 36.2 RPRi; art. 63 RAMA; art. 46.1 RAMU; art. 45 RPPNA según el cual el número de miembros de cada comisión se determina por la Junta de Portavoces; art. 41.1 RPV. En definitiva, será el portavoz quien comunique a la Presidencia de la Cámara la designación de los Diputados que formen parte del Grupo (*vid.* por todos, artículo 46.2 RAMU, que añade la necesaria comunicación del portavoz —y su sustituto— del Grupo en la Comisión).

Además, la proporcionalidad en las Comisiones ha sido limitada por la jurisprudencia del Tribunal Constitucional, ya desde la STC 40/1981 y, de forma expresa para las Comisiones parlamentarias, desde la STC 36/1990 y también en la STC 141/1990, (sobre la proporcionalidad en las Comisiones del Parlamento de Navarra), se ha indicado que «es casi técnicamente imposible la pretensión del recurrente de hacer coincidir en una equivalencia matemática la distribución de puestos presentes en un colectivo amplio, formado por cincuenta escaños, el Pleno, con otro mucho más reducido de trece, las Comisiones; por otra parte, la decisión de fijar en trece el número de miembros de las Comisiones, con carácter previo a la atribución de sitios, no puede tacharse de sesgada o arbitraria, porque ese número parece ser el habitual en el Parlamento de Navarra en distintas resoluciones de la Mesa de la anterior legislatura y, por ello, anteriores a la que ahora se discute», (también STC 93/1998, de 4 mayo y ATC 262/2002, de 9 diciembre, referidos al ámbito parlamentario; y al ámbito local se ha aplicado por STC 30/1993, de 25 enero).

Finalmente, y en cuanto a la composición de las Comisiones, los reglamentos parlamentarios determinan que los Diputados tendrán derecho a formar parte, al menos, de una Comisión. Ello ha dado lugar a varios problemas, por ejemplo, en relación con el grupo mixto. Así, la STC 214/1990, de 20 de diciembre, señaló que, conforme al artículo 72 del RAMA «los Diputados tienen derecho a integrarse, al menos, en una Comisión, pero no a formar parte de todas las de carácter permanente. No obstante, la circunstancia singular en que el solicitante de amparo se halla... como único miembro de un Grupo Parlamentario, hace que el derecho de integración aludido se identifique con el del Grupo al que está adscrito. Mas, este último derecho consiste, a tenor del art. 40.1 del Reglamento de la Asamblea, en obtener tantos puestos en las Comisiones como resulte proporcionalmente de la importancia numérica del Grupo en la Cámara, no en disponer de puestos en todas las Comisiones permanentes». Negó, en definitiva, el Tribunal Constitucional que el único miembro del Grupo Mixto tuviese derecho a estar en todas las Comisiones. Como se ve, el tribunal siempre ha defendido una cierta flexibilidad, para aplicar la proporcionalidad. Así, se dijo por el tribunal, también en esta jurisprudencia relativizadora, que «la proporcionalidad del reparto de las cantidades destinadas a este objeto» [ha de sufrir] «las correcciones que se estimen precisas para garantizar el funcionamiento adecuado de los grupos más pequeños» (STC 214/1990, de 20 de diciembre, FJ 7).

Aunque el derecho fundamental a participar en asuntos públicos sigue pivotando sobre la figura del Diputado individual es cierto que, en esta materia, el miembro de la Comisión parece ser representante del grupo parlamentario. Incluso, algunos reglamentos disponen causas expresas de cese de los miembros de la Mesa de la Comisión, para indicar que además de las causas generales y obvias (como la pérdida de la condición de Diputado, fallecimiento, o la renuncia expresa), es causa de remoción de miembro de la Mesa de la Comisión dejar de pertenecer a su Grupo Parlamentario (art. 71.1.c RCAR; art. 32.1.c RPCANT; art. 82.1.d RAEX; art. 43.9.c PIB; art. 37.5 RPRi; art. 65.4.d RAMA; art. 48.1.d RAMU que también incluye como causa de pérdida de la condición de miembro de la Mesa de la Comisión el acuerdo por mayoría absoluta de la propia Comisión, de forma similar a como el artículo 42.1.d RAMU dispone la remoción de los miembros de la Mesa de la Asamblea; art. 49 RPNA y art. 34.1 RPV que también añaden la remoción por mayoría absoluta, como causa de la pérdida de la condición de miembro de la Mesa de la Comisión). El procedimiento de designación de los nuevos miembros de la Mesa de la Comisión queda en manos, en estos casos, de la propia Comisión, siendo aplicable el mismo sistema que para la elección inicial. Debe afirmarse que el Diputado abandona el grupo parlamentario por cualquier motivo, el grupo puede simplemente comunicar que el Diputado no pertenece a la Comisión, para dejar de ser miembro de la Mesa de la Comisión.

Los miembros de la Mesa de la Cámara suelen formar parte de las Comisiones en términos similares al resto de miembros (incluso de los miembros del Gobierno que sean Diputados). No obstante, debido seguramente a la naturaleza de la función de los miembros de la Mesa, hay alguna disposición reglamentaria que limita que, por ejemplo, el presidente de la Cámara solo pueda formar parte de las Comisiones «en los casos expresamente previstos en el presente Reglamento» (art. 38.2 RPCANA). Asimismo, el Reglamento del Parlamento de Cataluña establece una disposición algo limitativa para los miembros de la Mesa del Parlamento, pues «no pueden presidir ninguna Comisión, salvo en los casos determinados por el presente Reglamento» y, de forma similar, el artículo 41.4 RPV limita la pertenencia del presidente del Parlamento a las Comisiones que disponga el propio reglamento, no pudiendo los miembros de la Mesa de la Cámara ni los del Gobierno, ser miembros de las Mesas de las Comisiones.

Una consecuencia más de la naturaleza del miembro de la Comisión como miembro del grupo parlamentario es el mecanismo de las sustituciones en las sesiones. La sustitución de los miembros de la Comisión es una opción contemplada en el *Derecho parlamentario español* y su regulación suele ser aplicada de una forma flexible. Casi siempre prevé la posible sustitución de «uno o varios» de los miembros «adscritos a una Comisión, por otro u otros del mismo Grupo, previa comunicación por escrito al Presidente del Congreso». Además, si la sustitución fuese solo para un determinado asunto, debate o sesión, la comunicación se hará verbalmente o por escrito al presidente de la Comisión y, si en ella se indicara que tiene carácter meramente eventual, el presidente admitirá como miembro de la Comisión, indistintamente, al sustituto o al sustituido (art. 40.2 RCD; art. 40.2 RPAND; art. 68.2 RCAR; art. 56. RJGPRINCAST; art. 38.3 RPCANA; art. 42.3 RPCANT; art. 48.2 RCCLM; art. 39.2 RCCyL, que especifica que, en las Comisiones de investigación, los Grupos Parlamentarios solo pueden proceder a la sustitución definitiva de sus miembros, sin que quepa la sustitución para un determinado asunto; artículo 40.4 RPCAT; art. 40.2 RCV; art. 80.3 RAEX; art. 42.2 PIB; art. 36.4 RPRi; art. 64.2 RAMA que aclara que, si la sustitución es eventual, basta la comunicación verbal al presidente de la Comisión; art. 46.3 RAMU; art. 45.2 RPNA; art. 41.3 RPV).

Finalmente, los miembros del Gobierno podrán asistir con voz a las Comisiones, pero solo podrán votar en aquellas de que formen parte (art. 40.3 RPAND; art. 56 RJGPRINCAST; art. 38.5 RPCANA; art. 42.4 RPCANT; art. 39.3

RCCyL, que limita la asistencia de los miembros del Gobierno a las sesiones que no tengan el carácter de secretas; art. 40.4 RCV; art. 42.3 PIB; art. 36.3 RPRi, que dispone que también puedan asistir —sin otra limitación— los «altos cargos de la Administración» regional, sin voz ni voto; art. 64.3 RAMA; art. 54 RPN; art. 42.1 RPV).

b) Organización de las comisiones

Las Comisiones eligen de entre sus miembros una Mesa. Su naturaleza de órgano rector de la Comisión, así como su representación «en los actos a los que asista» es destacada por algún reglamento (artículo 66.1 RAMA). La Mesa tiene una composición variada, y en el Congreso de los Diputados está formada por un presidente, dos vicepresidentes y dos secretarios. La elección se verificará de acuerdo con lo establecido para la elección de la Mesa del Congreso, adaptado al distinto número de puestos a cubrir, con un sistema electoral mayoritario de voto limitado (art. 41.1 RCD). El Reglamento del Senado tiene una regulación similar (art. 53.1 RS) en el que se añade el plazo de diez días para la constitución de las Comisiones desde la constitución de la Cámara, indicando que los miembros de las Mesas de las Comisiones serán cinco, como en el Congreso de los Diputados, «cuando no se acordare otra cosa». Los Parlamentos autonómicos suelen mantener el sistema electoral mayoritario indicado y suelen prever una composición de la Mesa de un presidente, un vicepresidente y un secretario (art. 41 RPAND; art. 69.1 RCAR; art. 57. RJGPRINCAST; art. 39.1 RPCANA; art. 43.1 RPCANT; arts. 49.3 y 50 RCCLM; art. 40 RCCyL; art. 41.2 RPCAT; art. 41.1 RCV; art. 81.2 RAEX; art. 43.1 PIB; art. 37.1 RPRi; art. 65.1 RAMA; art. 47.1 RAMU; art. 48.1 RPNA según el cual los miembros del Gobierno no pueden ser miembros de una Mesa de la Comisión; art. 43.1 RPV), siendo en todos estos casos el sistema electoral mayoritario puro para la elección de la Presidencia y mayoritario de voto limitado para el vicepresidente y el secretario que se eligen conjuntamente (salvo en algún caso, como el de la Asamblea de Madrid —65.2 RAMA—, el de la Asamblea de Murcia 47.2 —RAMU—, o el del Parlamento de Navarra —art. 48.3 RPNA—, que determinan que solo hay dos votaciones, una para el secretario y otra para elegir conjuntamente al presidente y al vicepresidente de cada comisión).

Algo diferente es el sistema del Reglamento del Parlamento de Cataluña, según el cual las presidencias de las Comisiones se distribuyen de forma proporcional por parte de la Mesa del Parlamento, de acuerdo con la Junta de Portavoces, entre los grupos parlamentarios en función del número de sus diputados. «Los presidentes propuestos por los grupos deben ser ratificados por la respectiva comisión» (art. 49.2 RPCAT). El resto de los miembros de las Mesas de las Comisiones del Parlamento catalán se elegirá de la misma forma que la elección de la Mesa del Parlamento.

En general y en caso de empate en las votaciones para la elección de los miembros de las Mesas, todos los reglamentos disponen una reiteración de aquellas, resultando elegido el candidato del Grupo parlamentario correspondiente a la formación más votada en las elecciones, aunque algún Reglamento dispone un criterio más novedoso, como el ya visto del Parlamento de Navarra que prevé que, en caso de empate en la votación de presidente y de vicepresidente, «se dirimirá en favor del de mayor edad. Si el empate se produce en el cargo de secretario resultará elegido el más joven» (artículo 48.3 RPNA); aclarando el apartado siguiente, y continuando el criterio cronológico y temporal, que «Si tras la votación quedase algún cargo de la Mesa sin cubrir, se proclamará Presidente y Vicepresidente, si fueran éstas las vacantes, respectivamente, al miembro de mayor edad y Secretario al de menor edad».

Todos los reglamentos parlamentarios coinciden en atribuir similares funciones a cada miembro de la Mesa de la Comisión, en paralelismo con los miembros de la Mesa de la Cámara (*vid.* art. 47.5 RAMU o art. 50 RAPNA). Así, los presidentes de las Comisiones dirigen y coordinan la acción de sus Mesas, ostentando la representación unipersonal de la Comisión respectiva. Además, aseguran la buena marcha de los trabajos parlamentarios de la Comisión, dirigen los debates en su seno y mantienen el orden de estos. Por su lado, el presidente de la comisión, al igual que el presidente de la Cámara, debe cumplir y hacer cumplir el reglamento en el ámbito propio de la comisión que preside (*vid.* art. 65.2 RAMA). Los vicepresidentes de las Comisiones sustituyen a los presidentes de las mismas, ejerciendo sus funciones en caso de vacante, ausencia o imposibilidad de estos. En general, desempeñan cualesquiera otras funciones que les encomienden las Mesas o los presidentes de las Comisiones respectivas (como ejercer las funciones propias de los secretarios).

Por su lado, los secretarios de las Comisiones autorizan, bajo la supervisión de los presidentes de las mismas, las actas de las sesiones de las Comisiones y las certificaciones de sus acuerdos; asisten a los presidentes de las Comisiones en las sesiones para asegurar el orden de los debates y la corrección de las votaciones; colaboran en la buena marcha de los trabajos parlamentarios de las Comisiones según las disposiciones de los presidentes de estas; y ejercen, además, cualesquiera otras funciones que les encomienden las Mesas, o los presidentes de las Comisiones respectivas (como pudiera ser, por ejemplo, la función de dirección de los debates en el seno de las Comisiones, en supuestos de ausencia momentánea, o transitoria, del presidente y del vicepresidente).

Finalmente, las Mesas de las Comisiones se reunirán a convocatoria de su presidente, «a propia iniciativa, o a petición motivada de cualquiera de sus miembros», como aclara el artículo 68.1 RAMA, quedando constituidas con la presencia de su presidente o vicepresidente y de su secretario o quien le sustituya (art. 68.2 RAMA). En sus reuniones, las Mesas de las Comisiones no se rigen con arreglo al criterio de voto ponderado, sino que sus decisiones se adoptan conforme a las reglas generales que determine el reglamento. Y, por último, no es extraño que a las sesiones de la Mesa sean convocados también los portavoces de los grupos parlamentarios ante la propia comisión.

c) Funcionamiento

Las Comisiones serán convocadas por su presidente, de acuerdo con el del Parlamento, por iniciativa propia o a petición de dos Grupos Parlamentarios o de una quinta parte de los miembros de la Comisión, (art. 42 RCD; art. 72.1 RCAR; art. 60.1 RJGPRINCAST —que limita la petición de convocatoria en los dos últimos casos a un máximo de cuatro asuntos—; art. 40.1 RPCANA; art. 45 RPCANT —pueden solicitar la convocatoria dos Grupos Parlamentarios o una tercera parte de los miembros de la comisión—; art. 51.1 RCCLM, que prevé que la Comisión se convoque a petición de un Grupo Parlamentario o una tercera parte de los miembros de la Comisión, sin que se pueda demorar su celebración más de 15 días, también art. 44.1 PIB; art. 41 RCCyL; art. 46.1 RPCAT; art. 53.1 RPNA; art. 45.1 RPV; art. 38.1 RPRi; art. 67.1 RAMA, que se refiere a la solicitud por un solo Grupo parlamentario). Así mismo se puede convocar, en otros reglamentos, a iniciativa de una décima parte de los miembros de la comisión (art. 41 RPAND), dos Grupos Parlamentarios, o una quinta parte de los miembros de la comisión, que deberán incluir una solicitud de orden del día (también art. 45.2. RPV). No se debe dudar que la Presidencia de la comisión tiene el deber de convocar si lo solicita alguno de los sujetos parlamentarios habilitados, con las peculiaridades propias de cada reglamento.

El presidente de la Cámara podrá convocar y presidir cualquier Comisión, aunque solo tendrá voto en aquellas de las que forme parte (art. 42.2 RCD). Esta previsión es reiterada en varios reglamentos parlamentarios (art. 42.2 RPAND; art. 72.3 RCAR; art. 60.1 RJGPRINCAST —que también aclara que el presidente del Parlamento es el coordinador de los trabajos de las Comisiones—; art. 40.2 RPCANA, —el cual prevé, sin embargo, que el presidente de la Cámara solo pueda convocar tras haber requerido al de la comisión por dos veces—; art. 45 RPCANT; art. 51.3 RCCLM; art. 41.2 RCCyL; art. 44.2 PIB; art. 67.2 RAMA). Ello es una consecuencia del papel que desempeña el presidente de la Cámara, que podría llegar a condicionar la convocatoria de cualquier comisión parlamentaria, e incluso podría ejercer la Presidencia de la comisión en sustitución del presidente electo de la misma. Es más dudoso que el presidente de la Cámara pudiese ejercer la presidencia de la Comisión por delante de la Presidencia titular de la misma.

La vida en los Parlamentos es muy rica y en algún momento el presidente del Parlamento *se puede llegar a imponer* al presidente de la Comisión en el desarrollo de la vida de la Cámara. No obstante, hay algún caso extraordinario, como el del Parlamento de Navarra, que prevé que todas las sesiones de las Comisiones sean convocadas por el presidente del Parlamento, de acuerdo con la Mesa de la Cámara y previa audiencia de la Junta de Portavoces, (art. 53.1 RPNA).

En todos los casos, debe entenderse que las sesiones de las Comisiones son desconvocadas por la autoridad que las convoca, como se encarga de aclarar algún reglamento de forma expresa (art. 46.3 RPCAT).

A su vez, el orden del día de las Comisiones es fijado por las respectivas Mesas, en ocasiones con audiencia de «los portavoces de los Grupos Parlamentarios en la comisión» (art. 46.2 RPCAT; art. 72.2 RCCyl. Según el artículo 70 RPCANT, el orden del día de la Comisión será fijado por la respectiva Mesa, similar art. 65.2 RCV en donde el orden del día de las Comisiones es fijado por su Mesa, de acuerdo con el presidente «de conformidad con el calendario parlamentario», (también artículo 72.2 RPG). También aquí hay muchas variantes y, así, el artículo 45.1 RPV señala que el orden del día debe ser fijado por la Presidencia, oída la Mesa de cada Comisión. Así, dispone este Reglamento que la Presidencia deberá reunir de forma preceptiva a la Comisión a petición de dos grupos parlamentarios o de una quinta parte de sus miembros. Esta solicitud «obliga» a la Presidencia a convocar en el plazo de siete días y debe incluir, de forma idéntica a la solicitud de sesión plenaria extraordinaria, el orden del día en el que solo podrán figurar aquellos asuntos que «estén en condiciones de ser objeto de debate y votación». En la Asamblea de Murcia, el orden del día de las Comisiones es fijado por la Presidencia de la Cámara, de acuerdo con la Junta de Portavoces; en este mismo sentido, y como ya se ha apuntado, no es rara la participación de la Presidencia, como el Reglamento del Parlamento de Navarra que prevé una participación decisiva de la Presidencia del Parlamento, pues según el artículo 80 RPNA es el presidente de la Cámara, de acuerdo con la Mesa y previa audiencia de la Junta de Portavoces, quien determina el orden del día de las Comisiones.

Algunos reglamentos presentan novedades, pues el orden del día de las Comisiones del Parlamento de Canarias será fijado por el presidente de cada comisión, por delegación de las Mesas correspondientes, y de acuerdo con el presidente de la Cámara, teniendo en cuenta, «el calendario fijado por la Mesa del Parlamento» y, además, las preferencias manifestadas por los grupos parlamentarios con una antelación de, al menos, cuarenta y ocho horas respecto de la fecha de celebración de la sesión (art. 75 RPCANA). Asimismo, el artículo 86 RCCL-M dispone que el orden del día de las Comisiones será fijado o por el presidente de las Cortes, o por el presidente de cada Comisión, de acuerdo con la Mesa de la Comisión y con el presidente de la Cámara, «teniendo en cuenta el calendario fijado por la Mesa de las Cortes» (también artículo 72.2 RPIB; art. 58.2 RPLRi; art. 107.1 RAMA).

Más novedoso es el Reglamento de las Cortes de Aragón, que dispone en su artículo 69 RCAR que, para la fijación del orden del día de las Comisiones, se constituirá una «Mesa ampliada», formada por los miembros de la Mesa de la Comisión y los Portavoces de los grupos parlamentarios o agrupaciones parlamentarias no representados en la misma. La Mesa ampliada adoptará sus acuerdos mediante el sistema de voto ponderado, al igual que sucede en este Reglamento para la Junta de Portavoces (art. 47.5 RCAR), las Comisiones de Investigación (art. 84.2 RCAR), las Comisiones Especiales de Estudio (art. 86.2 RCAR) o para las Ponencias (art. 88.3 RCAR). A su vez, la inasistencia de algún Portavoz en la Mesa ampliada no impide la fijación del orden del día.

De algún modo la regulación de la Asamblea de Extremadura es similar a la de las Cortes de Aragón, al diferenciar su artículo 86 RAEX las Comisiones «programadas» y las «no programadas». El orden del día y el calendario de las «Comisiones programadas» serán fijados en el seno de una reunión que estará presidida por el presidente de la Cámara y a la que asistirán los miembros de la Mesa de la Cámara, así como los presidentes de las Comisiones y todos los portavoces de los grupos parlamentarios. Los presidentes de las Comisiones han de elevar una propuesta de orden del día «no vinculante». Esta propuesta incluirá los asuntos que estimen pertinentes, o la que les propongan los grupos en las distintas Comisiones. Cada orden del día de las Comisiones se fijará por votación de los portavoces, que también adoptarán la decisión mediante voto ponderado.

El orden del día de las «Comisiones no programadas» de la Asamblea de Extremadura, es fijado por el presidente de la Cámara de acuerdo con el presidente de la Comisión, y la convocatoria ha de ser solicitada por dos grupos parlamentarios, o una quinta parte de los miembros de la Cámara debiendo incluir en ambos casos, hasta un máximo de cuatro asuntos, que deberán inscribirse en el orden del día.

Por su lado, las normas de *quórum* de asistencia y de votación en las Comisiones son las mismas que en el resto de órganos parlamentarios, como se encarga de recordar el artículo 50.3 del Reglamento del Parlamento de Andalucía (art. 72.4 RCAR: «las Comisiones se entenderán válidamente constituidas en sesión plenaria cuando estén presentes, al menos, la mitad más uno de sus componentes»; arts. 61 y 62 RJGPRINCAST; art. 45 RPCANT; art. 53 RCCLM; art. 41.3 RCCyL, que prevé que se entienden válidamente constituidas cuando estén presentes la mitad más uno de sus miembros y, entre ellos, uno de la Mesa de la respectiva Comisión; art. 67.2 RAMA; art. 50.1 RAMU, que añade que podrán asistir también, además del presidente de la Cámara, el primer firmante de una propuesta para la defensa de la misma, cualquiera de los firmantes de una proposición de ley no presentada por un Grupo Parlamentario o el autor de una enmienda individual que desee defenderla en Comisión; similar contenido a este último prevé el artículo 54 del Reglamento del Parlamento de Navarra; art. 46.1 RPV). En concreto, algún reglamento Parlamentario ha aclarado que los acuerdos se adoptan «por el régimen de mayoría, adoptándose el sistema de voto ponderado», en caso de empate (art. 46.2 RPV).

Como se sabe, la existencia de pocos miembros en la Mesa de la Comisión podría suponer que la ausencia de uno de ellos impidiese la celebración de la sesión de la Comisión y, por ello, varios reglamentos han previsto expresamente la sustitución del presidente o del secretario «para esa única sesión» (artículo 42.5 RPAND; art. 40.3 RPCANA). Las fórmulas son muy similares en otros Reglamentos, como el artículo 69.7 RCAR que dispone que, en ausencia del secretario, «ejercerá sus funciones un miembro de la Comisión perteneciente al mismo Grupo Parlamentario» (también el art. 69.7 RCCLM; art. 81.3 RAEX, que también dispone que el vicepresidente pueda asumir las funciones del secretario; art. 43.7 PIB, que añade que, en caso de que tampoco haya quien pueda sustituir al secretario, ejerza las funciones de secretario, el Diputado presente de menor edad, art. 43.8 PIB; art. 37.3 RPRi; art. 47.4 RAMU prevé que, en caso de ausencia del secretario, le pueda sustituir el vicepresidente; art. 51 RPNA que añade como último criterio subsidiario que el presidente sea sustituido por el Diputado de mayor edad, y el secretario lo sea por el miembro de la Comisión de menor edad). El Reglamento del Parlamento de Cataluña (art. 50.3 RPCAT) dispone que, solo para «el caso excepcional de que estén ausentes de la Comisión» el presidente o el vicepresidente, así como en caso de que solo esté presente uno de estos cargos y deba intervenir en el debate, la sesión debe estar presidida por el miembro de la Mesa del Parlamento que el presidente del Parlamento designe. Por su lado, el artículo 43.5 RPCANT determina, con un criterio ciertamente amplio y generoso que, en caso de ausencia del vicepresidente o el Secretario, pueden ser «sustituidos por un Diputado o Diputada de su mismo Grupo Parlamentario y, en su defecto, por el miembro de la Comisión que ésta designe» (similar, el art. 41.5 RCV).

d) Breve referencia a las funciones (remisión)

Posteriormente se aludirá a las funciones del Parlamento que serán estudiadas con detalle, pues en el ejercicio de estas funciones desarrollan las Comisiones su actividad. Baste ahora con efectuar una referencia general.

Las Comisiones soportan la mayor parte del trabajo de la Cámara en los Parlamentos que tienen un tamaño medio o grande. En general, las Comisiones conocerán de los proyectos, proposiciones o asuntos que les encomiende, la Mesa de la Cámara de acuerdo con su respectiva competencia (art. 43.1 RCD; art. 43.1 RPAND; art. 73.1 RCAR; art. 64 RJGPRINCAST; art. 41.1 RPCANA; art. 46.1 RPCANT; art. 52.1 RCCLM; art. 42 RCCyL; art. RPCAT; art. 43.1 RCV; art. 45.1 PIB; art. 40 RPRi; art. 69.1 RAMA; art. 51.2 RAMU, el cual prevé la resolución por la Mesa del conflicto positivo o negativo de la competencia sobre un asunto entre Comisiones; art. 52 RAPNA; art. 48.1 RPV).

Además, la Mesa del Parlamento por propia iniciativa o a petición de una Comisión interesada, podrá acordar que sobre una cuestión que sea de la competencia principal de una Comisión, informe previamente otra u otras Comisiones (art. 43.1 RCD; artículo 41.2 RPCANA; o en «trámite consultivo» como dispone el artículo 64.2 RJGPRINCAST, en cuyo caso, «el criterio de la Comisión consultada no tendrá en ningún caso carácter vinculante»; art. 46 RPCANT; art. 52.2 RCCLM; art. 43.3 RCV; art. 45.2 RPIB; el artículo 48.2 RPV dispone que, en estos casos, la Mesa de la Cámara puede acordar la constitución de una Comisión conjunta, o atribuir a cada una de las Comisiones competentes el conocimiento de la parte del asunto que le corresponda).

La tramitación de los asuntos de los que conoce la Comisión deberá estar finalizada en un plazo máximo de dos meses, excepto en aquellos casos en que la Constitución, o el Estatuto de Autonomía, o el reglamento impongan un plazo distinto, o la Mesa de la Cámara, atendidas las circunstancias excepcionales que concurren, pueden acordar ampliarlo o reducirlo (art. 43.3 RCD; art. 43.3 RPAND; art. 74.1 RCAR, en el que la ampliación o reducción del plazo la debe solicitar el coordinador de la ponencia; art 64.3 RJGPRINCAST que dispone un plazo general de 30 días; art. 41.3 RPCANA, que dispone un plazo de tres meses; art. 46.3 RPCANT; art. 52.3 RCCLM; art. 42 RCCyL; art. 43.3 RCV; art. 45.3 PIB; art. 40 RPRi, que lo deja abierto para que lo determinen caso a caso la Mesa y la Junta de Portavoces; art. 69.3 RAMA, que dispone un mes; art. 55.1 RPNA; art. 49 RPV). La sanción por el incumplimiento del plazo de trabajo que tiene la Comisión no está prevista en el *Derecho parlamentario español*, aunque algún reglamento dispone que «en caso de incumplimiento manifiesto de los plazos..., la Junta de Portavoces debatirá la cuestión y adoptará las medidas *(sin decir cuáles)* que considere oportunas para lograr la inmediata finalización de los trabajos» (art. 74.2 RCAR).

Algunos reglamentos, como el del Parlamento del País Vasco, tratan de asegurar el pronunciamiento y la convocatoria de la Comisión, en un plazo de 15 días hábiles siguientes «siempre que existan iniciativas susceptibles de ser incluidas en el orden del día, al cumplir los requisitos exigidos reglamentariamente» (artículo 45.5 RPV).

e) Información

Para el cumplimiento de sus finalidades todos los Reglamentos prevén que las Comisiones, por conducto del presidente pueden recabar:

1. La información y la documentación que precisen del Gobierno y de las Administraciones Públicas (art. 44 RCD). En estos casos resulta aplicable lo establecido en el Reglamento para la solicitud de información y documentación por los parlamentarios (art. 7 RCD)[55], que es una vía más utilizada que la de la petición de información por la Comisión. Los matices son numerosos en el *Derecho parlamentario español* y se pone de relieve, por ejemplo, que los Parlamentos autonómicos tienen un ámbito más limitado y mucho menos amplio que el de las Cortes Generales. No obstante, la legitimación pasiva es muy amplia y, así, el Reglamento del Parlamento de Canarias se ha encargado de aclarar que, dentro de las Administraciones públicas receptoras de la petición de información, debe entenderse incluido el conjunto de «instituciones, organismos públicos y empresas públicas» dependientes de las mismas, que

55 J. J. LAVILLA RUBIRA, «Congreso de los Diputados y demás poderes públicos: información, control y responsabilidad», en S. MARTÍN-RETORTILLO BAQUER (coord.), *Estudios sobre la Constitución Española: Homenaje al profesor Eduardo García de Enterría*, Madrid, Civitas, 1991, Vol. 3, 1991, pp. 2003 y ss.

forman parte de la Administración institucional (art. 42.1.1.º RPCANA). Y, de forma similar, el Reglamento de la Junta General del Principado también prevé la posible solicitud de información y documentación de la Administración periférica del Estado en Asturias, que deberá cumplir en términos análogos a los de la Administración autonómica.

El artículo 44 del Reglamento del Parlamento de Andalucía determina que las Comisiones pueden también «Recabar la información y la documentación», que precisen de los Servicios de la propia Cámara, del Consejo de Gobierno de la Comunidad Autónoma y de cualquier «autoridad de la Junta de Andalucía y de los Entes Locales andaluces en las materias transferidas o delegadas de acuerdo con el Estatuto de Autonomía o sobre las que tengan competencia propia las instituciones andaluzas de autogobierno, incluyendo los supuestos de subvenciones recibidas de los órganos de gobierno de la Comunidad Autónoma» (similar redacción en el Reglamento de las Cortes de Aragón, art. 75.1.b). Las autoridades andaluzas requeridas, «en un plazo no superior a los treinta días, facilitarán lo que se les hubiera solicitado, o bien manifestarán al Presidente del Parlamento las razones por las cuales no pueden hacerlo para que lo comunique a la Comisión solicitante». De esta última regulación llama la atención que no es preciso que las razones aducidas por la Administración deban ser «fundadas en Derecho», como expresamente sí exige el artículo 7.2 RCD, y que deja un margen interpretativo ciertamente amplio a la Administración andaluza.

El sistema es análogo en todos los Parlamentos autonómicos y similar al ya visto para los Diputados. Así, el artículo 70.1.a RAMA incluye la solicitud por la Comisión al Consejo de Gobierno de «datos, informes o documentos que obren en poder de éste como consecuencia de actuaciones administrativas realizadas por la Administración Pública de la Comunidad de Madrid», que deberán ser remitidos en un plazo no superior a treinta días, o bien «las razones fundadas en Derecho que lo impidan». Es interesante, en el Reglamento de la Asamblea de Madrid, la previsión de delegación de la Comisión, en sus respectivas Mesas, de la competencia para pedir información o requerir comparecencias (art. 70.2 RAMA); de forma similar el Reglamento del Parlamento de Canarias.

La legitimación pasiva le corresponde a la Administración pública, incluida la Administración institucional. Por su parte, la rigidez del sistema hace que algunos reglamentos parlamentarios autonómicos incluyan disposiciones que permiten de forma expresa que las respectivas Comisiones pueden solicitar información a la Administración del Estado. Esta información no supone ejercicio de la función de control, de ahí el cuidado que tienen los reglamentos en utilizar un lenguaje poco dudoso en este contexto. Así, se determina en el artículo 44.3 del Reglamento del Parlamento de Andalucía que «podrá solicitarse información de las autoridades, organismos e instituciones de la Administración del Estado y Administración local en las materias objeto de la competencia de la Comunidad Autónoma. En tal supuesto, si se solicita información oral, se formalizará desde la Cámara con el ruego de que, en un plazo determinado, se haga llegar al Parlamento la voluntad o no de comparecer de las autoridades cuya presencia se solicita, y se abrirá, en caso afirmativo, un plazo para presentar por escrito ante la Mesa de la Cámara las preguntas sobre las que los Grupos parlamentarios desearían obtener respuesta. Ésta se producirá en una sesión de Comisión puramente informativa, sin intervención posterior de ningún Grupo parlamentario, salvo que se pidan meras aclaraciones» (similar el artículo 42.1.2.° RPCANA; o el art. 56.2.a RPCAT «autoridades del Estado respecto a las competencias atribuidas a la Generalidad cuyos servicios aún no han sido transferidos»; también artículo 51.1 RPV; o el art. 44.3 RCV, que prevé la solicitud de información a la Administración del Estado o de la Administración local). Por su lado, el Reglamento del Parlamento de la Rioja (artículos 41 y 14.1 RPLRi), prevé que se pueda pedir información que esté en poder de instituciones, organismos públicos y empresas públicas de la Comunidad Autónoma, así como de la Administración del Estado y de la Local —en ambos casos dentro del ámbito territorial de aquella y de las competencias atribuidas por el Estatuto de Autonomía—. Otros reglamentos son menos cuidadosos y no matizan nada, y prevén que la Comisión parlamentaria autonómica pueda pedir información, sin ningún límite expreso material, a la «Administración del Estado» (artículo 52.1.c RAMU).

De una forma algo más modesta, otros reglamentos, como el del Parlamento de Cantabria o el de la Asamblea de Madrid (art. 70.1.b RAMA), determinan, con mayor especificación, que las Comisiones puedan solicitar información que obre en poder de la Administración del Estado o de la Administración local, «*que tengan a bien proporcionar* en materias de interés general para la Comunidad Autónoma». Por su lado, las Comisiones del Parlamento de Cataluña (art. 56.2.a RPCAT) pueden pedir toda la «información y la documentación que precisen», al «Gobierno, a cualquier autoridad de la Generalidad y a los entes locales de Cataluña», los cuales deberán remitir lo solicitado en un plazo de 21 días, o las «razones fundamentadas en Derecho» que lo impidan. Si hubiese «razones técnicas» que impidiesen la remisión de la documentación, la Comisión del *Parlament* podrá designar una «delegación integrada por representantes de todos los Grupos Parlamentarios y asistida por expertos». El Reglamento de las Cortes Valencianas aclara que también pueden solicitar las Comisiones la información y documentación «que precisen» de «los servicios de la propia Cámara» (además de la información del Gobierno y de cualquier autoridad de la Generalidad), que deberá facilitar lo requerido en el plazo de 30 días, pudiendo solicitar una ampliación del plazo, o los «impedimentos legales» que impidan atender la petición.

Debe entenderse que, aunque los reglamentos no prevean expresamente la posible solicitud de documentación por las Comisiones a las autoridades de la Unión Europea, la petición deberá tramitarse igualmente. La integración del Estado español en la UE, y su naturaleza en buena medida estatal, debe tener como consecuencia que, tanto los parlamentarios como las Comisiones de los Parlamentos españoles, puedan solicitar toda la información que precisen de una organización estatal de la que forma parte España. Y, por ello, la Unión Europea está obligada a remitir lo solicitado en idénticas condiciones que los Parlamentos de los Estados miembros de la Unión. Así, algún reglamento, como el de Castilla-La Mancha no renuncia *ab initio* a la posible petición de información a otra autoridad que no sea la estrictamente regional, pues se prevé de forma expresa la petición de información a «cualquier organismo o autoridad no dependiente de la Administración Regional» (similar el artículo 43.1.1.º RCCyL, que se refiere a la posible solicitud de información y documentación de las autoridades del Estado «y de otras Administraciones» cuando se trate de datos o informes que obrando en su poder tengan relación directa con las competencias de la Comunidad Autónoma). También abre esta posibilidad el Reglamento del Parlamento de Cataluña que dispone que se pueda convocar la comparecencia de «autoridades y funcionarios públicos que no pertenezcan a la Administración de la Generalidad, para que informen sobre cuestiones que afecten a las funciones del Parlamento y a los intereses de Cataluña» (art. 48.2 c RPCAT). No obstante, algún reglamento autonómico prevé de forma expresa, y con total normalidad y sin trámite extraordinario, la posible solicitud de información a las instituciones de la Unión Europea (artículo 51.1 RPV; art. 75.1.c RCAR).

2. También puede la Comisión requerir la presencia de los miembros del Gobierno, para que informen sobre asuntos relacionados con sus respectivos Departamentos (art. 44.2 RCD; art. 66.1 RS; art. 66 RJGPRINCAST; art. 54.1 b RCCLM; art. 43.1.1.º RCCyL; art. 44.1.segundo RCV; art. 46.2.º PIB; art. 55.1.a RPNA). Esta facultad de solicitar la comparecencia de los miembros del Gobierno ha sido incluida por el Tribunal Constitucional dentro del *ius in officium* de los miembros del Parlamento (y de sus Grupos Parlamentarios), y también cuando la Comisión solicita una comparecencia y una documentación.

En todo caso, esta facultad se repite en los reglamentos parlamentarios españoles y es consecuencia lógica de la confianza parlamentaria con la que se inaugura cada Legislatura (art. 44.1. 2.ª RPAND, art. 75.1.b RCAR; art. 48.b RPCANT; art. 41.1.b RPLRi; art. 52.1.d RAMU).

3. Además, las Comisiones pueden recabar la presencia de autoridades y funcionarios públicos competentes por razón de la materia objeto del debate, a fin de informar a la Comisión sobre asuntos relacionados con su área de gestión o trabajo (art. 44 RCD; art. 44.1. 3.º RPAND; art. 75.1.b RCAR; art. 67.1. RJGPRINCAST; art. 54.1.b RCCLM; art. 43.1. 1.º RCCyL; art. 48.1 RPCAT «autoridades o los funcionarios que, de conformidad con una Ley, están obligados a comparecer ante el Parlamento», y —art. 48.2.c RPCAT— «autoridades y los funcionarios públicos de la Generalidad y de los entes locales de Cataluña»; art. 44.1 segundo RCV; art. 46.3.º PIB). Por su lado y como enseguida se verá, este deber de comparecencia es plenamente jurídico (como en art. 48.3 RPCAT; art. 41.1.b RPRI; art. 52.1.c RAMU; art. 51.2

RPV; art. 56.2 RPNA), y la incomparecencia injustificada de estas personas será comunicada por el presidente de la Cámara a la autoridad o funcionario superior correspondiente, para la exigencia de la responsabilidad administrativa que proceda.

Algunos reglamentos han optado por una definición que también incluye de modo expreso a los miembros de la Administración Institucional como legitimados pasivos de este derecho. Así, algunos reglamentos parlamentarios han sido muy cuidadosos en definir cuándo se está ante un ente que se incluye dentro de la Administración Institucional. El artículo 52.1.d RAMU es un ejemplo de ello, pues determina que deban comparecer autoridades y funcionarios públicos de la Administración regional, sus «Organismos Autónomos, y las entidades de Derecho Público con personalidad jurídica dependientes de ella» y los «representantes de la Administración de la Comunidad Autónoma en las empresas en las que ésta participe, para informar sobre asuntos de su competencia».

También tiene cuidado en definir cuándo estamos ante una Administración Institucional el Reglamento del Parlamento de Andalucía. Se incluyen en esta norma como destinatarios de esta facultad de las Comisiones a solicitar su comparecencia, a los «Presidentes de los consejos de administración, consejeros delegados, administradores, directores generales, gerentes y otros cargos equivalentes de los organismos autónomos, instituciones y empresas de la Junta de Andalucía, así como de los consorcios, fundaciones y demás entidades con personalidad jurídica propia distintos de los anteriores, en los que sea mayoritaria la representación o participación directa, cualquiera que sea su forma, de la Junta de Andalucía, para que informen acerca de los extremos sobre los que fueran consultados» (art. 44.1.2.º RPAND).

Por su lado, el artículo 42.1.3.º del Reglamento del Parlamento de Canarias incluye también (y hace explícito lo que en el resto de Reglamentos es implícito), a los «presidentes y de otros cargos directivos similares de los organismos autónomos, entes y empresas públicas para que informen sobre asuntos relacionados con sus respectivos departamentos o entidades»; y el párrafo siguiente de este artículo prevé además la presencia de «autoridades y funcionarios públicos que pertenezcan, dependan o hayan sido designados por las instituciones de la Comunidad Autónoma, que sean competentes por razón de la materia objeto del debate», si bien, en estos casos, se debe estar tramitando una iniciativa legislativa, o un programa o un plan del Gobierno o informes con Propuestas de Resolución, produciéndose además un debate más limitado.

Las variantes en la regulación de las comparecencias son muchas, así, el artículo 67.d del Reglamento de la Junta General del Principado de Asturias prevé expresamente la comparecencia de «Presidentes de Consejos de Administración, directores, Gerentes, o en su caso asimilados, y cargos electivos de los organismos autónomos y entes públicos del Principado, así como de las empresas públicas de carácter mercantil» para informar sobre asuntos de su competencia. En estos casos, se dispone que su incomparecencia injustificada «será comunicada por el presidente de la Cámara al Departamento del Consejo de Gobierno encargado de las relaciones con el Parlamento». Similar previsión se establece para los representantes del Principado en «instituciones, empresas o entidades en las que participe o esté representado cualquiera que sea la forma de participación o representación». Si bien, en este caso, la incomparecencia será comunicada por el presidente de la Cámara a la Junta de Portavoces en la primera sesión que celebre y no al consejero.

Las consecuencias de la no comparecencia de autoridades y funcionarios públicos han sido previstas expresamente por algún reglamento, y han de ser de índole disciplinario. También han de ser disciplinarias las sanciones cuando no se respondiera a la petición de información solicitada por el parlamentario o por las Comisiones. Incomparecencia y falta de remisión de la información tienen la misma consecuencia. En caso de incomparecencia de una autoridad o funcionario, «el presidente de las Cortes lo comunicará a la autoridad o funcionario superior correspondiente, por si procediera exigirles alguna responsabilidad» (artículo 75.2 RCAR; art. 43.2 RCCyL; art. 48.3 RPCAT). Se establece la responsabilidad del funcionario en estos preceptos, pero no se determina, pues el reglamento parlamentario no es norma adecuada para disponer la tipificación de conductas de los empleados públicos. El Estatuto Básico del Empleado Público sí prevé algunas faltas muy graves, para los funcionarios, en que podría subsumirse la conducta de no asistencia a la convocatoria de una Comisión. Así, el artículo 95.2.i) EBEP determina que incurre en falta muy grave el funcionario que desobedezca de forma «abierta a las órdenes o instrucciones de un superior», o el funcionario que produzca «La obstaculización al ejercicio de las libertades públicas» (art. 95.2.k EBEP). Las sanciones por las faltas muy graves van desde la separación del servicio de los funcionarios, que en el caso de los funcionarios interinos comportará la revocación de su nombramiento; el despido disciplinario del personal laboral; la suspensión firme de funciones, o de empleo y sueldo.

4. Las Comisiones pueden pedir también la comparecencia de otras personas competentes en la materia, a efectos de informar y asesorar a la Comisión (art. 44. 4.° RCD). Este precepto es reiterado en la totalidad de los reglamentos parlamentarios españoles (art. 44.4.4.° RPAND; art. 75.1.e RCAR; art. 54.1.c RCCLM; art. 44.1.3.° RCCyL; art. 48.2.d RCAT; art. 44.3 RCV; art. 46.4.° PIB; art. 41.1.c RPRI, que se refiere a la comparecencia de personas «especialistas» en la materia que se esté tratando; art. 52.1.e RAMU, personas naturales o jurídicas que puedan «ilustrar» la materia; art. 51.3 RPV). Este precepto plantea varias cuestiones de cierta importancia, como son el ámbito subjetivo al que resulta aplicable la norma, pues (en teoría) a cualquier persona se le podría convocar, siempre que sean «competentes por razón de la materia», ya desempeñen un cargo público o no. Puede pensarse en la Presidencia de un órgano constitucional, o en la de un órgano de los de mera relevancia constitucional. Otra cuestión que se puede plantear es la

relativa a la sanción en el caso de incomparecencia de las personas individuales, para comprobar que no tiene consecuencias jurídicas, como ha sido constatado por la jurisprudencia y por la doctrina. El artículo 47.f RJGPRINCAST, de forma muy significativa, señala que este tipo de comparecencias son acordadas por las comisiones por si los convocados «tienen a bien» comparecer. Y por ello, el artículo 54.2 RCCLM determina que la comunicación al superior «correspondiente», *solo procede* para «los funcionarios o las autoridades» que no comparezcan ante Comisión de forma injustificada (similar el artículo 41.2 RPRI).

La tramitación de la petición y la celebración de las comparecencias no suele ser regulada por los reglamentos parlamentarios, con lo que hay que estar a la regulación general de las comparecencias de cada reglamento. Pero alguno de ellos, como el artículo 52.2 RAMU, determina que el acuerdo de la Comisión para celebrar la comparecencia se trasladará a la Presidencia de la Cámara, la cual «decidirá lo que proceda» de acuerdo con la Junta de Portavoces. Otros reglamentos, como el artículo 50 RPCAT, disponen que cada una de estas comparecencias «se inicia con la presentación de los comparecientes a cargo del presidente de la comisión, el cual les da la palabra por un tiempo máximo de treinta minutos para que informen sobre el objeto de la comparecencia». A continuación, intervienen el grupo o los grupos que la han solicitado, por un tiempo máximo de diez minutos, y, seguidamente, los demás grupos parlamentarios, por un tiempo máximo de diez minutos. Tras la correspondiente explicación, solo se podrá acceder a un segundo y un tercer turno de preguntas y respuestas, si así se acuerda expresamente.

En cuanto a la celebración de las comparecencias, estas se desarrollarán de un modo presencial, si bien alguna disposición reglamentaria establece que, «cuando las circunstancias del caso lo aconsejasen, y así lo acordase la Mesa de la Comisión, podrán celebrarse comparecencias virtuales mediante la utilización de aquellos medios técnicos que permitan la comunicación visual y auditiva entre los miembros de la comisión y la persona compareciente» (artículo 51.4 RPV). Por lo demás, y atendiendo a la previsión reglamentaria, no debería haber problema en permitir la intervención de un compareciente en la sesión de la Comisión usando medios tecnológicos, pero no la celebración de sesiones enterante telemáticas o virtuales, sin previsión reglamentaria expresa, como la del Reglamento del Parlamento Vasco. Es cierto que durante la crisis de la Covid-19 se han celebrado sesiones de Comisiones en los Parlamentos autonómicos de forma telemática, sobre todo en Comunidades insulares y siempre de forma extra reglamentaria. Pero eso no impide afirmar que de ninguna forma deben generalizarse las sesiones telemáticas, por el alcance individual y presencial del mandato parlamentario, por la dicción expresa de la Constitución, de los Estatutos de Autonomía y todos los reglamentos parlamentarios y por la conocida jurisprudencia constitucional dictada a partir de, entre otras, SSTC 19/2019, de 12 de febrero o 45/2019 de 27 de marzo. Debe destacarse la reforma del reglamento del Parlamento

Vasco de 24 de septiembre de 2020, y que constituye el único Reglamento que ha modificado su articulado y que permite la celebración de sesiones telemáticas. El artículo 75 bis RPV dispone que la Mesa del Parlamento Vasco y de acuerdo con la Junta de Portavoces, «podrá acordar, motivadamente, la celebración de sesiones plenarias o de comisión no presenciales o telemáticas, a petición de dos grupos parlamentarios o de la quinta parte de los miembros del Parlamento, cuando circunstancias extraordinarias impidan la normal presencia de las parlamentarias y parlamentarios en la Cámara».

g) Número y clases de comisiones

Como se ha visto, es habitual la diferenciación entre Comisiones permanentes y no permanentes, en función de su duración o no, durante toda la Legislatura. Además, dentro de las permanentes, el *Derecho parlamentario español* suele diferenciar entre las Comisiones permanentes legislativas y no legislativas, en función, a su vez, de su participación o no en el procedimiento legislativo. El artículo 50 del Reglamento del Senado lo dice con claridad, «Las Comisiones Permanentes, Legislativas y no Legislativas, se constituirán para una legislatura y las de Investigación o Especiales hasta finalizar los trabajos para que fuesen creadas». En este sentido es habitual, incluso, que los reglamentos hayan petrificado el número y nombre de las Comisiones, siguiendo el modelo del Congreso de los Diputados (art. 46.1) o del Senado (art. 48). Así, muchos reglamentos utilizan la misma técnica, con la dificultad añadida de que cualquier intento de acomodar la realidad parlamentaria a la realidad ministerial, debe ser objeto de un expreso acuerdo del Pleno.

No obstante, y para flexibilizar el procedimiento de creación de Comisiones, no es raro que los reglamentos hayan previsto un sistema más fácil de modificación de las mismas, pero sin que esa decisión sea considerada reforma del reglamento. Ejemplo de ello es el artículo 46.4 del Reglamento del Parlamento de Andalucía, en donde el Pleno puede cambiar el número y el nombre de las Comisiones parlamentarias «en los primeros seis meses de cada Legislatura, previo acuerdo favorable de la Junta de Portavoces» (también art. 78 RCAR, aunque sin determinar un plazo máximo para adoptar el acuerdo; art. 44.4 RPCANA; art. 69.3 RJGPRINCAST según el cual «basta» con que la Mesa y la Junta de Portavoces modifiquen la denominación, número y competencias de las Comisiones, siendo muy similar el sistema del artículo 54.4 RAMU; art. 57.3 RCCLM). Una cierta novedad supone el artículo 45.1 RCCyL, como el artículo 42.2 RPRI; art. 71 RAMA; artículo 53.2 RPV, que no realiza ninguna definición previa de cuáles son las Comisiones, de forma que mediante acuerdo de la Mesa y de la Junta de Portavoces se establece «la constitución de las Comisiones permanentes» determinando los criterios de distribución de competencias entre ellas. También exige este Reglamento acuerdo de Mesa y Junta de Portavoces al comienzo de cada Legislatura para determinar el «número, denominación y ámbito competencial de las comisiones permanentes», con una estructura similar a la división departamental del Gobierno de turno.

Finalmente, las Comisiones deben constituirse en el plazo de 10 días desde la constitución de la Cámara (art. 46 RCD; 20 días en RPAND; 1 mes art. 44.3 RPCANA; 20 días en RCCLM, art. 45.3 RCCyL, art. 50.2 RPCANT y art. 72.2 RAMA; art. 45.3 RCV; art. 48.3 PIB; art. 42.2 RPRI; art. 47.6 RAMU, 15 días; art. 58.3 RPNA; art. 53.3 RPV). Por su lado, la modificación o disolución de las Comisiones (y la redistribución de competencias) debería seguir el mismo trámite que el de su creación, como se encarga de aclarar algún reglamento, como el de la Asamblea de Madrid (art. 72.4 RAMA).

C) Comisiones permanentes no legislativas

Como se ha indicado, los reglamentos prevén que haya otras Comisiones teniendo siempre tal consideración las que deban constituirse por disposición legal. Los reglamentos (artículo 46.2 RCD) prevén siempre que haya comisiones de reglamento, de Estatuto de Diputados y de Peticiones, entre otras:

a) Comisión de Reglamento

En el Congreso de los Diputados, la Comisión de Reglamento está formada por el presidente de la Cámara, que la presidirá, por los demás miembros de la Mesa del Congreso y por los Diputados que designen los Grupos Parlamentarios, de acuerdo con lo dispuesto por el reglamento (artículo 74.1 RCD). Es habitual que el *Derecho parlamentario español* reitere regulaciones muy similares (artículo 47 RPAND; art. 70 RJGPRINCAST; art. 45 RPCANA; art. 51 RPCANT; art. 52 RPCAT, art. 58 RCCLM, que también es de estatuto de los Diputados; art. 46 RCCyL; art. 46 RCV; art. 49 PIB; art. 43 RPRI, que acumula la Comisión de Reglamento y la del estatuto del Diputado; art. 58.2 RPAND; art. 56 RPV se denomina Comisión de Reglamento y Gobierno y decide las retribuciones de los parlamentarios; la aprobación del Presupuesto, controla su ejecución y aprueba las reformas del Reglamento). No obstante, hay una cierta heterogeneidad en el *Derecho parlamentario español* y, así, el Reglamento del Parlamento de Canarias da a esta Comisión un ámbito especial pues, además del estudio de las disposiciones que regulan la actividad parlamentaria, le atribuye a la Comisión de Reglamento la aprobación de las normas reguladoras del régimen económico-financiero de la Cámara, «que garanticen su autonomía presupuestaria», correspondiéndole también la elaboración y aprobación de las normas sobre protocolo y precedencia de los «actos que se celebren en la sede del Parlamento o sean organizados por el mismo».

b) Comisión del estatuto de los diputados

La Comisión de Estatuto de los Diputados está compuesta por un miembro de cada Grupo Parlamentario (artículo 48.1 RCD; *vid.* art. 55.1 RPCAT). Tiene un presidente, un vicepresidente y un secretario, que corresponderá, por su orden, a los representantes de los tres Grupos Parlamentarios de mayor importancia numérica al comienzo de la Legislatura. Esta disposición, sin embargo, no se repite siempre en otros reglamentos (art. 48.1 RPAND; art. 80 RCAR, en el que coinciden la Mesa de la Cámara y la Mesa de la Comisión; art. 46 RPCANA; art. 52.1 RPCANT; art. 47 RCCyL, que adopta el nombre de «Comisión de Procuradores»; art. 47.2 RCV). Además, esta Comisión toma sus decisiones mediante el sistema de voto ponderado (art. 48.1 RPAND; art. 52.1 RPCANT; art. 47.3 RCV; art. 50 PIB; art. 54.1 RPV, que prevé, en su artículo 55 además una Comisión de Incompatibilidades). Hay otros reglamentos que introducen algún cambio que va más allá de lo estrictamente nominativo, como el Reglamento de la Asamblea de Murcia (art. 55.1 RAMU), que prevé la existencia de la Comisión de Estatuto de la Diputada o Diputado y de la Actividad Política formada por el presidente y un representante de cada Grupo parlamentario.

Sea cual sea su denominación, esta Comisión actúa como órgano preparatorio de las resoluciones del Pleno, cuando debe pronunciarse en asuntos que afecten al estatuto de los Diputados, salvo en caso de que la propuesta corresponde a la Presidencia, o a la Mesa de la Cámara. La actividad de esta Comisión se desarrollará de oficio, por iniciativa de algún órgano parlamentario o de algún Diputado y la actuación ha de ser referida a cualquier Diputado de la Cámara, sin que sea procedente que un sujeto que no sea parlamentario pueda ejercer iniciativa alguna ante esta Comisión.

Las propuestas son elaboradas en sesiones no públicas («a puerta cerrada y deliberaciones secretas», artículo 54.5 RPV, debiendo sus miembros «guardar secreto sobre las deliberaciones y sobre aquellos acuerdos en que así se decida»), siendo elevadas sus propuestas al Pleno «debidamente articuladas y razonadas». De este modo, la compatibilidad de las actividades de los Diputados ha de ser informada y autorizada previamente por la Comisión y con petición expresa por parte del parlamentario; si bien algún artículo, como el artículo 48.3 RPAND, excluye de autorización las actividades que la «ley considere en todo caso incompatibles de autorización previa por la Comisión». *A priori*, no debería haber problema en que la Comisión de Estatuto investigase o informase las omisiones u otras circunstancias en las declaraciones de actividades de los Diputados o las alteraciones no comunicadas, incluso a iniciativa propia o a iniciativa de cualquier sujeto parlamentario.

En ocasiones y al estilo del Derecho anglosajón (artículo 49 RS), también compete a la Comisión del estatuto de los Diputados declarar la compatibilidad de las personas elegidas o designadas por el Pleno o una Comisión, cuando los órganos para los que se nombren sean íntegramente de extracción parlamentaria, como el Defensor de Pueblo (artículo 48.6 RPAND).

c) Comisión de Peticiones

La Comisión de Peticiones conecta el derecho fundamental del artículo 29 CE con el artículo 77 CE, que dispone que las Cámaras de las Cortes Generales «pueden recibir peticiones individuales y colectivas, siempre por escrito, quedando prohibida la presentación directa por manifestaciones ciudadanas». Además, las dos Cámaras de las Cortes Generales pueden remitir al Gobierno las peticiones que reciba igual que los Parlamentos autonómicos, estando aquel «obligado a explicarse sobre su contenido, siempre que las Cámaras lo exijan» (art. 77.2 CE). Su objeto es garantizar el adecuado ejercicio de los derechos y deberes fundamentales (como se encarga de aclarar de forma expresa el Reglamento del Principado de Asturias, art. 71.1 RJGPRINCAST), debiendo siempre acusar «recibo de la petición» y comunicar al peticionario el acuerdo (artículo 48.2 RCV).

La Comisión de Peticiones debe examinar cada petición que reciba el Parlamento. En algún Parlamento, a propuesta de un grupo parlamentario, la Comisión de Peticiones puede convocar a los peticionarios para que informen sobre los aspectos de la petición que considere pertinentes (artículo 60.2 RPCAT). Y otros reglamentos, como el de las Cortes Valencianas, añaden a esta Comisión la función de relacionarse con el Defensor autonómico del Pueblo, así como «la aprobación y la modificación de su reglamento», de forma que viene a actuar como una Comisión con competencia reglamentaria plena.

En el Congreso de los Diputados, la Comisión examinará cada petición, individual o colectiva, que reciba el Parlamento y podrá acordar su remisión, por conducto del presidente de la Cámara, al Defensor del Pueblo; a la Comisión del Congreso que estuviere conociendo del asunto de que se trate; al Senado, al Gobierno, a los tribunales, al Ministerio Fiscal o a la Comunidad Autónoma, Diputación, Cabildo o Ayuntamiento a quien corresponda. Las Comisiones de Peticiones de los Parlamentos autonómicos también incluyen, como es lógico, la posible remisión de la petición al respectivo Defensor del Pueblo autonómico, al que también podría dirigirse la Comisión de Peticiones del Congreso de los Diputados o la del Senado. La Comisión podrá acordar, si no procediese su remisión, el archivo de la petición sin más trámites (también art. 48.2.4.° RPAND; art. 309.4 RCAR; art. 72 RJGPRINCAST; art. 47.1 RPCANA; art. 53.e RPCANT; art. 60.3 RPCAT; art. 51.2 PIB; art. 46.3 RPRI). En algunos Parlamentos, las decisiones en el seno de esta Comisión son adoptadas mediante el sistema del voto ponderado.

Hay una jurisprudencia muy asentada del Tribunal Constitucional sobre la materia, y desde la STC 242/1993, de 14 julio, se ha señalado que «la petición en que consiste el derecho en cuestión tiene un mucho de instrumento para la participación ciudadana aun cuando lo sea por vía de sugerencia, y algo del ejercicio de la libertad de expresión como posibilidad de opinar. Concepto residual, pero no residuo histórico, cumple una función reconocida constitucionalmente, para individualizar la cual quizá sea más expresiva una delimitación negativa. En tal aspecto excluye cualquier pretensión con fundamento en la alegación de un derecho subjetivo o un interés legítimo especialmente protegido, incluso mediante la acción popular en el proceso penal o la acción pública en el contencioso-contable o en el ámbito del urbanismo». Aclara en esta Sentencia el tribunal que «La petición... no es una reclamación en la vía administrativa, ni una demanda o un recurso en la judicial, como tampoco una denuncia, en la acepción de la palabra ofrecida por la Ley de Enjuiciamiento Criminal o las reguladoras de la potestad sancionadora de la Administración en sus diversos sectores». Años antes había dicho el Tribunal Constitucional que «La petición, en suma, vista ahora desde su anverso, puede incorporar una sugerencia o una información, una iniciativa, "expresando súplicas o quejas", pero en cualquier caso ha de referirse a decisiones discrecionales o graciables» (STC 161/1988).

En cuanto a la conceptuación del derecho de petición, las SSTC 161/1988, 242/1993, 108/2011 de 20 junio y, años antes, el ATC 749/1985 indicó que el derecho de petición «como tal es mínimo y se agota en la mera posibilidad de ejercitarlo, formulando la solicitud sin que de ello pueda derivarse perjuicio alguno al interesado... e incluye (también) la exigencia de que el escrito al cual se incorpore la petición sea admitido, le dé el curso debido o se reexpida al órgano competente si no lo fuera el receptor y se tome en consideración. Desde la perspectiva del destinatario, se configuran dos obligaciones, una al principio, exteriorizar el hecho de la recepción, y otra al final, comunicar al interesado la resolución que se adopte, sin que ello "incluya el derecho a obtener respuesta favorable a lo solicitado"».

De acuerdo, por tanto, con la jurisprudencia del Tribunal Constitucional, este derecho fundamental incluye el acuse de recibo de la petición, debiendo comunicarse también al peticionario el acuerdo adoptado. Debe tenerse en cuenta, en todo caso, que la disposición adicional primera de la *Ley Orgánica 4/2001, de 12 de noviembre, reguladora del derecho de petición* determina que las peticiones dirigidas al Congreso de los Diputados, al Senado o a las Asambleas Legislativas de las comunidades autónomas se tramitarán de conformidad a lo establecido en sus respectivos reglamentos, los cuales «deberán recoger la posibilidad de convocar en audiencia especial a los peticionarios, si así se considerara oportuno», estando sometidas todas las decisiones adoptadas al régimen de recursos de la Ley Orgánica del Tribunal Constitucional.

La regulación propia de cada Reglamento da lugar a una regulación de algunas variantes de cierto interés. Como la del artículo 47.4 del Reglamento del Parlamento de Canarias, que prevé que la Mesa de esta Comisión acuerde «excepcionalmente» dar una audiencia «especial» al peticionario al objeto de que pueda, si lo desea, completar o aclarar su petición. En este caso se prevé, de forma obvia, que se fije «a tales efectos una fecha para su realización». Además, este mismo Reglamento prevé una peculiar conversión de una iniciativa legislativa popular inadmitida por no cumplir con todos los requisitos, en una petición ante el Parlamento de Canarias (artículo 47.6 RPCANA).

d) Comisión de Gobierno Interior

Aunque en la mayoría de las ocasiones las funciones en materia de gobierno interior de la Cámara las ejerce la Mesa del Parlamento (que actúa con esta misma denominación o con otras), algún reglamento atribuye estas materias de naturaleza administrativo-parlamentarias a una Comisión parlamentaria permanente. Así, el artículo 49.1 RCV determina que la Comisión de Gobierno Interior (cuyas sesiones no son públicas) estará compuesta por la Mesa de *Les Corts* más un portavoz de cada grupo parlamentario, adoptando sus decisiones por el sistema de voto ponderado. Sus funciones son la aprobación «de acuerdo con la Mesa», del proyecto de presupuesto de *Les Corts* para su remisión al *Consell*, y «conocer la ejecución del presupuesto y sus modificaciones, así como, con carácter previo, las variaciones patrimoniales de *Les Corts Valencianes* y conocer las modificaciones de los Estatutos de Gobierno y Régimen Interior y de las normas de acceso a las plantillas», con carácter previo a su aprobación por la Mesa. También cuenta el Parlamento Vasco con una Comisión parlamentaria de Reglamento y Gobierno Interior, que está compuesta por la propia Mesa y un número de miembros igual que cualquier Comisión parlamentaria y con competencias en materias de estatuto de personal, elaboración del Presupuesto de la Cámara, y su ejecución y liquidación.

e) Comisión de Asuntos Europeos

Otros Parlamentos disponen que haya una Comisión específica en materia de asuntos europeos. Así, el artículo 52 del Reglamento del Parlamento de las Islas Baleares prevé que haya una Comisión de asuntos europeos, compuesta por un presidente, un vicepresidente y un secretario que pertenecen, respectivamente, a los tres mayores grupos parlamentarios de la Cámara y cuya función es el «seguimiento de la política europea».

f) Comisión competente en materia de contratos

Algún reglamento dispone que la Comisión parlamentaria competente en materia de contratos de la Comunidad Autónoma asuma funciones de «vigilancia de contratos de la Comunidad Autónoma» recabando el estado de ejecución y los expedientes de contratación de obras, servicios y suministros (artículo 44 RPRi).

g) Otras comisiones

El artículo 50 del RCD prevé la posibilidad de que el Pleno de la Cámara, a propuesta de la Mesa, oída la Junta de Portavoces, puede acordar la creación de otras Comisiones que tengan carácter permanente durante la Legislatura en que el acuerdo de creación se adopte. La nueva Comisión puede tener funciones que interfieran con las de alguna de las Comisiones existentes; por ello se prevé que el acuerdo de creación de la Comisión permanente fije el criterio de distribución de competencias entre las diversas Comisiones (también art. 50.4 RPAND; art. 72 RJGPRINCAST; art. 51 RPCANA; art. 50.3 RPCANT; art. 60 RCCLM; art. 48.1 RCCyL; art. 51.1 RCV;

art. 53 RPIB; art. 59.1 RPNA). La disolución anticipada de la Comisión de Legislatura se realizaría por el mismo procedimiento que para su constitución. No obstante, algunos reglamentos prevén disposiciones especiales relativas a la creación de estas Comisiones (y, por tanto, también para su disolución), como la del artículo 50.3 RPAND que dispone que la constitución de las mismas se realizará conforme al procedimiento previsto para las proposiciones no de ley.

Por su parte, algunos reglamentos parlamentarios prevén la existencia de otras Comisiones permanentes, como el artículo 61 del Reglamento del Parlamento de Cataluña, que dispone que haya una Comisión permanente «de materias secretas o reservadas», cuyas sesiones son secretas, presidida por el presidente del Parlamento e integrada por un miembro de cada grupo parlamentario. Su objeto es controlar los créditos destinados a gastos reservados de la «Administración de la Generalidad y de cualquier otra materia del Gobierno y de la Administración de la Generalidad declarada secreta o reservada, de conformidad con la legislación vigente»..

h) Comisiones no permanentes

Según el artículo 53 RCD se pueden crear otras Comisiones no Permanentes distintas de las de investigación y su posible carácter mixto o conjunto respecto de otras ya existentes, que pueden ser acordadas por la Mesa del Congreso, a iniciativa propia, de dos Grupos Parlamentarios o de la quinta parte de los miembros de la Cámara y previa audiencia de la Junta de Portavoces (art. 55 RPCANA). Son Comisiones de estudio.

Otros reglamentos también prevén la existencia de otras Comisiones «de estudio», a propuesta de la Mesa y con el parecer favorable de la Junta de Portavoces, como el art. 53 RPAND, art. 86 RCAR, que adoptará sus acuerdos por el sistema de voto ponderado; artículo 75 RGJPRINCAST; art. 54.1 RPCANA, para cualquier asunto «que afecte directamente a la sociedad canaria»; art. 57.1 RPCAT, art. 55 RPCANT, art. 51 RCCyL, con la audiencia de la Junta de Portavoces y a iniciativa de un Grupo Parlamentario o de la quinta parte de los miembros del Parlamento; art. 64.1, RCCLM, que dispone que son creadas por el Pleno, a propuesta de la Mesa, un Grupo Parlamentario o una quinta parte de los miembros de la Cámara; art. 57 RPIB, también un Grupo Parlamentario o la quinta parte de los miembros de la Cámara; art. 76 RAMA, creará el Pleno la Comisión de estudio, a propuesta de la Mesa; art. 58 RAMU, que las denomina «Especiales»; art. 61.1 RPV dispone que sea el Pleno el que pueda crear una Comisión de estudio «sobre cualquier asunto que afecte directamente a la sociedad vasca» y podrá incorporar especialistas en la materia. Estas Comisiones de estudio elaborarán, señalan la mayor parte de los reglamentos citados, un Dictamen que habrá de ser debatido por el Pleno junto con los votos particulares que presenten los Grupos parlamentarios, que podrán ser publicados en el Boletín Oficial del Parlamento cuando así lo solicite el Grupo parlamentario proponente. Según el Reglamento de las Cortes Valencianas el Pleno puede crear una Comisión especial para el estudio de un asunto, a iniciativa de la Mesa de acuerdo con la Junta de Portavoces, pudiéndose incorporar especialistas a sus sesiones.

Finalmente, algunos reglamentos prevén que se puedan crear subcomisiones, que se parecen bastante a un órgano mixto entre las ponencias y esas otras Comisiones no permanentes, creadas por el Pleno para la realización de informes sobre asuntos concretos de «interés público en materia de su competencia» (artículo 63 RPCANA). Algún reglamento, incluso, aclara que las Comisiones pueden crear, además de las subcomisiones (art. 53 RPCAT), «grupos de trabajo integrados por uno o más representantes de cada Grupo Parlamentario... para que estudien y preparen los asuntos encomendados en la Comisión» (artículo 47 RPCAT).

D) Comisiones de Investigación

a) Concepto y régimen

Las Comisiones de Investigación[56] son una especie de las Comisiones no Permanentes, creadas para averiguar todas las circunstancias sobre una materia concreta y que se extingue a la finalización de la tarea para la que fue creada. La STC 111/2019, de 2 de octubre, dijo de las Comisiones de Investigación que «son órganos que pueden llegar a apreciar y, en su caso, a proponer que el pleno de la asamblea respectiva declare la existencia de responsabilidades políticas (o, más en general, públicas) de los sujetos pasivos sometidos a sus indagaciones».

El Reglamento del Senado lo dispone de otro modo, aunque coincide en señalar que son de Investigación (art. 46.4 RS) las Comisiones «que se creen a tal fin para un objetivo determinado». Por tanto, la disolución de la Cámara en la que se ha creado supondría la desaparición por caducidad de la Comisión de Investigación como tal, y la eventual creación de una nueva Comisión

56 Cfr. entre nosotros los trabajos de A. ARÉVALO GUTIÉRREZ, «Reflexiones sobre las comisiones de investigación o encuesta parlamentarias en el ordenamiento constitucional español», en *Revista de las Cortes Generales*, 11, 1987, pp. 159 a 192; «Comisiones de investigación y de encuesta», en J. C. DA SILVA OCHOA (coord.), *Las Comisiones Parlamentarias*, Vitoria, Parlamento Vasco, 1994, pp. 361-433; «Poderes de las comisiones de investigación para recabar información y documentación: el Real Decreto-Ley 5/1994, de 29 de abril», en *Problemas actuales del control parlamentario: VI Jornadas Derecho parlamentario*, Madrid, Congreso de los Diputados, 1997, pp. 791 a 804; «Las comisiones de investigación de las Cortes Generales y de las Asambleas legislativas de las Comunidades Autónomas», en *Revista Española de Derecho Constitucional*, 43, 1995, pp. 113-205; y «Las entidades privadas como sujetos destinatarios del control parlamentario desarrollado por las Comisiones de Investigación», en *Asamblea: revista parlamentaria de la Asamblea de Madrid*, 30, 2014, pp. 125 a 170.

equivalente una vez que se haya constituido la nueva Cámara, supondría formalmente una nueva Comisión.

La Constitución se refiere (igual que las Constituciones de nuestro entorno), a las Comisiones de Investigación, en su artículo 76.1 CE, pues cada una de las dos Cámaras «y, en su caso, ambas Cámaras conjuntamente» podrán constituir Comisiones de Investigación sobre «cualquier asunto de interés público». Algunos Estatutos de Autonomía también prevén la posibilidad de que haya Comisiones de Investigación, como el art. 39.3 EAAR; art. 29.2 EAAST; art. 12.5 EACANT; art. 11.6 EACLM, «sobre cualquier asunto de interés para la región»; art. 59.6 EACAT «sobre cualquier asunto de relevancia pública que sea de interés de la *Generalitat*», además, las personas requeridas deben comparecer obligatoriamente ante las mismas, de acuerdo con el procedimiento y las garantías establecidos por el Reglamento del Parlamento, debiendo regularse por «ley las sanciones por el incumplimiento de esta obligación»; art. 22.e EACV; art. 45.3 EAIB y art. 28.2 EAMU.

Mayor desarrollo incluye el Estatuto de Autonomía de Canarias cuyo artículo 42, siguiendo la regulación constitucional dispone que se puedan «nombrar» comisiones de investigación sobre cualquier asunto de interés público. Sus conclusiones no serán vinculantes para los tribunales ni afectarán a las resoluciones judiciales, sin perjuicio de que el resultado de la investigación sea «comunicado al Ministerio Fiscal para el ejercicio, cuando proceda, de las acciones oportunas». Además, las Comisiones de Investigación en el Parlamento canario pueden requerir la presencia de cualquier persona para informar y, recabar del Gobierno, de cualquiera de las administraciones públicas y de las instituciones u organismos de ellas dependientes la «información y documentación que precisen».

Todos los Reglamentos de los Parlamentos regulan la creación de las Comisiones de Investigación, como el art. 50.1 RCCyL; art. 58.1 RPCAT «sobre cualquier asunto de interés público que sea de competencia de la Generalidad»; o art. 58.1 RPV, sin que su objeto sea necesariamente el control del Gobierno, aunque muy a menudo el objeto de la Comisión de Investigación es una actuación del Gobierno anterior.

La Constitución, algunos Estatutos de Autonomía y todos los reglamentos parlamentarios prevén que las «conclusiones no serán vinculantes para los Tribunales, ni afectarán a las resoluciones judiciales, sin perjuicio de que el resultado de la investigación sea comunicado al Ministerio Fiscal para el ejercicio, cuando proceda, de las acciones oportunas».

b) Creación y procedimiento

La regulación parlamentaria remite la decisión de la creación de la Comisión de Investigación al Pleno, mientras que la propuesta de creación debe provenir del Gobierno, de la Mesa, de dos Grupos Parlamentarios o de la quinta parte de los miembros de la Cámara, (artículo 52.1 RCD; art. 84 RCAR; art. 53.1 RPCANA; art. 54.1 RPCANT; art. 74.1 RJGPRINCAST; art. 62.2 RCCLM, a iniciativa de un Grupo Parlamentario o un quinto de miembros; art. 50.1 RCCyL; art. 58.2 RPCAT —que añade en el artículo 58.3 RPCAT, que el «Parlamento debe crear un comisión de investigación si lo solicitan una tercera parte de los diputados o tres grupos parlamentarios»—; art. 53.1 RCV, que le atribuye la iniciativa a un Grupo Parlamentario o a una décima parte de los parlamentarios; art. 55.1 RPIB, un Grupo Parlamentario o una quinta parte de los miembros de la Cámara; art. 58.2 RAMU, la Mesa, un Grupo parlamentario o una cuarta parte de la Cámara; art. 61.1 RPNA). Por su lado, la iniciativa de creación de una Comisión no suele regularse en los reglamentos; quizá sean una excepción el de las Cortes de Castilla-La Mancha (artículo 62.2 RCCLM), o el del Parlamento de Navarra, (art. 60.2 RPNA) que determinan (de forma razonable, por cierto) que el escrito que solicita la creación de una Comisión de Investigación exponga «concreta y detalladamente los hechos que hubieran de ser objeto de investigación y justificando su necesidad».

Otros reglamentos han adoptado un sistema aparentemente más beneficioso para la oposición, pues la creación de una Comisión de Investigación no depende estrictamente de la mayoría parlamentaria. Así, el Reglamento del Parlamento de Andalucía prevé que, una vez admitida la solicitud de creación por la Mesa, y transcurridos siete días desde la fecha de la publicación sin que ningún Grupo parlamentario manifieste su oposición, se entenderá creada la Comisión solicitada, de lo que la Presidencia solo «dará cuenta» al Pleno de la Cámara (art. 52.1 RPAND; art. 74.2 RJGPRINCAST; art. 50.2 RCCyL; art. 48.3 RPRI; art. 75.1 RAM prevé que sea la Mesa la que cree una Comisión de Investigación a propuesta de dos quintos de los parlamentarios, debiendo incluir la propuesta una propuesta de reglas de composición, organización y funcionamiento). En el Reglamento de las Cortes de Castilla y León, si algún Grupo parlamentario manifestase su oposición a la creación de la Comisión, el Pleno decidirá tras un debate de los de totalidad, rechazándose su creación si se opone la mayoría absoluta de los miembros de la Cámara (artículo 50.3 RCCyL). Por su lado, el artículo 52.1.bis del Reglamento del Parlamento de Galicia dispone, de una forma original en España, la creación de una Comisión de Investigación por Legislatura con la simple solicitud de un tercio de los miembros del Parlamento de un mismo Grupo parlamentario, o dos quintas partes de la Cámara.

Además, la Presidencia de la Cámara, oída la Comisión de Investigación, podrá dictar las oportunas normas de procedimiento (como, por ejemplo, art. 53.3 RCV; art. 55.3 RPIB), potestad que en el Parlamento de Navarra corresponde a la Mesa de las Cámara y a la Junta de Portavoces (art. 61.3 RPANA). En todo caso, las decisiones de las Comisiones de Investigación se adoptarán en función del criterio de voto ponderado (art. 52.3 RCD; art. 52.3 RPAND; art. 84.2 RCAR; art. 53.2 RPCANA; art. 59.1 RPV), aunque algún reglamento (como el del Parlamento de Cantabria, o el Reglamento de las Cortes de Castilla y León) nada dispone de este sistema, por lo que el sistema de votación será el mismo que se dispone para la adopción de decisiones del resto de Comisiones.

c) Comparecencias

El apartado 2 del mismo artículo 76 CE dispone la obligatoriedad de comparecer ante las Comisiones de Investigación, pues será obligatorio hacerlo «a requerimiento de las Cámaras. La ley regulará las sanciones que puedan imponerse por incumplimiento de esta obligación». En este sentido, «cualquier persona» puede ser llamada por la Comisión «para ser oída». Aunque la Constitución no disponga expresamente el órgano ante el que es obligatorio comparecer (si solo ante las Comisiones de Investigación, o también ante el resto de órganos) la interpretación sistemática más adecuada impone que la obligatoriedad se refiere solo a las Comisiones de Investigación, aunque el artículo 76.2 CE no haya sido más detallista y no ha aclarado de un modo indubitado que la obligatoriedad se refiere exclusivamente a estas Comisiones. La principal consecuencia de esta previsión es constatar que la Constitución persigue que la facultad de investigar e indagar que se reconoce al Parlamento sea real y efectiva, aunque el cambio sustancial se produjo en relación con la regulación del Código penal de 1995.

La comparecencia ante una Comisión de Investigación y su obligatoriedad fue regulada mediante la *Ley Orgánica 5/1984, de 24 de mayo, de comparecencia de ciudadanos ante las Comisiones de Investigación del Congreso y del Senado*. El teórico ámbito objetivo de aplicación de la Ley Orgánica es el de las dos Cámaras que forman las Cortes Generales, y su intención clara es equiparar al máximo la comparecencia ante la Comisión de Investigación y la comparecencia en juicio. Trata de garantizar al compareciente ante una Comisión de Investigación la tutela judicial efectiva del artículo 24.1 CE y también el conjunto de derechos del artículo 24.2 CE. Esta Ley hace efectivos para el compareciente sus derechos, aunque no todos los derechos del artículo 24 CE sean trasladables de forma inmatizada a la obligación a comparecer ante la Comisión de Investigación. Los derechos del artículo 24.2 CE son el derecho «a la defensa y a la asistencia de letrado, a ser informados de la acusación formulada contra ellos, a un proceso público sin dilaciones indebidas y con todas las garantías, a utilizar los medios de prueba pertinentes para su defensa, a no declarar contra sí mismos, a no confesarse culpables y a la presunción de inocencia». También al compareciente se le garantizan otros derechos fundamentales, como el derecho a no ser obligado a declarar sobre su ideología, religión o creencias (artículo 17.2 CE), o los derechos del artículo 20 CE, con los lógicos límites del artículo 20.4 CE. El compareciente podrá recabar la tutela de estos derechos mediante los mecanismos que reconoce el artículo 53 de la Constitución, una vez agotada la vía parlamentaria previa. Este es el motivo que justifica el rango de ley orgánica por el que se optó para regular la obligación de comparecer.

Las personas que son susceptibles de ser llamados a comparecer son «Todos los ciudadanos españoles y los extranjeros que residan en España» (artículo 1); no están, por tanto, obligados a comparecer los extranjeros que no residan en España, o estén de forma temporal (de paso o de vacaciones) en nuestro país. Además, y aunque no sean titulares de todos los derechos y obligaciones dispuestos en la Constitución, no tendrían obligación de comparecer las personas jurídicas, aunque sí lo estarían las personas físicas que desempeñen un cargo de gestión en la persona que fuese requerida, siempre que cumpliese el requisito de ciudadanía española o de residencia en España. Así, aunque la persona jurídica tuviese nacionalidad española, las personas físicas que la dirigiesen no tendrían que comparecer ante la Comisión de Investigación en caso de que fuesen extranjeros no residentes en España. Finalmente, la exigencia de ciudadanía (y, por tanto, pleno ejercicio de derechos civiles y políticos) excluye que los menores puedan ser llamados a comparecer, si bien, en realidad, podrían ser llamados a comparecer, pero para ellos no sería obligatorio.

La inviolabilidad reconocida al jefe del Estado, por los actos jurídicos sometidos a referendo, haría impensable que fuese llamado a comparecer ante una Comisión de Investigación de cualquier Cámara española. La STC 111/2019, de 2 de octubre, declara inconstitucional la Resolución del Parlamento de Cataluña de creación de una «Comisión de Investigación sobre la monarquía», por contrariar la inviolabilidad y «no sujeción a responsabilidad del Rey» reconocida en el art. 56.3 CE. Por su lado, el resto de cargos públicos españoles (sin excepción) y de funcionarios o personal estatutario (incluidos magistrados y jueces integrantes del poder judicial) sería susceptible de ser llamado ante una Comisión de Investigación, sin que quepa alegar excepción o aforamiento alguno, y supuesta la naturaleza cuasijurisdiccional que ejerce el Parlamento cuando funciona en Comisión de Investigación.

La obligatoriedad de comparecer ante una Comisión de Investigación se encuentra en el artículo 77 CE. Esta obligatoriedad ha sido ampliada mediante la vía de la ley penal, pues el artículo 502 del Código Penal tipifica en su artículo 502 la «obstaculización a la investigación de Comisiones y órganos de investigación», y extiende el tipo delictivo tanto a la incomparecencia ante Comisiones de Investigación de las Cortes Generales, como a la incomparecencia ante una Comisión de Investigación de un Parlamento autonómico. Esto excede de la previsión constitucional, pero no hay duda de la equiparación en la ley penal entre las Cortes Generales y los Parlamentos autonómicos en esta materia. Para que se aplique el tipo se exige que el ciudadano haya sido «requerido en forma legal y bajo apercibimiento», y consiste en «dejar de comparecer» ante una Comisión de Investigación. De hecho, algún reglamento parlamentario dispone que la citación se hará bajo apercibimiento de las sanciones establecidas en el Código Penal (art. 64 CP), pues quien no asista a la sesión para la que haya sido convocado a la Comisión de Investigación, «será castigado como reo del delito de desobediencia». El ámbito subjetivo de actuación de las Comisiones de Investigación tiende a limitarse; por ejemplo el Dictamen del Consejo de Estado 40/2019, de 21 de marzo, limita la obligación de comparecer en estas Comisiones, a los órganos públicos representativos locales. Años antes, el Dictamen 406/2017 del Consejo de Estado, dijo que «no pesa sobre autoridades y funcionarios ajenos a la Administración de la Generalidad un deber de comparecencia ante la Comisión de Investigación ni tampoco sobre los miembros actuales o anteriores del Gobierno de la Nación». Como se ve, es un criterio muy discutible, pues no se olvide que las comunidades autónomas son también Estado, y las Comisiones de Investigación están incluidas en el tipo del artículo 502 Cp.

Si el reo no es autoridad ni funcionario público, no está nada clara la pena, aunque quizá resulte aplicable el artículo 556 del Código Penal que prevé la pena por el delito de desobediencia, siendo los reos por este delito «castigados con la pena de prisión de seis meses a un año». Por su parte, si el reo es autoridad o funcionario público, «se le impondrá además la pena de suspensión de empleo o cargo público por tiempo de seis meses a dos años» (artículo 502.1 CP). Debe tenerse en cuenta que, este caso, si el convocado es un parlamentario «tendrán la consideración de autoridad los miembros del Congreso de los Diputados, del Senado, de las Asambleas Legislativas de las Comunidades Autónomas y del Parlamento Europeo. Se reputará también autoridad a los funcionarios del Ministerio Fiscal» (artículo 24 del Código Penal). Por su parte, tipifica el Código penal no solo la incomparecencia, sino también si el convocado ante la Comisión de Investigación «faltare a la verdad» en su testimonio ante la propia Comisión. En este caso, el reo será castigado con la pena de prisión de seis meses a un año o multa de 12 a 24 meses. Esta disposición plantea problemas, pues se constata que está más penado mentir ante la Comisión de Investigación que no comparecer (*obstaculizar* dice el art. 502 CP); además, no se dispone en el Código penal qué es «faltar a la verdad», si bien esa «verdad» deberá haber sido acreditada de alguna forma admitida en Derecho.

Como se acaba de ver, la protección penal se hace depender en todo caso del requerimiento realizado de forma legal y fehaciente. El artículo 2 de la Ley Orgánica 5/1984, de 24 de mayo se refiere a la forma en la que ha de hacerse el requerimiento, que debe efectuarse siempre a través del presidente de la Cámara. El artículo 2.1. dispone el contenido del oficio de convocatoria, en el que figura la convocatoria y en el que también han de constar: la fecha del acuerdo en virtud del cual se requiere y la Comisión de Investigación ante la que se ha de comparecer; el nombre y los apellidos del requerido y las señas de su domicilio; el lugar, el día y la hora en que haya de comparecer el requerido, con apercibimiento de las responsabilidades en que pudiera incurrir en caso de desobediencia; el tema sobre el que deba versar el testimonio, debiendo tener la referencia al tema la suficiente extensión y claridad para el citado que le permita preparar adecuadamente la comparecencia, así como la referencia expresa a los derechos reconocidos en la Ley al requerido.

La notificación del oficio habrá de hacerse con quince días de antelación respecto de la fecha en que haya de comparecer el requerido. Aunque el artículo

2.2 de la Ley Orgánica dispone un plazo menor, cuando se considere que «concurren circunstancias de urgente necesidad», en cuyo caso se podrá hacer en un plazo que no podrá será inferior a tres días. El riesgo evidente de esta disposición es que esta excepción se convierte en la regla (también prevé estos plazos el artículo 52.2 RCD, art. 52.2 RPAND; art. 64.3 RCAR, que dispone que el plazo de cinco días es el plazo general; art. 53.3 RPCANA, que exige que la reducción del plazo sea motivada; art. 54.2 RPCANT; art. 63.4 RCCLM, que se exige diez días de antelación; art. 59.1.c RPCAT; art. 53.2 RCV, que dispone que los extremos sobre los que deba informar la persona requerida deberán serle comunicados con una antelación mínima de tres días; art. 56.2 RPIB; art. 49.2.b RPRI dispone una antelación mínima de cuatro días; art. 75.4 RAM fija un plazo de tres días y de forma fehaciente y «en forma de oficio»; art. 61.5 RPAND; art. 59.2 RPV que dispone siete días naturales y nunca inferior a tres, si se estima urgencia).

La Ley Orgánica regula también los requerimientos a las personas jurídicas, que se deberá dirigir a quienes ostenten su representación legal, «los cuales podrán comparecer acompañados por aquellas personas que designe el órgano social de administración correspondiente» (artículo 2.4). Además, cuando el requerido ostente también la condición de funcionario público, se deberá enviar copia de la citación a su superior jerárquico, «a los solos efectos de su conocimiento», sin que sea aplicable esta disposición a las propias autoridades. En la notificación, el ciudadano requerido será advertido de sus derechos y obligaciones (art. 52.2 RCD; art. 53.3 RPCANA; art. 59.1.d RPCAT; art. 75.4.d RAMA). Hay alguna disposición algo diferente, como la del artículo 74.2 RJGPRINCAST, que detalla que «cuando las comparecencias sean propuestas por dos Grupos Parlamentarios o una quinta parte de los miembros de la Comisión se entenderán pedidas a menos que en el plazo de dos días algún Grupo se oponga por escrito dirigido a la Mesa de la Comisión, en cuyo caso la solicitud de la comparecencia se someterá a votación de la Comisión. Los extremos sobre los que deba informar la persona requerida deberán serle comunicados con una antelación mínima de cuatro días».

El desarrollo de la comparecencia ante la Comisión de Investigación se aproxima a una vista cuasi judicial, con unas garantías que se antojan también muy próximas a las de un compareciente en una sesión de una vista oral en el ámbito penal. Por ello, el mismo artículo 1 de la Ley Orgánica dispone que las Mesas de las Cámaras velarán para que queden salvaguardados el respeto a la intimidad y el honor de las personas, el secreto profesional, la cláusula de conciencia y los «demás derechos constitucionales» del compareciente. Por eso (artículo 3.l de la Ley Orgánica) el ciudadano requerido podrá comparecer acompañado de la persona que designe para asistirlo, que no tiene por qué ser Abogado colegiado, pero que podría intervenir de forma similar a como lo hace un Abogado en un juicio penal.

La sesión puede ser ágil del tipo pregunta-respuesta y el compareciente podrá guardar silencio y no declarar contra sí mismo, pero no debe «faltar a la verdad». Además, si de la celebración de la sesión se dedujeran «indicios racionales de criminalidad para alguna persona», la Comisión lo notificará así a la Mesa de la Cámara para que esta, a través de la Presidencia respectiva, lo ponga en conocimiento del Ministerio Fiscal (artículo 3).

En relación con el desarrollo de la actividad de las Comisiones de Investigación, se suele indicar en el *Derecho parlamentario español* que, para organizar el trabajo de las Comisiones de Investigación, elaborarán un plan de trabajo y podrán nombrar Ponencias en su seno y requerir la presencia, por conducto de la Presidencia, de cualquier persona para ser oída (art. 52.2 RCD, art. 52.2 RPAND; art. 53.3 RPCANA; art. 54.2 RPCANT; art. 63 RCCLM; art. 50. 4 RCCyL; art. 58.4 RPCAT; art. 53.2 RCV; art. 55.2 RPIB; art. 38.4 RPRi, que incluye esta disposición relativa a todas las Comisiones y, de forma específica para las Comisiones de Investigación, artículo 49.1 RPRI; art. 75.2 RAMA; art. 61.4 RPAND; art. 59.2 RPV).

Finalmente, el artículo 5 de la Ley Orgánica dispone que los gastos que como consecuencia del requerimiento se deriven para los obligados a comparecer, les serán abonados, una vez debidamente justificados, con cargo al Presupuesto de la respectiva Cámara. En estos gastos, hay que entender incluidos los de desplazamiento y manutención del compareciente y del acompañante que se prevé en la Ley Orgánica, aunque sea más dudoso que hayan de abonarse los honorarios profesionales que se deban pagar al acompañante. En relación con estos extremos, el artículo 63.5 RCCLM prevé el pago, con cargo al Presupuesto de la Cámara, de los gastos (sin diferenciar cuáles) que, como «consecuencia del requerimiento» se deriven para los comparecientes (muy similar el artículo 49.2.e art. RPRI; art. 75.4 RAMA). Por su parte, el artículo 56.4 del Reglamento del Parlamento de las Islas Baleares obliga al abono de «los gastos de carácter imprescindible» que se le deriven a los comparecientes «una vez justificados documentalmente». En este caso, especialmente interesante es la Sentencia del Tribunal Superior de Justicia de Madrid 461/2007, de 12 de abril en la que se incluyen precisamente los gastos de contratación de abogado que asiste al compareciente a una Comisión de Investigación, dentro del concepto de «gasto» que produce el requerimiento y que, por tanto, tiene que abonar la Asamblea parlamentaria que creó la Comisión de Investigación.

Las conclusiones de estas Comisiones deberán plasmarse en un dictamen que será discutido en el Pleno de la Cámara, el cual podría no tener contenido si no existe acuerdo mayoritario en tal sentido. El presidente, oída la Junta de Portavoces, está facultado para ordenar el debate, conceder la palabra y fijar los tiempos de las intervenciones para el debate final del Dictamen (art. 52.4 RCD; art. 52.4 RPAND; art. 54.4 RPCANT; art. 50.6 RCCyL; art. 53.3 RCV; art. 60.2 RPV). En las Cortes Generales, las conclusiones aprobadas por el Pleno de la Cámara serán publicadas en el «Boletín Oficial de las Cortes Generales» y comunicadas al Gobierno, sin perjuicio de que la Mesa del Congreso dé traslado de las mismas al Ministerio Fiscal para el ejercicio, cuando proceda, de las acciones oportunas. Además, a petición del Grupo Parlamentario proponente, se publicarán también en el «Boletín Oficial de las Cortes Generales» los votos particulares presentados y no incorporados al Dictamen (art. 52. 5 RCD; 52.5 RPAND; art. 85.3 RCAR; art. 53.7 RPCANA; art. 54.5 RPCANT; art. 74.6 y 7 RJGPRINCAST; art. 62.4 RCCLM; art. 50.7 RCCyL, que dispone la publicación siempre de los votos particulares en el Boletín Oficial de la Comunidad Autónoma; art. 53.5 RCV; art. 55.5 RPIB; art. 75.4 RAMA; art. 61.6 RPAND; art. 60.5 RPV).

Puede suceder que, si como consecuencia de las votaciones y de las mayorías parlamentarias, no se llegase a un acuerdo en las conclusiones, la Comisión de Investigación pueda ser cerrada en «falso», sin la aprobación de conclusiones. Incluso algún reglamento parlamentario, como el de Asturias, en su artículo 74.5, señala que «Si el Pleno rechazara las conclusiones, se tendrá por finalizado el debate y no podrán someterse a deliberación los votos particulares que en su caso hubiere».

3.3. Ponencia

A) Concepto. Ponencia unipersonal o pluripersonal

La ponencia es un órgano parlamentario destinado a la negociación, al estudio y a la mejora técnica del texto, cuando se reúne en el seno del procedimiento legislativo. Es un órgano muy criticado por la doctrina y posiblemente maltratado por los sujetos parlamentarios que no llegan a aprovechar las opciones que proporciona, pues sus reuniones no tienen publicidad, ni se recogen sus debates en el Diario de Sesiones. Su posible función, en el marco de la técnica legislativa, fue desarrollada por B. PENDÁS[57], quien propugnó una serie de cambios en el marco del procedimiento legislativo con la finalidad de racionalizar el papel de las ponencias y hacerlas funcionales. Los trabajos de las ponencias pueden ser extraordinariamente relevantes, como se puede comprobar recordando las actas de la Ponencia constituyente. A pesar de esta relevancia, es muy significativo que el texto constitucional no cite ni una sola vez a las ponencias, al contrario de lo que sucede con las Comisiones.

Las ponencias son órganos[58] («grupo de trabajo», dice el artículo 169.1 RAEX) de las Comisiones, cuya función primordial es estudiar los asuntos de los que debe conocer la propia Comisión que la haya creado y elaborar un

57 B. PENDÁS GARCÍA, «Función de los Parlamentos en materia de técnica legislativa», en F. SAINZ MORENO y J. C. DA SILVA OCHOA (coords.), *La calidad de las Leyes*, Vitoria-Gasteiz, Parlamento Vasco, 1989, p. 358, señala que «la fase de Ponencia... viene a ser como se adivina sin dificultad, el momento crucial en el *iter* parlamentario de un proyecto de ley a los efectos de su calidad... En términos concluyentes: si el texto no recibe un "tratamiento" adecuado en Ponencia, será imposible más tarde corregir los males originarios, puesto que —salvo medidas muy específicas para evitarlo— el debate posterior en Comisión y en Pleno es más propicio a contribuir el deterioro del proyecto que a su mejora».

58 L. VILLACORTA MANCEBO, *Hacia...*, *op. cit.*, pp. 335 y ss., destaca como caracteres de la Ponencia que es un órgano de la Comisión; de constitución obligatoria en el Congreso de

documento que se denomina generalmente Informe. Este Informe suele ser un adelanto de la decisión que va a adoptar el Parlamento[59], por lo que no debe olvidarse que la Ponencia es un órgano decisorio con una vida corta, pero real[60].

El *Derecho parlamentario español* regula las ponencias en el Capítulo correspondiente del procedimiento legislativo, aunque algunos reglamentos prevean su creación fuera de este procedimiento. Así, el artículo 130 del Reglamento del Parlamento de Canarias determina que será la Mesa de la Comisión la que «nombrará» una Ponencia, «que se compondrá de un miembro por cada grupo parlamentario presente en la Comisión, salvo que la Mesa del Parlamento, de acuerdo con la Junta de Portavoces, disponga otra cosa», artículo 127.1 RPCANA; art. 47.1 RPCANT; art. 121.1 RPIB; y el art. 61.1 RAMU, que prevé que también puedan el Pleno o la Comisión designar una Ponencia. Por su lado, el artículo 89 del Reglamento de las Cortes de Aragón determina que, sin necesidad de acuerdo expreso, se forme una Ponencia en el seno de cada Comisión, cuando tenga por objeto el estudio de un proyecto o proposición de ley (también art. 65.1 RJGPRINCAST).

El Reglamento de la Asamblea de Extremadura es uno de los que regula las funciones de la ponencia en el marco del procedimiento legislativo y señala, en el artículo 169.1 RAEX, que su función ha de ser «ordenar las enmiendas para facilitar su debate en comisión, preparar las transacciones que se puedan efectuar de las mismas y disponer cuantas correcciones técnicas considere oportuno. Asimismo, la ponencia podrá informar a la comisión de cuantas cuestiones de índole constitucional o estatutaria aprecie respecto de la iniciativa legislativa». Como se ha dicho, además del procedimiento legislativo, no es extraño que los reglamentos prevean la posible creación de una Ponencia en el marco de otro procedimiento parlamentario. Así sucede en el artículo 73 del Reglamento de la Asamblea de Madrid, según el cual la Mesa, «previo parecer favorable de la Junta de Portavoces y a propuesta de la Comisión Permanente correspondiente», podrá acordar la constitución en su seno de una Ponencia encargada de elaborar un informe sobre un asunto concreto, dentro del ámbito material de competencias de la propia Comisión

---

los Diputados; de carácter colegial; órgano especializado desde la perspectiva técnico-jurídica y de naturaleza esencialmente legislativa y de carácter temporal.

59 F. SANTAOLALLA LÓPEZ, *Derecho parlamentario..., op. cit.*, p. 191, indica que las ponencias son «un instrumento básico del trabajo de las Comisiones. Se trata de órganos internos de las mismas, de carácter colegial, que se organizan para el estudio y preparación de un asunto concreto, realizado el cual, desaparecen».

60 A. ARCE JANÁRIZ, *Teoría y práctica..., op. cit.*, p. 133, no duda en defender que el de la «Ponencia es realmente un momento central en el procedimiento legislativo».

Permanente. En estos casos, la iniciativa de la iniciativa de creación de una ponencia le correspondería a un Grupo Parlamentario o a la quinta parte de los miembros de aquella.

La existencia y la designación de los miembros de las Ponencias en el procedimiento legislativo suele variar de un reglamento parlamentario a otro. En primer lugar, en algunos Parlamentos la ponencia es potestativa pues puede no existir en el procedimiento legislativo (artículos 65 y 110 RS; art. 116.1 RCV; art. 39.1 RPLRi, según el cual la Comisión *podrá* designar la ponencia; art. 144.1 RAMA; art. 55.2 y 131.2 RPNA). En el resto de Parlamentos, la Ponencia es preceptiva. Además, puede haber ponencias unipersonales[61] o pluripersonales[62] (art. 113.1 RCD; art. 42.2 RCCyL; art. 118.1 RPCAT, aunque el acuerdo para que haya un ponente único será adoptado por mayoría de tres quintos de la Comisión; art. 115.1 RPGAL).

El modelo de las ponencias pluripersonales es el habitual en España (art. 65 RS, en caso de que haya ponencia; art. 89 RCAR; art. 65.1 RJGPRINCAST; art. 47.1 RPCANT; art. 137.1 RCCLM; art. 169.1 RAEX, que añade que se designará siguiendo criterios de proporcionalidad; art. 134.1 y art. 61.2 RAMU y 50 RPV) y, por ello, el presidente de la Comisión correspondiente recabará de los Portavoces de los Grupos parlamentarios la designación de un ponente por cada Grupo, «aunque la Mesa de la Comisión podrá autorizar la ampliación de este número» (art. 116.2 RPAND; art. 65.2 RJGPRINCAST, «al menos uno de cada Grupo parlamentario»; art. 127.1 RPCANA; art. 121.2 RPCANT; art. 114 RCCyL; art. 116.1 RCV, según el cual la Mesa de la Comisión podrá designar uno o varios ponentes, «de acuerdo con las propuestas que formulen los grupos parlamentarios»; art. 121 RPIB; art. 61.2 RAMU). Esta regulación reglamentaria lleva a concluir que los miembros de la ponencia lo son en tanto que son miembros del Grupo Parlamentario, con consecuencias similares a las que se han visto en relación con las Comisiones.

61 El supuesto francés del *rappoteur* o del *relatore* italiano suelen ser muy comentados por la doctrina española. En relación con este último puede consultarse M. L. MAZZONI HONORATI, *Lezioni di Diritto Parlamentare*, Turín, Giappichelli, 1995, pp. 225 y ss.

62 Cfr. L. GARCÍA FERNÁNDEZ, en M. R. RIPOLLÉS SERRANO (coord.), «Artículo 113», en *Comentarios al Reglamento del Congreso de los Diputados*, Madrid, Congreso de los Diputados, 2011, pp. 814 y 815 llega, incluso, a indicar que hay una costumbre parlamentaria en el Congreso consistente en que las Ponencias sean pluripersonales. «La costumbre que rige es que la Ponencia actúa con la designación comunicada con los Grupos parlamentarios, hasta que es ratificada por la Comisión en Pleno, casi siempre en la sesión en la que se debate el informe que ha aprobado la Ponencia». Estas costumbres se habrían visto confirmadas por las diversas Resoluciones de la Presidencia de la Cámara, de 23 de septiembre de 1983, sobre designación y funciones de las Ponencias. En el mismo sentido puede consultarse L. GARCÍA FERNÁNDEZ y A. AIZPURU SEGURA, «Función legislativa y procedimiento legislativo en el Congreso de los Diputados», en VV.AA. *Bicentenario de la Secretaría y del Cuerpo de Letrados de las Cortes 1811-2011*, Madrid, Cortes Generales, 2011, pp. 435 y ss.

Además, algún reglamento parlamentario prevé la sustitución del ponente por el miembro de su Grupo parlamentario, sea o no miembro de la Comisión (art. 65.3 RJGPRINCAST, que prevé un procedimiento similar a las sustituciones en las Comisiones; art. 127.2 RPCANA; 47.3 RPCANT). Algo diferente es el Reglamento de las Cortes de Castilla y León, cuyo artículo 114.2 determina que la Comisión ratifique la designación de los Ponentes efectuada por los Grupos Parlamentarios en la primera sesión que celebre, para realizar «el debate del informe de la Ponencia, y antes de entrar en el examen del mismo».

B) Funcionamiento de la ponencia

En relación con el funcionamiento de las Ponencias[63], algunos reglamentos prevén que se entenderán válidamente constituidas solo «cuando estén presentes la mitad más uno de sus miembros» (art. 65.4 RJGPRINCAST; ART. 47.4 RPCANT; art. 116.1 RCV, en el acto de nombramiento de la ponencia «la Mesa de la comisión convocará a la ponencia para su constitución»; art. 121.4 RPIB; art. 39.2 RPLRi; art. 61.3 RAMU), aunque dada la naturaleza de estos órganos lo habitual y natural será que estén presentes todos sus miembros. La ponencia será convocada por su «Presidente cuando lo soliciten al menos dos Grupos Parlamentarios» (art. 65.6 RJGPRINCAST), lo cual da idea de una especie de Presidencia de la ponencia en este caso, a pesar de su naturaleza generalmente «acéfala». Además, algún reglamento determina que sea el presidente de la Comisión el que convoque la primera sesión de la ponencia (art. 127.5 RPCANA; art. 50.3 RPV), aunque todas las reuniones «tendrán lugar en las fechas que, por acuerdo de la mayoría, fijen los ponentes». A su vez, algún reglamento (art. 61.2 RAMU) concreta y determina que el presidente de la Comisión, a la que pertenece la Ponencia, asuma su Presidencia y convocatoria. Las sesiones de las ponencias no son públicas y, por ello, algún reglamento confirma que las sesiones de las Ponencias de las Comisiones de investigación son «secretas» (art. 70.4.a RPGAL).

No obstante, en el funcionamiento de las ponencias lo normal es que, dada su naturaleza no pública, sean los propios ponentes los que acuerden su sistema de trabajo. El artículo 47.5 del Reglamento del Parlamento de Cantabria se refiere a unas «normas internas» de la Ponencia (de muy difícil calificación y aprobación), al determinar que «La Ponencia acomodará sus trabajos a las directrices emanadas de la Comisión, si bien el desarrollo de los mismos se llevará a cabo conforme a las normas internas que, de común acuerdo, establezcan sus componentes» (similar el art. 121.3 RPIB; art. 39.3 RPLRi; art. 61.4 RAMU; art. 55.2 RPNA; art. 50.3 RPV).

A pesar de la aludida naturaleza acéfala de las Ponencias y la «autorregulación» de su funcionamiento, no es extraño que los reglamentos regulen

63 Cfr. B. PENDÁS GARCÍA, *Función de los Parlamentos...*, *op. cit.*, pp. 359 y ss.

la figura de un coordinador de la Ponencia, como el art. 47.6 RPCANT que regula que la Ponencia nombrará en su seno, por acuerdo de todos sus componentes, un coordinador. «A falta de común acuerdo se designará coordinador al ponente del Grupo Parlamentario mayoritario en la Cámara» (art. 121.6 RPIB, el nombramiento del coordinador deberá notificarse a la Presidencia del Parlamento «previamente a la convocatoria de cualquier otra reunión de la ponencia», art. 121.6 y 121.7 RPIB). En el Parlamento de Cataluña se llama «relator» y ejerce su función también como «portavoz en las discusiones en la comisión» (art. 118.4 RPCAT), pues en el debate del Pleno puede intervenir para presentar los trabajos de la ponencia y de la Comisión (art. 121.1 RPCAT). Otros reglamentos también denominan a esta figura «relator», como el artículo 169.2 RAEX, el cual (a pesar de su acefalia) presidirá la propia ponencia, y ordenará el debate, velando por el buen desarrollo de la iniciativa y actuará como «voz» de la ponencia ante los órganos de la Cámara, en cuanto a todas las modificaciones o propuestas realizadas en beneficio de la iniciativa (artículo 174.1 RAEX, según el cual el relator presentará el Dictamen ante el Pleno). En Extremadura, este relator formará parte del grupo parlamentario al que pertenece el presidente de la Comisión.

Y en cuanto a la adopción de decisiones, no es extraño que algunos reglamentos incorporen en sus articulados una disposición en la que se determina que la votación se realizará de forma ponderada[64] (art. 88.3 RCAR; art. 65.7 RJGPRINCAST; art. 127.7 RPCANA; art. 47.7 RPCANT; art. 116.2 RCV; art. 121.5 RPIB, que aclara que «las personas ponentes de cada grupo parlamentario representarán un número de votos igual al de los diputados y las diputadas que integran el grupo respectivo»; art. 39.4 RPLRi; art. 144.1 RAMA; art. 61.4 RAMU; art. 55.2 RPNA; art. 137.2 RPV). Esta disposición relativa a la ponderación de votos puede dar lugar a algún problema en su aplicación al Grupo Mixto, en cuyo caso lo más sensato seguramente sea entender que solo se le aplican a ese ponente del Grupo mixto el número de parlamentarios que expresamente le han proporcionado su apoyo. No obstante, a falta de disposición reglamentaria expresa, lo más habitual es exigir que las ponencias adopten sus decisiones mediante el consenso entre los miembros de la ponencia.

En ocasiones, la Ponencia puede proponer enmiendas transaccionales a la Comisión, siempre que tiendan a alcanzar un «acuerdo por aproximación» entre las enmiendas ya formuladas y el texto del artículo. En algunos casos, y como se estudia en el apartado correspondiente, la Ponencia puede incluso admitir enmiendas nuevas[65] o «modificaciones del texto del proyecto de ley

64 El Reglamento del Congreso de los Diputados nada dispone, pero L. García Fernández, *Artículo 113*, *op. cit.*, p. 816, parece defender que la Ponencia ha de adoptar acuerdos mediante la ponderación de votos, lo cual extrae de la propia naturaleza de la Ponencia, de su composición plural y de la misma inercia del sistema.

65 Cfr. B. Pendás García, *Función de los Parlamentos...*, *op. cit.*, pp. 360 y ss., se refiere a

que sean consecuencia de enmiendas que se formulan por vez primera en esta fase del procedimiento legislativo, siempre que medie acuerdo unánime de todos los ponentes» (artículo 116.5 RPAND; art. 169.5 RCAR, que exige que no se oponga ningún grupo parlamentario; art. 114.4 RCCyL, que exige unanimidad para admitir enmiendas nuevas, también art. 116.2 RCV; art. 169.3 RAEX, que también exige unanimidad; art. 121.8 RPIB, también con unanimidad, y podrá proponer la subsanación de errores o «incorrecciones evidentes»; art. 144.3 RAMA, que exige también unanimidad para las nuevas enmiendas; art. 137.3 RPV). Fuera de estos supuestos expresamente previstos, la Ponencia no debería admitir ningún tipo de enmiendas, so pena de defraudar todo el procedimiento.

En el marco del procedimiento legislativo, la función prioritaria de la ponencia es la elaboración del Informe que incluye la primera versión del texto articulado y que avanza una primera versión de lo que puede ser la futura ley. Así, el artículo 116.6 RCV, en la regulación que efectúa del trabajo de la ponencia, determina que «tanto en el informe de la ponencia como, en su caso, en la ordenación de las enmiendas se tendrá en cuenta el siguiente orden de prioridad: supresión, modificación y adición y en cada una de estas modalidades el orden de registro». Finalmente, el contenido del Informe es también definido por algún reglamento, como el de la Asamblea de Madrid, cuyo artículo 144.2. RAMA señala que «en el informe se ordenará sistemáticamente el conjunto de enmiendas al articulado, y se formalizarán las oportunas propuestas sobre las que, a criterio de la Ponencia, puedan ser aprobadas o rechazadas».

En el Informe se puede comprobar si la mayoría parlamentaria va a admitir, o no, enmiendas de los otros Grupos parlamentarios. Incluso el nombre que se usa de este primer documento es «informe», que da idea de su no obligatoriedad para la Comisión: sobre este primer texto «trabajará» la Comisión (art. 135.1 RAMU). En este sentido, el artículo 118.2 RPCAT señala que la Ponencia «puede recomendar a la comisión» la inclusión de enmiendas en el texto. Por ello, como se verá, la ponencia puede aprobar enmiendas transaccionales entre las ya presentadas y el texto inicial del proyecto o de la proposición de ley. Es cierto que la función que podría tener la ponencia para la mejora técnica del texto se cumple en muy raras ocasiones, pero el carácter no público de sus sesiones debería ser aprovechado para que los ponentes, con la ayuda del Letrado[66], mejorasen el texto, alejados de los focos de los

la necesidad de prohibir «la corruptela que suponen las enmiendas (por llamar de algún modo a hojas de papel no calificadas por nadie) presentadas en vivo por el grupo mayoritario, cuya simple existencia hace perder todo sentido al plazo ordinario de presentación; son incluso, un indicio de falta de lealtad al sistema parlamentario, porque sorprenden *in fraganti* al resto de los grupos sin darles oportunidad material de examinar su contenido». Por su parte, L. Villacorta Mancebo, *Hacia..., op. cit.*, p. 342, no duda en calificar la práctica de admitir nuevas enmiendas en Ponencia como «irregular».

66 Cfr. «La práctica en el Parlamento de Galicia» en, X. A. Sarmiento Méndez, *Dereito Parlamentario de Galicia*, Vigo, Edicións Xerais de Galicia, 2011, pp. 162 y ss.

medios y de la opinión pública[67]. No hay duda de que la ponencia es ámbito adecuado para la corrección parlamentaria. La publicidad parlamentaria es mala compañera del estudio y del rigor. Por ello mismo, podría ser un lugar en el que se escuchasen representantes de organizaciones afectadas por la aplicación del futuro texto normativo. Esta función de mejora técnica del texto, que debería asumir la Ponencia, se observa de una forma más clara en los Parlamentos que desarrollan su actividad usando dos lenguas.

Por su parte, lo habitual es que los miembros del Cuerpo de Letrados realicen las funciones de asesoramiento jurídico y técnico necesario en el seno de las Ponencias redactando sus informes, y «levantará acta de la sesión», como recuerdan el artículo 45 RCD, el artículo 68 RS, artículo 52.7 y art. 95 RCAR; art. 65.8 RJGPRINCAST (a las reuniones de las Ponencias asistirá «siempre» un Letrado del Parlamento, «que redactará las actas de las sesiones y los informes acordados»); art. 43 y art. 127.6 RPCANA; art. 44 RCCyL; art. 116.7 RCV; art. 94 y art. 169.1 RAEX; art. 47 RPIB; art. 71 RAMA; art. 53 y 61.3 RAMU; art. 57 RPNA. Por su parte, el Reglamento de la Asamblea de Extremadura regula la posible incorporación a las sesiones de las ponencias de un «representante del gobierno», aunque no regula ni su intervención en los debates ni, eventualmente, en las votaciones.

C) Supuestos especiales de ponencia

Algunos reglamentos prevén ponencias especiales. Tiene especial interés la regulación del artículo 56.bis.5 del Reglamento del Senado que se refiere a la Ponencia de la Comisión General de las Comunidades Autónomas. Esta Comisión puede crear una Ponencia para que analice, con carácter previo, los asuntos que afecten de un modo específico a alguna Comunidad Autónoma en particular «pudiendo intervenir en la misma todos los Senadores designados por la Asamblea legislativa de la Comunidad Autónoma afectada» (art. 56.bis.5.1). Se supone que esta ponencia funcionará con el mismo régimen de funcionamiento y organización que el resto de ponencias del Senado. Además, prevé el Reglamento del Senado la figura del ponente unipersonal en esta

67 J. A. Santamaría Pastor, «Las ponencias como instrumentos del trabajo parlamentario», en J. C. da Silva Ochoa (coord.), *Las Comisiones..., op. cit.*, p. 529 y ss., quien trata de resaltar y reivindicar la posición de la ponencia, a pesar de la pesimista opinión de la mayoría doctrinal. Señala este autor que «no hay inconveniente alguno en reconocer que en el seno de las ponencias se llevan a cabo transacciones, cesiones y negociaciones de orden político, de imposible cierre en el debate de Comisión. Y no existe inconveniente alguno en reconocerlo por tres razones: primera, porque tales transacciones y pactos... sólo son viables en el marco de la privacidad que la ponencia proporciona... Segunda, porque tales pactos y transacciones privados son el núcleo mismo de la vida política; las que hacen viable la labor de integración en que la política consiste. Y tercera y fundamental, porque es improbable que en un marco como el de la ponencia lleguen a producirse negociaciones de las que alguien pudiera avergonzarse».

Comisión, aunque no lo llame así. En efecto, la Comisión puede encomendar, «a propuesta del Presidente», la preparación de informes previos sobre ellos a cualquiera de sus miembros «en atención a los asuntos que tramita y al desarrollo de su plan de trabajo». Será la Mesa de la Cámara la que fije los plazos de la Ponencia para la preparación de los mencionados informes (art. 56.bis.5.3).

Por su lado, el Reglamento de la Asamblea de Madrid determina, en su artículo 73.1 RAMA, que sea la Mesa, previo parecer favorable de la Junta de Portavoces, y a propuesta de la Comisión correspondiente, la que acuerde la constitución en el seno de esta de una Ponencia, encargada de realizar un informe sobre un asunto concreto dentro del ámbito material de competencias de la Comisión Permanente en cuestión, el cual, una vez elaborado, será elevado a aquella para su aprobación como dictamen.

Por su lado, otros reglamentos prevén la creación de ponencias especiales o «de estudio», y exigen para su creación el acuerdo del Pleno de la Cámara. En el Parlamento de Andalucía, la iniciativa a tal efecto corresponderá exclusivamente a los Grupos parlamentarios. Solo podrán constituirse Grupos de Trabajo o Ponencias de Estudio en las Comisiones Permanentes (artículo 54.1 RPAND) y deberán finalizar su cometido antes de que termine el período de sesiones siguiente a aquel en que fueron creados, extinguiéndose a la finalización del mismo. No obstante, «la Mesa del Parlamento podrá prorrogar por una sola vez el plazo máximo anterior hasta el final del siguiente período de sesiones», (artículo 54.3 RPAND).

Las variables en el sistema del *Derecho parlamentario español* son muchas y, por ejemplo, el artículo 47 del Reglamento de las Cortes de Castilla-La Mancha dispone que estas Ponencias de Estudio se constituyen por una Comisión Permanente, y «elaborarán un informe que habrá de ser debatido por la Comisión junto con los votos particulares que presenten los Grupos Parlamentarios. El dictamen de la Comisión solo se debatirá en Pleno cuando, considerando la importancia de los hechos que hayan motivado la creación de la citada Ponencia, la Comisión así lo acuerde». También el artículo 55 del Reglamento del Parlamento de Cataluña regula estos grupos de trabajo.

El objeto de estudio de estas ponencias especiales no suele limitarse por los reglamentos en el *Derecho parlamentario español*, con lo que puede defenderse que los Parlamentos puedan crear Ponencias de estudio[68], en ámbitos materiales que se relacionen con sus competencias.

En otros Parlamentos, las Ponencias de estudio se crean por la Mesa y la Junta de Portavoces (art. 90.1 RCAR, que pueden elaborar proposiciones de ley; art. 66 RJGPRINCAST) cuando el objeto sea elaborar un texto legislativo

68 Cfr. J. A. Santamaría Pastor, *Las ponencias*, *op. cit.*, pp. 537 y ss., indica que las ponencias pueden desarrollar su trabajo en el ejercicio de otras funciones parlamentarias, como las Comisiones de Investigación, en la tramitación de los planes e informes remitidos a la Cámara o en las informaciones del Gobierno.

el cual, una vez aprobado, se tramitará como una proposición de ley (también art. 143 RPCANA para elaborar proposiciones de ley de desarrollo del título I del Estatuto de Autonomía de Canarias).

Finalmente, en el Reglamento del Parlamento de Andalucía existe una regulación bastante exhaustiva de esta materia, pues «estos Grupos o Ponencias elaborarán un informe que habrá de ser debatido por la Comisión junto con los votos particulares que presenten los Grupos parlamentarios. El Dictamen de la Comisión solo se debatirá en Pleno cuando, considerando la importancia de los hechos que hayan motivado la creación del citado Grupo o Ponencia, la Comisión así lo acuerde. En ningún caso, podrán estar constituidos simultáneamente en una Comisión más de dos de estos Grupos o Ponencias». (art. 54.4 y 5 RPAND).

4. La organización política de Parlamento: los grupos parlamentarios

4.1. La Constitución y la jurisprudencia constitucional

Los Grupos parlamentarios desempeñan una función insustituible en el funcionamiento y en la organización parlamentarios y son el trasunto parlamentario de los partidos políticos, como nos recordó García Pelayo. Así, las definiciones del grupo parlamentario son numerosas asumiendo todas ellas su importancia vertebral en el Parlamento. Las fórmulas utilizadas por la doctrina han sido muy diversas para describir la actual situación y la realidad del Parlamento de grupos. En relación con el siempre diferente sistema británico, M. Duverger llamaba la atención sobre la «autoridad» del grupo parlamentario sobre el partido político[69]. Y, referido a Italia, S. Tosi, S. Tosi, también señaló que son los Grupos parlamentarios «motor fundamental de la actividad de la Cámara»[70]. Entre nosotros, es muy citada la definición de los Grupos parlamentarios como «el brazo del partido en las instituciones representativas»[71].

Pero si es recurrente señalar que los Grupos parlamentarios tienen una importancia relevante en el moderno parlamentarismo, también lo es dar cuenta de las consecuencias que tiene la prohibición constitucional del mandato imperativo. La tensión es evidente entre el mandato individual y

69 M. Duverger, *Instituciones políticas y Derecho Constitucional*, Barcelona, Ariel, 1982, p. 236.

70 S. Tosi, *Diritto..., op. cit.*, p. 160.

71 F. Santaolalla López, «Partido político, grupo parlamentario y Diputado», en J. J. González Encinar, *Derecho de partidos*, Madrid, Espasa, 1992, p. 96

el grupo. En cualquier caso, no va a ser fácil compatibilizar esta prohibición con la realidad de los Grupos. Aunque no puede desconocerse que esta prohibición es casi una ficción jurídica, lo cierto es que se produce un aparente incumplimiento del propio texto de la Constitución. O quizá no tanto, pues la prohibición de mandato imperativo es del ciudadano hacia el Diputado, y el problema verdadero es la posición de dominio del partido y sus dirigentes hacia el representante. Este problema y su resolución tiene un efecto claro en la titularidad de los cargos públicos parlamentarios, como las Mesas, las Comisiones y las portavocías de los grupos.

A pesar de que las referencias son escasas, el ordenamiento constitucional español se enmarca dentro de los textos de nuestro entorno político-constitucional, de tal forma que se considera a los grupos parlamentarios como partes y elementos del sistema, como instituciones necesarias de la vida constitucional. El reconocimiento[72] de los grupos ha sido muy progresivo, y la jurisprudencia y también los reglamentos parlamentarios parten, de forma inequívoca, de la consideración de los grupos parlamentarios como consecuencia de la aparición del Estado de partidos, cuyo significado fue puesto de relieve con los siguientes términos: «tras las decisiones jurídicamente imputables a los órganos del Estado están las decisiones tomadas unilateral o concordantemente por los partidos, de tal manera que los órganos políticos del Estado podrían calificarse como recipientes abstractos y vacíos de poder para ser concretizados y llenados por los partidos o, dicho de otro modo, como mecanismos y marcos para la conversión de la voluntad de los partidos en voluntad del Estado»[73].

La naturaleza jurídica de los grupos parlamentarios es tema recurrente en la doctrina. Es habitual agrupar las construcciones elaboradas sobre la materia, en tres grupos: 1) el grupo parlamentario como órgano del partido político; 2) el grupo parlamentario como órgano de la Cámara y 3) el grupo parlamentario como asociación o agrupación de diputados. Es posible que todas tengan su parte de acierto, siendo significativo que no sean extrañas las posturas que combinan dos o incluso las tres teorías[74]. Esto puede indu-

72 J. L. GARCÍA GUERRERO, *Democracia representativa de partidos y Grupos parlamentarios*, Madrid, Congreso de los Diputados, 1996, pp. 65 a 117; J. M. MORALES ARROYO, *Los grupos parlamentarios en las Cortes Generales*, Madrid, CEC, 1990, pp. 65 a 117; N. PÉREZ-SERRANO JÁUREGUI, *Los grupos parlamentarios*, Madrid, Tecnos, 1989, pp. 46 a 62; A. SAIZ ARNAIZ, *Los grupos parlamentarios*, Madrid, Congreso de los Diputados, pp. 17 a 64; A. TORRES DEL MORAL, «Los Grupos parlamentarios», en *Revista de Derecho político*, 9, 1981, pp. 23 a 30.

73 M. GARCÍA-PELAYO, *El Estado de partidos*, Madrid, Alianza, 1986, pp. 90 y 91.

74 Entre estos autores podría citarse, P. LUCAS MURILLO DE LA CUEVA, «Consideraciones generales sobre el régimen jurídico de los partidos políticos», *Revista de Política Comparada*, 4, 1981, pp. 165 a 184; M. ALBA NAVARRO, «La creación de los grupos parlamentarios durante la Legislatura», *Revista de Derecho Político*, 14. 1982, pp. 84 y ss. En relación con esta posible naturaleza mixta se ha señalado: «Resulta así —y por ello hablamos de naturaleza compleja— que los GPs son partes de un órgano constitucional (el Parlamento) integradas por un número más o menos amplio de miembros de éste (elemento personal),

cir a plantear, como premisa de partida, que la naturaleza jurídico-política de los grupos parlamentarios es esencialmente compleja, debiendo separarse lo que es su naturaleza jurídica de lo que es su naturaleza política y, sobre todo, en lo que a esta respecta, debe centrarse en las relacionesentre los grupos y los partidos. En este sentido, algunos autores, partiendo de esta realidad mixta y confusa, tratan de incluir dentro del aspecto jurídico de los grupos parlamentarios, relaciones y caracteres de estos que solo pueden ser explicados con exactitud[75] desde un punto de vista político.

La titularidad del escaño y del cargo político es una cuestión muy conocida y debatida en España. Aquella jurisprudencia de 1983, expuesta en otra parte, ha traído consecuencias ya asumidas, aunque la naturaleza grupocrática de la sociedad y del sistema constitucional sea imparable. Y aunque no ha habido una modificación consciente y premeditada de esta jurisprudencia de 1983, con un barniz liberal e individualista innegable, los grupos se han ido filtrando y apareciendo en la configuración del Derecho constitucional y del Derecho parlamentario. La tercera adenda al Pacto Antitransfuguismo, de 11 de noviembre de 2020, denominada «Pacto por la Estabilidad Institucional y lucha contra el transfuguismo político» es un ejemplo más (posiblemente fallido) de interferencia del partido en el mandato del parlamentario. La reforma del Reglamento del Parlamento de Andalucía de 2021 es la primera consecuencia de la mencionada adenda.

Como tesis inicial, ha de partirse de las sentencias de 1983, que configura el alcance personal del mandato. Suele destacarse[76] la STC 10/1983, de 21 de febrero que dijo de modo muy tajante que: «el sentido democrático que en nuestra Constitución (artículo 1.2) reviste el principio del origen popular del poder obliga a entender que la titularidad de los cargos y oficios públicos solo es legítima cuando puede ser referida, de manera mediata o inmediata, a un acto concreto de expresión de la voluntad popular».

Ese es el inicio: la configuración personal del mandato. Como antítesis de ello, se pueden citar dos autos del Tribunal Constitucional emitidos en materia parlamentaria (AATC 192/2010 y 193/2010, de 1 de diciembre). Aunque

---

dotadas de una cierta continuidad (normalmente una Legislatura) y organización (en ejercicio de la propia autonomía y dada su estructura asociativa), que expresan el pluralismo político (emanación de los partidos) y que ejercen funciones de relevancia pública en el seno de aquel órgano. Su carácter en parte privado (autoorganización y vinculación al partido político) y en parte público (actuación en el órgano estatal) quedan de este modo a salvo sin primar el uno sobre el otro. Los GPs corren así una suerte similar a la de otros sujetos del sistema político cuya situación... les dota de peculiares características que impiden definiciones absolutas y excluyentes». A. SAIZ ARNAIZ, *op. cit.*, pp. 348 y 349.

75 M. L. MAZZONI HONORATI, *Lezioni di Diritto Parlamentare*, Turín, Giappichelli, 1995, p. 117.

76 Posteriormente esta jurisprudencia ha sido desarrollada por nuestro Tribunal Constitucional en otros pronunciamientos, como las SSTC 64/2002, de 12 de marzo, 48/2003, de 12 de marzo, 298/2006, de 23 octubre, por citar algunos de las relevantes.

el objeto del litigio no era el mandato individual, se vierten en los dos autos algunas afirmaciones que han alcanzado ya carta de naturaleza, dándose por supuestas algunas presunciones sobre la posición del grupo parlamentario y el diputado y el Parlamento. El sentido de estos dos autos, como se sabe, fue negar que los Parlamentos puedan acudir en amparo al Tribunal Constitucional por vulneración del artículo 23 CE, asumiendo el tribunal un cierto alcance grupal del mandato y del Parlamento, y reconoció a los grupos parlamentarios capacidad procesal, sin necesidad de apoderamiento expreso de los Diputados miembros. Así, el Tribunal Constitucional ha reconocido una doctrina que reconoce a los grupos, en tanto que ostentan la representación institucional de los miembros de las Cámaras que los integran, «capacidad procesal ante el Tribunal para defender eventuales vulneraciones de derechos fundamentales de sus miembros que tengan relación con el ejercicio de su cargo representativo». Señala el Tribunal Constitucional en los dos autos que no hay una equiparación, a los efectos que ahora interesan, entre las Asambleas Legislativas, que son titulares de potestades públicas y no es titular del derecho del artículo 23 CE, y los grupos parlamentarios, que «no son sino agrupaciones temporales de Diputados para la más ordenada organización y desarrollo de la actividad parlamentaria». También en STC 98/2009, de 27 de abril y, más tarde, en SSTC 168/2012, de 1 de octubre; 158/2014, de 6 octubre; 213/2014, de 18 de diciembre, 76/2017, de 19 de junio y 24/2020, de 13 de febrero.

El mandato es individual. Pero se han introducido medidas grupales. Que el partido político se ha ido filtrando dentro del esqueleto parlamentario se pone de manifiesto en algún fallo más del Tribunal Constitucional. Claro ejemplo de ello fue el ATC 12/1986, de 15 de enero, que señaló que son los Grupos parlamentarios «emanación de los partidos políticos», para distinguirlos del propio «Diputado, como persona física sujeto de derechos». De hecho, la preferencia total del Grupo parlamentario en la composición de los órganos parlamentarios ha sido consagrada por el propio Tribunal Constitucional. En efecto, el *Derecho parlamentario español* tiende a ordenar que la composición de los órganos parlamentarios sea dominada por los partidos/grupos. Así, la importancia del partido en la configuración institucional fue confirmada por la STC 32/1985 y la jurisprudencia, en este ámbito, reconoce que los grupos parlamentarios son sujetos ordinarios del Parlamento y depositarios de los derechos de los parlamentarios que los integran (*vid.* STC 44/2010, de 26 julio).

La jurisprudencia del Tribunal Constitucional en materia de grupos parlamentarios no ha sido excesivamente amplia, y casi siempre se ha referido a esta realidad grupal del Parlamento de un modo indirecto o tangencial. Esta jurisprudencia sobre los grupos parlamentarios en el Parlamento es muy variada, aunque algo escasa. Solo como ejemplo pueden destacarse SSTC 81/1991, de 22 de abril; SSTC 4/1992, de 13 de enero; 95/1994, de 21 de marzo; 41/1995, de 13 de febrero; 118/1995, de 17 de julio; 208/2003, de

1 de diciembre; 177/2002, de 14 de octubre; 89 y 90/2005, de 18 de abril; 78/2006, de 13 de julio; 242/2006, de 24 de julio; 298/2006, de 23 de octubre, 361/2006, de 18 de diciembre; 158/2014, de 6 octubre; 213/2014, de 18 de diciembre; 76/2017, de 19 de junio y 24/2020, de 13 de febrero.

Como se ve, las matizaciones sobre la jurisprudencia más tradicional sobre la visión individualista del mandato han sido varias. Así, en la STC 361/2002, de 18 de diciembre, se concluye la importancia del grupo resaltando la realidad parlamentaria, prescindiendo en ocasiones o pasando por encima incluso del alcance individual del mandato parlamentario. Se señala expresamente en esta sentencia que: «Se asume así, en el nivel jurídico, una realidad política y parlamentaria indiscutible, que es la de que dichos grupos han venido desarrollando una actividad fundamental para el funcionamiento de los trabajos de las Cámaras legislativas, que no podrían darse en la actualidad sin su existencia, y sin las importantes atribuciones que, contra lo que sucedía en el pasado en unos Parlamentos que se basaban en las prerrogativas del parlamentario individual, les atribuyen los Reglamentos de aquéllas» [...] «los grupos representan un papel de gran importancia, aglutinando y dando forma a las diferentes corrientes políticas presentes en las Cámaras. Es perfectamente congruente con esta realidad el que, en el plano jurídico, se les permita, a través de sus portavoces, representar los intereses de sus miembros».

En resumen, son varios los pronunciamientos del Tribunal Constitucional en los que se ha admitido la introducción del grupo y el partido, matizando la individualidad del mandato, incluso defendiendo su contrario. Por ejemplo, en la STC 99/2004, de 25 de mayo, se ha admitido que uno de los objetivos de los partidos políticos es la integración de las personas que ejercen los cargos públicos, los cuales son elegidos «de entre las listas partidarias ofrecidas al cuerpo electoral». También SSTC 64/2002, de 11 de marzo, 141/2007, de 18 de junio y 169/2009, de 9 de julio. En este sentido, un caso de gran relevancia y ciertamente importante fue la disolución de los partidos Herri Batasuna, Euskal Herritarrok, y Batasuna mediante Sentencia de 27 de marzo de 2003 de la Sala del artículo 61 LOPJ del Tribunal Supremo. Esta Sala, mediante Acuerdo de 24 de abril de 2003 requirió al presidente del Parlamento Vasco y al del Parlamento navarro para que procediera a la disolución de los grupos parlamentarios que figuraran bajo la denominación Batasuna. Tras diversas vicisitudes, la Sala del artículo 61 LOPJ disolvió por auto de 20 de mayo de 2003 al grupo parlamentario Araba, Bizkaia eta Gipuzkoako Socialista Abertzaleak en el Parlamento Vasco, acordándose mediante auto de 18 de junio de 2003 determinadas medidas para la material y definitiva disolución correspondiente a los grupos referidos. La STC 50/2008, de 14 de abril desestimó los recursos de amparo planteados contra los autos del Tribunal Supremo y, confirmó la conexión partido y grupo parlamentario, confirmando la disolución de este como consecuencia de la disolución del partido. Por su lado, este auto de 20 de mayo de 2003 fue interesante, pues señala que «si bien los Grupos Parlamentarios son una realidad jurídica diferente de los Partidos Políticos, es también revelador que tales Grupos carezcan de personalidad jurídica diferenciada».

En conclusión, la jurisprudencia y los reglamentos asumen la naturaleza grupocrática del Parlamento; y ello se hace más evidente cuanto más modernos son y avanzados parecen los reglamentos parlamentarios, que configuran al parlamentario como un miembro de un Grupo parlamentario. No debe extrañar por ello que, incluso, algunos reglamentos españoles hayan considerado a los Grupos parlamentarios parte de la organización de la Cámara. Este es el caso de los Reglamentos del Parlamento de Cataluña, de las *Corts* Valencianas o el del Parlamento del País Vasco. Desde luego, los Grupos parlamentarios son parte de la organización parlamentaria y son parte de la organización política de la Cámara. No son la Cámara, ni expresan la voluntad parlamentaria de la misma y mucho menos la administrativa. Pero todos juntos conforman el Parlamento y su voluntad es la del Parlamento. Por eso se ha arbitrado un órgano como la Junta de Portavoces mediante el que se manifiesta la voluntad de los Grupos parlamentarios. Y, por este motivo, no debe extrañar que, ya desde hace tiempo y por la superación de sus complicaciones, en la doctrina italiana se haya dicho que la titularidad del escaño sea un pseudoproblema[77]. En definitiva, el *Derecho parlamentario español* se mueve en la contradicción de respetar el mandato parlamentario individual y el reconocimiento de la estructura de grupos en que se constituye el nuevo Parlamento.

Lo que hacen los distintos textos no es sino constatar la dimensión actual del Parlamento y de los Grupos parlamentarios: mandato individual y protagonismo incontestable de los grupos. En efecto, los grupos no son órganos de las Cámaras, pero el significado parlamentario de los mismos es nuclear para determinar con la mayor de las precisiones una cuestión que ya es imprecisa de por sí, y que se mueve en el limbo de la inseguridad de la política. De hecho, la Constitución reconoce, cierto de que de un modo indirecto muy del gusto de nuestro constituyente, la centralidad organizativa parlamentaria de los Grupos. Así, el artículo 78.1 CE dispone que «en cada Cámara habrá una Diputación Permanente compuesta por un número mínimo de veintiún miembros, que representarán a los Grupos parlamentarios, en proporción a su importancia numérica». Por ello, la Constitución ha reconocido que los Grupos parlamentarios dominan la composición y funcionamiento de la Diputación Permanente, y los reglamentos parlamentarios han recogido este «dominio» pleno de los grupos.

La proporcionalidad es la técnica de juridificación de la introducción del grupo y el partido en la organización parlamentaria y, por ello las más diversas

---

77 Cfr. T. MARTINES, *Diritto Costituzionale*, Milán, Giufré, 1994, en especial pp. 308 y ss. También en las ediciones posteriores de este Manual, desde 2002.

normas reglamentarias se remiten a la regulación conforme al principio de proporcionalidad. Algunas normas, como la del artículo 103 del Estatuto de Autonomía de Andalucía, determinan que «Los Grupos parlamentarios participarán en la Diputación Permanente y en todas las Comisiones en proporción a sus miembros». Como es conocido, las disposiciones reglamentarias que asumen la proporcionalidad son múltiples y la jurisprudencia la matiza.

4.2. Los Grupos parlamentarios en los Estatutos de Autonomía

La mayoría de los Estatutos de Autonomía también ha incorporado a su articulado referencias a los grupos parlamentarios, convirtiéndose en sujetos principales de la actividad parlamentaria. Con ello, siendo la norma institucional básica de las Comunidades, parece imponerse la existencia de los grupos en las Asambleas de forma mucho más clara que en las Cortes Generales, pues la Constitución solo dedica a los grupos la escasa mención del artículo 78.1 CE. Todos los Estatutos[78], excepto el de País Vasco y el de La Rioja, incluyen referencias a los grupos parlamentarios, la mayor parte de las ocasiones para determinar que han de ser uno de los contenidos necesarios de los reglamentos parlamentarios de cada Parlamento.

En efecto, los Estatutos de Autonomía[79] regulan de una forma muy similar la función de los Grupos parlamentarios en la estructura parlamentaria. De los Estatutos que se reformaron en último lugar, el de la Comunidad Valenciana destaca por el papel que los Grupos parlamentarios tienen, pues los sitúa en una posición preeminente en el funcionamiento de *Les Corts*. Buen ejemplo de ello es el artículo 25.3 EACV, según el cual los grupos parlamentarios pueden solicitar sesión extraordinaria (en el número que determine el Reglamento), también les atribuye el ejercicio de la iniciativa legislativa (artículo 36.2 EACV), la facultad de presentar candidatos a presidente de la Generalidad (artículo 27.1 EACV) y la iniciativa de reforma estatutaria (artículo 81.1 EACV). También desarrolla el papel de los grupos parlamentarios el Estatuto de Autonomía de Extremadura, porque introduce en su artículo 20 una disposición de carácter general, según la cual «el Reglamento precisará un número mínimo de diputados para la constitución de grupos parlamentarios, regulará la intervención de estos en las actividades de la Asamblea y establecerá las funciones de la Junta de Portavoces. Los grupos de la Asam-

78 Art. 32.3 EACAT; art. 12.4 EAG; art. 27.4 y 27.5 EAAND; art. 30 EAAST; art. 12.6 EACANT; art. 29 EAMU; art. 14.3 y 14.5 EACVAL; art. 14.6 EAAR; art. 11.4 EACCLM; art. 41.4 y 41.7 EACANA; art. 17.3 LORAFNA; art. 26.1.d EAEX; art. 24.7 EAIB; art. 13.2 EAMAD y art. 13.3 EACL.

79 Por su propia naturaleza, los Estatutos de Autonomía de Ceuta y de Melilla no incluyen en su articulado mención alguna a los Grupos parlamentarios, sino a los «grupos políticos» presentes en la Asamblea (artículo 9.2 EAMEL y artículo 9.2 EACEU).

blea formarán parte de todas las comisiones en proporción al número de sus miembros». Este Estatuto de Autonomía, además, atribuye a los grupos parlamentarios la iniciativa legislativa y la facultad de designar un representante en la tramitación del procedimiento de investidura para que el presidente de la Asamblea efectúe consultas (art. 25.1)[80]. Es también muy interesante la regulación del Estatuto de Autonomía de las Islas Baleares (2007), cuyo artículo 45.6 determina que debe ser objeto de regulación reglamentaria la «formación de Grupos Parlamentarios y su intervención en el proceso legislativo, las funciones de la Junta de Portavoces, y demás cuestiones necesarias o pertinentes para el buen funcionamiento del Parlamento».

Por su parte, en el Estatuto de Autonomía de Cataluña, los Grupos parlamentarios toman, sin duda, una relevancia y un papel nuclear desconocidos hasta ahora en una regulación estatutaria, más si cabe que en el EACV. Así, el artículo 59.2 EAC determina, como contenido propio de la reserva de Reglamento del Parlamento, la regulación de los requisitos para la formación de Grupos parlamentarios, así como «la intervención de estos en el ejercicio de las funciones parlamentarias y las atribuciones de la Junta de Portavoces». Con un grado de detalle apreciable, esta norma, en el siguiente apartado, aclara que «los Grupos parlamentarios participan en todas las comisiones en proporción a sus miembros», y por su parte, el artículo 59.4 EAC con una fórmula más respetuosa con la configuración constitucional del mandato parlamentario, (pero alejándose algo de lo dispuesto en el artículo 78.1 CE), dispone que la Diputación Permanente está formada «por el número de Diputados que el Reglamento del Parlamento determine, en proporción a la representación de cada grupo parlamentario». Sin duda, el Estatuto de Autonomía de Cataluña plantea un modelo organizativo parlamentario más moderno y único en España.

A su vez, en el Estatuto de Autonomía de Andalucía se nota cierta evolución en la regulación de la estructura parlamentaria, aunque no alcanza el significado que tiene en el Estatuto de Autonomía catalán (a pesar de su influencia en otros temas). En el texto andaluz, se determina una especial funcionalidad de los Grupos parlamentarios, pues su artículo 103.3 EAAND los legitima para solicitar de la Presidencia de la Cámara, la celebración de sesiones extraordinarias y dispone, en el párrafo siguiente, que «el número mínimo de Diputados para la formación de los Grupos parlamentarios» es contenido necesario y propio del reglamento parlamentario. Finalmente, este Estatuto de Autonomía gradúa la participación de los grupos en la organización parlamentaria y la extiende de forma considerable, pues «participarán en la Diputación Permanente y en todas las Comisiones en proporción a sus miembros».

80 Es llamativo, en relación con este Estatuto de Autonomía, que se utilice el concepto de grupo parlamentario para regular la consulta del Presidente de la Asamblea y que el concepto de «grupo político con representación parlamentaria» (desde el artículo 99 CE) se utilice para otras funciones reguladas en este Estatuto de Autonomía.

En general, puede afirmarse que los Estatutos de Autonomía no reformados en la tercera fase de reformas contienen menos disposiciones, no sistemáticas, que proporcionan una importancia y prevén la participación a los Grupos parlamentarios en la estructura y funcionamiento del Parlamento. Destaca también el Estatuto de Autonomía de Asturias, cuyo artículo 30 EAAST señala que «los componentes de la Junta se constituyen en Grupos, cuyas condiciones de formación, organización y funciones fijará el Reglamento. Todo miembro de la Cámara deberá estar adscrito a un Grupo y se garantizará la presencia de cada uno de éstos en las Comisiones y Diputación Permanente en proporción a su importancia numérica». También incluye esta regulación en el artículo 29 del Estatuto de Autonomía de la Región de Murcia. Este Estatuto de Autonomía dispone la proporcionalidad en la importancia numérica del grupo parlamentario, para la designación de senadores regulada en el artículo 69.5 CE. Por otra parte, y aunque no es unánime en la regulación estatutaria, también dispone la necesaria pertenencia de los parlamentarios a un grupo parlamentario el artículo 13.2 del Estatuto de Autonomía de Madrid, cuyos «Portavoces integrarán la Junta de Portavoces, que se reunirá bajo la presidencia del Presidente de la Asamblea». Además, contiene este Estatuto de Autonomía alguna disposición no tan habitual, sobre legitimación de los Grupos parlamentarios para ejercer la iniciativa legislativa (artículo 15.2 EAMAD).

Finalmente, otros Estatutos de Autonomía incorporan regulaciones bastante similares entre sí. Así, el artículo 12.4 del Estatuto de Autonomía de Galicia determina que el Reglamento debe precisar el «número mínimo» de Diputados para la formación de Grupos Parlamentarios, así como la intervención de estos en el proceso legislativo y las funciones de la Junta de Portavoces. También contiene esta disposición el artículo 12.6 del EACANT que, de forma similar a la regulación del Estatuto de Autonomía del Principado de Asturias, determina que «Los Grupos Parlamentarios participarán en las Comisiones en proporción al número de sus miembros». Este Estatuto de Autonomía exige que el Reglamento de la Cámara debe respetar «la proporcionalidad de los distintos Grupos parlamentarios» en la composición de la Diputación Permanente (artículo 14 EACANT) y reconoce su plena legitimidad para solicitar de la Presidencia la convocatoria de sesiones extraordinarias. De un modo más contundente, el artículo 23 del Estatuto de Autonomía de Castilla y León determina que los Diputados «se constituyen en Grupos Parlamentarios de representación política. Además, la participación de cada uno de estos Grupos en las Comisiones y en la Diputación Permanente será proporcional al número de sus miembros». Por su parte, el artículo 39.5 Estatuto de Autonomía de Aragón ya dispuso que «Los Diputados y Diputadas de las Cortes de Aragón se constituirán en grupos parlamentarios, cuyas condiciones de formación, organización y funciones regula el Reglamento de la Cámara. Dichos grupos parlamentarios participarán en la Diputación Permanente y Comisiones, en proporción a su importancia numérica». A su vez, se incluyen también referencias de los grupos parlamentarios a la designación de senadores, que habrá de ser proporcional a los grupos, y a la convocatoria de sesiones extraordinarias (artículo 40.3 EAAR).

Otros Estatutos de Autonomía contienen regulaciones mucho más limitadas y escuetas a los Grupos parlamentarios, como el de Canarias (art. 41.4 EACAN), que se refiere a la existencia de los Grupos parlamentarios como una «determinación» del Reglamento del Parlamento, así como su legitimación para solicitar de la Presidencia la celebración de sesiones extraordinarias. También LORAFNA.

4.3. La naturaleza jurídica de los Grupos parlamentarios

Se suele reconocer que no es posible imputar jurídicamente al Parlamento por las consecuencias de los actos de los grupos parlamentarios. Seguramente como consecuencia del principio de autonomía parlamentaria, los grupos, en el momento de su constitución, asumen una cierta posición de autonomía con el partido con el que tienen una vinculación sociopolítica.

Siguiendo a una parte importante de la doctrina italiana, se ha defendido que en nuestro sistema los grupos parlamentarios son asociaciones privadas que cumplen funciones públicas[81]. En este sentido, la naturaleza jurídica

81 A. Torres del Moral, *Los grupos..., op. cit.*, pp. 61 y ss. que los concibe como «asociación de interés público». Para esta opción, partiendo del principio de voluntariedad en la creación de entes parlamentarios colectivos, se afirma que el grupo parlamentario «es una asociación interna de la Cámara, conexa o no con alguna fuerza política extraparlamentaria que persigue fines propios, no fines públicos determinados por las leyes». Otros afirman que es una «asociación de configuración legal», J. M. Morales Arroyo, *Los grupos..., op. cit.*, p. 346, quien añade que se trata de un ente asociativo creado por el legislador (en este caso, por medio del Reglamento Parlamentario), cuyo régimen se dispone parcialmente al margen del artículo 22 de la Constitución de la Constitución y que se encarga de cumplir funciones públicas. Por su parte, M. Razquín y A. Saiz Arnaiz, *op. cit.*, p. 1059, señalan los grupos parlamentarios como «agrupaciones de personas físicas que se unen para servir a un fin determinado, mediante una organización a la que el derecho otorga personalidad». Para estos autores, incluso, los grupos parlamentarios podrían ser calificadas de asociaciones de interés público de las aludidas por el artículo 35 del Código Civil. No obstante, a pesar de lo riguroso del planteamiento de estos autores, no parece que sea este precepto el más adecuado para encuadrar normativamente a los grupos parlamentarios, por el elemento objetivo que es regulado por el Código Civil y por el momento histórico en el que se aprueba. A. Saiz Arnaiz, *Los grupos..., op. cit.*, pp. 348 y 349: los grupos «son partes de un órgano constitucional (el Parlamento) integradas por un número más o menos amplio de miembros de éste (elemento personal), dotadas de cierta continuidad (normalmente de una legislatura) y organización (en el ejercicio de la propia autonomía y dada su estructura asociativa), que expresan el pluralismo político (emanación de los partidos) y que ejercen funciones de relevancia pública en aquel órgano de tal forma que "los grupos se componen en el Congreso de los Diputados de una pluralidad de miembros..., se constituyen con una finalidad determinada..., se dotan de una organización más o menos compleja y, si bien no necesitan de un reconocimiento formal, deben comunicar al órgano parlamentario competente su constitución a los efectos de publicidad"». Finalmente, N. Pérez-Serrano Jáuregui, *Los grupos parlamentarios...*, p. 155, «la naturaleza asociativa de los Grupos parlamentarios ofrece no pocas dificultades,

asociativa es la posición doctrinal que, de una forma más aproximada, mejor explica la realidad jurídica de los grupos parlamentarios. Sin ser una teoría completa, es más adecuado considerar que los grupos son asociaciones que órganos de los partidos o del Parlamento. El hecho de que un grupo de parlamentarios decida, adoptando un nombre diferenciado, poner en común su *status* de parlamentarios para cumplir una función de índole parlamentaria, responde al significado actual de las asociaciones, tal y como ha configurado este derecho el Tribunal Constitucional. En la constitución de un grupo parlamentario por los diputados, se dan «las facultades o posibilidades de actuación necesarias para que el derecho sea reconocible como perteneciente al tipo descrito», como ya afirmara, muy tempranamente el Tribunal Constitucional, en STC 11/1981, de 8 abril, o STC 67/1985, de 24 de mayo. En todo caso, parece subyacer también esta construcción de base asociativa en alguna Sentencia del Tribunal Constitucional, así STC 36/1990, de 1 de marzo, según la cual «ostentan la titularidad del derecho fundamental comprendido en el art. 23.2 CE los propios ciudadanos, primero como candidatos a un cargo representativo y luego como parlamentarios, y, en su caso, incluso los *Grupos Parlamentarios* en que éstos se integran y *que ellos mismos constituyen*»[82].

A pesar de sus dificultades, la elaboración jurisprudencial del derecho fundamental del artículo 22 de la Constitución es perfectamente compatible con el régimen jurídico de creación y funcionamiento de los grupos parlamentarios. En este sentido, «el acto de integración en una asociación no es un contrato en sentido estricto al que pueda aplicarse el Art. 1256 CC, sino que consiste, como se ha dicho, en un acto por el cual el asociado acepta los estatutos y se integra en la unidad no solo jurídica sino también moral que constituye la asociación» (STC 218/1988, de 22 de noviembre; STC 104/1999, de 14 de junio), y así, «el derecho reconocido en el art. 22.1 CE garantiza la libertad de asociarse para la consecución de fines lícitos a través de medios lícitos...» (STC 24/1987, de 25 de febrero).

Por tanto, el derecho del Diputado a constituir un grupo, formar parte de él y definir su organización encaja bien en la jurisprudencia del tribunal del derecho de asociación. Así, ha dicho el TC que «el derecho de asociación, reconocido en el Art. 22 CE, comprende no sólo el derecho a asociarse, sino también el de establecer la propia organización del ente creado por el acto asociativo dentro del marco de la Constitución y de las leyes que, respetando el contenido esencial de tal derecho, lo desarrollen o lo regulen (Art. 53.1) [...] La asociación tiene como fundamento la libre voluntad de los socios de unirse y de permanecer unidos para cumplir los fines sociales, y quienes ingresan en ella se entiende que conocen y aceptan en bloque las normas estatutarias a

sobre todo si se piensa en los ordenamientos jurídicos que imponen a los diputados y senadores la formación de Grupos en el seno de las Cámaras».

82 La cursiva es añadida.

las que quedan sometidos. Y en cuanto la asociación crea no sólo un vínculo jurídico entre los socios, sino también una solidaridad moral basada en la confianza recíproca y en la adhesión a los fines asociativos...» (STC 218/1988, de 22 de noviembre; STC 96/1994, de 21 de marzo). En definitiva, la creación de una organización no debe suponer el automático reconocimiento de la posibilidad de un poder disciplinario sobre los miembros del grupo que contraríe la prohibición de mandato imperativo. La constitución de grupos parlamentarios por los miembros de los Parlamentos se enmarcaría dentro de su estatuto, garantizado y amparado por el artículo 23 de la Constitución.

Un problema importante que se puede plantear para la configuración de los grupos parlamentarios como asociaciones, es la existencia de un Grupo Mixto y el consiguiente desconocimiento, por parte de casi todos los reglamentos parlamentarios existentes en España, del derecho negativo a no asociarse. Así, «el derecho de asociación comprende tanto la libertad positiva de asociación como la negativa de no asociarse; en efecto, el Art. 20.2 de la mencionada Declaración Universal establece que "nadie podrá ser obligado a pertenecer a una asociación"» (entre otras muchas, STC 67/1985, de 24 de mayo). En la creación del Grupo Mixto, no se produce ninguna manifestación de voluntades que constituyan ente asociativo alguno, con ello parece que hay que concluir que este Grupo no tiene la referida naturaleza asociativa. Algún autor[83] ha reconocido en el Grupo Mixto un «expediente técnico», fundamentado en la evolución del Derecho parlamentario y del Estado de partidos en el que parece un elemento imprescindible la existencia de una Asamblea organizada en torno a grupos. Si se afirma la constitucionalidad tanto de la vertebración del Parlamento en torno a grupos parlamentarios[84], como de la misma creación del Grupo Mixto, puede recordarse la existencia de ciertos entes de obligada pertenencia, cuya existencia también ha sido reconocida por el propio Tribunal Constitucional: «A este respecto es necesario insistir en la excepcionalidad de este tipo de entidades de adscripción obligatoria que sólo se justifican cuando sean necesarias para la consecución de fines públicos y cuya obligatoriedad las aparta o desgaja de las previstas en el art. 22 CE» (STC 139/1989, de 20 de julio, en relación con las Cámaras Agrarias). Desde este planteamiento, el Grupo Mixto es creado por la totalidad de los reglamentos que, ante la necesidad de cumplir con un fin parlamentario (que es un fin público), optan por crear el mencionado ente con la intención garantista homogeneizadora de facilitar a todos los parlamentarios el adecuado ejercicio del cargo público para el que fueron elegidos.

---

83 A. TORRES DEL MORAL, *Los Grupos..., op. cit.*, p. 62. Seguramente influido por G. U. RESCIGNO, «Gruppi parlamentari», *Enciclopedia del diritto*, vol. XIX, Giuffrè, 1970, p. 795.

84 Niega que sea constitucional la obligada pertenencia a un grupo, E. LINDE PANIAGUA, «El grupo parlamentario de Acción Democrática», *Revista de Derecho Político*, 14, 1982, p. 135. No es inconstitucional para, M. ALBA NAVARRO, *La creación..., op. cit.*, pp. 93 y 94; A. SAIZ ARNAIZ, *Los grupos..., op. cit.*, p. 125.

La posición de autonomía con que cuentan los grupos parlamentarios es un primer dato para justificar su naturaleza asociativa, pues no sería factible un régimen de autonomía de los grupos parlamentarios si estos fueran órganos de los partidos políticos o de las Cámaras. En efecto, los grupos, una vez creados por voluntad de sus miembros y seguramente para garantizar su posición como piezas clave de la organización parlamentaria, adquiere un carácter autónomo que, desde el punto de vista sociopolítico «refuerza los lazos disciplinarios y organizativos que [...] les unen estrechamente al partido»[85], pero desde el punto jurídico es una de las piezas para el reconocimiento de una separación entre el partido y el ente electoral del que trae causa. Así lo establece de forma expresa el artículo 27.5 del Reglamento del Senado, al disponer que «los distintos Grupos Parlamentarios constituidos en el Senado gozarán de total autonomía en cuanto a su organización interna». Esta disposición se entiende tácita en el resto de reglamentos parlamentarios[86], los cuales no limitan la autonomía, exigiendo tan solo que debe existir un portavoz, que ostentará la «condición de representante legal del Grupo Parlamentario ante la Asamblea» (artículo 39.3 del Reglamento de la Asamblea de Madrid), y los «Diputados que pueden sustituirle».

La autonomía se proyectaría no solo frente a la voluntad de otros grupos parlamentarios, sino que también supondría un ámbito de actuación propio no sujeto al control externo de la organización de la Cámara, con la excepción de sus cuentas. Y también el grupo está excluido del control del partido político, cuya influencia, puede señalarse una vez más, se centra en el marco sociopolítico. Los estatutos de los grupos parlamentarios estarán sometidas al respectivo reglamento, y no tienen por qué estarlo al estatuto del partido político, y desarrollarán la autonomía para el ejercicio de la función parlamentaria y para el funcionamiento económico-administrativo de los grupos, organizándose de acuerdo con los criterios que estime más oportunos.

Por otra parte, la atribución de autonomía a los grupos parlamentarios no tiene por qué suponer el automático reconocimiento de personalidad jurídica a los mismos, pero sí debe afirmarse que en el tráfico jurídico ordinario (sobre todo en lo relativo al ámbito económico-administrativo de actuación), los grupos parlamentarios actúan como si la tuvieran. Es más, el Auto del Tribunal Supremo de 20 de mayo de 2003 ya se ha visto que manifiesta sus dudas

85 M. Ramírez, «Teoría.»., *op. cit.*, p. 23.

86 C. J. Fernández-Carnicero, «Los Reglamentos Parlamentarios y el ordenamiento jurídico», *Revista de Derecho Político*, 9, 1981, p. 172, en relación con la ausencia de regulación de los Reglamentos en este aspecto señala, de una forma crítica, que debería proceder a modificar los Reglamento (en aquel momento, los provisionales del Congreso de los Diputados y del Senado) para «homologar institucionalmente el estatuto de todos los grupos parlamentarios (a fin de) evitar que se convierta en el mero estatuto de los partidos presentes en el Parlamento», para preservar la autonomía de los propios grupos. Se manifestaron en contra de esta opinión, M. M. Razquín Lizárraga y A. Saiz Arnaiz, *Notas...*, *op. cit.*, p. 1077.

sobre si los grupos parlamentarios tengan personalidad jurídica. Además, la jurisprudencia del Tribunal Supremo ha indicado que los grupos parlamentarios carecen de capacidad procesal general y, por tanto, no pueden «acudir a los órganos jurisdiccionales para impugnar una determinada actuación del Gobierno o de la Administración General del Estado» (STS 5 de marzo de 2014, y AATS 2 de abril de 2014, de 28 de abril de 2014, 31 julio 2020 y 06/05/2021). Esta falta de legitimación y de capacidad procesal ha sido declarada tanto para los partidos políticos, como para los grupos parlamentarios para impugnar un acto administrativo o un acuerdo cualquiera y, de igual forma, carecen de dicha capacidad un grupo de diputados en su propio nombre. Los grupos parlamentarios sí tienen capacidad procesal para la defensa de los derechos derivados del art. 23 CE y también para la defensa de sus derechos patrimoniales o sociales.

Existen opiniones doctrinales contrarias a la personificación de los grupos parlamentarios, ya que «ni el Derecho parlamentario, ni ninguna otra rama del ordenamiento del Estado, ni siquiera los estatutos internos de los grupos o de los partidos confieren personalidad jurídica a los grupos parlamentarios»[87]. No obstante, es cierto que la personalidad debiera ser atribuida de forma expresa por el ordenamiento jurídico. Pero la idea de que los grupos parlamentarios son tributarios de una naturaleza asociativa, amparada en el artículo 22 de la Constitución[88] debería servir para reconocerles, si no personalidad jurídica, sí al menos en una posición muy similar a esta. En cualquier caso, el hecho de que el tráfico jurídico funcione *de facto* como si tuviera personalidad jurídica, hace que la opción por una u otra posibilidad no sea importante.

La aceptación de la naturaleza asociativa de los grupos parlamentarios se ha visto completada con la existencia de unos requisitos propios para la creación del grupo, que son de obligado cumplimiento. Además, por cumplir una función pública, reciben los grupos una asignación por parte de la Asamblea correspondiente que «tiene la condición de fondos públicos afectados al cumplimiento de la función pública que corresponde a tales grupos»[89].

A falta de una caracterización independiente que eleve a categoría jurídica propia a los grupos, se puede avanzar una conclusión: la naturaleza asociativa de los grupos parlamentarios viene definida por el hecho de que son creados mediante una declaración de voluntad, suscrita por aquellos que van a formar parte del ente asociativo. La naturaleza asociativa es aplicable a

---

87 J. M. Morales Arroyo, *Los Grupos...*, *op. cit.*, p. 352.

88 M. M. Razquín Lizárraga y A. Saiz Arnaiz, *Notas...*, *op. cit.*, p. 1071.

89 A pesar del tiempo transcurrido, es muy interesante, «Dictamen sobre la posibilidad de embargar las asignaciones económicas de los diputados y las subvenciones de los grupos parlamentarios», en *Revista de las Cortes Generales*, 1, 1984, en especial p. 163. Cfr. J. Cano Bueso, «El principio de autonormatividad de las Cámaras y la naturaleza jurídica del reglamento Parlamentario», *Revista de Estudios Políticos*, 40, 1984, p. 183.

todos los grupos parlamentarios, menos al Grupo Mixto. Además, los reglamentos parlamentarios introducen una serie de elementos en el régimen jurídico que inducen a plantear que la relación jurídica existente en el seno de los grupos es de carácter asociativo. Y, como se ha visto, la jurisprudencia del Tribunal Constitucional en materia de mandato reconoce el aspecto asociativo de los grupos. El reconocimiento de esta situación implica que pueda actuar el grupo parlamentario con cierta autonomía con respecto al partido, pudiendo plantearse situaciones de crisis y hasta de ruptura entre el grupo y el partido político.

4.4. Los requisitos de constitución de los grupos parlamentarios

En España, la conceptuación de los grupos parlamentarios como entes de base asociativa, que cumplen funciones parlamentarias y en desarrollo de un derecho fundamental, sitúan a los grupos como titulares de derechos en el tráfico jurídico. Debe superarse, en este momento, la discusión en torno a la calificación de pública o privada de estas asociaciones por no ser fundamental para la resolución de los problemas que son susceptibles de plantearse. Si se quiere, podría defenderse su calificación de públicas, por su relación sociopolítica con los partidos, que acceden a la «formación y manifestación de la voluntad popular». En cualquier caso, las consecuencias de la juridificación de los grupos se centran en dos aspectos, el primero relativo al análisis de los requisitos de constitución exigidos por los reglamentos parlamentarios y, el segundo, a la posición de los grupos como titulares de derechos y obligaciones.

El valor jurídico de los requisitos de constitución de los grupos es distinto dependiendo de la teoría que se asuma. En efecto, si la teoría por la que se opta es cualquiera de las dos tesis organicistas, la eficacia de las condiciones de constitución de grupo parlamentario será menor. Así, si se mantiene que los grupos son órganos de los partidos, el dato prioritario debería ser, exclusivamente, la constatación de la existencia de la relación entre el partido y el grupo, bien mediante la acreditación de la pertenencia del Diputado al partido que presentara la correspondiente candidatura, o bien mediante cualquier otro medio. Este era el sistema por el que se regía el Reglamento Provisional del Congreso de los Diputados, cuyo artículo 20.1 establecía: «Podrán constituirse en grupos parlamentarios las formaciones políticas o coaliciones electorales que cuenten al menos con cinco diputados». En este caso, la constitución del grupo debería efectuarse por los partidos políticos o por los sujetos electorales. Si se entiende que los grupos son órganos parlamentarios, estos deberían crearse mediante el acuerdo de algún órgano de la Cámara. En uno y en otro caso, la voluntad de los diputados no debería ser relevante para la creación del grupo.

Sin embargo, la voluntad relevante para constituir el grupo parlamentario es la de los miembros del Parlamento, quienes han de formalizar una declaración de voluntad. Esta declaración es única por Legislatura, lo cual confiere a los grupos, en tanto asociaciones, un carácter especial ya que su duración se supone limitada en el tiempo. De hecho, cuando finaliza la Legislatura y funciona la Diputación Permanente no hay grupos parlamentarios. También es un elemento relevante el límite temporal para el ejercicio del derecho a crear un grupo, y es que suele ser muy breve: desde las cuarenta y ocho horas desde la sesión constitutiva de la Asamblea Regional de Murcia, los cinco días que exigen los Reglamento del Congreso de los Diputados, Senado, Parlamentos del País Vasco, Cantabria, Cataluña, Galicia, Andalucía, Canarias y Navarra, Cortes de Castilla-La Mancha, Asambleas de Madrid y Extremadura y Junta General del Principado de Asturias; los siete días de las Cortes de Castilla y León, hasta los ocho de las Cortes Valencianas (art. 24.1 RCV), de Aragón (art. 44 RCAAR) y del Parlamento de la Rioja (art. 23.1 RPLRi). La brevedad de estos plazos preclusivos, que por algún autor[90] fue calificado de plazo de caducidad, viene seguramente impuesta por la necesidad de que la realidad jurídica que suponen los grupos parlamentarios se ajuste de la forma más adecuada posible a la realidad sociopolítica que suponen unos resultados electorales.

A pesar de enmarcarse y tener su encuadre dentro de un sistema parlamentario, la temporalidad de los grupos parlamentarios no deja de plantear problemas. En efecto, la propia dinámica del sistema determina que pueda haber una serie de cambios en las fuerzas políticas que son sujetos electorales, con su reflejo en la vida de los grupos. Aunque la solución no es completamente satisfactoria[91], lo normal es que, en las relaciones jurídicas de las que era titular un grupo, se subrogue otro grupo recién constituido. En este caso, hay subrogación a pesar de que, normalmente, no haya exacta identidad en los miembros del grupo, que pueda existir un cambio de denominación o que pueda haber un distinto sujeto electoral (por ejemplo, que un partido político sea sustituido por una coalición o por una federación electoral, o viceversa). Sin embargo, la subrogación se produce al inicio de cada Legislatura, seguramente porque de nuevo reaparece aquella vertiente sociopolítica de la relación entre el grupo y el partido.

La creación del grupo parlamentario es parte del derecho fundamental del artículo 23 CE. Así, «la facultad de constituir grupo parlamentario, en la forma y con los requisitos que establezcan los reglamentos de las Cámaras, corresponde a los diputados, y que se trata de una facultad que pertenece al núcleo principal de su función representativa parlamentaria... Dada la con-

90 J. M. Morales Arroyo, *Los Grupos...*, *op. cit.*, p. 129.

91 Y en ello radica la principal problemática de la teoría de la asociación de los grupos parlamentarios: la falta de un reconocimiento expreso en estos casos, de que hay una subrogación en las relaciones jurídicas de las que era titular el grupo que dejó de existir.

figuración de los grupos parlamentarios en los actuales parlamentos como entes imprescindibles y principales en la organización y funcionamiento de las Cámaras, así como en el desempeño de las funciones parlamentarias y los beneficios que conlleva la adquisición de tal estatus, aquella facultad constituye una manifestación constitucionalmente relevante del *ius in officium* del representante». SSTC 141/2007, de 18 de junio, FJ 4; 169/2009, de 9 de julio, FJ 3, 10/2013, de 28 de enero, FJ 3; 107/2016 de 7 junio; 49/2018, de 10 de mayo y 36/2020, de 25 de febrero.

El elemento constitutivo de los grupos parlamentarios es el acto formal de presentación por parte de los diputados del escrito mediante el cual manifiestan su voluntad de formar un grupo parlamentario. El conocimiento que del escrito de constitución tiene la Mesa, u órgano respectivo de la Cámara es declarativo[92]. La función de la Mesa en este ámbito[93] comprende la estricta verificación del cumplimiento de requisitos formales (STC 205/1990) exigidos por el respectivo reglamento y que son, aparte de las prohibiciones ya aludidas, generalmente: firma de los diputados en número suficiente para formar grupo, designación de portavoz y del diputado que pueda sustituirle y denominación del grupo parlamentario. Una resolución contraria de la Mesa sería susceptible del recurso parlamentario *ad intra*, agotado el cual podría interponerse recurso de amparo por vulneración de los artículos 22 y 23 de la Constitución.

A pesar de que alguno ha sido ya tratado de forma particular en otra parte, sí debe citarse el requisito más significativo de la constitución de los grupos parlamentarios: la exigencia de un número de diputados para constituir un grupo.

El número de Diputados mínimo es el criterio fundamental de constitución de los grupos parlamentarios. Su fundamento es el principio democrático, pues se trata de garantizar que los diputados que forman el grupo cuentan con un mínimo respaldo electoral, compatibilizado con el principio de

92 Que el acuerdo de la Mesa es simplemente declarativo es una opinión prácticamente unánime en la doctrina. N. PÉREZ-SERRANO JÁUREGUI, *Los grupos..., op. cit.*, p. 120; J. M. MORALES ARROYO, *Los Grupos..., op. cit.*, pp. 132 a 135; A. SAIZ ARNAIZ, *Los grupos..., op. cit.*, pp. 111 y 112, 132 y 164. Parece que también está a favor de la configuración de esta facultad de la Mesa como declarativa, J. L. GARCÍA GUERRERO, *Democracia..., op. cit.*, pp. 302 y ss. En Italia, de forma similar, A. MANZELLA, *Il Parlamento*, *op. cit.*, p. 68.

93 Sobre esta cuestión, es imprescindible la detenida consulta de, A. ARCE JANÁRIZ, «Calificación y admisión a trámite en los procedimientos parlamentarios», en *Revista Española de Derecho Constitucional*, 29, 1990, p. 115; «El procedimiento legislativo en el Principado de Asturias», *Revista Española de Derecho Constitucional*, 38, 1993, pp. 167 y ss.; «El trámite de admisión de los procedimientos parlamentarios en la jurisprudencia constitucional», en *Revista Española de Derecho Constitucional*, 46, 1996, pp. 207 y ss. y «¿Overruling en la jurisprudencia constitucional sobre el trámite parlamentario de admisión?», en *Parlamento y justicia constitucional*. IV Jornadas de la Asociación Española de Letrados de Parlamentos, Pamplona, 1997, pp. 36 y ss. También puede consultarse, si bien referido exclusivamente al trámite de calificación y admisión a trámite de enmiendas en el procedimiento legislativo, F. VISIEDO MAZÓN y E. SORIANO HERNÁNDEZ, *Las enmiendas en el procedimiento legislativo*, Cartagena, AELPA, 2000, p. 43.

funcionalidad que debe evitar la excesiva proliferación de grupos, que fragmentaría excesivamente la vida del Parlamento. Carece de interés, por sí mismo, el análisis comparado de las cifras que, como un mínimo, exige cada reglamento para constituir el grupo[94], si bien puede afirmarse que hay una enorme variedad en términos relativos, seguramente influida por motivos coyunturales. Además de la inexistencia en nuestro ordenamiento (a diferencia de alguno en el ámbito del Derecho Comparado) de los grupos parlamentarios de un solo diputado, puede ponerse de relieve que siempre se exige la presencia de un número mínimo y exacto de diputados, sin que haya referencia a otros criterios externos que los ya referidos de la proporción de votos obtenidos por una determinada candidatura. Por su lado, todos los reglamentos parlamentarios regulan el supuesto de la extinción del grupo en el caso de que se produzca una reducción del número de miembros inferior a un número determinado. Esta es la única causa expresamente prevista de extinción de un grupo; ningún reglamento prevé que se extinga el grupo por el hecho de que se produzca la disolución[95] del partido al que pertenecen los diputados, por lo que, teniendo el grupo parlamentario una naturaleza asociativa, poca duda cabe de que, en estos casos, solo por la disolución del partido no se extingue el grupo. Es distinto el caso de extinción del grupo parlamentario por resolución judicial expresa.

Relacionado con el número de diputados que son necesarios para la constitución de un grupo está la cuestión del denominado «préstamo de diputados». En virtud de esta práctica, que reaparece al inicio de cada Legislatura de las Cortes Generales, un grupo parlamentario es constituido por los diputados elegidos en la candidatura presentada por un ente político, más otro u otros que pertenecen a otra, hasta lograr el número mínimo exigido por el reglamento. Una vez constituido, estos «otros» diputados abandonan el grupo, que no se extingue por no cumplirse lo dispuesto en el Reglamento de disolución en caso de reducción de grupo a una cifra de diputados inferior a la mitad de la necesaria para su constitución. Permitir esta práctica tiene importantes consecuencias. En primer lugar, constituye un indicio de que, generalmente, los órganos rectores de las Cámaras asumen un planteamiento asociativo de los grupos parlamentarios. Por tanto, el dato primario

94 El número varía desde los 15 o 5 del Congreso de los Diputados. Los 10 del Senado. Los 5 de los Parlamentos del País Vasco, Catalunya, Galicia o Andalucía (aunque en algunos casos también pueden constituir grupo 3 diputados); las Asambleas de Extremadura, Murcia, Madrid o las Cortes de Castilla y León. Los 4 de los Parlamentos de Canarias y Baleares. Los 3 de la Junta del Principado de Asturias, de las Cortes Valencianas, de Cantabria, de Castilla-La Mancha o de las de Aragón y el Parlamento de Navarra. Un aspecto interesante es la baja proporción adoptada por algunos Reglamentos, como ha sido puesto de relieve, para las Cortes Valencianas, por LL. AGUILÓ LÚCIA, *Las Cortes Valencianas: introducción al derecho parlamentario*, Valencia, Tirant lo Blanch, 2000, p. 38.

95 Disolución del partido que solo se podría producir «en virtud de resolución judicial motivada», sin embargo, poca duda puede caber hoy de que también cabe la autodisolución de los partidos políticos.

viene constituido por el hecho de que la voluntad de los diputados es la relevante en el momento de constituir el grupo parlamentario, pues estos, en teoría, contarían con cierta autonomía para decidir los principales aspectos, como la elección del portavoz, la denominación... Pero no es la única consecuencia, ya que también puede suponer la posibilidad de constitución de grupos multipartidistas, pues, al parecer, se prescinde del elemento ideológico en la creación del grupo parlamentario. No obstante, la cuestión no es tan clara, pues la finalidad de la constitución de este grupo multipartidista no es crear un grupo entre diputados pertenecientes a varios partidos que fuesen ideológicamente próximos, sino que es obviar el requisito numérico de la constitución del grupo, con lo cual la sospecha de fraude de ley[96] ha sido comúnmente aducida por los distintos autores que se han referido a la cuestión. La figura del «préstamo de diputado» bien podría considerarse fraude de ley, pues supondría también escapar a la prohibición que imponen los reglamentos parlamentarios de que haya grupos parlamentarios de un número inferior al previsto, amparándose en una norma que persigue un objetivo diferente. Debe recordarse, además, que «en ningún caso pueden constituir grupo parlamentario separado Diputados que pertenezcan a un mismo partido», como rezan los reglamentos desde el RCD.

Como ya se ha dicho, el artículo 23 RCD también prevé la creación de un grupo parlamentario con un número de Diputados «no inferior a cinco y, al menos, el 15 por 100 de los votos correspondientes a las circunscripciones en que hubieren presentado candidatura o el 5 por 100 de los emitidos en el conjunto de la Nación». El Tribunal Constitucional ha admitido en STC 64/2002, que el porcentaje de votos obtenido por las candidaturas presentadas por una o varias formaciones políticas no puede ser invocado para

96 Debe tenerse en cuenta que el fraude de ley viene definido por el artículo 6.4 del Código Civil, según el cual: «Los actos realizados al amparo del texto de una norma que persigan un resultado prohibido por el ordenamiento jurídico, o contrario a él, se considerarán ejecutados en fraude de ley y no impedirán la debida aplicación de la norma que se hubiera tratado de eludir». En relación con el concepto de fraude de ley, la jurisprudencia del Tribunal Supremo ha tenido ocasión de señalar que es «escapar a un mandato legal apoyándose en las mismas leyes» (STS 25 de abril de 1975), sin que sea necesaria la presencia de un ánimo de defraudar. En todo caso, la dificultad de calificar esta, u otras conductas, como fraude de ley ha sido puesto de relieve cuando se ha señalado que: «...desde la perspectiva estrictamente jurídica..., no resulta posible pronunciarse acerca de si concurre o no efectivamente fraude de ley. Y es que ni la ciencia jurídica, ni la técnica jurídica, ni la pericia jurídica, constituyen títulos que otorguen ninguna especial cualificación para la resolución de cuestiones meramente fácticas. Y lógicamente tal resolución constituye al presupuesto indispensable para determinar: primero, si concurren indicios suficientes para la apertura de un procedimiento dirigido a apreciar la eventual existencia de fraude de ley, y segundo, una vez tramitado tal procedimiento y conocidas, en su caso, las alegaciones de los interesados, para decidir si efectivamente existe o no fraude de ley». «Nota de la Secretaría General del Congreso de los Diputados acerca de la incidencia sobre un grupo parlamentario del cambio de grupo por parte de un señor diputado», en *Revista de las Cortes Generales*, 31, 1994, p. 194.

constituir más de un grupo parlamentario, «una vez que algunos Diputados elegidos en aquellas candidaturas lo han utilizado para la constitución de un Grupo Parlamentario» (también STC 57/2011, de 3 de mayo). Ello, *a priori*, vendría a impedir que se produjese esta práctica del préstamo de Diputados. No obstante, el Tribunal Constitucional en STC 76/2017, de 19 de junio, admite la práctica del préstamo de Diputados pues formalmente cumple la legalidad reglamentaria, tanto respecto de la denominación y el número mínimo de senadores solicitantes, y existe un uso parlamentario, según el cual, «resulta habitual el "préstamo" de Senadores pertenecientes a partidos o formaciones electorales distintas de aquella cuya presencia en la Cámara se pretende articular mediante la creación de un concreto grupo parlamentario, con el fin único de alcanzar el requisito numérico de diez senadores».

Esta cuestión enlaza con otras, como por ejemplo la posibilidad de que se produzca alguna alteración en los requisitos exigidos en la constitución del grupo. Ya se ha visto que es posible un cambio en el requisito numérico, mediante la reducción de miembros del grupo y que es admitido por casi todos los reglamentos parlamentarios, igual que se admite de forma expresa el aumento del número de miembros con que se constituyó originalmente el grupo (procedentes del Grupo Mixto, de otro Grupo Parlamentario o que hayan adquirido la condición de diputado una vez iniciada la Legislatura). A su vez, en relación con el cambio de portavoz, parece que, rigiéndose el grupo por el principio democrático, no debería haber dificultades para admitir un posible cambio de representante, sea cual sea el motivo del cambio. La presentación de cambio suscrito por la mayoría del grupo parlamentario debería bastar para que la Mesa tomase conocimiento de la nueva portavocía. Más dificultades podría haber en admitir una alteración en la denominación del grupo. La solución depende de cuál es la teoría adoptada de la naturaleza jurídica de los grupos parlamentarios. Si se plantea que la naturaleza del grupo es la de órgano del partido, no podría admitirse que se acuerde un cambio en la denominación del grupo, cuando suponga un alejamiento de la denominación de partido. No obstante, ya se ha visto que nuestro ordenamiento admite un concepto asociativo de grupo. En este caso, la prohibición de mandato imperativo parece impedir que se impongan estrechos límites a la voluntad de creación de un grupo que no estén expresamente previstos en el reglamento respectivo. Recuérdense las consideraciones efectuadas sobre la exigencia de la «denominación conforme» del grupo parlamentario por el Reglamento del Senado (art. 27.4 RS: «cada grupo parlamentario deberá acordar una denominación que sea conforme con la que sus miembros acudieron a las elecciones»). Más aún, sí existe un reglamento que permite expresamente el cambio de denominación de un grupo parlamentario. Es el caso del artículo 25 del Reglamento de las Cortes de Castilla-La Mancha, conforme al cual: «las modificaciones en la denominación y cargos directivos de los Grupos Parlamentarios que se produzcan en cualquier momento de la Legislatura serán comunicadas al presidente de las Cortes que ordenará su publicación en el Boletín Oficial». Todas estas consideraciones no solucionan ningún problema (salvo en las Cortes mencionadas), pero son argumentos que pueden servir para iniciar la reflexión que pueda analizar el alcance y significado que cualquier alteración en los requisitos de constitución puede tener.

4.5. Los grupos parlamentarios como sujetos de relaciones jurídicas

También aquí la opinión que se tenga sobre la naturaleza jurídica de los grupos parlamentarios tiene relevancia. Si la naturaleza jurídica del grupo parlamentario es asociativa responderá de sus obligaciones la propia asociación. Pero si el grupo parlamentario es parte (más o menos dependiente) del partido político, será este quien asuma la responsabilidad en las relaciones jurídicas de las que es parte el grupo. Esta es la opinión que parece seguir nuestro Tribunal Supremo. En cualquier caso, es cosa evidente que los grupos parlamentarios son sujetos de relaciones jurídicas, aunque carezcan de personalidad jurídica. No obstante, podrían estudiarse varios supuestos:

a) Relaciones laborales y contractuales. Que el personal al servicio de los grupos parlamentarios no tiene la condición de funcionario, ni de personal laboral al servicio de la Cámara, queda claro, pues los grupos no son órganos de parlamentarios. Los grupos pueden contratar, y someter al régimen laboral al personal que desempeña en su seno funciones de administración, de asesoramiento, de prestación de servicios...; sin que sea preciso acudir a los partidos políticos para proceder a la contratación de dicho personal. Ya se ha señalado que los grupos parlamentarios desempeñan su función con personalidad jurídica *de facto*, pero para proceder a la contratación laboral de personal no es necesario ostentar personalidad jurídica, como parece desprenderse del artículo 1.2 del Estatuto de los Trabajadores. Así, empresario o empleador pueden ser las «personas físicas, jurídicas o las comunidades de bienes que reciban la prestación de servicios», sin que haya más problemas para incluir a los grupos dentro de este concepto, ya que la jurisprudencia de lo social suele incluir dentro de este precepto a sujetos con una menor entidad que los propios grupos. De forma similar, puede afirmarse que los grupos parlamentarios son parte en las relaciones contractuales asumiendo obligaciones para recibir servicios necesarios para prestar su función. En ambos casos, debería ser suficiente la participación del Portavoz[97] para obligar al grupo parlamentario, pues la posición de este como represen-

97 La condición del Portavoz como representante de un grupo debe serlo a los efectos internos y también externos de la Cámara, como por ejemplo de comparecencia en juicio, a pesar de que hay alguna sentencia, de hace ya algunos años, (STS 27 de noviembre de 1985) en la que se negaba al Portavoz esta posibilidad.

tante del grupo no solo lo es *ad intra* de la Cámara, sino también hacia fuera. A pesar de ello, lo normal en la contratación de bienes y servicios por el grupo no será la participación del Portavoz, sino que en nombre del grupo podrá actuar alguno de los trabajadores al servicio del mismo. No obstante, la fuerza del partido es enorme, pues es normal que el partido también domine la vida económica del grupo. De este modo es también habitual que el partido contrate en nombre del grupo y, en ese caso, responderá el propio partido.

b) Responsabilidad. Las situaciones de responsabilidad contractual (por obligaciones civiles, mercantiles o laborales) o, en su caso, extracontractual deberían ser asumidas por el propio grupo. Argumentos como la naturaleza asociativa del grupo o las situaciones de perjuicio para terceros de buena fe, deben inducir a llegar a esta conclusión. En cualquier caso, parece que las deudas contraídas por el grupo no se deben trasladar al partido, ni viceversa[98]. El alcance del artículo 2.1.b de la Ley Orgánica 3/1987, de Financiación de Partidos Políticos (ya derogada) era distinto, pues disponía que las subvenciones de los Grupos parlamentarios eran ingresos de los partidos, pero este artículo nada regula en lo relativo a la responsabilidad de los grupos parlamentarios. En la actualidad la regulación es algo diferente, pues ahora son recursos de los partidos solo «las aportaciones que en su caso los partidos políticos puedan recibir de los Grupos Parlamentarios de las Cámaras de las Cortes Generales, de las Asambleas Legislativas de las Comunidades Autónomas», artículo 2.uno.e de la Ley Orgánica 8/2007, de 4 de julio, sobre financiación de los partidos políticos.

De lo dicho no se puede concluir una unificación de patrimonios entre los grupos y los partidos. Tal conclusión refuerza el planteamiento individual del mandato y el sustrato asociativo del grupo. Y en el caso de sucesión de Legislaturas no parece que las relaciones jurídicas, de las que era titular el grupo parlamentario extinguido en la Legislatura concluida sean asumidas por el partido político. Las relaciones son asumidas por el nuevo grupo que eventualmente se conforme, siempre que entre ambos exista al menos proximidad, en los términos de la relación sociopolítica propia de las elecciones. Si al grupo parlamentario extinguido no le sucede ninguno, la responsabilidad por las relaciones jurídicas pendientes debería recaer en los miembros del extinto grupo, o en el partido, teniendo en cuenta el destino final de la subvención que recibió el grupo parlamentario del Parlamento y la protección de terceros de buena fe.

98 Tal parece ser la opinión emitida en el *Dictamen sobre la posibilidad..., op. cit.*, p. 153, al señalar: «las deudas de los partidos políticos no son comunicables al grupo parlamentario que los diputados de ese partido hayan podido constituir en el Congreso».

5. La organización técnica de las Cámaras

5.1. Organización y funciones

El Parlamento precisa, para el ejercicio de sus funciones, una organización administrativa estable[99] que le proporcione seguridad y garantice su independencia y el adecuado ejercicio de sus funciones, desde el respeto al pluralismo político y a las minorías parlamentarias, con un trato idéntico y equivalente entre todos los parlamentarios y todos los grupos. La base de la organización técnica del Parlamento es la autonomía, como principio de actuación de la Administración parlamentaria, y con enlace directo con el artículo 72 la Constitución para las Cortes Generales. El único fundamento para que haya una organización parlamentaria autónoma con respecto a otras autoridades, y que tenga una estructura y un fundamento diferente, es la garantía del ejercicio del artículo 23 de la Constitución y la necesidad primaria de que se preste un servicio igual a todos los Diputados y grupos parlamentarios.

La autonomía organizativa del Parlamento se deriva del artículo 72 CE, desde el artículo 23 CE, para las Cortes Generales y, de ahí, se ha extendido a los Parlamentos autonómicos. El artículo 72.1 CE señala que cada Cámara aprueba autónomamente su Presupuesto «y, de común acuerdo, regulan el Estatuto del Personal de las Cortes Generales». De esta aprobación conjunta por las dos Cámaras del Estatuto de su Personal se ha inferido que ambas Cámaras deben tener una organización autónoma, estructural y funcional. Por su parte, los Estatutos de Autonomía no suelen prever la autonomía administrativa, salvo algunos casos, como por ejemplo el artículo 58.1 del Estatuto de Autonomía de Cataluña que determina que el *Parlament* «goza de autonomía organizativa, financiera, administrativa y disciplinaria» (idéntico al artículo 102.1 del Estatuto de Autonomía de Andalucía), o el artículo 34 del Estatuto de Autonomía Aragón que prevé que las Cortes aprueban sus presupuestos y «regulan el Estatuto de sus funcionarios y personal»; el artículo 25.1 Estatuto de Autonomía de la Comunidad Valenciana dispone que las *Corts* «aprobarán los Estatutos de Gobierno y Régimen Interno de la Cámara»; el artículo 18.3 del Estatuto de Autonomía de la Rioja dispone que el Parlamento aprobará el «estatuto de su personal», igual que el artículo 27.1 del Estatuto de Autonomía del País Vasco; finalmente, el artículo 27.1 del Estatuto de Autonomía de Murcia dispone que la Asamblea aprueba el «régimen de su personal».

---

99 Cfr. B. CID VILLAGRASA, «La administración parlamentaria y la jurisprudencia del Tribunal Constitucional», en *Jurisprudencia parlamentaria*. Seminario celebrado en Vitoria-Gasteiz los días 29 y 30 de enero de 2009, 2009, Vitoria-Gasteiz, Parlamento Vasco, pp. 227 y siguientes.

5.2. Los Letrados Mayores y Secretarios Generales

El Letrado Mayor, con cualquiera de sus denominaciones, es la cabeza visible del entramado organizativo que sustenta al Parlamento. El ordenamiento parlamentario dispone un conjunto de funciones, alguna muy relevante, que imprime carácter a la figura del Letrado Mayor.

El nombramiento del Letrado Mayor se realiza mediante el procedimiento de libre designación y debe cesar cuando cesa la autoridad que lo nombró. Así, los reglamentos parlamentarios determinan que el nombramiento se realice por la Mesa, a propuesta del presidente y casi siempre entre los Letrados del Parlamento (art. 35.2 RCD, entre los Letrados de las Cortes con más de cinco años de servicios efectivos; art. 32.2 RPAND; art. 38.3 RPCANT; art. 73 RCCLM, también puede ser elegido de entre los Letrados de las Cortes o de entre los Letrados de la plantilla del Gabinete Jurídico de la Junta de Comunidades; art. 61.2 RCCyL; art. 243.2 RPCAT; art. 109.3 RCV; art. 113.3 RAEX, según el cual la Mesa nombra al Letrado Mayor mediante alguno de los procedimientos establecidos entre «Letrados o Técnicos Superiores Especialidad Jurídica, de la Asamblea de Extremadura o de la Administración Autonómica de Extremadura», con un periodo de diez años de servicio activo, y no hayan ocupado en el mismo plazo cargo público o de naturaleza eventual; art. 62.2. RPGAL; art. 65.2 RPIB; art. 165 RPLR; art. 86.3 RAMA, entre Letrados de la Asamblea de Madrid, de las Asambleas Legislativas de las comunidades autónomas, o de las Cortes Generales, con más de cinco años de servicios efectivos en la respectiva institución; art. 69.3 RPNA; art. 69 RPV).

El Cuerpo de Letrados del Parlamento en general, y el secretario General en particular, garantizan la continuidad en el desarrollo de las funciones de la Institución parlamentaria y, en concreto, entre Legislaturas. Como se ha visto, la sesión constitutiva está presidida por el electo de mayor edad y de los dos de menor edad, de entre los presentes, para que el primero presida inicialmente la sesión constitutiva asistido, en calidad de secretarios, por los otros dos; así, el Letrado Secretario General pedirá generalmente la venia a los miembros electos e informará de la identidad del Diputado o Diputada de mayor edad y de los dos de menos edad (art. 3 RPCANT; art. 1.3 RPCAT; art. 5 RCV; art. 11 RAEX; art. 4 RPNA). Por su lado, es muy interesante la participación que tiene el Letrado Mayor del Senado en la Junta Preparatoria que abre la Legislatura del Senado, según regula el artículo 2 RS, pues leerá la convocatoria de la Cámara, la lista de credenciales presentadas y los «artículos del Reglamento referentes a este acto».

De especial interés es la regulación del artículo 10 del Reglamento de la Asamblea de Extremadura, que prevé que sea el Letrado Mayor quien emita «un informe preceptivo referido únicamente al cumplimiento formal de los requisitos exigidos por el Reglamento para la adquisición de la condición de Diputado». Este informe se remite a la Mesa de la Cámara, y «redactará un acta que remitirá a la Mesa de Edad de la sesión constitutiva». A su vez, en la Asamblea de Extremadura y producto de la posición nuclear que ocupa, el Letrado Mayor tiene como función la ejecución de oficio de todos los actos que integran el procedimiento legislativo (art. 155.3 RAEX).

Por su parte, las principales funciones de los Letrados Mayores son:

1. Responsabilidad en la redacción del acta de las sesiones que celebre la Mesa y la Junta de Portavoces. Asimismo, debe cuidar, «bajo la dirección del Presidente», de la ejecución de los acuerdos, cuidando, de la ejecución de los acuerdos adoptados (art. 35.1 RCD; art. 35.2 RS; artículo 32.1 RPAND; art. 59 RCAR; art 41.1 RGPRINCAST y según el artículo 54.1 RJGPRINCAST, el Letrado Mayor es una de las personas cuya asistencia es precisa, junto a uno de los secretarios, para la adopción de acuerdos en la Junta de Portavoces; art. 32 y 37.3 RPCANA; art. 38.1 y 39 RPCANT; art. 34.2 y art. 43.2 RCCLM. Por su lado, el Reglamento de las Cortes de Castilla y León determina que la Mesa esté «asesorada por un Letrado de la Cámara, quien asistirá a las reuniones» (artículo 32.1 RCCyL), previendo el artículo 37.3 RCCyL que sea un Letrado quien asista a la Junta de Portavoces; art. 35 y art. 42 RPCAT; art. 35 y 39.3 RCV; art. 51, 62.2 y 77.1 RAEX y según el artículo 55.3 el Letrado Mayor también firma las actas de las sesiones de la Mesa; art. 38.3 RPGAL; art. 36 y art. 41.3 RPIB; art. 32 y 35.3 RPLR; art. 105 RAMA; arts. 33.1, 43.4, 65 y 70 RAMU; art. 38 y 43 RPNA y art. 28 RPV).
2. Según aclara de forma expresa algún reglamento, como el artículo 61 del Reglamento del Parlamento de Andalucía, el Letrado Mayor o Secretario General del Parlamento, bajo la dirección del presidente y de la Mesa (como órganos superiores de la Institución parlamentaria), tiene a su cargo la Secretaría General de la Cámara, que es la Administración parlamentaria y, por ello, es el jefe superior de todo el personal funcionario y laboral y de todos los servicios del Parlamento. Además, cumple las funciones de sostenimiento y asesoramiento de los órganos rectores del Parlamento, asistido por los Letrados de la Cámara; art. 61.1 RCCyL, es el «jefe superior de todo el personal y de todos los servicios de las Cortes»; art. 243.1 RPCAT y art. 109.1 RCV; art. 62.1 RPGAL; art. 65.1 RPIB; art. 165 RPLR; art. 69.2 RPNA y art. 68 RPV.
3. El Letrado Mayor tiene la función de «custodia» del Registro de Intereses, en el que se inscriben las declaraciones sobre incompatibilidades y actividades de los parlamentarios, así como sus declaraciones de intereses y bienes. Esta función de custodia se ejerce siempre bajo la dependencia del presidente y se concreta en la función de mantenimiento del Registro, debiendo entenderse que la Administración parlamentaria debe poner al día las inscripciones, cuidando la coincidencia de los asientos con la realidad. (art. 21.4 RCV; art. 32.2. RAEX; art. 24 RPNA; art. 20.3 RPV, art. 16.3 RPAND; art. 22.6 RJGPRICAST; art. 19.5 RPCANT; art. 21.8 RCCLM; art. 19.6 RLR; art. 20.2 RAMU.)

4. Esta posición parlamentaria «nuclear» del Letrado Mayor supone que, en ocasiones, asesore a órganos parlamentarios dotados de una especial relevancia, como sucede en el artículo 182 bis del Reglamento de las Cortes Valencianas en relación con la Comisión Especial de Participación Ciudadana; o el artículo 15.3 del Reglamento de la Asamblea de Extremadura en relación con la asistencia y asesoramiento de la Comisión de Estatuto de los Diputados o a la participación del Letrado Mayor en el procedimiento parlamentario del principio de subsidiariedad; también el art. 71.1 RAMU introduce esta función en relación con la Oficina Técnica de Seguimiento y Control Presupuestario.
5. Además, el Letrado Mayor puede contraer gastos, por delegación de la Mesa y del presidente y, en ocasiones, puede ordenar pagos en el Parlamento, por delegación también del presidente, como recuerda el artículo 42.2.11.º RAEX, o puede también ordenar, por delegación presidencial, la publicación en el Boletín Oficial parlamentario.
6. También es interesante la función del Letrado Mayor del Parlamento Vasco, que «expedirá una tarjeta provisional que acredite la condición de parlamentario o parlamentaria» (art. 3.3 RPV) en dicho Parlamento.
7. Como parte de la Administración electoral, el Secretario General del Parlamento es el secretario de la Junta Electoral correspondiente (allí donde hay Junta Electoral Autonómica), como sucede para el secretario General del Congreso de los Diputados y la Secretaría de la Junta Electoral Central, según el artículo noveno.6 de la Ley Orgánica 5/1985, de 19 de junio, del Régimen Electoral General. Como secretario, participa en las deliberaciones de la Junta Electoral autonómica con voz y sin voto y custodia la documentación correspondiente. Esta atribución de funciones, se prevé en casi todas las leyes electorales, como en el artículo 8.5 de la Ley 1/1986, de 2 de enero, Electoral de Andalucía; artículo 7.5 de la Ley 2/1987, de 16 de febrero, electoral de la Comunidad Autónoma de Aragón; artículo 8.5 de la Ley 7/2003, de 20 de marzo, de elecciones al Parlamento de Canarias; art. 10.4 de la Ley 5/1987, de 27 de marzo, de elecciones al Parlamento de Cantabria; artículo 9.6 de la Ley 5/1986, de 23 de diciembre, Electoral de Castilla-La Mancha; artículo 8.6 de la Ley 3/1987 de 30 de marzo, Electoral de Castilla y León; artículo 16.2 de la Ley 1/1987, de 31 de marzo, Electoral Valenciana; art. 11.2.c de la Ley 2/1987, de 16 de marzo, de Elecciones a la Asamblea de Extremadura; artículo 15.2 de la Ley 8/1985, de 13 de agosto de elecciones al Parlamento de Galicia; artículo 7.5 de la Ley 8/1986, de 26 de noviembre, electoral de la Comunidad Autónoma de las Islas Baleares; artículo 7.1.b de la Ley 3/1991, de 21 de marzo, de Elecciones a la Diputación General de La Rioja; artículo 7.1.e de la Ley 2/1987, de 24 de febrero, Electoral de la Región de Murcia; y artículo 19.3 de la Ley 5/1990, de 15 de junio, de Elecciones al Parlamento Vasco.

5.3. Las funciones de los letrados

La función de asesoría jurídica al Parlamento y de los parlamentarios es una función primordial y que garantiza la posición institucional del Parlamento. El asesoramiento jurídico del Parlamento y de sus miembros ha de ejercerse por un Cuerpo de funcionarios propio del Parlamento, sin interferencias en su funcionamiento y organización, ni de los servicios funcionariales propios del Gobierno, ni de los servicios propios de otros Parlamentos diferentes. La idea de que miembros de la asesoría jurídica dependiente del ejecutivo presten servicios (aunque sea de una forma provisional) en el Parlamento, ha de descartarse desde un inicio. Y ello porque la asesoría jurídica del Parlamento ha de ser ejercida siempre con respeto a la independencia profesional del Letrado. Se centra en una labor de coordinación del trabajo parlamentario y, además, es garantía general de que todo el funcionamiento del Parlamento sea adecuado. Por su parte, es llamativo que el Reglamento de las Cortes valencianas no incluye una disposición que regule, de una forma general, las funciones de los miembros del Cuerpo de Letrados.

Según el artículo 45 RCD, son los Letrados quienes prestarán en las Comisiones y a sus Mesas y Ponencias, el asesoramiento jurídico necesario para el cumplimiento de las tareas a aquellas encomendadas, y redactarán sus correspondientes actas, informes y dictámenes, recogiendo los acuerdos adoptados. Las funciones de los Letrados coinciden en casi todos los reglamentos parlamentarios (art. 45 RPAND; art. 76 RCAR; art. 43 RPCANA; art. 49 RPCANT; art. 57 y art. 68 RJGPRINCAST; art. 44 RCCyL; art. 85 RCCLM; art. 41.4 RPCAT que añade que es función del Letrado parlamentario también la de «coordinar la asistencia que los servicios del Parlamento prestan a la comisión»; art. 81.2 RAEX; art. 47 RPIB; art. 71 RAMA; art. 53 RAMU; art. 57 RPNA; art. 52 RPV).

Otros reglamentos introducen algún matiz, como el art. 68 RS, que dispone que los Letrados «representan» al Letrado Mayor en las sesiones a las que asistan; art. 49.4 RPCAT, cuyos letrados también tienen la función de «coordinar la asistencia que los servicios del Parlamento prestan a la comisión, y por los servicios lingüísticos en la formalización de resoluciones y acuerdos»; art. 116.7 RCV se refiere de forma específica a las funciones de asistencia a las ponencias de los Letrados; art. 81.2 y 94 RAEX, los letrados también prestarán su asistencia a los denominados «Intergrupos parlamentarios», art. 85 RAEX. También un Letrado ha de asistir necesariamente a las sesiones de las ponencias del Parlamento, como recuerda el artículo 65.8 RJGPRINCAST; art. 49 RPCANT; o 169 RAEX.

Por su lado, tienen los Letrados la función de facilitar información a los Diputados, según especifica el artículo 9.6 RCV, obligación que se prevé de toda la Administración parlamentaria, como organización que surge para prestar asistencia de los miembros y a los grupos parlamentarios.

Además, corresponde a los Letrados del Parlamento la redacción de los escritos de demanda, contestación, alegaciones o cualesquiera otros procesales, una vez aprobada la personación por el Pleno o por la Mesa, cualquiera que fuese necesario realizar en los recursos de inconstitucionalidad interpuestos o que haya de interponer el Parlamento, artículo 177 RPAND o art. 254 RAEX. También tienen como función formular cualquier otro escrito que fuera necesario realizar en el curso del proceso constitucional; puntualiza este último precepto que «los escritos de demanda y, en su caso, de desistimiento requerirán el parecer favorable de la Mesa de la Cámara», requisito este último que no es habitual.

El Reglamento del Parlamento de Cataluña dispone alguna función más para los miembros del Cuerpo de Letrados, que incide en la función de los Letrados como Cuerpo de ayuda al normal y correcto desarrollo y desenvolvimiento de las funciones parlamentarias, con una actuación correcta, objetiva y profesional. Dispone el artículo 50.4 RPCAT que, si se crea por el Pleno una comisión de estudio o de investigación, presidida exclusivamente por un presidente y no por una mesa, el Letrado a quien corresponda asistir a la comisión «ejerce las funciones de secretario, exclusivamente a efectos de levantar acta de las sesiones y de expedir, con el visto bueno del presidente, las correspondientes certificaciones. En este último supuesto, el presidente debe ordenar los trabajos de acuerdo con los portavoces de los grupos parlamentarios en la correspondiente comisión».

Finalmente, los Letrados tienen la función de efectuar la comprobación personal y generalmente telefónica del voto telemático en aquellos sistemas parlamentarios que lo tienen regulado. Tal es el caso del Acuerdo de la Mesa de las Cortes de Castilla y León, de 24 de abril de 2014, por el que se aprueban las Normas que desarrollan el procedimiento de votación telemática, en cuya norma tercera.2 determina que sea el Letrado Mayor, o Letrado en quien delegue quien confirme telefónicamente con el Diputado autorizado la emisión efectiva del voto y el sentido de este. Igual regulación icnluye el artículo 3.2 de la Resolución del Parlamento de Cantabria de 15 de junio de 2012, y el punto tercero de las Normas del Parlamento de la Rioja de 26 de octubre de 2016 que regula el Procedimiento de votación telemática en las sesiones plenarias del Parlamento de La Rioja.

CAPÍTULO 5

FUNDAMENTO FUNCIONAL: LAS FUNCIONES DEL PARLAMENTO

1. Las funciones del Parlamento

El Parlamento y sus funciones son prioritarios en el sistema constitucional. El tribunal ha partido siempre de que la democracia representativa es la regla en nuestro sistema, por lo que la democracia directa o semidirecta resulta excepcional y solo cabe en los casos «expresamente tasados», como ha dicho el propio Tribunal en algún fallo. Fue en la STC 103/2008, de 11 de septiembre, (que juzgó el recurso de inconstitucionalidad contra la *Ley del País Vasco 9/2008, de 27 de junio de convocatoria y regulación de una consulta popular al objeto de recabar la opinión ciudadana en la Comunidad Autónoma del País Vasco sobre la apertura de un proceso de negociación para alcanzar la paz y la normalización política de consulta*), en donde se dijo que «los mecanismos de participación directa en los asuntos públicos quedan restringidos a aquellos supuestos en los que la Constitución expresamente los impone». La participación parlamentaria, *a priori*, no podría limitarse, salvo en aquellos casos en que la Constitución haya previsto expresamente la participación directa del pueblo, como en los referéndums constitucionales del art. 168 CE. En definitiva, se impone la actividad del Parlamento y se impone la democracia representativa: el Parlamento es irrenunciable[1].

---

1 Cfr. el esfuerzo por explicar la revitalización del Parlamento, B. PENDÁS GARCÍA, *La sociedad menos injusta. Estudios de historia y teoría de la Constitución*, Madrid, Iustel, 2019, en p. 279 se dice: «El Parlamento es el marco por excelencia del espacio público, porque al fin y al cabo, sin gobierno de leyes y no de hombres (función legislativa), sin limitación del poder y exposición pública de sus razones (función de control) y sin verdadero "consentimiento" de los ingresos y los gastos públicos (función presupuestaria) no hay democracia ni libertad política, sino, literalmente, tiranía o despotismo, revestidos acaso de formas vacías, más o menos atractivas».

Podría plantearse hoy si es realista la disyuntiva entre democracia representativa y democracia directa, dada la *vis* que los partidos políticos tienen en el moderno Estado, y dada la casi nula actividad[2] de los Parlamentos de forma separada de (ni enfrentada a) la maquinaria partidista. Así, las manifestaciones de referéndum y de iniciativa legislativa popular no han quedado sino en un plano secundario. Es hoy la democracia directa el débil reflejo de una institución que, en verdad, nunca fue lo que pudo haber sido.

Los reglamentos han introducido fases para permitir que diversos sectores sociales participen en las funciones parlamentarias. No es democracia directa, pero son fases en las que los destinatarios de la norma pueden participar en su elaboración. En verdad, estos trámites no dejan de representar una desconfianza hacia la institución parlamentaria y el ejercicio de sus funciones. Se verá en un apartado posterior.

Es cierto que los reglamentos parlamentarios más recientes han tendido a incorporar trámites en el procedimiento legislativo, para dar una cierta «audiencia» a sectores que pudiesen resultar afectados por la norma proyectada. Pero debe tenerse en cuenta el muy limitado alcance de la medida adoptada, pues el acuerdo de comparecencia tiene que acordarse y también depende del juego de las mayorías. Además, la participación de los interesados se produce mediante la intervención de asociaciones, que en realidad no dejan de ser cuerpos intermedios. La introducción de la «audiencia al interesado» en los procedimientos parlamentarios es una opción cada vez más general y las posibilidades son muchas.

También hay numerosos ejemplos de preguntas parlamentarias de iniciativa popular, que se estudiarán más adelante.

En relación con esta visión general del Parlamento y con la aproximación a sus funciones, ha dicho nuestro intérprete que «los Parlamentos son ante todo, escenarios privilegiados del debate público» (STC 226/2004, de 29 de noviembre, F. 6; 12/2019, de 28 de enero, F. 8). Además, en STC 39/2008, de 10 marzo, se dijo que en el Parlamento tenía lugar un debate político institucionalizado, mediante el establecimiento previo de unas reglas de juego en las que se concreta la autonomía parlamentaria y «sobre cuyo contenido solo de manera excepcional debe extenderse la jurisdicción constitucional». No se puede dudar que el Parlamento hoy cumple insatisfactoriamente esa función de foro de debate político, y a nadie le cabe duda de que el Parlamento no ejerce bien esa función como *teaching institution*, a la que se refirió W. BAGEHOT, en un ejemplo de pragmatismo inglés.

2 X. A. SARMIENTO MÉNDEZ no ha dudado en calificar el Parlamento contemporáneo como «Parlamento de partidos...», «por la singular importancia que tienen estos sujetos en la vida parlamentaria», en *Dereito Parlamentario de Galicia*, Edicións Xerias de Galicia, Vigo, 2001, p. 21.

La consecuencia primera de la preferencia de la Democracia representativa es que las funciones del Parlamento no son *numerus clausus*, pero sí lo serían las posibilidades reconocidas a la democracia directa.

La referencia principal del Parlamento es su posición central en el sistema. Y por esta posición, la principal y quizá la única función del Parlamento sea la de control, si bien el tronco primordial de la jurisprudencia constitucional sobre las funciones del Parlamento es el relativo a la función legislativa. Eso es significativo, porque se sigue pensando que el Parlamento existe solo para legislar. Y eso no es cierto del todo. El Parlamento proporciona legitimidad y provee de representación a la democracia, controla al Gobierno y lo hace a través de la aprobación de leyes y mediante la aprobación del Presupuesto.

No cabe duda de que la función principal del Parlamento es la de control de la actividad del Gobierno y de la Administración pública. El conjunto de funciones parlamentarias puede analizarse desde el aspecto de control que tienen. Todas las funciones parlamentarias son función de control, también la función legislativa. No hay en rigor procedimientos parlamentarios de control, porque el control es, simplemente, una «perspectiva»[3] de todas las funciones parlamentarias. Esta perspectiva que en su momento planteó RUBIO, ha sido desarrollada por otros autores. Sin embargo, no es asumida siempre por el Tribunal Constitucional. Es cierto que el tribunal ha ido resolviendo caso por caso a lo largo de los años los asuntos que se han planteado, pero se percibe una cierta ampliación de la función de control, a costa de delimitar la facultad de admisión a trámite y calificación.

La complicación de la actividad pública y la necesidad de que la función del Parlamento se entienda de un modo cada vez más amplio, hace que en la jurisprudencia del Tribunal Constitucional haya surgido la línea de colaboración entre poderes para el ejercicio de la función parlamentaria. Así, la complejidad actual del aparato estatal motiva que sean insuficientes los procedimientos que tradicionalmente han servido para ejercer la función parlamentaria. Es cierto que existe un número importante de sentencias en las que el Tribunal Constitucional no parece haber acertado con una línea argumental en la que se desarrolle el ámbito y las posibilidades reales de la función de control parlamentario. Y seguramente consciente de esto, la STC 208/2003, de 1 de diciembre, acabó reconociendo la necesaria colaboración entre órganos, para permitir que se celebre una comparecencia.

Para finalizar, el Tribunal Constitucional ha realizado alguna declaración de principio, muy formal, que ha resultado clásica sobre la correspondencia de la función legislativa a las Cortes Generales. No ha dudado, en ocasiones, en

3 F. RUBIO LLORENTE, «El control parlamentario», en *La forma del poder. Estudios sobre la Constitución*, CEC, Madrid, 1997, pp. 218 y 220. Del mismo autor también, «El control parlamentario», en *Revista parlamentaria de Habla Hispana*, 1, 1985, p. 100.

identificar Cortes Generales y potestad legislativa. Así, en STC 29/1982, de 31 de mayo, señaló que la declaración del artículo 66 CE conlleva: «a) el reconocimiento indiscutible de que las Cortes Generales son las depositarias de la potestad legislativa en su ejercicio ordinario». Esta idea de «reconocimiento indiscutible» de que las Cortes Generales son las depositarias de la función legislativa, ha sido reiterada en varias ocasiones, por ejemplo, STC 180/1991, de 23 de septiembre o 234/2000, de 3 de octubre.

Estas declaraciones solemnes sirven para aclarar la perspectiva inicial de la que parte el tribunal. Las Cortes Generales aprueban leyes. Pero es un tanto extraño, por ejemplo, que no haya más que referencias aisladas en la jurisprudencia a que los Parlamentos autonómicos ejercen potestad legislativa. Así lo hizo, de modo algo tardío, la STC 103/2008, de 11 de septiembre, en la que se dijo que «En nuestro sistema de democracia representativa, [en el que] la voluntad soberana tiene su lugar natural y ordinario de expresión en las Cortes Generales (art. 66.1 CE) y las voluntades autonómicas en los respectivos Parlamentos de las Comunidades Autónomas». Como se ha dicho, aparte de esta idea, no hay un reconocimiento o una declaración formal y general que identifique, iguale, o equipare la posición de los Parlamentos autonómicos con las Cortes Generales. No obstante, el Tribunal Constitucional tampoco ha dicho lo contrario, ni ha afirmado que ejerzan funciones distintas. Pero es evidente que los Parlamentos autonómicos y las Cortes Generales no son la misma realidad. Por ello, no se debería decir que lo que el Tribunal Constitucional ha referido para las Cortes, sea aplicable sin más a los Parlamentos autonómicos. Y ello es así por un motivo sencillo, y es que la posición de las Cortes Generales tiene un amparo y un apoyo constitucional, mientras que los Parlamentos autonómicos no tienen un reconocimiento de la misma intensidad. Es cierto que los Estatutos (algunos) sí prevén, y regulan de un modo más o menos amplio la posición institucional de su Parlamento, pero, en general, la regulación estatutaria es mucho menos intensa que la constitucional de las Cortes Generales. No obstante, no debe olvidarse que el propio Tribunal Constitucional ha indicado que no es aplicable a los parlamentos autonómicos la regulación constitucional de la inmunidad, la de las retribuciones de sus miembros, ni las peculiaridades a la tramitación del Presupuesto y limitaciones tributarias del Estado. Aunque sí ha dicho que todos los Diputados (de las dieciocho cámaras) y los Senadores ejercen en todos los casos el derecho fundamental del artículo 23 CE.

2. La función de control. Significado actual

El artículo 108 de la Constitución lo dispone con claridad. «El Gobierno responde solidariamente en su gestión política ante el Congreso de los Diputados». Y es la más clara configuración del control parlamentario, correspondiéndose con el hecho de que el presidente del Gobierno recibe la confianza del Congreso, aunque el Senado[4] no puede quedar relegado de esta función de control de la acción del Gobierno. El control parlamentario se configura en el artículo 66 de la Constitución que dispone que es función de las Cortes Generales controlar la «acción del gobierno». Esta función es una de las bases del sistema constitucional, es la función decisiva del Parlamento, y es consecuencia del proceso de investidura. La responsabilidad del Gobierno ya se disponía en la Constitución de 1931, cuyo artículo 91 determinaba que «los miembros del Consejo responden ante el Congreso solidariamente de la política del Gobierno, e individualmente de su propia gestión ministerial», por lo que se establecía la posibilidad del voto de censura del Congreso contra el Gobierno o alguno de sus miembros. En definitiva, la solidaridad en la responsabilidad del Gobierno es consustancial al sistema, e implica cohesión y unidad en el órgano ejecutivo.

No siempre es sencillo conocer lo que se entiende por control parlamentario. La perspectiva general aquí asumida (y que tiene sus limitaciones), asume que el control parlamentario de la actuación de Gobierno se produce desde su nombramiento y el proceso de confianza, hasta el cese del mismo. El control se desarrolla durante toda la vida del Gobierno por todos los instrumentos que fiscalizan la actuación (actividad e inactividad) del Gobierno, y trata de impulsar las políticas que desarrollan el poder ejecutivo. Debe asumirse que todas las iniciativas parlamentarias son control parlamentario, pues control no solo es cambiar al Gobierno. Es cierto que la sanción máxima de la función de control es la moción de censura, pero, como se conoce, ello es improbable por el juego de la matemática parlamentaria. Lo relevante del control es el día a día en la vida del Parlamento y el Gobierno.

Puede citarse la descripción de control parlamentario de J. L. PANIAGUA, para quien el control parlamentario es «la forma de control institucional (e institucionalizada) de la actividad política del Gobierno y de las actividades del sistema político. Es la expresión última, hoy, de la división de poderes en los sistemas parlamentarios, y así la democracia se diferencia de las dictaduras y otras formas pseudo-democráticas, «en que quien ejerce el poder está sujeto a controles de muy diversa naturaleza y origen»[5].

---

4 Fue muy significativo el trabajo de P. GARCÍA-ESCUDERO MÁRQUEZ y B. PENDÁS GARCÍA, «Senado y Gobierno: El Senado como Cámara de control», en AA. VV., *Gobierno y administración en la Constitución*, Vol. 1, 1988, pp. 659-674. Indicaban estos autores que «ninguna contradicción hay entre la atribución al Senado de facultades de control y el carácter exclusivo de la responsabilidad política del Gobierno ante el Congreso, taxativamente establecida por el artículo 108 de la Constitución. Control no equivale a exigencia de responsabilidad, sino que la labor de control es una tarea previa, lógica y cronológicamente, a esta eventual exigencia que puede derivarse del ejercicio del primero». (p. 665).

5 J. L. PANIAGUA SOTO, «Los estudios sobre el Parlamento y el control parlamentario: una aproximación desde ciencia política», en, *Los Parlamentos Autonómicos en tiempos de crisis*, Zaragoza, Fundación Manuel Jiménez Abad, 2015, 94, pp. 94 y ss.

La jurisprudencia del Tribunal Constitucional ha tratado de definir de forma precisa, con mayor o menor éxito, algunos de los aspectos concretos de control parlamentario, sin huir de la formulación de conceptos generales. Lo ha hecho desde el artículo 42 LOTC. Puede comenzarse con el ATC 60/1981, de 17 de junio, que determinó, con claridad, que es «esencial a todo sistema parlamentario la responsabilidad política del Gobierno ante el Parlamento, en la que se comprende el deber del ejecutivo de informar y el derecho de la Cámara o Cámaras a ser informados sin que tales técnicas de relación puedan ser utilizadas para lesionar derechos individuales» (FJ 4).

Para completar esta perspectiva general del control, hay que indicar que el Tribunal Constitucional, de forma muy temprana, trata de dar al control parlamentario la posición nuclear que merece e identifica control parlamentario con estatuto de llibertad. Dijo el Tribunal que «Sólo un sistema de distribución de poderes, que evitan su concentración y hacen posible la aplicación de las técnicas de relación y control entre quienes lo ejercen legítimamente, garantiza la vigencia efectiva de las libertades y derechos» (ATC 60/1981, de 17 de junio).

Como se ha dicho, en la jurisprudencia constitucional española, ha primado una visión formal y orgánica de la función de control parlamentario y no material, en la que el control lo ejerciese la oposición frente al Gobierno. De este modo, el planteamiento del Tribunal Constitucional es que la función de control parlamentario la ejerce el Parlamento, con muy pocas referencias (aunque alguna hay) al papel protagonista de la oposición parlamentaria en el ejercicio de aquella función. Desde esta perspectiva formal, el Tribunal Constitucional ha ido elaborando su doctrina.

Así, el Tribunal Constitucional ha dicho que la función de control se enmarcaba dentro de las relaciones entre el Legislativo y el Ejecutivo. Por ejemplo, en las SSTC 196/1990, de 29 de noviembre y 203/2001, de 15 de octubre, señaló que el ejercicio de dichas relaciones de control (se refiere a las solicitudes de documentación) «se [encuadra] en las relaciones institucionales "entre Ejecutivo y Legislativo" y, consiguientemente, que este derecho pueda ser lesionado "bien por el Ejecutivo, bien por los propios órganos de las Cámaras"».

El tribunal no se ha adentrado en algunas de las cuestiones más presentes del control parlamentario[6]. Por el contrario, ha asumido casi siempre que

6 Es importante la obra de M. Aragón Reyes. Puede citarse, «El control parlamentario como control político», en *Revista de Derecho Político*, 23, 1986, pp. 9 y ss., y años más tarde, Constitución, democracia y control, México, Universidad Nacional Autónoma de México. Instituto de Investigaciones Jurídicas 2002, también en, «Sistema parlamentario, sistema presidencialista y dinámica entre los poderes del Estado. Análisis comparado», en AA. VV., *Parlamento y control del Gobierno*, Navarra, Aranzadi, pp. 37 y ss. También es interesante, *Constitución y control del poder. Introducción a una teoría constitucional del control*, Colombia, Universidad del Externado, 1999. Por su parte, cfr., J. Tudela Aranda, *El Parlamento*

el control parlamentario es ejercido por el Parlamento «frente» al Gobierno. Pero, como se sabe, la mayoría no ejerce el control. Es muy significativo que, en la mayor parte de su jurisprudencia en esta materia, el Tribunal Constitucional concede el amparo a parlamentarios individuales frente a las Mesas, controladas por las fuerzas parlamentarias de la mayoría y, en menos ocasiones ha dado al amparo al Diputado frente al Gobierno. Y, además, esto ha supuesto que se sitúe la función de calificación y admisión a trámite de las Mesas como función principal dentro del Parlamento, pues al Tribunal Constitucional no le ha quedado más remedio que construir buena parte del edificio parlamentario en torno a esta función[7].

---

necesario. Parlamento y democracia en el siglo XXI, Madrid, Congreso de los Diputados, 2008. Este autor intenta explorar nuevos medios de control parlamentario (fundamentalmente sobre la base de las denominadas «nuevas tecnologías») e investiga las causas del bajo funcionamiento de las técnicas de control. Así, señala en p. 108 que: «los problemas para poder ejercer de manera eficaz esa función se multiplican y, así, aunque los medios a disposición de las instituciones parlamentarias se han incrementado, la efectividad del control no ha crecido. De esta manera, pueden citarse como dificultades más destacadas, y simplemente a modo de ejemplo, la huida del Derecho Administrativo con la consiguiente creación de empresas públicas y otros entes ajenos al control parlamentario; la privatización de los antiguos servicios públicos; las limitaciones en cuanto a la obtención de una información propia; las carencias en relación con el control presupuestario, perfectamente ejemplificadas en la triste vida que han tenido las diferentes propuestas de creación de oficinas de control presupuestario o, por dejar para el final la más significativa, la contundencia de la primacía de la mayoría sobre la minoría». Un tiempo antes del mismo autor, «La renovación de la función parlamentaria de control», en *Teoría y Realidad Constitucional*, 19, 2007, pp. 75 y ss.; en p. 81, de forma muy expresiva, dice que «poder y libertad están obligados a convivir formando un binomio que porta en sus venas los más eficaces anticuerpos... Gran parte de ese equilibrio descansa sobre la noción de control». Años más tarde, puede citarse *El parlamento en tiempos críticos: nuevos y viejos tiempos del parlamento*, Madrid, Marcial Pons/ México, Cámara de Diputados del H. Congreso de la Unión de los Estados Unidos Mexicanos, 2020. Cfr., también, I. ASTARLOA-HUARTE MENDICOA, *El Parlamento..., op. cit.*, pp. 444 y ss. Y, unos años antes, J.R. MONTERO GIBERT y J. GARCÍA MORILLO, *El control parlamentario*, Tecnos, Madrid, 1984. Otros autores, A. FIGUEROA LARAUDOGOITIA y J. OSÉS ABANDO, «La evaluación legislativa como control parlamentario», en VV. AA, *Parlamento y control del gobierno*, Pamplona, Aranzadi, 1998, en esp. p. 222, definen el control de la siguiente forma en relación con la función de evaluación legislativa, pues esta «se situaría dentro de los nuevos métodos de control que lleguen al ciudadano, y que den a éste la posibilidad de hacerse oír, o, al menos, de ser interpretado por lo que el parlamento hace y decide, y esto resulta fundamental para actualizar y revitalizar el concepto de legitimidad, y para que éste siga siendo el eje principal del sistema democrático». Cfr. Una visión algo más crítica, sobre la pérdida de preeminencia del Parlamento en el ejercicio del control, E. PAGAZAURTUNDUA ARBAIZAGOITIA, «Las nuevas tendencias en la función de control parlamentario. La participación como un instrumento para el control», en *Reformas de los reglamentos parlamentarios*, [Seminario celebrado en Vitoria-Gasteiz los días 25 y 26 de enero de 2018], Vitoria, Parlamento Vasco, 2019, pp. 120 y ss.

7 A. EMBID IRUJO, «El control parlamentario del Gobierno en la jurisprudencia del Tribunal Constitucional», en *Revista Vasca de Administración pública*, 31, 1991, p. 194. A pesar de los años transcurridos dice las siguientes palabras que, en buena medida, son aplicables a la situación actual: «la jurisprudencia del TC sobre el control parlamentario del Gobierno

En este sentido, parece preferible una interpretación más ajustada del ejercicio de la función de control, que debería tener un carácter bifronte, con un sujeto activo (la oposición) y de otro un sujeto pasivo (el Gobierno y su Administración pública).

El control es función del Parlamento y es ejercido por la oposición. Y acapara toda la actividad parlamentaria. El control, señaló RUBIO[8], «no tiene como finalidad la aparente y formal de aprobar o reprobar la actuación del órgano controlado, pues la decisión parlamentaria al respecto, que no es ni puede ser otra que la impuesta por la mayoría, es simplemente formalización de una decisión anterior y conocida, sino la apelación a la voluntad del electorado, que en su día habrá de sacar las consecuencias que estime oportunas del resultado de este control *"ad referéndum"*...»

Ya se sabe que la función de control del Gobierno es la principal, acaso la única[9], función del Parlamento. Todas las funciones parlamentarias son control. Y por control ha de entenderse tanto la función de control político que, trata de influir, limitar e impulsar la actividad del poder ejecutivo, como la función de control jurídico que supone el nombramiento y el cambio de Gobierno. El concepto de control político no está exento de problemas, como puede adivinarse fácilmente[10] y, casi de forma necesaria, se muestra insuficiente ante los múltiples aspectos[11] que puede desarrollar el ejercicio de la función de control.

Cuando la oposición ejerce la función de control, busca presentarse como alternativa electoral a la mayoría parlamentaria. Por ello es conveniente que el control no se manifieste «libre de formas», como puntualiza ARCE JANÁRIZ, sino que solo resulta posible sometido a «procedimientos reglados y dentro de sus límites, de modo que la suma de lo que en el conjunto de los procedi-

---

dista mucho de ser totalizadora. Aspectos importantes de la labor del Gobierno en su relación con el Parlamento no han sido todavía abordados por el TC porque, probablemente, no se ha dado ocasión para ello mediante la vía del amparo o, incluso, del recurso de inconstitucionalidad».

8 F. RUBIO LLORENTE, *El control..., op. cit.*, pp. 218 y 220.

9 Cfr. E. DE ALBA BASTARRECHEA, quien no duda en indicar que la función de control parlamentario está «en auge», dentro de las funciones parlamentarias. «El impacto de las nuevas tecnologías en las funciones legislativa y de control del Parlamento», en *Parlamento y nuevas tecnologías*, Madrid: Asamblea de Madrid, 2002, pp. 33-41. En este trabajo, la autora destaca la paulatina especialización del trabajo parlamentario, muy claramente en las Comisiones, siendo especialmente importante que las innovaciones «se transmitan eficazmente a los ciudadanos con la finalidad principal de acercarles la institución que los representa y de facilitarles a su vez el acceso a la misma».

10 Además de las obras hasta ahora citadas, J. GARCÍA MORILLO, *El control parlamentario del Gobierno en el ordenamiento español*, Madrid, Congreso de los Diputados, 1985.

11 Cfr., por poner un solo ejemplo, T. FREIXES SANJUÁN, «El control del gobierno a través de las elecciones y de los sondeos de opinión», en VV. AA., *Parlamento y control del Gobierno*, Aranzadi, Pamplona, 1998, pp. 443 y ss.

mientos compete a cada órgano es posiblemente la medida más fiable de su cuota de participación real en función de control»[12]. En todas las iniciativas parlamentarias, se manifiesta la opinión del parlamentario para contratar y criticar públicamente la actuación del Gobierno, fijando su opinión ante el electorado.

Alguna autora[13] ha indicado que el Parlamento es el lugar en el que se efectúa el control, pero «no es el agente que realiza tal control». El sujeto activo de la función de control es la minoría parlamentaria[14], una vez que se supera la concepción russoniana de la ley y el Parlamento como expresión de la voluntad general en donde no cabía la discrepancia. Y el sujeto pasivo controlado es el Gobierno[15], al que alude expresamente el artículo 66.2 de la Constitución (Las Cortes Generales... controlan la acción del Gobierno). Dentro de la mención constitucional de «Gobierno» ha de entenderse incluido el Gobierno compuesto «del Presidente, de los Vicepresidentes, en su caso, de los Ministros y de los demás miembros que establezca la Ley» (artículo 98), teniendo en cuenta que la Ley 50/1997, del Gobierno

---

12 A. Arce Janáriz, «La distribución del control parlamentario entre los órganos de las Asambleas legislativas de las Comunidades Autónomas», en *Problemas actuales del control parlamentario: VI Jornadas Derecho parlamentario*, Madrid, Congreso de los Diputados, pp. 279-382. Cfr. también, del mismo autor, «La organización del control parlamentario en las Asambleas de las Comunidades Autónomas», en *Revista jurídica de Asturias*, 19, pp. 111 y ss. En ambos trabajos se concluye por el autor, de forma categórica, que el control de los Parlamentos autonómicos sobre los Gobiernos y sus Administraciones, es policéntrico, sustanciándose a través de procedimientos consentidos y tramitados por las Cámaras, produciéndose una auténtica reserva de Pleno para diversas materias.

13 E. Fernández de Simón Bermejo, «El control parlamentario y la opinión pública», en AA.VV., *Parlamento y opinión pública*, Madrid, Tecnos/AELPA, 1995, pp. 181 y ss. Por su lado y desde otra perspectiva, cfr. T. Freixes Sanjuan, *El control del gobierno...*, *op. cit.*, quien reflexionó también hace unos años sobre la función de los sondeos de opinión, instrumentos extraparlamentarios, en su función de control de la acción del Gobierno, en esp. pp. 452 y ss.

14 Sobre la desprotección de las minorías se ha escrito mucho. Cfr. L. López Guerra, «El control del Derecho parlamentario», en J. C. da Silva Ochoa, *Las fuentes de derecho parlamentario*, Vitoria, Parlamento Vasco, 1996, en especial pp. 294 y ss., quien puntualiza que se encuentran desprotegidas «frente a los Reglamentos parlamentarios que puedan resultar inconstitucionales, en cuanto que no disponen de una vía de acceso al Tribunal Constitucional para su impugnación directa».

15 Sobre el modelo español de organización del Gobierno para garantizar el ejercicio de la función de control, puede consultarse J. García Fernández, «El control parlamentario desde la perspectiva del Gobierno», en *Cuadernos de Derecho Público*, 2 (septiembre-diciembre), pp. 195 y ss. En p. 220 argumenta este autor que el modelo español es un modelo «centralizado, fundado en una estructura de coordinación intragubernamental muy sólida en la que la dirección política está unificada por los órganos del Ministerio (ministro, secretario general, direcciones generales). Esta centralización supone que en el ámbito del control parlamentario no tiene ninguna presencia el principio departamental y sí, por el contrario, un principio de Canciller atenuado en favor de otro miembro del Gobierno que actúa por delegación del Presidente».

no incluye otros miembros. Y, en este sentido, el artículo 44 RCD dispone la obligatoria comparecencia de los miembros del Gobierno «para que informen sobre asuntos relacionados con sus respectivos Departamentos». Y, atendiendo a un criterio material, la justificación del control parlamentario sobre la acción gubernamental, exigiría la presencia y la fiscalización ante la Cámara de «autoridades y funcionarios públicos por razón de la materia», y que pudiesen aclarar algo en relación con la materia gubernamental objeto de control. Además, la función de control se ejerce por el Pleno, las Comisiones, las Ponencias y por los Diputados individualmente considerados, como se desprende del artículo 111 de la Constitución, que se refiere a preguntas e interpelaciones «que se formulen en las Cámaras»[16]. Es obvio señalar que sujeto pasivo del control parlamentario es también la Administración institucional, cuya complejidad organizativa y funcional es más que evidente y es prácticamente inabarcable[17].

La aludida configuración de la función de control debería entenderse en el sentido de que se ha de centrar en la actuación del Gobierno, sin que sea aconsejable su extensión a otras autoridades o a otros órganos o empresas, que no dependen del ejecutivo. Esto también es aplicable a los distintos Estatutos de Autonomía y a los Reglamentos de los Parlamentos autonómicos que prevén el control de los miembros de los Gobiernos autonómicos y de su Administración pública.

Sin embargo, la complejidad actual del aparato estatal motiva que devengan muy insuficientes los procedimientos que tradicionalmente han servido de forma específica para ejercer esta función. Ya se ha aludido antes a la STC 208/2003, que aludía a una colaboración entre órganos para ejercer el control, para que el Parlamento ejerza la función de control sobre el Gobierno del Estado y la Administración pública, pero lo hace tras señalar de forma taxativa que el presidente del Consejo General del Poder Judicial es de «modo inconcuso» autoridad a los efectos del artículo 44.3 RCD[18]. En todo caso, casa mal con la noción de control parlamentario la comparecencia de una autoridad distinta de la gubernamental o administrativa, como un miembro del Tribunal Supremo o de un tribunal superior de justicia. Así, la debida sepa-

16 Cfr., I. PÉREZ SARASOLA, «El control parlamentario y su regulación en el ordenamiento español», en *Revista Española de Derecho Constitucional*, 60, 2000, en especial p. 98.

17 Ha merecido, incluso, que algún Parlamento autonómico haya aprobado una Ley cuyo objeto es el control parlamentario de la Administración institucional, como la Ley de Madrid 1/1989, de 2 de marzo, reguladora del control parlamentario de la Administración Institucional del Comunidad de Madrid.

18 Que resuelve el recurso de amparo contra varios Acuerdos de la Mesa del Congreso de los Diputados, que rechazaron la solicitud de comparecencia urgente ante la Comisión de Justicia e Interior del Presidente del Consejo General del Poder Judicial para que informase sobre la posición de dicho Consejo, acerca del indulto concedido por el Gobierno a magistrado de la Audiencia Nacional.

ración de poderes debería impedir que se utilizasen estas vías indirectas para controlar al Poder Ejecutivo. El control de este se debe producir utilizando vías directas y eficaces de comparecencia y de solicitudes de información y todos los instrumentos parlamentarios. El sujeto pasivo principal del control es el Gobierno, y no sería factible que compareciese un miembro de la Casa del Rey, un Magistrado del Tribunal Constitucional o el Rey mismo. Precisamente por esto, el citado artículo 108 CE señala que el Gobierno «responde solidariamente en su gestión política ante el Congreso de los Diputados», el 109 que «las Cámaras y sus Comisiones podrán recabar... la información y la ayuda que precisen del Gobierno y sus Departamentos» y el 110.1 que las Cámaras puedan reclamar la presencia de los miembros del Gobierno. La STC 111/2019, de 2 de octubre, confirma esta opinión en relación con la Resolución del Parlamento de Cataluña de creación de una Comisión de Investigación sobre la Monarquía.

Es cierto que hay que *parlamentarizar* un Parlamento excesivamente racionalizado, utilizando la expresión de M. Aragón Reyes[19]. Y es preciso reactivar la noción de control parlamentario, centrado en toda la actividad del Gobierno y de la Administración, de forma plena, incluyendo también la aludida actividad de la Administración institucional. El control parlamentario adquiere toda su importancia como el medio principal para que los ciudadanos controlen de una forma ordinaria a los gobernantes, desarrollando la colaboración entre órganos. El cambio preciso no solo debería venir de una reinterpretación normativa. Es más, para revitalizar la función parlamentaria de control, podría pensarse en la implantación de un medio eficaz de reacción frente a una actuación gubernamental incorrecta, que pueda controlar el ejercicio de la gran cantidad de poder que ejerce el Gobierno. Además, es fundamental un control, mediante un régimen sancionador claro, ante las faltas de remisión de documentación del Gobierno, frente a la ausencia de contestación veraz a preguntas formuladas o frente a la incomparecencia de la autoridad convocada. El caballo de batalla hoy en esta función es la pretensión de control por los Diputados de esa actividad del Gobierno ejercida mediante empresas públicas, sociedades interpuestas y el *maremágnum* de personas públicas que se han interpuesto entre el ciudadano y el Parlamento, y que ejercen muchas funciones que tradicionalmente han sido consideradas servicio público. Pues bien, sigue existiendo una fuerza incontrolable en la Administración que trata de escapar al control, la conocida *huida del Derecho administrativo*, tiene añadida una *huida del Derecho parlamentario* y una huida del control parlamentario, en donde el argumento utilizado por los Gobiernos para no ser controlados es muy variado: desde el carácter no público de la sociedad controlada, el necesario y estricto cumplimiento de obligaciones contables, o hasta la necesaria protección de datos de carácter personal, o la protección de derechos de terceras personas...

19 Cfr. M. Aragón Reyes, *El control parlamentario..., op. cit.*

En efecto, parece que sería muy razonable la instauración de sistemas informáticos que no supusiesen que la obtención de información dependiese exclusivamente de la voluntad del Gobierno. La colaboración entre órganos implica que el Gobierno permita que el Diputado puede acceder de forma telemática a la información requerida. Se trata de fortalecer a la institución parlamentaria, sin llegar a tener un «Parlamento temible para el ejecutivo»[20]. Desde luego la informática juega un papel vertebral.

El uso de la informática no debe suponer que el ejercicio de cada función parlamentaria dependa exclusivamente de la decisión del Gobierno. Desde luego, la informática, de uso libre por los parlamentarios, debería jugar esta función aludida. Esas herramientas existen ya. Malamente se puede controlar a alguien si solo se utilizan fuentes de información que están dirigidas, de una u otra forma, por el controlado. La reinterpretación normativa es precisa y debería rectificar la práctica de que el compareciente se exprese siempre sin límite de tiempo y que solo pueda ser contradicho por la oposición con turnos muy estrictos y que duran poco más de diez minutos. La situación actual no fomenta, precisamente, el debate. Por ello, algunos reglamentos parlamentarios han limitado el uso de la palabra a los miembros del Gobierno (artículo 74.2 del Reglamento del Parlamento de Cantabria: treinta minutos).

La reinterpretación normativa es precisa y debería alterar la práctica de que el compareciente se exprese siempre sin límite de tiempo, y que solo pueda ser contradicho por la oposición con turnos muy estrictos, los cuales duran poco más de diez minutos. Hoy día, la imagen de una comparecencia parlamentaria no es de viveza y eficacia. Puede parecer que las comparecencias, interpelaciones o las preguntas parlamentarias no son un instrumento excesivamente agresivo, por lo ritualizado de su ordenación y por lo sucesivo de sus preguntas y contestaciones. Puede extrañar, pero las posibilidades de los instrumentos parlamentarios son amplias. Aunque el compareciente está «amparado» por el juego parlamentario de las mayorías, el Gobierno está sometido al conjunto de preguntas e iniciativas de los Diputados de la oposición.

Quizá por la posición central de control, la función de control pertenece al núcleo de la función representativa y es protegible mediante las vías del

20 J. Tudela Aranda, «La renovación de la función parlamentaria de control», en *Teoría y Realidad Constitucional*, 19, 2008, en especial pp. 81 y ss. En p. 86 señala que «en la actualidad, puede afirmarse, el control parlamentario de la acción del Gobierno es más intenso y más débil que nunca. El incremento de la intensidad de su ejercicio no se ve correspondido ni por una mayor eficacia ni por una mayor credibilidad del trabajo parlamentario. Aumentar la eficacia en el ejercicio de la función de control y aprovecharla mayor disponibilidad de medios a su disposición es un reto ineludible para el nuevo Parlamento. Un mejor ejercicio de esta función y su percepción por la ciudadanía serían por sí solos revitalizadores de la Institución». Cfr., más reciente del mismo autor, *El parlamento en tiempos críticos…, op. cit.*

artículo 23 CE, frente a actuaciones del Gobierno y de los órganos parlamentarios. Así, el ATC 215/2000, de 21 de septiembre, indicó que «por ello mismo, las normas parlamentarias que instrumentan y ordenan el ejercicio de esa función deben aplicarse por igual a todos los miembros de la Cámara, sin que se obstaculice indebidamente su ejercicio». Es más, como se verá enseguida, todos los instrumentos y mecanismos de control[21] que reconoce el *Derecho parlamentario español*, han sido relacionados de alguna forma con el núcleo de la función representativa y, por tanto, se ha incluido dentro del artículo 23 CE. Así se ha confirmado por el Tribunal Constitucional[22] en relación con:

- Las solicitudes de información que todos los reglamentos parlamentarios españoles reconocen a los parlamentarios (desde la STC 161/1988, F.J. 7; 141/2007 de 18 junio; 361/2006 de 18 diciembre; 38/1999, de 22 de marzo, F. 2; 107/2001, de 23 de abril, F. 3; 203/2001, de 15 de octubre, F. 2 y ATC 118/1999, de 10 de mayo).
- La solicitud de comparecencias (STC 177/2002; 208/2003, de 1 de diciembre; 89/2005, de 18 de abril; 90/2005, de 18 de abril; 78/2006, de 13 de marzo; ATC 181/2003, de 2 de junio; STC 12/2019, de 28 de enero).
- La presentación de interpelaciones (STC 225/1992) y el derecho a formular preguntas (STC 107/2001, de 23 de abril).
- La presentación de proposiciones no de ley y mociones (SSTC 205/1990, de 13 de diciembre; 41/1995, de 10 de enero; ATC 155/1993, de 24 de mayo; STC 40/2003, de 27 de febrero).

Respecto a todos estos instrumentos de control, el Tribunal Constitucional ha dicho que son facultades que han «de entenderse incluidas dentro del núcleo básico de la función pública parlamentaria», y que forman «parte del contenido del *ius in officium* de los parlamentarios». Los instrumentos de control parlamentario pueden ser mecanismos de información, y también mecanismos que pueden activar e impulsar un control de la acción del Gobierno y que, en último término, pueden poner en marcha los instrumentos de exigencia de responsabilidad política (STC 124/2018, de 14 noviembre, FJ 7). Así, se vulnera el art. 23.2 CE si los órganos de las Asambleas impiden o coartan «ilegítimamente su práctica o adoptan decisiones jurídicamente reprobables que contraríen la naturaleza de la representación

21 Sobre la inadecuación de los instrumentos de. control previsto en el Derecho parlamentario español, cfr. P. García-Escudero Márquez, «Parlamento y futuro: los retos de la institución parlamentaria», en *Cuadernos de Derecho Público*, 18, 2003, en especial, pp. 195 y ss.

22 Cfr. E. Gómez Corona, «El control parlamentario en la jurisprudencia constitucional», en *Teoría y Realidad constitucional*, 19, 2007, pp. 365 y ss.

o la igualdad de los representantes». Y se evidencia que, en todos los Parlamentos españoles, los de las comunidades autónomas y los dos de las Cortes Generales, los mismos problemas tienen soluciones muy diversas[23].

Finalmente, confirma también el tribunal la relación entre el control y la relación de confianza, aunque no se produce una identificación plena entre ambas funciones (SSTC 74/2009, de 23 de marzo, FJ 2; 33/2010, de 19 de julio, FJ 3; 44/2010, de 26 de julio, FJ 1; 28/2011, de 14 de marzo, FJ 2, y 124/2018 de 14 noviembre, FJ 7).

La afirmación de que la función de control y de fiducia es la principal función parlamentaria hoy no se discute, destacando loa efectos de transparencia y de publicidad que posee.

2.1. El otorgamiento de la confianza

El *Derecho parlamentario español* sigue aquí los parámetros del texto constitucional y la regulación del artículo 99 de la Constitución. Después de cada renovación del Congreso «y en los demás supuestos constitucionales en que así proceda, el Rey, previa consulta con los representantes designados por los Grupos políticos con representación parlamentaria, y a través del Presidente del Congreso, propondrá un candidato a la Presidencia del Gobierno». Los artículos 170 y siguientes del Reglamento del Congreso de los Diputados regulan el procedimiento de otorgamiento de confianza con alguna laguna que los reglamentos parlamentarios autonómicos han tratado, no siempre con éxito, de resolver. Casi siempre se reiteran en todos los reglamentos las fórmulas de «en los demás supuestos constitucionales en que así proceda» y los «Grupos políticos con representación parlamentaria» que dispone el artículo 99 CE. No se suelen incluir muchas referencias sobre esos «demás supuestos» que dan lugar al procedimiento de confianza, aunque algunos reglamentos parlamentarios españoles han previsto regulaciones algo más completas, como la del artículo 175 RJGPRINCAST que prevé el procedimiento de confianza también en el caso de que se aprecie por el Consejo de Gobierno la «incapacidad temporal del Presidente», y esta sea notificada al Parlamento.

La posición del Rey es formal[24], con cierto margen de maniobra que bien podría suprimirse en futuras revisiones constitucionales. No obstante,

23 B. Pendás García, «Gobierno y forma de gobierno de las Comunidades Autónomas. Reflexiones sobre el dogma de la homogeneidad y sus límites», en *Documentación Administrativa*, 215, pp. 87 y ss., en donde se refiere a la dificultad de construir «categorías válidas para los diecisiete ordenamientos autonómicos a los que ha de hacer frente nuestra doctrina y que, en suma, dentro de un esquema aparentemente geométrico y uniforme (al menos, homogéneo, para no emplear adjetivos que susciten rechazos emotivos en materia tan delicada), hay todavía un lugar para la flexibilidad».

24 J. M. Corona Ferrero, «A vueltas con la investidura del Presidente del Gobierno y el artículo 99 de la Constitución Española», en *Corts: Anuario de derecho parlamentario*, n.° Extra

siguiendo una conocida influencia comparada, el otorgamiento de la confianza parlamentaria en la Cámara Baja responde a un parlamentarismo racionalizado, del que se excluye obviamente al Senado. En definitiva, la regulación de los artículos 170 RCD y siguientes determina el inicio de la relación fiduciaria entre el Gobierno y el Parlamento.

En todo caso, los elementos no regulados y conocidos en este procedimiento imprimen carácter a todo el proceso de investidura. Es un momento formalizado, que carece del ritualismo y el boato de otros sistemas, pero que tiene un indudable interés al hacer visible el permanente contacto y relación entre poderes del Estado. Así, el artículo 170 RCD determina, de forma muy escueta porque no introduce ni un solo plazo, que «una vez recibida en el Congreso la propuesta de candidato a la Presidencia del Gobierno», el presidente del Congreso de los Diputados deberá convocar una sesión plenaria, para tratar este asunto.

Como se conoce y en su línea parlamentarizada y extendida a todas las comunidades autónomas, el artículo 152 CE prevé que el presidente de la Comunidad Autónoma, que también lo es del Gobierno, recibe la confianza de la Cámara de la cual ha de ser miembro. Y ha de ser miembro del Parlamento todo el tiempo que sea presidente, pues parece lo más coherente para el sistema exigir este requisito de inicio y durante todo el mandato del presidente, por la vinculación fiduciaria y de confianza entre el Parlamento y el presidente del Gobierno, que exige el art. 152 CE. Como se sabe, en el Congreso de los Diputados, para la elección del Gobierno de la Nación, el candidato y el presidente del Gobierno no tienen por qué tener la condición de Diputados. Pero todos los Estatutos de Autonomía reiteran la preceptiva fórmula constitucional y, así, dispone, por ejemplo, el artículo 67.2. del Estatuto de Autonomía de Cataluña: «El Presidente o Presidenta de la *Generalitat* es elegido por el Parlamento de entre sus miembros» y nombrado por el Rey (también el art. 17.3 EACANT y art. 145 RPCANT; art. 14 EACL-M y art. 170 RCCL-M; art. 134 RCCyL; art. 27 EACV y art. 138.1 RCV; art. 233 RAEX; art. 15.2 EAG y art. 135 RPG; art. 149.1 RPIB; art. 23.2 EALR y art. 119 RPIB; art. 181 RAMA; art. 31.5 EAMU y art. 162.1 RAMU; art. 29 LORAFNA y art. 173 RPNA; art. 35.3 EAPV y art. 164.1 RPV).

A) Los grupos políticos con representación parlamentaria

Las fórmulas que se utilizan en el *Derecho parlamentario español* son muy variadas y no siempre siguen el precepto constitucional, si bien los matices introducidos en los Parlamentos autonómicos no tienen importancia real. Parece huirse siempre del término «grupos parlamentarios» en la definición de los sujetos que deben ser llamados para tener un candidato a presidente,

31, 2018, (Ejemplar dedicado a: *40 aniversari de la Constitució Espanyola*), pp. 345-366.

siendo el artículo 31 EAEX el único que utiliza este término en el proceso de investidura (art. 234.1 RAEX). El art. 27.1 EACV y art. 139.1 RCV prevé que sean los grupos parlamentarios los que presenten candidatos a la investidura, sin que se realice en este Parlamento ninguna consulta por la Presidencia.

Varios Estatutos de Autonomía y los reglamentos de los Parlamentos autonómicos regulan la consulta del presidente de la Cámara con los «representantes de las fuerzas políticas con presencia parlamentaria»; así, el artículo 48.1 EAAR y art. 215.1 RCAR; el artículo 48.2AECANA y art. 154 RPCANA que se refiere a la consulta previa del presidente del Parlamento con las *fuerzas políticas representadas* en el mismo y oída la Mesa, propondrá a la Cámara un candidato a presidente del Gobierno, en el plazo de diez días desde la sesión constitutiva de la Cámara, o a «partir de la fecha en que se den los supuestos para ello». También art. 17.2 EACANT y art. 146.1 RPCANT.

Por su parte, el artículo 119.3 EAAND y art. 138.1, 2 y 3 del Reglamento del Parlamento de Andalucía disponen que el presidente del Parlamento, previa consulta a los Portavoces designados por los «partidos o grupos políticos con representación parlamentaria», proponga un candidato a la Presidencia de la Junta de Andalucía. También art. 29.2 LORAFNA y art. 174 RPNA.

A su vez, usan el mismo término que la Constitución el art. 14.3 EAC-LM y art. 171.1 RCCL-M, que determinan que la Presidencia de las Cortes consulte previamente a los «portavoces designados por los *Grupos con representación parlamentaria»* (igual que art. 23.2 EALR y art. 120.1 RPLR; y art. 18.4 EAMAD y art. 182.1 RAMA). No obstante, el Reglamento de las Cortes de Castilla y León es más detallado en este aspecto, pues el presidente debe consultar previamente a los «partidos, grupos políticos o coaliciones electorales con representación parlamentaria» (art. 135.1 RCCyL). Algo más amplia es la fórmula que utiliza el artículo 136.1.a RPG, que se refiere a la consulta con los representantes designados por los partidos o por los grupos políticos con representación parlamentaria (si bien el art. 15.3 EAG utiliza el término más limitado de «fuerzas políticas con representación parlamentaria»), igual que el artículo 149.2 RPIB y el art. 174 RPNA. También el artículo 8 de la *Ley de Murcia 6/2004, de 28 de diciembre, del Estatuto del Presidente y del Consejo de Gobierno de la Región de Murcia* utiliza los mismos términos de la Constitución.

El artículo 27.2 EACV y el art. 139.2 RCV prevén que la Presidencia de *Les Corts* oiga a la Junta de *Síndics*, «previa consulta a los *grupos políticos con representación parlamentaria*», idéntica fórmula a la Constitución, establezca la fecha de celebración del Pleno de investidura, que será entre los tres y siete días siguientes a la finalización del plazo para proponer candidatos.

B) Los plazos

Los plazos en esta materia no son plazos simbólicos, ni irrelevantes, ni poéticos, sino plazos preclusivos y deben ser cumplidos por la Presidencia del Parlamento. El incumplimiento de estos plazos legales debería implicar la aplicación del correspondiente régimen sancionador, incluso penal.

Pero si hay una nota que caracteriza al procedimiento de investidura del artículo 99 CE y del Reglamento del Congreso de los Diputados es la ausencia total de plazos. El artículo 99 CE dispone solo que el procedimiento se insta «después de cada renovación del Congreso de los Diputados, y en los demás supuestos constitucionales en que así proceda», sin aludir a ningún plazo vinculante para el rey o la Presidencia del Congreso.

Por su lado, el procedimiento de investidura presenta regulaciones diferenciadas en los diferentes ordenamientos parlamentarios. En el Estatuto de Autonomía de Cataluña y en el Reglamento del *Parlament* la investidura está regulada de una forma muy somera. Así el artículo 67.2 EAC se limita a disponer, siguiendo al artículo 152.2 CE que el presidente es elegido por el Parlamento de entre sus miembros, remitiéndose a la ley la posible «limitación de mandatos»; y, por su parte, el artículo 146 RPCAT se centra en la regulación de aspectos procesales, sin referirse a momentos como la consulta de la Presidencia a los representantes de los grupos políticos con representación parlamentaria. La investidura está prevista en la *Ley 13/2008, de 5 de noviembre, de la Presidencia de la Generalidad y del Gobierno*, que regula este procedimiento de una materia que es materialmente reglamentaria, y que debiera ser aprobada mediante la correspondiente mayoría cualificada. Así, el artículo 4.2 de la Ley de Cataluña dispone que debe proponer al Pleno un candidato, en el plazo de los diez días siguientes a la constitución de la Cámara, el presidente del Parlamento, «previa consulta a los representantes de los *partidos y grupos políticos con representación parlamentaria*».

Los matices son muchos en el *Derecho parlamentario español* en relación con la fijación del pleno de investidura. El Reglamento del Congreso de los Diputados nada dispone. Pero el artículo 138.1 RPAND dispone que la propuesta del presidente deba formularse, como máximo, dentro del plazo de quince días desde la constitución del Parlamento o desde la dimisión del presidente (diez días en el caso del artículo 215.2 RCAR). A su vez, el artículo 146 RPCANT determina que el presidente del Parlamento, propondrá un candidato a presidente de la Comunidad Autónoma, dentro del término de veinte días desde la constitución del Parlamento o el cese del presidente de la Comunidad Autónoma. Una vez formalizada la propuesta, el presidente fijará la fecha de celebración de la sesión de investidura, que tendrá lugar entre el tercer y séptimo día siguiente (similar el artículo 182.2 RAMA). Por su lado, en el Reglamento de las Cortes de Castilla-La Mancha, en el art. 171.1 párrafo segundo RCCL-M se determina que la primera propuesta deberá formularse, como máximo, en el «término de quince días desde la constitución de las Cortes o de la dimisión del Presidente», y el presidente de la Cámara «de acuerdo con la Mesa» y oída la Junta de Portavoces, establecerá la fecha de la convocatoria del Pleno para la elección del presidente de la Junta de Comunidades, (también art. 135.1 RCCyL). En el artículo 234.1 RAEX, la fecha de la sesión de investidura se determina por la Presidencia de acuerdo con la Mesa, oídos los portavoces y consultado el candidato, cuyo criterio es de suponer que será tenido en cuenta (art. 234.2.a RAEX). También el artículo 149.2 RPIB prevé que la propuesta de la Presidencia se produzca dentro de los quince días siguientes al de la constitución del *Parlament* y la propuesta deberá efectuarse dos días antes de la sesión (art.149.3 RPIB). A su vez, según el art. 163 RAMU, la fecha será determinada por la Presidencia, de acuerdo con la Mesa y oída la Junta de Portavoces, «en el plazo de diez días, previa consulta a los representantes designados por los grupos políticos con representación parlamentaria». Y el artículo 120.1 RPLR dispone que la Presidencia efectúe su propuesta veinte días desde la constitución del Parlamento o desde el cese del presidente.

C) El procedimiento de investidura

Como se ha indicado ya, el estudio del debate de investidura tiene variantes interesantes[25]. Así, en la regulación de la Junta del Principado de Asturias el presidente del Parlamento proclamará candidatos a los Diputados que, con una antelación de veinticuatro horas a la celebración de la sesión, hubieran sido propuestos como tales ante la Mesa por, al menos, cinco miembros de la Cámara (art. 170.2 RJGPRINCAST), y en el plazo de diez días desde la sesión constitutiva de la Cámara. Y también es distinto el procedimiento en el Parlamento Vasco, cuyo art. 164.2 RPV prevé que sean los grupos políticos con representación parlamentaria los que presenten ante la Mesa del Parlamento, «a través del respectivo grupo parlamentario», sus propuestas de candidato con una antelación mínima de 72 horas respecto al inicio de la sesión plenaria.

En el Reglamento de las Cortes Valencianas, la facultad de presentar candidatos corresponde, únicamente, a los grupos parlamentarios (art. 138.1 RCV). Así, podrán presentar sus propuestas ante la Mesa de *Les Corts*, en el plazo de doce días contados a partir de la fecha de constitución de la Cámara o, en su caso, desde la comunicación a las mismas de la vacante producida en la Presidencia de la *Generalitat* (art. 139.2 y art. 139.3 RCV), proponiendo como candidato a aquel que en las consultas realizadas haya obtenido mayor apoyo por parte de los grupos políticos.

---

25 Cfr. M. R. Ripollés Serrano, «Artículo 170», en AA.VV., *Comentario al Reglamento del Congreso de los Diputados*, Madrid, Civitas, 2012, analiza especialidades del procedimiento en el Congreso de los Diputados; así p. 170, señala: «En cuanto a la duración —días y horas de sesión— ha habido una práctica general... consistente en que el candidato ocupa en su discurso desde una hora y cuarto hasta dos horas y media de intervención, siendo el promedio de una hora y media, suspensión y continuación de la sesión aproximadamente entre cuatro y veinticuatro horas después, con las intervenciones de los grupos, y votación».

Un supuesto que merece un análisis particular es la regulación del artículo 182.3. RAMA, según el cual la Presidencia de la Asamblea fijará la fecha para la celebración de la sesión de investidura, en el plazo de veinte días ya visto, también en caso de que el presidente «no pudiera proponer» al Pleno un Diputado como candidato a la Presidencia de la Comunidad. En dicha sesión se dará cuenta por el presidente de la Asamblea al Pleno de la imposibilidad de proponer un candidato. Constatado en dicha sesión de investidura, y después del turno de fijación de posiciones, que ningún candidato «*habría obtenido* la confianza de la Asamblea, en los términos establecidos en el citado artículo 18 del Estatuto», comenzará a computarse el plazo de dos meses previsto en el artículo 18.5 EAMAD. Las dudas sobre la constitucionalidad de esta regulación han venido motivadas por la dicción literal del citado artículo 18.5 EAMAD. Este artículo determina, con meridiana claridad, que el plazo de dos meses para disolver la Cámara se inicia a partir de la *primera votación de investidura*, y, la nueva regulación introducida en el Reglamento en 2019, prevé que pueda no haber votación, como precisamente sucedió tras las elecciones de mayo de 2019. Conviene, no obstante, hacer alguna precisión, relativa al Dictamen del Consejo de Estado 1985/2003, de 26 de junio, en el que el órgano consultivo indicó que, en caso de que no hubiese candidato a la investidura, el período de dos meses establecido en el Estatuto de Autonomía y en el citado Reglamento para la disolución de la Asamblea y convocatoria de nuevas elecciones, empieza a contarse desde que «quede constatada la imposibilidad de proponer un candidato». Cabe poca duda de que una forma de «constatar» esta imposibilidad es la celebración de la sesión prevista en el artículo 182.3 RAMA. Además, el Consejo de Estado analiza la imposibilidad de que la Asamblea pueda autodisolverse, aunque haya acuerdo mayoritario o unanimidad de la Cámara. Es más, de una forma muy original, el Dictamen del Consejo de Estado indicó que «la formalización de la comunicación indicada como constatación de la imposibilidad de proponer un candidato a la Presidencia de la Comunidad de Madrid habrá de consistir en un escrito del Presidente de la Asamblea razonado y suficientemente expresivo de que no está en condiciones de proponer ningún candidato para la investidura como Presidente de la Comunidad de Madrid». La creatividad reglamentaria, como se comprueba, es casi insuperable.

Con seguridad, estas ideas y la previsión realizada por el Consejo de Estado podían ser trasladadas al resto de comunidades autónomas, aunque vulnerarían de forma palmaria la Constitución si se aplicasen al Congreso de los Diputados.

En cuanto al procedimiento general, la sesión plenaria convocada por el presidente del Congreso de los Diputados debe comenzar por la lectura que, de la propuesta del Jefe del Estado, haga uno de los secretarios, (artículo 171 RCD; art. 138.2 RPAND, un secretario lee la propuesta del Presidente; art. 216.1 RCAR, en donde será el Letrado Mayor quien leerá la propuesta y hay un tiempo de interrupción de veinticuatro horas para empezar el debate de los portavoces; art. 155.1 RPCANA; art. 147.1 RPCANT; art. 171.3 RCCL-M; art. 135.2 RCCyL; art. 146.1 RPCAT; art. 139.4 RCV; art. 234.2.b RAEX; art. 136.2.a RPG; art. 149.3.1.° RPIB, donde es el propio presidente el que lee su propuesta; art. 120.2 RPLR, en donde también es el secretario el que lee la propuesta; art 183.1 RAMA, uno de los secretarios; art. 163.b RAMU; art. 175.1.ª RPNA, dará lectura el presidente debiendo convocar la sesión de investidura tres días antes; art. 164.3 RPV, la lectura se realizará por uno de los secretarios).

A continuación, el candidato propuesto por el Rey expondrá, «sin limitación de tiempo», el programa político del Gobierno que pretende formar, en una disposición muy permisiva con la intervención del Gobierno y que es habitual en el *Derecho parlamentario español*. Este artículo es la correspondencia con el art. 70.5 RCD que dispone que el Gobierno puede intervenir «siempre que lo solicite». Seguidamente, el candidato debe solicitar la confianza del Congreso de los Diputados. Aunque, como se conoce, el inicio de este proceso es algo diferente en las comunidades autónomas, la regulación del debate de investidura es muy similar a la del Congreso de los Diputados (*vid.* art. 120.3 RPLR; art. 183.2 RAMA; art. 163.c RAMU; art. 175.1.2.ª RPNA). Pero hay algunas variedades, pues el art. 1764.3 RPV del Reglamento del Parlamento Vasco prevé que cada candidato presentado tenga un tiempo de intervención de noventa minutos. En la Junta General del Principado de Asturias también hay peculiaridades, pues la sesión comenzará con la lectura por uno de los secretarios de los candidatos propuestos. En la Junta del Principado de Asturias, todos los candidatos expondrán, sin limitación de tiempo, las líneas generales del programa del Gobierno que pretendan formar, siendo el orden de actuación el de la presentación de candidaturas (art. 170.3 RJGPRINCAST).

El resto de la regulación del debate varía en cada Parlamento siendo, en general, aplicables las reglas generales de la regulación de los debates parlamentarios. En el Congreso, como se sabe, desde 1986, el precedente consiste en que el orden de intervención de los Grupos comienza por el de mayor importancia numérica, siguiendo con los del Grupo parlamentario mixto y finalizando con el principal grupo parlamentario en el que se sustenta el Gobierno.

En general, en el *Derecho parlamentario español*, tras un tiempo de interrupción anunciado («decretado» dice el Reglamento del Congreso de los Diputados) por la Presidencia de la Cámara, intervendrá un representante de cada Grupo Parlamentario por un tiempo de treinta minutos. También el artículo 138.4 RPAND (la sesión continuará al día siguiente del anuncio de la Presidencia); art. 216.3 RCAR, art. 170.4 RJGPRINCAST; art. 155.3 RPCANA; art. 147.3 RPCANT, con la suspensión por un plazo no inferior a dieciocho horas; art. 171.4 RCCL-M, una suspensión no inferior a veinticuatro horas, igual que art. 135.4 RCCyL; art. 146.1 RPCAT, veinticuatro horas, aunque en el Parlamento catalán la suspensión no es preceptiva; art. 139.4 RCV, veinticuatro horas, igual que en el Parlamento de las Islas Baleares, art. 139.3.3.° RPIB; art. 234.2.d RAEX, un tiempo de suspensión nunca inferior a doce horas;

art. 136.3.ª RPG, cuarenta y ocho horas de suspensión; art. 120.4 RPLR; art. 163.d RAMU, al menos doce horas de suspensión; art. 171.3.ª RPNA y art. 164.3 RPV, un período de suspensión de veinticuatro horas.

Como ya se ha dicho y de forma general, los portavoces de los Grupos parlamentarios tienen un turno de intervención de treinta minutos, o el tiempo que determinen la Mesa y la Junta de Portavoces, como se prevé en el art. 136.3.ª RPG. Por su lado, el artículo 183.3 RAMA dispone un mínimo de dieciocho horas de suspensión de la sesión y reitera que cada Grupo parlamentario pueda intervenir por un tiempo de treinta minutos. Como enseguida se verá, el candidato podrá hacer uso de la palabra cuantas veces lo solicite individual o conjuntamente, pudiendo responder los portavoces, por un tiempo, casi siempre, de diez minutos. Similar es el art. 175.3.ª RPNA y al art. 164.4 RPV. Por su lado, el art. 163.d RAMU dispone una regulación algo diversa, pues intervendrá un representante de cada Grupo empezando por el mayoritario de la «oposición» y acabando por el del grupo al que pertenece el candidato.

El candidato que solicita la confianza de la Cámara podrá hacer uso de la palabra cuantas veces lo solicite. En caso de que el candidato contestase en forma global a los representantes de los Grupos Parlamentarios, estos tendrán derecho a una réplica de diez minutos (también artículo 138.5 RPAND; art. 158.4 RCANA; art. 147.4 RPCANT; art. 171.3 y art. 171.5 RCCL-M; art. 135.5 RCCyL; art. 146.2 RPCAT, aunque la réplica es del mismo tiempo utilizado por el candidato y la contrarréplica de diez minutos; art. 139.5 RCV; art. 234.2 RAEX; art. 136.4.ª RPG; art. 139.3.3.º RPIB; art. 120.4 RPLR; art. 183.4 RAMA, con replica de quince minutos según el artículo 183.5 RAMA, y con una intervención final del candidato; art. 163.e y art. 163.f RAMU). Las peculiaridades son muchas, pues en otros reglamentos se prevé un turno final de intervención del candidato propuesto, en el artículo 234.2.g RAEX por un tiempo máximo de veinte minutos; similar el artículo 163.g RAMU; art. 175.4.ª RPNA; art. 164.4 RPV, con un turno de intervención de treinta minutos cada candidato.

Es parecido el procedimiento en la Junta General de Asturias, adaptado a sus especialidades, pues puede haber más de un candidato a la Presidencia de la Comunidad Autónoma y no hay intervenciones sin límite de tiempo. Así, finalizada la exposición de cada candidato se suspenderá la sesión durante veinticuatro horas. Tras la reanudación, hay dos turnos de intervención entre candidatos y representantes de cada Grupo Parlamentario, disponiendo todos ellos del mismo tiempo (art. 171.1 RJGPRINCAST).

D) La votación

La votación es pública por llamamiento casi siempre (art. 85.2 RCD, o art. 92.2 RPG), excepto algún caso en el que se dispone que sea secreta por papeletas (art. 175.5.ª RPN).

Acabado el debate, la Presidencia fijará una hora de votación (también art. 138.6 RPAND; art. 216.5 RCAR; art. 158.5 RCAN; art. 147.4 RPCANT; art. 171.6 RCCL-M; art. 135.5 RCCyL; art. 147.1 RPCAT, que aclara que esta elección comporta, «a la vez», la aprobación del programa de gobierno expuesto; art. 139.7 RCV; art. 234.2.h RAEX; art. 136.5.ª RPG; art. 139.36.º RPIB; art. 120.6 RPLR; art. 183.7 RAMA; art. 163.h RAMU; art. 175.5.ª RPNA). Como se sabe y siguiendo el precepto del artículo 99.5 CE, para obtener la confianza de la Cámara, el candidato propuesto debe obtener el voto de la mayoría absoluta de los miembros del Congreso. Así, en todos los reglamentos, además, la votación es casi siempre pública por llamamiento, lo cual garantiza la publicidad de la posición de cada representante (por ejemplo arts. 120 y 175.5.ª RPNA; art. 164.9 RPV).

Lo cierto es que la previsión de dos votaciones de investidura, con un diferente *quórum* en cada uno de ellos, es discutible. Si no se obtuviera mayoría absoluta, se procederá a nueva votación cuarenta y ocho horas después de la anterior, y la confianza se entenderá otorgada si en ella obtuviere mayoría simple. Poca duda hay de que lo óptimo sería exigir mayoría simple en una única votación. Las regulaciones son muy variadas y algún reglamento aclara, incluso, lo que es una mayoría simple, como art. 171.6.ª RPNA, en el que «el número de votos a favor sea superior al de votos en contra, no computándose a estos efectos las abstenciones, los votos en blanco o los votos nulos». Antes de proceder a esta votación, el candidato podrá intervenir, en una fórmula reiterada, por tiempo máximo de diez minutos y los Grupos Parlamentarios por cinco minutos cada uno para fijar su posición, (*vid.* por todos los artículos 183.9 RAMA).

El supuesto del Principado de Asturias es algo diferente, pues si ningún candidato hubiese obtenido la mayoría absoluta se celebrará nueva votación cuarenta y ocho horas después, entre los dos candidatos más votados siendo elegido el que de ellos obtenga mayor número de votos. Si se produjese empate, el presidente de la Cámara convocará nueva votación, que no podrá celebrarse hasta transcurridas al menos cuarenta y ocho horas y si, una vez realizada esta, persistiese el empate, podrá reiterarse la votación o tramitarse nuevas propuestas siguiéndose el mismo procedimiento. No obstante, el art. 172 RJGPRINCAST determina que la votación para la elección del presidente se realizará de forma pública y por llamamiento, en la cual los Diputados responderán con el nombre de uno de los candidatos, o responderán «me abstengo».

También es distinto el Reglamento del Parlamento Vasco pues, si ningún candidato alcanza la mayoría absoluta, la votación se repite en el plazo de 24 horas y será elegido presidente el que de entre ellos, obtenga el mayor número de votos (art. 164.6 RPV). Si hay empate, se reitera la votación entre las candidaturas empatadas. Si persistiese el empate, la Presidencia del Parlamento, de acuerdo con la Mesa y la Junta de Portavoces, dispondrá la realización de sucesivas votaciones (art. 164.8 RPV).

Como ya se ha indicado, no se prevé en todos los Estatutos de Autonomía la disolución automática en caso de que el candidato no obtenga la mayoría absoluta, porque alguno dispone el otorgamiento de la confianza de forma automática al «candidato del partido que tenga mayor número de escaños» (art. 14.5 EACLM).

El artículo 99.5 de la Constitución dispone que «Si transcurrido el plazo de dos meses, a partir de la primera votación de investidura, ningún candidato hubiere obtenido la confianza del Congreso, el Rey disolverá ambas Cámaras y convocará nuevas elecciones con el refrendo del Presidente del Congreso». Como ya ha sucedido, esto puede suponer una espera indefinida si no se produce un acuerdo entre fuerzas políticas, y no hay esa primera votación. Sería deseable una reforma constitucional, para evitar el bloqueo del sistema, en el sentido de que el día de inicio de los dos meses (o del plazo correspondiente) fuese el de las elecciones al Congreso de los Diputados, o el de la constitución de la Cámara. El mismo esquema es el seguido en las comunidades autónomas. Además del de Madrid, algunos reglamentos parlamentarios han optado por incluir algunas originales matizaciones, como la previsión del art. 175.7.ª del Reglamento del Parlamento de Navarra, según el cual, si transcurrido el plazo de tres meses «desde la celebración de las elecciones al Parlamento» ningún candidato hubiera sido elegido, el Parlamento quedará disuelto, convocándose de inmediato nuevas elecciones, se supone que por el presidente del Gobierno en funciones. Como novedad, se puede resaltar que en este Parlamento la votación de investidura será secreta por papeletas.

Las sucesivas propuestas de investidura se irán celebrando en el plazo de dos meses. El Reglamento de las Cortes de Aragón, en el artículo 217.1 RCAR, parece disponer que aquellas sean preceptivas en el plazo de dos meses, pues se determina que «se tramitarán sucesivas propuestas por el mismo procedimiento, debiendo mediar entre ellas un plazo no superior a diez días». No en Andalucía, en donde el sistema es algo distinto, como se verá enseguida. El artículo 148.1 RPCANT determina también, parece que de forma imperativa, que se tramiten sucesivas propuestas por el mismo procedimiento, hasta la elección del presidente. Asimismo, el art. 135.8 RCCyL, o art. 140.3 RCV; art. 136.6.ª RPG; art. 150.1 RPIB; art. 121.1 RPLR; art. 183.10 RAMA. En el Reglamento de la Asamblea de Extremadura se dispone que la Presidencia «podrá» formular propuestas sucesivas de otros candidatos; debiendo mediar, además, desde la convocatoria al menos cuarenta y ocho horas.

Según el artículo 172.2 RCD, y para el caso de que ningún candidato propuesto hubiere obtenido la confianza del Congreso, «el Presidente de la Cámara someterá a la firma del Rey el Decreto de disolución de las Cortes Generales y de convocatoria de elecciones, y lo comunicará al Presidente del Senado». No obstante, en el Derecho autonómico, en ocasiones, se ha optado por otras soluciones. Como el artículo 138.7 del Reglamento del Parlamento de Andalucía, que dispone que, si transcurrido el plazo de dos meses a partir de la primera votación, ningún candidato hubiera obtenido la mayoría simple, quedará designado «Presidente de la Junta de Andalucía el candidato del partido que tenga mayor número de escaños», lo cual parece contradecir el artículo 118.3 EAND que dispone la disolución «automática», si ningún candidato obtiene la confianza en el plazo de los dos meses desde la primera votación.

A su vez, el artículo 135.9 RCCyL determina que, transcurrido el plazo de dos meses desde la primera votación sin que haya confianza para ningún candidato, las Cortes quedarán «automáticamente» disueltas (art. 150.2 RPIB; art. 121.2 RPLR; art. 184.2 RAMA, «convocándose de inmediato nuevas elecciones»). No obstante, en las Cortes de Castilla y León, no tendrá lugar esta disolución «automática» cuando el plazo de dos meses, contado de fecha a fecha, concluya en el último año de la legislatura.

Como se ha dicho, los matices son numerosos. Así, el art. 140.4 RCV determina, en caso de que transcurran dos meses desde la primera votación de la investidura, que el presidente de *Les Corts*, por acuerdo de la Mesa, disolverá la Cámara y el presidente de la *Generalitat* en funciones convocará nuevas elecciones. También el artículo 235.2 RAEX determina que el mandato de la nueva Asamblea durará, en todo caso, hasta el término natural de la legislatura originaria, igual que en caso de disolución por voluntad del presidente de la Junta de Extremadura.

E) Comunicación al Rey y juramento

Según el artículo 171.l RCD, otorgada la confianza al candidato, el presidente del Congreso lo comunicará al Rey, a los efectos de su nombramiento como presidente del Gobierno. También en las comunidades autónomas, una vez elegido el candidato, el presidente del Parlamento lo comunicará al Rey, para su nombramiento como presidente de la Junta de Andalucía (artículo 138.8 RPAND; también art. 216.7 RCAR «Jefe del Estado», prefiere utilizar el Reglamento de las Cortes de Aragón; art. 147.6 RPCANT; art. 135.10 RCCyL; art. 174 RJGPRINCAST; art. 155.6 RPCANA; art. 147.4 RPCANT; art. 171.8 RCCL-M; art. 234.2.k RAEX; art. 149.3.7.º RPIB en el plazo de veinticuatro horas; art. 120.7 RPLR; art. 184.1, párrafo segundo RAMA, debiendo el nuevo presidente tomar posesión de su cargo ante la Mesa; art. 175.8.ª RPNA; y art. 163.k RAMU). En la Comunidad Valenciana se dispone que el *president* electo de la *Generalitat* deberá jurar o prometer el cargo y acatar el Estatuto de Autonomía, en idioma valenciano, ante *Les Corts* en la primera sesión que celebren después de su nombramiento por el Rey. Seguidamente, el presidente efectuará una proposición sin debate sobre su programa de gobierno. También el artículo 166 del Reglamento del Parlamento Vasco prevé un completo régimen de toma de posesión del *Lehendakari* electo en la Casa de Juntas y ante el árbol de Guernica.

Finalmente, el artículo 141 del Reglamento de las Cortes Valencianas, igual que el artículo 165 del Reglamento del Parlamento Vasco, incluye una original disposición y prevé que, hasta tanto la Cámara no haya dado su confianza a ningún candidato, «no se podrán incluir en el orden del día otros asuntos salvo que razones extraordinarias y de urgente necesidad, acordadas por la Mesa y la Junta de *Síndics* lo aconsejaran». No obstante, y en el caso de que se hubieran producido vacantes entre los miembros por cualquier causa, la Mesa deberá facilitar la toma de posesión, antes de la investidura, habilitando algún sistema de juramento o promesa de los nuevos Diputados, como sucede en otros Parlamentos.

2.2. La moción de censura

La moción de censura es un instrumento parlamentario que tiene como objeto el cambio de presidente de Gobierno. Debido a la racionalización de nuestro parlamentarismo, la moción de censura se regula con unos parámetros que dificultan su presentación y su aprobación; como se sabe, la finalidad no es otra que proporcionar estabilidad al Gobierno, y a todo el sistema institucional. En este contexto, el artículo 113 de la Constitución determina que el Congreso de los Diputados pueda exigir «la responsabilidad política del Gobierno mediante la adopción por mayoría absoluta de la moción de censura». La STC 151/2017, de 21 de diciembre (citando la anterior STC 81/2012, de 18 de abril), ha señalado que la moción de censura «es un instrumento clave de las formas de gobierno parlamentario —que se basan en la existencia de una relación de confianza entre el Gobierno y las Cámaras—, porque es un mecanismo a través del cual el Legislativo controla la gestión del Ejecutivo y exige responsabilidad política al mismo, configurándose como un cauce para la manifestación de la extinción de la confianza».

El sistema de 1978 introdujo un sistema, al parecer, de influencia alemana. Los requisitos de presentación son muy claros y el sistema es constructivo, pues la moción debe ser «propuesta al menos por la décima parte de los Diputados, y habrá de incluir un candidato a la Presidencia del Gobierno». El artículo 175.1. RCD reitera que «el Congreso de los Diputados puede exigir la responsabilidad política del Gobierno», mediante la adopción de una moción de censura. La exigencia de responsabilidad al Gobierno implica que se presente la moción contra todo el Gobierno y no solo contra uno de sus miembros, ni siquiera contra el presidente del Gobierno, lo cual sería más coherente, habida cuenta de que es él quien obtiene la confianza de la Cámara. También el artículo 142 RPAND y, de forma análoga, el artículo 35 LORAFNA (178 del RPN) exige la responsabilidad política de la Diputación (Gobierno), igual que el art. 170.1 RPV, el artículo 22 EACyL y el art. 138 RCCyL.

También aquí las comunidades autónomas siguen los requisitos análogos a los de la Constitución, aunque en ocasiones no se ha dudado en incluir alguna originalidad. Así, según el artículo 140.1 RPAND, la moción deberá ser propuesta, al menos, por una cuarta parte de los Diputados, en escrito motivado, dirigido a la Mesa del Parlamento y debe incluir un candidato a la Presidencia de la Junta, exigiéndose que el candidato acepte la candidatura. En este sentido, se debe suponer que, si él firma la moción de censura que le propone a él mismo como candidato, está de forma implícita aceptando su propia candidatura.

Tampoco en esta materia el Reglamento del Parlamento de Cataluña es demasiado, explícito por lo que hay que acudir a la citada Ley de 2008, en donde se prevé que la moción deba ser presentada por una quinta parte de los miembros o por dos grupos parlamentarios, debiendo ser también constructiva (artículo 43.1 de la *Ley 13/2008, de 5 de noviembre, de la Presidencia de la Generalidad y del Gobierno*).

En varias comunidades autónomas, el sistema es algo diferente, pues la responsabilidad se puede pedir del presidente del Gobierno, y no del Gobierno como órgano. Una u otra opción (moción de censura del Gobierno o del presidente) no es demasiado relevante, pues el Gobierno cesará en caso de prosperar la moción de censura. Además, en ninguno de los dos casos, la dimisión del presidente, una vez presentada la moción de censura, impediría votarla pues la finalidad de esta no solo es cambiar de Gobierno, sino también dar confianza al candidato alternativo. Y ello salvo disposición en contra, como en el Reglamento de la Asamblea de Murcia, como se verá enseguida. Los artículos 35.3, 36.2 y 39.2 del Estatuto de Autonomía de Andalucía y, también el artículo 139 RPAND, prevén que la responsabilidad política pueda solicitarse del presidente de la Junta. Similar es el caso del artículo 28 del Estatuto de Autonomía de la Comunidad Valenciana, y el artículo 145.1 RCV que determina que *les Corts* pueden exigir la responsabilidad política del *president de la Generalitat* mediante la adopción de una moción de censura.

En una tercera fórmula, el Capítulo II del Título VIII del RJGPRINCAST lleva por rúbrica *De la responsabilidad política del Consejo de Gobierno y de su presidente*, con lo que la moción de censura podría ser dirigida contra el presidente, y también contra todo el Gobierno. En este mismo sentido, el art. 50.1 EAAR y art. 221.1 RCAR; también el artículo 22.3 EACANT, y el artículo 153 RPCANT prevén que se puede exigir la responsabilidad política del «Presidente o del Gobierno», de la misma forma que los artículos 9.2.g) y 21 del EACL-M y el artículo 172 RCCL-M, el artículo 148 RPCAT, o los artículos 16.2.h y 29 del Estatuto de Autonomía de Extremadura y artículo 239 RAEX, o del art. 187 RAMA y las del art. 126.1 RPLR.

De modo similar, el artículo 10.1.e EAG determina que el Parlamento de Galicia puede exigir responsabilidad política a la Junta y a su presidente, y el artículo 17.1.EAG determina que se exigirá ante el Parlamento de forma solidaria, «sin perjuicio de la responsabilidad directa de cada uno de sus componentes por su gestión», fijando que debe cesar en los casos de pérdida de la confianza parlamentaria[26]. En este sentido, el artículo 137 del Reglamento del Parlamento de Galicia señala que éste puede exigir la responsabilidad política de la Xunta, de su presidente y también de «los miembros del Gobierno», con lo que es este uno de los reglamentos que dejan abierta la posibilidad de que se pudiese exigir responsabilidad política de un *Conselleiro* en particular. No obstante, y en general, la regulación reglamentaria en España de la moción de censura no contempla esta posibilidad, ni parece que sea una opción compatible con el modelo asumido de moción de censura.

A) Presentación de la moción de censura

Como se ha visto, la moción deberá ser propuesta, al menos, por la décima parte de los Diputados en «escrito motivado» dirigido a la Mesa del Congreso y habrá de incluir un candidato a la Presidencia del Gobierno que haya aceptado la candidatura. Según el artículo 176 RCD, la Mesa del Congreso, tras comprobar que la moción de censura reúne los requisitos señalados, la admitirá a trámite, dando cuenta de su presentación al presidente del Gobierno y a los portavoces de los Grupos Parlamentarios.

Los reglamentos parlamentarios exigen un período de enfriamiento, pues la moción de censura «no podrá ser votada hasta que transcurran cinco días desde su presentación». Además, se incluye una previsión inutilizada hasta la fecha según la cual, en los dos primeros días de este plazo de cinco podrán presentarse mociones alternativas, las cuales deberán cumplir los mismos requisitos determinados en la Constitución (art. 113.3 CE) y en el artículo 176.2 RCD. También el artículo 140.3. RPAND, art. 185.2 RJGPRINCAST; art. 159.3 RPCANA; art. 153.2 RPCANT; art. 174 RCCL-M, la Junta de Portavoces acordará la fecha de la sesión plenaria; art. 139.3 RCCyL; art. 145.2 RCV; art. 240.3 y art. 241.4 RAEX; art. 138.3 RPG; art. 153.1 RPIB, que dispone que el presidente convocará la sesión plenaria dentro de los quince días siguientes a su admisión a trámite por parte de la Mesa; art. 153.2 RPIB; art. 170.4 RPV; art. 1art. 127.2 y 127.4 RPLRi prevé que el debate y la votación de la moción de censura no pueda tener lugar antes de los cinco días ni después de los veinte días desde la presentación de la primera moción de censura. También el art. 188.3 RAMA prevé la posibilidad de que se puedan presentar mociones alternativas, con los mismos requisitos que se acaban de ver, debiéndose celebrar el debate entre los cinco y los veinte días siguientes a la presentación de la primera moción; art. 166.2.d RAMU que dispone que la Presidencia convoque a la Junta de Portavoces para fijar la fecha de votación de la moción, debiendo decidir la propia Junta si concentra o no el debate de las mociones alternativas planteadas, añadiendo el art. 166.1 RAMU un período

26 Cfr. el completo análisis que, de todas los órganos e instrumentos parlamentarios del Parlamento de Galicia, realiza, X. A. SARMIENTO MÉNDEZ, *Dereito Parlamentario...*, *op. cit.*, en especial para la moción de censura, pp. 141 y ss.

de enfriamiento de cinco días; art. 179.2 RPNA, que no prevé la presentación de mociones de censura alternativas, se convocará la sesión plenaria en los diez ssiguientes a la presentación de la moción de censura. No se prevé de forma expresa la posibilidad de presentación de las mociones alternativas en el ordenamiento jurídico catalán. Por su lado, el artículo 154.3 RPCANT prevé, de forma algo obvia por lo demás, que ningún Diputado «pueda firmar varias mociones de censura que den lugar a un mismo debate» (similar art. 127.3 RPLR).

Como se sabe, la Constitución dispone que, si la moción de censura no se aprobase por el Congreso, sus signatarios «no podrán presentar otra durante el mismo período de sesiones». A estos efectos, el artículo 179 RCD aclara que la moción presentada en un período entre sesiones se imputará al siguiente período de sesiones, en una disposición que reiteran todos los reglamentos parlamentarios.

Los porcentajes que se exigen para presentar la moción de censura varían en las comunidades autónomas, aunque nunca son del diez por ciento, como en el Congreso de los Diputados. Así, el artículo 35.2 EAAST y art. 184 RJGPRINCAST prevé que la moción de censura deberá ser propuesta, al menos, por un quince por ciento de los miembros de la Cámara, mediante escrito motivado; igual que art. 55 EACAN y art. 159.1 RPCANA; art. 32.4 EAEX y art. 240.1 RAEX; art. 24.7 EALR y art. 126 RPLR; art. 20.1 EAMA y art. 188.1 RAMA; art. 33.4 EAMU y art. 165.2 RAMU. También sigue el criterio del quince por ciento de los Diputados miembros el artículo 50.2 EAAR y art. 221.2 RCAR; art. 22.3 EACANT y art. 153 RPCANT; art. 36.1 EACyL y art. 139.2 RCCyL; art. 21.2 EAC-LM y art. 173.1 RCC-LM; art. 149.1 RPCAT, que también prevé que la Presidencia convoque una sesión plenaria con solo este punto del orden del día; art. 56.1 EAIB y art. 162.1 RPIB. Hay otros porcentajes, como el artículo 138.1 RPG, art. 35.2 LORAFNA y art. 179.1 RPNA y art. 28.2 EACV y art. 145.2 RCV, en donde la moción de censura constructiva ha de ser presentada por un quinto de miembros de la Cámara; art. 170.2 RPV, un sexto de los miembros de la Cámara, o el art. 126.1 EAAND y art. 140.1 RPAND que dispone que la moción de censura la plantee un cuarto de sus miembros.

B) Debate y votación

El debate de la moción de censura aparece regulado en el artículo 177 RCD, que determina que se iniciará por la defensa de la moción de censura que, «sin limitación de tiempo», efectúe uno de los Diputados que hayan suscrito la misma. Seguidamente y también «sin limitación de tiempo», *podrá* intervenir el candidato propuesto en la moción constructiva para exponer «el programa político del Gobierno que pretende formar». Es la misma regulación que el artículo 140.1 RPAND; artículo 223 RCAR; art. 186.1 RJGPRINCAST; art. 155 RPCANT; 154.1. RPIB, en ambas intervenciones, sin límite de tiempo; art. 128.1 RPLR; art. 189 RAMA, con turnos iniciales de portavoces de treinta y, tras la intervención del candidato sin límite de tiempo, se produce un turno de réplica de los los grupos parlamentarios de quince minutos y la intervención final del candidato sin límite de tiempo, art. 241 RAEX y art. 180.1 RPN. Algo diferente es el art. 166.2.a RAMU, que prevé un debate entre uno de los firmantes de la moción de censura y el presidente del Gobierno por un tiempo de treinta minutos, otro turno de intervención de cada grupo parlamentario por quince minutos cada uno, interviniendo seguidamente el candidato propuesto sin límite de tiempo.

También hay que tener en cuenta el art. 160.1 RPCANA, que plantea el debate centrado entre uno de los firmantes de la moción y el Gobierno, con un turno de los Grupos parlamentarios por treinta minutos, interviniendo al final el candidato propuesto sin límite de tiempo; también art. 140.1 RCCyL; similar el art. 149.3 RPCAT, que empieza el debate por la intervención de uno de los firmantes de la moción y un miembro del Gobierno, por treinta minutos y la intervención del candidato, sin límite de tiempo. Sí dispone un límite de tiempo el RCV, cuyo artículo 146.1 prevé que la defensa de la moción sea por treinta minutos y el candidato intervenga por un tiempo de noventa minutos. Algo diferente es el artículo 170.5 RPV, pues determina que hagan uso de la palabra por un tiempo inferior a noventa minutos uno de los firmantes de la moción, el candidato propuesto y, al día siguiente, el presidente del Gobierno.

Al igual que en el debate de investidura, la Presidencia «decretará» la interrupción una vez acabado el debate, pudiendo intervenir seguidamente un representante de cada uno de los Grupos Parlamentarios de la Cámara que lo solicite, por tiempo de treinta minutos. El art. 177 RCD no dispone tiempo de suspensión. A su vez, todos los intervinientes tienen derecho a un turno de réplica «o rectificación» de diez minutos. En el Parlamento de Andalucía la interrupción será de, al menos, veinticuatro horas y los tiempos de intervención serán los mismos (artículo 141.2 RPAND; art. 223.2 RCAR, veinticuatro horas de suspensión; art. 186.2 RJGPRINCAST, por un máximo de veinticuatro horas; art. 160.2 RPCANA, que no dispone tiempo mínimo de suspensión; art. 140.2 RCCyL, veinticuatro horas; art. 155.2 RPCANT, dieciocho horas de suspensión; art. 149.4 RPCAT, suspensión inferior a veinticuatro horas; art. 146.2 RCV; art. 241.2 RAEX, doce horas como mínimo; art. 154.2 RPIB, veinticuatro horas, igual que art. 128.2 RPLR; art. 189.2 RAMA, que no dispone un mínimo de tiempo de suspensión).

El debate es muy similar en caso de que se hubiese presentado más de una moción de censura, si bien el presidente de la Cámara, oída la Junta de Portavoces, «podrá acordar el debate conjunto de todas» las mociones incluidas en el orden del día, debiendo ser votadas por separado, siguiendo siempre el orden de su presentación. Si se aprobase una moción de censura, no se someterán a votación las restantes que se hubieren presentado. La Presidencia deberá fijar una hora de votación. La moción o mociones de censura serán sometidas a votación a la hora que previamente haya sido anunciada por la Presidencia y «que no podrá ser anterior al transcurso de cinco días desde la presentación de la primera en el Registro General» (también el artículo 141.3 y 4 RPAND; art. 223.3 RCAR; art. 188 RJGPRINCAST; art. 160.3 RPCANA; art. 155.4 RPCANT; art. 175 RCCL-M; art. 140.4 RCCyL; art. 149.8 RPCAT; art. 146.1 RCV; art. 241.4 RAEX; art. 138.7 RPG; art. 154.3 RPIB; art. 128.2 y art. 128.5 RPLR; art. 188.3 y 189.6 RAMA; art. 166.1 RAMU; art. 180.1 RPN). Por su parte, es curiosa la prescripción del Reglamento de la Asamblea de Extremadura, pues impide intervenir en este debate a los Consejeros de la Junta de Extremadura (art. 241.2 RAEX). La votación es siempre pública por llamamiento.

La mayoría exigida para la aprobación de la moción de censura, en todos los casos, es la absoluta de miembros con los que cuenta la Cámara. Por «miembros de la Cámara» ha de entenderse aquellos que hayan adquirido la condición plena de Diputado. Y, si además se aprobase una moción, no se continuará con la votación de las demás.

Finalmente, el artículo 178 RCD determina que, en caso de aprobación de una moción de censura, el presidente del Congreso de los Diputados lo pondrá «inmediatamente en conocimiento del Rey y del Presidente del Gobierno». El candidato a la Presidencia del Gobierno incluido en la moción constructiva se considerará investido de la confianza de la Cámara, a los efectos previstos en el artículo 99 de la Constitución; también el artículo 142 RPAND; art. 224 RCAR —y se comunicará «inmediatamente al Jefe del Estado»—; art. 190 RJGPRINCAST; art. 161 RPCANA; art. 155.5 RPCANT; art. 156 RPCANT; art. 175 RCCL-M; art. 140.5 y art. 142 RCCyL; art. 43.5 y 43.6 de la *Ley de Cataluña 13/2008, de 5 de noviembre, de la Presidencia de la Generalidad y del Gobierno*; art. 147.1 RCV; art. 242.1 RAEX; art. 138.10. 2.ª RPG; art. 154.5 y 154.6 RPIB; art. 128.5 y 129 RPLR; art. 189.10 RAMA que preceptúa que el presidente de la Comunidad de Madrid presentará «formalmente» su dimisión ante la Asamblea, tomando posesión de su cargo el nuevo presidente ante la Mesa; art. 167 RAMU, «cesará» el presidente; art. 181 RPN; art. 170.7 RPV, según el cual, si el Parlamento aprueba una moción de censura, el Lehendakari «presentará su dimisión» (se supone que ante la Cámara) y el candidato incluido en aquella se entenderá designado por el Parlamento.

C) Reiteración de la moción de censura

El artículo 113.4 CE impide otra moción de censura firmada por los mismos signatarios durante el mismo período de sesiones. Las Comunidades han adoptado esta regulación a su realidad. Así, algunos reglamentos prohíben la reiteración de la moción de censura, hasta transcurrido un año desde la votación de la anterior. Por ejemplo, el artículo 225.2 RCAR determina que se considerará que una moción es igual a otra ya votada cuando esté suscrita por los mismos Diputados, o proponga el mismo candidato a la Presidencia del Gobierno; art. 162 RPCANA sigue el modelo constitucional, pues no puede presentarse otra moción de censura por los mismos firmantes durante el mismo período de sesiones, imputándose la presentada fuera del período ordinario al siguiente período de sesiones; el art. 147.2 RCV, también impide la moción de censura durante el mismo período de sesiones, imputándose la presentada entre períodos de sesiones al siguiente, igual que art. 138.9 RPG; art. 56.5 EAIBAL; art. 156 RPIB; art. 190 RAMA y art. 182 RPNA. El art. 43.7 de la *Ley de Cataluña 13/2008, de 5 de noviembre, de la Presidencia de la Generalidad y del Gobierno* introduce alguna novedad pues, además de la prohibición de que los firmantes de una moción de censura que se haya rechazado o retirado, no pueden presentar ninguna más durante el *siguiente período de sesiones*, se prevé que tampoco pueda presentarse ninguna moción de censura en el mismo período de sesiones en que ya se ha debatido una, ni siquiera por otros Diputados.

Otros sistemas prevén que no se pueda presentar la moción de censura hasta un año desde la votación, dentro de la misma Legislatura, como el art. 191 RJGPRINCAST; art. 157 RPCANT; art. 243 RAEX; art. 21.4 EACL-M y art. 177 RCCL-M; art. 142 RCCyL; art. 168 RAMU. Hay alguna peculiaridad más, como la del art. 130 RPLR, que dispone que no se puedan presentar mociones de censura hasta seis meses desde su «resolución», que es más tiempo que un periodo de sesiones; o el art. 170.8 RPV que prevé que no se pueda presentar otra moción por los signatarios durante dos periodos de sesiones (que viene a equivaler casi a un año).

Es interesante alguna disposición concreta, como la del artículo 165.5 RAMU que prevé que, a partir del registro de la moción de censura, ninguna firma podrá ser retirada o añadida a la misma, exigencia que es única en el *Derecho parlamentario español*. Además, el artículo 169 RAMU determina que, si durante la tramitación y «siempre antes de que se inicie la sesión para el debate y la votación», el presidente del Gobierno dimitiera, la moción de censura quedará sin efecto.

Como se sabe, el artículo 115.2 de la Constitución prevé que la propuesta de disolución de la Cámara no se pueda presentar cuando esté en trámite una moción de censura. Casi todos los Estatutos de Autonomía incluyen esta previsión, como 23.2 EACAN y art. 159 bis RPCANA; art. 21.1 EAMA; art. 28.4 EACV o art. 75 EACAT. Esta disposición tiene su sentido en que el presidente del Gobierno no pueda evitar el voto de la moción que ponga fin a la confianza de la Cámara, de la misma forma que la dimisión del presidente del Gobierno no debería impedir el voto de la moción de censura.

Como principio general y a salvo de disposición expresa, el régimen de retirada de una moción de censura debe ser el mismo que el resto de las iniciativas parlamentarias. Es decir, los signatarios de una moción de censura deben poder retirarla hasta el momento de su votación. Así, el artículo art. 158 RPCANT prevé que la moción de censura pueda ser retirada en cualquier momento por sus proponentes, se entiende que antes de su votación (también el art. 153.3 RPIB y el artículo 43.4 de la Ley de Cataluña 13/2008). Además, otros reglamentos regulan de una forma expresa la materia, como el art. 187 RJGPRINCAST que determina que, comenzada la discusión de una moción de censura, esta no podrá ser retirada, y el debate deberá continuar hasta la votación de la misma.

Finalmente, hay algunos Estatutos de Autonomía que adoptan decisiones que suponen cierta novedad. El artículo 22.6 del Estatuto de Autonomía para Cantabria prevé que el presidente no pueda presentar una cuestión de confianza mientras se tramite una moción de censura (art. 159 RPCANT); al igual que el art. 236 RAEX; art. 131 RPIB; art. 170.1 RAMU y art. 168.4 RPV. Además, y con algún otro ejemplo en España como en Galicia, el Reglamento del Parlamento Vasco también dispone la posibilidad de presentar mociones de censura a un miembro del Gobierno, ya sea vicepresidente o consejero que se sustanciará, como si fuera una moción de censura al Gobierno. Ello tiene una evidente lógica, pues la previsión de estos Estatutos de Autonomía y de los reglamentos es el control «del Gobierno» mediante la presentación de una moción de censura. No obstante, y para otros Parlamentos, debe pensarse que no se debe admitir a trámite una moción de censura a un consejero, o a un vicepresidente del Gobierno, si el reglamento no prevé expresamente esta particular iniciativa[27].

Es muy interesante, por la relevancia que adquirió el asunto, el auto del TSJ de Madrid (Sección 8.ª, contencioso-administrativo) n.º 48/2021, de 14 de marzo 2021, en relación con la disolución de la Asamblea de Madrid y el planteamiento de dos mociones de censura. A pesar de este indudable interés, el auto se centra más bien sobre la apreciación de *pericullum in mora* y del *fumus boni iuris* para aplicar la medida cautelarísima solicitada por la Asamblea de Madrid de suspender el decreto de la Presidencia de disolución de la Cámara; el Auto no se centra en consideraciones de Derecho parlamentario o electoral y, ni siquiera, se plantea la perspectiva constitucional del asunto. El auto desestima la medida cautelarísima solicitada por la Asamblea de Madrid, adelantando lo que seguramente hubiese sido en fallo desestimatorio.

---

27 Esta posibilidad de las mociones unipersonales a cada miembro del Gobierno fue apuntada, hace algunos años, en un trabajo trasladable a hoy día. Se dijo en relación con las mociones de reprobación individual que «se pretende evitar que, como suele ocurrir en tantos casos, la generalidad y difícil concreción de la responsabilidad de carácter solidario pueda traducirse en una dilución de las responsabilidades del ejecutivo y en una irresponsabilidad práctica de sus componentes y, eventualmente, de los agentes que dependen de los mismos. El riesgo que quiere superarse resulta fácil de expresar: dado que todos somos responsables, nadie debe responder solidariamente». R. L. Blanco Valdés, «Acción del gobierno, política de nombramientos y control parlamentario», en *Documentación Administrativa*, 246-247 (1996-1997), pp. 157 y 158. Además, este autor defiende la comunicación previa del Congreso del nombramiento de altos cargos, como forma de control parlamentario de la actividad del Gobierno. Cfr. F. Fernández Segado, «Las mociones de reprobación y la responsabilidad política individual», en AA. VV., *I Jornadas de Derecho parlamentario*, Madrid, Congreso, 1984, pp. 240 y ss. Cfr. A. Rastrollo Ripollés, «El control parlamentario (I): la moción de censura y la cuestión de confianza en el sistema constitucional español», en *Revista de las Cortes Generales*, 104, 2018, p. 302.

2.3. La cuestión de confianza

La cuestión de confianza es otra institución propia de la forma de gobierno parlamentaria que diseña la Constitución y se ha extendido a todas las comunidades autónomas. La decisión de que el presidente del Gobierno someta a la Cámara su confianza es personalísima, aunque deba ser sometida a debate previo en el Gobierno. Ello es consecuencia de la función del presidente del Gobierno de dirección del Ejecutivo del artículo 98 CE, y que reiteran todos los Estatutos de Autonomía. Así, el artículo 2.2.d de la *Ley 50/1997, de 27 de noviembre, del Gobierno* dispone con claridad que es una facultad exclusiva del presidente del Gobierno, de la misma forma que el artículo 24.1.c de la misma Ley, impide al «Presidente del Gobierno en funciones» plantear la cuestión.

En cualquier caso, tiende a relativizarse la cuestión de confianza como mecanismo de control parlamentario[28], pues su objeto no es controlar al Gobierno. La finalidad que persigue una cuestión de confianza puede ser muy diversa. Así, la cuestión de confianza puede ser utilizada, por ejemplo, por el presidente del Gobierno para influir o conformar en la mayoría parlamentaria, en casos en los que no haya una sola fuerza política que apoya al Gobierno, o para casos en que el Gobierno no tenga suficientes escaños para desarrollar su programa.

El artículo 112 de la Constitución establece que el presidente del Gobierno, pueda plantear ante el Congreso de los Diputados la cuestión de confianza, pudiéndolo hacer en dos modalidades, o bien «sobre su programa», o bien «sobre una declaración de política general». También el artículo 173 RCD; art. 144.1 RPAND; art. 218.1 RCAR; art. 192 RJGPRINCAST, que añade en su apartado segundo que tendrá alcance general «la declaración que, aun versando sobre un problema sectorial o singular, afectare sustancialmente, a juicio del Presidente, a la entidad de su programa»; también es igual que la Constitución el art. 54 EACANA y art.157.1 RPCANA; art. 22.2 EACANT; art. 178 RCCL-M, que aclara que la motivación de la cuestión debe tratar sobre «cualquier tema de interés regional», definiendo el art. 178.2 RCCL-M que, a estos efectos, se entenderá que tiene «interés regional y procede, por tanto, solicitar sobre ella la confianza parlamentaria, la declaración que, aun-

28 Cfr. F. FERNÁNDEZ SEGADO, «La cuestión de confianza en el marco de las relaciones Gobierno-Parlamento», en VV. AA., en *Gobierno y administración en la Constitución*, Vol. 1, Dirección General del Servicio Jurídico del Estado, Madrid, 1988, en especial pp. 598 y ss., en donde señala que «la cuestión de confianza se ha convertido, de facto, en un mecanismo de refuerzo de la posición parlamentaria del Gobierno, pudiendo servir al unísono para reactivar el mutuo compromiso inicial establecido entre el candidato a la Presidencia del Gobierno y la mayoría parlamentaria en el momento de la investidura». También, centrado en la regulación autonómica, F. VISIEDO MAZÓN, «La cuestión de confianza: singularidad de su regulación en el Estatuto de Autonomía de la Comunidad Valenciana», en *Corts. Anuario de Derecho parlamentario*, 1995, n.° 4 (1997), número extraordinario: «El futuro del Parlamento», pp. 443 a 468.c.

que verse sobre un problema sectorial y específico, el Consejo de Gobierno manifieste que afectaría sustancialmente a la totalidad de su programa político»; art. 136 RCCyL, también sobre su programa o sobre una declaración de política general, igual que art. 139.1 RPG; art. 44.1 de la *Ley de Cataluña 13/2008, de 5 de noviembre, de la presidencia de la Generalidad y del Gobierno*; art. 151.1 RPIB; art. 122.1 RPLR, «acompañada de la correspondiente certificación del Gobierno»; art. 185 y 186.1 RAMA; artículo 170.1 RAMU; artículos 167 y 168.1 RPV. De una forma amplia, el artículo 30 del Estatuto de Autonomía de la Comunidad Valenciana, y el artículo 142 del Reglamento de las *Corts* Valencianas determinan que se pueda presentar la cuestión de confianza por el *president* sobre su programa, una decisión política, o un proyecto de ley. De una forma algo diversa, el artículo 35 LORAFNA y el art. 176 RPNA dispone que el Presidente pueda presentar la cuestión sobre «su programa de actuación».

Por su lado, el artículo 236 RAEX regula la cuestión de confianza de un modo algo más específico que la habitual regulación del *Derecho parlamentario español*, pues debe recaer en una «declaración de política general en el marco de las competencias que se atribuyen a la Comunidad Autónoma en el estatuto de autonomía, o sobre un problema sectorial o específico que manifieste que puede afectar sustancialmente a la entidad de su programa electoral».

Dispone el artículo 174.1 RCD que la cuestión de confianza se presentará en escrito motivado ante la Mesa del Congreso, acompañada de la correspondiente certificación del Consejo de Ministros, pues debe producirse la deliberación en su reunión, aunque la decisión y responsabilidad de su presentación son del presidente. La Mesa de la Cámara debe verificar el cumplimiento formal de los requisitos exigidos por la Constitución y por el Reglamento, incluida la motivación suficiente, la cual debería tener un contenido político. Seguidamente, la Presidencia dará cuenta del mismo a la Junta de Portavoces y se convocará la correspondiente sesión plenaria. También el art. 144 RPAND; art. 218.3 RCAR, que dispone que el Pleno será convocado en un plazo no superior a quince días para debatir y votar la cuestión; art. 193 RJGPRINCAST; art. 150 RPCANT, que también determina que la Presidencia convocará la sesión plenaria antes de los quince días desde su presentación; art. 179 RCCL-M; art. 137.1 RCCyL; art. 150.1 RPCAT; art. 143.1 y 143.3 RCV; art. 139.2 RPG; art. 151.2 RPIB, que dispone asimismo el plazo de quince días para convocar la sesión plenaria; art. 122.3 RPLR, en donde se debatirá entre los cinco y los veinte días siguientes a su presentación; también siguen los parámetros del Congreso de los Diputados, el art. 177.1 RPNA y art. 168 RPV.

El desarrollo del debate será con sujeción a las mismas normas establecidas para el debate de investidura, correspondiendo al presidente del Gobierno y, en su caso, a los miembros del mismo, las intervenciones allí establecidas para el candidato, según el artículo 174.3 RCD; artículo 145 RPAND; art. 219 RCAR; art. 194.1 RJGPRINCAST que especifica las intervenciones del presidente sin límite de tiempo en una sesión que empezará tras la suspensión de veinticuatro horas; art. 158.3 RPCANA; art. 151 RPCANT; art. 180.1 RCCL-M; art. 137.3

RCCyL; art. 150.3 RPCAT; art. 143.3 RCV; art. 237.2 RAEX, con la intervención del presidente del Gobierno sin límite de tiempo; art. 139.3 RPG; art. 151.3 RPIB; art. 123.2 RPLR; art. 186.3 RAMA; art. 177.3 RPN; art. 168.2 RPV.

Finalizado el debate, la cuestión será sometida a votación a la hora fijada y también será pública por llamamiento. La cuestión de confianza no podrá ser votada hasta que transcurran veinticuatro horas desde la presentación de la cuestión de confianza ante el Pleno de la Cámara, (art. 174.4 RCD; art. 145.2 RPAND; art. 219.2 RCAR; art. 194.1.b RJGPRINCAST; art. 158.4 RPCANA; art. 151.2 RPCANT; art. 180.2 RCCL-M; art. 137.4 RCCyL; art. 150.4 RPCAT y art. 44.2 *Ley 13/2008, de 5 de noviembre, de la presidencia de la Generalidad y del Gobierno*; art. 143.4 RCV; art. 237.2 RAEX, con doce horas de suspensión; art. 130.4 RPG; art. 151.4 RPIB, no podrá ser votada hasta el día siguiente a la finalización del debate; art. 177.4 RPN; art. 123.3 RPLR, que dispone que será sometida a votación la cuestión una vez «concluido el debate»; art. 186.4 RAMA, la votación «no podrá tener lugar hasta transcurridas veinticuatro horas desde su presentación»; art. 171.2 RAMU, debiendo procederse a la votación de la cuestión un mínimo de cuarenta y ocho horas tarde desde su presentación; art. 168.2.b RPV una suspensión no inferior a veinticuatro horas).

La confianza se entenderá otorgada cuando obtenga el voto favorable de la mayoría simple de los Diputados y, en caso de no otorgarse, el Gobierno y su presidente cesarán en sus cargos, como expresamente disponen el art. 112 CE y art. 174.3 RCD, art. 139.5 RPG, art. 124.4 RPLR, o el art. 186.5 RAMA; art. 177.5 RPN.

Como ya se ha dicho, el artículo 114 CE prevé que en caso de que el Gobierno pierda la confianza de la Cámara presentará su dimisión al Rey, procediéndose a la designación de presidente del Gobierno, conforme dispone el art. 99 CE. Algún reglamento parlamentario autonómico se encarga de reiterar que, en caso de que el Parlamento no vote a favor de la cuestión de confianza, el presidente ha de presentar su dimisión ante el Parlamento, como el artículo 147 RPAND. «El Presidente, en el plazo máximo de quince días, convocará la sesión plenaria para la elección del nuevo Presidente de la Junta». Según el artículo 220 RCAR, en este caso, se iniciará «inmediatamente» el procedimiento de investidura; o según el artículo 197.2 RJGPRINCAST, el presidente del Parlamento convocará el Pleno para la elección del presidente «conforme al procedimiento establecido en este Reglamento». También el art. 152 RPCANT prevé la convocatoria de una nueva sesión plenaria para elección de presidente, conforme a las previsiones reglamentarias de la investidura; también el artículo 182 RCCL-M, o el art. 137.6 RCCyL; art. 44.4 *Ley 13/2008, de 5 de noviembre, de la Presidencia de la Generalidad y del Gobierno*; art. 234.1 RAEX, que fija también quince días para la convocatoria de la sesión de investidura; art. 151.5 RPIB. De forma similar, el art. 125 RPLR prevé que, en caso de que el Parlamento negase su confianza al presidente, este presentará su dimisión a la Cámara, debiendo la Presidencia de la Cámara convocar una nueva sesión en el plazo máximo de quince días para un nuevo procedimiento de investidura; también el artículo 186.6 RAMA, que prevé que el presidente que no obtuviera la confianza «presentará formalmente su dimisión», debiendo proponerse candidato en el plazo máximo de diez días desde la votación de la confianza, teniendo lugar la sesión de investidura en los cinco días siguientes. Por su lado, el artículo 144 RCV, o el artículo 151.3 RPIB, prevén que la Presidencia convoque en el plazo máximo de quince días, sesión plenaria para la elección del nuevo *president*; igual art. 172 RAMU. Y, de modo similar, el artículo 168.3 RPV dispone que, si fuese denegada la confianza, el Lehendakari presentará su dimisión y se «procederá a la designación» del nuevo presidente.

Cualquiera que sea el resultado de la votación en el Congreso de los Diputados, el presidente del Congreso lo comunicará al Rey y al presidente del Gobierno, lo cual es algo peculiar, pues se supone que el presidente del Gobierno estará en la sesión en la que se vote la cuestión por él mismo presentada, (artículo 174.6 RCD, también 219.4 RCAR; art. 158.5 RPCANA —al rey y al «Presidente del Gobierno del Estado»—; art. 151.4 RPCANT; art. 137.6 RCCyL; art. 143.7 RCV, lo comunicará al presidente de la *Generalitat*; art. 151.4 RPIB; art. 186.7 RAMA; art. 177.7 RPN).

Por lo demás, hay algunas previsiones interesantes. Es cierto que una de esas cuestiones de política general que pueden motivar una cuestión de confianza puede ser la presentación de un proyecto de ley, aunque la votación de la cuestión de confianza y la del proyecto de ley deberían reputarse de forma diferenciada. Pero el régimen del artículo 30 del Estatuto de Autonomía de la Comunidad Valenciana es distinto pues, como se ha visto, al modo anglosajón, el presidente puede plantear la cuestión de confianza sobre un proyecto de ley, en cuyo caso «éste se considerará aprobado según el texto enviado por el Consell, excepto en los casos en los que se requiera una mayoría cualificada» (art. 30 EACCV y art. 143.6 RCV).

En Castilla-La Mancha el supuesto es diferente, pues se considera aprobado el proyecto de ley si vota a favor la mayoría absoluta de los Diputados (art. 20.2 EACL-M y art. 181 RCCL-M). Este tipo de cuestión de confianza no podrá ser planteada más de una vez en cada período de sesiones, y no podrá ser utilizada en relación con el Proyecto de Ley de Presupuestos de la Región, ni con proyectos de legislación electoral o institucional. Nada dispone el Reglamento de las Cortes de Castilla-La Mancha qué sucede si no se obtiene la mayoría absoluta en la votación de esta cuestión de confianza cualificada, pero sí mayoría simple, pero bien podría entenderse que la cuestión de confianza desplegará el efecto visto, entendiendo por ello que la Cámara ha confirmado su confianza al presidente (cuestión de confianza ordinaria del art. 20.1 EACL-M), pero no ha aprobado el proyecto de ley.

Más peculiar aún es la previsión del artículo 169 del Reglamento del Parlamento Vasco que prevé, en el Capítulo relativo a la cuestión de confianza, la comparecencia del presidente en el caso de que haya un «gobierno de coalición», y se altere la composición de partidos. En este caso, el *Lehen-*

dakari comparecerá ante la Cámara, si no «hubiese planteado una moción de confianza», para explicar las razones de la alteración y defender el programa de gobierno. Este debate concluirá sin votación.

2.4. Interpelaciones y preguntas

El artículo 111 de la Constitución prevé dos instrumentos de control. El apartado 1 dispone que «El Gobierno y cada uno de sus miembros están sometidos a las interpelaciones y preguntas que se le formulen en las Cámaras. Para esta clase de debate los Reglamentos establecerán un tiempo mínimo semanal». La garantía que supone esta previsión para las Cortes Generales es innegable, añadiendo el apartado 2 que «Toda interpelación podrá dar lugar a una moción en la que la Cámara manifieste su posición».

La importancia de la función de control se pone de relieve con la regulación que dedica el Derecho parlamentario español a las interpelaciones y preguntas[29], porque solo a estas iniciativas les garantiza el Reglamento una dedicación mínima semanal. El artículo 191 RCD determina que en «las semanas en que exista sesión ordinaria del Pleno se dedicarán, por regla general, dos horas como tiempo mínimo, a preguntas e interpelaciones». El artículo 165 RS, siguiendo este criterio, determina que los primeros sesenta minutos «como máximo» de cada sesión ordinaria serán dedicados al desarrollo de preguntas, a no ser que «el orden del día esté enteramente reservado a otros temas. Transcurrido dicho tiempo, el presidente remitirá las preguntas no desarrolladas a la sesión siguiente». El artículo 166 RPAND dispone, con un criterio similar al del Congreso de los Diputados, que durante las semanas en las que haya sesión ordinaria del Pleno se dedicarán, «por regla general, dos horas como tiempo mínimo a preguntas e interpelaciones» (también art. 158 RPG, o 170 RPIB). Menos concreto es el RPCANT, que prevé, en su artículo 173 que, en cada sesión ordinaria del Pleno habrá de dedicarse un tiempo mínimo a la tramitación de preguntas e interpelaciones, «si las hubiera», pudiendo exceptuarse si se acordara la celebración periódica de sesiones plenarias dedicadas «exclusivamente» a la tramitación de iniciativas de control. También el art. 155.5 RCV dispone un tiempo mínimo de tramitación de las preguntas de dos horas en cada sesión de control, sin que pueda sobrepasar las cuatro preguntas por cada grupo parlamentario y Pleno, y también se incluye la dedicación de dos horas para las preguntas especiales de urgencia. De forma similar, el art. 186 RPV prevé la celebración, al menos, de una sesión monográfica de control cada quince días.

29 P. García-Escudero Márquez, *Parlamento y futuro…*, *op. cit.*, pp. 191 y ss. Señala esta autora, seguramente con razón, que la presentación reiterada de preguntas e interpelaciones que hacen que sean las más importantes e intensas iniciativas parlamentarias, produce cierto efecto de hartazgo, incrementado por el hecho de que en su tramitación se obvia la participación de otros grupos parlamentarios.

A) Interpelaciones

a) Concepto

El Tribunal Constitucional ha definido lo que se debe entender por interpelaciones, con el objeto de fijar la línea separadora, no siempre clara, con las preguntas. Las interpelaciones son instrumentos de control dirigidos al Gobierno, y que deben centrarse en cuestiones de política general. También el Tribunal tuvo ocasión de referirse a las interpelaciones reguladas en el anterior artículo 179 del Reglamento de la Asamblea de Murcia[30] (STC 225/1992, de 14 de diciembre).

Las interpelaciones están reguladas en el artículo 180 del Reglamento del Congreso de los Diputados, y la legitimación activa corresponde a los Diputados y a los Grupos parlamentarios, mientras que la legitimación pasiva corresponde al Gobierno y a cada uno de sus miembros: ello significa que también podrán ser dirigidas las interpelaciones al presidente del Gobierno, aunque no sea lo más habitual. También se dispone así en el artículo 168 RS; por su lado, el art. 154 RPAND reconoce legitimación activa de la interpelación a los diputados, previo conocimiento del grupo y todos los Grupos parlamentarios; art. 252 RCAR, los Diputados con el previo conocimiento de su grupo, y también pueden los grupos parlamentarios, igual que art. 204 RJGPRINCAST; art. 163 RPCANA, los Diputados y los grupos parlamentarios; art. 160 RPCANT; art. 183 RCCL-M; art. 148 RCV; art. 220 RAEX; art. 147 RPG; art. 157 RPIB; art. 136 RPLR; art. 199 RPLR; art. 181.1 RAMU al Diputado; art. 183 RPN. La legitimación pasiva corresponde al Gobierno, pudiendo contestar cualquier miembro del mismo, como expresamente aclara el artículo 185.5 RCCL-M; art. 150 RCCyL; art. 157.1 RPCAT corresponde a la legitimación activa a Diputados y los grupos parlamentarios y «deben tramitarse en el Pleno»; art. 178.1 RPV, y la legitimación pasiva le corresponde al Gobierno y a cada uno de sus miembros, y se podrán presentar hasta las doce horas del lunes anterior a la celebración de una sesión plenaria (art. 178.2 RPV). Por su parte, el legitimado para presentar una iniciativa, debería estar legitimado para retirarla, según el régimen general de retirada de las iniciativas.

Como ya se ha dicho, el objeto de las interpelaciones se centra en los «motivos o propósitos de la conducta del Ejecutivo en cuestiones de política general, bien del Gobierno o de algún departamento ministerial» (también artículo 155.2 RPAND; art. 205.1 RJGPRINCAST). Por eso, lo normal es que se sustancien ante el Pleno, excepto algún caso llamativo que se verá, y a salvo de la regulación de la Asamblea de Murcia.

---

30 Cfr. el trabajo relativo a este concepto de interpelación que utilizaba el artículo 179 del Reglamento de la Asamblea de Murcia, MONTANER SALAS y E. FERNÁNDEZ DE SIMÓN BERMEJO, «Algunas cuestiones sobre la singularidad de las interpelaciones en el Reglamento de la Asamblea Regional de Murcia», en *Corts: Anuario de derecho parlamentario*, 7, pp. 265 a 274.

Al ser su objeto las actuaciones del Ejecutivo, debe entenderse que no pueden ser objeto de interpelaciones las cuestiones relativas al partido político que sustenta al Gobierno, o a otros partidos, o a Gobiernos anteriores, o a cuestiones que no dependan de la acción política, o de la acción administrativa del Gobierno. Así lo ha vuelto a confirmar la STC 68/2020, de 29 de junio. Un dato relevante, aunque se realice una interpretación cada vez más laxa[31], es que ha de versar sobre una cuestión de política «general», lo cual debería excluir cuestiones puntuales o particulares, debiéndose entender que el ámbito de las preguntas y el de las interpelaciones ha de estar debidamente separado. El artículo 170.2 del Reglamento del Senado es muy significativo en los términos que utiliza, pues la interpelación versará sobre «la política del Ejecutivo en cuestiones de interés general», debiendo presentarse por escrito y manifestando «de un modo explícito, el objeto de la interpelación». Si el escrito presentado no es el propio de una interpelación, la Mesa lo comunicará al Senador preguntante «para su conversión en pregunta con respuesta oral o por escrito» (artículo 170.3 RS; o art. 184.2 RPN). Los matices que han introducido los reglamentos son diversas y, así, según el artículo 253 RCAR, debe versar la interpelación sobre «cuestiones de política general o sobre asuntos de especial relevancia». El Reglamento del Parlamento de Canarias (art. 163.2 RPCANA) especifica que pueden versar también sobre «cuestiones de política general o sectorial, bien del Gobierno o bien de una Consejería» y podrán sustanciarse ante el Pleno o ante una Comisión, en función de la importancia y de la voluntad expresamente formulada por el proponente; según el art. 161 RPCANT las interpelaciones versan sobre los motivos o propósitos de la conducta del Ejecutivo en cuestiones de política general bien del Gobierno o de alguna Consejería; art. 184.1 RCCL-M, que puntualiza que las cuestiones de política general, pueden estar referidas a una Consejería «en cualquiera de sus programas». No obstante, las disposiciones reglamentarias exigen rigurosamente que las interpelaciones deben centrarse «sobre los motivos o propósitos de la actuación del ejecutivo en cuestión de política general» del Gobierno o de algún Departamento, art. 151 RCCyL; art. 148.2 RCV; art. 148 RPG; art. 137.1 RPLR; y el artículo 157.2. RPCAT determina que la interpelación se ha de referir a los motivos y a los propósitos del proceder del Gobierno en cuestiones de política general de competencia de alguno de

31 Cfr. E. ARANDA ÁLVAREZ, «Transformaciones en los instrumentos de control parlamentario», en Teoría Realidad Constitucional, 19, 2007, pp. 114 y ss.; también, J. OSÉS ABANDO, «Interpelaciones y preguntas: sugerencias para su reforma», en *Corts: Anuario de Derecho parlamentario*, 5, 1998, p. 51, en donde dice este autor: «el criterio de "generalidad..." no es de fácil uso en la práctica porque pueden actuar como vectores contrapuestos el interés de la mayoría (muchas veces plasmado en la composición de la Mesa) y el afán de la oposición por utilizar masivamente las interpelaciones por su mayor trascendencia. Por eso, debe exigirse un especial esfuerzo de equilibrio institucional y de lealtad mutua». Cfr. del mismo autor, «Las interpelaciones», en X. A. SARMIENTO MÉNDEZ (coord.), *Manual Aelpa del parlamentario*, Madrid, Wolters Kluwer, pp. 439 a 444.

sus departamentos, y «deben determinar su objeto o alcance material». En este sentido, según el art. 158.1 RPIB deben centrarse en los motivos o los propósitos de la conducta del Gobierno en cuestiones de política general; también el art. 200.1 RAM.

Similar regulación introduce el artículo 221 RAEX (motivos o propósitos de la conducta del Ejecutivo en cuestiones de política general), o el Reglamento del Parlamento de Navarra que prevé que las interpelaciones deban versar solo sobre la posición, actuaciones o proyectos del Gobierno o de alguno de sus Departamentos en «cuestiones de política general» (art. 184.1 RPN), y es equivalente el art. 178.1 RPV, sobre cuestiones de política general o de «especial relieve público».

Como ya se ha estudiado, la comprobación de que la interpelación se refiera a «cuestiones generales» es uno de los casos en que las Mesas pueden controlar el contenido de la iniciativa parlamentaria. Si el contenido de la interpelación no es el exigido por el Reglamento, la Mesa deberá instar la conversión de la iniciativa en una pregunta (*vid.* art. 181.1 RAMU). Solo si la Mesa considera que su contenido es el propio de una interpelación, la admitirá a trámite, la publicará y la comunicará al Gobierno. También en el artículo 205.2 RJGPRINCAST; art. 163.3 RPCANA (la Mesa lo admitirá siempre antes de los siete días siguientes a su presentación); art. 161.2 RPCANT, que prevé la inadmisión a trámite si se profirieren palabras o vertieren conceptos contrarios a las reglas de la cortesía parlamentaria; art. 151 RCCyL; art. 157.3 RPCAT; art. 148.3 RCV; art. 222.1 RAEX; art. 148.2 RPG; art. 158.2 RPIB; art. 137.2 RPLR; art. 200.2 a y b RAMA. Por su lado, el art. 178.3 RPV prevé un posible replanteamiento por el autor.

b) Tramitación

La tramitación de las interpelaciones suele beneficiar al Gobierno y, así, el artículo 182 RCD determina un periodo de enfriamiento de quince días desde su publicación. Transcurrido ese plazo, la interpelación estará en condiciones de ser incluida en el orden del día del Pleno. El Reglamento del Senado dispone un régimen algo diferente, pues las interpelaciones se incluirán en el orden del día del Pleno una vez transcurridas dos semanas desde la fecha de su presentación y, «salvo que la ordenación de las tareas de la Cámara lo impidiese, no más tarde de un mes». Se prevé en el Senado que pueda haber interpelaciones urgentes, lo cual se solicitará a la Mesa que podrá «reducir» este amplio plazo (artículo 171.2 RS).

Hay reglamentos muy detallistas. Así, según el artículo 155.1 RPAND las interpelaciones se han de presentar antes de las diez horas del martes de la semana anterior a aquella en la que se celebre sesión plenaria. Por su parte, el artículo 206 RJGPRINCAST dispone que la interpelación podrá ser incluida en el orden del día del Pleno pasados cinco días desde su traslado; artículo 164.1 RPCANA, diez días desde la comunicación al Gobierno; art. 162.1 RPCANT, siete días desde su admisión a trámite, igual que el art. 184.3 RCCL-M; art. 152 RCCyL, siete días desde la publicación, igual que art. 149.1 RPG, en donde se debatirán en la segunda sesión plenaria después de su publicación, art. 150 RPG; art. 222.1 RAEX, diez días desde su publicación; art. 159.1 RPIB, al día siguiente al de su publicación; art. 201.1 RAMA, siete días desde la admisión a trámite; art. 181.3 RAMU, diez días desde la remisión de la interpelación al Gobierno; art. 185 RPNA, cinco días desde la publicación, aunque para las interpelaciones urgentes el plazo es de tres días desde su presentación.

El primer deber del Gobierno es acudir al Parlamento a rendir cuentas de su acción de gobierno. No obstante, el *Derecho parlamentario español* suele incluir disposiciones que permiten al Gobierno solicitar el aplazamiento de interpelaciones, no por mera conveniencia política, sino por razones de asistencia a reuniones o compromisos institucionales inaplazables, o por una motivación adecuada que debe ser aceptada expresamente por la Mesa. La exigencia de que la solicitud sea motivada adquiere todo su sentido, pues la Mesa ha de aceptar la solicitud del Gobierno. Según el artículo 171.3 del Reglamento del Senado, el Gobierno puede solicitar motivadamente el aplazamiento «de una interpelación por tiempo no superior a un mes», lo cual exigiría que la interpelación hubiese sido incluida ya en el orden del día de la sesión plenaria ordinaria correspondiente. El Reglamento del Congreso de los Diputados no prevé esta disposición para las interpelaciones, pero sí la prevé para las preguntas. También el art. 155.6 RPAND dispone que se pueda solicitar el aplazamiento de una de las dos interpelaciones incluidas en el orden del día; art. 256.2 RCAR; art. 162.5 RPCANT; art. 184.3 RCCL-M; art. 157.6 RPCAT, también el Diputado que presente la interpelación puede solicitar el aplazamiento; art. 138.1 RPLR; art. 181.3 RAMU se puede aplazar a solicitud del Gobierno otros cinco días; art. 186.3 RPNA, la solicitud ha de ser motivada y para la siguiente sesión plenaria y art. 189 RPV, para las interpelaciones y preguntas.

También es norma favorable al Gobierno la de los artículos 182.2 RCD y 172 RS, según los cuales no se puede incluir más de una interpelación de un Grupo parlamentario en una sesión plenaria. Esta norma es muy habitual en el *Derecho parlamentario español*, como el artículo 155.2.3.º RPAND; art. 162.2 RPCANT; art. 149.2 RCV fija el número de dos por Grupo parlamentario; igual que el artículo 138.1 RPLR; o art. 179.b RPV. También el artículo 164.2 RPCANA prevé una interpelación por cada Grupo parlamentario, pudiendo incluir una más por cada diez Diputados que formen el grupo. El artículo 222.2 RAEX prevé que puedan ser dos interpelaciones por cada grupo parlamentario en una sesión plenaria.

c) Prioridad. Las interpelaciones urgentes

Así mismo, se suele establecer una prioridad en la inclusión de las interpelaciones en el orden del día plenario. En el Congreso de los Diputados tienen prioridad los Diputados de Grupos Parlamentarios, o los Grupos Parlamentarios que en el correspondiente período de sesiones no hubieren consumido el cupo resultante de asignar una interpelación por cada diez Diputados, o fracción pertenecientes al mismo. Los cupos en el Parlamento tienen su importancia, porque impiden que el habitual juego de las mayorías sea controlado por el Gobierno. En el Senado (artículo 172 RS) tienen preferencia los senadores que hubieran utilizado menos el derecho a presentar interpelaciones en el período de sesiones. Si hay igualdad (se puede pensar en el inicio del período de sesiones), se dará preferencia a aquel miembro que pertenezca al Grupo parlamentario de mayor importancia numérica y, si se da dentro del mismo, tendrá preferencia el que haya presentado antes la iniciativa. Todo ello sin perjuicio de los criterios de urgencia que puede haber, por ejemplo, en el Senado. Similares son los artículos 115 y 256 del Reglamento de las Cortes de Aragón; artículo162 RPCANT; artículo 206.2 RJGPRINCAST; art. 164.2 RPCANA; art. 138.1 RPLR. También el art. 184.5 RCCL-M; art. 152.2 RCCyL, debiéndose incluir la interpelación en el orden del día de la segunda sesión plenaria después de publicarse, art. 153 RCCyL; art. 149.3 RCV; art. 149.2 RPG; art. 159.3 RPIB. Pero el art. 157.5 RPCAT introduce un criterio diferente en el *Derecho parlamentario español*, pues al aprobar el calendario de sesiones plenarias de cada período, la Mesa, de acuerdo con la Junta de Portavoces, establece el número máximo de interpelaciones que pueden sustanciarse en cada sesión y su distribución proporcional entre los grupos parlamentarios durante todo el período. Por tanto, los criterios de prioridad son variados, como se ve. Así, el art. 185.1 RPNA dispone la prioridad de la interpelación según el orden de presentación. Y, por su lado, el artículo 179.b RPV también prevén el orden de presentación, aunque puede el portavoz del grupo parlamentario proponer la tramitación de interpelaciones sobre «hechos o circunstancias de especial actualidad».

Algunas pautas reglamentarias en esta materia tienen ciertamente interés y suponen siempre un límite al ejercicio de la función de control del Gobierno. El artículo 155.2 RPAND determina que en cada sesión plenaria se tramitarán, «como máximo», dos interpelaciones. Y la forma de distribuir las interpelaciones entre los Grupos parlamentarios para el caso de que se presenten más de dos, se hará dando preferencia al grupo que menos haya interpelado. En Andalucía, tienen preferencia los Grupos parlamentarios, que no hubiesen consumido el cupo resultante de asignar una interpelación por cada tres Diputados o fracción perteneciente al mismo. En caso de igualdad, será de aplicación el criterio *prior in tempore*.

Con una u otra denominación, no es extraño que el *Derecho parlamentario español* regule las interpelaciones urgentes, como ya se ha visto que sucede en el Senado. En el Congreso de los Diputados regula estas interpelaciones la *Resolución, de 6 de septiembre de 1983, de la Presidencia para desarrollo de los artículos 180 a 184, en relación con el artículo 67.4 del Reglamento, acerca de interpelaciones.* Estas interpelaciones urgentes, según el apartado segundo de esta Resolución, serán formuladas «entre el martes y el jueves de la semana anterior a aquélla en que se solicite su debate» y serán calificadas por la Presidencia del Congreso, decidiendo la Mesa sobre la urgencia en caso de discrepancia entre el autor de la interpelación y la Presidencia. En cada sesión plenaria se podrán incluir hasta dos interpelaciones urgentes.

Otros reglamentos prevén que haya interpelaciones de «máxima actualidad», como el artículo 155.4 RPAND, en donde se podrá presentar hasta las catorce horas del viernes anterior a la semana en que haya de celebrarse la sesión plenaria. El límite a favor del Gobierno es claro, pero también inevitable y, así, durante un período de sesiones no podrán sustanciarse más de ocho interpelaciones de urgencia, debiéndose repartir entre los Grupos parlamentarios proporcionalmente a su representación. Por su lado, al menos cada Grupo parlamentario tendrá una interpelación de urgencia por cada período de sesiones, debiendo retirar ese Grupo parlamentario las interpelaciones ordinarias que hubiese incluido del orden del día.

Las interpelaciones urgentes por cuestiones de máxima actualidad se regulan también en el Reglamento de las Cortes de Aragón (art. 255 RCAR). La interpelación urgente se presentará antes de las cuarenta y ocho horas de iniciarse la sesión plenaria y se dirigirá a la Presidencia que las admitirá y comunicará al Gobierno. También la admisión de esta interpelación urgente implica la retirada de la ordinaria que hubiera sido admitida. Similar es el supuesto del artículo 206.3 RJGPRINCAST que regula las interpelaciones urgentes que se sustanciarán ante el Pleno inmediatamente siguiente a su presentación, siempre que el orden del día del mismo no hubiese sido ya aprobado. La calificación y la apreciación de la urgencia de estas interpelaciones corresponde al presidente de la Cámara, pudiendo en caso de discrepancia, decidir la Mesa, igual que en el Congreso de los Diputados. También hay interpelaciones urgentes en el artículo 184.4 RCCL-M, que se debatirán en un plazo de cuarenta y ocho horas desde su comunicación al Gobierno y tendrán prioridad con respecto al resto de interpelaciones. En las Cortes Valencianas las interpelaciones urgentes son presentadas por un Grupo parlamentario, con un número máximo de ocho interpelaciones urgentes por período de sesiones y una por cada sesión plenaria ordinaria, presentadas «antes de las 14 horas del viernes anterior a la realización del Pleno en el que haya de ser incluida»; debiendo ser su objeto solo cuestiones de máxima actualidad (art. 149.4 RCV). También, en el art. 159.2 RPIB regula las interpelaciones de urgencia.

d) Debate

El debate de las interpelaciones suele ser un diálogo entre interpelante e interpelado, con una exposición y su respuesta, y dos turnos de réplica inmediatos (artículo 183.1 RCD). Las primeras intervenciones no podrán exceder de diez minutos, ni las de réplica de cinco. En el Congreso de los Diputados, después de la intervención de interpelante e interpelado podrá hacer uso de la palabra un representante de cada Grupo Parlamentario, excepto de aquel de quien proceda la interpelación, por término de cinco minutos para fijar su posición. Es muy similar el artículo 173.1 RS, que determina que las primeras intervenciones sean de quince minutos; también el art. 207 RJGPRINCAST; el artículo 156 RPAND, con dos turnos de pregunta y contestación, de diez minutos cada uno, y dos sucesivos de réplica, de cinco cada uno; art. 168 RPCANA; art. 163 RPCANT; art. 153 RCCyL; art. 157.7 RPCAT; art. 150.1 RCV; igual que art. 223 RAEX; art. 150 RPG; art. 160 RPIB; art. 139 RPLR; art. 202.1 RAMA, prevé también el uso de la palabra por tres minutos de los grupos que no hayan presentado la interpelación y cinco minutos finales para la contestación del Gobierno; art. 181.4 RAMU, veinte minutos en total; art. 186.1 RPNA, treinta minutos, más un turno de fijación de posiciones de cinco minutos del resto de grupos parlamentarios. También incluye una regulación parecida el artículo 257 RCAR, en donde la duración total de la tramitación será de veinte minutos; y el art. 180 RPV prevé un debate de treinta minutos. Si no se produjese una tercera intervención de réplica, no debería producirse la cuarta de dúplica o contrarréplica.

Según el Reglamento del Congreso de los Diputados, al finalizar el período de sesiones, las interpelaciones pendientes se tramitarán como preguntas con respuesta por escrito[32], a contestar antes de la iniciación del siguiente período, salvo que el Diputado o Grupo Parlamentario interpelante manifieste su voluntad de mantener la interpelación para dicho período. También art. 272.1 RCAR (para proposiciones no de ley, interpelaciones y preguntas); art. 219 RJGPRINCAST, que determina que decaerán; art. 162.6 RPCANT; art. 149.3 RPG; art. 159.4 RPIB; art. 138.2 RPLR; art. 204 RAMA; art. 185.3 RPN; art. 187 RPV. El artículo 157.4 RPCAT mantiene un criterio más estricto, pues las interpelaciones no incluidas en el orden del día «decaen automáticamente».

e) Moción

Toda interpelación podrá dar lugar a una moción en que la Cámara manifieste su posición (artículo 184.1 RCD; art. 173.2 RS, cuando el interpelante no quede «satisfecho con las explicaciones del Gobierno»; art. 181.1 RPV en la moción se propone el debate y la toma de postura por la Cámara en relación con las explicaciones proporcionadas por el Gobierno y las materias tratadas en la interpelación). El art. 182.1 RAMU limita la presentación de la moción «cuando el interpelante no se considere satisfecho con las explicaciones dadas por el Consejo de Gobierno». Las mociones solo pueden ser presentadas por el Grupo Parlamentario interpelante o aquel al que pertenezca el firmante de la interpelación. En general, la moción se presentará en

32 No se puede sino compartir el criterio contrario de J. Osés Abando, pues la «teórica» entidad de las interpelaciones les debería dotar «de una mayor perdurabilidad e interés temporal, y así remarcaría su especificidad respecto a éstas». *Interpelaciones y preguntas...*, *op. cit.* p. 53. Por eso mismo, la derogación de esta disposición parece más que razonable.

el día siguiente al de la sustanciación de aquella ante el Pleno. Además, la moción, una vez admitida por la Mesa, se incluirá en el orden del día de la siguiente sesión plenaria, pudiendo presentarse enmiendas «hasta seis horas antes del comienzo de la misma». También el Reglamento del Parlamento de Andalucía, en el artículo 157.2 RPAND, dispone que el Grupo parlamentario correspondiente deberá presentar la moción, «antes de las diez horas del primer martes siguiente». En el Reglamento del Parlamento asturiano se puede presentar hasta el día siguiente al de la sustanciación de la interpelación (art. 208.1 RJGPRINCAST). A su vez, el artículo 166.2 RPCANA dispone que el plazo para presentar la moción será hasta cinco días siguientes al de la sustanciación de la interpelación ante el Pleno o la Comisión; art. 164 RPCANT, el día siguiente al de la sustanciación de la interpelación, igual que el art. 186.2 RCCL-M; art. 154.2 RCCyL; art. 158.2 RPCAT; art. 203.2 RAMA, al día siguiente; art. 151. RCV, la moción se puede presentar veinticuatro horas siguientes al debate de la interpelación, también art. 140.2 RPLR; art. 151.1 RPGAL, se puede presentar la moción hasta tres días después de la interpelación, igual que art. 161.2 RPIB; art. 182.2 RAMU se puede presentar en el plazo de dos días hábiles, se debatirá en la siguiente sesión que se convoque de la Comisión que corresponda por razón de la materia; art. 187.1 RPNA, dentro de los tres días siguientes al de la sustanciación de la moción; art. 181.2 RPV en los dos días siguientes. En el artículo 166.2 RPCANA, hasta seis horas antes del inicio de la sesión parlamentaria, e igual que el artículo 154.2 RCCyL; art. 158.4 RPCAT, pueden presentar enmiendas congruentes todos los Grupos parlamentarios, menos el autor de la iniciativa, hasta una hora antes del inicio de la sesión parlamentaria; art. 224.2 RAEX, hasta seis horas antes del inicio de la sesión plenaria, similar el artículo 151.2 RPG; art. 203.5 RAMA, hasta el día anterior al de la sesión plenaria; art. 187.2 RPNA, hasta las doce horas del día anterior al que se vaya a discutir la moción.

También el artículo 258.1 del Reglamento de las Cortes de Aragón prevé que el Grupo parlamentario pueda presentar mociones, dentro de los tres días siguientes al debate de las interpelaciones y se tramitará ante el Pleno o ante Comisión, de acuerdo con lo solicitado en el escrito de presentación. «En ningún caso» la moción presentada será de censura al Gobierno de Aragón, aclara el artículo 258.1 RCAR, también el art. 186.1 RCCL-M y el art. 158.1 RPCAT.

Casi todos los reglamentos exigen, de forma expresa, que la moción sea congruente con la interpelación y también es uno de los supuestos en los que la Mesa debe estudiar en el contenido de la iniciativa presentada, para garantizar la exigencia de congruencia con la moción, y la interpelación y el debate que ha generado. No debe olvidarse que la congruencia de las mociones con la interpelación es consecuencia de la prohibición de los reglamentos de que no se incluya en el orden del día de las sesiones plenarias más de una proposición no de ley, de un solo Grupo parlamentario. No obstante, la práctica ha dado lugar a admitir a trámite, de una forma laxa, mociones no del todo congruentes con la interpelación y su debate. También se incluye esta previsión en el artículo 157.3 RPAND; art. 207.2 RJGPRINCAST; art. 164.3 RPCANT y se debatirá en la siguiente sesión plenaria convocada, también el art. 158.2 RPCAT; art. 186.2 RCCL-M; art. 151.2 RCV; art. 151.2 RPGAL; art. 140.2 RPLR; art. 203.3 RAMA, y se debatirá en la siguiente sesión plenaria; art. 187.2 RPN; art. 181.2 RPV.

Proposiciones no de ley y mociones son una y la misma cosa y lo habitual es que los reglamentos determinen expresamente que las previsiones de las proposiciones no de ley sean aplicables a las mociones (art. 184.3 RCD; art. 157.5 RPAND; art. 208.4 RJGPRINCAST; art. 166.3 RPCANA; art. 164.5 RPCANT; art. 186.2 RCCL-M; art. 154.3 RCCyL; art. 158.4 RPCAT; art. 151.3 RCV; art. 224.3 RAEX; art. 151.3 RPG; art. 161.3 RPIB; art. 140.3 RPLR; art. 203.6 RAMA; art. 187.3 RPN; art. 181.3 RPV).

El incumplimiento de las mociones aprobadas no suele tener un control mayor que el que posee otros instrumentos parlamentarios, aunque el art. 224.4 RAEX dispone que, si el Gobierno no ejecutara lo dispuesto en la moción o «no diese cuenta a la comisión del asunto», se incluirá en el orden del día del próximo Pleno que celebre la Asamblea de Extremadura.

B) Preguntas[33]

El Reglamento de la Asamblea de Murcia suele proporcionar definiciones de los instrumentos que regula. Así y en relación con las preguntas, el artículo 183.1 RAMU determina que las preguntas son «*solicitudes concretas* de información dirigidas al Consejo de Gobierno o a alguno de sus miembros para que aclare la certeza de un hecho, manifieste si piensan adoptarse o se han adoptado determinadas medidas o precise cualquier otro extremo de interés para la Región de Murcia que deba ser conocido». Como se sabe, las preguntas son tradicionales instrumentos de control e información parlamentaria, como ha confirmado el Tribunal Constitucional en múltiples ocasiones (SSTC 225/1992, de 14 de diciembre, FJ 2; 107/2001, de 23 de abril, FJ 4, 33/2010, de 19 de

33 L. MOLINA MORENO, «El control parlamentario (II): preguntas, interpelaciones y mociones», en *Revista de las Cortes Generales*, 104, p. 323, que llama la atención sobre la importancia de este instrumento e indica: «La pregunta es una herramienta importantísima y, cuanto más se vive dentro la actividad parlamentaria, más se aprecia su utilidad. Es una forma de control rápida, sencilla, dinámica y eficaz, su flexibilidad la convierte en una iniciativa que permite una relación directa entre el Parlamentario y el Gobierno que, por contra que, en otras iniciativas, no contará con el respaldo del Grupo o Grupos Parlamentarios que lo sustentan». Cfr. R. SIERRA CRISTÓBAL, «Control parlamentario y pequeñas minorías en el Congreso de los Diputados», en F. J. GARCÍA ROCA y E. ALBERTÍ ROVIRA (coords.), *Treinta años de Constitución*, 2010, Valencia, Tirant lo Blanc, pp. 1053 y ss., en donde se asegura que las preguntas son un «buen instrumento para llevar a cabo un control especializado y preciso, y han sido usadas principalmente por los grupos de la oposición fuertes para hacer un seguimiento de las políticas del Gobierno».

junio, FJ 4; 200/2014, de 15 de diciembre, FJ 8; 201/2014, de 15 de diciembre, FJ 4, 23/2015, de 16 de febrero, FJ 8, y 124/2018 de 14 noviembre, FJ 7).

El Tribunal Constitucional ha diferenciado entre el derecho de presentar preguntas de otros derechos que pueden parecer más o menos próximos; por ejemplo ha dicho el Tribunal que la formulación de preguntas por los parlamentarios no supone ejercicio del derecho del artículo 20.1.a) CE, pues las preguntas son planteadas por los parlamentarios «en su condición de miembro de una Asamblea legislativa, es decir, de parlamentario, y que es precisamente una facultad inherente a esta condición, de modo que el derecho fundamental..., es el garantizado en el art. 23.2 CE, en relación con el reconocido en el art. 23.1 CE», (SSTC 220/1991, de 25 de noviembre; 107/2001, de 23 de abril).

La legitimación activa de las preguntas[34] corresponde a los Diputados (art. 185 RCD, art. 160 RS; art. 158 RPAND podrán formularlas al Consejo de Gobierno y a cada uno de sus miembros; también art. 259.1 RCAR; art. 210 RJGPRINCAST; art. 167 RPCANA; art. 166 RPCANT; art. 155.1 RCCyL; art. 160.1 RPCAT; art. 152.1 RPG; art. 162, RPIB; art. 191 RAMA; art. 188 RPN; art. 182.2 RPV) y la legitimación pasiva corresponde a cada miembro del Gobierno de forma que, cualquier Diputado puede dirigir a cualquier miembro del Gobierno una pregunta en los términos que acaban de verse. No obstante, el artículo 164 del Reglamento del Senado determina que, cada pregunta sea contestada por un Ministro, lo cual impide que si hubiese otros miembros del Gobierno que no ostentasen esta condición, ellos pudiesen comparecer a responder una pregunta oral ante el Pleno del Senado. El miembro del Gobierno que contesta a la pregunta será decidido por el propio Gobierno, pero deberá ser el miembro competente por razón de la materia. No obstante, algunos reglamentos disponen que el propio preguntante debe proponer quién ha de responder la iniciativa presentada, como art. 183.3 RAMU.

La aludida legitimación activa es exclusiva del Diputado, sin intervención formal del Grupo parlamentario. También se atribuye esta potestad al Diputado individual en el artículo 158 RPAND; art. 259.1 RCAR; art. 152 RCV; art. 225 RAEX; 144.1 RPLR; art. 183.2 RAMU. Además, y a salvo de lo incluido en alguna disposición reglamentaria, debería ser una de las facultades que el Diputado no adscrito (allí donde exista) mantendría a pesar de su abandono del Grupo parlamentario. No obstante, la STC 159/2019, de 12 de diciembre, dictada en relación con la figura del Diputado no adscrito,

34 Aunque tiene ya algunos años, puede consultarse, M. J. Ridaura Martínez, «Las preguntas parlamentarias en los parlamentos autonómicos», en *Revista de la Facultad de Derecho de la Universidad Complutense*, 1989, monográfico número 15, pp. 689 a 701, en donde resalta la falta de innovaciones y el mimetismo de los Parlamentos autonómicos en relación con las Cortes. Sin embargo, hoy día se puede afirmar que hay una significativa originalidad en muchas de las soluciones avanzadas en las últimas versiones de los Reglamentos de los Parlamentos autonómicos.

nada aclara en relación con la presentación por el Diputado individual de preguntas, igual que no lo hace de otras figuras, como las interpelaciones.

El elemento objetivo de las preguntas está claro, pues ha de interrogarse al Gobierno sobre algún hecho particular, y debe estar referido a una acción del Gobierno preguntado, sin que le quepa al Diputado preguntar por un hecho ajeno de ese Gobierno, en el sentido ya visto. El artículo 188.1 RCD define con claridad cuál ha de ser el objeto de una pregunta (aunque define solo el objeto de las preguntas con respuesta oral ante el Pleno, la regulación es aplicableal resto de preguntas), pues el escrito no podrá contener más que la escueta y estricta formulación de una sola cuestión, interrogando sobre un «hecho, una situación o una información, sobre si el Gobierno ha tomado o va a tomar alguna providencia en relación con un asunto, o si el Gobierno va a remitir» al Congreso algún documento o a informarle acerca de algún extremo (artículo 162 RS; art. 213 RJGPRINCAST; art. 170 RPCANA; art. 187 RCCL-M; art. 158.1 RCCyL; art. 160.2 RPCAT; art. 155.1 RPG; art. 165.1 RPIB; art. 144.1 RPLR; art. 192.2 RAMA; art. 191 RPN; art. 183.1 RPV).

El propio Reglamento del Congreso de los Diputados determina unas causas de inadmisión, pues no será admitida la pregunta de exclusivo interés personal de quien la formula o de cualquier otra persona singularizada, pues este derecho es consecuencia de la prerrogativa del Diputado como representante del Pueblo y de la Nación en su conjunto, en el ejercicio del derecho del art. 23 CE. Tampoco será admisible la pregunta que suponga consulta de índole estrictamente jurídico, o no tenga relación con la política del Gobierno de la Nación o la de los Gobiernos autonómicos; también deben entenderse proscritas las preguntas que utilicen conceptos contrarios a la cortesía parlamentaria (art. 186.2 RCD; art. 162.2 RS; artículo 159.3 y art. 161.1 RPAND; art. 211.2 y 213.1 RJGPRINCAST, que incide en que se incluya una sola interrogante, sin que varíe el tiempo de intervención en caso de que se incluyese más de una; art. 168.3 RPCANA; 167.2 y 167.3 RPCANT; art. 188.3 RCCL-M; art. 155.1 RCCyL, deben centrarse en «cuestiones de competencia o de interés para la Comunidad Autónoma» y art. 156.2 RCCyL; art. 160.3 RPCAT que puntualiza que las preguntas que se refieren a una persona física o jurídica, y solo pueden admitirse a trámite si la actividad de dicha persona tiene trascendencia pública en el ámbito de la Generalidad; art. 153.2 RCV, en donde se podrá inadmitir la pregunta si incluyese valoraciones «ofensivas» contra «terceras personas»; art. 227 RAEX; art. 153.2 RPG; art. 163.2 RPIB; art. 142.2 RPLR; art. 192.3 RAMA; art. 184.3 RAMU; art. 189.2 RPN; art. 182.3 RPV).

A su vez, el artículo 166.2 del Reglamento del Senado dispone que es causa de inadmisibilidad el que las preguntas sean reiterativas de alguna otra pregunta presentada, se supone que ese mismo período de sesiones, o que suponga que repite lo cuestionado en otra interpelación, o una moción tramitada en el Senado durante ese espacio temporal. También art. 271 RCAR para preguntas e interpelaciones; art. 148.2 RPLR para preguntas e interpelaciones; art. 187.3 RAMU para las preguntas con respuesta oral ante el Pleno; art. 188.2 RPV, para las preguntas y para las interpelaciones.

En general, las preguntas deben presentarse por escrito ante la Mesa del Congreso (artículo 186 RCD; artículo 160 RS, mediante escrito dirigido a la Presidencia de la Cámara; art. 168.1 RPCANA; art. 167.1 RPCANT; art. 188.1 RCCL-M; art. 156 RCCyL; art. 153 RPG; art. 142.1 RPLR; art. 189.3 RPN; art. 182.2 RPV), la cual calificará el escrito y lo admitirá en el caso de que no incurra en alguno de los supuestos aludidos de inadmisión.

No es extraño que se prevean otras normas limitativas de la tramitación de las preguntas. Así, el artículo 166.1 del Reglamento del Senado prevé, de forma similar a lo que se dispone para las proposiciones no de ley, que sea el presidente del Senado quien puede acumular y ordenar que se debatan conjuntamente las preguntas incluidas en el orden del día «relativas al mismo tema o a temas conexos entre sí». Similar el artículo 167 RPAND; art. 217 RJGPRINCAST, también puede acumular las interpelaciones; art. 175.1 RPCANA, para las interpelaciones y las preguntas; art. 174 RPCANT, art. 161 RCCyL, art. 159 RCV y art. 148.1 RPLR, art. 159.1 RPG, para interpelaciones y preguntas; art. 171.1 RPIB; art. 200.2.c RAMA, para las interpelaciones, si bien el art. 194.6 RAMA impide que las preguntas orales ante el Pleno se puedan acumular; pero sí pueden acumularse preguntas e interpelaciones en otros reglamentos, como art. 195.1 RPNA y el art. 188.1 RPV.

Por su lado, y ejemplo de una tendencia en el *Derecho parlamentario español*, algún reglamento prevé que los ciudadanos puedan remitir preguntas al Parlamento. En el artículo 165.1 RPAND se dispone que puedan plantearse estas preguntas por los andaluces y el resto de «los ciudadanos residentes en Andalucía, o las personas jurídicas con domicilio o establecimiento permanente en la Comunidad Autónoma». Según el artículo 165.4 RPAND, para que estas preguntas puedan tramitarse en Pleno o en Comisión, deberán ser asumidas por algún Diputado, quien lo comunicará a la Mesa de la Cámara. En cada sesión del Pleno del Parlamento de Andalucía solo podrá formularse un máximo de cuatro de estas preguntas, y su inclusión en el orden del día respectivo consume el cupo del grupo. También el artículo 266 RCAR prevé las propuestas de preguntas de iniciativa popular con una regulación similar a la que se acaba de ver, con alguna novedad como que la iniciativa ciudadana pueda provenir de la página web de la Institución. Similar es el caso de las preguntas del artículo 174.1 RPCANA, por el que cualquier ciudadano residente en Canarias podrá formular preguntas para su respuesta oral al Gobierno de Canarias, o a cada uno de sus miembros, excepto al presidente. Finalmente, también sigue un esquema similar el artículo 189 RAMU que prevé las preguntas de iniciativa popular, que han de ser asumidas por un Diputado, a iniciativa de cualquier persona jurídica que represente intereses sociales y actúe legítimamente a través de sus órganos, y cualquier ciudadano con su firma y la mención de su documento nacional de identidad.

Como se conoce, hay tres tipos de preguntas. Las preguntas con respuesta oral ante el Pleno, las preguntas con respuesta oral ante una Comisión y las preguntas con respuesta escrita (*vid.* por todos, art. 225 RAEX). El artículo 187 RCD determina que si el Diputado no dispone qué tipo de pregunta formula, se entenderá que solicita respuesta por escrito y, si solicitara respuesta oral y no lo especificara, se entenderá que esta ha de tener lugar en la correspondiente Comisión competente por razón de la materia (artículo 161 RS; art. 262.3 RCAR; art. 169 RPCANA; art. 225 RAEX; art. 164 RPIB; art. 159 del RPAND; art. 162.5 y 163.1 RPCAT; art. 143 RPLR; art. 192.4 RAMA; art. 184.2 RAMU; art. 190 RPN; art. 182.4 RPV). El artículo 170.4 RPCANA prevé la prioridad de las preguntas presentadas por Diputados que no lo hubiesen hecho en ese período de sesiones, como art. 167.3.e RPCANT; art. 189.2 RCCL-M; art. 157 RCCyL; art. 154 RPG.

a) Preguntas con respuesta oral en el Pleno

Es habitual en el *Derecho parlamentario español* disponer una serie de reglas para la formulación de las preguntas con respuesta oral ante el Pleno[35], pues tienen prioridad las presentadas por Diputados que «todavía no hubieren formulado preguntas en el Pleno en el mismo período de sesiones. Sin perjuicio de este criterio, el Presidente, de acuerdo con la Junta de Portavoces, señalará el número de preguntas a incluir en el orden del día de cada sesión plenaria y el criterio de distribución entre Diputados correspondientes a cada Grupo Parlamentario» (art. 188.2 RCD; art. 163.2 RS; art. 213.3 RJGPRINCAST; art. 168 RPCANT; art. 189 RCCL-M; art. 155.2 RPG; art. 165.2 RPIB; art. 144.2 RPLR). El artículo 161.2 RPAND determina otra serie de reglas limitativas de este tipo de preguntas, pues en cada sesión plenaria podrá tramitarse un máximo de veinticuatro preguntas, aunque el número podrá ser alterado por el presidente de la Cámara, oída la Mesa y de acuerdo con la Junta de Portavoces. Si se hubiesen presentado más de veinticuatro preguntas en el Parlamento de Andalucía, se dispone un orden de prioridad y preferencia a favor de los Diputados que menos preguntas hubiesen presentado. Hay otras reglas sobre las preguntas con respuesta oral en el Parlamento de Andalucía, como la de que el Grupo parlamentario más numeroso no puede incluir más de la mitad del total de preguntas. Hay otras limitaciones en los reglamentos, pues el artículo 158.2 RCCyL prevé que, en cada sesión plenaria la suma de las preguntas formuladas por los Diputados de un Grupo Parlamentario no pueda ser superior a tres más una por cada cinco miembros del Grupo, «redondeándose las fracciones por exceso». A su vez, en el artículo 192.2 RPNA se prevé otra novedosa regla de prioridad que consiste en que un Grupo Parlamentario puede presentar tantas preguntas en el Pleno como miembros tenga ese grupo en cada Comisión.

---

35 E. ARANDA ÁLVAREZ, *Transformaciones..., op. cit.*, pp. 112 y ss. Pone de relieve sobre la conveniencia de que el criterio para la presentación de preguntas sea «igual en el grupo del partido del Gobierno que en el resto».

1.º Preguntas urgentes

Al igual que sucede en las interpelaciones, algunos reglamentos prevén que pueda haber «preguntas de máxima actualidad». Tal es el caso del artículo 161.3. RPAND que dispone que en cada sesión plenaria puedan sustanciarse hasta ocho preguntas de este tipo y que se pueden presentar «hasta las diecinueve horas del martes de la misma semana en que haya de celebrarse sesión plenaria», garantizándose la inclusión en el orden del día de una por Diputado de cada Grupo parlamentario, y suponiendo su presentación la retirada de un número de preguntas ordinarias igual al de preguntas urgentes incluidas. También el artículo 213.4. RJGPRINCAST prevé las «preguntas urgentes» que se sustanciarán ante el Pleno inmediatamente posterior a su presentación, «siempre que el orden del día del mismo no hubiese sido ya aprobado», correspondiendo al presidente la calificación de la urgencia y debiendo ser la Mesa el órgano que decide de forma definitiva si concurre la misma. También hay preguntas urgentes en el Parlamento de Canarias, que se pueden presentar hasta cuarenta y ocho horas antes de la sesión plenaria (art. 173.2 RPCAN). En el art. 168.2.párrafo segundo RPCANT se prevé que la Mesa, de acuerdo con la Junta de Portavoces, puede determinar la inclusión en el orden del día de una sesión plenaria de una pregunta que, sin haber cumplido los requisitos reglamentarios, «requiera por su excepcional importancia o urgencia, una inmediata tramitación». El artículo 155.5 RPG dispone que, si una pregunta es calificada de urgente por la Mesa, su inclusión en el orden del día solo requerirá comunicación a la Xunta de Galicia con cuarenta y ocho horas de antelación. Por su lado, según el artículo 66 RPIB, cualquier Diputado puede solicitar «hasta las once horas del día anterior en el que haya sesión plenaria», la sustitución de una pregunta incluida en el orden del día por otra que deberá referirse a hechos o circunstancias de especial actualidad o urgencia, que no hayan podido ser objeto de pregunta en los plazos ordinarios. También el art. 192.1 RPNA reconoce que pueda haber preguntas urgentes que se puedan incluir «antes de las nueve horas y treinta minutos del lunes de la semana en la que se celebre la sesión plenaria en que se pretenda incluir».

Además, el artículo 162 RPAND dispone que puedan tramitarse «preguntas de interés general para la Comunidad Autónoma», dirigidas al presidente de la Junta de Andalucía por los presidentes o Portavoces de los grupos parlamentarios. Estas preguntas de interés general coexisten con las urgentes de máxima actualidad. Su número máximo coincidirá con el de Grupos parlamentarios constituidos en la Cámara sin que en la misma sesión ningún presidente o Portavoz de Grupo parlamentario pueda formular más de una. Los escritos que formulen estas preguntas tendrán que presentarse ante la Mesa de la Cámara «antes de las diecinueve horas del martes de la semana anterior a aquélla en la que se celebre sesión plenaria».

2.º Preguntas al presidente

De forma similar, algunos reglamentos prevén que se puedan presentar preguntas que han de ser respondidas por el presidente, de una forma directa[36]. El artículo 260 del Reglamento de las Cortes de Aragón prevé las preguntas al presidente del Gobierno de Aragón, por medio de las cuales este responderá cada mes, a una pregunta «por cada grupo parlamentario de la oposición», debiéndose presentar con cuarenta y ocho horas de antelación al inicio del último Pleno ordinario de cada mes. También art. 170 RPCANT, permite presentar una pregunta por Grupo parlamentario y una vez al mes, igual que el art. 226.1.a RAEX, pudiéndose presentar por el portavoz hasta cuarenta y ocho horas antes del inicio de la sesión plenaria, y que consistirá en la escueta formulación de una sola pregunta, que podrá referirse a asuntos de interés general o a cuestiones sobre las que se haya pronunciado el presidente de la Comunidad; art. 152.2 RPG, que las formulará el portavoz del Grupo parlamentario, siendo su número determinado por la Mesa, oída la Junta de Portavoces; art. 169.1 RPIB, una pregunta al presidente en cada sesión de control, sin que puedan presentarse preguntas al presidente los Diputados que pertenezcan a su mismo Grupo parlamentario. Según el artículo 158.3 RCCyL el portavoz de cada Grupo parlamentario puede dirigir una pregunta al presidente de la Junta de Castilla y León; si bien, «en caso de inasistencia del Presidente, la pregunta será respondida por otro miembro de la Junta de Castilla y León». También el artículo 144.4 RPLR prevé las preguntas al presidente de la Comunidad en la primera sesión de cada mes sobre temas de «relevancia política, interés e importancia regional», siendo cinco el número máximo de este tipo de preguntas, y deben ser incluidas en el orden del día con cuarenta y ocho horas de antelación. Por su lado, el artículo 191.2. RAMA dispone que los Diputados, «con el visto bueno del Portavoz de su Grupo Parlamentario», puedan formular preguntas de respuesta oral en Pleno al presidente del Consejo de Gobierno, disponiendo el art. 194.3 RAMA que solo pueda presentarse una pregunta por cada grupo. También el artículo 186 RAMU establece la formulación de preguntas al presidente una vez al mes, en los términos que acuerde la Junta de Portavoces.

El Reglamento del Parlamento de Andalucía es muy detallista en la regulación de esta materia y en el artículo 162.4 RPAND se prevén las preguntas de máxima actualidad al presidente de la Junta de Andalucía. También aquí se

36 Para una visión general de las circunstancias políticas que motivaron la introducción de esta figura en los Reglamentos parlamentarios españoles, cfr. F. CASTELLÓ BORONAT, «El control parlamentario: las preguntas al Presidente del Gobierno», en *Corts: Anuario de Derecho parlamentario*, 4, 1997, en especial pp. 90 y ss. Cfr. la visión que, hace ya unos años, ofrecía, J. J. MARCO, «Las preguntas parlamentarias: las preguntas de interés general al Presidente del Ejecutivo», en AA. VV., *Parlamento y control del gobierno*, Navarra, Aranzadi, pp. 386. El autor llega a dudar de su naturaleza de verdaderas preguntas a algunas iniciativas, por la falta de la nota de individualidad, puntualidad y concreción.

pueden presentar hasta ocho por período de sesiones, asignándosele a cada grupo un cupo en proporción a su importancia numérica, debiendo tener al menos una pregunta cada grupo. Estas preguntas tendrán como hora límite de presentación las catorce horas del viernes anterior a la semana, en que haya de celebrarse sesión plenaria. En cada sesión plenaria solo podrá tramitarse una pregunta de máxima actualidad de este tipo.

También el Reglamento del Parlamento de Canarias prevé que haya preguntas de «especial interés general para la Comunidad Autónoma» dirigidas al presidente del Gobierno, art. 171.1 RPCANA, con la firma del representante del grupo y con seis días de antelación a la celebración de la sesión plenaria. Por su parte, el artículo 214 del Reglamento de la Junta General del Principado prevé que los Grupos Parlamentarios puedan formular preguntas al presidente del Consejo de Gobierno para su respuesta oral ante el Pleno, siendo regulado por la *Resolución de la Presidencia de la Cámara con el parecer favorable de la Mesa y de la Junta de Portavoces*, de 29 de octubre de 1997, y que, a su vez, prevé que haya preguntas al presidente una vez cada tres semanas.

Finalmente, el art. 161 RPCAT prevé un completo régimen para la tramitación de las preguntas al presidente de la *Generalitat*, que se convierten en uno de los elementos más relevantes que marcan la vida del Parlamento, y definen su actividad y su relevancia ante la opinión pública. Así, en cada sesión plenaria ordinaria, y nunca en Comisión, «debe reservarse» una hora para sustanciar preguntas dirigidas al *president*. Aunque el tiempo dedicado por cada sesión es muy amplio, la Mesa de acuerdo con la Junta de Portavoces puede ampliarlo. Las preguntas al presidente deben registrarse «antes de las doce del mediodía de la antevíspera de la sesión en la que se pretende sustanciarlas». Cada grupo parlamentario puede formular, como mínimo, una pregunta al presidente de la Generalidad en cada sesión y la Mesa, de acuerdo con la Junta de Portavoces, debe establecer el número máximo de preguntas que pueden sustanciarse en cada sesión plenaria y su distribución proporcional entre los grupos parlamentarios. Además, el preguntante y el *president* pueden solicitar conjuntamente al presidente de la Cámara, una única vez, que esta no sea sustanciada. En tal caso, la pregunta pospuesta debe incluirse necesariamente en el orden del día de la sesión plenaria siguiente; de otro modo, la pregunta decaerá. Ante esta eventualidad, el Reglamento prevé que se puedan presentar «preguntas de reserva».

3.° Requisitos para la presentación de preguntas con respuesta oral

En general, suelen preverse varios requisitos para la presentación de todas las preguntas orales. Así el artículo 261.3 RCAR dispone que cuando se pretenda la respuesta oral, el escrito no podrá contener más que la «escueta y estricta» formulación de una sola cuestión. Además, se dispone un período de enfriamiento, como en el Reglamento de la Junta que dispone que podrán ser incluidas en el orden del día a los cinco días de su traslado al Gobierno y

Grupos parlamentarios (artículo 213.1 RJGPRINCAST); o cinco días desde su publicación (art. 264.2 RCAR); art. 170.2 RPCANA, nunca en un plazo inferior a cuatro días antes de la sesión plenaria; siete días desde su presentación, (art. 168.1 RPCANT); art. 188.2 RCCL-M y art. 189.1 RCCL-M, que no prevén período de enfriamiento, permitiendo que se puedan incluir más de una cuestión «siempre que estén relacionadas con la misma materia concreta»; art. 155.4 RCV, ocho días antes de la fecha de presentación de la pregunta; art. 155.2 RPG, cuatro días desde su publicación, referido a todas las preguntas; art. 194.2 RAMA, hasta las once horas del día de cada semana en el que se reúna la Mesa y haya sesión plenaria, exceptuándose las preguntas dirigidas a la Presidencia del Gobierno; según el artículo 192.1 RPNA, deben presentarse antes de las diecinueve horas del jueves anterior a la celebración de la Mesa en que se apruebe el orden del día del Pleno. Por su lado, el artículo 183.2 RPV impone un límite material al prever que el portavoz de cada grupo comunique a la Mesa las «cuatro preguntas que desea se sustancien en la sesión plenaria monográfica, antes de las doce horas del lunes anterior al día señalado» para la celebración de la sesión plenaria.

El período de enfriamiento también se regula en los dos Reglamentos de las Cámaras de las Cortes Generales. Así, el RCD determina que los escritos se presentarán con la antelación que «fije la Mesa y que nunca será superior a una semana ni inferior a cuarenta y ocho horas». Y el Reglamento del Senado, en su artículo 163 RS, dispone un período de enfriamiento de dos semanas desde la fecha de presentación de la pregunta. No obstante, el autor de la pregunta podrá solicitar, «por razón de urgencia, la inclusión de preguntas sin necesidad de respetar» el plazo tan extenso de dos semanas, «pero siempre con un intervalo mínimo de veinticuatro horas desde su presentación. La urgencia deberá ser reconocida por el Gobierno», lo cual da a este una posibilidad de control extra en este tipo de iniciativas.

Es habitual que se incluyan otras disposiciones limitativas de la inclusión de preguntas con respuesta oral. Así, el Reglamento del Parlamento de Andalucía siempre tan detallista en la fijación de los días y horas hábiles de las sesiones parlamentarias, determina en el artículo 161.1 que, cuando se pretenda la respuesta oral ante el Pleno, el escrito deberá presentarse antes de las «diecinueve horas del martes de la semana anterior a aquella en la que se celebre sesión plenaria» correspondiente. En cuanto al plazo, es muy llamativo el breve plazo que dispone el Reglamento de las Cortes de Castilla y León, pues los escritos que pretendan la respuesta oral ante el Pleno podrán presentarse hasta cuarenta y ocho horas antes del comienzo de cada sesión, art. 158.1 RCCyL.

4.º Debate

El debate de las preguntas orales ante el Pleno sigue siempre un esquema similar en el que trata de predominar la agilidad en su desarrollo, con la intención seguramente de aumentar el interés del debate parlamentario.

Así, para la tramitación de las preguntas con respuesta oral ante el Pleno, el artículo 188 RCD determina que «tras la escueta formulación de la pregunta por el Diputado, contestará el Gobierno. Aquél podrá intervenir a continuación para replicar o repreguntar y, tras la nueva intervención del Gobierno, terminará el debate». En el Congreso de los Diputados, la tramitación de cada pregunta durará un tiempo máximo de cinco minutos. El artículo 167 del Reglamento del Senado dispone una tramitación parecida, con alguna peculiaridad, pues las preguntas orales se formularán desde el escaño, con dos turnos para cada interviniente y tres minutos en total para cada uno de ellos. También es similar el artículo 161.5 RPAND con una duración total de cinco minutos por pregunta; igual que el artículo 265.2 RCAR, art. 168.3 RPIB; art. 213.5 RJGPRINCAST, con una duración total de diez minutos por pregunta; artículo 170.5 RPCANA, cinco minutos, pero en ese cómputo no se tendrá en cuenta el tiempo destinado por el Diputado a dar lectura al texto de la pregunta correspondiente; art. 169 RPCANT, cuatro turnos y diez minutos de duración; art. 189.3 RCCL-M; art. 158.4 RCCyL, seis minutos repartidos de forma igual en cuatro turnos; art. 162.1 RPCAT; art. 229.1 RAEX seis minutos; artículo 155.7 RCV diez minutos; art. 155.3 RPG, cinco minutos, que dispone que, una vez finalizado el tiempo de intervención, el presidente «automáticamente» dará la palabra al siguiente interviniente, igual que el artículo 144.3 RPLR; art. 193 RAMA, con una duración total de seis minutos por cada pregunta; art. 187.1. RAMU, ocho minutos y, al menos, una vez al mes; art. 192.4 RPNA, diez minutos de debate total; art. 183.3 RPV, ocho minutos.

A su vez, suele ser habitual que al Gobierno se le conceda la potestad de solicitar «motivadamente», en cualquier momento y «por una sola vez» para cada pregunta, que sea pospuesta para el orden del día de la siguiente sesión plenaria (art 188.4 RCD y art. 163RS). También el artículo 264.3 RCAR puede solicitar el Gobierno el aplazamiento de su debate para la siguiente sesión. Asimismo, art. 213.6 RJGPRINCAST; art. 168.3 RPCANT; art. 189.4 RCCL-M; art. 158.5 RCCyL; art. 156.4 RCV; art. 155.4 RPG; art. 165.4 RPIB; art. 144.5 RPLR; art. 194.4 RAMA; art. 192.6 RPNA, en cualquier momento y por una sola vez. La motivación suficiente alegada por el Gobierno ha de controlarse por la Mesa, y debe estimarse que es motivación adecuada la asistencia de reuniones oficiales de la Unión Europea, o reuniones interautomómicas de responsables sectoriales.

Como se ha visto antes, las preguntas han de versar sobre un hecho particular y, puede indicarse también, debieran ser materias de actualidad, de forma que pueda «referirse a asuntos de interés general o a cuestiones sobre las que se haya pronunciado el Gobierno» (art. 226.3 RAEX), y por ello se determina su caducidad en caso de que no se incluyan en el orden del día de la siguiente sesión plenaria. Así, el artículo 188.4 RCD determina que las preguntas presentadas y no incluidas en el orden del día y las incluidas y no tramitadas, «deberán ser reiteradas, si se desea su mantenimiento para la sesión plenaria siguiente». También incluyen esta disposición el artículo 161.5 RPAND; art.

213.6 RJGPRINCAST; art. 156.4 RCV; art. 168.3 RPCANT; art. 144.5 RPLR. De un modo más intenso, el art. 158.5 RCCyL prevé que las preguntas presentadas y no incluidas en el orden del día y las incluidas y no tramitadas decaerán. Varía algo este criterio el artículo 192.7 RPNA, que establece que las preguntas pendientes al finalizar el segundo periodo de sesiones se contestarán por escrito antes de la iniciación del siguiente periodo, salvo que el miembro manifestase su voluntad de mantener la pregunta para dicho periodo, «dentro de los cinco días siguientes a la terminación del periodo finalizado».

b) Preguntas con respuesta oral ante comisión

El segundo tipo de preguntas son las preguntas con respuesta oral en Comisión. Su tramitación es similar a la de las preguntas con respuesta oral en Pleno, pero las primeras intervenciones serán por tiempo de diez minutos y las de réplica de cinco, como dispone art. 189 RCD; art. 168.2 RS; artículo 163.3 RPAND un tiempo total de diez minutos; art. 215 RJGPRINCAST; art. 172.3 RPCANA, diez minutos; art. 171.2 RPCANT, quince minutos en total; art. 190.2 RCCL-M, siete minutos cada intervención; art. 159.2 RCCyL, quince minutos en total; art. 229.2 RAEX, veintitrés minutos en total; art. 156.3 RCV; art. 156.2 RPGAL, quince minutos; art. 167.2 RPIB; art. 145.2 RPLR; art. 196.1 RAMA, diez minutos de tramitación en total; art. 193.2 RPNA, diez minutos; art. 187.2 RAMU y art. 184.3 RPV, ocho minutos y según este Reglamento podrá asistir el miembro del Gobierno acompañado de altos cargos de la Consejería, como si fuese una comparecencia.

En estas iniciativas, el artículo 189.1 RCD dispone un período de enfriamiento ya que solo podrán ser incluidas en el orden del día una vez transcurridos siete días desde su publicación (artículo 168.1 RS; art. 264.2 RCAR, cinco días desde su publicación; art. 172.1 RPCANA, siete días desde la comunicación al Gobierno, aunque con la posibilidad de presentar peguntas urgentes antes de la celebración de la sesión de la Comisión; art. 171.1 RPCANT, siete días desde su presentación; art. 190.2 RCCL-M, siete días desde su publicación, igual que art. 159.1 RCCyL, art. 162.3 RPCAT y art. 156.2 RCV; art. 156.1 RPG, cuatro días desde la publicación; art. 145.1 RPLR y art. 193.1 RPNA, cinco días desde su publicación, reducible a tres días en caso de urgencia, todas las cuales pueden ser pospuestas a solicitud motivada del Gobierno). No hay período de enfriamiento en otros Parlamentos, como en el artículo 163 RPAND, pues las preguntas estarán en condiciones de ser incluidas en el orden del día de la Comisión una vez que sean calificadas y admitidas a trámite por la Mesa de la Cámara, antes incluso de su publicación. También en el art. 167.1 RPIB se dispone la inclusión en el orden del día de las preguntas ante la Comisión desde la simple publicación en el Boletín. No obstante, lo habitual es disponer un plazo, como es el artículo 184.1 RPV, que también fija un periodo de enfriamiento de siete días desde el traslado al Gobierno de la pregunta.

Seguramente persiguiendo esa intención agilizadora de los debates parlamentarios, las preguntas con respuesta oral ante Comisión pueden ser respondidas por los correspondientes secretarios de Estado y los Subsecretarios, lo cual vendría a excluir otros altos cargos de cada Ministerio, (art. 189.2 RCD; artículo 168.2 RS, que incluye solo a los secretarios de Estado; art. 163.3 RPAND, incluye Viceconsejeros y Directores Generales o «cargos que estén asimilados en rango a éstos»; art. 172.3 RPCANA, Viceconsejeros; art. 171.2 RPCANT, Secretarios Generales y Directores Generales; art. 159.2 RCCyL, Viceconsejeros, Secretarios Generales, Directores Generales o altos cargos asimilados; art. 156.3 RCV, podrán comparecer también para responder los secretarios autonómicos; art. 156.2 RPG, Directores Generales o Subdirectores Generales de la Administración Autonómica; art. 196.2 RAMA, también pueden responder Viceconsejeros y los Directores Generales u «otros altos cargos asimilados en rango a éstos», previa comunicación a la Mesa de la Comisión; art. 188.2 RAMU. En muchas ocasiones, la idoneidad de la asistencia de los altos cargos para responder es algo dudosa, porque carecen de la capacidad política de responder ante las preguntas que se les formule, sin desconocer que prima siempre la lealtad y la proximidad ideológica en dichos altos cargos. Pero para responder preguntas con un contenido técnico importante, no es extraño que los altos cargos puedan acudir con regularidad a contestar preguntas con respuesta oral en Comisión.

También las preguntas que deben ser respondidas en Comisión debieran ser cuestiones de actualidad y, por ello, se prevé que, finalizado un período de sesiones, las preguntas pendientes se tramitarán como preguntas con respuesta por escrito, que deben ser contestadas antes de la iniciación del siguiente período de sesiones, (también art. 272.4 RCAR; art. 170.7 RPCANA; art. 171.3 RPCANT; art. 159.3 RCCyL; art. 156.3 RPG; art. 167.3 RPIB; art. 145.3 RPLR; art. 195 y 197 RAMA; art. 193.4 RPN; art. 187 RPV, para los tres tipos de preguntas).

Por otro lado, algún reglamento prevé las preguntas de actualidad en Comisión, como el artículo 163.4 RPAND, que dispone que un Diputado de cada Grupo parlamentario que cuente con alguna pregunta ordinaria en el orden del día previamente aprobado, podrá formular una pregunta que «tenga por objeto cuestiones o temas de máxima actualidad». Estas preguntas tendrán como hora límite de presentación las diez horas del penúltimo día hábil anterior al de celebración de la Comisión, y deberán ser calificadas al menos con veinticuatro horas de antelación a la celebración de la sesión de la Comisión. Asimismo, en el art. 215.3 RJGPRINCAST se prevé el mismo régimen que el previsto para las preguntas urgentes con respuesta oral en Pleno. También el artículo 172.2. RPCANA dispone que pueda haber preguntas urgentes en Comisión, hasta cuarenta y ocho horas antes del inicio de la correspondiente sesión.

c) Preguntas con respuesta escrita

El tercer tipo de preguntas son las preguntas de las que se pretende respuesta escrita. El artículo 190 RCD determina que la contestación por el Gobierno deberá realizarse dentro de los veinte días siguientes a su publicación inicial (artículo 169.1 RS, dispone que el plazo de contestación será de treinta días y, con el acuerdo de admisión de las preguntas, el Senador será informado de la «recepción por el Gobierno de sus preguntas y de la fecha de conclusión del plazo del que dispone para su contestación»).

El Gobierno de la Nación puede solicitar motivadamente una prórroga del plazo de contestación a petición del Gobierno, en cuyo caso la Mesa del Congreso puede prorrogar por otro plazo de hasta veinte días más. También el artículo 164.2 RPAND dispone de veinte días, más otros veinte de prórroga; art. 263.1 RCAR, quince días, con prórroga de ocho más; art. 216.1 RJGPRINCAST, quince días; art. 173 RPCANA, treinta días, improrrogable, pero excluyendo el mes de agosto, y si el Gobierno necesitara una aclaración deberá solicitarlo en los primeros cinco; art. 171.2 RPCANT y art. 191.1 RCCL-M, veinte días; art. 160.1 RCCyL, veinte días, prorrogable por otros veinte; art. 163.2 RPCAT, quince días y la respuesta ha de ser congruente la pregunta formulada; art. 226.5 RAEX treinta días, improrrogables; art. 157.1 RCV quince días desde la publicación, prorrogable por quince días más; art. 157.1 RPG, veinte días, prorrogable por otros veinte más; art. 168.1 RPIB, veinte días, prorrogable por otros diez; art. 146 RPLR, quince días, prorrogable por otros ocho días más, previa solicitud motivada; art. 198.1 RAMA, veinte días desde la publicación de la pregunta, prorrogable por otros veinte días, mediante solicitud motivada del Gobierno; art. 185 RAMU, diez días, ampliables a otros diez, aunque si se estima urgencia por la Mesa, el plazo se puede reducir a ocho; art. 194.1 RPNA, quince días y dispone una regla que ha de entenderse aplicable a todos los Parlamentos, pues el plazo no se interrumpe si finaliza el periodo de sesiones. También dispone quince días de respuesta; en este caso, puede el Gobierno el artículo 185.2 RPV, pudiendo solicitar el Gobierno el aplazamiento (por otros diez días), o solicitar la imposibilidad de respuesta, pudiendo el Gobierno remitir la referencia de la respuesta a la pregunta o a la documentación si ya ha sido remitida.

En el caso de que el Gobierno no enviara la contestación en estos plazos, el presidente del Congreso, a petición del Diputado que sea autor de la pregunta, ordenará que se incluya en el orden del día de la siguiente sesión de la Comisión competente, donde recibirá el tratamiento de las preguntas orales (también art. 169.2 RS; art. 164.3 RPAND; art. 263.2 RCAR; art. 216.2 RJGPRINCAST; art. 173.2 RPCANA; art. 171.2 RPCANT; art. 191.2 RCCL-M; art. 160.1 RCCyL; art. 157.2 RCV; art. 157.2 RPG; art. 168.2 RPIB; art. 147 RPLR; art. 198.3 RAMA; art. 185.4 RAMU; art. 194.2 RPN). Esta Comisión debe reunirse en el plazo de un mes y debe darle el tratamiento de las preguntas orales. Además, el artículo 163.5 RPCAT aclara que, si para contestar una pregunta, se remite el Gobierno a informaciones publicadas, estas deben ser siempre complementarias de la respuesta, sin sustituirla. Asimismo, según el artículo 163.6 RPCAT puede producirse acumulación de respuestas si hay «causas objetivas» que justifiquen dar una respuesta agrupada, que habrían de ser motivadas por el Gobierno. Según este Reglamento, si el Gobierno no enviara una respuesta coherente el Diputado, puede elevar su duda a la Mesa y si esta estima el amparo, se comunica al Gobierno para que dé respuesta en el plazo de quince días. Algo más novedoso es el Reglamento del Parlamento Vasco que dispone, en su artículo 185.3 RPV, que las preguntas con respuesta escrita no contestadas recibirán el tratamiento de las preguntas orales ante el Pleno.

El art. 198.3 RAMA dispone, además de lo ya visto, que el Diputado que formule la pregunta y no se le haya respondido, pueda solicitar que en el portal de transparencia de la página web de la Cámara «se deje constancia de aquella pregunta que no hubiera sido contestada en plazo».

Podría plantearse, en ciertas ocasiones, una confusión entre las solicitudes de documentación a la Administración y las preguntas con respuesta escrita, aunque hay una diferencia teórica clara. Parece claro que las preguntas con respuesta escrita no deben solicitar documentación y, en caso de que así se haga, nada debería impedir que la Mesa acordase la calificación adecuada de la iniciativa presentada. Por ello, si el Gobierno considerase que la respuesta a una pregunta por escrito tiene un carácter «fundamentalmente documental» y, si media conformidad previa de la Mesa, puede darle a esa pregunta el tratamiento de las solicitudes de información. Similar regulación introduce el artículo 153.4 RCV. También dispone el artículo 192.3.a RAMA que las preguntas de respuesta por escrito a través de las que se «soliciten datos, informes o documentos» serán calificadas como solicitudes de información. También art. 185.5 RAMU, o el artículo 185.1 RPV.

Puede haber otras complicaciones y, así, el artículo 164.1 RPAND dispone que, si el contenido de lo solicitado ya hubiese sido contestado, el Gobierno podrá contestar escuetamente, facilitando los datos que permitan identificar la publicación o la respuesta anteriormente proporcionada. En caso de que las preguntas ya hubiesen sido objeto de publicación oficial o hubiera sido ya respondida, el artículo 198.2 RAMA, en vez de inadmitir la pregunta, prevé que el Gobierno pueda contestar escuetamente, «facilitando los datos que permitan la identificación de la publicación oficial o de la respuesta anteriormente proporcionada».

En relación con la no contestación por el Gobierno de las preguntas escritas, el Tribunal ha dado la misma solución que proporcionó en un inicio a la no remisión de documentación solicitada por un Diputado. En efecto, dice el Tribunal Constitucional que, a pesar de que su presentación «es una facultad que cabe incluir dentro del artículo 23 CE, la denegación de respuesta o la no contestación de preguntas no es protegible jurisdiccionalmente».

Así, a pesar del indudable contenido jurídico que tiene el ejercicio del derecho a solicitar documentación o a presentar una pregunta, sin embargo, su sustanciación se encontraría incluida dentro de las relaciones políticas propias de una forma de gobierno parlamentaria (STC 220/1991, de 25 de noviembre). Ya se ha visto que el Tribunal Supremo ha reubicado, tras la STS de 25 de febrero de 2013, la remisión por el Gobierno de documentación al ámbito del Derecho[37]. Nada debería impedir que se indentificase la contestación a las preguntas parlamentarias con la remisión de información, supuesto que una y otra son ejercicio de la función de control y se enmarcan en el ejerciio del artículo 23 CE. Por lo apuntado, en la contestación a preguntas, la actuación del Gobierno es ejercicio de una función susceptible de control político y parlamentario.

2.5. Mociones y las proposiciones no de ley

A través de las mociones y de las proposiciones no de ley, la Cámara manifiesta su voluntad política[38]. El Tribunal Constitucional ha señalado, como ya se ha dicho anteriormente, que el derecho de presentar proposiciones no de ley y mociones «pertenece al núcleo de la función representativa parlamentaria, pues la posibilidad de promover la deliberación y toma de posición de la Cámara sobre un determinado asunto e instar la adopción de instrucciones, directrices o mandatos, carentes de efectos jurídicos vinculantes, dirigidos, en lo que aquí interesa, a sujetos u órganos que no forman parte de la Cámara que los adopta, y, a través de aquella posibilidad o facultad de propuesta, participar en la función de dirección e impulso político y en el control de la acción de Gobierno (art. 25.1 EAPV), [y] constituye una manifestación constitucionalmente relevante del ejercicio del cargo de representante parlamentario (en este sentido y en relación con las mociones, SSTC 205/1990, de 13 de diciembre; 41/1995, de 10 de enero; ATC 155/1993, de 24 de mayo)», (STC 40/2003, de 27 de febrero, F. 3). También SSTC 200/2014, d 15 de diciembre; 23/2015, de 16 de febrero y 35/2022, de 9 de marzo.

En efecto, el propio tribunal, aun reconociendo que las proposiciones no de ley no están contempladas en la Constitución, sino en los reglamentos

37 Puede consultarse un comentario a esta Sentencia del Tribunal Supremo, en P. Lucas Murillo de la Cueva, «La garantía jurisdiccional del derecho de los parlamentarios a la documentación administrativa», en *La última jurisprudencia relativa al Parlamento*, [Seminario celebrado en Vitoria-Gasteiz los días 27 y 28 de enero de 2016], Vitoria, Parlamento Vasco, 2016, pp. 155 y ss.

38 E. Lucas Murillo de la Cueva, «El gobierno como sujeto de derecho parlamentario», en *Los sujetos del derecho parlamentario*, Vitoria, Parlamento Vasco, 2001, p. 417, añade: «las proposiciones no de ley son el instrumento parlamentario más eficaz —aunque ciertamente no el único—, para poner en compromiso la solidez y consistencia de los derechos al ejecutivo, así como las contradicciones existentes entre ellos. Tanto más cuanto mayor sea el componente ideológico de los asuntos objeto de las proposiciones no de ley».

parlamentarios, ha confirmado que se configuran como un «instrumento para poner en marcha la función de impulso político y control del Gobierno, pero, también, como una vía adecuada para forzar el debate político y obligar a que los distintos grupos de la Cámara y ésta misma tengan que tomar expresa posición sobre un asunto o tema determinado» (SSTC 40/2003, FJ 7; o, entre las más recientes, FJ 7; 212/2016, de 15 de diciembre, FJ 3 c), 11/2017, de 30 de enero, FJ 3 c) y 124/2018, de 14 de noviembre, FJ 8).

Es el terreno más impredecible de la política. Aquí domina la incertidumbre, las relaciones menos estables y el terreno más dado al pacto. A nadie se le escapa que el cumplimiento por el Gobierno de un mandato político (no de ley) no es terreno jurídico. Por eso, hay que entender que residenciar en el artículo 23 CE la facultad de presentar proposiciones no de ley supone integrarla en la función de control. Debe hacerse una aclaración en relación precisamente con la ejecución y cumplimiento de las proposiciones no de ley, pues si bien su presentación y admisión a trámite no debe ser sustraída al Parlamento (en el sentido de que no debe ser indebidamente impedido el debate de una moción), el cumplimiento de lo dispuesto por el Parlamento entraría de lleno dentro de las relaciones políticas entre el Poder Legislativo y el Gobierno. En estos casos, se entiende mejor la técnica utilizada por el Tribunal Constitucional, pues el cumplimiento o no por el Gobierno de la resolución que concluye la proposición no de ley entra dentro de la política, pero no entra en lo político la remisión de una documentación o la remisión de una contestación a una pregunta con respuesta escrita. En estos casos, sí se estaría en el ámbito jurídico, a diferencia de las proposiciones no de ley.

El nombre elegido para estas iniciativas en el *Derecho parlamentario español* es muy significativo, porque es una proposición *no de ley*, es decir, sin valor jurídico, y el caso del Parlamento de Cataluña es muy relevante, pues se denominan «propuestas de resolución». También usa otro nombre el artículo 196 RPNA que prevé el término de «mociones», para regular todos estos instrumentos que expresan la voluntad política de la Cámara.

Por tanto, a pesar de que la presentación de las proposiciones no de ley se incluye en el estatuto del parlamentario, la aprobación de las mismas no impone al Gobierno (ni a ningún otro órgano) su cumplimiento. Así, «la iniciativa parlamentaria, de ser asumida por la Cámara, agota sus efectos en la adopción de las instrucciones, directrices o mandatos propuestos y en la respuesta o resultado en su caso obtenidos, sin perjuicio de la posibilidad de que éstos puedan instrumentalizarse para llevar a cabo un juicio o valoración sobre una concreta actividad o decisión política utilizando otros instrumentos de dirección o impulso político o de control de la acción de Gobierno» (STC 40/2003, de 27 de febrero, F. 3). No obstante, y para no quedarse muy limitado, se le ha reconocido a la moción presentada una indudable «*auctoritas*; y su incumplimiento por parte del Ejecutivo puede desencadenar la exigencia de las responsabilidades políticas previstas, con carácter general, en el Título V de la Constitución. Pero, como pone de relieve su denominación tradicional de proposiciones no de ley, y como indica expresamente el art. 174 del Reglamento del Senado, tales mociones "plasman, previa deliberación, el pronunciamiento de la Cámara sobre textos de carácter no legislativo"» (STC 180/1991, de 13 de mayo, F. 2).

En definitiva, las proposiciones no de ley son resoluciones que aprueba cada Cámara para expresar su voluntad política. Suele plantearse la cuestión del límite material de las resoluciones que aprueba cada Cámara, sobre todo en los Parlamentos autonómicos en los que la autonomía limitaría el ámbito de las proposiciones no de ley, aunque en las Cámaras de las Cortes Generales también se podría plantear esa cuestión, habida cuenta de los límites propios de la soberanía. En cualquier caso, debe tenerse en cuenta que no hay límite a la voluntad política de la Cámara y que puede expresar su voluntad incluso de que se reforme la Constitución. No obstante, esta idea se va a matizar enseguida.

A) Objeto

Los reglamentos parlamentarios no suelen limitar el objeto de las resoluciones, pues el Parlamento, *a priori*, podría manifestar su opinión sobre cualquier materia, aunque no tenga competencias sobre la misma, siempre y cuando no exista incompatibilidad material con los principios constitucionales, y no sea «objetivamente contrario a la Constitución» (STC 98/2019, de 17 de julio). No debe olvidarse que el deber de fidelidad a la Constitución por parte de los poderes públicos «constituye un soporte esencial del funcionamiento del Estado autonómico», y su observancia es obligada (STC 247/2007, de 12 diciembre, FJ 4). Y, como aclaran los AATC 180, 181 y 184/2019, de 18 de diciembre, y la STC 2018/2019, de 11 de noviembre recae sobre los titulares de cargos públicos, entre ellos los parlamentarios, un «cualificado deber de acatamiento a la Constitución, que no se cifra en una necesaria adhesión ideológica a su total contenido, pero sí en el compromiso de realizar sus funciones de acuerdo con ella y en el respeto al resto del ordenamiento jurídico (art. 9.1 CE)». Debe tenerse en cuenta que «el ordenamiento jurídico, con la Constitución en su cúspide, en ningún caso puede ser considerado como límite de la democracia, sino como su garantía misma» (SSTC 259/2015, FJ 5; 136/2018, FJ 6). En definitiva, el Tribunal Constitucional también ha concluido que, además, no se puede tramitar una resolución (proposición no de ley o moción) prohibida por él mismo.

No obstante, algunos reglamentos autonómicos tienden a definir el interés propio de las proposiciones no de ley y su ámbito de incidencia. Así, por ejemplo, el artículo 161.2 RCV dispone que, si las proposiciones no de ley se refieren a alguna materia que, sin ser competencia de la *Generalitat*, sí que afectan al *interés directo* de los ciudadanos de la Comunitat Valenciana, la Mesa solicitará el acuerdo de la Junta de Portavoces antes de acordar su admisión a trámite. A su vez, el artículo 209 RAEX determina que en las *propuestas de impulso* han de constar «la justificación que la motiva y los aspectos concretos sobre los que se pretende instar la acción del Gobierno». Estas propuestas de impulso parecen distintas de las propuestas de pronunciamiento, que se centran en temas que afecten a los intereses de la Comunidad Autónoma y su objeto sea impulsar la actuación de cualquier institución diferente de la Comunidad Autónoma (art. 217 RAEX).

B) Tramitación

La legitimación activa para la presentación de proposiciones no de ley corresponde a los Grupos parlamentarios (art. 193 RCD; art. 168 RPAND; art. 267 RCAR, también a las agrupaciones parlamentarias; art. 220 RJGPRINCAST, también pueden presentarlas cinco Diputados, igual que el artículo 164.1 RPCAT; art. 176 RPCANA; art. 176 RPCANT; art. 192 RCCL-M, los Grupos parlamentarios o cuatro Diputados; art. 162.2 RCCyL, los Grupos parlamentarios, aunque las proposiciones no de ley ante Comisión pueden ser presentadas por un Diputado, con la firma del portavoz; un Grupo Parlamentario o cinco Diputados, art. 160.1 RCV; art. 209 RAEX, en relación con las denominadas «propuestas de impulso», por un Grupo parlamentario; art. 160 RPGAL y art. 172 RPIB; art. 149 RPLR; art. 205 RAMA; art. 196.1 RAMU, «sólo por los grupos parlamentarios» recalca este Reglamento; art. 196.1 RPN; art. 172 RPV). A su vez, en el art. 210 Reglamento de la Asamblea de Extremadura las propuestas de impulso ante la Comisión pueden ser presentadas por tres Diputados de la Comisión, además de por un Grupo parlamentario.

Las proposiciones no de ley incluyen siempre una propuesta de resolución que es la que determina cuál es la voluntad de la Cámara (art. 169 RPAND). Por su lado, el Reglamento del Parlamento Vasco (art. 173.1 RPV) prevé que debe figurar «claramente» el tema, la justificación y el texto que se somete a la consideración de la Cámara en las proposiciones no de ley. En algún caso, se exige un período de enfriamiento para su inclusión en el orden del día, como en el artículo 221.5. RJGPRINCAST, según el cual se podrán incluir una vez transcurridos cinco días desde su comunicación al Consejo de Gobierno y a los Grupos, o en el artículo 177.3 RPCANT, siete días desde su admisión a trámite.

Por su parte, puede afirmarse que el autor de la proposición no de ley ejerce el dominio sobre la misma pudiendo aceptar enmiendas o no, o retirar la iniciativa en cualquier momento, como reconoce expresamente el artículo 174.5 RPIB, o el art. 155.2 RPLRi.

Es habitual que no se pueda incluir más de una proposición no de ley de un solo Grupo parlamentario en el orden del día de una sesión plenaria (art. 221.4 RJGPRINCAST; art. 177.3 RPCANA; art. 177.3 RPCANT; art. 193.3 RCCL-M; art. 163.3 RCCyL; art. 161.2 RPGAL; art. 173.3 RPIB; art. 15501 RPLR; art. 196.2 RPNA, pudiendo manifestar con diez días de antelación qué moción desea que se incluye en la sesión plenaria, impidiendo el artículo 197.2 RPNA las mociones reiterativas; art. 176.2 RPV). En ocasiones, hay otros límites reglamentarios para la inclusión de proposiciones no de ley, como la del artículo 169.1.4.º RPAND, que dispone que en cada sesión plenaria se tramitará un máximo de cuatro proposiciones no de ley con un cupo de reparto proporcional, sin que se puedan incluir, en el Parlamento de Andalucía, más de dos proposiciones no de ley de un mismo Grupo parlamentario. De forma similar, el artículo 213 RAEX determina un cupo de propuestas de impulso de forma que todos los grupos tengan derecho a incluir hasta un máximo de tres por sesión plenaria, pero sin que haya cupo en las sesiones de Comisión.

La tramitación de las proposiciones no de ley suele ser muy similar en los diferentes reglamentos, y estos suelen disponer que estas se han de presentar por escrito, dirigidas a la Mesa del Parlamento, la cual ordenará su publicación en el Boletín Oficial. Generalmente, estas proposiciones se pueden presentar ante la Comisión competente por razón de la materia o ante el Pleno, si bien en algunos casos es la Mesa la que decide si se tramita ante el Pleno o ante la Comisión en función de la importancia de la materia de la proposición no de ley (como art. 162.1 RPGAL). Por su lado, casi todos los reglamentos prevén que se tenga sobre todo en cuenta la voluntad expresada por el Grupo proponente (como art. 173.1 RPIB, art. 150.1 RPLR; art. 206.1 RAMA; art. 196.2 RAMU; art. 173.2 RPV).

A su vez, algunos reglamentos diferencian varios tipos de proposiciones no de ley. Por ejemplo, el artículo 161 RCV distingue las proposiciones no de ley en función de su importancia:

1. Las proposiciones no de ley de tramitación ordinaria, que se sustancian en Comisión y se pueden incluir en el orden del día desde la publicación en el Boletín. Pueden presentarse enmiendas por los Grupos Parlamentarios hasta seis horas antes de su tramitación (art. 161.3 RCV).
2. Las proposiciones no de ley de «tramitación especial de urgencia» que deberán presentarse con una antelación de nueve días a la fecha de la celebración del Pleno en el que deban ser tramitadas, pudiéndose incluir una sola proposición no de ley por cada sesión, pudiéndose presentar enmiendas una hora antes del inicio de la sesión (art. 161.4 RCV).
3. Las proposiciones no de ley de «tramitación inmediata», con la firma de todos los grupos parlamentarios y hasta el momento de comenzar el Pleno en el que pretenda incluirse. Ello implica que no se pueden presentar enmiendas (art. 161.5 RCV). Tienen prioridad sobre las de tramitación especial de urgencia y conlleva una explicación final de voto.

C) Enmiendas

La publicación de la proposición no de ley en el Boletín Oficial implica que los Grupos parlamentarios puedan presentar enmiendas hasta seis horas antes del inicio de la sesión plenaria (art. 194.2 RCD). Los matices son múltiples. Así, el artículo 169.2 RPAND prevé que las enmiendas se puedan presentar hasta las diez horas del martes de la misma semana en que haya de celebrarse la sesión en que se debata y vote; artículo 273.3 RCAR, hasta veinticuatro horas antes del inicio de la sesión; art. 221.2 RJGPRINCAST, hasta cuatro horas antes del comienzo de la sesión en que haya de debatirse; art. 178.2 RPCANA, hasta seis horas antes del debate, igual que artículo 163 RCCyL; art. 163.3 siete días desde la publicación de la propuesta de resolución; art. 161.2 RPGAL, seis horas antes del inicio de la sesión plenaria. El art. 177.2 RPCANT dispone que los Grupos parlamentarios, excepto el proponente, podrán presentar enmiendas «hasta las catorce horas del día anterior a la sesión en que haya de debatirse». En el art. 150.2 RPLR se prevé que las enmiendas a las proposiciones no de ley se puedan presentar hasta el día anterior a la celebración de la sesión en la que se vaya a debatir, igual que el artículo 206.2 RAMA que puntualiza que se puedan presentar hasta las doce horas del día anterior; art. 196.3 RAMU, hasta las 48 horas antes del inicio del debate; art. 197.3 RPNA, también hasta las doce horas del día anterior al del inicio de la sesión, admitiendo el art. 197.4 RPNA las enmiendas *in voce* para subsanar errores o incorrecciones técnicas, terminológicas o gramaticales; art. 173.3 RPV, siete días, para las proposiciones ordinarias y veinticuatro horas las urgentes. Según el art. 211 RAEX, se pueden presentar enmiendas durante tres días hábiles después de la publicación y, conforme el artículo 173.2 RPIB, se pueden presentar hasta el día anterior del comienzo de la sesión.

Los sistemas son muy diversos y, en general, los reglamentos han tratado de recoger la práctica consolidada en el respectivo Parlamento. De este modo, el artículo 193.2 RCCL-M determina que se pueden presentar enmiendas a las proposiciones no de ley durante los siete días siguientes a su publicación. Este Reglamento sigue un sistema parecido al de las enmiendas en el procedimiento legislativo, pues las proposiciones no de ley pueden ser objeto de enmiendas parciales de supresión, modificación o adición, pudiéndose presentar enmiendas transaccionales entre las ya presentadas y el texto de la Proposición, cuando ningún Grupo Parlamentario también se oponga a ello. Esto último supone la retirada de las enmiendas respecto de las que se transaccione.

En algún otro caso se pueden presentar enmiendas transaccionales en el art. 150.4 RPLR, además de las «enmiendas técnicas». Y también es similar la regulación del artículo 165.2 del Reglamento del Parlamento de Cataluña que prevé que haya enmiendas transaccionales, si bien el grupo parlamentario enmendante puede vetar la transacción. Además, se admite que se puedan presentar nuevas enmiendas si están firmadas por todos los grupos parlamentarios.

Por lo demás, y salvo que haya una disposición expresa en el reglamento, no parece que sea aplicable sin más el régimen de las enmiendas del procedimiento legislativo al procedimiento de aprobación de las proposiciones no de ley, por el diferente significado de uno y otro procedimiento, y el alcance normativo del producto legal, frente a la ausencia de esta naturaleza en las proposiciones no de ley y mociones.

Además de lo expuesto anteriormente, el Reglamento de las Cortes Valencianas prevé enmiendas transaccionales (162.3 RCV), que puedan presentarse siempre que el grupo parlamentario autor de la enmienda acepte el nuevo texto y ningún otro grupo parlamentario se oponga a su tramitación. También permite este Reglamento que se puedan presentar propuestas alternativas, que han de ser suscritas por todos los grupos parlamentarios. Por su lado, el artículo 222.2 RJGPRINCAST prevé, al modo del procedimiento legislativo, que haya durante el debate enmiendas transaccionales y técnicas, suponiendo aquellas la retirada de las que se pretenda la transacción. De la misma manera, el artículo 215.5 RAEX recoge las denominadas enmiendas *in voce*, cuando se estime necesario corregir algún error o se aprecie alguna circunstancia sobrevenida, con el consentimiento de todos los grupos parlamentarios. Finalmente, también el artículo 207.2 RAMA dispone que se puedan admitir a trámite por el presidente, oída la Mesa, nuevas enmiendas escritas que tengan como objeto subsanar errores o incorrecciones técnicas, terminológicas o gramaticales o la transacción entre las ya presentadas y la proposición no de ley. Para las transaccionales en la Asamblea de Madrid, ningún Grupo Parlamentario se debe oponer a su admisión.

Es interesante el artículo 221.3 RJGPRINCAST, que limita que pueda haber enmiendas a la totalidad a las proposiciones no de ley que supongan un texto alternativo al inicialmente presentado, persiguiendo seguramente evitar que se puedan presentar por un solo Grupo parlamentario más de una proposición no de ley. A su vez, algunos reglamentos disponen que el proponente solo pueda modificar la proposición no de ley, si ningún Grupo parlamentario se opone a ello. Otros reglamentos permiten que los Grupos puedan presentar enmiendas a la totalidad con texto alternativo, además de parciales, siendo incompatibles uno y otro tipo de enmiendas (art. 196.3 RAMU).

Como ya se ha dicho, se puede defender que, salvo disposición expresa en el Reglamento, el procedimiento legislativo no debería aplicarse mediante analogía en la tramitación de las proposiciones no de ley.

D) Debate y votación

El debate de la proposición no de ley suele ser el mismo en todos los reglamentos, pues suele intervenir, tras el Grupo Parlamentario autor de aquella, un representante de cada Grupo Parlamentario que hubiera presentado enmiendas y, a continuación, los de aquellos que no lo hubieran hecho. No suele preverse en los Reglamentos que intervenga el Gobierno en esos debates, por ser seguramente una resolución que solo expresa la voluntad de la Cámara, aunque *a priori*, nada impediría que la Presidencia concediese la palabra a algún miembro del ejecutivo que lo solicitase, según las disposiciones ordinarias que rigen la materia. Es habitual, por lo demás, que se prevea la intervención en un turno final el autor de la proposición no de ley, para manifestar de forma expresa las enmiendas que acepta, o para cerrar el debate sin más.

Las normas reglamentarias son muy variadas. Así, el art. 170.1 y 170.2 RPAND, prevé, incluso, que se pueda votar de forma separada los puntos de las proposiciones no de ley; art. 269.5 RCAR, que dispone como novedad la posible suspensión de la sesión por diez minutos tras la defensa de la proposición no de ley y la de las enmiendas, pudiendo el proponente, como consecuencia del debate, modificar los términos de su proposición si ningún grupo parlamentario se opone a ello. A su vez, el art. 178 RPCANA o el art. 178 RPCANT, prevén la intervención inicial del Grupo parlamentario proponente, un turno del resto de cinco minutos, y una intervención final del proponente de tres minutos. Casi siempre se prevén turnos de diez minutos para los grupos parlamentarios proponentes y otro más de réplica de cinco para cada uno, cerrando el grupo parlamentario autor de la proposición (por ejemplo, el artículo 194.1 RCCL-M). Algo más breve es la tramitación de las proposiciones no de ley en las Cortes de Castilla y León, pues el artículo 164 RCCyL determina que cada intervención sea de cinco minutos, si es el debate en Pleno, y diez si el debate tiene lugar en Comisión. También el art. 165.1 y el art. 165.3 RPCAT, prevén turnos de intervención de los Grupos parlamentarios de diez minutos y se prevé también que pueda haber votación separada de puntos de la propuesta de resolución. Similar es el artículo 162 RCV; el art. 215 RAEX, con turnos de diez y cinco minutos; art. 162.1 RPGAL; art. 151.1 RPLR; art. 207.1 RAMA, con intervenciones de siete minutos cada uno. Por su lado, art. 197.1 RAMU prevé una regulación algo diferente, pues el autor tiene diez minutos, con un turno de siete minutos de los grupos que hayan presentado enmienda a la totalidad, cuatro minutos los grupos que hayan presentado enmiendas parciales y otros cuatro los que no los hayan presentado, con un turno final del proponente. Finalmente, el Reglamento del Parlamento de Navarra dispone una intervención inicial de quince minutos, e intervenciones posteriores de los Grupos Parlamentarios de diez minutos empezando por el que hubiese presentado enmiendas. También art. 174.2 RPV.

De forma reiterada y para permitir una razonable ordenación del debate, se suele prever en el *Derecho parlamentario español* que el presidente pueda acumular a efectos de debate las proposiciones no de ley «relativas a un mismo tema o a temas conexos entre sí». Queda claro que la valoración sobre si hay carácter conexo o no, entre las proposiciones no de ley presentadas, corresponde exclusivamente a la Presidencia de la Cámara. Así, el artículo 170.3 RPAND; art. 268.3 RCAR; art. 222.3 RJGPRINCAST; art. 178.3 RPCANA; art. 179 RPCANT; art. 195.1 RCCL-M; art. 164.4 RCCyL; art. 165.3 RPCAT; art. 162.4 RCV; art. 214 RAEX; art. 162.2 RPGAL; art. 174.7 RPIB; art. 206.1 RAMA; art. 197.5 RPN. Finalmente, otros reglamentos impiden que haya proposiciones o enmiendas sobre el mismo objeto de la proposición no de ley (art. 176.1 RPV).

Se somete a votación la propuesta de resolución con la incorporación de las enmiendas aceptadas por el proponente. Si se prevén enmiendas a la totalidad, la adopción de una de ellas impedirá seguir la votación (art. 197.3. RAMU). También el art. 174.3 RPV prevé un orden de votación de las enmiendas, empezando por las que sean a la totalidad y la aprobación de una de ellas, supone la retirada del resto.

En caso de que se apruebe la resolución que incluye la proposición no de ley, suele incluirse, en el *Derecho parlamentario español*, la previsión de que sea la Comisión competente por razón de la materia la que controle su cumplimiento, pudiendo requerirse la comparecencia del Gobierno para dar cuenta del mismo. Incluso, algún reglamento prevé la comparecencia obligatoria del Gobierno «dentro de los seis meses siguientes a su sustanciación ante el Pleno» (art. 175.2 RPIB), pudiendo incluirse el asunto en el orden del día del siguiente Pleno que celebre la Cámara (art. 175.3 RPIB). Son varios los reglamentos que disponen el control de las proposiciones no de ley, como el artículo 177 RPV, o el artículo 180 RPCANT, que también prevén el control por parte de la Comisión competente por razón de la materia.

Aunque no es lo habitual, varios reglamentos parlamentarios han incluido cláusulas limitativas del contenido de las proposiciones no de ley; como el artículo 170 del Reglamento del Parlamento de Andalucía, que dispone que las proposiciones no de ley que planteen propuestas de resolución en materias de «competencia exclusiva del Estado o de la Administración local», se tramitarán ante el Pleno. Exige este Reglamento, además, que estas proposiciones no de ley solo se puedan incluir en el orden del día si cuentan con el apoyo inicial de las dos terceras partes de la Cámara, o tres Grupos parlamentarios que representen la mayoría de la Cámara.

Algún reglamento, como el de las Cortes de Aragón en su artículo 272.1, dispone, de forma similar a las preguntas e interpelaciones, la necesidad de que los Grupos parlamentarios manifiesten su voluntad de mantener para el siguiente periodo de sesiones, las proposiciones no de ley que se encuentren pendientes de tramitación.

Y siguiendo con ese principio de fomentar la participación directa del común de los ciudadanos en la actividad parlamentaria, el artículo 270 RCAR también prevé las propuestas de proposiciones no de ley «de iniciativa ciudadana» que deberán ser asumidas por un Grupo parlamentario, de una forma similar a las preguntas y a las interpelaciones de origen popular.

2.6. La información a las Cámaras. Sesiones informativas y comparecencias

Se ha dicho de la potestad de celebrar comparecencias, que «constituye una manifestación de la función de control del Gobierno que, a las Cortes Generales de manera general, y al Congreso de los Diputados en particular, atribuyen, respectivamente, los arts. 66.2 y 108 CE. Por lo que a las presencias o comparecencias ante las Comisiones se refiere, esa función de control del Gobierno resulta evidente cuando se solicita la presencia de sus miembros para que informen sobre asuntos relacionados con sus respectivos Departamentos (art. 44.2.° RCD), lo cual se encuentra expresamente previsto en el art. 110.1 CE» (SSTC 177/2002, de 14 de octubre; 203/2001, de 15 de octubre; 208/2003, de 1 de diciembre; 89/2005, de 18 de abril; 90/2005, de 18 de abril; 191/2016, de 15 de noviembre y 124/2018, de 14 de noviembre).

En este contexto, suelen diferenciarse dos tipos de comparecencias en función del órgano ante el que se produce. Ante el Pleno, los reglamentos disponen que la comparecencia se produce para dar cuenta de «un asunto determinado», mientras que la comparecencia ante las Comisiones se produce la comparecencia para celebrar una «sesión informativa». No queda muy clara la diferencia real entre una y otra, salvo que se producen ambas comparecencias ante órganos distintos.

La comparecencia de miembros del Gobierno y funcionarios ante el Pleno y las Comisiones parlamentarias ha de reputarse como políticamente preceptiva, como se desprende de los artículos 108 y 110 CE. Así, la comparecencia ante el Pleno del Congreso de los Diputados de los «miembros del Gobierno» se regula en el artículo 203 RCD, y consiste en la asistencia personal de una autoridad pública para rendir cuentas de su actuación en su gestión del Departamento. En el Congreso, pueden comparecer a petición propia los miembros del Gobierno y también deben hacerlo por acuerdo de la Mesa de la Cámara y de la Junta de Portavoces. La iniciativa para la adopción del acuerdo de comparecencia corresponderá a dos Grupos Parlamentarios, o a la quinta parte de los miembros de la Cámara o de la Comisión, según los casos (art. 201.1 RCD; art. 144.2 RPG; art. 196 RPCANT).

A) Iniciativa

En España, los matices en los reglamentos en esta materia son muchos y no siguen el sistema del Congreso de los Diputados. Así el artículo 237.1 RCAR prevé que los miembros del Gobierno comparecerán ante el Pleno o ante una Comisión para informar sobre un asunto determinado, a petición propia o de un grupo parlamentario. También el artículo 203 RJGPRINCAST, a petición propia o de dos Grupos parlamentarios. Por su parte, según el artículo 202.1 RCCL-M los miembros del Gobierno pueden comparecer para informar sobre un asunto determinado a petición propia o por acuerdo de la Mesa de la Cámara, y oída la Junta de Portavoces, a iniciativa de un Grupo Parlamentario o de la cuarta parte de los miembros de la Cámara. En el art. 148.1 RCCyL se prevé que comparezcan los miembros del Gobierno ante el Pleno para informar sobre un asunto determinado, a petición propia o por acuerdo de la Mesa de las Cortes, oída la Junta de Portavoces, debiendo partir la iniciativa de un Grupo Parlamentario o a la quinta parte de los miembros; igual que el artículo 208.2 RAMA. También el artículo 167 RCV se refiere, de una forma más imperativa, al deber de comparecer de los miembros del *Consell* a petición propia o cuando lo solicite una Comisión, para las «sesiones informativas», mientras que el artículo 168.1 RCV dispone que pueden comparecer en Pleno o en Comisión, a petición propia, o por acuerdo de la Mesa y de la Junta de Portavoces, para informar «sobre un asunto determinado»; en este caso, la iniciativa le corresponde a un Grupo parlamentario o a una décima parte de los miembros de la Cámara (similar artículo 190.2.b RAMU, correspondiendo la iniciativa a un Grupo o a un quinto de los Diputados y posterior acuerdo de la Mesa y de la Junta de Portavoces). Más sencillo parece el art. 144.2 del Reglamento del Parlamento de Galicia que dispone, para los miembros de la Xunta, el deber de comparecer a petición propia, o por acuerdo de la Mesa de la Cámara y de la Junta de Portavoces, ante el Pleno o cualquiera de sus Comisiones «para informar sobre un asunto determinado»; similar es la regulación del artículo 154.1 RPLR. Por su parte, según el artículo 199.1 RPV, los miembros del Gobierno vasco comparecerán ante el Pleno también «para informar sobre un asunto determinado», a petición propia o a iniciativa de dos Grupos Parlamentarios.

No suele haber en nuestra Patria comparecencias urgentes, a diferencia de lo que sucede con las interpelaciones. Hay alguna excepción, como la del artículo 148.4 RCCyL que prevé que los miembros del Gobierno puedan solicitar que una comparecencia *a petición propia* se incluya en el orden del día de una sesión determinada, siempre que la presentación de su petición se produzca cuarenta y ocho horas antes del comienzo de la sesión plenaria de que se trate. En caso de que la sesión hubiese sido ya convocada, «la petición de inclusión de la comparecencia producirá la modificación automática del orden del día de la misma». También el art. 168.1 RCV regula que los grupos parlamentarios tienen «derecho» a pedir en cada Pleno una comparecencia con carácter de urgencia de un miembro del *Consell*, que será determinada en la Junta de Portavoces correspondiente.

B) Debate

El debate de la comparecencia en el Pleno se regula en el art. 201.2 RCD y, tras la exposición oral del Gobierno, podrán intervenir los representantes de cada Grupo Parlamentario por diez minutos fijando posiciones, formulando preguntas o haciendo observaciones, a las que contestará aquel sin que haya votación. Es muy similar la regulación en los reglamentos parlamentarios españoles, como art. 148.2 RCCyL; o art. 168.3 RCV, art. 143.2 RPG; art. 154.2 RPLR; art. 191.2 RAMU, con unos tiempos de intervención algo mayores. En la Junta General del Principado de Asturias, el artículo 203 RJGPRINCAST, determina que se celebre la comparecencia en Pleno con una intervención inicial del miembro del Gobierno por un tiempo de veinte minutos y un turno de fijación de posiciones de quince. En la Asamblea de Madrid, el artículo 208.3 RAMA dispone una tramitación algo diferente, pues dispone una exposición inicial, que inicia el Grupo autor de la iniciativa de comparecencia, al «exclusivo objeto de precisar las razones que motivan la comparecencia», siendo el resto de las intervenciones algo inferiores al del resto de reglamentos, con turnos de siete y tres minutos. Es similar la tramitación del artículo 199.2 RPV que dispone el turno del Grupo Parlamentario que ha solicitado la comparecencia, un turno del Gobierno y otro turno de representantes de los Grupos Parlamentarios de diez minutos, con turno final del Gobierno.

C) Comparecencia del presidente de la comunidad autónoma

Algún reglamento contempla, de forma expresa, la comparecencia del presidente de la Comunidad Autónoma, como el artículo 169 RPCAT, que regula su comparecencia ante la Diputación Permanente[39] o el Pleno, a petición propia o por acuerdo mayoritario del órgano. También puede comparecer, a petición propia, ante cualquier Comisión parlamentaria. Esta comparecencia debe sustanciarse en el plazo de un mes a partir de la adopción del acuerdo o de la solicitud correspondiente. El desarrollo de la comparecencia es similar al resto, pues primero interviene el presidente de la Comunidad Autónoma, en esta ocasión sin limitación de tiempo, con un turno de fijación de posiciones de diez minutos y otro final de cinco, con un turno de intervención del *president* en ambos casos sin límite de tiempo. Por su lado, el artículo 169 RCV regula con un detalle muy poco habitual la comparecencia del presidente del *Consell*, quien comparecerá ante el Pleno para contestar preguntas de interés general para la Comunitat Valenciana, que formulen los portavoces de los grupos parlamentarios. Las cuestiones que han de ser respondidas por el presidente del Consell deberán presentarse con 48 horas de antelación al comienzo de la sesión en la que se vaya a formular. Cada grupo parlamentario podrá presentar una única pregunta. Esta comparecencia se realizará preferentemente a partir de las 10.00 horas del segundo día de Pleno y con un orden de intervención de los grupos de mayor a menor. También el art. 190.1 RAMU dispone la comparecencia del presidente del Gobierno para informar «sobre los asuntos que, en el ámbito estrictamente político, guarden conexión directa con actuaciones personales suyas o con el ejercicio de las competencias de su exclusiva atribución, de conformidad con la legislación vigente», con un período de enfriamiento de diez días hábiles, y el posible aplazamiento de la comparecencia por quince días, previa solicitud motivada.

D) Comparecencia en comisión

39 Sobre el riesgo de sobredimensionar a la Diputación Permanente, cfr. A. ARCE JANÁRIZ, en *La distribución...*, *op. cit.*, p. 315.

En los Parlamentos de un mayor tamaño, es más habitual y seguramente más efectiva, la celebración de comparecencias ante las Comisiones. El artículo 202.1 RCD prevé que se celebre una «sesión informativa» de los miembros del Gobierno, «a petición propia» o cuando así lo solicitare la propia Comisión (también art. 143.1 RPG). Por su lado, el artículo 66.1 y 66.2 RS prevé que, si es a petición propia, el Gobierno deberá comunicar los puntos sobre los que deba informar, debiendo ser el objeto de la información «algún problema de su competencia». El artículo 185.1 RPCANA también prevé que los miembros del Gobierno puedan comparecer ante el Pleno o cualquiera de las Comisiones, a petición propia o por acuerdo de la Mesa de la Cámara y de la Junta de Portavoces, la iniciativa corresponde a un grupo parlamentario. Por su parte, el art. 186.1 RPCANT regula la comparecencia para realizar una sesión informativa de los miembros del Gobierno de Cantabria, a petición propia o cuando lo solicite la Mesa de la Cámara o alguna de las Comisiones, a iniciativa de un Grupo Parlamentario o de la quinta parte de los miembros de la Cámara o de la Comisión; y, según el artículo 201.1 RCCL-M, los miembros del Gobierno realizarán una sesión informativa a petición propia o cuando lo solicitase la Mesa de las Cortes, a iniciativa de un Grupo Parlamentario o la tercera parte de los miembros de una Comisión. De igual modo, comparecerán los Altos Cargos de la Administración Regional.

Hay, como se ve, regulaciones bastante similares. El art. 147 RCCyL es parecido a estos reglamentos, pues los miembros del Gobierno pueden comparecer en Comisión a petición propia, cuando lo solicite una Comisión, o su Mesa, y aquellos (y los Altos Cargos) pueden comparecer si lo requiere un Grupo parlamentario o una quinta parte de los miembros de la Comisión. El artículo 170.1 RPCAT prevé que los miembros del Gobierno puedan comparecer en Comisión a petición propia o mediante acuerdo de la propia Comisión. Es algo diferente el artículo 183.1 RPIB que también prevé la comparecencia de los miembros del Gobierno a solicitud de la Comisión o una quinta parte de sus miembros, disponiéndose en el art. 183.2 RPIB que, en cada período de sesiones, cada Grupo Parlamentario podrá solicitar que una comparecencia se tramite ante el Pleno y, el resto, ante la Comisión. Por su lado, el reglamento del Parlamento de la Rioja prevé que los miembros del Gobierno puedan comparecer ante la Comisión correspondiente por acuerdo de la Comisión, o de la Mesa y la Junta de Portavoces; en todos los casos, la iniciativa debe provenir de dos grupos parlamentarios o de un quinto de los miembros de la Comisión. Según el artículo 203.1 RPNA pueden comparecer los miembros del Gobierno ante la Comisión a petición propia o a instancia de la Junta de Portavoces, «sobre actividades de su competencia» y, si es pedida por un quinto de los miembros de la Cámara, la Junta de Portavoces la acordará en todo caso y se celebrarán en no más de quince días.

En el Congreso de los Diputados, el desarrollo de la sesión informativa en Comisión constará de las siguientes fases: exposición oral del Ministro, suspensión por un tiempo máximo de cuarenta y cinco minutos, para que los Diputados y los Grupos Parlamentarios puedan preparar la formulación de preguntas u observaciones, y posterior contestación de estas por el miembro del Gobierno (muy similar art. 184.2 RPCANA; art. 186 RPCANT; art. 201.2 RCCL-M; art. 147.4 RCCyL, con una suspensión de quince minutos, y una disposición expresa, poco habitual, que establece que el presidente de la Comisión debe velar por que las preguntas de los Procuradores tengan el suficiente grado de concreción y congruencia exigidos; art. 170.2 RPCAT es muy similar, con una suspensión de quince minutos, y también exige que las aclaraciones han de ser congruentes con el objeto de la comparecencia; art. 144.2 RPG; art. 184.2 RPIB, tras la intervención de un miembro del Gobierno, intervienen los Grupos Parlamentarios por diez minutos; art. 153.4 RPLR).

Además de las comparecencias propiamente dichas reguladas en el artículo 153, el Reglamento del Parlamento de Andalucía dispone un tipo de comparecencias muy llamativo, que son los denominados «debates de carácter general» del artículo 150. La legitimación activa para solicitar estos debates le corresponde al propio compareciente, a un Grupo parlamentario, o a cuatro Diputados, o cuatro miembros de la Comisión. La legitimación pasiva corresponde a los miembros del Gobierno y también, a «Presidentes de los consejos de administración, consejeros delegados, administradores, directores generales, gerentes y otros cargos equivalentes de los organismos autónomos, instituciones y empresas de la Junta de Andalucía, así como de los consorcios, fundaciones y demás entidades con personalidad jurídica propia distintos de los anteriores, en los que sea mayoritaria la representación o participación directa, cualquiera que sea su forma, de la Junta de Andalucía».

No es extraño que los reglamentos diferencien si la comparecencia es a petición propia, o si se produce a iniciativa parlamentaria. La diferencia estriba en el desarrollo de la comparecencia. En el Reglamento del Parlamento de Andalucía, si la comparecencia se produce a petición del Gobierno, tras la exposición oral del consejero, el presidente podrá determinar una suspensión de la sesión durante un tiempo máximo de cuarenta y cinco minutos, con un turno de fijación de posiciones de los Grupos parlamentarios por tiempo de diez minutos. Cuando la comparecencia proceda de iniciativa parlamentaria, después de la exposición oral del compareciente, solo intervendrá, por tiempo máximo de quince minutos, un representante de los que han solicitado la comparecencia para formular preguntas o hacer observaciones, a las que contestará aquel. Los comparecientes en el Reglamento del Parlamento de Andalucía tienen, en general, un turno de intervención de veinte minutos. También disponen una regulación similar los artículos 238 y 239 RCAR, con unos tiempos de intervención de diez minutos y cinco para los grupos parlamentarios y de treinta para el miembro del Gobierno; similar art. 167.2 RCV;

art. 200 RPV, con tiempos de intervención de diez minutos cada representante de Grupo Parlamentario. En la Junta General del Principado, en el artículo 202.2 RJGPRINCAST, los turnos de intervención son de treinta minutos, excepto si es con ocasión del Proyecto de Ley de Presupuestos, que serán de treinta minutos. También diferencia la tramitación en función de quién ejerce la iniciativa, el Reglamento del Parlamento de Canarias, en el artículo 188.2 y 188.4; art. 186 RPCANT; art. 183 RPIB; art. 153.4 RPLR; arts. 199 y 200 RPV.

Alguna peculiaridad introduce el Reglamento de la Asamblea de Madrid al regular el deber de los miembros del Gobierno de informar sobre un asunto determinado de su competencia (art. 209.1 RAMA). Se puede plantear la solicitud de comparecencia a petición propia, como en el resto de reglamentos, en este caso, la petición podrá acompañarse de datos, informes o documentos que obren en poder del ejecutivo relacionados con el objeto de la comparecencia. También contiene una previsión muy similar, el art. 191.2 RAMU o el artículo 203.5 RPNA, que distingue estos tipos de comparecencias, con tiempos de intervención de treinta minutos para el Gobierno (sin límites para el presidente del Gobierno), y diez para los miembros de los Grupos Parlamentarios con un segundo turno de intervención.

Según el art. 202.3 RCD, los miembros del Gobierno pueden comparecer acompañados de autoridades y funcionarios de sus Departamentos. En el Parlamento de Andalucía, los miembros del Consejo de Gobierno podrán comparecer en Comisión, a estos efectos, asistidos de autoridades y funcionarios de su Departamento, y los demás comparecientes podrán comparecer asistidos de asesores (art. 153.5 RPAND). El artículo 201.2.d del Reglamento de la Junta General del Principado de Asturias prevé que acompañen a los miembros del Consejo de Gobierno, los «empleados públicos» de la Consejería que podrán contestar siempre que lo solicite el consejero. De forma excepcional, «cuando la dificultad técnica» de la pregunta formulada en el desarrollo de la comparecencia lo justifique, la Mesa podrá admitir que la respuesta a una pregunta se facilite posteriormente por escrito a través del Registro de la Cámara. En ese caso, la respuesta será remitida a todos los miembros de la Comisión. También pueden los comparecientes asistir acompañados de autoridades y funcionarios, según el artículo 237.3 RCAR; art. 184.3 RPCANA; art. 182.2 RPCANT; art. 201.2 RCCL-M; art. 147.5 RCCyL; art. 170.3 RPCAT, que aclara, de un modo algo obvio, que los cargos, funcionarios y personal de la Administración que acompaña al compareciente pueden intervenir en la sesión; art. 167.3 RCV; art. 143.3 RPG; art. 183.4 RPIB; art. 153.3 RPLR, pueden estar acompañados de los «responsables de su Departamento»; art. 192.3 RAMU pueden comparecer «asistidos de autoridades y funcionarios públicos»; art. 203.4 RPNA, acompañados de asesores, altos cargos y funcionarios.

El art. 209.3 RAMA también prevé la asistencia al consejero de funcionarios y altos cargos, y el art. 209.4 RAMA dispone que los miembros del Gobierno puedan *delegar* cada comparecencia ante la Comisión correspondiente en los altos cargos de sus respectivos departamentos, previa autorización concedida por la Mesa de la Comisión competente. También el art. 192.4 RAMU señala que puede delegar el miembro del Gobierno en altos cargos de sus Consejerías, «previa autorización concedida al efecto por la Mesa de la Comisión de que se trate». Y según el artículo 185.1 RPCANA, siguiendo este mismo criterio, a las comparecencias podrá asistir un Viceconsejero «o un cargo asimilado».

Los reglamentos parlamentarios regulan otras comparecencias que se producen en su marco, casi siempre en las Comisiones. Así, el Reglamento de las Cortes de Aragón diferencia las siguientes:

1. Comparecencia de los Senadores designados por la Comunidad Autónoma. El artículo 243 RCAR dispone la comparecencia en Comisión de los Senadores «representantes» de la Comunidad Autónoma, una vez al año, «para informar de las gestiones de interés para la Comunidad Autónoma de Aragón». También se puede pedir su comparecencia cuando la importancia y trascendencia de los temas en relación con la Comunidad Autónoma así lo aconsejen.
2. Comparecencia de la Presidencia del Tribunal Superior de Justicia de la Comunidad Autónoma. El artículo 244 RCAR regula esta comparecencia para presentar la memoria anual de la Justicia en Comisión.
3. Comparecencia de la Fiscalía Superior de la Comunidad Autónoma para presentar la memoria anual de la Fiscalía. El artículo 245 RCAR prevé esta comparecencia.
4. Comparecencias de las Presidencias autonómicas de las delegaciones ante las Comisiones Bilaterales con el Estado. Se regula en los artículos 246, 247, 248, 249 y 250 RCAR.
5. Comparecencia del Presidente de la Comunidad Autónoma para informar sobre el nombramiento y el cese de los consejeros; también el art. 188 RPCANT.

3. La función legislativa

3.1. La función legislativa y la elaboración de la ley

A) La ley y el Parlamento

Es habitual la identificación del Parlamento o las Cortes Generales con el Poder Legislativo. Al Parlamento corresponde, como función fundamental, aprobar la ley como categoría normativa que ocupa la posición jerárquica en el ordenamiento jurídico inmediatamente posterior a la Constitución. No obstante, y como es conocido, la tradición liberal se construye sobre la identificación sólida del Parlamento con la ley, como categoría normativa única y superior en el ordenamiento, y sin el reconocimiento entonces del significado normativo de la Constitución. En esa misma tradición se situaba la exclusión de cualquier otro poder en el ejercicio de la función legislativa, como garantía de la ley como expresión de la voluntad general.

En la aproximación a esta función fue fundamental la STC 29/1982, de 31 de mayo. En el primer párrafo del primer fundamento jurídico indicó, que «La C.E. en su artículo 68 determina taxativamente que las Cortes Generales representan al pueblo español y ejercen la potestad legislativa del Estado. Esta declaración constitucional pilar sobre el que se cimienta el régimen democrático y parlamentario hoy vigente en España conlleva: a) el reconocimiento indiscutible de que las Cortes Generales son las depositarias de la potestad legislativa en su ejercicio ordinario; b) la primacía de la Ley, norma sancionada y promulgada por el Rey (artículo 62), en cuanto expresión de la voluntad soberana del pueblo representado por las Cortes, únicamente sometida a la supremacía de la Constitución, y c) que en el proceso ordinario de elaboración de las Leyes, la Constitución reconoce al Gobierno la iniciativa legislativa, que comparte con el Congreso y el Senado en su ejercicio directo, así como con la iniciativa popular ejercitada en los términos establecidos en el artículo 87 de la CE».

Al significado de esta función se refirió PENDÁS GARCÍA[40] cuando dijo que «la función legislativa es tarea prioritaria de todo Parlamento y no debe ser resignada (insisto, en términos materiales), aunque estemos —en palabras de GARCÍA DE ENTERRÍA— en la "hora de los ejecutivos"». Por esta tarea tan relevante ha sido configurada la función legislativa de un modo formal. Así, la propia STC 29/1982 define la Ley de un modo estrictamente formal, como una «norma sancionada y promulgada por el Rey (artículo 62), en cuanto expresión de la voluntad soberana del pueblo representado por las Cortes, únicamente sometida a la supremacía de la Constitución».

Como se sabe, hoy no se puede hablar precisamente de atribución al Parlamento de la exclusiva función de legislar. La política legislativa es responsabilidad del Gobierno, aunque formalmente las leyes las sigan aprobando los Parlamentos. La pérdida del monopolio legislativo del Parlamento es una evidencia. Así, además de compartir con los Parlamentos autonómicos esta función legislativa, las Cortes sufren como nunca la presión de la legislación que proviene del Gobierno, en forma de reglamentos (cada vez más numerosas y peores técnicamente) y en forma de decretos-leyes y de proyectos de ley de medidas, que

40 B. PENDÁS GARCÍA, «Función de los Parlamentos en materia de técnica legislativa», en F. SAINZ MORENO y J. C. DA SILVA OCHOA (coords.), *La calidad de las Leyes*, Vitoria-Gasteiz, Parlamento Vasco, 1989, p. 347. Añade este autor, en la misma p., que: «esta profesión de fe en la institución parlamentaria puede y debe ser mantenida —más por necesidad que por virtud— una larga sabiduría histórica y que por lo mismo que supo quebrar la resistencia de los monarcas absolutos, será capaz de mantener una tensión polémica con el poder ejecutivo predominante, e incluso con el partido político hegemónico. Todo ello, claro está, siempre que adopte una actitud de vigor político y de pathos constitucional en lugar de aceptar de forma sumisa el suicidio institucional como única actitud posible, aunque sea (como es el caso), saboreado con calma y hasta con fruición, como era propio de los sabios estoicos».

modifican amplias listas de normas. Aquí se impone la posición conocida del Parlamento como Cámara de discusión y de debate político, más que como redactor material de leyes. Hoy, el procedimiento legislativo se convierte en proceso de control político al Gobierno, en el que pocas modificaciones se van a introducir en el texto si el Gobierno no lo desea o consiente (o se siente compelido políticamente).

El adelgazamiento del Parlamento proviene de varios frentes. Y, como puede fácilmente adivinarse, todas estas circunstancias complican mucho el tipo normativo de ley. Y tanto lo hacen que, lo normal es que una medida legislativa se apruebe como producto de una mera necesidad coyuntural. En definitiva, es una ingenuidad pensar hoy en una sociedad gobernada por leyes sabias y justas que racionalicen el devenir social, desde la reflexión y la distancia. El ejercicio no homogéneo y no organizado de la función legislativa también supone la desaparición del concepto unívoco de ley, la existencia de varios tipos de ley y la pérdida de su generalidad.

En general, siguiendo esa perspectiva formal de la ley, la función legislativa del Parlamento se vertebra y organiza en torno a un procedimiento legislativo, que sigue siendo el cauce mediante el que formalmente el Parlamento desempeña su función de control. Es el procedimiento el que produce el acto final en que se concreta la función legislativa y se enlaza por tanto con la seguridad jurídica. Aquí sí se reconoce la naturaleza de este principio como básico y fundamento del mantenimiento del procedimiento.

En conclusión, también ha resaltado el Tribunal Constitucional que resultan implícitas al principio de seguridad jurídica «las ideas de certeza y de claridad en la redacción de las normas» (STC 235/2000, de 5 de octubre). La necesidad de que las funciones públicas se ejerzan mediante un procedimiento es exigencia de correcto funcionamiento, eficacia y seguridad. Por todo ello, puede afirmarse que el procedimiento no es solo una mera ordenación concatenada de actos, sino que tiene una vinculación directa con los principios y valores constitucionales, en tanto que a través del cauce procedimental se hace efectiva una función constitucional.

B) El procedimiento legislativo

A pesar de algunas dudas que se suelen plantear[41], es generalmente admitido que el núcleo básico del procedimiento legislativo está constituido por la denominada fase intermedia, denominada deliberante o constitutiva. Es el procedimiento, seguramente, el momento en el que se manifiestan las

41 Se ha señalado que esta fase deliberante es la única que, propiamente, constituye procedimiento legislativo. La iniciativa pondría en marcha el procedimiento y discurriría *ad extra* de la sede del Parlamento y algo parecido ocurriría con la fase integrativa.

garantías de las que son titulares los Diputados, y que están vinculadas al ejercicio del artículo 23 de la Constitución y al pluralismo político.

La jurisprudencia es muy abundante en ideas y principios sobre el ejercicio de la función legislativa a través del procedimiento legislativo. Mediante el ejercicio de esta potestad, las Cortes Generales se presentan como «el órgano que sirve de instrumento para el ejercicio por los ciudadanos de la soberanía participando en los asuntos públicos por medio de representantes» (STC 78/2006, de 13 de marzo, F. 3.a). Y a través del procedimiento legislativo, se diseña «un sistema de participación política de los ciudadanos en el que priman los mecanismos de democracia representativa sobre los de participación directa» (STC 76/1994, de 14 de marzo, F. 3). Mediante este procedimiento legislativo, precisamente, las Cortes Generales se presentan «como titulares "de la potestad legislativa del Estado" (art. 66.2 de la Constitución), que pueden legislar en principio sobre cualquier materia sin necesidad de poseer un título específico para ello, pero esta potestad tiene sus límites, derivados de la propia Constitución» (STC 72/1983, de 5 de agosto).

La ley constituye el fruto de la potestad legislativa del Estado que la Constitución atribuye a las Cortes Generales (art. 66.2 CE), mediante sus dos Cámaras (art. 66.1 CE), «siendo la expresión máxima de la voluntad popular a la que aquéllas están llamadas a representar (art. 66.1 CE). Precisamente, el principio constitucional democrático, es "manifestación de la soberanía popular" (STC 119/1995, de 17 de julio, F. 3)... y, que el Texto Constitucional consagra en su art. 1.1, es el que legitima la actuación legislativa del Estado y se convierte en la pauta de su ejercicio». (STC 136/2011, de 13 septiembre).

Baste este recuerdo de la jurisprudencia para indicar que el Tribunal Constitucional ha profundizado en estas ideas, pues el principio mayoritario, el principio democrático y el principio grupocrático se funden para producir el resultado legislativo final. Y lo hacen a través del procedimiento legislativo. Y así, señaló el tribunal que «la aplicación de principio mayoritario y, por tanto, la consecución de una determinada mayoría como fórmula para la integración de voluntades concurrentes, es el instrumento por el que ha optado nuestra Constitución para encauzar la voluntad de los ciudadanos. De esta forma se canaliza el ejercicio de la soberanía popular participando los ciudadanos en los asuntos públicos a través de sus representantes elegidos mediante las elecciones». Así, «el ejercicio de la función legislativa por parte de quien la tiene constitucionalmente conferida, una vez que hemos descartado la presencia vicios invalidantes en el procedimiento legislativo, no puede considerarse atentatoria del principio democrático que la sustenta» (SSTC 157/1991, de 15 de julio, F. 4; 136/2011, de 13 de septiembre, F. 5; 238/2012, de 13 de diciembre).

Los grupos parlamentarios y el principio mayoritario aparecen, entonces, centrales en el funcionamiento del sistema democrático y es la garantía del principio democrático participativo que informa la Constitución, «manifestación, a su vez, de la soberanía popular» (STC 167/2001, de 16 de julio, F. 5) y «que reclama la mayor identidad posible entre gobernantes y gobernados» (STC 12/2008, de 29 de enero, F. 5; 31/2015, de 25 de febrero, F. 5). El procedimiento legislativo se conforma con una naturaleza grupal, así se dice que este procedimiento «se ha ordenado con arreglo al denominado principio mayoritario que constituye una "afirmación del principio democrático, respecto del cual toda mayoría cualificada debe mantenerse en términos de excepción a la regla" (STC 212/1996, de 19 de diciembre, F. 11)» (STC 71/2017, de 5 de junio).

Como se ve, el procedimiento legislativo tiene su relevancia por lo que supone de ejercicio de soberanía y por los rasgos estructurales que desarrolla. Y tanto es así, que en España este procedimiento es utilizado por las Cámaras para la aprobación, además, de una reforma constitucional, incluso de las agravadas por el artículo 168 CE, o la autorización al Gobierno para prestar el consentimiento del Estado, que se regula en los artículos 93 y 94 de la Constitución (artículo 156 RCD). El procedimiento suele ser siempre el mismo, desarrollado en unos trámites muy similares. Más aún, el procedimiento pivota en torno a una iniciativa, que se convierte en el elemento inicial y definidor. En este sentido «Debe tenerse en cuenta que tanto la iniciativa legislativa como el procedimiento parlamentario son instrumentos al servicio de la participación política y, por tanto, cauce para el ejercicio de la soberanía popular del conjunto de los ciudadanos en el Estado democrático participando en los asuntos públicos a través de sus representantes» (STC 136/2011, de 13 de septiembre).

En definitiva, el principio democrático consagrado por nuestra Constitución implica que la formación de la voluntad de las Cortes Generales se articula a través de un «procedimiento cuyos rasgos estructurales ha prescrito el Texto Constitucional.[...] Los grupos parlamentarios y el principio mayoritario son, entonces, vitales para el funcionamiento del sistema democrático y de la supremacía del Parlamento, convirtiéndose precisamente así, uno y otro, en la garantía del principio democrático participativo que informa la Constitución, "manifestación, a su vez, de la soberanía popular" (STC 167/2001, de 16 de julio, F. 5) y "que reclama la mayor identidad posible entre gobernantes y gobernados" (STC 12/2008, de 29 de enero, F. 5)» (STC 136/2011 de 13 septiembre).

El procedimiento legislativo[42] tiene una finalidad garantista, siendo la naturaleza de la institución representativa la que obliga a constatar y hacer presente el interés de todos los sectores políticos presentes en la Cámara. A pesar

42 L. VILLACORTA MANCEBO ha señalado que «por el procedimiento de elaboración se diferencia clara y sustancialmente del procedimiento de elaboración de las normas gubernamentales, "lo que presta a la normativa resultante un plus de legitimidad" dice Ch. Starck.... De este modo, el Parlamento se convierte en el órgano más adecuado en el sistema constitucional democrático para llevar a término las funciones legitimadoras y de integración política y en coherencia con la lógica inmanente del mismo, la Ley constituye el instrumento básico para la ordenación de la Comunidad Política», en *Reserva de Ley y Constitución*, Madrid, 1994, pp. 65 y 66.

de que la Constitución no establece de forma expresa la necesidad de que las leyes se aprueben a través del procedimiento legislativo (a diferencia de lo que dispone para los actos administrativos el artículo 105.c de la Constitución), la mayor eficacia de los valores y, fundamentalmente, las resoluciones emitidas por el Tribunal Constitucional obligan a conducir y defender esta obligatoriedad, haciéndose expresa mención a la función garantista que tiene el procedimiento. La función legislativa debe expresarse mediante un procedimiento. Así, a esta finalidad garantista corresponde la definición de procedimiento que hace el ATC 292/1987, de 11 de marzo, según el cual es una «ordenación jurídicamente necesaria y preestablecida de una pluralidad de actos sucesivos, realizados por sujetos y órganos diversos, en una secuencia temporal y determinada». Por todo ello, se tiende a situar al denominado principio de procedimiento (junto con los principios de jerarquía y de competencia) entre los principios que explican las relaciones estructurales del sistema normativo, introduciéndose una dimensión de profundidad[43] en el ordenamiento jurídico. También en cierta forma este principio de procedimiento ha sido aludido por el TC cuando se ha referido a la conveniencia de que el Parlamento utilice el «instrumento legislativo adecuado» (SSTC 65/1987, de 21 de mayo, 188/1988, de 17 de mayo y 152/2014, de 25 de septiembre), para adopción de decisiones.

C) El fundamento y la crisis del procedimiento legislativo

No obstante, esta inequívoca finalidad garantista del procedimiento debe ser explicada cuando se hace referencia a la realidad del Parlamento. En relación con la actividad general del Parlamento, es evidente la continua tensión que se produce entre el Derecho y la Política[44], y también el hecho de que a menudo se obvien las soluciones que proporciona el ordenamiento parlamentario ante las eventuales necesidades de la Política. Todo ello implica forzar las soluciones que proporciona el Derecho. Con ello se quiere decir que, *a priori*, el procedimiento legislativo (como procedimiento parlamentario que es) se ve ordinariamente sometido a un número de tensiones diferente a la que se somete el resto de procedimientos que se integran en el ordenamiento jurídico público, y debe negarse también toda voluntariedad de sus disposiciones. Así, estas tensiones tienen su límite en la naturaleza representativa del Parlamento, en tanto que en este subyace la existencia de los diversos sectores en la sociedad.

43 A este principio alude R. GÓMEZ-FERRER MORANT, «Relaciones entre Leyes: competencia, jerarquía y función constitucional», en *Revista de Administración Pública*, 113, 1987, p. 7 y ss. También puede consultarse J. A. SANTAMARÍA PASTOR, *Fundamentos de Derecho Administrativo I*, Madrid, Dykinson, 1984, p. 370 y ss.

44 En este sentido suele ser recordada la célebre polémica suscitada entre H. Kelsen y C. Schmitt, de la que da cuenta, M. ARAGÓN REYES, en «Estudio Preliminar» de C. SCHMITT, *Sobre el Parlamentarismo*, Madrid, Tecnos, 1990.

KELSEN[45] entendió que la doctrina del pluralismo político es la esencia de los procedimientos parlamentarios (de todos ellos), ya que su finalidad «consiste en la realización de pluralismo político». En este sentido y sabido que las mayorías se protegen solas, la protección de las minorías[46] se plantea como finalidad y problema[47] prioritario del ordenamiento jurídico parlamentario[48]. De este modo, los valores superiores Libertad y Pluralismo solo se garantizan imponiendo al poder legislativo la obligación de adoptar por sí mismo las normas (reglamentarias) que pueden restringirlos, mediante un procedimiento público que asegure la contradicción pública entre todos los sectores presentes en la Asamblea[49].

Todo esto supone una desconfianza evidente hacia el titular del poder, así como la necesidad del Parlamento de dotarse de un cierto alejamiento y formalidad, proporcionando a esta Institución (al igual que el resto de los titulares del poder) unos mecanismos formales que aseguren el cumplimiento de los requisitos procedimentales. La finalidad de estos es imponer una reflexión previa a la toma de la decisión, que asegure que van a ser oídos todos los puntos de vista presentes y relevantes. La protección de las minorías como criterio formativo básico del Derecho parlamentario ha sido utilizada por el Tribunal Constitucional para, en cierta forma, restringir el ámbito de la Política aumentando el del Derecho; así, se puede entender la jurisprudencia del Tribunal Constitucional, que ha restringido y delimitado la facultad calificadora de la Mesa[50]. El objetivo fundamental del procedimiento es proteger a las minorías.El principio de protección de las minorías es aplicable a todos los

---

45 H. KELSEN, *Esencia..., op. cit.*, p. 32.

46 E. STEIN, Derecho Político, Madrid, 1973, pp. 54 y ss. En relación con las minorías y sus derechos, pueden citarse los trabajos de A. MORENO GARCÍA, «Los derechos de las minorías en la ordenación del trabajo parlamentario», en *Revista de las Cortes Generales*, 25, 1992, p. 47; A. SÁNCHEZ NAVARRO, *Las minorías en la estructura parlamentaria*, Madrid, 1995 y E. ARANDA, «El puesto de las minorías en democracia», en *Revista de las Cortes Generales*, 31, 1994.

47 P. BIGLINO CAMPOS, «Los vicios en el procedimiento legislativo: La postura del Tribunal Constitucional en la Sentencia 99/87», en *El Parlamento y sus..., op. cit.*, pp. 198 y ss.

48 De forma concluyente se ha afirmado que «...el fundamento del Derecho parlamentario y de los procedimientos que regula (entre ellos el procedimiento legislativo) se encuentra en la garantía de las minorías parlamentarias y en su derecho a oponerse al Gobierno con todas las armas que la Constitución y las Leyes (los Reglamentos Parlamentarios principalmente) establecen», A. DORREGO DE CARLOS, «Artículo 88. Iniciativa legislativa gubernamental», en *Comentarios a la Constitución española de 1978*, Tomo VII, direcc. de O. ALZAGA, Madrid, 1998, pp. 320 y ss.

49 Se ha afirmado que «como es evidente, el poder legislativo no es legítimo porque ejerza de acuerdo con un determinado procedimiento; se adecua a ese procedimiento porque es legítimo o, lo que es lo mismo, la naturaleza del órgano determina el procedimiento», F. RUBIO LLORENTE, «Principio de legalidad», en *La forma..., op. cit.*, p. 313.

50 Además de la obra, ya citada de A. ARCE JANÁRIZ, puede consultarse P. GARCÍA-ESCUDERO MÁRQUEZ, *La iniciativa legislativa del Gobierno*, Madrid, CEPC, 2000, pp. 201 y ss.

procedimientos y funciones parlamentarios. Puede afirmarse, como conclusión, que el pluralismo político se tiene que plasmar en el procedimiento legislativo y ser su centro básico. Así, en su condición de valor superior del ordenamiento jurídico y como pilar del Estado Democrático, el pluralismo político impone al Parlamento que las leyes sean aprobadas de acuerdo con un procedimiento y que este respete las garantías inherentes al mismo[51], sin que la forma de aprobación de la norma quede a la disposición de ningún titular del poder político. Y es que en el Estado Democrático no «se puede olvidar a la oposición... en la actividad parlamentaria» y de manera especialmente intensa en el procedimiento legislativo[52] y en la función legislativa. Así, ha sido defendido por el tribunal que la configuración del pluralismo político (art. 1.1 CE), y la consagración constitucional de los partidos políticos como expresión de tal pluralismo, proporcionan una especial relevancia jurídica (y no solo política) al conjunto de medios arbitrados por el ordenamiento para expresar la voluntad del Parlamento, en los que el pluralismo político tiene su plasmación.

La regulación del procedimiento legislativo suele ser muy criticada por resultar muy insuficiente, y por estar planteada en unos parámetros más próximos a un Parlamento de otro tiempo. La doctrina ha planteado varias alternativas. La propuesta de PENDÁS GARCÍA es muy conocida y se explicaría por un evidente desfase entre la regulación reglamentaria y la realidad que se pretende regular. No obstante, las propuestas han de ser digeridas con mesura pues, como indica este autor, «las reformas propuestas pretenden, pues, despejar, la recta formación de la voluntad del Parlamento de falsos obstáculos procesales, evitando a las Cámaras aquellos "sufrimientos" que se imponen de forma innecesaria a sí mismas. Pero su puesta en práctica habría de ser prudente y gradual, a través de algún instrumento parecido a las *Sessional Orders*; porque es muy cierto que la utilidad neta de una medida es igual a su utilidad abstracta, una vez deducidos los descontentos que pueda producir y, sobre todo, los inconvenientes (en forma de recelos y suspicacias) que tales descontentos pueden acarrear».

D) Los vicios en el procedimiento legislativo

El ejercicio de la función legislativa está sometida a control. Están superados los tiempos en que ciertos actos provenientes del poder político no podían ser impugnados ni controlados por ninguna autoridad extraña e inde-

---

51 Sobre las relaciones existentes entre las cláusulas de artículo 1.1. de la CE y los valores superiores del ordenamiento jurídico de mismo precepto puede consultarse J. A. SANTAMARÍA PASTOR, *Fundamentos..., op. cit.* pp. 191 y ss.

52 Sobre el vínculo existente entre pluralismo político y procedimiento legislativo, puede consultarse C. VIVER PI-SUNYER, «El procediment legislatiu en l´ordenament jurídic català», *RJC*, 4, 1981, pp. 900 y ss.; I. PITARCH «Procedimiento legislativo», en *Comentarios sobre el Estatuto de Autonomía de Cataluña*, III, Barcelona, Institut d'Estudis Autonomics, volumen III, 1990, pp. 219 y ss.

pendiente de él. Es obvio referirse hoy a la vinculación del Parlamento al reglamento parlamentario[53]. Ya la STC 101/1983, de 18 de noviembre, había señalado de forma rotunda que el Reglamento Parlamentario está «directamente incardinado a la norma fundamental», con lo que se convierte en una norma parámetro para enjuiciar la inconstitucionalidad o no de la actuación del propio Parlamento, ya sea por actividad o inactividad y con relación tanto a procesos iniciados mediante recurso de amparo, como los iniciados mediante recurso de inconstitucionalidad[54].

Estas ideas han llevado a considerar de forma habitual que el reglamento parlamentario se sitúa como norma relevante de protección de las minorías, con una supuesta relevancia jurídica externa que le coloca como presupuesto de validez de las leyes. Como consecuencia de esto, adquieren todo su sentido tanto el *quórum* de votación exigido en la aprobación de estas normas, como el principio de reserva de reglamento parlamentario[55]. En virtud de este procedimiento es esta norma y no otra (a salvo, naturalmente de la Constitución o de los Estatutos de Autonomía) la que debe regularla los requisitos, plazos y elementos que conforman el procedimiento legislativo[56].

En cualquier caso, el Tribunal Constitucional indicó hace ya algunos años que hay ciertas disposiciones reglamentarias cuyo incumplimiento no determina la inconstitucionalidad de la ley; lo cual viene a suponer el reconocimiento de ciertas «zonas francas» que no pueden ser fiscalizadas por un órgano no parlamentario. Hay varias normas del Reglamento que pueden ser vulneradas sin implicar la inconstitucionalidad de la Ley. No obstante, no deja de ser una contradicción reconocer que algunos sectores del ordenamiento jurídico parlamentario no tienen por finalidad proteger a las minorías. Delimitar si deben existir estas zonas y hasta dónde pueden llegar, debe ser el resultado de un detenido y profundo análisis. En un primer vistazo puede resultar extraño, cuando menos, que el Parlamento puede no someterse a una norma aprobada por él mismo; sin embargo, como ya se ha indicado, no está obligado a cumplir porque sí las disposiciones reglamentarias. Debe

---

53 Cfr. el ATC 183/1984, de 21 de marzo, la STC 125/1988, de 24 de junio, o SSTC 156/1995, de 26 de octubre, 159/2019, de 12 de diciembre o 96/2022, de 12 de julio.

54 No obstante, a pesar de que no hay límite expreso en la Constitución ni en la LOTC, alguna dificultad práctica parece haber en concebir un proceso ante el Tribunal Constitucional, iniciado a través de una cuestión de inconstitucionalidad o un conflicto de competencia en que la norma parámetro sea un Reglamento Parlamentario. P. BIGLINO CAMPOS, *Los vicios en el procedimiento legislativo*, Madrid, 1991, p. 99 y ss.

55 Sobre esto, S. TOSI, *Diritto Parlamentare*, 9ª Edición a cargo de A. MANNINO, Milán, Giuffrè, 1993, p. 101, en la que se llama la atención sobre la actual pérdida de significado de la superioridad de la Ley sobre el reglamento (se entiende que parlamentario).

56 M. L. MAZZONI HONORATI, *Lezioni di Diritto Parlamentare*, Turín, Ed. de G. Giappichelli, pp. 167 y ss.; H. FLORIDIA, *Il regolamento parlamentare nel sistema delle fonti*, Milán, 1987; A. MANZELLA, *Il Parlamento*, Bolonia, Il Molino, 1977, pp. 232 y ss.

cumplir la norma reglamentaria solo porque es garantía de cumplimiento de principios y funciones constitucionales.

Debe resaltarse que la vinculación del Parlamento a las normas jurídicas creadas por él adquiere cierta peculiaridad, lo cual puede venir explicado por la situación, un tanto especial, del Parlamento como productor de Derecho y quizá porque el creador de algo se piensa que puede disponer de ello[57]. Esta peculiar relación del Parlamento hacia su Reglamento fue afirmada en su primer momento. Esto parece desprenderse de ciertas resoluciones del TC, como en el ATC 12/1986, de 18 de enero[58], o en el ATC 659/1987, de 27 de mayo[59].

Es preciso, por un evidente interés práctico, verificar dónde se sitúa el parámetro, traspasado el cual, se puede concluir que una determinada ley es inconstitucional por vicio procedimental. Hay que examinar cuándo se está ante una infracción pura y simple de reglamento y cuándo ante otra infracción de transcendencia constitucional; es decir, cuándo una disposición reglamentaria está directamente incardinada en la Constitución y cuándo no. La definición de cuál es ese parámetro es un tema que ha preocupado a la doctrina, no siendo extraños los trabajos en los que se aborda el tema[60], aunque ninguno ha resuelto la cuestión de forma definitiva. La inclusión de

57 Quizá aquellos casos de irrelevancia del vicio de incumplimiento del Reglamento podrían resultar similares a las irregularidades no invalidantes, o «no mensurables» a las que se refiere el propio Tribunal Constitucional para aludir a los vicios en el proceso electoral que no tienen influencia en el escrutinio general, STC 24/1990 de 15 de febrero. Aquí, la existencia de las irregularidades parecía deberse a un error motivado por la inexperiencia de los miembros de las Mesas electorales. Es poco probable que esta inexperiencia pueda ser predicada, sin más, de los miembros del poder legislativo y de quienes les asesoran. Sobre la función de asesoramiento a la Institución Parlamentaria, M. SENÉN HERNÁNDEZ, «El asesoramiento jurídico en el procedimiento legislativo», en *El procedimiento legislativo. V Jornadas de Derecho parlamentario*, Madrid, Congreso de los Diputados, 1997, pp. 511 a 520. Asimismo, las palabras de M. FRAGA IRIBARNE, *Parlamento..., op. cit.*, pp. 33 a 38.

58 Que resuelve un recurso de amparo interpuesto por dos Diputados contra la Resolución del Presidente del Congreso de los Diputados relativo al procedimiento para ejecutar una Sentencia del propio Tribunal.

59 Que, a su vez, resuelve el recurso de amparo planteado por un Grupo Parlamentario contra Acuerdo de toma en consideración del Congreso de los Diputados.

60 E. JIMÉNEZ APARICIO, «Las infracciones del procedimiento legislativo: algunos ejemplos», en *Revista Española del Centro de Estudios Constitucionales*, 3, 1989, pp. 143 y ss.; R. PUNSET, «La fase central del procedimiento legislativo», en *Revista Española de Derecho Constitucional*, 14, 1985, pp. 111 y ss.; A. E. DE ASÍS ROIG, «Influencia de los vicios in procedendo sobre la eficacia de las Leyes» en VV.AA., *I Jornadas de Derecho parlamentario* celebrada el 21, 22 y 23 de marzo de 1984, Madrid, 1985, pp. 185 y ss.; P. BIGLINO CAMPOS, «*op. cit....*», pp. 200 y ss. y *Los vicios..., op. cit.* pp. 23 y ss. X. A. SARMIENTO MÉNDEZ, "Derecho constitucional y elaboración de las leyes en España", en *Administración y Ciudadanía*, 2006, vol. 5, nº 1. 2010, pp. 9 y ss.

los reglamentos parlamentarios[61] dentro del bloque de la constitucionalidad pone en relación este asunto con otros de indudable interés como el de la naturaleza jurídica[62] de los reglamentos parlamentarios.

Si solo algunas normas reglamentarias sirven de parámetro para estudiar la constitucionalidad de la ley, únicamente estas estarían incluidas en el mencionado bloque, y solo de estas cabría inferir tal naturaleza jurídica[63]. Por ello, es una ficción atribuir tal fuerza a todas las disposiciones reglamentarias, independientemente de cuál sean los efectos que se determinen por el Tribunal Constitucional en el caso de su incumplimiento. En este sentido, la integración en el denominado bloque de la constitucionalidad solo puede ser afirmada de las «normas reglamentarias parámetro» y solo de estas podría propugnarse el correspondiente valor, pues las normas reglamentarias que no sirven de parámetro deberían tener naturaleza diferente. Otra consecuencia añadida es la existencia de normas reglamentarias reguladoras del procedimiento legislativo que, incumplidas, no suponen la inconstitucionalidad de la ley, lo cual supone el incremento del ámbito de los denominados *interna corporis acta*[64].

Esto provoca, a su vez, una cierta inseguridad jurídica, reconociéndose *a priori* que ni el TC ni ningún otro órgano extraparlamentario podrán controlar lo que el Parlamento acuerde cuando se sitúa dentro de ese parámetro *intra vires* de los *interna corporis acta*. Para el control de esos actos intraparlamentarios no determinantes de inconstitucionalidad, podría ser de utilidad la actuación, o la creación de órganos parlamentarios de control, cuya función consistiría en supervisar e instar la corrección de todos los errores y defectos, que hubieran podido producirse en la tramitación de la ley.

La idea de que algún órgano parlamentario controlase estos aspectos «intraparlamentarios» no tendría por qué suponer necesariamente la creación *ex novo* de otro órgano parlamentario, ni una profunda reforma de los reglamentos parlamentarios. La Ponencia, uno de los órganos parlamentarios más cri-

61 Incorporación a la que, en su momento, parece que fue contrario FERNÁNDEZ-CARNICERO, en una opinión expresada antes del extensivo y discutible criterio de Tribunal Constitucional. Cfr. C. J. FERNÁNDEZ-CARNICERO, «Reglamentos parlamentarios y ordenamiento jurídico», en *Revista de Derecho Político*, 9, 1981, pp. 169 y ss.

62 V. DI CIOLO y L. CIAURRO, *Il Diritto Parlamentare nella teoria e nella pratica*, Milán, Giuffrê, 1994, p. 25.

63 Por otra parte, el mismo concepto de bloque de la constitucionalidad puede inducir a plantear conclusiones como las indicadas, sirvan de ejemplo las SSTC 55/ 1990 y 56 /1990 de 29 y 30 de marzo, en las que se incluyen ciertos aspectos de la LOPJ dentro de tal bloque. De forma análoga podría razonarse en relación con las Resoluciones interpretativas de la Presidencia de las Cámaras si regulan algún trámite del procedimiento legislativo.

64 S. TRAVERSA, *Il Parlamento nella Constituziones e nella prassi*, Milán, Giuffrê, pp. 187 y ss. Este autor llama la atención sobre los peligros que puede revestir una indefinición en los límites de la actuación autónoma del Parlamento y las problemáticas relaciones entre el órgano de control de constitucionalidad de las Leyes y la Institución parlamentaria.

ticados, bien podría tener por finalidad el control del cumplimiento del procedimiento legislativo, debiéndose complementar todo ello con un efectivo ejercicio por las Mesas de los Parlamentos de su función de admisión a trámite y calificación de los documentos parlamentarios. También se debería acabar en todos los Parlamentos con la práctica de admitir enmiendas fraudulentas fuera del plazo reglamentario y admitir solo las enmiendas congruentes con el texto, también en el caso de las leyes de medidas. La Mesa, con la correspondiente asistencia técnica jurídica, debería estar capacitada para el ejercicio de esta función eminentemente técnica, sin necesidad de que se «extinguiese» una vez que finalizase la fugaz lectura en la que es protagonista.

No está claro cuáles son los parámetros para la determinación de la constitucionalidad de la actividad formal del poder legislativo. No es fácil determinar *a priori* la relevancia y esencialidad de un elemento de procedimiento legislativo y de su incumplimiento. Nuestro Tribunal Constitucional, de forma similar que otros órganos de control de la constitucionalidad de las leyes[65], tuvo ocasión de referirse dónde se sitúa el límite traspasado el cual se está ante una infracción en este ámbito. En efecto, de forma algo inconcreta se hace en STC 99/1987, de 11 de junio[66]. También se hace referencia a una «alteración de modo sustancial» del proceso de formación de la voluntad del Parlamento en STC 57/1989, de 16 de marzo[67]; 103/2008, FJ 5; 176/2011, de 8 de noviembre, FJ 4; 84/2015, de 30 de abril, FJ 4; 185/2016, de 3 de noviembre, FJ 5 b); 213/2016, de 15 de diciembre, FJ 3, y 215/2016, de 15 de diciembre, FJ 5 b); 27/2018, de 5 de marzo, F. 4.

El Tribunal Constitucional ha declarado varias leyes inconstitucionales por vulnerar el procedimiento legislativo. La STC 103/2008, de 11 septiembre, declara inconstitucional la *Ley del País Vasco 9/2008, de 27 junio, de convo-*

65 La Corte Constitucional italiana, de forma un tanto tardía, en la sentencia 9 de 1959, calificada por BARILE de histórica, admitió la posibilidad de controlar la constitucionalidad de la Ley por el cumplimiento de los trámites regulados en el Reglamento Parlamentaria. Este pronunciamiento ha sido desarrollado, y también matizado por la Corte, en sentencias núms. 78 de 1984, 154 de 6 de mayo de 1985 y 444 y 445 de 16 de diciembre de 1993. Sobre esta jurisprudencia, M. L. MAZZONI HONORATTI, *op. cit.*, p. 171; S. TRAVERSA, *op. cit.*, pp. 142 y ss.; BARILE, *Il crollo di un antico feticcio (gli interna corporis) in un storica (ma insoddisfacente) sentenza*, en G. C., 1959, pp. 250 y ss.; C. MORTATI, *Instituzioni di Diritto pubblico, vol. I*, Padua, Cedam, 1969. Asimismo, puede consultarse I. TORRES MURO, «El control jurisdiccional de los actos parlamentarios. La experiencia italiana», en *Revista Española de Derecho Constitucional*, 17, 1986, p. 203 y ss.

66 Esta Sentencia fue dictada como consecuencia de un recurso de inconstitucionalidad promovido por 54 Diputados fundado, entre otros motivos, en la admisión a trámite de determinadas enmiendas en el Senado con motivo de la tramitación del proyecto de Ley de Medidas de Reforma de la Función Pública.

67 Por su parte, esta STC desestima sendos recursos de inconstitucionalidad interpuestos por el Consejo de Gobierno vasco y por 54 Diputados en relación con la Ley 8/1980 de Estatuto de los Trabajadores.

catoria y regulación de una consulta popular al objeto de recabar la opinión ciudadana en la Comunidad Autónoma del País Vasco sobre la apertura de un proceso de negociación para alcanzar la paz y la normalización política. La vulneración reglamentaria en este caso se habría producido por haberse acordado por la Mesa la tramitación mediante lectura única de acuerdo con el art. 119 RPV. Este artículo prevé la tramitación mediante lectura única solo para aquellas iniciativas gubernamentales que, por su «naturaleza» o su «simplicidad de formulación», consientan ser tramitadas y que no afecten al «Régimen Electoral, ni derechos, deberes, o libertades de los ciudadanos». Constata el Tribunal Constitucional que la iniciativa entra de lleno en una «de las materias excluidas de la lectura única por el art. 119.3 RPV: el régimen electoral». Por tanto, dijo el Tribunal que «tal alteración sustancial se ha producido en el presente caso, en tanto que, con infracción del Reglamento del Parlamento Vasco, se ha impuesto a la Cámara la tramitación de la Ley impugnada a través de un procedimiento en el cual resultan notablemente limitadas las posibilidades de participación de las minorías en el proceso de elaboración de la norma, no por acuerdo unánime de la Mesa del Parlamento, sino en virtud de una decisión del Gobierno Vasco» (STC 103/2008, de 11 septiembre). Como se ve, se declaró inconstitucional esta Ley del País Vasco por aprobarse de forma indebida por el procedimiento de lectura única, además de estimarse la inconstitucionalidad de la ley por otras causas que afectan al fondo.

Por su parte, las SSTC 114/2017, de 17 de octubre y 124/2017, de 8 de noviembre, declararon la inconstitucionalidad de la *Ley del Parlamento de Cataluña 20/2017, de 8 de septiembre, denominada «de transitoriedad jurídica y fundacional de la República»*, no solo porque se impidió solicitar dictamen al Consejo de Garantías Estatutarias en la tramitación de la ley, sino también por haberse producido la infracción absoluta y radical del procedimiento legislativo ordenado en el Reglamento del Parlamento de Cataluña. En aquellas dos Sentencias se dijo que «la proposición... se tramitó y aprobó... al margen de cualquiera de los procedimientos legislativos previstos y regulados en el Reglamento del Parlamento de Cataluña y a través de una vía del todo inapropiada (art. 81.3 RPC)», de la que «la mayoría se sirvió para improvisar y articular *ad hoc* un insólito cauce en cuyo curso quedaban por entero a su arbitrio las posibilidades de intervención y los derechos del resto de los grupos y diputados». De forma concluyente se determinó que «en la tramitación parlamentaria de la Ley impugnada se ha incurrido en muy graves quiebras del procedimiento legislativo, que afectaron sin duda a la formación de la voluntad de la Cámara, a los derechos de las minorías y a los derechos de todos los ciudadanos a participar en los asuntos públicos mediante representantes (art. 23.1 y 2 CE)». En conclusión, en esta ocasión, el vicio consistió en que las leyes se aprobaron prescindiendo el procedimiento legislativo.

La jurisprudencia sobre la inconstitucionalidad de una ley por alteración de «modo sustancial» del proceso de formación de la voluntad en el seno de la Cámara ha sido mantenida por el Tribunal en varios fallos posteriores, como SSTC 136/2011, de 13 de septiembre; 176/2001, de 8 de noviembre; 102/2012, de 8 de mayo; 209/2012, de 14 de noviembre; 36/2013, de 14 de febrero; 132/2013, de 5 de junio de 2013; 120/2014, de 17 julio, 44/2015 de 5 marzo, 185/2016, de 3 de noviembre, 215/2016, de 15 de diciembre y 115/2019, de 16 de octubre

No es aventurado afirmar que, en la determinación de los supuestos ante los cuales se produce esa nulidad por «alteración de modo sustancial del proceso de formación de la voluntad en el seno de la Cámara», parece que el Tribunal Constitucional ha utilizado como parámetro el de la «esencialidad» del vicio. Así, se ha afirmado que para dar solución a un problema parece haberse creado otro, pues la indeterminación de la «esencialidad» del vicio es evidente. De hecho, ninguna aproximación doctrinal ha conseguido claridad y predeterminación de cuándo hay un vicio esencial que invalide la ley.

Este planteamiento recuerda, en cierta forma, a la teoría general del procedimiento que, alejada en esto de los esquemas kelsenianos, proporciona consecuencias invalidantes, subsanables o insubsanables, exclusivamente a ciertas causas expresamente tasadas. Por ello, existe una tendencia, casi natural, a considerar un cierto paralelismo entre la «esencialidad» y los vicios que determinan la nulidad de pleno Derecho en el marco del Derecho Administrativo. Por estar ante supuestos de mayor relevancia (aquellos en que el incumplimiento es más palmario, más «esencial»), se suele reconocer que la vulneración de las disposiciones reglamentarias que son reiteración de normas constitucionales determina, evidentemente, la inconstitucionalidad de la ley. Esto se produce por la violación de la propia norma constitucional más que por la violación reglamentaria. No obstante, el intento de aplicar al Parlamento las categorías más generales del Derecho Público ha sido visto con desconfianza, fundamentalmente por las peculiaridades propias de la Institución, por las que tienen los procedimientos parlamentarios.

Por tanto, parece que un primer criterio generalmente asumido, y que podría ser utilizado como punto de partida, es el de que la vulneración de una norma constitucional en la tramitación de la ley determina su inconstitucionalidad. Lo más acorde con el sistema sería pensar que, dada la evidente naturaleza de norma jurídica de la Constitución, la vulneración de una norma reglamentaria que fuese reproducción[68] de una norma constitucional conllevaría, irremediablemente, la inconstitucionalidad del producto legislativo final. Más aún, se ha llegado a afirmar que la norma del Parlamento que reitera la norma constitucional no tiene ningún relieve sustancial, en el sentido de asegurar la indiferencia de la disposición reglamentaria, pues la actividad

68 La técnica (y sus peligros) consistente en que una norma de rango inferior se limite a reiterar los preceptos incluidos en una superior, fue examinada ya por el Tribunal Constitucional desde STC 9/1981, de 31 de marzo, y ha sido reiterado por SSTC 10/1982 de 23 de marzo, 35/1982 de 14 de junio, o 62/1991, de 22 de marzo.

del Parlamento sería la que es por la fuerza de la Constitución[69]. Así, por ejemplo, un Proyecto remitido al Congreso de los Diputados por el Gobierno de la Nación, incumpliendo el artículo 88 de la Constitución[70] determinaría la nulidad de la ley.

Un matiz distinto adquiere la determinación de la esencialidad del vicio si existe una norma integrante del bloque de la constitucionalidad que remite[71] expresamente al Reglamento Parlamentario la regulación de una determinada materia (este sería el supuesto del art. 89 de la Constitución sobre las proposiciones de Ley; o el artículo 87 referente al ejercicio de la iniciativa legislativa). En estos casos, elevar a rango constitucional toda la regulación reglamentaria remitida podría suponer conclusiones irreales, ya que la más mínima vulneración de una disposición reglamentaria reguladora de la materia en cuestión determinaría la inconstitucionalidad de la ley[72], y la consiguiente «congelación de rango» de una parte importante del reglamento Parlamentario.

Sin perjuicio de lo que se señale más adelante, la postura que consiste en mantener que exclusivamente el incumplimiento de lo dispuesto en la Constitución determinaría la inconstitucionalidad de la ley también presenta inconvenientes. Así, esta insuficiencia se pone de relieve si se observa que existen momentos fundamentales en el proceso de formación de la voluntad de la Cámara, de cuya esencialidad no parece que pueda dudarse y que solo de forma somera están mencionados en la Norma Fundamental, mientras otros actos importantes del procedimiento legislativo ni siquiera están citados en

69 V. LONGI, *Elementi di diritto e procedura parlamentare*, Milán, Giuffrè editore, 1994, p. 7.

70 Cfr., M. C. ROVIRA FLÓREZ DE QUIÑONES, *Valor y función de las exposiciones de motivos en las normas jurídicas*, Santiago, Universidad de Santiago, 1972; F. SAINZ MORENO, «Antecedentes necesarios para pronunciarse sobre un Proyecto de Ley (art. 88)», en *La calidad, op. cit.*, pp. 31 y 32; A. DORREGO DE CARLOS, *Artículo 88..., op. cit.*, pp. 20 y ss.; J. CANO BUESO, «Cuestiones de Técnica Legislativa en el procedimiento legislativo del Estado Social», en VV. AA., *La técnica legislativa a debate*, Madrid, Aelpa/Tecnos, 1994, p. 214; J. TAJADURA TEJADA, «La motivación de las decisiones del poder: función de las exposiciones de motivos y preámbulos de las Leyes», en *El procedimiento legislativo. op. cit....*, pp. 673-682; DIEZ-PICAZO, L. «Los preámbulos de las Leyes», en *Estudios de Derecho Público...*, cit., pp. 167-207; F. J. EZQUIAGA GANUZAS, «Concepto, valor normativo y función interpretativa de las exposiciones de motivos», en *Revista Vasca de Administración Pública*, 20, 1988, pp. 27 a 49; J. A. SANTAMARÍA PASTOR, *Comentarios..., op. cit.*, pp. 895 y ss.; J. F. MERINO MERCHÁN, «Rasgos definidores de la iniciativa legislativa prevista en el artículo 87 de la Constitución», en *Revista de Derecho Político*, 17, p. 51 y ss.

71 E. GARCÍA DE ENTERRÍA, *Legislación delegada, potestad reglamentaria y control judicial*, Madrid, 1981 y E. GARCÍA DE ENTERRÍA y T. R. FERNÁNDEZ RODRÍGUEZ, *Curso..., op. cit.*, pp. 261 y ss. En concreto, sobre la remisión de la Constitución al Reglamento Parlamentario, L. VILLACORTA MANCEBO, «Reserva de Ley como reserva de procedimiento legislativo», en *El procedimiento legislativo*, V...., *op. cit.*, pp. 589 y ss.

72 Esta es la conclusión a la que parece llegar E. JIMÉNEZ APARICIO, *Las infracciones..., loc. cit.* en *op. cit.*, p. 147.

la Constitución.Este criterio[73] puede plantear alguna dificultad añadida en el procedimiento legislativo de las Asambleas Legislativas de las CC. AA., pues en estos casos no hay referencias en la CE y muy pocas en los Estatutos de Autonomía[74]. En este caso, la norma reglamentaria no efectúa ninguna regulación remitida por la inmediatamente superior. Esto ha determinado que haya problemas evidentes[75] para intentar aplicar a las comunidades autónomas, sin más, las soluciones constitucionales previstas para el Estado, pues la Constitución se refiere solo al procedimiento legislativo en las Cortes Generales. No obstante, hubo una aclaración en la postura del Tribunal Constitucional a raíz de las ya referidas SSTC 174/1998, 130/1999, 131/1999 y 32/2000, siendo de interés recordar la STC 116/1994, de 18 de abril, en la que se declara la inaplicabilidad del artículo 134 de la Constitución a las leyes presupuestarias autonómicas, de lo que pudiera extraerse la conclusión de una inaplicación, *a priori* y general, a las comunidades autónomas de los preceptos constitucionales reguladores de instituciones estatales.

Suele plantearse, tanto en la teoría como en la práctica, la aplicación analógica a los Parlamentos Autonómicos de las normas constitucionales y reglamentarias del Congreso de los Diputados. El hecho de que la mayor parte de los reglamentos de los Parlamentos Autonómicos haya sido desde sus inicios una versión más o menos fiel[76] del de la Cámara Baja[77] ha supuesto un refuerzo de esta práctica. A pesar de esto, debe contarse con el hecho, ya aludido, de que los Estatutos de Autonomía efectúan pocas remisiones a las disposiciones reglamentarias, a diferencia de lo que sucede con la Constitución con respecto al Reglamento de las Cortes Generales, el del Congreso de los Diputados y el del Senado. Esto determina una confusa interpretación que se pone de relieve en el supuesto de que se produzca una vulneración de una norma reglamentaria autonómica que no tenga referencia en el Estatuto de Autonomía, pero sí en la Constitución que solo

73 Se plantea la duda de la naturaleza de las Leyes que regulan ciertos aspectos relacionados con el procedimiento legislativo: no se sabe si la vulneración de estas leyes también podría implicar la inconstitucionalidad de la Ley, como por ejemplo podría suceder con las distintas Leyes de iniciativa legislativa popular.

74 Disposiciones de fundamental importancia también en el procedimiento legislativo. Por ejemplo, la exigencia de un *quórum* de asistencia y un quórum de votación: entre otros, art. 12.4 del Estatuto de Autonomía de Canarias, art. 18 del Estatuto de Autonomía de la Rioja, art. 12 del Estatuto de Autonomía para Cantabria, art. 14 del Estatuto de Autonomía de Madrid, artículo 28 del Estatuto de Autonomía de Extremadura, artículo 26 del Estatuto de Autonomía de Murcia o artículo 14 del Estatuto de Autonomía de la Comunidad Valenciana.

75 Fundamentalmente de planteamiento.

76 A. Arce Janáriz se refiere a «influencia» del Reglamento del Congreso en el de la Junta del Principado de Asturias. A. Arce Janáriz, *El procedimiento...*, *op. cit.*, p. 167.

77 Si se pensó que las Asambleas Legislativas de las comunidades autónomas debían copiar (o fotocopiar como ha señalado algún autor) algún Reglamento Parlamentario de una

regularía la situación en las Cortes Generales. En este sentido, el hecho de situarse dentro de un único ordenamiento jurídico basado en unos mismos principios y valores puede hacer pensar en un primer momento que, si la vulneración de una disposición reglamentaria en las Cortes Generales determina la inconstitucionalidad de la ley, a esta consecuencia debe llegarse también si existe un supuesto similar en un Parlamento autonómico, aunque el trámite no tenga mención estatutaria alguna. A pesar de todo ello, podría tenerse en cuenta la ya mencionada jurisprudencia del Tribunal Constitucional sobre la inaplicación automática y directa a las CC. AA. de instituciones propias del Estado reguladas en la Constitución. No obstante, esta última jurisprudencia estaría justificada por las peculiaridades propias de las leyes de Presupuestos. Por ello, debe defenderse la aplicación a las Asambleas Legislativas de las comunidades autónomas de las normas constitucionales que regulan trámites del procedimiento legislativo en las Cortes Generales, a pesar de que no haya previsión constitucional ni estatutaria similar.

Vista la relativa insuficiencia de este criterio de determinación de la esencia del vicio, una posibilidad no descartable es que el propio reglamento establezca qué trámites de los regulados son subsanables y conforme a qué condiciones formales se determina la nulidad de pleno Derecho de la ley. En este sentido, la autonomía es el principal fundamento que ampararía la definición por el Parlamento de los trámites subsanables, siendo este criterio, desde luego, controlable por el Tribunal Constitucional. Sin embargo y con excepción de las normas que regulan la disciplina parlamentaria, los reglamentos parlamentarios apenas regulan las consecuencias que conllevaría el incumplimiento de sus propias disposiciones, ni grados de invalidez, ni qué consecuencias se derivarían de la existencia de un vicio[78]. La propia naturaleza del Parlamento, y esa falta de previsión podría hacer caer en la tentación de pensar que las disposiciones reglamentarias cuyo incumplimiento no está sancionado, se aproximarían mucho a la categoría de simples admoniciones.

Otro intento, ya referido, de interpretar la referida sustancialidad del vicio procedimental, es el que se centra en hacer que el principio democrático despliegue toda su eficacia como principio jurídico[79]. Según esta opinión, la finalidad del procedimiento legislativo es asegurar la participación de los distintos grupos, agrupaciones y diputados de la Cámara en el proceso de formación de la ley. Así, la conexión entre procedimiento legislativo y prin-

---

Cámara Legislativa, lo más lógico hubiera sido hacerlo del Reglamento del Senado (por su pretendida condición de Cámara de representación territorial) que del Reglamento del Congreso de los Diputados.

78 A. MANZELLA, *op. cit....*, 1977, p. 231, y ss.; A. PIZZORUSSO, «La Corte Costituzionalle», en *Commentario della Costituzione a cuenta di G. Branca*, 1981, Bolonia, Zanichelli, pp. 156 y ss.

79 Posición que es mantenida por M. ARAGÓN REYES, *Constitución y Democracia*, Madrid, Tecnos, 1989.

cipio democrático es consecuencia de la posición «nuclear que este último ocupa en nuestro ordenamiento jurídico»[80], pues es el pluralismo político el elemento desde el que puede partir la teoría de los vicios sustanciales del procedimiento. Partiendo de esto, el principio democrático es utilizado como criterio que sirve para distinguir los efectos de las distintas infracciones procedimentales, que determina qué vicios producen la inconstitucionalidad de la ley por infringir las garantías constitucionales. Para concretar esto se debería intentar conocer qué previsiones reglamentarias enlazan directamente con el principio democrático, sin que tenga por qué excluirse *a priori* que pueda haber otras fases que, no directamente vinculadas con el principio democrático, también signifiquen inconstitucionalidad de la ley[81]. No obstante, la fuerza expansiva que despliega el principio democrático hace difícil pensar en otros elementos del procedimiento legislativo cuya vulneración determine la inconstitucionalidad de la ley. En este sentido, si se asume este criterio no debería pensarse en otros elementos o criterios complementarios para determinar la esencialidad de un vicio, ya que el propio principio democrático sitúa en su justa medida el criterio de esencialidad, traspasado el cual, se determina la inconstitucionalidad de la norma.

E) La iniciativa legislativa

La iniciativa legislativa es el momento inicial y desencadenante del procedimiento legislativo. M. Aragón Reyes lo define como «el acto mediante el cual se pone en marcha obligatoriamente el procedimiento legislativo». El efecto inicial de la iniciativa es obligar y forzar al Parlamento a tomar una decisión, afirmativa o no, sobre el contenido de la iniciativa ejercida y no tiene más límites que los propios de la ley. La fase de iniciativa, por tanto, es aquella que supone que uno de los sujetos capacitados constitucional o estatutariamente, remite al Parlamento un texto, en forma de proyecto o proposición, para que sea tramitado. La STC 136/2011, de 13 de septiembre, aclara que el autor de la iniciativa «tiene la prerrogativa de decidir qué materias serán sometidas al conocimiento, debate, y, en su caso, aprobación de las Cortes Generales» (SSTC 124/1995, de 18 de julio, F. 3; 38/1999, de 22 de marzo, F. 3 B), con relación a las iniciativas legislativas de origen parlamentario.

80 P. Biglino Campos, *Los vicios..., op. cit.*, p. 224; también en *Los vicios..., op. cit.* pp. 63 y ss.

81 La autora citada concluye que las normas que concretan el principio democrático son la que se refieren a la mayoría (*quórum*, personalidad del voto, resolución de empates), participación (requisitos para ejercer la iniciativa, presentar enmiendas, debate y votación) y publicidad. También podrían ser incluidos trámites tales como los relativos a la denominada fase integrativa, cuya vulneración supondría la inconstitucionalidad de la Ley.

Elaborar una teoría general[82] de la iniciativa legislativa es un buen trabajo de elaboración jurídica, fundamentalmente porque cada iniciativa tiene un significado diferente, y también porque la iniciativa del Gobierno está claramente privilegiada. De hecho, esta es la única iniciativa que es dominada de un modo absoluto por su único autor, pues puede ser retirada hasta el momento anterior en el que recaiga la votación definitiva del Pleno, y es la única iniciativa que no necesita la confirmación previa por la Cámara para su tramitación. Así lo determina el artículo 128 RCD según el cual, el «Gobierno podrá retirar un proyecto de ley en cualquier momento de su tramitación ante la Cámara, siempre que no hubiere recaído acuerdo final de ésta». Con fidelidad, esta disposición se reitera en todos los reglamentos de los Parlamentos autonómicos.

a) Efectos

Los efectos de la presentación de la iniciativa legislativa han sido señalados por el Tribunal. Así, el principal efecto de la admisión a trámite de la iniciativa es la activación de los trámites de oficio concatenados que, una vez cumplidos, llevarán (casi siempre) a la resolución final en forma de ley. En este sentido, el efecto de la iniciativa es fijar la materia y el objeto sobre la que va a centrarse la discusión y la decisión. Las SSTC 124/1995, de 18 de julio, 38/1999, de 22 de marzo y 136/2011, de 13 septiembre, han indicado que «la materia y el objeto del procedimiento lo delimita, pues, el autor de la iniciativa legislativa, de modo tal que, cumplidos los requisitos reglamentariamente exigidos para su admisión a trámite, el procedimiento debe contraerse al mismo y actuarse en su marco».

En definitiva, el tribunal ha profundizado en esta idea indicando que «los proyectos de Ley del Gobierno (art. 88 CE) y las proposiciones de Ley de los restantes legitimados (art. 89.1 CE), como forma de articular la iniciativa legislativa son, pues, el instrumento para poner en movimiento el procedimiento legislativo, forzar el debate político y obligar a que los distintos grupos políticos tengan que tomar expreso partido sobre la oportunidad de regular mediante Ley una determina materia» (STC 124/1995, de 18 de julio, F. 3, con relación a las proposiciones de ley; también SSTC 10/2016, de 1 de febrero, FJ 4; 10/2018, de 5 de febrero, FJ 3, y 94/2018, de 17 de septiembre, FJ 4 y 17/2019, de 11 de febrero, FJ 2).

---

82 Como orientación bibliográfica puede citarse M. ARAGÓN REYES, «La iniciativa legislativa», en *Revista Española de Derecho Constitucional*, 16, monográfico, 1986, pp. 287 y ss.; A. DORREGO DE CARLOS, *Artículo 88...*, *op. cit.*; J. F. MERINO MERCHÁN, «Rasgos definidores de la iniciativa legislativa prevista en el artículo 87 de la Constitución», en

b) Cumplimiento de los requisitos de la iniciativa

Con el efecto de la iniciativa, no es de extrañar que haya un número cerrado de titulares. La Constitución dispone en su artículo 87 que la iniciativa legislativa corresponde a Gobierno, al Congreso y al Senado, de acuerdo con la Constitución y los reglamentos de las Cámaras. Este precepto es reiterado por los Estatutos de Autonomía, con alguna variante: art. 111.1 EAAND; art. 42.2 EAAr; art. 31.1 EAPAST; art. 58.1 EAIB; art. 44 EACANA; art. 15.1 EACANT; art. 12.1 EACLM (que atribuye la iniciativa parlamentaria también a los diputados a través de los grupos parlamentarios) y, con una fórmula más sencilla, el artículo 27 EAPV, el artículo 23.2 EAEX o el artículo 30.1 EAMU, atribuyen la iniciativa a los parlamentarios y al Gobierno autonómico. El artículo 13.1 EAG atribuye la iniciativa a los parlamentarios, al Parlamento y al Gobierno. Por su parte, con alguna modificación, el artículo 62.2 EACAT atribuye la iniciativa a los Diputados, al Gobierno y «a los grupos parlamentarios», además de a los ciudadanos y, el artículo 62.3 EACAT (y de forma similar el artículo 15.2 EAMAD), atribuye también la iniciativa a «los órganos representativos de los entes supramunicipales de carácter territorial que establece el presente Estatuto» y que, al menos, son las comarcas (artículo 83.2 y 92 EACAT, además de muy probablemente las veguerías). Finalmente, el Estatuto de Autonomía de la Comunidad Valenciana atribuye la iniciativa al Gobierno, a los grupos, junto con los Diputados. Y el Estatuto de Autonomía de Murcia añade que puedan ejercer la iniciativa legislativa, además, los municipios y las comarcas.

El cumplimiento de los requisitos de la iniciativa es exigible so pena de inconstitucionalidad, pues no entra dentro del *interna corporis*. Por ello, debe preguntarse qué sucede en el caso de que se omitan requisitos de la iniciativa legislativa, y si ello podría suponer la inconstitucionalidad de la ley. La jurisprudencia, como se ha visto, ha exigido que el defecto en la tramitación de la ley altere de forma esencial el proceso de formación de la voluntad del Parlamento. Aunque no es fácil vincular esto con algún requisito de la iniciativa, son varias las regulaciones reglamentarias que se pueden insertar dentro del bloque de la constitucionalidad, escapando del ámbito de los *interna corporis*, de modo que su vulneración determinaría la inconstitucionalidad de la ley, por vincularse al principio democrático. Podría incluirse dentro del bloque de la constitucionalidad, por ejemplo, lo relativo al número de miembros necesarios que deben adoptar la proposición de ley.

Revista de Derecho Político, 17, 1983, pp. 43 y ss.; P. GARCÍA-ESCUDERO MÁRQUEZ, *La iniciativa..., op. cit.*; R. PUNSET, «Iniciativas popular y regional y fase introductoria del procedimiento legislativo», en *Revista de Estudios Políticos*, 11, p. 111; J. J. LAVILLA RUBIRA, «Las proposiciones de Ley remitidas por las Comunidades Autónomas al Congreso de los Diputados», en *Revista Española de Derecho Constitucional*, 28, 1990, p. 9; J. A. SANTAMARÍA PASTOR, «Comentario al artículo 87.2», en F. GARRIDO FALLA (dir.), *Comentarios a la Constitución*, Madrid, Civitas, 2ª ed., 1985, p. 1251 y ss.; F. SANTAOLALLA LÓPEZ, *Derecho parlamentario Español*, Madrid, Espasa, pp. 257 y ss.; M. A. GARCÍA MARTÍNEZ, *El procedimiento..., op. cit.*, pp. 159 a 166, y 231 a 239; J. MOLLINEDO CHOCANO, «La iniciativa de las Asambleas Legislativas de las Comunidades Autónomas», *El procedimiento legislativo*. V...., cit., pp. 279 y ss.

El número de miembros que tienen que presentar la proposición de ley es muy diferente en los distintos Parlamentos, y va de los veinticinco senadores —artículo 198 RS— y quince Diputados —art. 126 RCD—, o de un único Diputado en el Parlamento de Navarra, artículo 145 RPN; los cuatro Diputados en las Cortes de Aragón, artículo 138 del RCA, Asturias, artículo 153 RJPA, Canarias, artículo 124 del RPC; los cinco de Cataluña, artículo 107 RPC; Galicia, artículo 122 del RPG, Baleares, artículo 126 del RPIB, Cantabria, artículo 129.1.b RPC; Madrid, artículo 151 RAMA; País Vasco, artículo 105 RPV; Comunidad Valenciana; los seis Diputados de la Rioja, artículo 91 RPR; en el Reglamento de la Asamblea de Murcia, solo puede un grupo parlamentario, artículo 124.1 RAMU. *A priori*, poca duda cabe de que una proposición de ley presentada por menos diputados que los exigidos reglamentariamente, o por sujetos que no ostentasen la condición de Diputado, adolecería de un vicio no subsanable que vulneraría con el valor pluralismo político y la correspondiente cláusula Estado Democrático, que a través del principio de igualdad exige una representación mínima en la Cámara para poder iniciar el procedimiento legislativo. Otros requisitos de los proyectos de ley solo podrían ser vulnerados de forma grosera. Así, podría implicar la inconstitucionalidad de la ley el caso de que el Proyecto no fuese aprobado en reunión del Gobierno correspondiente.

c) La presentación de los antecedentes precisos

Más dudas podría plantear el hecho de que no se hubiesen emitido, en fase de redacción del Anteproyecto, los informes que la ley obliga emitir (Consejo de Estado u órgano análogo de la Comunidad Autónoma, o el Consejo Económico Social u órganos equivalentes). En este caso, la aprobación por el Parlamento de la ley vendría a sanar la falta de solicitud de documentos en una fase muy anterior a la aprobación democrática de la norma. En supuestos de no-remisión al Parlamento de los informes que debieron emitirse en fase parlamentaria es imprescindible la función de la Mesa y de quien la asesora. En cualquier caso, la Mesa debe exigir la remisión por el Gobierno o por el resto de sujetos con iniciativa legislativa de todos los antecedentes necesarios (también los Dictámenes) para que la Cámara pueda pronunciarse sobre el asunto de que se trate, con el debido conocimiento de la materia respectiva. Además, habrá de exigirse la presentación de la documentación prevista por el reglamento parlamentario[83] y por la ley. Por ejemplo, algún reglamento parlamentario (como el del Parlamento de las Islas Baleares) exige la presentación de otra documentación específica, pues los proyectos de ley deberán ser acompañados por «una evaluación de la legislación precedente y su incidencia efectiva» (art. 117 RPIB).

Como se sabe, han sido varias las Sentencias del Tribunal Constitucional que se han referido a los antecedentes que han de acompañar a un proyecto de ley.

83 Una visión completa de los informes preceptivos en la tramitación de un proyecto de Ley, P. García-Escudero Márquez, «Informes previos a la aprobación de Proyectos de Ley», en *Corts: Anuario de derecho parlamentario*, 11, 2001, pp. 53 a 71.

Desde la STC 99/1987, de 11 de junio, F. 1 a), a la STC 136/2011 pasando por las SSTC 108/1986, de 29 de julio, F. 3) o 103/2008, de 11 de septiembre, F. 5) se ha tratado de consolidar una jurisprudencia sobre la materia. Como se dice, no basta con cualquier vicio, o inobservancia de los previstos en las normas que regulan el procedimiento parlamentario, para declarar la inconstitucionalidad de la ley. Así, solo se producirá la nulidad si el vicio o inobservancia denunciada afectan esencialmente al proceso de formación de la voluntad de los parlamentarios, de modo que solo los vicios o defectos más graves provocan un «déficit democrático» en el proceso de elaboración de la ley. Todo recurrente tiene la carga de definir qué antecedentes han sido omitidos por el Gobierno y en qué medida esa omisión les habría privado de los elementos de juicio necesarios para poder cumplir con su función de parlamentario o de grupo parlamentario. Además, la omisión ha de ser «denunciada» ante la misma Cámara en el momento de producirse.

Algo distinto es el supuesto de la omisión del informe del Parlamento de Canarias si se tramita una modificación del régimen económico-fiscal del Canarias que, según la disposición adicional tercera de la Constitución, habría de ser informada previamente por la Comunidad Autónoma de Canarias. Tal caso fue objeto de la STC 35/1984, de 13 de marzo, en relación con la tramitación del Decreto-Ley 1/1983, de 9 de febrero, que había prescindido del mencionado informe y del que no duda el tribunal en indicar que «la imperativa exigencia del trámite establecida en textos de índole constitucional, así como el rango y carácter del órgano llamado a evacuarlo, y no menos el alcance y transcendencia de la materia objeto de la disposición, conducen inexcusablemente a entender que la repetida omisión es una violación que entraña la inconstitucionalidad que en este recurso se denuncia y que debe por ello así declararse en esta Sentencia la imperativa exigencia del trámite establecida en textos de índole constitucional, así como el rango y carácter del órgano llamado a evacuarlo, y no menos el alcance y transcendencia de la materia objeto de la disposición, conducen inexcusablemente a entender que la repetida omisión es una violación que entraña la inconstitucionalidad que en este recurso se denuncia y que debe por ello así declararse en esta Sentencia».

Los requisitos de «motivación» y «antecedentes» han sido dispuestos por el artículo 88 CE para los proyectos de ley que se remiten al Congreso. Sin embargo, estos últimos requisitos han sido ampliados por los reglamentos parlamentarios también a las proposiciones de ley. En efecto, primero el Reglamento del Congreso de los Diputados, luego el del Senado y posteriormente los Reglamentos de los Parlamentos Autonómicos han exigido que las proposiciones de ley también estén precedidas de una Exposición de Motivos y acompañadas de la documentación precisa. No obstante, no parece que los Diputados (ni los Grupos parlamentarios) estén en la misma posición que el Gobierno, para proporcionar información al Parlamento, y por eso se debe dudar de la efectividad y del realismo de exigir también este requisito a las proposiciones de ley y, por lo tanto, debe dudarse de las posibles consecuencias invalidantes de la no-remisión de documentación junto a la proposición de ley. En definitiva, es muy difícil prever el mismo grado de exigencia con el Gobierno que con los Diputados y los Grupos

Parlamentarios en lo que a la remisión de la documentación se refiere. El fundamento de la remisión de los antecedentes es la garantía de que el Parlamento cuente con toda la información de los asuntos que tramita, y este conocimiento parece que solo está en condiciones de garantizarlo el Gobierno, en su condición de rector de la Administración pública.

La remisión de documentación[84] al Parlamento por parte del Gobierno se enmarca dentro del derecho a la información de Diputados, que se integra, como se ha estudiado, dentro del ámbito del artículo 23 CE. Desde el punto de vista de los derechos fundamentales, la ausencia de información al Parlamento viciaría el procedimiento legislativo y mucho más en el caso de ausencia total de documentación, aunque no haya sido solicitada. La falta de información de los Diputados (sobre todo los de la oposición) les colocaría en una situación de inferioridad, que les dificultaría extraordinariamente el efectivo ejercicio de la función legislativa y de control. Tampoco parece muy acomodado a la actual situación de desarrollo tecnológico el someter el ejercicio de este derecho fundamental a una previa y burocrática solicitud previa, exigida desde la STC 108/1986. No obstante, la función y la posición de la Mesa es imprescindible para garantizar el cumplimiento de los requisitos reglamentarios, incluyendo, desde luego este. Como ya se ha dicho, la Administración electrónica y el acceso a la sede electrónica del Parlamento, proporciona unas posibilidades extraordinarias en el acceso a la información.

d) Tramitación preferente de los proyectos de ley y criterio del Gobierno a las proposiciones de ley

La tramitación privilegiada de los proyectos de ley es consecuencia del tiempo de los Gobiernos en el que vivimos. Así, en lo que a los requisitos de las proposiciones de ley se refiere, es habitual que los distintos Reglamentos de los Parlamentos autonómicos prevean la posibilidad de que, de forma similar a como efectúa el artículo 134.6 de la Constitución para las Cortes Generales y el RCD, el Gobierno tenga que prestar su conformidad a las proposiciones de Ley y también las enmiendas que supongan un aumento de créditos o una disminución de ingresos. En virtud de ello, el Gobierno podría oponerse a la tramitación de

84 J. Cano Bueso, *El «derecho de acceso a la documentación» de los diputados en el ordenamiento parlamentario español*, Madrid, Congreso de los Diputados, 1996; E. Mancisidor Artaraz, «El derecho de los parlamentarios a recabar información», en *Revista Vasca de Administración Pública*, 24, 1989, p. 175 y ss. y este mismo autor «El derecho de información de los parlamentarios en la jurisprudencia constitucional», en *Parlamento y justicia constitucional... op. cit.*, pp. 323 y ss.; M. Pulido Quecedo, *El acceso a los cargos y funciones públicas. Un estudio del artículo 23.2 de la Constitución*, Madrid, Civitas, 1992, pp. 320 y ss.; J. Lavilla Rubira, «Congreso de los Diputados y demás poderes públicos: Información, control y responsabilidad», en *Estudios sobre la Constitución Española... op. cit.*, pp. 2010 y ss.; J. C. da Silva Ochoa, «El derecho de los parlamentarios a la documentación», en *Revista de las Cortes Generales*, 19, 1990, pp. 7 y ss.

casi todas las proposiciones de ley que pudieran ser presentadas, pues su ejecución va a suponer, casi siempre, un necesario aumento de créditos. La interpretación extensiva del previo consentimiento del Gobierno para la tramitación de iniciativas supone una clara consecuencia restrictiva para el Parlamento, y para la minoría parlamentaria en concreto. Es inadecuada esta situación del Parlamento con las garantías que deben derivarse del pluralismo político. Si la finalidad del ordenamiento jurídico parlamentario es la protección de las minorías parlamentarias, se entiende mal la extensión que han efectuado todos los reglamentos de los Parlamentos Autonómicos, pues esta limitación solo se incluye en los Estatutos de Autonomía de Andalucía (artículo 190), Comunidad Valenciana (artículo 76.1) y de Extremadura (artículo 60.b). Es decir, casi todos los reglamento autonómicos podrían haber obviado este trámite.

El carácter restrictivo que tiene este elemento subjetivo del procedimiento legislativo debería tenerse en cuenta para determinar el efecto que debe darse a la negativa del respectivo Gobierno a la tramitación de una proposición de ley. Esta negativa del Gobierno, en la práctica generalidad de los reglamentos parlamentarios parece que debería tener efectos impeditivos, pues imposibilitaría la inclusión de la proposición en el orden del día del Pleno. Por ello, podría ser *contrario al reglamento* una proposición de ley que se tramite contra el criterio del Gobierno, pero más dudoso sería calificar de *inconstitucional* esa misma ley tramitada contra el criterio del Gobierno. Tal prerrogativa del Gobierno no es desarrollo de ningún valor superior del ordenamiento jurídico, principio constitucional o derecho fundamental. No se estaría contrariando el principio democrático si se prescinde del criterio del Gobierno. Más bien, es una autolimitación del Parlamento, cuya vulneración no debería viciar de inconstitucionalidad a la ley y, por tanto, podría integrarse en el ámbito de los *interna corporis acta*. Y todo ello se afirma partiendo de la conveniencia de que sea el propio Parlamento el que solucione el conflicto en la calificación de la enmienda, o proposición de ley. De hecho, un uso excesivo de la facultad de negativa del Consejo de Gobierno sí supondría una vulneración del derecho fundamental del artículo 23 de la Constitución, que no encajaría dentro de las exigencias del pluralismo político, ni en las relaciones habituales del juego parlamentario. Más aún, existen Parlamentos en los que lo habitual es la práctica contraria a esta previsión, es decir, tramitar la iniciativa a pesar de la negativa del Gobierno. Todo esto supone defender la conveniencia, en el futuro, de una reforma reglamentaria, que excluyese esta prerrogativa gubernamental, allí donde sea estatutariamente posible.

e) Algunas cuestiones de los proyectos de ley

El artículo 87.2 CE cita en primer lugar la iniciativa del Gobierno, no solo porque es la más importante desde un punto de vista cuantitativo, sino porque también la definición de la política es constitucionalmente una función del Gobierno, como se desprende de la simple lectura del artículo 97 CE. Por el contrario, las proposiciones de ley exigen dos voluntades: la del autor inicial y la de las Cámaras. Los Estatutos de Autonomía han adoptado similares redacciones a la de la Constitución en la definición de la iniciativa legislativa (art. 109 EAAND; art. 53.1 EAAR, con una versión más limitada, aunque con el mismo significado; art. 33.1 EAPAST; art. 49.2 EAIB). Pueden destacarse algunas peculiaridades, como la del Estatuto de Autonomía de las Islas Baleares que, fiel a su configuración descentralizada, atribuye también, y de forma similar al art. 87.2 CE, a los Consejos Insulares la potestad de solicitar del Gobierno autonómico «la adopción de un proyecto de Ley o remitir a la Mesa del Parlamento una proposición de Ley, delegando ante dicha Cámara a un máximo de tres miembros encargados de su defensa». Siguiendo también una cierta tendencia descentralizadora común a varios Estatutos de Autonomía, el Estatuto canario atribuye iniciativa legislativa a cada Cabildo Insular y, el Estatuto de Autonomía del País Vasco atribuye iniciativa (art. 37) a los órganos forales de los Territorios Históricos.

El ejercicio por el Gobierno de la función de dirección política implica que suya ha de ser la carga política de presentar propuestas legislativas a las Cámaras. El artículo 88 de la Constitución dispone con claridad que los proyectos de ley aprobados en Consejo de ministros serán remitidos al Congreso, «acompañados de una exposición de motivos y de los antecedentes necesarios para pronunciarse sobre ellos». Esta fórmula es reiterada por el artículo 109 del Reglamento del Congreso de los Diputados. A la problemática de este artículo se volverá cuando se estudie la redacción de las normas.

En cualquier caso, el dominio del Gobierno con respecto al proyecto de ley es pleno[85] y, así, el Tribunal Constitucional no ha dudado en reconocer que la presentación o no de un proyecto de ley se enmarca dentro del concepto político de la oportunidad, en uso de su iniciativa legislativa, es decir si así «lo ha estimado oportuno» el Gobierno (SSTC 6/1983, de 4 de febrero; 29/1986, de 20 de febrero; 68/2007 de 28 marzo; 137/2011, de 14 de noviembre; 104/2015, de 28 de mayo y 211/2015, de 8 de octubre). No solo la exclusión del Jefe del Estado en el ejercicio de la iniciativa es evidente, sino que no es posible la aprobación de un proyecto de ley en uno de los Consejos de Ministros veraniegos que preside el Jefe del Estado. Aquí la presencia del Rey tiene como única finalidad de «ser informado de los asuntos de Estado..., a petición del Presidente del Gobierno». (art. 62.g CE).

Formalmente, es el Parlamento el que aprueba las leyes[86], pero «materialmente» poca duda cabe de que es el Gobierno quien tiene la capacidad sufi-

---

85 A. DORREGO DE CARLOS, *Artículo 88...*, *op. cit.*, p. 306 dice que: «la remisión del proyecto de Ley al Congreso constituye una decisión de notable trascendencia política, pues marca un punto sin retorno para el Ejecutivo en el proceso legislativo. A partir de este momento, el Gobierno en su conjunto —y no un Ministro aislado o algún sector del partido político que lo apoya— hace suyo el proyecto legislativo, y, además, con un texto cierto y relativamente cerrado.... El Gobierno, más que a los Diputados (o tanto como a ellos) presenta su proyecto de Ley a los ciudadanos y a las organizaciones representativas de los intereses afectados por el mismo. En suma, a la opinión pública».

86 Cfr. el planteamiento claramente formal de P. GARCÍA-ESCUDERO MÁRQUEZ, *La iniciativa...*,

ciente y puede fomentar el alcance de acuerdos legislativos. No es habitual que Diputados, de los que apoyan al Gobierno, tengan la suficiente autonomía política como para alcanzar un acuerdo en un órgano parlamentario sin contar con el apoyo y conocimiento del Gobierno. En este contexto, son muy frecuentes las consultas del parlamentario al alto cargo para recibir instrucción sobre la aceptación o no de una enmienda.

La retirada de la iniciativa

Como se ha dicho, el artículo 128 del Reglamento del Congreso de los Diputados prevé la retirada del proyecto por el Gobierno de la Nación, entendido como la revocación del acto de inicio del procedimiento legislativo. Se argumenta generalmente que, quien tiene la potestad de iniciar el procedimiento es soberano para poder retirar la iniciativa que presentó. Es significativo, por ello, el diferente tratamiento que tienen los proyectos de ley y las proposiciones de ley, pues aquellos pueden ser retirados por el Consejo de Ministros «siempre que no hubiera recaído acuerdo final de ésta». La retirada se puede efectuar en cualquiera de las dos Cámaras87. Para las proposiciones de ley, el artículo 129 RCD prevé que «"la iniciativa de retirada" (no la retirada) tendrá pleno efecto por sí sola, si se produce antes del acuerdo de la toma en consideración»88. Lo cual supone que la iniciativa realizada mediante una proposición de ley se considera que es tal solo, cuando es asumida por el Pleno de la respectiva Cámara. Por ello, la retirada «sólo será efectiva si la acepta el Pleno de la Cámara».

Los Reglamentos de los Parlamentos autonómicos han incluido regulaciones similares. Así, el artículo 126.1 RPAND introduce algún matiz pues el Consejo de Gobierno podrá retirar un proyecto de ley en cualquier momento de su tramitación ante la Cámara siempre que no se hubiera iniciado el debate final en el Pleno. El resto de reglamentos autonómicos incide en una regulación casi idéntica entre sí, aunque con alguna matización. Así, el Reglamento de las Cortes de Aragón regula la posible retirada del proyecto de ley por el Gobierno no hasta que «se hubiera iniciado el debate final en el Pleno», sino hasta que «no hubiera recaído acuerdo final» de las Cortes, lo cual no siempre es lo mismo (artículo 183.1 RCAR; en términos similares art. 142 RCAN; art. 155 RPAST; art. 142 RCANA; art. 132 RPCANT; art. 150 RCLAM; art. 124 RC-L; art. 116 RCAT; art. 127 RCV; art. 179 REXTR; art. 125 RRPGAL; art. 128 RPIBAL; art. 109 RPRI; art. 153 RAMA; art. 127 RPNAV).

---

op. cit. pp. 7 y ss. También A. DORREGO DE CARLOS, *Artículo 88...*, *op. cit.*, pp. 306 y ss.

87 En contra y hace ya algunos años, F. SANTAOLALLA LÓPEZ, *Derecho... op. cit.*, p. 307. A favor de que se pueda presentar la retirada ante cualquiera de las dos Cámaras, P. GARCÍA-ESCUDERO MÁRQUEZ, *La iniciativa...*, *op. cit.* p. 41.

88 Cfr. Una curiosa omisión normativa, pues no se prevé la retirada de las proposiciones tomadas en consideración en el Senado. P. GARCÍA-ESCUDERO MÁRQUEZ, *La iniciativa...*, *op. cit.* p. 42.

Por su lado, el Reglamento de la Asamblea Regional de Murcia regula la cuestión de un modo algo diferente, pues el artículo 140 permite la retirada del proyecto «antes de que concluya el debate de toma en consideración» que deben superar tanto las proposiciones como los proyectos de ley. También el Reglamento del Parlamento Vasco (art. 145) incluye una regulación distinta, pues el Gobierno vasco podrá retirar un proyecto de ley en tramitación, «siempre que no haya sido aprobado en su totalidad el dictamen correspondiente por parte de la Comisión».

Por lo demás y en relación con la retirada de los proyectos de ley puede defenderse que los Gobiernos en funciones no podrán retirar el proyecto de ley, habida cuenta que un Gobierno en funciones no puede tampoco presentar un proyecto de ley. Así, el artículo 21.3 de la Ley del Gobierno prevé que el Gobierno en funciones se limitará, en general, al «despacho ordinario de los asuntos públicos, absteniéndose de adoptar, salvo casos de urgencia debidamente acreditados o por razones de interés general cuya acreditación expresa así lo justifique, cualesquiera otras medidas».

Todas las circunstancias que concurran en la retirada deberán ser controladas por la respectiva Mesa de la Cámara. En este sentido, la Mesa cuenta con un ajustado margen de control de la verificación formal de la adecuación de la retirada, tal y como ha sido configurado por el Tribunal Constitucional. La Mesa determinará los efectos de la retirada y el día de su entrada en vigor, que será el momento de la adopción del acuerdo por el Gobierno, y no en el de su conocimiento por la Mesa. Tampoco parece viable que el Gobierno pudiese tomar la decisión de «retirar la retirada» del proyecto de ley, sobre todo una vez que se ha tomado por la Mesa la decisión de tomar conocimiento de la retirada inicial.

f) Proposiciones de ley

1.º Iniciativa legislativa parlamentaria

El Tribunal Constitucional ha tenido ocasión de referirse a la naturaleza de las proposiciones de ley como una de las formas («la más señalada y expresiva», dice el tribunal) de participación de los grupos parlamentarios y de los Diputados en la función legislativa del Estado. Además, el tribunal no duda en relacionar esta participación con el concepto de Estado de partidos, más que relacionarlo con el parlamentario individual. Así, señala el Tribunal en STC 124/1995, de 18 de julio, que «son también un cauce instrumental al servicio de la función representativa característica de todo Parlamento, operando como un instrumento eficaz en manos de los distintos grupos políticos que integran el Pleno de la Cámara, y que les permite obligar a que éste se pronuncie acerca de la oportunidad de la iniciativa presentada, forzando a las distintas fuerzas político-parlamentarias a manifestar públicamente su postura y las razones políticas o de otra índole (incluida la eventual inconstitucionalidad de la misma), por las que han decidido apoyar o rechazar la propuesta legislativa sometida a su consideración». También en STC 38/1999, de 22 de marzo, FJ 2; 27/2000, de 31 de enero, FJ 4; 136/2011 de 13 septiembre; y 57/2011, de 3 de mayo, FJ 2; 114/2017, FJ 6 a); 10/2018, FJ 4, y 27/2018, de 5 de marzo, FJ 4 y 42/2019, de 27 de marzo, FJ 5. El Alto Tribunal en esta materia también resalta que es función de las proposiciones de ley permitir «a los ciudadanos representados tener conocimiento de lo que sus representantes piensan sobre una determinada materia, así como sobre la oportunidad o no de su regulación legal, y extraer sus propias conclusiones acerca de cómo aquéllos asumen o se separan de lo manifestado en sus respectivos programas electorales» (STC 124/1995, de 18 de julio).

En cuanto al significado de la toma en consideración, no hay que olvidar la opinión de P. García-Escudero Márquez, que ha reconocido un «cierto paralelismo entre la toma en consideración de las proposiciones de Ley y la posibilidad de devolución de los proyectos de Ley al Gobierno», pues el resultado de uno y otro instrumento es el mismo, ya que «la Cámara decide en fase liminar y unilateralmente qué textos tramita en función de su oportunidad, principios y espíritu»[89].

El ejercicio de la iniciativa en la proposición de ley corresponde a la Cámara una vez tomada en consideración[90], aunque los Reglamentos la llamen «proposición de Ley» antes de la toma en consideración y también parece intuirse así del artículo 89.2 CE. Pero hoy está claro que, hasta la decisión plenaria, no hay ejercicio de la iniciativa legislativa, tal y como se desprende de las palabras del artículo 87.1 CE. El ATC 659/1987, de 27 de mayo, reconoció en relación con «la iniciativa legislativa que la Constitución reconoce a cada una de las Cámaras (art. 87. 1), [que] existe el instituto de la toma en consideración de las propuestas formuladas al efecto por los Diputados o por

los grupos en que se integran (art. 98.2 de la Constitución y art. 126 del Reglamento del Congreso de los Diputados); la resolución parlamentaria que recaiga sobre estas propuestas (rechazándolas o convirtiéndolas en iniciativa

89 Cfr. P. García-Escudero Márquez, *La iniciativa...*, p. 20, que añade que «este paralelismo se ve confirmado por el artículo 126.5 del Reglamento del Congreso, conforme al cual las proposiciones de Ley tomadas en consideración no pueden ser objeto de enmiendas de totalidad de devolución».

90 Hubo, en tiempos, cierta polémica doctrinal por vincular la iniciativa a la decisión de la Cámara, o a la decisión inicial de los sujetos citados en la norma reglamentaria. Cfr. también P. García-Escudero Márquez, «Toma en consideración, retirada y caducidad de las proposiciones de Ley», en *Cuadernos de Derecho Público*, Madrid, 1997, n.º 79, p. 89 y ss.; A. Ruiz-Huerta Carbonell, La iniciativa legislativa no gubernamental en España 1977-1996, Madrid, Congreso de los Diputados, en esp. pp. 80 y ss. También puede consultarse, J. F. Merino Merchán, «Significado general de la iniciativa parlamentaria», en *Revista de las Cortes Generales*, n.º 11 1987; pp. 81-123; F. Santaolalla López, «Iniciativa legislativa parlamentaria. Problemática de las enmiendas», en *Jornadas de Derecho parlamentario: El procedimiento legislativo*, Madrid, Congreso de los Diputados, 1994, pp. 237 y ss.

de la Cámara) es manifestación del libre ejercicio por cada asamblea de sus atribuciones constitucionales». Este mismo auto reconoce que la iniciativa es de la Cámara, una vez que ha sido tomada en consideración, pues «Por ser un acto parlamentario libre, en cuanto al fin, resultaría impracticable el examen de la conformidad a Derecho (a la Constitución, en este caso) de la decisión así adoptada por la Cámara». Se dice que son «decisiones de carácter interno, no justiciables, sin que pueda considerarse como contraparte frente al Parlamento», [o] «los que pueden resultar afectados por la eventual norma legal que no resulte aprobada por la mayoría del Parlamento» (ATC de 21 de marzo de 1984).

El significado de la toma en consideración ha sido aclarado por el tribunal desde el ATC 119/1999, de 10 de mayo, cuando se refirió a la exigencia de que exista una correlación material con el texto enmendado en los casos de enmiendas a la totalidad de texto alternativo. Se decía en el fundamento cuarto de este Auto y de la STC 119/2011, de 4 de julio que «[e]sta conexión u homogeneidad de objeto con el texto enmendado resulta también exigible a las enmiendas parciales o al articulado, las cuales han de ser además congruentes con aquél, en cuanto que, superado por un Proyecto de Ley el debate de totalidad o por una Proposición de Ley el debate de toma en consideración, la iniciativa es aceptada por la Cámara como objeto de deliberación y su oportunidad, principios y espíritu no pueden ser cuestionados o alterados por las enmiendas al articulado, los cuales únicamente pueden cuestionarse a través de las enmiendas a la totalidad, si de un Proyecto de Ley se trata o en el debate de toma en consideración, en el caso de las Proposiciones de Ley». La aceptación por la Cámara de la proposición supone que su retirada solo podrá ser acordada por el propio Pleno, como confirman los reglamentos parlamentarios españoles, con lo que los impulsores iniciales de la iniciativa no podrán disponer de ella más que hasta la votación de la toma en consideración. Que la proposición no de ley es de la Cámara, y no de sus promotores, es doctrina ya plenamente asumida y el Tribunal lo ha reiterado en decisiones posteriores, como en SSTC 234/2012 de 13 diciembre; 136/2011, de 13 septiembre y 119/2011, de 5 julio.

Por último, especial interés tienen los artículos 108 y 109 del Reglamento del Senado que regulan el procedimiento de aprobación por el Pleno de la Cámara Alta de las proposiciones de ley, las cuales deberán ser remitidas al Congreso de los Diputados para su tramitación en este como tal proposición (artículo 80.2 CE). Con esta preeminencia del Congreso, algunos autores como Gutiérrez Vicén no han dudado en indicar que a las proposiciones de ley del Senado se les aplica una suerte de «sistema de lanzadera», pues se produce la toma en consideración en el propio Senado, se remiten al Congreso de los Diputados, el cual «tras su debate y aprobación las devuelve a la Cámara Alta para que en ella se realice un estudio en profundidad agotando las fases de Ponencia, Comisión y Pleno. Por ello quizá donde realmente se aprecia el predominio de una Cámara sobre otra en el ejercicio de la iniciativa legislativa no es en la ordenación del procedimiento, sino en el número de proposiciones que se presentan y se toman en consideración o las que finalmente se aprueban, lo que, en definitiva, también es el reflejo del juego de mayorías políticas dominante en ambas Cámaras en cada momento»[91].

2.º Iniciativa legislativa autonómica

Dispone el artículo 87.2 CE que «Las Asambleas de las Comunidades Autónomas podrán solicitar del Gobierno la adopción de un proyecto de ley o remitir a la Mesa del Congreso una proposición de ley, delegando ante dicha Cámara un máximo de tres miembros de la Asamblea encargados de su defensa».

La regulación de esta doble opción en la Constitución no tiene, obviamente, el mismo significado. El propio GUTIÉRREZ VICÉN califica la primera opción como de ejercicio del derecho de petición ante el Gobierno de la Nación[92], y que no ha sido hasta la fecha (salvo error u omisión) ejercido de una forma expresa. Además de su no ejercicio, quizá llama la atención del primer inciso, que la facultad esté atribuida solo a los Parlamentos autonómicos, y no al Gobierno autonómico[93].

La segunda opción está claro que supone el ejercicio de la iniciativa legislativa ante las Cortes Generales, sin que tenga el Parlamento autonómico ningún límite competencial. La primera opción es más compleja. En virtud de este precepto, por tanto, los Parlamentos autonómicos podrán promover o *estimular* (como dispone el Reglamento de la Asamblea de Murcia) la iniciativa del Gobierno de la Nación, de forma que este puede *adoptar*, previo acuerdo, un texto para remitirlo a la Cámara Baja. La regulación es muy escasa, pero parece claro que, si el Gobierno de la Nación adopta el texto remitido por el Parlamento autonómico, se estará ante una iniciativa gubernamental y, como expresamente señala el artículo 87.2 CE, remitirá el proyecto de ley al Congreso de los Diputados. La expresión «solicitud del Gobierno» no deja lugar a dudas para sostener esta posición.

Primeramente, se debe plantear qué naturaleza jurídica tiene esta facultad de los Parlamentos autonómicos de solicitar del Gobierno la adopción de un Proyecto de ley. Es mayoritaria la opinión doctrinal que apunta que esta modalidad del artículo 87.2 CE delimita un mero derecho de petición de los Parlamentos autonómicos, con idéntica naturaleza que el derecho que se ejerce ante los propios Parlamentos, y que está definido en el artículo 29 de la Constitución y regulado en la Ley Orgánica 4/2001, de 12 de noviembre, reguladora del derecho de petición. Sin embargo la opinión mayoritaria es discutible, pues

---

91 C. GUTIÉRREZ VICÉN, «Artículo 108», en VV. AA., *Comentarios al Reglamento del Congreso de los Diputados*, Madrid, Congreso de los Diputados, 2012, p. 762.

92 C. GUTIÉRREZ VICÉN, «Artículo 108»..., *op. cit.*, p. 764.

93 Cfr. D. PARRA GÓMEZ, *La iniciativa de las Comunidades Autónomas*, Zaragoza, Fundación Manuel Jiménez Abad, 2016, esp. pp. 273 y ss.

los rasgos principales del derecho de petición no se reproducen en esta facultad autonómica del artículo 87.2 CE, pues el Gobierno de la Nación no ha respondido en ninguna ocasión (salvo error u omisión), cuando se ha producido la comunicación de esta petición por algún Parlamento autonómico.

La primera facultad del artículo 87.2 CE de los Parlamentos autonómicos no ha sido objeto de desarrollo normativo hasta el momento y se ha acabado, en cierta forma, vaciando de contenido, pues casi ningún Parlamento autonómico ha ejercido esta facultad. No obstante, una vez ejercido este derecho del Parlamento debería iniciarse un procedimiento ante el Gobierno, con la obligación al menos de contestar según se dispone en el artículo 11.1 de la citada Ley Orgánica. No conocer qué tipo de iniciativa es la facultad del artículo 87.2 CE dificulta, obviamente, conocer los requisitos, tanto formales como materiales, que son exigibles a este tipo de iniciativas.

De la palabra «solicitar» que usa la Constitución debe interpretarse que el Gobierno de la Nación puede asumir o no la iniciativa remitida por el Parlamento. Y de la palabra «adopción» que también utiliza el artículo 87.2 CE, puede entenderse que el Gobierno puede hacer suyo, o no, el texto que remita el Parlamento autonómico. Así, según el Diccionario de la RAE, adoptar significa «Recibir, haciéndolo propio, un parecer, un método, una doctrina, etc., que han sido creados por otros». Por tanto, y al modo de cualquier otra iniciativa, puede entenderse que lo que remite el Parlamento autonómico puede ser un texto articulado, para que el Gobierno de la Nación lo adopte.

La elaboración por el Parlamento autonómico del documento que remita al Gobierno de la Nación debe seguir el procedimiento legislativo común. Por ejemplo, en el Reglamento del Parlamento de Cantabria, se dispone en el artículo 193 RPCANT que las iniciativas previstas en el artículo 87.2 de la Constitución se «tramitarán y aprobarán de conformidad con las normas que regulan el procedimiento legislativo común, sin otra especialidad que la aprobación, en votación final del Pleno de la Cámara, por mayoría absoluta». Por tanto, la tramitación en el Parlamento de Cantabria, a diferencia de lo que sucede en la Asamblea de Murcia, han de realizarse de acuerdo con lo previsto en los artículos 113 a 133 del Reglamento de la Cámara, siendo igualmente posible, por ejemplo, la tramitación en lectura única del texto que se solicita adoptar al Gobierno de la Nación.

3.º Iniciativa legislativa popular

El artículo 87.3 establece que «una Ley orgánica regulará las formas de ejercicio y requisitos de la iniciativa popular para la presentación de proposiciones de Ley. En todo caso, se exigirán no menos de 500.000 firmas acreditadas. No procederá dicha iniciativa en materias propias de Ley orgánica, tributarias o de carácter internacional, ni en lo relativo a la prerrogativa de gracia». Es una obviedad decir hoy que la Constitución española opta por un sistema de representación, como cauce de conformación y expresión de la voluntad general, teniendo la iniciativa legislativa popular nula importancia.

No en vano (STC 103/2008, de 11 septiembre) «el art. 1.3 CE proclama la Monarquía parlamentaria como forma de gobierno o forma política del Estado español y, acorde con esta premisa, diseña un sistema de participación política de los ciudadanos en el que priman los mecanismos de democracia representativa sobre los de participación directa». Es más, «el propio Texto constitucional, al regular las características de los instrumentos de participación directa, restrin[ge] su alcance y condiciones de ejercicio, de suerte que, en el caso de otra manifestación típica de la democracia directa, como es la iniciativa legislativa popular, su ejercicio sobre determinadas materias, por lo delicado de su naturaleza o por las implicaciones que entrañan, qued[a] reservado a la mediación de los representantes políticos» (STC 76/1994, de 14 de marzo, F. 3).

En nuestro sistema de democracia representativa, la voluntad soberana tiene su lugar natural y ordinario de expresión en las Cortes Generales (art. 66.1 CE), y las voluntades de las regiones y nacionalidades en los respectivos Parlamentos autonómicos. Por su lado, los mecanismos de participación directa en los asuntos públicos se limita a aquellos supuestos en los que la Constitución expresamente los impone, como en la reforma constitucional en el art. 168 CE y de los procedimientos de elaboración y reforma estatutarios previstos en los arts. 151.1 y 2 y 152.2 CE, «o a aquellos que, también expresamente contemplados, supedita a la pertinente autorización del representante del pueblo soberano (Cortes Generales) o del Congreso de los Diputados», (STC 103/2008, de 11 septiembre; STC 136/2011, de 13 de septiembre).

Algunos Estatutos de Autonomía incluyen disposiciones interesantes en esta materia; así, el artículo 23.1 del Estatuto de Autonomía del Principado limita expresamente la iniciativa legislativa a materias que sean de la competencia exclusiva de la Comunidad Autónoma; lo cual excluiría la iniciativa legislativa en otras materias que sean de competencia compartida o concurrente con el Estado. Por su lado, el art. 12.1 EACLM, artículo 26.2 EACV, art. 13.1 EAG, art. 27.4 EAPV se remiten, simplemente, a lo que disponga el artículo 87.3 CE. El de Murcia que se limita a disponer que se puede ejercer la iniciativa legislativa «de acuerdo con lo que disponga la legislación del Estado» (art. 30.1 EAMU). No se remite a la Constitución el artículo 11.4 EACL que dispone que «Los ciudadanos de Castilla y León tienen derecho a presentar iniciativas legislativas».

Una redacción, quizá más ambiciosa, tienen otros Estatutos reformados más recientemente, como el de Andalucía, que reconoce a los «andaluces y andaluzas» el derecho a «promover y presentar iniciativas legislativas ante el Parlamento de Andalucía», así como el derecho «a participar en la elaboración de las Leyes, directamente o por medio de entidades asociativas, en los términos que establezca el Reglamento del Parlamento» (art. 30.1.b). Añade el artículo 111.2 EAAND, de modo muy similar a lo indicado en otros Estatutos, que una ley de Andalucía, en el «marco de la Ley orgánica prevista en el artículo 87.3 de la Constitución, regulará tanto el ejercicio de la iniciativa legislativa de los Ayuntamientos como la iniciativa legislativa popular». Algo diferente es el caso del Estatuto de Autonomía de Extremadura que dispone, además de la aplicación de lo dispuesto en el artículo 87.3 CE, que «las iniciativas legislativas que se presenten por esta vía deberán estar avaladas por al menos 45.000 firmas acreditadas del censo para las elecciones a la Asamblea». De forma paralela, el artículo 19.1.c LORAFNA reconoce iniciativa a «los Ayuntamientos que representen un tercio del número de municipios de la respectiva Merindad, y un 50 por 100 de la población de derecho de la misma».

Más sencilla aún es la fórmula del Estatuto de Autonomía de la Rioja que se limita a disponer en el artículo 20 (similar el artículo 15.1 EAMAD) que la iniciativa también pertenece «al pueblo riojano en los términos que establezca una Ley del Parlamento de La Rioja».

Sin poder referirse en profundidad y en este momento a las proposiciones de ley de iniciativa legislativa popular, se pueden destacar los siguientes aspectos. Así, el número de ciudadanos inscritos en el censo electoral que pueden ejercer la iniciativa es muy variable dependiendo del tamaño de la Comunidad Autónoma, si bien se puede percibir una tendencia a disminuir el número de ciudadanos que pueden ejercer la iniciativa legislativa popular. En Aragón, la Comunidad Valenciana, Galicia, Murcia y en el País Vasco se prevé que sean 10.000 electores los que ejerzan la iniciativa legislativa popular, 15.000 en Canarias, 4.000 en Cantabria, 20.000 en Castilla-La Mancha, 50.000 en Cataluña, 7.500 en Islas Baleares, 6.000 en La Rioja, 50.000 en la Comunidad de Madrid. En Castilla y León la cifra es diferente pues el número de firmantes ha de ser el «0,75 por ciento de los electores del censo autonómico vigente el día de la presentación de la iniciativa ante la Mesa de las Cortes, correspondientes a la mayoría de las circunscripciones electorales de la Comunidad que representen en cada una de ellas, como mínimo, el 0,75 por ciento del respectivo censo provincial», y que vienen a ser unos 15.000 ciudadanos. En Extremadura es el cinco por ciento del censo electoral, que son unos 45.000 ciudadanos aproximadamente.

Mención aparte merecen la *Ley de Cataluña 1/2006, de 16 de febrero, de la Iniciativa Legislativa Popular y la Ley de la Comunidad valenciana 10/2017, de 11 de mayo, por la que se regula la Iniciativa Legislativa Popular ante Les Corts*. Estas Leyes autonómicas disponen una muy discutible regulación, pues reconocen legitimidad activa a personas que no son ciudadanos, por no ser españoles y a personas que no tienen cumplidos dieciocho años. Según estas Leyes, además de los ciudadanos con la condición política propia, están legitimadas para ejercer la iniciativa legislativa popular, los mayores de dieciséis años, y están «debidamente inscritas como domiciliadas en el padrón de algún municipio de Cataluña», o de la Comunidad Valenciana, respectivamente. Además, estas personas deben tener o la nacionalidad española (no se entiende esta duplicidad de regulación, pues los españoles domiciliados en algún domicilio de Cataluña o la Comunidad Valenciana, ostenta la condición política de catalán o valenciano), o ser ciudadanos de los Estados miembros de la Unión Europea, ciudadanos de Islandia, Liechtenstein, Noruega o Suiza, y residir legalmente en España, «de acuerdo con la normativa en materia de extranjería». Similar, y precursora en esta materia de reconocer legitimidad a personas que no son ciudadanas españolas, es la *Ley de Islas Baleares 4/1991, de 13 de marzo, reguladora de la Iniciativa Legislativa Popular en las Islas Baleares*. Además, la Ley de la Comunidad Valenciana atribuye legitimidad activa también a las «asociaciones, agentes económicos y sociales, ONG y otras entidades con personalidad jurídica y sin ánimo de lucro».

En relación con las materias excluidas de iniciativa legislativa popular, el artículo segundo de la Ley Orgánica 3/1984, de 26 de marzo, reguladora de la iniciativa legislativa popular aumenta las materias excluidas por la Constitución (ley orgánica, tributarias o de carácter internacional, ni en lo relativo a la prerrogativa de gracia), y quedan exceptuadas, además, las leyes de planificación de la economía y las leyes de Presupuestos Generales del Estado. Similar es la regulación de la *Ley de Cataluña 1/2006, de 16 de febrero, de la Iniciativa Legislativa Popular, la Ley de Extremadura 7/1985, de 26 de noviembre, de Iniciativa Legislativa Popular de la Comunidad Autónoma de Extremadura, la Ley 6/1986, de 25 de junio, de iniciativa legislativa popular y de los Ayuntamientos de la Comunidad de Madrid, o Ley de Murcia 9/1984, de 22 de noviembre de 1984 reguladora de la iniciativa legislativa popular de los Ayuntamientos y Comarcas, la Ley Foral 3/1985, de 25 de marzo, reguladora de la iniciativa legislativa popular.* Por su parte, la *Ley de Andalucía 5/1988, de 17 de octubre, de Iniciativa Legislativa Popular y de los Ayuntamientos* dispone que sean materias excluidas las que no sean de la competencia legislativa de la Comunidad Autónoma (exclusión común en todas las comunidades autónomas), las de naturaleza tributaria, la planificación económica de la Comunidad Autónoma, leyes que autorizan deuda pública, leyes de Presupuestos y las relativas a la organización de las instituciones de autogobierno. La *Ley 7/1984, de 27 de diciembre, reguladora de la iniciativa legislativa popular ante las Cortes de Aragón*, es algo más restrictiva y prevé que estén excluidas las relativas a la organización institucional de la Comunidad Autónoma, las que se refieren a la organización territorial de la Comunidad Autónoma, las de naturaleza presupuestaria y tributaria, las referidas a la planificación general de la actividad económica, las que supongan una reforma del Estatuto de Autonomía de Aragón, las materias sobre las que la Comunidad Autónoma no tenga atribuida competencia legislativa y la ley que regula la gestión ordinaria de sus servicios periféricos; algún cambio prevé la *Ley de Canarias 10/1986, de 11 de diciembre, sobre iniciativa legislativa popular*, que además de las causas más habituales, impide la iniciativa popular las que supongan una reforma del Estatuto de Autonomía; las relativas a la Organización Institucional de la Comunidad Autónoma, la de iniciativa legislativa popular y el régimen electoral. Además de estas materias, más o menos habituales en todas las leyes autonómicas, la *Ley de Castilla y León 4/2001, de 4 de julio, reguladora de la Iniciativa Legislativa Popular y de los Ayuntamientos de Castilla y León*, impide la iniciativa popular también a las leyes que tengan como objeto regular la organización judicial de la Comunidad Autónoma, mientras que la *Ley 3/1985, de 20 de mayo de 1985, sobre iniciativa legislativa del pueblo Riojano*, también impide que esta iniciativa pueda tener como objeto la reforma del Estatuto de Autonomía. A su vez, a las materias más habituales, *Ley 2/1985, de 8 de mayo de 1985, sobre iniciativa legislativa popular y de los ayuntamientos de Castilla-La Mancha* añade la organización territorial y la iniciativa y trámite legislativo «en cualesquiera de sus formas», lo que implica que no puede ejercerse sobre materia reglamentaria. La *Ley de Galicia 7/2015, de 7 de agosto, de iniciativa legislativa popular y participación ciudadana en el Parlamento de Galicia* excluye de esta iniciativa las no atribuidas a la competencia de la Comunidad Autónoma, así como las de «desarrollo básico del Estatuto de autonomía» y las que, en todo caso, requieran para su aprobación el voto favorable de una mayoría cualificada.

Por su lado, la *Ley de Asturias 4/1984, de 5 de junio, reguladora de la iniciativa legislativa de los Ayuntamientos y de la iniciativa popular* prevé que estén excluidas de la iniciativa popular las materias que no sean de competencia exclusiva del Principado de Asturias conforme a su Estatuto de Autonomía, las de naturaleza tributaria, las que autorizan deuda pública y las de Presupuestos, la organización y funciones de los órganos institucionales del Principado y los derechos fundamentales y libertades públicas reconocidos en la Constitución (si bien ninguna Comunidad Autónoma tiene competencia en esta materia); a esta previsión la *Ley de Islas Baleares 4/1991, de 13 de marzo, reguladora de la Iniciativa Legislativa Popular en las Islas Baleares, la Ley del País vasco 10/2016, de 30 de junio, reguladora de la Iniciativa Legislativa Popular y la Ley de Cantabria 7/2018, de 5 de diciembre, de Iniciativa Legislativa Popular de Cantabria*, añaden como materia excluida también las «iniciativas contrarias a la Declaración Universal de los Derechos Humanos o a los demás tratados y acuerdos internacionales sobre derechos humanos y fundamentales que forman parte de nuestro ordenamiento jurídico, así como aquellas que pretendan anular los derechos civiles, políticos, económicos, sociales o culturales recogidos en dichos instrumentos». A su vez, la *Ley de Islas Baleares 4/1991* extiende, de una forma un tanto sorprendente, la prohibición para presentar proposiciones de ley de iniciativa autonómica a la presentación, a su vez, de proposiciones de ley de iniciativa legislativa popular del artículo 87.3 CE.

Más laxo es el régimen que prevé la *Ley de la Comunidad valenciana 10/2017, de 11 de mayo, por la que se regula la Iniciativa Legislativa Popular ante Les Corts*, pues solo se excluyen de iniciativa legislativa popular la iniciativa legislativa presupuestaria anual, y todas aquellas sobre las cuales *Les Corts* no tengan competencia para legislar.

En relación con el régimen de recursos, el artículo sexto de la Ley estatal prevé la posibilidad de que la Comisión Promotora presente un recurso de amparo ante el Tribunal Constitucional, contra la decisión de la Mesa del Congreso de no admitir la proposición de ley. Esta previsión la contienen también todas las leyes autonómicas de iniciativa legislativa popular.

El plazo que tiene la Comisión Promotora para recabar las firmas de los ciudadanos es también diverso. Así, según el artículo séptimo de la Ley Orgánica 3/1984, de 26 de marzo, reguladora de la iniciativa legislativa popular, el plazo es de nueve meses prorrogable por tres meses más (igual que la Comunidad Autónoma de Cantabria; en Castilla y León y Extremadura). Los plazos varían, como los seis meses ampliables por dos más de Andalucía y en Navarra; tres meses, ampliables por dos meses más en Aragón; tres meses en Asturias, en Canarias, en Castilla-La Mancha; ciento veinte días hábiles, prorrogable por sesenta más en Cataluña; ocho meses, prorrogable por dos meses más, en la Comunidad Valenciana; cuatro meses prorrogable por tres meses más en Galicia; cuatro meses prorrogable por dos meses más, en Islas Baleares y en el País Vasco; tres meses en La Rioja y en Madrid; seis meses, en Murcia. La exigencia de papel timbrado ha ido desapareciendo de las leyes y aparece la posibilidad de presentar firmas utilizando certificado digital.

Finalmente, en cuanto a la compensación económica que percibe la Comisión Promotora, la cantidad es muy variada, pues el artículo decimoquinto de la Ley del Estado prevé una compensación de hasta 300.000 euros para compensar los gastos realizados en la «difusión de la proposición y la recogida de firmas cuando alcance su tramitación parlamentaria». Esta cantidad será revisada anualmente «por los órganos de gobierno de las Cámaras de las Cortes Generales con arreglo a las variaciones del Índice de Precios de Consumo». En Andalucía, la compensación será de 30.050,60 euros, cantidad que será revisada «cada dos años por el Parlamento de Andalucía»; en Aragón, Asturias, Castila-la Mancha y Madrid la cantidad es de 6.010,12€; en Canarias, la compensación es de 4.507,591; en Cantabria, la compensación es de 0,60 euros por firma, con el límite máximo de 3.000 euros, idéntica cantidad que la que se reconoce en Islas Baleares; en Castilla y León, 15.000 euros; en Cataluña, 0,64 euros por firma, con el límite máximo de 40.000 euros; en la Comunidad Valenciana, 18.000 euros, con posibles anticipos de hasta 3.000 euros; en Extremadura, 12.020,24 euros; en Galicia, 0,64 euros por firma, con el límite máximo de 6.000 euros, siempre que la proposición de ley sea tomada en consideración por el Parlamento de Galicia, siéndole aplicable la legislación en materia de subvenciones; en La Rioja y en Navarra, 3.005,061 euros; en Murcia, 13.100 euros y en el País Vasco, 18.000 euros.

F) Las enmiendas

a) La enmienda como fundamento del principio democrático. Concepto formal y material de enmienda

Una enmienda es la expresión de la voluntad de uno o varios miembros del Parlamento de modificar o suprimir todo el texto o una parte del texto de la iniciativa. Publicado un proyecto de ley, los Diputados y los Grupos Parlamentarios tendrán un plazo de quince días para presentar enmiendas a la iniciativa mediante escrito dirigido a la Mesa de la Comisión (artículo 110.1 RCD, también art. 113 RCV; o 10 días según artículo 107.1 RS). El plazo para presentar enmiendas es preclusivo y, teóricamente, no se pueden presentar una vez que finalice, más allá de las enmiendas transaccionales y de las enmiendas de corrección técnica. No obstante, hay casos en los que los reglamentos parlamentarios admiten la presentación de enmiendas en otro momento posterior.

El Tribunal Constitucional se ha referido al concepto de enmienda en varias ocasiones. Así, la STC 136/2011, de 13 de septiembre, indicó que la «materia y el objeto del procedimiento lo delimita, pues, el autor de la iniciativa legislativa, de modo tal que, cumplidos los requisitos reglamentariamente exigidos para su admisión a trámite (SSTC 124/1995, de 18 de julio, F. 2; y 38/1999, de 22 de marzo, F. 2 B), el procedimiento debe *contraerse* al mismo y actuarse en su marco, sin perjuicio de que a través del ejercicio del derecho de enmienda los representantes de los ciudadanos puedan incidir en el texto de la iniciativa, rechazándolo (enmienda de totalidad con devolución del texto), alterándolo (enmienda de totalidad con proposición de texto alternativo) o modificándolo (enmiendas parciales de modificación, supresión o adición)».

La facultad de presentar enmiendas se enmarca dentro del derecho fundamental al cargo público del artículo 23 CE, de acuerdo con la técnica utilizada por nuestro Tribunal Constitucional de construir el Derecho parlamentario en torno al ejercicio por los parlamentarios del derecho a participar en asuntos públicos del artículo 23 CE. En efecto, se ha dicho en varios fallos (SSTC 38/1999, de 5 de noviembre; 136/2011, de 13 de septiembre; 294/2011, de 15 de diciembre; y ATC 118/1999, de 10 de mayo) que «La facultad de presentar enmiendas parciales o al articulado de los Proyectos de Ley... pertenece al núcleo de su función representativa parlamentaria, pues la participación en el ejercicio de la función legislativa y el desempeño de los derechos y facultades que la acompañan constituyen una manifestación constitucionalmente relevante del *ius in officium* del representante».

La doctrina jurisprudencial más relevante ha oscilado entre una configuración material de enmienda y otra formal. La noción material de enmienda exigiría una relación de contenido entre la enmienda y la iniciativa. Esto implicaría que no todo contenido puede ser objeto de enmienda, pues ha de haber una relación de congruencia y conexión entre el proyecto y la enmienda. De mantenerse este criterio material deberían inadmitirse por la Mesa las enmiendas que no tuvieran relación directa con la iniciativa, como admite la STC 210/2009. El Tribunal Constitucional, en relación con las enmiendas a la totalidad de texto alternativo a un proyecto de ley, ha señalado que «como necesaria condición de procedibilidad de las mismas, además de satisfacer los requisitos formales reglamentariamente previstos, [deben versar] sobre la materia a que se refiere al Proyecto de Ley que tratan de modificar, la cual infiere del carácter alternativo de la propuesta y cuya concurrencia indudablemente corresponde valorar al órgano parlamentario competente para decidir sobre su calificación y admisión» (ATC 118/1999, de 10 de mayo).

La misma naturaleza de la enmienda debe exigir conexión material y de objeto con el texto que pretende modificar. Así, «no es suficiente una genérica correlación material entre la enmienda y el texto enmendado, no bastando que se inscriban en el mismo sector material, sino que es necesario que verse sobre el mismo objeto que el del texto enmendado, lo que no es sino consecuencia de que la enmienda a la totalidad propone un texto alternativo, pero no un objeto alternativo. Ha de existir, pues, entre la enmienda y el texto enmendado una necesaria conexión material o, en otras palabras, como viene caracterizando la doctrina aquel requisito, una relación de homogeneidad, que no de identidad, de objeto». (STC 23/1990, de 15 de febrero). La «conexión mínima» de homogeneidad de la enmienda con el texto cuya modificación pretende, es jurisprudencia ya muy asentada, SSTC 119/2011, de 5 de julio, FJ 9; 136/2011, de 13 de septiembre, FJ 8; 204/2011, de 15 de diciembre, FJ 5; 209/2012, de 14 de noviembre, FJ 4 b); 132/2013, de 5 de junio, FJ 3; 231/2015, de 5 de noviembre y 155/2017, de 21 de diciembre. En todas estas Sentencias se incide en que la falta de homogeneidad de la enmienda debe ser puesta de manifiesto y recurrida por parte de los sujetos parlamentarios.

En el ya citado ATC 118/1999 de 10 mayo, se dijo que la «conexión u homogeneidad de objeto con el texto enmendado resulta también exigible a las enmiendas parciales o al articulado, las cuales *han de ser además congruentes* con aquél, en cuanto que, superado por un Proyecto de Ley el debate de totalidad o por una Proposición de Ley el debate de toma en consideración, la iniciativa es aceptada por la Cámara como objeto de deliberación y su oportunidad, principios y espíritu no pueden ser cuestionados o alterados por las enmiendas al articulado, los cuales únicamente pueden cuestionarse a través de las enmiendas a la totalidad, si de un Proyecto de Ley se trata, o en el debate de toma en consideración, en el caso de las Proposiciones de Ley, como así resulta, por otra parte, de las previsiones del Reglamento de la Asamblea Regional de Cantabria». También defendieron un criterio material de enmienda en STC 23/1990, de 15 de febrero y en ATC 275/1993, de 13 de septiembre, los cuales resolvieron sendos amparos en relación con enmiendas no admitidas a trámite presentadas a proposiciones de ley de reforma de estatutos de autonomía. De forma muy relevante, en ATC 9/2012, de 13 enero, se ha defendido un criterio material de enmiendas en relación con la tramitación de la reforma constitucional en el año 2011.

No obstante, la jurisprudencia del Tribunal Constitucional no ha sido siempre tan clara. Así, en otros fallos, el Tribunal ha permitido que no haya relación material entre texto de la iniciativa y el de la enmienda que pretendía alterar la iniciativa. Según este concepto formal, cualquier enmienda podría ser presentada a cualquier iniciativa. La proliferación de los proyectos de ley de objeto diverso (como las leyes de medidas) ha promovido una desformalización permitiendo que casi cualquier enmienda pudiese ser admitida.

Fue la archicitada STC 99/1987, de 11 de junio, la que dijo que «no existe ni en la Constitución ni en los reglamentos de ambas Cámaras norma alguna que establezca una delimitación material entre enmienda y proposición de Ley. Ni por su objeto, ni por su contenido, hay límite alguno a la facultad que los miembros de las Cámaras tienen para presentar enmiendas, exceptuados los que, tanto para las enmiendas como para las proposiciones de Ley, fijan los arts. 84 y 134.6 de la Constitución para asegurar un ámbito de acción propia al Gobierno».

Aunque el criterio del Tribunal Constitucional no ha sido permanente sí parece que la concepción material de enmienda se ha ido imponiendo como criterio general pues, además de un mayor rigor, también supone una mayor garantía para los derechos de las minorías, y es más respetuoso con la esencia propia del Derecho parlamentario[94].

La jurisprudencia constitucional ha matizado sus palabras y tienden a exigir conexión entre la enmienda y la iniciativa. Desde la STC 119/2011 se ha argumentado que las Mesas deban contar con un amplio margen de valoración para «apreciar si la enmienda propuesta guardaba o no algún nexo de afinidad, que no necesariamente de identidad, con el objeto del proyecto o proposición» [SSTC 209/2012, de 14 de noviembre, FJ 4 b), 132/2013, de 5 de junio, FJ 3; 55/2017, de 21 de diciembre, FJ 6]. El tribunal ha constatado,

94 A. ARCE JANÁRIZ, *El Parlamento en los Tribunales. Prontuario de Jurisprudencia parlamentaria*, Pamplona, Thomson-Aranzadi, 2004, p. 117 dijo que, «la congruencia es, ante todo, una condición implícita en el concepto mismo de enmienda y derivada de su naturaleza subsidiaria e incidental respecto del texto enmendado. La congruencia está ínsita en el carácter consecuente del texto enmendado. Como la de las mociones respecto de las interpelaciones a las que subsiguen, que sí está expresamente exigida en la generalidad de los Reglamentos o de las propuestas de resolución subsiguientes a debates de orientación política o la discusión de planes». En similares términos y unos años antes el mismo autor, «El derecho de enmienda visto por el Tribunal Constitucional», en *Revista Española de Derecho Constitucional*, 41, 1994, pp. 151 y ss. J. A. VÍBORAS JIMÉNEZ, «La función legislativa en la jurisprudencia constitucional», en *Parlamento y Justicia...*, p. 500, manifiesta su criterio a favor del concepto material de enmienda: «si algún valor hay que dar a la toma en consideración de las proposiciones de Ley por las Cámaras... las enmiendas deben guardar congruencia con el mismo, lo que cabe deducir del carácter alternativo que todos los Reglamentos Parlamentarios asignan a las correspondientes propuestas». También hicieron un interesante resumen de la situación en esta materia, F. VISIEDO MAZÓN y E. SORIANO HERNÁNDEZ, *Las enmiendas en el procedimiento legislativo*, Cartagena, AELPA, 2000, pp. 23 a 30.

asimismo que, a la hora del enjuiciamiento, «es obligado valorar la entidad y la mayor o menor novedad de la enmienda que se tacha de heterogénea» (STC 120/2014, de 17 de julio). La existencia o no de la entidad o novedad de la enmienda es un criterio vinculado a la esencialidad del vicio que determinaría la inconstitucionalidad del vicio en el procedimiento.

El tema tiene su importancia y se ha planteado en iniciativas relevantes. Durante la tramitación de la segunda reforma constitucional, por el procedimiento del artículo 167 CE y que modificó finalmente el artículo 135 CE, se presentó una enmienda a la totalidad con texto alternativo y que hubiera implicado la reforma de otros artículos que no eran el artículo 135 CE (y cuya reforma y su tramitación se hubiera debido efectuar mediante el procedimiento del artículo 168 CE). La enmienda fue rechazada por la Mesa de la Comisión Constitucional del Congreso de los Diputados, y el recurso de amparo subsiguiente fue desestimado por el citado ATC 9/2012, de 13 de enero. En esta jurisprudencia se defiende la necesaria homogeneidad de las enmiendas con la iniciativa que se pretende modificar, y se basa en la tutela de las facultades de los parlamentarios integradas en el art. 23.2 CE. Se sostiene que «en estas resoluciones se confirma la constitucionalidad de las valoraciones de las Mesas de las Cámaras sobre la homogeneidad de las enmiendas con las iniciativas legislativas a enmendar, para propiciar su inadmisión, no solo en aquellos supuestos en que el Reglamento de la Cámara lo tenga previsto de manera expresa (STC 23/1990 y ATC 275/1993), sino también, en aquellos casos en que no se establezca una concreta previsión al respecto (ATC 118/1999)» (STC 119/2011, de 5 de julio, FJ 5).

Como se va a ver enseguida, esta jurisprudencia que se ha desarrollado en relación con la iniciativa cualificada (como la constitucional), también se ha de aplicar a las iniciativas que no estén cualificadas. No hay que olvidar que todas las iniciativas están cualificadas de algún modo. Debe tenerse claro que la alternativa de un concepto meramente formal de enmienda da como resultado un procedimiento, no riguroso y de consecuencias nefastas para la seguridad jurídica. Así, la aprobación de leyes de acompañamiento y leyes de contenido heterogéneo es un ejemplo penoso de lo que se dice. Y es que no tiene sentido que el Parlamento se obligue a aprobar una ley conforme a un procedimiento y permitir, a la vez, que cualquier contenido se pueda ir incorporando al proyecto basándose en un entendimiento laxo de la norma que regula el propio procedimiento.

En definitiva, el derecho de enmienda al articulado es vicarial y subordinado a la iniciativa. Y ello ha sido asumido y resaltado en fallos posteriores, producto de un acervo jurisprudencial. La citada STC 119/2011, de 5 de julio, había concluido que «cabe extraer una "exigencia general de conexión u homogeneidad entre las enmiendas y los textos a enmendar" que derivaría "del carácter subsidiario que, por su propia naturaleza, toda enmienda tiene respecto al texto enmendado", habida cuenta que "la enmienda, conceptual y lingüísticamente, implica la modificación de algo preexistente, cuyo objeto y naturaleza ha sido determinado con anterioridad", razón por la cual, "[l]a enmienda no puede servir de mecanismo para dar vida a una realidad nueva, que debe nacer de una, también, nueva iniciativa" (F. 6)».

A modo de conclusión, se ha dicho, además, que «En el ejercicio del derecho de enmienda al articulado, como forma de incidir en la iniciativa legislativa, debe respetarse una conexión mínima de homogeneidad con el texto enmendado, de manera que "toda enmienda parcial tiene que tener un carácter subsidiario o incidental respecto del texto a enmendar", so pena de afectar, de modo contrario a la Constitución, tanto al derecho del autor de la iniciativa, como al carácter instrumental del procedimiento legislativo (art. 66.2 CE) y, en consecuencia, a la función y fines asignados al ejercicio de la potestad legislativa por las Cámaras» (SSTC 209/2012, de 14 de noviembre, F. 4; 136/2011, de 13 de septiembre, F. 8; y 176/2011, de 8 de noviembre, F. 2 d; 209/2012, de 14 de noviembre; 132/2013, de 5 de junio; 120/2014, de 17 de julio; 216/2015, de 22 de octubre).

Y yendo algo más allá, se ha encargado el Tribunal Constitucional en STC 186/2011 de indicar que «la intención del constituyente es que la aprobación de los textos legislativos se produzca siempre, en primer lugar, en el Congreso, por lo que "parece lógico concluir que la facultad de enmienda senatorial a la que se refiere el art. 90.2 CE se entendió, al elaborar la Constitución, limitada a las enmiendas que guarden una mínima relación de homogeneidad material con los proyectos de Ley remitidos por el Congreso", ya que "[e]sta interpretación es, sin duda, la que mejor se adecua a las disposiciones constitucionales que regulan la facultad de iniciativa legislativa del Senado y el procedimiento legislativo general". "Por tanto, incluso en los supuestos en que el Reglamento de la Cámara legislativa correspondiente [...] guarde silencio sobre la posibilidad de que la Mesa respectiva verifique un control de homogeneidad entre las enmiendas presentadas y la iniciativa legislativa a enmendar, esta exigencia se deriva del carácter subsidiario que toda enmienda tiene respecto al texto enmendado, de la lógica de la tramitación legislativa y de una lectura conjunta de las previsiones constitucionales sobre el proceso legislativo" (F. 6)».

Esta sentencia es muy relevante. Se indicó también «que para determinar si concurre o no esa conexión material o relación de homogeneidad entre la iniciativa legislativa y la enmienda presentada, el órgano al que reglamentariamente corresponda efectuar ese análisis contará con un amplio margen de valoración, sin olvidar que esta valoración debe hacerse en el seno de un procedimiento» (F. 7).

En definitiva y para finalizar con esta visión material de la enmienda, la preferencia de este concepto material y congruente ha supuesto que, incluso, algunos reglamentos han aclarado que la enmienda ha de ser congruente con la materia objeto de modificación, (artículo 107.2 RPCAT; artículo 166.1 RAEX, y el artículo 118 RPIB).

Pero, a pesar de esta contundencia, la admisión constitucional de las leyes de medidas ha implicado una consecuencia nefasta en el proceso de formalización. La RAEX, el artículo 118 RPIB y el art. 128.6 RAMU). La STC 136/2011, de 13 de septiembre marca un punto de inflexión negativo hacia el entendimiento puramente formal de las enmiendas.

b) Clases de enmiendas. La intervención del Gobierno

El régimen jurídico de las enmiendas en el *Derecho parlamentario español* es muy completo y suele ser habitual la diferenciación entre enmiendas «a la totalidad» y al articulado. Las enmiendas a la totalidad son las que versen sobre la oportunidad, los principios o el espíritu del proyecto de Ley y postulen la devolución de aquel al Gobierno, en cuyo caso serán «enmiendas a la totalidad de devolución», o las que propongan un texto completo alternativo al del proyecto, en cuyo caso se estará ante «enmiendas a la totalidad con texto alternativo». Por su importancia, estas solo pueden ser presentadas por los grupos parlamentarios. Esta regulación es reiterada por los reglamentos parlamentarios españoles, que repiten la fórmula utilizada en el RCD, como artículo 110.1 RPAND; art. 164.4 RCAR.; art. 139.5 RPAST; art. 125.2 RPCANA; art. 116.2 RPCANT; art. 133.3 RCCLM; art. 110.3 RCCLE; art. 104 RPCAT; art. 112.3 RPGAL; art. 118.3 RPIB; art. 93.1 RPRi; art. 141.3 RAMA; art. 128.5 RAMU; art. 128.5 RPNA; art. 134.4 RPV o art. 113 RCV.

Junto a las enmiendas a la totalidad, siempre se prevén enmiendas al articulado que podrán ser de «supresión, modificación o adición», según cuál sea la finalidad de la enmienda. En los casos de enmiendas de modificación o adición, la enmienda deberá contener el texto concreto que se proponga (artículo 111.4 RCD). Aunque los reglamentos nada digan, parece indiferente el mero error en la calificación de la enmienda por el autor. En todo caso, la enmienda a la totalidad produce un debate de totalidad, dando lugar cada una de las enmiendas presentadas a un turno a favor y a otro en contra. Si el Pleno acordase la devolución del proyecto, este quedará rechazado y el presidente del Congreso lo comunicará al del Gobierno. Si se rechaza la devolución, se remitirá a la Comisión para proseguir su tramitación. En el caso de que el Pleno aprobase una enmienda a la totalidad de las que propongan un texto alternativo, se dará traslado del mismo a la Comisión correspondiente, publicándose en el Boletín Oficial y procediéndose a abrir un nuevo plazo de presentación de enmiendas, que solo podrán formularse sobre el articulado.

La diferencia entre estos dos tipos de enmiendas ha sido analizada por la jurisprudencia constitucional por la STC 136/2011, de 13 septiembre, «Eso sí, en ningún caso, el derecho de enmienda al articulado puede desnaturalizar la oportunidad, principios o espíritu del proyecto o proposición de Ley, una vez superado el debate de las enmiendas a la totalidad (arts. 109, 110 y 126 del Reglamento del Congreso de los Diputados, y 106 del Reglamento del Senado) o, en su caso, una vez superado el debate de toma en consideración (arts. 125 a 127 RCD, y 108 RS).

También aquí suele haber una cierta posición a favor del Gobierno, pues las enmiendas (a la totalidad o al articulado) que «supongan aumento de los créditos o disminución de los ingresos presupuestarios requerirán la conformidad del Gobierno para su tramitación». Ya se ha visto en parte la regulación más habitual, pero la misma jurisprudencia del Tribunal Constitucional ha admitido que los ingresos o créditos afectados han de ser los «presupuestarios», es decir los de la Ley de Presupuestos que estén en vigor en el momento de la tramitación del texto. Por ello, muy difícilmente se puede aplicar esta disposición a la tramitación de las enmiendas presentadas al proyecto de Ley de Presupuestos, con el argumento de que la enmienda suponga un aumento de gasto o una disminución de ingreso del proyecto de Ley de Presupuestos que se esté tramitando.

Además, habría que advertir que el límite de todas las enmiendas es a disminuir el ingreso o aumentar el gasto presupuestario, no al revés; es decir, las enmiendas a la totalidad o al articulado podrían *a priori* aumentar el ingreso (proponiendo, por ejemplo, el aumento del tipo de gravamen de un determinado impuesto), o disminuir el gasto (proponiendo la supresión de un trámite burocrático o la de un órgano, por ejemplo).

Por lo demás, la regulación de este procedimiento de consentimiento del Gobierno a la tramitación de las enmiendas con contenido presupuestario ha sido objeto de varias matizaciones por los propios reglamentos. Así, el artículo 111.2 RCD dispone que será la Ponencia la que remita al Gobierno «por conducto del Presidente del Congreso», las enmiendas que a su juicio puedan suponer un aumento de gasto o una disminución de ingreso presupuestario. Nada impediría que el Gobierno, de oficio, pudiese remitir a la Ponencia su opinión sobre las enmiendas una vez que las conociese mediante su publicación en el Boletín, o mediante su conocimiento por una vía de las habituales (comunicación del grupo parlamentario correspondiente). El propio artículo 111.4 RCD (al igual que el resto de Reglamentos) ha previsto que el Gobierno pueda manifestar su disconformidad con la tramitación de enmiendas por este motivo «en cualquier momento de la tramitación», de no haber sido consultado en la forma indicada. Finalmente, es habitual en todo el *Derecho parlamentario español* un régimen de silencio positivo si el Gobierno no da «respuesta razonada» en el plazo de quince días, desde que se le hubiese comunicado.

No regula el Reglamento del Congreso de los Diputados las consecuencias en el caso de discrepancia en esta materia entre el Gobierno y el Congreso, pero podría pensarse que, si hay diferente criterio, la Cámara debería poder controlar el criterio del Gobierno. No se olvide que, teóricamente, es el Parlamento el que controla la acción política del Gobierno y no al revés (artículo 66.2 CE). Además, el control parlamentario se puede centrar también en la suficiencia o no de la motivación proporcionada por el Gobierno.

El Tribunal Constitucional ha tenido ocasión de pronunciarse en algún fallo sobre el significado de la oposición del Gobierno a la tramitación de las proposiciones de ley y a la admisión a trámite de enmiendas con contenido presupuestario. La STC 223/2006, de 6 de julio, resolvió dos recursos de inconstitucionalidad, presentado uno por la Junta de Extremadura y el otro por ochenta y un senadores, contra los artículos 111.1 y 121.4 del Reglamento de la Asamblea de Extremadura, que regulaba la solución ante la diferencia de criterios entre el Parlamento y el Gobierno en esta materia. El primer precepto disponía que, en caso de disconformidad de la Junta de Extremadura a las *enmiendas* a un proyecto de ley y aquella «sea manifiestamente infundada y no exista coincidencia con la interpretación que haga la Mesa de la Asamblea, decidirá el Pleno de la Cámara, en un debate de los de totalidad, en la primera sesión plenaria que se celebre, oída previamente la Junta de Portavoces». Por su lado, el artículo 121.4 RAEX reformado disponía, de forma similar, que debía resolver el Pleno si la disconformidad de la Junta se resolvía en relación con una *proposición de ley*. La «norma parámetro» de constitucionalidad que vendrían a contravenir, según el recurso, estos dos preceptos era el antiguo artículo 61.b del Estatuto de Autonomía de Extremadura (hoy artículo 60.b EAEX), cuyo tenor literal era (y es) el siguiente: «Corresponde a la Junta de Extremadura, sin perjuicio de lo dispuesto en el artículo anterior y concordantes de este Estatuto: b) La conformidad para tramitar toda proposición o enmienda que suponga aumento de los créditos o disminución de los ingresos presupuestarios».

Se estima por el Tribunal Constitucional el recurso, pues la «facultad (la del artículo 60 EAEX) viene justificada como consecuencia de la asunción de los principios básicos del llamado "parlamentarismo racionalizado" por parte tanto del Texto constitucional español como de los Estatutos de las diferentes Comunidades Autónomas». En este sentido, se indica en la sentencia que «Mesa y Pleno se erigen en jueces de si concurren o no las circunstancias que permiten al Consejo de Gobierno de la Junta de Extremadura oponerse a la tramitación de iniciativas normativas que alteren el equilibrio presupuestario. Esto, sencillamente, supone modificar la regla prevista en el Estatuto de Autonomía de Extremadura, que en su artículo 60.b) establece que corresponde al Consejo de Gobierno de la Junta de Extremadura la conformidad para tramitar toda proposición o enmienda que suponga aumento de los créditos o disminución de los ingresos presupuestarios, sin prever los límites a dicha potestad que se derivan de las normas recurridas».

Desde la letra del Estatuto de Autonomía, el fallo da la razón a los senadores recurrentes, y señala que la pretendida reforma del Reglamento de la Asamblea vendría a alterar «el sistema de relaciones entre la Junta y la Asamblea previsto estatutariamente, sistema de relaciones que, respecto al necesario respeto a los compromisos económicos asumidos mediante la aprobación por dicha Asamblea del Presupuesto de la Comunidad Autónoma, elaborado y ejecutado por el Consejo de Gobierno de la Junta, y examinado, enmendado, aprobado y controlado por la Asamblea [art. 60 b) EAEX], es claro en el sentido de que solamente se podrán alterar dichos compromisos con el consentimiento del Ejecutivo autonómico, quedando facultado este, con toda libertad, para oponerse a las iniciativas que pretendan modificarlos, y sin que puedan los órganos parlamentarios emitir un juicio sobre el carácter de manifiestamente infundada o no de tal oposición, puesto que al introducirse una norma que los habilita para realizar dicha tarea se está claramente trasladando la potestad de decidir del Gobierno a la Asamblea de la Comunidad Autónoma, alterando así el equilibrio de poderes previsto en el Estatuto de Autonomía, equilibrio de poderes diseñado en línea con las interpretaciones más recientes del régimen parlamentario (a las que responde, sin duda, el diseño de la forma de gobierno en la Comunidad Autónoma de Extremadura), en las que se ha pretendido reforzar la posición de los ejecutivos y, singularmente, de sus presidentes, en aras de dotar a todo el sistema de una mayor estabilidad y mejorar su funcionamiento».

Así, la STC 223/2006 concluye que es incompatible con un «sistema parlamentario racionalizado», como el previsto en los Estatutos de Autonomía, «pretender gobernar mediante decisiones parlamentarias puntuales que alteren los términos de la relación de confianza establecida entre Asamblea y Consejo de Gobierno en el campo presupuestario, que es donde se expresan con mayor claridad las prioridades de la acción política en general y de la gubernativa en particular». Esto es así, al menos en Extremadura, cuyo Estatuto reconoce la facultad del Gobierno de manifestar su oposición a una enmienda o proposición de ley alegando motivos presupuestarios.

También se ha aludido a esta cuestión, pero de una forma más matizada, en la STC 242/2006, de 24 de julio, donde se señaló que la «finalidad de la disconformidad del Gobierno es garantizar la ejecución del programa económico aprobado con la Ley de presupuestos o prorrogado como consecuencia de la no aprobación de esta Ley [...] Finalmente, y como hemos recordado recientemente, es evidente que la relación de confianza que contribuye a sostener la necesaria conformidad del Gobierno no cierra las puertas a la posibilidad de que el Parlamento la retire a través de los instrumentos expresamente previstos al efecto. En este contexto, [...] una eventual obstaculización de la disconformidad manifestada por el Gobierno hubiese excedido las funciones reservadas al órgano rector del Parlamento Vasco».

Por tanto, parece que la jurisprudencia constitucional tiende a reconocer que la posibilidad de que un Gobierno se oponga a la tramitación de proposiciones y enmiendas que tengan implicaciones presupuestarias como las referidas en la Constitución y en algunos Estatutos de Autonomía, es implícita a la forma de gobierno parlamentaria racionalizada. No obstante, cuando el Tribunal Constitucional ha admitido la limitación de la acción del Parlamento por el Gobierno, siempre ha existido el amparo normativo expreso de un Estatuto de Autonomía. Así sucede con la Constitución (artículo 134 CE), con el Estatuto de Autonomía de Extremadura (artículo 60.b EAEX) y en algún otro Estatuto más, como el artículo 76.1 del Estatuto de Autonomía de la Comunidad Valenciana, o el de Andalucía (art. 190.1 EAAND). Pero en aquellos Estatutos en los que nada se disponga, a priori, el reglamento parlamentario podrá regular un procedimiento para resolver los casos en que discrepen Parlamento y Gobierno de la calificación que hubiese efectuado este último; resolución que podría adoptar un órgano parlamentario.

En este sentido, las soluciones proporcionadas para resolver una discrepancia por el *Derecho parlamentario español* son varias ante el silencio estatutario. Así, el artículo 115.5 del Reglamento del Parlamento de Andalucía atribuye al Pleno la resolución de la discrepancia entre el Gobierno y el Parlamento, en la calificación de una enmienda de alcance presupuestario. Será, por tanto, el Pleno el que decida «si una enmienda, de aprobarse, supone o no aumento de los créditos o disminución de los ingresos del Presupuesto en vigor», y, en el Parlamento andaluz, lo hará tras un debate de totalidad (artículo 115.6 RPAND; y también el art. 126.4 RPCANA y art. 119.4 RPIB). También el Reglamento del Parlamento de la Junta General del Principado de Asturias decide la controversia el Pleno a propuesta de la Mesa, si la Mesa de la Comisión considerase «manifiestamente infundada» la disconformidad del Gobierno.

Además, hay otras soluciones diferentes para resolver esta discrepancia en la calificación presupuestaria de las enmiendas entre el Gobierno y el Parlamento, en los Reglamentos cuyos Estatutos de Autonomía nada disponen sobre la materia:

1. Unos reglamentos, como el de las Cortes de Aragón, determinan que sea la Comisión competente en materia presupuestaria la que decida la discrepancia (art. 180.3 RCAR, para las proposiciones de ley, decide la Comisión; mientras que para las enmiendas le corresponde decidir a la ponencia, art. 167.4 RCAR); y el art. 119.5 RPCANT también decide la Comisión «cuando no hubiese coincidencia de interpretación».
2. Otros prevén que decida la discrepancia la Mesa de la Comisión correspondiente, como el del Parlamento de Cataluña, artículo 102.3 para las proposiciones de ley y el artículo 108.3 para las enmiendas presentadas a un proyecto de ley.
3. Otros reglamentos, como el Reglamento de la Asamblea de Madrid, disponen que resuelva el conflicto la Mesa de la Cámara (art. 143.4 RAMA), y también arts. 125 y 132 RAMU para las proposiciones de ley y las enmiendas; y el art. 114.4 RCV.
4. El Reglamento del Parlamento de Navarra dispone que la discrepancia se resuelva por la Junta de Portavoces (art. 155.3 RPNA).

A su vez, hay reglamentos que no prevén ningún sistema de solución de conflictos, con lo que, si las enmiendas que suponen disminución de ingresos o aumento de gastos requieren la conformidad del Gobierno para su tramitación, y si falta aquella, la consecuencia siguiente ha de ser la de impedir su tramitación. Un uso abusivo por el Gobierno de su facultad de oposición (por ejemplo, que se opusiera a la tramitación de todas las enmiendas presentadas) impediría al Parlamento efectuar un debate y abriría una impugnación ante el Tribunal Constitucional como única opción de solución del conflicto. Finalmente, es interesante el caso del Reglamento del Parlamento Vasco que, si bien no dispone un cauce para resolver conflictos, prevé que los parlamentarios puedan indicar «en el momento de su presentación con cargo a qué partida del Presupuesto en vigor habrían de sufragarse los gastos que ocasionaran» las enmiendas presentadas (art. 135.1 RPV).

Finalmente, algunos reglamentos prevén la posibilidad de que las decisiones de las Mesas de las Comisiones, en la admisión a trámite de las enmiendas, puedan ser objeto de recurso de reconsideración, el cual está configurado como un recurso de reposición ante la propia Mesa de la Comisión o, en ocasiones, como un eventual recurso de alzada ante la Mesa de la Cámara. Así, el artículo 114.4 RPAND dispone que los Grupos parlamentarios enmendantes podrán interponer «reclamación» ante la Mesa de la Cámara dentro de los dos días siguientes a la notificación del mismo. Esta reclamación no producirá efectos suspensivos. El artículo 127.3 RPCANA o el artículo 118.6 RPCANT, introducen unos términos similares en relación con la admisión a trámite en el procedimiento legislativo. Además, el RPAND se encarga de aclarar que «La decisión de la Mesa de la Cámara, que deberá producirse en la primera sesión que celebre tras la solicitud de reconsideración, será firme, sin que contra dicha resolución quepa recurso alguno». A este tipo de recursos parlamentarios, tan alejados del Derecho Administrativo, se le podrían aplicar, no obstante, varios principios en materia de recursos, como el de *reformatio in pejus* o el principio de congruencia procesal.

c) La regulación reglamentaria del derecho a presentar enmiendas

El derecho a presentar enmiendas, igual que el derecho de iniciativa, es también consecuencia del ejercicio al cargo público del art. 23.2[95] CE. Así, en tanto que este derecho fundamental es un derecho de configuración legal[96], debe acudirse al reglamento parlamentario para determinar cuál es la regulación aplicable, integrado en el *status* parlamentario. En definitiva, el derecho a presentar enmiendas debe ser ejercido por el parlamentario de acuerdo con el

95 Esta cuestión fue estudiada por A. ARCE JANÁRIZ, *El derecho de enmienda visto…, op. cit.*

96 Sobre la configuración en nuestro sistema del *status* constitucional derivado del artículo 23, M. PULIDO QUECEDO, *El acceso…, op. cit.*, esp. pp. 305 y ss.

reglamento parlamentario y así debiera ser exigido por las Mesas. En este sentido, los requisitos establecidos en los reglamentos para las enmiendas suelen concretarse en un elemento temporal, relativo a la existencia de un plazo preclusivo para su presentación[97], y en un elemento formal, concretado en la remisión de las enmiendas mediante de un escrito del diputado dirigido a la Mesa de la Comisión correspondiente, o de la Mesa de la con la firma del Portavoz del Grupo Parlamentario, a los «meros efectos de conocimiento».

No puede mantenerse que todos estos requisitos tengan el mismo grado de vinculación para el parlamentario, en tanto que no todos tienen relación con principios, valores o derechos fundamentales. Así, puede parecer difícil imaginarse el caso de una declaración de inconstitucionalidad de una ley porque durante su tramitación hubo enmiendas que no tuvieron incorporada la firma del Portavoz[98]. Parece que este elemento de la firma podría incluirse dentro del ámbito de los *interna corporis*.

Por otro lado, los reglamentos parlamentarios exigen, en relación con las enmiendas, otros requisitos que están referidos fundamentalmente al medio en el que están presentadas. Así, la forma escrita es exigible de todas las enmiendas, incluso de las denominadas *in voce*[99]. De nuevo, en virtud de las más elementales exigencias provenientes del principio de seguridad jurídica, la presentación de enmiendas orales, fuera del plazo establecido, debería ser impedida por los órganos parlamentarios que tienen atribuida la función calificadora. No debe haber modificación del texto sin constancia en el expediente. El valor de las enmiendas como posible fuente interpretativa de la ley debe imponer el máximo rigor sobre su admisibilidad.

---

97 Los plazos para presentar enmiendas suele ser de 15 días, así en el Congreso de los Diputados (art. 110 RCD), Parlamento de Andalucía (art. 114 RPA), Cortes de Aragón, (art. 164 RCA), Parlamento de Canarias (art. 114 RPC), Castilla-La Mancha (art. 123 RCLM), Parlamento de Cataluña (art. 94 RPC), Asamblea de Extremadura (art. 110 RAE), Parlamento de Galicia (art. 112 RPG), Parlamento de las Islas Baleares (art. 113 RPIB), Parlamento de La Rioja (art. 80 RPR), Asamblea de Madrid (art. 141 RAMA), Asamblea de Murcia (art. 128.1 RAMU, veinte días), Parlamento de Navarra (art. 126 RPN), Parlamento Vasco (art. 102 RPV) y Cortes Valencianas (art. 108 RCV). Otros Parlamentos, huyendo de cualquier homogeneidad y en uso de su autonomía, incluyen un plazo de 10 días para presentar enmiendas, así el Senado (art. 107 del RS), Junta General del Principado de Asturias, (art. 139 RJPA). y el Parlamento de Cantabria, (art. 106 RPC). Por último, las Cortes de Castilla y León optan por conceder un plazo de veinte días para presentar enmiendas (artículo 109 RCCL).

98 La calificación como «mero» del conocimiento que ha de tener el Portavoz de las enmiendas que presente algún Diputado perteneciente al grupo parlamentario que representa, no solo obliga a llegar a la conclusión anteriormente mencionada, sino que parece ser también consecuencia de la configuración del mandato en nuestro ordenamiento jurídico, conforme al artículo 67.2 de la Constitución y preceptos equivalentes de los diversos Estatutos de Autonomía.

99 Recuérdese que deben presentarse por escrito y tienden a alcanzar un acuerdo por aproximación entre las enmiendas presentadas y el texto del artículo, o subsanar errores o incorrecciones terminológicas o gramaticales.

No obstante, y en paralelo con la plena aplicación de los medios técnicos, se plantea en numerosas ocasiones que las enmiendas se puedan presentar en un soporte informático junto con, o en vez del tradicional soporte en papel. Es plenamente admisible la presentación simultánea en ambas formas, y en soporte informático, si lo prevé el reglamento o la Resolución correspondiente. Por el contrario, hay problemas si existen divergencias en las dos versiones presentadas. Pero la inevitable y paulatina implantación de la Administración electrónica y el registro telemático va imponiendo la exigencia única del documento electrónico, a pesar del aún deficiente desarrollo de la administración electrónica en la Administración pública.

Las normas sobre registro electrónico y sobre Administración electrónica son numerosas. Pero hay que aclarar dos cuestiones. Primera, las normas que prevén la aplicación a las Administraciones públicas del registro administrativo telemático y de la Administración electrónica no son aplicables al Parlamento (artículo 16 y siguientes de la *Ley 39/2015, de 1 de octubre, del Procedimiento Administrativo Común de las Administraciones Públicas*). Segundo, las normas de las Administraciones públicas son de muy difícil aplicación al Parlamento por una motivación económica, sociológica y jurídica y, en todo caso, el sistema de Administración electrónica del Parlamento ha de ser compatible con el del Gobierno.

Pero lo hasta aquí referido sobre las enmiendas no es más que una breve incursión en su problemática, pues los reglamentos prevén más requisitos y condiciones que se verán enseguida. Como se ha escrito, lo primero que debiera haber, es una clara exigencia de que las enmiendas deben cumplir un requisito de homogeneidad con el Proyecto o Proposición que pretenden modificar.

Por su lado, la regulación de las enmiendas en el *Derecho parlamentario español* es muy similar a los artículos 110 y siguientes del Reglamento del Congreso de los Diputados y, de este modo, publicado un proyecto de ley, los Diputados y los Grupos Parlamentarios tendrán un plazo para presentar enmiendas al mismo mediante escrito dirigido a la Mesa de la Comisión (en el Senado, las enmiendas se presentan ante la Mesa de la Cámara).

Finalmente, y sin perjuicio de lo ya dicho en relación con la función de admisión a trámite, a las Mesas de las Comisiones se les atribuye expresamente esta función de las enmiendas presentadas en el marco de un procedimiento legislativo. Los reglamentos en los que se prevé esta función son los del Congreso de los Diputados (art. 110.1 RCD), la Junta del Principado de Asturias (art. 139.2), el de las Cortes de Castilla y León (art. 110.1), el de la Asamblea de Madrid (art. 143.1), el del Parlamento de Canarias (art. 119.2) y el de Murcia (art. 130). En el resto de reglamentos, aunque no se prevé de modo expreso que sean las Mesas de las Comisiones las que ejercen esa función, se interpreta la previsión reglamentaria (las enmiendas «se dirigen a la Mesa de la Comisión») como una atribución de competencia a este órgano.

d) La firma del portavoz en las enmiendas al articulado

Como se ha visto, suele incluirse en los reglamentos que el escrito de presentación deba llevar la firma del portavoz del Grupo a que pertenezca el Diputado o de la persona que sustituya a aquel, «a los meros efectos de conocimiento». Que esta firma no forma parte de la enmienda lo demuestra la previsión de que «la omisión de este trámite podrá subsanarse antes del comienzo de la discusión en Comisión» (artículo 110.1 RCD). Aunque los Parlamentos sean en general laxos en la exigencia de este requisito, la falta de subsanación de este defecto en las enmiendas debería determinar el decaimiento de las mismas. La regulación de los reglamentos parlamentarios autonómicos es sustancialmente igual a esta, como se desprende del artículo 114.1 RPAND; art. 164.1 RCAR (en este Reglamento, la ausencia de la firma del portavoz «determinará la no asunción de la enmienda por el Grupo de que se trate, pero no impedirá su tramitación» sin que se prevea la subsanación, aunque nada lo impediría); art. 125.2 RPCANA (aunque nada dice de su omisión y subsanación); artículo 118.1 RPCANT; art. 133.6 RPCLM; art. 110.1 RPCLE; art. 112.1 RPGAL; art. 118.2 RPIB; art. 96.1 RPRI; art. 141.4 RAMA; art. 135.1 RPV o art. 113.1 RCV). Por su lado, alguna matización introduce el artículo 126.1 RPNA pues establece que la ausencia de la firma del Portavoz no impedirá la tramitación de las enmiendas, «aunque no prejuzgará la posición del Grupo correspondiente sobre la misma».

Nada dispone, sin embargo, ni el Reglamento de la Asamblea de Murcia, ni el de la Asamblea de Extremadura, ni el del Parlamento de Cataluña sobre la necesidad de que la enmienda vaya acompañada de la firma del portavoz ni, por tanto, de la posibilidad de la subsanación de la omisión de su firma.

El Tribunal Constitucional también ha tenido ocasión de pronunciarse sobre el valor de la firma del portavoz. Si bien el Tribunal Constitucional ha admitido que el derecho «individual de enmienda» pueda estar condicionado a la aceptación del portavoz del Grupo parlamentario, se introdujo desde el ATC 12/1986, de 15 de enero, una cierta garantía para el parlamentario. Así, con este requisito de la firma del portavoz, «ni se impide en absoluto a los Diputados formular sus enmiendas, aunque éstas deban ser aceptadas y presentadas por el Grupo Parlamentario, ni consta que al hoy recurrente le fueran rechazadas efectivamente las que, según dice, tenía intención de presentar, y cuando, en el segundo caso, constituye un uso parlamentario, como precisó el Presidente del Congreso y no impugna el demandante de amparo, distribuir la correspondiente documentación a través de los Grupos». En definitiva, este límite (y otros) del derecho individual de enmienda ha sido justificado por el propio Tribunal en el marco del parlamentarismo racionalizado y de grupos (ATC 35/2001, de 23 de febrero).

e) Debate de totalidad y comparecencias

En principio, la presentación de una enmienda a la totalidad tiene como consecuencia procesal la celebración de un debate de totalidad. El presidente de la Comisión (cuya Mesa ha admitido a trámite la enmienda) trasladará al presidente del Congreso las enmiendas a la totalidad que se hubieren presentado para su inclusión en el orden del día de la sesión plenaria en que hayan de debatirse (artículo 112.1 RCD). En relación con la regulación de este debate, el *Derecho parlamentario español* suele prever que cada una de las enmiendas presentadas dé lugar a un turno a favor y a otro en contra, debiendo votarse en primer lugar las enmiendas a la totalidad que propongan la devolución del proyecto al Gobierno.

El juego habitual del parlamentarismo implicará que las enmiendas a la totalidad sean rechazadas. No obstante, el artículo 112.4 RCD dispone que, en caso de acordarse la devolución del proyecto, este quedará rechazado y el presidente del Congreso lo comunicará al del Gobierno. Si no se aprobase la enmienda, se remitirá el proyecto a la Comisión para proseguir su tramitación. Por su parte, si el Pleno aprobase una enmienda a la totalidad de las que propongan un texto alternativo, se trasladará a la Comisión correspondiente, y se abrirá un nuevo plazo de presentación de enmiendas. Como es lógico, las enmiendas solo podrán ser al articulado en este caso.

Es habitual que el debate de totalidad se desarrolle solo «cuando se hubieren presentado enmiendas a la totalidad dentro del plazo» (art. 142.1 RAMA). Pero algunos reglamentos parlamentarios españoles prevén que se desarrolle un debate de totalidad siempre100 que se presente un proyecto, con carácter previo para fijar los criterios generales de la discusión en el marco del procedimiento e independientemente de que haya o no enmienda a la totalidad. Sirve este debate para debatir la «valoración general del texto, su oportunidad, principios y los criterios que informan la propuesta» (artículo

100 La posibilidad había sido apuntada por algún autor. Cfr. B. PENDÁS GARCÍA, *Función de los Parlamentos…, op. cit.* Se dice en p. 357: «La presentación rutinaria de enmiendas a la totalidad que no son tales, con el único objeto de provocar un debate en el Pleno, debe, a nuestro juicio, ser corregido mediante una doble actuación: por una parte, las Mesas habrían de rechazar la admisión a trámite de aquellas enmiendas que carezcan manifiestamente de dicho carácter... evitando así nuevas distorsiones en el ya de por sí tortuoso procedimiento legislativo; por otra, y de forma sustancial, las causas que originan esta suerte de fraude procedimental pueden ser evitadas estableciendo que todo proyecto sea sometido a una primera lectura en el Pleno, consistente en un debate político en torno a los principios que lo inspiran y a la oportunidad o conveniencia de su presentación. Se conseguirán, con ello, dos objetivos: eliminar ficciones en la presentación de enmiendas y fijar criterios políticos y legislativos que sirvan de marco al debate posterior y a la actuación, si llega a concretarse la novedad, del coordinador parlamentario antes mencionado».

105.5 RPCAT). Y su objeto de discusión, dispone el artículo 111.2 del Reglamento del Parlamento de Andalucía, «es la valoración general del texto y las enmiendas a la totalidad si las hubiera, comenzando por las que propongan su devolución al Consejo de Gobierno, que serán votadas en primer lugar». También dispone la celebración, siempre, de un primer debate de totalidad el artículo 127 del Reglamento del Parlamento de Canarias, aclarando el artículo 105.1 del Reglamento del Parlamento de Cataluña, que solo dará lugar a votación si se hubiese presentado una enmienda a la totalidad. También el artículo 115 del Reglamento de las Cortes Valencianas dispone la celebración en todo caso de un debate de totalidad, procediendo la votación solo en el caso de que se hubiesen presentado enmiendas a la totalidad.

En este sentido, el artículo 127.2 del Reglamento del Parlamento de Canarias denomina a este debate como «primera lectura» con el objeto de presentar el proyecto, votándose solo si se han presentado enmiendas comenzando por las que propongan la devolución del texto. Es similar el artículo 111.6 del Reglamento del Parlamento de Andalucía, que dispone que «en el supuesto de que no se hubiesen formulado enmiendas a la totalidad, en el debate, tras la presentación que del proyecto de ley efectúe el Consejo de Gobierno, sólo se producirá el pronunciamiento de los distintos Grupos parlamentarios, sin que se produzca a continuación votación alguna del proyecto, que se remitirá a la Comisión competente para que prosiga su tramitación». No obstante, lo habitual en el *Derecho parlamentario español* es que el debate de totalidad solo se efectúe cuando se presente una enmienda a la totalidad, como por ejemplo dispone en el artículo 114 RPGAL.

No es el debate de totalidad el único trámite que se celebra con carácter previo en algunos Parlamentos. Así, en un intento evidente de forzar que el Parlamento obtenga información, se dispone en el artículo 112 del Reglamento del Parlamento de Andalucía la posible celebración de comparecencias ante la Comisión competente a solicitud de los Diputados y Grupos parlamentarios, y «de los agentes sociales y organizaciones que pudiesen estar interesados en la regulación de que se trate, incluidas, en su caso, las Administraciones públicas». Los comparecientes deberán tener la consideración de representantes de colectivos sociales, «sean estos públicos o privados, afectados por el contenido del proyecto de Ley». La comparecencia de personas a título individual será excepcional, correspondiendo a la Mesa de la Comisión la apreciación de la «oportunidad» de las solicitudes de comparecencia efectuadas por los Grupos parlamentarios.

También el Reglamento del Parlamento de Cataluña dispone un sistema de comparecencias de organizaciones y los grupos sociales «interesados» en el proyecto de Ley, a solicitud de los grupos parlamentarios. Estas solicitudes han de ser aprobadas por la Comisión. Por su lado, la Junta General del Principado dispone también la celebración de comparecencias, en el marco del procedimiento legislativo, a solicitud de Diputados y Grupos Parlamentarios, quienes disponen «de un plazo de seis días para proponer la celebración de comparecencias en los términos previstos en el artículo 67 del propio Reglamento» (art. 139.1 RJGPRINCAST). Finalizado el plazo para presentar la solicitud de comparecencias o celebradas estas, se abre siempre el plazo para presentar enmiendas al articulado. Muy similar es el sistema del Parlamento de Cantabria (art. 115 RPCANT).

Por otra parte, no se prevé expresamente la celebración de comparecencias a solicitud propia por parte de miembros del Gobierno para informar sobre un proyecto de ley, aunque no debería haber ningún problema reglamentario en admitirlas, como cualquier otra comparecencia. En todo caso, la tramitación de las comparecencias se hará de la forma ordinaria regulada en el Reglamento.

G) Las fases parlamentarias en el procedimiento legislativo. La primera lectura: el Informe de la ponencia

No está clara la calificación que merece el procedimiento legislativo regulado en nuestro ordenamiento parlamentario, pero la calificación más habitual en España es que el procedimiento es de tres lecturas. Por lectura ha de entenderse cada una de las aprobaciones diferenciadas del texto legislativo por un órgano parlamentario. Sin embargo, hay proyectos que son «leídos» dos veces, otros que solo son leídos una, e incluso otros proyectos y proposiciones que son leídos en los Parlamentos unicamerales autonómicos hasta en cuatro ocasiones. Sin olvidar lo que sucede en las Cortes Generales, en donde hay textos que pueden llegar a ser «leídos» ocho o nueve veces entre las dos Cámaras.

En cualquier caso, la Ponencia elabora el Informe que es la primera (o segunda) lectura en el procedimiento legislativo. La ponencia es un órgano de trabajo preparatorio de la Comisión, como lo califica el artículo 169.1 RAEX y prepara las siguientes decisiones del Parlamento. Para ello, todos los medios que puede utilizar la Comisión también podrían ser utilizados por la Ponencia, tales como la solicitud y celebración de comparecencias, la solicitud de documentación o información a la Administración pública. Como se sabe, la reunión de la Ponencia se celebra a puerta cerrada, sin la presencia de medios de comunicación, lo cual hace que este órgano pueda ser vehículo apto para la reflexión, el estudio y la negociación.

La fase de Ponencia se suele regular en todos los Parlamentos, si bien el Informe de la Ponencia no es preceptivo en algunos reglamentos, como en el del Senado (artículo 111 RS), ni en otros varios Parlamentos autonómicos, como en el Reglamento del Parlamento de la Rioja, art. 97.1 RPLARI, o la Asamblea de Madrid, artículo 144.2 RAMA. Por su lado, según el artículo 113.1 RCD, finalizado el debate de totalidad, si lo hubiere habido y, en todo caso, el plazo de presentación de enmiendas, la Comisión nombrará en su seno uno o varios ponentes para que, a la vista del texto y de las enmiendas presentadas al articulado, redacte un informe en el plazo de quince días (un mes, ampliable hasta tres por acuerdo de la Mesa de la Comisión, art. 169 RCAR; siete días, ampliable a no más de la mitad, artículo 142 RJGPRINCASTST; art. 121 RPCANT; art. 114.3 RCCL; art. 137 RCCLM; art. 115.2 RPGAL; art. 109.1 RPCAT; art. 121 RPIB; art. 97.1 RPLRI; art. 144.2 RAMA; art. 134.1 RAMU, dos meses, prorrogable por un mes más; art. 131.1 RPNA, un mes; art. 116.1 RCV, puntualizándose en el artículo 116.4 RCV que «si la Mesa de la Comisión acordase la no constitución de una ponencia, procederá a la ordenación de las enmiendas para su posterior debate»). Este plazo suele ser incumplido en la práctica parlamentaria más común, si bien se prevé en casi todos los reglamentos (art. 113.2. RCD), que la Mesa de la Comisión pueda prorrogar el plazo para la emisión del informe, cuando la trascendencia o complejidad del proyecto de ley así lo exija.

Casi todos los reglamentos configuran una ponencia pluripersonal, aunque son varios los Reglamentos que permitirían que sea solo uno el ponente, como el propio Reglamento del Congreso de los Diputados (y varios más, como el Reglamento del Parlamento de Galicia, artículo 115.1; art. 109.1 RPCAT, «el acuerdo de nombrar un ponente o un ponente único tiene que ser adoptado por las tres quintas partes de los miembros de la comisión» y art. 116.1 RCV). No obstante, lo más habitual es que los reglamentos dispongan que la composición de la Ponencia sea pluripersonal. Por ejemplo, el Reglamento del Parlamento de Canarias determina que la Mesa de la Comisión nombrará una Ponencia, que se compondrá de un miembro por cada grupo parlamentario presente en la Comisión, «salvo que la Mesa del Parlamento, de acuerdo con la Junta de Portavoces» disponga otra cosa, (art. 130 RPCAN). Por su parte, el Reglamento de las Cortes de Castilla y León determina que sea la Mesa de la Comisión la que fije la composición de la Ponencia, si bien tendrá en cuenta «siempre [la] representación todos los Grupos Parlamentarios» (art. 114.1 RCCL; art. 121 RPIB; art. 141.1 RAMA, componen la Ponencia, los miembros de la Mesa de la Comisión en cuyo seno se constituya y, al menos, por un Diputado ponente de cada Grupo Parlamentario). De hecho, la exigencia de que la ponencia incorpore la representación de todos los grupos implica pluralidad en un Parlamento plural, y también implica que las decisiones de la Ponencia deben adoptarse mediante el sistema de voto ponderado (cfr. art. 137 RCCLM, art. 137.2 RPV; art. 116.2 RCV).

Varios reglamentos regulan de un modo más preciso la constitución de una ponencia, partiendo casi siempre de esa naturaleza pluripersonal. El artículo 116 RPAND (también art. 121.2 RPCANT) determina que sea el presidente de la Comisión correspondiente quien recabe de los Portavoces de los Grupos parlamentarios la designación de un ponente por cada Grupo, «aunque la Mesa de la Comisión podrá autorizar la ampliación de este número». Aunque las variantes son múltiples, se puede indicar que el protagonismo en la formación de las Ponencias corresponde casi siempre al grupo parlamentario.

Ejemplo puede ser el Reglamento de las Islas Baleares, que determina en su artículo 121.1 RPIB que los grupos parlamentarios comuniquen a la Presidencia de la Cámara, «en el plazo de cuarenta y ocho horas a contar desde la recepción de las enmiendas calificadas por la Mesa», los nombres de los parlamentarios de su grupo, «miembros de la comisión», que se integrarán en la ponencia citada. Similar es el Reglamento de las Cortes de Aragón que también dispone que el portavoz de cada Grupo Parlamentario comunique los miembros de la ponencia a la Mesa de la Comisión, antes de la finalización (art. 169.2) del plazo para presentar enmiendas. El Reglamento de las Cortes de Castilla y León prevé (artículo 114.2 RCCL), que el nombramiento de los miembros de la Ponencia lo realice la Comisión, aunque cabría una designación provisional por parte de los Portavoces de los Grupos Parlamentarios a petición del presidente de aquella que deberá ser ratificada por la propia Comisión, «en la primera sesión que celebre para el debate del informe de la Ponencia, y antes de entrar en el examen del mismo». Finalmente, el Reglamento de las Cortes Valencianas dispone que sea la Mesa de la Comisión la que designa a los ponentes, de acuerdo con «las propuestas que realicen los Grupos Parlamentarios» en el plazo de presentación de enmiendas (artículo 116.1 RCV).

Además, y aunque no todos los reglamentos lo dispongan, la ponencia debe ser nombrada entre miembros de la Comisión de la que forma parte. Algunos reglamentos se encargan, incluso, de prever que, en caso de designar un ponente que no sea miembro titular o suplente de la Comisión, «debe comunicarse a qué diputado o diputada sustituye para aquella tramitación» (artículo 109.2 RPCAT).

Por su lado, el funcionamiento de las ponencias no suele estar regulado en los reglamentos, pues es terreno adecuado para la práctica parlamentaria. No obstante, algunos Reglamentos contienen alguna norma organizativa en el marco del procedimiento legislativo, como el artículo 130.5 del Reglamento del Parlamento de Canarias, según el cual «el Presidente de la Comisión convocará la primera reunión de la Ponencia y efectuará un seguimiento de su trabajo», fijándose también que sus siguientes reuniones se acordarán mayoritariamente, pudiendo asistir a las sesiones de la ponencia los ponentes o sus sustitutos, asistidos por el letrado adscrito a la Comisión. Lo normal es que asista un letrado del Parlamento para efectuar el asesoramiento jurídico del órgano, pero algún reglamento prevé la posible asistencia también de un «representante del Gobierno» (no necesariamente un miembro del mismo), como el artículo 169.1 RAEX.

En cuanto al *quórum* de asistencia, los reglamentos parecen partir de la aplicación de las reglas reglamentarias generales, si bien algunas normas determinan que las ponencias se «entenderán válidamente constituidas sea cual sea el número de miembros presentes» (art. 121.3 RPIB). La ponencia siempre debe acomodar sus trabajos a las directrices emanadas de la Comisión.

Algunos Reglamentos prevén que se pueda designar un coordinador por la ponencia, lo que supone que, hasta su constitución, el coordinador no pueda ejercer su función; así el artículo 47.3 del Reglamento del Parlamento de Cantabria dispone que, a falta de común acuerdo, «se designará [aunque no dice por parte de quién] coordinador al ponente del Grupo Parlamentario mayoritario en la Cámara». En este mismo sentido, se dispone en el artículo 109.4 RPCAT que la ponencia que sea colegiada «debe designar» a un relator, entre sus miembros, que ha de ejercer las funciones de coordinación de los trabajos de la ponencia y también de portavoz en las discusiones en la comisión. En este sentido, son varios los reglamentos que disponen la designación de un relator, que «presidirá» la Ponencia (art. 170.2 RAEX) y que formará parte del grupo parlamentario al que pertenece el presidente de la Comisión «a los únicos efectos de ordenar los debates». Esta función de moderación del debate parlamentario puede resultar quizá algo innecesaria por la naturaleza desformalizada y acéfala de la ponencia, aunque útil en el caso de convocatoria de las sesiones de la Ponencia (art. 121.6 y 121.6 RPIB).

El texto resultante de esta primera lectura es el denominado Informe de la ponencia. En el Informe habrán de constar las enmiendas ordenadas para facilitar su debate en Comisión, preparar las transacciones que se puedan efectuar de las mismas y proponer cuantas correcciones técnicas considere oportunas. El Informe de la Ponencia es un *informe*, incluso el artículo 109.2 RPCAT aclara que la Ponencia «puede recomendar a la Comisión la adopción de enmiendas y puede proponer enmiendas transaccionales», disponiendo el apartado siguiente la adopción de acuerdos por el sistema de voto ponderado. El Informe es descrito por algunos reglamentos, como el de la Asamblea de Madrid, pues «En el informe se ordenará sistemáticamente el conjunto de enmiendas al articulado, y se formalizarán las oportunas propuestas sobre las que, a criterio de la Ponencia, puedan ser aprobadas o rechazadas» (art. 144.2.p segundo RAMA). En definitiva, debería ser un texto que propusiese a la Comisión la adopción de acuerdos, «una vez que se han analizado las diversas enmiendas presentadas y su integración en el texto de la iniciativa» (art. 137.3 RPV).

La naturaleza colegiada de la ponencia obligaría a que mediase un consenso entre todos para incorporar las enmiendas. El Reglamento del Parlamento de Andalucía es coherente con esa idea, pues señala el artículo 116.4 RPAND que la Ponencia podrá proponer a la Comisión dos tipos de enmiendas: o enmiendas transaccionales cuando tiendan a alcanzar un acuerdo por aproximación entre las enmiendas ya formuladas y el texto del artículo; o enmiendas que sean admitidas por unanimidad de los miembros de la ponencia.

Son excepción los casos en los que pueden aceptarse enmiendas nuevas presentadas fuera del plazo ordinario; así, por unanimidad de la Ponencia caben estas enmiendas en el Reglamento de la Asamblea de Extremadura (artículo 169.3 RAEX; y también art. 144.3 RAMA; art. 137.4 RPV, «si ningún grupo se opone»; artículo 116.2 RCV). De forma similar, el artículo 114.4

RCCL también prevé la posibilidad de que la ponencia «incorpore nuevas enmiendas a su informe» (también art. 121.8 RPIB); posibilidad que solo se limita por el artículo 109.2 del Reglamento del Parlamento de Cataluña, para el caso de que la ponencia sea pluripersonal.

Asimismo, el Reglamento de las Cortes de Aragón (artículo 169.5 RCAR) permite que la ponencia, cuando no haya un voto en contra, pueda proponer a la Comisión correspondiente «nuevas enmiendas relativas a artículos no enmendados» y, este mismo Reglamento determina que, si «como consecuencia de enmiendas aprobadas, resultaran afectados artículos no enmendados inicialmente o cuyas enmiendas hubieran sido ya desestimadas, cualquier miembro de la Comisión podrá presentar por escrito nuevas enmiendas relativas a dichos artículos».

El informe de la ponencia suele ser un trámite en el que se prepara la decisión final del Parlamento. De forma general, se puede decir que en el Informe se incluyen las primeras enmiendas y que el texto de la ponencia puede ser una versión, más o menos aproximada, de lo que será la ley. No obstante, la naturaleza actual de la institución parlamentaria permite defender un cierto cambio en el funcionamiento de la ponencia. Basado en su carácter no público, bien podría dedicarse esta fase al estudio técnico del texto, junto con el análisis político de las enmiendas. Por ello mismo, podría también emitirse por los servicios jurídicos de la Cámara información en relación con la integración del texto en el muy complejo sistema jurídico. En este contexto, el artículo 109.2 del Reglamento del Parlamento de Cataluña prevé expresamente la emisión de un informe sobre la adecuación a las reglas y a los «usos formales y lingüísticos del Parlamento».

H) La segunda lectura: Dictamen de la Comisión

Sin perjuicio de lo que se indica sobre la naturaleza de este órgano parlamentario en otra parte, la actividad de las Comisiones en el seno del procedimiento legislativo está regulada en los artículos 114 a 116 del RCD, donde se lleva a cabo la primera lectura con publicidad del procedimiento legislativo. Así, concluido el informe de la Ponencia, comenzará el debate en Comisión, que se hará artículo por artículo (artículo 171.2 RCAR; art. 143.1 RJGPRINCASTST; art. 128 RPCANA; art. 115.1 RCCL; art. 138.1 RCCLM; art. 116.1 RPGAL; art. 170 RAEX; art. 122.1 RPIB; art. 98 RPLARI; art. 145.1 RAMA, «artículo por artículo y enmienda por enmienda»; art. 132.1 RPNA; art. 138.1 RPV; art. 117.1 RCV). En cada debate podrán hacer uso de la palabra los enmendantes al artículo y los miembros de la Comisión, aunque algún reglamento prevé que el debate comience con la intervención del relator de la ponencia (art. 109.5 RPCAT, art. 174.1 RAEX, para el debate en el Pleno). No faltan algunas normas que regulan este debate con cierto detalle, como la del RPAND, según el cual «las enmiendas presentadas podrán ser objeto de debate separado».

Otros reglamentos disponen que se adecuará el debate en la Comisión a la «ordenación sistemática del proyecto», especificando que, «cuando el Diputado o Diputada o Grupo enmendante no se encuentre presente, el presidente de la Comisión declarará decaídas dichas enmiendas, salvo que previamente los mismos hayan justificado su ausencia, a juicio de la Presidencia. En este caso serán sometidas a votación» (art. 122.1 RPCANT). Por su parte, algún reglamento dispone la inicial intervención de un miembro del Gobierno, estableciendo un paralelismo muy claro con la lectura siguiente ante el Pleno.

En la elaboración del Dictamen, se podrán admitir enmiendas transaccionales «que tiendan a alcanzar un acuerdo por aproximación entre las ya formuladas y el texto del artículo». En estas enmiendas, aunque algunos reglamentos nada dispongan, se ha de entender que se precisa, siempre, el consentimiento del autor de la enmienda. Además, también se admitirán a trámite enmiendas que tengan por finalidad subsanar errores o incorrecciones técnicas, terminológicas o gramaticales (artículo 114 RCD; artículo 115 RS; art. 117.3 RPAND; art. 130.4 RCAR; art. 143.3 RJGPRINCASTST; art. 128.3 RPCANA; art. 122.3 RPCANT; art. 115.3 RCCL; art. 139 RCCLM; art. 109.6 RPCAT; art. 116.3 RPGAL; art. 170.3 RAEX; art. 122.3 RPIB; art. 98.3 RPLARI; art. 117.4 RCV). Por su lado, al igual que sucede en las ponencias en algunos Parlamentos, y aunque el plazo para presentar enmiendas es preclusivo, algún reglamento dispone que «durante el debate la Mesa podrá admitir a trámite nuevas enmiendas que se presenten por escrito con el acuerdo de todos los Grupos Parlamentarios» (art. 115.4 RCCL; art. 122.3 RPIB). Algún reglamento, no obstante, prevé una disposición aún más generosa para poder admitir alguna enmienda extemporánea, como el artículo 122.4 RPIB que permite que, si como consecuencia de haberse aprobado alguna enmienda, «resultasen afectados artículos no enmendados inicialmente o cuyas enmiendas hubieran sido desestimadas, cualquier miembro de la comisión podrá presentar por escrito una nueva enmienda relativa a dichos artículos».

La Presidencia y la Mesa ejercerán las funciones en la dirección de los debates de la Comisión, que el Reglamento se confieren a la Presidencia y a la Mesa de la Cámara[101] (artículo 115.1 RCD, art. 118.1 RPAND; art. 172 RCAR; art. 144.1 RJGPRINCASTST; art. 129.1 RPCANA; art. 123.1 RPCANT; art. 116.1 RCCL; art. 117.1 RPGAL; art.172 RAEX; art. 123.1 RPIB; art. 99 RPLARI; art. 145.2 RAMA; art. 118.1 RCV). Además, al presidente de la Comisión «de acuerdo con la Mesa de ésta», se le concede un gran poder en la mencionada dirección de los debates, pues podrá establecer un «tiempo máximo de la discusión para cada artículo, el que corresponda a cada intervención, a la vista del número de peticiones de palabra, y el total para la

101 Cfr. L. VILLACORTA MANCEBO, *Hacia el equilibrio..., op. cit.*, indica que «en las Comisiones del Congreso el debate se desarrolla bajo la dirección del Presidente y de la Mesa de la Comisión —artículo 115.1 RCD— y con un carácter un tanto más presidencialista bajo la dirección del Presidente, aconsejado por la Mesa, discurre el debate de las Comisiones del Senado», p. 350.

conclusión del dictamen» (artículo 115.2 RCD, art. 118.2 RPAND; art. 144.2 RJGPRINCASTST; art. 129.2 RPCANA; art. 123.2 RPCANT; art. 116.2 RCCL; art. 117.2 RPGAL; art. 138.3 RPV; art. 118.2 RCV). En ocasiones, el texto del Dictamen, como tal, se somete a votación final por mandato de algún reglamento parlamentario, art. 140 RCCLM.

Sin embargo y como ya se ha indicado, hay algún Reglamento que prevé la posibilidad de prescindir de lecturas. Así, algunos Reglamentos establecen (art. 145 del Reglamento del Parlamento de Asturias) que la Comisión, «a petición de dos Grupos Parlamentarios», pueda asumir el informe de la Ponencia y «elevar como Dictamen» al Pleno de la Cámara, el texto que en este informe se propone; otros reglamentos (art. 109.8 RPCAT) prevén esta elevación si lo solicitan todos los grupos parlamentarios.

Finalmente, el Dictamen de la Comisión es firmado por el presidente de la Comisión y su secretario (por ejemplo, artículo 119 RCV), si bien algún reglamento (art. 173 RCAR) dispone que podrá acordar que el informe sea devuelto a la Ponencia «cuando estime que existen razones fundadas para ello». Algunos Reglamentos especifican el contenido del Dictamen de la Comisión, pues «recogerá los acuerdos adoptados por la Comisión, adjuntándose al mismo la relación de las enmiendas rechazadas y de los votos particulares que se hayan formulado» lo cual aclara que la Comisión debate votos particulares presentados al Informe de la Ponencia.

Acabado el Dictamen de la Comisión, algún Reglamento dispone la posibilidad de que se solicite por el Parlamento un Dictamen al máximo órgano consultivo de la Comunidad Autónoma. Este caso es el Reglamento del Parlamento de la Rioja, cuyo artículo 102 prevé la posible solicitud por la Mesa de este Dictamen, quedando el procedimiento parlamentario suspendido hasta la emisión del mismo, o durante un mes como máximo. Se supone que, tras este Dictamen, se podrían presentar nuevas enmiendas

l) La tercera lectura: deliberación en el Pleno y el texto de Pleno

El Pleno comienza la tercera lectura debatiendo el texto del Dictamen de la Comisión. Para que sea posible el debate, en el Derecho parlamentario español se suele exigir que los grupos comuniquen al presidente de la Cámara dentro de las cuarenta y ocho horas siguientes a la fecha de terminación del dictamen, los votos particulares y enmiendas que, habiendo sido defendidos y votados en Comisión y no incorporados al Dictamen, pretendan defender en el Pleno (artículo 117 RCD; art. 117 RS, un día; art. 120 RPAND da un plazo de cinco días; art. 134 RPCANA; art. 126 RPCANT; art. 118 RCCL, que determina un plazo de 72 horas; art. 142 RCCLM; art. 110.2 RPCAT; art. 120 RCV; art. 119 RPGAL; art. 173 RAEX que también prevé un plazo de cinco días; art. 125 RPIB; art. 101 RPLARI; art. 147 RAMA; art 136.3 y 136.5 RPNA; art. 139.1 y 139.3 RPV).

Estos preceptos atribuyen a los grupos la carga de indicar expresamente cuáles son las enmiendas y los votos particulares que se mantienen expresamente vivos para su debate en Pleno. Un voto particular es la oposición de un grupo a que se mantenga una enmienda en el texto aprobado en Comisión, o, como dice el artículo 170 RCAR, es el criterio de un Grupo Parlamentario favorable al «mantenimiento de un texto de un proyecto o proposición de ley que haya sido rechazado en Ponencia o en Comisión». Las enmiendas que no se incluyan en esta declaración expresa de los grupos parlamentarios decaen. No obstante, algún reglamento como el de las Cortes de Aragón (art. 175.2; también art. 125 RPCANT) establece que «No será necesario dicho escrito cuando en la propia Comisión se hayan puesto de manifiesto las enmiendas no aceptadas y los votos particulares que pretendan defenderse en el Pleno».

Si no hubiera votos particulares ni enmiendas, algún reglamento prevé que se someta el Dictamen a votación en su totalidad (artículo 148.2 RJGPRINCAST). Especialmente interesante es la disposición incluida en el artículo 131.2 RPCANA que incluye un sistema de silencio parlamentario positivo, pues «salvo que... los grupos parlamentarios comuniquen por escrito al Presidente de la Cámara lo contrario, se entenderá que es voluntad de éstos defender ante el Pleno la totalidad de las enmiendas formuladas por los mismos que, habiendo sido defendidas y votadas en Comisión, no hubieran sido incorporadas al dictamen». Pero no todo son alegrías para la tramitación en el procedimiento legislativo, pues no es extraño encontrar alguna norma limitativa de los votos particulares, como el Reglamento del Parlamento de Navarra que exige que las enmiendas que se mantengan hubieran obtenido, «como mínimo, el voto favorable de un quinto de los miembros de la Comisión, o de la totalidad de la representación en Comisión de un Grupo Parlamentario» (art. 136.3 RPNA), teniendo también el grupo parlamentario la carga de individualizar las enmiendas que cumplan estos requisitos.

Aunque el debate parlamentario está concluyendo y el Gobierno no ha intervenido directamente en el transcurso del procedimiento, el artículo 118.1 RCD dispone que el debate en el «Pleno podrá comenzar por la presentación que de la iniciativa del Gobierno haga un miembro del mismo» (art. 148.1 RJGPRINCASTST; art. 119.1 RCCL; art. 112.5 RPCAT; art. 127 RPIB; art. 104.1 RPLARI y art. 148.1 RAMA, presentación que del dictamen de la Comisión haga el presidente de la misma, cuando así lo hubiera acordado esta por unanimidad y no se hubiese presentado enmienda a la totalidad; art. 140.1 RPV). También puede empezar por la presentación que del Dictamen haga un Diputado de la Comisión, cuando así lo hubiere acordado esta (también art. 176.1 RCAR; art. 174.1 RAEX que prevé que esa primera intervención la realice un relator; art. 104 RPLARI; art. 104.2 RPLARI; art. 148.1 RAMA, puede presentar el presidente de la Comisión, cuando lo acuerde por unanimidad la propia Comisión; art. 121 RCV). El artículo 121.3 RPAND dispone la presentación del Dictamen ante el Pleno por el presidente de la Comisión o por un miembro de su Mesa; o por uno o varios portavoces designados por la Comisión, art. 144 RCCLM; también el

Reglamento del Parlamento de Galicia, determina que el debate se inicie con un primer turno de intervención de 10 minutos que sea realizado por el presidente de la Comisión, un turno de portavoces de 15 minutos y otro de 5 minutos.

El objeto del debate en esta tercera lectura son las enmiendas, los votos particulares y el texto del Dictamen. Otros reglamentos disponen que «será objeto de discusión la valoración general del dictamen de la Comisión» (art. 126 RPCANT), con lo que teóricamente no se debaten las enmiendas, sino el texto que se ha aprobado por la Comisión. En general, ninguna de estas intervenciones puede exceder de quince minutos. Por su lado, como si de la lectura de Comisión se tratase, el Reglamento de Parlamento de Cataluña prevé una discusión en el Pleno artículo por artículo (art. 113 RPCAT).

El texto del pleno, como tal texto, no siempre es sometido a una votación única de conjunto. Así, como prevé el artículo 118.2. RCD (también artículo 149.1 RJGPRINCASTST; art. 132 RPCANA; art. 126.2 RPCANT) la Presidencia, oídas la Mesa y la Junta de Portavoces, podrá «ordenar los debates y las votaciones por artículos, o bien, por materias, grupos de artículos o de enmiendas». Estas agrupaciones de debate y votaciones se realizarán «cuando lo aconseje la complejidad del texto, la homogeneidad o interconexión de las pretensiones de las enmiendas o la mayor claridad en la confrontación política de las posiciones». No obstante, algunos Reglamentos prevén un debate plenario más general, como el Reglamento del Parlamento de Andalucía, para proceder seguidamente a votar el Dictamen de la Comisión (art. 121.3 RPAND; art. 176.3 RCAR). Otros Reglamentos disponen que se procederá a la votación del Dictamen solo cuando «no se reserven enmiendas ni votos particulares», artículo 146 RCCLM, mientras que los artículos que no hubiesen sido objeto de enmiendas o votos particulares serán sometidos a votación sin debate (artículo 147 RCCLM).

Más claros son otros Reglamentos que prevén una votación por el pleno del texto del Dictamen, como el Reglamento del Senado en donde su Mesa «a petición de un Grupo parlamentario, podrá acordar la votación del dictamen en su totalidad o mediante agrupación de artículos» (artículo 124 RS). También el Reglamento del Parlamento de Galicia o el de la Asamblea de Extremadura (art. 175.5 RAEX, ha de solicitarlo un grupo parlamentario), determinan que se voten primeramente las enmiendas y los votos mantenidos, y después el texto del Dictamen con las enmiendas incorporadas y los votos que hayan sido aprobados. En sentido muy similar, el artículo 104.5 y 104.7 RPLARI; art. 148.3 RAMA; art. 135.2 RAMU; art. 138 RPNA; art. 141.2 RPV. El Reglamento de las Cortes Valencianas dispone que, tras la votación de las enmiendas y votos particulares, se proceda a la votación final del «conjunto del proyecto de Ley» (artículo 121.7 RCV).

Además, para evitar debates farragosos y largos, se dispone (artículo 118.2. 2º RCD; art. 143 RPV) que se pueda fijar de antemano el tiempo máximo de debate de un proyecto, distribuyéndolo, en consecuencia, entre las intervenciones previstas y procediéndose, una vez agotado, a las votaciones que queden pendientes.

Es común en el *Derecho parlamentario español* (art. 118.3 RCD; art. 176.4 RCAR; art. 150 RJGPRINCASTST; art. 126.3 RPCANT; art. 127.1 RPCANT; art. 120.3 RPGAL; art 174.4 RAEX; art. 128 RPIB; art. 139 RPNA; art. 121.5 RCV) que, también durante este debate, la Presidencia pueda admitir enmiendas que tengan por finalidad subsanar errores o incorrecciones técnicas, terminológicas o gramaticales. Además, podrán admitirse a trámite enmiendas de transacción entre las ya presentadas y el texto del dictamen cuando ningún Grupo Parlamentario se oponga a su admisión, y ello comporte la retirada de las enmiendas respecto de las que se transige.

Finalmente, casi todos los Reglamentos disponen una norma de muy difícil cumplimiento y que puede producir extraordinarios problemas de orden práctico y de aplicación. Se hace referencia al artículo 119 RCD (art. 133 RPCANA; art. art. 121 RPGAL; art. 152 RCCLM; art. 114 RPCAT; art. 105 RPLARI; art. 149 RAMA; art. 122 RCV), según el cual[102], terminado el debate de un proyecto (art. 127 RPCANT) si, como consecuencia de la aprobación de un voto particular o de una enmienda o de la votación de los artículos, el texto resultante pudiera ser incongruente u oscuro en alguno de sus puntos (también en las Cortes de Aragón cuando presente «graves defectos», artículo 199.1 RCAR), la Mesa de la Cámara podrá, por iniciativa propia o a petición de la Comisión, enviar el texto aprobado por el Pleno de nuevo a la Comisión, con el único fin de que esta, en el plazo de un mes (u otros plazos, como el de 15 días, del artículo 120 RCCL), efectúe una redacción armónica que deje a salvo los acuerdos del Pleno. El dictamen así redactado se someterá a la decisión final del Pleno, que deberá aprobarlo o rechazarlo en su conjunto, en una sola votación. Ningún Reglamento dice qué sucede si se rechaza el nuevo texto corregido. La solución no está clara, pues podría defenderse que, en caso de rechazarse el texto nuevo «corregido», se convertiría en la versión anterior «incongruente u oscura», o podría pensarse, de forma más coherente, en una nueva remisión a la Comisión.

En este aspecto, las posibilidades legislativas de mejorar el texto aprobado por el Pleno han sido variadas. Así, algún Reglamento (artículo 115 RPCAT) prevén la posibilidad de proceder a una nueva redacción del texto en el caso de que, en el transcurso del procedimiento, se produzca la aprobación de una decisión normativa (se supone que la aprobación de una norma estatal básica), o de una decisión jurisprudencial (es de suponer que se trataría de una sentencia del Tribunal Constitucional) y el Dictamen de Comisión «resultase contrario al ordenamiento jurídico». Por su parte, el Reglamento de la Asamblea de Extremadura permite que pueda la Mesa solicitar de los servicios jurídicos de la Cámara la revisión del texto aprobado, «si consideran que el texto final adolece de oscuridades, deficiencias de estilo, incongruencias o incorrecciones técnicas o gramaticales». En tal caso, la Presidencia de la Cámara lo remitirá a la Comisión de

102 Cfr. B. Pendás García, *Función de los Parlamentos..., op. cit.*, quien califica este recurso como «valioso apoyo a los esfuerzos en favor de la calidad de las Leyes».

Armonización para que efectúe las oportunas correcciones. «El texto corregido por dicha Comisión no deberá contradecir los acuerdos del Pleno. Cuando el texto legal haya sido corregido se enviará a la Junta de Portavoces, que decidirá su envío o no al Pleno para su aprobación» (art. 175 RAEX).

El Reglamento de las Cortes Valencianas prevé que se pueda devolver el texto a la Comisión si «la Presidencia de *Les Corts* estimara que pudieran existir contradicciones con una norma de carácter superior» y podrá, de forma razonada, «por una sola vez y antes de la adopción del acuerdo definitivo, enviar la iniciativa nuevamente a la comisión con el único fin de efectuar, en el plazo máximo de un mes, una nueva redacción armónica».

Por último y como parte final del procedimiento legislativo, como señala el artículo 150 del Reglamento de la Junta General del Principado de Asturias, las leyes aprobadas por el Parlamento serán «de inmediato» publicadas en el Boletín Oficial de la Cámara y certificadas al presidente del Gobierno (también otros reglamentos como el artículo 127.2 RPCANT).

3.2. Procedimientos legislativos especiales

Cuando un solo órgano pueda aprobar más de una norma, la irremediable consecuencia es la aparición de distintos procedimientos. La existencia de diversos procedimientos no debe inducir a pensar que, necesariamente, la naturaleza de las normas aprobadas. En este caso, la inclusión de un elemento formalista no ha implicado un diferente rango normativo; sí, en cambio, puede tener influencia, y de hecho la tiene, en el tipo de contenido que la norma en concreto puede introducir en el ordenamiento jurídico. Por todo ello, para explicar las relaciones internormativas, junto con la dimensión jerárquica y competencial, aparecen nuevas «dimensiones» válidas para explicar estasrelaciones. Aparece el procedimiento, como perspectiva para explicar la relación que hay entre ciertos tipos de normas. Esta es la denominada «dimensión de profundidad»[103], o la dimensión de «función constitucional» a la que se refirió parte de nuestra doctrina[104].

La primera conclusión que salta a la vista es la diversidad de normas con rango de ley del sistema normativo y que motiva que se oscurezcan algunos rasgos del concepto clásico de la ley[105]. La quiebra del principio de generalidad no solo se ha producido con respecto al destinatario de la ley, ni solo en relación con el órgano productor de la norma, pues ha quebrado también en relación con el procedimiento utilizado por el Parlamento para aprobar la ley. En definitiva, la

103 J. A. SANTAMARÍA PASTOR, *Fundamentos de Derecho Administrativo I*, Madrid, Centro de Estudios Constitucionales, p. 320.

104 De forma expresa se refirió a la función constitucional de las Leyes, y en cierta forma al principio de procedimiento, R. GÓMEZ-FERRER MORANT, «Relaciones entre Leyes: competencia, jerarquía y función constitucional», *R.A.P.*, 113, 1987, p. 26.

105 L. M. DÍEZ-PICAZO, «Concepto de Ley y tipos de Leyes», *REDC*, 24, 1988, p. 47 y ss.

existencia de procedimientos especiales supone plantearse previamente cuáles deben ser, cuándo debe quebrar el principio de generalidad y cuándo existe una necesidad suficiente que justifique esa especialidad.

A) Procedimiento de aprobación de leyes orgánicas

Sin poder profundizar ahora en la técnica de las Leyes Orgánicas y la regulación del artículo 81 CE, conviene recordar la preceptiva mayoría absoluta del Congreso de los Diputados «en una votación final sobre el conjunto del texto». La votación, determina el artículo 131 RCD, será anunciada con antelación por la Presidencia de la Cámara y, si en ella se consigue la citada mayoría, el proyecto será remitido al Senado. Si la mayoría absoluta no se consiguiese, el Reglamento del Congreso de los Diputados opta por una peculiar y extraconstitucional segunda oportunidad, de forma que el proyecto o proposición de ley orgánica es devuelto a la Comisión del Congreso que hubiese dictaminado, que deberá emitir nuevo dictamen en el plazo de un mes. Si no se produce la mayoría absoluta requerida, se entiende rechazado el texto.

En cualquier caso, el artículo 130 RCD determina que sea la Mesa del Congreso, oída la Junta de Portavoces, la que otorgue la calificación de «orgánica» al proyecto o proposición de ley. No siempre es fácil la determinación como orgánico del documento que se califica, aunque habrá que estar al criterio razonado que al respecto exponga el Gobierno, el proponente o la correspondiente Ponencia, en el trámite de informe. No obstante, el criterio de la Mesa podrá ser discutido, en la resolución del recurso regulado en el artículo 32.2 RCD y también por la propia Comisión, si «la cuestión no se hubiere planteado con anterioridad». Además, si la calificación de la ley como orgánica se produjera, ya iniciado el debate en Comisión, el procedimiento legislativo se retrotraerá al momento inicial de dicho debate en Comisión. Sin ser exhaustiva, la disposición reglamentaria trata de prever una cantidad amplia de supuestos, indicando, por ejemplo, que las enmiendas que se hayan presentado a un proyecto o proposición de ley ordinaria que contengan materias reservadas a ley orgánica, solo podrán ser admitidas a trámite por acuerdo de la Mesa del Congreso, y no por la Mesa de la correspondiente Comisión, con la intención seguramente de asegurar la unidad en la interpretación reglamentaria.

Trasladado el texto al Senado, puede suceder que el texto se enmiende o se vete, en cuyo caso el levantamiento del veto y la ratificación del texto inicial necesita siempre el voto favorable de la mayoría absoluta de los miembros de la Cámara. Si el texto solo hubiese sido enmendado por el Senado, el texto remitido por este con las enmiendas aceptadas por el Congreso será sometido a una votación de conjunto, igual que el procedimiento de aprobación de las leyes ordinarias.. Si en dicha votación se obtuviera la mayoría absoluta de los miembros de la Cámara, quedará definitivamente aprobado en sus términos. En caso contrario, quedará ratificado el texto inicial del Congreso y rechazadas todas las enmiendas propuestas por el Senado (artículo 90.2 CE y art. 131 RCD).

B) Reforma de los estatutos de autonomía

Como los artículos 146 a 149 CE y los artículos 151 y 152 CE, también los artículos 136 a 144 RCD y el artículo 143 del RS han perdido toda su virtualidad, al regular el proceso de redacción de los Estatutos de Autonomía. Queda solo el artículo 145 RCD que, de forma muy escueta, determina que «La reforma de un Estatuto de Autonomía, tramitada conforme a las normas en el mismo establecidas, requerirá aprobación mediante Ley Orgánica». Y esto no es mucho, pues el mismo artículo 81.2 del texto constitucional ya exigía esta previsión.

Los reglamentos parlamentarios autonómicos introducen una regulación muy detallista. Salvo alguna excepción, la iniciativa de reforma del Estatuto de Autonomía se ejerce de forma exclusiva por el respectivo Parlamento autonómico, el cual remite a las Cortes Generales una proposición de ley orgánica. A efectos sistemáticos se pueden resaltar los siguientes aspectos de este procedimiento:

- La presentación inicial de la iniciativa se efectúa en unos términos algo diferentes a la iniciativa legislativa «ordinaria» y, así, el artículo 200 RCAR determina que la iniciativa de reforma se atribuye al «Gobierno de Aragón, a las Cortes de Aragón, a propuesta de una quinta parte de sus Diputados, y a las Cortes Generales». El del Principado de Asturias (art. 160 RPAST) atribuye la iniciativa de la iniciativa a una cuarta parte de los miembros del Parlamento, a dos tercios de los Concejos asturianos o al Consejo de Gobierno, así como al Gobierno de la Nación y a las Cortes Generales (también en unos términos muy similares, art. 144 RAMU). También puede presentar el texto un quinto de los miembros del Parlamento según el artículo 200.1 EACANA; o art. 149.1 RPCANA, o un tercio de los parlamentarios (art. 1381.b RPCANT, art. 126.1.1.º RCCLM —que incluye también a las Cortes Generales—, art. 121 RCV —que añade como legitimados a dos grupos parlamentarios y a las Cortes Generales— art. 181.1 RAEX —que añade al Gobierno y a las Cortes Generales—; art. 156.1.b RAMA —que añade a dos tercios de los municipios de la Comunidad de Madrid, cuya población represente la mayoría absoluta de la Comunidad de Madrid o una quinta parte de los Diputados—; artículo 142 RPIB; artículo 12.1.1.º RCCyL —que, como casi todos los reglamentos, atribuye la iniciativa también a la Junta y a las Cortes Generales—); o un quinto de los parlamentarios, igual que en Madrid, el art. 163.2 RPV, o los Grupos Parlamentarios como el art. 128 RPGAL.
- En cuanto a la tramitación de la reforma se incluyen varias especialidades, como el aumento del plazo habitual para presentar enmiendas (30 días en art. 201.a RCAR; art. 161 RPAST; art. 181.2.a RAEX), o que el «proyecto o proposición de reforma» sea debatido y votado en un Pleno del Parlamento convocado con carácter "extraordinario" y a estos únicos efectos.

- Además, se exigen unos *quórums* de votación más agravados para la aprobación de la iniciativa de reforma; así art. 202.1 RCAR determina que el Estatuto de Autonomía sea aprobado por el voto favorable de dos tercios de los miembros de la Cámara en una votación final sobre el conjunto del texto (de forma análoga a como el Congreso hace en relación con las leyes orgánicas; también artículo 126.2 RCCyL, art. 138.1.c RPCANT —aunque si la modificación pretende «solo» aumentar las competencias, basta con la mayoría absoluta—; art. 181.3 RAEX; art. 129.2 RCV; art. 123.1.2.º RCCyL; art. 128 RPGAL; art. 113.2 RPRi y también art. 145.2 RAMU, que posibilita además, la posibilidad de una votación separada si el texto tiene contenidos que obligarían a la realización de dos votaciones); otros Estatutos de Autonomía disponen otras mayorías, como el Estatuto de Autonomía de Andalucía, artículos 74 y 75 EAAND (y artículo 128 RPAND) que dispone la mayoría de tres quintos de los miembros del Parlamento (también en art. 162.5 RJGPRINCASTST).

Si el Parlamento aprueba la propuesta de reforma, el presidente de la Cámara la trasladará, en el plazo máximo de treinta días, a las Cortes Generales para su aprobación, si procede, mediante ley orgánica (artículo 202.2 RCAR). Por su parte, algunos reglamentos determinan que «si un proyecto o proposición de reforma del Estatuto de Autonomía de la Comunidad de Madrid no fuera aprobado por la Asamblea o por las Cortes Generales, no podrá ser sometido nuevamente a debate y votación hasta que haya transcurrido un año desde su no aprobación» (artículo 156.4 RAMA). Y, de forma similar, si no es aprobada la iniciativa, «por las Cortes de Aragón o por las Cortes Generales», no podrá ser sometida nuevamente a debate y votación hasta que haya transcurrido un año desde que fuera desestimada (art. 205.2 RCAR; art. 138.3 RPCANT). También resulta de interés recordar otras normas, como la que incluye el artículo 129 RCV que determina que, en caso de no conseguirse la mayoría exigida por el Estatuto de Autonomía, «no se podrá iniciar nuevo procedimiento de reforma sobre el mismo punto durante el mismo mandato de *Les Corts*», precepto que debería interpretarse referido a exactamente la misma materia e idénticos artículos que eran objeto de reforma.

La retirada de la proposición de ley orgánica, durante su tramitación en las Cortes Generales estará sometida al régimen general; no obstante, el Reglamento del Parlamento de Canarias regula con todo detalle esta retirada en su artículo 150 RPCANA.

Mención aparte merece el Reglamento del Parlamento de Cataluña. Diferencia dos procedimientos de reforma. Los promovidos por la Generalidad que se regulan por los artículos 126 y 127 RPCAT, y se refieren al «desarrollo básico del Estatuto de autonomía de Cataluña». En este caso, se constituye una ponencia, «con representación de todos los grupos parlamentarios, para que elabore el texto de la proposición de ley en el plazo de tres meses». Según el art. 62.2 EAC son leyes de desarrollo básico del Estatuto «las que regulen directamente las materias mencionadas en los artículos 2.3, 6, 37.2, 56.2, 67.5, 68.3, 77.3, 79.3, 81.2 y 94.1 EAC». El Tribunal Constitucional ha tenido ocasión de referirse a este procedimiento y ha indicado que el listado de materias es «*numerus clausus*, e indica que no solo se trata de una lista cerrada y taxativa de materias, sino que, además, del tenor literal del art. 62.2 EAC se desprende que sólo son leyes de desarrollo básico del Estatuto las que regulan "directamente" dichas materias, lo que excluye toda interpretación flexible o extensiva (como la pretendida por los Servicios jurídicos del Parlamento de Cataluña) a la hora de calificar las iniciativas que se presenten bajo su cobertura y, correlativamente, al acordar la apertura del procedimiento legislativo especial previsto en el art. 126 RPC para su tramitación». (SSTC 224 y 225/2016, de 16 de diciembre). Entiende el tribunal, además, que debe haber acuerdo entre todos los grupos parlamentarios en la creación de la Ponencia redactora.

A su vez, en el segundo tipo de reforma que regula el Estatuto de Autonomía de Cataluña, las propuestas de reforma estatutaria son promovidas por las Cortes Generales, una quinta parte de los miembros o dos grupos parlamentarios. Se tramitan por el procedimiento legislativo común. En este caso, el texto adoptado por el Pleno debe ser sometido a una votación final que debe obtener el voto favorable de los dos tercios de los miembros del *Parlament*. Si no se consigue esta mayoría, se prevé una especie de segunda oportunidad (muy común en el ordenamiento parlamentario) que deberá ser aprobada también por mayoría de dos tercios.

En las dos iniciativas, la delegación del *Parlament* que defienda la iniciativa en las Cortes Generales, habrá de tener representación proporcional de los grupos parlamentarios. Dicha delegación formula su posición respecto al conjunto de la propuesta de reforma en una votación final adoptada por mayoría de dos tercios. Finalmente, la retirada de las propuestas de reforma que haya presentado, en cualquier momento de la tramitación ante las Cortes Generales, antes de su aprobación definitiva, debería ser aprobada también por la referida mayoría de dos tercios de los Diputados del Parlamento de Cantabria.

Por último, también interesa efectuar una referencia a la regulación del Reglamento del Parlamento de Navarra, cuyo artículo 159.1 RPNA determina que la reforma de la LORAFNA se podrá llevar a cabo a iniciativa de la Diputación Foral o del Gobierno de la Nación. Así, «tras las correspondientes negociaciones, el Gobierno de Navarra y el Gobierno de la Nación formularán, de común acuerdo, la propuesta de reforma que será sometida a la aprobación del Parlamento de Navarra». Para ello, se celebrará en el Pleno de la Cámara un debate de totalidad y, se someterá a una sola votación.

C) Procedimiento de reforma constitucional

La iniciativa para llevar a cabo la reforma se regula en el art. 166 CE, que establece que «se ejercerá en los términos previstos en los apartados 1 y 2 del artículo 87». El artículo 87 regula la iniciativa legislativa en el procedimiento legislativo ordinario que, de acuerdo con sus apartados 1 y 2, corresponde al Gobierno, al Congreso de los Diputados; al Senado y a las Asambleas Legislativas de las comunidades autónomas. Algún autor[106] se extrañó de esta regulación por entender que los Parlamentos autonómicos no son órganos del Estado. Sin embargo, es obvio que las CC. AA. son fragmentos del mismo, con capacidad legislativa propia y de iniciativa ante las Cortes Generales. Por ello, otorgar a sus órganos legislativos la iniciativa de reforma constitucional impulsa la corresponsabilidad e integración de los entes autonómicos en la estructura territorial del Estado.

Como se ve, nuestra Constitución otorga el poder de iniciativa de reforma constitucional a los mismos órganos que son titulares de la iniciativa legislativa ordinaria, con la excepción de la iniciativa popular. Algún autor fundamenta esta exclusión en la intención del constituyente en fortalecer la institucionalización del sistema político y de los mecanismos de participación, canalizándola principalmente a través de los partidos políticos y el sistema representativo. La participación directa del pueblo se limita al referéndum final de aprobación en varios supuestos. Esta opinión no es sin embargo unánime, pues se ha señalado que tal exclusión puede entrañar una contradicción con la proclamación de la soberanía popular del art. 1.2 CE y el derecho de participación en los asuntos públicos de los artículos 9.2 y 23 CE. Puede suponer, en definitiva, una restricción injustificada de la participación de los ciudadanos en la adaptación y actualización de los contenidos de la norma suprema que regula su convivencia.

En cuanto a los requisitos para ejercitar la reforma por cada uno de los órganos legitimados, cabe señalar lo siguiente:

1. El Gobierno está sometido a los mismos requisitos ordinarios para la presentación de los proyectos de ley ante las Cortes Generales, requiriendo, por tanto, la aprobación previa del proyecto de reforma en Consejo de Ministros, acompañado de una Exposición de Motivos y de los antecedentes necesarios para pronunciarse sobre el proyecto (art. 88 CE). En este caso, puede plantearse el valor que tendría en el resultado final un vicio en el procedimiento de elaboración del «anteproyecto de reforma constitucional» (omisión de Dictamen del Consejo de Estado, por ejemplo). En el sentido visto y a pesar de lo extremo del caso, hay que pensar en los efectos sanadores que tendría la aprobación final de la reforma sobre el eventual «vicio» previo, pues hay varias decisiones de las Cortes Generales y un posible referéndum.

106 Cfr. P. de Vega García, *La reforma constitucional y la problemática del poder constituyente*, Madrid, Tecnos, 1995, 1ª ed., pp. 290 y 294

Finalmente, y como es lógico suponer, la presentación de un proyecto de reforma supone la tramitación prioritaria en las Cámaras (art. 89 CE; art. 146.1 RCD), incluyendo cualquier otra iniciativa, obviamente también la presupuestaria.

2. La iniciativa del Congreso debe ser suscitada por una quinta parte de los Diputados o dos grupos parlamentarios, aplicándose aquí el procedimiento ordinario de «toma en consideración» previsto para las proposiciones de ley ordinarias (art. 146.1 RCD).
3. La iniciativa del Senado solo puede ser presentada por 50 senadores que, además, no pertenezcan a un mismo Grupo parlamentario (art. 152 RS), incluyendo para ello al Grupo Mixto. La proposición deberá ser sometida, igualmente, al trámite ordinario de «toma en consideración» (art. 153 RS).
4. La iniciativa de las Asambleas Legislativas de las CC. AA. se regula en sus respectivos Estatutos de Autonomía y reglamentos parlamentarios, y se materializa mediante la solicitud al Gobierno de la adopción del proyecto o bien remitiendo la proposición al Congreso de los Diputados para su tramitación (art. 87.2 CE). Deberá el Parlamento autonómico «delegar» ante dicha Cámara un máximo de tres miembros de la «Asamblea encargados de su defensa» (art. 87.2 CE).

Como se sabe, la Constitución distingue los dos tipos de reforma constitucional:

1. Procedimiento de reforma del artículo 167 CE, que se desarrolla en las siguientes fases:
   a) Presentación del proyecto de reforma ante las Cortes. La Constitución no distingue entre proyecto y proposición, aunque el art. 146 RCD sí lo hace, remitiendo a la tramitación ordinaria en cada supuesto.
   b) Debate en el Congreso de los Diputados, que deberá aprobar el texto en votación final por mayoría de tres quintos (art. 146.2 RCD).
   c) Traslado del proyecto al Senado, cuya Mesa dispondrá su publicación y fijará plazo para presentar enmiendas (art. 154.1 RS). El proyecto será debatido primero en el seno de la Comisión Constitucional del Senado, que designará una Ponencia. Esta elaborará un dictamen para elevarlo al Pleno, que deberá debatir y aprobar igualmente el proyecto en votación final por mayoría de tres quintos.
   d) Si no existe acuerdo entre ambas Cámaras, se creará una Comisión Mixta paritaria, que buscará el consenso sobre el texto. Logrado el acuerdo, el texto se somete nuevamente a debate y votación en ambas Cámaras, que deberán aprobarlo por mayoría de tres quintos (arts. 146.3 RCD y 156.3 RS).
   e) De no lograrse la aprobación, esta podrá producirse siempre que se alcance la mayoría absoluta en el Senado y el proyecto vuelva a

ser aprobado por el Congreso por mayoría de dos tercios. En otro caso, el proyecto de reforma debe considerarse rechazado (arts. 146.4 RCD y 156.4 RS).

f) Aprobado por las Cámaras el proyecto de reforma constitucional, el texto podrá ser sometido a referéndum para su ratificación por el cuerpo electoral, si así lo solicitan un décimo de los miembros de cualquiera de las Cámaras en el plazo de 15 días desde la aprobación final por las Cortes (art. 167.3 CE y 157 RS). En cuanto al referéndum, parece claro que se trata de un referéndum potestativo o facultativo, cuya celebración solo tiene lugar si lo solicitan los Diputados o Senadores en la proporción señalada. Y no cabe que la solicitud la hagan conjuntamente Diputados y Senadores: deberán ser 35 Diputados o 27 Senadores (con los miembros actuales de la Cámara Alta).

La regulación de este referéndum se encuentra en el artículo 7 de la *LO 2/1980, de 18 de enero, reguladora de las diversas modalidades del referéndum* que, de forma muy escueta, se limita de decir que «será condición previa la comunicación por las Cortes Generales al Presidente del Gobierno del proyecto de reforma aprobado que haya de ser objeto de ratificación popular». Además, «recibida la comunicación se procederá, en todo caso, a la convocatoria dentro del plazo de treinta días y a su celebración dentro de los sesenta días siguientes» (artículo séptimo). Según el artículo dieciocho de la ley orgánica, por afectar a más de una provincia, será la Junta Electoral Central, la que declarará oficialmente los resultados del referéndum y los comunicará de inmediato a los presidentes del Gobierno, del Congreso de los Diputados y del Senado.

2. Procedimiento reforzado o agravado.

a) La introducción de este mecanismo de reforma ha sido objeto de numerosas críticas doctrinales, derivadas tanto de su propia previsión, como del ámbito material incluido bajo su protección:

a. Por una parte, se ha criticado su extrema rigidez, pues el procedimiento establecido hace prácticamente imposible su utilización en la práctica. Si lo que se perseguía era dificultar enormemente —cuando no imposibilitar— la reforma de determinados preceptos constitucionales, hubiera sido preferible el establecimiento de un único procedimiento de reforma e incluir paralelamente alguna cláusula de intangibilidad para excluir dichas materias, como de hecho sucede en algunos ejemplos del Derecho Constitucional Comparado. Ejemplo de ello es el artículo 79 Ley Fundamental de Bonn, que dispone la intangibilidad de la organización federal y la clasificación del Estado como social, democrático y social; o el artículo 139 de la Constitución italiana, que declara la intangibilidad de la forma republicana. Otros autores como

TORRES DEL MORAL[107] mantuvieron que la reforma puede tener por objeto reforzar determinados contenidos constitucionales en sentido positivo o garantista, aunque significa una cortapisa para las reformas de estas materias.

b. El segundo tipo de críticas se refiere al ámbito de las materias protegidas por el mecanismo del art. 168. Por un lado, se ha criticado la previsión de la posibilidad de una reforma total de la Constitución, pues ello supondría no tanto la reforma constitucional sino un supuesto de supresión o sustitución constitucional: el resultado sería un nuevo texto constitucional, no una reforma del actualmente vigente. Así, se ha indicado que la Constitución de 1978 padece «indiferencia ideológica total» (ÁLVAREZ CONDE)[108] o «indiferencia valorativa» (I. DE OTTO)[109], por no establecer límites materiales a la reforma, que puede conducir a un cambio total del sistema de valores y principios que recoge.

c. Asimismo, se ha criticado el conjunto de materias incluidas en el art. 168 CE, debido a su carácter heterogéneo. Algunas tienen efectivamente un carácter decisivo en la configuración del sistema jurídico-político (valores superiores y principios fundamentales, forma de gobierno o derechos y libertades), pero otras tienen un valor objetivamente menos decisivo (por ej., la capitalidad del Estado Español, las asociaciones patronales, o el nombramiento de tutor del Rey...).

d. Finalmente, también es discutible la no inclusión de otros preceptos que son igualmente importantes y decisivos en la configuración del sistema constitucional vigente, como el art. 10 (dignidad de la persona, los derechos como fundamento del orden político y la paz social); el art. 14 (igualdad ante la ley y prohibición de la discriminación); el art. 53, pieza esencial en el sistema de garantía de los derechos; o el propio artículo 168 CE. Además, se ha señalado que la reforma de algunas materias de las incluidas en el art. 168 conllevaría irremediablemente la de otras materias excluidas, pero que resultan necesarias y conexas, debiendo sujetarse todo ello al procedimiento agravado.

---

107 Cfr. esta opinión de, A. TORRES DEL MORAL, «¿Reforma constitucional o reforma política?», en G. RUIZ-RICO RUIZ, A. J. PORRAS NADALES, M. REVENGA SÁNCHEZ, (coords.), *Regeneración democrática y reforma constitucional*, Valencia, Tirant lo Blanch, 2017, pp. 17-51.

108 Cfr., E. ÁLVAREZ CONDE, *Curso de derecho constitucional. El estado constitucional. El sistema de fuentes. Los derechos y libertades,* (Vol. I), Madrid, Tecnos, 2008.

109 I. DE OTTO, *Derecho Constitucional. Sistema de fuentes*, Barcelona, Ariel, 2007, p. 64.

b) En cuanto a la regulación del procedimiento de reforma del art. 168 CE, se prevé una mayor complejidad que en el caso del art. 167. Se desglosa en tres fases:

a. Adopción de la iniciativa o decisión de reformar la Constitución por mayoría de 2/3 en cada una de las Cámaras. Se ha discutido si debe tratarse de un proyecto de reforma articulado o puede tratarse solamente de un «principio» o acuerdo político de reformar la Constitución, como parece derivarse del tenor literal del art. 168.1 CE. Sin embargo, parece lógico que el acuerdo o la iniciativa deben incluir ya claramente los aspectos a reformar, evitando cualquier indeterminación. El art. 147.1 RCD alude a «proyectos y proposiciones de Ley que postularen la revisión...»; el RS habla primero de «proyecto recibido del Congreso» o «proposición presentada en el Senado» (art. 158.1 RS) y de «principio de reforma» más tarde (art. 158.3 RS). Por su parte, el acuerdo de reforma debe ser sometido a un debate de totalidad en ambas Cámaras, sin que quepa en esta materia un debate detallado, artículo por artículo (arts. 147.1 RCD y 158.1 RS). De no obtenerse la mayoría de dos tercios exigida en cada una de las Cámaras, la iniciativa de reforma se entiende decaída.

b. A continuación se producirá la inmediata disolución por el Rey de las Cortes que aprobaron dicho acuerdo, previa comunicación del presidente del Congreso al presidente del Gobierno (art. 147.3 RCD), convocándose elecciones generales, entre los 30 y 60 días desde la disolución (art. 68.6 CE).

c. Elegidas y constituidas las nuevas Cortes, se ratificará la decisión de las anteriores Cámaras sobre la reforma, ratificación para la que no se exige mayoría alguna en el Congreso (art. 147.4 RCD) y también en el Senado, cuyo Reglamento requiere mayoría absoluta (art. 159 RS). Si no se logra ratificar la iniciativa, esta decae. Pero si se ratifica en las dos Cámaras, a continuación, se debatirá y aprobará de nuevo el texto de la reforma en ambas Cámaras mediante el procedimiento legislativo común, en el que caben enmiendas, modificaciones y votos particulares, pero en ningún caso cabe la ampliación del alcance material de la reforma sobre los términos del acuerdo inicial de reforma. Toda iniciativa que supusiese un intento de ampliar ese objeto debería ser inadmitida a trámite por la Mesa de la Cámara, imponiéndose de un modo rotundo el significado material de la enmienda en el sentido ya visto, y como ha aceptado el Tribunal Constitucional. Se exige una mayoría de dos tercios en cada Cámara en votación final sobre el conjunto del texto (art. 168.2 CE). De no lograrse la aprobación, la reforma decae, pues a diferencia del procedimiento del art. 167, aquí no se ha previsto mecanismo alguno de conciliación.

d. Aprobada la reforma en las Cortes, se someterá a referéndum para su ratificación por el cuerpo electoral, referéndum que tiene carácter obligatorio y vinculante (art. 168.3 CE y el ya citado artículo 7 LORDMR).

Las Cortes elegidas para la aprobación final de la reforma son unas Cortes ordinarias, y pueden compatibilizar el procedimiento de reforma con otros trabajos parlamentarios. Finalizado el procedimiento de reforma, subsistirán hasta finalizar su mandato o hasta su disolución si se produjese.

D) Competencia legislativa plena en comisión[110]

Es verdad que nuestro texto constitucional introduce una regulación muy prolija en cuestiones de Derecho parlamentario, y eso no es habitual en el Derecho comparado. Un ejemplo de ello más es el artículo 75.2 CE, que determina que las Cámaras «podrán delegar» en las Comisiones Legislativas Permanentes la aprobación de proyectos o proposiciones de ley. Como es lógico, se dispone que el Pleno pueda recabar en cualquier momento el debate y votación del proyecto o proposición de ley que haya sido objeto de delegación. El artículo 75.3 RCD exceptúa de delegación la reforma constitucional (artículos 166 a 168 CE), las cuestiones internacionales (se supone que las reguladas en los artículos 93 a 96 CE), las Leyes orgánicas (artículo 81 CE) y de bases (artículos 82 a 85) y los Presupuestos Generales del Estado (artículo 134 CE).

El artículo 148 RCD, yendo más allá de la regulación constitucional, presume la delegación en Comisión de todos los proyectos y proposiciones de Ley que sean constitucionalmente delegables. Se excluye de esta delegación en Comisión, el debate y votación de las enmiendas a la totalidad de los proyectos y también la toma en consideración de las proposiciones de ley. El procedimiento aplicable para la tramitación de estos proyectos y proposiciones de ley en Comisión con competencia legislativa plena es el procedimiento legislativo común, excluido el trámite de deliberación y votación final en el Pleno. En caso de que la Comisión funcione en competencia legislativa, «actúa en sede legislativa plena» (art. 133.1 RPCAT).

La posibilidad del Pleno de recabar para sí («avocar» dice el artículo 148.1 RCD) la decisión final sobre el texto, se prevé en el mismo artículo 148.1 RCD y el acuerdo plenario se adopta antes de iniciarse el debate en Comisión, a propuesta de la Mesa, oída la Junta de Portavoces. La propuesta de avocación se someterá a votación plenaria sin debate previo. Finalmente, el artículo 149.2 RCD prevé que no puede haber delegación legislativa cuando el texto

---

110 Cfr. el comentario de I. GUTIÉRREZ CASSILLAS, «Artículo 148», en *Comentarios al Reglamento del Congreso...*, cit., pp. 147 y ss.

hubiese sido vetado o enmendado por el Senado, siempre que el veto o las enmiendas hubieran sido aprobados por el Pleno de dicha Cámara (lo cual se produce siempre para las propuestas de veto, como se verá a continuación).

Más respetuoso con el artículo 75.2 CE es la regulación del Reglamento del Senado, cuyos artículos 130 y 131.1 RS determinan que sea el Pleno del Senado, a propuesta de la Mesa, de un Grupo parlamentario o de veinticinco Senadores, oída la Junta de Portavoces, el que acuerde que un proyecto o proposición de ley sea aprobado por la Comisión legislativa correspondiente, sin requerirse deliberación posterior en el Pleno. También se prevé la posible «avocación» por el Pleno en cualquier momento antes de la decisión final. Si en la tramitación posterior fuese aprobada en Comisión una propuesta de veto, su ratificación o rechazo deberá ser decidido por el Pleno del Senado.

Hay algún Estatuto de Autonomía que recoge la posibilidad de que la Comisión actúe con competencia legislativa plena. Así, el artículo 62.3 EACAT dispone que el Pleno del Parlamento pueda delegar la tramitación y la aprobación de iniciativas legislativas a las Comisiones legislativas permanentes. La delegación puede ser revocada en cualquier momento. E incluye algunas materias que no pueden ser objeto de delegación, como la reforma del Estatuto, las Leyes de Desarrollo Básico, el presupuesto de la Generalitat y las denominadas «Leyes de Delegación Legislativa al Gobierno».

Varios reglamentos de Parlamentos autonómicos, como el Parlamento de Andalucía o el catalán, Parlamento gallego, las Cortes de Castilla-La Mancha, la Asamblea de Madrid o las Cortes Valencianas regulan la delegación legislativa en Comisión. Algunos Parlamentos de menor tamaño no han regulado un procedimiento similar (Extremadura o Cantabria), amparados en que la aprobación de una ley puede suponer una tramitación de cuatro o cinco semanas. Ni siquiera la aprobación de sucesivas reformas del régimen competencial autonómico aconsejó la inclusión en todos los reglamentos de la delegación de la competencia legislativa plena en Comisión, aunque pueda redundar en una más ágil y eficaz tramitación de la iniciativa.

El Reglamento del Parlamento de Andalucía dispone, en su artículo 134, la posibilidad de que el propio Pleno de la Cámara, por mayoría absoluta, y «a propuesta de la Mesa, de acuerdo con la Junta de Portavoces» pueda delegar en las Comisiones la aprobación de proyectos y proposiciones de ley que sean delegables (también artículo 116 RLRi; art. 133.1 RPCAT, a propuesta de la Mesa del Parlamento, de dos grupos parlamentarios o de una quinta parte de los Diputados). En las Cortes de Castilla-La Mancha también le corresponde al Pleno por mayoría absoluta la decisión de delegar en la Comisión la competencia legislativa plena, a propuesta de la Mesa, oída la Junta de Portavoces o a iniciativa de esta (artículo 166 RCCLM). El artículo 25.2 del Estatuto de la Comunidad Valenciana, prevé la delegación «sin perjuicio de que el Pleno pueda recabar el debate y la votación», exceptuándose de delegación las leyes de bases y los Presupuestos de la *Comunitat*. Así, según el Reglamento de las *Corts* valencianas, el Pleno de *Les Corts*, «por mayoría de dos tercios, a propuesta de la Mesa, de acuerdo con la Junta de *Síndics*, o a iniciativa de ésta» puede delegar en las comisiones la aprobación de proyectos y proposiciones de ley (art. 133 RCV).

Igual que en el Congreso y en el Senado, el Pleno podrá reclamar en cualquier momento el debate y votación de todo Proyecto o Proposición de ley que hubiese sido objeto de delegación. Dicha iniciativa podrá ser tomada por la Mesa de la Cámara, por los Grupos Parlamentarios o una tercera parte de los Diputados de pleno derecho de la Cámara (art. 166.2 RCCLM, artículo 116.2 RPRi, art. 133.2 RCV, art. 133.2 RPCAT el Pleno, a propuesta de la Mesa del Parlamento, de dos grupos parlamentarios o de una quinta parte de los diputados).

Finalmente, el Reglamento del Parlamento Vasco prevé la posible tramitación del proyecto o proposición mediante este procedimiento especial, si el texto no trata «materias de especial relevancia». El acuerdo corresponde, caso por caso, a la Mesa, de acuerdo con la Junta de Portavoces, y no caben delegaciones genéricas. En el plazo de tres días a partir de su publicación se puede revertir el acuerdo mediante decisión del pleno, si lo solicitan dos grupos parlamentarios o la quinta parte de los miembros de la Cámara expresaran su parecer contrario, en cuyo caso el asunto «será resuelto por el Pleno». El debate en el seno de la Comisión seguirá el trámite reglamentario previsto para la deliberación en pleno (incluso el artículo 161.3 RPV se refiere a que, en este caso se producirá el debate en el «pleno de la Comisión», que seguirá el trámite reglamentario previsto para la deliberación en pleno).

E) Lectura única

Un supuesto de procedimiento legislativo especial regulado en el *Derecho parlamentario español* es el utilizado para aquellos proyectos y proposiciones de ley que son tramitados en lectura única, con una sola votación ante el Pleno[111]. La razón de ser de este procedimiento es facilitar la tramitación de las iniciativas cuya naturaleza o simplicidad lo permiten. Su fundamento es la agilidad que permite la exclusión de las dos primeras lecturas que se producen en la fase procedimental de Comisión, sustanciándose solo la del Pleno, ante el cual se desarrolla un debate de totalidad. En teoría, este procedimiento de lectura única puede hacer pensar que solo debería ser utilizado para los casos en que haya facilidad y sencillez de tramitación.

El Tribunal Constitucional ha tenido ocasión de referirse al procedimiento de lectura única. Así, ha dicho que esta regulación queda encomendada a los reglamentos de las cámaras [STC 136/2011, de 13 de septiembre, FJ 10 e)] pues no está constitucionalizado ningún procedimiento legislativo abreviado para la tramitación de iniciativas caracterizadas por la urgencia, «salvo una regla temporal

111 M.ª A. García Martínez, *El procedimiento Legislativo*, Madrid, Congreso de los Diputados, 1987, pp. 297 y siguientes; F. Santaolalla López, *Derecho...*, *op. cit.*, p. 286.

para la tramitación en el Senado de los proyectos declarados urgentes por el Gobierno o por el Congreso de los Diputados (art. 90.3 CE)». Es una especialidad procedimental «creada y configurada por los reglamentos parlamentarios en ejercicio de la autonomía de las respectivas asambleas (art. 72.1 CE, en lo que ahora importa), en la que encuentra cobertura la regulación o articulación de los procedimientos que se desarrollen en el seno de las cámaras [STC 139/2017, FJ 3 a)». Y la STC 110/2019, de 2 de octubre, aclaró con relación a este procedimiento que «Para esta ordenación reglamentaria cuentan las asambleas representativas, en general, con una muy amplia libertad de configuración, limitada tan solo, según se señaló en la Sentencia recién citada, por el respeto a la igualdad, a los demás derechos fundamentales, a la naturaleza de la representación política y, en particular, a los derechos de los parlamentarios».

Además, una reducción del tiempo en la tramitación de una iniciativa «no priva a las cámaras del ejercicio de su función legislativa, ya que incide solo sobre su cronología, ni tiene por qué traducirse en merma alguna de los principios constitucionales que han de informar el procedimiento legislativo en cuanto procedimiento de formación de voluntad del órgano (STC 234/2000, de 3 de octubre, FJ 13)».

La disminución del tiempo de tramitación mediante este procedimiento de lectura única solo sería inconstitucional «cuando su alcance sea de tal magnitud que haya alterado, no de cualquier manera, sino de forma sustancial, el proceso de formación de la voluntad de una cámara, habiendo afectado, en consecuencia, al ejercicio de la función representativa inherente al estatuto del parlamentario» (SSTC 136/2011, de 13 de septiembre, FJ 10 e), 44/2015, de 5 de marzo, FJ 2], 143/2016, de 19 de septiembre, FJ 3 y 45/2019, de 27 de marzo, F. J. 6).

Este es uno de los pocos procedimientos especiales que regulan tanto los dos Reglamentos de las Cortes, como todos los Reglamentos de los Parlamentos autonómicos. Así, ya desde el artículo 150 RCD se aclara que este procedimiento es aplicable cuando los textos «lo aconsejen o su simplicidad de formulación lo permita». El debate es de los de totalidad, sometiéndose el texto a una sola votación. Si el resultado de la votación es favorable, el texto quedará aprobado por la Cámara Baja y se remitirá al Senado. En relación con el presupuesto de hecho, ha señalado el tribunal que, «ni la relevancia o trascendencia constitucional de un texto normativo, ni su repercusión pública, ni su complejidad material, ni, en fin, la existencia de una variedad de criterios técnicos ni políticos sobre el mismo son incompatibles con la utilización de este procedimiento parlamentario, al que no le está vedada materia alguna, incluida la reforma constitucional. Asimismo, hemos referido la simplicidad de la formulación de la iniciativa legislativa no a su especial relevancia o trascendencia en el ordenamiento jurídico, sino a la comprensión, sencillez e inteligibilidad de su estructura, contenido y lenguaje» [STC 139/2017, FJ 7, con cita de las SSTC 129/2013, de 4 de junio, FJ 10; 153/2016, de 22 de septiembre, FJ 3 c); 185/2016, FJ 5 c), 215/2016, FJ 5 c) y 45/2019, de 27 de marzo, F. J. 6].

Por su parte, algún reglamento de forma expresa, como el artículo 169 del Reglamento de la Asamblea de Madrid, impide la tramitación en lectura única de ciertos textos (aunque fuesen de fácil tramitación), como «las proposiciones de Ley de iniciativa legislativa popular y las de los Ayuntamientos; los proyectos y proposiciones de reforma del Estatuto de Autonomía de la Comunidad de Madrid o el proyecto de Ley de Presupuestos Generales de la Comunidad».

El artículo 129 RS determina que la tramitación en lectura única en el Congreso no vincula la decisión del Senado. Especifica este Reglamento que los turnos de intervención a favor y en contra serán de quince minutos y, tras ellos, los Grupos parlamentarios podrán fijar su posición en intervenciones que no excedan de diez minutos. Pero más interés tiene que se excluya la presentación de enmiendas, pues, en la tramitación en lectura única en el Senado, «solo» se podrán presentar propuestas de veto y aprobarse, por tanto, por mayoría absoluta, según el artículo 90.2 CE.

El Pleno es el órgano competente para, de forma inicial y previa, acordar que el texto se tramite directamente y en lectura única, como prevén casi todos los reglamentos parlamentarios (art. 150.1 RCD; art. 129.1 RS; art. 136.1 RPAND; art. 166 RJGPRINCAST, por mayoría de dos tercios; art. 140 RPIB; art. 166 RCCLM; art. 128 RCCL; art. 139 RPCANT; art. 118 RPCAT; art. 177 RAEX; art. 134 RPGAL; art. 99 RPRI; art. 127.1 RAMA; art. 155.2 RPN; art. 119.1 RPV y art. 135 RCV).

También varía de un reglamento a otro el órgano que debe proponer la solicitud al Pleno, para que este decida la lectura única. El órgano que puede solicitar la aplicación de este procedimiento especial tiene cierto interés. Así, en el Parlamento de Cantabria, se exige acuerdo unánime de la Mesa oída la Junta de Portavoces, de la misma forma que en otros reglamentos, como en el del Parlamento Vasco (art. 162.1). En otros casos, la propuesta la realiza la Mesa (sin unanimidad), oída la Junta de Portavoces, como en el artículo 150 RCD, art. 129.1 RS, art. 165.2 RJGPRINCAST (mediante acuerdo de la Mesa, o iniciativa propia o de la Junta de Portavoces), 135.1 RPCAT (en donde lo puede también pedir el Gobierno o una Comisión), artículo 134.1 RPGAL, artículo 145 RPIB, artículo 115 RPLR. En Murcia, solo puede acordarlo la Junta de Portavoces, proponiendo la lectura única el Gobierno o un grupo parlamentario (artículo 142 RAMU).

En otras ocasiones, se exige que la propuesta al Pleno para acordar la lectura única se haga mediante acuerdo de la Mesa y de la Junta de Portavoces, como en el Reglamento del Parlamento de Andalucía (art. 136.1, en el que se exige acuerdo unánime de la Junta de Portavoces); las Cortes de Aragón (art. 207.1); el Parlamento canario (art. 151.1); las Cortes de Castilla-La Mancha (art. 168); Cortes de Castilla y León (art. 130), la Asamblea de Extremadura (artículo 177.1, a propuesta del Gobierno o de un grupo parlamentario), Asamblea de Madrid (artículo 167.1), el Parlamento de Navarra (art. 155.1) y art. 135.1 RCV (en el que también puede tomar la iniciativa la Junta de Portavoces).

Esta variedad orgánica y de mayorías, en sí misma muy poco significativa, supone solo que se han seguido criterios distintos (seguramente de oportunidad) en el momento de la redacción de los reglamentos parlamentarios. Si el Pleno no aprobase la propuesta de tramitación en lectura única, se continuaría la tramitación del texto mediante el procedimiento legislativo común (como lo aclara el artículo 135.3 RCV, o el artículo 167.4 RAMA).

Una cuestión discutida es si se pueden presentar enmiendas en la tramitación en lectura única. Se ha llegado a afirmar que, por seguirse el trámite del debate de totalidad, no pueden presentarse enmiendas parciales, pues estas se debatirían en Comisión, que es precisamente la fase de la que se prescinde en este procedimiento.

Esto obliga a plantearse este procedimiento legislativo especial como un procedimiento excepcional en el que, por su propia naturaleza, no se debieran presentar enmiendas al articulado como expresamente restringen el Reglamento de las Cortes Valencianas, el del Parlamento de Andalucía, (artículo 136 RPAND), Asamblea de Madrid (artículo 167.2 RAMA) y la Asamblea de Murcia (artículo 143 RAMU). Esta norma es una severa restricción al derecho a presentar enmiendas, con todo el significado que ello supone para el estatuto del Diputado. Por este motivo, este procedimiento debe reservarse a textos con respecto a los cuales, de verdad, exista un amplio consenso (su «naturaleza» así lo justifique) o breves (relativo a su «simplicidad de formulación»), sin que el texto permita mayores matizaciones o alteraciones. Por ello, parece destinado, fundamentalmente, a textos que sean cortos y de los que quepa un voto afirmativo o uno negativo.

No obstante, algunos reglamentos han previsto un trámite de presentación de enmiendas al articulado, como el artículo 208 del Reglamento de las Cortes de Aragón, en donde se prevé la apertura de un plazo de 8 días para presentar enmiendas y, una vez que sean admitidas a trámite, se prevé un orden de votación (enmiendas a la totalidad de devolución, enmiendas a la totalidad con texto alternativo y enmiendas al articulado). También prevé la posible presentación de enmiendas al articulado el artículo 151 del Reglamento del Parlamento de Canarias, en el artículo 155.2 del Reglamento del Parlamento de Navarra, o el artículo 139 del Reglamento del Parlamento de Cantabria (que prevé que solo se presenten enmiendas al articulado por unanimidad de los grupos y no enmiendas a la totalidad).

Acordada la tramitación por el Pleno y, una vez celebrado el debate de totalidad, el texto es aprobado por una sola votación en la que el Parlamento aprobará, o no, el texto propuesto (por ejemplo, artículo 168.2 RCCLM; art. 130 RCCyL).

Finalmente, el *Derecho parlamentario español* es rico en ejemplos que presentan interesantes alternativas, como el artículo 162.3 RPV que prevé una especie de lectura única ante el Pleno decidida por el Gobierno «cuando circunstancias de carácter extraordinario y razones de urgente necesidad lo exijan... sin requerir para ello la previa autorización de la Cámara, para la tramitación de proyectos de Ley que no afecten al ordenamiento de las instituciones de la Comunidad Autónoma, al régimen jurídico de las instituciones forales, al régimen electoral, ni a los derechos, deberes o libertades de la ciudadanía». También el Reglamento del Parlamento de Canarias presenta una variedad diferente, mediante un procedimiento denominado «abreviado», que introduce un plazo común de presentación de enmiendas a la totalidad y al articulado (artículo 146 RPCANA).

F) Aprobación de leyes de armonización

Solo el Reglamento del Senado regula el procedimiento de apreciación de la necesidad de aprobación de las leyes de armonización como un procedimiento legislativo especial. En efecto, el artículo 141 RS prevé una peculiar iniciativa (que no es iniciativa legislativa), pues el Gobierno, la Comisión General de las comunidades autónomas o veinticinco Senadores pueden proponer al Senado que aprecie la necesidad de que el Estado dicte leyes de armonización de las disposiciones normativas de las comunidades autónomas, según lo previsto en el artículo 150.3 de la Constitución. Dichas propuestas deben indicar, «de forma concreta», la materia o materias a las que se refieren, e ir acompañadas de una memoria o justificación explicativa. El debate de la apreciación de la necesidad se produce en la Comisión General de las de las Comunidades Autónomas sin que, en realidad, se trate de un procedimiento legislativo especial, pues las especialidades reguladas no se traducen en la aprobación de una ley de armonización, la cual se aprobará por el procedimiento legislativo ordinario. En el plazo de quince días se elevará al Pleno del Senado informe sobre las mismas.

G) Otros procedimientos legislativos especiales autonómicos

Sin posibilidad de ser exhaustivo, se pueden citar los siguientes procedimientos legislativos especiales:

1. Aprobación de proposiciones del artículo 87.2 de la Constitución. Así, el RJGPRINCAST regula en sus artículos 163 y 164 un procedimiento legislativo especial que consiste en la tramitación de la proposición de ley por el procedimiento legislativo común, debiéndose aprobar en votación de totalidad por mayoría absoluta de la Cámara (también art. 193 RPCANT, art. 131 RCCyL, artículo 170.2 RCV, art. 155.3 RAMU, que exige mayoría absoluta si la ley que se pretende iniciar o promover fuera de aquellas para las que la Constitución requiera dicha mayoría en el Pleno del Congreso). Es cierto que no es un procedimiento legislativo pues no se aprueba una ley, pero estos reglamentos aplican el procedimiento legislativo.

Para la designación de los Diputados que habrán de defender las proposiciones de Ley en el Congreso de los Diputados, «cada Parlamentario escribirá un nombre en la papeleta correspondiente, resultando elegidos, hasta un máximo de tres, en el número previamente fijado por el Pleno, los Diputados que obtuvieran mayor votación»; los posibles empates se resolverán mediante sucesivas votaciones entre los igualados, resultando elegido el candidato perteneciente a la formación política más votada en las elecciones autonómicas (art. 164 RJGPRINCAST). Similar es la regulación del artículo 169 del Reglamento de las Cortes de Castilla-La Mancha, art. 194 RPCANT; el artículo 131 RCCyL, el art. 170.3 RCV o el artículo 155.4 RAMU (aunque aquí solo podrán presentar candidatos los Grupos Parlamentarios cuyos Portavoces se hubieren expresado a favor del ejercicio de dicha iniciativa). El artículo 131 RCCyL determina, de un modo más sencillo, que la proposición de ley y la propuesta sean aprobadas por mayoría absoluta de la Cámara. También incluyen una regulación similar los artículos 175 a 177 del Reglamento de la Asamblea de Madrid, que disponen que los proyectos y proposiciones de solicitud al Gobierno para la adopción de un proyecto de ley «se presentarán de forma articulada».

2. El artículo 146 del Reglamento del Parlamento de Canarias regula como procedimiento legislativo especial el que persigue la redacción y aprobación de una proposición, cuyo objeto es una materia de la del Título I del Estatuto de Autonomía de Canarias. Esta iniciativa podrá ejercerse conjuntamente por todos los grupos parlamentarios, previo acuerdo de la Mesa del Parlamento y de la Junta de Portavoces, a instancia de una quinta parte de los miembros de la Cámara. Se prevé, además y de modo excepcional, que una iniciativa de esta naturaleza pueda afectar a otras materias que «demanden un amplio acuerdo parlamentario».

   También el artículo 126 del Reglamento del Parlamento de Galicia regula un procedimiento legislativo especial para los textos que tienen por objeto las leyes de desarrollo básico que prevé el Estatuto de Galicia. La iniciativa de este tipo de textos tiene alguna especialidad en su tramitación, pues la Mesa, de acuerdo con la Junta de Portavoces y previa iniciativa de dos Grupos Parlamentarios o de una quinta parte de los Diputados, puede decidir que en estas materias la iniciativa parlamentaria sea ejercida por los Grupos Parlamentarios. La aprobación de estas leyes, y su modificación o derogación, requiere el acuerdo de la mayoría absoluta de los miembros del Parlamento en una votación final de totalidad y, en caso de no conseguir la citada mayoría, la Comisión emitirá nuevo Dictamen en el plazo de un mes.

   Esta previsión es similar a la disposición del artículo 134 del Reglamento del Parlamento de las Islas Baleares, que prevé un procedimiento para la aprobación de leyes de «desarrollo básico que prevé el Estatuto de Autonomía de las Illes Balears». En estos casos, se exige cierto consenso y la Mesa, de acuerdo con la Junta de Portavoces y previa iniciativa de «dos grupos parlamentarios o de una quinta parte de los diputados y las diputadas, puede decidir que en estas materias la iniciativa parlamentaria sea ejercida por los grupos parlamentarios». Asimismo, el artículo 135 RPIB requiere para estas iniciativas el voto favorable de la mayoría absoluta, en una votación final sobre el conjunto del texto.

Asimismo, disponen un procedimiento los artículos 149 y 150 del Reglamento del Parlamento de Navarra para ciertas leyes con un contenido institucional especial que afecte a los artículos 9.2 (vascuence), 15.2 (número de parlamentarios), 18.2 (Cámara de Comtos), 19.1.c) (iniciativa legislativa de los Ayuntamientos), 19.2 (iniciativa legislativa popular), 25 (funcionamiento de los Ayuntamientos), 30.2 (Presupuesto de la Diputación), 45.6 (Convenio económico), 46.2 (control de legalidad de Municipios) y 48.2 (Compilación de Derecho civil) de la LORAFNA, que requerirán mayoría absoluta para su aprobación, en una votación final sobre el conjunto del proyecto. Requieren dicha mayoría, asimismo, aquellas otras leyes que, sobre «organización administrativa y territorial determine la Mesa del Parlamento de Navarra, previo acuerdo vinculante de la Junta de Portavoces y oído el criterio razonado que al respecto expongan el Gobierno de Navarra, el proponente o la correspondiente Ponencia en trámite de informe».

3. Algunos reglamentos autonómicos prevén un procedimiento especial para aquellos textos que precisan una mayoría cualificada, de modo muy similar al procedimiento especial que regula el Reglamento del Congreso para las leyes orgánicas. Tal es el caso del Reglamento del Parlamento de La Rioja, cuyo artículo 114.1 determina que el voto favorable de la exigida mayoría en una votación final sobre el conjunto del texto, si el pleno hubiese rechazado la primera versión, incluyendo también la posibilidad de que la Comisión emita nuevo Dictamen en el plazo de quince días. También artículo 157 RAMA, artículo 150 RPNA que prevé la tramitación en lectura única de estos textos, siempre que no se oponga a ello ningún Grupo Parlamentario.
4. En ocasiones, la tramitación de una ley con un contenido especial ha servido de causa para la elaboración de una especialidad de procedimiento legislativo. Tal es el caso del artículo 154 del Reglamento del Parlamento de Navarra en relación con el proyecto de Ley Foral sobre las Cuentas Generales, que será remitida a la Cámara de Comptos. Tras el Dictamen de esta se enviará a la Comisión de Economía y Hacienda para que el presidente de la Cámara de Comptos comparezca y, posteriormente, se tramite conforme al procedimiento legislativo ordinario, o mediante el procedimiento de lectura única.

Por su parte, el Reglamento del Parlamento Vasco prevé la tramitación del proyecto de ley relativo a las aportaciones que deberán efectuar las Diputaciones Forales a los gastos presupuestarios de la Comunidad Autónoma, regulado por el artículo 29.1, 1.°, de la *Ley 27/1983, de Relaciones entre las Instituciones comunes de la Comunidad Autónoma* y los órganos forales de sus Territorios Históricos. En este caso, el Gobierno debe presentar el proyecto de ley de aportaciones de las diputaciones forales, y se abrirá un plazo de 10 días hábiles a fin de que los grupos presenten ante la Mesa sus escritos de alegaciones, regulándose seguidamente la tramitación del proyecto de ley (artículo 157 RPV). También el artículo 159 RPV regula el procedimiento para el caso de que no se alcance un acuerdo sobre las aportaciones, pues el Gobierno presentará un proyecto, antes del 23 de octubre de cada año, al que acompañará el oportuno informe del Consejo Vasco de Finanzas Públicas, en el que conste la postura razonada de sus miembros.

5. Es muy interesante (por lo novedoso, y desgraciadamente desconocido en el *Derecho parlamentario español*) el procedimiento regulado en el artículo 146 del Reglamento de la Asamblea de Murcia, relativo a la adaptación y adecuación de las leyes murcianas en el caso de que sea aprobada por las Cortes Generales una ley de armonización de las previstas en el artículo 150.3 de la Constitución. A tal efecto, se convocará la Comisión de Asuntos Generales e Institucionales, de la Unión Europea y Derechos Humanos, en los treinta días siguientes a la publicación de la ley armonizadora en el Boletín Oficial del Estado. La función de la Comisión parlamentaria es elaborar la proposición ley que permita hacer efectiva la adecuación a la que obligaría una ley de armonización.

4. Los presupuestos y la función presupuestaria del Parlamento

4.1. Introducción

La función presupuestaria es función principal del Parlamento por la Historia y por la posición actual de la Institución representativa. La aprobación del Presupuesto es prioritaria. Ya desde el inicio de la andadura constitucional, se fijó que la Ley de Presupuestos está cualificada «como vehículo de dirección y orientación de la política económica que corresponde al Gobierno, cuando elabora el proyecto y en la que participa el Parlamento, en función peculiar —la de su aprobación— que el artículo 66.2 de la Constitución enuncia como una competencia específica desdoblada de la genérica "potestad legislativa del Estado"» (STC 27/1981, de 20 de julio).

Hay varios intentos de aproximación al entendimiento de la Ley de Presupuestos, la más habitual es la que entiende que la ley que contiene la previsión cifrada, conjunta y sistemática de los ingresos y gastos que se autoriza y prevé al Gobierno para un ejercicio. Así, las SSTC 146/1986, de 25 noviembre; 13/1992, de 6 de febrero; 294/1994, de 7 noviembre; 3/2003, de 16 de enero definen la actividad presupuestaria del Estado al indicar que «los "créditos consignados en los estados de gastos de los presupuestos generales" constituyen "autorizaciones legislativas para que dentro de unos determinados límites la administración del estado pueda disponer de los fondos públicos necesarios para hacer frente a sus obligaciones" y "predeterminan el concepto por el que autorizan su uso"». En definitiva, no cabe duda hoy de que la Ley de Presupuestos es una verdadera ley y que existe lo que el Tribunal Constitucional ha denominado «reserva material de Ley», la cual «aun cuando no excluye que otras normas con contenido presupuestario alteren la cuantía y destino del gasto público autorizados en dicha Ley, sí impide una modificación de la misma que no obedezca a circunstancias excepcionales» (STC 3/2003, de 16 de enero).

Con la regulación actual que los reglamentos parlamentarios hacen del Presupuesto se observa con nitidez cuál es la posición del Gobierno: la tramitación del Presupuesto supone un ejemplo de la señalada preeminencia del poder ejecutivo, y de la denominada crisis del Parlamento. La peculiar posición y colaboración, que tienen el Gobierno y el Parlamento en la tramitación del documento presupuestario, fue puesta de relieve por el Tribunal Constitucional Federal Alemán de Karlsruhe, en la célebre Sentencia de 6 de marzo de 1952[112].

Que el Parlamento debe intervenir en la aprobación del Presupuesto es una evidencia con fundamento histórico[113], con amparo en los artículos 66.2 y 134.1 de la Constitución. Y tiene su reflejo en todos los Estatutos de Autonomía, que han introducido una regulación muy similar a la Constitución. El artículo 190.1 EAAND determina que corresponde al «Consejo de Gobierno la elaboración y ejecución del presupuesto de la Comunidad Autónoma y al Parlamento su examen, enmienda, aprobación y control». En una fórmula idéntica a la constitucional, se pueden citar el artículo 106.4.° y 190 EAAND; art. 33.1 y 111 EAAR; art. 23.1 y 47 EAPRINCAST; arts. 43.b y 185.1 EACANA; art. 9.6 y 56 EACANT; art. 24.3 EACyL —que no dispone que sea función del Gobierno la elaboración del proyecto de Presupuestos—; art. 9.b y 51 EACLM; art. 55.2 y 212 EACAT; art. 22.a y 76.1 EACV; art. 19.2.c y 60.a EAEX; art. 10.b y 53.1 EAGAL; art. 40.1 y 58.2 EAIB; art. 16.1 y 56.1 EALRI; art. 9, 16.3 y 61.1 EAMAD; art. 22 y 46.1 EAMU; art. 11 y 18.1 LORAFNA; art. 25.1 y 44 EAPV.

---

112 Traducción de M. DARANAS PELÁEZ, en *Boletín de Jurisprudencia Constitucional*, 30, 1983, p. 1246 y ss.

113 F. SAINZ DE BUJANDA, «El poder financiero de las Cortes Generales: aspectos constitucionales del Presupuesto del Estado», en AA.VV. *Las Cortes Generales*, Vol. I, Madrid, I.E.F., 1987, p. 292; J. L. GARCÍA, *Examen...*, cit., Madrid, Congreso de los Diputados, 1985, pp. 291 y 311; L. M. CAZORLA PRIETO, *Las Cortes Generales...*, cit., pp. 53, 62 y ss.; y L. GONZÁLEZ DEL CAMPO, «Las leyes de Presupuestos en la Constitución española de 1978», *Revista de Derecho Financiero y Hacienda Pública*, 26, 1995, pp. 385 y ss.

De una forma muy completa, el Tribunal Constitucional ha mantenido que, cuando se habla de Ley de Presupuestos, «estamos ante una ley singular, de contenido constitucionalmente determinado, exponente máximo de la democracia parlamentaria, en cuyo seno concurren las tres funciones que expresamente el art. 66.2 CE atribuye a las Cortes Generales: es una Ley dictada en el ejercicio de su potestad legislativa, por la que se aprueban los presupuestos y, además, a través de ella, se controla la acción del Gobierno» (STC 3/2003, de 16 de enero). La Ley de Presupuestos es la previsión de ingresos y gastos que debe efectuar el Gobierno en un ejercicio.

La Ley de Presupuestos es clara manifestación de la función de control, pues el Tribunal Constitucional ha señalado que, «para que mediante la aprobación de los presupuestos esta labor de control pueda ser efectiva, el art. 134.2 CE establece que los presupuestos generales del Estado "incluirán la totalidad de los gastos e ingresos del sector público estatal", recogiendo de este modo los principios de unidad (los presupuestos deben contenerse en un solo documento) y universalidad (ese documento debe acoger la totalidad de los gastos e ingresos del sector público). Como hemos dicho en reiterada doctrina, este precepto constituye el contenido "propio, mínimo y necesario" de la Ley de Presupuestos (en este sentido, SSTC 7/1981, de 20 de julio, FJ8; 4/1982, de 23 de diciembre; 65/1987, de 21 de mayo; 65/1990, de 5 de abril; 76/1992, de 14 de mayo; 234/1999, de 16 de diciembre; 32/2000, de 3 de febrero; 109/2001, de 26 de abril; 67/2002, de 21 de marzo; 3/2003, de 16 de enero; 238/2007 de 21 noviembre; 9/2013, de 28 de enero; 217/2013, de 19 de diciembre; 44/2015, de 5 de marzo, FJ 3). Esto es, el contenido que en todo caso debe aparecer en la Ley de Presupuestos que cada año debe ser aprobada por el Parlamento. Se trata, en definitiva, de una "Ley de contenido constitucionalmente definido" (SSTC 76/1992, de 14 de mayo, F.J. 4; 16/1996, de 1 de febrero, F.J. 6; 61/1997, de 20 de marzo, F.J. 2; 174/1998, de 23 de julio, F.J. 6; 130/1999, de 1 de julio, F.J. 8; 131/1999, de 1 de julio, F.J. 2; 234/1999, de 16 de diciembre, F.J. 4; 32/2000, de 3 de febrero, F.J. 5; 274/2000, de 15 de noviembre, F.J. 4; 99/2018, de 19 de septiembre; 109/2021, de 13 de mayo; 111/2021, de 13 de mayo), de manera que puede hablarse en propiedad de la existencia en la Constitución de una reserva de un contenido de Ley de Presupuestos (STC 131/1999, de 1 de julio, F.J. 4)». Este contenido mínimo consustancial a la noción constitucional de Presupuesto está «constituido tanto por la previsión de ingresos y habilitación de gastos para un ejercicio económico, como por las normas de naturaleza financiera que desarrollan y aclaran los estados cifrados».

El contenido de la Ley de Presupuestos está limitado por la Constitución. La jurisprudencia está muy asumida, aunque los diferentes Gobiernos de España no se resisten a la tentación de introducir un contenido cualquiera en el ordenamiento jurídico, mediante el sencillo método de su inclusión en la ley de acompañamiento. Con esta práctica, se beneficia a estas leyes «extrapresupuestarias» de una meteórica tramitación parlamentaria, y de una especialidad que no merece y que es injustificada. Es casi imposible citar todas estas sentencias en esta materia, y pueden recordar SSTC 9/2013, FFJJ 3 y 4; y 86/2013, FFJJ 4 y 5, ambas con cita de otras muchas.

El Tribunal Constitucional parte de ese contenido mínimo y máximo de la Ley de Presupuestos y desarrolla esta idea en posteriores fallos. El fundamento de esta limitación es la seguridad jurídica, esto es, «"la certeza del Derecho que exige que una Ley de contenido constitucionalmente definido, como es la Ley de Presupuestos Generales del Estado, no contenga más disposiciones que las que guardan correspondencia con su función constitucional (arts. 66.2 y 134.2 CE), debido a la incertidumbre que una regulación de este tipo indudablemente origina" (STC 32/2000, de 3 de febrero, FJ 5). [Dicho de otro modo, es la propia función que en la Constitución cumple la ley de presupuestos], con las consecuentes restricciones al debate parlamentario (apartados 1, 6 y 7 del art. 134 CE), la que fundamenta en última instancia la limitación del contenido de las leyes de presupuestos» (STC 9/2013, FJ 3).

Pero la peculiaridad material y formal de la Ley de Presupuestos que impone la Constitución ha supuesto una especialidad procedimental, que lleva al reglamento parlamentario a incluir determinados límites en su tramitación; fundamentalmente en lo relativo a su iniciativa, al derecho de enmienda y a una reducción general de los plazos de tramitación. Los límites procedimentales y materiales de la Ley de Presupuestos hacen que el Tribunal Constitucional los haya definido. Así, el tribunal ha indicado que las limitaciones materiales impuestas a la Ley de Presupuestos no son aplicables a las leyes que no son presupuestarias (STC 126/1987, de 16 julio), dado el carácter especial que tiene por estar vinculada a un contenido determinado. Por ello, es importante saber qué se puede incluir en la Ley de Presupuestos y qué no.

La jurisprudencia ha sido reiterada y la STC 86/2013, de 11 de abril, se indicó en relación con los límites al contenido de la Ley de Presupuestos, «que la Constitución establece una reserva de un contenido de Ley de Presupuestos, lo que significa que la norma debe ceñirse a ese contenido y también que ese contenido se encuentra reservado a ella» (STC 9/2013, de 28 de enero, FJ 3, con cita de otras muchas). Por lo que se ve, para que una materia se incluya en la Ley de Presupuestos debe tener conexión directa con los ingresos o gastos públicos. Así, suele citarse como sentencia clásica, la STC 76/1992, de 14 de mayo, en la que se dijo «En suma y con base en la doctrina expuesta debemos concluir que para que la regulación, por una Ley de Presupuestos, de una materia distinta a su núcleo mínimo, necesario e indisponible (previsión de ingresos y habilitación de gastos) sea constitucionalmente legítima es necesario que esa materia tenga *relación directa* con los gastos e ingresos que integran el Presupuesto o con los criterios de política económica de la que ese Presupuesto es el instrumento y que, además, su inclusión en dicha ley esté justificada, en el sentido de que sea un complemento necesario para la mayor inteligencia y para la mejor y más eficaz ejecución del Presupuesto y, en general, de la política económica del Gobierno. El cumplimiento de estas dos condiciones resulta, pues, necesario para justificar la restricción de las competencias del poder legislativo, propia de las leyes de presupuestos, y para salvaguardar la seguridad jurídica que garantiza el art. 9.3 C.E., esto es, la certeza del Derecho que exige que una ley de contenido constitucionalmente definido, como es la Ley de Presupuestos Generales, no contenga más disposiciones que las que corresponde a su función constitucional (arts. 66.2 y 134.2 C.E.)». También en SSTC 274/2000, de 15 de noviembre, FJ 4; 109/2001, de 26 de abril, FJ 5; 3/2003, DE 16 de enero, FJ 4; 238/2007, de 21 de noviembre, FJ 4; 248/2007, de 13 de diciembre, FJ 4; 74/2011, de 19 de mayo, FJ 3; 9/2013, de 28 de enero, FJ 3 b), 217/2013, de 19 de diciembre, FJ 5 a)], STC 44/2015, de 5 de marzo, STC 99/2016 de 25 mayo; 123/2016, de 23 de junio, FJ 3.; 122/2018, de 31 de octubre, F. J. 3; 141/2018, de 20 de diciembre, F. J. 5, 109/2021, de 13 de mayo, F. J. 3 y STC 16/2022, de 8 de febrero, F. J. 3.

La STC 248/2007, de 13 diciembre, fue interesante porque aclaró que «Sólo, entonces, salvarán su legitimidad constitucional aquellas disposiciones que se integren en el contenido eventual de la Ley de Presupuestos con las que guarde la necesaria conexión económica —relación directa con los ingresos o gastos del Estado o vehículo director de la política económica del Gobierno— o presupuestaria —para una mayor inteligencia o mejor ejecución del presupuesto—» (además, SSTC 274/2000, de 15 de noviembre, F.J. 4; y 109/2001, de 26 de abril, F.J. 5), y ello sin perjuicio de que «determinadas regulaciones llevadas a cabo en la Ley de Presupuestos encuentren su sede normativa natural y técnicamente más correcta en las disposiciones generales que disciplinan los regímenes jurídicos a los que se refieren» (SSTC 32/2000, de 3 de febrero, F.J. 6; y 109/2001, de 26 de abril, F.J. 6). La jurisprudencia es muy abundante y, además de las vistas, puede citarse las SSTC 27/1981, de 20 de julio, F.J. 2; 63/1986, de 21 de mayo, F.J. 12; 65/1987, de 21 de mayo; y algo más recientes SSTC 74/2011, de 19 de mayo, FJ 3; 9/2013, de 28 de enero, FJ 3 b); 206/2013, de 5 de diciembre, FJ 2 b, y 34/2005 de 17 febrero, FJ 4.

No obstante, la jurisprudencia no ha sido lineal, porque hubo algún fallo que pareció desdecir una jurisprudencia tan asentada. Así sucedió con la STC 61/1997, de 20 de marzo. Esta Sentencia, juzgó la prórroga de la delegación legislativa de la ley del suelo, que se realizó por la disposición adicional 5.ª de la Ley 31/1991 de Presupuestos Generales del Estado para 1992. Aunque la prórroga para refundir la ley del suelo no tiene un contenido presupuestario ni relación directa con los ingresos ni con los gastos, se señaló en esta STC que «no se aprecia vulneración de los límites materiales de la Ley aprobatoria de los Presupuestos Generales del Estado...», porque «nada ha sido hurtado al debate parlamentario ni se han menoscabado las potestades legislativas de las Cortes Generales y el respeto a las minorías parlamentarias en el sentido proscrito por la Constitución como consecuencia de la utilización de un procedimiento legislativo especial, como es el presupuestario, ni tampoco el debate presupuestario y el contenido primordial que caracteriza a la Ley de Presupuestos han resultado desvirtuados por la introducción en ella de una peculiar delegación legislativa». Se olvidaba la conexión directa con los ingresos y gastos como elemento determinante de la Ley Presupuestaria y se tomaba, como referencia de inconstitucionalidad, solo el «respeto al debate parlamentario» y a «las minorías parlamentarias». Ello significaba una cierta vuelta a atrás, en cuanto permitiría una interpretación más laxa (y generosa para el Gobierno) del contenido de la Ley de Presupuestos.

Sin embargo, no hubo *overruling* y el tribunal volvió enseguida a la idea original exigiendo que cualquier contenido en la Ley de Presupuestos habría de tener una «relación directa» con el ingreso y el gasto público. Así, solo un año más tarde, el Tribunal Constitucional reiteró que no se pueden incluir contenidos en la Ley de Presupuestos «que no guarden *relación directa* con el programa de ingresos y de gastos o con los criterios de la política económica en que se sustentan, o que no sean un complemento necesario para la mayor inteligencia y para la mejor y más eficaz ejecución del Presupuesto». (STC 174/1998, de 23 de julio, relativa a los límites de la Ley de Presupuestos de la Comunidad Autónoma de Aragón; STC 109/2021, de 13 de mayo, a la Comunidad Valenciana).

Como se ha visto, en materia de límites de las leyes de presupuestos se ha equiparado la posición de las comunidades autónomas y la del Estado, aunque, como se ha dicho, la equiparación en esta materia entre las Cortes Generales y los Parlamentos autonómicos no es plena. Por ejemplo, el Tribunal Constitucional ha indicado que «el segundo inciso del art. 134.7 CE no es de aplicación a las Leyes de Presupuestos de Navarra» (STC 116/1994, de 18 de abril). También se dijo en ese fallo que las especialidades de la tramitación en el Parlamento de Navarra son «prácticamente inexistentes», en relación con el procedimiento legislativo común, lo cual facilitó que no se produjese una aplicación del precepto constitucional a este Parlamento autonómico. En efecto, la STC 116/1994, de 18 de abril, (F.J. 5.º) dijo que «se desprende, pues, con toda claridad que las reglas contenidas en el art. 134 tienen como objeto directo la regulación de una institución estatal, en concreto de una fuente normativa del Estado entendido este último término en sentido estricto, es decir, como sinónimo de organización central o general del Estado... de los preceptos constitucionales que regulan instituciones del Estado no pueden inferirse, sin más, reglas y principios de aplicación, por vía analógica, a las instituciones autonómicas homólogas..., la regulación aplicable a las instituciones autonómicas..., es la contenida en las reglas y principios constitucionales aplicables a todos los poderes públicos que conforman el Estado entendido en sentido amplio y en las reglas y principios constitucionales específicamente dirigidos a las comunidades autónomas, en las leyes estatales —singularmente la LOFCA— que, dentro del marco constitucional, se hayan dictado para delimitar las competencias del Estado y las Comunidades Autónomas y, por supuesto, en los respectivos Estatutos de Autonomía de éstas».

Sin embargo, la regulación del procedimiento presupuestario del Reglamento del Parlamento de Navarra y la del resto de Parlamentos es prácticamente idéntica a la del Congreso de los Diputados, lo cual ha supuesto que muchos autores indicasen que esta argumentación tiene cierta dosis de incongruencia o de contradicción[114]. Algún autor se refirió, incluso, a «la injustificada fuerza expansiva de las limitaciones...»[115] a otros Parlamentos.

El principio parece claro: no se puede aplicar sin más a las comunidades autónomas las instituciones del Estado, ni viceversa. *A priori*, si ninguna de las restricciones que la Constitución impone a la tramitación de la Ley de Presupuestos fuese aplicable a las Asambleas Legislativas de las comunidades autónomas, ello supondría que cualquier contenido[116] podría ser incluido en la ley presupuestaria autonómica. Este pareció ser el criterio del Tribunal Constitucional[117] o en la STC 7/2010 de 27 de abril o 74/2011, de 19 de mayo.

---

114 L. GONZÁLEZ DEL CAMPO, «Nuevos problemas en torno al ejercicio de la potestad presupuestaria por el Parlamento», en VV. AA., *Parlamento y justicia constitucional. IV Jornadas de la Asociación Española de Letrados de Parlamentos*, Pamplona, Aranzadi, 1997, pp. 587 y ss.

115 J. A. VÍBORAS, «Limitaciones de los Parlamentos de las Comunidades Autónomas en el debate presupuestario», en A. GARRORENA MORALES (ed.), *El Parlamento y sus transformaciones actuales*, Madrid, Tecnos, 1991, p. 217.

116 El objeto de las leyes ha sido objeto de una reiterada jurisprudencia, como a relativa a los tipos de leyes singulares, materia que fue sistematizada en la STC 203/2013, FJ 3 y en STC 231/2015, de 5 noviembre, FJ 5. Un primer tipo de ley singular es la ley autoaplicativa, «término este que hace alusión a las leyes que contienen una actividad, típicamente ejecutiva, de aplicación de la norma al caso concreto» (STC 203/2013, FJ 3, por referencia a los supuestos contemplados en las SSTC 48/2005, de 3 de marzo y 129/2013, de 4 de junio). En segundo lugar, dispone esta STC que una ley también puede calificarse de singular en atención a los destinatarios a los que va dirigida, entendiendo que las leyes de destinatario único serían «otro de los supuestos que nuestra doctrina ha calificado como ley singular» (STC 203/2013, FJ 3, por referencia a la STC 166/1986, de 19 de diciembre. Finalmente, también son leyes singulares «"[a]quellas dictadas en atención a un supuesto de hecho concreto y singular, que agotan su contenido y eficacia en la adopción y ejecución de la medida tomada por el legislador ante ese supuesto de hecho, aislado en la Ley singular y no comunicable con ningún otro" (STC 166/1986, de 19 de diciembre), de modo que una ley que no fuera de destinatario único, ni autoaplicativa, adolece de tal naturaleza si ha sido dictada en atención a un supuesto de hecho concreto, esto es, a una situación singular o excepcional» (STC 129/2013, FJ 4).

117 Un comentario del alcance de esta prohibición puede consultarse, E. ALIAGA AGULLÓ, «Ley de Presupuestos y reforma tributaria: análisis de una larga experiencia (1979-1994)», *Revista Española de Derecho Financiero*, 81, 1994, pp. 119 y ss.; F. J. CAAMAÑO DOMÍNGUEZ, «Sobre la Ley de Presupuestos y sus límites constitucionales» *Revista de Derecho Financiero y de Hacienda Pública*, 224, 1993, pp. 337 y ss.; F. J. DÍEZ MORENO, «Análisis de la Sentencia del Tribunal Constitucional sobre la Ley de Presupuestos del Estado para 1981», en *Hacienda Pública Española*, 72, 1981, pp. 197 y ss.; F. J. ESCRIBANO LÓPEZ, *Reforma..., op. cit.*, pp. 153 y ss.; E. GONZÁLEZ GARCÍA, «Comentario a la sentencia del Tribunal Constitucional sobre la Ley de Presupuestos del Estado para 1981», en *Hacienda Pública Española*, 72, 1981, pp. 194 y ss.; R. FALCÓN Y TELLA, «La habilitación de las Leyes de Presupuestos para modificar tributos», en *Revista Española de Derecho Financiero*, 33, pp. 25 y ss.; A. MANTERO SÁENZ, A., «Las Leyes de Presupuestos en su proyección tributaria», en *Presupuesto y Gasto Público*, 5, pp. 97 ss., 1980; A. MARTÍNEZ LAFUENTE, «Ley de Presupuestos e inconstitucionalidad», en *Revista Española de Derecho Financiero*, 25 (enero-marzo), 1980,

No obstante, sí puede afirmarse que no es coherente con un sistema general, que mediante una Ley de Presupuestos (la estatal) no se pueda crear un tributo, y mediante otra Ley de Presupuestos (las autonómicas) sí se pueda, cuando todas las leyes de presupuestos de España tienen la misma naturaleza, como se ha visto. Por ello, podría afirmarse que, en lo que a la introducción de limitaciones en el procedimiento presupuestario se refiere, en las comunidades autónomas deberían existir las mismas limitaciones materiales que en el Estado para la tramitación del Proyecto de Ley de Presupuestos Generales. La razón de esta conclusión se fundamentaría en el paralelismo existente entre la posición del Gobierno de la Nación y los Consejos de Gobierno de las comunidades autónomas y con la posición ocupada por las Cortes Generales y las Asambleas Legislativas de las comunidades autónomas.

Así, los argumentos para que se aplicasen a las comunidades autónomas los mismos límites presupuestarios que en el Estado[118] se basaban en la interpretación del art. 153.d) de la Constitución, en cuanto se incluye el control

pp. 51 y ss.; C. PALAO TABOADA, *Derecho financiero y tributario*, Madrid, Colex, 1987, p. 67; Á. RODRÍGUEZ BEREIJO, «La Ley de Presupuestos en la Constitución Española de 1978» en, *La Hacienda Pública en la Constitución española*, Madrid, Instituto de Estudios Fiscales, pp. 155-241, 1979. De forma específica referido a las Comunidades Autónomas, J. A. VÍBORAS, *Limitaciones...*, cit., pp. 226 y ss., quien se manifiesta contrario a la extensión de esta prohibición a todas las Comunidades con excepción de la de la Rioja.

118 Como se ha dicho, esta jurisprudencia ha tenido como consecuencia, seguramente no deseada, la aparición de las denominadas Leyes de Acompañamiento, primero para el Estado y posteriormente para las Comunidades Autónomas, cuya simple existencia ha sido objeto de reiteradas críticas por parte de la doctrina, así como por los grupos de la oposición. Las Leyes de Acompañamiento han sido objeto de especial estudio por la doctrina, pudiendo citarse, L. M. CAZORLA PRIETO, Las llamadas leyes de acompañamiento. Sus problemas de constitucionalidad Instituto de Estudios Fiscales. Marcial Pons. Madrid. 1998; «Características de las llamadas leyes de acompañamiento presupuestario desde el punto de vista del ejercicio de la función legislativa de las Cortes Generales», en *Corts. Anuario de Derecho parlamentario.* 1997, 4, pp. 107 y ss.; «Las llamadas leyes de acompañamiento presupuestario», en *El País*, 25 de septiembre de 1997; G. CASADO OLLERO, R. FALCÓN Y TELLA, C. LOZANO SERRANO, E. SIMÓN ACOSTA, *Cuestiones tributarias prácticas*, Madrid, La Ley, 1990, pp. 27 y siguientes; R. FALCÓN Y TELLA, «Leyes de Presupuestos y Leyes de "acompañamiento": un posible fraude a la Constitución», en *Quincena Fiscal*, 22, diciembre, 1994; J. J. FERREIRO LAPATZA, «Derecho Presupuestario y técnica legislativa», en *Revista de Derecho Financiero*, julio/septiembre, 87, 1995, p. 499; I. JIMÉNEZ SÁNCHEZ, «Las leyes de acompañamiento y el problema de las leyes ómnibus», en *Teoría y realidad constitucional*, 22, 2008, pp. 525-565; L. MARTÍN-RETORTILLO BAQUER, *La eficacia temporal y el carácter normativo de la Ley de Presupuestos Generales del Estado*, Madrid, CEC, 1989, pp. 27 y ss.; J. MARTÍN QUERALT, «¿Viático o impedimento?», en *Tribuna Fiscal*, 52, enero de 1995, p. 4; T. OLALDE MARTÍN, «Ley de Presupuestos versus ley de Acompañamiento», en *Impuestos*, 24, diciembre 1995, p. 37; M. PULIDO QUEDEDO, «Ley de acompañamiento», en *Actualidad jurídica Aranzadi*, 1132-0257, 2002, p. 3; A. RODRÍGUEZ BEREIJO, «Jurisprudencia constitucional y Derecho Presupuestario, cuestiones resueltas y temas pendientes», en *Estudios Jurídicos en homenaje al Profesor Aurelio Menéndez*, Tomo IV, Derecho civil, Derecho público, Madrid, Civitas, 1996, p. 4469 y ss.; V. M. SÁNCHEZ BLÁZQUEZ, «Las Leyes de Presupuestos y las Leyes de Acompañamiento», en *Revista de derecho Financiero y de Hacienda Pública*, XLVI/242, 1996, p. 890.

presupuestario de las comunidades autónomas por el Tribunal de Cuentas y el art. 21.3 de la LOFCA que establece que los Presupuestos de las comunidades autónomas serán elaborados con criterios homogéneos, de forma que sea posible su consolidación con los Presupuestos Generales del Estado. Por otra parte, el criterio de asimilación a las comunidades autónomas de las limitaciones del artículo 134 de la Constitución puede tener su base en el art. 156.1 de la Constitución, pues el ejercicio de la autonomía financiera por las comunidades autónomas debe realizarse con arreglo al principio de coordinación con la Hacienda Estatal. Asimismo, la práctica, hasta ahora, ha discurrido por unos cauces de mimetismo de las leyes de las comunidades autónomas con la regulación constitucional, y sobre todo con la de los Reglamentos del Congreso de los Diputados y del Senado.

En definitiva, sea como sea y a pesar de las dudas que ha suscitado el propio Tribunal Constitucional, cuando el tribunal ha visto la Ley de Presupuestos desde una perspectiva general y global sí ha equiparado los límites que tienen las Cortes Generales y los Parlamentos autonómicos. Poco a poco, se han igualado todas las leyes, permitiendo a veces que algunos contenidos se incluyeran en la Ley de Presupuestos tanto del Estado como de las comunidades autónomas, aplicando la misma doctrina a todos. En este sentido apuntado, el Tribunal Constitucional ha generalizado su doctrina limitativa del contenido de la Ley de Presupuestos, en el caso de la Comunidad Autónoma de Aragón (STC 174/1998, de 23 de julio FJ 6); de Cantabria (STC 130/1999, de 1 de julio FJ 5); de La Rioja (STC 180/2000, de 29 de junio FJ 5); de las Islas Canarias (STC 274/2000, de 15 de noviembre FJ 6); del País Vasco (STC 3/2003, de 16 de enero FJ 6); de Madrid (STC 202/2003, de 17 de noviembre FJ 10); de Castilla-La Mancha (SSTC 74/2011, de 19 de mayo FJ 3 y 16/2022, de 8 de febrero, FJ 1); de la Comunidad Valenciana (SSTC 7/2010, de 27 de abril y 86/2013, de 11 de abril FFJJ 3 y 4); de la Comunidad Autónoma de Asturias (STC 108/2015, de 28 mayo) y de la Comunidad Autónoma de Cataluña (STC 141/2018, de 20 de octubre). En todos estos casos, la Ley Orgánica 8/1980, de financiación de las comunidades autónomas (art. 21.1) y casi todos los Estatutos de Autonomía enjuiciados, contienen una cláusula similar al artículo 134.2 CE con lo que se concluye que el bloque de la constitucionalidad aplicable a la Comunidad Autónoma, hay «un principio general de que el contenido de la Ley de Presupuestos autonómica se adecue a la función institucional que le es propia, sin que puedan incluirse en ella normas que no guarden relación directa con el programa de ingresos y de gastos o con los criterios de la política económica en que se sustentan, o que no sean un complemento necesario para la mayor inteligencia y para la mejor y más eficaz ejecución del Presupuesto» (SSTC 174/1998, FJ 6, y 130/1999, FJ 5).

Los ejemplos de exclusión de contenidos en las leyes autonómicas de Presupuestos son muchos, así en STC 130/1999 (creación del Cuerpo de Letrados como Cuerpo integrante de la función pública autonómica: no se admitió su inclusión en la Ley de Presupuestos), 180/2000 (sí se admitió la inclusión de las multas coercitivas), 274/2000 y 38/2004 (no se admitió la inclusión de normas sobre pruebas de acceso a la función pública); 7/2010 (sí se admitió la modificación de los tipos de gravamen del impuesto sobre actos jurídicos documentados); 74/2011, de 19 de mayo (no se admitió la inclusión en la Ley de Presupuestos de normas sobre normas urbanísticas relativas a usos y destinos para determinados terrenos por razón de su propietario); 86/2013 (no se admitió la regulación, en la Ley de Presupuestos, de un supuesto de silencio administrativo negativo en los procedimientos de la situación de dependencia y del derecho a las prestaciones del sistema valenciano para las personas dependientes); 44/2015, de 5 de marzo y 62/2015, de 13 de abril (sí se admitió la creación de una prestación patrimonial de carácter público), 108/2015, de 28 de mayo (sí se admitió la creación del impuesto sobre depósitos de las entidades de crédito mediante la Ley de Presupuestos, aunque se declaró inconstitucional por otros motivos —vulneración del artículo 6.2 LOFCA—) y 109/2021, de 13 de mayo, (no se admite la modificación del régimen de incompatibilidades de empleados públicos).

Sea como fuere, el procedimiento presupuestario es la primera de las especialidades reguladas en la generalidad de los reglamentos parlamentarios existentes en España. Se trata de un procedimiento complejo y quizá reiterativo, y, que ha sido polémico[119] y criticado[120]. Se le acusa de no satisfacer ni el derecho de enmienda, ni el derecho de iniciativa, resultando habituales las opiniones contrarias en su actual regulación. Es generalizada la opinión que señala la insuficiencia de los cauces reglamentarios para dar adecuada vigencia a las nuevas estructuras del Presupuesto o a las nuevas formas de financiación, tan comunes en un moderno documento presupuestario.

119 Algún autor señaló que «la normativa reglamentaria del Congreso y del Senado conciben el procedimiento de aprobación de los Presupuestos Generales del Estado como sometido al procedimiento legislativo ordinario...» (La cursiva es añadida). M. A. Martínez Lago, «Las limitaciones de las Cortes Generales en la iniciativa y aprobación de los Presupuestos», *Revista de las Cortes Generales*, 21, 1990 (septiembre-diciembre), p. 107. En estudio sobre el procedimiento presupuestario en el Parlamento Vasco, J. C. Areizaga Hernández, «El procedimiento legislativo especial de tramitación y aprobación de los Presupuestos Generales de la Comunidad Autónoma de Euskadi en el nuevo Reglamento del Parlamento Vasco», en Asamblea. *Revista parlamentaria Asamblea de Madrid*, 21, 2009, pp. 237 a 274.

120 Las posibilidades de reforma del procedimiento presupuestario han sido específicamente analizadas por, L. M. Cazorla Prieto, «Posibilidades de evolución del procedimiento parlamentario presupuestario actual», en *Parlamento y Derecho*, Vitoria, Parlamento Vasco, 1991, pp. 405 y ss.; y, por el mismo autor «Ante el próximo debate parlamentario de los Presupuestos», *La Vanguardia*, 24 de septiembre de 1998. Sobre las especiales dificultades del procedimiento presupuestario puede consultarse A. Rodríguez Bereijo, «Sobre técnica jurídica y Leyes de Presupuestos» en *Estudios de Derecho y Hacienda. Libro homenaje a Cesar Albiñana*, vol. I, Madrid, Ministerio de Economía, 1987, pp. 643 y ss.

Hasta ahora, la intervención del Parlamento en la aprobación del Presupuesto es atípica en tanto que parece relegado a un papel materialmente secundario, recepcionista numérico de decisiones ya negociadas y tomadas con anterioridad. Se ha dicho por varios autores[121], que la discusión del proyecto de ley de Presupuestos es consecuencia de la posición del Parlamento en el moderno Estado, pues su intervención se acomoda al «carácter instrumental del Presupuesto en relación con la política económica» (STC 27/1981, de 20 de julio, FJ 2.º), que se define por el Gobierno.

El papel actual del Parlamento no es irrelevante, y así lo demuestra el claro significado de censura política que tiene la aprobación de una enmienda a la totalidad de devolución, o bien el rechazo del Presupuesto en la votación final ante el Pleno. La mencionada especialidad en la aprobación del Presupuesto implica la introducción de una serie de modulaciones en el procedimiento legislativo común. Estas alteraciones deberían ser las suficientes como para permitir que el Gobierno sea el que efectivamente «elabore» el presupuesto, sin que ello suponga olvido de la participación del Parlamento, este «aprueba» el presupuesto. Las restricciones que se impongan a los poderes de la Cámara suponen respetar no solo la iniciativa del Gobierno en materia económica, sino también preservar su función de *indirizzo politico*. Así, el Tribunal Constitucional, en Sentencia 76/1992 de 14 de mayo[122] (FJ 4.º), refirió al carácter de la Ley de Presupuestos no solo como conjunto de previsiones contables, sino también como un instrumento al servicio de la política económica que define el Gobierno.

Partiendo de que hay fundamento político-jurídico suficiente para la existencia de una especialidad procedimental presupuestaria, debe estimarse cuáles son las reglas específicas que se deben introducir en el procedimiento legislativo. Son varios los aspectos que imprimen carácter a la regulación reglamentaria del procedimiento presupuestario. Es el proyecto de ley de presupuestos el único asunto parlamentario que debe ser tramitado en un plazo «preclusivo»[123], planteándose que el Parlamento dispone de poco

---

121 J. L. GARCÍA, «Examen, enmienda y aprobación de los Presupuestos Generales del Estado» en AA. VV. *Funciones Financieras de las Cortes Generales*, Madrid, Congreso de los Diputados, 1985, p. 292 y ss.; L. M., CAZORLA PRIETO, «Las Cortes Generales ante los proyectos de ley de presupuestos generales del Estado», *Revista de las Cortes Generales*, 3, 1984, p. 65; y L. GONZÁLEZ DEL CAMPO, *Las leyes de Presupuestos…*, *op. cit.*, pp. 385 y ss.

122 Sobre la importancia que tuvo esta Sentencia del Tribunal Constitucional, aparte de la bibliografía ya citada, puede consultarse, I. TORRES MURO, «Las peculiaridades de la Ley de Presupuestos en la Jurisprudencia del Tribunal Constitucional», en *Revista Española de Derecho Constitucional*, año 17, 49, enero-abril 1997, pp. 311 y ss.; A. JIMÉNEZ DÍAZ, «La Ley de Presupuestos…», en *Revista Española de Derecho Financiero*, 83, 1994, pp. 326 y ss.; GALLARDO CASTILLO, M.ª J. «El ámbito extrapresupuestario de la Ley de Presupuestos. ¿Comienza su reducción?», en *Revista Española de Derecho Administrativo*, 80, 1993, pp. 722 y ss.; F. J. CAAMAÑO DOMÍNGUEZ, *Sobre la Ley…*, cit., pp. 335 y ss.

123 M. A. MARTÍNEZ LAGO, *Las limitaciones...* cit. p. 108.

tiempo para estudiar tan importante documento con un grado de rigor aceptable[124] , y con la información suficiente para poder pronunciarse sobre este proyecto de ley[125].

Como premisa, puede afirmarse que la justificación de esta especialidad procedimental es la extraordinaria importancia que tiene la aprobación de la Ley Presupuestaria. No solo es recalcar y dar a conocer del Parlamento hacia fuera las principales propuestas y proyectos que tiene el Gobierno para el siguiente ejercicio, sino que su aprobación es ejercicio de la función de control parlamentario y, a la vez, vía imprescindible de obtención de información por parte de los Diputados. La justificación de la especialidad presupuestaria parece clara, lo que no es tan claro es que las peculiaridades introducidas en los reglamentos parlamentarios sean suficientes para cumplir con la finalidad perseguida. En primer lugar, el juego de las mayorías hace que, casi siempre, las enmiendas parciales de la oposición no se aprueben. En segundo lugar, la posibilidad que tiene el Gobierno de modificar el Presupuesto aprobado por la Cámara, desde el primer día de su entrada en vigor, hace más estéril el acelerado esfuerzo que emprenden parlamentarios y funcionarios a principios del mes de octubre y noviembre.

Las propuestas doctrinales de modificación del Presupuesto suelen ser recurrentes para una tramitación más eficaz y coherente. Así, hay quien defiende que la actual intervención del Parlamento debe ser reorientada de alguna forma, siempre desde una perspectiva realista y asumiendo que no existen «recetas mágicas», que restituyan al Parlamento a su posición presuntamente originaria. Se dice que podría celebrarse solo un debate plenario de totalidad. Las posibilidades en este punto son múltiples, pues podrían desarrollarse, incluso, varios debates de totalidad, agrupados por materias y Secciones. Además, si se pretendiese dar importancia a la función del Parlamento en el ejercicio de la función presupuestaria, podría centrarse su participación en el control a posteriori de la ejecución del documento aprobado por el Parlamento, a través de una Oficina de Control dependiente del Parlamento. Ello podría ayudar al Diputado al ejercicio de la función de control; mucho más que la posibilidad de presentar unas enmiendas parciales con muy pocos visos de ser aprobadas, y menos aún de ser ejecutadas por el Gobierno. Es cierto que, con esta conclusión, solo de forma parcial se cumpliría lo dispuesto en la Constitución y en los Estatutos de Autonomía en lo relativo a la facultad de enmienda presupuestaria que ha de ejercer el Parlamento, pero también lo es que, hoy en día, la Constitución y los Estatutos de Autonomía no son cumplidos de un modo pleno en lo referente al ejercicio del control parlamentario.

---

124 L. M. Cazorla Prieto, *Las Cortes...*, cit., p. 75; J. L. García, *Examen...*, cit. pp. 335 y 347.

125 S. Tossi, *Diritto Parlamentare*, Milano, A.G., 1993.

4.2. Iniciativa

Sin duda, la presentación del proyecto de ley de presupuestos es un momento interesante de la vida política del Estado y también de una Comunidad Autónoma[126]. Aparte de las consecuencias políticas que la inactividad del Gobierno pueda producir, el efecto jurídico fundamental de la no presentación del proyecto de ley de presupuestos (o de la aprobación de una enmienda a la totalidad de devolución) es la aparición de una de las instituciones más problemáticas que hay en Derecho Presupuestario, como es la prórroga del Presupuesto[127]. Los Estatutos de Autonomía disponen una regulación similar a la del art. 134.4 de la CE, en el que se establece que, si los Presupuestos no fueran aprobados antes del primer día del ejercicio económico correspondiente, quedarán «automáticamente prorrogados los Presupuestos del ejercicio anterior hasta la aprobación de los nuevos». La prórroga es una excepción al principio de anualidad que afecta al normal funcionamiento institucional, habiéndose afirmado que es una opción que, en cierta forma, supone una desconfianza hacia el poder ejecutivo[128]; aunque también se ha señalado que es una manifestación de la supremacía del poder ejecutivo en materia de tramitación presupuestaria[129].

La prórroga, que no es una institución extraña al Parlamento[130], es el recurso utilizado porque quizá la alternativa no sea mejor, aunque ha traído

---

126 Cfr. L. M. CAZORLA PRIETO, *Las Cortes Generales...*, p. 57; J. L. GARCÍA, *Examen...*, cit., p. 295.

127 E. GONZÁLEZ GARCÍA, «La Ley del Presupuesto en la Constitución española de 1978», en *Presupuesto y Gasto Público*, 3, 1979, p. 131. Sobre la vigencia temporal de la ley de Presupuestos D. LOZANO ROMERAL, «Sobre la vigencia del articulado de la Ley de Presupuestos Generales del Estado», en *Crónica Tributaria*, 59, 1989, pp. 141 y ss.

128 F. J. VISIEDO MAZÓN, «La tramitación de las Leyes de Presupuestos en los Parlamentos Autónomos. Aspectos generales», en VV.AA., *Jornadas de Parlamentos Autónomos*, Valencia, Cortes Valencianas, 1986, p. 159.

129 L. GONZÁLEZ DEL CAMPO, *Las leyes...*, cit., p. 400.

130 La prórroga ha sido utilizada para aclarar la naturaleza de la Diputación Permanente. Si bien la bibliografía sobre la Diputación Permanente no es excesivamente amplia, la consideración de la misma como una *prorrogatio* del Parlamento puede consultarse, en A. L. ALONSO DE ANTONIO, *La Diputación Permanente en la Constitución Española de 1978*, Madrid, Universidad Complutense, 1992; J. A. ALONSO DE ANTONIO, «La Diputación Permanente en el sistema parlamentario español», en *Revista de las Cortes Generales*, 8, segundo cuatrimestre, 1986, pp. 133 y ss.; I. ALÓS MARTÍN, «La Diputación Permanente en la Constitución Española», en *Revista de las Cortes Generales*, 18, tercer cuatrimestre, 1989, pp. 7 y ss.; M. D. GONZÁLEZ AYALA, «La continuidad de las Cámaras Parlamentarias: las distintas soluciones constitucionales», en *Anuario de la Facultad de Derecho*, Universidad de Extremadura, 5, 1987, pp. 73 a 86; J. J. LAVILLA RUBIRA, «Artículo 78: las Diputaciones Permanentes del Congreso de los Diputados y en el Senado», en O. ALZAGA VILLAAMIL (Dir.), *Comentarios a la Constitución Española de 1978*, Tomo VI, Madrid, Cortes Generales/ Editoriales de Derecho Reunidas, 1998, pp. 685 y ss.; P. MELLADO PRADO, «El problema de la continuidad del Parlamento: la Diputación Permanente», en *Revista de*

problemas en su aplicación práctica se refiere. La prórroga es automática y no es preceptivo que haya ningún acuerdo del Gobierno, ni del Parlamento, normativo o no, para prorrogar las partidas presupuestarias. Además, la prórroga se refiere a todas las partidas, incluso las denominadas finalistas, y también las previsiones de ejecución única, como pudiera ser la construcción de una infraestructura determinada, o la adquisición de un bien único, aunque se ejecuten en un solo acto.

Además, la previsión de la prórroga ha supuesto que la doctrina se haya planteado soluciones para responder a los problemas surgidos, como la posibilidad de que el Parlamento pudiese presentar una proposición de ley de presupuestos. Sin embargo, aquí la iniciativa gubernamental está concebida por el ordenamiento en términos excluyentes, así parecen entenderlo algunos reglamentos parlamentarios, y se confirma en las leyes de iniciativa legislativa popular. Estas leyes han seguido el criterio del artículo 5.2 de la Ley Orgánica 3/1984, de 26 de marzo, reguladora de la iniciativa legislativa popular. Algún reglamento parlamentario ha aclarado de forma definitiva esta previsión, como el de la Asamblea de Murcia, (art. 147 RAMU) que dispone que la iniciativa legislativa en materia presupuestaria solo podrá ser ejercida por el Gobierno de la Región de Murcia. Regulaciones similares están generalizadas en todos los reglamentos parlamentarios.

Este monopolio viene justificado, asimismo, por la complejidad técnica del documento presupuestario: el P.P.P. entraña una cierta dificultad de elaboración que facilita que sea el Gobierno el que lo elabore, de forma similar que las técnicas, algo más recientes, de presupuestación por resultados o «gestión por resultados». Por ello, el Gobierno es el órgano constitucional que cuenta con todos los datos precisos y los medios necesarios para el cálculo de los ingresos y la previsión de gastos. Y es aquí donde tiene todo su sentido la función del Gobierno de dirección de la Administración (art. 97 de la CE). Si solo el Gobierno es el competente para presentar el proyecto de ley de presupuestos, la consecuencia, ya aludida, ha de ser la imposibilidad no solo de las proposiciones de ley de presupuestos, sino también de las enmiendas a la totalidad con texto alternativo. Esta es la causa por la que los distintos reglamentos parlamentarios se refieren habitualmente al proyecto de ley de presupuestos.

Derecho Político, UNED, 27-28, 1988, pp. 45 y ss.; E. RECODER DE CASSO, «Comentario al artículo 78», en *Comentarios…, op. cit.* Especial interés reviste, A. L. ALONSO DE ANTONIO, «Repertorio bibliográfico sobre Comisiones Parlamentarias y Diputación Permanente», en *Revista de Derecho Político*, 33, 1991, pp. 303 y ss.; E. GUILLÉN LÓPEZ, «La Diputación Permanente como mecanismo de continuidad parlamentaria en el ordenamiento jurídico andaluz», en *Jornadas de estudio del Parlamento de Andalucía en el XX Aniversario del Estatuto*, Granadas: Comares, 2004, pp. 151-161; P. J. PEÑA JIMÉNEZ, «La Diputación Permanente a la luz de cuatro décadas de vida parlamentaria», *Revista de las Cortes Generales*, 103, 2018, pp. 319 a 365. Más moderno y afrontando una cuestión muy actual, M. CARRASCO DURÁN, «El Parlamento en los tiempos del coronavirus: el recurso a la Diputación Permanente», en *Revista Española de Derecho Constitucional*, 122, mayo-agosto 2021, pp. 119 a 150.

En definitiva, el fundamento de este monopolio a favor del Gobierno, en lo que a la iniciativa se refiere, estaría en la posición del propio poder ejecutivo como cabeza de la Administración. No solo es que se esté «en la hora de los ejecutivos», es que también es el receptor más inmediato de información en lo que a las necesidades, intereses o pretensiones de la sociedad se refiere. Ningún otro órgano constitucional o estatutario[131] ostenta la privilegiada posición de conocer la realidad, rica, plural y muy compleja a la que se va a aplicar el documento presupuestario. Por ello, la inactividad del Gobierno no remitiendo el proyecto de ley de presupuestos adquiere una trascendencia que excede lo jurídico.

Ante la inactividad del Gobierno para presentar el proyecto de ley de presupuestos, algún autor[132] defendió hace años la posibilidad de que el Parlamento pudiese presentar una proposición de ley de presupuesto, con una técnica similar a la que rige para las obligaciones recíprocas en el art. 1100 del Código Civil. Sin embargo, puede pensarse que la técnica de la obligación recíproca es difícilmente aplicable a lo dispuesto en nuestro ordenamiento jurídico presupuestario, ya que la prórroga se diseña como un dispositivo automático, lo cual no sucede en las obligaciones recíprocas.

Pero la problemática de la prórroga no se agota con su simple previsión, sino que se extiende también a su ámbito objetivo. En efecto, ni la Constitución, ni los estatutos de autonomía distinguen entre la Ley de Presupuestos no aprobada en plazo, y los presupuestos[133], que es la expresión cifrada de los ingresos y gastos, y que tendría un contenido más restringido. En este sentido, se ha mantenido que lo prorrogado podría ser solo la parte referida a esta previsión económica, por ser el único objeto que está, en verdad, dotado de un alcance presupuestario y el único, en definitiva, que sería susceptible de prórroga. No obstante, la mayoría de la doctrina[134] mantiene que también el contenido «no propiamente presupuestario» de la Ley de Presupuestos continuará vigente, como consecuencia de su rango de ley, más que como efecto de la prórroga.

Según dispone la ley, el Gobierno de la Nación está jurídicamente obligado a presentar el Proyecto de Ley de Presupuestos tres meses antes de su entrada en vigor, 1 de octubre, o antes del día 1 de noviembre en el caso de muchas comunidades autónomas. Este es el sentido de lo dispuesto en el

131 Se podría efectuar un cierto paralelismo órgano constitucional-órgano de relevancia constitucional y órgano estatutario-órgano de relevancia estatutaria.

132 E. Recoder de Casso, «Iniciativa Legislativa Presupuestaria», en *Presupuesto y Gasto Público*, 18, 1983, pp. 53 y ss.

133 F. J. Magraner Moreno, «Problemas de las disposiciones adicionales en las Leyes de Presupuestos» *Revista Española de Derecho Financiero*, 63 (julio-septiembre), 1989, pp. 392 y ss.

134 R. Falcón y Tella, «Límites materiales y Temporales de la parte dispositiva de la Ley de Presupuestos», en AA.VV., *Las Cortes Generales*, Vol. II, Madrid, I.E.F., 1987, pp. 972 y ss.

artículo 133.1 del Reglamento del Congreso de los Diputados, en cuanto que este Proyecto de Ley gozará de preferencia con respecto a los demás trabajos de la Cámara (no solo los legislativos, sino también cualesquiera otros que se puedan generar). Este precepto es reiterado en casi todos los reglamentos parlamentarios españoles (art. 148.1 RS; art. 129.1 RPAND; art. 158.2 RJGPRINCAST —que añade que este proyecto no se puede tramitar por el procedimiento de urgencia—; art. 140.2 RPCANA; art. 134.2 RPCANT; art. 189.2 RCAR; art. 162.2 RCCLM —y el artículo 162.3, en donde tampoco se puede tramitar mediante el procedimiento de urgencia—; art. 127.2 RCC-LM; art. 128.2 RPCAT; art. 130.2 RCV; art. 183.1 RAEX; art. 129 RPGAL; art. 138.2 RPIB; art. 110.2 RPLR; art. 158.2 RAMA; art. 148.2 RAMU (en donde la preferencia es «absoluta»); art. 151.2 RPNA; art. 153.1 RPV. Por otro lado, cabría preguntarse qué sucedería en caso de coincidir la tramitación de una reforma constitucional de las del artículo 168 CE (artículo 147 RCD y 158 RS) con la tramitación de la Ley de Presupuestos (la única para la que se prevé preferencia en la tramitación). No obstante, la importancia de los momentos haría que las Cámaras concentren sus esfuerzos en tramitar ambas iniciativas, aunque la importancia de la reforma constitucional parecería prevalente.

En las comunidades autónomas, es habitual el plazo de dos meses para la aprobación del Presupuesto, aunque algunas Comunidades fijan un plazo de tres, introduciendo una regulación idéntica a la del art. 134.3 de la Constitución; es el caso del Reglamento de la Junta General de Asturias (art. 157, que determina que sea presentado el proyecto antes del último trimestre del año), art. 188.2 RCAR, o el caso del Reglamento de las Cortes de Castilla-La Mancha (art. 161.1). No obstante, en esta materia, el tiempo del que dispone el Parlamento español para aprobar el Presupuesto es aceptable[135], si se compara con el tiempo con el que cuentan otras Cámara legislativas, como los 29 días del sistema británico, los 60 días de los que disponen la Asamblea Nacional y el Senado en Francia, o los casos de Alemania (art. 113 de la Ley Fundamental de Bonn) y Portugal (art. 108.2 de la Constitución portuguesa de 1976), con períodos también similares al español.

También relacionado con la iniciativa y con la posición del Gobierno en la tramitación del proyecto de ley de presupuestos, se puede recordar la polémica suscitada en relación con la posibilidad de que el Gobierno pueda retirar el Proyecto de Ley de Presupuestos. En favor de la aplicación de la regla general (retirada por el Gobierno antes de la decisión final del Pleno), estaría la configuración de los Presupuestos como documento que es expresión de la política del Gobierno, en el sentido afirmado por el Tribunal Constitucional. Asimismo, debe tenerse en cuenta que el reglamento rarlamentario no

135 J. Aguirre de la Hoz, «La institución presupuestaria, en el Derecho Comparado», en *Presupuesto y Gasto Público*, 6, 1980, pp. 50 y ss.; S. Montejo Velilla, «La aprobación de los Presupuestos Generales del Estado. Reflexiones sobre la conveniencia de reformar los reglamentos de las Cámaras», en *Revista de Hacienda Pública*, 90, 1984, p. 152.

efectúa ninguna distinción, y permite que el Gobierno retire cualquier Proyecto. En este sentido, el Gobierno tendría la misma disponibilidad sobre el documento presentado que sobre el resto de proyectos, la cual se vería reflejada no solo en una exclusividad en su presentación, o en la posibilidad de oponerse a ciertas enmiendas presupuestarias, sino también en la posibilidad de que el Gobierno retire el texto en las condiciones establecidas en el Reglamento.

Especial relevancia tiene la disposición reglamentaria por la que el debate del Presupuesto se referirá también al estudio de los otros documentos que acompañen al Proyecto de Presupuestos. La importancia de esta documentación es evidente y está en directa relación con los «antecedentes necesarios para poder pronunciarse sobre los Proyectos de Ley» aludidos en los Reglamentos españoles, parafraseando al artículo 88 CE. Por tanto, el proyecto de ley de presupuestos, al igual que el resto de proyectos de ley, deberá ir acompañado de una Exposición de Motivos y de, al menos, los referidos antecedentes que podrían ser en mayor número y calidad que la documentación exigida por la correspondiente norma. Ante su falta de remisión, la Mesa del Parlamento, en virtud de su naturaleza de órgano de calificación, deberá proceder a su solicitud complementaria al Gobierno. El incumplimiento por el Gobierno de la carga de remitir la documentación justificaría una decisión de la Mesa del Parlamento consistente en someter el procedimiento a una condición suspensiva, hasta la remisión de la documentación que no ha sido remitida. De este modo, el procedimiento legislativo presupuestario solo continuaría si el Gobierno cumpliese tal condición. En general, los reglamentos parlamentarios han extendido la tramitación del reglamento al «estudio de otros documentos que acompañen» al Presupuesto (art. 134.2 RCD; art. 150.1 RS; art. 129.3 RPAND; art. 196.1 RCAR; art. 159.2 RJGPRINCASTST; art. 134.4. RPCANT; art. 141.2 RPCANA; art. 164.2 RCC-LM; art. 128.2 RCC-LM; art. 122 RPCAT; art. 132.2 RCV; art. 183.5 RAEX; art. 130.2 RPGAL; art. 139.3 RPIB; art. 112.2 RPLR; art. 159 RAMA; art. 152.1 RAMU; art. 153.2 RPV).

Una vez presentado el Proyecto de Presupuestos por el Gobierno, admitido a trámite por la Mesa y ordenada su publicación, los Parlamentos han desarrollado una práctica consistente en la aprobación y publicación de un calendario de tramitación. Esta publicación supone una utilísima herramienta para todos los sujetos participantes en el procedimiento, en cuanto permite la previsión aproximada de la sucesión de todos los actos que integran el Presupuesto. La publicación de este calendario ha adquirido valor jurídico, seguramente por la fuerza normativa de lo fáctico. No obstante, la seguridad jurídica de la publicación del calendario de tramitación ha impuesto la previsión expresa por muchos reglamentos. Así lo han hecho los Reglamentos de las Cortes de Aragón (art. 148.2 RCAR), Parlamento canario (art. 140.2 RPCANA), Parlamento de Cantabria (art. 135.2 RPCANT), Asamblea de Extremadura (art. 183.3 RAEX); Asamblea de Madrid (art. 160.2 RAMA);

Asamblea de Murcia (art. 148.2 RAMU, lo aprueba la Junta de Portavoces), Cortes Valencianas (art. 131.1 RCV), o Parlamento Vasco (art. 153.1 RPV) en los que se recoge la obligación de la Mesa de fijar el calendario de tramitación del Presupuesto. Similar regulación incluye el de las Islas Baleares (art. 138.3 RPIB, en donde las comparecencias se celebrarán antes de finalizar el período de enmiendas) y el de las Cortes de Castilla y León (art. 127.5 RCCyL). La modificación del calendario se debería realizar por el mismo órgano que lo ha aprobado, como expresamente dispone el artículo 183.3 RAEX, según el cual «sólo podrá ser alterado por la Mesa a petición motivada del presidente de la Cámara, de un grupo parlamentario o de la Junta de Extremadura».

También el Reglamento del Parlamento de Navarra dispone, en su artículo 153 RPNA, que sea la Mesa de la Cámara, previo acuerdo de la Junta de Portavoces, la que dicte «las Normas complementarias precisas para ordenar el examen, enmienda, debate y votación del proyecto, así como los plazos, en la forma que más se acomode a la estructura del presupuesto».

En general, los reglamentos solo prevén de forma un tanto parcial, el conjunto principal de trámites procesales en este procedimiento, existiendo una serie de prácticas y costumbres que tratan de dar consistencia y sistematicidad al procedimiento legislativo presupuestario. Prueba de ello y como primer trámite en el procedimiento previsto en el calendario aprobado por la Mesa, existe la práctica parlamentaria consistente en la previa celebración de comparecencias. Esta práctica se sustancia, principalmente, en que los Grupos parlamentarios solicitan la comparecencia de los miembros del Gobierno, que suelen asistir acompañados de los altos cargos correspondientes.

La finalidad de este tipo de comparecencias[136] es informativa, más que de control. La comparecencia es de los miembros del Gobierno, aunque, evidentemente, también podrán ser requeridos los altos cargo o gerentes de aquellas empresas públicas cuyos presupuestos sean objeto de aprobación parlamentaria, ante la correspondiente Comisión parlamentaria[137]. Por su lado, nada evita la convocatoria de otro tipo de comparecientes, conforme a lo dispuesto en el reglamento parlamentario.

4.3. Enmiendas

Un trámite importante de este procedimiento es el de las enmiendas admisibles en el procedimiento, y que nos sitúa ante el propio papel que juega el Parlamento en la elaboración del documento presupuestario. No se puede

136 S. MONTEJO VELILLA, *La aprobación...*, cit., p. 152.

137 En relación con la específica problemática de las Comisiones de Presupuestos; M. PULIDO QUECEDO, «Las Comisiones de Presupuestos», en J. C. DA SILVA OCHOA, *Las Comisiones Parlamentarias*, Vitoria, Parlamento Vasco, pp. 439 y ss.

tratar de excluir al Parlamento de la reforma o modificación del Presupuesto, pues lo exigen expresamente los artículos 134 CE y los preceptos estatutarios vistos. No obstante, se ha planteado un cambio en la función del Parlamento, que incidiría más en el control[138] que en la aprobación del Presupuesto.

Algún autor[139] acogió hace años la teoría, de clara influencia alemana[140], de que el Parlamento no tiene facultad de enmienda del Presupuesto, pues es un acto administrativo en el que aquel poco o nada tiene que decir. Sin embargo, una vez superado el debate sobre la naturaleza material o formal de la Ley de Presupuestos, no puede mantenerse esta postura. En efecto, el planteamiento de cuál ha de ser el papel constitucional y estatutario que desempeñen el Parlamento y el Gobierno en la tramitación presupuestaria debe tener su reflejo lógico en la regulación que realice el reglamento de las enmiendas admisibles. Cuanto más fuerte sea la postura del Parlamento, menores restricciones tendrá para enmendar el Proyecto de Ley de Presupuestos.

Se ha planteado algún problema en la calificación y admisión a trámite de las enmiendas presentadas[141]. Como consecuencia de la aplicación del denominado «procedimiento legislativo común», es la Mesa de la Comisión correspondiente la competente para calificar las enmiendas y admitirlas a trámite. En este sentido, puede afirmarse que «no es dudosa la conveniencia de implantar... una acción impugnatoria ante la Mesa de la Cámara de los acuerdos de la Mesa de la Comisión en el trámite de admisión y calificación, que por un lado salvaguarde los derechos de los diputados y Grupos, y por otro asegure la unidad de doctrina parlamentaria que solo la Mesa de la Cámara puede garantizar»[142]. Por las razones aducidas, es corriente el planteamiento de una suerte

---

138 La incidencia de la función presupuestaria del Parlamento como función de control es unánimemente mantenida y, aparte de la mayoría de las obras citadas, puede consultarse M. ARAGÓN REYES, «A modo de ejemplo: el control parlamentario como control político», en *Constitución y control del poder*, Buenos Aires, Ciudad Argentina, 1994, pp. 166 y ss.

139 J. L. VILLAR PALASÍ, *Derecho Administrativo I*, Madrid, UNED, p. 282.

140 Como es sabido, la oposición ley formal-ley material alcanza sentido cuando se extiende la competencia del poder ejecutivo a la elaboración del Presupuesto; P. LABAND, *Budgerecht*, 1871, edición en español *El Derecho Presupuestario*, Madrid, Instituto de Estudios Fiscales, 1979. Es imprescindible, para esta materia, el estudio introductorio en esta edición de A. RODRÍGUEZ BEREIJO.

141 No puede hacerse mención a la problemática de la admisión a trámite y calificación de las enmiendas, de la que existen estudios, magníficos, que analizan la cuestión de forma extensa, puede consultarse la obra ya citada de A. ARCE JANÁRIZ. También puede citarse M. A. PRESNO LINERA, «La consolidación del criterio jurisprudencial sobre la admisión de iniciativas legislativas parlamentarias (la STC 38/1999, de 22 de marzo)», en *Repertorio Aranzadi del Tribunal Constitucional*, 10, agosto de 1999, pp. 17 y ss.

142 A. ARCE JANÁRIZ, *El procedimiento…*, *op. cit.*, p. 196.

de recurso de alzada, que no es extraño en el Derecho parlamentario[143] y que ha sido previsto en algunos Parlamentos[144], como ya se ha visto.

La dificultad que entraña, en ocasiones, la tramitación del Proyecto de Presupuestos ha motivado que algunos reglamentos prevean trámites destinados a reparar fallos o subsanar errores. Algunos Parlamentos autonómicos prevén disposiciones de esta naturaleza, como la del artículo 185.2 RAEX, que establece que «En el período de presentación de enmiendas la Junta de Extremadura podrá presentar por escrito correcciones de errores de carácter técnico, aritmético o gramatical. La Mesa de la Comisión decidirá sobre su admisión o no». No obstante, algún que otro reglamento autonómico ha determinado criterios más estrictos y menos flexibles, para la admisión a trámite de las enmiendas; es el caso del Reglamento del Parlamento Vasco, que determina (art. 155.4.a) que «no se admitirán a trámite enmiendas parciales cuya motivación sea falta de explicación de las diferentes partidas presupuestarias».

A) Enmiendas a la totalidad

El primer problema que se plantea es el del propio concepto de enmienda a la totalidad. Se suele entender que enmiendas a la totalidad son aquellas que «versan sobre la oportunidad, los principios o el espíritu del Proyecto de Ley», pudiendo así postular la devolución del texto, o bien presentar un texto completo alternativo al del Proyecto. De acuerdo con lo ya indicado, solo podrían presentarse enmiendas a la totalidad de devolución. Sin embargo, esta materia no es tan pacífica, ya que se plantea si en el debate presupuestario pueden existir enmiendas a la totalidad de devolución distintas que las presentadas en el resto de proyectos de ley. Es decir, enmiendas cuya finalidad real sea el rechazo total del Proyecto, pero que formalmente no ponen en duda su viabilidad completa del texto; este sería el caso de las enmiendas de devolución fundamentadas en el rechazo a una Sección presupuestaria en concreto, que vendrían a ser una especie de enmiendas a la totalidad «parciales».

La regulación de estas enmiendas de devolución de una Sección presupuestaria es efectuada en algunos reglamentos de forma expresa. Así, el art.

143 Di Ciolo, y Ciaurro, en *Il Diritto parlamentare nella teoria e nella practica*, Milán, Giuffrè, 1994, p. 441, quienes reflexionan sobre el papel del Presidente del Parlamento en la vigilancia de esta cuestión

144 Así la Resolución de la Presidencia del Congreso de los Diputados de 12 de enero de 1983; de las Cortes de Castilla y León de 20 de septiembre de 1984; del Parlamento de Canarias de 17 de octubre de 1984; de las Cortes de Aragón de 19 de noviembre de 1984; de la Asamblea de Extremadura de 11 de diciembre de 1985; del Parlamento de Andalucía de 1 de julio de 1987, y también la norma interpretativa de la Mesa del Parlamento de Cataluña de 4 de julio de 1984.

149.1 del Reglamento del Senado se refiere a las enmiendas de devolución de una Sección, que seguirán los trámites de una propuesta de veto. También regulan las enmiendas a la totalidad de devolución de una sola Sección y las equipara a una enmienda a la totalidad, el artículo 158.4 RJGPRINCASTST; el art. 130 del Reglamento del Parlamento de Andalucía (y su aprobación supone «dar por concluido el debate... al entenderse que se ha acordado su devolución al Consejo de Gobierno»); el art. 130.1 del Reglamento del Parlamento de Galicia, que regula las enmiendas que postulan la devolución de cualquier Sección o centro gestor de gastos; también parece derivarse de lo establecido en el Reglamento de las Cortes Valencianas, en su art. 131.2; art. 184.1 RAEX; y en el art. 154.4.a RPV. Por su lado, el artículo 130 RPCAT, en la tramitación del proyecto de Presupuestos de la Generalidad, determina que caben las enmiendas a la totalidad a todo el Presupuesto o a una sola Sección y prevé una completa regulación de la tramitación de la enmienda a la totalidad de una sola sección, previendo, incluso, la remisión al Gobierno para la reformulación del proyecto. Parece, en todo caso, que estas enmiendas de devolución de una Sección son tramitadas de la misma forma que una enmienda a la totalidad de devolución, lo cual no haría sino confirmar que unas y otras poseen idéntica naturaleza. Por lo demás, si el reglamento no admite expresamente las enmiendas de devolución de una Sección, estas deberían presentarse en el debate de totalidad, en el que quedan fijados los estados de ingresos y gastos.

Por su lado, la celebración del debate de totalidad tiene como finalidad el debate y votación de las enmiendas de totalidad (si se presentan), y, una vez finalizado el mismo, el Proyecto será devuelto al Gobierno si ha sido aprobada alguna de las enmiendas, o será remitido a la Comisión de Presupuestos en caso de que sea rechazada, abriéndose, en consecuencia, un plazo para presentar enmiendas al articulado. En esta regulación, los reglamentos parlamentarios exhiben pocas novedades, si bien existen redacciones que puedan considerarse más «completas» por prever una mayor cantidad de supuestos, como la del art. 95 del RPRI, la del art. 125.6 del RCV, o la del art. 129 del RPA. Por su lado, el Reglamento del Parlamento Vasco determina, en el artículo 154.4.b, un caso especial de enmienda a la totalidad, pues son también de totalidad las que propongan una variación positiva o negativa del gasto o ingreso total. A su vez y debido seguramente a su complejidad, el Reglamento de este Parlamento prevé otro tipo de enmienda que «propongan una redacción alternativa de partes sustanciales del proyecto de ley, modificando principios o bases significativas del mismo».

Sin embargo, la finalidad del debate de totalidad es también definir el estado global de ingresos y gastos ya que, como aclara el art. 134.2 RCD, «en dicho debate quedarán fijadas las cuantías globales de los estados de los presupuestos». Esto significa que las cantidades generales de los ingresos y gastos no pueden ser modificadas, y tampoco las cantidades parciales atribuidas a cada una de las Secciones. Esto es reiterado en prácticamente todos los reglamentos[145]. La previsión de la aprobación de las cuantías de estados globales en el debate de totalidad implica que:

1. Las cantidades globales de las distintas Secciones no pueden ser modificadas posteriormente a través de las enmiendas, de ahí la necesidad de que las enmiendas al articulado deban consignar una disminución idéntica al aumento de gastos que pretenden.
2. Se presenten o no enmiendas a la totalidad, este proyecto de ley debe ser objeto de debate de totalidad siempre para fijar las cantidades globales de las Secciones. En definitiva, celebrar este debate en todo caso implica celebrar un debate más general en el que los Grupos Parlamentarios manifestarían su opinión sobre el proyecto de ley de presupuestos, evitando que esta valoración general, esta primera aproximación, se diluya en la maraña, a veces incomprensible, de enmiendas, conceptos, programas, deuda pública y estados de gastos e ingresos que va a presidir el posterior debate del Proyecto.

En definitiva, el debate de totalidad se debe celebrar siempre[146], aunque no se hayan presentado enmiendas a la totalidad y no haya, por tanto, votación (artículo 130 RPCAT). Sin embargo, tan tajante premisa no es unánime siempre, ni en la doctrina, ni en el Derecho positivo. La celebración en todo caso del debate de totalidad se desprende con cierta claridad del artículo 130.2 RPAND, art. 159.1 RJGPRINCAST; art. 150 del RAMU; art. 131.7 del RCV; art. 162.1 RCAR; art. 136 RPCAT; art. 139.2 RPIB; art. 155. RPV; art. 163.2 RAMA. Esta es la práctica seguida también en otros sistemas como en el Parlamento italiano (art. 119.2 del Reglamento de la Cámara de Diputados y artículo 55.5 del Reglamento del Senado italiano). No obstante, otros Reglamentos de Parlamentos autonómicos parece que solo conciben este debate de totalidad si se presentan enmiendas a la totalidad; así, en el artículo 130.1 del Reglamento del Parlamento de Galicia y art. 164.1 del Reglamento de las Cortes de Castilla-La Mancha.

En el Derecho parlamentario español es habitual prever que la regulación del procedimiento legislativo ordinario o común es aplicable de forma subsidiaria al procedimiento presupuestario. Sin embargo, la dificultad para aplicar el procedimiento legislativo común a la tramitación presupuestaria

145 Así, el art. 130.6 RPAND, art. 159.1 RJGPAST, art. 136.1 RPCANT; art. 185.2 RAEX; art. 139.2 RPIB, art. 141 RPCANA, art. 128.1 RCCL, art. 111.1 RPRI, art. 123.1 RAMA, art. 150.3 RAMU; art. 131.6 del RCV; art. 155.1 RPV. El artículo 130.6 RPAND determina que las cuantías de las secciones no podrán ya ser alteradas sin acuerdo entre la Cámara y el Consejo de Gobierno, aunque no dispone la forma que puede adoptar ese «acuerdo», se puede imaginar que la enmienda es una herramienta adecuada.

146 En contra, parece manifestarse L. M. CAZORLA PRIETO, *Las Cortes...*, cit., p. 57; y también, en cierta forma, S. MONTEJO VELILLA, en *La aprobación...*, cit. p. 153.

se debe a la especialidad de este, y ello significa que deviene insuficiente o inadecuada la regulación del procedimiento legislativo. Así, suele plantearse si es reglamentariamente correcto presentar enmiendas que supongan alteración general de la cuestión del estado de ingresos, y enmiendas que supongan la alteración de la cuantía general del estado de gastos. Así, hay acuerdo común en afirmar que lo se limita al Parlamento es la presentación de una eventual proposición de ley de presupuestos y también está generalmente admitido que las cuantías globales de las distintas Secciones son fijadas en el debate de totalidad. Si esto es así, parece que, si el Parlamento quiere variar esas cantidades globales, debería modificarlas en el debate de totalidad.

El supuesto indicado no es de laboratorio, pues algún reglamento autonómico se refiere a la posibilidad del debate de este tipo de enmiendas que modifican la cuantía de las secciones, como el art. 130.1. párrafo segundo del Reglamento del Parlamento de Galicia. No obstante, hay que resaltar las dificultades para tramitar estas enmiendas; en primer lugar, para determinar las cantidades generales de ingresos y gastos, porque los Grupos Parlamentarios tienen dificultades evidentes en calcular la cantidad concreta en la que se puede aumentar el estado de ingresos del Presupuesto. En segundo lugar, una vez calculada la cantidad que se modifica no es fácil concretarla, pues debería efectuarse, a posteriori, mediante enmiendas parciales, pero que no cumplirían ya el requisito de unir un incremento y una disminución de igual cuantía en la misma Sección.

También los ingresos pueden ser objeto de variación (incrementados[147] o disminuidos) como consecuencia de una enmienda que vaya dirigida al articulado. Esta posibilidad es admisible[148], ya que los ingresos que figuran en el estado de ingresos son una mera estimación, y no se discuten, al menos tras el debate de totalidad. Este precepto es reiterado en la práctica totalidad de reglamentos parlamentarios, con la única excepción quizá de la Asamblea de Extremadura (artículo 184.1 RAEX) que prevé expresamente que el estado de ingresos sea objeto de debate. Y algún reglamento, como el de las *Corts*

147 El Proyecto de Ley de Presupuestos de la Diputación Regional de Cantabria para 1997, preveía la supresión del recargo provincial del Impuesto de Actividades Económicas, que implicaba la disminución de los ingresos. Un grupo parlamentario presentó una enmienda que establecía (en realidad restablecía) el mencionado recargo provincial lo cual, evidentemente, suponía un incremento de ingresos. Respondiendo a este principio, en relación con la tramitación del Proyecto de Ley de Presupuestos para 1997 en el Parlamento de Cantabria, fue admitida a trámite una enmienda que suponía el aumento del estado de ingresos. Fue admitida a trámite finalmente rechazada, sin que fuese necesario la remisión de la misma al Gobierno de Cantabria, pues este solo debería prestar su conformidad a las enmiendas que supusiesen una disminución de ingresos, pero no un aumento de los mismos.

148 S. MONTEJO VELILLA, *Aspectos..., op. cit.*, p. 132; F. J. SAINZ DE BUJANDA, *El poder..., op. cit.*, p. 298.

Valencianes, prevé expresamente la presentación de enmiendas que supongan un aumento de ingresos, que se debatirá en el debate de totalidad, lo cual es completamente coherente. También lo prevén el artículo 184.1 RAEX, art. 139.1 RPIB; art. 154.4.c RPV. Si se aprueba una enmienda de aumento de ingresos y estos se redistribuyen en gastos a posteriori, podrían plantearse otros problemas, como por ejemplo qué sucedería en el caso de que no se aprobasen en esas enmiendas «parciales» la redistribución del aumento de ingresos efectuado, pues el Presupuesto tiene que ser aprobado por la Cámara con una coincidencia entre el estado de ingresos y de gastos. No obstante, parece que las enmiendas que suponen un aumento de ingresos estarían más próximas a una descalificación general de todo el documento presupuestario, pues quien pone en duda la cuantía de estado de ingresos, pone en duda todo el Presupuesto.

En cuanto a la determinación del punto de referencia que se adopta para calificar una enmienda al articulado como de minoración de ingresos, la mejor doctrina ha señalado que las enmiendas al articulado podrán considerarse que minoran ingresos, cuando sus propuestas estén encaminadas a dejar por debajo del techo de la regulación vigente en ese momento los elementos determinantes de la deuda tributaria[149]. Esta solución puede parecer más razonable que la práctica seguida en el Congreso de los Diputados, en el que el punto de referencia es el nivel previsto de ingresos del proyecto de presupuestos que se discute.

En relación con esta cuestión, puede recordarse alguna sutil opinión doctrinal, según la cual las enmiendas no pueden suponer disminución de ingresos, sino más bien de recursos, «en el sentido de que la reducción de los elementos de cuantificación de un recurso puede no generar una disminución paralela de los ingresos, ya que la ciencia financiera nos enseña que, a veces, una disminución de las tarifas puede producir un aumento recaudatorio».

B) Enmiendas al articulado

La regulación de las enmiendas al articulado que puedan ser presentadas es, sin duda, uno de los puntos relevantes de la regulación reglamentaria de la tramitación del debate del proyecto de ley de presupuestos.

Del examen de todos estos preceptos, parece extraerse la conclusión de que el ámbito del aumento y disminución de ingresos y gastos es el de los correspondientes centros gestores del gasto; pues las Secciones en que se vertebra el Presupuesto se convierten en los centros básicos del procedimiento presupuestario y de la gestión del Presupuesto. La explicación de que toda la tramitación presupuestaria y todo el debate gire en torno a las Seccio-

149 E. RECODER DE CASSO, *Iniciativa...*, *op. cit.* p. 159 y ss.; L. M. CAZORLA PRIETO, *Las Cortes...*, cit. p. 85.

nes es que todos los Reglamentos españoles son clara copia del Reglamento del Congreso de los Diputados, y cuando este es aprobado, el sistema de presupuestación es orgánico, sin que se utilice en ese momento la clasificación funcional por programas, ni ninguna otra más moderna. No obstante, la cambiante realidad presupuestaria es hoy distinta; el Presupuesto hoy elaborado está asentado en programas, pero la regulación de su tramitación está basada en un Presupuesto exclusivamente orgánico. Así, los créditos no solo tienen sentido en el marco de una Sección, sino también en el seno de uno o varios Programas. En general, solo se admiten enmiendas que propongan una bajada, en la misma cuantía y en la misma sección que se pretende enmendar. Así, lo prevé el Reglamento del Congreso de los Diputados (art. 133.3 RCD) y el del Senado (art. 149.2 RS) y siguen prácticamente todos los Reglamentos de Parlamentos autonómicos (artículo 131.2 RPAND; art. 193.2.a RCAR; art. 158.2 RJGPRINCASTST; art. 136 RPCANT; art. 163.1 RCCLM; art. 127.3 RCC-LM; art. 119.4 RPCAT; art. 131.1.a RCV; art. 185.2 RAEX; art. 130.1 RPGAL; art. 139.1 RPIB; art. 110.3 RPLR; art. 162 RAMA; art. 155.4.b RPV).

En el debate presupuestario, y además de lo previsto para la tramitación en el procedimiento legislativo común, no es raro incluir la previsión de la conformidad del Gobierno para las enmiendas que impliquen disminución de ingresos, como art. 133.4 RCD; art. 133.1.b RCV; art. 136.3 RPCANT o el art. 154.5 RPV. Sin embargo, el artículo 152.2 del Reglamento del Parlamento de Navarra, también para el debate presupuestario, excluye la preceptiva conformidad del Gobierno cuando la enmienda pretenda un aumento de gastos o una disminución de ingresos y se especifiquen los recursos, ya consignados en el proyecto, que «hayan de financiar el aumento del gasto o la disminución del ingreso».

Hay quien defiende, para evitar posibles discordancias ante la elaboración y la tramitación de los Presupuestos, que los Programas adquiriesen un mayor protagonismo en la fórmula constructiva de las enmiendas, ya extendiendo el mecanismo compensatorio también a los Programas (además de a las Secciones) como exige el art. 140.5 del Reglamento del Parlamento Canario, ya exigiendo que la compensación se refiera solo a los Programas presupuestarios. Para aclarar las distintas opciones, algún autor[150] acudió a lo que es principal función del Parlamento en la aprobación del Presupuesto: la función de control. Si la clave está en buscar una fórmula para que el Parlamento controle la actuación del Poder Ejecutivo, la solución tiene que venir dada por incrementar las utilidades de la informática y por mantener la regulación actual del Reglamento: toda enmienda que solicite un aumento de crédito propondrá una minoración paralela en otro concepto de la misma sección. Y esto es así porque la tramitación orgánica del Presupuesto permite el máximo control del Parlamento hacia la actuación del Gobierno.

150 S. Montejo Velilla, en *La aprobación...*, cit., p. 148.

Por su lado, el Reglamento de la Asamblea de Murcia, en su art. 151.2 RAMU, impone otras medidas restrictivas para el derecho de presentar enmiendas de los parlamentarios. Así no pueden minorar mediante enmienda la financiación afectada por la Unión Europea, y tampoco pueden los Diputados murcianos presentar enmiendas que afecten a los créditos destinados al pago de la deuda pública y sus intereses; ni las enmiendas que «supongan una alteración de la finalidad o régimen de aplicación de las partidas presupuestarias».

En el procedimiento legislativo común se prevé generalmente un único plazo para presentar los dos tipos de enmiendas. No obstante, hay una práctica consistente en separar con claridad ambos momentos, en el procedimiento presupuestario. Ejemplo de ello es el artículo 193 RCAR (15 días y «sólo podrán ser parciales»; no caben enmiendas a la totalidad en el debate presupuestario, pues el debate y votación de totalidad se produce siempre); art. 140.4 RPCANA (10 días para presentar enmiendas a la totalidad y 25 días enmiendas al articulado); art. 163 RCCLM (10 días para la enmienda a la totalidad y 7 días para presentar «enmiendas parciales»); art. 120.1 RPCAT (10 días para presentar enmiendas a la totalidad y hasta 20 días para presentar enmiendas al articulado); art. 184.1 y 185.2 RAEX (cinco días enmiendas a la totalidad; 10 días enmiendas parciales); art. 160 RAMA; art. 154.3 RPV (dos plazos de siete días, para cada uno de los dos tipos de enmiendas).

Finalmente, debe ser tenida en cuenta una última cuestión, ya apuntada, y es la relativa a la implantación de una Oficina de Control Presupuestaria, de forma similar a lo que hacen algunos sistemas de nuestro entorno. El grado de control que supone la Oficina de Control Presupuestario no puede ser desconocido en ningún caso, tal y como se demuestra en la práctica del Derecho Comparado. La intervención del Parlamento en la aprobación del Presupuesto no deja de plantear dudas acerca de la posibilidad de que, apenas sin límites, el Gobierno pueda modificar durante el ejercicio presupuestario el Presupuesto aprobado por el Parlamento. Por ello, el Parlamento queda relegado a jugar un papel (sin relevancia muchas veces en los medios de comunicación social) de cierta simbología política, pero de dudosa eficacia jurídica. Todos los trámites vistos, así como los problemas jurídicos planteados (fundamentalmente en lo que a las enmiendas se refiere) pueden quedar en nada con una simple ojeada a la realidad presupuestaria durante el año de vigencia del Presupuesto. Por ello, quizá deba repetirse una vez más, que el esfuerzo del Parlamento debería centrarse más en el momento posterior a la aprobación que en la tramitación del texto, reforzándose la función de control que es la que ejerce el Parlamento cuando ejerce su función presupuestaria. Desde esta perspectiva, dotar al Parlamento de una Oficina de Control Presupuestario es la más práctica de las ideas con que, seguramente, debería contarse para emprender la reforma de un reglamento parlamentario. Por supuesto, una Oficina de Control Presupuestario que debe contar, para una completa eficacia, con suficientes bienes y personal especializado dependiente funcional y orgánicamente del parlamento.

Las Oficinas de Control Presupuestario son órganos cada vez más habituales en el *Derecho parlamentario español*. Las Cortes Generales crearon su «Oficina Presupuestaria», mediante la *Ley 37/2010, de 15 de noviembre, por la que se crea la Oficina Presupuestaria. Su organización y funcionamiento fue regulado por la Resolución de las Mesas del Congreso de los Diputados y del Senado, de 19 de julio de 2011, por la que se regula la composición y funcionamiento de la Oficina Presupuestaria de las Cortes Generales.*

En los Parlamentos autonómicos, la Asamblea de Madrid creó su Oficina de Control Presupuestario por la Ley 4/1987, de 23 de diciembre, de Presupuestos Generales de la Comunidad de Madrid para 1988. Por su lado, la Mesa de la Asamblea de Madrid ha regulado en el Reglamento de Régimen Interior de 3 de diciembre de 2001, el Servicio de la Oficina de Control Presupuestario. A esta Oficina (artículo 47.c) le corresponde la recepción de la información que proceda, además del «almacenamiento, tratamiento y elaboración de esta información para atender las peticiones que sobre esta materia cursen los Diputados, los Grupos Parlamentarios y la Comisión de Presupuestos y Hacienda, así como la realización de tareas de apoyo en la tramitación de la Ley de Presupuestos Generales de la Comunidad de Madrid».

Por su lado, el artículo 245 del Reglamento del Parlamento de Cataluña ha creado también una Oficina Presupuestaria del Parlamento, para efectuar un seguimiento y un control adecuados de la ejecución del presupuesto de la Generalidad, y «asesorar técnicamente a los diputados y a los grupos parlamentarios en relación con la aprobación, el estado de ejecución y la liquidación de los presupuestos de la Generalidad, sus entidades autónomas y sus empresas, así como en materias relacionadas con la actividad presupuestaria en otros organismos y países», y «facilitar a los diputados y a los grupos parlamentarios la documentación presupuestaria relacionada con las iniciativas parlamentarias de todo tipo».

Varios reglamentos parlamentarios han incluido Oficinas de control presupuestario, según se emprende su reforma, con el indisimulado objetivo de profundizar en la transparencia del órgano público por excelencia que es el Parlamento. Ejemplo de ello es la Oficina Técnica de Seguimiento y Control Presupuestario, del artículo 71 del Reglamento de la Asamblea de Murcia, en el seno de la Secretaría General y bajo su dependencia orgánica y funcional, para asesorar técnicamente a los grupos parlamentarios en materia presupuestaria, servir de apoyo a los órganos de la Cámara, a los grupos parlamentarios y a los diputados en el control continuado en la fase de ejecución de los Presupuestos Generales de la Comunidad Autónoma e informar de la documentación relativa a la aprobación, ejecución y liquidación del Presupuesto. Similar es el artículo 106 del Reglamento de las Cortes de Aragón.

5. Técnica legislativa

5.1. La técnica legislativa en España

Por técnica legislativa debe entenderse la ordenación y homogeneización formal y material de los textos normativos, de forma que respondan a un solo criterio normativo de sistemática y de organización. La necesidad de aprobar leyes de calidad impone aproximarse a las exigencias de técnica legislativa, e integrar la seguridad jurídica en el ordenamiento jurídico. La técnica legislativa es orden y unificación de mayúsculas, minúsculas, sangrado y corrección formal de las disposiciones. Pero la ley también ha de ser armonía y orden sistemático en el texto. La técnica legislativa no solo es procedimiento, es, además, reflexión y ponderación de análisis y es también lógica interna de la norma. En el Estado descompuesto, la ley ha de ser, de forma necesaria, coordinación entre los poderes: la reflexión y el orden en la norma evitará conflictos, y disminuirá el carácter esencialmente conflictual de la norma y su aplicación posterior. Por tanto, el concepto estricto de técnica legislativa podría tratar de superar una concepción formal y adentrarse en la médula de la norma y su integración en el cosmos jurídico, analizando y mejorando la estructura y el contenido de la misma.

Pero no parece que haya opción para asumir un criterio material, y más ambicioso, de técnica legislativa. No obstante, en las diferentes Resoluciones de directrices que se han aprobado en España suelen incluirse reglas que afrontan, como se verá, la técnica legislativa, desde una perspectiva eminentemente formal, olvidando un tanto la compleja cuestión del análisis de contenido y estructura de la norma. Seguramente por ello la evaluación legislativa apenas es ejecutada en nuestro país. La demostración de una cierta minusvaloración de la técnica legislativa material es que hay diversos pronunciamientos del Tribunal Constitucional en los que se alude a ella como cuestión menor e irrelevante, pues la técnica legislativa no es motivo suficiente para determinar la inconstitucionalidad de la ley. En este sentido, M. Pulido Quecedo defiende, seguramente con razón, que «el control jurídico-constitucional de la ley en materia de técnica legislativa viene caracterizado por la nota esencial de su instrumentalidad respecto al juicio de constitucionalidad, propiamente dicho. El juicio de constitucionalidad no lo es de técnica legislativa, si bien el enjuiciamiento en vía de recurso, de defectos técnicos, puede determinar, según los casos, un juicio de inconstitucionalidad subespecie de técnica legislativa, con arreglo a lo declarado en la doctrina jurisprudencial del TC»[151].

151 M. Pulido Quecedo, «El control jurídico-constitucional en materia de técnica-legislativa», en *Repertorio Aranzadi del Tribunal Constitucional*, pp. 1783-1806.

Ha sido el Tribunal Constitucional el que ha asumido una versión formal de la técnica legislativa, sin exigirse una calidad material de las leyes. La STC 136/2011, de 13 de septiembre, es uno de los fallos que más claramente ha reconocido que la técnica legislativa no es motivo suficiente para motivar una declaración de inconstitucionalidad. Posteriormente se han emitido otras, como SSTC 93/2013, de 23 de abril, FJ 10, 161/2019, de 12 de diciembre, FJ 4, 131/2020, de 22 de septiembre, FJ 5 y 106/2022, de 13 de septiembre, FJ 5. Y en todas se insiste en que la aprobación de leyes de calidad no es una forma de garantizar el principio de seguridad jurídica[152]. Así, el Tribunal Constitucional ha admitido incluso la constitucionalidad de la Ley de acompañamiento (es imprescindible la lectura atenta del voto particular del Magistrado Sr. Aragón Reyes), aunque reconozca el fallo que este tipo de leyes «pueda ser eventualmente criticable desde el punto de vista de la técnica jurídica, en modo alguno lo es desde la perspectiva constitucional», y que tiene una «deficiente calidad legislativa» (FJ 3). Sin embargo, concluye este fallo indicando que «de manera análoga, podemos afirmar ahora que el dogma de la deseable homogeneidad de un texto legislativo no es obstáculo insalvable que impida al legislador dictar normas multisectoriales, pues tampoco existe en la Constitución precepto alguno, expreso o implícito, que impida que las leyes tengan un contenido heterogéneo. El único límite que existe en nuestro ordenamiento jurídico a las leyes de contenido heterogéneo es el previsto en la Ley Orgánica 3/1984, de 26 de marzo, reguladora de la iniciativa legislativa popular». Ni siquiera la vulneración del principio de seguridad jurídica que suponen las leyes de acompañamiento, ha justificado la estimación de los recursos de inconstitucionalidad, como ha sucedido en varias ocasiones.

La técnica legislativa de las leyes de acompañamiento es pésima y, aun así, el Tribunal Constitucional ha afirmado con rotundidad que «aun aceptando que una ley como la impugnada puede ser expresión de una deficiente técnica legislativa, no por ello cabe inferir de modo necesario una infracción de la Constitución habida cuenta que el juicio de constitucionalidad que corresponde hacer a este Tribunal "no lo es de técnica legislativa" (SSTC 109/1987, de 29 de junio, F. 3 c); y 195/1996, de 28 de noviembre, F. 4), ni de "perfección técnica de las leyes" (SSTC 226/1993, de 8 de julio, F. 4)». Nuestro tribunal suele indicar con cierta reiteración que su control de constitucionalidad sobre las leyes «nada tiene que ver con su depuración técnica» (SSTC 226/1993, de 8 de julio, F. 5; y 195/1996, de 28 de noviembre, F. 4).

Se argumenta en esta jurisprudencia del Tribunal que no hay una exigencia constitucional para que las leyes sean de una determinada forma, de este modo el Parlamento «no ha sobrepasado ninguno de sus lími-

152 Cfr. B. Pendás García, «"...Sencillo, claro y poco disperso" (Sic). Hacia una refundación de la técnica normativa», en *Bicentenario de la Secretaría y del Cuerpo de Letrados de las Cortes 1811-2011*, Madrid, Cortes Generales, 2011, pp. 589 y ss.

tes explícitos o implícitos», cuando ha aprobado malas leyes. El Tribunal indica que, como la Constitución nada exige de forma expresa en relación con una obligación de aprobar leyes claras, sistemáticas y unívocas, las leyes pueden no ser ni claras, ni unívocas, ni sistemáticas. En definitiva, el Tribunal afirma que la técnica legislativa se limita a la mera formalidad de aprobar textos de escritura homogénea, teniendo el Parlamento plena libertad para aprobar las leyes como desee, pues la letra de la Constitución es su único límite.

Pero no todo es tan nítido, la Constitución impone por ejemplo ciertas exigencias en materia sancionadora, y eso implica que la calidad y la claridad de la ley penal o de la ley que tipifica infracciones y sanciones administrativas debe ser adecuada para cumplir las garantías que impone la propia Constitución. No cabe ley penal confusa ni plural, ni tampoco ley sancionadora que lo pueda ser. Eso destacó nuestro Tribunal Constitucional en relación con las leyes tributarias en STC 150/1990. Desde hace años, el Tribunal Europeo de Derechos Humanos (*Sunday Times c. Reino Unido* (n.º 1), 26 de abril de 1979, § 49, serie A n.º 30 y 30 de junio de 2009, Asunto Herri Batasuna. España, demandas n.º 25803/04 y 25817/04) ha indicado que, en estos casos, la «calidad de la ley aplicada... debe ser suficientemente accesible y previsible, es decir, establecida con la precisión suficiente para permitir al individuo —con el asesoramiento que pueda ser preciso— acomodar su conducta».

Pero, como se va a ver enseguida, estas exigencias de claridad, rigor y univocidad, en definitiva, de calidad, no se extienden a todas las normas del ordenamiento. La claridad de la ley es una lucha, y en esa lucha han de estar involucrados todos los sujetos y actores parlamentarios y gubernativos.

5.2. La elaboración de las normas

Generalmente, se suele exponer que en la elaboración de las normas hay dos modelos teóricos. Uno denominado concentrado, de tendencia anglosajona, y que implica que un solo órgano de la Administración elabora todos los proyectos de la norma, garantizando así la unidad de criterios técnicos formales en su elaboración. Y un segundo sistema que se denomina difuso y que supone que el proyecto de ley es elaborado solo por el órgano (Ministerio o Departamento) que es el centro de decisión política y próximo, por razón de la materia, al contenido que regula el proyecto de Ley. El inconveniente de este sistema es claro, pues no se garantiza que todos los proyectos que son aprobados por la unidad gubernamental tengan el mismo tratamiento técnico, ni que todos estén unificados bajo unos mismos criterios formales o materiales. Sin embargo, el sistema difuso posee la indudable ventaja de que el centro que posee la decisión política real sea también el que desarrolla el proyecto, sin que haya intermediarios y la vaya a aplicar el centro redactor de la ley, cuando el proyecto se convierta en ley.

En España, se opta claramente por el sistema difuso que explicaría, en parte, una cierta disfunción y la falta de homogeneidad que hay entre textos normativos en un mismo ente territorial. Seguramente en nuestro sistema no encajaría bien la separación entre la decisión política y la redacción del proyecto del sistema concentrado; pero la falta de homogeneidad entre normas es la regla española, por no hablar de la falta de criterios comunes que hay cuando se comparan los textos de las comunidades autónomas entre sí, y los de estos con los del Estado.

Todas las leyes autonómicas de Gobierno y Administración han incluido normas que regulan el proceso de redacción de las normas. La importancia de este momento es muy obvia: una adecuada redacción del proyecto aseguraría una óptima redacción de la ley. Es conocido que la configuración y la construcción de la ley es decidida en el momento en el que se elabora materialmente la norma, no cuando se aprueba. Lo difícil es aunar este momento con el principio de pluralismo político que proclama el Título preliminar de la Constitución, pues es difícil tener un modelo de elaboración de las normas que garantice una adecuada manifestación de las distintas posiciones presentes en el debate.

Sería importante una regulación de la redacción de los proyectos de ley que asegurase textos bien construidos y diseñados, pero no deja de ser difícil que el gobierno de turno limite su actividad para regular el procedimiento de elaboración de la ley. Además, ninguna norma regula (ni prohíbe) la práctica reiterada en algún momento por todos los Gobiernos, que consiste en utilizar el grupo parlamentario que lo apoya para presentar de forma rápida una iniciativa legislativa. Se prescinde así de la tramitación administrativa previa, ahorrándose la información y los dictámenes de órganos consultivos y que deberían acompañar al proyecto de ley como antecedente, pero que no acompaña a la proposición de ley. Existe alguna excepción, como la del *Decreto Legislativo de Galicia 2/2015, de 12 de febrero, de igualdad*, al que luego se aludirá.

La regulación que introducen las leyes autonómicas en esta materia se centra en el aspecto formal y organizativo, aludiendo como máximo al número de informes y dictámenes exigibles en la tramitación de un anteproyecto de ley. Es difícil prever los efectos que podría tener la omisión de los trámites previstos en la elaboración del proyecto de ley, aunque debe pensarse que la aprobación de la ley por el Parlamento sanaría los defectos de tramitación en la fase administrativa del proyecto de ley, supuesta la igualdad de rango entre leyes.

Sea como sea y a pesar de lo apuntado, puede citarse en España una ley que regula con una vocación de generalidad la elaboración de proyectos de ley. Por su rareza, merece la pena que se analice su regulación en primer lugar. Es muy detallada y, en cierto modo, podría servir de ejemplo de regulación del procedimiento de elaboración más común en España. Es la *Ley de Euskadi 8/2003, de 22 de diciembre, del procedimiento de elaboración de las disposiciones de carácter general*; también es muy importante en esta Comunidad Autónoma el *Decreto 187/1999, de 13 de abril, por el que se crea y regula la Comisión Jurídica Asesora del Gobierno Vasco* y que tiene en esta materia una relevante función. Regula esta Ley del País Vasco la redacción de las «disposiciones de carácter general» que son las que contengan normas jurídicas, que innoven el ordenamiento jurídico «cualquiera que sea la materia sobre la que versen»; y diferenciando dos procedimientos: el de redacción de actos administrativos y el de redacción de proyectos de ley.

La regulación de la ley sobre la elaboración de normas en la Administración vasca es muy sencilla y opta por el aludido sistema difuso de redacción de los proyectos de ley (y decretos legislativos, órdenes y reglamentos). Así, el procedimiento se inicia por orden del Consejero titular del Departamento competente por razón de la materia sobre la que versen. Pero cuando se trate de materias en las que disponen de atribución competencial directa dos o más Consejeros, la orden será conjunta de los Consejeros competentes. La orden de iniciación de la redacción ha de expresar el objeto y finalidad de la norma, y contendrá una estimación sobre su viabilidad jurídica y material. También, deberá prever (de forma previa) sus repercusiones en el ordenamiento jurídico, con indicación de las normas vigentes sobre el mismo objeto que resulten modificadas de forma explícita o puedan serlo de forma implícita. Asimismo, la orden inicial de redacción deberá aludir a la incidencia en los presupuestos de las Administraciones públicas afectadas, señalando los trámites e informes que se estiman procedentes en razón de la materia y el contenido de la regulación propuesta, y, en su caso, si la disposición ha de ser objeto de algún trámite ante la Unión Europea.

Además, se prevé la posibilidad de que el Gobierno apruebe *checklisten* (como las que aprobó ya el Gobierno del Principado de Asturias) tendentes a «facilitar un mejor cumplimiento de los requisitos y trámites precisos». Por lo demás, la Ley de Euskadi dispone unas reglas y criterios de elaboración y los principales trámites del procedimiento. Dentro de estos límites, en la Ley del País Vasco se regulan los trámites de «negociación con los representantes de personal, audiencia y consulta», así como la emisión de informe por el servicio jurídico del Departamento que haya instruido el procedimiento, sobre el fundamento objetivo del proyecto, la adecuación de su contenido al Derecho y la observancia de las directrices de técnica normativa que, en su caso, se establezcan.

Por su parte, la redacción de proyectos de ley por el Gobierno de la Nación es regulada por el artículo 22 de la Ley 50/1997, de 27 de diciembre, del Gobierno. A estos efectos se dispone[153] que el procedimiento de elaboración de proyectos de ley se iniciará, de forma difusa, «en el ministerio o ministerios competentes», sin aludir a ninguna fórmula de colaboración cuando los departamentos en los que se elabora el proyecto sean más de uno.

153 Cfr. A. Dorrego de Carlos, *Artículo 88…*, *op. cit.*, pp. 291 y ss. y, del mismo autor, en una versión modificada y actualizada, «¿Quién redacta las leyes?: tópicos y realidades sobre la iniciativa legislativa», en VV.AA. *Bicentenario de la Secretaría y del Cuerpo de Letrados de las Cortes 1811-2011*, Madrid, Cortes Generales, 2011, pp. 385 y ss. P. García-Escudero Márquez, *La iniciativa…*, *op. cit.*, 2000.

Como se ha visto antes y como obliga el artículo 88 CE, el anteproyecto debe ser aprobado por el Consejo de Ministros, como especifica también el artículo 1.3 de la Ley 50/1997. El propio artículo 22 de esta ley dispone que el anteproyecto debe ser conocido por el Consejo de Ministros en dos ocasiones. Una primera para que el Consejo decida sobre los posteriores trámites que cabían y, en particular, «sobre las consultas, dictámenes e informes que resulten convenientes, así como sobre los términos de su realización, sin perjuicio de los legalmente preceptivos». En esta primera ocasión, el Consejo deberá conocer de la primera versión del texto, y ordenar la realización de otros trámites, pudiendo también decidir que no haya más trámites. Si se han celebrado nuevos trámites (o por motivos de urgencia, según el artículo 22.5 de la ley), el Consejo de Ministros, «los someterá al Congreso, acompañados de una exposición de motivos y de los antecedentes para pronunciarse sobre ellos» (artículo 88 CE).

La regulación original del artículo 26 de la *Ley 50/1997, del Gobierno*, fue modificada por la Ley 40/2015, de 1 de octubre. En primer lugar, se incluye un trámite de consulta pública en la tramitación del anteproyecto de ley, a través de la página web del departamento competente, previa a la elaboración del texto, en la que se recabará la opinión de los sujetos potencialmente afectados por la futura norma y de las organizaciones más representativas, sobre los problemas que se pretenden solucionar con la nueva norma; también se aludirá a su necesidad, su oportunidad, sus objetivos y las posibles soluciones alternativas regulatorias y no regulatorias. El plazo de duración de las consultas no deber ser inferior a quince días.

No obstante, podrá prescindirse de este trámite de consulta pública «cuando concurran razones graves de interés público que lo justifiquen, o cuando la propuesta normativa no tenga un impacto significativo en la actividad económica, no imponga obligaciones relevantes a los destinatarios o regule aspectos parciales de una materia». También podrá prescindirse de este trámite de consulta en el caso de tramitación urgente de iniciativas normativas, conforme al artículo 27.2.b de la Ley 50/1997. Estas razones deben estar debidamente motivadas, y se han de justificar en la Memoria del Análisis de Impacto Normativo. El contenido de esta memoria se detalla en el *Real Decreto 931/2017, de 27 de octubre, por el que se regula la Memoria del Análisis de Impacto Normativo.*

Además de este primer trámite de audiencia, la ley estatal prevé otro trámite de consulta pública, el cual podría coincidir con el primero. Este segundo trámite de audiencia se prevé para el caso de que la norma vaya a afectar a los derechos e intereses legítimos de las personas. En este caso, el centro directivo competente publicará el texto en su portal web, para dar audiencia a los ciudadanos afectados y obtener cuantas aportaciones adicionales puedan hacerse por otras personas o entidades. Asimismo, podrá recabarse directamente la opinión de las organizaciones o asociaciones, reconocidas por la ley, que agrupen o representen a las personas cuyos derechos o intereses legítimos, afectados por la norma y sus fines guarden relación directa con su objeto. El plazo mínimo de esta audiencia e información públicas será de quince días hábiles, y podrá ser reducido hasta un mínimo de siete días hábiles, cuando razones «debidamente motivadas» así lo justifiquen; también se puede reducir cuando se aplique la tramitación urgente de iniciativas normativas. De todo ello deberá dejarse constancia en la referida Memoria del Análisis de Impacto Normativo.

Este segundo trámite de audiencia e información pública también podrá omitirse cuando existan graves razones de interés público, que deberán justificarse en la Memoria del Análisis de Impacto Normativo. Además, no será de aplicación este trámite específico a las disposiciones presupuestarias o que regulen los órganos, cargos y autoridades del Gobierno, o de las organizaciones dependientes o vinculadas a estas.

Se prevé, además de estos dos trámites de audiencia, la solicitud de una serie de documentos que se conservarán en el expediente administrativo, en formato electrónico, y en el que constarán la Memoria del Análisis de Impacto Normativo, todos los informes y dictámenes recabados para su tramitación, y todos los estudios y consultas emitidas y demás actuaciones practicadas.

Todos los informes preceptivos se emitirán en un plazo de diez días, o de un mes cuando el informe se solicite a otra Administración, o a un órgano u organismo dotado de autonomía. El centro directivo puede solicitar motivadamente la emisión urgente de los informes, estudios y consultas solicitados, debiendo estos ser emitidos en un plazo no superior a la mitad del indicado (cinco días o quince, por tanto). Por su parte, para la tramitación y aprobación de decretos-leyes no es de aplicación esta tramitación, a excepción de la elaboración de la Memoria del Análisis de Impacto Normativo y el informe del Ministerio de la Presidencia, que deben emitirse también en este caso.

Los informes previstos en la redacción de un proyecto de ley en el Estado son los siguientes:

1. Memoria del Análisis de Impacto Normativo, que se convierte en el punto central de la tramitación del anteproyecto y que contiene el análisis sobre la oportunidad de la propuesta y alternativas de regulación. Esta Memoria ya estaba prevista en el *Real Decreto 1083/2009, de 3 de julio, por el que se regula la memoria del análisis de impacto normativo*, y tenía un contenido similar que ahora se incorpora a la ley. La Memoria debe incluir una justificación de la necesidad de la nueva norma frente a la alternativa de no aprobar ninguna regulación; y también debe exponer su contenido y análisis jurídico, con referencia al Derecho español y al de la Unión Europea. Debe incluir el listado pormenorizado de las normas que quedarán derogadas como consecuencia de la entrada en vigor de la norma; el análisis sobre la adecuación de la norma propuesta al orden de distribución de competencias; y, finalmente, el impacto económico y presupuestario, que evaluará las consecuencias de su aplicación sobre los sectores, colec-

tivos o agentes afectados por la norma, incluido el efecto sobre la competencia, la unidad de mercado y la competitividad, y su encaje con la legislación vigente en cada momento sobre estas materias.

Este análisis debe incluir la realización del denominado *test Pyme*, conforme a la «práctica» de la Comisión Europea. De esta forma, la Memoria debe identificar las cargas administrativas que conlleva la propuesta, cuantificando el coste de su cumplimiento para la Administración y para los obligados a soportarlas con especial referencia al impacto sobre las pequeñas y medianas empresas. También debe incluir esta Memoria el impacto por razón de género, que debe analizar y valorar los resultados que se puedan seguir de la aprobación de la norma desde la perspectiva de la eliminación de desigualdades. Además, debe autorizar la contribución a la consecución de los objetivos de igualdad de oportunidades y de trato entre mujeres y hombres, a partir de los indicadores de situación de partida, de previsión de resultados y de previsión de impacto. Por su parte, el artículo 19 de la Ley Orgánica 3/2007, de 22 de marzo, para la igualdad efectiva de mujeres y hombres ya preveía que los proyectos de disposiciones de carácter general... «que se sometan a la aprobación del Consejo de Ministros deberán incorporar un informe sobre su impacto por razón de género».

Asimismo, esta Memoria del Análisis de Impacto Normativo deberá incluir cualquier otro extremo que pudiera ser relevante a criterio del órgano proponente.

Cuando el anteproyecto cuenta con la Memoria y la primera consulta pública (la segunda no es preceptiva siempre, como se ha visto), el Consejo de Ministros, previo criterio de la Comisión General de Secretarios de Estado y Subsecretarios, decide sobre los posteriores trámites y, en particular, sobre las consultas, dictámenes e informes que resulten convenientes, así como sobre los términos de su realización, sin perjuicio de los legalmente preceptivos. Por razones de urgencia, el Consejo de Ministros podrá prescindir de posteriores informes, pudiendo acordar la aprobación del anteproyecto de ley y su remisión, a la Cámara de las Cortes Generales que corresponda.

2. Además, todos los anteproyectos de ley deberán ser informados por la Secretaría General Técnica del Ministerio o Ministerios proponentes.

3. Cuando la propuesta normativa afecte a la organización administrativa de la Administración General del Estado, a su régimen de personal, a los procedimientos y a la inspección de los servicios administrativos, será necesario recabar la aprobación previa del Ministerio de Hacienda y Administraciones Públicas, antes de ser sometidas al órgano competente para promulgarlos. Si transcurridos quince días desde la recepción de la solicitud de aprobación por parte del citado

Ministerio no se hubiera formulado ninguna objeción, se entenderá concedida la aprobación. A su vez, es preceptivo el informe previo del Ministerio de Hacienda y Administraciones Públicas, cuando la norma pudiera afectar a la distribución de las competencias entre el Estado y las comunidades autónomas.

4. Se recabará el Dictamen del Consejo de Estado u órgano consultivo equivalente cuando sea preceptivo, o «se considere conveniente». El Consejo de Estado debe dictaminar el proyecto de ley cuyo ámbito material coincida con la definición del artículo 22 y 23 de la Ley Orgánica del Consejo de Estado (solo como ejemplo se puede recordar el artículo 22.2, que determina que el Pleno del Consejo dictamine en caso de tramitarse anteproyectos de leyes que hayan de dictarse en ejecución, cumplimiento o desarrollo de tratados, convenios o acuerdos internacionales y del Derecho comunitario europeo)[154]. Aquí puede recordarse la intención clarificadora que posee la *Resolución de 21 de junio de 2005, de la Presidencia del Consejo de Estado, por la que se dispone la publicación de la relación actualizada de disposiciones que preceptúan la audiencia del Consejo de Estado.*

5. Se prevé una información más, pues el Ministerio de la Presidencia, para asegurar la coordinación y la calidad de la actividad normativa del Gobierno analizará la congruencia de la iniciativa con el resto del ordenamiento jurídico, nacional y de la Unión Europea, con otras normas y proyectos que se estén elaborando en los distintos Ministerios o que vayan a hacerlo de acuerdo con el Plan Anual Normativo. También analizará las normas que se estén tramitando en las Cortes Generales, así como la calidad técnica y el rango de la propuesta normativa.

   También analizaría este Departamento la necesidad de incluir la derogación expresa de otras normas, así como de refundir en la nueva otras existentes en el mismo ámbito; el contenido preceptivo de la Memoria del Análisis de Impacto Normativo y, en particular, la inclusión de una sistemática de evaluación posterior de la aplicación de la norma cuando fuere preceptivo. Finalmente, ha de analizar «la posible extralimitación» de la iniciativa normativa respecto del contenido de la norma comunitaria que se trasponga al derecho interno.

Por su parte, los Estatutos de Autonomía no suelen incluir una regulación detallada de esta cuestión. Es la ley la norma que regula esta materia. Así, el artículo 42 de la *Ley de la Comunidad valenciana 5/1983, de 30 de diciembre, del Consell* también dispone un sistema difuso de redacción de proyectos de ley. Todo proyecto irá acompañado de los estudios e informes que justifiquen

154 El propio Consejo de Estado ha reconocido que la falta de su Dictamen, en la tramitación de un proyecto de Ley, no invalida de inconstitucionalidad de la Ley.

su necesidad y oportunidad, y de una memoria económica sobre la estimación del coste previsto, el informe del subsecretario o subsecretarios competentes. Por su lado, el Consell determinará las consultas y dictámenes que resulte conveniente solicitar, disponiéndose también el conocimiento en dos ocasiones del proyecto de ley por el Gobierno de la Comunidad valenciana.

A su vez, tiene su interés la *Ley de Cataluña 13/2008, de Presidente de la Generalidad y del Gobierno*, que prevé que se incorporen, previo trámite de audiencia, los siguientes documentos:

1. Memoria general, con los oportunos estudios, informes y dictámenes sobre la necesidad de la iniciativa, que debe contener, como mínimo, la adecuación de la norma a los fines que se persiguen; el marco normativo en el que se inserta; la relación de las disposiciones afectadas por el anteproyecto de ley y la tabla de vigencias y derogaciones resultantes; la competencia de la Generalidad sobre la materia, y la relación motivada de las personas y entidades a las cuales debe otorgarse el trámite de audiencia, o la procedencia de someter o no el expediente a información pública.
2. Memoria de evaluación del impacto de las medidas propuestas con el contenido establecido reglamentariamente. Dicha memoria incluye, como mínimo, un informe de impacto presupuestario, con la evaluación de la repercusión del anteproyecto de ley en los recursos personales y materiales y en los presupuestos de la Generalidad, así como las fuentes y los procedimientos de financiación.
3. Informe de impacto económico y social, con evaluación de los costes y beneficios que implica la iniciativa legislativa para sus destinatarios y para la realidad social y económica.
4. Informe de impacto normativo, con la evaluación de la incidencia de las medidas propuestas por la norma en términos de opciones de regulación, de simplificación administrativa y de reducción de cargas administrativas para los ciudadanos y las empresas.
5. Informe de impacto de género.
6. Memoria en la que consten las consultas formuladas, las alegaciones presentadas, las razones que han llevado a su estimación o desestimación y la incidencia de las consultas y las alegaciones en la redacción final del anteproyecto de ley (si lo hubiera habido).
7. Informe emitido por los servicios jurídicos de los departamentos concernidos y los demás informes que sean preceptivos de acuerdo con la normativa vigente.

Las normas autonómicas son casi inabarcables. Se puede citar, por ejemplo, el *Decreto Legislativo de Galicia 2/2015, de 12 de febrero, de igualdad* que dispone que los proyectos de ley deban ir acompañados de un informe sobre su impacto de género, elaborado por el órgano competente en materia de igualdad. «Si no se adjuntara o si se tratara de una proposición de ley presentada en el Parlamento gallego, este requerirá, antes de la discusión parlamentaria, su remisión a la Xunta de Galicia, quien dictaminará en el plazo de un mes; transcurrido este plazo» el proyecto seguirá su curso.

La mayoría de las leyes autonómicas regula el doble conocimiento (inicial y final) de los Proyectos de Ley por el Gobierno autonómico, el sistema difuso de redacción y un número, más o menos amplio, de informes y dictámenes que han de ser emitidos. Por ejemplo, se determina en el artículo 37 de la *Ley 2/2009, de 11 de mayo, del Presidente y del Gobierno de Aragón* que «en la elaboración de los anteproyectos de ley, se tendrán en cuenta los criterios de correcta técnica normativa que sean aprobados por el Gobierno», siendo preciso, además, la memoria, un estudio o informe sobre la «necesidad y oportunidad del mismo, un informe sobre el impacto por razón de género de las medidas que se establecen en el mismo, así como una memoria económica que contenga la estimación del coste a que dará lugar. En todo caso, los anteproyectos de ley habrán de ser informados por la Secretaría General Técnica del Departamento» y el informe del Servicio Jurídico. A su vez, y para el caso «del Derecho foral civil aragonés, los anteproyectos de ley podrán ser elaborados por la Comisión Aragonesa de Derecho Civil» (artículo 37.4). *La Ley de Galicia 16/2010, de 17 de diciembre, de Gobierno* prevé la emisión de un conjunto de informes y de audiencia muy similares a los que dispone la ley del Estado, con la sustitución del dictamen del Consejo Consultivo de Galicia en vez del Consejo de Estado.

Por su lado, la *Ley de la Rioja 8/2003, de 28 de octubre, del Gobierno* señala que el proyecto de ley irá acompañado por una «memoria que deberá expresar previamente el marco normativo en que se inserta, justificar la oportunidad de la norma y la adecuación de las medidas propuestas a los fines que se persiguen», detallando incluso que se deberá hacer «referencia a las consultas facultativas efectuadas y otros datos de interés para conocer el proceso de elaboración del proyecto». Además, de forma similar al Estado, se señala que «se adjuntará, en su caso, un estudio económico de la norma, con especial referencia al coste y financiación de los nuevos servicios, si los hubiere, o de las modificaciones propuestas; relación de disposiciones afectadas y tabla de vigencias, en la que deberá hacerse referencia expresa de las que deben quedar total o parcialmente derogadas». Finalmente, deberán acompañarse «otros informes preceptivos», y «habrán de ser informados por la Dirección General de los Servicios Jurídicos y Secretaría General Técnica de la Consejería que inició el expediente» (artículo 45).

Es interesante la *Ley 5/2018, de 22 de noviembre, de Régimen Jurídico del Gobierno, de la Administración y del Sector Público Institucional de la Comunidad Autónoma de Cantabria*. Prevé un trámite de consulta pública y otro de audiencia y de información, de los que se podrá prescindir concurran graves razones de interés público las cuales han de constar en el expediente. Deberá consta en el expediente la oportunidad de la propuesta normativa; la justificación de la necesidad de regulación y del rango normativo y adecuación de la regulación a los objetivos y finalidades de la norma. También el marco normativo en el que se inserta la propuesta, relación de disposiciones vigentes a las que afecta o deroga, adecuación al orden de distribución de competencias y relación con el ordenamiento estatal y europeo. Además, debe constar el análisis del impacto económico, el impacto presupuestario, con referencia a la incidencia eventual de la norma en los ingresos y en los gastos del sector público; las cargas administrativas que comporta la propuesta; el análisis y valoración resumida de las alegaciones presentadas en los trámites de consulta, audiencia e información pública, y de los informes emitidos, y su reflejo en el texto de la propuesta, si procede. Debe consignarse la referencia al procedimiento de elaboración normativa, con la constancia, si procede, de la tramitación urgente, la evaluación del cumplimiento de los principios de buena regulación. Además del Dictamen del Consejo de Estado cuando proceda y la información de la Dirección Jurídica y de todas las Secretarías Generales, el artículo 23.2 de la *Ley 2/2019, de 7 de marzo de igualdad efectiva entre mujeres y hombres* dispone la emisión del informe de impacto de género en el Proyecto de Ley de Presupuestos.

También la *Ley de Asturias 2/1995, de 13 de marzo, de Administración*, incide en la necesidad (artículo 32.2) de que haya memoria expresiva de la justificación y adecuación de la propuesta a los fines que persiga la norma y la incidencia que habrá de tener esta en el marco normativo en que se inserte. Además, se incluirán estudios e informes previos que «hubieren justificado, en su caso, la resolución o propuesta de la iniciativa, así como la tabla de vigencias de disposiciones anteriores sobre la misma materia y disposiciones», además del «estudio acreditativo del coste y beneficio que haya de representar». Como es común en el sistema español, dentro de la Consejería, el órgano que está encargado de tramitar el expediente es la Secretaría General Técnica. Se prevé la posible apertura de un trámite de información pública o un trámite de audiencia de las entidades u organismos que ostenten la representación de intereses de carácter general, o pudieran resultar afectadas por la futura disposición. Por su lado, el artículo 33.3 de la ley asturiana introduce el precepto, habitual, según el cual si la disposición supone incremento de gasto o disminución de ingresos (es decir, casi siempre), se incorporará una «memoria económica» en la que se manifiesten, «detalladamente evaluados», cuantos datos resulten precisos para conocer las posibles repercusiones presupuestarias de su ejecución. Se exige, además, en este caso un informe de la Consejería competente en materia económica y presupuestaria. Por su parte, si la disposición implicara la necesidad de incremento o dotación de medios personales, requerirá también el informe de la Consejería competente en materia de personal. Finalmente, se determina que los proyectos que deban someterse a la aprobación del Consejo de

Gobierno se remitirán, «al menos con ocho días de antelación a los titulares de las demás Consejerías, con el objeto de que puedan formular las observaciones que estimen oportunas».

La *Ley de Extremadura 1/2002, de 28 de febrero de Gobierno y Administración*, también exige un amplio conjunto de informes incidiendo (artículo 66), en la apertura del aludido trámite de audiencia o información pública, aunque en este caso no ser parece un trámite preceptivo. Cuando el proyecto afecte a los derechos e intereses legítimos de los ciudadanos, se les dará audiencia, durante un plazo razonable y no inferior a quince días hábiles, directamente o a través de las organizaciones y asociaciones reconocidas por la ley que los agrupen o los representen, cuyos fines guarden relación directa con el objeto de la disposición y entre los cuales se encuentre la defensa de los intereses de sus miembros. En el supuesto de que las expresadas organizaciones o asociaciones participen de una organización común que englobe los intereses de estas, dicho trámite se entenderá directamente con la misma. La decisión sobre el procedimiento escogido para dar audiencia a los ciudadanos afectados debe ser debidamente motivada en el expediente por el órgano que acuerde la apertura del trámite de audiencia. Asimismo, y cuando la naturaleza de la disposición lo aconseje, será sometida a información pública durante el plazo indicado de quince días (artículo 66.3). Por su parte, esta Ley prevé que el proyecto se acompañe de un informe sobre su necesidad y oportunidad, así como los estudios e informes previos que hubieren justificado la resolución o propuesta de la iniciativa. También se incorpora una memoria económica que debe contener la estimación del coste a que dará lugar, un informe acerca del impacto de género de la totalidad de las medidas contenidas en la disposición, así como un informe sobre el impacto de diversidad de género de dichas medidas, y la tabla de vigencias de disposiciones anteriores sobre la misma materia y de disposiciones que pudieran resultar afectadas.

La *Ley de Murcia 6/2004, de 28 de diciembre de Presidente y Consejo de Gobierno*, en su artículo 46, exige también que el procedimiento se inicie en la Consejería o Consejerías competentes por razón de la materia. El anteproyecto que se elabore irá acompañado por una memoria de análisis de impacto normativo, que incorporará un estudio que valore el impacto de la nueva regulación en las cargas administrativas que soportan los ciudadanos y empresas; una relación de las disposiciones cuya vigencia resulte afectada por la norma proyectada; un informe de impacto presupuestario que evalúe la repercusión de la futura disposición en los recursos personales y materiales y en los presupuestos de la Administración; otro informe de impacto económico que evalúe los costes y los beneficios que la aprobación de la futura disposición implicará para sus destinatarios y para la realidad social y económica; un informe sobre el impacto por razón de género de las medidas que se establecen en el mismo y, por último, un informe sobre el impacto de diversidad de género de las medidas que se establecen en el mismo.

Es similar la regulación de la *Ley de Andalucía 6/2006, de 24 de octubre, de Gobierno*, que también prevé que el anteproyecto esté acompañado por una «memoria justificativa, los estudios e informes sobre la necesidad y oportunidad del mismo, la memoria sobre impacto por razón de género de las medidas que se establezcan, una memoria económica que contenga la estimación del coste a que dará lugar y su forma de financiación, y, cuando proceda, una valoración de las cargas administrativas derivadas de la aplicación de la norma para la ciudadanía y las empresas». También estará informado el anteproyecto de ley por la Secretaría General Técnica respectiva, el Gabinete Jurídico de la Junta de Andalucía, y se acompañará el dictamen del Consejo Consultivo de Andalucía. Además, se podrá acordar el trámite de audiencia si el texto afecta derechos e intereses legítimos de la ciudadanía, aunque si el Gobierno declara la urgencia solo será preceptivo el Dictamen del Consejo de Estado (artículo 43).

Mucho menos detallista y exigente es la *Ley Foral 14/2004, de 3 de diciembre del Gobierno y del Presidente de Navarra*. El artículo 52 de esta Ley se limita a señalar que se inicia en el Departamento competente por razón de la materia mediante la redacción de un anteproyecto, acompañado de la memoria o memorias y de los estudios, informes y documentación que «sean preceptivos legalmente», sin detallar cuáles son, aunque menciona tres, que son los «relativos a su necesidad u oportunidad de promulgación, un informe sobre el impacto por razón de sexo de las medidas que se establezcan en el mismo, y a la estimación del coste al que dará lugar», además de la información de la Secretaría General Técnica.

Por su parte, la *Ley de Baleares 4/2001, de 14 de marzo, del Gobierno* solo exige dos informes, que por su originalidad merece la pena destacar. El artículo 36 alude a un primer informe, en caso de que se introduzca un supuesto de silencio administrativo negativo, le acompañará al proyecto un informe que motive las «razones imperiosas» de interés general que lo justifican este régimen de silencio. El segundo informe al que se alude se refiere al caso en el que el proyecto persiga «un régimen de autorización para acceder o ejercer una actividad de servicios». El informe ha de motivar suficientemente la concurrencia de los requisitos de no discriminación, necesidad y proporcionalidad. Finalmente, el artículo 36.3 de esta Ley prevé que se remita al Parlamento el texto junto con una memoria.

Es similar la regulación de la *Ley de Castilla y León 3/2001, de 3 de julio, de Gobierno y Administración*. Según su artículo 75, estará acompañado el proyecto de ley por una memoria que deberá contener el marco normativo en el que pretende incorporarse, con expresión de las disposiciones afectadas y tabla de vigencias; la motivación sobre su necesidad y oportunidad; un estudio económico con referencia al coste a que dará lugar, en su caso, así como a su financiación; un informe de la evaluación del impacto de género; un informe motivado de las razones imperiosas de interés general que determinen el efecto desestimatorio del silencio administrativo; una motivación suficiente sobre la concurrencia de las condiciones de no discriminación, necesidad y proporcionalidad y el resultado, en su caso, de los trámites de audiencia e información pública. Estos trámites de audiencia e información pública no serán necesarios en aquellas disposiciones que regulen órganos, cargos y autoridades, así como respecto de las disposiciones orgánicas de la Administración de la Comunidad y sus organismos o entidades dependientes o adscritas a la misma. Tampoco resultarán necesarios estos trámites cuando las organizaciones o asociaciones, que agrupen o representen a los ciudadanos hubieran participado en la emisión previa de informes y consultas en el proceso de elaboración del texto.

Además de la Ley de 2003 vista al inicio del epígrafe, la *Ley del País Vasco 7/1981, de 30 de junio, sobre Ley de Gobierno* prevé trámites similares, pues el Gobierno remitirá el proyecto de ley a la Comisión Jurídica Asesora y únicamente enviará al Parlamento Vasco el texto, «una vez tenga la aprobación previa del órgano que haya dictado la orden de iniciación» que será la Consejería. Asimismo, esta documentación que se envíe a la Comisión Jurídica Asesora se remitirá, al mismo tiempo, al Parlamento Vasco, a efectos de su conocimiento por parte de los grupos parlamentarios. Al tiempo, si hubiese disconformidad entre Departamentos interesados corresponderá al *Lehendakari* «decidir la inclusión del asunto en los debates del Consejo» (artículo 56). Los proyectos de ley habrán de ir acompañados del informe de la Comisión Jurídica Asesora y, si comportasen un gravamen al Presupuesto, deberán ir acompañados de un anexo «de financiación que será discutido y votado con arreglo a lo que disponga el Reglamento del Parlamento» (artículo 57). Además, ha de incluirse la Memoria a la que alude las Directrices del País Vasco, sobre técnica legislativa.

Hay otras previsiones algo más limitadas como la de la *Ley de Castilla-La Mancha 11/2003, de 25 de septiembre, de Gobierno y Consejo Consultivo*, cuyo artículo 35 dispone que, asumida la iniciativa legislativa, a la vista del texto del Anteproyecto, el Consejo de Gobierno «decide sobre ulteriores trámites y consultas y, cumplidos éstos, acuerda su remisión al Consejo Consultivo de Castilla-La Mancha». La *Ley de Canarias 1/1983, de 14 de abril del Gobierno*, también tiene una regulación poco desarrollada, pues se limita a disponer que los anteproyectos de ley y los proyectos de Decreto, serán remitidos al «Secretario de Gobierno», que procederá a dar traslado de los mismos a los Consejeros con, al menos, ocho días de antelación a la reunión del Gobierno, salvo casos de urgencia apreciada por el presidente (artículo 45) y estará acompañado por los «estudios e informes que garanticen la legalidad, acierto y oportunidad» del anteproyecto (artículo 44). La Comunidad de Madrid regula esta materia con estos mismos parámetros en la Ley de Madrid 10/2019, de 10 de abril, de Transparencia y Participación de la Comunidad de Madrid y, sobre todo, en el *Decreto 52/2021, de 24 de marzo, del Consejo de Gobierno, por el que se regula y simplifica el procedimiento de elaboración de las disposiciones normativas de carácter general en la Comunidad de Madrid.*

En general, para conseguir que la norma obtenga la finalidad perseguida, la dotación presupuestaria deberá ser suficiente. Desde luego, sin recursos materiales y personales suficientes y realistas, la norma queda en poco menos que en papel mojado. Es muy mala técnica iniciar un procedimiento legislativo sin programar un adecuado documento económico que implemente y prevea los recursos suficientes para conseguir los fines que la ley prevea. Ya se ha visto que el Estado y las Comunidades exigen un informe económico que acompañe al proyecto. Solo hace falta que se cumpla. No se olvide que la mayor parte de las iniciativas legislativas provienen del Gobierno y, por ello, es él quien tiene la responsabilidad única y última de determinar los fines de la ley, instar su desarrollo, verificar su cumplimiento y someterse al control final que debería suponer la evaluación legislativa, que llevase una autoridad diferente a la administrativa del Gobierno. Todos estos aspectos habrían de plasmarse en la memoria que ha de acompañar al proyecto, y que debe remitirse al Parlamento. Sin embargo, la eficacia de la norma no depende tanto de la existencia de unos trámites administrativos previos de participación, como de la dotación efectiva de las medidas que han de adoptarse.

Persiguiendo exclusivamente esta finalidad de redactar leyes de calidad son varios los Gobiernos que han aprobado Directrices que regulan unos criterios formales para la redacción uniforme de los proyectos de ley. Las Directrices de los Gobiernos de las comunidades autónomas siguen, de forma más o menos aproximada, la regulación que el Gobierno de la Nación introdujo en las Directrices aprobadas mediante Acuerdo del Consejo de Ministros, de 22 de julio de 2005, «por el que se aprueban las Directrices de técnica normativa» (BOE 180, de 29 de julio de 2005). Todas estas disposiciones (de rango reglamentario) han de sentirse herederas de aquellas lejanas normas «para la elaboración y tramitación de disposiciones administrativas de carácter general y anteproyectos de Ley» aprobadas mediante la Orden del Ministerio de Defensa de 17 de junio de 1980[155].

Como se ha dicho, en varias comunidades autónomas se han aprobado por sus Gobiernos Directrices sobre técnica legislativa. En Canarias, se aprobó el Decreto 148/1986, de 9 de octubre, de aprobación de las normas sobre determinados aspectos formales de las comunicaciones y resoluciones administrativas (BOC núm. 130, de 29 de octubre de 1986), que no es en realidad una norma que regule la técnica legislativa de las normas; en Cataluña, *Manual d'elaboració de les normes de la Generalitat de Catalunya. Departament* de Gobernación. *Comitè Assessor per a l'estudi del'Organizació de l'Administració*. Barcelona: *Generalitat de Catalunya. Departament de Governació*, 1992. 131 p.; en el Principado de Asturias, *Guía para la elaboración y control*

155 Estas normas son derogadas por la Orden Ministerial 56/1985, de 30 de septiembre, por la que se aprueban las normas para la tramitación de disposiciones generales y anteproyectos de Ley en el ámbito del Ministerio de Defensa. Se disponía en esta Orden (con una dosis cierta de ingenuidad), que el texto «será claro, de forma que sólo admita una interpretación» (4.2.).

de disposiciones de carácter general, aprobadas por Acuerdo del Consejo de gobierno de 2 de junio de 1992, (BOPA núm. 73, de 29 de marzo de 1993); en el País Vasco, Orden de 6 de abril de 1993, del Departamento de Presidencia, Régimen jurídico y Desarrollo Autonómico, por la que se establecen las Directrices para la elaboración de proyectos de ley, decretos, órdenes y resoluciones (BOPV núm. 71, de 19 de abril de 1993); en las Islas Baleares, Directrices sobre la forma y estructura de los anteproyectos, aprobadas por Acuerdo de 29 de diciembre de 2000, del Consejo de Gobierno (BOIB núm. 12, de 27 de enero de 2001), que incluyen numerosos «ejemplos a seguir» y «ejemplos a evitar»; en Aragón, Instrucciones sobre el procedimiento de elaboración y tramitación de proyectos normativos y en la Comunidad Valenciana, el Decreto 24/2009, de 13 de febrero, del Consell, sobre la forma, la estructura y el procedimiento de elaboración de los proyectos normativos de la *Generalitat*. (DOCV núm. 5956, de 17 de febrero de 2009).

El rango reglamentario de estas Directrices parece bastante claro. Incluso las Directrices del Gobierno del Estado fueron dictaminados por el Consejo de Estado, como cualquier otro reglamento estatal[156]. Precisamente ese rango reglamentario hace que el valor constitucional del incumplimiento de las Directrices de técnica legislativa en la elaboración del proyecto de ley sea nulo, pues la aprobación de la ley también sana los defectos reglamentarios cometidos en la fase de redacción gubernamental de la ley. Obviamente, estas Directrices no son exigibles en la redacción de una proposición de ley.

5.3. Aspectos generales

A) Sistemática y estructura

La adecuada sistemática y la ordenación de una ley es condición necesaria para su comprensión y una correcta interpretación de su voluntad. Una deficiente ordenación de la ley impide interpretar de un modo adecuado su voluntad. No obstante, las diferentes Directrices que hay en España no obligan al redactor de la norma a razonar y optar por una ordenación sistemática que responda a la finalidad perseguida, coherente con el texto de la norma, y con el ordenamiento en el que se integra.

Como se ha dicho, las Directrices se limitan a determinar que los textos normativos deben tener una estructura concreta. Así, las Directrices del Estado exigen que los anteproyectos de ley se estructuren en las siguientes partes: «título de la disposición; parte expositiva, que, en el caso de los anteproyectos de ley, se denominará siempre "exposición de motivos", y parte dispositiva (en la que se incluye el articulado y la parte final)».

156 Cfr. Dictamen (621/2004) 11 del Consejo de Estado, de 20 de mayo de 2004.

No obstante, sí hay alguna referencia sobre el contenido de las disposiciones. Son frecuentes en todas las Directrices de técnica legislativa las reglas (muchas veces incumplidas) que se refieren a la ordenación general de la regulación incluida en la ley. Las disposiciones irán de lo general a lo particular; de lo abstracto a lo concreto; de lo normal a lo excepcional y de lo sustantivo a lo procesal. (También en las Directrices del Gobierno del Principado de Asturias, II.B.1; o las del Gobierno vasco 2.ª.II.2b —que añade que las normas permanentes irán antes que las temporales—; Directrices del Gobierno de las Islas Baleares, IV.9 —que añade que las normas técnicas se sitúan al final—).

Las Directrices del Estado señalan que, «en la medida de lo posible», en una misma disposición deberá regularse un único objeto, todo el contenido del objeto y, si procede, los aspectos que guarden directa relación con él. En este sentido, en los supuestos de reglamentos de ejecución de una ley, se procurará que sean completos y no parciales. En este contexto, el artículo 3.3. de las Directrices de la Generalidad valenciana señalan que se facilitará el manejo del texto «a través de una adecuada estructura sistemática y las mínimas remisiones posibles».

Todas las directrices incluyen disposiciones que se refieren al título de la ley, el cual ha de permitir identificarla y describir su contenido esencial. De puro sentido común es que la redacción del nombre de la ley deba ser clara, concisa, exacta y precisa, evitando la inclusión de descripciones propias de la parte dispositiva, y permitiendo que el lector se haga una idea de su contenido y pueda diferenciar fácilmente del de cualquier otra disposición. Como es lógico, las muy habituales leyes modificativas deben explicitar en su propio título, el título completo de la disposición modificada.

B) Parte expositiva

En general, no son muchas las disposiciones que las Directrices dedican a las Exposiciones de Motivos. Por ejemplo, las Directrices del País vasco señalan que la parte expositiva, que existirá siempre, deberá adecuarse a la importancia que tenga la norma en cuestión. Es conveniente analizar por separado las siguientes cuestiones, en relación con la parte inicial de las leyes.

1. **Inserción de índices.** En las Directrices del Estado (10) se dispone que, en las disposiciones de gran complejidad y amplitud, es conveniente insertar un índice, siempre antes de la parte expositiva. También artículo 8 de las Directrices de la Generalidad Valenciana.

2. **Denominación de la parte expositiva.** La misma Constitución, como es conocido, dispone en su artículo 88 que los proyectos del ley deben ser sometidos al Congreso de los Diputados, precedidos (aunque la Constitución diga «acompañados») de una exposición de motivos, además de los antecedentes necesarios para poder pronunciarse

sobre el proyecto de ley. Varios Estatutos de Autonomía incluyen disposiciones similares. El objeto de la exposición de motivos es mostrar y enunciar el contenido del proyecto de ley.

Las Directrices reiteran la regulación constitucional y reglamentaria y determinan que la denominación «exposición de motivos», se insertará centrado y en mayúsculas en el texto correspondiente. Las directrices en su regulación, curiosamente, incumplen sus propias disposiciones sobre Exposiciones de Motivos. La denominación es exclusiva de los proyectos de ley y no ha de confundirse con otros documentos que acompañarán al proyecto de ley como antecedente, tal y como aclaran las Directrices del País Vasco (I.2). Según esta norma, la Memoria responde a un «análisis más amplio» de la regulación normativa. En la Memoria, además de los aspectos incluidos en la Exposición de Motivos, se tendrá en cuenta la situación a la que se debe dar una respuesta, las alternativas y los motivos que aconsejen optar por la que solución propuesta. Aunque es habitual que los proyectos de ley sean acompañados por varias Memorias, con diversos contenidos, las Directrices del País Vasco parecen prever que una única Memoria se refiera también a la estimación de la incidencia organizativa o financiera de la regulación propuesta (en un sentido similar las Directrices del Gobierno de las Islas Baleares, II.6). No obstante, es propio del *Derecho parlamentario español* disponer que se transforme la exposición de motivos en Preámbulo, cambio que no siempre es preceptivo.

3. **Contenido de le exposición de motivos**. Se señala (Estado 10; artículo 11 Directrices de la Generalidad valenciana) que la Exposición de Motivos ha de cumplir la función de describir el contenido de la ley (pudiendo dividirse en apartados enumerados en romanos, Directrices del Principado de Asturias A.2), indicando su objeto y finalidad, sus antecedentes y las competencias y habilitaciones en cuyo ejercicio se dicta. Por su parte, las Directrices del País Vasco señalan que la Exposición de Motivos debe incluir los motivos que hayan dado origen a la elaboración de la ley, sus objetivos perseguidos, sus fundamentos jurídicos habilitantes, así como los principios y líneas generales de la regulación y su incidencia en la normativa en vigor. Las Directrices del Principado de Asturias (A.1), de un modo más breve, indican que la Exposición de Motivos determinará el porqué, la justificación de la disposición, declarará breve y concisamente sus objetivos, y aludirá a sus antecedentes, así como a la cuestión, importante, de las competencias en cuyo ejercicio se dicta. Señalan estas Directrices que la Exposición de Motivos debe evitar hacer referencias a la estructura de la disposición, y a otras circunstancias que vayan a ser objeto de desarrollo en la parte dispositiva.

   Aunque parece conveniente que las Exposiciones de Motivos incluyan un resumen del contenido de la ley, salvo casos de formulación muy simple, las Directrices del Estado reservan este resumen solo en el caso de que se «entienda» preciso por el redactor de la norma. Se dispone, además, que las Exposiciones de Motivos deben evitar las «exhortaciones, las declaraciones didácticas o laudatorias u otras análogas» (también A.1 de las Directrices del Principado de Asturias).

C) Parte dispositiva

La regulación de la parte dispositiva centra el núcleo de las Directrices de técnica legislativa. Así, las del Gobierno del País Vasco (2.ª. 2. 1) determinan que, en la parte dispositiva, se expresarán de manera ordenada las prescripciones y determinaciones que constituyen el contenido del acto o disposición y, en todo caso, irá en forma de texto articulado. También se suelen diferenciar varios aspectos:

a) **Disposiciones generales**. Son aquellas que fijan el objeto y ámbito de aplicación de la norma, así como las definiciones necesarias para una mejor comprensión de algunos de los términos en ella empleados (18, Directrices de la Administración del Estado). Por su importancia, deben figurar en los primeros artículos de la disposición (en el Título preliminar, o en el Capítulo primero).

b) **Ordenación interna de la parte dispositiva**: sistemática y división. En las leyes estatales (19 de las Directrices del Estado; también en las Directrices de la Generalidad valenciana, artículo 16) la parte dispositiva mantiene la división tradicional en artículos (20) que se ordenarán de la siguiente manera: disposiciones generales; parte sustantiva (normas sustantivas estrictas, organización, infracciones y sanciones); parte procedimental (normas de procedimiento, procesales y de garantía) y parte final. Esta ordenación se sigue de un modo bastante exacto en otras Directrices, como la del Gobierno vasco (II. 2), según las cuales el articulado se dividirá en libros, títulos, capítulos, secciones y subsecciones, sin que se pueda pasar de una unidad de división a otra, saltando la intermedia, excepto en el conocido caso de las secciones. Sin perjuicio de lo que se desarrollará enseguida, esas últimas Directrices ofrecen un criterio (que debe entenderse como aproximado u orientativo) sobre la agrupación de artículos y, así, los capítulos se dividirán en secciones, si tienen más de diez o doce artículos; habrá capítulos en leyes de más de veinte o veinticinco artículos, títulos habrá cuando haya más de cien artículos, y, «muy excepcionalmente», las leyes de extraordinaria extensión se dividirá en Libros. La indicación «Libro», «Título», «Capítulo» y «Sección» y sus respectivos números y denominación se sitúan centrados en el texto (también las Directrices del Gobierno de las Islas Baleares, VI. 16).

1. **Libros.** Como se ha visto, la existencia de Libros es excepcional y solo pueden incluirlos los anteproyectos de ley o proyectos de real decreto legislativo muy extensos, y que tengan una intención «codificadora»

de un determinado sector del ordenamiento jurídico. Seguramente por el carácter excepcional de los decretos-leyes, y de extensión generalmente breve, las Directrices del Estado (21) no prevén estas normas que se puedan dividir en Libros. Los Libros se numerarán con ordinales centrados expresados en letras y deberán ir titulados en minúscula negrita y sin punto. En el mismo sentido, las Directrices del Principado de Asturias II.B.4.1; Directrices Generalidad Valenciana, artículo 20; Directrices Gobierno de las Islas Baleares, artículo VI. 12.

2. **Títulos.** En títulos (Directrices del Estado, 22) solo se pueden dividir las disposiciones que contengan partes claramente diferenciadas, reservándose también a normas con una extensión amplia (o heterogéneas, puntualiza el artículo 21 Directrices Generalidad valenciana; Directrices del Gobierno de las Islas Baleares, VI.13). En España, el título deberá ir numerado con números romanos, en mayúsculas y sin punto, y llevar nombre o título (centrado, minúscula y en negrita).
3. **Capítulos.** No es una división obligada de la ley y debe hacerse solo por razones sistemáticas, y no por la extensión del proyecto de disposición, por lo que cabrían capítulos en textos cortos y podría no haber capítulos en textos normativos largos. Los capítulos se numerarán con romanos y siempre deberán llevar rúbrica. (Directrices Generalidad valenciana, artículo 22; Directrices del Gobierno de las Islas Baleares, artículo VI.14).
4. **Secciones.** La sección es una subdivisión opcional de los capítulos y aquí el criterio de la longitud es importante, pues se dividirán en secciones los capítulos muy extensos y con partes claramente diferenciadas. Las Directrices de la Generalidad valenciana, en su artículo 23, señalan que debe haber razones «de sistemática». Se numeran con ordinales arábigos y deberán llevar rúbrica. De forma excepcional, en el caso de secciones de cierta extensión, se pueden dividir en subsecciones, cuando haya aspectos que admitan una diferenciación clara dentro del conjunto.
5. **Artículos.** La unidad básica del texto de la ley en nuestro entorno jurídico cultural es el artículo. No es muy sencillo imaginarse el texto de una ley dividido en unidades que no sean artículos. No obstante, hay otras posibilidades, pues la propia Constitución prevé las leyes de bases, cuya unidad principal no es el artículo y podría así pensarse alguna unidad diferente para algún tipo especial de leyes. Las Directrices del Estado (26) son claras en relación con el artículo y definen que los criterios orientadores básicos en la redacción de un artículo son: «cada artículo, un tema; cada párrafo, un enunciado; cada enunciado, una idea». El artículo debe llevar un título que explique su contenido (28; Directivas del Gobierno del País Vasco 2.ª.II.3. b; Directrices del Gobierno del Principado II.B.5). Los distintos artículos de la norma deben disciplinar un aspecto de la materia tratada e

irán precedidos del término «Artículo». Lo más sensato es defender que cada artículo mantenga un título que debe expresar su contenido de un modo breve «para facilitar su legibilidad» (Directrices del Gobierno de las Islas Baleares, VII. 18). En relación con la rúbrica de los artículos, habría que defender su no pertenencia al contenido normativo de la ley, de forma que un error o una incorrección en la denominación del título debería ser irrelevante. Asimismo, lo correcto es que todos los artículos lleven título, pues no parece adecuado un sistema de titulación parcial o incompleto.

Además, las Directrices del Gobierno del Principado de Asturias señalan que la palabra artículo debe ir seguida «de su número y denominación [y] se situará en el margen izquierdo de la línea superior a la del texto del artículo correspondiente» (también Gobierno del País Vasco, 3.ª.I.1.). Para evitar la confusión con la Exposición de Motivos, los artículos no deben contener motivaciones o explicaciones (27; Directivas del Gobierno del País Vasco, 2.ª.II.3.b; Directrices de la Generalidad Valenciana, artículo 25.1). Mucho más clara es la regulación de las Directrices del Gobierno de las Islas Baleares (VII.19) que determina que el contenido de los artículos debe ser claro y preciso, evitándose los artículos extensos constituidos por una única frase «que contenga, a su vez, una larga serie de oraciones subordinadas, incisos, incrustaciones...» (Directrices del Estado, 30).

Cada artículo debe recoger un precepto, mandato, instrucción o regla, o varios de ellos, respondiendo a una misma unidad temática. Las Directrices de la Generalidad valenciana disponen (artículo 25) que cada artículo «debe disciplinar un aspecto de la materia tratada». Como criterio, se indica que no es conveniente que los artículos tengan más de cuatro apartados, debiendo el exceso transformarse en nuevos artículos (Directrices del Gobierno de las Islas Baleares, VII.19, que puntualiza que tendrá un máximo de 3 o 4). A su vez, los artículos se dividen en apartados, que se numerarán con cardinales arábigos, en cifra, salvo que solo haya uno. Cuando haya una subdivisión de un artículo, las Directrices del Gobierno del Principado de Asturias determinan que «cuando la enumeración forme parte de una oración, cada elemento de la lista comenzará con minúscula y acabará con una coma excepto el penúltimo, que acabará con las conjunciones "o"/ "y" y el último, que, de no haber una cláusula de cierre, acabará con un punto y aparte».

Cuando deba subdividirse un apartado, se hará en párrafos señalados con letras minúsculas, ordenadas alfabéticamente: a), b) y c). Las Directrices del Gobierno del País Vasco (3.ª.3.a) señalan que cada apartado tendrá como máximo tres o cuatro párrafos que, en el caso del País Vasco, irán numerados en cifras árabes. Ninguna de estas divisiones podrá ir sangradas (también las Directrices del Gobierno de las Islas Baleares VII.19).

La regulación de la parte dispositiva constituye el núcleo de la regulación de las directrices. Así, el apartado 63 de las Directrices del Gobierno del Estado trata de ser restrictivo, por su carácter muy poco claro, con el uso de las remisiones que realice la ley. Como se sabe, se produce una remisión cuando «una disposición se refiere a otra u otras de modo que el contenido de estas últimas deba considerarse parte integrante de los preceptos incluidos en la primera». Por ello, deberán indicar claramente que lo son y precisar su objeto con expresión de la materia, la norma a la que se remiten y el alcance. Para evitar que la referencia sea farragosa, las Directrices estatales introducen algunas reglas de interés, pues debe evitarse la proliferación de remisiones, utilizando la cita corta y decreciente sin que se admita la cita ascendente, salvo que afecte a anexos en los que no se siga la división interna prevista en las propias directrices. Cuando se cite una serie de preceptos, deberá quedar claro cuál es el primero y cuál el último de los citados, mediante el uso de expresiones tales como «ambos inclusive» (70). Es innecesaria la mención al diario oficial en el que se ha publicado la disposición o resolución citada. En este sentido, las Directrices del Gobierno vasco señalan, de un modo contundente, que «si se establece una regulación exhaustiva de la materia jurídica, debe destacarse este extremo con una expresión del siguiente tenor: "...se rige únicamente/exclusivamente por este..."».

D) Lenguaje legal

El lenguaje legal ha de ser claro. Por ello, las Directrices del Gobierno de la Nación inciden con insistencia en que el lenguaje que usan las leyes sea directo. Se dispone en el parágrafo 102 que la redacción de los textos seguirá las normas gramaticales y ortográficas de la Real Academia Española y su Diccionario. Las dudas que puedan presentarse se resolverán de acuerdo con lo establecido en el Diccionario panhispánico de dudas, que la Academia Española ha consensuado con todas las Academias de América y Filipinas. Aunque no lo digan las Directrices, más recientemente la RAE ha creado un Diccionario panhispánico del español jurídico, con un indudable mérito y un apreciable valor en el trabajo de la clarificación del lenguaje. En todo caso, la ley debe redactarse en un nivel culto de lengua, y accesible para lo que puede entenderse por el ciudadano medio, de manera clara, precisa y sencilla, utilizando un léxico común, nunca vulgar, como se encarga de aclarar el epígrafe 101 de las Directrices del Estado.

Las Directrices del Principado determinan que debe existir el «equilibrio entre tecnicismos y naturalidad» (II.1). En el caso en el que se deba utilizar un lenguaje técnico (como sucede en diversos ámbitos materiales, como en el de las telecomunicaciones o en el del urbanismo), deben añadirse descripciones que lo aclare, utilizándose en todo el documento con igual sentido. Es de sentido común evitar extranjerismos, barbarismos o la castellanización de términos extranjeros cuando tienen otro significado entre nosotros (las directrices del Principado de

Asturias I.4 señalan que, cuando no exista voz traducida, se escribirá en el idioma original acentuándose en castellano, si lo permite la grafía). La claridad impone otras exigencias, como evitar la forma pasiva, el modo subjuntivo, el gerundio, las obviedades, los neologismos (salvo si son aceptados por la RAEL, Directrices del Principado de Asturias II.4), los latinismos, el hipérbaton, o complicar de un modo innecesario o literario la redacción como emparejamiento de sinónimos léxicos o sintácticos, epítetos triviales o perífrasis superfluas. Por eso el redactor ha de buscar las «acepciones más comunes del diccionario» (Directrices del Principado II.2). Y, por esa misma finalidad de evitar redacciones cansinas y farragosas, se limita el uso de mayúsculas y de siglas (como en las Directrices del Principado de Asturias, I.1). Estas Directrices incluso señalan que los nombres de los días de la semana se incluyen en minúsculas, así como los de los meses y estaciones del año, así como los tratamientos personales cuando no se escriban en abreviatura. Esta necesidad de claridad impone evitar el uso de las palabras largas, los adverbios terminados en «mente» o las locuciones prepositivas y adverbiales. En definitiva, se trata de redactar una ley, no de escribir una obra literaria. En este sentido, el Gobierno de la Nación determina que las letras mayúsculas deben acentuarse gráficamente, siempre que lo exijan las reglas de acentuación.

En esta intención se ha de buscar por el redactor que las frases sean breves, pues las excesivamente amplias ofrecen mayores dificultades para una redacción correcta (Directrices del Principado de Asturias III.2). Es más, estas Directrices (de forma, ahora sí, algo más discutible) diferencian el número de palabras que debe formar una frase de una ley en función del «nivel cultural de aquéllos a los que la disposición va dirigida» y como referencia se señala lo siguiente (en función del nivel cultural del destinatario):

«a) para un nivel superior, una media de treinta palabras por frase,

b) para un nivel medio, veinte, y

c) para un nivel popular, diez».

El mismo epígrafe 102 de las Directrices del Gobierno de la Nación prevé que la Subsecretaría de la Presidencia, con la colaboración de la Real Academia Española, elaborará unas instrucciones complementarias de tipo práctico que ayuden a aplicar los criterios lingüísticos generales en disposiciones y normas oficiales. Se prevé que «Dichas instrucciones formarán parte integrante de estas directrices».

Finalmente, el aspecto tipográfico es importante y se sugiere que se use la letra Arial (12), limitándose el uso de guiones (Directrices del Gobierno de la Nación 32; o las del Principado de Asturias, IV) o sangrías y aconsejándose (Asturias IV.3) la utilización de una línea blanca entre párrafos y apartados y de dos entre artículos.

E) Parte final y anexos

La parte final de la ley es, en la mayor parte de las ocasiones, una mezcolanza en la que se incluyen disposiciones del más diverso ámbito. Seguramente consciente de esta naturaleza peculiar, las Directrices del Estado mantienen un criterio restrictivo para su elaboración, en la que solo se deberían incluir los preceptos propios que responden a su necesidad. No obstante, las disposiciones adicionales son una especie de «cajón de sastre dentro del cajón de sastre», pues las Directrices estatales (35) se encargan de indicar que «podrán incorporar las reglas que no puedan situarse en el articulado sin perjudicar su coherencia y unidad interna», señalándose (36) unos criterios de prevalencia en la elaboración de las disposiciones de la parte final.

Las disposiciones que integran la parte final son las siguientes:

a) **Disposiciones adicionales.** El contenido de estas disposiciones puede ser múltiple y, de forma expresa, se indica que pueden regular los siguientes contenidos, si no es posible regularlos en el articulado:

1. Los regímenes jurídicos especiales que no puedan situarse en el articulado. Ello significa que el régimen jurídico que se pretenda introducir o modificar, que por cuestiones sistemáticas no tenga su cabida en el articulado, se incluirá en una disposición adicional. En caso de que los regímenes que se introduzcan sean varios, el orden será el siguiente: territorial, personal, económico y procesal, y la aplicación de todos ellos debe ser inmediata, para evitar una confusión con las disposiciones transitorias (también en las Directrices del Principado de Asturias II.c.2, en las directrices del Gobierno del País Vasco, II.3.1, en el artículo 30 de las Directrices de la Generalidad valenciana y en las Directrices del Gobierno de las Islas Baleares, VIII.18).
2. Las excepciones, dispensas y reservas a la aplicación de la norma o de alguno de sus preceptos.
3. Los mandatos y autorizaciones no dirigidos a la producción de normas jurídicas. Deberán usarse restrictivamente y establecerán, en su caso, el plazo dentro del cual deberán cumplirse.
4. Los denominados «preceptos residuales» que no quepan en ningún otro lugar del proyecto.

b) **Disposiciones transitorias.** Su objetivo es permitir el tránsito al nuevo régimen jurídico, para ello «el redactor examinará siempre los problemas de transitoriedad que la disposición pueda originar» (Directrices del Principado de Asturias II.c.3). Se dispone (Estado, 40) que deben utilizarse con carácter restrictivo, y delimitar de forma precisa su «aplicación temporal y material», lo que no siempre se consigue. Las diferentes Directrices (las del Estado y también las del Principado de Asturias II.c.3; la Generalidad valenciana, artículo 31; las del Gobierno de las Islas Baleares, VIII.24) disponen que incluirán exclusivamente, y por este orden, los preceptos siguientes:

1. Los que establezcan una regulación autónoma y diferente de la establecida por las normas nueva y antigua, para regular situacio-

nes jurídicas iniciadas con anterioridad a la entrada en vigor de la nueva disposición.

2. Los que declaren la pervivencia o ultraactividad de la norma antigua para regular las situaciones jurídicas iniciadas con anterioridad a la entrada en vigor de la nueva disposición.
3. Los que declaren la aplicación retroactiva o inmediata de la norma nueva para regular situaciones jurídicas iniciadas con anterioridad a su entrada en vigor. Según las Directrices del Gobierno del País Vasco, la retroactividad será explícita, pues deben establecerse «las situaciones jurídicas preexistentes a las que se aplicará la nueva disposición». Puntualizan con sagacidad estas Directrices, que el Proyecto «deberá precisar la intensidad o grado de retroactividad determinando si la norma nueva se aplicará a los efectos jurídicos producidos y consumados bajo la norma antigua, o bien a los producidos antes de la entrada en vigor de la disposición nueva, pero no consumados, o bien a los efectos de situaciones jurídicas creadas conforme a la norma antigua pero producidas después de la entrada en vigor de la norma nueva», (Directrices del País Vasco, II.3.2.b).
4. Los que, para facilitar la aplicación definitiva de la nueva norma, declaren la pervivencia o ultraactividad de la antigua, para regular situaciones jurídicas que se produzcan después de la entrada en vigor de la nueva disposición.
5. Los que, para facilitar la aplicación definitiva de la nueva norma, regulen de modo autónomo y provisional situaciones jurídicas que se produzcan después de su entrada en vigor.

c) **Disposiciones derogatorias**[157]. El deseo expresado por las Directrices del Estado, sobre claridad y seguridad, es muy claro y, como se conoce, ha sido en demasiadas ocasiones incumplido. El principio de seguridad jurídica y la necesidad de tener certeza en el Derecho exigen que el intérprete pueda decidir, con claridad y con fiabilidad, cuál es el Derecho aplicable en cada caso y en cada situación. Por ello, las disposiciones derogatorias deben ser exhaustivas y han de contener un mandato preciso y expreso, debiendo indicar las normas (o la parte de la norma) que se derogan, y las que se mantienen en vigor. Por eso mismo, se han de precisar las normas que mantienen su vigencia y deberá hacerse en un nuevo apartado de la misma disposición derogatoria. Parece incompatible con esta regulación las cláusulas genéricas de derogación del Derecho. El intérprete no debe enfrentarse a la tarea, siempre ardua por difícil, de averiguar

157 Cfr. PEDRO J. HERNANDO GARCÍA, «Las disposiciones derogatorias en la legislación de las comunidades autónomas: un análisis de técnica legislativa», en, *La técnica..., op. cit.*, pp. 57 y ss.

el Derecho aplicable en medio del laberinto que ha impuesto la ley. Debe evitarse por ello que, mediante las cláusulas derogatorias, pervivan en el ordenamiento jurídico diversas y dispersas normas con el mismo ámbito de aplicación. No obstante, las Directrices (como las del Principado de Asturias, II.c.4.a; Generalidad Valenciana, artículo 32) no tienen más remedio que prever que pueda haber una cláusula general de derogación, o una cláusula de salvaguardia que deroga las disposiciones de igual o inferior rango, emanadas de los órganos de la Comunidad Autónoma que se opongan a lo previsto en la misma. La práctica de incluir una «Cláusula de vigencias», que vendría a contener una relación cronológica de todas las disposiciones sobre la materia que continuarán vigentes, no es seguida casi nunca.

d) **Disposiciones finales.** También pueden tener un objetivo diverso y las Directrices del Estado (47) se encargan de asegurar su naturaleza excepcional y de definir, incluso, su ordenación en busca de una mayor claridad:

1. Los preceptos que modifiquen el derecho vigente, cuando la modificación no sea objeto principal de la disposición y se trate de modificaciones más o menos tangenciales o indirectas. Igual disponen las Directrices del Principado de Asturias II.c.5 o las Directrices de las Islas Baleares VIII. 27. La excepcionalidad de estas disposiciones finales debería ser muy clara; en la tramitación de las leyes de medidas se introducen en las disposiciones finales durante el procedimiento legislativo, vía enmienda de adición, modificaciones de otras leyes que no venían previstas en el proyecto de ley inicial.

2. Las cláusulas de salvaguardia del rango de ciertas disposiciones, así como de salvaguardia de disposiciones normativas o de competencias ajenas. Aquí se han de incluir también las directrices, el texto refundido o articulado, el reglamento, estatuto o norma, que se aprueba mediante la disposición final, aunque aparezca en el mismo lugar que el anexo.

Además, diversas Directrices autonómicas (Principado de Asturias II.c.5; Generalidad valenciana, artículo 33) disponen que serán disposiciones finales las reglas de supletoriedad, los mandatos y autorizaciones dirigidos a la producción de disposiciones necesarias para el desarrollo y ejecución de la norma y las reglas de entrada en vigor. Se dispone también que la *vacatio legis* deberá posibilitar el conocimiento material de la disposición y la adopción de medidas necesarias para su aplicación, de manera que solo con carácter excepcional entrará en vigor inmediatamente. En este supuesto debería evitarse, por razones de seguridad jurídica, la entrada en vigor de la ley el mismo día de su publicación, siendo preferible la fórmula «al día siguiente de su publicación» (Directrices de las Islas Baleares, VIII. 27). En las Directrices del Gobierno del País Vasco se dispone que serán también disposiciones finales las reglas de supletoriedad, como los mandatos de actuación, o de complemento normativo.

5.4. Evaluación legislativa

Como se ha visto, aprobar normas de contenido claro y de aplicación precisa es una exigencia evidente del principio de seguridad jurídica. Si las normas han de ser cumplidas, es requisito imprescindible conocer si estas efectivamente se cumplen y si lo hacen de un modo eficaz y eficiente. La evaluación se ha de centrar en cada norma y en el contexto de las necesidades que viene a satisfacer. La política se refleja en normas (entre otras actuaciones) y por eso la evaluación legislativa y la evaluación de las políticas están tan íntimamente relacionadas[158]. En todo caso, una de las formas de determinar si hay una adecuada gestión de las políticas públicas es evaluar el cumplimiento eficaz de las leyes.

Por evaluación legislativa suele entenderse el control y conocimiento del cumplimiento de la ley aprobada por el Parlamento por parte de un órgano delegado. A pesar de lo que pueda parecer más razonable, no hay duda de que en nuestro sistema no se contempla un sistema de control por evaluación legislativa. No hay en España un sistema similar al GAO norteamericano, ni a una sola organización parecida a la NAO británica. El caso español se caracteriza, sobre todo, porque no existe ninguna organización que tenga como función principal u orientativa, la de estudiar la eficiencia en el destino de las medidas legislativas y, ni mucho menos, un estudio para conseguir una posible mejoría de las medidas adoptadas por la ley. No hay una verdadera evaluación legislativa, ni siquiera hay una práctica que permita garantizar que las meras reglas formales descritas en el epígrafe anterior se cumplen. Esto se traduce, sin duda, en un nivel muy bajo en el cumplimiento de las leyes y en una muy baja calidad de las leyes españolas.

Además, nuestro sistema de evaluación legislativa se complica por varias circunstancias. Fundamentalmente, adolece de una falta de organización verdaderamente independiente y autónoma, pues el Tribunal de Cuentas no ocupa esa posición, y no lo hace porque su función constitucional es diferente, y sus medios materiales y personales, así como su funcionamiento, no son los más adecuados para realizar un control y un seguimiento de las medidas legislativas. Enseguida se verá por qué. Además, otras circunstancias no han de ser olvidadas, como, por ejemplo, la importancia desmedida que tiene en nuestro sistema algunos instrumentos como el Decreto-ley, cuya misma esencia no incita, precisamente, al orden, a la reflexión y a la mesura. Tampoco procede ejercer la evaluación legislativa por la importancia nuclear que adquiere en España el reglamento de ejecución de la ley y, sobre todo, el reglamento independiente. Finalmente, la forma del Estado y el ejercicio por las comunidades de la potestad legislativa

---

158 F. SAINZ MORENO, «Evaluación de las políticas públicas y la evaluación legislativa», en AA.VV., *La evaluación de las leyes XII. Jornadas de la Asociación Española de Letrados de Parlamentos, Madrid, Tecnos, 2006. Asegura este autor, en relación con los dos tipos de evaluación*, (p. 20) que «son cuestiones íntimamente conexas, aunque no idénticas. El contexto y la finalidad de las leyes forman parte de las políticas públicas y éstas, a su vez, utilizan inevitablemente instrumentos normativos... Los resultados de unas y otras, de las

no garantizan, precisamente, que se hagan las cosas de un modo organizado y coordinado.

No obstante, hay en nuestro sistema fundamentos más que suficientes para forzar la existencia de un adecuado control por evaluación legislativa. El artículo 88 de la Constitución no debería quedar en papel mojado, pues dentro de los antecedentes debería incluirse información que permitiese la fijación de los objetivos que se marca la ley. Se ha visto que las leyes exigen la emisión de gran cantidad de informes, dictámenes, audiencias e informaciones públicas. Además, toda esta información debe incluirse para permitir evaluar si la opción que ha sido adoptada en la ley ha sido la más adecuada y, sobre todo, si la ejecución posterior de la ley ha sido eficiente y eficaz. Conseguir más con menos, no debería ser patrimonio de nadie.

Algún indicio (no muchos, la verdad) podría encontrarse en nuestro ordenamiento jurídico para tratar de introducir un elemento inicial de evaluación legislativa. Así, el artículo 26 de la ley Orgánica del Tribunal de Cuentas determina que «a la Sección de Fiscalización corresponde la verificación de la contabilidad de las Entidades del sector público y el examen y comprobación de las cuentas que han de someterse a la fiscalización del Tribunal». Así, y aunque podría defenderse una posible participación del Tribunal de Cuentas en la evaluación legislativa, no cabe duda de que en su esquema y justificación orgánica del Tribunal de Cuentas no es ésa una función prioritaria.

En cualquier caso, la perspectiva del Tribunal de Cuentas sería limitada. No se olvide que este órgano fiscaliza las cuentas del sector público, y la efectividad de la ley (y el objeto, por tanto, de la evaluación) no depende, ni mucho menos, de una forma exclusiva de la Administración pública, ni de la Administración institucional. En efecto, la eficacia de la ley en la sociedad depende de un numeroso conjunto de elementos que excede de la posible actuación del Tribunal de Cuentas. A estos efectos, es muy clarificador el contenido del artículo 45 de la Ley 7/1985, de organización y funcionamiento del Tribunal de Cuentas, que dispone que «la fiscalización de los contratos... administrativos comprenderá los distintos momentos de su preparación, perfección y adjudicación, formalización, afianzamiento, ejecución, modificación y extinción».

Qué duda cabe de que el objetivo de la evaluación es el éxito de una norma y, por tanto, la evaluación deberá centrarse en la fijación clara de los objetivos que busca la ley. La confianza en el Derecho aumentaría si la calidad y cantidad de normas fuese más razonable. El ciudadano no entiende el Derecho y, para que este se cumpla, es preciso que el propio ciudadano entienda y confíe en quienes lo aplican.

políticas públicas y de las normas jurídicas son, y siempre han sido, objeto de valoración permanente, bien a través de juicios políticos, de análisis técnicos y de controles jurídicos, o bien, como es evidente, por la opinión pública».

Las posibilidades del sistema no son pocas y no deberían limitarse al estricto y mero análisis del cumplimiento de la ley. Se ha intentado buscar un desarrollo de la evaluación de las políticas públicas[159], que no dejaría de ser una versión más amplia y más completa y compleja del control de la actividad pública. La evaluación de las políticas públicas es condición necesaria de la evaluación legislativa, pero no es suficiente, porque la primera abarca muchos más aspectos y más instrumentos que la evaluación legislativa. La actuación de la Agencia Estatal de Evaluación de las Políticas Públicas y la Calidad de los Servicios se antojaba muy importante, cuando se creó por la disposición adicional primera de la *Ley 28/2006, de 18 de julio, de Agencias estatales para la mejora de los servicios públicos*[160], hasta que unos años más tarde la disposición derogatoria de la Ley 40/2015 la derogó, siendo disuelta formalmente en 2017. Hoy día, existe el «Instituto para la Evaluación de Políticas Públicas y de la Dirección General de Gobernanza Pública», adscrito a la Secretaría de Estado de Política Territorial y Función Pública, y con rango de Subdirección General. Actualmente se regulan sus funciones en el artículo 3 del *Real Decreto 307/2020, de 11 de febrero, por el que se desarrolla la estructura orgánica básica del Ministerio de Política Territorial y Función Pública.*

---

159 Cfr. L. González del Campo, «Parlamento y políticas públicas: procedimientos parlamentarios de evaluación e impulso», en *Corts. Anuario de Derecho parlamentario*, 23, 2010, pp. 87 y ss., quien indica que «el Parlamento no debería renunciar a implicarse y participar activamente en el reto que supone la evaluación e impulso de las políticas públicas» (p. 97), lo cual podría suponer que sería más coherente que la Agencia Estatal de Evaluación tuviese una dependencia de las Cortes Generales, en vez de tenerla del Ministerio de economía como hasta la fecha. Además, el Parlamento no debería renunciar (ni verse excluido) de la participación en la evaluación legislativa.

160 Cfr. lla web www.aeval.es, informó de modo exhaustivo de la actividad y funciones de la Agencia. Hoy día esta dirección da cuenta de que ha dejado de estar plenamente operativa como consecuencia de la disolución de esta Agencia por el Real Decreto 769/2017, de 28 de julio, pasando sus funciones a ser asumidas por la Secretaría de Estado de Función Pública, a través del Instituto para la Evaluación de Políticas Públicas y de la Dirección General de Gobernanza Pública. De conformidad con lo dispuesto en el artículo 96.1 g) de la Ley 40/2015, de 1 de octubre, de Régimen Jurídico del Sector Público, se acordó esta disolución siendo sus unidades y puestos de trabajo adscritas a la propia Secretaría de Estado de Función Pública. Malos tiempos para la evaluación legislativa.

Made in the USA
Monee, IL
08 November 2026

67812133R00345